出土簡帛文獻與古代文史研究叢書

魏棟◎著

清華簡地理文獻匯證

（下冊）《鄭文公問太伯》諸篇

清華大學出版社
北京

内 容 簡 介

　　本書輯錄清華簡地理文獻，對之進行了較爲全面的匯釋，并對部分内容做了新研。該書是清華簡專題整理研究的代表性成果之一，對清華簡所涉地理問題研究乃至上古史地研究都會起到較大推動作用。

圖書在版編目（CIP）數據

清華簡地理文獻匯證 / 魏棟著. -- 北京 ： 清華大學出版社，2025. 6.
（出土簡帛文獻與古代文史研究叢書）. -- ISBN 978-7-302-68200-4

Ⅰ. K877.54

中國國家版本館 CIP 數據核字第 20256SY134 號

責任編輯：張維嘉
封面設計：潘　峰
責任校對：王淑雲
責任印製：劉　菲

出版發行：清華大學出版社
　　　　　網　　　址：https://www.tup.com.cn, https://www.wqxuetang.com
　　　　　地　　　址：北京清華大學學研大厦 A 座　　　郵　　編：100084
　　　　　社 總 機：010-83470000　　　　　　　　　郵　　購：010-62786544
　　　　　投稿與讀者服務：010-62776969, c-service@tup.tsinghua.edu.cn
　　　　　質量反饋：010-62772015, zhiliang@tup.tsinghua.edu.cn
印 裝 者：三河市少明印務有限公司
经　　销：全國新華書店
開　　本：170mm×240mm　　　印　張：51　　　字　數：894 千字
版　　次：2025 年 6 月第 1 版　　　　　　　印　次：2025 年 6 月第 1 次印刷
定　　價：298.00 元（全三册）

產品編號：097975-01

　　本書受到國家社會科學基金青年項目“新出戰國竹簡地理史料的整理與研究”（18CZ8073）與國家社會科學基金重大項目“清華簡與儒家經典的形成發展研究”（16ZDA114）的資助，同時也得到了國家社會科學基金重大項目“出土先秦文獻地理資料整理與研究及地圖編繪”（18ZDA176）的支持。

"出土簡帛文獻與古代文史研究叢書"序

由竹或木製成的簡牘以及絲質的繒帛，是紙張普及之前中國最主要的書寫材料，古人常將之合稱爲"竹帛"，其中以《墨子》一書中所説的"書於竹帛"一語最爲有名；唐代詩人章碣《焚書坑》詩中的"竹帛烟銷帝業虛"一句也長期爲世人所傳誦。今人則常把"竹帛"一詞改稱爲"簡牘帛書"，或者徑稱爲"簡帛"，這兩種稱謂應該説都比"竹帛"顯得更爲貼切，因爲簡雖然一般是用竹或木製成，但是在一些特殊的場合，古人還曾使用過銅、鐵、鉛、銀、金、玉等材質的簡，只是使用的數量和場合比較稀少而已。比如在三國時期，公元275年，吳郡（今蘇州一帶）就曾發現過用銀製作的簡，長一尺，寬三分，上面刻有年月等字，吳國末帝孫皓以爲是祥瑞，於是下令把年號改成了"天册"（見《三國志·吳書三》），意思是上天賜給的簡册，這也是中國古代唯一一次因爲簡的發現而更換年號的事件；至於用黄金製成的簡，最有名的則是1982年在嵩山峻極峰所發現的武則天時期的投龍金簡，係唐代統治者祈福於天地山川的真實反映。

簡帛的使用非常久遠，而且延續了很長的時間。至晚從殷商開始，人們就已經用簡來書寫記事；帛的使用至少也可以追溯到春秋時期。一直到南北朝以後，簡帛才逐漸被紙張所取代。可以説，在長達二千多年的歷史歲月中，簡帛一直是中國歷史與文化的重要載體，所使用的時間甚至比紙張要更爲長久，中國早期的歷史文化記述，在一定意義上來説可謂一部簡帛的文化史。

簡帛資料在古代即已時有發現，特別是西漢時期在山東曲阜的孔子故宅所發現的孔壁中經和在河南汲郡發現的汲冢竹書，對於中國的學術發展産生了深遠的影響，有關的討論一直延續至今，但是與之相關的竹帛實物都未能流傳下來。20世紀以來，全國各地出土了大批簡帛資料，不僅讓我們有機會親眼目睹了兩千多年前的古人珍貴的手寫文獻，也爲研究古代中國歷史文化打開了另外一扇重要窗户，簡帛學這個學科也隨之得以建立，并得到了長足的發展。

近些年來，簡帛的發現在時間上更爲迅速，在區域上更爲普遍，許多學者甚至用"井噴"一詞來形容目前的簡帛發現盛況，相關的整理、保護與研究工作也得以更深入開展。這其中，2008年入藏清華大學的清華簡是一批以"經、史"類典籍爲主的書籍，涉及中國傳統文化的核心内容，是前所罕見的重大發現，受到了海內外學者重視，對歷史學、考古學、古文字學、文獻學等許多學科產生了廣泛深遠的影響，成爲當今文史學界的一個研究焦點。

2016 年，由清華大學出土文獻研究與保護中心承擔的國家社會科學基金重大項目"清華簡與儒家經典的形成發展研究"正式得以立項（項目號：16ZDA114），本項目旨在將清華簡進行整理出版的同時，對其中的《尚書》《逸周書》《繫年》等重要典籍進行深入的考釋與研究。科研人員以清華簡的這些新材料爲核心，結合相關的楚系簡帛材料、金文及其他考古材料進行綜合考察，并與傳世文獻相印證，探究這些經典的形成、發展以及其他一系列重要問題，力爭取得突破性的成果。在本項目進行期間，多位參與工作的中青年學者還就出土簡帛文獻做了不少專題研究，特別是運用二重證據法，在簡帛文獻對古代文史研究的推動方面做了許多很有意義的闡釋，取得了一批出色的成果。爲此，我們特地組織編輯了這套"出土簡帛文獻與古代文史研究叢書"，以便讀者更好地瞭解他們所做的工作和所取得的成果。當然，這些學術成果中也一定還存在一些不足和缺憾，也希望能夠得到大家的批評和指正。

劉國忠

2025 年 1 月

目　　録

第1章 《楚居》商西周時期地理史料匯證

第1節 《楚居》商時期地理史料匯證

《楚居》簡1—4：

　　季繏（連）初降於郘（騩）山 [一]，氒（抵）于空（穴）窮（窮）[二]。
遳（前）出于喬山 [三]，乇（宅）凥（處）爰波 [四]。逆上泗水 [五]，見盤
庚之子，凥（處）于方山 [六]，女曰比（妣）隹……【一】……季繏（連）
翻（聞）亓（其）又（有）㖶（聘），從，及之盤 [七]，爰生絰白（伯）、遠
中（仲）。媱（游）畬羊 [八]，先凥（處）于京宗。

　　穴酓遟（遲）遳（徙）於京宗 [九]，爰䢜（得）【二】妣㵞，逆流哉
水 [一〇]……乃妻之，生侸畬（叔）、麗季。麗不從行，渭（潰）自䡱（脅）
出，妣㵞賓于天，晉（巫）烖（并）賅（該）亓（其）䡱（脅）以楚，
氒（抵）【三】今曰楚人 [一一]。

【注　釋】

（一）"季繏（連）初降於郘（騩）山"

　　關於《楚居》所記季連降居的騩山地望，學界主要有以下幾種説法：

　　（1）西方説，爲《楚居》整理報告及李守奎、劉彬徽二位先生倡導，但李、
劉的西方説内涵有所差異。

　　《楚居》整理報告："《山海經》中有楚先世居騩山之説。《西山經·西次三經》
云三危之山'又西一百九十里，曰騩山，其上多玉而無石。神耆童居之。'郭璞
注：'耆童，老童，顓頊之子。'" [1] 整理報告是默認將楚先老童所居之騩山與季
連降居的騩山視爲一地，老童之騩山在三危之山以西，那麼季連所居之騩山亦
當在此。

---

　　① 清華大學出土文獻研究與保護中心編，李學勤主編：《清華大學藏戰國竹簡（壹）》，上海：中西書局，2010年，
第182頁，注[一]。

李守奎先生認爲《山海經·西山經·西次三經》"耆童居騩山"的傳説在《楚居》中演變爲"季連初降於騩山"。"騩山"與"騩山"古音極爲接近，應是文字異寫。"《山海經》稱老童是'神耆童'，《楚居》説季連'初降'，李學勤先生認爲'降'多指神的降臨，所以季連帶有神性。老童和季連在楚人那裏都是半人半神的先祖，祖居騩山的傳説就可以在二者之間平移。"李守奎先生又引《山海經·西山經·西經之首》："（皋塗）又西二百五十里曰騩山，是錞於西海，無草木，多玉。"郝懿行箋疏："西海謂之青海，或謂之仙海，見《地理志》金城郡臨羌。"據郝疏，西海就是今天的青海湖。《玉篇》稱引時"錞"作"埻"，義爲"堤"。騩山"錞於西海"就是説騩山在青海湖的邊上。[①]

劉彬徽先生認爲楚先老童的居地僅見於《山海經·西山經》的記載，云"三危之山……又西一百九十里曰騩山，其上多玉而無石，神耆（老）童居之"。三危之山在今敦煌、岷山、雲南怒江等的某一處，騩山不在中原，應在中原以西或西南。李守奎認爲騩山在今青海湖一帶，是。楚簡有祭祀峗山（危山）神的記載，説明居於今青海省境内的楚祖先神老童乃真實可靠的記録。另外，姜亮夫在《楚辭學論文集》中主張楚族"發祥自崑崙（昆侖）若水之間"。至於昆侖所在，應非今新藏間的昆侖山脉，徐旭升認爲"蓋昆侖乃青海高原"。張春生："昆侖在今瑪多縣境内，亦即青海高原上的巴顔喀拉山。"《楚居》的"騩（騩）山"與《山海經》"騩山""三危山"、《楚辭》"昆侖"皆在今青海高原地區。[②]

劉彬徽先生後來將其説補充、修正爲"廣義的南方土著説"，認爲楚族起源于長江上、中游。"'老童居騩山'的傳説反映了楚族先人在史前可能活動于長江上源即古人認爲的長江上源——岷江發源地的岷山地區和雅礱江（古稱若水）一帶，然後沿岷江下游到長江而向東遷移，這遷移時間應都在史前時期，至晚在夏代就應遷徙到了今湖北荆州地域，即'伯禹定荆州，季芈實居其地'（《路史·後紀八》）。季芈就是《楚居》中的季連。"[③]簡言之，劉氏是通過對騩山的新解釋，進而推測楚族可能起源於四川西部岷山、雅礱江地區的。

（2）鄭州具茨山説，李學勤先生等力主此説。

李學勤先生："騩山應是《山海經·中山經》内《中次三經》的騩山，也即《中次七經》的大騩之山，就是今河南新鄭、密縣一帶的具茨山。《左傳》昭公十七年

---

① 李守奎：《論〈楚居〉中季連與鬻熊事迹的傳説特徵》，《清華大學學報（哲學社會科學版）》2011 年第 4 期，第 34、35 頁。

② 劉彬徽：《關於清華簡〈楚居〉的思考之一》，見楚文化研究會編：《楚文化研究論集》（第 10 集），武漢：湖北美術出版社，2011 年，第 11、12 頁。

③ 劉彬徽：《關於清華簡〈楚居〉的思考之二——楚族起源及其地域變遷》，陳建明主編：《湖南省博物館館刊》（第 8 輯），長沙：岳麓書社，2012 年，第 280 頁。

云：'鄭，祝融之虛也。'季連降於騩山，當與其爲祝融之子的傳說有關。"①具茨山說在學界影響甚大，學者多信從此說。

趙炳清先生：

> 騩山在《山海經》各"山經"中多有出現，可見騩山爲時見的常名，故應對各"騩山"進行具體的考證。《西次三經》中的"三危山"，一般認爲即在今甘肅敦煌一帶。《左傳·昭公九年》云："先王居檮杌於四裔以禦魑魅，故允姓之奸，居於瓜州。"杜預注云："允姓，陰戎之祖，與三苗俱放三危者。瓜州，今敦煌。"而騩山又在三危山之西，雖有老童之神，當屬後人添入。《中次九經》記載的是岷山、大巴山這一列山系，其中的"騩山"記載曰："又東一百四十里，曰騩山，其陽多美玉赤金，其陰多鐵，其木多桃枝荊芒。"從地望來看，此騩山顯然不可能在中原地區，與"陸終六子""祝融八姓"的居地不符。而在《中次七經》中，記載"騩山"云："又東三十里，曰大騩之山，其陰多鐵、美玉、青堊。"郭璞注曰："今滎陽密縣有大騩山，騩，固溝水所出，音歸。"《漢書·地理志》注：（河南郡）"密，故國，有大騩山，溟水所出，南至臨潁入潁。"《水經注·溟水》"溟水出河南密縣大騩山"，注："大騩，即具茨山也。黃帝登具茨之山，升于洪堤上，受《神芝圖》于華蓋童子，即是山也。"《國語·鄭語》載史伯曰："（虢鄶之地）前潁後河，右洛左濟，主茅、騩而食溱、洧。"韋昭注曰："騩，山名。"可見，先秦時期，此大騩山即爲天下名山之一。因此，應以李學勤之說爲是。②

鄭傑祥先生：

> 郖山所在，《楚居》一文整理者以爲"郖山，疑即騩山"，李學勤先生認爲應"即（山海經）《中次七經》的大騩之山，就是今河南新鄭、密縣（作者按：今稱新密市）一帶的具茨山。"其說甚是。"騩"字從馬，鬼聲，古畏、鬼二字音近相通，王國維論之甚詳，大騩山原名具茨山，《水經·溟水》："溟水出河南密縣大騩山。"酈道元注："大騩即具茨山也。"此山又稱作大隗山，《莊子·徐無鬼》："黃帝將見大隗乎具茨之山。"王先謙《集解》云："大隗，神名。司馬（彪）云："'具茨山在滎陽密縣東，

---

① 李學勤：《論清華簡〈楚居〉中的古史傳說》，《中國史研究》2011年第1期，第54頁。

② 趙炳清：《〈楚居〉中季連部族活動地域探微》，楚文化研究會編：《楚文化研究論集》（第13集），上海：上海古籍出版社，2018年，第600頁。

今名泰隗山’。"泰、大二字相通用，"泰隗山"也就是"大隗山"。郭慶藩《集釋》云："亦言大隗，古之至人也。"大隗確是一位傳說中半人半神式的人物，實際上很可能是一位居住於具茨山的原始部落首領，具茨山又以他的名字而命名爲大隗山。《山海經·中次七經》云："又東三十里，曰大騩之山。"郭璞注："今滎陽密縣有大騩山。"畢沅《集解》云：大騩之山《說文》作‘大隗山’，在今河南新鄭縣西南四十里……《新唐書》云：許州陽翟有具茨山。"密縣、新鄭縣、陽翟即今河南省新密市、新鄭市和禹州市，具茨山正位於此三市之間，應當就是《楚居》一文所稱作的"郎山"。文獻記載黃帝不僅會晤過大隗其人，而且兩族還有着密切的姻親關係，秦嘉謨輯補《世本》云："吳回氏產陸終，陸終娶於鬼方氏之妹謂之女嬇，是生六子……六日季連，是爲半姓。"宋衷注："季連，名也，半姓，諸楚所出，楚之先。"陳夢家先生云：後世"嬇、隗、媿、懷都是鬼姓"。據此推知女嬇很可能是居住於大隗山一帶的鬼姓大隗部族後人，她與黃帝族後人陸終結爲夫婦，生下季連等六個兒子，既爲季連生母，從而也可以推知《楚居》所記季連降生於郎山應是合乎情理的。①

肖洋先生詳細辨析了《山海經》記載的各個騩山的地望，指出：

> 清華簡《楚居》季連所居之騩山，可能是《中次七經》大騩之山，是今河南省新鄭市、新密市、禹州市之交的大騩山（具茨山），屬中原地區，實爲戎狄鬼方氏內遷中原後的居地，正好與楚人來源中原說形成對應。然楚公族的世系可上溯至顓頊，屬中原地區的華夏族。《中次七經》大騩之山，爲戎狄鬼方氏居地。楚先祖陸終與戎狄鬼方氏在此通婚，而季連氏也誕生於此，反映了當時中原華夏族與戎狄族群的融合現象。
>
> ……
>
> 《中次九經》騩山在今湖北省宜昌市秭歸縣的西陵峽一帶，屬三峽地區，位於楚都紀南城以西。這可能是戰國中期紀南城一帶成爲楚國核心區後，楚人爲紀念楚先祖的戎狄鬼方氏血統，在楚都紀南城以西的三峽地區選擇了一處作爲騩山，於是形成了《中次九經》騩山的傳說來源。②

程濤平先生贊同李學勤先生的看法，認爲老童所居的騩山在新鄭市與新密市交界處，典籍中的"祝融之墟"當是今新密市曲梁鄉大樊莊村古城寨遺址，以後

---

① 鄭傑祥：《清華簡〈楚居〉所記楚族起源地的探討》，《中國國家博物館館刊》2015 年第 1 期，第 46、47 頁。
② 肖洋：《從騩山地望看楚公族早期起源》，《社會科學動態》2020 年第 12 期，第 108、109 頁。

得陸終及其六子也應當大體在這一帶活動：

> 六子最小的堯時季連，曾南徙至今河南許昌的"舊許"之地，仍在嵩
> 山山脉範圍。由上述楚王族的活動軌迹，當可推斷晚商季連所處的"隈"
> 山就是《山海經·中山經·中次七經》的"騩山"，也就是說，晚商季連
> 的"隈山"，還是在今新鄭市與新密市之間的"祝融之墟"。①

（3）周宏偉先生提出藍田蕢山說。

周氏的史料依據如下：《漢書·高帝紀第一》："沛公引兵繞嶢關，逾蕢山，擊
秦軍，大破之藍田南。"《水經注》卷 19《渭水》："《開山圖》曰：'麗山之西，川
中有阜，名曰風涼原，在魂山之陰，雍州之福地。'"蕢、魂、鄍三者讀音相近，可
通假。"蕢山""魂山"當爲一山名稱之同音異寫，大致位置在今白鹿原以南。周
氏還列舉白鹿原一帶商中期的商文化遺存爲之佐證。②周氏對騩山的考證由通假入
手，但所通之地名時代較晚，其考證恐不可靠。實際上，學界對藍田蕢山說至今
似無和者。周氏將包括騩山在內的季連居住和遷徙所經之地定在陝西境內，認爲
楚族起源于關中平原的說法并不可靠。

（4）劉俊男、陳春君先生提出湖南寧鄉蒍山說。

"鄍山的'鄍'《說文》所無，其字爲地名，當從邑，畏聲。筆者疑即湖南寧鄉
之'潙山'，作山名當不從水部，應作'蒍山'或'爲山'，湖南方言又作'圍山'。"③

（5）黃鳴先生提出《楚居》之騩山在房縣西部說。

"《楚居》簡之'騩山'即《中次九經》之騩山。其證有二：①《中次九經》
之'騩山'，爲巴蜀之山，東至今重慶、陝西、湖北交界之處，是爲楚人傳統地域，
更爲符合歷史記載。……②《中次九經》'騩山'之西有'熊山'，'有穴焉，熊之
穴，恒出入神人'，此與楚先祖穴熊的名號吻合，是爲楚先祖活動之地。騩山在《中
次九經》中爲第十五山，其地約當今湖北省房縣西部。"④

除了以上幾種說法外，陳民鎮主張新安縣騩山說，盧長信提出藍田縣弅茲
山說。⑤

---

① 程濤平：《先楚史》，武漢：武漢出版社，2019 年，第 446 頁。

② 周宏偉：《楚人源于關中平原新證——以清華簡〈楚居〉相關地名的考釋爲中心》，《中國歷史地理論叢》
2012 年第 2 期，第 8-10 頁。

③ 劉俊男、陳春君：《楚嬭（蒍、遠）氏淵源及商末周初楚都湖南寧鄉論》，《湖南人文科技學院學報》2012 年
第 6 期，第 12 頁。

④ 黃鳴：《清華簡〈楚居〉一至四簡的歷史地理考察》，簡帛網，2011 年 7 月 20 日。

⑤ 陳民鎮：《清華簡〈楚居〉集釋》，復旦大學出土文獻與古文字研究中心網，2011 年 9 月 23 日，第 12 頁；
盧長信：《清華簡〈楚居〉楚之族源解讀》，見新浪博客"華夏史略-西安盧長信"，2013 年 11 月 7 日。

盧川先生：

　　季連部落的遷徙對楚族最終形成具有重要作用。商遷都殷後，實力大增，加大了對東南蠻族的打擊。季連爲緩解商楚矛盾、謀求部落生存權利而北上見盤庚之子，當是在商朝遷都殷之後。遷徙從騩山始，後止於京宗。"騩山，其陽多美玉赤金，其陰多鐵，其木多桃枝荆芭。"（《山海經・山經・中山經》）又記有岐山、風雨山、玉山、熊山。從地域看，騩山在岐山之東。郭沫若認爲最早季連所居楚之地爲楚丘。杜預注《左傳》云："楚丘，衛地，在濟陰成武縣西南。"顧炎武云："夫濟陰之成武，此曹邑也，而言衛非也。"（《日知録》卷三十）顧祖禹云："曹州曹縣東南四十里有楚丘城。"（《讀史方輿紀要》卷三）季連部落初居於河南滑縣東的北楚丘，後遷至今山東曹縣東南的南楚丘，故從地理上看，《楚居》所説的"騩山"即北楚丘地域。楚人從騩山遷徙，穴窮當爲《山海經》中所説"熊山"，地域更向商人靠攏。盤庚時遷都到殷，季連部止於方山一帶活動，方山在靠近殷都之地，後因得不到商的認同，故南下止於京宗。季連部六次遷徙居所，積極向上、不屈不撓爭取生存空間，求得部落發展，體現了早期楚族精神文化特征。[①]

劉玉堂、曾浪先生認爲《楚居》"騩山"之後存在脱文現象：

　　《左傳・隱公元年》："初，鄭武公娶於申，曰武姜"。不作"鄭武公初娶於申，曰武姜"。又《左傳・宣公二年》："初，宣子田於首山，舍於翳桑"。不作"宣子初畋於首山，舍於翳桑"。"娶於申""畋於首山"均述已成之事，儘管追溯前事，鄭武公不能再娶於申，而宣子亦不可再畋於首山。同理，季連初降居某地後，不能再同時降居他處。若"降"字作外動字（引按，即及物動詞），則下文應從"騩山"展開更爲詳細的相關叙述，然而簡文却驀地一轉，兀自出現另一地理内容"至於空窮"。其行文之突兀，不能不令人疑⋯⋯

　　故以今日行文邏輯看，《楚居》此句行文也相當唐突，如"某人初（或某時間）到某地甲，到某地乙"，在其"到某地甲"後應有相關過渡方可"到某地乙"，即轉叙另一内容。除非下文所述"空窮"即在騩山範圍内，或與之相關。而事實并非如此，由此看來，可能比較合理的解釋是，或

---

① 盧川：《從清華簡〈楚居〉看楚人早期遷徙與城市發展》，《荆楚學刊》2016年第2期，第17頁。

許戰國時代抄本《楚居》在"郮山"二字後已存在脫文現象，或其所本文獻已有殘缺。①

笪浩波先生認爲"季連初降於騩山"非指季連的始居地，而是指明其祖源：

> 筆者認爲，要確定郮山的含義，應該從作者編寫《楚居》時的記憶背景思考。作者較明確的時間記憶起自盤庚，作者的生活年代距盤庚的時代已有近千年，距離季連的時代更是遙遠。由於早期沒有留存記憶的載體，對於歷史的記憶多是靠一代又一代人的口耳相傳，至作者的時代，歷史也只能是模糊不清的傳說而已……因此，《楚居》作者也未必清楚季連的每個居地，更不用說這些居地的具體位置。《楚居》言季連初降於騩山，可能是因爲老童居騩山的傳說。正如王偉先生所言："清華簡《楚居》中楚人祖先季連降生或初封地'郮山'，是楚人移接了《西山經》中先祖老童所居'騩山'的名稱。"即將老童居地與季連的誕生地混同了。若此，我們再糾結季連的誕生地則毫無意義。我們可以這樣理解，《楚居》言季連"初降於郮山"是嫁接老僮居騩山的傳說，非實指，但也表明了季連與老僮之關係，這與《史記·楚世家》等文獻中記載季連爲老僮之後一致。這句話是指明其祖源，而非其始居地。②

【筆者按】在上述數種説法中，鄭州具茨山説影響最巨，西方説次之，其他諸説和者甚寡。騩山地望的鄭州具茨山説與西方説分別代表了楚族起源的北來説和西來説。因此，有必要對具茨山説和西方説的優劣進行比較，以期識斷出此二説中與事實最爲接近者。

具茨山説有兩大優勢。其一，古文獻的旁證較多。《左傳》昭公十七年："鄭，祝融之墟也。"鄭在河南新鄭市。《國語·周語上》："有夏之興也，融降於崇山。"崇山就是今登封市的嵩山。《左傳》和《國語》記載，祝融作爲季連的先輩，活動于今天鄭州下屬的新鄭市、登封市一帶。而具茨山説主張季連降居的騩山就在新鄭、新密交界一帶，《左傳》和《國語》對祝融居地的記載可以旁證具茨山説的合理性。古文獻的旁證資料不僅如此，《史記·楚世家》："陸終生子六人，坼剖而產焉。其長一曰昆吾；二曰參胡；三曰彭祖；四曰會人；五曰曹姓；六曰季連，羋姓，楚其後也。"張守節《史記正義》："《括地志》云：'濮陽縣，古昆吾國也。昆吾故城在縣西三十里。'"裴駰《史記集解》："《世本》曰：'參胡者，韓是也。'"

---

① 劉玉堂、曾浪：《〈楚居〉季連、穴熊居地考釋》，《江漢考古》2019 年第 6 期，第 137、138 頁。
② 笪浩波：《清華簡〈楚居〉與楚國都城探研》，武漢：武漢大學出版社，2022 年，第 52、53 頁。

張守節《史記正義》："《括地志》云：'彭城，古彭祖國也。'"裴駰《史記集解》："《世本》曰：'會人者，鄭是也。'"張守節《史記正義》："《括地志》云：'故鄶城在鄭州新鄭縣東北二十二里。'"裴駰《史記集解》："《世本》曰：'曹姓者，邾是也。'"司馬貞《史記索隱》："《系本》：'季連者，楚是。'"其中的昆吾，其地望古書所記有所不同。《左傳》昭公十二年楚靈王説，"昔我皇祖伯父昆吾，舊許是宅。今鄭人貪賴其田，而不我與"，昆吾宅居的"舊許"就是許國故地，在今許昌市一帶，許昌與新鄭、新密二市鄰近。除季連外的陸終另外五子的分布，皆在中原地區，這可以佐證季連始居之騩山爲今具茨山。季連先輩祝融的居於居地與季連五兄弟的居處，是季連始居之騩山在具茨山的有利證據，同時也是西方説（包括青海湖畔説、岷山與雅礱江説）所不易解釋的。

其二，新鄭、新密之騩山流傳有序。這一騩山不僅見於《山海經》之《中次三經》《中次七經》，還見於《國語》。《國語・鄭語》云："若前華後河，右洛左濟，主芣、騩而食溱、洧，修典刑以守之，是可以少固。"溱、洧二水源出新密而入新鄭，二水附近的騩山必是今具茨山。漢代至清代這一帶的山區仍叫騩山，如《續漢書・郡國志》："密，有大騩山。"《隋書・地理志》滎陽郡屬縣新鄭"有大騩山"。《金史・地理志》密縣下注"有大騩山"。《續資治通鑑長編》卷五："溴水出密之大騩山。"清代編修的《密縣志》也記載有大騩山。後來，這一帶的行政區劃名，也以大騩命名，《欽定續文獻通考》卷二百三十四《輿地考》古豫州下轄七縣三鎮，其中就有大騩鎮。至今新密市東南與新鄭接界處仍有大隗鎮、大隗村（騩、隗通用）。"騩山""大騩之山"後來被稱爲具茨山，這從《莊子》一書便可看出端倪，《莊子・徐無鬼》："黃帝將見大隗於具茨之山。"具茨山一名是非常久遠的，其得名應該早於騩山。《徐無鬼》記黃帝在具茨山見大隗，説明大隗曾居於具茨山，"騩山""大騩之山"之名應該是得自與黃帝同時的傳説時代人物大隗。總之，《中次三經》《中次七經》騩山一名源遠流長，至今仍在使用，而且所指的山區範圍并未變化。

具茨山説也有其缺點，其缺點也正是西方説的優勝之處。具茨山説主要是以季連先輩祝融與季連五兄弟的居處在中原腹地來佐證今新鄭、新密一帶的騩山就是季連所居的騩山，但這只是旁證，并非直接性的證據。"騩山"（包括"大騩之山"）之名在《山海經》中多次出現，見於《西次三經》《中次三經》《中次七經》《中次九經》《中次十一經》等，它們的地望并不完全相同，有同名異地的情況。新鄭、新密之騩山即《中次三經》《中次七經》之騩山，未見季連以前的楚先祖居於此地之騩山，這正是具茨山説缺點所在。西方説立論的基礎是《西次三經》之騩山爲季連先輩老童之居地，《西次三經》記載："（三危之山）又西一百九十里，曰騩山，其上多玉而無石。神耆童居之。""神耆童"就是楚先老童，學界向無疑義。老童之騩山與季連之騩山，是否就是一處？西方説對此持肯定意見，將《楚居》季連始居之騩山定爲《西次三經》之騩山，具茨山説對此未置可否，徑將季連始居之騩山定爲《中次三經》《中次七經》之騩山。

西方説也有缺點。第一，《西次三經》記載老童所居之騩山在三危之山以西一百九十里，但是三危山古書屢見，其地望學界頗有爭議，有敦煌説、甘青説、西裔説、雲南説、康藏衛説、四川説等等。①何以如此，由《尚書正義》引《括地志》云"三危山有三峰，故曰三危"可見其端倪。"三危山"一名主要是着眼於山體形態即三座山峰而來，"三危"最初可能并非後世認爲的是一專有名詞。三危山地望未能確定，《西次三經》之騩山地望亦必有異説。李守奎先生持青海湖畔説，劉彬徽先生則主張在岷山與雅礱江地區。雖然所定騩山地望都在青藏高原東部邊緣地區，但二者距離過於遙遠。此爲缺點之一。第二，老童所居之騩山，僅見於《西山經》，其歷史變遷不明。第三，老童所居之騩山似乎極爲孤立，鮮少其他楚先祖的居處與之鄰近作爲旁證。《吕氏春秋·古樂》："帝顓頊生自若水。"今本《竹書紀年》："母曰女樞……生顓頊于若水。""若水"學界或認爲就是今雅礱江，但也有學者反對，將若讀爲"汝"，指中原地區的汝水。退一步説，顓頊是否爲楚族先祖尚且是有疑問的。第四，青海湖畔、雅礱江及岷山地區，不是高原，就是高山、深谷，這些地方皆不太適合人類生存。若將這些地區作爲楚族起源地，楚人先祖的生計問題恐怕是個不得不考慮的問題。

綜上，季連所居騩山的鄭州具茨山説與西方説均有優劣，但相較而言具茨山説應該更爲近乎事實。而鄭州具茨山説與西方説分別代表了楚族起源的北來説和西來説。也就是説，楚族起源的北來説相比於西來説更爲可靠。

（二）"氐（抵）於空（穴）竆（窮）"

學界對"穴窮"地望的看法頗爲歧異。

《楚居》整理報告："空爲'穴'字異體，也可能爲'空'字之訛。"②

李守奎先生："'穴窮'的讀音與'穴酓''穴熊'并近。'穴窮'很可能與《山海經》中的'熊山'有關，是穴熊之祖曾經居住過的山。季連降於騩山，抵於穴窮，可能就是《山海經》説熊山與騩山相鄰的折射。"③晏昌貴先生："《山海經·中次九經》在騩山之前記載有一座熊山，云：'又東一百五十里，曰熊山。有穴焉，

---

① 陳愛峰等：《〈尚書〉"三危"地望研究述評》，《青海民族研究》2006年第3期，第101-105頁。

② 清華大學出土文獻研究與保護中心編，李學勤主編：《清華大學藏戰國竹簡（壹）》，第182頁，注[二]。

③ 李守奎：《論〈楚居〉中季連與鬻熊事迹的傳説特徵》，《清華大學學報（哲學社會科學版）》2011年第4期，第36頁。

熊之穴，恒出入神人。'《中次九經》所記山系多爲東西走向，熊山在騩山之西，正處在從騩山至方山的路綫上。'穴窮'或即'有穴'之熊山。"①于文哲先生："據《山海經》之《中次九經》，與楚人起源的騩山緊鄰，在其西一百四十里有一座'熊山'，'熊山有穴焉，熊之穴，恒出神人，夏啓而冬閉。題也，冬啓乃必有兵。'在《楚居》中，季連由騩山'抵於穴窮'，'窮'與'熊'音近，'穴窮'很可能就是'穴熊'的音變。"②李、晏、于三先生的看法可歸納爲《山海經·中次九經》"熊山"説。笪浩波先生進一步推定《山海經·中次九經》"熊山"可能即熊耳山：

> 穴窮應該是指一個有洞的山。《山海經·中次九經》："岷山……又東一百五十里，曰熊山。有穴焉，熊之穴，恒出入神人。"此山洞常出有神人，可能暗示楚人的祖先曾經在此居住過。因此，不排除此穴與穴窮有關。熊山從《山海經》中所述位置看，它屬岷山山系，其東面一百四十里爲騩山（具茨山）。從兩山的距離看，穴窮在熊耳山的可能性比較大。③

笪浩波先生又指出：

> 筆者認爲空窮可能與穴熊的傳説有關，安大簡載"融乃使人下請季連，求之弗得。見人在穴中，問之不言，以火爨其穴，乃懼，告曰：酓（熊）。使人告融，'融曰：是穴之熊也'。乃遂名之曰穴酓（熊），是爲荆王。"此段話載明季連曾居住在一個洞穴中，後由此洞穴改稱穴熊，不排除此穴即指穴窮。穴窮應該是季連成年後，從父親祝融部族獨立出來，另立門戶而遷居的地方。祝融請人去找他，説明此穴窮距祝融的居地不會太遠。祝融居地位於今河南新鄭一帶，《左傳·昭公十七年》云："……鄭，祝融之虛也。"杜預注："祝融，高辛氏之火正，居鄭。"《漢書·地理志》云："鄭國，今河南之新鄭，本高辛氏火正祝融之虛也。"據古今學者考證，"陸終六子"亦即"祝融八姓"，係祝融部落分離出來的支系，多分布於黃河中下游及淮河流域，也即位於祝融居地的四周。作爲祝融之子的季連始居之地當也不出其左右，即空窮當不出中原一帶。④

黃鳴先生對《山海經·中次九經》"熊山"的地望則有不同於笪氏的意見，云："穴窮疑即《中次九經》之'熊山'，其地在今湖北省竹山縣南白岩寨山，山上有

---

① 晏昌貴：《清華簡〈楚居〉所見季連徙居地及相關問題》，見楚文化研究會編：《楚文化研究論集》（第10集），武漢：湖北美術出版社，2011年，第55、56頁。

② 于文哲：《清華簡〈楚居〉中的山與神》，《中國文化研究》2013年第3期，第69頁。

③ 笪浩波：《從清華簡〈楚居〉看季連族的南遷路綫》，劉玉堂主編：《楚學論叢》（第3輯），武漢：湖北人民出版社，2014年，第29、30頁。

④ 笪浩波：《清華簡〈楚居〉與楚國都城探研》，武漢：武漢大學出版社，2022年，第48頁。

白岩寨洞。《中次九經》記載説熊山之上‘多白玉，其下多白金’，正與白岩寨地貌相合。”①

鄭傑祥先生：

> “穴熊”一地當即文獻記載的“有熊”，《史記・五帝本紀》云：“黃帝者，少典之子”，《集解》引“譙周曰：‘有熊國君少典之子也。’皇甫謐曰：‘有熊，今河南新鄭是也。’”《續漢書・郡國志・河南尹》新鄭縣下劉昭注補云：“皇甫謐曰：‘古有鄭國，黃帝之所都。’”《水經・洧水注》：“洧水又東逕新鄭縣故城中，《帝王世紀》云：‘或言縣故有熊氏之墟，黃帝之所都也。鄭氏徙居之，故曰新鄭矣。’”春秋時期的鄭國，即今考古工作者發現的鄭韓故城，位於今河南省新鄭市區，黃帝所都的“有熊氏之墟”就在此地，故新鄭市現又稱作“黃帝故里”。此地西南距大隗山約20公里，是楚人的祖根地，應當就是《楚居》所説季連長大成人以後“抵於穴窮”之地。②

以上看法中，除黃氏外皆將穴窮定在騩山（具茨山）附近。將穴窮定在騩山（具茨山）附近的還有其他學者，但他們的具體意見是有一定差異的。杜勇先生：“‘穴窮’是季連由降而抵之地，應即‘郥山’某個地方。”③張巍先生指出，學者以爲“空”字訛書，“窮”與“畬”二字讀音很近，是。因而，空窮很可能與有熊有關。新鄭一帶，即有熊國所在地，這與季連初降之地騩山相距很近。④子居先生：“‘穴窮’有可能即是新密市尖山鄉東北部的神仙洞，是自然的鐘乳石溶洞，有着北國第一地表溶洞之稱⋯⋯由路徑推測，穴窮也可能是指少陘山。”⑤

有的學者主張穴窮與有窮氏有關，如陳民鎮先生：“穴窮地望難以確認，頗疑與窮谷有關。窮谷一説在河南孟州市西，《晉地道記》謂‘河陽有窮谷，蓋本有窮氏所遷也’。穴窮或與穴熊得名有關，楚簡穴熊之‘穴’正作‘空’。”⑥黃靈庚先生：“穴，本北土居室；窮，亦有‘穴’義。⋯⋯‘空窮’，地名，《山海經》稱‘有窮’或‘窮山’。⋯⋯有窮之地在騩山東。⋯⋯窮山或名‘窮谷’。《史記・夏本紀》張守節《正義》引《晉地記》云：‘河南有窮谷，蓋本有窮氏所遷也。’則季連所居‘穴窮’，本在嵩嶽間也。”⑦李玉潔先生指出，空即空，空窮即空窮。窮、桐一

---

① 黃鳴：《清華簡〈楚居〉一至四簡的歷史地理考察》，簡帛網，2011 年 7 月 20 日。
② 鄭傑祥：《清華簡〈楚居〉所記楚族起源地的探討》，《中國國家博物館館刊》2015 年第 1 期，第 47 頁。
③ 杜勇：《清華簡〈楚居〉所見楚人早期居邑考》，《中國國家博物館館刊》2013 年第 11 期，第 40 頁。
④ 張巍：《清華簡〈楚居〉與楚族起源》，《中原文物》2014 年第 2 期，第 82 頁。
⑤ 子居：《清華簡〈楚居〉解析》，簡帛研究網，2011 年 3 月 31 日。
⑥ 陳民鎮：《清華簡〈楚居〉集釋》，復旦大學出土文獻與古文字研究中心網，2011 年 9 月 23 日，第 13 頁。
⑦ 黃靈庚：《清華戰國竹簡〈楚居〉箋疏》，《中華文史論叢》2012 年第 1 期，第 56、57 頁。

聲之轉。空窮當是春秋時期宋國的"空桐"，也即夏朝的有窮。（晉）杜預《春秋釋例·土地名》："空桐，梁國虞縣東南有地名空桐，有桐亭。"梁國虞縣，即今河南省虞縣境。[①]程濤平先生：

> "穴窮"應作"空窮"，下列史料可證此地與上古時代的"空桐""空峒""空同"相對應，在今河南汝州市西南：
>
> 1.《史記·五帝本紀》："黃帝西至空桐，登雞頭。"
>
> 2.《史記·五帝本紀》："司馬遷西至空峒。"
>
> 3.《莊子·在宥》："黃帝立爲天子十九年，令行天下，聞廣成子在於空同之上，故往見之。"唐陸德明"釋文"："'廣成子'或云即老子也。'空同'，司馬云：當北斗下山也。《爾雅》云，北戴斗極爲空同。"應劭"集解"："空桐，山名。"
>
> 4.《大清一統志》卷二二五"汝州"："廣成子廟在州西南崆峒山。"
>
> 5.《讀史方輿紀要》卷五十一"汝州"："空峒山，州西南六十里。"
>
> 6.《史記地名考》：錢穆"案"："空桐山，今河南臨汝縣西南六十里，上有廣成子廟，下有廣成墓及城。廣成澤在縣西四十里。言黃帝問道空同：游襄城，登具茨，見大隗，迷於襄城之野：皆與此山接壤。"
>
> 查譚其驤主編之《中國歷史地圖集》，清代的崆峒山位於今河南汝州市北。看來，在遭受商湯的打擊後，季連部落流到了"穴窮"即今河南汝州崆峒山之地。今河南汝州市與新密市之間僅隔登封市可知"穴窮"之地距"祝融之墟"僅百里之遙。[②]

部分學者將穴窮定在河南省以外的地方，如周宏偉先生認爲"穴窮"就是鎬京，在西安市西。"穴窮之'穴'字讀音屬於戰國時期楚對滈（鄗）字的別讀音或方言音，記錄者當因不知滈（鄗）京之名而只好用近音字穴窮書寫。這樣，穴窮應就是後來所稱的鎬京，其時尚屬於商朝封國崇國的轄域。"[③]盧長信先生："穴窮在陝西華縣瓜坡鎮一帶的窮桑國。"[④]周、盧二氏將穴窮定在陝西關中。還有學者將穴窮定在湖北西部山區，除黃鳴外，周運中先生："穴窮即穴熊，窮、熊皆爲東部，讀音很近。此山是今保康、宜昌縣界的梨樹坪（1664 米），正是沮水中上游的岩溶地貌區，所以有洞穴。"[⑤]

---

① 李玉潔：《〈楚居〉記載的季連至鬻熊遷徙與活動地域考述》，羅運環主編：《楚簡楚文化與先秦歷史文化國際學術研討會論文集》，武漢：湖北教育出版社，2013年，第206、207頁。

② 程濤平：《先楚史》，第447、448頁。

③ 周宏偉：《楚人源于關中平原新證——以清華簡〈楚居〉相關地名的考釋爲中心》，《中國歷史地理論叢》2012年第2期，第13頁。

④ 盧長信：《清華簡〈楚居〉楚之族源解讀》，見新浪博客"華夏史略-西安盧長信"，2013年11月7日。

⑤ 周運中：《〈楚居〉東周之前地理考》，羅運環主編：《楚簡楚文化與先秦歷史文化國際學術研討會論文集》，武漢：湖北教育出版社，2013年，第223頁。

趙炳清先生：

> 《中次九經》記載的是岷山山系，熊山當也不在中原地區範圍內。在《中次九經》中，熊山在騩山之西，其文曰："又東一百五十里曰熊山，有穴焉，熊之穴，恒出神人，夏啓而冬閉。是穴也，冬啓乃必有兵。其上多白玉，其下多白金，其林多樗柳，其草多寇脫。又東一百四十里曰騩山。"又記載曰："文山、勾檷、風雨、騩之山，是皆冢也。其祠之，羞酒，少牢具，嬰毛一吉玉。熊山，帝也。其祠：羞酒，太牢具，嬰毛一璧。干儛，用兵以禳；祈，璆、冕舞。"可見，熊山在岷山山系中地位最高，高過騩山。周運中認爲"穴窮即穴熊，窮，熊皆爲東部，讀音很近。"所以，他主張"季連，抵于穴窮'，是指抵達穴熊，也即熊穴"。其言得之。此熊山位於今湖北神農架山區西部。[①]

劉玉堂、曾浪先生認爲"空窮"指楚人在高處穴居，不能具詳其地：

> 對《楚居》簡文所見季連早期居處、活動範圍的研究，不能離開早期古人近山居、山耕以繁衍生存的大前提。只有充分把握古人居住繁衍空間選擇的規律，才可能更准確的理解《楚居》所涉地名之虛實。……今按"空"，從穴從土。以土室穴，或土臺上之穴，會意可得。《説文》："空窮（引按，原文此處多一"空"字），極也，從穴躬聲。"意爲居處甚高危。錢穆言："惟中國古代之穴居，則必以乘高鑿山爲穴者爲主"。空窮（或可倒寫爲窮空），旨在描述楚人先祖選擇在高處穴居、勞作以繁衍生息。實未可以具詳其地。[②]

【筆者按】"穴窮"之"穴"作（圖），隸作空，下文"穴酓"之"穴"作（圖）。空爲"穴"之異體，這種異體亦見於郭店簡和新蔡簡。[③]如新蔡簡"穴酓"之"穴"多次出現，既作空，又作穴。《楚居》"穴窮"爲地名無疑，空字增加土旁可能是爲了突出表地名之義的功能。至於《楚居》"穴酓"的得名是否與"穴窮"有關，"穴窮"是否爲"穴熊"的音變，尚不易判斷。據安大簡記載："融乃使人下請季連，求之弗得。見人在穴中，問之不言，以火爨其穴，乃懼，告曰：酓（熊）。""融曰：是穴之熊也。乃遂名之曰穴酓（熊），是爲荆王。"[④]結合清華簡《楚居》可知，穴酓（熊）可稱季連（這與楚君若敖的後裔令尹子越可被稱爲若敖相類）。安大簡明

---

①　趙炳清：《〈楚居〉中季連部族活動地域探微》，楚文化研究會編：《楚文化研究論集》（第 13 集），上海：上海古籍出版社，2018 年，第 601 頁。

②　劉玉堂、曾浪：《〈楚居〉季連、穴熊居地考釋》，《江漢考古》2019 年第 6 期，第 138 頁。

③　滕壬生編著：《楚系簡帛文字編（增訂本）》，武漢：湖北教育出版社，2008 年，第 702 頁。

④　黃德寬：《安徽大學藏戰國竹簡概述》，《文物》2017 年第 9 期，第 58 頁。

確記載季連氏穴酓的得名與其穴居頗有幹係，《楚居》所記季連氏穴酓所遷居的
"穴窮"也很可能與之有關。另外，對於"穴窮"地望，學者或者通過"穴"的
字義入手，或者通過音韻通假，或者通過與古書相近地名比附，做出了種種"猜
謎式"的考證，均不能成爲確詁。仔細繹讀簡文，季連遷徙始自其原居地今具茨
山一帶，按常理季連首次徙居他地似不會過於遠離其原居地，故竊疑"穴窮"或
在今具茨山周邊附近。當然，這也是"猜謎式"的考證。"穴窮"地望的確定，有
賴於新材料的出現，目前不可確考。

（三）"遳（前）出於喬山"

《楚居》整理報告："喬山就是《山海經》的'驕山'，《中山經·中次八經》：
'荆山之首曰景山……雎水出焉，東南流注入江……東北百里曰荆山……漳水出
焉，而東南流注入雎……又東北百五十里曰驕山。'"[①]李學勤先生等學者對整理報
告作了進一步申説："喬山是《中山經·中次八經》的驕山……驕山位置雖不易確
指，總在漢水以南荆山一帶，近於雎漳二水的發源處。"[②]陳民鎮先生："整理者認
爲喬山即《山海經》的驕山，當可相信。《山海經·中山經》云：'荆山之首，曰
景山……雎水出焉，東南流注于江……東北百里，曰荆山……漳水出焉，而東南
流注於雎……又東北百五十里，曰驕山……神䖜圍處之，其狀如人面。羊角虎爪，
恒游於雎漳之淵，出入有光。'這段文字所見之地名，皆與楚先民有關，如'荆山'
'雎水''漳水''雎漳之淵'，'驕山'亦當如此。"[③]王偉先生："《楚居》'喬（驕）
山'見於《山海經·中山經·中次八經》，云：'荆山之首……又東北百五十里，
曰驕山'，驕山與荆山臨近，應在楚境。'驕山'未見著於正史。無名氏《上古秘
史》第110回載'梁荆二州交界之處'有山名'驕山'，雖與《山海經》'驕山'
相當，但資料來源似不可靠。"[④]

不過，杜勇先生根據《楚居》所記季連遷徙的經過認爲喬山不應過於遠離騩
山，并提出了新的看法：

> 季連部落"前出於喬山"，應與"騩山"相距不遠。整理者以爲喬山
> 即《山海經·中次八經》"景山"東北之"驕山"，位於戰國時期楚境之
> 內。其時季連部落尚未南下，喬山恐不致遠"在漢水以南荆山一帶"。揆
> 諸情勢，喬山當即與騩山相去不遠的"青要之山"……"青要"二字急讀
> 即爲"喬"，且"喬"與"要"上古音同爲宵部，音近可通。據《陳書·世

---

① 清華大學出土文獻研究與保護中心編，李學勤主編《清華大學藏戰國竹簡（壹）》，第182、183頁，注[三]。
② 李學勤：《論清華簡〈楚居〉中的古史傳説》，《中國史研究》2011年第1期，第55頁。
③ 陳民鎮：《清華簡〈楚居〉集釋》，復旦大學出土文獻與古文字研究中心網，2011年9月23日，第16頁。
④ 王偉：《清華簡〈楚居〉地名札記（二則）》，復旦大學出土文獻與古文字研究中心網，2011年4月28日。

祖本紀》載陳世祖説：“每車駕巡游，眇瞻河洛之路，故喬山之祀。”是
知後世河洛一帶猶有喬山。①

李玉潔先生有與杜氏相類的看法，《陳書·世祖本紀》“每車駕巡游，眇瞻河、
雒之路，故喬山之祀”，説明喬山與河洛地區相近。同書《沈烱列傳》“臣聞喬山
雖掩鼎湖之靈”，喬山當在鼎湖附近，而鼎湖在今三門峽一帶。《明一統志·平陽
府》又載“喬山在曲沃縣北四十五里”。所以，季連前出的喬山當在今豫西、晉南
一帶。②

鄭傑祥先生認爲“喬山”即“鄗山”，位於黄河南岸鄭州市古滎鎮西北：

> 《楚居》所記的喬山，或即鄗山，按喬與高音近義同，可相通假。喬，
> 古音屬群紐宵部，高，古音屬見紐宵部，群、見旁紐，同屬牙音。《爾雅·釋
> 詁》：“喬，高也。”“《詩經·周頌·般》：‘墮河喬嶽’，《玉篇·山部》引
> ‘喬’作‘高’”（按，此處引自高亨《古音通假字典》）。又高與鄗聲同相
> 通，《説文·邑部》：鄗“從邑，高聲。”《史記·燕召公世家》：‘栗腹將
> 而攻鄗’，《集解》引徐廣曰：‘鄗在常山，今曰高邑。’”據此而論，季連
> 所處的喬山，可能即文獻所稱作的鄗山。其山所在，《左傳·宣公十二年》：
> “晉師在敖、鄗之間。”杜預注：“敖、鄗二山在滎陽縣西北。”西晉滎陽
> 縣即今鄭州市古滎鎮，鄗山位於黄河南岸，南距新鄭市即“穴窮”約 60
> 公里。《楚居》記云：“前出於喬山，宅處爰波。”意即季連由穴窮前往喬
> 山，居處於波濤滚滚的黄河岸邊。③

程濤平先生認爲喬山在今黄河以北的山西曲沃地區，這裏曾經是商文化的控
制範圍，并引《周書》《陳書》等爲證。④杜、李、程三位先生認爲《楚居》喬山
即《陳書》所記南北朝時期的河洛或曲沃一帶的喬山。

學界對於“喬山”地望的其他看法還有不少，其中定在河南省境内的有晏昌
貴先生：“喬山當爲《水經注·溴水》之‘陘山’。喬讀爲嶠，指尖而高的山，又
可指山間道；陘則指山脉中斷的地方。嶠、陘字義相近。”⑤子居先生：“喬山當是
傳世文獻中的橋山，爲黄帝所葬之地。很可能就是春秋時期的敖山和鄗山，在今

---

① 杜勇：《清華簡〈楚居〉所見楚人早期居邑考》，《中國國家博物館館刊》2013 年第 11 期，第 40 頁。

② 李玉潔：《〈楚居〉記載的季連至鬻熊遷徙與活動域考述》，羅運環主編：《楚簡楚文化與先秦歷史文化國際學術研討會論文集》，武漢：湖北教育出版社，2013 年，第 207 頁。

③ 鄭傑祥：《清華簡〈楚居〉所記楚族起源地的探討》，《中國國家博物館館刊》2015 年第 1 期，第 47 頁。

④ 程濤平：《先楚史》，第 450 頁。

⑤ 晏昌貴：《清華簡〈楚居〉所見季連徙居地及相關問題》，見楚文化研究會編：《楚文化研究論集》（第 10 集），武漢：湖北美術出版社，2011 年，第 56 頁。

河南滎陽廣武山地區。"① 凡國棟先生："疑'逆（前）'字可能位於'喬'字之下。當乙爲'出於喬前山。'喬前山即見於《中次十一經》的高前山，'又東南五十里曰高前之山，其上有水甚寒而清，帝臺之漿也。'據《太平寰宇記》記載高前山在今河南省内鄉縣。"② 黄靈庚先生："喬山，或作橋山、橋陵，黄帝所葬之處。……橋山在新鄭、嵩嶽間也。"③ 笪浩波、李想生先生："從《山海經》的記載看，驕山距離荆山及沮、漳二水較近。《山海經》所記的此荆山爲《禹貢》所記的南條荆山，即湖北省西北部的大荆山。按《山海經》所指方位及距荆山的距離看，此喬（驕）山很有可能在丹淅地區。"④ 牛鵬濤先生："（喬、高）音近可通，喬山或爲'嵩高'，《詩·大雅·嵩高》：'嵩高維嶽，峻極於天。'喬山（'嵩高'）與穴窮（'窮山'或'窮谷'）相近，是季連走出中原的第一步。"⑤ 張巍先生的看法略顯特殊，認爲"喬山"不是山名，喬不必破讀。喬有高義，喬山就是高山的意思。它具體指的就是嵩山。嵩山，在新鄭附近。⑥

除李學勤等先生外，還有其他學者將喬山定在湖北西部山區。黄鳴先生："沮水與漳水在今湖北省當陽市兩河口附近合流，則驕山具體位置應在今湖北省遠安縣、當陽縣西部的荆山餘脉地帶。"⑦ 郭志華先生認爲："要想確定驕山的位置，要先瞭解景山與荆山的具體位置……'景山'大致相當於今南漳縣正西，保康縣東偏南，穀城、南漳、保康三縣交界的三尖山，荆山在今南漳縣西北……驕山的位置可能還在今天襄陽的西南，南漳、穀城縣境附近區域。"⑧ 趙炳清先生：

> 從《中次八經》的記載來看，講的是荆山山系，其文云："荆山之首曰景山，其上多金玉，其木多杼、檀。雎水出焉，東南流注於江，其中多丹粟，多文魚。東北百里曰荆山，其陰多鐵，其陽多赤金，其中多犛牛，多豹虎，其木多松柏，其草多竹，多橘、櫾。漳水出焉，而東南流注於雎，其中多黄金，多鮫魚，其獸多閭、麋。又東北百五十里曰驕山，其上多玉，其下多青雘，其木多松柏，多桃枝、鈎端。神鼉圍處之，其狀如人面，羊角虎爪，恒游於雎漳之淵，出入有光。"在文獻記載中，楚

① 子居：《清華簡〈楚居〉解析》，簡帛研究網，2011 年 3 月 31 日。

② 凡國棟：《清華簡〈楚居〉中與季連有關的幾個地名》，簡帛網，2011 年 6 月 4 日，又見楚文化研究會編：《楚文化研究論集》（第 10 集），武漢：湖北美術出版社，2011 年，第 63 頁。

③ 黄靈庚：《清華戰國竹簡〈楚居〉箋疏》，《中華文史論叢》2012 年第 1 期，第 57、58 頁。

④ 笪浩波、李想生：《生境的選擇與楚文化的興起》，《考古與文物》2012 年第 1 期，第 36 頁。

⑤ 牛鵬濤：《清華簡〈楚居〉與楚國都城研究》，清華大學博士學位論文，2013 年，第 23 頁。

⑥ 張巍：《清華簡〈楚居〉與楚族起源》，《中原文物》2014 年第 2 期，第 82 頁。

⑦ 黄鳴：《清華簡〈楚居〉一至四簡的歷史地理考察》，簡帛網，2011 年 7 月 20 日。

⑧ 郭志華：《〈楚居〉與楚史相關問題探討》，華中師範大學碩士學位論文，2012 年，第 19、20 頁。

人先民也多與"荆山""雎水""漳水"等有關，如《左傳·哀公六年》云："江、漢、雎、漳，楚之望也。"新蔡簡甲三·11 和甲三·24 也記載："昔我先出自郢遹（追），宅茲泟（雎）、章（漳）。"可見，整理者所言甚是。喬山當位於今南漳、穀城交界的主山一帶。①

金宇祥先生：

> 以相關地理位置來看，整理者之説可從，但李學勤指出其位置不易確認。的確，驕山位置不易確指，歷來學者皆未説明驕山之所在，所以只能以與之相近的荆山來推測驕山之位置。據文獻資料《山海經·中次八經》的荆山應在今南漳縣內，而驕山在荆山的東北方，因此根據二者所在位置推測，驕山疑在今襄樊市附近。②

還有將喬山定在今陝西境內的學者。周宏偉先生："喬山應該距離季連部落的居地郾山不遠，很可能就是郾山以東的嶤山，位於今陝西藍田縣與商州區之間。古代從'堯'得聲的字，與從'喬'得聲的字多可通假。"③盧長信先生："喬山指陝西黃陵縣黃帝陵所在的橋山。"④

李守奎先生認爲喬山在《山海經·西山經·西經之首》西海（今青海湖）附近的今甘肅境內，云："古書中説，在這個西海附近還有一個'橋山'。《史記·五帝本紀》説：'黃帝崩，葬橋山。'橋山一説就在今甘肅境內。張衡《思玄賦》李善注：'黃帝葬於西海橋山。'郝疏以爲此西海即'錞於西海'之西海，'喬山'距離西海自然不會遠。"⑤

【筆者按】《楚居》"前出於喬山"即"前出喬山"，可省去虛詞"於"。"前"當如整理報告所云爲"前進"之"前"。"前""出"二字連用，未見於先秦文獻，但"前出"在中古早期文獻使用過，如《前漢紀》卷 26《前漢孝成皇帝紀》："（陳）湯前出西域，忿郅支之無道，閔王誅之不加。"《後漢書》卷 42《光武十王列傳》："太白前出西方，至午兵當起。"《楚居》"前出於喬山"意思爲前進至喬山一帶。

關於"喬山"，或讀爲"驕山"，或讀爲"橋山"，或讀爲"高山"，或如字仍

---

① 趙炳清：《〈楚居〉中季連部族活動地域探微》，楚文化研究會編：《楚文化研究論集》（第 13 集），上海：上海古籍出版社，2018 年，第 602 頁。

② 季旭昇主編：清華大學藏戰國竹簡（壹）讀本，臺北：藝文印書館，2013 年，第 284 頁。

③ 周宏偉：《楚人源于關中平原新證——以清華簡〈楚居〉相關地名的考釋爲中心》，《中國歷史地理論叢》2012 年第 2 期，第 14 頁。

④ 盧長信：《清華簡〈楚居〉楚之族源解讀》，見新浪博客"華夏史略-西安盧長信"，2013 年 11 月 7 日。

⑤ 李守奎：《論〈楚居〉中季連與鬻熊事迹的傳説特徵》，《清華大學學報（哲學社會科學版）》2011 年第 4 期，第 35 頁。

讀“喬山”，甚或視“喬”爲“青要”二字之急讀，學者由這些不同讀法分別切入并勾稽傳世文獻，得出了迥然不同的結論。目前來看，整理報告及李學勤先生的觀點最值得重視。竊以爲“喬山”應該在南襄盆地及其周緣山區尋覓。

（四）“乇（宅）尻（處）爰波”

整理報告僅言“爰波爲地名”，未指出其地望何在。[①]復旦讀書會：“爰波……可能讀爲‘爰陂’，楚地地名名陂者多見。‘波’讀爲‘陂’亦十分常見。本篇簡8有‘疆涅之波（陂）’，亦是‘波’可用爲‘陂’之證。”[②]或懷疑“爰波”不是地名，如陳民鎮先生：“頗疑‘爰波’并非一個具體地名。此處‘爰’或作介詞解，《爾雅·釋詁》謂‘爰，於也’，以引進動作的對象或處所，相當於‘於’。下文‘爰生經白（伯）、遠中（仲）’之‘爰’，則作助詞解。”[③]張巍先生云：“爰字在這裏相當於介詞‘於’……波，在此和‘坡’或者‘陂’通用，指的是山坡，具體來説，就是指嵩山的山坡。”[④]

儘管有一定異議，但學界主流觀點仍認爲爰波爲一地名，只是對爰波的地望認識還十分不一致。

一些學者將爰波定在今河南省境内，但是差異很大。或將之定在豫西，如子居先生：“‘爰波’當指古滎澤，先秦時期約在以今鄭州市古滎鎮爲中心的周邊十餘里地區，今已不存。”[⑤]杜勇先生：“《山海經·中次三經》：‘又東十里，曰青要之山，實爲帝之密都……南望墠渚，禹父之所化。’……墠渚或即《楚居》中的‘爰波’。墠與爰古音同在元部，可相通假，而渚與波又義有關聯。”[⑥]墠渚在黃河河曲以南。或定在豫中，如晏昌貴先生：“《水經注·溧水》：‘大騩，即具茨山也。……溧水出而流爲陂，俗謂之‘玉女池’。’‘爰陂’當即此玉女池。”[⑦]溧水源於大騩山，流經許昌、漯河，注入潁水。尹弘兵先生：

> 季連“初降於䲨山”時，約相當於唐虞之世，而居於方山、追求妣隹、生經伯、遠仲并居於京宗時已至晚商的武丁時期。只有季連部落形成後所遷徙的穴窮、喬山、爰波等地，其時代不太明確。因此欲討論穴

---

① 清華大學出土文獻研究與保護中心編，李學勤主編：《清華大學藏戰國竹簡（壹）》，第183頁，注［四］。

② 復旦大學出土文獻與古文字研究中心研究生讀書會：《清華簡〈楚居〉研讀札記》，復旦大學出土文獻與古文字研究中心網，2011年1月5日。

③ 陳民鎮：《清華簡〈楚居〉集釋》，復旦大學出土文獻與古文字研究中心網，2011年9月23日，第17頁。

④ 張巍：《清華簡〈楚居〉與楚族起源》，《中原文物》2014年第2期，第82頁。

⑤ 子居：《清華簡〈楚居〉解析》，簡帛研究網，2011年3月31日。

⑥ 杜勇：《清華簡〈楚居〉所見楚人早期居邑考》，《中國國家博物館館刊》2013年第11期，第40頁。

⑦ 晏昌貴：《清華簡〈楚居〉所見季連徙居地及相關問題》，見楚文化研究會編：《楚文化研究論集》（第10集），武漢：湖北美術出版社，2011年，第53頁。

窮、喬山、爰波等季連部落早期活動地區，須首先確定其大致的年代範圍……可以夏商鼎革爲分界，將季連部落的活動時間分爲早晚兩期，虞夏時期爲早期，商代爲晚期。可以大概推定，季連部落形成之後，輾轉於穴窮、喬山、爰波等地的時間大致爲夏代……季連部落的早期活動地區，當在二里頭文化的主體——二里頭類型中探求……穴窮、喬山、爰波三地，或在嵩山山脉至伏牛山脉之間的區域範圍內。[①]

或定在豫北，如黃靈庚先生：

> 爰波，季連所居也。《楚世家》："季連生附沮，附沮生穴熊。"《集解》："沮，一作祖。"……附沮，居於鮒魚之祖也。《山海經·海內東經》："漢水出鮒魚之山，帝顓頊葬于陽，九嬪葬于陰。"畢沅云："《太平寰宇記》云：'頓丘縣鮒魚山在縣西北三十里。'"頓丘在衛，漢水，當爲濮水，字之訛，其在濮陽也。……爰波，宜近濮陽。爰，通作洹。洹，水也，在殷都安陽北。……波通作陂。……洹陂，洹水之岸，東距濮陽亦不甚遠。[②]

或定在豫西南，如凡國棟先生："爰陂應該是湍水沿岸位於高前山以上的某處陂塘。或與《水經注》卷29《湍水注》之'六門陂''鄧氏陂'有關。"[③]夏麥陵先生："喬山、爰波，我認爲在今盧氏、西峽和淅川的均水（今老灌河）流域，而爰波離丹江與均水匯合處的馬蹬（現代地名）較近，因爲過爰波，便是'逆上洲水'。惜未得確證，不敢姑妄坐實。"[④]或定在豫東，如李玉潔先生："'爰波'，當指今河南商丘東部一帶的湖泊。"[⑤]

或定在河南滎陽一帶，如程濤平先生也認爲"爰波"即"滎波"，位於今河南滎陽縣境內氾水鎮附近。爰波離穴窮不遠。[⑥]

也有不少學者將爰波定在湖北西部。如宋華強先生認爲"爰波"即漢水之畔的意思：

> "爰"疑當讀爲"漢"，即漢水。"爰"屬匣母元部，"漢"屬曉母元部，讀音相近。《淮南子·地形》"暖濕生容"，高誘注："暖一讀燺。""暖"

---

① 尹弘兵：《〈楚居〉季連居地試析》，見劉玉堂主編：《楚學論叢》（第2輯），武漢：湖北人民出版社，2012年，第20、21、26頁。

② 黃靈庚：《清華戰國竹簡〈楚居〉箋疏》，《中華文史論叢》2012年第1期，第58、59頁。

③ 凡國棟：《清華簡〈楚居〉中與季連有關的幾個地名》，簡帛網，2011年6月4日，又見楚文化研究會編：《楚文化研究論集》（第10集），武漢：湖北美術出版社，2011年，第68、69頁。

④ 夏麥陵：《初讀清華簡〈楚居〉的古史傳說》，《中國國家博物館館刊》2013年第11期，第51頁。

⑤ 李玉潔：《〈楚居〉記載的季連至鬻熊遷徙與活動地域考述》，羅運環主編：《楚簡楚文化與先秦歷史文化國際學術研討會論文集》，武漢：湖北教育出版社，2013年，第207頁。

⑥ 程濤平：《先楚史》，第450-451頁。

從"爰"聲，"漢""難"聲符相同，故"爰"可讀爲"漢"。"波"讀爲
"陂"當然可通，不過從古書用詞習慣來看，"波"讀爲"泮"或"畔"
似乎更合適，"波"屬幫母歌部，"泮"屬滂母元部，"畔"屬並母元部，
聲母都是唇音，韻部對轉，讀音相近。"泮""畔"都可指水涯，如《詩
經·衛風·氓》"淇則有岸，隰則有泮"，鄭箋："泮讀爲畔。畔，涯也。
言淇與隰皆有厓岸以自拱持。"①

郭志華先生也認爲爰波在漢水一帶，"爰波和喬山（驕山）的位置相距不遠，背
山靠水……喬山在漢水南，離漢水不遠，爰波應該就指漢水或者漢水的支流"。②周
運中先生："爰波疑即五陌，《太平寰宇記》卷一百四十五光化軍乾德縣：'五陌洲，
在縣西南四里，《南雍州》記曰："鄀城南四里有五陌村。"'爰與五，波與陌，皆音
近可通。五陌在漢水沿岸，正是楚人北上到均水的必經之處"。③黃鳴先生將爰波
定在沮漳河交匯的當陽兩河口鎮，"簡文'爰'字作'![字]'，象兩手持玉之形。《楚
居》稱季連'前出於喬山，宅處爰波'，爰波大概指的就是沮漳兩水交會之地。楚
地之荊山盛產玉石，歷史上有名的和氏玉即得之於荊山。《中次八經》亦云：'又
東北百五十里，曰驕山，其上多玉。'是楚人於驕山采玉，并宅處於沮漳兩水之間。
爰波之地，大約就在今湖北省當陽市兩河口鎮"。④牛鵬濤先生認爲：

> "爰波"之"爰"可讀爲"蓬"。……"爰波"可讀爲"蓬陂"。……
> "蓬陂"或與"蓬滋"有關，《尚書·禹貢》："（漢水）過三滋，至於大別。"
> 一般認爲"三滋"即句滋、蓬滋、雍滋……"句滋"應即句亶，在湖北
> 竹山……句滋在"三滋"中居首。……"雍滋"應位於宜城以南的漢水
> 中下游河段附近，在"三滋"中居尾。"蓬滋"在"三滋"居中，則應位
> 於宜城以北至竹山以東河段附近。從地理位置上推斷，可能相當於今淅
> 川之丹淅之會。⑤

笪浩波先生："爰波（陂）應指水邊的某個地方，汌水即均水。季連見盤庚之
子時是逆均水而上的，則爰波應在均水的下游某個地方，也可能在丹淅之會或以
下。簡文未言季連行經漢水，也許爰波就在丹水與漢水的交匯之處。"⑥

---

① 宋華強：《清華簡〈楚居〉1-2號釋讀》，簡帛網，2011年1月15日。
② 郭志華：《〈楚居〉與楚史相關問題探討》，華中師範大學碩士學位論文，2012年，第21頁。
③ 周運中：《〈楚居〉東周之前地理考》，羅運環主編：《楚簡楚文化與先秦歷史文化國際學術研討會論文集》，
武漢：湖北教育出版社，2013年，第224、225頁。
④ 黃鳴：《清華簡〈楚居〉一至四簡的歷史地理考察》，簡帛網，2011年7月20日。
⑤ 牛鵬濤：《清華簡〈楚居〉與楚國都城研究》，清華大學博士學位論文，2013年，第21頁。
⑥ 笪浩波：《從清華簡〈楚居〉看季連族的南遷路綫》，劉玉堂主編：《楚學論叢》（第3輯），武漢：湖北人
民出版社，2014年，第32頁。

另外，還有少量學者主張爰波在陝西關中一帶。如周宏偉先生："爰陂"即原陂，在藍田縣境。爰陂，《楚居》原文作"爰波"，當即原陂之異寫，其含義爲原邊坡地之意。爰、原皆在元部，且爰可通原（元）；陂，山坡之意。《説文》："陂，阪也。"值得注意的是出土商代銅器窖藏的黃溝村東南遺址。該遺址位於白鹿原南緣與灞河谷地之間的坡地上，地理位置比較好。季連的居地既稱爰陂，很可能就是居住在該遺址附近。直至今天的白鹿原一帶，人們把原面與川地交接的坡地區仍稱"原坡"。[①]盧長信先生："'爰波'大概是當時古東海（即渭河下游的關中平原）北岸海邊地帶。"[②]

金宇祥先生：

> （爰波）應爲一地名。"爰"字該如何通讀，待考。"波"讀爲"陂"可從……其義應爲"澤旁之堤"。"爰波（陂）"之"宅處爰陂"，應指季連住在某水澤旁的堤上。[③]

劉玉堂、曾浪先生：

> 整理者以爲"尻"讀爲"處"，且以爲"爰波"爲一地名，恐不確。今按《國語·周語下》云："宅居九隩，合通四海"，《釋名》曰："宅，擇也"。又《論語·里仁》曰："里仁爲美，擇不處仁，焉得知"。其實，擇、宅皆定紐鐸部字，一聲之轉。尻，處也，"乇尻"，實即宅處、擇處也。意爲選擇居處之地。"爰波"二字不成辭，亦非地名，整理者應誤。爰，於也，介詞，班固《典引篇》云："伊考自邃古，乃降戾爰茲"。波，可有兩解：一爲具體地名；二爲陂、阪、坡等近水高臺，利於耕墾，非實指具體地名……此"波"乃古人山耕之遺迹。[④]

【筆者按】整理報告云"尻"即"處"字，是。《説文·几部》及《毛詩稽古編》卷27："尻，處也。""爰波"之"爰"，陳民鎮以爲相當於虛詞"於"字，"波"并非一具體地名，這種可能性是存在的。"爰波"二字學者多以爲是一個地名，對於其地望學界意見歧異。繹讀學界意見，以下意見更有參考價值：①爰波（陂）應指水邊的某個地方。"波"字與水有關，若讀"波"爲"陂"，則與陂塘有關。②爰

① 周宏偉：《楚人源于關中平原新證——以清華簡〈楚居〉相關地名的考釋爲中心》，《中國歷史地理論叢》2012 年第 2 期，第 14、15 頁。

② 盧長信：《清華簡〈楚居〉楚之族源解讀》，見新浪博客"華夏史略-西安盧長信"，2013 年 11 月 7 日。

③ 季旭昇主編：《清華大學藏戰國竹簡（壹）讀本》，臺北：藝文印書館，2013 年，第 284 頁。

④ 劉玉堂、曾浪：《清華簡〈楚居〉季連、穴窴擇尻解》，《楚文化與長江中游早期開發國際學術研討會論文集》，武漢：武漢大學，2018 年 9 月，第 525、526 頁。

波與喬山相距不遠，爰波可能就在漢水或者漢水的支流。③讀"爰"爲"蓮"，"爰波"可讀爲"蓮陂"。但《楚居》有"遠仲"，學者已將"遠""蓮"聯繫，認爲"遠仲"爲蓮氏之祖。讀"爰"爲"蓮"似又不妥。綜上，竊以爲"爰波"最可能在漢水中游（丹江口水庫以下之襄陽）及其支流一帶，具體位置已不可考。

（五）"逆上汌水"

《楚居》整理報告："新蔡葛陵簡甲三·一一+二四：'昔我祖出自郎追，宅茲沮（雎）章（漳）。'疑'郎追'之'郎'與此處的汌水有關。"①李學勤先生做了進一步論證：

> 季連在傳説中"出於喬山，宅處爰波"而"逆上汌水"，是喬山及爰波在汌水的下游或更遠處；然後"見盤庚之子，處於方山"，是方山在汌水的上游或其源出方向；最末在水濱追及妣隹，娶之爲妻，是又順汌水而下。
>
> 這條有關鍵意義的汌水，其實就是均水，見《水經注》。《漢書·地理志》作鈞水，"上中游即今河南西南部淅川，下游即會合淅川以下的丹江，流入漢水"。按《漢志》南陽郡博山舊名順陽，應劭云："在順水之陽也。"《水經·均水注》："均水南逕順陽縣西，漢哀帝更爲博山縣，明帝復曰順陽。應劭曰：'縣在順水之陽，今於是縣則無聞于順水矣。'"這個順陽位在均水東北，順水顯即均水。"順"與"汌"都是從"川"聲的字，且與"均""鈞"等字通假，古書曾見其例。②

宋華强先生雖不贊成汌水之汌與新蔡簡郎追之郎有關，但也認爲汌水就是均水：

> 整理者所引葛陵簡的所謂"追"字，葛陵簡整理者隸定爲"逳"，可從。葛陵簡這段簡文，學者的斷讀意見不一致。何琳儀先生斷讀爲"昔我先出自郎（均），逳（歸）宅茲沮（沮）、章（漳）"，董珊先生斷讀爲"昔我先出自郎（顯）逳（項），宅茲沮（沮）、章（漳）"，我們贊同董先生的意見，"郎逳"之"郎"和《楚居》"汌水"之"汌"恐怕沒有關係。"汌"疑當讀爲"均"，"川"聲、"勻"聲相通的例證上引何琳儀先生文章已經舉過，請參看。《水經·均水》："均水出析縣北山……南入於沔。"

---

① 清華大學出土文獻研究與保護中心編，李學勤主編：《清華大學藏戰國竹簡（壹）》，第183頁，注[五]。
② 李學勤：《論清華簡〈楚居〉中的古史傳説》，《中國史研究》2011年第1期，第54、55頁。

22

沔水是漢水上源水名，古代又常作爲漢水的別稱，如《廣韻・獮韻》：“沔，漢水別名。”季連居於漢水之畔，正可以逆流而上均水。①

除此之外，一些學者雖未贊成均水説，但也將洲水定在豫西南及鄂西北一帶。例如凡國棟先生：“新蔡葛陵簡甲三・11+24 應讀爲‘昔我先出自洲，歸宅茲沺（沮）、章（漳）’。‘郇’‘洲’破讀爲‘湍’，董珊曾論證‘郇’可讀爲‘顓’，同理，‘郇’‘洲’可讀爲‘湍’。‘川’聲、‘端’聲有相通的例證。湍水見於《中山經》‘中次十一經’，‘荆山之首曰翼望之山。湍水出焉，東流注於濟。’‘濟’爲‘淯’之訛。”②黄鳴先生：“《楚居》稱‘逆上洲水’，是由喬山與爰波之地溯流而上，此處的‘洲水’應爲今湖北省西北部某條河流。洲水就是漢水上游幹流，現在蓄水成爲丹江口水庫。”③夏麥陵先生認爲洲水實際指的是丹江：

> “逆上洲水”即從原丹江與均水匯合處逆丹江而上，此路綫當爲季連部族的遷徙主流，另有一部分則逆漢江而上。他們到了陝南，生活在丹江和漢水上游一帶，後來大都順水遷徙到湖北境內，所以把沔水、沔陽、沺水、荆山等地名也帶到了湖北境內。唯“夷屯”“丹陽”沒有移稱到湖北去。原因是夷屯規模不大，不擴大夷屯的規模是漸漸有了遠離宗周的想法；二是丹陽根本不是地名，而是方位名詞，除《史記・楚世家》記述熊繹受封後“居丹陽”，幾乎不見於其他古文獻……夷屯與均水沒有關係，這條關鍵意義的洲水，其實就是丹江。④

金宇祥先生：

> 從相關位置來看，應以“均水”之説較爲合適。李學勤讀爲“均水”是對的，但認爲“均水”是“順水”此點恐誤，《水經・均水》經文記載均水出自析縣北山，酈道元認爲析縣北山即是盧氏縣熊耳山。酈道元於注中先説均水南逕順陽縣西，接着引應劭的話及《漢書・地理志》，應是認爲均水至應劭時已無可考，均水可能是《漢書・地理志》的“淯水”。楊守敬同意酈道元的説法。而李學勤所説的“順水”，應是從酈道元及應劭對“均水”的理解推論而來，惟不同之處在於酈道元認爲“均水”爲“淯水”，而李學勤以聲音通假將“均水”與“順水”聯繫起來。⑤

---

① 宋華强：《清華簡〈楚居〉1–2 號釋讀》，簡帛網，2011 年 1 月 15 日。

② 凡國棟：《清華簡〈楚居〉中與季連有關的幾個地名》，簡帛網，2011 年 6 月 4 日，又見楚文化研究會編：《楚文化研究論集》（第 10 集），武漢：湖北美術出版社，2011 年，第 64 頁。

③ 黄鳴：《清華簡〈楚居〉一至四簡的歷史地理考察》，簡帛網，2011 年 7 月 20 日。

④ 夏麥陵：《初讀清華簡〈楚居〉的古史傳説》，《中國國家博物館館刊》2013 年第 11 期，第 50、51 頁。

⑤ 季旭昇主編：《清華大學藏戰國竹簡（壹）讀本》，臺北：藝文印書館，2013 年，第 285 頁。

除去以上説法外，還有學者將洍水定在河南省的其他地方。如晏昌貴先生認爲洍水可能就是《詩經・鄭風》裏的洧水。[①]子居先生："（洍水）當即旃然之水。旃然者，或即洍之緩讀。旃然之水是春秋時期水名，即今河南省滎陽市之索河上游。……（整理者）所言當是，由雎漳可以推測，新蔡簡前文的'郍追'亦當是地名，今以《楚居》對觀，則'郍追'似可讀爲'郍瀆'。"[②]杜勇先生認爲"洍水"即《水經・清水注》之"清水"，源自方山，流經今河南衛輝市北部。[③]李玉潔先生："把'洍水''郍追'與'雎'水聯繫起來比較符合古代地理位置的史實。此處的'雎'指古商丘的雎水。"[④]

鄭傑祥先生認爲"洍水"即"汜水"：

> 《楚居》又記云："逆上洍水，見盤庚之子，處於方山，女曰妣佳……先處於京宗。""洍水"疑即"汜水"。"洍"字，《康熙字典・水部》引《玉篇》云："洍，尺戀切，音釧。水也，一曰水名。"當是從水，川聲。"汜"字，《説文・水部》：汜，"從水，巳聲。"川，古音屬舌音穿紐文部，巳，古音屬齒音邪紐之部。王力先生説：屬於"舌與齒"二音的聲紐"爲鄰紐"，"之、文"二部可以"通轉"。因此"川"與"巳"二字古音相近，當可相假。如果此釋不誤，則《楚居》所記洍水可能就是文獻記載的汜水。汜水所在，《山海經・中次七經》云："又東三十里曰浮戲之山……汜水出焉，而北流注於河。"《水經・河水注》云："河水又東，合汜水。水南出浮戲山，世謂之曰方山也。"熊會貞疏："故《寰宇記》《郡國縣道記》稱：汜水出方山。"同書《洧水注》又云："洧水東流，綏水會焉，水出方山綏溪，即《山海經》所謂浮戲之山也。"是浮戲山又稱方山，位於滎陽市南與新密市交界之間。清代汜水縣即今河南省滎陽市汜水鎮，以位於汜水沿岸而得名。[⑤]

程濤平先生："《楚居》中的洍水，歷史地名詞典無查。以方山（浮戲山）在洍水上游推之……當爲今河南省鞏義市南境北流經滎陽市西北入黄河的汜水。"[⑥]

還有學者將洍水定在陝西、山西。例如周宏偉先生指出"洍水"即灌水，今赤

① 晏昌貴：《清華簡〈楚居〉所見季連徙居地及相關問題》，見楚文化研究會編：《楚文化研究論集》（第10集），武漢：湖北美術出版社，2011年，第56頁。

② 子居：《清華簡〈楚居〉解析》，簡帛研究網，2011年3月31日。

③ 杜勇：《清華簡〈楚居〉所見楚人早期居邑考》，《中國國家博物館館刊》2013年第11期，第41頁。

④ 李玉潔：《〈楚居〉記載的季連至鬻熊遷徙與活動地域考述》，羅運環主編：《楚簡楚文化與先秦歷史文化國際學術研討會論文集》，武漢：湖北教育出版社，2014年，第207頁。

⑤ 鄭傑祥：《清華簡〈楚居〉所記楚族起源地的探討》，《中國國家博物館館刊》2015年第1期，第47頁。

⑥ 程濤平：《先楚史》，第451-452頁。

水河。酈道元明確指出灌水即當時的赤水，説明灌水就是今天的赤水河。那麼，灌水與洲水之間是如何聯繫起來的？按上古音，灌、洲二字同屬陽聲韻，灌當從萑得聲，屬元部；洲當從川得聲，屬文部。以此，洲水很可能是灌水在楚地方言中的近音異記。①盧長信先生："楚之祖先逆滄而上，到達了'洲水'。洲水不是地名，是指三水交匯之地。'洲水'大致所指漳水、傘蓋水和陽泉水匯合之地，約在襄垣縣至潞城縣一帶。"②

劉玉堂、曾浪先生：

　　若要解讀此句，首先需知何謂"逆上"。今按《漢書·五行志》引杜鄴之言曰："水以東流爲順走，而西行，反類逆上。"《漢書·地理志》："曲逆。"張晏注云："濡水於城北，曲而西流，故曰曲逆"。則知古人所謂逆上，即向西行之……逆洲水，即季連族群向西行。洲水，未知其具體地名，恐亦泛言水，但無論如何其地應在"喬山"與"方山"附近不遠。③

【筆者按】黃靈庚先生將洲讀爲順。認爲"洲水"就是"順水道行"的意思。④黃説恐不確，洲水當視爲水名。今之淅川又名均水，古稱順水。順字從川得聲，《楚居》"洲"字亦從川得聲，新蔡葛陵簡"𨚲"字亦從川得聲。因此，整理報告懷疑葛陵簡"𨚲"與"洲水"有關是正確的，不僅如此，《楚居》"洲水"應即古順水，葛陵簡"𨚲"字從邑川聲，應是洲水沿岸一城邑或聚落名稱。葛陵簡"𨚲追"爲"地名+人名"結構，"追"爲楚先之名。另外，何琳儀先生早就列舉"川"聲、"勻"聲相通的例證，認爲讀"𨚲"爲"均"，照此，"洲水"即今之均水。"逆上洲水"即逆今之均水溯流而上。李學勤先生曾敏鋭地指出，"這條有關鍵意義的洲水，其實就是均水，見《水經注》。《漢書·地理志》作鈞水，'上中游即今河南西南部淅川，下游即會合淅川以下的丹江，流入漢水'"。

（六）"見盤庚之子，凥（處）于方山"

《楚居》整理報告："《山海經·大荒西經》有方山，但位置太遠。"⑤李學勤先

---

①　周宏偉：《楚人源于關中平原新證——以清華簡〈楚居〉相關地名的考釋爲中心》，《中國歷史地理論叢》2012 年第 2 期，第 16 頁。

②　盧長信：《清華簡〈楚居〉楚之族源解讀》，見新浪博客"華夏史略-西安盧長信"，2013 年 11 月 7 日。

③　劉玉堂、曾浪：《清華簡〈楚居〉季連、穴酓擇凥解》，《楚文化與長江中游早期開發國際學術研討會論文集》，武漢：武漢大學，2018 年 9 月，第 526 頁。

④　黃靈庚：《清華戰國竹簡〈楚居〉箋疏》，《中華文史論叢》2012 年第 1 期，第 60 頁。

⑤　清華大學出土文獻研究與保護中心編，李學勤主編：《清華大學藏戰國竹簡（壹）》，第 183 頁，注[七]。

生："方山是《中次四經》的柄山，'方''柄'皆幫母陽部字。經云'柄山……滔雕之水出焉'。郝懿行《山海經義疏》稱：'柄山、滔雕水及下文白邊山，計其道里，當在宜陽、永寧（今洛寧）、盧氏三縣之境。'"[1]陳民鎮先生主張嵩縣陸渾山說，與李學勤先生觀點相近：

> 中國名方山者有多處，或在山東長清（又名靈巖山），或在山東昌樂，或在河南汜水（古浮戲山），或在河南嵩縣（即陸渾山），或在山西大同，或在山西長子，或在山西平定，或在江蘇江寧，或在江蘇儀徵，或在安徽宣城，或在浙江青田，或在福建閩侯，或在浙江長興，或在四川瀘縣，或在四川蒼溪，或在四川巴縣。另楚國有方城山，在湖北竹山。果若洲水即均水，季連"逆上洲水"，上游在河南淅川，位處河南嵩縣的方山（陸渾山）是《楚居》所見"方山"的可能性較大。季連逆洲水而上，見盤庚之子，地在殷商畛域，自可相信。[2]

學者多以爲洲水即均水，根據《楚居》簡文判斷方山應在均水上游或源頭，進而對方山進行了定位。但各自的定位有一定不同。黃鳴持外方山說，云："此處之方山，與'盤庚之子'有關，季連既然逆上洲水，見盤庚之子後居處於方山，可見其地距洲水必不甚遠……如果洲水爲淅川的說法成立的話，方山的地望，可能即今河南中西部的外方山，其山在今河南省魯山縣、汝州市境，西鄰熊耳山，北接汝州盆地。商人勢力，應能延伸到此。"[3]尹弘兵先生："從季連在'洲水''方山'一帶見盤庚之子來看，二地當在晚商文化殷墟類型的範圍內，至多爲殷墟類型的邊緣區，即仍當在河南中部地區，或較夏代時略偏南、偏西。"[4]郭志華先生："根據前面喬山與爰波的地理位置，季連入漢水逆流而上，從丹江口入均水，繼續北上，可以到達方山，進入商人的統治區域。方山的具體位置從《楚居》中可知與均水相近或在均水的源頭，均水的源頭爲熊耳山。"[5]周運中先生："《水經注》卷二十《丹水》說：'黃水北出予山黃谷，南逕丹水縣，南注于丹水。'予山，疑爲方山形訛，黃、方音近，方山或在黃水源頭。……黃水，徐少華先生認爲即今淇河……方山本應是丹水、淅水之間的黃山。"[6]

---

① 李學勤：《論清華簡〈楚居〉中的古史傳說》，《中國史研究》2011 年第 1 期，第 55 頁。

② 陳民鎮：《清華簡〈楚居〉集釋》，復旦大學出土文獻與古文字研究中心網，2011 年 9 月 23 日，第 23 頁。

③ 黃鳴：《清華簡〈楚居〉一至四簡的歷史地理考察》，簡帛網，2011 年 7 月 20 日。

④ 尹弘兵：《〈楚居〉季連居地試析》，見劉玉堂主編：《楚學論叢》（第 2 輯），武漢：湖北人民出版社，2012 年。

⑤ 郭志華：《〈楚居〉與楚史相關問題探討》，華中師範大學碩士學位論文，2012 年，第 23 頁。

⑥ 周運中：《〈楚居〉東周之前地理考》，羅運環主編：《楚簡楚文化與先秦歷史文化國際學術研討會論文集》，武漢：湖北教育出版社，2013 年，第 227、228 頁。

　　子居等幾位學者認爲方山就是滎陽浮戲山。例如子居先生："在今河南滎陽市西南，又稱浮戲山。《山海經・中次七經》：'又東三十里，曰浮戲之山。有木焉，葉狀如樗而赤實，名曰亢木，食之不蠱，汜水出焉，而北流注於河。'《水經注・河水》：'河水又東合汜水，水南出浮戲山，世謂之曰方山也。'《水經注・洧水》：'洧水東流，綏水會焉。水出方山綏溪，即《山海經》所謂浮戲之山。'可證。"①黃靈庚先生指出方山指《水經・洧水注》的浮戲之山。"方山，近西亳，在今河南偃師西。此云季連見盤庚之子居於西亳之方山也。"②李玉潔先生："此處方山，指的當是宋代乐史《太平寰宇記・河南道五》'密縣'條下所云：'方山，《山海經》云浮戲之山，汜水出焉。《水經注》云："汜水出浮戲山，世謂之方山也"。'也就是説，季連部落回到了方山，方山就是密縣的浮戲山。楚人又回到了他們所興起的'祝融之虛'附近。"③

　　鄭傑祥先生認爲"方山"即《山海經》所謂"浮戲山"，位於滎陽市南與新密市交界處：

> 　　汜水所在，《山海經・中次七經》云："又東三十里曰浮戲之山……汜水出焉，而北流注於河。"《水經・河水注》云："河水又東，合汜水。水南出浮戲山，世謂之日方山也。"熊會貞疏："故《寰宇記》《郡國縣道記》稱：汜水出方山。"同書《洧水注》又云："洧水東流，綏水會焉，水出方山綏溪，即《山海經》所謂浮戲之山也。"是浮戲山又稱方山，位於滎陽市南與新密市交界之間。清代汜水縣即今河南省滎陽市汜水鎮，以位於汜水沿岸而得名。④

　　程濤平先生："方山位於今滎陽市西南境汜水河上游，又名浮戲山，現爲當地名勝'浮戲山環翠峪'。"⑤

　　有的學者將方山定在豫北地區。如杜勇先生：

> 　　"方山"一名，文獻多見。如《尚書・禹貢》有"外方""内方"二山，《山海經・大荒西經》"西海之外，大荒之中，有方山者"，《水經注》所言"方山"更是多至十來處。在確定"方山"的地望時首先要考慮到的因素是，方山爲季連"見盤庚之子"後的徙居地。"盤庚之子"武丁雖

---

① 子居：《清華簡〈楚居〉解析》，簡帛研究網，2011 年 3 月 31 日。
② 黃靈庚：《清華戰國竹簡〈楚居〉箋疏》，《中華文史論叢》2012 年第 1 期，第 60、61 頁。
③ 李玉潔：《〈楚居〉記載的季連至鬻熊遷徙與活動地域考述》，羅運環主編：《楚簡楚文化與先秦歷史文化國際學術研討會論文集》，武漢：湖北教育出版社，2013 年，第 208 頁。
④ 鄭傑祥：《清華簡〈楚居〉所記楚族起源地的探討》，《中國國家博物館館刊》2015 年第 1 期，第 47 頁。
⑤ 程濤平：《先楚史》，第 451 頁。

一度生活在民間，但不至於遠去殷都千里萬里。……"方山"當位於殷商統治的中心地帶，離此另覓綫索未必合宜。這樣，真正符合此一條件的，恐怕只有《水經注》所記清水流域的"方山"……方山即在今河南淇縣境內……

從"洍水"、"方山"所處地理位置看，季連部落此時已從黃河以南的洛陽一帶北遷殷商腹地，并與武庚之女姚佳結爲連理，使殷楚聯盟得到進一步加強。[①]

張鷽先生認爲方山可能在黃河以北的河南省境內，但具體的地點不能確定。[②]

晏昌貴、凡國棟二先生將方山與《禹貢》"內方"與"外方"聯繫起來。晏昌貴先生認爲《禹貢》記有"外方""內方"，前者即嵩山，後者即鍾祥市的章山。"楚先祖季連確實活動于方山，大概等到楚人南遷江漢後，又將方山之地名帶入江漢地區，爲了區別這兩座方山，於是有了'外方'和'內方'的命名。"[③]凡國棟先生推測方山即葉縣方城山：

> 《禹貢》記有"外方""內方"，長期以來通行的看法是，內外用以別方城而非方山。也就是説內方、外方因分別位於方城之內、外而得名。據"逆上洍水"知，方山當在洍水之源頭，至少應在其上游地帶。如此則《楚居》所載的方山正位於內方、外方之間。因此內方、外方的得名也可能是因爲位於方山之內、外而得名的。
>
> 據傳世文獻的記載，今河南省葉縣南有方城山，可能得名于方城，而方城之得名則應與方山有關。明白了這一關係，則方山之地望也無疑問了。[④]

以上學者所定的方山皆在今河南省境內。除此之外，也有學者將方山定在湖北襄陽或陝西關中一帶。宋華強先生認爲方山在襄陽西南：

> "處於方山"，《水經·沔水注》"沔水又東徑方山北"，"方山"或以爲當作"万山"，因爲有些古書引作"萬山"或"蔓山"。按，若本作"万"，"万"從很早就多寫作"萬"，無由訛作"方"。若本作"方"，則"方"

---

① 杜勇：《清華簡〈楚居〉所見楚人早期居邑考》，《中國國家博物館館刊》2013 年第 11 期，第 40、41 頁。

② 張鷽：《清華簡〈楚居〉與楚族起源》，《中原文物》2014 年第 2 期，第 83 頁。

③ 晏昌貴：《清華簡〈楚居〉所見季連徙居地及相關問題》，見楚文化研究會編：《楚文化研究論集》（第 10 集），武漢：湖北美術出版社，2011 年，第 54 頁。

④ 凡國棟：《清華簡〈楚居〉中與季連有關的幾個地名》，簡帛網，2011 年 6 月 4 日，又見楚文化研究會編：《楚文化研究論集》（第 10 集），武漢：湖北美術出版社，2011 年，第 66 頁。

易因形近而訛爲"万"，又被寫作"萬"或"蔓"，就可以理解了。而且《續漢書·郡國志四》（今收在《後漢書》中）南郡"襄陽"注引《襄陽耆舊傳》，《文選·曹植〈王仲宣誄〉》"濯纓清川"注引盛弘之《荆州記》，均作"方山"。明朱謀㙔《水經注箋》本、清項絪校本、全祖望五校本和七校本都作"方山"。方山在今襄樊西南，距漢水、均水甚近。特別是《水經·沔水注》和《續漢書·郡國志四》注引《襄陽耆舊傳》講到方山之下是傳説中鄭交甫所見漢皋游女之處，正和《楚居》講比隹在方山附近出游，季連與之交合的故事相合，可見確實應作"方山"。①

無獨有偶，笪浩波、李想生先生有與宋氏相近的看法：

> 方山在文獻中有記載，《水經·沔水注》："沔水東逕方山北……下水曲之隈，云漢女昔游處也。張衡《南都賦》曰：'游女弄珠於漢皋之曲。'漢皋，即方山之異名也。"東晉習鑿齒《襄陽耆舊傳》云："（襄陽）縣西九里有方山，父老傳云交甫所見游女處，此山之下曲隈是也。"《名勝志》："方山，在襄陽府城西十里。"《元和郡縣圖志》卷 21，山南道襄州襄陽縣"方山"條："方山，一名漢皋山，在（襄陽）縣西十一里。"今湖北襄樊市襄城區以西有方山，緊鄰漢水南岸，應即《南都賦》中的漢皋山。文獻中所記的漢游女及鄭交甫見漢游女的最早版本應出自季連在方山豔遇比（姒）隹的故事。②

笪浩波先生後來對其原來説法做了調整，但仍不否定原來所持的襄陽萬山説：

> 方山是季連娶姒隹的地點，也可能是季連的遷居地。……《楚居》記載季連逆上汌水去見盤庚後人之事，表明楚人祖先與殷商曾經有過交往。但姒隹是否是盤庚之子之女則存疑。……若將季連逆上汌水見盤庚之子與娶姒隹作爲一事來看，此方山應該就是季連與姒隹相遇的地方，則此方山應該就在逆汌水而上後的某個位置。這一位置可能就在屬商人中心區的外方山——嵩山一帶。若處於方山指遷居方山，則見盤庚之子和于方山娶姒隹應該分爲兩件事，即"處於方山"之前以句號斷開。若此，娶姒隹之方山則爲《水經·沔水注》所言之方山，即今襄陽之萬山。③

後來，笪浩波先生的看法又有所改變。他認爲此處"方山"并非指楚族居地，

---

① 宋華强：《清華簡〈楚居〉1–2 號釋讀》，簡帛網，2011 年 1 月 15 日。
② 笪浩波、李想生：《生境的選擇與楚文化的興起》，《考古與文物》2012 年第 1 期，第 38 頁。
③ 笪浩波：《從清華簡〈楚居〉看季連族的南遷路綫》，劉玉堂主編：《楚學論叢》（第 3 輯），武漢：湖北人民出版社，2014 年，第 32、33 頁。

而應在商族的勢力范圍内：

> 此方山是季連與妣隹相遇的地方，則此方山應該就在逆汌水而上後的某個位置。文獻中雖無其他方山的記載，但有外方山與内方山的記載……外方山即今嵩山。内方山，孔穎達《五經正義》引《漢書·地理志》云："章山在江夏竟陵縣東北，古文以爲内方山。"内方山在漢水以南，離汌水太遠，且順汌水下漢水才能到達，與行進方向相反，故不可能是《楚居》之方山。外方山在河洛地區，在汌水的上游，屬商人的控制範圍，且符合行進方向。因方山位於商人中心區，爲商人控扼西方和南下的咽喉之所在，不排除盤庚會利用自己的宗親來重兵把守，即派自己的兒子駐扎於此。若此，季連見盤庚之子所處的方山就應該在汌水上游的某個地方。學界以爲方山是季連遷居的地方，其實不然，方山只是某個季連北上與商交往并與妣隹相遇之地，在楚人的歷史上屬大事件，故在《楚居》中記上了一筆。其與遷居無關。[①]

周宏偉先生指出，"方山"即華山，今華山山脈。"今華縣境内有一條渭水支流方山河，因發源於今華縣、華陰二縣（市）之交的華山山脈'方山'而得名。……過去當地人可能曾把華山山脉稱爲方山。……華山之所以被稱爲方山，可能與華山山體的立面形狀特徵有關。"[②]盧長信先生："方山指華縣境内方山峪所處的方山。"[③]

羅丹女士將學界説法歸納爲《山海經》"方山"諸説、《水經·汈水注》"方山"説、《禹貢》"外方"説、河南葉縣"方城山"説，并指出：

> 比較諸説，傳世文獻記載的"浮戲山"與"外方"皆可指實，且均得"方山"之名，二者相距較近，在晚商文化分布範圍内，適宜作爲當時的季連居地，二者皆可備一説。《中次七經》浮戲山既然世謂方山，其稱名與《楚居》方山更加一致，再則李守奎先生《論〈楚居〉中季連與鬻熊事迹的傳説特徵》（《清華大學學報》2011 年第 4 期）已指出《山海經》地名與《楚居》先祖地名頗有淵源，季連初居的大騩山亦即《中次七經》大騩山。因此，《楚居》方山爲《中次七經》"浮戲山"説更可取。

一般認爲，《楚居》載季連初居地騩山在今河南新密大騩山一帶。今辨析晚商時期季連居地方山很可能在今河南新密一帶，距離大騩山不遠。

---

① 笪浩波：《清華簡〈楚居〉與楚國都城探研》，武漢：武漢大學出版社，2022 年，第 56 頁。

② 周宏偉：《楚人源于關中平原新證——以清華簡〈楚居〉相關地名的考釋爲中心》，《中國歷史地理論叢》2012 年第 2 期，第 17 頁。

③ 盧長信：《清華簡〈楚居〉楚之族源解讀》，見新浪博客 "華夏史略-西安盧長信"，2013 年 11 月 7 日。

以騩山、方山爲坐標，可知傳說時代的芈姓部族長期生活在中原地區。傳世文獻及《楚居》載芈姓部族先後與商人、周人建立政治交往，與中原統治者有緊密的聯繫，芈姓部族往往會擇居於靠近商周文化核心圈的地帶，也在情理之中。[①]

【筆者按】笪浩波先生基於對"逆上汌水，見盤庚之子，處於方山"一句的兩種斷讀，推論"方山"或在外方山——嵩山一帶，或在今襄陽市襄城區以西漢水以南的萬山。笪氏觀點值得關注，筆者更傾向于"方山"在今均水的源頭外方山——嵩山一帶。李學勤先生讀"方山"爲《山海經·中次四經》的"柄山"，認爲柄山當在今宜陽、洛寧、盧氏三縣之境，這與笪浩波先生認爲方山在外方山——嵩山一帶的看法相合。

（七）"及之盤"

學界對"盤"的理解頗爲不同。《楚居》整理報告："盤字讀爲'泮'，訓爲水涯。"[②]李學勤先生："'盤'應讀爲'泮'，即水濱，結合上文即汌水之濱。"[③]宋華強、劉樂賢先生認爲"盤"與男女交媾有關。宋華強先生：

> "盤"疑當訓爲"樂"。《書·無逸》"文王不敢盤于游田"，孔疏引《釋詁》："盤，樂也。""盤游（遊）"經常并言，如《逸周書·柔武》"盤游安居"，僞古文《書·五子之歌》"乃盤游無度"。字又作"般"，如《爾雅·釋詁上》："般，樂也。"《荀子·仲尼》"般樂奢汰"，《孟子·公孫丑上》"般樂怠敖"，《盡心下》"般樂飲酒"。上文説比隹好游，故季連"及之盤"，蓋謂季連和比隹一起盤游享樂。頗疑"及之盤"是男女交媾的一種委婉語，故下文接着説"爰生絗伯、遠仲"。[④]

劉樂賢先生：

> 此處"盤"似可以讀爲"姅"，盤、姅音近可通。朱駿聲説蹣蹼"猶婆姍也"（《説文通訓定聲》"姅"字條），可以作爲佐證。《廣韻·耕韻》引《蒼頡篇》："男女私合曰姅。"簡文可能是説，季連聽説妣隹已有婚約，追過去與之私合，生了絗白（伯）和遠中（仲）兩個孩子。[⑤]

① 羅丹：《〈楚居〉方山地望考辨》，《中國社會科學報》2023 年 3 月 22 日。
② 清華大學出土文獻研究與保護中心編，李學勤主編：《清華大學藏戰國竹簡（壹）》，第 183 頁，注[一二]。
③ 李學勤：《論清華簡〈楚居〉中的古史傳説》，《中國史研究》2011 年第 1 期，第 54 頁。
④ 宋華强：《清華簡〈楚居〉1-2 號釋讀》，簡帛網，2011 年 1 月 15 日。
⑤ 劉樂賢：《讀清華簡札記》，簡帛網，2011 年 1 月 11 日。

　　李家浩先生認爲"盤"應指婚聘之事。"從及之盤"應點斷爲"從，及之，盤"。"盤"讀爲"判"，鄭注引《儀禮·喪服傳》文，傳本"判"作"胖"。《廣韻》去聲換韻普半切判小韻："胖，胖合，夫婦也。"簡文"從及之盤"所在文句意思是說：季連聽説姐隹有婚聘之事，就去追她，結果追上她，和她結爲夫妻，於是生下緹伯、遠仲兄弟二人。①

　　陳偉先生認爲"盤"應讀爲"班"，訓爲返還。②程浩先生贊同《楚居》整理報告，將此處"盤"讀爲"泮"，但將"泮"訓爲消散。"'及之泮'，即爲等到洲水之冰溶解之時。《詩經·邶風·匏有苦葉》：'士如歸妻，迨冰未泮。'毛傳曰：'迨，及。泮，散也。'三代嫁娶以秋冬爲期，尤其以'冰泮'作爲時間節點。"③盧長信先生認爲"盤"爲人名，就是"甘盤"，在甲骨文中作"般"。④

　　除以上説法外，還有不少學者將"盤"視爲地名。例如趙平安先生認爲：

　　　　"盤"應是地名，這對於理解盤庚的名字結構很有啓發。大約盤庚曾居於盤，故稱盤庚。殷墟卜辭中，盤用爲地名。如："盤入十。爭。"（《合集》6478 反）……徐協貞曰："般……亦方名。《山海經·浉水》：般水出焉。《漢書·地理志》平原郡有般縣，或即般方之領域也。"般縣在今山東樂陵西南。西周金文有盤仲虞，春秋金文有盤仲柔，都是盤氏公族，或係盤庚後裔。盤庚遷殷以後，其後人仍有居於盤者。季連所見應爲這一支脉。⑤

黄靈庚先生有與趙先生相近的意見：

　　　　盤，地名，非水涯，九河之一。……《水經注·河水五》："故渠川派東入般縣爲般河，蓋亦九河之一道也。"此入海之盤河也，其源即南樂、濮陽之間。季連依就姐㵸之聘，及之於盤河，自商丘之相終至於濮陽高丘之盤也。⑥

　　子居先生："古有盤谷水，在今河南省鞏義市東南。"⑦周宏偉先生認爲"'盤'即蕃"。《世本》云"契居蕃/番"。"蕃（番）、盤二字的古讀音幾無區別，應該是

　　① 李家浩：《談清華戰國竹簡〈楚居〉的"夷屯"及其他》，見清華大學出土文獻研究與保護中心編：《清華簡研究》（第1輯），上海：中西書局，2012年，第248、249頁。

　　② 陳偉：《讀清華簡〈楚居〉札記》，簡帛網，2011年1月8日。

　　③ 程浩：《清華〈楚居〉"盤"字試解》，復旦大學出土文獻與古文字研究中心網，2011年5月10日。

　　④ 盧長信：《清華簡〈楚居〉楚之族源解讀》，見新浪博客"華夏史略-西安盧長信"，2013年11月7日。

　　⑤ 趙平安：《〈楚居〉的性質、作者及寫作時代》，《清華大學學報（哲學社會科學版）》2011年第4期，第32頁。

　　⑥ 黄靈庚：《清華戰國竹簡〈楚居〉箋疏》，《中華文史論叢》2012年第1期，第63頁。

　　⑦ 子居：《清華簡〈楚居〉解析》，簡帛研究網，2011年3月31日。

一地異寫。蕃在鄭西，是說蕃邑在漢晉間的鄭縣之西。漢晉間的鄭縣即治今陝西華縣。酈道元明確指出蕃就是當時的欒城，而當地民間是俗稱欒城爲赤城、附近的河流爲赤水的。"[1]周運中先生引用《左傳》哀公四年"司馬起豐、析與狄戎，以臨上洛"，認爲"豐在今山陽縣，即《楚居》的盤"。[2]

王玉先生認爲"盤"即"凡"，地在河南輝縣境內：

> 周代有凡國，《春秋》經文有"天王使凡伯來聘"的記載。杜注："汲郡共縣（引按，即今輝縣）東南有凡城。"……據此我們可知，在今天的輝縣境內，先秦時確有凡地，其遺迹魏晉時尚存。……卜辭中也有凡地。……凡地與榆地、向地共見。……

> （《楚居》中的郾山、喬山、穴窮等），杜勇斷定它們"基本集中在今洛陽附近，此即季連部落早期活動的地方，亦即楚人的族源地。"……杜勇認爲"方山"即《水經注》所記清水流域的"方山"，在今河南淇縣境內，而"汌水"即"清水"。據此我們知道，季連部落此時已遷徙至淇縣境內，而淇縣與輝縣接壤，距離相當近。若季連由方山趕到距離不遠的盤（凡）地，迎娶妣佳，也是極有可能的。又陳夢家曾據《春秋·隱公七年》經文"戎伐凡伯于楚丘以歸"的記載，推斷"凡伯既在共縣東南，則戎所伐之凡伯楚丘應在輝縣附近"。若陳說可信，那輝縣附近的這個楚丘，也許便是季連時代楚人在此活動的遺迹。

> 從考古材料上來看，輝縣境內也是商文化遺存豐富的地區之一，而且不少遺址的年代都相當於殷墟一期或更早一些，這與盤庚曾居於此的觀點是相合的。[3]

程濤平先生：

> 盤地約當今鞏義市東的站街鎮附近，《水經注》稱之爲"盤谷塢"，洪河於此匯入伊洛河。

> ……

> 盤地附近有早至新石器時代的花地嘴遺址，正是季連部落夏代至今一直居住的大本營。[4]

① 周宏偉：《楚人源于關中平原新證——以清華簡〈楚居〉相關地名的考釋爲中心》，《中國歷史地理論叢》2012 年第 2 期，第 16 頁。

② 周運中：《〈楚居〉東周之前地理考》，羅運環主編：《楚簡楚文化與先秦歷史文化國際學術研討會論文集》，武漢：湖北教育出版社，2013 年，第 228 頁。

③ 王玉：《清華簡〈楚居〉所見"盤"地望考——兼談周代凡國的始封》，宋鎮豪主編：《甲骨文與殷商史》（新 9 輯），上海：上海古籍出版社，2019 年，第 186-188 頁。

④ 程濤平：《先楚史》，第 452-454 頁。

金宇祥先生疑"妣隹"之"隹"可能是地名，地望不詳，也不排除爲"姓"（姓族之名號）的可能。①

【筆者按】對於"從及之盤"，若讀爲"從，及之盤"，則"盤"爲名詞，"盤"整理報告讀爲"泮"（水濱），有學者以爲是具體地名，甚至以爲是人名；若讀爲"從，及之，盤"，則"盤"作動詞用，動詞"盤"學界已有許多種讀法：陳偉讀"班"，訓返還；宋華强如字讀，訓爲"樂"；劉樂賢讀"姅"，訓爲男女私合；程浩讀"泮"，訓爲消散；李家浩讀"判"，"判"作"牉"。筆者認爲，"盤"字最有可能是一具體地名。《楚居》上文云季連"逆上汌水，見盤庚之子處於方山"，"處於方山"的主語有兩種可能：一是指季連，二是指盤庚之子，竊以爲應是後者。妣隹出嫁應從方山一帶出發，季連在"盤"地追上妣隹，"盤"地應在方山周邊尋覓。筆者在上文認爲方山應該在外方山——嵩山，也即李學勤先生主張的宜陽、盧氏、洛寧一帶，"盤"地應在周邊。至於商王"盤庚"之"盤"是否來自這一"盤"地，不便輕下結論以置可否，需寄希望於新材料來證實或證僞。

（八）"嫵（游）棗羊"

學界對"棗羊"有兩類解釋：一類是將其視爲副詞或形容詞；另一類是將其視爲地名。先看第一類，《楚居》整理報告：

> "棗"字爲雙音符字，與"羊"構成聯綿詞，《廣雅·釋訓》作"徜徉"，云"戲蕩也。"《楚辭·惜誓》作"尚羊"，注云："游戲也。"或疑"嫵"讀如本字，嫵徜徉意思是生育順暢。《詩·生民》也記載有姜嫄生棄順暢之事："誕彌厥月，先生如達。不坼不副，無菑無害。"②

守彬先生："疑讀爲'嫵長祥'，意思爲子孫繁衍、家族興旺。"③劉雲先生："'嫵棗羊'應讀爲'嫵（育、胄）長永'。'羊'是喻母陽部字，'永'是匣母陽部字，兩字古音極近。'棗'是個雙聲字，'羊''永'皆聲，亦可證'羊''永'音近。'嫵'與'育'本是異體關係，有後嗣的意思。'長永'是久長的意思。文獻中無'長永'，但是有'永長'，意思當相近，如《後漢書·光武帝紀》：'享國永長'，《魏書·靈征志》：'子孫永長'。'嫵長永'就是説子孫後嗣綿延久長。"王寧先生："'嫵長羊'的'長羊'，讀爲'長祥'，與《詩經·商頌·長發》'長發其祥'的意思或有關係。長爲久長，祥爲禎祥。"④黃靈庚先生："整理者以'嫵'爲'嫵'，謂生育，是也；

---

① 季旭昇主編：《清華大學藏戰國竹簡（壹）讀本》，臺北：藝文印書館，2013 年，第 289 頁。

② 清華大學出土文獻研究與保護中心編，李學勤主編：《清華大學藏戰國竹簡（壹）》，第 183 頁，注[一四]。

③ 守彬：《讀清華簡〈楚居〉季連故事》，簡帛網，2011 年 1 月 10 日。

④ 劉雲、王寧的意見參復旦大學出土文獻與古文字研究中心研究生讀書會《清華簡〈楚居〉研讀札記》一文下的評論。

讀如‘游’，非也。儵羊、徜徉、尚羊，皆一字，訓‘戲蕩’，然無‘順暢’義。或作‘相羊’，委曲盤桓之貌。……‘毓尚羊’者，謂生緹伯、遠仲二人，尚羊委曲，不甚順暢也。”[1]

金宇祥先生：

“姷儵羊”應讀爲“游徜徉”，“徜徉”爲一聯綿詞，與“逍遙”有同族聯綿詞的關係，所以“游徜徉”，等同於“游逍遙”，其意爲“閒眼自得”。[2]

另外一類看法是將“儵羊”視爲地名。如宋華强先生：

“毓”讀本字可從，但不是指生育，而是指長養。《說文》：“育，養子使作善也……毓，育或從每。”“毓”古書多寫作“育”，從古文字來看，“育”當是在“毓”字的省寫“㐬”之上加注聲旁“肉”而成的。“毓”“育”常可訓“長”“養”。“毓儵羊”等於“毓於儵羊”，“儵羊”是地名，介詞“於”省略……“儵”“羊”疑當讀爲“漳”“陽”，二水名。整理者指出“儵”是雙音符字，“尚”“長”皆聲，“尚”屬禪母陽部，“長”是端母陽部，“漳”屬章母陽部，韻部相同，聲母都是舌音，讀音相近。從“尚”聲的“掌”也屬章母陽部，是“儵”可通“漳”。“羊”“陽”并屬余母陽部，《左傳》成公十七年人名“夷陽五”，同篇下文作“夷羊五”。《漢書·地理志》南郡“臨沮”下云：《禹貢》南條荊山在東北，漳水所出，東至江陵入陽水。”簡文“毓漳、陽”接續上文“爰生緹伯、遠仲”而言，是說緹伯、遠仲生長于漳水、陽水一帶。[3]

趙平安先生認爲“姷儵羊”可理解爲“育於儵羊”，是說緹伯、遠仲在常羊長大。“儵羊”當即《山海經》中的常羊山：

“儵羊”爲地名，應讀爲常羊。儵由尚、長兩部分構成，是一個雙聲符字。無論尚聲還是長聲，都可以讀爲常。常羊見於《山海經》，爲山名。《海外西經》：“奇肱之國，在其北，其人一臂三目，有陰有陽，乘文馬。有鳥焉，兩頭，赤黃色，在其旁。形天與帝至此爭神，帝斷其首，葬之常羊之山，乃以乳爲目，以臍爲口，操干戚以舞。”《大荒西經》：“有大巫山。有金之山。西南，大荒之中隅，有偏句、常羊之山。”郝懿行《山

① 黃靈庚：《清華戰國竹簡〈楚居〉箋疏》，《中華文史論叢》2012 年第 1 期，第 64 頁。
② 季旭昇主編：《清華大學藏戰國竹簡（壹）讀本》，臺北：藝文印書館，2013 年，第 296 頁。
③ 宋華强：《清華簡〈楚居〉1-2 號釋讀》，簡帛網，2011 年 1 月 15 日。

海經箋疏》：《宋書·符瑞志》云：'有神龍首感女登於常羊山，生炎帝神農。'即此也。《大荒西經》有偏句、常羊之山，亦即此。"字又作常祥。《呂氏春秋·諭大》："地大則有常祥、不庭、岐母、群抵、天翟、不周。"俞樾《諸子平議》曰："自'常祥'以至'不周'，皆山水名也。"孫詒讓《札迻》曰："'常祥'以下六者皆山名……"并指出，《山海經·大荒西經》："有偏句、常羊之山"，即此"常祥"也。《淮南子·地形訓》："西南方曰編駒之山。"編駒即偏句。常羊應在西南方。具體地望，可以據華陽加以說明。《太平御覽》卷78皇王部三引《帝王世紀》曰："神農氏姜姓也，母曰任姒，有喬氏之女名登，爲少典妃，游於華陽，有神龍首感女登於常羊，炎帝人身牛首，長於姜水。有聖德，以火承木，位於南方主夏，故謂之炎帝。"從這段記述看，華陽與常羊應相去不遠。《尚書·禹貢》："華陽、黑水惟梁州。"注："東據華山之南，西距黑水。"據胡渭《禹貢錐指》九，秦宣太后弟芈戎封華陽君，昭王立太子愛姬爲華陽夫人，皆此地。其地有華陽川，即古華陽藪。因山得名，山藪并在華山之陽，即《禹貢》之華陽。地在今陝西省商縣。常羊應在華陽南邊。①

此外，子居先生認爲："'游徜祥'爲溯洛河而上。"②盧長信先生認爲："'毓徜祥'的'毓'釋讀爲'育'，引申爲'管理'，意思管理漳陽（微國）之地。"③鄭煒明、陳玉瑩先生對"毓鄝羊"提出了其他可能的釋讀方案：

> "毓"可訓爲"後代"，"鄝"或可讀曰"掌"，義爲"掌管"，全句或即指季連的後代以管理羊群爲生……"鄝"亦可讀曰"尚"，意謂"崇尚"。全句則可指季連的後裔有羊的崇拜……如果"毓"字訓爲蓄育、繁衍等，則"鄝羊"可能是一個地名，或某個區域的總稱。④

【筆者按】"媇鄝羊"即"毓鄝羊"，"鄝羊"應該是地名。宋華强先生認爲"毓鄝羊"等於"毓於鄝羊"，"鄝""羊"讀爲"漳""陽"。"媇鄝羊"指羋伯、遠仲生長于漳水、陽水一帶。趙平安先生讀"媇鄝羊"爲"媇於鄝羊"。媇爲古育字，訓生長。鄝讀爲"常"。《山海經·海外西經》有"常羊之山"，常羊山在《禹貢》華陽（今陝西省商縣）南邊。此地與"盤庚之子"所居的"方山"以及季連與妣隹私合的"盤"地相鄰，因此趙說比較可信。

① 趙平安：《試說〈楚居〉"媇鄝羊"》，《文物》2012 年第 1 期，第 75、76 頁。
② 子居：《清華簡〈楚居〉解析》，簡帛研究網，2011 年 3 月 31 日。
③ 盧長信：《清華簡〈楚居〉楚之族源解讀》，見新浪博客"華夏史略-西安盧長信"，2013 年 11 月 7 日。
④ 鄭煒明、陳玉瑩：《從清華簡〈楚居〉看中國上古外科醫學》，香港：香港大學饒宗頤學術館，2012 年，第 103、104 頁。

（九）"先尻（處）于京宗""穴酓遲（遲）遷（徙）於京宗"

《楚居》記載"京宗"是季連遷徙的終點，也是穴熊、熊狂、熊繹的居處。在熊繹受封以前的先楚時期，"京宗"作爲楚先公居處，應當有着崇高的地位。《楚居》整理報告："京宗爲地名，疑與《山海經·中山經·中次八經》'荆山之首曰景山'之'景山'有關。"[①]李學勤先生也持此説：

> 京宗，我懷疑與景山有關……鬻熊、熊麗都居於京宗，簡文還説，"至熊狂亦居京宗"。對照葛陵簡的"宅茲睢漳"，不難推想京宗所在的範圍。《墨子·非攻下》："昔者楚熊麗始討此睢山之間。""討"《説文》訓爲"治"，可知熊麗是在睢水一帶的山間，所以京宗之名有可能與《中山經》的景山有關。《水經·沮（睢）水注》："沮水出汶陽郡沮陽縣西北景山，即荆山首也。"《讀史方輿紀要》云山在湖北房縣西南二百里。京宗得名疑即與該山有關。[②]

還有一些學者的意見與以上看法近似。如黄鳴先生："京宗之地，應在今荆山山脉中的景山附近，整理者稱其與'荆山之首景山'有關，是很高明的見解。其地約當於今天湖北省保康縣中部一帶。景山之北有南河，北入漢水，楚人定都於此，既可由漢水上至陝南，亦可北上淅川進入南陽盆地以至於河南中部。"[③]笪浩波先生："從《楚居》看，簡文中明確記載楚先季連最後居京宗，穴熊至於熊繹也都居住在京宗。京通荆，京宗即荆山之首……楚國早期中心區域只能在江漢平原西北部的大荆山範圍之内。現荆山之首叫聚龍山，位於湖北省保康縣境，位於沮、漳水之間，與《楚居》及新蔡簡所記楚人早期居地相符。《楚居》所言'穴熊遲徙於京宗'的'京宗'應該就是指的今保康聚龍山一帶。"[④]笪浩波先生："京通景，形和音皆近。宗代指山，古書中有源可溯。……京實指居地的名稱，宗代指山，即楚人對其祖先居地京山的尊稱，這顯示了京作爲祖先居地和楚國發源地的崇高地位。京宗即指荆山山脉的首山——景山，……景山很可能就是今天保康縣的聚龍山。"[⑤]李家浩先生："'景'從'京'得聲，故二字可通用。《楚居》把景山稱爲'京（景）

---

① 清華大學出土文獻研究與保護中心編，李學勤主編：《清華大學藏戰國竹簡（壹）》，第 183 頁，注[一五]。

② 李學勤：《論清華簡〈楚居〉中的古史傳説》，《中國史研究》2011 年第 1 期，第 55、57 頁。

③ 黄鳴：《清華簡〈楚居〉一至四簡的歷史地理考察》，簡帛網，2011 年 7 月 20 日。

④ 笪浩波：《從近年出土文獻看早期楚國中心區域》，《江漢考古》2011 年第 2 期，第 67、68 頁，又見楚文化研究會：《楚文化研究論集》（第 10 集），武漢：湖北美術出版社，2011 年，第 371、372 頁，又見復旦大學出土文獻與古文字研究中心網，2011 年 6 月 2 日。

⑤ 笪浩波：《從清華簡〈楚居〉看季連族的南遷路綫》，劉玉堂主編：《楚學論叢》（第 3 輯），武漢：湖北人民出版社，2014 年，第 35、36 頁。

宗’，猶古書把岱山稱爲‘岱宗’，因其爲荆山之首故名。”①牛鵬濤先生認爲京宗可與古書的“雎漳”對應起來，云：“新蔡簡：‘昔我先出自邺追，宅茲沮漳，以選遷處。’李學勤先生認爲‘邺追’之‘追’可讀爲季連所聚居于洲水的‘妣隹’，那麽，該簡所講的應即妣隹之後‘徙于京宗’的事情，‘京宗’對應於‘雎漳’。新蔡簡的内容合於《墨子·非攻下》‘楚熊麗始討此雎山之間’。由此可推斷，鬻熊、熊麗、熊狂一直所居的京宗，地望在雎漳上游的雎山一帶。這也與清華簡整理者所指出的‘京宗地望與荆山之首景山有關’吻合。”②牛鵬濤先生後來又從丹陽的角度，對“京宗”的看法做了申説，云：“在《楚居》中‘京宗’是季連、鬻熊、熊麗、熊狂長期的居所，在文獻中鬻熊、熊繹等皆封‘丹陽’。是‘丹陽’動態内涵中第一處居所便是‘京宗’，定在沮漳上游的景山，合於文獻相關記載，如《墨子·非攻下》：‘昔者熊麗始討此雎山之間。’”③趙炳清先生：

　　“京”，《説文·京部》：“京，人所爲絶高丘也。”《爾雅·釋丘》：“絶高爲之京”。可見，“京”最初爲高丘之意。郭沫若《兩周金文辭大系考釋》：“京，象宫觀虆屬之形，在古素樸之世非王居莫屬。王者所居高大，故京有大義，有高義。”“京”演變爲王居之地，即都邑、城邑之意，具有了政治含義。“宗”，《説文·宀部》：“宗，尊祖廟也。從宀，從示。”段玉裁注：“當云：尊也，祖廟也。”可見，“宗”本屬祖廟之意。遠古時期祖廟一般是位於高山之上，因爲高山距天是最近的，登上山頂就像登上了“天國”……“京宗”無疑具有政治地理的意義，就像今天的“首都”一詞一樣，不僅具有指示地名的作用，而且也是政治中心的意藴。

　　儘管傳世文獻中關於季連的居地没有記載，但從《楚居》後面的記載來看，不僅是季連居住於京宗，而從穴熊至熊繹時都居住在京宗，這説明這一時期季連部族没有再遷徙，京宗是楚人的形成之地。《墨子·非攻下》云“昔者楚熊麗始討此雎山之間”，“雎”乃“雎”之誤。陳槃先生認爲，雎、沮字通，雎山當即沮水之山。沮水所在即沮山（雎山）所在，沮山亦即荆山矣。可見“京宗”即在荆山之地……用“京宗”指代“荆山”或“景山”并不牽强，就像用“梁”指代“魏國”、今“華盛頓”指代“美國”一樣。④

---

　　① 李家浩：《談清華戰國竹簡〈楚居〉的“夷屯”及其他》，見清華大學出土文獻研究與保護中心編：《清華簡研究》（第 1 輯），上海：中西書局，2012 年，第 249 頁。

　　② 牛鵬濤：《清華簡〈楚居〉與楚都丹陽》，《文史知識》2013 年第 6 期，第 21 頁。

　　③ 牛鵬濤《清華簡〈楚居〉與楚國都城研究》，清華大學博士學位論文，2013 年，第 8 頁。

　　④ 趙炳清：《〈楚居〉中季連部族活動地域探微》，楚文化研究會編：《楚文化研究論集》（第 13 集），上海：上海古籍出版社，2018 年，第 604、605 頁。

笪浩波先生後又認爲景山當即保康縣的望佛山：

> 此處所指景山很可能就是今天保康縣的望佛山，望佛山爲荆山山脉最西邊的一座山。《山海經》對荆山山脉的描述也是從最西邊開始的，景山的位置與望佛山相合。故其極有可能就是《山海經·中次八經》所記載的“景山”。換句話説，望佛山一帶就是《楚居》中的“京宗”。①

以上看法可以統稱爲荆山之首景山説。除此説外，學界還提出了很多其他的意見。宋華强先生認爲京宗就是荆山，雖不同于荆山之首景山説，但對京宗的空間定位與荆山之首景山相近，宋氏云：

> 《楚居》“先處於京宗”是接續上文“緹伯、遠仲毓漳、陽”而言，則京宗當和漳水、陽水相近。《中山經》所云“景山”即《水經·沮水注》“沮水出漢中房陵縣景山”之“景山”，在今陝西上雒西南，距離漳水、陽水稍遠，恐非此地。而且簡文説自緹伯、遠仲、穴熊先後居於京宗，直到熊狂、熊繹皆居於此地，則京宗一定是楚國歷史上的重要地名，然而古書從未見到楚人提到“景山”。頗疑“京宗”就是指荆山。荆山是楚人先祖創業的著名地點，如《左傳》昭公十二年：“昔我先王熊繹辟在荆山，篳路藍縷，以處草莽。”“京”屬見母陽部，“荆”屬見母耕部，聲母相同，韻部也有關係。李家浩先生曾提出鷹羌鐘銘文“慴奪楚京”的“楚京”可能當讀爲“楚荆”，并引述過“京”可通“荆”的材料，請參看。②

以上意見皆將京宗定在湖北西部荆山地區。復旦讀書會提出了京山説，云：“此‘京宗’也有可能在今湖北京山一帶，其地有京源山，或與‘京宗’有關。”③陳民鎮先生：“竊疑京宗即宗丘。《左傳》昭公十四年云：‘夏，楚子使然丹簡上國之兵於宗丘。’杜預注云：‘楚地。’按宗丘地在湖北秭歸西北。《詩經·鄘風·定之方中》毛傳云：‘京，高丘。’‘京宗’與‘宗丘’，其義實一。另宗丘距離楚人的下一站遷徙地‘**叀屯**’（殆即夷陵）甚近，於遷徙路徑看，亦有合理性。”④劉彬徽先生：“按楚族起源的廣義南方説（長江上游、中游地區），京宗之地必在湖北境内。”⑤

---

① 笪浩波：《清華簡〈楚居〉與楚國都城探研》，武漢：武漢大學出版社，2022 年，第 94 頁。

② 宋華强：《清華簡〈楚居〉1—2 號釋讀》，簡帛網，2011 年 1 月 15 日。

③ 復旦大學出土文獻與古文字研究中心研究生讀書會：《清華簡〈楚居〉研讀札記》，復旦大學出土文獻與古文字研究中心網，2011 年 1 月 5 日。

④ 陳民鎮：《清華簡〈楚居〉集釋》，復旦大學出土文獻與古文字研究中心網，2011 年 9 月 23 日，第 37 頁。

⑤ 劉彬徽：《關於清華簡〈楚居〉的思考之二——楚族起源及其地域變遷》，陳建明主編：《湖南省博物館館刊》（第 8 輯），長沙：嶽麓書社，2012 年，第 282 頁。

有的學者將京宗定在今陝西關中東部或陝東南地區。如高崇文先生指出，目前學界多認爲"京宗"指"荆山"或荆山之首"景山"，但"荆"字在西周時已爲常用之字，戰國楚簡中亦多見，用聲韻通假來解釋"京宗"即"荆山"或"景山"似乎有些牽强。"京"有高、大義。在周代，"京"又被賦予專門的特殊含義。《詩經·大雅·公劉》説公劉選擇了一處廣原高亢之地影築公室，族人在此安居樂業，遂成爲周人的早期都邑，乃謂之京。另外，西周時鎬京又可單稱"京"，亦稱"宗周"。"宗周"之"宗"原義表示宗廟。厘清"京""宗"在周代的含義，便可知《楚居》"京宗"可能是指鎬京宗周之地。西周時，一些外封諸侯入爲王朝公卿者，在畿内能有采地。周初的鬻熊、熊麗、熊狂即熊繹常住宗周地區以事周王是完全可能的。楚先祖早期的活動地域應在漢水中游至丹江流域這一地域之北正與周人地域臨近，楚先祖與周人進行交往比較方便，周初的緹伯、遠仲、穴酓等楚先祖正可經常前往宗周之地事周王。《楚居》作者記其先祖居"京宗"，正是爲了炫示楚先祖曾與周王的親密關係。[①]

周運中先生認爲京宗應是丹水的源頭秦嶺，京宗即《水經注》'塚嶺山''高豬山'的別名。京宗在今商洛市西北，越過秦嶺，即達關中。[②]尹弘兵先生指出，"京宗"的本義是兼指政治中心與祭祀中心，二者合一，即古代之"都"。古代地隨人遷，因此《楚居》的"京宗"很可能不是一個地點，而是楚傳説時代末期楚人居地的統一名稱，其含義與後來楚都名"郢"相似。盤庚之子的居地，以及距其不遠的季連、穴熊所居的"京宗"當在晚商文化殷墟類型的範圍内探求。季連所處之"京宗"似當在今河南省中部地區。穴熊最初所居之"京宗"當即季連所居之"京宗"。穴熊徙于京宗後，既有"逆流載水"之事，可見季連部族演變成穴熊部族後不久，似乎就離開原居地，開始了遷徙的歷程，而《楚居》明言穴熊與熊狂皆居於京宗，獨不言中間的麗季所居之地，似乎亦透露出此時羋姓一族正處於遷徙之中，居無定所的信息。熊狂時的"京宗"當在距周京不遠之處，其區域應爲陝南丹江流域。[③]

子居先生："京通荆，故《楚居》中所稱'京宗'，似即對應傳世文獻所稱'荆山'。此處的'京宗'當在今陝西省藍田縣灞源至商洛市大荆鎮間的大荆河源頭白石岩地區……大荆川，即今大荆河。藍田與商洛交界段的白石岩山區正爲大荆河

---

① 高崇文：《清華簡〈楚居〉所載楚早期居地辨析》，《江漢考古》2011 年第 4 期，第 61-63 頁。

② 周運中：《〈楚居〉東周之前地理考》，羅運環主編：《楚簡楚文化與先秦歷史文化國際學術研討會論文集》，武漢：湖北教育出版社，2013 年，第 229 頁。

③ 尹弘兵、吳義斌："京宗"地望辨析》，《江漢考古》2013 年第 1 期，第 73-78 頁。

源頭，當即是楚先人所處的京宗。"①盧長信先生："《楚居》所述的'荆宗'之地約在商州市黑龍口—紅門河—麻街一綫。"②

周宏偉先生認爲"京宗"是一處建築物名稱，也就是熟知的京室、太廟的異稱。"京宗"在"荆"地，也即陝西華縣一帶：

> 甲戌方鼎銘文中的"京宗"與何尊銘文中的"京室"爲同一個地方。……《詩經·大雅·思齊》有云："思媚周姜，京室之婦。"《毛傳》曰："京室，王室也。"也就是説，京室是周王的居所。

> 1977 年在陝西岐山周原鳳雛村發現的甲組宮殿建築遺址，……從其院落房屋結構和功能可知，西周時代周人的太廟，既是王族祭祀周人先祖的地方（前堂部分），也是君王日常生活居住的所在（後室、東西厢部分）。周初及其以前的荆人尚居住、活動在關中平原區域，鄰近周人。以此例彼，《楚居》所謂商周時代荆（楚）人的"京宗"，應同樣是指的荆（楚）人君主在其都城所在地建置的祭祀先祖的宗廟，亦即太廟……

> 京宗既然就是太廟，那麼，早期荆（楚）人的這個太廟具體位置何在？應該就是在"荆"地，即如早期周人的太廟即在"周"地（周原）一樣。商代至周初的"荆"地位置，則當是在陝西關中平原東部華山北麓的荆（楚）人起源地華縣一帶。③

還有的學者將京宗定位在河南境内。如晏昌貴先生持滎陽京邑説，云："'京宗'即《左傳》隱公元年共叔段所居的'京'，在滎陽東南。殷墟卜辭有地名'京'，學者以爲其地與鄭之京邑相當。其地另有京水。"④凡國棟先生："石泉先生曾據《中次十一經》所記湍水之源翼望山被稱爲'荆山之首'，推論這一帶的山脉必曾有以'荆山'爲名者。其結論是該荆山位於今鄧縣西北九十里、與内鄉縣交界的山區。這一處荆山位於湍水之源，與方山比鄰，極有可能就是《楚居》所載之京宗。"⑤徐少華先生："穴熊所遷之'京宗'何在，目前尚難考實，《世本》曰：'楚鬻熊居丹陽'，言商末穴熊（鬻熊）之時，季連之裔的芈姓族人已居在丹陽，簡文

---

① 子居：《清華簡〈楚居〉解析》，簡帛研究網，2011 年 3 月 31 日。
② 盧長信：《清華簡〈楚居〉楚之族源解讀》，見新浪博客"華夏史略-西安盧長信"，2013 年 11 月 7 日。
③ 周宏偉：《〈楚居〉京宗新釋》，《中國史研究》2019 年第 3 期，第 191、193 頁。
④ 晏昌貴：《清華簡〈楚居〉所見季連徙居地及相關問題》，見楚文化研究會編：《楚文化研究論集》（第 10 集），武漢：湖北美術出版社，2011 年，第 54 頁。
⑤ 凡國棟：《清華簡〈楚居〉中與季連有關的幾個地名》，簡帛網，2011 年 6 月 4 日，又見楚文化研究會編：《楚文化研究論集》（第 10 集），武漢：湖北美術出版社，2011 年，第 67 頁。

之‘京宗’和鬻熊之‘丹陽’應有一定的聯繫。”“‘京宗’距夷屯和郡人不遠，從羋姓族人由北向南逐步遷移的歷程推測，可能更在夷屯和郡以北或東北，約在丹淅地區的北部或東北方向。”①程濤平先生認爲京宗在丹淅之會，因有名爲“黃水”的小溪在此交匯，爰波（滎澤）附近的黃水也稱“京水”，爲了紀念故地，所以取名“京宗”。②黃靈庚先生：“季連雖楚先，然其所經所歷大略在中原西亳及濮衛之間，未南遷至荆蠻之地。荆蠻即有景山、崇山、高陽等名，亦隨熊繹遷南之後而名之者也。……名“楚京”者，楚丘之絕高者。京宗，猶京嵩，謂楚京。”③杜勇先生認爲京宗就是《左傳》的“京楚”。《楚居》兩次提到的“京宗”必是同一個地方，否則“先徙”“遲徙”無從談起。“京宗”當即《左傳》昭公二十二年之“京楚”。傳云：“十二月庚戌，晉籍談、荀躒、賈辛、司馬督帥師軍於陰，於侯氏，於溪泉，次於社。王師軍於泛，于解，次於任人。閏月，晉箕遺、樂征，右行詭濟師取前城，軍其東南。王師軍於京楚。辛丑，伐京，毁其西南。”杜注於“京楚”地望無説，但聯繫解、京等地名，清人江永《春秋地理考實》卷二謂其“近京邑之地”，當可信從。郭沫若説：“王者所居高大，故京有大義，有高義”，可見“京楚”是楚先所居之地，具有都邑性質。《左傳》莊公二十八年：“有宗廟先君之主曰都，無曰邑”，故京楚又稱“京宗”是極自然的事。④

魏慈德先生：

> “京室（引按，當爲‘宗’字）”本爲季連所居，至穴熊，再到熊繹皆世居於此。熊繹時與屈約及郡人遷於“夷屯”。《楚居》從“京室”徙“夷屯”的記載，相當於文獻中的從“荆山”與“雎山之間”到“丹陽”，文獻中的“丹陽”雖對枝江説較有利，然若其地爲枝江（或枝江附近的宜昌），季連如何從畏山到喬山至京宗，尚無法作出合理的解釋。⑤

鄭傑祥先生：

> “京宗”當即文獻所稱“京”地，其地所在，《左傳·隱公元年》云：姜氏爲共叔段“請京，使居之，謂之京城大叔。”杜預注：“京，鄭邑，

① 徐少華：《從幾批都器的出土地看古都國的位置——兼論楚夷屯、京宗的區域範圍》，徐少華、[日]谷口滿、[美]羅泰主編：《楚文化與長江中游早期開發國際學術研討會論文集》，武漢：武漢大學出版社，2021年，第455、457頁。

② 程濤平：《先楚史》，第483頁。

③ 黃靈庚：《清華戰國竹簡〈楚居〉箋疏》，《中華文史論叢》2012年第1期，第64頁。

④ 杜勇：《清華簡〈楚居〉所見楚人早期居邑考》，《中國國家博物館館刊》2013年第11期，第39、40頁。

⑤ 魏慈德：《新出楚簡中的楚國語料與史料》，臺北：五南圖書出版股份有限公司，2014年，第272頁。

今滎陽京縣。"《史記·項羽本紀》:"楚起於彭城,常乘勝逐北,與漢戰滎陽南京、索間。"《正義》引《括地志》云:"京縣城在鄭州滎陽縣東南二十里,鄭之京邑也。"《水經·濟水注》:器難之水"又北,逕京縣故城西。"楊守敬疏:"兩漢、魏,(京)縣屬河南(郡);晉、後魏屬滎陽(郡)。《方輿紀要》:在今滎陽縣東南三十里。"明、清時代滎陽縣即今河南省滎陽市,京縣故城今稱京襄城村,位於滎陽市東南10餘公里,西南距浮戲山即方山約20公里,故址尚存,應當就是《楚居》所記的"京宗"所在地。[①]

金宇祥先生:

　　簡文中除了季連居住"京宗"外,尚有穴熊、熊麗、熊狂、熊繹皆居住在"京宗"。而傳世文獻只記載熊麗與熊繹的居處,所以當從此來推論"京宗"的所在。《墨子·非攻下》:"昔者楚熊麗始討此睢山之間,越王繄虧,出自有遽,始邦於越,唐叔與呂尚邦齊晉。"《左傳·昭公十二年》:"昔我先王熊繹辟在荆山,篳路藍縷,以處草莽。"而"睢山"應為《山海經·中次八經》的"景山"。且"景山"與"荆山"應為同一山脈的兩座山,位於今房縣西南二百里。

　　但"京宗"之名似與文中其他地名有異……懷疑"京宗"之名可能與西周的"宗周"意思相近,從簡文來看季連、穴熊、麗季等楚國先祖皆居於"京宗",故後人便以此名來表示先祖曾居住之地。[②]

劉玉堂、曾浪先生:

　　從《楚居》所見"先居於京宗""遅(遲)邊(徙)京宗""亦居京宗"的叙述看,京宗實際上為楚先君在不同時期、不同地點的擇居所在,類似後代的僑置,新邑而沿用舊名……

　　"京"即是人力所作之高地;"宗"即眾之所尊,眾之所聚。因此,可知"京宗"即宗廟都邑所在,為先秦典籍中所記的"宗丘"。按《釋名·釋丘》曰:"宗丘,宗邑所在"……

　　從《楚居》中"先居""遅(遲)邊(徙)""亦居"的叙述看,京宗應是楚先君選擇的戰略必爭之地……

---

① 鄭傑祥:《清華簡〈楚居〉所記楚族起源地的探討》,《中國國家博物館館刊》2015年第1期,第48頁。
② 季旭昇主編:《清華大學藏戰國竹簡(壹)讀本》,臺北:藝文印書館,2013年,第297、298頁。

季連之世，京宗具體地望恐無由考定，似爲楚先居邑的通稱，如其後之都名郢。唯簡文所記商周之際穴酓（鬻熊）時的京宗，或有實指。按傳世文獻記熊狂之子即熊繹，《左傳·昭公十二年》子革言曰："昔我先王熊繹，辟在荆山……唯是桃弧棘矢以共禦王事"，或可推測當時京宗地望已徙近江漢腹地。①

蔡靖泉先生：

京宗是《楚居》記述的幾代楚先公居地，據考當爲商代後期季連族裔所建半楚方國都邑，應指宗廟所在、楚先公所居的京邑。……京宗之名不載於傳世史籍，或許是周代史官尊周都"京宗"之稱而貶楚都"京宗"之稱。楚國史籍當記京宗，但《檮杌》等楚國史籍或許大都毀於秦火。一些論者認爲，鬻熊所居暨楚始都丹陽或即淅川下寺龍城。龍城自1969 年建成丹江口水庫後就淹没於庫水之下，原址位於面積約 700 平方千米的李官橋盆地中部，地處丹水、淅水匯合後南流漢水的丹江東岸可謂丹水之陽，曾於古城牆夯土層内發現兩周時期的陶器碎片，周圍土壤肥沃而宜於農耕，南北河流平緩而利於交通。商代後期半楚方國的都邑京宗若在龍城，龍城及其周圍河流沖積平川，無疑是從中原腹地遷來而長於農耕的季連族裔理想的奠都立國之地。說龍城就是鬻熊所居的丹陽，亦即《楚居》所記商代後期楚先公居處的京宗，還有待水下考古的確證。②

【筆者按】學界一般將"先處於京宗"之"先"如字讀，與《楚居》下文"穴熊遲徙于京宗"之"遲"相對。筆者以爲此處的"先"當讀爲"選"，"先處於京宗"即"選處於京宗"。新蔡葛陵簡云"昔我先出自邺追，宅兹沮漳，以選遷處……"，《楚居》"選處"與新蔡簡"選遷處"表達相似。"穴熊遲徙于京宗"之"遲"疑當隸定爲返（復），與上文"先（選）"并不構成對應關係。

對於"京宗"的性質和地望，學者意見頗有分歧。綜合比較，以下兩説最有價值：①京宗即荆山之首説。此説聯繫《山海經·中山經》及《水經·沮（雎）水注》，并與《墨子·非攻下》"昔者楚熊麗始討此雎山之間"相映證，論證有力。②京宗即鎬京宗周之地説。此説避開對音韻通假的依賴，并與穴熊事宗周事聯繫，也很有説服力。

---

① 劉玉堂、曾浪：《清華簡〈楚居〉季連、穴酓擇尻解》，《楚文化與長江中游早期開發國際學術研討會論文集》，2018 年 9 月，第 527、528、530、531 頁。

② 蔡靖泉：《〈楚居〉所記楚先公事迹的獻疑考實》，《江漢論壇》2019 年第 8 期，第 93 頁。

（一〇）"逆流哉水"

對於"哉水"，整理報告僅將"逆流哉水"讀爲"逆流載水"，未進一步解釋。[①]
目前學界對"哉水"有兩大類看法：第一類是將之視爲動賓結構。例如黃靈庚先
生："哉，讀載，訓爲乘，義爲乘水上行。"[②]杜勇先生："'逆流載水'即逆河水而
行。"[③]于文哲先生："'逆流載水'是説妣癘具有很强的潛水能力。"[④]

第二類是將"哉水"視爲河流名。陳民鎮先生："此處的'哉水'恐爲具體之
水名。'逆流哉水'與上文'逆上汌水'義近。'哉水'具體所指未明。"[⑤]子居先
生："哉通茲，所以哉水就是古茲水，今名灞河，源於藍田縣霸原鄉秦嶺北坡。"[⑥]
周宏偉先生同意子居之説，并有詳細論證：

> "哉水"就是流經白鹿原北（東）面的渭水支流霸水。……《漢書》
> 卷 28 上《地理志》"南陵"："霸水亦出藍田谷，北入渭。古曰茲水，秦
> 穆公更名以章霸功，視子孫。"《水經注》卷 19《渭水》："霸者，水上地
> 名也。古曰滋水矣。秦穆公霸世，更名滋水爲霸水，以顯霸功。"《元和
> 郡縣圖志》卷 1《關内道一》"藍田縣"："霸水，故滋水也，即秦嶺水之
> 下流，東南自商州上洛縣界流入，又西北流合滻水入渭。"由此可知，……
> 茲（滋）水是春秋早期以前霸水的名稱。……茲、哉二字上古讀音相
> 同。……穴酓、妣列二位由京宗（今華縣附近）走水路返回白鹿原部落
> 居地，必須先上溯渭水，再上溯渭水支流霸水，才能够到達。[⑦]

盧長信先生也持哉水即今灞河説。[⑧]谷口滿先生認爲："妣娾有可能來自三星
堆部族。由漢水上游幹流或其支流（可能即《楚居》的'哉水'）入蜀最爲便捷。"[⑨]
晏昌貴先生認爲："'哉水'可能就是《詩經·鄭風》溱水。"[⑩]

---

① 清華大學出土文獻研究與保護中心編，李學勤主編：《清華大學藏戰國竹簡（壹）》，第 181 頁。

② 黃靈庚：《清華戰國竹簡〈楚居〉箋疏》，《中華文史論叢》2012 年第 1 期，第 67 頁。

③ 杜勇：《清華簡〈楚居〉所見楚人早期居邑考》，《中國國家博物館館刊》2013 年第 11 期，第 44 頁。

④ 于文哲：《清華簡〈楚居〉中的山與神》，《中國文化研究》2013 年第 3 期，第 69 頁。

⑤ 陳民鎮：《清華簡〈楚居〉集釋》，復旦大學出土文獻與古文字研究中心網，2011 年 9 月 23 日，第 41 頁。

⑥ 子居：《清華簡〈楚居〉解析》，簡帛研究網，2011 年 3 月 31 日。

⑦ 周宏偉：《楚人源于關中平原新證——以清華〈楚居〉相關地名的考釋爲中心》，《中國歷史地理論叢》
2012 年第 2 期，第 20、21 頁。

⑧ 盧長信：《清華簡〈楚居〉楚之族源解讀》，見新浪博客"華夏史略-西安盧長信"，2013 年 11 月 7 日。

⑨ ［日］谷口滿：《試論清華簡〈楚居〉對於楚國歷史地理研究的影響》，見楚文化研究會編：《楚文化研究論
集》（第 10 集），武漢：湖北美術出版社，2011 年，第 26 頁。

⑩ 晏昌貴：《清華簡〈楚居〉所見季連徙居地及相關問題》，見楚文化研究會編：《楚文化研究論集》（第 10 集），
武漢：湖北美術出版社，2011 年，第 56 頁。

【筆者按】對於"（穴熊）爰得妣㛿，逆流哉水，厥狀聶耳"，"逆流哉水"一語的主語學者多默認是穴熊，其實不然。若"逆流哉水"的主語是穴熊，則"厥狀聶耳"顯得突兀。"逆流哉水"應是承前省略主語妣㛿。"逆流哉水"與《楚居》上文"逆上洲水"表達相似，"逆流"即"逆上"之義，"哉水"和"洲水"一樣，應是具體的水名，具體對應於今天那一條河流，已不易確考。

（一一）"㛜（巫）戕（并）賅（該）丌（其）䯜（脅）以楚，氐（抵）【三】今曰楚人"

此句的釋讀涉及如何準確理解楚人得名的緣由，十分重要。但學界目前的解讀還有一些分歧。整理報告：

> 戕賅，讀爲"并該"，并合包裹。《孔子家語·正論》王肅注："該，包也。"楚，荆條。此句意爲用荆條將妣㛿之脅纏包復合。或釋"戕"爲"㦹"，讀爲"織"。[1]

子居：

> "戕"當是巫者之名。[2]

宋華强先生：

> 整理者引爲訓詁之證的《孔子家語·正論解》原文是"夫孔子者大聖無不該"，王肅注："該，包也。"此"該"是指義理道德意義上的"包含""兼備"，不是指物質意義上的"包裹"。而且"包裹"只應是指軟的片狀物，荆條即便可以纏繞物體，又如何可以包裹物體呢？"其"聲、"亥"聲可以相通（參看高亨纂著、董治安整理：《古字通假會典》，齊魯書社，1989 年，第 378 頁"箕與亥"條），"賅"從"亥"聲，疑當讀爲從"其"聲的"綦"。《周禮·夏官·弁師》"會五采玉璂"，鄭玄注："璂讀如綦，綦，結也。皮弁之縫中，每貫結五采玉以爲飾，謂之綦。"是"綦"可訓"結"。簡文大概是説妣㛿脅骨被麗季出生時弄斷，是以巫咸用楚（荆）條爲之結扎起來。[3]

王寧先生：

> "賅（該）丌（其）䯜（脅）以楚"應該和"潰自脅出"對照理解，

---

① 清華大學出土文獻研究與保護中心編，李學勤主編：《清華大學藏戰國竹簡（壹）》，上海：中西書局，2010 年，第 184 頁。

② 子居：《清華簡〈楚居〉解析》，簡帛研究網，2011 年 3 月 30 日。

③ 宋華强：《清華簡〈楚居〉"比隹"小議》，簡帛網，2011 年 1 月 20 日。

"賅"竊意還是以讀爲"刻"較妥,《玉篇》:"刻,割也",應當是巫咸看到孩子不能順産,就用荆條割開了妣列的肚子取出了嬰兒,妣列因此死亡。這些人因爲先人是在荆條的幫助下出生的,爲了紀念這件事,才自稱爲"楚人"。[①]

復旦大學出土文獻與古文字研究中心研究生讀書會:

> 此字當以釋"筡"爲是。我們認爲"晉筡"當讀爲"巫咸"。筡小篆作𥿈,《說文》:"𥿈,……古文讀若咸。"整理者以"筡該"爲動詞,恐有不妥。文獻中"巫某"常見,如巫彭、巫抵、巫陽、巫履、巫凡、巫相等,而少有徑稱"巫"者。"巫咸"見於楚地文獻。《楚辭·離騷》"巫咸將夕降兮",洪興祖《補注》:"巫咸,古神巫也。當殷中宗之世"。[②]

陳民鎮先生:

> "賅"當讀作"改"。郭店簡《老子·甲》21云:"蜀(獨)不亥。"今本"亥"作"改",帛書乙本則作"垓"。此處的"賅"或可讀作"改",古音相近。《說文》云:"改,更也。"《離騷》王逸注亦云:"改,更也。""改"有改易、更替之義。按"楚"係荆條,不能用以包扎。妣𡚁生麗季時脅(肋骨)遭折斷,巫咸以荆條替換妣𡚁的肋骨,用以療治妣𡚁的傷情,"改"之謂也。根據《楚居》的叙述,妣𡚁這一神奇的經歷,成爲"楚"之稱名的來源。[③]

劉信芳先生:

> 麗季出生時以"楚"包束脅部傷口而得以挽救生命,是有"楚人"之稱。論者或解"賅(絃)元(其)𩪦(脅)𠯑(以)楚"爲"用荆條將妣𡚁之脅纏包復合",包束産婦生産部位創口的可能性不是不存在,但以荆枝包束死者屬於人文關懷,而以荆枝包束新生兒的傷口對於後代的意義則是挽救了整個家族,因而本文認爲以荆枝包束者應指麗季。[④]

---

① 陳民鎮《讀清華簡〈楚居〉札記(二則)》(復旦大學出土文獻與古文字研究中心網,2011年5月30日)一文下的評論,2011年6月1日。

② 復旦大學出土文獻與古文字研究中心研究生讀書會:《清華簡〈楚居〉研讀札記》,復旦大學出土文字研究中心網,2011年1月5日。

③ 陳民鎮:《清華簡〈楚居〉集釋》,復旦大學出土文獻與古文字研究中心網,2011年9月23日。

④ 劉信芳:《竹書〈楚居〉"問期""脅出""熊達"的釋讀與史實》,《江漢考古》2013年1期,第124頁。

劉濤先生：

由於她瓃生産時，麗季不順産并且脅部出現了潰爛，因此，她瓃組織進行祭天祀地的巫術活動……"晉（巫）栽（并）賅（該）元（其）髖（脅）以楚，氐（抵）今日楚人。"……整句之意即爲，巫用荆條將麗季脅部潰爛之處裏包復合。①

黃錫全先生：

以"賅"爲"刻"的説法比較接近事實。生産嬰兒折斷肋骨世所罕見，不合常理。賅讀刻，意爲她䣄難産，巫咸以削尖之荆條割裂剖腹，麗季得以出生。爲紀念這位偉大的母親并慶幸麗季的誕生，定國名爲楚（荆）。②

何曉琳先生：

《楚居》簡3和簡4記述如下"她列賓于天，巫咸賅其脅以楚，抵今日楚人"。這裏的楚字，當指一種植物。她列是鬻熊（即簡文中的穴熊）的妻子，這裏描述的是其死後的祭祀活動。這種祭祀當是以植物"楚"作爲儀式的一部分的。這種祭祀當是楚人有別于其他族人的獨特特點。

由此可見，楚國國名與秦晉等其他周代諸侯國來源有所不同。不是由封地的地名轉換，而是因爲特殊的祭祀禮儀……

《楚居》簡3和簡4關於"楚人"概念的提出，實際上告訴我們楚作爲一個獨立的民族的時間上限。③

第2節　《楚居》西周時期地理史料匯證

《楚居》簡4—6：

至酓悝（狂）亦居京宗。

至酓羣（繹）與屈紃（紃），思（使）若（鄀）嗇（嗌）卜徙（徙）於<u>塱（夷）宅（屯）</u>⁽¹⁾，爲俤室＝（室，室）既成，無以内之，<u>乃竊（竊）</u><u>若（鄀）人之牏（牆）以【四】祭</u>⁽²⁾。……

---

① 劉濤：《清華簡〈楚居〉中所見巫風考》，《船山學刊》2012 年第 2 期，第 78 頁。

② 黃錫全：《清華簡〈楚居〉"巫𢧄賅其脅以楚"再議》，清華大學出土文獻研究與保護中心編：《紀念清華簡入藏暨清華大學出土文獻研究與保護中心成立十周年國際學術研討會論文集》，2018 年 11 月，第 143 頁。

③ 何曉琳：《〈楚居〉簡與早期楚文化》，武漢大學歷史地理研究所編：《石泉先生百年誕辰紀念文集》，武漢：武漢大學出版社，2023 年，第 98 頁。

至酓只、酓䋎、酓麓（樊）及酓賜、酓逗，聿（盡）居𡌲（夷）宅（屯）。酓逗𨔶（徙）居發漸[三]。

至酓朔、酓【五】𢿤（摯）居發漸。酓𢿤（摯）𨔶（徙）居旁屽[四]。至酓繹（延）自旁屽𨔶（徙）居喬多[五]。

至酓甬（勇）及酓嚴、酓相（霜）及酓靁（雪）及酓訓（徇）、酓咢及若囂（敖）酓義（儀），皆居喬多。【六】

【注　釋】

（一）“思（使）若（鄀）𦯬（嗌）卜𨔶（徙）於𡌲（夷）宅（屯）”

（1）淅川説。此説以西周初鄀的地望爲參照，斷定夷屯就在今河南南陽西部大約淅川一帶，故可稱此説爲“淅川説”。

《楚居》記載：

> 至熊繹，與屈紃（紃）使鄀嗌卜徙於𡌲（夷）宅（屯），爲楩室，室既成，無以納之，乃竊鄀人之犝以祭。

牛鵬濤先生認爲熊繹卜徙於夷屯，“竊鄀人之犝”不能理解爲到鄀地竊犝，應理解爲到鄀人之仕于楚者去竊犝。夷屯地望的判定，不該受“竊鄀人之犝”之事的左右。①而事實上，不少學者就是以熊繹派鄀嗌卜徙夷屯，并在夷屯“竊鄀人之犝”爲根據，判斷熊繹謀劃遷徙的夷屯地理位置近於鄀地。在這些學者看來，欲判斷夷屯的地望，就需要確定西周初年鄀地的地望。《楚居》整理報告：“《左傳》僖公二十五年：‘秋，秦晉伐鄀。’杜注：‘鄀本在商密，秦楚界上小國，其後遷于南郡鄀縣。’銅器有上鄀和下鄀。河南淅川下寺春秋楚墓出土上鄀公瑚。本篇中的‘鄀’當是商密之鄀，亦即銅器中的上鄀，在今河南淅川西南。酓繹所遷之𡌲宅與之相距不遠。”②高崇文、杜勇等也認爲西周早期的鄀爲商密之鄀。③高崇文先生主張《楚世家》熊繹居丹陽是泛指，《楚居》熊繹徙夷屯是實録的觀點與淅川説相近：

> 根據《楚居》所載熊繹使鄀嗌占卜徙居夷屯的位置并竊鄀人之牛進行祭祀來看，夷屯應與鄀鄰近，夷屯應位於鄀國之西的丹水之陽，即《史記・楚世家》所載的丹陽。這一觀點能否成立，鄀國地望的確定成爲關鍵……《左傳》所載的“鄀”“商密”“析”是鄰近的，其地望一直没有

① 牛鵬濤：《清華簡〈楚居〉與楚國都城研究》，清華大學博士學位論文，2013年，第27頁。

② 清華大學出土文獻研究與保護中心編，李學勤主編：《清華大學藏戰國竹簡（壹）》，第185頁，注[二八]。

③ 高崇文：《清華簡〈楚居〉所載楚早期居地辨析》，《江漢考古》2011年第4期，第63-65頁；杜勇：《清華簡〈楚居〉所見楚人早期居邑考》，《中國國家博物館館刊》2013年第11期，第44-46頁。

太大變動，均在丹淅一帶。所以，杜預所注"鄀本在商密"是正確的。由此可證，西周早期熊繹所徙近鄀的夷屯，只能是鄰近鄀之舊地，應在鄀國地域之西的丹江流域。《楚世家》說熊繹居丹陽應是泛指，而《楚居》記熊繹徙夷屯則是實錄，從大的範圍來講，都屬於丹江流域。①

徐少華先生：

熊狂之後，熊繹又由京宗遷夷屯，至西周中晚之際的熊渠前期，楚一直以夷屯爲都不變。夷屯所在，文獻亦無綫索，但從幾個相關的側面，我們可以推知其大致地域……

從西周初年的熊繹至中晚之際的熊渠前期，楚人一直居於"夷屯"，并以此爲基地前後經歷了五代共六位楚君，約一個半世紀，是楚人連續居住時間最長的都邑，説明"夷屯"在楚國歷史發展中的重要地位。由於簡文所言的熊繹遷夷屯與文獻記載熊繹受封"居丹陽"同時，因而《楚居》的整理者認爲"夷屯，地名，當即史書中的丹陽"。李學勤先生亦認爲夷屯"應即文獻中的'丹陽'"，值得信從……

楚人由京宗徙夷屯，應與熊繹受封立國的背景有關。夷屯，爲楚人立國始封之都，當因位於丹水之陽，故又稱"丹陽"；穴熊（鬻熊）爲楚立國之祖，京宗乃穴熊、麗季（熊麗）和熊狂所居，按常理而言，其地不僅有羋姓先祖的宗廟，還應有穴熊等諸君的陵墓及宗廟，熊繹受封立國之後，以夷屯爲都，而以穴熊所居之地爲"京宗"，是合乎情理的……

清華簡《楚居》所言周初熊繹所遷的"夷屯"，與若（鄀）相鄰，當亦不出今淅川縣境的丹淅匯流及附近地帶。②

程濤平先生後提出夷屯可能在漢、丹之匯一帶，與"淅川説"相近：

熊繹應是從丹淅之交的京宗，沿丹江河谷，順流而下，走不多遠，到達丹江與漢水的交匯處，擇地而居。漢水畢竟比丹水寬闊許多，住得久了，尚覺滿意，給新地方取名"夷屯"。夷有平坦之意，屯是村的古字，夷屯這個地名，寓意羋族從丹淅之匯的山區到達較爲平坦的漢丹之匯聚族而居。漢丹之匯在今湖北省丹江口市，其河谷地帶較爲平坦。③

---

① 高崇文：《楚早期居地再探》，徐少華、[日]谷口滿、[美]羅泰主編：《楚文化與長江中游早期開發國際學術研討會論文集》，武漢：武漢大學出版社，2021年，第441、442頁。

② 徐少華：《從幾批都器的出土地看古都國的位置——兼論楚夷屯、京宗的區域範圍》，徐少華、[日]谷口滿、[美]羅泰主編：《楚文化與長江中游早期開發國際學術研討會論文集》，武漢：武漢大學出版社，2021年，第455-457頁。

③ 程濤平：《先楚史》，第515頁。

盧川先生認爲夙宅是地在丹陽的楚城名稱，地處丹水、淅水之會：

> 《楚居》所記"夷屯"地處河南省丹水、淅水之會，是楚國早期的第一個重要都城。從楚國早期發展歷程來看，最初"熊繹辟在荆山，篳路藍縷，以處草莽"（《史記·楚世家》），周成王之時，"舉文、武勤勞之後嗣，而封熊繹於楚蠻，封以子男之田，姓芈氏，居丹陽"（《史記·楚世家》）。以往認爲"丹陽"爲地名，而傳世文獻與現代考古發現共同證明，早期楚人活動的荆山，即今陝西省境内的荆山，"丹陽"即指河南省丹水、淅水之會。《楚居》中所記自穴酓（鬻熊）至熊渠居於"夷屯"，此時楚尚未建國，"夷屯"還不具備都城的規模和條件：酓繹（熊繹）時期，受封立國，該城始築有宗廟祭祀楚人祖先，説明"夷屯"此時已成爲楚國的第一個都城。不管楚人是否因與周之關係變化，在較短時期内離開過此城，到達漢水流域，但該城作爲都城仍有所擴張和發展，《楚居》爲楚人早期"居丹陽"提供了更多可信、具體的歷史信息。"丹陽"爲地理意義上的泛指，而"夷屯"則是楚國早期在丹陽的楚城名稱，應是早期楚人的政治核心所在。[①]

尹弘兵先生：

> 結合楚史考察，西周時期的楚國甚爲弱小，周封熊繹時"封以子男之田"，楚武王亦曰："乃以子男田令居楚。"（《史記·楚世家》）爵稱是周爵中最低的子男，熊繹受封時未得分器，岐陽之會時未得與盟，可見周初楚國地位之低。其封地大小，諸書皆言僅五十里，《史記·孔子世家》載令尹子西曰："且楚之祖封于周，號爲子男五十里。"《史記·十二諸侯年表》則稱："齊、晉、秦、楚其在成周微甚，封或百里或五十里。"至春秋早期，楚地尚"土不過同"（方百里爲同）。因此西周時期的楚國，只是一很小的部族國家，其居地即都邑，因此夷屯必爲楚都，即文獻中所載的楚都丹陽。

> ……

> 丹陽既爲秦人對楚早期居地的稱呼，則丹陽當指丹水以北、丹淅二水交匯之地，應無可疑。而《楚居》所載熊繹至熊渠"盡居夷屯"，雖不見於傳世文獻，其具體地點不可考，但大致的區域則可確定，即《史記》所載之丹陽——丹水之陽，亦即丹淅地區。[②]

---

① 盧川：《從清華簡〈楚居〉看楚人早期遷徙與城市發展》，《荆楚學刊》2016年第2期，第17頁。

② 尹弘兵：《清華簡〈楚居〉與楚國的居地及遷徙》，《考古學報》2024年第4期，第479、482頁。

（2）漢南説。此説主要依據周昭王南征時需要涉漢水方能伐楚，而此時楚都在夷屯，故夷屯必在漢水以南。

《楚居》記載熊繹卜徙夷屯後，云："至酓只、酓䵾、酓樊及酓錫、酓渠，盡居叕（夷）宅（屯）。"李學勤先生認爲熊繹至熊渠"盡居夷屯"對於論斷夷屯的地理方位極爲重要。熊繹爲周成王、康王時人，周昭王伐楚時的楚居未熊繹子輩，就是《楚居》仍居夷屯的熊只，《世本》誤作熊艾。京師畯尊銘文"王涉漢伐楚"，古本《竹書紀年》"周昭王十六年，伐楚荆，涉漢"説明當時的楚國都城當在漢水以南。《左傳》昭公十二年楚右尹子革云"昔我先王熊繹，辟在荆山"可以作爲楚都在漢水以南的又一證據。①牛鵬濤先生認爲《楚居》中熊繹至熊渠所居的"夷屯"，可對照《左傳》"昔我先王熊繹，辟在荆山"及《史記·楚世家》"熊渠甚得江漢間民和⋯⋯皆在江上楚蠻之地"，再聯繫金文及傳世文獻周昭王伐楚涉漢的記載，可推斷夷屯位於漢水以南。②李學勤先生及牛鵬濤先生僅斷定了夷屯的宏觀地理方位，并未對夷屯的具體地理位置進行考釋。

（3）古夷水一帶説。此説認爲叕宅在《水經注·沔水》所記夷水一帶，故名。

趙平安先生認爲叕宅作爲地名可分析爲叕之宅。叕讀爲夷，爲水名，就是今湖北省中部的漢水支流蠻河。宅即窀穸之窀，指厚葬的大墓。據林澐先生研究，歷代楚王皆有宅。叕宅作爲地名當是因位於夷水旁的墓葬區而得名。③

子居認爲叕宅就是夷陵，似是指《山海經·中次八經》之荆山地區，《左傳》昭公十二年"昔我先王熊繹，辟在荆山"可證。《左傳》桓公十三年："楚屈瑕伐羅，及鄢，亂次以濟。"杜注："鄢水，順襄陽宜城縣入漢。"《水經注·沔水》"又南過宜城縣東，夷水出自房陵，東流注之。夷水，蠻水也。桓溫父名夷，改曰蠻水。夷水導源中廬縣界康狼山，山與荆山相鄰。其水東南流，歷宜城西山，謂之夷溪。又東南徑羅川城，故羅國也。又謂之鄢水，《春秋》所謂楚人伐羅渡鄢者也。"夷水，即古鄢水，又名蠻水，今謂之蠻河，源出襄陽保康縣，東流經南漳、宜城二縣，注于漢水。夷陵與荆山相鄰，作爲山名當因荆山附近的夷水而得名。④

笪浩波先生也認爲夷屯與《水經·沔水注》發源於"中廬縣界康狼山"的夷水有關。楊守敬《水經注疏》："康狼山在南漳縣西八十里，蓋即今之司空山"。司空山爲今襄樊與南漳交界處的七里山，此處有清涼河，至南漳縣武安鎮附近注入蠻河。與楚國早期中心區域荆山相近的古夷水應該就是清涼河及以下的蠻河。今

---

① 李學勤：《論清華簡〈楚居〉中的古史傳説》，《中國史研究》2011 年第 1 期，第 57、58 頁。

② 牛鵬濤：《清華簡〈楚居〉與楚都丹陽》，《文史知識》2013 年第 6 期，第 21、22 頁。

③ 趙平安：《〈楚居〉的性質、作者及寫作時代》，《清華大學學報（哲學社會科學版）》2011 年第 4 期，第 31、32 頁。

④ 子居：《清華簡〈楚居〉解析》，簡帛研究網，2011 年 3 月 31 日。

蠻河發源于湖北保康縣境，流經南漳、宜城，在鍾祥胡集附近注入漢水，蠻河上游流經荆山的廣大區域。夷屯可能是古夷水（蠻水）邊的某個地方，很有可能在今湖北南漳縣武安鎮界。[①]

笪浩波先生後又指出：

> 現蠻河是漢水的一條支流，發源於保康縣聚龍山北麓的布峪，流經保康縣黄堡鎮，南漳縣長坪、李廟、城關、武安鎮，與北支清凉河（王家河）在南漳武安堰西匯合，再經宜城市小河、雷河、鄭集、孔灣鎮，在鍾祥市胡集鎮匯入漢江。聚龍山正處於沮水與漳水之間，靠近荆山，又是古夷水的發源地，與傳世文獻和出土文獻的記載都相合，故夷屯位於聚龍山一帶的可能性較大。按周王就地分封的習慣，京宗與夷屯應該相距不會太遠。前面已考京宗即景山，景山即望佛山，夷屯在聚龍山，望佛山與聚龍山相距不到 100 里，符合西周時期就地分封的習慣。周王一方面承認楚，另一方面又要限制楚，故給楚國重新劃定一個區域……對蠻河流域楚文化遺址進行調查，在蠻河上游的南漳縣長坪鎮黄潭村發現一處西周遺址。該遺址是在蠻河上游發現的第一處西周遺存，此發現則增大了夷屯在蠻河上游的可能性。[②]

黄錦前認爲“夷屯”即“夷陵”，“夷”“鄢”二字相通，故“夷屯”可讀爲“鄢陵”。《楚居》的“夷屯”或即夷水之濱的一個地名——“夷陵”（或“鄢陵”）。但此説無法回避的問題是，在夷水（今蠻河）流域的南漳一帶迄今尚未發現西周早期的文化遺址以與之相證。[③]

此外，周運中、郭志華等也認爲夷屯在古夷水（今蠻河）流域，位於湖北南漳縣、宜城市境内。[④]

（4）沮漳一帶説。此説認爲臺屯就是夷陵，也就是《楚世家》所記載秦人拔郢時焚燒的“夷陵”，位於沮漳河一帶。

復旦讀書會認爲“臺屯”或即“夷陵”。“臺”當讀爲“夷”，“屯”讀爲“屯”，指土阜，“屯”和“陵”意思相近，《莊子·至樂》：“生於陵屯，則爲陵舄。”《史

[①] 笪浩波：《從近年出土文獻看早期楚國中心區域》，《江漢考古》2011 年第 2 期，第 68、69 頁。

[②] 笪浩波：《清華簡〈楚居〉與楚國都城探研》，第 101 頁。

[③] 黄錦前：《“徙夷屯”新解及相關問題》，劉玉堂主編：《楚學論叢》（第 2 輯），武漢：湖北人民出版社，2012 年，第 11 頁。

[④] 周運中：《〈楚居〉東周之前地理考》，羅運環主編：《楚簡楚文化與先秦歷史文化國際學術研討會論文集》，武漢：湖北教育出版社，2013 年，第 232、233 頁；郭志華：《〈楚居〉與楚史相關問題探討》，華中師範大學碩士學位論文，2012 年，第 40 頁。

記》《戰國策》記載秦將白起拔鄢、郢，燒先王墓夷陵，至竟陵。可見夷陵有楚先王的墓地，且位置在鄢、郢、竟陵一帶。這正與簡文記載楚先人曾徙都"羣宅"相合。一説讀爲"窀"，與包山簡 58 號簡"宣王之𨏝州人苟求朕"等聯繫，林沄先生將包山簡此字隸爲"窀"，指出即窀穸之窀，爲厚葬的大墓。此説於字形上聯繫更直接。①

《史記·楚世家》："（楚頃襄王）二十一年，秦將白起遂拔我郢，燒先王墓夷陵。"《索隱》："夷陵，陵名，後爲縣，屬南郡。"《正義》："《括地志》云峽州夷陵縣是也，在荆州西。應劭云夷山在西北。"陳偉先生據此認爲："包山簡'宅'指楚王陵園。夷宅恐即夷陵。"②

李家浩先生："距離枝江之西不遠的宜昌市東，古代叫做'夷陵'……戰國時期國君的墳墓已稱'陵'，'夷陵'之'陵'也指墳墓，因位於夷山故名，'夷陵'有祭祀楚國先王的宗廟，所以《楚世家》等説'燒夷陵'，《中山策》説'焚其廟'。我們認爲《楚居》的'夷'，即古書中的'夷陵'……《楚居》的'宅'與《廷志》'窀'，當是同一個字的異體……《廷志》的'窀'應該讀爲'陵'，那麼，作爲'窀'字異體和跟古書'夷陵'之'陵'相當的'宅'字，也應該讀爲'陵'。夷陵位於枝江之西……楚都丹陽爲枝江説的地理位置要比丹淅説更近夷陵……熊繹由'景宗'順沮水或漳水南下即可到達枝江的丹陽……因爲'夷陵'是楚先王居住在'丹陽'時的陵墓所在地，地近'丹陽'，所以《楚居》以夷陵指代'丹陽'。從這一點來看，楚都丹陽在枝江的可能性要比在丹淅的可能性更大。"③

劉彬徽先生贊同李家浩先生的看法，認爲"夷宅地望在沮漳河流域東西兩側範圍"。④

胡剛、黃婧先生：

> "羣宅"爲熊繹與屈紃卜居之地，地望在學術界分歧最大，主要是將"羣宅"與"丹陽""夷陵""夷陵縣"混爲一談。一是《史記·楚世家》所載熊繹"居丹陽"的史料真實性是需要進一步考證的。而秦漢"夷陵縣"非酈道元所説的秦將白起所拔之楚"夷陵"。"夷陵縣"在今湖北省宜昌市區東南一帶，此處離楚國的政治中心太遠，這一帶也未發現規模

---

① 復旦大學出土文獻與古文字研究中心研究生讀書會：《清華簡〈楚居〉研讀札記》，復旦大學出土文獻與古文字研究中心網，2011 年 1 月 5 日。

② 陳偉：《讀清華簡〈楚居〉札記》，簡帛網，2011 年 1 月 8 日。

③ 李家浩：《談清華戰國竹簡〈楚居〉的"夷宅"及其他》，清華大學出土文獻研究與保護中心編：《清華簡研究》（第 1 輯），上海：中西書局，2012 年，第 251-254 頁。

④ 劉彬徽：《關於清華簡〈楚居〉的思考之二——楚族起源及其地域變遷》，陳建明主編：《湖南省博物館館刊》（第 8 輯），長沙：嶽麓書社，2012 年，第 282 頁。

較大的周代遺址和墓地，因此不可能是楚王"夷陵"所在。在西距湖北省宜昌市區東南約 25 千米的沮漳河下游有兩處墓群，分別是湖北枝江市青山—問安墓群和當陽縣趙家湖墓群，面積均達數十平方千米，這兩處墓群的東邊是湖北荆州市川店墓群……秦將白起所燒楚先王墓"夷陵"可能就在沮漳河下游。

從"夷屯"的字形、聲韻看，確實與楚先王陵墓"夷陵"有些聯繫。據《左傳》昭公十二年記載，前 530 年，右尹子革答楚靈王語："昔我先王熊繹辟在荆山，篳路藍縷以處草莽，跋涉山林以事天子，唯是桃弧、棘矢以共御王事。"子革回憶熊繹的事迹，仍將之與"荆山"聯繫起來，這說明熊繹所徙居的"夷屯"仍在荆山的範圍內，而此"荆山"可能是泛指。若從沮漳河流域考古發現情况看，中游的當陽縣東南分布着大量的西周時期遺址，如朱家山遺址、任家壋遺址、磨盤山遺址，面積都達 10 萬平方米以上，這一帶正好在廣義的荆山範圍內，又能和下游的楚先王墓"夷陵"聯繫起來。[①]

（5）商州區説。

此説爲周宏偉先生提出。周氏認爲丹、屯都是端的通假字，故丹、屯可相通假。"爲什麼又要在'屯'字之前加'夷'字？我們知道，上古時代，夷是中原一帶華夏民族對周邊非華夏民族包括'南蠻'的蔑稱。……在漢代及其以前，華夏民族可能常用'夷×'來稱呼南方少數民族及其所活動的區域。由於荆（楚）人屬華夏族系，所以，在楚武王熊達自稱楚王后，楚人大概也習慣把曾居住過'南蠻'的'丹水之浦'稱之爲'夷屯（丹）'。周文通過文獻記載、地理環境、考古遺址材料的多角度考察，證明熊繹所居之丹陽即今陝西省商洛市商州區。"[②]

（6）古城父—南頓説。

黃靈庚先生認爲夷即夷字，指淮夷。屯讀如頓，爲地名。《史記集解》："《地理志》曰：'汝南頓縣，故頓子國。'"《史記正義》："《括地志》云：'陳州南頓縣，故頓子國。'"南頓故城在今項城縣北。夷，在頓東，即亳州城父縣。夷、頓，皆屬淮夷，故曰"夷頓"。《包山楚簡》有"屯州""屯市""屯人"等，即此"夷屯"也。[③]

---

① 胡剛、黃婧：《試論早期楚國中心區域的變遷》，楚文化研究會編：《楚文化研究論集》（第 13 集），上海：上海古籍出版社，2018 年，第 327、328 頁。

② 周宏偉：《楚人源于關中平原新證——以清華簡〈楚居〉相關地名的考釋爲中心》，《中國歷史地理論叢》2012 年第 2 期，第 23、24 頁。

③ 黃靈庚：《清華戰國竹簡〈楚居〉箋疏》，《中華文史論叢》2012 年第 1 期，第 72 頁。

【筆者按】以上六種説法，基本代表了目前學界對夷屯地望的判斷。不難看出，此六説對夷屯的空間定位差異是比較大的，下面就六種説法的探索路徑與觀點一一進行辨析，將不可靠的説法淘汰出去。

商州區説以屯字的通假爲立論基礎，又以古書"夷×"的稱呼及考古遺址和地理環境爲佐證，判斷"夷屯"（按，周氏之説實際爲"屯"地）在今丹江流域的商州區。今按，在上古音中，丹爲元部端母字，屯爲文部定母字，元、文旁轉，端、定爲舌頭音，丹、屯的確音近，有相通假的可能。周宏偉引用張儒、劉毓慶《漢字通用聲素研究》中丹、屯都是端的通假字，以證明丹、屯二字可以通假。但古文獻未見屯與丹通假的例證，却多見屯與敦等字通假的例了。[①]從通假習慣角度考慮，屯、丹通假恐怕并不可靠。另外，周氏將季連初居之騩山直到熊繹早期居住的京宗皆定在今關中東部一帶，這可能是促使周氏將"屯"破讀爲丹的一個重要原因，但周氏對騩山直到京宗的定位并未爲學界接受。總之，商州區説缺陷明顯，不能成立。

古城父—南頓説。黃靈庚先生先將"夷"解爲淮夷，後又將此"夷"視爲今安徽亳州境内的古地名城父（又稱爲夷）；將屯解爲同從屯得聲的"頓"，認爲在今天河南項城縣北的南頓故城。學界普遍將"夷屯"視爲一個地名，而黃氏則將"夷屯"分爲"夷""屯"兩個地名看待，別具一格。《楚居》記載"卜徙於夷屯"後，緊接着説"爲楩室"進行蒸祭，并未交代卜徙的結果是徙居到"夷"還是"屯"，這説明"夷屯"還是應當視爲一個地名爲宜。退一步講，"夷屯"確爲兩地的話，按照黃氏的解釋，"夷""屯"二字分別位於安徽亳州境内與河南周口項城縣境内，二地直綫相距上百公里，而且位於黃氏所謂的淮夷地區。這與傳世文獻《史記·楚世家》記載"封熊繹于楚蠻，姓羋氏，居丹陽"及《左傳》昭公十二年記載熊繹"辟在荆山"的空間方位風牛馬不相及，傳世文獻記載熊繹受封于"楚蠻"，"居丹陽"，"辟在荆山"，河南項城、安徽亳州與傳世文獻記載的熊繹活動地區有着嚴重的空間錯位。總之，古城父—南頓説實爲荒謬，可完全排除此説。

以上兩説最不可靠，可以首先排除。

淅川説。此説立論的基礎是《楚居》所記楚人在夷屯"爲楩室"後"竊鄀人之橦"，夷屯與鄀相鄰近。此説將《楚居》"鄀人"之鄀定爲商密之鄀，所以判斷夷屯就在商密的近旁。淅川説的第一個弱點在於學界對《楚居》"鄀人"之鄀的空間定位存在質疑。《楚居》"鄀人"之鄀爲西周早期之鄀，《左傳》僖公二十五年杜

---

① 可參王輝：《古文字通假字典》，北京：中華書局，2008年，第662、667、671頁；劉信芳：《楚簡帛通假匯釋》，北京：高等教育出版社，2011年，第361頁。

預注：“郡本在商密，秦楚界上小國，其後遷于南郡郡縣。”杜注爲傳統説法，北魏酈道元《水經注》、清人顧祖禹《讀史方輿紀要》、江永《春秋地理考實》等皆從杜説。後來郭沫若一反杜説，在《兩周金文辭大系考釋》中提出上下郡之分，認爲下郡在商密，上郡在古代南郡郡縣。“南郡之郡爲本國，故稱上；上雒之郡爲分枝，故稱下。”徐少華先生根據出土的郡國銅器資料，認爲下郡爲商密之郡，上郡爲西峽縣的丁河古城。[①]徐説是對杜説的支持。李學勤先生則認爲《楚居》對楚、郡關係的記載是對郭説的有力支持。[②]在學界對西周早期之郡地望的認識存在分歧的情況下，欲證明夷屯在淅川，需要加强論證西周早期之郡，也即《楚居》“郡人”之郡在丹淅一帶的可靠性。淅川説還有第二個弱點，這一弱點也是李學勤先生提出漢南説的基本依據：《楚居》記熊繹到熊渠“盡居夷屯”，京師畯尊及《竹書紀年》記周昭王伐楚必須“涉漢”，説明夷屯應在漢水以南。淅川説與夷屯位於漢南這一判斷相違。至於淅川説的優勝之處，簡而言之，也有兩條：一是距離宗周較近，便於交往，易於解釋周初楚與周王室的密切互動；二是淅川及附近的丹江一帶有西周早期的文化遺存。其實，這兩點也是楚丹陽丹淅説的優勝之處。

　　古夷水一帶説。此説主要是從夷屯之“夷”字着眼，將“夷”視爲古水名，與《水經注·沔水》之“夷水”畫上等號。或將夷屯解釋爲夷之屯，即夷水畔的大墓；或認爲夷屯就是夷陵，指夷水一帶的山名或地名。北魏酈道元《水經注·沔水》：“（夷水）又東南徑羅川城，故羅國也。又謂之鄢水，《春秋》所謂楚人伐羅渡鄢者也。”《左傳》桓公十三年：“楚屈瑕伐羅，及鄢，亂次以濟。”李家浩先生指出北魏時代的夷水在先秦時期稱鄢水，而不稱夷水。[③]按照《水經注》及《左傳》的對夷水名稱變化的記載，《楚居》夷屯應該叫“鄢屯”。而事實却是叫“夷屯”不叫“鄢屯”。此外，從考古遺存角度來看，今蠻河流域并未發現西周早中期的遺存。據學者研究，在大巴山—巫山以東，漢水以西，長江以北，秦嶺以南的這一廣大區域內，僅在鄂豫陝交界地帶發現三處西周早中期的文化遺存——商南縣過風樓文化遺存、鄖縣遼瓦店子文化遺存及丹江口大東灣文化遺存，并將這些西周早中期的遺存視爲早期楚文化遺存。[④]但并未在南漳縣、宜城市的蠻河流域發現西周早中期與早期楚文化相當的文化遺存。古夷水一帶説無論將夷屯解釋爲夷水一帶

---

① 徐少華：《郡國銅器及其歷史地理研究》，《江漢考古》1987 年第 3 期，第 60、61 頁。

② 李學勤：《論清華簡〈楚居〉中的古史傳説》，《中國史研究》2011 年第 1 期，第 58 頁。

③ 李家浩：《談清華戰國竹簡〈楚居〉的“夷屯”及其他》，清華大學出土文獻研究與保護中心編：《清華簡研究》（第 1 輯），上海：中西書局，2012 年，第 255 頁。

④ 胡剛：《早期楚文化的初步研究》，西北大學碩士學位論文，2010 年，第 29-33 頁。

的大墓或高山，還是將夷屯解爲位於夷水流域的地名夷陵，雖然能在文字訓詁層面講得通，但缺少必要的物質文化遺存證據。

漢南説。此説獨闢蹊徑，其探索路徑與淅川説剛好相反：淅川説利用夷屯與都地望相近，先確定都的地望，再據此鎖定夷屯所在的大致範圍；漢南説則是根據周昭王伐楚需"涉漢"先確定夷屯的方位，再據夷屯與都鄰近來判斷都在宜城。漢南説立論的基礎是對周昭王南征路綫與對象的把握。周昭王"涉漢伐楚"，所涉之漢水河段一般認爲在漢水中游襄陽一帶，所伐之楚一般認爲就是周初始封的羋姓楚國。但是周昭王究竟在哪裏涉漢，征伐的對象到底是不是楚國，這在學界是有不同聲音的。近年尹弘兵在學界已有研究基礎上，對昭王南征的路綫、區域、對象等進行了深入研究，認爲"昭王殞命之地，在漢水下游，孝感西南方向"，"昭王南征的區域均在漢水以東地區，漢東地區在西周時期與羋姓楚國無關，可見昭王南征的對象并不是通常認爲的羋姓楚國，而應是漢東地區的土著民族，這些土著民族可能就是史籍中記載的楚蠻（或稱荆蠻）"。[①]尹氏的論證及觀點頗有道理，是對昭王南征已有成説的嚴重挑戰。如果尹氏的觀點成立，那麽夷屯地望的漢南説的立論基礎就會動摇。所以，漢南説應在昭王南征對象以及渡漢地帶方面加强論證以使立論基礎更爲牢靠。

沮漳一帶説。此説將臺屯視爲夷陵，認爲就是秦人拔郢時焚燒的"夷陵"。這個夷陵最早見於《戰國策》。《戰國策》卷五"蔡澤見逐于趙"："白起率數萬之師，以與楚戰，一戰舉鄢、郢，再戰燒夷陵。"《戰國策》卷六"秦王欲見頓弱"："頃襄王二十年，秦白起拔楚西陵，或拔鄢、郢、夷陵，燒先王之墓。"夷陵作爲楚先王陵墓，其地望學界有不同説法，難以論定孰是孰非。[②]西漢南郡置有夷陵縣，可能與楚先王墓有密切關係。《漢書•地理志》夷陵縣顏師古注："應劭曰：'夷山在西北。'"看來，楚先王墓與西漢夷陵縣應皆因夷山而得名。夷陵作爲楚王陵墓名字以及後世縣級行政區劃名有一定的知名度，但其出現于戰國後期，時間太晚。"夷陵"在《穀梁傳》宣公十一年也曾出現過："夏，楚子、陳侯、鄭伯盟于夷陵。"此"夷陵"似比《戰國策》之"夷陵"爲早，但在地理上看顯然非楚之夷陵，而且《左傳》作"辰陵"而不作"夷陵"。《楚居》記載熊繹至熊渠諸位楚君皆居於夷屯，這些楚君的時代當西周早中期。以戰國後期之"夷陵"來解釋西周早中期的"夷屯"，雖然從地名名稱相似以及文字訓詁角度講得通，但夷陵與夷屯之間却有很大的缺環。這是沮漳一帶説的不足之處和有待加强的地方。

---

① 尹弘兵：《楚國都城與核心區探索》，武漢：湖北人民出版社，2009年，第189、193頁。
② 楊明洪：《楚夷陵探討》，《江漢考古》1983年第2期，第66、67、73頁；郭德維：《試論秦拔郢之戰——兼探夷陵之所在》，《江漢論壇》1992年第5期，第73-78頁；吳鬱芳：《楚西陵與夷陵》，《江漢考古》1993年第4期，第75、76、86頁。

（二）“乃㘷（竊）若（鄀）人之牉（牉）以【四】祭”

整理報告：

　　若人，即鄀人。《左傳》僖公二十五年：“秋，秦晉伐鄀。”杜注：“鄀本在商密，秦楚界上小國，其後遷于南郡鄀縣。”銅器有上鄀和下鄀。河南淅川下寺春秋楚墓出土上鄀公瑚。本篇中的若當是商密之鄀，亦即銅器中的上鄀，在今河南淅川西南。會鬵所遷之臺宅與之相距不遠。

李學勤先生：

　　從簡文楚人自有祀典看，楚與鄀只是鄰近，不會有同源的關係。楚人羋姓，鄀據《世本》則爲允姓，自然相遠。郭沫若先生《兩周金文辭大系》曾詳論西周晚期以下的青銅器銘文有上鄀與下鄀。按《左傳》僖公二十五年杜注：“鄀本在商密，秦晉界上小國，其後遷於南郡鄀縣。”商密在今河南淅川西南，鄀縣在今湖北宜城東南。《大系》據下鄀公讓鼎出於上雒，即與商密接壤的陝西商縣，指出下鄀在商密，上鄀在“南郡鄀縣”即湖北宜城，并説：“上下相對，必同時并存，蓋由分封而然。意南郡之鄀爲本國，故稱上；上雒之鄀爲分枝，故稱下。”陳槃先生《春秋大事表譔異》也肯定此説，這便與杜預的説法相反。《楚居》簡文所述楚、鄀關係，是對郭説的有力支持。[①]

虞同（網名）：

　　熊繹時的鄀，學者已據《楚居》簡文進一步肯定爲湖北境内的上鄀，位於漢水以西。也唯有如此，楚武王才能以鄀俘觀丁父爲軍率，如果是河南淅川縣西南的下鄀，楚武王時的疆土是無從抵達那裏的。郭沫若先生推測“南郡之鄀爲本國，故稱上；上雒之鄀爲分枝，故稱下”。估計楚武王時擊潰了湖北宜城縣南的鄀國之後，鄀人遷至河南淅川，稱爲下鄀，最終被楚穆王所滅。[②]

陳偉先生：

　　漢晉南郡鄀縣，據云是鄀國舊邑、楚都之一。《左傳》僖公二十五年：“秋，秦晉伐鄀。”杜預注：“鄀本在商密，秦、楚界上小國。其後遷於南郡鄀縣。”《漢書·地理志上》南郡“若”縣下班固原注：“楚昭王畏吴，

---

① 李學勤：《論清華簡〈楚居〉中的古史傳説》，《中國史研究》2011 年第 1 期，第 58 頁。
② 虞同：《讀〈楚居〉札記》，簡帛網，2011 年 4 月 24 日。

自郢徙此，後復還郢。”其地所在，後世有二説。《水經注·沔水》（卷二十八）記云：“沔水又徑鄀縣故城南，古鄀子之國也。秦、楚之間，自商密遷此，爲楚附庸，楚滅之以爲邑。縣南臨沔津，津南有石山，上有古烽火臺，縣北有大城，楚昭王爲吳所迫，自紀郢徙都之。即所謂鄢、鄀、盧、羅之地也。秦以爲縣。”約在今湖北宜城縣東南的漢水東岸。另外一説在唐宋時期比較流行。《史記·楚世家》：“（楚昭王）十二年，吳復伐楚，取番。楚恐，去郢，北徙都鄀。”《正義》引《括地志》云：“楚昭王故城在襄州樂鄉縣東北三十二里，在故都城東五里，即楚國故昭王徙都鄀城也。”賀次君先生以爲“故都”之“都”當作“鄀”，以形近致誤；“國故”二字爲衍文。《元和郡縣志》卷二十一·山南道二·襄州“樂鄉縣”下云：“本春秋時鄀國之城，在今城北三十七里鄀國故城是也。”……在傳世文獻記載的兩種説法中，《水經注》一説雖然年代居先，但唐宋史志的記載較爲詳細，不僅記述了鄀國故城與楚昭王故城的具體里程，還有鄀（若）鄉、鄀（若）水、鄀亭山彼此支撐，也可能有更早的文獻根據。……隋唐樂鄉縣治約在今湖北鍾祥市樂鄉關村，古鄀國、楚鄀都故城以及秦漢鄀縣治所，在其東北三十餘里，約在今鍾祥市西北胡集鎮南的麗陽村（明清麗陽驛）一帶。岳麓書院秦簡《三十五年質日》稱“箬鄉”，是當時尚未置縣，還是縣名即稱“箬鄉”，目前還不能確定。與此相關的一個問題是，清華簡《楚居》記“若敖熊儀徙居箬”“至莊敖自福丘徙襲箬郢”，又記“至靈王自爲郢徙居秦溪之上”，“至昭王自秦溪之上徙居㵐郢，㵐郢徙居鄩郢，鄩郢徙襲爲郢。闔廬入郢，焉復徙居秦溪之上，秦溪之上復徙襲㵐郢。”《水經注》《括地志》都將鄀國故城與楚昭王故城分别二地，與《楚居》所述相合，而“秦溪之上”可能是昭王徙都所居的具體地方。[①]

了居（網名）：

　　（整理者）所説似不確。《楚居》篇中的鄀，皆當是湖北宜城之鄀。《史記正義》引《括地志》云：“楚昭王故城在襄州樂鄉縣東北三十二里，在故都城東五里，即楚國故昭王徙都鄀城也。”地在今宜城縣與鍾祥縣界，漢水與蠻河交匯處。之所以當是湖北之鄀，是因爲，如果是河南之鄀的話，前文楚人由丹淅之會遷往漢水以南，并不經由此鄀地，無由“使若嚣卜”，更沒有已遷後又跋山涉水返回鄀地“竊鄀人之犝以祭”的道理，

---

① 陳偉：《岳麓秦簡〈三十五年質日〉“箬鄉”小考》，簡帛網，2011 年 4 月 4 日。

這些都應該表明《楚居》篇中之郡，當是楚人遷往夷屯時所經過之地，而湖北之郡，楚人遷於夷屯後，只需順流而下即至，往來顯然是非常便利的。《楚居》下文，又記若敖徙於郡，則可知此郡當是在若敖已成爲楚人之邑，而《左傳·僖公二十五年》記有“秋，秦、晉伐郡”。則是彼時河南之郡猶存，故可知若敖所徙勢必爲湖北之郡。《左傳·宣公四年》記載：“初，若敖娶於䢵，生鬭伯比。若敖卒，從其母畜於䢵，淫於䢵子之女，生子文焉，䢵夫人使棄諸夢中。”湖北之郡近於䢵，此亦可見若敖所徙當是湖北之郡。《左傳·哀公十七年》：“觀丁父，郡俘也，武王以爲軍率，是以克州、蓼，服隨、唐，大啓群蠻。”所勝諸國的分布範圍正環繞湖北之郡，故可以知道楚之所勝多半是因爲觀丁父很熟悉諸國國情的緣故。所以，由以上的內容看來，《楚居》篇中之郡，當以湖北之郡爲是。[①]

程少軒先生：

根據《楚居》可以知道，楚人在漢水中游建立的第一個據點是“郡”，楚人當時恐怕并沒有將勢力延伸到更靠北的宜城一帶，也没有迅速占據江陵一帶。[②]

陳民鎮先生：

《世本·氏姓篇》云：“郡，允姓國，昌意降居爲侯。”《大戴禮記·帝繫》云：“昌意降居若水。”又云：“昌意娶于蜀山氏，蜀山氏之子謂之昌濮，氏產顓頊。顓頊娶于滕氏，滕氏奔之子謂之女禄，氏產老童。”《呂氏春秋·古樂》云：“帝顓頊生自若水，實處空桑，乃登爲帝。”准此，則郡與楚均出自昌意，郡與楚關係密切，便不難解釋。然古史茫昧，疑雲籠罩，難以論定。1978 年，考古工作者於河南淅川下寺 M8 發現上郡公簠，係上郡公爲叔嬌、番妃作的媵器，准此，則上郡係嬌姓，即傳世文獻中的“芈”，與楚國同姓。劉彬徽先生指出，可能的解釋是，其時上郡業已爲楚所滅，楚封其同姓貴族爲縣公。當然，也有可能《世本》所記允姓有誤。[③]

周運中先生：

《水經注》卷二十八《沔水》説：“沔水又逕郡縣故城南，古郡子之國也，秦、楚之間，自商、密遷此，爲楚附庸，楚滅之以爲邑。縣南臨沔津，津南有石山，上有古烽火臺。縣北有大城，楚昭王爲吳所迫，自

① 子居：《清華簡〈楚居〉解析》，簡帛研究網，2011 年 3 月 30 日，又見於 Confucius2000 網·清華大學簡帛研究，2011 年 3 月 31 日。

② 程少軒：《談談〈楚居〉所見古地名“宵”及相關問題》，簡帛網，2011 年 5 月 31 日。

③ 陳民鎮：《清華簡〈楚居〉集釋》，復旦大學出土文獻與古文字研究中心網，2011 年 9 月 23 日，第 62 頁。

紀郢徙都之，即所謂鄢、鄀、盧、羅之地也，秦以爲縣。沔水又東，敖水注之。水出新市縣東北，又西南逕大陽山，西南流徑新市縣北，又西南而右合枝水，水出大洪山而西南流，逕襄陽鄀縣界西南，逕潗城東南，左注敖水。敖水又西南流注於沔，是曰敖口。沔水又南逕石城西，城因山爲固，晉太傅羊祜鎮荆州，立。”石城是今鍾祥市，敖水今爲鍾祥市敖河，鄀在鍾祥北部。

　　岳麓書院秦簡《三十五年質日》中，有一段從南郡往返咸陽的旅行記録，在銷、鄧之間有箬鄉，陳偉先生認爲是鄀，這是正確的，但是他認爲鄀的位置有兩説，一是上引《水經注》之鄀，二是唐宋地志記載的鄀，《史記·楚世家》：“（楚昭王）十二年，吳復伐楚，取番。楚恐，去郢，北徙都鄀。”《正義》引《括地志》云：“楚昭王故城在襄州樂鄉縣東北三十二里，在故鄀城東五里，即楚國故昭王徙都鄀城也。”《元和郡縣志》卷二十一·山南道二·襄州“樂鄉縣”下云：“本春秋時鄀國之城，在今城北三十七里鄀國故城是也。”《太平寰宇記》卷一四五·山南道四·襄州宜城縣下云：“廢樂鄉縣在州南二百二十里。舊管四鄉。本春秋鄀國之地，迄今有若鄉，在若水之傍。鄀亭山在縣西南，山上有城壘，極峻拔，爲險之所，一名中城山。鄀水亦名女泉。”《路史·國名紀》（卷二十五）“鄀”下云：“子爵。舊鄀本商密，秦、楚界上小國。《世本》云允姓國。秦入之。後遷南郡，今襄之宜城西南有鄀亭山，上有城險固。鄀鄉，鄀水。”其實所謂兩處鄀，不過是一處，因爲《太平寰宇記》説宜城縣在襄州南九十五里，則樂鄉縣在宜城縣南一百餘里，鄀城又在樂鄉縣北三十七里，則鄀城在宜城南約七十里，察看地圖，則已在今鍾祥市境内，正是《水經注》所記鄀縣故城位置。《路史》只不過是根據前人所記推算，但是臆測鄀城在宜城西南，其實應該是東南。《水經注》説鄀：“縣南臨沔津，津南有石山，上有古烽火臺。”我們察看地形圖，就可以發現只有鍾祥市北部有瀕臨漢水的石山，豐樂鎮太和村有漢代葬王崗城址，南北長約 1000 米，東西寬約 500 米，城垣寬約 10 米，應即鄀縣故城，位置和原貌都符合《水經注》所記。①

黄靈庚先生：

　　（整理者）以“箬（鄀）人”爲上鄀，云：“《左傳》僖公二十五年：‘秋，秦晉伐鄀。’杜注：‘鄀本在商密，秦楚界上小國，其後遷于南郡鄀

---

　　① 周運中：《清華簡〈楚居〉地理考》，《楚簡楚文化與先秦歷史文化國際學術研討會論文集》，武漢：武漢大學，2011 年 10 月，第 162、163 頁。

縣。'銅器有上鄀和下鄀。河南淅川下寺春秋楚墓出土上鄀公瑚。本篇中的'若'當是商密之鄀，亦即銅器中的上鄀，在今河南淅川西南。"案：其説是也。譚其驤《中國歷史地圖集》（一）以"商密"之鄀爲下鄀，而以南郡之鄀縣爲上鄀。非也。[1]

牛鵬濤先生認爲鄀與楚之夷屯間存在鄰近關係：

《左傳》桓公十三年（公元前 699 年，楚武王四十二年）：
十三年春，楚屈瑕伐羅。……楚子使賴人追之，不及。
杜預注："賴國在義陽隨縣。賴人，仕于楚者。"楚武王郢都範圍總在沮漳水與漢水之間，距離賴有相當的距離，賴人仕于楚，不能以此爲依據推斷武王時郢都在賴附近。同樣的，熊繹卜徙於夷屯，"竊鄀人之犝"不能理解爲到鄀竊犝，應是鄀人之仕于楚者。夷屯地望的判定，不應受此影響。[2]

笪浩波先生：

鄀應該指的是當時的一個小國，文獻中記載先秦時期存在有鄀國。關於鄀國的地望，郭沫若先生通過對鄀國銅器的考證，認爲西周晚期後應該有上、下兩個鄀國并存，下鄀在陝西商密，上鄀在湖北宜城，爲鄀之本國。學界多贊同此觀點。徐少華先生經過詳細考證，認爲至少西周中期以後就有上鄀與下鄀同存。《楚居》記載熊繹遷居前讓鄀人嗌進行了一次占卜，因爲祭祀時缺祭品，就去偷了鄀人的牛。《楚居》的記載説明楚國與鄀國相近，而這次遷夷屯也有可能是朝離鄀國更近的地方遷居。不然，熊繹也不會去找鄀人占卜并偷鄀人的牛進行祭祀。此鄀國不可能是商密之鄀，商密之鄀遠在丹江上游，與楚之間還隔着濮、陸渾戎等强族，當時的楚人雖然受封有子男之田，但直到春秋初才啓濮地，憑當時的實力，楚人斷不可能輕鬆地跨過如此廣大的他族之地去做一次大規模的遷居。[3]

李凱先生：

楚君熊繹讓"鄀嗌"來占卜徙居"夷屯"的吉凶，并在"夷屯"建立用於進行祭祀的宗廟"楩室"，爲了充實"楩室"之中的祭祀品，故此

---

[1] 黄靈庚：《清華戰國竹簡〈楚居〉箋疏》，《中華文史論叢》2012 年第 1 期，第 74 頁。
[2] 牛鵬濤：《清華簡〈楚居〉與楚國都城研究》，清華大學博士學位論文，2013 年，第 26、27 頁。
[3] 笪浩波：《從近年出土文獻看早期楚國中心區域》，《江漢考古》2011 年第 2 期，第 68 頁；又見笪浩波：《從近年出土新材料看楚國早期中心區域》，《文物》2012 年第 2 期，第 63 頁。

竊取了"鄀人"的犧牲，夜而陳之。"凡邑，有宗廟先君之主曰都，無曰邑"(《左傳》莊公二十八年)，則"夷屯"應爲楚受封立國之都。其中"鄀"與"夷屯"毗鄰，《左傳》僖公二十五年杜預注認爲鄀在商密，爲秦晉之間小國，在今河南淅川西南，後遷於南郡，在今湖北宜城東南。但郭沫若先生在《兩周金文辭大系考釋》認爲鄀應本在南郡，後遷到商密。隨着"鄀"國的青銅器的陸續出土，專家認識到西周中晚期，"鄀"分爲"上鄀""下鄀"，均在丹江支流淅川流域，"上鄀"在今西峽縣境，"下鄀"在今淅川縣，至春秋魯文公以後才遷至今湖北鍾祥縣境。可知杜注鄀本在商密的説法并不誤，從商密到南郡的遷徙，也與封國從中原向四裔輻射的過程一致。"鄀"在西周時期在淅川流域，那麼與"鄀"毗鄰的"夷屯"也在淅川流域。[①]

徐少華先生：

隨着材料的不斷增加和討論的逐步深入，使鄀國的歷史、地理問題變得更爲複雜，應該説是一個好現象，不但彌補了文獻記載的不足，亦推動了學術研究的進步。對於這些疑難問題，我們可分幾個層面加以梳理：

首先，關於鄀人的早期歷史，我們曾結合卜辭和銅器銘文推測，至遲於商代後期當已存在；西周早中期，其國族已有一定的實力和文化基礎，清華簡《楚居》有關早期楚、若（鄀）關係的記載，正好印證了這一認識。

其次，就目前的材料而言，未見西周晚期的上鄀之器，亦没有發現春秋早中期的下鄀器物……

早期的鄀國只有一個，學界并無異議。從下鄀雍公誠鼎的銘文與時代來看，至遲在西周晚期已有"下鄀"之稱，按常理而言，當時應有"上鄀"并存。以鄀公敄人鐘及鄀公平侯鼎所反映的四代鄀公世次[可公→辰公→犀盂公（敄人）→平侯]，上鄀"可公"的年代，當與"下鄀雍公誠"相近或稍晚。同時，如果上鄀、下鄀不是鄀族的兩系，而是鄀國都邑前後遷徙所至，鄀君的名號似乎没有必要由"鄀公→下鄀公→上鄀公"來回改動或變更，這樣不僅容易引起內外的混淆，亦容易引起國族的分裂……上鄀、下鄀的關係，目前雖有進一步討論的空間，比較而言，還是以郭老上下相對、同時并存，上鄀爲本國，下鄀乃枝分的説法比較合理。

---

① 李凱：《清華簡〈楚居〉與"江、漢、雎、漳，楚之望也"》，《出土文獻與商周文明初探》，北京：北京聯合出版公司，2018年，第277、278頁。

再次，將西周郡國和上郡定於宜城或漢水中游以西地帶，不僅沒有可信的文獻記載，亦缺乏出土資料的支撐。上面所言的 4 件郡器（引按，指陝西商洛之下郡雍公鼎、河南南陽夏饗鋪之上郡太子平侯匜、淅川下寺之上郡公簋、湖北襄陽山灣之上郡府簋），不管是上郡還是下郡之器，均出於丹淅和與之相近的地方，没有一件出於漢水中游以西，而這一史實却與《左傳》及杜注、孔疏的意見接近，恐怕很難以偶然或巧合來解釋。胡剛先生意識到這個矛盾，故以西周晚期郡遷商密之下郡來呼應，然又說春秋早期由下郡再遷的上郡亦在商密附近，形成西周早中期的宜城（漢西地區）和春秋早中期的丹淅兩個不同時期和不同地區的上郡，令人更加迷惑。黄錦前先生認爲西周之郡、春秋之上郡一直在宜城，前後當不少於 400 年，何以地點明確的 3 件上郡銅器均出於漢水以北的南陽盆地，而漢水西岸的宜城至鍾祥一帶没有一件？這不得不引起我們的反思。[①]

何曉琳先生：

早期楚所在的地域，《楚居》也提供了很重要的綫索。簡 4 和簡 5 記載“至盦繹與屈紃，使郡噬卜徙於夷屯，爲楩室，楩室既成，無以内之，乃竊郡人之犅以祭”。這裏記載的是西周早期的熊繹的故事。熊繹遷都夷屯，幫助他占卜的噬是郡人，他的新居的祭祀，“竊郡人之犅以祭”。由此可知，西周早期的楚與郡相距不遠。

簡 6 和簡 7 記載“若敖熊儀徙居郡”。則到西周晚期晚段的熊儀的時期，郡已經成爲楚君的居地。西周時期楚國的地域，不是一成不變的，而是有一定的擴張。

郡的地望，前輩學者做過很多的研究。根據出土銅器的情況，可知郡爲商代古國。可見的“若”銘銅器最早爲殷墟時期的“若癸簋”。以若和亞若爲族徽的郡器可延續至西周早期。到西周中晚期，郡可分爲上郡和下郡。其中上郡的郡字從“邑”。此上郡，可見淅川下寺 M8：1 的簋。這件春秋早中期之際的銅器，銘文爲“上郡公……作叔羋番妃媵簋”，這裏的上郡公，是羋姓楚人，上郡此時已爲楚縣了。徐少華推定

① 徐少華：《從幾批郡器的出土地看古郡國的位置——兼論楚夷屯、京宗的區域範圍》，徐少華、[日]谷口滿、[美]羅泰主編：《楚文化與長江中游早期開發國際學術研討會論文集》，武漢：武漢大學出版社，2021 年，第 453、454 頁。

若及上鄀地望，當在今天的西峽縣，下鄀地望則在淅川縣的寺灣鎮附近。其説可從……

　　綜上所述，西周早期楚人控制地域離西峽和淅川縣不會太遠，同時最遲到西周晚期晚段，西峽和淅川縣已經被楚人的擴張所占據。也可推測，楚人的擴張和占據鄀地，正是西周晚期鄀分爲上鄀和下鄀的原因。[①]

蔡靖泉先生：

　　《楚居》記述熊繹"使若嚻卜，徙於夷屯"，整理者注："若嚻，鄀人先祖。"説若嚻爲鄀人先祖并無根據，但熊繹使之卜居的若嚻必是鄀國公室人物。依《楚居》所述，熊繹信用鄀國貴族，又能夠竊得鄀人的無角牛用於祭祖，表明楚先民與鄀人來往密切、楚先公的居邑鄰近鄀國。郭沫若《兩周金文辭大系》有上鄀、下鄀之論，李學勤文據之認爲熊繹居邑"夷屯"所近之鄀爲在今湖北宜城的上鄀。其實不然，《楚居》整理者引《左傳》杜注有可從之處。西周鄀國地處丹淅流域，有上鄀、下鄀兩個都邑。上鄀又名商密，舊説在今淅川西南，據考古調查其故址或即淅水、淇水之間今西峽縣丁河鎮境内的丁河古城。下鄀應在商密至丹淅之會間的丹水下游某地，有學者認爲或即淅川老城——丹水城。上、下鄀邑之稱，大概是因兩個都邑南、北相望，乃有北都邑爲上、南都邑爲下的習稱。鬻熊所居丹陽若即淅川下寺龍城，上鄀、下鄀皆近丹陽。大概自兩周之際，鄀國不僅被楚國占邑并地，而且成爲楚國附庸。至於杜預注文所謂"其後遷於南郡鄀縣"的鄀邑，則是春秋中期楚人南遷鄀國君臣以讓其聚族延宗的居邑，沿襲舊名而已。[②]

（三）"畲迟逯（徙）居發漸"

子居推測發漸在"清發水源頭的大洪山地區"：

　　發漸：似即清發。春秋時期有清發水，即今湖北省安陸市境内涢水。《左傳·定公四年》："吳從楚師，及清發，將擊之。"《水經注·涢水》："隨水又西南，至安陸縣故城西，入於涢，故鄖城也。因岡爲墉，峻不假築。涢水又南徑石岩山北。昔張昌作亂，於其下籠彩鳳以惑衆。晉太安二年，

---

　　① 何曉琳：《〈楚居〉簡與早期楚文化》，武漢大學歷史地理研究所編：《石泉先生百年誕辰紀念文集》，武漢：武漢大學出版社，2023 年，第 99、100 頁。

　　② 蔡靖泉：《〈楚居〉所記楚先公事迹的獻疑考實》，《江漢論壇》2019 年第 8 期，第 94 頁。

鎮南將軍劉弘遣牙門皮初與張昌戰於清水，昌敗，追斬於江涘。即《春秋左傳》定公四年，吳敗楚於柏舉，從之，及於清發，蓋溳水兼清水之目矣。"熊渠所遷的"發漸"疑是指清發水源頭的大洪山地區，《水經注・溳水》所記"溳水出縣東南大洪山，山在隨郡之西南，竟陵之東北，盤基所跨，廣圓百餘里。峰曰懸鈎，處平原衆阜之中，爲諸嶺之秀……溳水出於其陰。初流淺狹，遠乃廣厚，可以浮舟袨巨川矣。時人以損〈湨〉水所導，故亦謂之爲溳山矣。溳水東北流合石水，石水出大洪山，東北流注於溳，謂之小溳水。而亂流東北，逕上唐縣故城南。本蔡陽之上唐鄉，舊唐侯國。《春秋》定公三年，唐成公如楚，有兩肅霜馬，子常欲之，弗與，止之三年，唐人竊馬而獻之，子常歸唐侯是也。溳水又東，均水注之，水出大洪山，東北流逕土山北，又東北流入於潰水。溳水又屈而東南流。東南過隨縣西，縣故隨國矣。《春秋左傳》所謂漢東之國，隨爲大者也。楚滅之以爲縣。"即此山。[1]

夏麥陵先生：

　　發漸的地望在漢水中游的何處？我們推測在漢水中游以西，宜城、南漳一帶及其以南，荊山斜臥在其側。[2]

周運中先生：

　　至酓渠（熊渠）時，楚遷居發漸，發漸爲臨時楚之郢都。發漸當在與庸不遠之處，當在鄂西北竹山縣附近。[3]

盧川先生：

　　熊渠南下征伐南蠻各部，將"發漸"作爲根據地與居所，并效仿西周實行分封，將其三子分封在句亶、鄂、越章，皆在南蠻之地。熊渠在位，主要做了三件事情：伐庸、深入南方楊粵、征伐鄂。西周時期，此三地皆在漢水流域和漳水流域。或能從三地的方位以及以後的考古發掘，共同來判斷"發漸"的具體位置。[4]

---

① 子居：《清華簡〈楚居〉解析》，簡帛研究網，2011 年 3 月 30 日；又見於 Confucius2000 網・清華大學簡帛研究，2011 年 3 月 31 日。

② 夏麥陵：《清華簡〈楚居〉中夷屯和發漸地望試探》，羅運環主編：《楚簡楚文化與先秦歷史文化國際學術研討會論文集》，武漢：湖北教育出版社，2013 年，第 219 頁。

③ 周運中：《清華簡〈楚居〉地理考》，《楚簡楚文化與先秦歷史文化國際學術研討會論文集》，武漢：武漢大學，2011 年 10 月，第 147 頁。

④ 盧川：《從清華簡〈楚居〉看楚人早期遷徙與城市發展》，《荊楚學刊》2016 年第 2 期，第 18 頁。

吳良寶先生：

發漸、旁岈、喬多等地的具體位置雖不能確定，估計也是在今宜城平原一帶。[①]

院文清先生：

丹水之陽的夷屯也再不適應熊渠的胃口，於是向東徙居發漸。發漸有可能是在更接近襄陽西北的平原和南陽盆地的地方。[②]

周運中先生：

發漸不見史載，其實發漸合讀音近樊，漸爲談部，樊爲元部，談、元通轉，發爲幫母，樊爲並母，幫、並旁紐，樊即襄陽北岸的樊城，楚人從夷水到彭水，中間正是經過樊城。[③]

周運中先生後來的意見有所改變：

發漸不見史載，或即酇，《水經注》卷二十八《沔水中》："又東南過酇縣之西南（水經）。縣治故城南臨沔水，謂之酇頭。漢高帝六年，封蕭何爲侯國也。薛瓚曰：今南鄉酇頭是也。《茂陵書》曰在南陽，王莽更名南庚者也。"漸、酇精母雙聲，前者談部，後者元部，談元通轉。酇縣城或即老河口市蘇家河漢代遺址，面積 3 萬平方米。西南漢水，方位正合。《中國文物地圖集》定穀城縣冷集鎮尖角村魏家灣北 300 米的一處遺址爲酇陽城，此地在漢水東南，不合《水經注》方位。[④]

王芳先生：

《史記·楚世家》："熊渠甚得江漢間民和，乃與兵伐庸、楊粤，乃至鄂。"發漸可能與所伐之地有關係，"《辟歷引》者，楚商梁子所作也。商梁子出游九皋之澤，覽漸水之台，張置罦，周於荆山，臨曲池而魚。"《楚居》中的發漸或與漸水有關，漸水與荆山相去不遠，熊渠所伐的庸在今湖北竹山縣東南，與荆山毗鄰，發漸或在湖北竹山縣附近。[⑤]

① 吳良寶：《讀清華簡〈楚居〉札記》，陳偉主編：《簡帛》（第 6 輯），上海：上海古籍出版社，2011 年，第 315 頁。

② 院文清：《〈楚居〉世系疏證》，楚文化研究會編：《楚文化研究論集》（第 10 集），武漢：湖北美術出版社，2011 年，第 36 頁。

③ 周運中：《清華簡〈楚居〉地理考》，《楚簡楚文化與先秦歷史文化國際學術研討會論文集》，武漢：武漢大學，2011 年 10 月，第 162 頁。

④ 周運中：《〈楚居〉東周之前地理考》，羅運環主編：《楚簡楚文化與先秦歷史文化國際學術研討會論文集》，武漢：湖北教育出版社，2013 年，第 236 頁。

⑤ 王芳：《〈楚居〉地名初探》，《語文學刊》2012 年第 4 期，第 81 頁。

牛鵬濤先生據近年宜昌出土的楚季編鐘，推測"發漸"可能在"宜昌、當陽至枝江一帶"。[①]

黃靈庚先生：

> （發漸，）地名，然未見傳世文獻所載。《楚世家》：熊渠"當周夷王之時，王室微，諸侯或不朝，相伐。熊渠甚得江漢間民和，乃興兵伐庸、楊粵，至于鄂"。《集解》："杜預曰：'庸，今上庸縣。'"《正義》："《括地志》云：'房州竹山縣，本漢上庸縣，古之庸國。昔周武王伐紂，庸蠻在焉。'"又曰："鄂，五各反。劉伯莊云：'地名，在楚之西，後徙楚，今東鄂州是也。'《括地志》云：'鄧州向城縣南二十里西鄂故城是楚西鄂。'"《索隱》："有本作'楊雩'，音吁，地名也。今音越。譙周亦作'楊越'。"至熊渠率師南下，拓地江漢，大略在今河南省南陽及湖北省鄖縣間。推"發漸"之地望，蓋在其間也。[②]

笪浩波先生：

> 若敖遷居之郜應該就是郜國的舊都——宜城東南之郜。……從夷屯至郜的連綫看，楚國應該是沿蠻河逐漸向東遷移，也即發漸、旁屽和喬多都應該在蠻河流域沿綫。從楚國早期幾位君王的事迹也可以大致推導這幾處地名的方位，《史記·楚世家》載："熊渠生子三人。當周夷王時，王室微，諸侯或不朝，相伐。熊渠甚得江漢間民和，乃興兵伐庸、楊粵，至於鄂。熊渠曰：'我蠻夷也，不與中國之號謚。'乃立其長子康爲句亶王，中子紅爲鄂王，少子執疵爲越章王，皆在江上楚蠻之地。及周厲王之時，暴虐，熊渠畏其伐楚，亦去其王"，《竹書記年》有類似記載。庸的位置較明確爲湖北竹山縣一帶，裴駰《集解》引杜預注："庸，今上庸縣。"《正義》引《括地志》云："房州竹山縣，本漢上庸縣，古之庸國，昔周武王伐紂，庸蠻在焉"。"楊粵"據學者考證，爲楊水流域的粵人，屬百越人的一支，粵通越。《水經·沔水注》："楊水又北逕竟陵縣北，又北，納巾吐柘。柘水，即下楊水也……巾水又西逕竟陵縣北，西逕楊水，謂之巾口，水西有古竟陵大城，古郹國也"。說明楊粵地近郹國，在江漢之間。鄂的位置則有西鄂和東鄂説，本人認爲此鄂爲東鄂（鄂之地望將在另文中考證）。從文獻看，熊渠之居"發漸"應該在庸、楊粵、鄂之間。[③]

---

① 牛鵬濤：《清華簡〈楚居〉與楚國都城研究》，清華大學博士學位論文，2013 年，第 28 頁。

② 黃靈庚：《清華戰國竹簡〈楚居〉箋疏》，《中華文史論叢》2012 年第 1 期，第 77 頁。

③ 笪浩波：《從近年出土文獻看早期楚國中心區域》，《江漢考古》2011 年第 2 期，第 69 頁。

盧川先生：

"發漸"爲楚之臨時都城，至酓渠（熊渠）時，楚遷居"發漸"。《史記·楚世家》記"熊渠生子三人。當周夷王之時，王室微，諸侯或不朝，相伐。熊渠甚得江漢間民和，乃興兵伐庸、楊粵，至於鄂"，而"夷王衰弱、荒服不朝"（《後漢書·西羌傳》），無暇南顧，故江漢流域則成爲楚人開拓的區域。就目前把握的文獻和考古材料，此時"發漸"只能判斷爲與江漢平原衆部距離不遠。《括地志》記："竹山縣東南四十一里。其山頂上平，四面險峻，山南有城，長十餘里，名爲方城。""方城"爲春秋時所築，或與"發漸"有一定關係。熊渠早期居"丹陽"，"丹陽"有其限制，發展受阻，故"伐庸、楊粵，至於鄂"。爲方便戰爭的推進，也或會使"發漸"作爲"新楚人"的聚集之地。熊渠南下征伐南蠻各部，將"發漸"作爲根據地與居所，并效仿西周實行分封，將其三子分封在句亶、鄂、越章，皆在南蠻之地。熊渠在位，主要做了三件事情：伐庸、深入南方楊粵、征伐鄂。西周時期，此三地皆在漢水流域和漳水流域。或能從三地的方位以及以後的考古發掘，共同來判斷"發漸"的具體位置。①

高崇文先生指出發漸、旁屽、喬多皆在商密之都以西地區：

《楚居》所載熊繹所居的夷屯，應是楚國正式建國立都之地，位於都國之西的丹水之陽，這只是楚國早期都城的位置。但周成王封熊繹于"楚蠻"之地就不僅僅是都城的範圍，而應更爲廣闊，其勢力所及範圍應包括都之西部丹江至漢水兩岸群蠻聚居的地域。《楚居》記載，從熊繹到熊渠凡六代盡居夷屯，熊渠開始徙居發漸，熊摯時徙居旁屽，熊延時徙居喬多，又經數代，至"若敖熊儀徙居郢"。雖然發漸、旁屽、喬多之地望還不能確定，但不會在都之東部的南陽盆地，因這一帶已爲鄧、郡等國所據，只能是在其西部的區域內。……從熊渠開始，楚的政治中心已由丹江向漢水南部發展，繼而又沿漢水向東到達漢水與丹江的交匯處，即"若敖熊儀徙居郢"。從楚由西向東遷徙的路綫來看，發漸、旁屽、喬多的地望應當在都之西部漢水流域的山地一帶……

西周末年，若敖熊儀沿漢水東遷徙居郢，此應是商密舊都之都，此時郡國大概已被驅趕出商密，商密之都成爲熊儀所都之地。②

① 盧川：《從清華簡〈楚居〉看楚人早期遷徙與城市發展》，《荊楚學刊》2016 年第 2 期，第 17、18 頁。
② 高崇文：《楚早期居地再探》，徐少華、［日］谷口滿、［美］羅泰主編：《楚文化與長江中游早期開發國際學術研討會論文集》，武漢：武漢大學出版社，2021 年，第 443、444 頁。

程濤平先生：

發漸地名，不見史載，亦與當地地名毫無瓜葛。清人宋翔鳳言："是
熊渠之強大，由得荆山之險也。……荆山則在山林草莽之間，同乎群蠻
之俗，無可稽其定處，紀載闕而不詳，故亦從其略也。""發漸"疑是熊
渠自定地名，揣其文意，可能是南漳境內的荆山山脉，群山逶迤，蠻河
及上游清凉河、沮水和漳水均發源於此，漸漸匯成大河，引導羋族，循
河向不同方向發展，逐步壯大。發漸者，寓意羋族發展漸成大業也。

……

綜合各方面的情況，《楚居》中的"發漸"爲今南漳縣武安鎮蠻河北
岸觀上遺址的可能性較大。[①]

熊賢品先生將《史記·楚世家》所記楚熊渠"乃興兵伐庸、楊粤，至於鄂"
理解成"乃興兵伐庸（湖北竹山）、楊（唐，隨州西北），粤（越）至於鄂（隨州
境內）"，并將之與《楚居》熊渠居夷屯、發漸事相聯係：

《楚居》熊渠先後居夷屯、發漸的記載，提供了《楚世家》熊渠"興
兵伐庸、楊粤，至於鄂"的歷史背景。結合《楚世家》所載戰事及"庸"
等的地理位置，則《楚居》"夷屯"在以丹淅地區的可能性比較大，而"發
漸"應當也不會離此區域較遠。由此，《楚居》所載熊渠先後居夷屯、發
漸的地理位置與《史記·楚世家》熊渠"興兵伐庸、楊粤，至於鄂"的
戰事，是可以相互佐證的。[②]

尹弘兵先生：

熊渠所徙之"發漸"，文獻無考，而且發漸組的六個地點：發漸、旁
屽、喬多、郚、焚、宵，除郚、宵有些痕迹外，發漸、旁屽、喬多、焚
四個地點，雖為熊渠、熊徇等楚國國君所居，卻全然無迹可尋，文獻中
沒有絲毫綫索。熊渠的活動有較多記載，熊渠以後的楚國也較爲活躍，
這爲我們探討熊渠以後、熊通以前，西周晚期至兩周之際的楚國居地提
供了綫索。

熊渠時楚國曾發生遷徙，在傳世文獻中雖無明確記載，但也留下了
些許蛛絲馬迹，《史記·楚世家》……熊渠的活動範圍是"江漢間"或"江
上楚蠻之地"，與熊繹初封時的丹陽地區已然不是同一地理空間，熊渠時

[①] 程濤平：《先楚史》，第 524、525 頁。
[②] 熊賢品：《西周鄂國史二題》，《歷史地理研究》2024 年第 2 期，第 140-144 頁。

楚國始與"江漢"或"江上"發生交集，結合《楚居》可以確定熊渠時楚國已離開丹水流域的丹陽地區，進入"江漢"或"江上"這一新的地理空間。

……

發漸地名組中還有一重要特點，就是六個地名中除郤在後文中爲莊敖、成王所居外，其餘的發漸、旁屽、喬多、焚等地雖爲多代楚君所居，但郤在《楚居》後文中消失了。這與下一組的疆郢地名組恰形成鮮明的對照。這似乎表明，熊渠至宵敖時期楚國雖然已進入漢水中游地區，但不太穩定，有一個逐步發展壯大、站穩腳跟的過程。而熊渠率楚人從丹漸地區進入漢水中游，也經歷了較長距離的移動，因此西周晚期時的楚國雖然較爲活躍，但並未穩定下來。周宏偉認爲熊渠至熊通時代楚國的統治中心在今襄陽真武山遺址，雖多推測之詞，并未有確實的證據，但認爲熊渠時楚國已離開丹漸進入漢水中游地區，并把熊渠至熊通時的楚國歷史劃爲一個時期，却是頗有見地。①

（四）"畬摯（摯）遷（徙）居旁屽"

子居疑"旁屽"爲今湖北房縣一帶的春秋古地"房渚"：

旁屽：屽，《集韻》："魚旰切，音岸。義同。"《正字通》："岸字之訛。"其地似當爲春秋之防渚，今湖北房縣地區，《左傳·文公十一年》："楚子伐麋，成大心敗麋師於防渚。"《通典·州郡五》："房州：今理房陵縣。古麋、庸二國之地。麋音君。春秋楚子敗麋師於防渚，即此地也。戰國時楚地。秦滅趙，徙趙王遷於此。其地四塞險固。"又，《左傳·文公十六年》："（楚）使廬戢黎侵庸，及庸方城。"杜預注："方城，庸地，上庸縣東方城亭。"《史記正義》引《括地志》云："方城，房州竹山縣東南四十一里。其山頂上平，四面險峻，山南有城，長十餘里，名爲方城，即此山也。"此方城之地亦在房縣、竹山縣之間。庸國在湖北竹山縣，麋國在湖北鄖縣西，房縣正在必經之路上，推測自熊渠伐庸後，房縣即一度爲楚所據有，所以熊摯才能由房縣地區自竄於夔（秭歸）。《左傳·僖公二十六年》"夔子不祀祝融與鬻熊。楚人讓之，對曰：'我先王熊摯有疾，鬼神弗赦而自竄於夔。吾是以失楚，又何祀焉？'秋，楚成得臣、鬭宜申帥師滅夔，以夔子歸。"杜預注："夔，楚同姓國。今建平秭歸縣。"由此

或可認爲，自熊渠短暫的擴張之後，楚的勢力并未得到太多的加强，至熊摯實際上是退回荆山地區了。這一點，于傳世文獻亦可有所印證，如《左傳·昭公二十三年》："無亦監乎若敖、蚡冒至於武、文，土不過同。"《史記·楚世家》："（楚文王）十一年，齊桓公始霸，楚亦始大。"等等，皆可以説明此前的熊渠所伐諸地，都只是短暫的進攻，并没有使各地區真正成爲楚的勢力範圍，否則以丹陽至於鄂郢的偌大地域，將足以與周王室相抗衡，恐無需言"土不過同"，也無需至楚文王時才是"楚亦始大"了。

　　"旁岅"的命名方式類似於"長岸"等，《春秋·昭公十七年》："楚人及吴戰於長岸。"[1]

周運中先生：

　　《左傳》説："（魯文公）十一年春，楚子伐麇，成大心敗麇師於防渚。潘崇復伐麇，至于錫穴。"唐杜佑《通典》卷一百七十五《州郡五》房州（治今房縣）説："古麇、庸二國之地，麇音君。春秋楚子敗麇師於防渚，即此也。"《水經注》卷二十八《沔水中》説："筑水注之。杜預以爲彭水也。"今房縣馬攔河注入南河，馬攔河古名筑水，又名彭水，旁、房、彭上古音雙聲疊韻，並母陽部，旁岅應在今南河流域，旁岅一名，源自彭水之岸。

　　旁岸疑即後世的築陽城，《沔水中》："築水又東逕築陽縣故城南，縣故楚附庸也。秦平鄢郢，立以爲縣。王莽更名之曰宜禾也。建武二十八年，世祖封吴盱爲侯國。築水又東流注於沔，謂之築口。"築陽在築口之西，即今穀城縣城關鎮肖家營村的張飛城遺址，爲戰國、漢代遺址，面積 52.5 平方米。[2]

牛鵬濤先生推測"旁岅"可能位於"宜昌、當陽至枝江一帶"。[3]
黄靈庚先生：

　　旁岅，地名也，即"房陵"也。旁、房古同方聲，例得通用。《尚書正義》卷七《胤征》："乃遇汝鳩、汝方，作《汝鳩》《汝方》。"《史記·殷本紀》"方"作"房"。《書·堯典》"共工方鳩僝功"，《史記·五帝本紀》

　　① 子居：《清華簡〈楚居〉解析》，簡帛研究網，2011 年 3 月 30 日，又見於 Confucius2000 網·清華大學簡帛研究，2011 年 3 月 31 日。

　　② 周運中：《〈楚居〉東周之前地理考》，羅運環主編：《楚簡楚文化與先秦歷史文化國際學術研討會論文集》，第 236 頁。

　　③ 牛鵬濤：《清華簡〈楚居〉與楚國都城研究》，清華大學博士學位論文，2013 年，第 28 頁。

"方"作"旁"。則旁、房亦通。屵，古岸字。岸、陵同義，皆爲高峻之土。《爾雅•釋丘》："重厓，岸。"郝懿行《義疏》："蓋厓已高，其岸尤高，故云重厓。"《左傳•昭公十二年》"有肉如陵"，杜注："陵，大阜也。"旁屵、房陵，實一地也。宋毛晃云："荆州沮水在房陵，《左傳》所謂'江漢沮漳，楚之望也'。"胡渭云："荆之北界，判自南漳縣之荆山。山在縣西北八十里，漳水所出。其西爲遠安、興山，北與梁接界。荆山之西百餘里爲景山。《水經》'沮水出漢中房陵縣'，注云：'出沮陽縣西北。'景山即荆山首也，故《淮南子》曰：'沮出荆山。'《元和志》云：'沮水出房州永清縣西南。'景山、永清，本漢房陵縣地也。"酓螢（摯）又自鄧州、隕縣間之發漸南遷至景山之房陵也。[1]

筀浩波先生：

《楚居》記載的"旁屵"可能就是熊摯在長江邊的第一個落脚點。

"旁屵"在哪？無論是傳世文獻還是出土文獻中皆無迹可查。本人認爲"旁屵"就是萬福壋遺址，先就"旁屵"的字意來闡示，"旁"，《説文》云："旁，溥也。溥，大也。"屵通岸，岸，《説文》云："岸，水厓而高者。""旁屵"連起來的意思就是水邊又大又高處。萬福壋遺址就是長江邊一處又大又高的臺地，地形與"旁屵"相合；萬福壋遺址下限爲西周晚期前段，又與熊摯"自竄於夔"的時間相合；萬福壋遺址具有都邑的規模，更重要的是萬福壋遺址有一批埋藏時代既與熊摯相合，又與熊摯身份相合的楚公室之重器；如此巧合，決非偶然，只有一個可能，那就是熊摯是這批銅器的主人。[2]

程濤平先生：

"旁屵"指岸邊高地，疑爲今襄陽市樊城區歐廟鎮北曹灣村曹灣遺址。此地爲漢水西岸高地，符合"旁屵"文意。面積約 4.5 萬平方米，文化層厚 1 米左右。采集陶片以夾砂灰陶爲主，夾砂紅陶次之，紋飾有繩紋、弦紋，器形有鬲、豆、盂、罐、甗、鉢及簡瓦、板瓦等。目前發現爲東周遺址，不排除周代晚期。[3]

---

① 黃靈庚：《清華戰國竹簡〈楚居〉箋疏》，《中華文史論叢》2012 年第 1 期，第 79、80 頁。
② 筀浩波：《楚季寶鐘埋藏背景探析》，《楚文化與長江中游早期開發國際學術研討會論文集》，武漢：武漢大學，2018 年 9 月，第 379 頁。
③ 程濤平：《先楚史》，第 526 頁。

盧川先生認爲旁屽爲楚封君熊摯之邑，即"夒"，地在今秭歸縣一帶：

"旁屽"應定性爲楚封君之邑，酓摯（熊摯）始封於此。《楚居》云："酓摯徙居旁屽。"熊摯與司馬氏所記同，但與熊康間關係或有誤，但并無影響。《史記索隱》云："熊渠卒，子熊翔立，卒，長子摯有疾，少子熊延立。"《左傳·僖公二十六年》記："夒子不祀祝融與鬻熊，楚人讓之，對曰：'我先王熊摯有疾，鬼神弗赦。'"魯人對楚人歷史記録無誤的話，則可知熊摯爲夒國之始祖，初封"夒"之地。《史記正義》引宋均注《樂緯》云："熊渠嫡嗣曰熊摯，有惡疾，不得爲後，別居於夒，爲楚附庸，後王命曰夒子也。"嫡長子繼承父業，這是當時中原文化的特征，但熊摯有惡疾而不能爲後，應該非常不服氣，成爲夒君後，故不祀楚先祖。此舉等同對楚宣戰，後終爲楚所滅。夒，《春秋·僖公二十六年》記："秋，楚人滅夒，以夒子歸。"杜注："夒，楚同姓國，今建平秭歸縣。""夒""歸"音近，郭沫若認爲"歸當即後之夒國。其故地在今湖北秭歸縣"。"歸""夒"古來通用，考證古器國屬，"歸"即考慮到"夒"，故"旁屽"爲"夒"之國都，在今秭歸縣一帶。①

（五）"至酓繢（延）自旁屽遷（徙）居喬多"

子居：

喬多之"多"，讀爲沱，《詩經·召南·江有汜》："江有沱。之子歸，不我過。"高亨注："小水入於大水叫做沱。"喬多即荆山東北的驕山地區。《山海經·中次八經》："（荆山）又東北百五十里，曰驕山，其上多玉，其下多青雘，其木多松柏，多桃枝鈎端。神鼉圍處之，其狀如人面羊角虎爪，恒游于睢漳之淵，出入有光。……驕山，冢也，其祠：用羞酒少牢祈，瘞嬰毛一璧。"《唐文拾遺·唐將仕郎張君墓志銘（并序）》："漾池東鶩，驕山南拒。燭乘埋隨，連城碎楚。"可知驕山在荆山東北，襄陽市南部，與鄧國隔江相望。

……

叔堪可避難於濮，可見喬多當接近於濮，《左傳·文公十六年》："麇人率百濮聚於選，將伐楚。於是申、息之北門不啓。"選即萬，故此選地，當即襄陽市的萬山地區……襄陽爲通往申、息的咽喉要道，屯兵萬山則扼制襄陽，所以才會説"申、息之北門不啓"，因此可知百濮約散居於今

---

① 盧川：《從清華簡〈楚居〉看楚人早期遷徙與城市發展》，《荆楚學刊》2016 年第 2 期，第 18 頁。

襄陽市西北的漢水中游地區。更由下文"若敖熊儀徙居郢",可知喬多又當去郢不甚遠。①

陳民鎮先生:

"喬多",地名,不詳其所在。"子居"謂"喬多"即荊山東北的驕山地區,既然"喬山"已是驕山,"喬多"恐與之無關。雖然,"子居"之説仍可備一解。②

周運中先生:

有八代楚王住在喬多,此地應即《楚世家》的句亶,喬爲見母宵部,句爲見母侯部,宵侯旁轉,多爲端母歌部,亶爲端母元部,歌元對轉。喬多、句亶讀音很近,可通。

熊渠伐庸、楊粵、鄂,封三子爲句亶王、鄂王、越章王,越章對應楊粵,句亶應近庸,從楚人沿流遷徙情況來看,很可能在丹江口市、鄖縣的漢江沿岸。黃錫全先生認爲即句澨,在今丹江口市西北。《左傳》文公十六年記楚國滅庸,"自廬以往,振廩同食。次於句澨。使廬戢黎侵庸,及庸方城",《水經注》卷二十八《沔水中》説方城在堵水之東,《太平寰宇記》卷一百四十三房州竹山縣説:"方城山,在縣東三十里。"則在今竹山縣東。楚人從廬國(今襄陽市南)出發,如果走漢水到庸國,要繞道很遠。但是如果走築水(南河)就可以直抵庸國東部的方城山。如此我們也可以明白,爲何庸國設防的方城山不在堵水下游的河口處,而在其東部。所以句亶很可能在今房縣。

喬多(句亶)可能和絞國有關,喬、絞音近。絞國在今漢水中游……③

盧川先生:

喬多地望當在今河南内鄉、鄧縣、襄樊一帶,即今漢水與丹淅二水某處。④

黃靈庚先生:

(喬多,)地名,始建於熊延,已不可考。多,即鄒字。《新蔡葛陵楚

---

① 子居:《清華簡〈楚居〉解析》,簡帛研究網,2011 年 3 月 30 日;又見於 Confucius2000 網·清華大學簡帛研究,2011 年 3 月 31 日。

② 陳民鎮:《清華簡〈楚居〉集釋》,復旦大學出土文獻與古文字研究中心網,2011 年 9 月 23 日,第 75、76 頁。

③ 周運中:《〈楚居〉東周之前地理考》,羅運環主編:《楚簡楚文化與先秦歷史文化國際學術研討會論文集》,第 236、237 頁。

④ 盧川:《清華簡〈楚居〉與早期楚人 遷徙》,《楚簡楚文化與先秦歷史文化國際學術研討會論文集》,武漢:武漢大學,2011 年 10 月,第 147 頁。

墓》甲三・二七一：“……𤲬邨社，大𥩈坪夜君之楚稷，東……”，𤲬邨，
蓋邨地之一。喬邨，亦邨地之一也。《正字通》有“郻”字，徐文靖云：
“又音皓，邑名，在南陽。僖十一年《左傳》‘揚、拒、泉、皋、伊、雒
之戎’，杜注：‘揚、拒、泉、皋，皆戎邑。’則皋爲邑名也。《水經注》：
‘澧水出南陽雉山，又東與皋水合。水出皋山。’則是皋鄉在南陽也。後
人加邑作‘郻’。”“喬多”之“喬”，即郻也。以簡文及《楚世家》下文
載若囂（敖）會義（儀）遷（徙）居箬（鄀）及楚武王伐隨之經歷推之，
喬邨、𤲬邨，蓋在今鄧州、南陽間，會緣自西向東北拓展也。[1]

牛鵬濤先生指出：

　　2012 年 6 月枝江白洋鎮萬福垴遺址出土一批窖藏銅器，含 11 件編
鐘和 1 件鼎，其中 1 件編鐘上刻有銘文，内容十分重要：

　　楚季寶鐘，厥孫乃獻于公，公其萬年受厥福。

　　從編鐘銘文來看，楚季獻鐘的“公”當即爲楚公。楚公器物出土于
枝江，表明枝江與該楚公時期的中心區域有關。在 2012 年 8 月 17 日舉
行的“宜昌萬福垴遺址考古發現新聞發佈會”上，參與此次出土文物鑒
定的學者認爲編鐘時代“屬於西周中晚期”。李學勤先生在《試談楚季編
鐘》中指出其時代屬於“周厲王前後”，并認爲編鐘銘文的“楚季很可能
便是季紃”。這個分析是精當的。

　　由楚季編鐘看，季紃居於“喬多”，則喬多最大的可能是在枝江一帶。
可以推斷《楚居》中發漸、旁屽的地望，也與喬多屬同一個區域範圍，
應在宜昌、當陽至枝江一帶。[2]

笪浩波先生：

　　《史記・楚世家》：“（公元前 822 年）熊霜六年，卒，三弟爭立。仲
雪死，叔堪亡，避難於濮，而少弟季徇立，是爲熊徇。”濮在今武當山與
漢水之間，熊霜之時的楚近濮，也即熊霜至會咢之居喬多也應該在荆山
一帶。[3]

程濤平先生：

　　“喬多”之“喬”，據《通假大字典》，與“驕”相通。“多”，《漢語

① 黃靈庚：《清華戰國竹簡〈楚居〉箋疏》，《中華文史論叢》2012 年第 1 期，第 80 頁。
② 牛鵬濤：《清華簡〈楚居〉與楚國都城研究》，清華大學博士學位論文，2013 年，第 27、28 頁。
③ 笪浩波：《從近年出土文獻看早期楚國中心區域》，《江漢考古》2011 年第 2 期，第 69 頁。

大字典》可作副詞，表示“大約”的意思。放在地名之後可作“一帶”理解。

《山海經·中次八經》：“（荆山）又東北百五十里，曰驕山，其上多玉，……驕山，冢也，其祠：用羞酒少牢祈，嬰毛一。”可知驕山在荆山東北百五十里的地方。南漳荆山東北百五十里的地方，是今襄陽市南部。今湖北襄陽縣南部黃龍鎮東面有一處名爲“楚王城”的新石器時代至周代遺址，屬省文物保護單位。考古成果顯示，西周時很可能是鄂國的城邑，熊渠征伐和分封其中子紅爲王之鄂，故得名“楚王城”。楚王城城址東南隔河相對的臺地上有一處同時期遺址——許家河遺址，該遺址位於棗陽市踽灣鎮李園村許家河自然村西約 400 米處，西臨許家河，該河流現正好穿過兩遺址之間。從許家河遺址出土陶器的風格看，與同時代的鄧、曾和楚王城文化遺存十分相近，有着較爲典型的中原文化因素，如分檔、癟檔鬲，高粗柄豆，折肩罐等。“許家河遺址的時代在西周中期至西周末年。”

……

許家河遺址……地勢較低，依山傍水……完全符合《楚居》“喬（驕山）多（一帶）”的特征。①

---

① 程濤平：《先楚史》，第 528、529 頁。

第 2 章　《楚居》春秋時期地理史料匯證

第 1 節　《楚居》若敖至文王時期地理史料匯證

《楚居》簡 6—9：

　　若囂（敖）畬【六】義（儀）遷（徙）居箬（郚）^{（一）}。至焚冒畬帥（率）自箬（郚）遷（徙）居焚^{（二）}。至宵囂（敖）畬鹿自焚遷（徙）居宵^{（三）}。

　　至武王畬戁自宵遷（徙）居免^{（四）}，女（焉）訇（始）□□□□□【七】福^{（五）}。衆不容於免，乃渭（潰）疆涅之波（陂）^{（六）}而宇人女（焉），氐（抵）今日郢^{（七）}。

　　至文王自疆涅^{（六）}遷（徙）居湫＝郢＝（湫郢^{（八）}，湫郢）遷（徙）居鐢＝郢＝（樊郢^{（九）}，樊郢）遷（徙）居爲＝郢＝（爲郢^{（一〇）}，爲郢）返（復）【八】遷（徙）居免郢^{（四）}，女（焉）改名之曰福丘^{（四）}。【九】

【注　釋】

（一）"若囂（敖）畬【六】義（儀）遷（徙）居箬（郚）"

整理報告：

　　若囂，"若"爲地名，即下文之箬。簡文中姓氏作若（見本篇四號簡"若喑"），地名作"萅"（四號簡），或作"箬"（七號簡）、"箬郢"（九號簡），即史書中的郚。據若囂畬義（儀）徙居箬（郚）、焚冒畬帥自箬（郚）徙居焚，宵囂畬鹿自焚徙居宵，可知若、焚、宵皆爲楚先公所徙居之地。

李守奎先生：

　　若敖之若，即郚。若敖徙居郚，死後葬於郚，其繼位者畬鹿徙居宵，若敖的其他後代則以若敖爲氏，其中一支的家族墓地就在郚，即今河南淅川，其大部分已經被丹江口水庫淹没。^①

――――――――――

　　① 李守奎：《〈楚居〉中的楚先祖與楚族姓氏》,《古文字與古史考——清華簡整理研究》，上海：中西書局，2015 年，第 83 頁。

院文清先生:

　　《楚居》載熊咢之子若敖熊儀遷居於郢，顯然郢已經爲楚所據。此郢有可能是上郢。其地望可能是在大洪山的西側。①

盧川先生:

　　若即郢，《括地志》卷四云:"楚昭王故城在襄州，樂鄉縣東北三十二里。"若地爲楚武王强盛之前的楚國都邑，從其定居時間和楚王來看，規模并不大，當爲若敖征戰中所遷徙的臨時居所。②

周運中先生:

　　石城是今鍾祥市，敖水今爲鍾祥市敖河，郢在鍾祥北部。……豐樂鎮太和村有漢代葬王崗城址，……應即郢縣故城，位置和地貌都符合《水經注》所記。③

子居:

　　《左傳・昭公十三年》:"葬子干於訾，實訾敖。"楊伯峻先生注:"楚君王之無謚者，多以葬地冠敖字，如《楚世家》有杜敖，僖二十八年《傳》有若敖、昭二年《傳》有郟敖。"可知若敖葬於郢，即今蠻河與漢水交匯地區。這一命名方式，當也可以說明諸敖所葬之地，皆爲楚之大邑。

　　當周幽王時期，周室衰微……其勢不足以迫楚，喬多因此也就不再是需要固守之地。若敖在此時遷於郢，且"娶於鄖"，確保了對整個漢水中下游地區的控制，其戰略發展的意圖是非常明顯的。《史記・楚世家》:"若敖二十年，周幽王爲犬戎所弑，周東徙。"此後，楚國就得以啓動其開疆拓土的行動了。湖北之鄀，當即是被若敖熊儀滅於這個時期，《左傳・昭公二十三年》:"無亦監乎若敖、蚡冒至於武、文，土不過同，慎其四竟，猶不城郢。"這個記載，即說明後來作爲楚都郢郡的郢，確實是自若敖時期即已屬楚。故若敖得以遷至此地。④

　　① 院文清:《〈楚居〉世系疏證》，楚文化研究會編:《楚文化研究論集》（第 10 集），武漢:湖北美術出版社，2011 年，第 37 頁。

　　② 盧川:《清華簡〈楚居〉與早期楚人遷徙》，《楚簡楚文化與先秦歷史文化國際學術研討會論文集》，武漢:武漢大學，2011 年 10 月，第 147 頁。

　　③ 周運中:《清華簡〈楚居〉地理考》，《楚簡楚文化與先秦歷史文化國際學術研討會論文集》，武漢:武漢大學，2011 年 10 月，第 163 頁。

　　④ 子居:《清華簡〈楚居〉解析》，簡帛研究網，2011 年 3 月 30 日；又見於 Confucius2000 網・清華大學簡帛研究，2011 年 3 月 31 日。

陳民鎮先生：

　　若囂酓義，據《史記·十二諸侯年表》，於公元前 790～前 764 年在位。《史記·楚世家》作"熊儀（若敖）"，《史記·十二諸侯年表》《漢書·古今人表》并作"若敖"。若敖熊儀楚簡"敖"寫作"囂"。《史記》索隱云："熊儀也，號若敖。"是以"若敖"爲號。楚人名有若敖、霄敖、堵敖、莫敖等，均以"敖"作結。未有謚號者，當以"×敖"代替謚號，"敖"之前的一個字往往是地名，如若敖之"若"，霄敖之"霄"。《史記·楚世家》載熊渠語："我蠻夷也，不與中國之號謚。"此或即楚人特有的謚稱。按若敖熊儀居於若（鄀），是爲箬郢，"若敖"之號亦由此而來。按鄀郢在湖北宜城。[①]

沈建華先生：

　　值得注意的是《楚居》所言鄀嗌偷竊了其主人鄀的牛來祭祀。鄀嗌與熊繹（周成王時期）爲同時代人，此時的鄀國還未遷於南郡（上鄀），因此偷牛故事應該是在商密（下鄀）發生的，此時鄀國與熊繹所居丹陽相鄰，即文獻所説商密，見《左傳》僖公二十五年載："秦晉伐鄀。"杜預注："鄀本在商密，秦楚界上小國，其後遷於南郡鄀縣。"到了西周晚期後鄀國遷於上鄀，上鄀在今湖北宜城縣東南，即《漢書·地理志》作若。商密，被稱爲下鄀，根據石泉先生考證："西周早期熊繹所居丹陽似當在今陝西商縣的丹陽河谷。"春秋早期銅器已有"上鄀"（《集成》9.4613）和"下蓋（鄀）"稱謂之分（見《集成》5.2753、9.4600），郭沫若對此早有過考證。2002 年國家博物館公布的西周共王時期的士山盤，其中銘文記述了附庸於西周王室鄀國受到周共王的懲罰。近年在陝西境内商洛地區丹江上游丹鳳縣發現一批"具有濃鬱楚文化特徵的文化遺存，其時代分屬西周、春秋和戰國三個不同時期"。這不僅説明了商洛地區一直是楚人早期活動區域，同時也揭示了自周初以來鄀國已經定居於商洛，由《楚居》而得到了進一步的印證。

　　……

　　若族歷史悠久，文獻最早可追溯到傳説時代，《路史·國名記》引《世本八種》："鄀，允姓之國。"……從甲骨卜辭方國地名垃與若的相鄰關係分析，我們看到早在商代若人就已集聚在山西晉南一帶活動，此地是夏裔民、諸戎狄集中混雜的地域，到了西周初年鄀人又遷徙至商洛地區。

[①] 陳民鎮：《清華簡〈楚居〉集釋》，復旦大學出土文獻與古文字研究中心網，2011 年 9 月 23 日，第 78 頁。

從卜辭顯示商代的若族，附庸於商王室被視爲奴隸甚至祭品，這與羌戎長期與王室的敵對身份有着很大的關係，到了商末周初逐步遷徙南下定居商密一帶。鄀國位於秦楚勢力的中心，軍事地理位置重要，歷史上一直是秦楚爭奪對象。《左傳》文公五年："初，鄀叛楚即晉，又貳於楚。夏，秦人入鄀。"也許這些原因，有一部分人留在商密即原若國人，另一部分被逼遷徙至今湖北宜城，即所謂的下鄀和上鄀的區分。受之影響，鄀國保留自己與周人不同的紀年系統，如鄀平公侯鼎"惟鄀八月初吉癸未"（《集成》2771、2772），恐怕也是與此有關的。①

淺野裕一先生：

"若敖、熊儀徙居鄀"所見的鄀乃是距離江陵甚遠的北方河南淅川（商密·上鄀），位於在均縣與漢水合流的丹江沿岸地區。②

黄靈庚先生：

箬（鄀），下鄀也，在今湖北宜城東南，東瀕漢水。《楚世家》：昭王十二年，"吴復伐楚，取番。楚恐，去郢，北徙都鄀"。《正義》："音若。《括地志》云：'楚昭王故城在襄州樂鄉縣東北三十二里，在故都城東五里，即楚國故昭王徙都鄀城也。'"胡渭云，漢水"又逕鄀縣故城南"，注云："古鄀子國也，秦以爲縣，其故城在宜城縣東南。"錢穆云："鄀，今宜城縣東也。"則若囂（敖）會義（儀）當周幽之世，其遷（徙）居箬（鄀）又南遷拓地，以至於荆山南麓、江漢平原也。③

周宏偉先生：

對於西周時期鄀（國）的位置，我們現在基本上能够確定下來。首先，我們可以確定鄀國的宏觀位置。《左傳》僖二十五年記有"秦、晉伐鄀。楚鬬克、屈禦寇以申、息之師戍商密"事，而晉杜預注之云："鄀本在商密，秦、楚界上小國，其後遷於南郡鄀縣。"杜預并認爲商密爲鄀別邑，在晉時南鄉丹水縣。晉丹水縣當今陝西、河南交界的商南、西峽二縣一帶。後來，由於發現春秋時青銅器上有上鄀、下鄀之別，郭沫若認爲南郡之鄀爲上鄀，商密之鄀爲下鄀。從此，郭説成爲鄀國解釋的定論，

---

① 沈建華：《〈楚居〉鄀人與商代若族新探》，清華大學出土文獻研究與保護中心編：《清華簡研究（第1輯）——〈清華大學藏戰國竹簡（壹）〉國際學術研討會論文集》，上海：中西書局，2012年，第314、317、318頁。

② ［日］淺野裕一：《清華簡〈楚居〉初探》，清華大學出土文獻研究與保護中心編：《清華簡研究（第1輯）——〈清華大學藏戰國竹簡（壹）〉國際學術研討會論文集》，第246頁。

③ 黄靈庚：《清華戰國竹簡〈楚居〉箋疏》，《中華文史論叢》2012年第1期，第81、82頁。

後之研究者多從之。筆者以爲，郭説其實并不正確，確切的説法當是：商密之都爲上鄀，南郡之鄀爲下鄀。因爲，其一，商密之地所在的今丹江、洛水二河上游地區，秦漢以來一直稱爲"上洛（雒）"。例如，《漢書·地理志》弘農郡下有"上雒（縣）"，爲雒水發源地。鄀、洛（雒）二字韻部相同（鐸部），聲紐相近（泥紐、來紐），讀音幾無區別，上鄀、上洛二名應爲同一地名之異寫。其二，春秋時代有與上鄀、下鄀名稱極類似者。如上蔡、下蔡二地之得名即其例：上蔡爲蔡國始居地，居河流上游，下蔡爲後徙地，居河流下游。《世本》中甚至明確解釋了其得名緣由："上蔡也，九江（郡）有下蔡，故稱'上'。"整理者釋此鄀爲"上鄀"形式上是正確的，李文釋此鄀爲"下鄀"實質上是正確的。可見，在商末、西周時代，鄀國的疆域大約應包括洛水上游和丹水中上游流域一帶。

其次，商末、西周時代，鄀國的政治中心應該就在上洛。上洛的具體位置何在？一説在今丹江上游的陝西省商州區，一説在洛水上游的陝西省洛南縣。應該説，早期的上洛必在洛水上游的洛南一帶。例如，宋代出土的可能屬於周夷王或屬王時代的《敔簋》，其銘文有云："王令敔追禦於上洛熄谷，至於伊、班"；《水經注·丹水》有云："（上洛）縣故屬京兆，晉分爲郡，《地道記》曰：郡在洛上，故以爲名。"《太平寰宇記·上洛縣》亦云："漢元鼎四年，以其地置上洛縣，居洛水之上，因以爲名。"今天考古工作者在洛南縣境洛河邊發現的焦村遺址，時代上起新石器時代，歷夏、商、周以至漢代，面積約 4 萬平方米，文化層厚 1.5—6 米，出土的商代器物有陶灶、鼎、罐、盆、碗等，東周時代的器物有陶壺、豆、罐等。這裏有可能就是鄀國的政治中心。因此，杜預以商密爲鄀國別邑是正確的。《水經注·丹水》謂商密在晉時南鄉丹水縣密陽鄉，當今河南省西峽縣西境，這一帶大約屬於鄀國的東南疆。[①]

牛鵬濤先生：

《楚居》中所記鄀敖酓儀徙居鄀，宵敖酓鹿自焚徙居宵，"鄀""宵"見於其他簡牘材料，其地望是可以率先考證的。《岳麓書院藏秦簡（壹）》中的《三十五年質日》有一段記載行程的文字：

癸丑　治銷

甲寅　治銷

乙卯　治銷

---

① 周宏偉：《楚人源於關中平原新證——以清華簡〈楚居〉相關地名的考釋爲中心》，《中國歷史地理論叢》2012年第 2 期，第 22 頁。

丙辰　治銷

丁巳　去南歸

戊午　宿□□留

己未　宿當陽（按：四月初一）

庚申　宿銷

辛酉　宿箬鄉

壬戌

癸亥

甲子　宿鄧

從簡文看，主人公是從南郡出發，一路向北前行。從"南"往至"當陽"需時三日，"當陽"至"銷"需時一日，"銷"至"箬鄉"需時一日，"箬鄉"至"鄧"需時三日。另外，2002 年出土的里耶秦簡 J1（16）52 號木牘的相關記載也可與岳麓秦簡相參證：

鄢到銷百八十四里

銷到江陵二百卌六里

綜合以上日程和里程，對照實際地理狀況，可知當陽到銷、銷到箬鄉、箬鄉到鄢，其里程關係大致均等，"銷"當在今荊門市稍北，"箬鄉"在"銷"與"鄢"中間。周振鶴生認為："按照銷北至鄢 184 里，南至江陵 240 里的標志，我們大概可以將銷縣定位於今湖北的荊門市北面的石橋驛與南橋之間。"陳偉先生也提出："箬鄉，當與古鄀國、楚鄀都故城有關，據唐宋史志記載，約在今鍾祥市西北胡集鎮南的麗陽村一帶。銷當在這二地之間的偏中位置。這與周振鶴先生據里耶里程木牘（16：52）所作的推定大致相當。清華戰國竹書《楚居》7 號簡記云：'至宵囂熊鹿自楚徙居宵。'秦至漢初宵縣與同名的楚人早期都城有無關聯，值得我們注意。"

今按，這裏的"鄀"還見於銅器"下鄀"，在湖北宜城東南。位置與陳偉、周振鶴先生推定的鍾祥西北是吻合的。

此外，張家山漢墓竹簡《二年律令》456 簡記有："姊（秭）歸、臨沮、夷陵、醴陵、孱陵、銷、竟陵、安陸、州陵、沙羡。"周家臺秦墓364 號簡《曆譜》也記有"銷""江陵""竟陵"等縣。

趙平安先生主張"宵"可讀爲古書"郊郢"，在湖北鍾祥一帶。黃錫全先生也認爲"銷"與這些秦縣相距不遠，但贊同將"宵"定在荊門北石橋驛一帶。按，從宵（銷）是當陽至鄀、鄢至江陵的必經之地來看，定在荊門市北是合適的。古書"郊郢"可能對應楚武王"疆郢"。

宵、郢的地望大體總在雎、漳水與漢水之間的位置，距"南系說"的秭歸、枝江一帶較遠，已從文獻所載"荆山"環境（宜昌、枝江一帶），向東北遷徙到漢水中游以南的平原地帶。[①]

方勤先生認爲楚昭王遷郢於都的"都"即《楚居》之"都郢"，在今當陽季家湖古城。其主要理由可以概括如下：

其一，季家湖古城遠離吳師進攻楚都的進攻路綫，適合避險，且季家湖在"江漢沮漳，楚之望也"的核心區，楚國勢力和基礎較爲深厚。

其二，季家湖古城出土的秦王俾命鐘，器主爲平王之子、昭王兄弟"定"。由王子鎮守，可見此城之重要。該城具有高等級建築和較强的軍事防禦功能。

其三，季家湖古城附近的趙家湖古墓群有數千座楚墓，有的等級很高，其中曹家崗 M5 出土王孫雹銅簠，王孫雹即吳師入郢期間如秦乞師的"申包胥"。申包胥是楚昭王大臣，死後葬於季家湖古城附近，"是季家湖城作爲都城以及城址使用時代的有力旁證"。

其四，季家湖城西數公里有青山古墓群，有許多高等級墓葬，具備王陵規格的僅 1 座，且據陶片推測爲春秋晚期。推測應是昭王遷都後去世，遂葬於季家湖城附近。

其五，楚昭王自宜城平原徙都於"都郢"（季家湖城），穩定後，"根據向東發展的大局需要，開始着手營建新的都城紀南城"。[②]

笪浩波先生認爲若敖徙居的"鄀"在"宜城平原西部的楊家臺遺址"：

> 若敖所徙之"鄀"在何處？我們認爲在宜城平原進入荆山的交通要衝上比較合理，因爲這裏西可進入楚國的腹地，東可以控扼宜城平原，距離北邊的鄧國、東邊的隨國和南邊的楊越都較遠，加上漢水的阻隔，進可攻，退可守，安全系數較大，與當時楚國的國力相稱。宜城平原進入荆山的交通要衝就位於現在的南漳縣武安鎮與宜城縣小河鎮之間，這裏因爲蠻河的冲刷，地勢相對平坦，成爲武安盆地與宜城平原的聯通綫，歷來爲進入荆山的交通要道。近年，在這個地理通道上發現多處周代遺址，其中還有較大型的遺址如觀上、楊家臺遺址等，説明東周時期，這裏交通發達，人居密集。

2015 年，湖北省文物考古研究所對宜城市小河鎮楊家河村的楊家臺

---

① 牛鵬濤：《清華簡〈楚居〉與楚國城都研究》，清華大學博士學位論文，2013 年，第 28、29 頁。

② 方勤：《楚昭王遷郢於都之"都"係當陽季家湖城考證》，楚文化研究會編：《楚文化研究論集》（第 12 集），上海：上海古籍出版社，2017 年，第 51-53 頁。

遺址進行複查時，發現楊家臺遺址爲一東西長 2000 米，南北寬 600 米，四面有環壕的大型聚落遺址，實際面積達 120 萬平方米以上。遺址上的文化層保存較好，堆積豐富……該遺址的主要活動時期爲春秋早期，最早可到兩周之際。從遺址較規整，規模較大，有水系環繞看，應爲當時一大型的中心聚落。

楊家臺遺址地處荊山東麓、武安盆地與宜城平原的結合部，南距蠻河 2 公里，地勢相對較平坦，正處於古代荊山與宜城平原之間的這條重要的交通要道上，地理位置十分重要。楚人雖然創業于荊山，但最初的發展卻是在宜城平原上，楊家臺則正是楚人從山地走向平原的一個重要結點，楊家臺遺址可能具有都邑的性質，時代與若敖相合，又在"郡"國的西部，故與若敖所從之"郡"存在一定的關聯。①

王琢璽先生：

郡原爲秦楚界上小國，地在今淅川縣寺灣鎮寺灣古城遺址一帶。公元前 622 年秦人入郡後不久，郡遷於南郡，地當在今鍾祥市胡集鎮麗陽遺址一帶。若敖熊儀、莊敖熊囏所居之郡當在淅川縣寺灣鎮寺灣古城遺址一帶。②

程濤平先生：

熊儀所居之郡，有考古遺迹可尋。今湖北省鍾祥縣豐樂鎮和潞市鎮之間，漢水東岸，周代遺址密布……其中以李陳崗遺址的可能性最大。③

谷口滿先生：

我們需要注意《楚居》中"若"的字形。多次出現的"若"字有着不同的字形，如下所示：

熊繹時期的若字"若、若＋艸"兩種字形。

若敖時期的若字"若、若＋竹"兩種字形。

堵敖時期的若字"若＋竹"一種字形。

對此，高崇文先生認爲不同的字形代表着不同的地方。筆者深受高先生這一見解的啓發。閱讀《楚居》的戰國時期的楚國人們自然清楚三個郡

---

① 笪浩波：《多維視野下的春秋早期楚國中心區域——清華簡〈楚居〉之楚王居地考》，《長江大學學報（社科版）》2017 年第 4 期，第 28 頁。

② 王琢璽：《周代江漢地區城邑地理研究》，武漢大學博士學位論文，2019 年，第 93、94 頁。

③ 程濤平：《先楚史》，第 536-537 頁。

的不同地望，但很有可能是爲了區分它們，所以才加“艸”於西峽、淅川一帶的都，加“竹”于鍾祥的都。如果是這樣的話，那麼若敖和堵敖的都很有可能就是今天鍾祥西北部的都。[①]

（二）“自箬（郡）遷（徙）居焚”

整理報告：

> 焚冒，“焚”字古書多異寫，或作“蚡”（《楚世家》），或作“蚡”（《史記索隱》引古本），或作“棼”（《戰國策·楚策》），或作“蚡”（《鄭語》《古今人表》等）。焚、蚡、蚡、棼、蚡皆同音。

子居：

> 焚冒之“焚”當與粉水有關，粉水入漢水處名粉口，在今湖北穀城縣地區，故推測此“焚”或即在穀城縣地區。《水經注·粉水》：“粉水出房陵縣，東流過郢邑南。……又東過穀邑南，東入於沔。粉水至築陽縣西而下注于沔水，謂之粉口。粉水旁有文將軍塚，墓隧前有石虎、石柱，甚修麗。”在蚡冒時期，有個穀國也處於這個地區，是楚地已直接與穀國接壤。這個穀國，在此後的楚武王時期即被伐滅。……
>
> 《韓非子》有“楚厲王”，學者多以爲即蚡冒。……蚡冒之名“楚厲王”，似與周厲王之又名汾王類似。[②]

程少軒先生：

> 蚡冒所遷之“焚”，當在那處一帶。
>
> 由杜預注可知，楚地“那處”在漢編縣之南。“編縣”見於《漢書·地理志》，但不見於張家山漢簡、松柏漢牘、秦漢封泥等出土文獻，當是較晚設置的縣。疑此“編縣”得名源於《楚居》之“焚”。“焚冒”，文獻中又作“蚡冒”“棼冒”“蚡冒”等。“焚”“蚡”“棼”“蚡”皆唇音文部字。“編”是唇音元部字，一說屬真部。按唇音元、真、文三部字古音很近，頗多相通之例。《禮記·月令》“頒馬政”，《大戴禮記·夏小正》作“班馬政”。《周禮》多見“頒”字，鄭玄注多云“讀爲班”。頒從分，爲唇音文部字，班爲唇音元部字。《尚書·舜典》“徧于群神”，揚雄《太常箴》

---

① [日]谷口滿：《楚國的形成與結構及其擴展與變質（梗概）》，徐少華、[日]谷口滿、[美]羅泰主編：《楚文化與長江中游早期開發國際學術研討會論文集》，武漢：武漢大學出版社，2021年，第553頁。

② 子居：《清華簡〈楚居〉解析》，簡帛研究網，2011年3月30日；又見於Confucius2000網·清華大學簡帛研究，2011年3月31日。

《後漢書·祭祀志》皆作"班于群神"。是從分聲之字與從扁聲之字輾轉可通之證。從音理上講，"焚"與"編"可以相通。"編"得名於離其縣治不遠的古地名，還是有可能的。①

陳民鎮先生：

　　焚冒翕帥，據《史記·十二諸侯年表》，於公元前757～前741年在位。《史記·楚世家》作"熊眴（蚡冒）"，《史記·十二諸侯年表》作"蚡冒"，《國語·鄭語》《漢書·古今人表》作"蚠冒"，《戰國策·楚策》有人名"棼冒勃蘇"，《史記》索隱引古本謂"蚡"作"粉"，并謂"鄒氏云'蚡'一作'粉'"。楚公豪鐘、戈所見"豪"，李零先生懷疑即焚冒，然未有確據。

　　或謂蚡冒即《韓非子》提及的楚厲王。梁玉繩《史記志疑》卷二十二："韓子《和氏篇》謂：'厲王薨，武王即位'，《外儲説左上》亦稱：'楚厲王'，《楚辭》東方朔《七諫》云：'遇厲、武之不察，羌兩足以畢斬。'是蚡冒諡厲王矣。"事實上，據《楚居》，過去認爲的"若敖—霄敖—蚡冒"的世系有誤，當爲"若敖—蚡冒—霄敖"。《左傳》宣公十二年云："訓以若敖、蚡冒，篳路藍縷，以啓山林。"《左傳》昭公二十三年云："無亦監乎若敖、蚡冒至於武、文。"均若敖、蚡冒連稱，二者當是前後相繼的關係。《國語·鄭語》韋注謂"蚡冒，楚季紃之孫，若敖之子熊率"，明言蚡冒係若敖之子，霄敖在蚡冒之後，可得《楚居》明證。准此，梁玉繩的推論便值得商榷，楚厲王恐是霄敖而非蚡冒。

　　《國語·鄭語》云："及平王之末，而秦、晉、齊、楚代興，秦景、襄於是乎取周土，晉文侯於是乎定天子，齊莊、僖於是乎小伯，楚蚠冒於是乎始啓濮。"蓋平王末年，王室衰微，諸侯勢大，楚國亦開疆拓土，吞并百濮之地。《史記·楚世家·正義》引劉伯莊語："濮在楚西南。"百濮即苗蠻之屬。《史記·楚世家》則謂武王時期楚國"始開濮地而有之"，《左傳》哀公十七年載楚武王時曾"大啓群蠻"。此後，楚與苗蠻之間時有爭鬭。②

黃靈庚先生：

　　"焚冒"，號也。其"居焚"，號以地名也。焚，即《鄂君啓節·車節》之"酉焚"，春秋之世"房國"，然非熊摯所居旁圻，在上蔡之西，今河

---

① 程少軒：《談談〈楚居〉所見古地名"宵"及相關問題》，簡帛網，2011年5月31日。
② 陳民鎮：《清華簡〈楚居〉集釋》，復旦大學出土文獻與古文字研究中心網，2011年9月23日，第80、81頁。

南省遂平縣南也。《國語·鄭語》"楚蚡冒於是乎始啓濮"，韋昭注："蚡冒，楚季紃之孫，若敖之子熊率。濮，南蠻之國，叔熊避難處也。"率、帥古字通用。濮，非巴蜀之濮，錢穆云"在楚、隨之間"。蚡冒從江漢之下都，復東上，拓疆上蔡酉焚，奄有淮上之地也。[①]

周運中先生：

> 焚應讀爲粉，焚是並母文部，粉是幫母文部，讀音極近。焚在粉河口，《水經注》卷二十八《沔水》説："又東過堵陽縣，堵水出自上粉縣，北流注之（經）……有粉水，縣居其上，故曰上粉縣也。"卷二十九《粉水》説："粉水出房陵縣，東流過郢邑南。"……粉水亦即《水經注》的汎水，《水經注》卷二十八《沔水》説："沔水又南，汎水注之。"[②]

牛鵬濤先生：

> 從《楚居》"若囂（敖）盦義（儀）遷（徙）居箬（郜）。至焚冒盦帥（率）自箬（郜）遷（徙）居焚，至宵囂（敖）盦鹿自焚遷（徙）居宵"看，徙居焚的時間位於郜和宵之間……這一時期楚核心區已遷徙至沮漳水和漢水之間的平原地帶，郜在鍾祥西北古郜國舊址、宵在荊門北石橋驛一帶，推測"焚"不應距離它們太遠。
>
> ……

焚，周運中認爲即今湖北房縣、穀城一帶粉水之粉。我們前文分析郜、宵都在沮漳以西、漢水以東的平原地帶，焚不當與之相去過遠。房縣一帶位處漢水中上游山地，距楚文化其中心過遠，這一帶是庸的核心區域，庸曾長期與楚對抗，將焚定於此不很合適。

今按，"焚"可讀爲"阪高"之"阪"。《左傳》文公十六年：

楚大饑，戎伐其西南，至於阜山，師於大林。又伐其東南，至於陽丘，以侵訾枝。庸人帥群蠻以叛楚；麇人率百濮聚於選，將伐楚。於是申、息之北門不啓。楚人謀徙於阪高。

魯文公十六年當楚莊王三年，《楚居》記楚莊王初居於樊郢。庸、麇帥群蠻、百濮自西來伐，楚欲自樊郢南徙"阪高"，杜預注："楚險地，阪音反。"阪高在今湖北荊門西南。阪古音幫母元部、焚古音並母文部，讀音相近。《舊唐書·地理志》"長林"條："晉分編縣置長林縣，以其有

① 黃靈庚：《清華戰國竹簡〈楚居〉箋疏》，《中華文史論叢》2012 年第 1 期，第 82 頁。
② 周運中：《清華簡〈楚居〉地理考》，《楚簡楚文化與先秦歷史文化國際學術研討會論文集》，武漢：武漢大學，2011 年 10 月，第 163、164 頁。

櫟林，長坡（阪）故也。”阪高（長阪）一帶在漢晉曾設編縣，編古音幫母真部，與棼亦近。長阪即阪高，可能棼即在荆門市南的阪高、漢晉編縣一帶。①

笪浩波先生：

“棼”在襄陽市樊城的可能性較大。棼，簡文作“樊”，樊是棼的異體字。棼，韻元屬文部，聲母屬并部；樊，韻元屬元部，聲母屬並部。兩字聲母相同，韻母一音之轉，棼與樊不僅音相近，字形也相近，可互通。襄陽樊城古稱樊（棼）。蚡冒時期，楚國在宜城平原站穩腳跟後，開始向四周拓展，鑒於東邊的隨、南邊的百越方强，而鄧的都城偏北，又有漢水阻隔，進可攻，退可守，故將都邑北移至漢水邊，定下了北進的戰略方針。

……

從真武山遺址春秋早期已是典型楚文化因素看，楚國的勢力應該已經跨過漢水，“棼”應該就在漢水北邊不遠處。

《楚居》中還記載文王曾經居“樊”郢。……“樊郢”就是“棼”，之所以稱“樊郢”，是因爲後人將“棼”訛稱爲了“樊”，就以訛傳訛，延續下了樊稱。文王伐鄧不是一兩天的事，他要找個地方駐扎一段時間，而“棼”則是最佳選擇，因爲有一定的基礎，只需要鞏固一下就是非常好的基地。“樊郢”的出現顯然是因爲有“棼”在前，而不是突然的橫空出世。②

程濤平先生：

棼冒遷徙之“棼”，當與粉水有關。粉水入漢水處名粉口，在今湖北穀城縣城關鎮南的南河入漢水處……

古粉水即今湖北穀城縣南河，南河入漢水處，有格壘嘴周代遺址，位於城關鎮南格壘嘴村南250米。面積約1.6萬平方米，文化層厚0.4米左右。1987年發掘。周代陶片以夾砂褐陶爲主，泥質灰陶次之，紋飾有附加堆紋、繩紋，器形有鬲、罐、盤等，從各方面情况看，爲蚡冒所遷之“棼”可能性較大。③

---

① 牛鵬濤：《清華簡〈楚居〉與楚國都城研究》，清華大學博士學位論文，2013年，第29、30頁。
② 笪浩波：《多維視野下的春秋早期楚國中心區域——清華簡〈楚居〉之楚王居地考》，《長江大學學報（社科版）》2017年第4期，第29、30頁。
③ 程濤平：《先楚史》，第538、539頁。

（三）"自焚遷（徙）居宵"

整理報告：

宵囂熊鹿，《楚世家》作宵敖熊坎。包山簡二四六號簡："舉禱荆王自熊鹿以就武王。"熊鹿即宵敖。《楚世家》《古今人表》等并以爲宵敖（《古今人表》誤作宵敖）是若敖之子，蚡冒之父，誤。據本篇簡文，可知世系是若敖—蚡冒—宵敖。

趙平安先生：

《説文》説宵從肖聲，與銷聲符相同，可以通用。我們認爲應即秦漢簡牘中的銷。

......

黃錫全先生指出："簡文記數從鄀陵到江陵有 430 里。這個距離若是走直線顯得稍大，所以我們認爲其中大部分可能是水路，或者就是走水路。鄀在漢水西，緊靠漢水，在古代交通及道路不是特別暢通的情況下，走水路是比較合適的。銷離鄀 184 里，離江陵 246 里，處於漢水附近當時比較著名的城邑，其讀音與'肖'最近的就是郊。"認爲"銷"就是春秋時的郊郢。我們認爲黃先生的説法可從。

......

宵敖熊鹿徙都郊郢，武王即位後，繼續以此爲都，稱王以後才遷都冗地。宵敖熊鹿和楚武王以郊爲都，長達四五十年之久。[1]

程少軒先生：

里耶簡、張家山簡等秦漢簡牘文獻中多次出現"銷"，周振鶴、晏昌貴等先生曾撰文討論。里耶簡 J1（16）52 記載了銷的詳細位置：鄀到銷百八十四里，銷到江陵二百卅里，江陵到屏陵百一十里，屏陵到索二百九十五里，索到臨沅六十里，臨沅到遷陵九百一十里。□□千四百卅里。（載《湖南龍山里耶戰國—秦代古城一號井發掘簡報》，《文物》2003 年第 1 期。按，據《里耶發掘報告》圖版，"二百卅里"當爲"二百卅六里"。）"至宵囂（敖）酓鹿自焚徙居宵"，此"宵"地有可能就是秦漢簡中多次出現的"銷"。秦漢簡牘中的"銷"初見於張家山漢簡《二年律令·秩律》第 456 號簡，原注"地望不詳"。周振鶴先生認爲其地屬南郡。後來，里

---

[1] 趙平安：《試釋〈楚居〉中的一組地名》，《中國史研究》2011 年第 1 期，第 74、75 頁。

耶秦簡部分資料公布，其中 J1（16）52 號木牘記載了 "銷" 距離鄢和江陵的詳細里程：鄢到銷百八十四里，銷到江陵二百卅六里。據此，可以確定 "銷" 在鄢與江陵之間，但具體地點仍不能確定。王煥林先生認爲 "銷" 就是見於《左傳》的 "湫"，位於今湖北鍾祥市北部。晏昌貴先生認爲 "銷" 是見於《宋書》的 "宵城"（《南齊書》《隋書》作 "霄城"），位於今湖北天門市笑城遺址或其附近。黃錫全先生認爲 "銷" 可能讀爲 "郊"，即楚國的 "郊郢"，在今湖北鍾祥。周振鶴先生則認爲 "銷" 在今湖北荊門以北之石橋驛與南橋之間。岳麓秦簡的公布，使得秦漢簡牘中 "銷" 地地望的問題終於得以解決。岳麓秦簡《三十五年質日》中有一段記録主人公當年三月至五月出行的文字，説他三月廿四至三月廿七 "治銷"，三月廿八 "去南歸"，四月初一 "宿當陽"，四月初二 "宿銷"，四月初三 "宿箬鄉"。由於多個地點能够確定或大致推定範圍，"銷" 與諸地點僅有一兩日之程，因此整理者取了周振鶴先生的説法，認爲 "銷" 在湖北荊門以北之石橋驛與南橋之間。……周振鶴先生考訂銷地的重要理由，是 "從宜城到江陵這條大路始終是重要的交通路綫"。據圖可見，江陵、箬鄉、當陽等地均在這條交通綫上，《質日》的主人公沿此路綫往返於這些地點，途經圖中所標之銷地，是最爲合理的。周振鶴先生所論可成定讞。……以上討論的一系列地名，均在周振鶴先生所稱 "從宜城到江陵這條始終是重要交通路綫的大路" 上。可見，這一時期楚人的戰略便是開闢漢水西岸自今宜城至江陵一綫地域，這一地域最終也成爲楚國最爲核心的區域。當宵敖時，楚人既無力攻打漢水東岸諸國，也無力北伐，而南面則有數年之後便被伐滅的權國。宵敖雖然享國甚短，但一定也是循以上方針，繼續向南擴張。因此，宵敖徙居之地 "宵"，最應該在楚之郢、漢之編縣以南、權國故地以北的區域內。再回頭看上引蔣文先生所繪之圖，結果便一目瞭然了——在此區域內的，正是秦漢簡牘中的 "銷" 地。則《楚居》"宵" 即秦漢簡牘所見之 "銷"，可以論定。[①]

子居：

周振鶴先生《秦代漢初的銷縣》一文指出："按照銷北至鄢 184 里，南至江陵 240 里的標志，我們大概可以將銷縣定位於今湖北的荊門市北面的石橋驛與南橋之間。" 當即此地。若此宵地不誤，那麼比較若敖、蚡

---

① 程少軒：《談談〈楚居〉所見古地名 "宵" 及相關問題》，簡帛網，2011 年 5 月 31 日。

冒之徙，則此宵敔之徙，也當是滅宵而後徙居於此，則可知宵地大致爲宵敔時期楚疆之南界。[①]

陳偉先生：

　　秦至漢初南郡的銷縣，傳世文獻中未留下記載，但在秦漢簡牘中屢有所見。按資料發表順序，先後出現于沙市周家臺 30 號簡秦墓 364 號竹簡、張家山 247 號漢墓出土的《二年律令·秩律》456 號簡、里耶古井 16：52 號秦里程木牘以及新近刊布的岳麓書院秦簡《三十五年質日》1949、0064、0076、0075 與 2177+1117 號簡。周振鶴先生根據《二年律令·秩律》銷側身于南郡諸縣之中，認定爲南郡屬縣。後又根據里耶里程木牘（16：52）進一步指出：自古至今，從宜城到江陵這條大路始終是重要的交通路綫。所以按照銷北至鄢 184 里，南至江陵 240 里的標志，我們大概可以將銷縣定位于今湖北的荆門市北面的石橋驛與南橋之間。王煥林先生認爲："銷"上古屬齒頭音，宵部；"湫"上古屬齒頭音，幽部。宵幽通轉，"銷""湫"實爲一地。湫見載于《左傳》莊公十九年，在今湖北鍾祥市北部。晏昌貴先生認爲：宵很可能就是東晉南北朝時期的"宵城"或"霄城"縣，在今湖北天門市東北笑城遺址或其附近。里耶里程木牘（16：52）記云："鄢到銷百八十四里，銷到江陵二百四十六里，江陵到屝陵百一十里，屝陵到索二百九十五里……"鄢、江陵、屝陵與索，大致在南北一綫上，銷最可能也在諸地連成的直綫中，而不大可能偏至漢水以東（笑城尤其偏遠）。從里耶里程木牘（16：52）看，這三種推斷中，周振鶴先生之説最合情理。岳麓書院秦簡《三十五年質日》爲銷之所在提供了新的綫索。其一，三月癸丑至丙辰四日下，連續記有"治銷"，丁巳日下記云："去南歸。"岳麓書院秦簡《二十七年質日》四月癸卯日下記州陵之行説："起江陵。"顯示這位記録者當常住江陵。《三十五年質日》三月丁巳日去銷南歸的目標也應是江陵。這顯示，銷與江陵南北相對。在已有三説中，周振鶴先生所云合乎這一條件，王煥林先生所云偏向東北，晏昌貴先生所云則更爲偏東。《三十五年質日》隨後所記的咸陽之行有助于進一步推定銷地所在。這次旅行從四月一日（己未）開始，當晚"宿當陽"，次日（庚申）"宿銷"，第三日（辛酉）"宿箬鄉"。漢當陽縣治，在今湖北荆門市南約 20 里處。箬鄉，當與古都國、楚郢都

---

① 子居：《清華簡〈楚居〉解析》，簡帛研究網，2011 年 3 月 30 日；又見於 Confucius2000 網·清華大學簡帛研究，2011 年 3 月 31 日。

故城有關，據唐宋史志記載，約在今鍾祥市西北胡集鎮南的麗陽村一帶。銷當在這二地之間的偏中位置。這與周振鶴先生據里耶里程木牘（16：52）所作的推定大致相當。清華戰國竹書《楚居》7號簡記云："至宵嚻熊麃自焚徙居宵。"秦至漢初宵縣與同名的楚人早期都城有無關聯，值得我們注意。①

黃錫全先生：

地名"銷"，見於原江陵《張家山漢墓竹簡·二年律令》456簡："……姊（秭）歸、臨沮、夷陵、醴陵、屛陵、銷、竟陵、安陸、州陵、沙羨……"。秦始皇晚期的周家臺秦墓364號簡《曆譜》也記有"銷"，還記有"江陵""竟陵"等秦縣。報告推測，簡文中的"銷"應位於這些秦縣附近，當屬秦南郡所轄。

2002年6月出土的湘西里耶秦簡地名里程木牘（16）52第二欄所記具體里程如下：

第一行：鄢到銷百八十四里

第二行：銷到江陵二百四十六里

第三行：江陵到屛陵百一十里

第四行：屛陵到索二百九十五里

第五行：索到臨沅六十里

第六行：臨沅到遷陵九百一十里

第七行：凡四千四百四十四里

或將"銷"推定在今湖北荆門市北面的石橋驛與南橋之間；或主張爲鍾祥境内的"湫"；或主張是東晉南北朝時期宵（霄）城縣的前身，在今湖北天門市東北。我們曾從走水路或水陸兼行的角度考慮，懷疑"銷"可能是"郊"，即楚國的"郊郢"，認爲"處於漢水附近當時比較著名的城邑，其讀音與'肖'最近的就是郊。"其地在鍾祥郢州故城。

現在發現了《楚居》，根據大致方位，其中的"宵"無疑就是秦漢簡牘的"銷"，是宵敖遷居之地，也是武王遷出之地，是楚地的一處重要地點。既然秦漢簡、楚簡此地均寫作銷或宵，則"郊郢"之"郊"儘管讀音與宵相近，但未必就一定是"宵"了。這個"宵"或"銷"究竟在今之何處，還值得進一步推敲。

秦與漢初的鄢在今宜城南，如果從陸路考慮，根據里程，"宵"或"銷"

---

① 陳偉：《秦至漢初銷縣地望補説》，簡帛網，2011年4月5日。

地當在荆門市北部之子陵鋪鎮至石橋驛鎮一帶。宵敖遷居此地、武王徙
"免"前居住此地，爲的是向南發展，同時控制其南方的權國。近 20 年
間，文物考古工作者在子陵鋪鎮之子陵崗、羅坡崗等處發掘有一批東周
時期的古墓葬，有的陶器可以早到春秋中期前後，還出土一把越王州勾
劍。可見這是楚國向南的交通要道。武王四十三年後終於克權。宵地於
秦及漢初分別置縣，可見其地位非常重要。估計"銷"於漢初不久撤銷，
在其南面設置當陽縣統轄，屬南郡。

　　武王所居只有三處，宵、免、疆郢，宵與免在武王時未稱郢，武王
后也未有君王襲居宵。嚴格説，武王時期稱"郢"者只有"疆郢"。如此，
所謂的"郊郢"需另當別論。[1]

陳民鎮先生：

　　以上諸家均認爲"宵"與秦漢簡牘中的"銷"有關，當是。二者音
近可通，自無疑問，程少軒先生從多方面論證該説，使其立論益加堅實。
至於"銷"的具體地望，此前已有不少討論，學者針對清華簡的"宵"也
提出不少寶貴意見。周振鶴先生認爲地在湖北的荆門市北面的石橋驛與
南橋之間，趙平安先生則認爲即傳世文獻中的郊郢，在湖北鍾祥一帶。[2]

谷口滿先生：

　　宵敖徙居宵的歷史地理意義。關於宵的位置，多位研究者認爲即是
秦漢簡所見南郡的銷，具體所在是荆門市北、子陵鋪與石橋驛一帶。依
從這一意見，會導致什麽問題呢？

　　第一，影響有關熊渠三子傳説的史料價值。在《史記·楚世家》等
記載中，熊渠三子成爲句亶、鄂、越章之王。三地所在，雖然有不同意
見，而從"江上楚蠻之地"判斷，當靠近長江幹流。由於楚族在宵敖時
已到達荆門市北一帶，在這之前五世的熊渠三子業已進入長江幹流，恐
怕難以想象。熊渠三子記事的相當部分，恐非史實而當是傳説。

　　第二，大大影響到武王徙居之郢的位置。從常識考慮，武王之郢應
在宵的南方，而在宜城楚皇城的可能性比較低。[3]

---

　　[1] 黄錫全：《楚武王"郢"都初探——讀清華簡〈楚居〉札記之一》，復旦大學出土文獻與古文字研究中心網，
2011 年 5 月 31 日；相近表述又見於黄錫全：《楚武王"郢"都初探——讀清華簡〈楚居〉札記之一》，清華大學
出土文獻研究與保護中心編：《清華簡研究（第 1 輯）——〈清華大學藏戰國竹簡（壹）〉國際學術研討會論文集》，
上海：中西書局，2012 年，第 263、264 頁。

　　[2] 陳民鎮：《清華簡〈楚居〉集釋》，復旦大學出土文獻與古文字研究中心網，2011 年 9 月 23 日，第 87 頁。

　　[3][日]谷口滿：《試論清華簡〈楚居〉對於楚國歷史地理研究的影響》，楚文化研究會編：《楚文化研究論集》
（第 10 集），武漢：湖北美術出版社，2011 年，第 26 頁。

黃靈庚先生：

宵，里耶秦簡作"銷"。《地名里程簡（牘）》第五二："第二欄：第一行：'鄢到銷百八十四里。'每（引按，"每"當作"第"）二行：'銷到江陵二百四十里。'"注云："銷，秦縣名，也見於《張家山漢簡・二年律令》四五六簡。據簡文提供的里程數，銷縣縣治應在今湖北荆門市以北。周振鶴先生認爲'按照銷北至鄢184里，南至江陵240里的標識，我們大概可以將銷縣定位於今湖北的荆門市北面的石橋驛與南橋之間'。"《水經・沔水注中》："溾水又東南，流注宵城縣南大湖。"楊守敬疏："《宋志》作宵，與此同。《齊志》《隋志》作宵，晉末置縣，屬竟陵郡，宋、齊、梁因，在今天門縣東。"胡渭云："漢竟陵故城在今鍾祥縣界，劉宋析竟陵，置長壽、宵城二縣。後周省竟陵入長壽。……景陵故宵城，後周改曰竟陵。"宵縣雖始建於劉宋，其名則因春秋之舊，在今湖北省荆門、鍾祥間也。①

笪浩波先生：

宵敖所遷"宵"在何處？傳世文獻及出土簡牘中皆未見宵的記載，學者們一致認爲宵應該是秦漢簡牘中的"銷"，這一觀點極是。從出土秦漢簡牘中所記銷的地望，可以推斷銷就是宵。

……

按照銷與江陵及鄢的里程推斷，銷應該位於荆門市子陵鋪鎮。考古工作者在子陵鋪鎮所在的子陵崗上發現一處大型的遺址，遺址東西長1000米、南北寬600米，面積達60萬平方米。遺址東、西兩側曾經爲古河道，現已夷平。遺址南面爲東周文化堆積，中間主要爲漢代文化堆積，北面則是東周至漢代的墓地，遺址的上限可到東周，下限到東漢。子陵鋪顯然是古代連接江漢平原與宜城平原的古交通幹線上的一個驛站，從東周至兩漢都是人群聚集的集市，一直至今仍是一個交通的重要結點。銷多次記載于有關里程的秦漢簡牘中，説明銷是秦漢時期一處重要的驛站，子陵鋪遺址的地理位置及興盛時代與銷的地位十分相合。再結合岳麓秦簡、里耶秦簡、北大秦簡所記如下里程"江陵（當陽）—銷—若鄉—鄢—鄧"的順序看，銷位於荆門市子陵鋪鎮也較符合。②

---

① 黃靈庚：《清華戰國竹簡〈楚居〉箋疏》，《中華文史論叢》2012年第1期，第83頁。

② 笪浩波：《多維視野下的春秋早期楚國中心區域——清華簡〈楚居〉之楚王居地考》，《長江大學學報（社科版）》2017年第4期，第30、31頁。

王琥璽先生認同“宵”即秦漢銷縣，曾推定秦漢銷縣在今荆門子陵崗遺址，與笪浩波先生觀點近同。[①]

劉甫先生：

> 根據“北大秦簡”知“銷縣”始置於秦，清華簡《楚居》則大致成書于戰國中期。若依簡文來看，戰國中期“宵”地似還稱“宵”。“宵”，上古音“宵”部，與“銷”可通。秦距戰國中期時間并不長，聯繫宵敖之“宵”應距“郚”不遠分析，筆者頗疑“銷縣”之“銷”或正是“宵敖”之“宵”，周振鶴等先生推“銷縣”或爲“宵”之論是很有見地的，頗合我意。據荆門市博物館編《荆門子陵崗》中顯示，該館同樣曾於上世紀八十至九十年代在子陵發掘出東周楚墓共 62 座，似乎該地的楚文化成分遠超秦漢文化。根據分析結果，子陵崗楚墓始於春秋中期，文化面貌呈現出楚民蠻民雜居，中原文化與南蠻土著文化結合的現象。子陵崗爲一處楚國重要的大型聚落，這與楚國由北至南發展，與當地土著不斷融合的情況是相吻合的。雖然目前尚未發現可溯至春秋早期的文化遺存，但這并不能説明春秋之初楚人并未到達該地。《左傳》載楚武王滅權，子陵位於權國北部，不排除在武王滅權前、該處即已被其前任“宵敖”所據之可能。由此筆者認爲，荆門子陵崗或可作爲《楚居》中“宵敖”所居“宵”地的考慮地望之一。[②]

程濤平先生認爲“宵”即秦漢簡牘中的“銷”，也即黃錫全先生所指出的“郊郢”。根據典籍記載，“郊郢”離今鍾祥縣城不遠，可與考古成果“六合遺址”對應。[③]

（四）“自宵遷（徙）居免”“免郢”“女（焉）改名之曰福丘”

整理報告：

> 免，字形與“大”略異，地名；或釋爲“冗”。
>
> 此處大致意思是武王徙居免，始得福佑，發展壯大。
>
> 福丘得名，當與本篇第八簡所述之“福”有關。包山三七號簡有地名福昜，疑與此地有關。

① 王琥璽：《周代江漢地區城邑地理研究》，武漢大學博士學位論文，2019 年，第 99 頁；王琥璽：《秦漢銷縣小考》，《中國歷史地理論叢》2014 年第 3 期，第 64-68 頁。

② 劉甫：《清華簡〈楚居〉之“宵”地芻議》，楚文化研究會編：《湘鄂豫皖楚文化研究會第十六次年會論文集》，湖北荆州，2019 年 11 月，第 275 頁。

③ 程濤平：《先楚史》，第 540-545 頁。

趙平安先生認爲："(《楚居》的'免'字）和上博《緇衣》簡13免字比起來，上部比較舒展，似是從宀。從宀從人，應釋作冘。""（冘）是楚武王始都之郢，可對應湖北宜城雷河鎮官郢村郭家崗遺址。"①

蘇建洲先生：

> 簡7"至武王會贁自宵遷（徙）居免"；簡8"衆不容於免"；簡9"免郢"，三免字應釋爲大。免字其向冠冕的筆畫都會往内彎，但楚居的字形沒有這種現象，故知應釋爲大。大，地名。②

蘇建洲先生：

> 《楚居》的字形最接近《昭王與龔之脽》簡6的寫法，是以釋爲"大"是合理的。"大"，地名。③

子居：

> 由《左傳》可見，楚武王之時，伐絞、伐羅、伐盧戎、伐隨，且伐羅需濟鄢，伐隨還師需濟漢，所以此時楚都必在蠻河之南，漢水之西。《左傳·桓公十一年》："楚屈瑕將盟貳、軫。鄖人軍於蒲騷，將與隨、絞、州、蓼伐楚師。莫敖患之。鬬廉曰：'鄖人軍其郊，必不誡，且日虞四邑之至也。君次於郊郢，以禦四邑。我以鋭師宵加於鄖，鄖有虞心而恃其城，莫有鬬志。若敗鄖師，四邑必離。'莫敖曰：'盍請濟師於王？'對曰：'師克在和，不在衆。商、周之不敵，君之所聞也。成軍以出，又何濟焉？'莫敖曰：'卜之？'對曰：'卜以決疑，不疑何卜？'遂敗鄖師於蒲騷，卒盟而還。"説明此時楚在隨、絞、州、蓼所圈定的範圍内，則大郢必不能在荆州市，此時楚武王已稱王遷都，故可推知大郢當近於郊郢（今鍾祥市）。

> 而《左傳·莊公十八年》："初，楚武王克權，使鬬緡尹之。以叛，圍而殺之。遷權於那處，使閻敖尹之。及文王即位，與巴人伐申而驚其師。巴人叛楚而伐那處，取之，遂門于楚。閻敖游湧而逸。楚子殺之，其族爲亂。冬，巴人因之以伐楚。"杜預注云："權，國名，南郡當陽縣東南有權城。"是權約在今沙洋縣東北與鍾祥交界處。楚武王克權，則説明當時權大體上是楚之南界，與宵敖時約以荆門地區爲南界相比，此時則

---

① 趙平安：《試釋〈楚居〉中的一組地名》，《中國史研究》2011年第1期，第73、75、76頁。
② 復旦大學出土文獻與古文字研究中心研究生讀書會《清華簡〈楚居〉研讀札記》（復旦大學出土文獻與古文字研究中心網，2011年1月5日）一文下的評論。
③ 蘇建洲：《〈楚居〉簡7楚武王之名補議》，復旦大學出土文獻與古文字研究中心網，2011年1月13日。

更往南推進了一些。依杜預注："那處，楚地，南郡編縣東南有那口城。"則是那處約在今鍾祥胡集地區。"遷權於那處"，是將邊境之權遷入境內，便於更好的控制，則那處相對於權當更近於楚都。取那處"遂門于楚"，那麼此時的楚都大郢必去那處不遠。由此推測，大郢即在藍郢附近。

綜合以上的內容，大郢的位置當在荆山之東、漢水之西、蠻河之南、沙洋之北這個範圍內，且近於疆浧之波、藍郢、郊郢。今湖北鍾祥縣冷水鎮西北有山名"太山"，宋玉《風賦》："楚襄王游於蘭臺之宮，宋玉景差侍。……宋玉對曰：夫風生於地，起於青蘋之末，侵淫溪谷，盛怒於土囊之口，緣太山之阿，舞於松柏之下。"所言太山之阿，即此地，其名可與大郢之"大"及楚武王熊達之"達"對應，故大郢當即在今鍾祥縣冷水鎮地區。[①]

黃錫全先生：

"大"本像站立的人形，上下表示胳膊、大腿的左右兩筆大多向下撇出較直，作彎筆者較少，而且多數情況下是先寫左筆。"免"字下部從側立人形，上部多作彎筆。二形寫法雖然近似，但有區別。《楚居》的"免"三見，寫法一致，與大多數的"大"有別……原報告將其釋讀爲"免"應該是經過仔細斟酌過的，目前還不能輕易否定。

根據《楚居》，武王所居"免"離"疆浧（郢）"很近，或者就是連成一片。上面我們談到，所謂"郊郢"就是武王的"疆郢"，其地在鍾祥縣郢州故城一帶。那麼，"免"也應該在這一地帶。

《左傳》莊公："四年春王正月，楚武王荆尸，授師孑焉，以伐隨。……王遂行，卒於樠木之下。令尹鬭祁、莫敖屈重除道梁溠，營軍臨隨……"

顧棟高《春秋大事表・春秋列國都邑表》卷七之四："今安陸府治鍾祥縣東一里有樠木山。一名武陵，以楚武王卒於此因名。"《春秋列國山川表》卷八之下："安陸爲楚之郊郢，是時王卒於樠木之下，在安陸府治東一里。"

楊伯峻《春秋左傳注》："樠音門，又音瞞，又音朗，松心木也。《傳》文未言卒於何地，或謂今湖北省鍾祥縣東一里有樠木山，亦名武陵，因楚武王卒於此而得名，見《大事表》及《清一統志》。"

樠木，當是一種松心木名，也可稱樠，如同松即松木，杉即杉木。

---

① 子居：《清華簡〈楚居〉解析》，簡帛研究網，2011 年 3 月 30 日；又見於 Confucius2000 網・清華大學簡帛研究，2011 年 3 月 31 日。

　　橅木山是因該地生長橅木得名。又因楚武王卒於此地又稱武陵。可見，楚武王與橅木山、武陵有密切關係。

　　免、橅二字讀音相近。免及從免的悗、鞔、緩等與橅、瞞同屬明母元部（也有古音學家將"免"列入文部）。門，明母文部。免、橅二字音近可通。如《呂氏春秋·重己》："味衆珍則胃充，胃充則中大鞔。"高注："鞔讀曰懣。不勝食氣爲懣病也。"

　　《左傳》與《史記》記述此年楚伐隨雖詳略不一，但伐隨時楚武王而卒這件事則是一致的，因此也是可信的。根據此段歷史綫索，免、橅讀音相近，橅木山又位於郢州故城東一里，這些與《楚居》記述"免"與"疆郢"的關係相合……

　　因此，有理由認爲，橅木山一帶應是武王自宵遷居之"免"，地名因山得名。後來擴大"免"之範圍，修建附近的"疆涅之波（陂）"，即今郢中鎮"南湖"西北部的沼澤地，作爲王居，即"疆郢"。其大致範圍，在今橅木山西南，南湖西北，原漢水之東。如此解釋，則與《楚居》所述均能彌合。擴建"疆涅（郢）"的時間有可能在楚武王三十七年稱王前後，即公元前704年前後。至於武王何年由宵遷居此地還有待研究。

　　……

　　總之……原報告釋讀爲"免"字的意見應是正確的。橅木山位於原郢州故城東一里，免、橅音近可通；"免"與"疆涅"相連，橅木山與連接郢州故城原爲沼澤地的南湖相近。這一地帶應該就是"免"和"疆涅"所在。無論如何解釋，我們認爲，武王所居之"郢"應該就在"郢州故城"一帶。[①]

陳民鎮先生：

　　該字書作★（簡7）、★（簡8）、★（簡9），或釋作"免"，或釋作"大"，或釋作"冗"。該字與"大"形近，不過還是與"大"有所區別的。與之較接近的"大"字寫法有★（新蔡簡甲三·419），"免"字代表寫法有★（上博簡《緇衣》13），"大"字作爲一個整體存在，與"免"有別，該字仍當視作"免"。根據《楚居》，免郢至少有兩次明確作爲王居（此外與疆郢難以區分），一在楚武王時，一在楚文王時。《世本·居篇》："楚

---

　　① 黃錫全：《楚武王"郢"都初探——讀清華簡〈楚居〉札記之一》，清華大學出土文獻研究與保護中心編：《清華簡研究（第1輯）——〈清華大學藏戰國竹簡（壹）〉國際學術研討會論文集》，上海：中西書局，2012年，第267-269頁；相近表述又見於黃錫全：《楚武王"郢"都初探——讀清華簡〈楚居〉札記之一》，復旦大學出土文獻與古文字研究中心網，2011年5月31日。

鬻熊居丹陽，武王徙郢。"是"郢"爲疆郢，楚都"郢"之稱名亦由疆郢始，免是疆郢的前身。①

"免郢"又稱"福丘"，周運中先生指出：

> 福丘可能就是紀南城東南部的鳳凰山，這是紀南城裏唯一的丘陵。②

王芳先生：

> "免"與"沔"古音同在元部，音同字通，"免"即爲"沔"，免有可能就在沔水之畔，古代沔水即爲漢水。古沔陽在長江和漢水交匯的三角洲上，免或在沔陽（湖北仙桃）附近。③

牛鵬濤先生：

> 黃錫全先生意見可從。不僅如此，"郊郢"所在鍾祥郢州故城一帶，自戰國時期即爲"竟陵"。竟，見母陽部，與疆、郊音近，很可能"疆郢"之"疆"就是"郊郢"之"郊"和"竟陵"之"竟"。
>
> 鍾祥，可從"免郢"得到驗證。《楚居》云："至武王會鄾自宵遷（徙）居免，玄（焉）卣（始）□□□□□福。衆不容於免，乃渭（潰）疆涅之波（陂）而宇人玄（焉），氐（抵）今曰郢。"是説明免與疆郢是一體的，或者説疆郢是相對於免郢而言的新城。
>
> ……
>
> 免郢/疆郢/福丘在今湖北鍾祥郢州故城一帶。確定武王始居之郢，對於重新思考"郢"的性質、各郢的地望，都具有標尺性的作用。④

黃靈庚先生：

> 釋爲"冗"，非也。免，通作沔，即沔陽也。《新蔡葛陵楚墓》甲三·二六八："迁（及）江、灘（漢）、沘（沮）、漳，延至於瀜。"瀜，從"米"聲，沔之聲轉。《漢書·地理志上》：華容："夏水首受江，東入沔，行五百里。"又云："江夏郡，高帝置，屬荆州。"應劭曰："沔水自江別至南郡華容爲夏水，過郡入江，故曰江夏。"《水經·夏水注》夏水"又東至

---

① 陳民鎮：《清華簡〈楚居〉集釋》，復旦大學出土文獻與古文字研究中心網，2011 年 9 月 23 日，第 93 頁。

② 周運中：《清華簡〈楚居〉地理考》，《楚簡楚文化與先秦歷史文化國際學術研討會論文集》，武漢：武漢大學，2011 年 10 月，第 165 頁。

③ 王芳：《〈楚居〉地名初探》，《語文學刊》2012 年第 4 期，第 81、82 頁。

④ 牛鵬濤：《清華簡〈楚居〉與楚國都城研究》，清華大學博士學位論文，2013 年，第 34 頁；相近表述又見牛鵬濤：《清華簡〈楚居〉武王、文王徙郢考》，楚文化研究會編：《楚文化研究論集》（第 11 集），上海：上海古籍出版社，2015 年，第 319、320 頁。

江夏雲杜縣，入於沔。應劭《十三州記》曰：'江別入沔爲夏水。'原夫夏之爲名，始於分江，冬竭夏流，故納厥稱。既有中夏之目，亦苞大夏之名矣。當其決入之所，謂之睹口焉。鄭玄注《尚書》'滄浪之水'，言今謂之夏水，來同，故世變名焉。劉澄之著《永初山川記》云：'夏水，古文以爲滄浪，漁父所歌也。因此言之，水應由沔。今按：夏水是江流沔，非沔入夏。假使沔注夏，其勢西南，非《尚書》又東之文。'余亦以爲非也。自睹口下沔水，通兼夏目，而會於江，謂之夏沔也。故《春秋左傳》稱：'吳伐楚，沈尹射奔命夏沔也。'杜預曰：'漢水曲入江，即夏口矣。'"沔水不從江別，自江別者，夏水也。固與應氏《十三州記》"江別入沔爲夏水"者不悖。《漢志》注引應說"沔水"，實漢水也。以漢水未至江夏者爲沔水。酈元以爲"自睹口下沔水，通兼夏目，而會於江，謂之夏沔"云云，亦有疏失處。《地理志下》"武都郡"又云："東漢水受氐道水，一名沔，過江夏，謂之夏水。"《史記·夏本紀》："嶓冢道瀁，東流爲漢。"《集解》："鄭玄曰：'《地理志》：瀁水出隴西氐道，至武都爲漢，至江夏謂之夏水。'"《正義》："《括地志》云：'嶓冢山水始出山沮洳，故曰沮水。東南爲瀁水，又爲沔水。至漢中爲漢水，至均州爲滄浪水。始欲出大江爲夏口，又爲沔口。漢江一名沔江也。'"蓋沔水至均州而未過江夏者，稱沔水，或稱滄浪水，《楚辭·漁父》所濯者也；沔與江夏合爲夏水。而夏水在未與沔水合稱江夏，合後爲夏水。夏自江別，所別者謂之夏首；東入沔，與沔合爲睹口；沔與江合，所合者爲夏口，又稱沔口。睹口，即沔陽也，今湖北省仙桃市，亦即簡文之"免"。武王拓地已近郢。沔口，今武漢之漢口也。[①]

笪浩波先生：

學者們普遍認爲"免"與"疆"實爲一地，"疆"是"免"擴大後的稱謂。這一說法值得商榷，首先武王時"免"不稱郢，而"疆"稱郢，郢是武王稱王后對都邑的通稱，說明武王居"免"時尚未稱王，居"疆"時則已稱王。其次，在文王時"免"和"疆"一直是分開提的，且都稱郢，說明是兩個地方，如果"疆郢"包含了"免"，不可能一都邑中還有一都邑。再次，文王將"免"改爲福丘，而"疆郢"一直到楚簡王還在稱郢。所以，"免"與"疆"應該爲兩個不同的地方，但這兩個地方相隔不會太遠，因爲，遷都的原因是"免"容不下人，又受地理條件的限制，

---

① 黃靈庚：《清華戰國竹簡〈楚居〉箋疏》，《中華文史論叢》2012年第1期，第84、85頁。

不能擴建，就只好在附近找一個較開闊的地方建一個新城，就如同現在有很多地方新城與老城相隔一段距離，但不是太遠。

……

如果郭家崗為"疆郢"之所在，則"免"地就只可能是其南的廖家河遺址。廖家河遺址位於蠻河以南，遺址被廖家河環繞，遺址北面為蠻河。廖家河原是蠻河的一個河汊，與蠻河形成一個封閉的水系，遺址就位於這個封閉的水系中的臺地上。呈不規則長方形，東西長 800 米、南北寬 400 米，遺址面積 32 萬平方米。遺址西邊和東南邊分別為廖河墓地和童家溝墓地，遺址表面采集標本有豆柄、弦紋陶片和繩紋陶片，鬲口沿等，時代為東周。廖家河遺址位於郭家崗遺址的正南方，距離郭家崗遺址僅 4 公里。由於四周有河流環繞，限制了其擴張範圍，這與"免"的情況相當。加之它是郭家崗四周與郭家崗遺址最近的大型遺址，故如果郭家崗為"疆郢"，則其為"免"的可能性較大。[①]

李玉潔、黄有漢先生：

"𠔼""𠔼""𠔼"，當是表現我國古代堆土造丘、已成居處方式的字形。如《詩·大雅·靈臺》："經始靈臺，經之營之。庶民攻之，不日成之。"就是記述庶民為了建造"靈臺"而堆土造丘的詩歌。中國古代居民所居的臺、丘、崗基本都是堆土造成，這就是我國古代的高臺文化。《楚居》云："眾不容於免，乃渭（潰）疆浧之波（陂）而宇人𡥏（焉），氏（抵）今曰郢。"但是時，楚人在江漢流域造臺，地下水位較高，當是采取後世"築圩子"的方式建造免郢。"免郢"的建造也是堆土造臺、造丘形式的一種。尹弘兵、趙平安先生認為，宜城郭家崗遺址當是免郢的遺址。這種觀點倒是可以認同的。免郢是楚國受到西周宣王的威逼向南遷徙的第一個都邑，樊城尚在漢水北岸，楚人認為這并不是太安全，而宜城、襄陽皆是漢水南岸的平原地區。楚人遷徙在宜城、而且楚國在免郢之後的都城，如鄀郢、為郢、湫郢等，基本都在今宜城境內，所以免郢在宜城是可以成說的。[②]

程濤平先生：

① 笪浩波：《多維視野下的春秋早期楚國中心區域——清華簡〈楚居〉之楚王居地考》，《長江大學學報（社科版）》2017 年第 4 期，第 33-35 頁。

② 李玉潔、黄有漢：《〈楚居〉記載的郢都及其遷徙》，《楚文化與長江中游早期開發國際學術研討會論文集（上）》，2018 年 9 月，武漢：武漢大學，第 535、536 頁。

聯繫到《左傳》莊公四年記楚武王出兵伐隨，死於樠木山，楚軍秘不發喪，在獲勝後，"隨侯且請爲會於漢汭而還。濟漢而後發喪"。楚武王既死，楚國軍隊必然回到武王最後所居住的都城或大本營舉行葬禮。隨國在漢水以東，楚國軍隊既然過了漢水便急於發喪，隨國國君止步於漢汭而返，說明武王逝世時的國都在漢水之西，離漢水不遠，甚至就可能在漢水西岸。由此，欲找免郢，必然在漢水西岸尋找與楚國都城或者大本營規模相稱的古遺址。

搜索鍾祥境內漢水西岸分布的西周時期古遺址，唯一的一處是羅山遺址……

尤爲值得注意的是，羅山遺址正好處在蠻河下游入漢水處，由羅山遺址（免郢）到達六合遺址（郊郢），由蠻河入漢水，順流直下可達。由蠻河上溯，即進入宜城，與宜城境內三大著名古遺址小胡崗遺址、楚皇城遺址、郭家崗遺址相通，皆是春秋早期楚國的大舞臺。如此優越的地理環境，使免郢具有承前啓後、溝通南北地理優勢，無怪乎《楚居》下文記武王之子文王連續遷徙四次，從免郢遷到湫郢、樊郢、爲郢，轉了一圈，最後還是遷回到了免郢，并將免郢改名爲具有吉祥意義的"福丘"。

鍾祥羅山遺址是楚武王所建免郢，還有一條佐證。《左傳》桓公十三年："楚屈瑕伐羅。……楚子使賴人追之，不及。莫敖使徇（令）於師曰：'諫者有刑。'及，亂次以濟。遂無次，且不設備。及羅，羅與盧戎兩軍之。大敗之。"楊伯峻注："鄢，水名，源出湖北省保康縣西南，今名蠻河，流經南漳、宜城兩縣入漢水。楚師濟渡處當在今宜城縣南三十里處。"楚武王時楚師需要渡過蠻河（鄢水）以伐羅，則免郢位置應在今宜城以南。鍾祥羅山遺址正在宜城之南。[①]

尹弘兵先生：

免本爲熊通第一個居地，此時尚未稱王，徙免之初亦無郢名，在疆郢成立之後，免亦得稱郢，是爲免郢，但文王時改名爲福丘，爲文王最後一個居地。證之《左傳》，前 676 年冬，巴人伐楚，次年"楚子禦之，大敗於津。還，鬻拳弗納。遂伐黃。敗黃師於踖陵。還，及湫，有疾。夏六月庚申卒。鬻拳葬諸夕室，亦自殺也，而葬於経皇"。結合《左傳》與《楚居》，可知文王是以敗師伐黃後回師至湫患病，其後應是回到免郢，并將免郢改名爲福丘後病死。福丘之名的含義，我們不得而知，但文王徙

---

① 程濤平：《先楚史》，第 547-549 頁。

居免郢時當已病重，將免郢改名爲福丘，可能有爲文王祈福的原因。可見免在武王稱王建制之前，雖是楚都但未有郢稱，不得稱郢都，疆郢建制後郢爲楚都通名，於是免地亦有郢名，但非楚之正都。文王改名爲福丘後屬於稱郢地名中的特例，且從《楚居》及史籍所載楚國史事來看，福丘在楚國地位特殊，政治地位高於一般的俗都。[1]

（五）"女（焉）匄（始）□□□□【七】福"

黄靈庚先生：

"匄"下闕五字，蓋言獲福之意。《楚世家》，武王"三十五年，楚伐隨。隨曰：'我無罪。'楚曰：'我蠻夷也。今諸侯皆爲叛相侵，或相殺。我有敝甲，欲以觀中國之政，請王室尊吾號。'隨人爲之周，請尊楚，王室不聽，還報楚。三十七年，楚熊通怒曰：'吾先鬻熊，文王之師也，蚤終。成王舉我先公，乃以子男田令居楚，蠻夷皆率服，而王不加位，我自尊耳。'乃自立爲武王，與隨人盟而去。於是始開濮地而有之。"所謂"福"者，乃得濮地也。濮，當在沔、隨之間，非巴濮也。[2]

（六）"乃渭（潰）疆浧之波（陂）""疆浧"

整理報告：

武王，楚武王稱王和徙郢皆見於史書。……《世本·居篇》："楚鬻熊居丹陽，武王徙郢。"

渭，讀爲"潰"，毀壞。《國語·周語上》："川壅而潰，傷人必多。"疆浧，最初可能是澤名，經武王時治理而成爲居人之地，成爲地名。疆郢是免郢擴建的一部分，渾言之，免郢、疆郢無別，析言之，二者有先後大小之别。浧字見於《玉篇·水部》："浧，泥也、澱也。"波，讀爲"陂"，《詩·澤陂》毛傳："陂，澤障也。"

趙平安先生：

疆浧是某湖泊沼澤的名稱。《玉篇·水部》："浧，泥也，澱也。"《集韻·勁韻》："浧，澱也。"疆浧應是水比較少、比較淺的水域。冗因爲地方小，不能適應人口增長，於是對緊鄰水域疆浧進行改造，擴大居住面積。改造的方法是"渭（圍）疆浧之波"——把疆浧的水圍起來，向水

---

① 尹弘兵：《楚郢都與中國古都的早期形態》，《江西社會科學》2024年第3期，第104、105頁。

② 黃靈庚：《清華戰國竹簡〈楚居〉箋疏》，《中華文史論叢》2012年第1期，第85、86頁。

域借空間，也就是後世的"築圩子"。在南方楚國，這種方法早在春秋時代就開始了！經這種方法改造的地方叫郢，疆浧改造後稱做疆郢。……楚都叫"某某郢"，是從楚武王徙都冗，改造疆浧開始的。這對於判斷歷史上的有關公案很有幫助。關於楚徙郢都的時間，有文王、武王兩説。……依《楚居》，可以肯定首次徙郢的時間在楚武王稱王以後。這證實了石泉先生楚武王晚年遷郢的説法。關於楚武王徙郢的地望，考古學者有一個傾向性的看法，認爲湖北宜城雷河鎮官郢村郭家崗遺址可能性最大。[①]

院文清先生：

也許是楚人習慣於生活在山丘高崗地帶，當來到免這個地方，覺得這裏的自然地理條件不好，尤其是水患太多，武王"乃渭（潰）疆浧之波（陂）而宇人焉"，即開鑿渠道而降低水位，以抬高地勢供人居住。也許是用渠道將居住地圍成一個四面環水的人工形成的高丘，楚文王時期稱之"福丘"也就非常好理解了。楚武王時期將改造過的"免"稱爲了"疆郢"，故而"氏（抵）今日郢"。這裏既言明了"郢"之名的來歷，也可以知道了楚武王時期已經將其所居之處稱之爲郢。這裏還透露出一個重要的信息是：楚國早期相當長的一段時間内的"郢"，不一定有城，而只是一種環壕狀的聚落。楚人築城爲都的歷史較晚，這在歷史文獻中有所反映。[②]

黃錫全先生：

根據《楚居》，武王自"宵"遷出後所居爲"免"和"疆郢"，居"免"時未稱郢，則"郊郢"祇能相當於"疆郢"。"疆"字書作"郊"，是二字讀音相近的原因。疆，見母陽部。郊，見母宵部。二字雙聲。韻部陽、宵雖然有別，但也有間接可通之證。如《國語·晉語》之"郭偃"，《墨子·所染》作"高偃"。《説文》彌"從弓，黃聲，讀若郭"。或作礦，見《玉篇》。郭，見母鐸部。高，見母宵部。廣，見母陽部。黃，匣母陽部。典籍高或作郊。從黃之字、疆字均能與從"景"之字相通。又如《詩·大雅·民勞》："以謹惽恢。"《經典釋文》：恢，"女交反。惽恢，大亂也。鄭云猶歡讀也。"《周禮·地官·大司徒》賈疏引恢作嘵。嘵，曉母宵部。

---

① 趙平安：《試釋〈楚居〉中的一組地名》，《中國史研究》2011 年第 1 期，第 76 頁。

② 院文清：《〈楚居〉世系疏證》，楚文化研究會編：《楚文化研究論集》（第 10 集），武漢：湖北美術出版社，2011 年，第 38 頁；相近表述又見院文清：《清華簡〈繫年〉中的楚莊王史迹考略》，楚文化研究會編：《楚文化研究論集》（第 12 集），上海：上海古籍出版社，2017 年，第 453 頁。

而從奴聲的幣讀如陽部字蕩。《周禮·地官·掌節》:"以英蕩輔之。"鄭注:"杜子春云:'蕩當爲幣'。"另如,"盷"屬宵部,與"蒙(東部)"可通,而蒙可通"蛟",妄屬陽部。

《楚居》記載武王所都應該是没有疑問的,不大可能在"疆郢"之外又出現一個"郊郢"。因此,"疆郢"就應該是"郊郢"。郊郢所在之地,明、清學者認爲"安陸府鍾祥縣郢州故城是其地"。

……

總之……根據《楚居》,武王時只有"疆郢",文獻所記只有"郊郢",疆、郊讀音相近,則"疆郢"就是"郊郢"。①

陳民鎮先生:

疆淔原是水澤名,整理者、趙平安先生説可從。"疆郢"便由"疆淔"轉化而來——無論是名字,還是地域。關於武王遷郢還是文王遷郢的公案,最先遷郢的固然是武王(從武王開始有明確的"郢"),文王亦曾徙居免郢。②

黄靈庚先生:

渭、潰古字雖通用,然謂毁潰陂障,不辭之甚。渭,通作"爲"。《易·繫辭下》"小人以小善爲无益而弗爲也,以小惡爲无傷而弗去也",《潛夫論·慎微》引"爲無益""爲無傷"二"爲"字皆作"謂"。爲,營造也。營造疆淔之陂障以居人也。以免地之狹陋,不能容衆,是以營造陂障而疆淔,疆淔、免固非一地。疆,謂界也。《周禮·地官·封人》:"凡封國設其社稷之壝,封其四疆。"孫詒讓《正義》引《夏官叙官》注:"疆,界也。"武王爲淔作疆界,故曰"疆淔"。"氏(抵)今曰郢"者,"疆淔"所以爲"郢"者,即楚都江陵紀郢。始都郢者,乃武王也。《世本·居篇》亦云:"楚鬻熊居丹陽,武王徙郢。"宋衷注:"南郡江陵縣北有郢城。"《楚世家正義》:"《括地志》云:'紀南故城在荆州江陵縣北五十里。杜預云:國都於郢。今南郡江陵縣北紀南城是也。'《括地志》云:'……在江陵縣東北六里,故郢城是也。'"《楚世家》以文王"始都郢"。蓋非其實

---

① 黄錫全:《楚武王"郢"都初探——讀清華簡〈楚居〉札記之一》,清華大學出土文獻研究與保護中心編:《清華簡研究(第 1 輯)——〈清華大學藏戰國竹簡(壹)〉國際學術研討會論文集》,第 265、266、269 頁;相近表述又見於黄錫全:《楚武王"郢"都初探——讀清華簡〈楚居〉札記之一》,復旦大學出土文獻與古文字研究中心網,2011 年 5 月 31 日。

② 陳民鎮:《清華簡〈楚居〉集釋》,復旦大學出土文獻與古文字研究中心網,2011 年 9 月 23 日,第 96 頁。

也。郢之名因於"疆涅"之"涅"。《説文》未録"涅"字。《廣韻·上静》
郢、涅同音以整反。云："涅，泥也。"《集韻·上静》："涅，通流也。"又
云："涅，塗泥也。"又云："涅，泥滓。"非所以稱"郢"之義。楚簡"盈
滿"字皆作"涅"。……足以容衆而圓滿無匱乏之地則謂之郢也。然武王
都郢，未嘗築城，但爲之以疆界耳。始築城於郢者，乃子常囊瓦。[①]

笪浩波先生贊同黄錫全先生"郊郢"即"疆郢"之説：

> 《左傳·桓公十一年》載："楚屈瑕將盟貳、軫。鄖人軍於蒲騷，將
> 與隨、絞、州、蓼伐楚師。莫敖患之。鬬廉曰：'鄖人軍其郊，必不誡。
> 且日虞四邑之至也。君次於郊郢，以禦四邑，我以鋭師宵加於鄖。鄖有
> 虞心而恃其城，莫有鬬志。若敗鄖師，四邑必離。'……遂敗鄖師於蒲騷，
> 卒盟而還。"鬬廉要屈瑕守衛都城，自己率軍出擊鄖國。四邑位於楚國的
> 周邊，且近楚，上文已論，結合上文所論武、文王時期楚國中心區域在
> 宜城平原，則可知郊郢只能在宜城平原上，郊郢位於宜城平原又與以上
> 事實相符。武王時稱郢的只有"疆郢"，故"郊郢"即"疆郢"。

> 既然"郊郢"即"疆郢"，則我們就可以結合有關史實來論證"疆郢"
> 的具體地望。假設"疆郢"爲鍾祥郢州故城，從地理大勢看，"疆郢"在
> 漢東，則與《左傳》所記武王伐隨事實不符……

> 綜合以上考證，我們認爲郭家崗爲"疆郢"之説可取。郭家崗遺址
> 位於蠻河以東，最西界已臨近蠻河，這裏地勢相對較低，海拔 60 米左右，
> 古代爲沼澤區的可能性較大，至今尚有郭家洲、官堰、鄭家湖等地名。
> 郭家崗遺址雖然上限到兩周之際，但主要堆積爲春秋早期，與武王時期
> 相合，面積達 120 萬平方米，具有都邑的規模，且與上面史實相合。另
> 外……宜城小河鎮朱市磚瓦廠 M1……蔡大膳夫簠時代爲春秋早期，上
> 面的銘文表明這件銅器的主人是蔡國負責國君飲食的官吏。……蔡哀侯
> 作爲楚國的俘虜死在楚國，作爲他的膳食掌管者，同其主子一起被俘虜
> 到楚國，最後死於楚國也就不奇怪了。小河鎮朱市磚瓦廠位於郭家崗的
> 西北邊約四公里左右，不排除朱市磚瓦廠墓地與郭家崗遺址存在關聯。
> 楚文王最先也是定都在"疆郢"，據《史記·楚世家》載："……武王徙
> 郢，文王都郢……"此郢應該就指同一地，即"疆郢"。《春秋·左傳》
> 記載伐蔡之年爲魯莊公十四年，即公元前 680 年，此時楚文王的都城可

---

① 黄靈庚：《清華戰國竹簡〈楚居〉箋疏》，《中華文史論叢》2012 年第 1 期，第 86、87 頁。

能在"疆郢",故蔡哀侯也可能被囚禁在"疆郢"。這也增加了郭家崗遺址爲"疆郢"的證據。[①]

胡剛、黃婧先生:

"疆郢"是楚武王的居地,是在"免"基礎上的擴充。"瀆疆淠之陂",即先放去"疆淠"之水,然後築臺,這種做法在現今的湖北江漢平原一帶仍能見到。從居住環境而言,"免"的周圍原有大面積的自然湖泊或者沼澤地。

《左傳》莊公四年記載,前 690 年楚武王伐隨後,"濟漢而後發喪",可知楚武王的居地在漢水南岸。

《左傳》桓公十三年記載楚伐羅之事,也有助於我們分析楚武王時期的居地。前 699 年,莫敖屈瑕伐羅,"及鄢,亂次以濟。遂無次,且不設備。及羅,羅與盧戎兩軍之"。此條史料提到的"鄢",杜注認爲是"鄢水"。……楊守敬認爲"鄢爲地名,其字從邑,則不得云別有鄢水",此説甚是。……楚伐羅之役,楚師大敗,"莫敖縊於荒谷,群帥囚於冶父以聽刑"。盛弘之《荆州記》曰:"長谷即《左傳》之荒谷也。"《水經注•沔水中》曰:"夷水又東注於沔,昔白起攻楚,引西山長谷水,即是水也。"因此,推測楚師是由東往西進發,先到達"鄢地"……然後到達羅國地界,兵敗後,莫敖自縊於西山長谷。

……

前文對楚伐羅之役的分析,可見楚國是在羅國的東邊,而羅國在蠻水的上游,今蠻河中下游的宜城平原一帶爲楚武王所徙居之"疆郢"的可能性最大,這裏地勢開闊,河網密織,小型湖泊星羅棋布,故而"瀆疆淠之陂"而爲"疆郢"。[②]

蔣秀林先生先梳理楚武王的有關文獻,推定當時的楚國在漢水以南、以西地區,再借助於這一地區的考古發掘與調查情況,推定"疆郢"地望很可能在宜城郭家崗遺址:

(郭家崗遺址)陶器可能是楚王的生活器具,所以刻畫"王"字以示所屬。這些帶有"王"字標示的陶器,説明郭家崗遺址很有可能就是王

[①] 笪浩波:《多維視野下的春秋早期楚國中心區域——清華簡〈楚居〉之楚王居地考》,《長江大學學報(社科版)》2017 年第 4 期,第 34 頁。

[②] 胡剛、黃婧:《試論早期楚國中心區域的變遷》,楚文化研究會編:《楚文化研究論集》(第 13 集),上海:上海古籍出版社,2018 年,第 328、329 頁。

居之地。其二，從《楚居》的描述來看，武王時期擴建的"疆郢"，原本是一片窪地，將其中的水排乾後才改造成宜居之地，并在此基礎上建設爲"疆郢"。從郭家崗遺址周圍的地形和水系來看，此地在古代很有可能就是一片窪地，在地貌上與疆郢的描述相符。綜上，我們認爲郭家崗遺址極有可能就是楚武王時期的始都之郢。[①]

趙思木先生將"涅"讀爲"瀛"。"涅（瀛）"是表示湖沼義的通名，"疆涅"是表示具體地點的專名：

> 《楚辭·招魂》："倚沼畦瀛兮，遥望博。"王逸注曰："沼，池也。畦，猶區也。瀛，池中也，楚人名池澤中曰瀛。"……《招魂》的"沼"和"瀛"，應是指位於廬江河道兩側、數量衆多、面積廣大的湖泊水塘……
>
> "涅"在楚簡中一般用爲"盈"，傳世文獻中"盈"與"嬴"通用之例不勝枚舉。如"盈絀"一詞書寫形式衆多，傳世文獻中或作"嬴絀"，《楚帛書》乙本則作"經絀"。……將"涅"讀爲"瀛"，在古音、相通例證以及"涅"字用字習慣等方面都不成問題……
>
> 從地名學角度看，"瀛"是楚方言中表示湖沼義的普通名詞（通名）……"疆涅（瀛）"才是表示具體地點的專有名詞（專名）。……"郢"一開始是新建楚都邑的專名，其音取自表示地形地貌的通名"涅"，而不是專名"疆"或"疆涅"，應是着眼於記載該都邑的由來。其後"郢"成爲表示楚君居地的通名，與"湖沼"義風馬牛不相及。[②]

黄錦前先生：

> "陂"即堤防、堤岸。《詩·陳風·澤陂》："彼澤之陂，有蒲與荷。"毛傳："陂，澤障也。"孔穎達疏："澤障，謂澤畔障水之岸，以陂内有此二物，故舉陂畔言之，二物非生於陂上也。"所謂"潰疆涅之陂"，即破疆涅之堤，可見疆涅乃水澤之地。"涅"從水作，結合簡文看，"涅"本係水澤義。楚都"抵今曰郢"，"郢"改從邑作，一係表地名，二是由"涅"即水澤之本義而引申作楚都之專門稱謂。"涅"，《康熙字典》云"又於政切，纓去聲。水名。一曰澱也"，"澱"即"淀"，謂淺水湖泊。《文選·郭璞〈江賦〉》："栝澱爲涔，夾濛羅筌。"李善注："劉淵林《吴都賦》注曰：'淀，如淵而淺。'澱與淀古字通。"《水經·汶水注》："澱，陂水之異名

---

① 蔣秀林：《春秋戰國楚都研究》，陝西師範大學碩士學位論文，2018 年，第 17-22 頁。

② 趙思木：《〈楚居〉"涅"字補考》，華東師範大學中國文字研究與應用中心主編：《中國文字研究》（第 29 輯），上海：上海書店出版社，2019 年，第 64 頁。

也。"“淀”《玉篇》云“淺水也。一曰陂澱,泊屬”,《文選·左思〈魏都賦〉》:“掘鯉之淀,蓋節之淵。”張載注:“淀者,如淵而淺也。”“郢”即“涅”,亦即“淀”之含義,與楚都郢即今宜城和荆州一帶水網密布的地理景觀也相吻合。[①]

(七)“氏(抵)今曰郢”

整理報告:

> 《世本·居篇》:“楚鬻熊居丹陽,武王徙郢。”楚自武王之後,王居多稱郢,與武王居疆涅有關。“涅”在楚簡中大都讀爲“盈”,最初可能是一種地貌特徵。疆涅成爲王居之後,寫作“疆郢”(見一五號簡)。郢不是一個固定的地名,而是武王之後王居的通稱,猶西京、東京之“京”。本篇中所記楚肅王之前以“郢”爲名的王居有疆涅(郢)、淋郢、釁(樊)郢、爲郢、免郢、箬(鄀)郢、睪(睽)郢、娩(嫩)郢、鄢(鄂)郢、邾(鄩)郢、藍郢、鄘郢、鄂郢等十四個。

趙平安先生:

> 疆郢以後楚都稱“某某郢”,而這些郢又可以簡稱郢,於是造成了稱法上的混亂。過去認爲從春秋早期楚自丹陽徙郢,至公元前 278 年秦將白起拔郢,楚以郢爲都城長達 400 餘年之久,把郢看成一個地點,實在是一種誤會。看《楚居》我們知道,這中間又已經遷徙了好多個郢了。[②]

守彬(網名):

> 在清華簡《楚居》面世之前,多種楚簡中已頻頻出現各種稱爲“×郢”的地名,大多數研究者認爲,這些“×郢”乃是楚國的別都或陪都,并對這些“×郢”的歷史地理位置進行了一系列的考證。清華簡《楚居》是目前所見記録這些“×郢”最爲集中的一篇文獻,多達 14 個。整理者認爲“本篇主要是講述楚公、楚王之居處與遷徙,許多地方可以獲得與歷史記載完全不同的新知”。我們注意到,《楚居》整理者已不再拘泥於“×郢”必是王都,而是把它們解讀爲“王居”:“楚自武王之後,王居多稱郢,與武王居疆涅有關,……郢不是一個固定的地名,而是武王之後王居的通稱。”但是仍然認爲“×郢”爲具體的一處城邑名,并對多個“×郢”

[①] 黄錦前:《清華簡〈楚居〉“徙居/襲×郢”解》,《學術界》2022 年第 10 期,第 96、97 頁。

[②] 趙平安:《試釋〈楚居〉中的一組地名》,《中國史研究》2011 年第 1 期,第 76 頁。

的地望進行了探討。細讀《楚居》行文，再結合傳世典籍來看，筆者認爲"×郢"并非城邑名，而是宮殿名。

葛陵楚簡中有"在郢，爲三月，尚自宜順也。"（乙四35）；"既在郢，將見王，還返毋有咎。"（乙四44）；"居郢，還返至於東陵，尚毋有咎。"（乙四100、零532、678）。這是平夜君成在都城朝見楚王期間，他自稱"在郢""居郢"，并不詳言"在×郢""居×郢"。在《楚居》中記有"闔廬入郢"，《春秋·定公四年》曰"吳入郢"，均單稱"郢"而不詳言"×郢"。由此可見單稱"郢"即指此時楚國都城之名而言。

……

若以"×郢"爲城邑名，指爲楚邦之都城，則此大國頻繁遷都，不合常理。無論古今，遷都均是利弊千秋、牽一髮而動全身的大事。……愚意以爲凡稱"×郢"者皆是宮殿名稱。《楚居》整理者已指出此篇簡書"内容與《世本》之《居篇》很相類"。而《史記·秦始皇本紀》卷末所附秦國先君世系、年數、居、薨的記載，性質上與《楚居》更有類似之處。……楚國自武王以來，都城整體名爲"郢"；而楚王自身常住之宮，名爲"×郢"。以前曾經由楚王居住過，後來再次爲楚王居住的稱"袤（襲）×郢"。凡"×郢"皆當在都城"郢"的城垣内或城垣外近郊。①

子居：

楚人所稱之"郢"，是指行政中樞，而非王之居所。《楚居》下文中往往有王所在的地名不稱"郢"，而同一時期王太子所在地稱"郢"的情況，還有像秦溪、同宮之北、承之野等也無"郢"稱，這些都說明稱"郢"與否只與行政中樞所在有關，而與時王所在無關。只不過，絕大多數情況下，王之所在，必然也是行政中樞所在，故而才容易讓人覺得王之居所即稱"郢"。《世本》記武王徙郢，與《楚居》合。②

程少軒先生：

《史記·楚世家》有楚文王都郢之說："武王卒師中而兵罷。子文王熊貲立，始都郢。"古書中還有楚武王徙郢的說法，《左傳》孔穎達疏引《世本》云："楚鬻熊居丹陽，武王徙郢。"一般認爲以上兩種都郢之說是

---

① 守彬：《從清華簡〈楚居〉談"×郢"》，簡帛網，2011年1月9日；又見楚文化研究會編：《楚文化研究論集》（第10集），武漢：湖北美術出版社，2011年，第94-97頁。

② 子居：《清華簡〈楚居〉解析》，簡帛研究網，2011年3月30日；又見於Confucius2000網·清華大學簡帛研究，2011年3月31日。

同一事件的兩種版本。這裏的"郢"，學者通常贊同《史記正義》的説法，認爲在湖北江陵北紀南城遺址："《括地志》云：紀南故城在荆州江陵縣北五十里。杜預云：國都於郢，今南郡江陵縣北紀南城是也。"筆者也同意杜預的説法。也有學者反對楚武王、楚文王所都之郢在江陵，認爲該地在漢水中游。前引吳良寶先生文對這些説法有詳細引述，可參看。筆者傾向支持該"郢"在江陵之説，因爲諸家反對江陵説的諸種意見，多認爲春秋時郢在漢水中游，而據文獻看春秋時楚人之郢有設於長江沿岸的。《左傳》文公十年追述城濮之戰後子西"沿漢泝江，將入郢"，哀公四年記載"吳將泝江入郢"，既然入郢需要逆江而上，則郢必在江邊。①

虞同（網名）：

楚武王所居的"郢"，傳統上多以爲在湖北江陵"紀南城"（今屬荆州市荆州區），而童書業、石泉等學者推測春秋時的楚都郢應在湖北宜城縣一帶。據文獻史料，春秋初期的楚武王直到晚年時楚國的中心疆域才東達漢水中游西岸，北面緊鄰鄧國南境，西抵彭水一帶，南有包括舟、權故地在内的整個沮、漳流域及其以南地區。綜合各種因素來看，楚武王時所居的郢地肯定不會在今江陵；楚文王晚年滅鄧、申、息，楚國疆域擴展很多，但他所始居的"爲郢"也不會在今湖北江陵（更不會與發現蒍氏家族墓地的今河南淅川縣有關），否則就會與考古資料顯示的江陵"紀南城"始建於春秋晚期至戰國早期相矛盾。②

王紅星先生：

楚國行政中心及楚王宗廟所在爲"都"，楚王所居之地，除了楚都之外還包括楚王離宮或行宮等臨時居地；因此，"某郢"爲楚王居地且未必均在楚都可信，但也不能排斥"某郢"多在楚都之"郢"的城垣之内或距其不遠的近郊。③

谷口滿先生：

武王之郢的地望，應當在荆門至當陽、荆州之間漢水西側的荆山東麓南端一帶尋求，就成爲有力度的考量……

據《楚居》記述，楚王之郢當初可居住範圍狹小，難以容納衆多人

---

① 程少軒：《談談〈楚居〉所見古地名"宵"及相關問題》，簡帛網，2011 年 5 月 31 日。
② 虞同：《讀〈楚居〉札記》，簡帛網，2011 年 4 月 24 日。
③ 王紅星：《楚郢都探索的新綫索》，簡帛網，2011 年 6 月 1 日，又載《江漢考古》2011 年第 3 期，第 93 頁。

口，因而在周圍擴大建築，拓展了可居住範圍。這是怎樣的地勢呢？我們曾五次踏勘紀南城遺址。其中一次用半天時間考察東垣。如果只是以松柏區爲可居住範圍，確實難以容納衆多人口。如果在周圍擴大可居住範圍，由於當時可能比今天低濕，大概需要整治連接長湖的水路，修建排水、防水的設施。在這種情形下，紀南城地勢與《楚居》記事之間，存在對應的可能性。紀南城大城垣的修築年代在春秋末至戰國初。武王時將居住區擴大到周邊，但并未築城，經過兩百多年才修築城垣，這一推測應該是符合邏輯的。不過，由於考古學證據薄弱，上述只是一種可能性較小的參考意見。

除此之外，谷口滿先生還認爲《楚居》"抵今曰郢"與"闔廬入郢"的"郢"是同名同地的關係：

> 《楚居》中，關於武王之郢有"抵今曰郢"的説明，記闔閭入侵作"入郢"。如果兩處郢同名異地，對於閲讀《楚居》的人們而言，不是不容易理解嗎？如果入郢的郢與武王之郢異地，自然應將入郢之郢記作"某郢"。
>
> 我們認爲，武王的"抵今曰郢"與闔閭"入郢"的"郢"同名同地。也就是説，武王之時建造的郢，到春秋晚期闔廬時代仍在同一個地方存續。這樣，"抵今"的意思，很可能在撰寫《楚居》的戰國時期仍在同一場所存續。我們贊成守彬先生的如下論述："從《楚居》中'抵今曰郢'的語氣來看，自武王以來，至遲到悼王時，都城'郢'的地理位置没有發生大的變動。"
>
> 文王時從疆浧（郢）遷至湫郢以後，歷代楚王在武王之郢以外的某郢多次遷徙，并不意味着廢棄武王之郢。對於楚人而言，武王之郢作爲特别的第一都城，至戰國時期仍在同一場所存續。文王以後出現的十多個某郢，主要是由於政治、軍事原因，而爲楚王臨時遷居，在反復遷徙之間，武王開創的郢仍是第一都城，持續發揮着政治、宗教機能。
>
> 《左傳》與《漢書·地理志》南郡江陵縣本注所見的郢，應該就是針對武王創建的郢而言的。[①]

谷口滿先生後來對楚郢都的地理位置又做了申述：

> 在西周末期的宵敖時期，楚族已經到達了今荆門市一帶。至春秋初

---

① ［日］谷口滿：《試論清華簡〈楚居〉對於楚國歷史地理研究的影響》，楚文化研究會編：《楚文化研究論集》（第 10 集），武漢：湖北美術出版社，2011 年，第 27、28 頁。

期，宵敖之子武王建設了郢都。那麼，郢都極有可能位於今荆州地區。
這樣，武王郢都便不太可能是楚皇城。

　　那麼，武王所建設的郢都究竟在哪裏呢？黄錫全先生認爲是在今鍾
祥縣郢中鎮的故郢州城，王紅星先生認爲是沮、漳二水合流點附近的蔡
橋遺址。雖然兩位先生的意見很有魅力，但筆者還是一貫堅持自己的看
法。筆者認爲武王郢都是江陵的紀南城，觀點大致如下：

　　春秋初期武王所建設的郢都是紀南城。春秋初期至春秋末期，該城
只有内側的小城牆而没有外側的大城牆；到春秋末期至戰國早期，才建
造了外側的大城牆；其後直到前 278 年，具備了内側的小城牆和外側的
大城牆。這個外側的大城牆，就是紀南城遺址現存的大城牆，此大城牆
的建造也許就是《春秋左氏傳》所記載的平王築城一事。

　　……

　　武王所建造的郢都紀南城，在從武王到前 278 年的五百年左右的時
間裏，一直作爲楚國的都城而存在。《楚居》謂春秋以後的諸王多次遷徙
到“某郢”，然而這些都是楚王暫時性的駐屯地而不是固定的都城。諸王
遷徙到某郢的時候，郢都紀南城依然具有都城的功能。戰國楚簡中不寫
“某”而單記爲“郢”的，就是指這個郢都紀南城，所以“吴師入（内）
郢”的“郢”應該也是指郢都紀南城。

　　從季連、穴熊、熊繹至西周末期的宵敖時期，楚族的大部分人們不
斷地遷徙，這種情況可以説是某種“民族移動”。這樣的“民族移動”，
到武王時期才結束了。武王以後，楚族的大部分人們世世代代居住在紀
南城或其周邊。[①]

黄錫全先生：

　　武王從“宵”遷居“免”，後因國勢強大，“免”地太小，容不下衆
人，於是修建附近的沼澤“疆涅之波（陂）”，擴大國都範圍，以後楚王
徙居之地和都城均稱“郢”。[②]

---

　　① [日]谷口滿：《楚國的形成與結構及其擴展與變質（梗概）》，徐少華、[日]谷口滿、[美]羅泰主編：《楚文
化與長江中游早期開發國際學術研討會論文集》，武漢：武漢大學出版社，2021 年，第 555-557 頁。

　　② 黄錫全：《楚武王“郢”都初探——讀清華簡《楚居》札記之一》，復旦大學出土文獻與古文字研究中心網，
2011 年 5 月 31 日；相近表述又見於黄錫全：《楚武王“郢”都初探——讀清華簡〈楚居〉札記之一》，清華大學
出土文獻研究與保護中心編：《清華簡研究（第 1 輯）——〈清華大學藏戰國竹簡（壹）〉國際學術研討會論文集》，
第 262 頁。

陳民鎮先生：

楚簡“郢”字均作䢼（包山簡7）。過去楚簡中出現了諸如藍郢、䢼郢等地名，不過一般認爲是陪都之屬。此前楚簡中也出現了許多單稱“郢”的地名，常見“居郢”一詞（新蔡簡乙·85 等），於今看來，也需要重作考量，它們很可能并非指一處“郢”，而是對當時楚王所居地的指稱。

在《楚居》面世之前，學術界已有共識，即楚人所遷之都每命名爲“郢”，且具體指稱有異，如䢼郢、郊郢等區别。然單稱“郢”的楚都，過去一般認爲即位於江陵紀南的郢都。雖然此後楚簡續有“×郢”的地名出現，但論者多以爲是陪都。此番清華簡《楚居》的出現，證明了楚都以“郢”稱的規律，并爲我們澄清了以“郢”稱都的緣由——蓋由“涅”之地貌而來；《楚居》中所出現的“×郢”，未必是楚國都城，而是楚王居地、各時期的駐蹕地點；但盡以爲“×郢”是陪都，也是不恰當的，畢竟《楚居》中名目繁多的“×郢”，在當時便是政治中心；傳世文獻中的“郢”，并不是一成不變的，而是楚人對當時“×郢”的指稱。所謂“至今日郢”，爲我們揭示了“郢”之稱名的由來，過去或以爲係“程”之訛，這是不恰當的。

從《楚居》看來，楚王徙居的原因主要有王室動亂、征戰需求、適應版圖擴張需要、躲避災疫等。楚王征伐他國，往往親身前往，并大興土木。這些地方往往不是正式都邑，而是楚王的臨時駐蹕場所。包山簡7：“王廷於藍郢之游宮。”夕陽坡簡：“王處於栽郢之游宮。”“游宮”一詞便大可玩味。[1]

周運中先生：

楚武王時已經開闢郢都，就是後世熟知的紀南城，所以《楚居》特别强調說：“抵今日郢。”說這個郢就是戰國時期楚國最重要的都城郢都。以前曾有學者認爲紀南城是戰國時期興建，或者通過遺物進行碳十四測定，認爲興建在公元前455 年前後，現在看來都推測太晚。許宏認爲紀南城是不斷發展出的，根據《左傳》昭公二十三年楚大夫沈尹戌的話說“至於武、文，土不過同，慎其四竟，猶不城郭”，說明紀南城開始没有外郭，紀南城15 千米的外郭是春秋晚期到戰國早期形成的。現在看來許宏的看法與《楚居》吻合，《楚居》說郢都首先是在福丘（鳳凰山）附近興建，西北部應該是後來擴展出的。[2]

---

① 陳民鎮：《清華簡〈楚居〉集釋》，復旦大學出土文獻與古文字研究中心網，2011 年9 月23 日，第97 頁。

② 周運中：《清華簡〈楚居〉地理考》，《楚簡楚文化與先秦歷史文化國際學術研討會論文集》，武漢：武漢大學，2011 年10 月，第165 頁。

王子今先生：

　　清華簡《楚居》所見諸多的"郢"，或許亦"如殷人所都皆曰'亳'之類是也"。宋人沈括《夢溪筆談》卷五《樂律一》討論"世稱善歌者皆曰郢人"，寫道："今郢州本謂之北郢，亦非古之楚都。或曰楚都在今宜城界中，有故墟尚在。亦不然也。此鄀也，非郢也。據《左傳》，楚成王使鬬宜申爲商公，沿漢泝江，將入郢。王在渚宮下見之，沿漢至於夏口，然後泝江。則郢當在江上，不在漢上也。又在渚宮下見之，則渚宮蓋在郢也。楚始都丹陽，在今枝江。文王遷郢，昭王遷鄀。皆在今江陵境中。杜預注《左傳》云：楚國今南郡江陵縣北紀南城也。謝靈運《鄴中集》詩云：'南登宛郢城。'今江陵北十二里有紀南城，即古之郢都也，又謂之南郢。"清華簡《楚居》與"文王遷郢，昭王遷鄀"對應的文字是："至文王自疆涅徙居湫郢，湫郢徙居樊郢，樊郢徙爲郢，爲郢復徙居免郢，爲改名之曰福丘。""至昭王自秦溪之上徙居㠱郢，㠱郢徙居鄂郢，鄂郢徙襲爲郢。闔閭入郢，爲復徙居秦溪之上，乾溪之上復徙襲㠱郢。"關於"郢"的考論看來頗爲複雜，似乎應當考慮到在一定條件下"楚人所都皆曰'郢'"的可能。簡文所謂"闔閭入郢"的"郢"，應是說"爲郢"。這一情形，在某種意義上似乎也可以支持"楚人所都皆曰'郢'"的推想。①

劉信芳先生：

　　郢，典籍、楚簡習見，亦見於鄂君啟節、古璽等，楚國都城。史載楚文王始都郢，至楚頃襄王二十一年秦將白起拔郢，歷經諸多名"郢"之地，乃楚歷史地理一大課題。②

濮茅左先生：

　　"郢"，楚都，在今湖北省江陵縣紀南城。《左傳·桓公二年》"始懼楚也"，杜預注："楚國，今南郡江陵縣北紀南城也。"孔穎達疏："《正義》曰：《地理志》云：'南郡江陵縣，故楚郢都，楚文王自丹陽徙此。'《世本》云：'楚鬻熊居丹陽，武王徙郢。'宋仲子云：'丹陽在南郡枝江縣，今南郡江陵縣北有郢城。'《史記》稱文王徙都於郢。《地理志》依《史記》爲說，此時當楚武王也。《譜》云：'楚，羋姓，顓頊之後也。其後有鬻

---

　　① 王子今：《丹江通道與早期楚文化——清華簡〈楚居〉札記》，陳致主編：《簡帛·經典·古史》，上海：上海古籍出版社，2013 年，第 157、158 頁。

　　② 劉信芳：《楚系簡帛釋例》，合肥：安徽大學出版社，2011 年，第 56 頁。

熊，事周文王，早卒。成王封其曾孫熊繹於楚。以子男之田居丹陽，今南郡枝江是也。熊達始稱武王，武王十九年，魯隱公之元年也。武王居郢，今江陵是也。'"①

辛德勇先生：

　　竹書《楚居》記載楚武王初居於免，後因"衆不容於免，乃潰疆淯之陂而宇人焉，抵今曰郢"；《楚居》復徑稱此城爲"免郢"或"疆郢"（亦曾一度改名爲"福丘"）。如竹書整理者所説，此正與《世本》"武王徙郢"之説相應。關於楚國徙都於郢的時間，一直有武王徙郢和文王徙郢兩種説法，後説源自《史記·楚世家》和上述《漢書·地理志》等。清華簡《楚居》發現之後，普遍以此爲據肯定《世本》的説法，但楚人遷都於郢，是一件非常重大的事情，很可能遷延較長一段時間，上述兩種記載，未必相互排斥，非此即彼，完全有可能是整個遷都過程中的兩個不同階段。清人高士奇在論述楚都遷郢時，即由"諸侯徙都，必數世而後定"這一通例，類推"楚人徙都，當亦如是"；過去石泉在研究這一問題時，也明確提出過這樣的看法。

　　竹書《楚居》對我們認識楚都問題提供的更重要資料，是它反映出自武王至悼王，以"郢"爲名的王居就有疆郢、爲郢等十四個以上，整理者以爲"郢不是一個固定的地名，而是武王之後王居的通稱，猶西京、東京之'京'"，又云"楚王在其間遷徙往來，誠前所未聞"。較諸《史記·楚世家》等傳統史料的記載，這種性質的遷徙往來確實要頻繁很多，假若將《楚居》所記徙居某地都理解爲後世意義上的遷都，那麼，楚國遷都的次數似乎過於頻繁。從這一意義上講，各個不同時期楚都所在的具體位置，并沒有因竹書《楚居》的出現而變得明晰如鏡；若是過於簡單地將楚王居所的移動都理解爲遷都，甚至會給我們帶來更多的困惑。

　　……

　　清華大學藏竹書《楚居》……特別强調所謂疆郢之都自建成時起"抵今曰郢"（前述"闔廬入郢"正是在這一預定前提之下所作的表述，故所入之"郢"必指疆郢之都而非"爲郢"），似乎也透露出同樣的訊息，即正式的都城通常只單稱"郢"字，與別都之在"郢"字前冠以某地稱作"某郢"（以方位別的"南郢"屬於例外），這二者之間本有明顯區別。②

---

① 馬承源主編：《上海博物館藏戰國楚竹書（九）》，上海：上海古籍出版社，2012年，第249頁。

② 辛德勇：《〈楚居〉與楚都》，清華大學出土文獻研究與保護中心等編：《出土文獻與中國古代文明——李學勤先生八十壽誕紀念論文集》，上海：中西書局，2016年，第190、191、197頁。

郭志華先生：

　　從《楚居》中來看，"郢"稱呼的由來蓋因涅的地貌。武王擴建免，還因免地狹小"衆不容於免"，所以把郢看做是城邑是可行的，圍湖或者圍澤造地必有城牆。且有"衆"，意味着還有相當數量的民在這裏居住。因爲王居在此，某郢便成了楚國都城的固定稱謂。但如此之多的郢不能看做都是楚的國都或別都⋯⋯某郢要成爲都城就必須具備三個條件：一個有城；二是有宗廟；三是有正式宮殿而非游宮。三者缺一不可。否則只能看成是一般的城邑。如包山簡 7："王廷于藍郢之游宮。"這裏的王就是《楚居》中所説的柬大王，即楚簡王，惠王之子，藍郢之名還見於望山簡、上博簡、新蔡簡等。《左傳·定公五年》裏有藍尹亹，即藍邑之尹，名亹。劉彬徽、何浩認爲藍郢即藍口聚，楚之那口，周之聃國故地，今湖北鍾祥縣西北。夕陽坡簡："王處於栽郢之游宮。"可知這兩個郢只有楚王的行宮罷了。至於爲什麼徙居這麼多次，從楚國的歷史和《楚居》來看，王室動亂、征伐需求、躲避灾疫、戰争失利等都是造成王或王太子徙居的原因。當然他們所在的郢在這一時刻都是政治和行政中心。但也有可能不去郢而去其他地方如秦溪之上等臨時居所。①

笪浩波先生：

　　至少目前我們可以有如下認識：1. 楚國的郢都并非固定不變，而是經過多次遷移；2. 楚國的都城稱郢不錯，但前面冠以地名區分不同楚王時期的都城。依此，結合文獻與考古材料，再來找尋楚國郢都就有迹可尋了。

　　關於楚國都城何時稱郢則是楚史討論的另一個焦點，文獻中有二種說法：武王徙郢説（《世本·居篇》）和文王都郢説（《史記·楚世家》）。學界圍繞這兩説進行了激烈的論争，至今仍未停息。《楚居》的面世則使這一論争可以畫上句號了。《楚居》曰："⋯⋯至武王酓髹（通）自宵徙居免（大），焉始□□□□□福。衆不容於免，乃渭（潰）疆涅之波（陂）而宇人焉，氐（抵）今日郢。"此段話的意思是楚武王從宵遷都免，因爲楚人發展壯大，免太小，容不下增多的人，於是將疆涅陂的水排走，圍起來裝人，形成新的都城，都城至此始稱郢。這段話實際説的是楚國都城稱郢的由來，透露給我們二條信息：一是郢作爲都城的稱號始自何時，二是郢的含義。從文中可知，郢作爲都城的稱號始自楚武王，而從字面

---

① 郭志華：《〈楚居〉與楚史相關問題探討》，華中師範大學碩士學位論文，2013 年，第 56 頁。

理解郢的意思是君王居住的地方，即有城牆的都城。關於楚國都城何時有城牆，學界也有多種説法，一般認爲熊繹封丹陽時就應該有了，還有的認爲武王徙郢或文王始都郢是表明楚國都城有城牆的開始。但從《楚居》記載看，楚國都城有城牆應該早於楚武王時期。免是武王時期遷的第一個都城，而疆郢的修建是因爲免不能容下更多的人。若免無城牆，就談不上能不能容下人；若免有了城牆，即有了一個框定的範圍，才有容不下人之説，看來免是有城牆的。中國早在新石器時代就出現了城牆，更何況是又過了數千年後的春秋時期呢？

楚國爲什麽將都城改稱郢似乎也可以有個説法，楚武王前，楚國都城只以地名出現，此時楚國的君王自稱公；而自楚武王熊通始，楚國的君王自稱王。郢的稱號與楚王的稱號同時出現不能説是巧合，顯然存在某種關聯。本人認爲這是楚人表明其政治地位的一個標志，即宣誓楚國是一個與周王朝平起平坐的王國。周人稱其都爲京，楚人稱其都爲郢，這體現了楚國欲稱霸天下的雄心。[①]

蔣秀林先生先對"郢"進行了考察：

根據清華簡整理者的解釋，"涅"字本身有泥、澱的含義，"疆涅，最初可能是澤名"，後來由於人口日盛，"免"容納不下，於是將附近的"疆涅"中的水排乾，改造成適合居住之地，這樣的地方便叫做"郢"。周宏偉通過對文獻中"雲"的仔細梳理，認爲"雲"源自"雛"，指壅水澤地，而從《楚居》的記載來看，"涅"很可能也與"雛"相關，指積水澤地，將其中的水排乾後讓人居住，就稱作"郢"。

可見，"郢"源於"涅"，而"涅"與"雛"有關，應是指一種低濕、泥濘的沼澤地貌，把水排乾成爲平坦乾燥的宜居之地，就成了"郢"，這與從"呈"之"郢"的含義接近。同時，又因爲"郢"還是武王所居之地，所以作爲王居之地，顯然也有從"王"之"郢"的意思。

作爲一個地名，我們還可以從地名學的角度對此做進一步解釋。根據對甲骨地名的研究，華林甫發現甲骨地名中已有通名專名化的趨勢，比如"鹵""河"，從原本鹹鹵之地和河流的通名，逐漸演變爲某一地理實體的專有名稱。按照這一規律，"郢"最初可能泛指對低濕地貌改造後的宜居地，是一個通名。後來因楚武王居地的擴建部分包含了"郢"，并以此爲擴建後的新地名，遂成爲專名。同時，從《楚居》的記載來看，武王

---

① 笪浩波：《從清華簡〈楚居〉看楚史的若干問題》，《中國史研究》2015 年第 1 期，第 92、93 頁。

之後，或許是出於對祖先的懷念，後世楚王繼續沿用了"郢"這一地名，因而《楚居》中還記載了十幾處楚王所居的"某郢"。可見，由於地名經常性的隨人搬家，"郢"又由楚武王居地的專名，成爲後世楚王居地的通名。正如清華簡整理者所言，"郢不是一個固定的地名，而是武王之後王居的通稱，尤西京、東京之京"。

然後分析了"某郢"性質的相關問題：

"某郢"爲楚王居地這一點基本可以達成共識，但王居不僅包括宗廟所在的楚都，也包括楚王的行宫、離宫等臨時性居地。簡言之，楚都包含於"某郢"之中。那麼爲何傳世文獻只見有單獨的"郢"，却很少見到"某郢"的記載呢？

我想，這其中的原因，主要是由於楚王居地變動頻繁。……加上年代久遠，流傳過程中難免缺漏，後世史家在記述這段歷史的時候，或許已很難分清不同的"某郢"，只好化繁爲簡記做"郢"。而《楚居》作爲楚人對自己祖先世系和居地的追述，肯定是越詳細越好。而且從其他出土竹簡來看，"某郢"也常用於楚人的紀年，如"王居於'某郢'之歲"，說明楚人自己對此是十分清楚的。

其次，從地名學的角度來説，"某郢"由一個具體的地名和"郢"這一通名共同組成，前面的地名以示區分，後面的"郢"爲王居的標志。但"某郢"可能常常簡省爲"郢"，因爲同一時間王居之地大概只有一處，只有當後人開始追憶往事之時，爲了便於區分，才會重新加上原來的地名，以示區分，稱爲"某郢"，這便是"某郢"的由來。

此外，蔣氏還考察了楚君居處作爲楚都的條件，并指出"免""爲郢"當是楚都：

從楚國的實際情況出發，我們認爲楚都應滿足以下條件：

一、楚人宗廟所在，或在楚國歷史上有重要地位的楚王居地；

二、在遷徙頻繁的楚王居地中，較長時間作爲楚王居地，且持續穩定；

三、資料比較豐富，地理位置可考，可作爲研究對象。

按照上述條件，在《楚居》記載衆多的"某郢"中，武王時的居地——"免"，之後擴建爲"疆涅"，後來被稱爲"郢"，作爲"始都之郢"，無疑在楚國歷史上有極爲重要的地位。而細查《楚居》，"爲郢"出現頻率最高。最早爲文王居地，爾後，穆王、莊王，尤其是共王、康王和郏敖三世長期以"爲郢"作爲居地，沒有變動，之後的昭王、惠王也曾以此爲居地。從延續時間上判斷，"爲郢"應是春秋中晚期的楚都。因而在春秋時期，至少包含春秋早期的"始都之郢"——"免"，和春秋中晚期的"爲郢"兩處楚都。①

李玉潔、黄有漢先生：

西周的厲、宣時期，正是楚人的若敖、蚡冒時期。《左傳·昭公二十三年》云："若敖蚡冒至於武文，土不過同，慎其四竟，猶不城郢。今土數圻，而郢是城，不亦難乎？"從這段傳文來看，楚國都郢不是在武王、文王時期，而有可能是在若敖、蚡冒時期已經都郢。

從史書記載來看，楚人在若敖、蚡冒時期南遷，當是受到周厲王、周宣王的打擊和威逼而南遷的。

……

《楚居》記載的楚國自若敖、蚡冒之後的都城主要有：郜、焚、宵。這段記載與傳世文獻相合，説明若敖、蚡冒時期，楚人已經南遷至郜、宵等地，而"郜"等地是後來被稱爲"郢"的地區。

若敖所居的"郜"當與《楚居》所云"壼（堵）嚻（敖）自福丘遷（徙）袤（襲）箸（郜）郢"之"郜郢"爲同一地點。根據有些先生的研究，《楚居》所有的關於"郢"的地名相距都不是太遠，所以從若敖、蚡冒時期，楚國的都城雖然還不稱爲"郢"，但是已經在楚國被稱爲"郢"的地方建立都城了；因此才有《左傳》上的"若敖蚡冒至於武文，土不過同，慎其四竟，猶不城郢"的表述。②

藤田勝久先生：

また武王期では、宵から免、疆郢に移っている。このとき"抵今日郢"とあり、これ以後、本拠地を"郢"と称している。その解釈は、二つの可能性がある。1は、武王が最後に拠点とした"疆郢"を"郢"とすること。2は、とくに"疆郢"に限らず、都城と楚王の居所を"郢"と称すること。もし後者であれば、すべての楚王の居所が"郢"と呼ばれることになる。それを示唆するのは、かつて拠点とした"焚"が文王期に"樊郢"と呼ばれ、"郜"が杜敖のときに"郜郢"と呼ばれる

---

① 蔣秀林：《春秋戰國楚都研究》，陝西師範大學碩士學位論文，2018年，第9、11、12頁。

② 李玉潔、黄有漢：《〈楚居〉記載的郢都及其遷徙》，《楚文化與長江中游早期開發國際學術研討會論文集（上）》，武漢：武漢大學，2018年9月，第533頁。

ことである。このように複数の地が"某郢"と呼ばれるのは、戰國時代の包山楚簡にもみえている。

　　包山楚簡では"熊繹から武王"が一つの祭祀であり、《楚居》では武王のとき に "郢"と稱していた。しかし十二諸侯年表では、文王元年に "始都郢。"とあり、《繫年》も楚文王から記載がある。そして《春秋》では、成王のとき初めて魯に 通じていた。だから司馬遷が、武王三十七年に "於是始開濮地而有之。"とし、文王が郢に都したあと、成王に "於是楚地千里。"と說明するのは、紀年資料の戰爭から判斷したとしても、春秋初期の情勢をよく示していたことになる。①

高崇文先生：

　　春秋時期的莊敖所遷居的 "郜郢" 應在南郡。春秋早期的霄敖徙居 "霄"，根據湖南里耶秦簡所記，霄地應在湖北荆門以北、宜城之南地域，說明春秋早期楚已進入這一地區。那麽，霄敖與莊敖之間的武王、文王所遷居的諸 "郢" 也應在宜城平原或鄰近區域内。

　　除此之外，高先生還從春秋吳師入郢及宜城平原一帶春秋時期楚文化遺址兩方面進一步論證了包括楚武、文王時期郢都的春秋時期楚國諸 "郢" 應皆在宜城平原。②

　　徐俊剛先生結合傳世文獻、出土文獻與考古發掘實例，對 "郢" 的營建方式進行了推測，對 "郢" 之得名做了新探：

　　"郢" 本是通過幹欄式建築方法，在水域上營建出的城市聚落，"郢" 或可讀爲 "城"，是楚人對這種 "城" 的專稱，即便後來楚國都城的營造意境不再依照舊有 "涅——郢" 的方式，比如被視爲 "郢都" 的紀南城，雖然仍然傍水而建，但已經不需要采用幹欄式建築方法了，而 "郢" 作爲楚都的通用地名後綴一直沿用，這也較爲符合古代地名的命名規律。傳世和出土文獻中的 "某郢" 是楚國不同時期、不同王世的都城，當楚王遷都後，原有都城未必是以別都、陪都的地位存在。《楚居》簡文中有些楚都并未加綴 "郢"，但從免又可以叫免郢，鄀又可以叫鄀郢，肥遺又可

---

　　① ［日］藤田勝久：《〈史記·楚世家〉的春秋史——〈左傳〉與清華簡〈楚居〉〈繫年〉》，《楚文化與長江中游早期開發國際學術研討會論文集》，武漢：武漢大學，2018 年 9 月，第 487 頁。

　　② 高崇文：《楚早期居地再探》，徐少華、［日］谷口滿、［美］羅泰主編：《楚文化與長江中游早期開發國際學術研討會論文集》，武漢：武漢大學出版社，2021 年，第 444、445 頁。

以叫肥遺郢來看，郢這個後綴是可以省略的，至於其中是否還有其他原因，目前材料不足，暫時不得而知了。[①]

尹弘兵先生：

郢是春秋戰國時期楚都之通名，得名於《楚居》中的疆郢。疆郢是楚武王稱王建制的結果，建有宗廟，是承擔祭祀事務的"聖都"。早期文明時代祭祀是最重要的國家政務，聖都即正都。隨着楚國的強大，爲適應戰爭需要，楚王長期居住在核心區外以指揮戰事，在周邊地區形成俗都，本質上是別都。同時隨着國家的發展，國家逐步超越血緣團體向地緣國家轉化，國家政務逐漸與宗教事務分離，於是在核心區形成專門處理政務的俗都。春秋中晚期時，行政事務超越祭祀成爲主要的國家政務，楚核心區的爲郢發展成爲楚國的行政首都，超越了疆郢成爲楚國正都。[②]

（八）"湴郢"

整理報告：

湴郢，湴字疑從禾聲。亦見新蔡葛陵簡甲三·四一四、四一二。

宋華強先生：

"湴"字……從"林"從"禾"。《説文·林部》"流"字或從"林"從"㐬"，"涉"字從"林"從"步"，據此，"湴"可能是"沃"字異體。傳世文獻中，"沃"字見於《玉篇·水部》及《集韻》平聲戈韻和小韻，水名，從字音看，當是從"水"、"禾"聲。古文字材料中"沃"字見於仲戲父盤和天星觀簡。仲戲父盤"沃"字學者多以爲是"黍"字異體。天星觀簡"沃"字《楚系簡帛文字編》歸在禾部，釋爲"黍"字；增訂本則改隸水部，云"見玉篇水部。沃，水名"。葛陵簡中"湴"是地名，不知與上述哪一個"沃"字相關。葛陵簡本有"黍"字，作𣫍，與"湴"寫法不同，似乎有利於説明"湴"不是"黍"字。不過甲骨文"黍"字作𣫍，這種形體把下面兩個"水"旁寫得靠上些就有可能演變爲"湴"，所以"湴"是"黍"字異體的可能性并不能排除。[③]

---

① 徐俊剛：《根據清華簡〈楚居〉試説楚都"郢"之得名》，劉玉堂主編：《楚學論叢》（第9輯），武漢：湖北人民出版社，2020年，第151、152頁。

② 尹弘兵：《楚郢都與中國古都的早期形態》，《江西社會科學》2024年第3期，第100頁。

③ 宋華強：《新蔡葛陵楚簡初探》，武漢：武漢大學出版社，2010年，第449頁注②。

趙平安先生：

　　我覺得李先生把湫字與《左傳》湫聯繫起來是很有啓發性的。從目前資料看，湫字最早見於《詛楚文》。湫和湫字形相近，在轉寫過程中寫作湫是完全可能的。……（《楚居》與新蔡簡中的湫字）都屬地名，指同一個地點。此字中間從禾，兩邊從水。而楚文字秋字一般右邊從禾，左邊上從日下從火。火形有時省掉，有時發生訛變。湫字右邊和楚文字秋差別很大，在楚文字系統裏，不大可能是秋字。這個字應釋爲桼。甲骨文桼字有一種從禾從水的寫法，甲骨文以後這種寫法漸漸成爲主流。或呈上下結構，或呈左右結構。湫應該是這類桼字的繁化。有些古文字從一個水和從兩個水無別，如《説文》㳠部的流和涉字。湫字大概屬於同類的現象。

　　桼和湫不僅字形相近，讀音也是接近的。湫是幽部清母字，桼是魚部書母字。魚幽兩部或合韻或通假，清母書母常相通轉。讀音相近，加大了湫（桼）訛變爲湫的可能性。也正是由於語音上的聯繫，後世才可能循音找到它的地望所在。在宜城縣東南 7.5 公里處，有一座著名的楚皇城。城垣周長 6440 米，有 8 個城門，面積約 2.2 平方公里。城內底層有屈家嶺文化、春秋中期、春秋戰國之際、戰國中晚期、西漢和東漢的文化堆積。湫也在宜城縣東南，在楚文王、成王、惠王時期曾爲楚都，作都城的時間正好是春秋中期、春秋戰國之際，頗疑楚皇城就是湫的遺迹。[1]

復旦大學出土文獻與古文字研究中心研究生讀書會：

　　《關沮秦漢墓竹簡》315.24 有“沭”，用作“和”，疑“湫”與“沭”是一字之繁簡體。[2]

單育辰先生：

　　楚簡中常見“戚郢”，而若依清華簡《楚居》整理者的釋文，“戚郢”在其中未嘗一見，似乎可疑。其實，《楚居》中是有“戚郢”的，但被整理者釋爲從水從禾從水的“湫”，“湫”字在清華簡中凡五見，見於簡 8 “□”、簡 9 “□”、簡 13 “□”、簡 14 “□”“□”，從簡 13 和簡 14 第一字看，此字兩水所夾之字爲一上下構形的字，和禾通常的寫法有一些區別。整理者所釋的“湫”其實就是“桼”，新蔡零 415 的“桼”字作“□”，與

---

① 趙平安：《試釋〈楚居〉中的一組地名》，《中國史研究》2011 年第 1 期，第 77、78 頁。

② 復旦大學出土文獻與古文字研究中心研究生讀書會：《清華簡〈楚居〉研讀札記》，復旦大學出土文獻與古文字研究中心網，2011 年 1 月 5 日。

之類似，但改爲水點居於上下而已。新蔡甲 3.414+412 亦有此字，作"淴"，宋華强先生已疑其爲"柬"（參看宋華强：《新蔡葛陵楚簡初探》，武漢大學出版社，2010 年 3 月，第 449 頁）。"柬"與"戚"古音可通，如"戚"與"叔"都從"卡"得聲，"戚"，清紐覺部，"叔"書紐覺部；而"柬"，書紐魚部，魚、覺二部是有通假條件的，比如《詩·邶風·雄雉》"自詒伊阻"，"阻"，《左傳·宣公二年》引作"慼"，"阻"，莊紐魚部（所從之"且"，清紐魚部），通清紐覺部的"慼"。故書紐魚部的"柬"與"戚"也可相通。①

王紅星先生認爲"葳郢"在《楚居》成篇時代以後才出現，故不應是"淴郢"：

> 近年來新發現楚簡中多有藍郢、朋郢、并郢、鄩郢、葳郢之類記載，何琳儀認爲"凡楚王駐蹕之地皆可稱'郢'"。清華簡《楚居》是目前所見記錄這些"×郢"最爲集中的一篇文獻，多達 14 個，整理者將其解讀爲"王居"。《楚居》所述歷代楚君的居處，止於戰國時期的楚悼王，據此可看出其成篇的時代很可能就在悼王之子楚肅王時。單育辰疑清華簡五見的"淴"字，其實就是"柬"，"柬"與"戚"古音可通，故"淴郢"可能就是"戚郢"。"葳郢"分別見於天星觀簡（戰國中期）、望山簡（戰國中期晚段）、包山簡、鄂君啓節、燕客銅量等多處，却從無"葳""淴"互爲通假的先例，而年代早到楚悼王年間的葛陵楚墓出土竹簡，又不見"葳郢"的記載，可見"淴郢"就是"葳郢"之説尚乏力證。上述記載有"葳郢"的材料，年代多爲戰國中、晚期，而記載有衆多"×郢"的《楚居》，唯獨沒有"葳郢"的明確記載，似乎表明"葳郢"的出現不得早於《楚居》成篇之時。下葬年代約爲楚悼王時期的葛陵楚墓出土竹簡，多次出現"王徙於鄩郢之歲"，却不見"葳郢"的記載，現在看來不是偶然的，有可能"葳郢"的出現在"鄩郢"之後。②

淺野裕一先生將"淴郢"讀爲"和郢"：

> 惠王（公元前 488～前 432 年在位）時曾有如下遷都路綫：美郢→爲郢→和郢（肥遺、蘇澫）→鄩郢→郍吁→蔡→鄩郢。因公元前 479 年居爲郢的白公勝舉兵叛亂，遂遷居和郢，改修和郢并改名肥遺，最終又改名蘇澫。（上博簡）《王居》篇所記"王居于蘇澫之室"，正是指此一時

---

① 復旦大學出土文獻與古文字研究中心研究生讀書會《清華簡〈楚居〉研讀札記》（復旦大學出土文獻與古文字研究中心網，2011 年 1 月 5 日）一文下的評論。

② 王紅星：《楚郢都探索的新綫索》，簡帛網，2011 年 6 月 1 日，又載《江漢考古》2011 年第 3 期，第 93 頁。

期。此則平定白公叛亂之後不久。《楚居》篇中所載楚歷代君主之居所，
蘇漤的名稱也僅此一見而已。同理也可確知，《王居》篇中的楚王不是昭
王，而是惠王。[①]

周運中先生：

　　楚文王又遷居湫郢，下文說楚惠王改名爲肥遺郢，肥遺即後世的編，
《水經注》卷三十二《漳水》說："逕編縣南，縣舊城之東北百四十里也。"
編縣舊城在新城西南一百四十里，則編縣舊城在今當陽市，《中國歷史
地圖集》誤以爲舊城在新城東北一百四十里，把編縣標在荆門市北部。楊
守敬《水經注圖》標新舊兩個編縣於今當陽市的漳水之岸，是。[②]

陳民鎮先生：

　　"湫"字見諸新蔡簡甲三·414、412："毓二社，一豢，一猺。覜於湫
口""湫"字宋華强先生疑爲"黍"字異體。可從。趙平安、單育辰等先
生強調了這一點。單育辰先生認爲"湫"係戚郢，音韻上固然有聯繫。而
趙平安、"子居"等先生認爲即楚地名"湫"，這在音、形兩方面都存在
密切聯繫，可從。按湫在今湖北鍾祥北。《左傳》莊公十九年云："十九年
春，楚子禦之，大敗於津。還，鬻拳弗納。遂伐黃，敗黃師於踖陵。還，
及湫，有疾。"杜注云："南郡郢縣東南有湫城。"《楚居》所見，湫郢曾
五度爲王居，分別在文王、成王、惠王、簡王、悼王時。在獻惠王時，湫
郢業已更名爲"肥遺"。[③]

黃靈庚先生：

　　《新蔡葛陵楚墓》甲三·五："□栾蠺禱荆王，呂（以）逾訓（順）至
文王。"又，湫，甲三·四一四、四一二："……毫二裚（社），一豢、一
猺。覜於湫……"據葛陵簡文例，凡"覜於"下皆爲地名。湫，即湫郢。
整理者云："'湫'字疑從禾聲。"其說是也。文王遷徙始疆淫（郢），終
至爲郢，自南而北，湫郢，蓋《鄂君啓節·車節》之"象禾"也，"即今
河南泌陽縣北象河關"，"車行出方城伏牛山隘口，折東南抵此"。文王遠
徙至蚡冒始所居之酉焚、象禾者，何哉？蓋與武王之死有關。武王在位
五十一年之久，四方征討，西滅庸、穀，東伐隨、申，南及疆郢，江漢

---

①　［日］淺野裕一：《上博楚簡〈王居〉之復原與解釋》，復旦大學出土文獻與古文字研究中心網，2011 年 10 月 21 日。

②　周運中：《清華簡〈楚居〉地理考》，《楚簡楚文化與先秦歷史文化國際學術研討會論文集》，武漢：武漢大學，2011 年 10 月，第 166 頁。

③　陳民鎮：《清華簡〈楚居〉集釋》，復旦大學出土文獻與古文字研究中心網，2011 年 9 月 23 日，第 101 頁。

諸蠻咸歸，稱王圖霸，爭雄中原。然志未畢，中道崩殂，死於伐隨師中，身葬於新蔡。《楚世家》："周召隨侯，數以立楚爲王，楚怒，以隨背已，伐隨，武王卒師中。"《集解》："《皇覽》曰：'楚武王冢在汝南郡鮦陽縣葛陵鄉城東北，民謂之楚王岑。漢永平中，葛陵城北祝里社下於土中得銅鼎，而名曰"楚武王"，由是知楚武王之冢。民傳言秦、項、赤眉之時欲發之，輒穨壞填壓，不得發也。'"《正義》："有本注'葛陂鄉'作'葛陵鄉'者，誤也。《地理志》云：'新蔡縣西北六十里有葛陂鄉，即費長房投竹成龍之陂，因爲鄉名也。'"錢穆云："鮦陽故城，今新蔡縣東北。葛陵故城，今新蔡縣西北，以近葛陂名。《水經注》：'鮦陽縣有葛陵城，城東北有楚武王冢。'然楚在隨西，伐隨而卒軍中，無緣遠葬隨東北之新蔡。後世傳說，不可信據，率如此。"葛陵"以近葛陂名"者，是也。葛陂、葛陵固一地，本楚平輿故地。1994 年新蔡陵村發掘得楚之上卿平夜君成之墓，平夜君成蓋爲楚聲王或楚悼王時封君。平夜始封者爲昭王之子、惠王令尹子西，雖於楚爲僻壞，而屢見重如此，蓋因武王葬也。武王伐隨以至於新蔡之平夜，見其戰場之長，非限於隨也。文王率師以至於上蔡之酉焚、象禾，志在圖復秉承武王之功績而城湫郢、緜郢也。[1]

蘇建洲先生：

替上引單育辰兄補個通假例證：《詩·邶風·雄雉》："雄雉于飛，泄泄其羽。我之懷矣，自詒伊阻。"《左傳·宣公二年》引"阻"作"感"。而李學勤先生在《鄭人金文兩種對讀》（《通向文明之路》192 頁）認爲洛陽玻璃廠 M439 的銅鼎（哀成叔鼎）"亦弗其盞獲嘉"，盞從"黍"聲，讀爲"助"。而"助"從"且"聲。所以【感與且與黍】可以通假。[2]

子居：

湫郢當即湫城，在今鍾祥縣北偏西的漢水東岸。[3]

郭志華先生認爲"湫郢"作爲楚都城，定在宜城楚皇城遺址是合適的：

湫郢，在簡文中湫字▨在簡 8、9、13、14 中都有出現，從字體上看從禾從水，整理者隸定爲湫字。《括地志》：郢城東五里有楚王城，西南

---

① 黃靈庚：《清華戰國竹簡〈楚居〉箋疏》，《中華文史論叢》2012 年第 1 期，第 88、89 頁。

② 復旦大學出土文獻與古文字研究中心研究生讀書會《清華簡〈楚居〉研讀札記》（復旦大學出土文獻與古文字研究中心網，2011 年 1 月 5 日）一文下的評論。

③ 子居：《清華簡〈楚居〉解析》，簡帛研究網，2011 年 3 月 30 日；又見於 Confucius2000 網·清華大學簡帛研究，2011 年 3 月 31 日。

去樂鄉縣三十三里楚昭王遷郡時所居。又湫城，杜預曰："在郡縣東南。《左傳》莊十九年，楚文王伐黃還及湫，即此。"可知郡郢近於湫郢。湫郢當即湫城，在今鍾祥縣北偏西的漢水東岸，趙平安先生進一步指出在宜城縣東南 7.5 公里處的楚皇城就是湫的遺迹。從楚國發展的歷史來看，楚人把郡都定在這裏是可行的。

……

"湫郢"爲文王所徙居的第一個郡，其地理位置相當優越，處在南來北往、東來西往的樞紐上，南瞰江漢平原，北望南襄夾道，東臨隨棗走廊，西控荆雎山地，是江淮間的要衝，漢水中游的重鎮。楚國在這裏立都，既有利於掌控江漢平原，又有利於隨時"觀中國之政"。"湫郢"還可以做爲臨時的都城，惠王時改名爲"爲郢"，擴大後叫"肥遺郢"，可知其地位非同一般。[①]

牛鵬濤先生：

從字形看，"葰郢"釋作"菽郢"無疑是準確的，與郊、湫皆音近，如劉彬徽、何浩二位先生所指出的，郊郢、湫在春秋中期同時出現於文獻中，二者絶非一地。我們前文分析，"郊郢"即楚武王所居的疆郢（免郢、福丘），則"菽郢"即《楚居》中的"黍郢"，在宜城以南的楚皇城，向南距鍾祥也不太遠。這充分證明"湫"釋作"黍"，讀爲"湫"，是十分正確的。同時也可看到，"湫（黍）郢""葰（菽）郢"作爲同一地名，在楚簡中用字完全不同。[②]

金宇祥先生：

楚簡常見的"秋"字，其構形爲從禾從日從火。而《楚居》此字如趙平安所言確實不是"秋"字，應釋爲"黍"字。在通讀方面，李學勤指出"湫"在湖北省宜城東南，趙平安同意其説并補充"黍"與"湫"的聲音關係，并指出爲宜城縣東南的楚皇城。單育辰將"黍"讀爲"戚"，認爲是楚簡中常見的戚郢。宇祥案：當以李學勤、趙平安之説法爲是，單育辰的説法缺乏力證，而李學勤、趙平安之説法在聲音及年代方面可信度較高。[③]

---

① 郭志華：《〈楚居〉與楚史相關問題探討》，華中師範大學碩士學位論文，2013 年，第 60、61、62 頁。

② 牛鵬濤：《清華簡〈楚居〉與楚國都城研究》，清華大學博士學位論文，2013 年，第 35 頁；相近表述又見牛鵬濤：《清華簡〈楚居〉武王、文王徙郢考》，楚文化研究會編：《楚文化研究論集》（第 11 集），第 321 頁。

③ 季旭昇主編：《清華大學藏戰國竹簡（壹）讀本》，臺北：藝文印書館，2013 年，第 333、334 頁；類似表述又見金宇祥：《〈清華大學藏戰國竹簡（壹）·楚居〉研究》，臺灣師範大學碩士學位論文，2013 年，第 286-288 頁。

黄德寬先生釋"湫"爲"湛",爲探索"湫郢"地望提供了新視角:

在新出楚簡文字材料中,"湛"還用作楚都邑名,即"湫郢"。根據清華簡《楚居》記載,楚文王自疆浧徙居湫郢,其後又徙居樊郢、爲郢、免郢(福丘)。堵敖自福丘徙襲都郢。成王又自都郢徙襲湫郢,最後又徙居睽郢。獻惠王時白公起禍,徙襲湫郢。王太子(東大王)以邦復於湫郢,其後又徙居疆郢。《楚居》所記,楚文王(前 689—前 676)徙湫郢其後徙居他郢,成王(前 671—前 625)又徙襲湫郢,到楚獻惠王(前 488—前 431)晚年,王太子(東大王)又"以邦復於湫郢",表明這座都邑延續時間較長。值得注意的是,根據《史記·楚世家》載:"(楚文王)十一年,齊桓公始霸,楚亦始大"。楚國逐漸强大,陵江漢間小國,遂向北擴張。《繫年》第 29—30 號簡載:"文王以北啓,出方成(城)"。楚文王徙居湫郢可能與這一歷史背景有關。楚成王初即位,周天子賜胙,楚地千里。成王 18 年北伐許,22 年伐黄,26 年滅英,33 年執辱宋公,34 年鄭朝楚、楚北伐宋,39 年伐齊、滅夔,其勢不可擋。直到 46 年,與晉戰於城濮,始嘗敗績。成王自都郢徙襲湫郢,可能也是楚向北拓展之時。從楚國歷史發展的走勢看,楚文王、成王徙居湫郢,大概與經略中原的戰略相關。這啓發我們,湫郢的地望很可能在漢水以北地區。我們將"湫"釋"湛",則爲進一步探討其地望提供了語言學綫索。《左傳·哀公六年》:"江、漢、雎、漳,楚之望也。"自武王都郢(疆浧),春秋戰國時期,江、漢、雎、漳流域,是楚的核心區所在。不過,如果將湫郢直接聯繫到湛水流域,目前似乎還難以有令人信服的證據。對湫郢地望的確定,將是一個有待破解的難題。儘管如此,楚簡湫郢也不構成釋"湛"的反證。[①]

笪浩波先生:

"湫郢"又在何處?按《左傳》莊公十九年記楚文王禦巴而敗,遂伐黄,"還,及湫",楊伯峻《春秋左傳注》云:"湫音剿。《清一統志》謂湫在湖北省鍾祥縣北,《春秋大事表》謂在湖北省宜城縣東南,其實一也。"《左傳》之"湫"應該就是《楚居》所稱"湫郢",前面已經論證了文王禦巴人時的都邑距那處不太遠,位於那處以北。《左傳》記載文王禦巴人

---

① 黄德寬:《釋新出戰國楚簡中的"湛"字》,《中山大學學報(社會科學版)》2018 年第 1 期,第 52 頁;又見黄德寬:《試釋楚簡中的"湛"字》,復旦大學出土文獻與古文字研究中心網,2017 年 6 月 6 日。

時的都邑爲"湫郢"，則"湫郢"離那處不遠。那處位於鍾祥市西北的胡集鎮，則"湫郢"位於其北不遠。

……

宜城南部的小胡崗遺址是"湫郢"的可能性較大，小胡崗遺址位於宜城市東南約 14.5 公里處鄭集鎮紅星村的一條東西走向的平緩崗地上。南北長約 1500 米，東西寬約 1200 米，面積達 1.8 平方公里，文化層厚 0.5～1.5 米，文化內涵爲東周時期。從位置看，它距那處較近，只有 16 公里；從規模看，它是宜城南部最大的一個遺址，具有都邑的規模；它比較符合歷史事實。另又有一佐證，在小胡崗遺址南約一公里的蔣灣母牛山發現一墓地，M1 出土的銅鼎、簠、缶、盤、匜具有春秋中期的特點。不排除母牛山墓地與小胡崗遺址有關聯，也就是説小胡崗聚落生成的年代不晚於春秋中期。據《楚居》記載成王也徙居"湫郢"……小胡崗遺址的年代與成王時期相合，這也反證了小胡崗遺址可能爲"湫郢"。[①]

董珊先生：

關於《楚居》所見楚都"郢"。因爲楚簡常見有"戚郢"，却不見於《楚居》，單育辰先生由此考慮，認爲"湫郢"應是"戚郢"。他認爲此字釋爲"㴡"而讀爲"戚"，這雖可舉出《詩·邶風·雄雉》"自詒伊阻"之"阻"（莊紐魚部，且，清紐魚部）在《左傳·宣公二年》引作"慼"（清紐覺部）的例證，但韻似嫌遠。

若根據我釋爲"稻"字的看法，稻，定紐幽部一等開口，與"戚"字同從"尗"聲的"菽"（徒歷切，《玉篇》"即滌字"）是定紐覺部四等開口，韻部幽、覺對轉，"稻"與"戚"的讀音就比較接近了。[②]

黃錫全先生：

楚國"湫郢"，見於清華簡《楚居》，"湫"字一律從二水從禾作漖，"水"形多高於"禾"，對該字的釋讀及其地理位置至今意見不一。"湫郢"始見於楚文王早期，是從"疆郢"遷居的第一個"郢"，其間或更名爲"肥

① 笪浩波：《多維視野下的春秋早期楚國中心區域——清華簡〈楚居〉之楚王居地考》，《長江大學學報（社科版）》2017 年第 4 期，第 35 頁。

② 董珊：《釋"㴡"——兼説哀成叔鼎銘文》，清華大學出土文獻研究與保護中心編：《紀念清華簡入藏暨清華大學出土文獻研究與保護中心成立十周年國際學術研討會論文集》，2018 年 11 月，第 111、112 頁；又見於董珊：《釋"㴡"——兼説哀成叔鼎銘文》，清華大學出土文獻研究與保護中心編：《半部學術史，一位李先生——李學勤先生學術成就與學術思想國際研討會論文集》，北京：清華大學出版社，2021 年，第 460 頁。

遺郢”，至悼王時期還在利用，延續時間較長。春秋早期諸郢多在江漢沮漳一帶，相互距離不遠。安大楚簡“髣”字異文作，或釋讀爲“沈（湛、沉）”，此説不斷得到新見材料佐證，當可信從。比較諸多因素，推測“湫郢”或有可能就是楚國“南郢”，位於紀南城遺址或附近。①

徐文武先生從趙平安先生説，將“湫郢”讀爲“湫郢”，認爲《楚居》中的“湫郢”即《水經注・沔水》所記之“湫城”，地在鍾祥市長壽鎮：

> 在古代文獻記載中，楚國以“湫”爲地名的，除了有“湫郢”外，還有“湫城”“湫邑”。這些以“湫”爲名的地方，應該指的是同一個地方，屬於歷史地理學上常見的“同地異名”現象。在“湫”字後分別加上“郢”“城”“邑”，只是爲了説明“湫”地所具有的不同功用。因該地曾作爲楚王的居止之地，則有“湫郢”之稱……
>
> 《水經注・沔水》對“湫城”（訛作“狄城”）所在地的水系有較爲清晰的記載，……枝水“西南逕狄（當作“湫”）城東南”後注入敖水，這説明兩點：其一，湫城位於枝水與敖水會合之前的河段；其二，枝水流經湫城東南，流向爲西南方向……
>
> 今鍾祥市境内的直河水系與《水經注・沔水》所記枝水、敖水，無論是河流名稱，還是河流方位、水源及流向，都是完全吻合的。……結合《水經注・沔水》所記，枝水“西南逕狄（湫）城東南”，大致可以確定古湫城的地理位置應在今鍾祥市長壽鎮一帶。
>
> ……
>
> 在鍾祥市長壽鎮有一處古城遺址，……該城址爲“東周時期舊城”。……結合古湫城的地理位置來看，長壽城址應該就是東周時期的湫城城址，也就是清華簡《楚居》所記的“湫郢”遺址。②

黃錦前先生：

> 《史記・楚世家》：“武王卒師中而兵罷，子文王熊貲立，始都郢。”楚文王所都之郢，即今湖北荆州紀南城。《楚居》“至文王自疆郢徙居湫郢，湫郢徙居樊郢，樊郢徙居爲郢，爲郢復徙居免郢，焉改名之曰福丘”，據簡文上文“至武王會虞自宵徙居免”，可見與疆郢、爲郢一樣，免郢在武王舊都，文王“徙居爲郢，爲郢復徙居免郢”，皆係王居之遷徙而非遷都，

---

① 黃錫全：《談談楚國“湫郢”問題》，《出土文獻》2020 年第 1 期，第 56 頁。
② 徐文武：《清華簡〈楚居〉“湫郢”考》，《長江大學學報（社會科學版）》2023 年第 3 期，第 55、56 頁。

則湫郢可能在文王所遷之都郢即今荆州紀南城一帶。前此楚王居處地及郢，應在今宜城一帶。[①]

（九）"鄢（樊）郢"

整理報告：

> 樊郢，《水經·沔水注》載，沔水經平魯城南，"東對樊城，仲山甫所封也……城周四里，南半淪水。"在今湖北襄樊市樊城，但西周仲山甫所封未必可信。

李守奎先生：

> 原考釋認爲"鄢當即樊字。樊，又稱樊城，在今湖北襄樊市。"《路史·國名紀丁·商氏》後篇樊下："今襄之鄧城有樊城鎮。漢之樊縣有樊古城、樊陂，樊侯國也。"樊鄧地近，古人常樊、鄧連稱，……樊在漢水沿岸，是春秋早期楚人活動的中心地帶，把"鄢"釋爲"樊"很合適。《楚居》中楚人徙居的二十三個郢，大都不能確知其所在，"樊郢"爲進一步解讀楚人遷徙的路綫提供了一個定點。[②]

陳民鎮先生：

> 樊郢在湖北襄樊樊城，大體可信。據《楚居》，"樊郢"兩度爲王居，一在文王時，一在莊王時。[③]

周運中先生：

> 楚文王又遷居樊郢，整理者認爲是襄陽北面的樊城，今按《楚世家》說："文王二年，伐申過鄧，鄧人曰'楚王易取'，鄧侯不許也。六年，伐蔡，虜蔡哀侯以歸，已而釋之。楚强，陵江漢間小國，小國皆畏之。十一年，齊桓公始霸，楚亦始大。十二年，伐鄧，滅之。"因爲楚文王向漢水北岸的鄧、申、蔡用兵，所以遷居樊城。[④]

黃靈庚先生：

> 鄢，讀爲縣，即《鄂君啓節·車節》之"縣陽"也，"縣陽即《左傳》

① 黃錦前：《清華簡〈楚居〉"徙居/襲×郢"解》，《學術界》2022 年第 10 期，第 97 頁。
② 李守奎：《〈楚居〉中的樊字及出土楚文獻中與樊相關文例的釋讀》，《文物》2011 年第 3 期，第 75 頁。
③ 陳民鎮：《清華簡〈楚居〉集釋》，復旦大學出土文獻與古文字研究中心網，2011 年 9 月 23 日，第 102 頁。
④ 周運中：《清華簡〈楚居〉地理考》，《楚簡楚文化與先秦歷史文化國際學術研討會論文集》，武漢：武漢大學，2011 年 10 月，第 166 頁。

襄公四年、定公六年的繁陽”，“故址在今河南新蔡縣北，自邕（酉）棥東北抵此”。①

子居：

　　楚文王所伐滅的諸國，大致分布於楚之西北至楚之東這個範圍，若與《楚居》篇中的楚文王徙居過程相對應的話，那麼就是居疆郢時滅鄖、羅，居樊郢時滅申、息、繒、應、鄧，居為郢時滅屬、貳、蓼、州，然後還居大郢。②

牛鵬濤先生：

　　樊郢在今襄樊市樊城是可信的。黃靈庚先生以為樊讀為《鄂君啟節》和《左傳》中的繁陽，在河南新蔡北。按，黃説失之較遠，楚文王時期向北努力拓疆，《左傳》和清華簡《繫年》都記文王“封畛於汝”而已，汝水流域作為楚之北疆是并無穩固的，且蔡國仍很強大，楚文王徙都於此的可能性是很小的。③

羅丹女士：

　　莊王剛即位就發生了子燮和申公鬭克之亂，二人在圖謀“使賊殺子孔”失敗後，欲挾持莊王逃亡商密，被廬戢黎等所救。這裏的商密在今河南省淅川縣以西，而廬即襄陽中廬縣，從這些地點及相關地理路綫來看，莊王初年居地顯然不在信陽一帶。

　　……

　　直至莊王八年，北伐陸渾戎、問鼎中原。在這期間，鄭國是楚國的主要伐、交對象，……據此，北上中原是這一時期楚國的戰略重點，從地處從漢水北岸的襄陽樊城出方城關直達鄭、楚邊界，無疑是最為便捷的路綫。

　　此外，樊郢作為楚王居地始於文王，從文王時期相關政治、軍事活動中也可尋得一些綫索。……例如《繫年》第二章簡 12 曰：“楚文王以啟於漢陽。”整理者認為：“漢陽，即漢水東北地區。”樊城正在漢水以北，與“漢陽”區域相符。《左傳》僖公二十八年（前 632）：“漢陽諸姬，楚

①　黃靈庚：《清華戰國竹簡〈楚居〉箋疏》，《中華文史論叢》2012 年第 1 期，第 89 頁。
②　子居：《清華簡〈楚居〉解析》，簡帛研究網，2011 年 3 月 30 日；又見於 Confucius2000 網·清華大學簡帛研究，2011 年 3 月 31 日。
③　牛鵬濤：《清華簡〈楚居〉與楚國都城研究》，清華大學博士學位論文，2013 年，第 36 頁；相近表述又見牛鵬濤：《清華簡〈楚居〉武王、文王徙郢考》，楚文化研究會編：《楚文化研究論集》（第 11 集），第 322 頁。

實盡之。"楚文王在位期間陸續滅申、鄧、息三國，以之爲縣，伐陳、蔡，封畛於汝，打通北上中原之門戶，開拓楚疆。在這一政治背景下，居於襄陽較之信陽更有地利。又，《繫年》第五章簡 29 記楚文王伐陳、蔡史事："文王以北啓出方城。"其北出中原的通道是過方城關外出，可知將樊郢定位於襄陽樊城，也符合文王戰時的行軍路綫。[①]

【筆者按】樊郢是清華簡《楚居》所記楚公、楚王眾多居處中的一個，較爲引人關注。之所以如此，一方面是由於樊郢爲文獻首次出現，更重要的原因恐怕在於樊郢在眾多居處中較有希望確定地望，有望爲其他居處地望的推斷提供定點。

學界對樊郢地望已經有襄陽樊城説及新蔡古繁陽説，大多學者傾向於襄陽樊城説。但是，實際上當前學界對樊郢地望的思考還很不深入，襄陽樊城説也尚需深入辨析。

筆者曾將樊郢地望問題的研究引向深入，考察了樊郢地望的其他可能性，提出信陽樊國故城説。通過細緻比較信陽説與襄陽説的優缺點，二説成立的可能性都是存在的。樊郢究竟在信陽，還是在襄陽，恐怕一時難以定論。如果一定要從現有材料作出判斷，相較襄陽説，筆者傾向於樊郢位於信陽樊國故城。

樊郢問題具有一定的複雜性，它不僅僅是樊郢本身地望的問題，還與信陽古樊國的歷史、襄陽市的城市歷史地理等問題交織在一起。雖然筆者對樊郢問題進行了較爲深入細緻的考辨，但由於資料有限，阻礙了探索向更深層次推進。目前只能給出傾向性的結論，得出確鑿結論的條件尚不成熟。樊郢地望及相關問題的最終解決，需要寄希望於未來出土資料的新發現。[②]

（一〇）"爲郢"

整理報告：

> 爲郢，楚文王始居，此後成爲楚之重要都邑，穆王、莊王、共王、康王、郟敖、靈王、昭王都曾居此郢。闔廬所破之郢即此。春秋楚邑有蔿，如《左傳》僖公二十七年："子玉復治兵於蔿。"蔿或與爲郢有關。《通志·氏族略》："蔿氏食邑於蔿，故以命氏。""蔿氏"又作"蓮氏"。今淅川丹江口水庫一帶有蔿氏家族墓地。

---

①　羅丹：《清華簡〈楚居〉樊郢、同宮之北與承之野考論》，《古代文明》2021 年第 4 期，第 87、88 頁。

②　魏棟：《出土文獻與若干楚國史地問題探論》，第 127-132 頁；又見於魏棟《清華簡〈楚居〉"樊郢"考論》，中國地理學會歷史地理專業委員會等編：《歷史地理》（第 36 輯），上海：復旦大學出版社，清華大學博士學位論文，2017 年，第 44-52 頁。

子居：

　　整理者的“蔿氏家族墓地”之説似爲尚有一定争議的内容。《漢書•地理志》：“江陵，故楚郢都，楚文王自丹陽徙此。後九世平王城之。後十世秦拔我郢，徙陳。”《水經注•沔水》：“江陵西北有紀南城，楚文王自丹陽徙此，平王城之。班固言：楚之郢都也。”所説的楚文王徙江陵，當即是爲郢（蔿郢），地在今湖北荆州市荆州區。①

陳民鎮先生：

　　爲郢，據《楚居》曾五度爲王居，分别在文王、穆王、莊王（延及恭王、康王、郏敖）、昭王、惠王時。②

張碩、肖洋先生：

　　楚昭王從鄂郢遷居於“爲郢”，其後就發生了“盍（闔）虜（廬）内（入）郢”，“爲郢”應爲“吳師入郢”所入之郢。

　　……

　　宜城楚皇城遺址位於今宜城東南7.5公里處，東距漢水約6公里，南距蠻河約8公里，城址建在地勢較高的崗地上。……據《楚居》，楚國的文王、穆王、戕（莊）王、韕（共）王、康王、臬（嗣子）王（郏敖）和霝（靈）王都曾居於“爲郢”，“爲郢”周圍應該形成了一個範圍較大的東周聚落群。……宜城楚皇城遺址周圍基本是一個較爲巨大的東周聚落群。“吳師入郢”所入之郢，即“爲郢”，更可能是在宜城區域。③

　　趙平安先生對“楚武王至惠王的在位年數、遷都情況”進行整理後，指出：“整理報告指出，樊在今湖北襄樊市樊城。爲郢與樊相距不遠，應在樊周邊尋覓。從這一綫索出發，結合楚靈王時期的史實，我們判斷它就是《左傳•昭公十三年》的鄩。”并進行了論證：

　　（《左傳》昭公十三年、《史記•楚世家》）中心意思是説，楚靈王在乾溪“伐徐恐吳”，觀從和常壽過策劃政變，殺了太子禄，立子比爲王，又蠱惑靈王身邊的人棄他而去。在這種情況下，靈王準備離開乾溪回鄩去。

　　……

　　① 子居：《清華簡〈楚居〉解析》，簡帛研究網，2011年3月30日；又見於Confucius 2000網•清華大學簡帛研究，2011年3月31日。
　　② 陳民鎮：《清華簡〈楚居〉集釋》，復旦大學出土文獻與古文字研究中心網，2011年9月23日，第102頁。
　　③ 張碩、肖洋：《從〈楚居〉看楚昭王時代楚國都城的遷徙》，楚文化研究會編：《楚文化研究論集》（第10集），第81、82頁。

《楚居》云：

至靈王自爲郢徙居秦溪之上，以爲處於章[華之臺]。

秦溪即乾溪，它的具體位置有待進一步考證。楚靈王從爲郢遷都乾溪之上，則靈王有兩個都城，一是爲郢，一是乾溪之上。郢是傳統意義上的都城，乾溪是靈王的行宮。當時楚王待得久的行宮也可以看作都城。

《左傳》僖公二十七年：“楚子將圍宋，使子文治兵於睽，終朝而畢，不戮一人。子玉復治兵於蔿，終日而畢，鞭七人，貫三人耳。”楊伯峻注：“睽，楚邑。不詳今所在。”“蔿，楚邑，今亦不詳所在。”睽即是《楚居》中睽，蔿即是《楚居》中的爲。魯僖公二十七年即楚成王三十九年。其中睽，是楚成王最後一個都城，楚成王率子文等長時間在這裏指揮作戰。

體會《左傳》和《史記》的文意，很明顯，楚靈王在乾溪之上時，太子祿在原來的都城，即出事後靈王執意要去的郢。這樣看來，爲郢的“爲”與郢相當，爲郢就是郢郢。

爲，歌部匣母，郢，元部匣母，兩字聲母相同，韻部對轉。從音理上看，爲郢通用是沒有問題的。

如果和考古遺址對應，郢郢很可能就是 1990 年發掘的宜城郭家崗遺址。從地理位置上看，都在宜城西南方向，離宜城的距離也大致相當。段玉裁說郢在宜城西南九里，發掘報告說郭家崗遺址在宜城西南 7 公里處。考慮到兩種說法時間上的差異，以及計算方式的不同，它們所描繪的地點實際上是很接近的。從時間上看，郢郢的使用從楚文王到惠王，相當於春秋中期至戰國早期。郭家崗遺址年代跨越了西周晚期到戰國晚期。遺址年代完全可以覆蓋它作爲都城的年代。從規模上看，郭家崗遺址長約 1500 米，東西寬 750 米，面積近 120 萬平方米，在目前發現的楚都裏，規模也是比較大的。從文化類型上看，郭家崗遺址第一期陶器帶有較爲濃厚的周文化特徵，第二期以後文化特徵發生了較大的改變，具有顯著的楚文化特徵，是一處典型的楚文化遺址。這和楚都的特徵也是吻合的。因此從目前掌握的資料看，郢郢對應郭家崗遺址的可能性是很大的。①

吳良寶先生：

據文獻史料，直到春秋初期的楚武王晚年時楚國的中心疆域纔東達漢水中游西岸，北面緊鄰鄧國南境，西抵彭水一帶，南有包括冄、權故

---

① 趙平安：《〈楚居〉“爲郢”考》，《中國史研究》2012 年第 4 期，第 6-9 頁。

地在內的整個沮、漳流域及其以南地區。綜合各種因素來看，楚武王時所居的郢地肯定不會在今江陵。楚武王晚年滅鄧、申、息，楚國疆域已擴展到淮河中游，他所始居的"爲郢"不會與發現蔿氏家族墓地的今河南淅川縣有關，會不會在今湖北江陵則不能確定。《漢書·地理志》長沙國羅縣下應劭注"楚文王徙羅子自枝江居此"，如果此說屬實，則說明在楚文王時楚境已抵達長江邊及以南的長沙一帶。結合《楚居》說楚文王居於爲郢、免郢等地來看，有學者推測爲郢就在今江陵，這是有可能的。不過，考古資料顯示今江陵"紀南城"始建於春秋晚期至戰國早期，楚文王時的都城郢如已在江陵，二者在時間上的矛盾還需要圓滿地解釋。[1]

黃靈庚先生：

> 《左傳·僖公二十七年》："子玉復治兵於蔿。"杜注："蔿，楚邑。"未詳其所在。據簡文下"遆（復）遷（徙）居免郢"，則距免郢當亦未遠，抑蔿澨歟？蔿、蔿，固一字。《左傳·昭公二十三年》："蔿越曰：'再敗君師死，且有罪，亡君夫人，不可以莫之死也。'乃縊於蔿澨。"杜注："蔿澨，楚地。"楊伯峻云："據《彙纂》，蔿澨在今湖北京山縣西百餘里漢水東岸。"文王又率師自北折南也。[2]

周運中先生認爲沮漳河流域古代有洈水，洈、爲二字古音相近可通假，認爲"爲郢"可能就在洈水一帶：

> 爲郢在洈水流域，爲，匣母歌部，《水經注》卷三十二《漳水》說："漳水又南逕當陽縣，又南逕麥城東……漳水又南，洈水注良。《山海經》曰：洈水出東北宜諸之山，南流注于漳水。"洈水既已過麥城，則在今當陽市東南。

> 今當陽市沮河之西有三座東周城址，季家湖城址南北約 1600 米，東西約 1400 米，殘存南城垣長 86 米，現爲全國重點文物保護單位，兩河鎮糜城村的糜城遺址 4 萬平方米，麥城村麥城遺址殘存城垣長約 100 米，當陽境內的楚文化遺址和墓葬很多，數量及規模超過除荆州市外的周邊市縣，反映出東周時期當陽是楚文化的核心地區之一。因爲當陽是沮、漳二水合流之地，在郢都上游，所以非常重要。[3]

---

① 吳良寶：《讀清華簡〈楚居〉札記》，陳偉主編：《簡帛》（第 6 輯），上海：上海古籍出版社，2011 年，第 315 頁。

② 黃靈庚：《清華戰國竹簡〈楚居〉箋疏》，《中華文史論叢》2012 年第 1 期，第 89、90 頁。

③ 周運中：《清華簡〈楚居〉地理考》，《楚簡楚文化與先秦歷史文化國際學術研討會論文集》，武漢：武漢大學，2011 年 10 月，第 166 頁。

劉彬徽先生：

> 文王以降，歷成、穆、莊、共、康、靈、昭、惠王等都曾都"爲郢"，是以"爲郢"爲都歷時最長久的一處都邑。司馬遷《史記》云楚文王始都郢，可能是省掉了郢字前面的"爲"字。據《楚居》乃楚文王"始都爲郢"，這是正確的。至於這個"爲郢"在今何處？應在今荊山南麓至沮漳河流域，也可能仍應在今荊州區内。荆州區的熊家冢爲楚王墓，有可能是楚惠王墓。我們應在荆州區、當陽間的沮漳河兩岸地帶去探尋，這是今後考古學的任務，我們期待新的重大發現。[①]

後來，劉彬徽先生對"爲郢"又有進一步申説：

> 這（引按，指爲郢）是《楚居》所記楚王在某郢居處的最久的一處。應該説只有"爲郢"才稱得起有楚王宗廟的郢都，當然，單稱的郢才是楚國國都，但作爲楚王居處最久的"爲郢"，一定和單稱的郢是相近的，可以認爲是一處地方。……楚文王始都郢的史籍記載也許并没錯，只不過是省略了郢字前面的"爲"字，因爲這是楚悼王以前楚王居住最長最久之郢，理所當然地可以認爲是楚文王起才把郢作爲國都，只不過是因爲以疆涅爲郢始于武王，乃至有武王始郢之説，兩説并不矛盾，作爲歷時最長的郢都，只能從文王算起，《楚居》就這麽明白地告訴了我們。

> 這個"爲郢"在今何地？筆者一度也在長久思考。此前認爲，荆州熊家冢楚王墓有可能是楚惠王的墓。惠王時以"爲郢"爲都，應離惠王墓不遠，仍應在沮漳河地域去尋找。[②]

郭志華先生：

> 整理者和部分學者都認爲（爲郢）在江陵，即今湖北荆州市荆州區。但紀南城的城址年代和其出現的年代不吻合，殊難定奪。但從《楚居》中來看，吳王闔閭所破楚之郢就在這裏，也就是説，在昭王時代的郢都應該到了"爲郢"，而且穆王、恭王、康王、嗣子王都居在此，而且没有遷徙的現象。可見其郢都也都是在"爲郢"。而且該爲郢在惠王的時候因白公起禍（公元前 479 年）放棄，徙居"湫郢"改稱"爲郢"，這又一次證明了地名的遷移。也是"爲郢"爲楚國都城的證據。惠王改名之前的

[①] 劉彬徽：《關於清華簡〈楚居〉的思考（之一）》，楚文化研究會編：《楚文化研究論集》（第 10 集），武漢：湖北美術出版社，2011 年，第 13 頁。

[②] 劉彬徽：《關於清華簡〈楚居〉的思考之二——楚族起源及其地域變遷，陳建明主編：《湖南省博物館館刊》（第 8 輯），長沙：岳麓書社，2012 年，第 283 頁。

"鄢郢"若是紀南城的話可與之下限不符合。我們以爲"鄢郢"是當陽季家湖古城的可能性大些。《左傳·定公四年》"楚子涉雎，濟江，入於雲中"，其中的"江"石泉先生考證爲漢水，吳師入郢之後，昭王出奔，從文意來看郢應該既近沮水，又近江，從季家湖到雲中去比較順路，《左傳·文公十年》載：子西"沿漢溯江，將入郢"。《左傳·哀公四年》云："吳將溯江入郢"（注：這裏的江是指長江）也充分說明了郢應該近長江一些。也跟季家湖的地理位置相吻合。古城位於當陽的東南端，現隸屬草埠湖農場。吳師入郢之役，吳楚大軍隔着漢水對峙，然後在柏舉進行了決戰，楚大敗。戰後，吳軍再沒有遭到大的抵抗，却經過了十天才到達郢都，說明這個時候郢早不在漢水中游的楚皇城了。《荊州記》載：吳通漳水灌郢都，也說明郢應該離沮漳河不遠。季家湖的地理位置符合這一點。《楚居》中"鄢郢"在惠王的時候移到了原來的"湫郢"，湫郢的名稱的恢復又在簡王時期，估計新的鄢郢（紀南城）的修建應在這一時期。①

牛鵬濤先生贊同趙平安先生的意見：

> "鄢郢"在《楚居》中出現次數最頻，地位也最爲重要。從《楚居》可以發現，直到"吳人入郢"之後，楚王才基本不再選擇徙居鄢郢（除楚惠王即位初年有較短時間徙居鄢郢），這可能是因爲"鄢郢"在吳人入郢之役中遭受到嚴重破壞的緣故。文獻中出現的地位最重要的楚城，除紀南城外就是"鄢郢"。二者在古音、地理、史實等幾個方面都高度吻合，趙平安先生讀"鄢郢"爲"鄢郢"的意見是精當的，且對於分析《楚居》其他各郢的地望具有定點意義。②

笪浩波先生通過梳理楚文王、楚莊王、楚惠王事迹以及楚昭王時期的吳師入郢事件，認爲"鄢"郢即湖北當陽季家湖古城。其總括性意見如下：

> "鄢"郢有以下幾個特點，1. 靠近長江；2. 距離漳水較近；3. 瀕臨沮水；4. 建城垣不遲於春秋中晚期；5. "鄢"郢爲楚王都城的時間近60年，有九位楚王或楚君在此居住過，其鼎盛期爲春秋中晚期，戰國以後即降爲一般城邑。

與以上特點接近的有江陵紀南故城和當陽季家湖古城，但紀南城太

---

① 郭志華：《〈楚居〉與楚史相關問題探討》，華中師範大學碩士學位論文，2013年，第62頁。

② 牛鵬濤：《清華簡〈楚居〉與楚國都城研究》，清華大學博士學位論文，2013年，第37頁；相近表述又見牛鵬濤：《清華簡〈楚居〉武王、文王徙郢考》，楚文化研究會編：《楚文化研究論集》（第11集），第322頁。

大，其建城時間不早于戰國早期，鼎盛期在戰國中晚期。且沮水在其西，距離比較遠，與上述特點不太符合。……無論是就季家湖的規模、城址的年代、城內出土物的級別及其與周邊大型楚墓的關係都證明其可能爲楚國的一處都城。郭德維先生認爲其爲春秋時期的楚郢都的觀點具有一定的前瞻性，現在可以肯定地説，其爲《楚居》所載之"爲"郢。[①]

趙慶淼先生認爲："'爲郢'自春秋早期至戰國初年曾爲楚王多次徙居，在《楚居》諸'郢'之中似具有特殊地位。"趙氏贊成趙平安先生將爲郢讀爲"鄢郢"，定在宜城的看法，并在趙説的基礎上對該城邑的對應遺址提出了修訂性意見：

> 將楚鄢都、秦代鄢縣及漢代宜城縣比定在今宜城東南的楚皇城遺址，不僅符合漢晉時期文獻的記載，同時也有考古材料的支持，還能得到新出秦簡所記鄢縣與周邊地點間陸路里程的印證。因此，《中國歷史地圖集》將鄢地標注於今宜城東南、亦即楚皇城遺址所在的位置，應該是完全正確的。這裏也就是《楚居》中的"爲郢"。[②]

行走楚國（網名）回顧"爲郢"研究學術史指出：

> 《楚居》篇中之"爲郢"自出現於文王始徙，歷經成王、莊王、共王、康王、郟敖、昭王、惠王共八代王皆居或曾徙居該郢。作爲《楚居》中王之所居，該處歷王之多、爲居之久堪稱衆郢之首。那麼"爲郢"究竟在今何地？衆研究者中，有言"鄢"的（即今宜城楚皇城或郭家崗遺址），有言"紀郢"的（即今荊州北紀南城），也有言今季家湖古城的。
>
> 然後，據傳世文獻《左傳·定公四年》《左傳·定公五年》所記"昭王自吳師攻入郢都後奔隨情況，以及反攻時與吳師戰於麇地及戰後命王孫由于修復麇城之情況"，又據上博四《昭王毀室》"昭王爲室於死（漳）、沮之滸"等，判斷"爲郢"必定在今沮、漳河流域，"或便是今季家湖古城"。[③]

黃錫全先生：

> 我曾考慮"爲郢"作爲楚國國都"郢"，地位舉足輕重，只有紀南城這樣的規模才可匹配。《楚居》所記文王時就遷居"爲郢"，至惠王還居

---

　　① 笪浩波：《從楚王事迹看"爲"郢之所在》，見楚文化研究會編：《楚文化研究論集》（第 11 集），上海：上海古籍出版社，2015 年，第 333、334 頁；相近表述又見笪浩波：《從清華簡〈楚居〉看"爲"郢之所在》，《中國歷史地理論叢》2016 年第 4 期，第 30、32、33 頁。

　　② 趙慶淼：《〈楚居〉"爲郢"考》，《古籍整理研究學刊》2015 年第 3 期，第 25、28 頁。

　　③ 行走楚國（網名）：《清華簡〈楚居〉之"爲郢"考》，簡帛網"簡帛論壇"，2015 年 8 月 14 日；相似表述又見劉甫：《清華簡〈楚居〉之"爲郢"考》，東湖社區·城市論壇·荊門論壇，2015 年 8 月 11 日。

住過"爲郢"，以後雖不見記述，"爲郢"可能一直存在。懷疑"爲郢"就在紀南城或附近，至惠王時修建或重新改建，至宣王時改名"戚郢"，"白起拔郢"後廢棄，完成國都使命。但苦無確鑿證據。①

胡剛、黃婧先生：

"爲郢"是楚文王晚年居地，也是最重要的楚王居所之一。《楚居》記載自文王開始，穆王、莊王、共王、康王、嗣子王郟敖、昭王、惠王先後居於此地，粗略估計"爲郢"作爲楚王居地達 90 年之久，主要集中在春秋中期、春秋晚期晚段，因此作爲都邑名，毫不誇張。

……

楚昭王居"爲郢"期間，"闔廬入郢"，即前 506 年吳師入郢之事。《左傳》定公四年對此事記載得十分詳細，其中楚昭王逃跑綫路是"涉睢濟江，入於雲中"。"睢"即古沮水，"江"是指長江，沮河東南流入長江，說明"爲郢"是在沮水的東北。

前 479 年，在楚惠王居"爲郢"期間，"白公起禍"。《左傳》哀公十六年對此有詳細記載，大致過程是白公挾持惠王於朝，葉公自"蔡"入方城之内，先及"北門"，而後進城，與國人共攻白公，"白公奔山而縊"。從這次事件發生的地點看，肯定是在"爲郢"城内，其中有兩點很關鍵，一是"爲郢"有北門，二是"爲郢"附近有山。

綜上所述，"爲郢"周圍的地理環境大致是緊鄰"樊郢"，有城門，附近有山，其西面可能有楚王陵墓，西南面有一條流入長江的沮水。今湖北宜城市鄭集鎮東 100 米處爲楚皇城遺址，面積達 2.2 平方千米，有城墙和城門，北距樊城不遠，其西面就是西山，附近朱市鎮與南漳縣武安鎮之間是安樂堰東周高等級墓群，在山崗上分布着數百處封土堆，其西南是發源於荆山的沮、漳水，故而宜城楚皇城遺址即是"爲郢"。②

蔣秀林先生認爲"爲郢"是春秋中晚期的楚都，計算了"爲郢"作爲楚都的時間，并考察了其地望：

通過上述梳理，"爲郢"作爲楚都，時間最明確的要數春秋中晚期的楚共王、康王和郟敖三代楚王（楚君），自公元前 590 到公元前 541 年，

---

① 黃錫全：《荆州紀南城遺址究竟是楚國的哪個郢?》，《楚文化與長江中游早期開發國際學術研討會論文》，武漢：武漢大學，2018 年 9 月，第 346 頁。

② 胡剛、黃婧：《試論早期楚國中心區域的變遷》，楚文化研究会编：《楚文化研究論集》（第 13 集），上海：上海古籍出版社，2018 年，第 329、330、331 頁。

歷時 50 年。而在此之前，楚文王、穆王和莊王都曾短暫地以此爲都，約
有 20 餘年。之後的楚靈王、昭王和惠王，以"爲郢"作爲都城也有近
30 年。因此保守估算，"爲郢"作爲楚都的時間前後共計 100 年左右。
自春秋早期到晚期，先後有九位楚王（楚君）以此爲都，時間跨度大，
歷時久。尤以春秋中晚期的共、康和郟敖三世，長期穩定地定都"爲郢"，
未曾變動，因此推測"爲郢"應是春秋中晚期的楚都。

……

綜合上述楚文王、穆王和莊王相關史實，以及昭王時吳師入郢和昭
王奔隨的行程路綫，大致可以確定"爲郢"應在今漢水中游的宜城一帶。
那麽具體位置如何？我們認爲"爲郢"即歷史文獻中的"鄢"，即今天的
宜城楚皇城遺址。[①]

尹弘兵先生：

爲郢可能是《楚居》中最重要的俗都，在《楚居》研究中一向受到
高度重視，被衆多學者認爲是《楚居》諸郢中較確切的楚郢都。……爲
郢當在春秋時楚核心區，是文王時新建的居地，或因免郢過於狹小，而
疆郢則較爲低窪，故又在免郢、疆郢附近地勢較高處另建爲郢。由文王
事迹來推斷，或爲文王滅鄧後所建。而免郢、爲郢之關係，或與周之豐、
鎬相似。聯繫《楚居》下文，爲郢歷穆王、莊王、共王、康王、嗣子王
（郟敖）、靈王、昭王、惠王，共九世，幾乎貫穿整個春秋時期，是春秋
時期楚王居住時間最長、居住楚王最多的"郢"，因此學者普遍相信爲郢
是春秋時期的楚郢都，而不是一處普通的王居。看來，爲郢應是春秋時
期楚國最重要的"俗都"。[②]

【筆者按】學者常將《楚居》"爲郢"與《左傳》僖公二十七年"子玉復治兵
於蒍"，上博九《成王爲城濮之行》"子玉受師出之▩""子玉出之▩"相聯繫，來
推求爲郢的地望，甚有道理。不過，子玉治兵之"蒍"地地望不明。通過細緻分
析居於爲郢的諸位楚王之事迹，筆者曾對爲郢所在進行了推求，結論如下：

通過分析楚王事迹，特別是通過分析與楚王居處及楚都相關的楚王
事迹來推測爲郢所在，思路是很好的。但是《楚居》未記載諸位楚君居
於爲郢的明確時間，也鮮少楚君居於爲郢的事迹，就是結合傳世文獻來

---

① 蔣秀林：《春秋戰國楚都研究》，陝西師範大學碩士學位論文，2018 年，第 24-29 頁。
② 尹弘兵：《楚郢都與中國古都的早期形態》，《江西社會科學》2024 年第 3 期，第 107、108 頁。

看居於爲郢時期的楚王事迹（尤其是與爲郢相關的空間信息）仍然很有限。在這些情況下，可資利用的楚君居於爲郢時期的空間信息資料十分寡少（僅僅有……楚穆王、莊王末年及楚共王、康王、郟敖的資料），欲通過楚王事迹來管窺爲郢地望在實際研究中是難以實現的。[①]

第 2 節　《楚居》堵敖至孺子王時期地理史料匯證

《楚居》簡 9—11：

至臦（堵）^(一)囂（敖）自福丘遷（徙）袭（襲）箬（鄀）郢^(二)。

至成王自箬（鄀）郢遷（徙）袭（襲）湫=湼=（湫湼^(三)，湫湼）遷（徙）□□□【九】居睼（睸）郢^(四)。

至穆王自睼（睸）郢^(五)遷（徙）袭（襲）爲郢。

至戕（莊）王遷（徙）袭（襲）燮=郢=（樊郢，樊郢）遷（徙）居同宫之北^(六)。若囂（敖）迟（起）禍，女（焉）遷（徙）居承=之=埜=（蒸之野^(七)，蒸之野）□□□，□【一〇】袭（襲）爲郢^(八)。

至龏（共）王、康王、乳=（孺子）王皆居爲郢。【一一】

【注　釋】

(一)"臦（堵）"

整理報告：

臦（堵）囂，即堵敖熊艱。《左傳》莊公十四年："楚子如息，以食入享，遂滅息。以息嬀歸，生堵敖及成王焉。"臦古書或作"堵""杜""壯""莊"等，古音皆近，當是所本不同。"臦"從土聲，疑爲"堵"字或體。袭，衣上加衣，爲襲之表意字。字又見於上博簡《亘先》（參見《上海博物館藏戰國楚竹書一～五文字編》，作家出版社，第四一二頁）。簡文中襲義爲因襲，《小爾雅·廣詁》："襲，因也。"徙襲意即因襲前王之郢而居之。箬郢，即若敖所居之箬。

復旦大學出土文獻與古文字研究中心研究生讀書會：

整理者釋臦爲堵，同時指出"臦囂"即文獻所見之"莊敖"。按，臦是否釋爲堵似可存疑，然臦與莊的聯繫可以確定。上博簡《從政》："小人

先＝（先人）則壼戠（敔—禦）之，[遫（後）人]【甲17】則暴（？）毀
之。"疑壼與壼爲一字。若然，則爲我們解讀"壼戠"提供了新的思路。①

劉雲先生：

　　《楚居》中用爲"莊"的字，可能是個從"土"，以"筐"的初文爲
聲旁的一個字，讀爲"莊"。《從政》中那個與該字字形相近的字，當是
該字的訛體。"筐"的初文在古文字中屢見，不過多見於偏旁。以其爲偏
旁的字或讀爲"莊"。②

黄靈庚先生：

　　堵、壼同土聲。《左傳・莊公十四年》："楚子如息，以食入享，遂滅
息。以息嬀歸，生堵敖及成王焉。""堵敖：丁古反，下五羔反。杜云：
'楚人謂未成君爲敖。'《史記》作'杜敖'。"堵，或本作"壯""莊"，皆
聲轉字（魚、陽對轉，端、精旁紐雙聲）。《楚辭・天問》："吾告堵敖以
不長。"王逸注："堵敖，楚賢人也。"非也。洪氏《補注》云："《左傳》：
'楚子滅息，以息姬歸，生堵敖及成王焉。'楚子，文王也。莊公十九年，
杜敖生。二十三年，成王立。杜敖即堵敖也。"……若敖熊儀居都，然未
稱爲都郢，至堵敖因依若敖之都，而始稱爲都郢也。③

蘇建洲先生：

　　上引劉雲兄的説法可溯源自"凷""凷"二形偏旁，鍾柏生先生以爲
象盛物之編織器，是由金文"粤"作（班簋）、（番生簋）的上部
分演變而來。（鍾柏生《釋"鷽""馕"》及其相關問題》，《中國文字》新
24期，頁14）李守奎先生亦以爲"凷"是某種器物，即"有荷臾而過孔
氏之門"之"臾"（即"蕢"）的本字。（李守奎《〈説文〉古文與楚文字
互證三則》，《古文字研究》第廿四輯，頁471）陳斯鵬先生則分析爲從
貝"凷"聲，"凷"象以器（蕢）盛土之形。（陳斯鵬《説"凷"及其相
關諸字》，《中國文字》新28期，頁166）④

---

　　① 復旦大學出土文獻與古文字研究中心研究生讀書會：《清華簡〈楚居〉研讀札記》，復旦大學出土與古
文字研究中心網，2011年1月5日。

　　② 復旦大學出土文獻與古文字研究中心研究生讀書會《清華簡〈楚居〉研讀札記》（復旦大學出土與古
文字研究中心網，2011年1月5日）一文下的評論，2011年1月6日。

　　③ 黄靈庚：《清華戰國竹簡〈楚居〉筆疏》，《中華文史論叢》2012年第1期，第90、91頁。

　　④ 復旦大學出土文獻與古文字研究中心研究生讀書會《清華簡〈楚居〉研讀札記》（復旦大學出土與古
文字研究中心網，2011年1月5日）一文下的評論，2011年1月6日。

蔣玉斌先生：

　　劉雲、蘇建洲兩位先生所說的筐形之字，還可再上溯至殷墟黃組卜辭中"△正/戔（某方）"之字。舊多釋"甾"，非是。我的看法跟劉雲先生一樣，覺得該字爲"筐"之象形初文。[1]

陳民鎮先生：

　　叀囂，據《史記·十二諸侯年表》，於公元前 676～前 672 年在位。《史記·楚世家》作"熊囏（莊敖）"，索隱云："楚杜敖囏，音艱。"《集解》引徐廣語："一作'動'。"《史記·十二諸侯年表》作"堵敖囏"，《漢書·古今人表》作"杜敖"。則"叀囂"之"叀"有"堵""杜""壯""莊"等異文，整理者業已指出這些異文古音皆近，當是所本不同。[2]

蘇建洲先生：

　　叀字可以分析爲：（一）從甾從土（二）從畚從土，即《説文》的"坴"，"埽除也。從土弁聲，讀若糞。（十三下九）"。（三）從"臼"（簣）省，從土。第（二）説讀爲"糞"與"堵""杜"聲韻有距離，不可從。至於從"貴"旁諸字一般是聲符，但"貴"也與"堵""杜"聲韻不近，所以第（三）説也不可從。筆者以爲分析"從甾從土"應該是最合理的，可以隸定爲"垔"。《説文》"甾"部下的字，如䤅、畚、䤵、盧，"甾"皆爲形旁，而分別從建、弁、并、虍聲（十二下二十一）。則叀字可分析爲從"甾""土"聲，是爲上形下聲的形聲結構，自然可以與典籍"堵敖""杜敖"的"堵""杜"對讀。"土""杜""者"音近，如江陵鳳凰山漢墓群出土遣册所記陪葬物屢見"薄土"，或作"溥土"。裘錫圭先生指出"薄土"是車上鋪墊用的一種東西，與泥土毫無關係。"杜"從"土"聲，《急就篇》的"薄社"跟遣册的"薄土"無疑是一回事。又如《雜療方》有藥名"杜虞"，劉建民先生指出："我們認爲此方的'杜虞'應讀爲'薯蕷'。上古音'杜'屬定母魚部，'薯'屬禪母魚部，二字韻部相同，定母與禪母極爲接近，相通應該是沒有問題的。'杜'從'土'聲，'薯'從'署'聲，'署'又從'者'聲，文獻中有許多從'土'聲與從'者'

---

　　① 復旦大學出土文獻與古文字研究中心研究生讀書會《清華簡〈楚居〉研讀札記》（復旦大學出土文獻與古文字研究中心網，2011 年 1 月 5 日）一文下的評論。

　　② 陳民鎮：《清華簡〈楚居〉集釋》，復旦大學出土文獻與古文字研究中心網，2011 年 9 月 23 日，第 109 頁。

聲之字相通的例子。（原注：高亨：《古字通假會典》，第 890 頁）"當然寫作■也不排除是從甾從土會意，同時讀爲"土"聲。

……

《史記·十二諸侯年表》："楚堵敖囏元年"，《索隱》曰："楚杜敖囏。音艱。《系家》作'莊敖'，劉音壯，此作'杜敖'。劉氏云亦作'堵'。堵、杜聲相近，與《系家》乖，不詳其由也。""堵（杜）敖"是熊囏的號。《史記·楚世家》作"莊敖"。《楚居》整理者李守奎先生認爲"莊"（精紐陽部）與"杜"（定紐魚部）、"堵"（端紐魚部）是音近的關係。此説不一定正確，蓋二者聲紐有舌齒之別。■，從"土"聲，應該是代表"堵""杜"這個詞，後來"杜"因形近而訛變爲"壯"，再音訛爲"莊"。更重要的是，如上所討論，古文字"壯/莊"多寫作從"爿"聲的"臧"等字形，如《楚居》10 楚莊王之"莊"即寫作"戕（臧）"，所以■不太可能本來讀爲"莊"。[1]

季旭昇先生：

與楚王名對比，讀"堵"最直接，但讀"莊"的可能性也不能完全排除。"堵""莊"聲屬舌齒相近，韻爲魚陽對轉，關係非常密切。[2]

孫合肥先生認爲："清華簡△字（引按，即■）是'堵'字異體，從土者聲，其聲符'堵'形體有所訛變。"[3]

吳雪飛先生：

"壴敖"到底是"堵敖"還是"莊敖"？此後陸續出現的材料證實"壴"當釋爲"堵"。清華簡《鄭文公問太伯（甲本）》第 11 簡有"壴之俞彌"，其中的"壴"寫作■，整理者指出"壴之俞彌"對應《左傳》僖公二十四年的"堵俞彌"，文獻又作"堵寇""堵叔"等。通過簡文，可知"壴"字確當釋爲"堵"，而清華簡中的"莊""壯"皆寫作"■""■"，如《楚居》中的"莊"即寫作"■"，因此"壴"和"莊"區別明顯，"壴"不大可能釋爲"莊"。那麼"壴"字上部所從是什麼構件？"壴"爲何釋爲"堵"？

---

[1] 蘇建洲：《〈楚居〉簡 9 "壴"字及相關諸字考釋》，羅運環主編：《楚簡楚文化與先秦歷史文化國際學術研討會論文集》，第 165-167 頁。

[2] 季旭昇主編：《清華大學藏戰國竹簡（壹）讀本》，臺北：藝文印書館，2013 年，第 337 頁。

[3] 孫合肥：《清華簡"堵"字補釋》，《淮南師範學院學報》2014 年第 1 期，第 54 頁。

　　吳鎮烽先生編著的《商周青銅器銘文暨圖像集成續編》第 2 卷收録了一件仲𧊒父簋，編號爲 0381，其銘文作"中𧊒父作匋汝尊簋，其永寶用"。作器者"中𧊒父"的"𧊒"字，銘文作"𧊒"，從"者"從"𧊒"。單育辰先生已經指出其爲雙聲字，"者"和"𧊒"均爲其聲符。根據這一材料，我們認爲金文中的"𧊒"與楚簡中"𡎴"所從之"𧊒"爲同一構形，清華簡中的"𡎴"是一個從"者"聲的字，當釋爲"堵"。①

【筆者按】《楚居》"𡎴𠷠（敖）"在傳世文獻中或作"堵敖""杜敖""莊敖"，"𡎴（杜、杜、莊）"如同若敖之"若（鄀）"、郟敖之"郟"、訾敖之"訾"，應該也是地名。是否即南陽市境之古地名"堵陽"，待考。

（二）"箬（鄀）郢"

整理報告：

　　箬郢，即若敖所居之箬。②

子居：

　　《讀史方輿紀要》卷七十九："鄀城，縣東南九十里。春秋時鄀國，自商密遷於此，爲楚附庸，楚滅之而縣其地。定六年，楚令尹子西遷郢於鄀是也。秦置若縣，屬南郡。漢因之。後漢改爲鄀縣。晉仍屬南郡。……《括地志》：鄀城東五里有楚王城，西南去樂鄉縣三十三里，楚昭王遷都時所居。又湫城，杜預曰：在鄀縣東南。《左傳》莊十九年，楚文王伐黃還及湫，即此。"可知鄀郢近於湫郢。③

高崇文先生主張吳師入郢戰爭中吳師所破之郢在宜城平原一帶，進而推論：

　　昭王十二年，吳再次攻楚，楚昭王去郢，北徙於鄀，此鄀應是商密之鄀。清華簡《楚居》中，熊儀所徙商密之"鄀"單稱"鄀"，莊敖遷居南郡之"鄀"稱爲"鄀郢"，以示區別。以此來看，《左傳》所記昭王"遷郢於鄀"必是商密之"鄀"，因上一次吳攻入郢都，是得到秦國援助才擊

---

① 吳雪飛：《説清華簡中的"堵敖"》，李學勤主編：《出土文獻》（第 12 輯），上海：中西書局，2018 年，第 107 頁。

② 清華大學出土文獻研究與保護中心編，李學勤主編：《清華大學藏戰國竹簡（壹）》，上海：中西書局，2010 年，第 188 頁。

③ 子居：《清華簡〈楚居〉解析》，簡帛研究網，2011 年 3 月 30 日；又見於 Confucius2000 網·清華大學簡帛研究，2011 年 3 月 31 日。

敗吳軍，解救了楚國之困，商密之都近秦，大概昭王還是想借秦軍之力
以禦吳軍，所以才北遷商密之都以近秦。[①]

牛鵬濤先生認爲簡文中的"箬（都）"等同於"箬（都）郢"，并贊同趙平安
先生的看法，指出"箬（都）郢"與"爲郢"地望相近，同時對"爲""都"代稱
予以補充論證，還對昭惠時期"遷郢於都"的時間進行了推斷：

> 《春秋》經傳俱云蔡靈侯在申誘執蔡靈侯并殺之，在上博簡《靈王遂
> 申》中則記爲"王敗蔡靈侯於呂"，所講爲同一事，"呂"可以指代"申"。
> 《括地志》："故呂城在鄧州南陽縣西四十里。"申、呂相距甚近，故楚簡
> 中可以代稱。無論從簡文自證，還是從簡文與文獻的互證來看，此處呂、
> 申所指顯然都爲同一地點。
>
> 不僅上博簡和《春秋》經傳中可以"呂"代"申"，《左傳》《史記》
> 等文獻所記楚昭王"遷郢於都""北徙於都""徙郢於都"也可以"都"
> 代"爲"，這裏向北徙居的正是湖北宜城附近的"爲郢"，趙平安先生的
> 意見是正確的……
>
> 《左傳》隨《春秋》經逐年紀事，但也有較多地方圍繞某事前後關係
> 而引申記述，將後事提前或追溯前事，不能全部作爲當年之事看待。
>
> 結合清華簡《楚居》記昭王復邦至惠王即位的徙郢情況……《左傳》
> 定公六年"於是乎遷郢於都，而改紀其政"，也應屬提前述及後事。可理
> 解爲：楚昭王復邦第二年，復敗於吳，楚人大恐，此後乃遷郢於都，并
> 進行政治革新。至於遷郢於都的具體時間，結合《楚居》來看，可能是
> 到了楚惠王即位。[②]

笪浩波先生認爲若敖遷居之"都"、堵敖遷居之"都郢"以及文獻記載中昭王
遷居之"都"皆指一地，即宜城楊家台遺址：

> 《史記·楚世家》記載莊敖在位時間只有四年，四年時間不可能建一
> 個都邑，即使是荒廢已久的"都"國舊都，花四年重建也不够，故莊敖
> 遷居的"都郢"應該是若敖所徙之"都"。之所以稱"都郢"，是因爲楚
> 武王稱王以後對都邑的通稱爲郢。
>
> ……

---

① 高崇文：《楚早期居地再探》，《楚文化與長江中游早期開發國際學術研討會論文集（下）》，武漢：武漢大學，2018 年 9 月，第 221 頁。

② 牛鵬濤：《清華簡〈楚居〉與"遷郢於都"考辨》，《深圳大學學報（人文社會科學版）》2013 年第 6 期，第 74、75 頁。

昭王失郢到遷都的時間不到 2 年，在此期間不可能再重建一個新城，因爲是臨時的避難，所遷一定是某個舊都邑，而若敖曾經居住過的"鄀"是最佳選擇，一來"鄀"曾經做過都邑，本身有一定的規模，規格高，二來"鄀"地處荆山脚下，若發生戰事，便於快速退避山中，回旋餘地大。

楊家臺西邊約 1 公里的安樂堰墓地發現的蔡侯朱缶印證了春秋晚期，楊家臺曾經爲一等級較高的聚落。……這一時期正好與昭王遷都的時間相吻合，這决不可能只是巧合，這間接證明昭王所遷之都爲楊家臺遺址。從昭王遷都也反證了若敖所徙之"鄀"只能在宜城平原的西部，而不是宜城的南部。①

（三）"湫涅"

【筆者按】"湫涅"之"涅"前文作"郢"。"湫涅"後改名爲"肥遺"，學者對"肥遺"的研究詳見下文。

（四）"湫涅遷（徙）□□□□【九】居嬰（睽）郢"

子居：

"湫郢徙"之後有約四字的缺文，似當補爲"襲爲₌郢₌徙"，即全句可能當爲："至成王自鄀郢徙襲湫郢，湫郢徙襲爲郢，爲郢徙居睽郢。"

《左傳·僖公二十七年》："楚子將圍宋，使子文治兵於睽，終朝而畢，不戮一人。子玉復治兵於蔿，終日而畢，鞭七人，貫三人耳。"可見睽郢是出現在楚成王滅蔿的次年，與《楚居》相比較的話，不難看出，很可能就是楚成王徙居爲郢，然後滅蔿，滅蔿之後置其爲睽郢。②

【筆者按】通過系統梳理《楚居》全篇表示"居留""遷徙"含義的詞語及短語的使用規律，"湫郢徙□□□□居睽郢"的闕文情況可能爲："徙"字或爲單用，直接接地名，或者在"徙"後補"襲"或"居"，"徙"字後的動詞闕文難以準確補足是由於遷居對象情況不明；"居睽郢"前可補"徙"，因爲睽郢先前未見，是楚成王首次遷居。故"湫郢徙□□□□居睽郢"的闕文可初步試補爲"湫郢徙［襲/居□□徙］居睽郢"或"湫郢徙［□□□徙］居睽郢"，這裏未補的"□"皆表示地名用字。

---

① 笪浩波：《多維視野下的春秋早期楚國中心區域——清華簡〈楚居〉之楚王居地考》，《長江大學學報（社科版）》2017 年第 4 期，第 28、29 頁。

② 子居：《清華簡〈楚居〉解析》，簡帛研究網，2011 年 3 月 30 日，又見於 Confucius2000 網·清華大學簡帛研究，2011 年 3 月 31 日。

再通過《楚居》與《左傳》對讀來確定殘缺的地名。

《左傳》僖公二十七年記載："楚子（即楚成王）將圍宋，使子文治兵於睽，終朝而畢，不戮一人。子玉復治兵於蒍，終日而畢，鞭七人，貫三人耳。"《楚居》記載楚成王的居處先後爲：都郢—湫郢—?—睽郢。由於竹簡殘斷，楚成王的第三個居處不明。《楚居》整理報告將楚成王所居的"睽郢"視爲《左傳》子文治兵的睽邑，學界對此并無異見。《左傳》僖公二十七年在記載子文"治兵於睽"、子玉"治兵於蒍"後，又記"國老皆賀子文，子文飲之酒"，從《左傳》的描述中可見睽、蒍二地空間上應當具有鄰近關係，否則"國老"不會很快獲悉子文、子玉的治兵情況。鑑於睽、蒍鄰近且睽邑即楚成王的居處"睽郢"，子玉治兵地蒍地恐怕也有一定特別之處，有可能也是楚王的另一居處，可稱爲"蒍郢"。其實，《楚居》整理報告早已指出，爲郢可能是《左傳》所記子玉治兵的蒍，趙平安先生也認爲子玉治兵的蒍就是爲郢。

《楚居》記載，首次遷居爲郢的是春秋前期的楚文王，從此以降直到春秋戰國之際的楚惠王，除去堵敖及楚平王（楚成王居處因竹簡殘斷而記載不全）外，這些楚君皆居住過爲郢。堵敖年幼即位且享國時間短促，沒有遷居爲郢可以理解。平王在位 13 年，一直沿襲楚靈王居處，居於秦溪之上，未曾遷居他處（特別是未曾遷居爲郢），比較特殊。楚成王享國達 46 年（前 671—前 626 年）之久，軍事、政治上建樹頗多。爲郢是春秋時期楚君最爲常見的居處，也是居住頻次最高、居住時間最久的居處，從這個角度來看，因竹簡殘斷而不明的這個楚成王居處是爲郢的可能性極大。

綜上，可將"湫郢徙□□□居睽郢"補爲"湫郢徙 [襲爲=郢=徙] 居睽郢"。本句殘辭的補足，有利於《楚居》文本的復原，也完整呈現了楚成王居處遷徙情況，并且確認爲郢與睽郢地望相距不遠，爲將來利用睽郢地望（目前不明）推測爲郢地望提供了重要的空間信息。[①]

（五）"嬰（睽）郢"

整理報告：

嬰郢，"嬰"即"睽"，字見於西周金文（參看《金文編》，第二三五頁）。《左傳》僖公二十七年："楚子將圍宋，使子文治兵於睽。"杜預注："睽，楚邑。"

---

① 魏棟：《清華簡〈楚居〉闕文試補》，《文獻》2018 年第 3 期，第 44-46 頁。

子居：

　　睽郢似當即熊摯所奔之夔，今湖北秭歸地區。《左傳·僖公二十六年》："夔子不祀祝融與鬻熊，楚人讓之，對曰：'我先王熊摯有疾，鬼神弗赦而自竄於夔。吾是以失楚，又何祀焉？'秋，楚成得臣、鬬宜申帥師滅夔，以夔子歸。"《左傳·僖公二十七年》："楚子將圍宋，使子文治兵於睽，終朝而畢，不戮一人。子玉復治兵於蒍，終日而畢，鞭七人，貫三人耳。"可見睽郢是出現在楚成王滅夔的次年，與《楚居》相比較的話，不難看出，很可能就是楚成王徙居爲郢，然後滅夔，滅夔之後置其爲睽郢。[1]

陳民鎮先生：

　　整理者認爲即《左傳》所見"睽"。《左傳》僖公二十七年云："楚子將圍宋，使子文治兵於睽。"杜預注云："子文时不爲令尹，故云使治兵，習號令也。睽，楚邑。"楊伯峻先生云："睽，楚邑。不詳今所在。"《左傳》僖公二十七年下文又云："子玉復治兵於蒍。"杜注云："子玉爲令尹故。蒍，楚邑。"整理者曾指出蒍或與爲郢有關，則睽郢當與爲郢相近。按睽、夔并隸脂部，"子居"以爲睽郢即夔，可備一解。夔位處湖北秭歸東，《公羊傳》僖公二十六年作"隗"，《漢書·地理志上》南郡下有秭歸，顏師古注云："歸鄉，故歸國。"夔於公元前 634 年爲楚所滅，正在楚成王時。此外，正如"子居"所指出的，睽郢是出現在楚成王滅夔的次年。睽郢即夔的可能性還是較大的。[2]

趙平安先生：

　　爲郢的確定，對於理解睽郢的地望很有幫助。楚成王伐宋時，使子文治兵於睽，使子玉治兵於蒍。可以想見，睽、蒍都應在楚的北境，相距不會太遠。楚穆王在位時間不長，由睽遷都蒍，也說明兩地不會太遠。穆王先後滅江（杜注：江國在汝南安陽縣），滅六（杜注：六國，今廬江六縣）、蓼（杜注：蓼國，今安豐蓼縣），滅陳（今河南淮陽縣），選擇睽、蒍作爲都城，大約和這些軍事活動有關。[3]

---

　　① 子居：《清華簡〈楚居〉解析》，簡帛研究網，2011 年 3 月 30 日，又見於 Confucius2000 網·清華大學簡帛研究，2011 年 3 月 31 日。

　　② 陳民鎮：《清華簡〈楚居〉集釋》，復旦大學出土文獻與古文字研究中心網，2011 年 9 月 23 日，第 106、107 頁。

　　③ 趙平安：《〈楚居〉"爲郢"考》，《中國史研究》2012 年第 4 期，第 10 頁。

黄靈庚先生：

　　《左傳·僖公二十七年》：“楚子將圍宋，使子文治兵於睽。”杜注：
“睽，楚邑。”睽，葵丘也。齊會諸侯葵丘有四，而此葵丘即《春秋·僖
公九年》“公會宰周公，齊侯、宋子、衛侯、鄭伯、許男、曹伯于葵丘”
之“葵丘”，杜注引《傳例》曰：“陳留外黄縣東有葵丘。”楊伯峻云：“《水
經·泗水注》又謂‘黄溝自城南東逕葵丘下，《春秋》僖公九年齊桓公會
諸侯于葵丘’，《元和志》謂在考城縣東南，《考城縣志》谓葵丘東南有盟
臺，其地名盟臺鄉。則當在今河南省蘭考縣東。”成王三十年以後，齊已
衰落，不復爲盟主。《楚世家》：成王三十九年，“伐齊，取穀，置齊桓公
子雍焉。齊桓公七子皆奔楚，楚盡以爲上大夫”。竟然深入齊境，至濟北
之穀。則并宋之陳留之睽（睽）爲“楚邑”而爲睽（睽）郢，不足爲怪。
睽（睽）郢爲成王所建，是以不言“袤”。[1]

牛鵬濤先生：

　　從《左傳》來看，楚成王將用兵於宋，故使子文、子玉先後治兵於
睽、蔿以作準備。蔿應就是爲郢。睽，據當時形勢看，應靠近宋的方向。
有學者認爲睽可通夔，在秭歸，不合於楚成王對宋用兵的實際情況。具
體地望待考。[2]

尹弘兵先生：

　　楚成王居睽郢的時間，正是楚與齊、宋、晉激烈爭奪霸權的時代，則
睽郢當在楚核心區外、靠近中原。楚成王接見流亡中的晉公子重耳、城
濮之戰前子文治兵及成王最後被弑，均在睽郢，是成王北上中原爭霸時
的政治、軍事中心，雖然成王以後睽郢不再使用，但當爲一處較明確的、
位於楚核心區以外的楚國俗都。[3]

（六）“同宫之北”

整理報告：

　　“同宫之北”及下“秦（乾）溪之上”等當是完整的地名。

子居：

　　“同宫之北”的“同宫”，即伊尹放太甲之桐宫。《左傳·襄公二十一

①　黄靈庚：《清華戰國竹簡〈楚居〉箋疏》，《中華文史論叢》2012 年第 1 期，第 92 頁。
②　牛鵬濤：《清華簡〈楚居〉與楚國都城研究》，清華大學博士學位論文，2013 年，第 38 頁。
③　尹弘兵：《楚郢都與中國古都的早期形態》，《江西社會科學》2024 年第 3 期，第 106 頁。

年》：“伊尹放大甲而相之，卒無怨色。”杜預注：“太甲湯孫也，荒淫失度，伊尹放之桐宮，三年改悔而復之。”《孟子·萬章》：“大甲顛覆湯之典刑，伊尹放之於桐。”《史記·殷本紀》：“帝太甲既立三年，不明，暴虐，不遵湯法，亂德，於是伊尹放之於桐宮。”《正義》引《晉太康地記》：“尸鄉南有亳阪，東有城，太甲放處也。”鄒衡先生在《偃師商城即太甲桐宮説》一文中指出即今河南偃師的商城遺址。①

陳民鎮先生：

“子居”謂“同宫之北”的“同宫”即伊尹放太甲之桐宮，可從。桐宮在河南偃師，楚莊王曾至於洛“問鼎中原”。《左傳》宣公三年云：“楚子伐陸渾之戎，遂至於洛，觀兵於周疆。定王使王孫滿勞楚王。楚子問鼎之大小輕重焉。”《楚居》所叙不一定是王都，而是王居。桐宮與楚莊王北上“問鼎中原”的路徑是吻合的。②

黄靈庚先生：

同宫，即桐宫，伊尹放大甲處，商丘南亳州也。《江南通志》卷二〇〇《雜類志·辨訛》“亳州之湯陵桐宫桑林”條云：“《皇覽》云：‘湯冢在濟陰亳縣東北郭，去縣三里。’金仁山謂‘桐宫在州東三里’。《新志》乃謂‘州即湯都，且有桑林湯陵諸迹’。是竟以亳州爲古亳地矣。按今亳州乃漢譙縣，爲魏武故里。至《尚書》三亳：其西亳爲今偃師，去州絕遠。北亳爲蒙城，南亳爲榖（穀）熟。皆在今歸德府商丘縣境。”又，北，丘字之訛，楚簡混用不別。《易·頤》六二：“顛頤，弗經於丘頤，征凶。”丘頤，《上博簡》（三）《周易》、長沙馬王堆漢墓帛書《周易》皆作“北頤”。丘，墓也。同宫之丘，即商丘，湯所葬也。楚莊王初因襲新蔡之縣陽，再居於宋商亳同宫，自南而北征也。③

牛鵬濤先生：

楚成王徙居蒸之野的過程是自樊、同宫之北、蒸之野，再到爲郢……同宫之北可能在今湖北襄樊至河南新野一帶，具體地望待考。④

羅丹女士認爲“同宫之北”的“宫”作建築物解，或爲楚王宫室。并舉《左

---

① 子居：《清華簡〈楚居〉解析》，簡帛研究網，2011 年 3 月 30 日，又見於 Confucius2000 網·清華大學簡帛研究，2011 年 3 月 31 日。

② 陳民鎮：《清華簡〈楚居〉集釋》，復旦大學出土文獻與古文字研究中心網，2011 年 9 月 23 日，第 109 頁。

③ 黄靈庚：《清華戰國竹簡〈楚居〉箋疏》，《中華文史論叢》2012 年第 1 期，第 93、94 頁。

④ 牛鵬濤：《清華簡〈楚居〉與楚國都城研究》，清華大學博士學位論文，2013 年，第 38 頁。

傳·文公十年》"（穆）王在渚宮"、包山 2 號墓文書類竹簡 7 號簡 "藍郢之游宮"、夕陽坡 2 號墓簡册 "葴郢之游宮"、上博簡《昭王毀室》"昭王爲室於死湑之滮"、上博簡《王居》篇 "王居蘇漢之室" 等例輔證。羅女士進一步指出，"同宮之北" 是位於宮室以北的某處，地不可詳考，只能根據莊王前後史事予以推測：

> （"同宮之北"）這種宮殿名+方位的地名結構在文獻中并非孤例，如《左傳·定公四年》記昭王奔隨曰："楚子在公宮之北，吳人在其南。"……"公宮之北" 是隨國公宮外以北的一處地點，"同宮之北" 或可理解爲莊王所居同宮外以北處。"同宮之北" 地望囿於史料所限，目前不可詳考。其作爲居地僅見於莊王時期，且并非稱 "郢" 之地名，可能與爲郢、樊郢等稱 "郢" 居地性質有別。從文獻記載和《楚居》中楚王遷徙居地的原因來看，楚王的遷徙多與戰爭需要、灾荒、内亂有關，如接下來簡文提到的若敖起禍，遷往 "承之野"，又如簡 16 記："邦大瘠，焉從居鄩郢。"莊王遷居同宮之北的時間，在即位居樊郢之後、若敖氏叛亂之前，或與其北上中原的史事有關。[1]

（七）"承（蒸）之坓（野）"

整理報告：

> 承之坓（野），即上引《左傳》宣公四年之丞野，楊伯峻《春秋左傳注》引顧棟高説在今湖北江陵，又沈欽韓説即今河南新野。

子居：

> 此諸説似皆嫌稍遠，頗疑承之野即鄧之野，爲今襄陽市沿岸的冲積平原，所以《左傳》下文才會説 "戰於皋滸"。[2]

周運中先生：

> 若敖的勢力在漳水之東，丞野在漳水之西，所以兩方在漳水之岸戰鬥，戰爭後又遷回郢。[3]

牛鵬濤先生：

> 楚成王徙居蒸之野的過程是自樊、同宮之北、蒸之野，再到爲郢，

---

① 羅丹：《清華簡〈楚居〉樊郢、同宮之北與承之野考論》，《古代文明》2021 年第 4 期，第 90 頁。

② 子居：《清華簡〈楚居〉解析》，簡帛研究網，2011 年 3 月 30 日，又見於 Confucius2000 網·清華大學簡帛研究，2011 年 3 月 31 日。

③ 周運中：《清華簡〈楚居〉地理考》，《楚簡楚文化與先秦歷史文化國際學術研討會論文集》，武漢：武漢大學，2011 年 10 月，第 167 頁。

蒸之野與樊、爲郢不應太遠，沈欽韓新野説可從。[①]

黄靈庚先生：

承、烝古字通用。埜，古野字。记，古起字。若敖氏起禍，在楚莊王九年。《左傳・宣公四年》："初，楚司馬子良生子越椒，子文曰：'必殺之！是子也，熊虎之狀而豺狼之聲；弗殺，必滅若敖氏矣。諺曰："狼子野心。"是乃狼也，其可畜乎?'子良不可。子文以爲大慼。及將死，聚其族，曰：'椒也知政，乃速行矣，無及於難。'且泣曰：'鬼猶求食，若敖氏之鬼不其餒而！'及令尹子文卒，鬬般爲令尹，子越爲司馬。蔿賈爲工正，譖子揚而殺之，子越爲令尹，己爲司馬。子越又惡之，乃以若敖氏之族圄伯嬴於轑陽而殺之，遂處烝野，將攻王。王以三王之子爲質焉，弗受。師于漳澨。秋七月戊戌，楚子與若敖氏戰于皋滸。……遂滅若敖氏。"杜注："烝野，楚邑。"楊伯峻云："顧棟高《春秋輿圖》謂烝野亦在江陵縣境，沈欽韓《地名補注》謂即今河南省新野縣。"譚其驤即取沈説，以烝野在新野。莊王在位二十三年，遷都凡四，曰：薆（䌛）郢、同宫之丘、蒸野、爲郢，多在陳、蔡之間，措意争霸中原也，而未嘗居疆郢。[②]

羅丹女士認同"蒸之野"即"烝野"，并以《左傳》中相關地名"轑陽""皋滸""漳澨"爲切入點，對"烝野"地望提出新説。分言之，羅女士認爲"轑""蓼"二字通假，轑陽或在固始縣東蓼國故址；"皋滸"指距離水邊有一段距離的皋地，古雲夢澤以北的狹長平原地帶，有涢水、富水、漳水遍布，皋滸可能指的就是這中間的陸地；莊王所在的"漳澨"則有兩種可能：一在今沮漳河沿岸，也有可能在雲夢之漳。以漳澨、轑陽、皋滸三處地望的方位來看，烝野或在今雲夢縣以北，距離皋滸不遠。對於"烝野"地名的含義，羅女士有如下看法：

《集韻》云："氣之上達也。或作蒸。"《讀史方輿紀要・衡州府・衡陽縣》記："烝水，在城北……《衡州志》：'吴立臨烝縣，以俯臨烝水，其氣如烝而名。'烝水東注於湘謂之烝口。烝亦作'承'。"此又可證烝野即《楚居》承之野，雖烝野地點不大可能在湖南，但其地處雲夢之郊野，"烝"取蒸氣上涌之意是一樣的，……譚其驤先生指出，先秦時期的古雲夢澤，北以漢水爲限，南側"緣以大江"，約當今監利全縣、洪湖西北部、沔陽大部分及江陵、潛江、石首各一部分地。春秋中葉以前的雲夢澤，範

① 牛鵬濤：《清華簡〈楚居〉與楚國都城研究》，清華大學博士學位論文，2013年，第38頁。

② 黄靈庚：《清華戰國竹簡〈楚居〉箋疏》，《中華文史論叢》2012年第1期，第94頁。

圍可能要更大一些，當時漢水北岸今天門、應城一帶也有一片雲夢澤。在大洪山以南、雲夢澤以北，是一片平原湖沼地帶，其間地勢低窪、湖沼眾多，夏季高溫多雨，雍水成澤，秋冬季節積水蒸發、相對潮濕，烝野或在雲夢澤以北的平原範圍內。①

（八）"蒸之野□□□，□【一〇】衰（襲）爲郢"

整理報告：

> 埜字下殘缺約四字，可試補爲"遷居□＝遷"或"遷衰□＝遷"。

子居：

> "承之野"下原缺約四個字，整理者云："野字下殘缺約四字，可試補爲'徙居□＝徙'或'徙襲□＝徙'。"今由《左傳》及《楚居》篇之文推測，所缺四字或爲"徙居鄢＝徙"，即全句爲"承之野徙居鄢，鄢徙襲爲郢"。鄢即鄢郢，今湖北宜城城南 7.5 公里處鄭集鎮皇城村的楚皇城遺址。②

第 3 節　《楚居》靈王至昭王時期地理史料匯證

《楚居》簡 11—13：

> 至需（靈）王自爲郢遷（徙）居秦溪之上^(一)，以爲尻（處）於章[華之臺]^(二)。【一一】
>
> 競（景）坪（平）王即立（位），猷居秦溪之上。
>
> 至卲（昭）王自秦溪之上遷（徙）居媺＝郢＝（媺郢^(三)，媺郢）遷（徙）居鄔＝郢＝（鄂郢^(四)，鄂郢）遷（徙）衰（襲）爲郢。盍（闔）虜（廬）内（入）郢^(五)，女（焉）遐（復）【一二】遷（徙）居秦＝溪＝之＝上＝（秦溪之上^(六)，秦溪之上）遐（復）遷（徙）衰（襲）媺（媺）郢。【一三】

【注　釋】

（一）"至需（靈）王自爲郢遷（徙）居秦溪之上"

整理報告：

> 秦溪即乾溪。《左傳》昭公六年："令尹子蕩帥師伐吳，師于豫章，

---

① 羅丹：《清華簡〈楚居〉樊郢、同宮之北與承之野考論》，《古代文明》2021 年第 4 期，第 91-94 頁。
② 子居：《清華簡〈楚居〉解析》，簡帛研究網，2011 年 3 月 30 日，又見於 Confucius2000 網·清華大學簡帛研究，2011 年 3 月 31 日。

而次于乾谿。吳人敗其師於房鍾。"同書昭公十二年："楚子狩于州來，次于潁尾。使蕩侯、潘子、司馬督、囂尹午、陵尹喜帥師圍徐以懼吳。楚子次于乾谿，以爲之援。"杜預注："在譙國城父縣南。"即今安徽亳州市東南七十里，與城父村近。

子居認同《楚居》整理者"秦溪即乾溪"的意見。①但對乾溪的地望提出了不同於以往的全新觀點，認爲乾溪在安徽省鳳陽縣附近：

> 據《左傳·昭公六年》："徐儀楚聘於楚。楚子執之，逃歸。懼其叛也，使薳泄伐徐。吳人救之。令尹子蕩帥師伐吳，師於豫章，而次於乾溪。"可見，豫章必近於徐、吳之境，且去乾溪約一日行程。這就又涉及"乾溪"究竟何在的問題，歷來多以《左傳·昭公六年》杜預注所言"乾谿，在譙國城父縣南，楚東竟"爲是，黃錫全先生則在《楚簡秦溪、章華臺略議》文中引《韓非子》《淮南子》諸書之説并指出："此時靈王在夏水附近的秦溪或乾溪之上，離楚都不遠，故靈王欲至鄢。若是在安徽亳縣得悉消息立即回楚都，路途太遠，似乎不現實，所以楊伯峻先生認爲'乾溪在今安徽亳縣東南，離楚都太遠，恐不確'，是有道理的。"黃先生之説誠是，但將此"乾溪"之地對照《左傳》則難以吻合。《左傳·昭公十二年》載："楚子狩於州來，次於潁尾，使蕩侯、潘子、司馬督、囂尹午、陵尹喜帥師圍徐以懼吳。楚子次於乾溪，以爲之援。"以此文可見，楚子所次於的"乾溪"必與上引《左傳·昭公六年》的"乾溪"爲一處，且近於徐、吳之境，在州來、潁尾之東。"乾溪"既不能在安徽亳縣，也不能在楚都附近，否則"楚子次於乾溪，以爲之援"就不成立了。試想，若楚王離戰地甚遠，圍徐的楚師一旦不利，等到楚王帶援軍趕到顯然就完全於事無補了。筆者在《清華簡〈繫年〉12～15章解析》一文中已論及，楚國與吳國的衝突東端即鍾離（今安徽鳳陽）地區。因此可知，"乾溪"當在鳳陽附近，據《水經注·淮水》載："淮水又右納洛川於西曲陽縣北，水分閭溪，北絶横塘。又北徑蕭亭東，又北，鵠甫溪水入焉。"此閭溪，今稱嚴溪，當即是春秋時之"乾溪"所在。復觀《左傳·昭公十三年》："楚師還自徐，吳人敗諸豫章，獲其五帥。……吳滅州來。"可見，楚師沿淮而歸，吳師能敗其於豫章，復取州來，説明"豫章"近徐，而

---

① 子居：《清華簡〈楚居〉解析》，簡帛研究網，2011 年 3 月 30 日，又見於 Confucius2000 網·清華大學簡帛研究，2011 年 3 月 31 日。

在州來之東，這也與前面分析的"豫章"與"乾溪"當約一日行程，且近於徐、吳邊境吻合。①

陳民鎮先生：

> 整理者指出"秦溪"即《左傳》所見"乾溪"，地在今安徽亳州市東南七十里，與城父村近，是。《楚居》所見，"秦溪之上"兩度爲王居，一在靈王、景平王時，一在昭王時。②

李守奎先生認爲"秦溪之上"就是"溠溪之上"，其核心觀點如下：

> "秦"讀爲"溠"，音理上比讀"乾"好。"秦"與"溠"，都是齒音，韻部脂、歌旁轉。最重要的證據是楚簡中"秦"與"差"可以通用。清華簡《繫年》一百一十號簡有"闔廬即世，夫秦王即位"，這個"夫秦"無疑就是"夫差"。"溠"從"差"聲，"秦溪"讀爲"溠溪"與"夫秦"讀爲"夫差"道理一樣。
>
> 秦溪應當就是溠水，秦溪之上應當就是位於秦溪兩岸的一個地方。《楚居》中還有地名"同宮之北"，"之上"可能與"之北"都是實指方位的北面和秦溪的上游。……溠水沿岸主要是隨和唐。"秦溪之上"即"溠溪之上"，當在距離隨地不遠的溠水沿岸，可能就在隨與唐之間。③

黄靈庚先生：

> 整理者以"秦"爲"乾"。非也。案：秦，從紐、真部；乾，見紐、元部。古無相通之證。簡文"秦"字作"𥠮"，而此作"𡩋"，非秦字，當隸爲"寋"，音卷。寋、乾，同見紐、元部字，例得通用。寋溪，即乾溪也。《左傳·昭公六年》："令尹子蕩帥師伐吳，師于豫章，而次於乾谿。"杜注："乾谿在譙國城父縣南，楚東竟。"楊伯峻云："乾谿在今安徽亳縣東南七十里，與城父村相近。"
>
> ……
>
> 寋（乾）溪之上，非郢也，當徙之。而平王未徙，且非其所建，故云"猷（猶）居"也。《上博簡》（六）有《平王問鄭壽》，稱平王"毀新都栽（鄀）陵、臨昜（陽），殺左尹"，《平王與王子木》稱平王"命王子木

---

① 子居：《清華簡〈繫年〉16～19章解析》，Confucius2000網·清華大學簡帛研究，2013年1月8日。

② 陳民鎮：《清華簡〈楚居〉集釋》，復旦大學出土文獻與古文字研究中心網，2011年9月23日，第114頁。

③ 李守奎：《論清華簡中的昭王居秦溪之上與昭王歸隨》，清華大學出土文獻研究與保護中心編：《清華簡研究（第1輯）——〈清華大學藏戰國竹簡（壹）〉國際學術研討會論文集》，上海：中西書局，2012年，第326、327頁。

迊（至）城父”，皆其尻寨（乾）溪之上事也。平王在位十三年，最無道，殺戮功臣，信任讒佞，强娶子婦，卒致吳師覆郢之禍也。秦當作寨。①

黃錫全先生考證“秦溪之上”在漢代華容縣境，其核心觀點如下：

> 秦溪不在安徽乾溪，但不一定在隨州溠水。……（《楚居》的“以爲”）似爲“因此”“所以”之意。“徙居某地”，“以爲尻（處）於某處”，表達的似是兩者之間具有進一層的關係，即二者相距不遠。靈王居秦溪之上，“以爲”處於章華之臺，表明秦溪與章華臺相距不遠。……楚地名章華臺者主要有五處……只有華容章華臺與城父乾溪臺或章華臺爲靈王所建。我們傾向靈王繼位後開始興建、六年“落成”的章華臺在漢華容縣境。……筆者專程至潛江龍灣和張金兩鎮遺址做了實地考察，更傾向楚國章華宮、楚靈王六年落成的章華臺應該就在龍灣遺址東區宮殿建築群的看法。關於“秦溪”與“秦溪之上”的確切地點，目前還難以確定，在此提出兩種可能供大家討論。一是秦溪可能是離湖，“秦溪之上”有可能是黃羅崗城址。……二是監利縣有名乾溪、乾港湖者，如果名稱淵源有自，也可能與“秦溪”有關。②

張碩等先生：

> 《楚居》中的“秦溪”即爲“乾溪”。……楚靈王、楚平王和楚昭王三個時代都曾以乾溪爲楚都。
>
> ……
>
> 乾溪在城父以南，而且乾溪距離城父很近。城父應在今安徽省亳州市利辛縣，大致位於安徽亳州東南 200 餘公里。所以，乾溪也應在今安徽省亳州市利辛縣附近。
>
> ……
>
> 乾溪雖然沒有稱爲“郢”，但是，它應該也是楚王的居地。楚自武王之後，王居多稱郢，與武王居疆涅有關。“涅”在楚簡中大都讀爲“盈”，疆涅之“涅”最初可能是一種地貌特徵。疆涅成爲王居之後，寫作“疆郢”。郢不是一個固定的地名，而是武王之後王居的統稱。……乾溪沒有稱爲“郢”，可能是由於乾溪較爲荒涼，不是規模宏大的都邑。乾溪的軍

---

① 黃靈庚：《清華戰國竹簡〈楚居〉箋疏》，《中華文史論叢》2012 年第 1 期，第 96、97 頁。
② 黃錫全：《楚簡秦溪、章華臺略議——讀清華簡〈楚居〉札記之二》，羅運環主編：《楚簡楚文化與先秦歷史文化國際學術研討會論文集》，武漢：湖北教育出版社，2013 年，第 191-194 頁。

事功能又較爲突出，楚靈王、楚平王和楚昭王都曾經以乾溪爲王居，可能是主要是在乾溪督戰，指揮楚國對吳的戰爭。[①]

肖洋先生從四個方面論證了"秦溪"非亳州之"乾溪"：第一，"乾溪距離吳國較近，容易受到吳國攻擊"；第二，"在吳師入郢之後，楚人出現了嚴重的'恐吳症'"；第三，"淮域的胡、蔡等國借機'瘋狂'擴張"；第四，"吳師入郢之後，吳楚勢力範圍的分界綫在番國、繁陽一帶"。[②]

王偉先生：

> 秦、乾通假在語音上沒有問題，但文獻中却無二字通假的實例。……"夫秦王"即文獻之"夫差"，則秦、差相通應無問題。
>
> ……
>
> 從簡文看"秦溪之上"與"章華之臺"相距不應很遠。因爲簡文殘缺，是否就是"章[華之臺]"也不確定。若確是"章華之臺"，而"秦溪"又在溠水流域，那麼"章[華之臺]"似乎不應遠在今安徽亳州，而應該在隨州南面的"南郡華容縣"，今湖北潛江市境。這樣的話，杜預"南郡華容縣"的說法似乎更適合一些。[③]

牛鵬濤先生指出"秦溪之上"存在兩個系統，或在安徽亳州東南之城父，或在湖北潛江一帶：

> 從《左傳》昭公六年、十二年楚、吳戰爭來看，文中"乾溪"距離雙方交鋒前綫很近，所以"次於乾溪"是對前綫的接應。
>
> ……

徐少華先生在《論春秋時期楚人在淮河流域及江淮地區的發展》文中也指出："淮河流域及江淮地區，是春秋時期楚人重點開拓的地區之一，也是當時楚與吳、越長期爭奪、拉鋸的戰場"，"楚人在淮河上游地區立足之後，繼續揮師東進，向淮河中游拓展"，"楚人在淮河中游立足未穩，位於長江下游的吳、越亦隨之興起，并由南向北，由東向西進入了這一地區，與楚人勢力在此交匯碰撞。"這一分析是準確的，春秋中期以後吳、

---

① 張碩、肖洋：《從〈楚居〉看楚昭王時代楚國都城的遷徙》，楚文化研究會編：《楚文化研究論集》（第10集），武漢：湖北美術出版社，2011年，第72-74頁。

② 肖洋：《吳人入郢後楚昭王不可能遷居〈左傳〉所言之"乾溪"》，羅運環主編：《楚簡楚文化與先秦歷史文化國際學術研討會論文集》，第242-248頁。

③ 王偉：《由清華簡〈楚居〉"秦溪之上"說起》，羅運環主編：《楚簡楚文化與先秦歷史文化國際學術研討會論文集》，第238頁。

楚之間的碰撞是國家勢力發展的必然。考察《左傳》所記的具體形勢，"乾溪"杜預注"譙國城父南"是合適的。

《楚居》記楚靈王時由爲郢徙居乾溪之上，景平王猶居於此，到楚昭王時徙於媺郢……"媺郢"即鄝，在今湖南岳陽。整體來看，靈王、平王居處的"乾溪之上"總在江漢之間。這與《左傳》所記的"乾溪"在城父顯然是無法調和的。

……

《楚居》云楚靈王"徙居乾溪之上，以爲處於章華之臺"，如何理解"徙居"之外的"爲處"，對於章華臺和乾溪之間關係的判定有重要影響。

可以參照的是，《水經注·潁水》記：

（潁水）又東逕項城中，楚襄王所郭，以爲別都。都內西南小城，項縣故城也，舊潁州治。

《元和郡縣圖志》陳州"項城縣"條也有：

漢項縣，古項子國。……至楚襄王徙都陳，以項爲別都。按此城即楚築。

文獻中明確記載楚襄王時期築有別都，這對於我們理解清華簡《楚居》中"以爲處於（某地或某郢）"很有啓發，"徙居"之外的"爲處"應理解爲《水經注》《元和志》中所講的"別都"爲好。

具體來講，章華之臺與乾溪之上不是同一個地方，但二者相去亦不會太遠。所以可大致將乾溪之上判定在潛江一帶。[①]

趙平安先生指出"秦溪之上"在河南南部的"溱头河上游"，主要觀點爲：

從《楚居》和《左傳》《史記》等傳世文獻對讀的角度看，楚靈王時期有過兩個都城。《楚居》提到的是"秦溪之上"和"爲郢"，《左傳》《史記》提到的是"乾溪"和"鄩"。"爲郢"和"鄩"相對，……"秦溪之上"和"乾溪"相對，"秦溪"相當於"乾溪"……《水經注》："溱水出浮石嶺北青衣山，亦謂之青衣水也"。秦溪很可能就是溱水。現名溱頭河，也作臻頭河。……這一帶本爲道國之地，道國滅於楚。春秋中晚期這一帶已爲楚境。楚靈王、平王、昭王三朝遷都至秦溪，和當時形勢是分不開的。……這一帶物產豐富，風景優美。[②]

---

① 牛鵬濤：《清華簡〈楚居〉與楚國都城研究》，清華大學博士學位論文，2013年，第39、40頁。

② 趙平安：《〈楚居〉"秦溪"考》，清華大學出土文獻研究與保護中心等編：《出土文獻與中國古代文明——李學勤先生八十壽誕紀念論文集》，上海：中西書局，2016年，第325、326頁。

辛德勇先生傾向於彊郢作爲郢都"有可能一直保持着核心京城的地位"：

> （《楚居》等）文獻記載的其他各處楚都，至少有很大一部分，應該具有比較濃重的別都、陪都甚至行宫色彩，楚靈王一度居處的"乾溪之上"，這一特徵尤爲明顯，蓋《史記》稱"楚靈王樂乾谿不能去也"，即已透露出其長居不還乃有違常例。即使是像鄝郢（爲郢）這一正式國都意味最強的地方，東漢人服虔仍以"楚別都"視之。[①]

【筆者按】當前"秦溪之上"的地理位置主要有"亳州東南城父村附近"説、"隨州溠溪之上"説、"豫南臻頭河上游"説、"湖北漢代華容縣境"説、"安徽鳳陽嚴溪"説等，結論尚未定讞。筆者曾對"秦溪之上"的三個學術問題進行過探討：（1）傳世文獻之"乾溪"在哪裏，與《楚居》"秦溪之上"有關嗎？結論是"乾溪"在亳州東南的傳統意見是合適的，但由楚靈王所死的"乾溪之上"資料分析，疑江漢地區另有一"乾溪"。《楚居》"秦溪"很可能即江漢之"乾溪"。（2）"秦溪之上"的確切含義當是秦溪沿岸一帶，而非秦溪的上游。（3）"以爲處於"文例在他處文獻未見，僅在《楚居》中出現三次。"以爲處於"的訓詁以及"秦溪之上"與"章□□□"的關係尚難確詁。可由"以爲處於"的含義推斷"秦溪之上"與"章□□□"有無關係及關係如何，也可以反其道來考慮問題，由"秦溪之上"與"章□□□"來推求"以爲處於"的含義。[②]

（二）"以爲尻（處）於章【華之臺】"

整理報告：

> "章□□□"，所缺三字當爲"華之臺"。章華之臺，其位置有異説。三國以前舊説皆云在乾溪，《公羊傳》昭公十三年、陸賈《新語·懷慮》等皆稱之爲乾溪之臺，即在今安徽亳州市東南，《後漢書·郡國志》："汝南郡：城父故屬沛，春秋時曰夷，有章華臺。"到晉杜預爲《左傳》昭公七年作注始言"章臺，南郡華容縣"，"臺今在華容城内"，即今湖北潛江市境，詳見俞正燮《癸巳類稿》卷二《章華臺考》（《俞正燮全集》壹，黄山書社，二○○五年，第八四—八六頁）。本篇簡文與前説相合。

---

① 辛德勇：《〈楚居〉與楚都》，清華大學出土文獻研究與保護中心等編：《出土文獻與中國古代文明——李學勤先生八十壽誕紀念論文集》，上海：中西書局，2016 年，第 196 頁。

② 魏棟：《出土文獻與若干楚國史地問題探論》，清華大學博士學位論文，2017，第 183-186 頁；又見魏棟：《清華簡〈楚居〉"秦溪之上"研究述論》，鄔文玲、戴衛紅主編：《簡帛研究》二○一八年春夏卷，桂林：廣西師範大學出版社，2018 年，第 38-41 頁。

子居：

楚靈王六年，遷居至章華之臺。《左傳·昭公七年》：“楚子成章華之臺，願與諸侯落之。”依據《晏子春秋·景公爲鄒之長塗晏子諫第七》：“昔者楚靈王作頃宮，三年未息也；又爲章華之臺，五年又不息也；乾溪之役，八年，百姓之力不足而自息也。靈王死於乾溪，而民不與君歸。”可知頃宮、章華之臺與乾溪之役，令百姓皆有叛心。而伐吴、滅賴、滅不羹、滅陳、滅蔡等行動，又使得楚軍久勞於外。靈王又屢次侵奪楚公族諸人之利，終於釀成殺身之禍。《春秋·昭公十三年》：“夏，四月，楚公子比自晉歸於楚，弑其君虔於乾谿。楚公子棄疾殺公子比。”①

周運中先生：

《水經注》卷二十八《沔水》説：“楊水又東入華容縣，有靈溪水，西通赤湖水口，已下多湖，周五十里，城下陂池，皆來會同。又有子胥瀆，蓋入郢所開也。水東入離湖，湖在縣東七十五里，《國語》所謂楚靈闕爲石郭陂漢，以象帝舜者也。湖側有章華臺，臺高十丈，基廣十五丈。”既然章華臺附近一片大湖，爲什麼又稱爲乾溪呢？其實原因已見諸上文，那就是楚靈王“陂漢”，楚靈王引來漢水，製造出大陂，原來的乾溪變成水道。爲什麼叫章華臺呢？其實原因也很簡單，因爲帝舜叫重華，重、章讀音很近。②

黄靈庚先生：

“章”下原闕三字，整理者補“華之臺”三字。案：是也。章華臺，建於靈王時，故曰“爲尻”。考章華臺，史載有二：一説在江陵華容，一説在汝南城父。後説與簡文相合。徐文靖云：“按十三年《傳》：‘公子棄疾先除王宫，使觀從從師于乾谿。’王宫即章華宫也。《郡國志》：‘汝南城父縣，春秋時曰夷，有章華臺。’劉昭曰：‘有乾谿，在縣南。’《家語》注：‘靈王起章華之臺于乾谿，國人潰畔，遂死焉。’魏收《地形志》：‘汝南汝陽縣有章華臺。’則此章華之宫、章華之臺，皆在城父也。”靈王位十二年，卒死於内亂。③

---

① 子居：《清華簡〈楚居〉解析》，簡帛研究網，2011 年 3 月 30 日，又見於 Confucius2000 網·清華大學簡帛研究，2011 年 3 月 31 日。

② 周運中：《清華簡〈楚居〉地理考》，《楚簡楚文化與先秦歷史文化國際學術研討會論文集》，武漢：武漢大學，2011 年 10 月，第 167 頁。

③ 黄靈庚：《清華戰國竹簡〈楚居〉箋疏》，《中華文史論叢》2012 年第 1 期，第 96 頁。

黃錫全先生:

楚地名章華臺者主要有五處:一在漢華容縣,二在安徽亳縣城父,三在河南商水縣西南古汝陽城內,四在湖北沙市豫章臺、章華寺,五在湖北監利。商水的章華臺,是楚頃襄王遷至陳後所建,比靈王晚 200 多年;沙市豫章臺、章華寺是後世紀念性建築;監利縣西北天竺山,考古調查爲漢代遺址;只有華容章華臺與城父縣乾溪臺或章華臺爲靈王所建。我們傾向靈王繼位後開始興建、六年"落成"的章華臺在漢華容縣境。

《左傳·昭公七年》:靈王"及即位,爲章華之宮。"靈王六年"楚子成章華之臺,願與諸侯落之。"杜預注:"臺今在華容城內。"楊伯峻注:"《文選·東京賦》薛綜注謂章華之臺在乾溪,俞正燮《癸巳類稿·章華臺考》力主此說。然乾溪在今安徽亳縣東南,離楚都太遠,恐不確。依杜注及宋范致明《岳陽風土記》,章華宮當在今湖北監利縣西北離湖上。"

《水經·沔水注》:"楊水又東入華容縣,有靈溪水,西通赤湖水口,以下多湖,周五十里,城下陂池,皆來會同。又有子胥瀆,蓋入郢所開也。水東入離湖,湖在縣東七十五里,《國語》所謂楚靈王闕爲石郭陂漢,以象帝舜者也。湖側有章華臺,臺高十丈,基廣十五丈……言此瀆,靈王立臺之日漕運所由也,其水北流注於楊水。"

漢南郡華容縣,據杜注及《水經注》,地理學家譚其驤先生定於今潛江市西南龍灣鎮一帶。不久,在這兒發現了楚國春秋中期前後的大型宮殿遺址,規模宏大。據報告,龍灣"遺址分布範圍東西長約 12 公里,南北寬約 9 公里,面積約 108 平方公里",分東、西兩區。"東區以龍灣鎮放鷹臺宮殿基址群爲主體,由 22 個夯土臺基組成龍灣楚宮殿基址群。西區以張金鎮黃羅崗古城址爲主體,結合附近周代遺址和墓葬,組成黃羅崗周代楚文化遺址群。東、西兩區爲馮家湖所隔,但地質、地貌及文化內涵完全一致,是一個統一的文化體。"故學術界多主張靈王的章華宮遺址在此,"落成"的章華臺可能就是該遺址的放鷹臺。2011 年 11 月 4 日,即在武漢大學召開的"楚簡楚文化與先秦歷史文化國際學術研討會"結束後,筆者專程至潛江龍灣和張金兩鎮遺址作了實地考察,更傾向楚國章華宮、楚靈王六年落成的章華臺應該就在龍灣遺址東區宮殿建築群的看法。[①]

[①] 黃錫全:《楚簡秦溪、章華臺略議——讀清華簡〈楚居〉札記之二》,羅運環主編:《楚簡楚文化與先秦歷史文化國際學術研討會論文集》,武漢:湖北教育出版社,2013 年,第 192、193 頁。

金宇祥先生：

　　整理者認爲所缺三字爲"華之臺"。傳世文獻記載楚靈王時建造章華臺，故整理者所補可從。……章華臺之位置根據文獻記載共有五種説法：1. 潛江説……2. 亳縣説……3. 商水説……4. 沙市説……5. 監利説……關於章華臺之位置有以上五種説法，而此五種説法黃錫全於該文中已有論證，認爲"只有華容章華臺與城父縣乾溪臺或章華臺爲靈王所建"，也就是説以上五種説法中的潛江説或亳縣説較有可能。黃錫全認爲章華臺在漢華容縣（宇祥：潛江説）；而整理者認爲在今安徽亳州市東南（宇祥：亳縣説）。①

金宇祥先生又云：

　　從居、凥見於簡文的地方，可以發現"居"字爲"居+地名或都邑"的句式，"凥"字爲"於/于接地名"的句式，兩字用法應有不同，而簡11"至𤔲（靈）王自爲郢遷（徙）居秦（乾）溪之上，以爲凥（處）於章[華之臺]"。簡15"王大（太）子以邦居鄖（鄘？）郢，以爲凥（處）於䣄郢"，居、凥見於同一簡，子居與黃錫全認爲此表示兩地相距不遠。就《楚居》全文來看，楚王所遷徙之處原本相距就不遠，故居、凥可能另有其意。從簡文內容推測"居"表示楚王居住較久之地，"凥"表示楚王暫時的處所。②

王小雨先生：

　　靈王出於軍事擴張的目的長期滯留在戰爭前綫，同時爲擴張作出積極準備，章華臺就是在這種情況下修築的具有軍事目的的陣前大營，它既顯示了靈王擴張的實力和決心，震懾了對峙的敵軍，又兼具瞭望、駐兵等軍事目的。

　　關於不同地方都出現章華臺的記載可能是因爲古楚王族有隨居處遷徙而仍使用原居處地名的習慣，事實上因爲這種"地名遷徙"延續使用原有地名的現象，關於"丹陽"的準確定位一直存在爭議；楚國從強盛至衰落之際，國都也因多次遷徙而出現多個"郢"——栽郢、鄢郢、陳郢、壽郢；湖北潛江市、荊門市、鍾祥市均有傳爲楚王所建的放鷹臺，那麼作爲離宮名稱的"章華臺"當然也當可以隨之移建而"遷徙名稱"。在之後楚國建立的宮殿中都保留有"章華臺"這一獨特名稱，甚至可能將其

---

　　① 金宇祥：《〈清華大學藏戰國竹簡（壹）·楚居〉研究》，臺灣師範大學碩士學位論文，2013年，第310-312頁；相近表述又見季旭昇主編：《清華大學藏戰國竹簡（壹）讀本》，臺北：藝文印書館，2013年，第341、342頁。
　　② 季旭昇主編：《清華大學藏戰國竹簡（壹）讀本》，臺北：藝文印書館，2013年，第340頁。

作爲宮殿區的概稱。楚國"地名遷徙"現象雖然給史學研究帶來了一些困難，但也會豐富對歷史原貌的設想，通過歷史材料的補充也會得出相對可靠的結果，從而不斷完善。①

黃錦前先生：

又"楚子成章華之臺，願以諸侯落之"。杜預注："章華，南郡華容縣。""宮室始成，祭之爲落。臺今在華容城內。"在今荆州市江陵縣東南監利市西北一帶潛江市境內，考古發掘的潛江龍灣遺址可與之相吻合。

從簡文本身所傳遞的信息來看，自武王至悼王王居遷徙所涉諸"郢"，以及"蒸""秦（乾）溪"等地，皆在今宜城及荆州之楚都一帶，"郢"前之地名，皆係今荆州及宜城境內之具體小地名："同宮""章華之臺"則係其內之具體宮殿名稱，類似鄂君啓節"王尻（處）於戚郢之游宮"的"游宮"。②

【筆者按】"章□□□"當爲表示楚靈王居處的名詞，"章"字下部殘缺，作 形，比對典型的楚文字"章"字形體，將殘字釋爲"章"毋庸置疑。"章"字之後缺失三字，《楚居》整理報告徑直補爲"章[華之臺]"，學界對此似無異議。筆者認爲，"章□□□"闕文的補足尚存在其他可能。

《左傳》昭公七年："及即位，（楚靈王）爲章華之宮，納亡人以實之。……楚子成章華之臺，願以諸侯落之。"③

《國語·吳語》："（楚靈王）乃築臺於章華之上，闕爲石郭，陂漢。"④

《左傳》《國語》所記有"章華之宮""章華之臺""章華之上"，三者之間存在一定的關係：章華之宮是包括章華之臺在內的宮殿建築群，章華之臺是居於其核心地位的臺式建築，包括章華之臺在內的章華之宮建造於章華之上。"章華"是地名⑤，章華之上爲"地名+之上"結構，是地名"章華"的繁化，如同"召陵之上"之於地名"召陵"。《管子·霸形》："於是遂興兵而南存宋、鄭，與楚王遇於召陵之上。"⑥《春秋》《左傳》則記載楚大夫屈完與齊桓公"盟於召陵"。⑦"召陵之上"

---

① 王小雨：《從清華簡〈楚居〉對章華臺的新認識》，楚文化研究會編：《楚文化研究論集》（第13集），上海：上海古籍出版社，2018年，第574頁。

② 黃錦前：《清華簡〈楚居〉"徙居/襲×郢"解》，《學術界》2022年第10期，第97頁。

③ 楊伯峻編著：《春秋左傳注（修訂本）》，北京：中華書局，1990年，第1283、1285頁。

④ 徐元誥撰，王樹民、沈長雲點校：《國語集解》，北京：中華書局，2002年，第541頁。

⑤ 徐元誥撰，王樹民、沈長雲點校：《國語集解》，第541頁。

⑥ 黎翔鳳撰，梁運華整理：《管子校注》，北京：中華書局，2004年，第460頁。

⑦ 楊伯峻編著：《春秋左傳注（修訂本）》，第287、291-293頁。

與"召陵"義同，并無區別。

"以爲處於章□□□"原被補爲"以爲處於章[華之臺]"，可能是由於"章華之臺"最爲知名，而且上博簡《王居》記載"王居<u>觓潢之室</u>"[①]，這一用例對補爲"章[華之臺]"是有利的證據。

但是，通觀《楚居》全篇，楚君居處未見有作宮室臺觀者。特別是《楚居》中與"（楚靈王）以爲處於章[□□□]"具有相同辭例的還有：

（楚惠王）以爲處於<u>䣘潢</u>【14】
（楚簡王）以爲處於<u>䣅郢</u>【15-16】

兩處相同辭例中"䣘潢""䣅郢"都是地名。尤其是楚惠王所處的對象是"䣘潢"，而不是所謂"䣘潢之室"，可以較爲有力地説明"章[□□□]"不應補爲"章[華之臺]"或"章[華之宮]"。參比《楚居》所記除去"某郢"以外的楚王居處，如"同宮之北""蒸之野""秦溪之上""䣘潢"等，《楚居》"章□□□"應爲一地名，而不是一個具體的臺名或一組宮殿名，"章□□□"補作"章華之上"是最優解。要而言之，《楚居》所記楚君遷居的對象皆爲地名，而非一些具體的宮室臺觀，故"章□□□"宜補爲"章[華之上]"。

將"章[華之臺]"改補爲"章[華之上]"是有意義的，不僅有益於正確復原《楚居》文本，還可爲楚君另一居處"秦溪之上"地望的推斷提供較爲明確的定點。"章華之上"（即章華）與"章華之臺""章華之宮"不同：由《吳語》記載可知，章華之上是臨近漢水的一處地名，并未見有與之同名異地的地名。章華臺、章華宮則不同，相比於地名搬家，在他地修建類似之宮室時更爲容易以"章華臺"一類名稱冠名。實際上，文獻所記楚地名"章華臺"者有五處之多，分布於今湖北、河南、安徽境內。[②]黃錫全先生將《楚居》"以爲處於章□□□"的"以爲"訓爲因此、所以，判斷秦溪之上和"章□□□"之間相距不遠。[③]依照黃説，由"章□□□"的地望，可以反推秦溪之上的地望。我們將"章□□□"補爲"章華之上"，而章華之上地望相對明晰，排除了多處章華臺對秦溪地望推定的干擾。[④]

---

① 馬承源主編：《上海博物館藏戰國楚竹書（八）》，上海：上海古籍出版社，2011年，第206頁。

② 黃錫全：《楚簡秦溪、章華臺略議——讀清華簡〈楚居〉札記之二》，羅運環主編：《楚簡楚文化與先秦歷史文化國際學術研討會論文集》，第192頁。

③ 黃錫全：《楚簡秦溪、章華臺略議——讀清華簡〈楚居〉札記之二》，羅運環主編：《楚簡楚文化與先秦歷史文化國際學術研討會論文集》，第192頁。《楚居》整理報告認爲"爲處"與"徙居"相對而言（清華大學出土文獻研究與保護中心編，李學勤主編：《清華大學藏戰國竹簡（壹）》，第189頁，注[五七]），將"爲處"整體看作動詞。但"爲處"似不成詞，黃説近是。

④ 魏棟：《清華簡〈楚居〉闕文試補》，《文獻》2018年第3期，第46、47頁。

（三）"娩（嬍）郢"

整理報告：

娩（嬍）郢，地名。嬍，《周禮》古"美"字。楚簡"美"字作"娩"，見郭店簡《老子》《緇衣》《性自命出》等。

子居：

《山海經·中次八經》："美山，其獸多野牛，多閭麈，多豕鹿，其上多金，其下多青雘。"美山即安徽省金寨縣梅山，故美郢或即在今安徽金寨縣地區。《左傳·昭公三十一年》："秋，吳人侵楚，伐夷，侵潛、六。楚沈尹戍帥師救潛，吳師還。楚師遷潛於南岡而還。吳師圍弦。左司馬戍、右司馬稽帥師救弦，及豫章。吳師還。始用子胥之謀也。"吳師攻擊六安、霍山一帶，正是指向楚昭王所居的美郢，此後"楚師遷潛於南岡而還"，楚昭王也徙居至鄂郢（今湖北鄂州），而吳師又再次出兵圍弦（今河南潢川、光山地區），可見又是指向楚昭王所居之地。楚師無奈出兵救弦，行至豫章（今河南商城至安徽六安一帶），吳師又還。幾次往復，使楚師疲於奔命。[1]

院文清先生：

《楚居》中記楚昭王在吳人入郢後，并沒有遷郢於都，而先是復居乾溪之上，又從乾溪之上復徙襲嬍郢。還有一種可能就是嬍郢即都郢。[2]

周運中先生：

（嬍郢即）《水經注》提及沮水下游西岸的麥城，麥爲明母職部，微爲明微部，微、職通轉，讀音很近。[3]

黃靈庚先生：

"娩"，即"嬍"字，楚地名，蓋始建於昭王，然已不可考也。[4]

張碩、肖洋先生：

---

[1] 子居：《清華簡〈楚居〉解析》，簡帛研究網，2011 年 3 月 30 日；又見於 Confucius2000 網·清華大學簡帛研究，2011 年 3 月 31 日。

[2] 院文清：《〈楚居〉世系疏證》，楚文化研究會編：《楚文化研究論集》（第 10 集），武漢：湖北美術出版社，2011 年，第 48 頁。

[3] 周運中：《清華簡〈楚居〉地理考》，《楚簡楚文化與先秦歷史文化國際學術研討會論文集》，武漢：武漢大學，2011 年 10 月，第 167 頁。

[4] 黃靈庚：《清華戰國竹簡〈楚居〉箋疏》，《中華文史論叢》2012 年第 1 期，第 97 頁。

據《楚居》，楚昭王曾有兩段時期居於娨郢（娥郢），楚昭王即位之後，楚都從乾溪遷徙到了娨郢（娥郢），在楚昭王末期，楚國都城又從乾溪遷徙到娨郢（娥郢），楚昭王最後的居處爲娨郢（娥郢）。所以，《楚居》的娨郢（娥郢）爲楚昭王的病逝之地。據傳世史籍，楚昭王的病逝之地爲城父。《史記·楚世家》：“（楚昭王）二十七年春，吳伐陳，楚昭王救之，軍城父。十月，昭王病於軍中，……將戰，庚寅，昭王卒於軍中。”《左傳·哀公六年》：“吳伐陳，復脩舊怨也。楚子曰：‘吾先君與陳有盟，不可以不救。’乃救陳，師於城父。……秋七月，楚子在城父，……庚寅，昭王攻大冥，卒於城父。”可見，從楚昭王二十七年（前489年）春季到秋季，直至楚昭王病逝，楚昭王都是居於城父，最後病逝於城父，城父應是楚昭王最後的居地。因此，城父是具有重要戰略意義的城邑，也是太子建的封地，城父也可能是《楚居》中的娥郢。

……

“東城父”位於安徽亳州東南，是救援陳國的重要戰略基地；“西城父”位於河南寶豐、襄城一帶，相比之下，則距離較遠，較難符合。可見，楚昭王病逝之地“城父”（娥郢）可能是“東城父”，大致位於今安徽省亳州市利辛縣。①

牛鵬濤先生認爲“娥郢”即《左傳》定公五年“王使由于城麇”之“麇”，在今湖南岳陽“麇城”：

“娨”“微”皆從“散”得音，音義皆通，如馬瑞辰《毛詩傳箋通釋》卷十三“防有鵲巢”云：《周官》作娨，蓋古文娨從微。”“娨”“微”二字與“麇”也可相通，娨古音爲明母脂部，微古音明母微部，麇古音爲明母歌部，韻部旁轉。如《左傳》莊公二十八年：“築麇。”《穀梁傳》作：“築微。”可見“娨”與“微”“麇”三字在文獻中是可以通用的。

文獻中“麇”（或“麇”）常也記作“麇”，三者在記錄地名用字有時無別。……“麇”或“麇”在文獻中所指具體地點不一，有湖北竹山、當陽、湖南岳陽等。一般認爲湖北竹山爲古麇子國所在，與庸接近，古書常“庸麇”合稱。湖北當陽和湖南岳陽，可能是麇子國爲楚所滅後的不同遷徙。

《左傳》文公十一年：“十一年春，楚子伐麇，成大心敗麇師於防渚。

---

① 張碩、肖洋：《從〈楚居〉看楚昭王時代楚國都城的遷徙》，楚文化研究會編：《楚文化研究論集》（第10集），第74、79頁。

潘崇復伐麇，至於錫穴。”杜預注：“防渚，麇地。錫穴，麇地。”未作詳
解。《左傳》定公五年：“吳師敗楚師於雍澨，秦師又敗吳師。吳師在麇，
子期將焚之。”杜預注：“麇，地名。前年楚人與吳戰，多死麇中。言不
可并焚。”這兩處《太平寰宇記》皆引作“麇”，書中“岳州”（巴陵縣）
條曰：“又爲麇子國。《春秋》文公十一年‘楚子伐麇’，即此地。”“巴陵
縣”條曰：“麇城在縣東南。《左傳》定公五年秦師敗吳師，吳師居麇。”
指出麇（或作麇）在巴陵（即今湖南岳陽）。

　　《水經》“湘水”條：“（湘水）又北過下雋縣西，微水從東來流注。”
酈道元注：“湘水左則沅水注之，謂之橫房口，東對微湖，世或謂之麇湖
也。右屬微水，即《經》所謂微水經下雋者也。西流注入江，謂之麇湖
口。”也持“麇”在岳陽說。高志〈至〉喜先生《楚文化的南漸》一書指
出《水經注》“微水”即今岳陽新牆河，“微水”之名曾沿用至民國時期，
岳陽境內有許多帶“麇”的地名。

　　《通典》有：“巴陵麇子國。”王象之《輿地紀勝》“岳州”條也認爲：
“麇子東城，麇子西城。春秋昭王使王孫城麇。”江永《春秋地理考實》
云：“吳人居麇。今岳州巴陵縣東有麇城，當是楚滅麇，遷麇人於此。”
顧祖禹《讀史方輿紀要》亦云：“（岳州）府東三十里，相傳古麇子國，
有東西二城。《春秋》定五年秦救楚，敗吳師，吳師居麇，楚人焚之，又
戰，吳師敗還，繼而楚昭王使王孫由于城麇，即此。”

　　何浩《楚滅國研究》認爲麇子國（按：麇子國本在今湖北竹山一帶）
爲楚所滅後遷居今湖南岳陽“麇城”。向桃初《湘江流域商周青銅文化研
究》認爲：“20 世紀 80 年代在新牆河上游的篾口鎮龍灣大馬村發現東周
城址，蓮塘村鳳形嘴發倔〈掘〉幾座春秋時期墓葬，其中鳳形嘴 M1 出
土成套楚式銅禮器，這一帶很可能就是‘麇城’所在地。”

　　“麇”字與以“散”得聲的“獻”字相通，如上舉《左傳》莊公二十八
年：“築麇。”《穀梁傳》作：“築微。”這裏所築的麇或微城，應就是獻郢。

　　《左傳》定公五年（公元前 505 年）記昭王復邦之後“王使由于城
麇”……聯繫清華簡《楚居》（記吳入郢後，楚昭王先居秦溪之上，再徙
居獻郢）……可能由於吳人入郢時“爲郢”遭受到嚴重破壞，昭王復邦
之後暫居於“乾溪之上”，并隨後遷徙到“獻郢”。《左傳》所記“王使由
于城麇”，應是指楚昭王使人築建“獻郢”。[①]

---

① 牛鵬濤：《清華簡〈楚居〉與楚國都城研究》，清華大學博士學位論文，2013 年，第 43-45 頁。

晏昌貴先生：

楚昭王曾從秦溪之上遷往美郢，"美"字原寫作姚，據《周禮》，又作"媺"，楚簡文字常用作"美"。據牛鵬濤研究，其字與麋通假，而麋字又常寫作麋或麐。我們認爲這個意見可取。但他將《楚居》中的姚郢定在今湖南岳陽一帶，則恐難憑信。這個麋當即吳楚戰地之麋，鄰近柏舉，在今湖北襄陽東北、滾河入唐白河後的唐白河下流東岸。竹添光鴻在研究《左傳》相關記載時曾指出："吳初敗楚於雍澨，司馬戌又敗吳師；此年吳師又先敗楚師雍澨，而秦師敗吳師於雍澨。則雍澨爲苦戰之地，而麋爲近雍澨之都城無疑。所謂父兄親暴骨焉者也。蓋雍澨之師敗，而保於此矣。"其説甚爲有見。亦可爲《楚居》郢即《左傳》麋地之一證。①

（四）"鄂（鄂）郢"

整理報告：

鄂郢，鄂郢，即漢代西鄂，在今河南南陽北，戰國時成爲封君之地，見鄂君啓節（《集成》一二一一〇—一二一一三）。學者對於鄂的位置尚有不同意見。

陳偉先生：

《鄂君啓節》稱鄂君封邑爲"鄂"而不是"鄂郢"。鄂君封邑在漢西鄂縣，今河南南陽市北（參見陳偉：《鄂君啓節之"鄂"地探討》，《江漢考古》1986年第2期）。此鄂應是另一地，恐當在今湖北鄂州。②

子居：

所言鄂郢即西鄂似誤，鄂郢仍當爲東鄂，今湖北鄂州。此點由《左傳》吳師行軍路綫及《楚居》篇上下文中楚昭王所徙諸地可知。《説苑・正諫》云："楚昭王欲之荆臺游，司馬子綦進諫曰：荆臺之游，左洞庭之波，右彭蠡之水；南望獵山，下臨方淮。"其時或即在楚昭王居於鄂郢之時，是年吳伐越，楚得以有歇息之機。③

---

① 晏昌貴：《從出土文獻看春秋吳師入郢之役——對石泉先生楚郢都新説的印證》，武漢大學歷史地理研究所編：《石泉先生百年誕辰紀念文集》，武漢：武漢大學出版社，2023年，第53頁。

② 陳偉：《讀清華簡〈楚居〉札記》，簡帛網，2011年1月8日。

③ 子居：《清華簡〈楚居〉解析》，簡帛研究網，2011年3月30日；又見於 Confucius2000 網・清華大學簡帛研究，2011年3月31日。

陳民鎮先生：

鸏郢，可讀作"鄂郢"，陳偉、"子居"定在湖北鄂州，可從。《楚居》僅此一見。"鄂"有東鄂、西鄂之別，東鄂在湖北鄂城，西鄂指河南南陽市北。關於著名的鄂君啓節所見"鄂"，論者亦有分歧。《史記·楚世家·正義》引劉伯莊語："地名，在楚之西，後徙楚，今東鄂州是也。"并引《括地志》："鄧州向城縣南二十里西鄂故城是楚西鄂。"《集解》引《九州記》："鄂，今武昌。"此處鄂郢當在東鄂，今湖北武昌。[1]

周運中先生：

鸏郢，整理者認爲是西鄂，但該地太遠，不可能成爲楚都。今鄂州市的東鄂也不可能，距離太遠，没有突然東遷的必要。而且此處説從嫩郢徙來，又從鸏郢，"徙襲爲郢"，説明鸏郢在湝水和麥城之間，《水經注》卷三十二《漳水》説："又南枝江縣北烏扶邑，入於沮。"烏爲影母魚部，鸏是疑母鐸部，魚、鐸對轉，讀音很近，烏扶邑可能是土語俗名，今地不可考，但是肯定在湝水和麥城之間，烏扶邑很可能是季家湖城址，此地已經靠近長江，旁邊就是枝江市，古屬枝江縣。從荆州市進出沮漳河都要經過此地，所以應是楚國古都之一。[2]

張碩、肖洋先生認爲"鄂郢"可能與"隨鄂"相關，在今隨州境内：

在楚地的鄂，主要有"東鄂"和"西鄂"。"東鄂"大致位於今湖北鄂州一帶。"西鄂"大致位於今河南南陽一帶。除此之外，在東周時代，應該還有一個鄂地，即"隨鄂"，大致位於今湖北隨州地區。

……

在西周時代，"隨鄂"曾經是屬於鄂國的疆土，還也許是鄂國的都城。但是，"隨鄂"的具體地理位置尚不明確，也尚未發現"隨鄂"的故都遺址和較大的聚落群，"隨鄂"具體地理位置的確定則就有待於將來更多的考古材料。在楚昭王遷居到今湖北隨州地區時，楚昭王的居地可能比較靠近鄂國的故都遺址，也可能就在鄂國的故都遺址之上，故而以"鄂"來命名此郢，故稱其爲"鄂郢"。[3]

---

[1] 陳民鎮：《清華簡〈楚居〉集釋》，復旦大學出土文獻與古文字研究中心網，2011 年 9 月 23 日，第 1118 頁。

[2] 周運中：《清華簡〈楚居〉地理考》，《楚簡楚文化與先秦歷史文化國際學術研討會論文集》，武漢：武漢大學，2011 年 10 月，第 167 頁。

[3] 張碩、肖洋：《從〈楚居〉看楚昭王時代楚國都城的遷徙》，楚文化研究會編：《楚文化研究論集》（第 10 集），第 81 頁。

黃靈庚先生：

鄂（鄂）郢，鄂也。《楚世家》：“熊渠甚得江漢間民和，乃興兵伐庸、楊粵，至于鄂。”《正義》：鄂，“五各反。劉伯莊云：‘地名，在楚之西。後徙楚，今東鄂州是也。’《括地志》云：‘鄧州向城縣南二十里西鄂故城，是楚西鄂。’”案：東鄂，爲熊渠仲子所居，在今湖北武昌。西鄂，在今河南南陽西内鄉縣，近熊繹所居丹陽。簡文“鄂（鄂）郢”，當爲東鄂。整理者以爲“在今河南南陽北”，是西鄂也。簡文“鄂（鄂）郢遷（徙）袞（襲）爲郢”，是由南向北，鄂郢，在爲郢之南，則不宜西鄂也。①

牛鵬濤先生：

《史記·楚世家》：“（熊渠）乃立……中子紅爲鄂王。”《集解》引《九州志》曰：“鄂，今武昌。”《正義》引《括地志》云：“武昌縣，鄂王舊都。今鄂王神即熊渠子之神也。”

《鄂君啓節》和包山簡中也見有“䲴（鄂）君”，吳良寶先生認爲他們都生活在楚懷王時期，爲同一人的可能性很大，如包山簡76號“䲴君之司敗舒丹受期”、包山簡164號“䲴（鄂）君之人利吉”，何浩、劉彬徽先生認爲此鄂應爲“東鄂”。楚懷王時期的“鄂”究竟是東鄂還是西鄂，尚需結合古文字和地理情況進一步探討，但熊渠所封中子紅居的顯然是東鄂，才合於《史記·楚世家》所記“皆在江上楚蠻之地”。

《楚居》中昭王所居除爲郢在漢水流域外，乾溪之上、媺郢都在長江流域，鄂郢距乾溪之上和媺郢不應太遠，定在武昌是合適的。②

尹弘兵先生：

秦溪之上當在淮域，一般認爲即《左傳》中的乾谿，靠近楚吳戰爭前綫。但在昭王年幼繼位的情形下，居於秦溪之上就顯得極不適宜，於是子常先徙媺郢、次徙鄂郢、最後回到核心區的爲郢（爲郢在楚核心區，詳下）。由此看來，媺郢、鄂郢兩地或在由秦溪之上返回爲郢的中途，媺郢地望不可知，但鄂郢應即漢代西鄂縣，今河南省南陽市附近西鄂故城。西周鄂國原在湖北隨州市西之安居鎮，因鄂侯馭方叛亂被西周伐滅，其餘民後被遷於南陽，是爲南陽鄂國，漢爲西鄂縣，今南陽西鄂故城。則昭王回遷途中所居之鄂郢，應即此地。可見媺郢、鄂郢二地應爲昭王自

① 黃靈庚：《清華戰國竹簡〈楚居〉箋疏》，《中華文史論叢》2012年第1期，第97、98頁。
② 牛鵬濤：《清華簡〈楚居〉與楚國都城研究》，清華大學博士學位論文，2013年，第47頁。

淮域回遷核心區過程中的居地，同時也是楚王及楚政府回遷過程中臨時性的政治、軍事中心，從其冠有郢名來看，亦當爲楚之俗都。①

（五）"盍（闔）虜（廬）内（入）郢"

整理報告：

> 盍虜，張家山漢簡作蓋廬，即吳王闔廬。公元前五〇六年，吳王闔廬用伍子胥、孫武等人之謀，攻入郢都，事見《左傳》《國語》《史記》等。闔廬所入之郢是爲郢。

子居：

> 《左傳》對此事的過程記述得很詳細，《左傳·定公二年》："冬，蔡侯、吳子、唐侯伐楚。舍舟於淮汭，自豫章與楚夾漢。……三戰，子常知不可，欲奔。……十一月庚午，二師陳於柏舉。……楚師亂，吳師大敗之。子常奔鄭。"是吳師由豫章（河南商城地區）進至漢水北岸，兩軍交戰，楚師不敵。二師復戰於柏舉（湖北麻城地區），吳師大敗楚師，於是楚昭王不得不由鄂郢（今湖北鄂州地區）逃回爲郢（今湖北荆州市荆州區）。

> 《左傳·定公二年》："吳從楚師，及清發，……又敗之。楚人爲食，吳人及之，奔。食而從之，敗諸雍澨，五戰及郢。己卯，楚子取其妹季芈畀我以出，涉雎。……庚辰，吳入郢，以班處宮。……楚子涉雎，濟江，入於雲中。……王奔鄖，鍾建負季芈以從，由於徐蘇而從。鄖公辛之弟懷將弑王，……鬬辛與其弟巢以王奔隨。……楚子在公宮之北，吳人在其南。子期似王，逃王，而己爲王，曰：'以我與之，王必免。'隨人卜與之，不吉。乃辭吳曰：'以隨之辟小而密邇於楚，楚實存之，世有盟誓，至於今未改。若難而棄之，何以事君？執事之患，不唯一人。若鳩楚竟，敢不聽命。'吳人乃退。……伍員與申包胥友。其亡也，謂申包胥曰：'我必復楚國。'申包胥曰：'勉之！子能復之，我必能興之。'及昭王在隨，申包胥如秦乞師，……依於庭牆而哭，日夜不絶聲，勺飲不入口七日。秦哀公爲之賦《無衣》，九頓首而坐，秦師乃出。"大致内容即吳師追着楚師，在清發（今湖北涢水地區）、雍澨（湖北荆門市京山縣石龍鎮地區）又敗楚師，五戰及於爲郢，楚昭王無奈西逃，涉沮漳河。吳師入於爲郢，楚昭王北渡沮水，自成白東渡漢水，經鄀地而入於隨（今

① 尹弘兵：《楚郢都與中國古都的早期形態》，《江西社會科學》2024 年第 3 期，第 106 頁。

湖北隨州），吳師又回軍追及，隨人堅持要庇護楚昭王，楚才得以有機會
等來秦師的救援。①

牛鵬濤先生：

　　清華簡《楚居》（以及第二輯《繫年》）的公布，爲推進解決這一問
題（引按，指吳入郢及相關歷史和地理問題）提供了新的契機。由《楚
居》確定了"爲郢"定點，重新梳理與"吳人入郢"事件有關的許多問
題就有了重要依據。

　　……

　　清華簡《楚居》記載了"吳人入郢"時楚都所在……可以確定闔閭
攻陷的楚都是爲郢。趙平安先生根據楚文王以來郢都遷徙中"爲郢"所
處的重要地位，結合楚靈王時期的史實，判斷"爲郢"就是《左傳·昭
公十三年》《史記·楚世家》中的"鄢"，在今湖北宜城西南，對應1990
年發掘的宜城郭家崗遺址……趙平安先生將《楚居》"爲郢"讀爲"鄢郢"
是精當的，對於確定《楚居》中前後其他各郢有定點作用。

　　……

　　《史記》李信所攻"鄢郢"問題的解決，很好佐證了清華簡《楚居》
中"郊郢"應爲"郾郢"（在今河南郾城附近）、"爲郢"應爲"鄢郢"（在
今湖北宜城附近）。可以確定"吳人入郢"之"爲郢"是位於湖北宜城附
近的"鄢郢"。②

黃靈庚先生：

　　《楚世家》：楚昭王"十年冬，吳王闔閭、伍子胥、伯嚭與唐、蔡俱
伐楚，楚大敗，吳兵遂入郢，辱平王之墓，以伍子胥故也。……己卯，昭
王出奔。……昭王亡也，至雲夢，雲夢不知其王也，射傷王，王走鄖。……
（鄖公）乃與王出奔隨。……十二年，吳復伐楚，取番。楚恐，去郢，北
徙都鄀。"《正義》：鄀，"音若。《括地志》云：'楚昭王故城在襄州樂鄉
縣東北三十二里，在故都城東五里，即楚國故昭王徙都鄀城也。'"簡文
"盍虜内（入）郢，女（焉）遆（復）遷（徙）居䣾（乾）溪之上"云云，
與所謂"北徙都鄀"者不合。及事平，昭王"遆（復）遷（徙）袤（襲）
（㵘）郢"，"㳺（㵘）郢"蓋與鄀郢亦不甚遠。《楚王酓章鐘銘》："唯王

────────────

① 子居：《清華簡〈楚居〉解析》，簡帛研究網，2011年3月30日，又見於Confucius2000網·清華大學簡帛
研究，2011年3月31日。

② 牛鵬濤：《清華簡〈楚居〉與楚國都城研究》，清華大學博士學位論文，2013年，第48、55-57頁。

五十又六祀，迻自西陽。楚王會章作曾侯乙宗彝，置之于西旟（陽）。"
于省吾云："阮云：案此鐘薛氏以爲楚惠王器。按其紀年，確然無疑。惠
王名章。《左傳》及《史記》並同。考《左傳》楚昭王於魯定公六年遷都。
《漢志》若屬南郡，注云：'楚昭王畏吳，自郢徙此，後復還郢。'師古曰：
'《春秋傳》作鄀，其音同。'此云'徙自西陽'者，當即自都還郢之時。
西陽，《漢志》屬江夏郡，去都甚近。其不曰'徙自都'而曰'徙自西陽'
者，西陽有先君廟觀，下文'作曾侯彝置于西旟'，其義可見。"西旟（陽）
者，昭王所遷別都也。《漢書·地理志上》西陽在江夏郡。《水經注·沔
水中》："沔水又逕鄀縣故城南，古鄀子國也。……縣南臨沔津，津南有
石山，山上有烽火臺，縣北有大城，楚昭王爲吳所迫，自紀郢徙都之。即
所謂鄢鄀盧羅之地也。秦以爲縣。"昭王二十七年春，救陳而軍城父，則
猶在乾谿也。[①]

辛德勇先生：

楚昭王十年，吳王闔廬（闔閭）率師入郢。清華大學藏竹書《楚居》
記此前楚國已經自"鄂郢徙襲爲郢"，似乎已經遷國都於爲郢（亦即鄢郢），
清華簡的整理者即據此判斷"闔閭所入之郢是爲郢"。

然而，覈諸傳世文獻，事實却未必如此。《左傳》記楚昭王十年吳師
入郢之役致使昭王出奔事云：

（楚昭王）出涉睢，鍼尹固與王同舟，……涉睢濟江，入於雲中。……
王奔鄖。……鄖公辛……以王奔隨。……王之奔隨也，將涉於成臼〔杜預
注：江夏竟陵縣有臼水，出聊屈山，西南入漢〕，藍尹亹涉其帑，不與王舟。

這裏提到的"睢"，當指沮水。"涉睢濟江"在此應爲入航沮水與入
航江水之意。……昭王既與鍼尹同舟而"涉睢"，又由睢至江，覈諸當地
地理形勢，自然是乘船浮睢入江。其實《楚辭》"涉江"這一篇名，以及
《哀郢》中"江與夏不可涉"之句，循其文義，其"涉"字也都應該作"入"
或"浮"解。

……

昭王出逃而取道睢水（沮水）和江水，這只能發生在江陵附近的
郢都。……

北京大學藏秦水陸里程簡冊，記有一"長利渠"，或稱"章（漳）渠"，

---

① 黃靈庚：《清華戰國竹簡〈楚居〉箋疏》，《中華文史論叢》2012 年第 1 期，第 98、99 頁。

這條渠道的渠首亦即所謂"長利渠口"位於江陵西北，經江陵城北側，東至"楊口"，匯入漢水。循其流路，正與《漢書·地理志》所記陽水相當。《漢書·地理志》謂漳水東入陽水，此長利渠又稱"章（漳）渠"，也是因為它出自漳水。據《水經注》記載，漳水與沮水在枝江縣北匯合為一水（這條水道，今稱沮漳河），考察其相對位置關係，漳水東行匯入陽水（或揚水、楊水），應是在漳、沮二水合流之後。依二水互受通稱的常例，這條水道既可稱為漳水，也可以稱為沮水，故此"長利渠"亦可謂之曰"漳渠"或是漳水、沮渠、沮水（雎水）。這一記載表明，浚引沮漳水東入漢水的渠道，至遲在秦代即已開通。

我們還可以進一步追溯這條渠道的淵源。《史記·河渠書》謂戰國迄至嬴秦之世，各地紛紛開鑿溝渠，"于楚，西方則通渠漢水、雲夢之野，……此渠皆可行舟"。……盛弘之《荊州記》謂"吳通漳水，灌紀南城"，講的恐怕只是吳師決此長利渠水灌注紀南城的事情，這條渠道自是開鑿於此番吳師攻郢之先，而秦朝乃是沿承楚人舊規而通渠行水。

……

吳師入郢時楚昭王之所以會乘船入沮（即入雎），再轉入江水，進入雲夢（案《史記》記"昭王亡也至雲夢"，可見《左傳》所說"雲中"亦即雲夢之地），繼之復由雲夢東北行，至漢水西岸"鄖公辛所治"的鄖國（亦即秦竟陵縣治所在的城邑），渡過漢水之後，又東過白水，以趨隨國，這只能首先依賴流經郢都之下的長利渠水道，故所謂昭王"涉雎"，實際上也就是先在長利渠或陽水之上航行，再轉入真正的沮水（雎水）。這也就意味着闔廬（闔閭）所入之郢，必為江陵附近的郢都無疑，而絕不可能是所謂"為郢"（亦即鄀郢）。上文所說吳通漳水以灌郢都紀南城，復進灌鄰近的"郢城"，遂攻破楚國守軍，實際上就是《水經注》所記此番吳師入郢時開鑿所謂"子胥瀆"事，這一情況同樣清楚表明，吳王闔廬攻入的郢國都城，只能是江陵北側的這一郢都。

……

（《楚居》）云"闔廬入郢"，表明吳師所入乃是武王和文王以來的疆郢舊都，而不是昭王剛剛遷入的為郢（鄀郢）。這些情況也顯示出像郢都這樣的根本重地，或許從楚武王或楚文王入居之時起，直到被秦將白起攻陷，有可能一直保持着核心京城的地位。①

---

① 辛德勇：《〈楚居〉與楚都》，清華大學出土文獻研究與保護中心等編：《出土文獻與中國古代文明——李學勤先生八十壽誕紀念論文集》，上海：中西書局，2016年，第192-196頁。

晏昌貴先生：

　　據《楚居》，在位 27 年的楚昭王曾有 5 次徙居，涉及 4 個地點，闔廬
入郢前分別居住在秦溪之上、美郢、鄂郢、爲郢，闔廬入郢後又回到秦
溪之上，然後徙居美郢，似乎有重複循環變換居所的意味。在闔廬入郢
前，所居地是"爲郢"，這個爲郢，據簡書，又可以簡稱"郢"，很顯然，
簡書的"闔廬入郢"，指的就是這個"爲郢"，而不可能是其他地點。

　　《楚居》中的爲郢始自楚文王，歷經文王、穆王、莊王、共王、康王、
孺子王、昭王、獻惠王，是《楚居》中歷經楚王最多的一個"郢"，應該
也是春秋時代作爲都城時間最爲長久的一個"郢"。清華簡的整理者說：
"春秋楚邑有蒍，如《左傳》僖公二十七年：'子玉復治兵於蒍。'蒍或與
爲郢爲（引按，當作"有"）關。《通志·氏族略》：'蒍氏食邑於蒍，故
以命氏。''蒍氏'又作'蘆氏'。今淅川丹江口水庫一帶有蒍氏家族墓
地。"……趙平安……判斷爲郢就是《左傳》昭公十三年、《史記·楚世
家》靈王十二年的鄢，在今湖北宜城西南，即考古發現的宜城郭家崗遺
址。近來趙慶森……認爲"爲郢"的地望應該在今宜城東南的楚皇城遺
址。我們認爲後一種說法較爲可信。這在一定程度上支持了石先生吳師
入郢、昭王奔隨所涉及地點和路綫的考察。[1]

黃錫全先生：

　　因紀南城爲楚國遷都"陳郢"前的最後一個大都會，又有保持基本
完好的大規模的城牆，故後人多誤以爲楚國"郢"都一直在此。其實，
"郢"即"某郢"省稱，并不是國都稱"郢"，而"某郢"爲陪都。如《楚
居》所記吳師"闔廬入郢"之"郢"即"爲郢"，是"郢"乃時王所在"某
郢"省稱。葛陵楚簡數見省稱"郢"應指"肥遺郢"或"尋郢"，鄂君啓
節之"郢"也即紀南城"戚郢"。[2]

藤田勝久先生：

　　《楚居》によれば、昭王のとき吳王闔廬が入った郢は、その直前に
ある"爲郢"の可能性が高い。そして《楚世家》では、昭王が雲夢に逃
げ、鄖、隨に出奔し、その後に郢に帰っている。しかし翌年に郢を去

　　① 晏昌貴：《從出土文獻看春秋吳師入郢之役——對石泉先生楚郢都新說的印證》，武漢大學歷史地理研究所
編：《石泉先生百年誕辰紀念文集》，武漢：武漢大學出版社，2023 年，第 49、50 頁。
　　② 黃錫全：《荆州紀南城遺址究竟是楚國的哪個郢?》，徐少華、[日]谷口滿、[美]羅泰主編：《楚文化與长江
中游早期開發國際學術研討會論文集》，武漢：武漢大學出版社，2021 年，第 192、193 頁。

って、郢に都したという。《楚世家》の記述は、原《左傳》によるとおもわれるが、昭王の移動は、すべて紀南城の周辺である。①

（六）"亡（焉）返（復）遷（徙）居秦溪之上"

整理報告：

> 復徙居乾溪之上，《楚世家》："（昭王）十二年，吳復伐楚，取番。楚恐，去郢，北徙都鄀。"本篇中没有昭王北徙鄀的記載，而是去了乾溪。

子居：

> 此説稍有誤，徙都的是楚令尹子西，與楚王無關。《左傳·定公六年》："四月己丑，吳大子終累敗楚舟師，獲潘子臣、小惟子及大夫七人。楚國大惕，懼亡。子期又以陵師敗於繁揚。令尹子西喜曰：'乃今可爲矣。'於是乎遷郢於鄀，而改紀其政，以定楚國。"前文已經提到，楚邑是否稱郢只與行政中心有關，而與楚王所居無關。此次令尹子西徙爲郢於鄀後，推測鄀即改稱"爲郢"了。而楚昭王在這次遷郢之前，借秦楚聯軍大敗吳師的時候，曾一度回到了爲郢，然後估計一直隨行於楚軍之中。而吳師在敗於秦楚聯軍、又經越人伐吳、夫概内亂後，亦元氣大傷，此後僅有太子夫差取番這一次針對楚國的軍事行動，而楚的令尹子西借此機會遷爲郢於鄀後，吳就再没有對楚構成威脅，越國又趁機崛起……趁此機會，楚師即恢復了對淮河流域的控制，《春秋·定公十四年》："二月辛巳，楚公子結、陳公孫佗人帥師滅頓，以頓子牂歸。"《左傳·定公十五年》："吳之入楚也，胡子盡俘楚邑之近胡者。楚既定，胡子豹又不事楚，曰：'存亡有命，事楚何爲？多取費焉。'二月，楚滅胡。"頓國在河南項城西南，胡國在安徽阜陽西北，故推測在楚滅頓、滅胡的前後，楚昭王就徙居到了乾溪。《左傳·哀公元年》："春，楚子圍蔡，報柏舉也。里而栽，廣丈，高倍。夫屯晝夜九日，如子西之素。蔡人男女以辨，使疆於江、汝之間而還。蔡於是乎請遷於吳。"推測楚昭王再次徙居美郢，即在此前後。②

---

① ［日］藤田勝久：《〈史記·楚世家〉的春秋史——〈左傳〉與清華簡〈楚居〉〈繫年〉》，《楚文化與長江中游早期開發國際學術研討會論文集》，武漢：武漢大學，2018年，第488頁。

② 子居：《清華簡〈楚居〉解析》，簡帛研究網，2011年3月30日，又見於Confucius2000網·清華大學簡帛研究，2011年3月31日。

第3章 《楚居》戰國前期地理史料匯證

第1節 《楚居》惠王時期地理史料匯證

《楚居》簡13—15：

> 至獻惠王自㜈（㜈）郢遷（徙）袤（襲）爲郢。白公记（起）禍，女（焉）遷（徙）袤（襲）㵟郢，改爲之，女（焉）曰肥【一三】遺（一），以爲尻（處）於囿=漢=（囿漢（二），囿漢）遷（徙）居郊=郢=（鄢郢（三），鄢郢）遷（徙）居鄥吁（四）。王大（太）子以邦遞（復）於㵟郢，王自鄥吁遷（徙）郬（蔡）（五），王大（太）子自㵟郢【一四】遷（徙）居疆郢（六）。王自郬（蔡）遞（復）郊（鄢）（三）。【一五】

【注　釋】

（一）"肥遺"

整理報告：

> 肥遺，地名，新蔡簡甲三・二四〇稱"肥遺郢"。

何琳儀、黄錫全、羅運環、宋華强等先生曾對新蔡簡的"肥遺郢"提出了各自的意見。何琳儀先生云：

> "以王自肥還郢"爲一句，肥，地名。《漢書・地理志》泰山郡"肥成"，注"應劭曰，肥子國。"在今山東肥城。按，肥子國本在今河北藁城，山東之"肥"應是河北"肥子國"之後裔。春秋時代肥應屬齊地，戰國前期或一度被楚占領。①

黄錫全先生：

> "王自肥還郢徙於鄢郢之歲"，是王從肥地回到郢都後再遷移至鄢郢。"肥"地，有學者認爲即《漢書・地理志》泰山郡"肥成"，春秋時屬齊，

---

① 何琳儀：《新蔡竹簡選釋》，《安徽大學學報（哲學社會科學版）》2004年第3期，第7、8頁。

戰國前期或一度被楚占領。我們認爲求之過遠。這個"肥"應在安徽境内的肥水流域。①

羅運環先生：

簡文還有"肥陵"的地名，何琳儀先生考定爲今安徽壽縣，甚是。另有簡文記載"王自肥還郢，王徙於郚郢"（甲三240號簡），這裏的"肥"，即簡文中的"肥陵"，郢指江陵的郢都。②

宋華强先生：

（新蔡簡）整理者指出"肥遺"見於葛陵簡甲三240"王自肥遺郢徙於郚郢之歲"，"遺"字葛陵簡整理者誤釋爲"還"，我們改釋爲"遺"，并指出簡文說明楚王是從"肥遺郢"遷徙到"郚郢"的，"肥遺郢"可能跟"郚郢""藍郢"一樣，也是楚國的一個別都。③

王恩田先生：

肥，微部。隨，歌部。微、歌旁轉。"王自肥還郢"讀作"王自隨還郢"。據史籍記載，《左傳·定公四年》：吳、蔡、唐伐楚，吳入郢。"王奔郢"，又由郢"奔隨"。申包胥搬秦師救楚。《左傳·定公五年》"申包胥以秦師至……吳師大敗，吳子乃歸"，"楚子入於郢"。其事也見於《史記·楚世家》楚昭王"十年冬，吳王闔閭、伍子胥、伯嚭與唐、蔡俱伐楚，楚大敗，吳兵遂入郢……（郢公）乃與王出奔隨……昭王之出郢也，使申包胥請救於秦……十一年六月敗吳於稷……楚昭王滅唐，九月，歸入郢"。《左傳》所説的楚子自隨"入於郢"，和《楚世家》所説的楚昭王自隨"歸入郢"，即簡文所説的"王自肥（隨）還郢"。④

李學勤先生：

"肥遺"是一種神話動物，見於《山海經》，或説是黄身赤喙的鳥，或説是一頭二身的蛇，在簡文中則是地名。據《楚居》前面部分，其地（引按，指肥遺）原名"湫郢"，我以爲就是《左傳》莊公十九年所見地名"湫"。

① 黄錫全：《楚都"郚郢"新探》，《江漢考古》2009年第2期，第89頁。

② 羅運環：《葛陵楚簡郚郢考》，《出土文獻與楚史研究》，北京：商務印書館，2011年，第385頁。

③ 宋華强：《清華簡校讀散札》，簡帛網，2011年1月10日。

④ 王恩田：《新蔡葛陵楚簡"藍郢"與"郚郢"考——附論包山楚簡中的"栽郢"》，《古籍研究》（總第59卷），合肥：安徽大學出版社，2013年，第194頁。

《左傳》載：楚文王禦巴而敗，遂伐黃，"還，及湫"，楊伯峻《春秋左傳注》云："音剿。《清一統志》謂在湖北省鍾祥縣北，《春秋大事表》謂在湖北省宜城東南，其實一也。"《楚居》說楚文王、成王、惠王都曾居於該地，惠王加以改建，於是易名爲"肥遺"。①

子居：

　　肥遺即蝸之緩讀，故湫郢擴建至酉瀗改稱"肥遺"後，實際上也是繼承了爲郢之名。《山海經·北山經》："有蛇，一首兩身，名曰肥遺，見則其國大旱。"《管子·水地》："涸川之精者生於蝸，蝸者，一頭而兩身，其形若虵，其長八尺。以其名呼之，可以取魚鱉。此涸川水之精也。"大旱則川涸，川涸則可取魚鱉，所以一首兩身之蝸，就是肥遺，因此湫郢擴建後稱"肥遺郢"，也就是稱"爲郢"。②

黃靈庚先生：

　　案《楚世家》："惠王二年，子西召故平王太子建之子勝於吳，以爲巢大夫，號曰白公。白公好兵而下士，欲報仇。六年，白公請兵令尹子西伐鄭。初，白公父建亡在鄭，鄭殺之，白公亡走吳，子西復召之，故以此怨鄭，欲伐之。子西許而未爲發兵。八年，晉伐鄭，鄭告急楚。楚使子西救鄭，受賂而去。白公勝怒，乃遂與勇力死士石乞等襲殺令尹子西、子綦於朝，因劫惠王，置之高府，欲弒之。惠王從者屈固負王亡走昭王夫人宮。白公自立爲王。月餘，會葉公來救楚，楚惠王之徒與共攻白公，殺之。惠王乃復位。"《集解》引服虔曰："昭王夫人，惠王母，越女也。"簡文"女（爲）遷（徙）衺（襲）湫郢"者，蓋"昭王夫人宮"在焉。惠王改"湫郢"爲"肥遺"者，即《新蔡葛陵楚墓》甲三·二四〇"王自肥還（遺）郢遷（徙）鄩郢之歲"之"肥遺郢"也。③

（二）"酉瀗"

整理報告：

　　酉瀗，地名。"酉"從木，酉聲，在楚簡中多用作地支"酉"，用作地名又見於鄂君啓車節（《集成》一二一一〇）"酉焚"。

──────────

① 李學勤：《清華簡〈楚居〉與楚徙鄩郢》，《江漢考古》2011 年第 2 期，第 108 頁。

② 子居：《清華簡〈楚居〉解析》，簡帛研究網，2011 年 3 月 30 日，又見於 Confucius2000 網·清華大學簡帛研究，2011 年 3 月 31 日。

③ 黃靈庚：《清華戰國竹簡〈楚居〉箋疏》，《中華文史論叢》2012 年第 1 期，第 99、100 頁。

子居：

　　酉瀇，似即"臼畔"，指臼水之畔。《水經注·沔水》："沔水又東南與白水合，水出竟陵縣東北聊屈山，一名盧屈山，西流注於沔。魯定公四年，吳師入郢，昭王奔隨，濟於成臼。謂是水者也。"[1]

王寧先生：

　　上博八《王居》簡1"王居穌瀇之室"中"穌瀇"當即《楚居》簡14中"（棲）瀇"。"穌"字原形從魚從木。穌瀇，地名，穌瀇之室即築在穌瀇這個地方的王宮。[2]

淺野裕一先生曾將《楚居》"酉瀇"隸定爲"酥瀇"，後來據上博簡《王居》將"酉瀇"改讀爲"酥瀇—蘇瀇"：

　　惠王時代曾有都城名曰"酉瀇"。"酉"與"酥"同，通"蘇"，因此《楚居》篇中"酉瀇"蓋即《王居》篇中之"穌（蘇）瀇"。[3]

周運中先生：

　　酉瀇在肥遺、鄢之間，應在今荆門、宜城之間，待考。[4]

黃靈庚先生：

　　簡文"以爲尻（處）於酉瀇"，酉瀇，在"肥遺郢"之內，亦在泌陽之"湫郢"。整理者謂"酉"字"從木，酉聲"，即《鄂君啓節》之"酉焚"。案：酉，譚其驤識爲"畐"字，誤也。然謂"即今河南遂平縣"，蓋亦得之。焚、瀇，聲之轉。[5]

（三）"邬（鄢）郢""邬（鄢）"

整理報告：

　　邬郢，又見於邬郢率鐸（《集成》四一九）。邬郢即鄢郢，見於《戰國

　　① 子居：《清華簡〈楚居〉解析》，簡帛研究網，2011年3月30日，又見於Confucius2000網·清華大學簡帛研究，2011年3月31日。

　　② 王寧：《上博八〈王居〉釋譯》，簡帛網，2011年8月21日。

　　③ [日]淺野裕一：《上博楚簡〈王居〉之復原與解釋》，復旦大學出土文獻與古文字研究中心網，2011年10月21日，注35。

　　④ 周運中：《清華簡〈楚居〉地理考》，《楚簡楚文化與先秦歷史文化國際學術研討會論文集》，武漢：武漢大學，2011年10月，第168頁。

　　⑤ 黃靈庚：《清華戰國竹簡〈楚居〉箋疏》，《中華文史論叢》2012年第1期，第100頁。

策·齊策三》以及《史記》中的《楚世家》《蘇秦列傳》《白起列傳》等，學者多以爲其地在今湖北宜城。

子居：

> 鄢，楚簡多見，其地在今湖北西北部之宜城市。爲春秋時楚國的別都，楚惠王初期曾遷都于鄢。《路史·國名紀》：“鄢地有三，楚之鄢都，襄陽之宜城也。鄭伯克段于鄢，開封之鄢陵也。若穆叔如莒及鄢陵，則沂之安陵也。”[①]

子居在另文中又云：

> 鄢即鄢郢，今湖北宜城城南 7.5 公里處鄭集鎮皇城村的楚皇城遺址。……鄢郢在今宜城市東南的鄭集鎮地區。《史記正義》引《括地志》云：“故城在襄州安養縣北三里，古鄾子之國，鄧之南鄙也。又率道縣南九里有故鄢城，漢惠帝改曰宜城也。郢城，荆州江陵縣東北六里，即吳公子光伐楚，楚平王恐，城郢者也。又楚武王始都郢，紀南故城是也，在江陵北十五里也。”據《左傳·昭公三十二年》云：“巴人伐楚，圍鄾。初，右司馬子國之卜也，觀瞻曰：‘如志。’故命之。及巴師至，將卜帥。王曰：‘寧如志，何卜焉？’使帥師而行。請承，王曰：‘寢尹、工尹，勤先君者也。’三月，楚公孫寧、吳由於、蔿固敗巴師於鄾，故封子國於析。”則楚惠王徙居鄢郢，或即在此年。[②]

虞同：

> 考訂“某郢”的位置時，學界通常的做法是將“某”與傳世文獻中的同名之地聯繫起來，或通過通假手段破讀。《楚居》所紀楚惠王所居的既有“鄢”又有“郊郢”，以往讀“郊郢”爲“鄢郢”雖然音理上講得通，卻不一定可信。從“免郢”改稱“福丘”、“湫郢”改稱“肥遺郢”來看，楚文字中“某郢”之間的關係、具體位置的考訂還需要慎重。[③]

陳民鎮先生：

> “郊”字楚簡多見，均作𢦏（包山簡 49）。郊郢，讀作“鄢郢”，見諸傳世文獻。如《韓非子·難一》《戰國策·秦策三》《史記·楚世家》等。

---

① 子居：《清華簡九篇九簡解析》，Confucius2000 網·清華大學簡帛研究，2010 年 6 月 30 日。

② 子居：《清華簡〈楚居〉解析》，簡帛研究網，2011 年 3 月 30 日，又見於 Confucius2000 網·清華大學簡帛研究，2011 年 3 月 31 日。

③ 虞同：《讀〈楚居〉札記》，簡帛網，2011 年 4 月 24 日。

《楚居》所見，鄭郢三度爲王居，其中兩次在獻惠王時，一次在悼王時。湘西里耶秦簡見及"鄭"之地名，與"鄭"并見的有"銷""江陵"等地名，均與楚人有關。一般認爲鄭郢地在湖北宜城。《史記·楚世家》云："於是王乘舟將欲入鄭。"集解引服虔語："鄭，楚別都也。"并引杜預語："襄陽宜城縣。"正義引《括地志》："故鄭城在襄州安養縣北三里，在襄州北五里，南去荆州二百五十里。"有鄭水，自襄陽宜城入漢。[①]

趙平安先生推論"郖（鄭）郢"讀爲"鄾郢"：

> 《楚居》中有鄭郢，本從邑安聲，整理者讀爲鄭，以爲即今湖北宜城。既然爲郢是鄭郢，那麼《楚居》中的鄭郢又如何解釋呢？我們認爲這個鄭即《史記·伍子胥列傳》中的鄭。《伍子胥列傳》："惠王不聽。遂召勝，使居楚之邊邑鄭，號爲白公。白公歸楚三年而吳誅子胥。"《史記集解》："徐廣曰：'汝南襄信縣有白亭。'"《史記正義》："《括地志》云：'白亭在豫州襄信縣南四十二里，又有白公故城。'"又："鄭音鄾。《括地志》云：'故鄾城在豫州鄾城縣南五里，與襄信白亭相近。'"楚惠王四十二年滅蔡後，曾一度在蔡待過，所以《楚居》說惠王"自蔡復鄭"，蔡在今上蔡縣西南，與鄾城很近，把鄭讀爲鄾是很合適的。[②]

黃靈庚先生：

> 郖，即鄭字。《史記·禮書》："然而秦師至鄭郢，舉若振槁。"《正義》："鄭音鄾。《括地志》云：'故城在襄州安養縣北三里，古鄾子之國，鄧之南鄭也。'又，率道縣南九里有故鄾城，漢惠帝改曰宜城也。郢城，荆州江陵縣東北六里，即吳公子光伐楚，楚平王恐，城郢者也。又，楚武王始都郢，紀南故城是也，在江陵北十五里也。"《蘇秦列傳》："秦必起兩軍，一軍出武關，一軍下黔中，則鄭郢動矣。"《集解》："徐廣曰：'今南郡宜城。'"《正義》："鄭鄉故城在襄州率道縣南九里。安郢城在荆州江陵縣東北六里。秦兵出武關，則臨鄭矣。兵下黔中，則臨郢矣。"案：張守節分"鄭郢"爲"鄭""郢"二都。非也。錢穆云："鄭郢，一城。楚本都郢，遷鄭，亦曰郢，又曰鄭郢。後徙陳，亦曰郢，又曰陳郢是也。《正義》說誤。楚黔中郡在今上庸，亦近鄭郢。"又曰："鄭即鄭郢也，今宜城縣南。《水經·沔水注》'白起攻楚，引西山長谷水灌城。水潰城東北

---

① 陳民鎮：《清華簡〈楚居〉集釋》，復旦大學出土文獻與古文字研究中心網，2011 年 9 月 23 日，第 124 頁。
② 趙平安：《〈楚居〉"爲郢"考》，《中國史研究》2012 年第 4 期，第 9 頁。

角，百姓隨水流死於城東者，數十萬，城東皆臭，因名其陂爲臭池'是也。"簡文"郊郢"於此始見，楚惠王避白公亂後所建也。昭王避吳而都郢，在宜城東五里。惠王避白公而都郊，雖別爲一城，實則一也。[①]

牛鵬濤先生指出趙平安先生將"郊郢"讀爲"鄾郢"，定在河南鄾城一帶是否成立，"不僅關係到對《楚居》'郊郢'文字的釋讀，也關涉'爲郢'讀爲'鄢郢'是否成立的問題"。牛氏贊同讀"郊"爲"鄾"，并通過解釋《史記·白起王翦列傳》所記秦將李信攻"鄢郢"事對之進行了證明：

> "郊"字應讀爲"鄾"，通爲"鄾"。古書中"鄾""鄢"相通的例子多見，如《史記·秦本紀》："與楚王會鄢。"《正義》："鄢，《括地志》云：'故偃城在襄州安養縣北三里，古鄾子之國也。'"這裏秦楚相會的"鄢"即今河南鄾城，是"郊（鄾）"在古書中可記作"鄢"的直接佐證。此外，《戰國策·魏策一》："許、鄢、昆陽、召陵、舞陽、新郪。"《史記·蘇秦列傳》"鄢"作"鄾"。又如《史記·蘇秦列傳》："汝南許、鄾。"《索隱》："鄾，《戰國策》作鄢。"雖然鄢陵之"鄢"、鄾城之"鄾"二字通用，但今河南鄢陵一帶在戰國中晚期一直屬於魏地，《戰國策釋地》："鄢陵屬魏，召陵屬楚。……召陵故城在今鄾城縣東四十五里。"故《楚居》中楚惠王所居的"郊郢"定於鄾城是最爲合理的。

> 河南鄾城一帶曾在楚惠王時期作爲楚都，稱爲郊（鄾）郢，古書中也可記作鄢郢。明白了《史記·白起王翦列傳》中"鄢郢"即"鄾郢"，李信攻楚的行軍路綫及方略也就可以得到合理的復原和解釋：

> 城父（父城）位於鄢郢（鄾郢）西偏北，同屬汝水中上游重鎮。李信、蒙武攻下平輿、寢，"大破荊軍"；然後向西回軍順利攻下鄢郢（鄾郢）、城父（父城）等汝水中上游楚地，初步取得了伐楚大捷；但在李信回軍西進過程中，"荊人因隨之，三日三夜不頓舍，大破李信軍"，這是楚人自東向西的策應與反擊，戰爭形勢發生逆轉，秦王遂復起用王翦。

> 《史記》李信所攻"鄢郢"即"鄾郢"，很好佐證了清華簡《楚居》中"郊郢"應爲"鄾郢"（在今河南鄾城附近）、"爲郢"應爲"鄢郢"（在今湖北宜城附近）。

> ……

> 《渚宮舊事》指出的"惠王因亂遷鄾"，確如其言"舊史缺見"。只是因爲清華簡《楚居》之故，我們才得以準確地了解了這段史實。值得注

---

① 黃靈庚：《清華戰國竹簡〈楚居〉箋疏》，《中華文史論叢》2012年第1期，第100、101頁。

意的是，清華簡《楚居》中楚惠王"徙居鄥郢"在這裏直接記作"鄥郢"，雖然古書"鄢""鄥"用字常相通，但這裏無疑給我們讀《楚居》"鄥"爲"鄢"提供了最爲直接和有效的證據。[①]

石小力先生：

《安昌里館璽存》收有一方古璽……釋爲"鯲呈之鉨"……"鯲"從於聲，"於"古音爲影母魚部，"鄢"爲影母元部，聲紐相同，韻部旁對轉，古音很近。古書中"於"聲字和"焉"聲字有通用之例……故"鯲"可讀作"鄢"，"鯲郢"即見於鄥郢率鐸和清華簡《楚居》之"鄥郢"。

鄢郢一地屢見於古書，如《戰國策·齊策三》以及《史記》中的《楚世家》《蘇秦列傳》《白起列傳》等。關於其地望，《集解》引徐廣曰："今南郡宜城。"一說"鄢郢"就是今湖北宜城市東南的鄢城。《水經·沔水注》云："城故鄢郢之舊都，秦以爲縣。"《戰國策》鮑彪注："昭王徙郢，所謂故郢。又自郢徙郜與鄢。"[②]

笪浩波先生：

鄢爲宜城市楚皇城遺址的理由如下：一、鄢郢之得名應來自鄢水，即鄢必須近鄢水……二、鄢郢作爲都城，要有一定的規格。楚皇城遺址……無論是形制、大小、還是規制看，楚皇城都具有都邑的性質。三、鄢郢近漢水，靈王避三公子之亂，欲沿夏水進入鄢郢。夏水即漢水的別稱，楚皇城東距漢水約6公里。四、從簡牘所記路線看，鄢應該位於南北交通幹線上，楚皇城正好位於這條古代的交通幹線上。五、按距離算，秦代的鄢至江陵430里，秦里合今415.8米。楚皇城距江陵的直綫距離爲143公里，約合秦里343.9里，但當時的路是曲曲彎彎的，實際上每一里路比直綫距離平均增加100米左右，這樣計算楚皇城至江陵的里程接近簡牘的記載。六、楚皇城遺址的使用年代與鄢相合，楚皇城内外發現的文化遺物極爲豐富，……此城的年代應爲春秋時期始建，一直沿用到秦漢時期。七、北大藏秦簡中有"若鄉到鄢八十里"記載，倘若鍾祥羅山遺址爲古"郜"國，則楚皇城至羅山遺址的路程與秦簡所記接近。綜合以上幾條，我們可以肯定楚皇城就是鄢郢。[③]

---

① 牛鵬濤：《清華簡〈楚居〉與楚國都城研究》，清華大學博士學位論文，2013年，第76、80-82頁；相近表述亦見於牛鵬濤：《〈史記·白起王翦列傳〉李信"攻鄢郢"考》，《江漢考古》2017年第2期，第83-85頁。

② 石小力：《東周金文與楚簡合證》，上海：上海古籍出版社，2017年，第69、70頁。

③ 笪浩波：《多維視野下的春秋早期楚國中心區域——清華簡〈楚居〉之楚王居地考》，《長江大學學報（社科版）》2017年第4期，第31頁。

（四）“䢵吁”

整理報告：

> 䢵吁，地名。包山一六九號簡作“䢵”，又見一七五號簡，“䢵”與“㝅”的口是共用偏旁。

> 此處的王太子是指惠王的太子，即下文之“柬大王”。上文惠王爲避白公之禍徙襲湫郢，改名爲肥遺，爲處於䣈㵘，此處湫郢當指舊湫郢而言。

《楚居》之“䢵吁”，見於包山楚簡第 169、175 號簡，凡 3 見，作合文狀。包山楚簡整理者將䢵釋爲“䢵”。[1]黃錫全先生將包山簡此字與曾侯乙墓鐘銘🔲、🔲等字形進行對比，將之隸定爲“郭”，釋爲“䢵”，指出“此合文爲地名，其地待考”。[2]何琳儀先生認爲包山簡該字形右下“=”表示“司”之🔲與“子”之🔲借用，字形原應作如《集成》319.2 曾侯乙鐘之🔲，可隸定爲“郭”，釋爲“䣔”。[3]李運富先生則以爲該字形中的“🔲”“可以看作‘宀’的變體，也可以認爲是裝飾性筆畫，都與字義沒有多大關係”。“（該字）主要構件應是從邑号聲，可楷定爲郭而釋爲郢。簡文用作地名，合文，當讀爲‘鄂邑’。”[4]

顏世鉉先生：

> 郭（䢵）可能讀作邙（或邔），司是心組之部，子是精組之部，䢵和巳是邪組之部，音近可通用。《漢書·地理志》南郡有邔縣，《讀史方輿紀要》卷七十九，襄陽府宜城縣“鄢城”條下云：“邔城在縣北五十里，漢縣，屬南郡，邔音忌。”其地在原湖北宜城縣北（鉉按：今已改成宜城市）。[5]

劉信芳先生讀“䢵于”爲“司吾”，定在今江蘇宿遷：

> 原簡爲合文，其右下部件作“于”，或將該部件隸定爲“子”，非是。字又見簡 175，均爲地名。讀爲“司吾”，吾、于一音之轉，古多通用，《漢書·地理志》東海郡有司吾縣，《水經注·沭水》：“其水西南流，逕司吾山東，又逕司吾縣故城西。《春秋左傳》吳執鍾吾子，以爲司吾縣。”熊會貞《參疏》：“在今宿遷縣北 60 里。”《左傳》昭公三十年：“吳子使

---

[1] 湖北省荊沙鐵路考古隊：《包山楚簡》，北京：文物出版社，1991 年，第 51、52 頁，注 314。

[2] 黃錫全：《〈包山楚簡〉部分釋文校釋》，《湖北出土商周文字輯證》，武漢：湖北大學出版社，1992 年，第 196 頁。

[3] 何琳儀：《包山竹簡選釋》，《江漢考古》1993 年第 4 期，第 59 頁。

[4] 李運富：《楚國簡帛文字叢考（二）》，《古漢語研究》1997 年第 1 期，第 89 頁；李運富：《楚國簡帛文字構形系統研究》，長沙：岳麓書社，1997 年，第 110 頁。

[5] 顏世鉉：《包山楚簡地名研究》，臺灣大學碩士學位論文，1997 年，第 173、174 頁。

徐人執掩餘，使鍾吾人執燭庸。二公子奔楚，楚子大封而定其徙。"戰國時，鍾吾已入楚。①

吳良寶先生：

該字從司、從于，上古音"于"在匣母三等、魚部，"吾"在疑母魚部，韻部相同而聲母喉、牙可以通轉，二者讀音相近。司吾所在的江蘇宿遷一帶，楚懷王時期正在楚國疆域之內，故讀"䣝于"爲"司吾"可備一說。②

子居：

包山簡中亦出現䣝，劉信芳先生將此字隸定爲"䣝吁"，劉信芳先生認爲讀爲"司吾"，在今江蘇宿遷北（吳良寶先生《戰國楚簡地名輯證》第251頁），當是。《史記·楚世家》："（楚惠王）四十四年，楚滅杞。與秦平。是時越已滅吳而不能正江、淮北；楚東侵，廣地至泗上。"惠王徙居䣝吁或即在此時期。③

周運中先生：

《楚世家》說："白公自立爲王。月餘，會葉公來救楚，楚惠王之徙與共攻白公，殺之。是歲也，滅陳而縣之。"因爲楚惠王依靠葉公的勢力，所以他不斷北徙，到了鄢郢（今宜城市楚皇城遺址）。又到䣝吁，再到蔡，二地應該不遠，司心母之部，西心母微部，于匣母魚部，華曉母魚部，之微通轉，曉匣旁紐，所以䣝吁就是西華（今河南省西華縣南），西華之東緊鄰陳（在今淮陽縣），因爲楚惠王在白公之亂平定後，緊接著滅陳，所以他來到西華。

有學者認爲此地是司吾，謂在今江蘇省宿遷市，其實司吾今已在今江蘇省新沂市，不過此地太遠，所以雖然讀音接近，但是不太可能是䣝吁。④

李家浩先生在改釋甲骨文北方神名"伏"爲"宀"（音宛）和戰國文字舊釋從"宛"諸字應從"宀"（音宛）的基礎上，認爲䣝字形體中的"口"爲多加的無義形體，司旁與宀應是異體關係。他又以此說爲基礎，進一步結合稱謂邏輯和詞語

① 劉信芳：《包山楚簡解詁》，臺北：藝文印書館，2003年，第195頁。

② 吳良寶：《戰國楚簡地名輯證》，武漢：武漢大學出版社，2010年，第252頁。

③ 子居：《清華簡〈楚居〉解析》，簡帛研究網，2011年3月30日，又見於Confucius2000網·清華大學簡帛研究，2011年3月31日。

④ 周運中：《清華簡〈楚居〉地理考》，《楚簡楚文化與先秦歷史文化國際學術研討會論文集》，武漢：武漢大學，2011年10月，第168頁。

結構，將《楚居》篇中的（簡 11）和《繫年》篇中的（簡 97）隸定作“㝵₌”，爲“子㝵（孯）”二字合文，即指楚王“子茵”。在文章第二部分的末尾，李先生提到本文所要討論的清華簡和包山簡中的地名。在將二字隸定作“郇＊[①]吁”之後，他從音韻學的角度展開討論，認爲此地很可能是《越絶書·外傳紀策考》“范蠡其始居楚也，生於宛橐，或伍户之虚”中提及的楚國地名“宛橐”。[②]

黄靈庚先生：

> 郉，即《鄂君啓節·舟節》之“芑陽”。譚其驤云：“芑陽，疑即秦漢時的邔縣，據《水經·沔水注》，邔本楚邑，秦以爲縣。故城在今湖北宜城縣東北。漢水本流經城之東北，後世漢水西移，故址遂隔在東岸。”芑，巳聲，與“郉”字從司聲同音，例得通用。《書·伊訓》“伊尹祠于先王”，《漢書·律曆志下》引作“伊尹祀于先王”。《詩·天保》“禴祠烝嘗”，《太平御覽》引“祠”作“祀”。《包山楚簡》第二二簡“邔司馬之州加公”，注云：“邔，楚縣名。故城在今湖北宜城縣境内。”郉吁、鄩郢、鄀郢三城，相隔亦不甚遠。據《楚世家》，惠王雖位五十七年，事迹甚簡略，蓋無所作爲。[③]

楊蒙生先生認爲《楚居》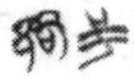即包山楚簡之地，在今南陽市附近一帶：

> 清華簡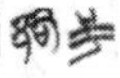可隸定作“鄬虢”，讀爲“宛郊”，即宛地之郊，爲楚惠王曾居之地。其性質與《楚居》簡 10 的“承（蒸）之埜（野）”相類，却又有所省言，蓋因“郊”“野”遠近、地位不同之故。古書中“距國百里爲郊”、“郊外”曰“野”，或可爲此説解。[④]

牛鵬濤先生：

> 《楚居》中記楚惠王居處遷徙頻繁，從江漢流域到汝潁流域，地理跨度較大。前半段“𡟰郢—爲郢—oe郢、鬲溝”位於楚國内地，後半段“鄩（鄢）郢—郉吁—蔡—鄩（鄢）”中的鄢和蔡則位於楚國北境，在今河南東南部。從這一時期遷徙的總體動態來看，“郉吁”也應距鄢、蔡不遠。
>
> ……

① 引按，原文用＊號表示讀如宛音的“勹”旁。

② 李家浩：《甲骨文北方神名“勹”與戰國文字從“勹”之字——談古文字“勹”有讀如“宛”的音》，《文史》2012 年第 3 期，第 57-60 頁。

③ 黄靈庚：《清華戰國竹簡〈楚居〉箋疏》，《中華文史論叢》2012 年第 1 期，第 101 頁。

④ 楊蒙生：《楚惠王居“宛郊”試釋——兼談古文字中的幾個相關字》，《深圳大學學報（人文社會科學版）》2013 年第 1 期，第 82 頁。

　　字所從形體有不同來源，除部分爲"司"字上部的訛形外，多數應釋爲"勹"。……我們在采取李家浩先生關於清華簡《楚居》、包山簡中的讀爲"宛"的意見基礎上，嘗試提出新的可能性解釋。

　　字，因"吁"或"號"二字在戰國文字中存在混形現象，我們認爲《楚居》可釋爲"號"或"吁"。"號"古音爲匣母宵部，"吁"字從"于"得聲，"于"古音爲匣母魚部，韻部旁轉。"吁""號"二字不僅字形相近，古音也是相通的，從文字學上，二字可視作同源分化關係。……《楚居》可釋爲"宛吁（或號）"。

　　我們認爲，"宛吁（或號）"可讀爲"宛丘"。"丘"古音溪母之部，與"吁"（或"號"）韻部旁轉。《説文》："邱又讀若區。""邱"從"於"得聲，"區""丘"二字古書常通用，如《荀子·大略》："言之信者在乎區蓋之間。"楊注："《漢書·儒林傳》疑者丘蓋不言。丘與區同也。"又《詩·鄘風·載馳》："載馳載驅。"《釋文》驅作駈，云："字亦作驅。"《詩·齊風·還》："并驅從兩肩兮。"《釋文》："驅本又作駈。"可見"吁"（或"號"）字可以讀作"丘"。

　　……

　　另外，需要特別討論的是《詩論》"宛丘"之"丘"與《楚居》"邞吁"之"吁"寫法完全不同，在戰國楚簡中能否同一地名用不同字來記錄，這是需要證明的。……"菣郢"即《楚居》中的"泰郢"，在宜城以南的楚皇城。"湫""菣（菣）"作爲同一地名在楚簡中用字完全不同。可知，同一地名在楚簡中是可以用不同字記錄的。

　　……

　　《詩譜》："陳都於宛丘之側。"《爾雅》："陳有宛丘。"《元和郡縣志》也載："宛丘，縣南三里。"《括地志》："縣在陳城中，古陳國。"《水經注》亦云："宛丘在陳城南道東。"可知"宛丘"在陳城。

　　"宛丘"在歷史時期有較久沿革，隋開皇初，改陳郡治所淮陽縣爲宛丘縣，旋廢陳郡，大業初置淮陽郡，郡治仍爲宛丘縣。唐復置陳州，直至金、元，都以宛丘縣爲州治。明初省宛丘入陳州，以州屬開封府。可見，"宛丘"作爲淮陽縣名，從隋至元一直沿用。

　　……

　　從《楚居》來看，應當説楚頃襄王徙郢於陳除了經濟、文化、交通等優越的條件外，還跟宛丘（陳）曾早在楚惠王時期就作過楚都有較大關係，可以説是楚喪失江漢流域領地後徙於陳郢的歷史基礎。①

---

① 牛鵬濤：《清華簡〈楚居〉與楚國都城研究》，清華大學博士學位論文，2013年，第82-87頁。

金宇祥先生認爲 "⬚" 字從偏旁制約角度來看應從整理者之説釋爲 "郒"：

　　整理者釋爲 "郒" 的字，於簡 14 兩見，原圖版作⬚、⬚（後以△表示），在簡文中用作地名。楊蒙生隸作 "郒"，讀爲 "宛"。△字左半部爲 "邑" 没有問題，問題在於右半部的 "⬚"，楊蒙生文中已提到此形有司、勹、妟的可能，故以下即從此三種字形來討論。

　　首先，楚簡 "司" 多見（可參《楚系簡帛文字編（增訂本）》，頁 805、《上海博物館藏戰國楚竹書（一～五）文字編》，頁 435。下文僅舉部分字形），其中 "⅁" 的寫法可分爲兩類：

　　A.⬚《郭店・窮達以時》簡 8　　⬚《上博四・曹沫之陳》簡 25
　　B.⬚《上博三・仲弓》簡 9　　⬚《上博四・曹沫之陳》簡 23

A 類爲大多數楚簡 "司" 字的寫法，B 類寫法則與△字接近。

　　第二，"人" 形聲化而成的 "勹" 形，見於楚簡 "朋" 字及 "朋" 字所從：

　　⬚《上博五・三德》簡 17　　⬚《上博二・容成氏》簡 49
　　⬚《上博三・周易》簡 14　　⬚《上博五・競建内之》簡 9
　　⬚《上博五・鮑叔牙與隰朋之諫》簡 2　　⬚《包山》165
　　⬚《包山》172

　　第三，從 "妟" 形或 "备" 形之字：

　　⬚《上博一・孔子詩論》簡 21　　⬚《上博一・孔子詩論》簡 22
　　⬚《包山》151　　⬚《九店》56.22

　　檢此三種字形的組合方式，"司" 爲上 "⅁" 下 "口"；"朋" 爲上 "勹" 下 "朋"；"留" 或 "备" 爲上 "妟" 或 "夊" 下 "田"，而△字右半部爲上 "⬚" 下 "口"，可知在三種字形中與 "司" 字構形方式最爲接近。綜此，因爲此字在簡文用作地名，故從偏旁制約的角度來看，△字右半部仍應從整理者釋爲 "司"，如何通讀待考。[1]

金宇祥先生還認爲楊蒙生先生釋 "⬚" 爲 "号" 之説可從：

　　觀察 "號" 字金文至漢簡的演變，可知到了戰國時期 "號" 字省去了右半部偏旁 "虎"，只剩左半部偏旁 "号"……而省略後的 "号" 亦承繼 "號" 之音義而獨立成字，此點可從例 18 "鴞" 字（引按，即《清華壹・金縢》簡 9⬚）的左半部換成 "鳥" 後仍從 "号" 得聲爲此證明，

---

① 金宇祥：《清華大學藏戰國竹簡（壹）・楚居〉研究》，臺灣師範大學碩士學位論文，2013 年，第 321、322 頁。

而"虩"形可視爲繁體,"号"形則爲簡體,二字無別,但爲求精確在行文上仍會區別繁簡體,最後回到《楚居》"鄀△"的△字,根據以上討論結果,可知△字應釋爲"号"字,如何通讀待考。①

(五)"鄀(蔡)"

整理報告:

　　蔡國於楚昭王時遷至州來(今安徽鳳臺),楚惠王四十二年滅蔡。此時"王太子以邦復于湫郢",推測惠王年老,太子執政,率領朝臣,而惠王與之分居兩地。

子居:

　　簡文中之"蔡",當是指自楚靈王時已爲楚之大城的上蔡。②

黃靈庚先生:

　　(整理者)謂惠王所遷之蔡,即州來之下蔡,在惠王晚年之事。案:非也。王太子復楚邦於汝南遂平縣之湫郢,在惠王八年。惠王不當遷於遠在數百里外之下蔡。蔡,上蔡也。《左傳·隱公四年》:"宋人許之,於是陳、蔡方睦於衛。"杜注:"蔡,今汝南上蔡縣。"孔疏引《地理志》云:"汝南上蔡縣,故蔡國,周武王弟叔度所封。"上蔡在汝南遂平縣之東,酓楚在其西,相距只數十里之遙。③

(六)"疆郢"

整理報告:

　　疆郢是武王、文王之舊居,惠王太子徙居其處不言"徙襲",可能是舊都廢棄已久,或者疆郢已經改換了位置的緣故。

黃靈庚先生:

　　疆郢,江陵紀郢,武王所建"疆涅"也。王太子自湫郢遷居疆郢,當在與葉公平亂之後。《楚世家》:"會葉公來救楚,楚惠王之徒與共攻白公。"史稱"楚惠王之徒"者,太子也。平亂後,王太子"徙居"疆郢,蓋權宜事。以其未繼大統,不當言"徙襲"。整理者"惠王太子徙居其處

---

① 金宇祥:《〈清華大學藏戰國竹簡(壹)·楚居〉研究》,臺灣師範大學碩士學位論文,2013年,第327頁。

② 子居:《清華簡九篇九簡解析》,Confucius2000網·清華大學簡帛研究,2010年6月30日。

③ 黃靈庚:《清華戰國竹簡〈楚居〉箋疏》,《中華文史論叢》2012年第1期,第102頁。

不言'徙襲'，可能是舊都廢棄已久，或者疆郢已經改換了位置的緣故"
云云，則非其旨。^①

尹弘兵先生：

　　疆郢不僅是第一個"郢"，奠定了此後楚都之通名，而且疆郢頗有可
能與熊通稱王有關聯。據《楚世家》，熊通三十五年伐隨，要求隨國向周
天子請求提升楚國的封爵但被拒絕，於是熊通三十七年自立爲武王。武
王徙郢的時間，石泉認爲在武王統治的最後十年已經都郢，按武王在位
五十一年，則武王徙郢的時間與熊通稱王的時間高度吻合。由此看來，
武王徙疆郢可能并不是一次普通的遷居，而是與熊通稱王有關，稱王必
有相關的建制，因此疆郢當是楚武王稱王建制的結果。《楚居》明言自疆
郢之後"抵今日郢"，即此後楚都皆稱郢，這應當就是某種建制的產物。
由此看來疆郢當是正式的楚都，而非普通的楚王居邑。

　　……

　　可見疆郢作爲第一個郢，且爲楚武王稱王建制之所，應是建有宗廟
的楚國正都。但從《楚居》來看，楚王很少居此，這表明，疆郢雖是建
有宗廟的楚國正都，但其性質與功能，應當主要是宗教性的。^②

第 2 節　《楚居》簡王至悼王時期地理史料匯證

《楚居》簡 15—16：

　　東大王自疆郢遷（徙）居藍￼郢￼（藍郢^{（一）}，藍郢）遷（徙）居鄢￼
郢￼（鄢郢^{（二）}，鄢郢）返（復）於鄝（鄝）^{（三）}，王大（太）子以邦居鄢
（鄝）郢，以爲尻（處）於【一五】鄣郢^{（四）}。

　　至恩（悼）折（哲）王猷居鄢（鄝）郢。审（中）諹（謝）记（起）
禍，女（焉）遷（徙）袤（襲）肥遺。邦大瘠（瘠），女（焉）遷（徙）
居鄩郢^{（五）}。【一六】

【注　釋】

（一）"藍郢"

整理報告：

---

① 黃靈庚：《清華戰國竹簡〈楚居〉箋疏》，《中華文史論叢》2012 年第 1 期，第 102 頁。
② 尹弘兵：《楚郢都與中國古都的早期形態》，《江西社會科學》2024 年第 3 期，第 102 頁。

藍郢，又見於包山七號簡、新蔡簡甲三・二九七等。《左傳》定公五年有藍尹亹，即藍邑之尹，名亹。

劉彬徽、何浩先生認爲，《左傳》記楚國有“藍尹”，“藍郢”即此“藍”地，在今湖北鍾祥縣西北：

（包山楚簡）簡7：“齊客陳豫賀王之歲，八月，乙酉之日，王廷于藍郢之游宮……”藍郢有楚王的游宮，和薇郢一樣，此處顯然是楚王的駐地之一，或許也是楚國的另一別都所在。以鄀邑爲郢故稱鄀郢，遷郢於陳城遂有陳郢之名。準此，藍郢自當與春秋時的楚國藍縣有關。《左傳》定公五年載：吳師入郢，楚昭王棄郢而逃，“王之奔隨也，將涉於成臼，藍尹亹涉其帑，不與王舟。”此藍尹即楚國藍縣行政長官。藍、聃音同字通。藍縣原爲姬姓聃（又寫作那、鄀）國故地，西周末爲楚所滅，成爲楚地，春秋初置爲楚縣。《左傳》莊公十八年追叙説：“初，楚武王克權，使鬭緡尹之，以叛，圍而殺之。遷權於那處，使閻敖尹之。”杜預注：“那處，楚地。南郡編縣東南有那口城。”據乾隆《大清一統志》卷二六五安陸府古迹“編縣故城”條的記載，魏晉時的南郡編縣故城，在今湖北省鍾祥縣的胡集附近。“編縣東南”的那口則在鍾祥西北境的漢水西岸。這裏正是楚藍縣所在之處。那口—藍邑後又稱爲藍口。《後漢書・郡國志》南郡“編”縣原注：“有藍口聚”。同書《王常傳》説：王常與然丹等“別入南郡藍口，號下江兵。”此藍口即《郡國志》的藍口聚，也就是春秋時期的楚之那口、西周時的聃國故地。後來，西魏、周、隋以至唐初，還曾在此設藍水縣。這一帶，北距宜城縣南楚皇城、東北距津渡要口成臼，都相去不遠。建有楚王游宮的楚國別都藍鄂，看來就在這裏。[1]

劉信芳先生：

藍郢，楚別都之一。《左傳》定公五年：“王之奔隨也，將涉于成臼，藍尹亹涉其帑。”《漢書・地理志》南郡編縣：“有雲夢官。”《續漢書・郡國志》南郡編縣“有藍口聚”，劉昭注：“《左傳》鬭緡以權叛，楚遷於那處，杜預曰：縣東南有那口城。”事見魯莊公十八年。“那處”《釋文》作“那處”，或作“鄀處”，是“那口”即“鄀口”，《石經》“那”亦作“鄀”。“鄀”“藍”一音之轉。《史記・楚世家》記吳師入郢，“昭王亡也至雲夢”。

---

①　劉彬徽、何浩：《論包山楚簡中的幾處楚郢地名》，湖北省荆沙鐵路考古隊編：《包山楚墓》，北京：文物出版社，1991年，第564、565頁。

知昭王奔隨，曾經過楚之藍郢，至漢已名爲編縣。《水經注·漳水》：“漳水東南流，又曲西南，逕編縣南。”漢、晉編縣在今湖北鍾祥縣境。[①]

吳良寶先生指出，“藍郢”之“藍”作爲地名，“可以不必跟《左傳》的‘藍尹’聯繫在一起”。[②]

陳民鎮先生：

藍郢見諸包山簡、新蔡簡，《楚居》僅一見。新蔡簡乙四·54：“王復於藍郢之[歲]。”是爲大事紀年法，以遷居藍郢爲標志。言“復於”，事當在《楚居》撰寫年代之後。藍郢地望難以遽定，劉彬徽、何浩先生認爲在湖北鍾祥西北的胡集附近，可備一解。[③]

周運中先生：

藍郢，即《續漢書·郡國志》所說南郡編縣藍口聚，藍郢在今鍾祥市，因爲《隋書》卷三十一《地理志下》竟陵郡藍水縣說：“藍水，宋僑立馮翊郡蓮芍縣，西魏改郡爲漢東，縣爲藍水，又宋置高陸縣，西魏改曰潋水，開皇初省潋水入焉。”說明藍水縣靠近潋水（今鍾祥市敖河），在今鍾祥市北部，譚其驤主編《中國歷史地圖集》標在鍾祥市北部。[④]

黃靈庚先生：

藍郢，即《包山楚簡》第七簡“王千迋於藍郢之游宫”之“藍郢”，注云：“藍郢，楚別都之一。《左傳》定公五年記有藍尹，可能是藍縣之尹，藍郢或許就在藍縣一帶。”其地望未詳。[⑤]

王恩田先生：

藍郢，讀作“鄢郢”。藍，談部。鄢，元部。談、元通轉。《左傳·昭公十三年》：“王沿夏，將欲入鄢。”《史記·楚世家》：“於是王乘舟將欲入鄢。”《集解》：“服虔曰：鄢，楚別都也。”楚別都鄢，也稱鄢郢，《史記·楚世家》：“秦爲大鳥……右臂傅楚鄢郢。”[⑥]

---

① 劉信芳：《楚系簡帛釋例》，合肥：安徽大學出版社，2011 年，第 57、58 頁。

② 吳良寶：《戰國楚簡地名輯證》，武漢：武漢大學出版社，2010 年，第 58、59 頁。

③ 陳民鎮：《清華簡〈楚居〉集釋》，復旦大學出土文獻與古文字研究中心網，2011 年 9 月 23 日，第 128 頁。

④ 周運中：《清華簡〈楚居〉地理考》，《楚簡楚文化與先秦歷史文化國際學術研討會論文集》，武漢：武漢大學，2011 年 10 月，第 169 頁。

⑤ 黃靈庚：《清華戰國竹簡〈楚居〉箋疏》，《中華文史論叢》2012 年第 1 期，第 103 頁。

⑥ 王恩田：《新蔡葛陵楚簡“藍郢”與“鄢郢”考——附論包山楚簡中的“栽郢”》，《古籍研究》（總第 59 卷），合肥：安徽大學出版社，2013 年，第 193 頁。

武漢大學簡帛研究中心等：

藍郢，地名。見於包山楚簡 7 號："王廷於藍郢之游宮"。湖北省荆州鐵路考古隊云："楚別都之一。《左傳·定公五年》記有藍尹，可能是藍縣之尹，藍郢或許就在藍縣一帶。"①

王琢璽先生：

劉彬徽、何浩先生認爲"藍郢"與楚國"藍縣"有關，即西周聃國、楚藍縣，漢藍口聚，晉那口城，今鍾祥西北的漢水西岸。……劉彬徽、何浩先生之説當是，楚藍郢當位於今鍾祥市西北。考慮這一帶地處洮河入漢江處，我們推測楚藍郢、藍縣、漢藍口聚、晉那口城可能位於今鍾祥市磷礦鎮一帶。②

（二）"郮（䣜）郢"

整理報告：

郮郢，見於包山一六五、一七二號簡。《説文》："䣜，沛城父有䣜鄉。"在今安徽亳州市東南，即乾溪附近。

劉彬徽、何浩先生：

《説文·邑部》無郮，但有䣜字："䣜，右扶風鄠鄉。從邑，崩聲。沛城父有䣜鄉。讀若陪。"郮從朋得聲，蒸部，並紐。䣜從崩得聲，蒸部，幫紐。二字爲疊韻旁紐，可通假。或者，猶如邴字有戈爲䣜、䣜字省山爲郮是楚人的一種特殊寫法。對"鄠鄉"，段注："謂右扶風鄠縣有䣜鄉也。"段玉裁又釋"沛郡城父"説："今安徽潁州府亳州州東南七十里有故城父城是也。"鄠縣即今陝西省中部的户縣。鄠地戰國時屬秦，明顯不是楚國的郮郢故地。城父自春秋以來即屬楚。然楚有兩個城父：一在楚國東境的今安徽亳縣東南，舊名夷，故稱夷城父。後一城父段注所指的是漢、晉沛郡城父。夷，原爲陳地，自楚成王三十五年（魯僖公二十三年）伐陳"取焦、夷"後，改名城父。城父境内還有一處叫作"乾溪"的地名。《左傳》昭公十二年載：楚靈王使楚師"圍徐以懼吳"，"楚子次於乾溪，以爲之援。"杜注：乾溪"在譙國城父縣南"。也是在今亳縣東南。顧

---

① 武漢大學簡帛研究中心、河南省文物考古研究所：《楚地出土戰國簡册合集（二）》，北京：文物出版社，2013 年，第 61 頁。

② 王琢璽：《周代江漢地區城邑地理研究》，武漢大學博士學位論文，2019 年，第 101 頁。

棟高《春秋大事表》卷七《春秋列國都邑表》"楚表"説："今江南潁州府亳州東南七十里有乾溪，與城父村相近，即漢城父縣也。"春秋時的乾溪與漢、晉時的城父郕鄉地望重合，可以肯定，夷—城父實即乾溪—郕郢—郕鄉。楚靈王停留乾溪三宿以上，這裏當已建有楚王行宫。秦末、西漢初人陸賈《新語·懷慮》説："楚靈王居千里之地，享百邑之國……作乾溪之臺，立百仞之高，欲登浮雲，窺天文。"想必這是一處帶有軍事指揮性質的宫殿。《後漢書·郡國志》"汝南郡"："城父故屬沛，春秋時曰夷，有章華臺。"據杜注："章華宫在華容縣城内。"楊守敬認爲，楚靈王是先在江漢間的華容築章華臺，隨後因乾溪風物又築一同名之臺於此。《郡國志》所記之臺，應即《新語》所説之臺。另據《輿地紀勝》所記，楚懷王子頃襄王在白起拔郢後北保於陳，曾在今河南省商水縣城西北築一乾溪臺（又稱章華臺）。臺以"乾溪"爲名，可見自春秋以來乾溪在楚王行止中具有特殊的地位，非一般城邑可以與之比擬。至戰國時期，楚人在原有的楚王游樂、駐蹕之處的基礎上以乾溪爲別都，稱爲郕郢，顯然也是順理成章之事。另，郕郢有"少司馬陳懸"。《周禮·夏官》"都司馬"，鄭玄注："都，王子弟所封及三公采地；司馬主其軍賦。"楚平王太子建坐鎮北城父時，據《左傳》昭公二十年記載，該處有"城父司馬奮揚"。由此表明，在相當於別都一級的行政機構中設立司馬一職，乃是楚國的慣例。郕郢爲楚之東境別都，看來無可懷疑。[①]

李學勤先生：

據簡文，悼王在其父聲王尚在，自爲太子的時候，就居於郕郢，繼位後仍在該地，所以説是"猶居郕郢"。郕郢當即《説文》之郕，云"沛城父有郕鄉"，在今安徽亳州東南。[②]

子居：

楚簡王"自疆郢徙居藍郢，藍郢徙居朋郢"當即滅莒之前的一系列准備。《史記·楚世家》："（惠王）五十七年，惠王卒，子簡王中立。簡王元年，北伐滅莒。"[③]

---

① 劉彬徽、何浩：《論包山楚簡中的幾處楚郢地名》，湖北省荆沙鐵路考古隊編：《包山楚墓》，第 565、566 頁。

② 李學勤：《清華簡〈楚居〉與楚徙鄩郢》，《江漢考古》2011 年第 2 期，第 108 頁。

③ 子居：《清華簡〈楚居〉解析》，簡帛研究網，2011 年 3 月 30 日，又見於 Confucius2000 網·清華大學簡帛研究，2011 年 3 月 31 日。

陳民鎮先生：

"䣜鄝"業已見諸包山簡。《楚居》所見，其兩度爲王居，一爲簡王時，一爲聲王、悼王時。"䣜鄝"之"䣜"，或寫作𨟬（包山簡 165、172），隸作"䣜"，《楚居》寫法同。或寫作𨟬（包山簡 190），隸作"鄝"。整理者謂地在今安徽亳州市東南，即乾溪附近，可從。①

黃錫全先生將"朋鄝"讀爲"風鄝"，定在今湖北天門之古風城：

《楚居》報告注釋 76 云："據簡文，當距崩鄝不遠，或即其一部分。"或進一步認爲，"以爲處于"後的地名，"都是在前一個地名的轄區範圍之內的，所以䣜鄝亦當去朋鄝不遠"。我們在《楚簡秦溪、章華臺略議》中談到……"以爲尻（處）于某地"，表達的是兩者之間具有進一層的關係，即二者相距不遠。……簡王太子以邦居朋鄝，"以爲尻（處）于戠鄝"，透露出䣜鄝與戠鄝相近。

根據包山楚簡，戠鄝當在安陸附近。……從咸的箴、鍼與軫讀音相近，故將䣜鄝讀爲"軫鄝"。軫即春秋時期的軫國所在，位于今之湖北應城西。如此釋讀不誤，那麼，與之相近的䣜鄝應該在湖北應城西部附近尋求。

應城西之天門，爲古風城所在地，見于下列記述：

唐地理學家李吉甫《元和郡縣志》曰：

> 復州竟陵縣城，本古風國。古之風國，即伏羲風姓也。城在邑（天門）東北皂市五華山。南臨漢水。

宋《路史》作者羅泌，曾寓居襄陽十餘年，對楚地尤爲熟悉。其在《國名紀》中"太昊後風姓國"之"風"下云：

> 上世貳國于風而爲姓，故帝之後有風后。堯誅大風，禹訪風后，皆其祚云。地當漢水。

清初顧祖禹《讀史方輿紀要》：

> 五華山在景陵縣東七十里，上有古風城。相傳伏羲之後封此。

《嘉慶重修一統志》"風城"下云：

> 即今天門縣治。《元和志》：竟陵縣城，本古風國也。古之風國，即伏羲風姓也。南臨漢水。
>
> ……

根據如上記述，天門有風城當淵源有自。風城大致方位當以《元和志》《方輿紀要》所記爲是，即在縣東北七十里皂市一帶。

---

① 陳民鎮：《清華簡〈楚居〉集釋》，復旦大學出土文獻與古文字研究中心網，2011 年 9 月 23 日，第 129 頁。

風、鳳古本同字，如甲骨文"鳳用爲風"。風，幫母侵部。鳳，並母侵部。朋，並母蒸部。《説文》鳳字古文作𩿇、𪄀，"鳳飛群鳥從以萬數，故以爲朋黨字"。段注："此説假借也。朋本神鳥，以爲朋黨字。"鳳字省形訛變與朋相近，《説文》後一形古文當即"鵬"字。《莊子·逍遙游》："其名爲鵬。"《釋文》："崔云：'鵬即古鳳字'。"《書·益稷》："朋淫于家。"《後漢書·樂成靖王傳》云："風淫于家。"因此，朋䢵可讀風䢵。

天門因其地爲傳説古風國所在，風景優美，適宜王居，朋䢵即風城實屬可能。

天門與應城相鄰，天門東北 70 里的皂市一帶與應城西部更是連成一片，若楚風城在今天門境内不誤，與《楚居》記述郫䢵與鄀䢵相近當不是偶然的巧合。

"衆大王自疆郢徙居藍郢，藍郢徙居朋郢"，疆郢在鍾祥郢中鎮，藍郢在鍾祥西北那口，朋郢在天門，䣖郢在應城西，諸地均相距不遠。[1]

劉信芳先生：

"郫䢵"，其地在漢晉時的城父郫鄉。《説文》"郫，……沛城父有郫鄉"，段玉裁注："今安徽潁州府亳州東南七十里有故城父城是也。"城父境内有地名乾溪，建有楚王行宮，《左傳》昭公十二年"楚子次於乾溪，以爲之援"，杜預注："在譙國城父縣南。"顧棟高《春秋大事表》卷七："今江南潁州府亳州東南七十里有乾溪，與城父村相近，即漢城父縣也。"陸賈《新語·懷慮》："楚靈王居千里之地。享百邑之國……作乾溪之臺，立百仞之高，欲登浮雲，窺天文。"乾溪之臺又被稱作"章華之臺"，《續漢書·郡國志》汝南郡："城父故屬沛，春秋時曰夷，有章華臺。"據此，春秋時乾溪、戰國時郫䢵應在漢晉時城父境内。[2]

黃靈庚先生：

郫、郫同。《包山楚簡》又作"郫"。第一六五簡："郫䢵人黃鯛。"第一七二簡："郫䢵少司馬陸（陳）慭（憖）。"郫（郫）䢵，蓋近安陸，不當遠至亳州乾溪也。[3]

牛鵬濤先生：

郢都遷徙有一定的範圍，忽然跳動至安徽亳州，失之過遠。黃錫全

---

① 黃錫全：《"朋郢"新探——讀清華簡〈楚居〉札記》，《江漢考古》2012 年第 2 期，第 105、106 頁，又載簡帛網，2011 年 11 月 28 日。

② 劉信芳：《楚系簡帛釋例》，合肥：安徽大學出版社，2011 年，第 59、60 頁。

③ 黃靈庚：《清華戰國竹簡〈楚居〉箋疏》，《中華文史論叢》2012 年第 1 期，第 103 頁。

先生也不同意城父説，他認爲"鄜郢"可讀爲"風郢"，對應湖北天門市古風城。

從《楚居》看，"居鄜郢，以爲處於糊郢"，可知鄜郢、糊郢相距不會太遠。整理者也認爲："糊郢，或釋爲戠郢，又見於包山六二、一七二、一八五號簡，據簡文當距鄜郢不遠，或即其一部分。"黃錫全先生贊同"糊郢"釋爲"戠郢"，讀爲"軑郢"，在湖北應城西，應城與天門相距不遠，符合"鄜郢"與"糊（戠）郢"的關係。①

張樹國先生認爲《楚居》"京宗"宜改釋爲"亳京"，"鄖郢"可能即此"亳宗"，也即屬羌鐘銘的"楚京"：

> 竹書《楚居》中的"京宗"不見於傳世文獻，學者們提出了幾種考證，亦未得確解。有學者認爲，"京宗"即景山，京、景音同相通，爲楚族所宗，猶如泰山稱爲"岱宗"。"景山"見於《山海經·中次八經》，郭璞注："今在南郡界中。"但聯繫到《左傳》中楚靈王"昔我皇祖伯父昆吾舊許是宅"之語，釋"京宗"爲"亳宗"可能更合理一些。所謂"商湯有景亳之命"，"亳"即安徽亳縣，"鄖郢"或即楚先祖所居之"亳宗"，也許就是《屬羌鐘》中的"楚京"。
>
> 對"鄖郢"的經營早在楚靈王時代就已經開始了，後爲楚簡王（即東大王）擴建成爲"楚京"。"王太子以邦居鄖郢"之"王太子"即楚聲王，楚簡《繫年》稱爲"楚聖桓王"，"以邦居"云云可能即遷都於此。在楚都諸"郢"中，"鄖郢"最爲靠近北方，經營時間也最長。《楚居》中的"鄖"，《説文·邑部》云："沛國縣，從邑，盧聲。"漢初易名爲"酇"，段玉裁注："今河南歸德府永城縣西南有故酇縣城。""鄖郢""鄖"距離較近，皆處於淮泗之間。……《屬羌鐘》"嘗敓楚京"中的"楚京"可能即指"鄖郢"而言。至於怎樣"襲奪"，史料無考。②

晏昌貴先生指出"鄖郢"見於包山簡和清華簡《楚居》，并結合北京大學藏秦"水陸里程簡冊"的內容，推測"鄖郢"可能與北大秦簡"鄰瀬亭""溳瀬亭"有關：

> 2013年，辛德勇先生在論文中公布了北京大學藏秦"水陸里程簡冊"的釋文和部分圖版照片，其中有二條簡文涉及帶"瀬"字的地名，一條

---

① 牛鵬濤：《清華簡〈楚居〉與楚國都城研究》，清華大學博士學位論文，2013年，第89、90頁。

② 張樹國：《〈屬羌人鐘〉銘與楚竹書〈繫年〉所記戰國初年史實考論》，《中華文史論叢》2016年第2期，第212、213頁。

是 04-208 號簡："安陸到湞湄亭六十里"，另一條是 04-062 號簡："安陸到鄴湄亭七十五里"。秦安陸縣在今湖北雲夢城關鎮附近。前條"湞湄亭"當近湞水，湞水亦見秦水陸里程簡冊，今亦名府河，從北至南由安陸流入雲夢北境，經雲夢城關鎮西，南流經應城、漢川，最後入長江。後一條"鄴湄亭"，應是鄰近"湄"這個地方。而"湄"，則很可能與楚鄴郢有關。

　　……

　　現在我們已知簡冊中的安陸在今雲夢城關鎮，只要確定了簡冊起始點的方位和編排次序的方向，就可以根據簡冊中的里距推定每一個"亭"（或"落"/"城"）的具體位置。

　　……

　　據"水陸里程簡冊"所記，安陸到鄴湄亭七十五里、到湞湄亭六十里，1 秦里約相當於今 415 米。折合成今里，鄴湄亭約在今雲夢縣城關鎮北（偏東）31 千米，湞湄亭約在雲夢北（偏西）25 千米。從今行政區劃看，可能均已跨超雲夢境，進入湖北安陸境。1958 年文物普查，曾在安陸城東 3 千米的李店鎮新河村發現古城遺址，遺址東西長 76 米、南北寬 72 米，文化層厚 0.8～1.5 米，采集陶片有鼎、盆、豆、筒瓦，以及銅鏃和鐵斧等，年代為戰國。楚鄴郢或當在此。[①]

尹弘兵先生：

　　戰國早期時，季家湖聚落群的地位要高於紀南城聚落群。由此似可推測，戰國早期楚都及楚國核心區很可能在沮漳河中游的當陽、枝江一帶，與《楚居》藍郢地名組對應。而其中心聚落——季家湖楚城或即戰國早期、楚簡王至楚肅王前期的楚郢都故址，也就是《楚居》中所記的鄴郢。[②]

（三）"郎（酀）"

整理報告：

　　酀，《説文》："酀，沛國縣。"故城在今河南永城縣西南。本篇中簡王不曾居酀，此言"復於酀"，疑係其即位前曾封之地。

---

　　① 晏昌貴：《鄴郢考》，徐少華、[日]谷口滿、[美]羅泰主編：《楚文化與長江中游早期開發國際學術研討會論文集》，武漢：武漢大學出版社，2021 年，第 292、293 頁。
　　② 尹弘兵：《清華簡〈楚居〉與楚國的居地及遷徙》，《考古學報》2024 年第 4 期，第 492 頁。

子居：

鄢即雎，故言"鄩郢復于鄢"。①

牛鵬濤先生認爲整理者説恐不可信，并提出了新説：

鄢可讀爲"廬"，在今湖北襄樊西南。王偉先生《清華簡〈繫年〉"奴
虜之戎"再考》指出出土文獻中與"虜"有關的字形可讀爲"且"聲，
文獻中有從"廬"聲與從"且"聲相通的例證，認爲《繫年》"奴虜"即
秦封泥"奴廬"。其分析是可信的。《楚居》中的"鄢"即文獻中的"廬"，
或作"盧"。《水經注》有"鄢、鄀、廬、羅之地"并稱，可知"廬"距
"鄢、鄀"不遠。《水經》"（沔水）又東過中廬縣東。"郭守敬按："《漢志》
《齊志》作廬，《續漢志》《晉》《宋志》作盧。漢縣，屬南郡，後漢因，
魏屬襄陽郡。"②

何家興先生：

"東大王……復於鄢（鄢）"，其中的"鄢（鄢）"隸釋不確，可參看吳
良寶先生《戰國楚簡地名輯證》192頁。③

陳民鎮先生：

"鄢"字此前楚簡已見，多用作地名"鄢陵"，寫作🔲（包山簡106），
《楚居》寫法同。整理者引《説文》"鄢，沛國縣"，謂故城在今河南永城
縣西南。④

黃靈庚先生：

鄢與鄢同。《包山楚簡》第一一六簡："鄢陵攻尹産。"鄢，鄢陵也，
然未稱"郢"，以楚都猶在鄩（鄩）郢也。鄢陵，亦不當遠至沛之永城，
蓋在沮水之濱，即《漢書·地理志上》之"臨沮"，漢屬南郡："《禹貢》：
'南條荆山在東北，漳水所出，東至江陵，入陽水。陽水入沔，行六百里。'"
顏注引應劭曰："沮水出漢中房陵，東入江。"師古曰："沮水即《左傳》
所云'江漢沮漳，楚之望也。'音千余反。"鄢陵，在安陸西、景山南，
距鄩（鄩）郢不甚遠。⑤

---

① 子居：《清華簡九篇九簡解析》，Confucius網·清華大學簡帛研究，2010年6月30日。
② 牛鵬濤：《清華簡〈楚居〉與楚國都城研究》，清華大學博士學位論文，2013年，第90頁。
③ 復旦大學出土文獻與古文字研究中心研究生讀書會《清華簡〈楚居〉研讀札記》（復旦大學出土文獻與古文字研究中心網，2011年1月5日）一文下的評論。
④ 陳民鎮：《清華簡〈楚居〉集釋》，復旦大學出土文獻與古文字研究中心網，2011年9月23日，第129頁。
⑤ 黃靈庚：《清華戰國竹簡〈楚居〉箋疏》，《中華文史論叢》2012年第1期，第103、104頁。

　　朱曉雪女士根據"鄘"地在《楚居》中僅出現"復於鄘"一次，而未見"徙居鄘""徙鄘""徙於鄘"之類的情況，對《楚居》第 9、10 號簡的殘簡進行了推測，認爲"鄘"是 9 號或 10 號殘簡的一部分。"鑒於《楚居》中某地也可以稱某郢的例子，如'箬'又稱'箬郢'、'免'又稱'免郢'、'鄢郢'又稱'鄢'，假設'鄘'又稱'鄘郢'"，"鄘郢"首次出現在 9 號或 10 號簡的情形較多，其中合理的有三種："湫郢徙居鄘＝郢＝徙【9】居睽郢""湫郢徙于鄘＝郢＝徙【9】居睽郢""烝之野徙鄘＝郢＝徙【10】襲爲郢"。[①]

　　王超先生：

　　　　《楚居》中"復"即"再次"之意，"復於鄘"説明楚王之前曾以"鄘"作爲居處。……《楚居》中"復"後所加之地名，均出現於同一個王或是上一個王時期，時間不會間隔太久。而前後間隔久遠的，即使地名相同，第二次出現時也不再用"復"字，如"肥遺"，最早出現於楚惠王時，下一次出現在楚悼王時，間隔簡王、聲王兩世。

　　　　"鄘"僅見於楚簡王時代，"復於鄘"説明楚王不久之前應在"鄘"居住過；而新蔡簡云"王復於藍郢"，"藍郢"於《楚居》中，亦僅見於簡王時期，若"王復於藍郢"的"王"指簡王，則其應在藍郢住過兩次。而湫郢、疆郢則不見有類似情況。那麽，《楚居》"復於鄘"之"鄘"，與新蔡簡"藍郢"是否有關呢？……筆者以爲鄘和藍郢於楚簡王時當在同地，爲一地之不同稱謂，這種同地異稱的情況，《楚居》中亦有例可循……

　　　　根據目前的考古發掘情況，我們尚難確定藍郢／鄘的確切位置，但已有學者指出，以荆門、荆州爲中心的沮、漳流域，聚集着衆多戰國中期的楚人聚落群，説明在此之前，楚人應已對這一地區有所經營。因此，藍郢／鄘作爲戰國早期楚王的别居或行宫，其在沮、漳下游地區是很有可能的。[②]

　　【筆者按】根據語境，《楚居》楚柬大王"復於鄘"的意思是再次徙居鄘地。言外之意，楚柬大王以前已經有楚君居於鄘地。朱曉雪先生將"鄘（郢）"補於 9 號或 10 號簡，是有一定道理的。不過，增補《楚居》闕文，需要綜合考慮多種情形，《楚居》記載楚君居處遷徙是否完帙的情況就是闕文增補時不可忽視的因素：

　　　　《楚居》記載楚君的居處遷徙是否爲完帙？有學者以傳世文獻所記昭

---

　　① 朱曉雪：《〈楚居〉殘簡補論》，中國古文字研究會、吉林大學中國古文字研究中心編：《古文字研究》（第 32 輯），北京：中華書局，2018 年，第 418 頁。

　　② 王超：《"莫敖易爲"及相關問題探析》，鄔文玲、戴衛紅主編：《簡帛研究》二〇二三年秋冬卷，桂林：廣西師範大學出版社，2024 年，第 19-21 頁。

王遷郢未見於《楚居》，進而持否定意見（張碩、肖洋：《從〈楚居〉看楚昭王時代楚國都城的遷徙》，見楚文化研究會編：《楚文化研究論集》（第十集），湖北美術出版社，2011年，第85頁）。趙平安先生分析《吳越春秋》"徙於蔫都"，認爲蔫即爲（鄀）郢，包含蔫與都，反駁了前説（趙平安：《〈楚居〉"爲郢"考》，《中國史研究》2012年第4期，第10頁；又見於羅運環主編：《楚簡楚文化與先秦歷史文化國際學術研討會論文集》，湖北教育出版社，2013年，第80頁）。趙説對蔫與都關係的分析較有道理，但并不能以此證明《楚居》所記楚君居處没有遺漏。除《楚居》本身"復於鄀"的例子外，上博簡《昭王毁室》記載"昭王爲室於死滑之滸……王徙處於坪滿"（馬承源主編：《上海博物館藏戰國楚竹書（四）》，上海古籍出版社，2004年，第182、186頁），《王居》記載"王居鮇滿之室"（馬承源主編：《上海博物館藏戰國楚竹書（八）》，上海古籍出版社，2011年，第206頁），明顯都是記楚君居處，但這些居處并未見於《楚居》。①

此外，關於《楚居》"鄘"地地望，整理者認爲即漢代沛郡下屬之鄘縣，在河南永城西南，牛鵬濤先生讀"鄘"爲"廬"，定在今湖北襄樊西南。筆者頗疑《楚居》"鄘"地即今鄂西北老河口市境内之古"鄩"地，容將來細證。

（四）"糍郢"

整理報告：

> 糍郢，或釋爲戜郢，又見於包山六二、一七二、一八五號簡，據簡文當距鄘郢不遠，或即其一部分。

"糍郢"也見於包山楚簡，劉彬徽、何浩先生認爲：

> 《説文》無糍字，但有邥字。糍字原爲從并從戈從邑。省戈爲邥，當是秦漢以来的寫法。《説文・邑部》："邥，地名，從邑，并聲。"段玉裁注："《前（漢書・地理）志》：'齊郡臨朐'。應劭云：'有伯氏駢邑'。《後（漢書・郡國）志》：'齊國臨朐有古邥邑'。按……駢即邥字。今山東青州府臨朐縣東南有邥城。"臨朐位於今山東中部，其"東南"邥城原爲紀地，後入齊。春秋、戰國時楚人從未進入該地，楚之邥郢顯然與邥城無關。包山楚簡有些是受理案件的有關記載。從上引簡62等受期（理）組的文

---

① 魏棟：《清華簡〈楚居〉闕文試補》，《文獻》2018年第3期，第44頁，注①。

例來看，受期者與被受期者多爲同一地域甚至是同一縣内之人。簡 62 記有"安陸"，邥郢當與此安陸同地，或者是相距甚近。雲夢睡虎地秦簡及包山楚簡的記載都説明，"安陸"之名非始於秦而始於楚。問題是，邥郢是否就在安陸一帶？邥從并得聲，耕部幫紐。西漢末，在今湖北京山、安陸、隨縣三縣交界處有一平林，該處現緊鄰安陸西境，屬京山縣，稱爲平壩。平，耕部並紐。邥、平二字爲疊韻旁紐，可通假。按簡 62 所記，邥邑當即西漢時的平林。平林始見於《後漢書·光武帝紀》，亦見於《劉玄傳》。也許，這一帶在戰國時期即以"平"爲名，或逕稱爲"邥"，楚懷王之前以邥邑爲别都，故名邥郢。平林一帶原爲隨國東南境。隨之最終爲楚所滅是在"戰國中期晚段"。包山楚簡的年代爲楚懷王中期，已是戰國中晚期之際。楚在并滅隨國不久就在漢東邥邑建立别都，看來是爲了即時地穩固控制這塊江漢平原北沿地區。楚國縣尹又稱爲"公"。邥郢有"邥郢公"，并有"攻（工）尹"，説明這裏設置有相當於郡或縣一類的政權組織。其下還有"州""里"。可見其統治機構的完整與嚴密。[1]

復旦大學出土文獻與古文字研究中心研究生讀書會：

　　此字的隸定，學界主要有"鄢""鄵"兩種意見，相關討論可參吳良寶《戰國楚簡地名輯證》（武漢大學出版社，2010 年，60-62 頁）。我們認爲"鄵"説爲是（此還可參黄錫全《長江中游楚國"鄵郢"試探》）。[2]

子居：

　　劉彬徽、何浩先生認爲并郢在今湖北雲夢縣，劉信芳先生認爲在竟陵，黄錫全先生認爲是軑地。由《楚居》篇來看，"至靈王自爲郢徙居秦溪之上，以爲處於章華之臺""焉徙襲湫郢，改爲之，焉曰肥遺，以爲處於酉澫"中"以爲處於"後的地名，都是在前一個地名的轄區範圍之内的，所以鄵郢亦當去朋郢不遠。《吕氏春秋·慎勢》云："聲王圍宋十月。"正可與《楚居》篇"王太子以邦居朋郢，以爲處於鄵郢"相聯繫。[3]

陳民鎮先生：

　　"鄵郢"見諸包山簡 62、167、169、171、172。《楚居》所見，僅此

---

① 劉彬徽、何浩：《論包山楚簡中的幾處楚郢地名》，湖北省荆沙鐵路考古隊編：《包山楚墓》，第 565 頁。

② 復旦大學出土文獻與古文字研究中心研究生讀書會：《清華簡〈楚居〉研讀札記》，復旦大學出土文獻與古文字研究中心網，2011 年 1 月 5 日。

③ 子居：《清華簡〈楚居〉解析》，簡帛研究網，2011 年 3 月 30 日，又見於 Confucius2000 網·清華大學簡帛研究，2011 年 3 月 31 日。

一處。依據《楚居》文例，"爲處"的對象與前文的地名相近，或作爲前文地名的一部分存在，故"鄭郢"與"𨻳郢"相近。亦在今安徽亳州一帶，在乾溪附近。"子居"認爲《呂氏春秋·慎勢》"聲王圍宋十月"正可與《楚居》"王大（太）子呂（以）邦居𨻳（鄗）郢，呂（以）爲尻（處）於鄭郢"相聯繫，甚是。①

劉信芳先生：

鄭郢，鄭或作戕，讀爲"競"。"鄭郢"作爲楚別都，其地應在竟陵。②

黃錫全先生：

根據包山楚簡，戠郢當在安陸附近。如簡62："九月壬戌之日，𣪘郢司惠郘陽受期。十月，辛巳之日，不逞安陸之下隂里人屈犬、少宮陽申以廷，阩門有敗。"《包山楚墓》報告釋𣪘爲"鄭"，《注釋》107下云："鄭，楚別都之一。據簡文，鄭郢司惠管理的地域有安陸，或許鄭郢可能在安陸不遠之處。"因此，不論戠字如何釋讀，戠郢的大致方位應該與安陸相近。……

有學者認爲鄭、平二字可通假，鄭當即西漢時的平林，在今湖北京山、安陸、隨縣三縣交界處，屬京山縣，稱爲平壩。我們認爲，戠字是一字地名，即便釋讀爲鄭字，也與二字地名的"平林"有別。我們將所謂"鄭郢"的"鄭"改釋爲鄰或戕，認爲這個字是一個整體，已見於殷墟甲骨文，二人下部的兩橫爲附加筆畫，古文字習見，應該釋讀爲戕，見于《説文》古文，讀若咸。這一釋讀，得到清華簡《楚居》中"巫咸"之咸作"戕"的佐證："麗不從行，渭（漬）自髀（脅）出，妣戲（列）賓於天；咢（巫）戕（咸）眩（該）丌（其）髀（脅）以楚，氏（抵）今日楚人。"從咸的箴、鍼與斬讀音相近，故將鄭郢讀爲"斬郢"。斬即春秋時期的斬國所在，位於今之湖北應城西。③

黃靈庚先生：

"以邦居鄅（鄗）郢"者，蓋簡王年老，晚居於鄅，國事皆委於太子，而太子以國事猶居於鄅（鄗）郢也。又，鄭、戠，非一字。《包山楚簡》第六二簡："九月壬戌之日，鄭郢司惠郘陽受期。"注云："鄭，楚別都之一。

---

① 陳民鎮：《清華簡〈楚居〉集釋》，復旦大學出土文獻與古文字研究中心網，2011年9月23日，第131頁。
② 劉信芳：《楚系簡帛釋例》，合肥：安徽大學出版社，2011年，第59頁。
③ 黃錫全：《"朋郢"新探——讀清華簡〈楚居〉札記》，《江漢考古》2012年第2期，第105、106頁，又載簡帛網，2011年11月28日。

據簡文，鄢郢司惪管理的地域有安陸，或許鄢郢可能在安陸不遠之處。"

據此，鄱（鄱）郢亦與安陸相近。[1]

晏昌貴先生從《楚居》"A 以爲處於 B"辭例、楚王世系、簡文内容等方面分析，推斷《楚居》15 號、16 號簡之間存在缺失，也即 16 號簡簡首"戠郢"二字以前缺失一支竹簡。所缺竹簡的内容有兩部分：一是楚柬大王自鄱徙居某地，二是楚聲桓王的徙居情況。[2]

（五）"鄩郢"

整理報告：

鄩郢，地名，又見於新蔡簡甲一·三等，有"王自肥遺郢徙於鄩郢之歲"，簡文鄩字疑作"鄩"。肅王爲悼王子，《楚居》不記悼王子肅王之諡，該篇很可能作於其在位時。

何琳儀先生認爲先秦知名的"鄩"地有三，分別在齊國、衛國、東周王室轄境。楚悼王時，趙、楚聯軍與衛、魏、齊聯軍作戰，可能到達過衛之鄩邑（在今河南清豐縣南）。但後來隨着悼王逝世，楚"徙於鄩郢"的時間不會很長。[3]

黄錫全先生最初推測"鄩郢"可能即秦簡地名"尋平"：

原江陵與潛江（西南）之間的龍灣一帶經過考古發掘證實是一處大型王宮遺址并有城址，沙市秦簡所記竟陵至江陵之間的地名有尋平，而新蔡楚簡記有楚王駐蹕之地"鄩郢"，故有理由推測，楚之"鄩郢"或有可能就在秦時"尋平"一帶，地處龍灣。

若此推測屬實，那麼，包山楚簡的"鄩邑"也可能在龍灣。"鄩公"和"下蔡莘裏"的鄩和莘就跟"鄩郢"沒有關係，爲同名異地。[4]

後來，隨着《楚居》新材料的公布，黄先生的看法稍有變化：

關于龍灣黄羅崗城址，因爲過去沒有《楚居》這樣明確諸王所居的材料，我們曾根據沙市秦簡記述這一地帶有地名"尋平"，推測該城址或有可能爲"尋郢"。現在看來，這個問題需要重新審視。不過，我們仍傾向"尋郢"當在漢竟陵、江陵、華容之間的範圍内尋求。[5]

---

[1] 黄靈庚：《清華戰國竹簡〈楚居〉箋疏》，《中華文史論叢》2012 年第 1 期，第 104 頁。

[2] 晏昌貴：《〈楚居〉逸簡》，陳偉主編：《簡帛》（第 17 輯），上海：上海古籍出版社，2018 年，第 23-27 頁。

[3] 何琳儀：《新蔡竹簡選釋》，《安徽大學學報（哲學社會科學版）》2004 年第 3 期，第 1、2 頁。

[4] 黄錫全：《楚都"鄩郢"新探》，《江漢考古》2009 年第 2 期，第 91 頁。

[5] 黄錫全：《楚簡秦溪、章華臺略議》，簡帛網，2011 年 9 月 1 日。

劉信芳先生：

郚鄍，未詳。何琳儀先生認爲即"衛"地之"鄍"，在今河南清豐南。按此"鄍"未曾屬楚，是否爲"郚鄍"，有待于進一步研究。……楚簡以"鄍"爲名之别都都有可能是較小的地名。①

周宏偉先生：

楚武王所徙的郢，就是新蔡楚簡中多見的"郚鄍"，爲楚人勢力進入沮漳河流域后的統治中心，當今湖北當陽季家湖古城遺址。②

羅運環先生認爲"郚鄍"應該即《漢書·地理志》廬江郡之"尋陽"縣，在今湖北省黃梅縣西南：

《水經注·江水》："（江水）又東，左得青林口，水出廬江郡之東陵鄉。……（青林水）西南流，水積爲湖，湖西有青林山，……故謂之青林湖。……湖水西流，謂之青林水。又西南，歷尋陽，分爲二水，一水東流，通大雷，一水西南流，注入江。"楊守敬注疏："前漢尋陽縣屬廬江郡，後漢因，吳屬蘄春郡，晉太康元年屬武昌郡（治所在今湖北鄂州市），二年，仍屬廬江郡。西晉永興元年爲尋陽郡治。東晉郡徙，東晉義熙八年縣廢，在今蘄州東。"王先謙《漢書補注》引閻若璩云："漢尋陽縣在大江北，今黃州府，蘄州東瀼水城。"亦即在今湖北黃梅縣西南。

尋陽在春秋戰國間地理位置非常重要。春秋時吳國在今安徽一帶不斷地發生爭奪戰，吳人破郢溯淮水舍舟而入楚境，不敢沿長江入楚境，説明這帶是一方重鎮，楚惠王十六年（前 473）越滅吳，吳地盡爲越所有，楚與越爭奪故吳地。此處仍是一方重鎮。故春秋戰國間楚在此建設郢（或作尋）郢，漢代又在這一帶設置尋陽縣。葛陵楚簡處於戰國早中期之間，即楚聲王到楚肅王之際，楚與越國爭奪故吳地，仍然重視這一帶，故簡文"城郢"（甲三 30 號簡），即修整郚鄍城邑的記載。也有楚"王徙於郢"的記載。簡文還有"肥陵"的地名，何琳儀先生考定爲今安徽壽縣，甚是。另有簡文記載"王自肥還郢，王徙于郚鄍"（甲三 240 號簡），這裏的肥，即簡文中的"肥陵"，郢指江陵的郢都，尋郢正處於二者之間，楚"王徙於郚鄍"正好是途經此地。這也進一步證明簡文中的郚鄍即漢代的尋陽縣，在今湖北黃梅縣西南。③

---

① 劉信芳：《楚系簡帛釋例》，合肥：安徽大學出版社，2011 年，第 57 頁。

② 周宏偉：《新蔡楚簡與楚都遷徙問題的新認識》，北京大學歷史學系編：《北大史學》（第 14 輯），北京：北京大學出版社，2009 年，第 44 頁。

③ 羅運環：《葛陵楚簡郚鄍考》，古文字研究會編：《古文字研究》（第 27 輯），北京：中華書局，2008 年，第 499 頁；又載羅運環：《出土文獻與楚史研究》，北京：商務印書館，2011 年，第 384、385 頁。

尹弘兵先生：

　　郢郢就是戰國中晚期的楚都紀南城的可能性是相當大的。首先，江
陵附近有尋平地名，表明江陵一帶曾有"尋"稱，因此紀南城在遷都之
前和遷都之初被稱爲郢郢也是有可能的；其次，黃錫全考定郢郢爲龍灣
楚王宫或黃羅崗城址是以戰國時期郢都一直在紀南城爲基點的，但紀南
城作爲都城的年代，最早也只能到戰國中期早段或早中之際，正與葛陵
楚簡所記"王自肥還郢，徙於郢郢之歲"的年代相合，因此紀南城就是
郢郢的可能性要大于龍灣楚王宫遺址或黃羅崗城址；第三，徙有遷都之
意，尤其是當"徙"的行爲主體是王、國、族時，有很大可能是指都城
乃至整個國、族的遷徙；第四，葛陵楚簡明確記載楚肅王是從"郢"徙
於"郢郢"，這個"郢"當是指原來的郢都，而"郢郢"則是新的郢都，
且葛陵楚簡有"城郢"的記載，表明這個"郢郢"是一座而不是別宫、
游宫，而遷都之後，郢郢成爲正都，隨着時間的流逝，楚人也不再稱郢
郢而徑稱郢，於是郢郢就成了郢都。[①]

　　尹弘兵先生後來又指出《楚居》最後"中謝起禍，焉徙襲肥遺。邦大瘠，焉徙
居郢郢"發生在楚肅王在位時期。[②]通過對新蔡葛陵墓地年代的重新研判，他認爲楚
國遷居郢郢的時間當在楚肅王四年（前 377 年），此次遷徙因事關重大，被用作大事
紀年，當是楚都的正式遷徙。以此爲基礎，尹先生將郢郢與紀南城聯繫起來：

　　從清華簡《楚居》可知，楚肅王時遷居郢郢，此事是一個重大事件，
在新蔡楚簡中被反覆提及，并被用作大事紀年，表明楚肅王四年時從肥
遺徙居郢郢不是一次簡單的遷居，而是帶有遷都的性質。而紀南城現在
可以確認即楚東遷以前的楚都。馮家冢的年代與紀南城的初始年代（引
按，作者文中指出爲戰國中期早段）相合，馮家冢所埋葬的楚王，頗有
可能是將楚都遷至紀南城的楚肅王，而結合《楚居》和葛陵楚簡可知楚
肅王四年時楚都"徙於郢郢"，此記載與紀南城的年代上限、馮家冢的年
代和性質完全吻合。此皆可證新蔡葛陵楚簡和清華簡《楚居》中所載的
楚徙都之郢郢，即戰國中晚期的楚都，今之紀南城遺址。[③]

---

　　① 尹弘兵：《楚國都城與核心區探索》，武漢：湖北人民出版社，2009 年，第 265、266 頁。
　　② 尹先生最初認爲楚肅王遷都郢郢與吳起變法有關（參尹弘兵：《紀南城與楚郢都》，《考古》2010 年第 9 期，
第 61 頁）。在《楚居》發表後，尹先生的意見有所改變，認爲肅王時期發生了兩次遷都，第一次"中謝起禍"與
吳起變法有關，因此事楚肅王遷居肥遺；而第二次因"邦大瘠"楚都才正式遷至郢郢。
　　③ 尹弘兵：《楚都紀南城探析：基於考古與出土文獻新資料的考察》，《歷史地理研究》2019 年第 2 期，第 56 頁。

王恩田先生：

"鄢郢"讀作"新郢"。"鄢""新"一聲之轉。"新郢"即"郇"。徙於鄢郢，即遷都於郇。爲了區別於江陵的舊都郢，稱新都郇曰新郢，而改稱江陵的舊都爲故郢。《包山楚簡·卜筮祭禱記録》中屢見"東周之客䰧䏼歸胙於栽郢之歲"。栽，之部。故，魚部。之魚旁轉，栽郢即故郢。稱遷都後的都城爲新都的例子，還見於晉國，晉的都城絳原在今汾城南，遷都於新田後稱新都爲新絳，而稱舊都爲故絳。又如，蔡徙都後稱新都曰新蔡，故都改稱爲上蔡。徙都於新郢（郇），其事見於《左傳·定公六年》："四月己丑，吳太子終累敗楚舟師，獲潘子臣、小惟子及大夫七人，楚國大惕，懼亡……於是乎遷郢於郇，而改紀其政，以定楚國。"又見於《楚世家》：昭王"十二年，吳復伐楚取番，楚恐去郢，北徙都郇。"《左傳·定公六年》所説的"遷郢於郇"和《楚世家》所説的"北徙都郇"，即簡文中的"王徙於鄢（新）郢"，也就是徙於郇。[①]

《楚居》公布以後，不少學者又對"鄢郢"地望或"鄢"的字形發表了多種意見，劉雲先生：

本篇最後一支簡中的"鄢郢"之"鄢"作䰧，整理者直接隸定爲"鄢"，不確。此字左部從"邑"，右部所從與上博簡《孔子詩論》簡16中從"尋"，從"由"的䰧爲一字，兩者的區別僅在於前者所從的"由"訛爲"古"，前者所從的"尋"中間多一撇筆。"由""古"形近，相訛是很容易的，如吳王光鐘中的油字作䰧，包山簡簡129中的"迪"字作䰧，兩者所從的"由"就都訛爲了"古"。"尋"字中間多一撇筆也是很正常的，如新蔡簡乙一12中的䰧，所從的"尋"字中間就多一撇筆。這樣看來，此字應該是一個從"邑""䚯"聲的字，即"鄢"的異體。[②]

高佑仁先生：

鄢字我第一次看到時，與劉雲兄的思路可説完全一轍，懷疑它與《孔子詩論》䚯字同一字，不過新蔡簡確實是有撇筆的，但似乎沒有本處這麽誇張，因此就筆勢來看右半釋作"旨"或許也是有道理的。比較䰧與《彭祖》簡8的"旨"䰧。[③]

① 王恩田：《新蔡葛陵楚簡"藍郢"與"鄢郢"考——附論包山楚簡中的"栽郢"》，《古籍研究》（總第59卷），合肥：安徽大學出版社，2013年，第194頁。

② 復旦大學出土文獻與古文字研究中心研究生讀書會《清華簡〈楚居〉研讀札記》（復旦大學出土文獻與古文字研究中心網，2011年1月5日）一文下的評論。

③ 復旦大學出土文獻與古文字研究中心研究生讀書會《清華簡〈楚居〉研讀札記》（復旦大學出土文獻與古文字研究中心網，2011年1月5日）一文下的評論。

宋華强先生：

"王自肥遺郢徙於鄩郢之歲"這個紀年在新蔡簡中更多是簡稱爲"王徙於鄩郢之歲"，整理者指出此年是新蔡簡九個紀年中最晚的一年，劉信芳、李學勤先生都把此年定在楚肅王四年（前 377 年）。這個看法所存在的問題，我們曾作過詳細討論，此不贅言。我們從不同角度把該年推斷在悼王元年（前 401 年）到悼王七年（前 395 年）之間，并據簡文所記"王徙於鄩郢之歲"的曆日，認爲該年很可能是楚悼王四年（前 398 年）。劉彬徽先生的意見和我們不謀而合。《楚居》明載自肥遺郢遷到鄩郢的是悼王，可以説爲我們的看法提供了確證。從簡文看，悼王始居郝郢，後徙肥遺郢，再遷鄩郢，其遷至鄩郢應該是在即位數年以後，這也符合我們上述的推斷。[①]

王紅星先生：

"×郢"爲楚王居地且未必均在楚都可信，但也不能排斥"×郢"多在楚都之"郢"的城垣之内或距其不遠的近郊。這一認識如果不誤，或可提出一個假説："葰郢"有可能位於目前多數學者認定的秦將白起所拔的楚都紀南城之内。那麼，紀南城的始建年代就不會早於楚肅王時期，也不會晚於楚宣王早期，廢棄年代則爲公元前 278 年，而江陵蔡臺基址群，則有可能是早於"葰郢"的"×郢"。黄錫全先生根據沙市秦簡記述竟陵至江陵之間的地名有"尋平"，新蔡楚簡記有楚王駐蹕之地"鄩郢"，推測楚之"鄩郢"或有可能就在秦時"尋平"一帶，即潛江龍灣遺址。……該基址群的主要建築和使用年代爲春秋晚期，與楚悼王徙鄩郢的年代明顯不合。那麼，年代早於紀南城城址的蔡橋基址群有無可能是"鄩郢"呢？如果"葰郢"位於紀南城，"鄩郢"位於蔡橋，這一假説與紀南城目前所見遺迹、遺物的年代基本吻合，也可以解釋等級較高、年代早到戰國早期之末的崇源銅器群何以在該區域發現的原因。當然，這一假説還需要更多的材料論證。[②]

淺野裕一先生：

（上博簡《王居》）"鄩關"或當爲與"鄩郢"相關之地名。[③]

---

① 宋華强：《清華簡校讀散札》，簡帛網，2011 年 1 月 10 日。

② 王紅星：《楚郢都探索的新綫索》，簡帛網，2011 年 6 月 1 日，又載《江漢考古》2011 年第 3 期，第 93 頁。

③ 淺野裕一：《上博楚簡〈王居〉之復原與解釋》，復旦大學出土文獻與古文字研究中心網，2011 年 10 月 21 日。

子居：

羅運環先生認爲鄩郢在漢時尋陽縣，今湖北東部的黃梅縣西南；黃錫全先生認爲與湖北周家臺秦簡的“尋平”一地有關，地在今湖北潛江縣境内的龍灣遺址一帶；周宏偉先生認爲是今湖北當陽季家湖古城遺址，以上三説之中，筆者認爲以黃錫全先生之説較屬可能。①

陳民鎮先生：

“鄩”字，楚簡中存在多種異寫。或作“鄩”，寫作（包山簡 157）；或作“鄩”，寫作（新蔡簡甲三·178）；或作“敔”，寫作（新蔡簡乙一·16）；或作“壂”，寫作（新蔡簡甲三·259）；或作“蕲”，寫作（新蔡簡甲三·30）；或作“薂”，寫作（新蔡簡乙三·29）；或作“嘟”，寫作（新蔡簡乙三·16）；或作“鄩”，寫作（新蔡簡甲二·13）。除第一種寫法見諸包山簡之外，其餘均出自新蔡葛陵簡，且基本用作“鄩郢”。《楚居》“鄩郢”僅此一見，其中“鄩”寫作，隸作“鄩”，實際上是另一種異寫。

“鄩郢”這一地名見諸新蔡葛陵簡，葛陵簡有近 30 條記録與“鄩郢”有關。葛陵簡見及“王自肥遺郢徙於鄩郢之歲”，簡稱作“王徙於鄩郢之歲”，葛陵簡多見，蓋采用大事紀年法。楚人遷都爲大事，時人以此紀年。大事紀年法，不至於王居，從中可尋繹當時發生的許多大事，并由此推算時年。除鄩郢外，此前所見用於大事紀年的楚都，尚有藍郢、戚郢等。藍郢見諸《楚居》，戚郢不見，其作爲都城當在《楚居》製作之後。所謂“戚郢”，或寫作“葰郢”，或寫作“栽郢”；或隸作“栽郢”，或隸作“菽郢”，或隸作“戚郢”，或隸作“蔵郢”。見諸包山簡 12、58、126、129、131、140、206、207、218、224，望山簡一·1、7、8 以及天星觀簡、夕陽坡簡。天星觀簡言及“秦客公孫鞅問王於戚郢之歲”，其年代範圍應在商鞅游説秦孝公變法到擔任左庶長的公元前 361 年至公元前 356 年之間。

劉信芳先生指出，按葛陵楚墓紀年簡推算的結果，“王徙於鄩郢之歲”爲楚肅王四年（前 377 年），該墓墓主平夜君成於是年去世，李學勤先生説殆同。宋華强先生則把該年推斷在悼王元年（前 401 年）到悼王七年（前 395 年）之間，并據簡文所記“王徙於鄩郢之歲”的曆日，認爲該年很可能是楚悼王四年（前 398 年）。劉彬徽先生觀點殆同。《楚居》的記

———————

① 子居：《清華簡〈楚居〉解析》，簡帛研究網，2011 年 3 月 30 日，又見於 Confucius2000 網·清華大學簡帛研究，2011 年 3 月 31 日。

載，驗證了宋華强、劉彬徽二先生的推斷。蓋楚悼王時，都城自鄩郢遷
至肥遺，後又遷至鄩郢。所謂"王徙於鄩郢之歲"，即在楚悼王時期。①

黃靈庚先生：

> 鄩，讀如寢或沈，古同侵部，清、邪雙聲。例得通用。《左傳·宣公
> 十二年》"沈尹將中軍"，杜注："沈或作寢，寢縣也，今汝陰固始縣。"
> 《史記·優孟列傳》："於是莊王謝優孟，乃召孫叔敖子，封之寢丘。"《集
> 解》："徐廣曰：'在固始。'"《正義》："今光州固始縣，本寢丘邑也。《吕
> 氏春秋》云：'楚孫叔敖有功於國，疾將死，戒其子曰："王數欲封我，
> 我辭不受。我死必封汝，汝無受利地。荆楚間有寢丘者，其屬地不利，
> 而前有妬谷，後有戾丘，其名惡，可長有也。"其子從之。楚功臣封二世而
> 收，唯寢丘不奪也。'"寢丘，在今安徽臨泉縣。《新蔡葛陵楚墓》甲三·二
> 四〇"王自肥遺郢遷（徙）鄩郢之歲"，即肅王逆汝水自象禾遷至寢丘。
> 坪夜君城爲楚悼王末、肅王初時人，其封邑在新蔡，死葬新蔡葛陵鄉。肅
> 王自象禾至於昔孫叔敖之寢丘，避公族之亂遷於鄩郢，於坪夜君城而言，
> 固是大事，且屢以"王自肥遺郢遷（徙）鄩郢"爲記歲也。此尤證鄩郢
> 宜近平輿，則非寢丘莫屬。②

牛鵬濤先生：

> 鄩郢地名待考，過去曾有衛之鄩邑（河南清豐縣）、廬江潯陽縣等諸
> 説，皆不可信，黃錫全先生則主張"尋郢當在漢竟陵、江陵、華容之間
> 的範圍内尋求"。③

尹弘兵先生：

> 楚悼王死後，因"中謝起禍"（一般認爲係指悼王死後的貴族作亂射
> 殺吴起），楚肅王一度遷於肥遺（即湫郢），不久即因"邦大瘠"而徙居湫
> （引按，當作"鄩"）郢。這是楚國東遷以前的最後一次遷徙。白起所拔
> 之郢即紀南城，因此楚肅王時的這一次遷徙應是遷往今之紀南城遺址。
>
> 楚肅王在位的年代已是戰國中期，而紀南城最新考古發掘表明，紀
> 南城的起始年代正是戰國中期，或曰不早於戰國早期。④

① 陳民鎮：《清華簡〈楚居〉集釋》，復旦大學出土文獻與古文字研究中心網，2011 年 9 月 23 日，第 136、
137 頁。
② 黃靈庚：《清華戰國竹簡〈楚居〉箋疏》，《中華文史論叢》2012 年第 1 期，第 106 頁。
③ 牛鵬濤：《清華簡〈楚居〉與楚國都城研究》，清華大學博士學位論文，2013 年，第 90 頁。
④ 尹弘兵：《清華簡〈楚居〉與楚國的居地及遷徙》，《考古學報》2024 年第 4 期，第 492 頁。

出土簡帛文獻與古代文史研究叢書

魏棟◎著

清華簡地理文獻匯證

（中冊）《繫年》

清華大學出版社
北京

内 容 簡 介

本書輯録清華簡地理文獻，對之進行了較爲全面的匯釋，并對部分内容做了新研。該書是清華簡專題整理研究的代表性成果之一，對清華簡所涉地理問題研究乃至上古史地研究都會起到較大推動作用。

圖書在版編目（CIP）數據

清華簡地理文獻匯證 / 魏棟著. -- 北京：清華大學出版社，2025. 6.
（出土簡帛文獻與古代文史研究叢書）. -- ISBN 978-7-302-68200-4

Ⅰ. K877.54
中國國家版本館 CIP 數據核字第 20256SY134 號

責任編輯：張維嘉
封面設計：潘　峰
責任校對：王淑雲
責任印製：劉　菲

出版發行：清華大學出版社
　　　　　網　　址：https://www.tup.com.cn, https://www.wqxuetang.com
　　　　　地　　址：北京清華大學學研大廈 A 座　　　　郵　編：100084
　　　　　社 總 機：010-83470000　　　　　　　　　　郵　購：010-62786544
　　　　　投稿與讀者服務：010-62776969, c-service@tup.tsinghua.edu.cn
　　　　　質量反饋：010-62772015, zhiliang@tup.tsinghua.edu.cn
印 裝 者：三河市少明印務有限公司
經　　銷：全國新華書店
開　　本：170mm×240mm　　　印　張：51　　　字　數：894 千字
版　　次：2025 年 6 月第 1 版　　　印　次：2025 年 6 月第 1 次印刷
定　　價：298.00 元（全三册）

產品編號：097975-01

目　　録

第4章 《繫年》第1—4章地理史料匯證

第1節 《繫年》第1章地理史料匯證

《繫年》簡1—4:

　　昔周武王……乃乍（作）帝籔（籍）……名之曰【一】千畱（畝）^(一)，以克反商邑^(二)……至于東＝王＝（屬王，屬王）大瘩（虐）于周，卿攷（士）、者（諸）正、萬民……【二】乃歸東（屬）王于敵（虣）^(三)，龍（共）白（伯）和立^(四)。十又四年……宣王即立（位），龏（共）白（伯）和歸于宋〈宗〉^(五)……【三】立卋＝（三十）又九年，戎乃大敗周㠯（師）于千畱（畝）^(六)。【四】

【注　釋】

（一）"昔周武王……乃乍（作）帝籔（籍）……名之曰【一】千畱（畝）"

整理報告:

　　千畝，《周語上》注:"天子田籍千畝，諸侯百畝。"《北堂書鈔》引賈逵云:"籍田，千畝也。"

華東師範大學中文系戰國簡讀書小組:

　　"帝籍"，所指即簡文後來被上帝、天神命名爲"千畝"之地，蓋君王於每年春耕之始，示範種田播種，以勵耕者，《史記·周本紀》"宣王不修籍於千畝"正義引東漢·應劭注云"古者天子耕籍田千畝，爲天下先"、古文字"耤"的造字本義皆是。《國語·周語上》注:"籍，借也，借民力以爲之。天子田千畝，諸侯百畝，自屬王之流，籍田禮廢，宣王即位，不復尊古也。"案，雖是天子之田，"千畝"之地點，應可考出，疑近於周都鎬京，清·閻若璩曰:"此千畝，乃周之籍田，離鎬京應不甚遠。"（日本·瀧川龜太郎《史記會注考證》總第五九頁引。）^①

　　① 華東師範大學中文系戰國簡讀書小組:《讀〈清華大學藏戰國竹簡（貳）·繫年〉書後（一）》，簡帛網，2011年12月29日。

劉偉先生認爲只有一次千畝之戰，在周之近郊：

> 學界所認爲的《國語》《左傳》和《史記》中看似不同的記載，其實是具有内在一致性的。而後世之所以有學者將其割裂成兩次結果不同的戰爭，若追根溯源，則要歸於杜預對《左傳》相關叙述的註釋"西河介休縣南有地名千畝"，後世學者遂由此對千畝的地望産生了諸多解釋，并由此出現了千畝之戰有兩次的推測。然正如很多學者所説，千畝之戰實則只有一次，其地望也當如多數學者所言在王都近郊，沈長雲先生曾結合閻若璩、孔晁、蒙文通等學者的研究做過進一步討論，此處不贅。而若從西周後期包括戎人在内北方各少數民族的活動區域等諸方面考慮，更可以進一步驗證此説法的合理性。①

蘇建洲先生：

> "千畝"爲地名由簡文來看已很明確。以往學者以爲是單位名稱，如張雙棣先生注釋《吕氏春秋・孟春紀》"（天子）躬耕帝籍田"時説："古時，天子有農田千畝，用民力耕作，來生産祭祀上帝的黍稷。所以稱這千畝農田爲帝籍田。又簡稱帝籍或籍田。"（《吕氏春秋譯注》，頁6注49）現在看來是有問題的。至於"千畝"的地點，當如前面學者所説在周地王都近郊。《中國歷史大辭典——歷史地理》也説："一説周宣王敗績於姜氏之戎的千畝在王都近郊，即今陝西西安市附近。"（頁67）②

許兆昌、劉濤先生：

> 周武王"乃作帝籍……名之曰千畝"的記載至關重要，據此我們認爲，《周語上》"宣王即位，不籍千畝"句中"千畝"韋昭注并不準確。因爲簡文中明確記載的是"名之曰千畝"，此處的"之"，很顯然是代詞，指代前文中的"帝籍"，倘若如韋昭所言，則成爲"命名帝籍曰千畝土地"，一千畝土地就是一千畝土地，豈煩人來"名之"？這在邏輯上扞格難通。我們曾經指出，《國語》爲語體史記，記事只是爲了説明所記言論，内容也極爲簡單。《周語上》所載'不籍千畝'與'戰於千畝'，正是這種正文與附屬説明的關係。顯然，文中出現的'千畝'，不可能在前文中是指千畝土地，在後文中又變成一個地名。從'戰於千畝'句看，'千畝'

---

① 劉偉：《清華簡〈繫年〉與千畝之戰結局再考察》，《中州學刊》2022年第11期，第130頁。
② 蘇建洲、吳雯雯、賴怡璇：《清華二〈繫年〉集解》，臺北：萬卷樓圖書股份有限公司，2013年，第14、15頁。

只能爲一地名。"另，子居先生在《清華簡〈繫年〉1—4 章解析》一文中也指出，清華簡《繫年》第一章中記載的兩個"千畝"爲同一地名。

綜上所述，我們認爲《國語·周語上》和清華簡《繫年》中所載周人籍禮中的"千畝"，以及與之相關的周宣王千畝之戰中的"千畝"當從孔晁、汪遠孫及楊伯峻先生所説，其爲一地名，地望在西周都城附近。[①]

雷曉鵬先生：

簡文首句"昔周武王監觀商王之不恭上帝，禋祀不寅，乃作帝籍，以登祀上帝天神，名之曰千畝，以克反商邑，敷政天下"，這正是對《國語》"今天子欲修先王之緒而棄其大功"的最好注腳。由此可知，周宣王所要繼承的"先王"正是周武王，而虢文公之所以説周宣王"不籍千畝"是"棄其（先王）大功"，是因爲"千畝"正是周武王爲祭祀上帝而創設的，并在其"克反商邑，敷政天下"的過程中發揮了重要作用。簡文"宣王是始棄帝籍弗畋"，也正是《國語》"宣王即位，不籍千畝"的另一種表述。按"棄"者，抛棄、廢棄，含有將無用之物棄置不用之意。"畋"者，耕種，整治也。《尚書·多方》："今爾尚宅爾宅、畋爾田"。孔穎達疏："治田謂之畋，猶捕魚謂之漁"。那麼，這就很清楚了，所謂"不籍千畝"正是"棄帝籍弗畋"，也就是周宣王將帝籍廢棄，從此不再耕種、整治之意，用今天的話説就是周宣王將帝籍抛荒，任其荒蕪了。

可以説，正是因爲"不籍千畝"不僅指周宣王不再在籍田舉行籍禮，而且還下令徹底廢棄籍田，任其荒蕪，所以籍田上的生產終止，籍田上的收穫亦將隨之不復存在，那麼就自然沒有粢盛來祭祀上帝，也沒有糧食來供養民衆了。唯其如此，也才可能使虢文公產生"匱神乏祀而困民之財，將何以求福用民"之憂懼。[②]

謝乃和、付瑞珣先生：

西周末年，宣王"不籍千畝"，不實行"籍田禮"，清華簡《繫年》與《國語》都認爲宣王不實行籍田禮才導致了千畝之戰的失敗，正與周代籍田禮所蘊含的天下興亡的禮義所一致，可見"千畝"帝籍的神道設教作用在西周當時以及東周時代影響至大。因此，即便籍田或有多處，而"千畝"的所在地應該是在王畿附近——周天子行"籍田禮"之處。[③]

---

① 許兆昌、劉濤：《周代"千畝"地望考》，《古代文明》2014 年第 2 期，第 42 頁。

② 雷曉鵬：《清華簡〈繫年〉與周宣王"不籍千畝"新研》，《中國農史》2014 年第 4 期，第 58 頁。

③ 謝乃和、付瑞珣：《從清華簡〈繫年〉看"千畝之戰"及相關問題》，《學術交流》2015 年第 7 期，第 210 頁。

路懿菡女士：

學界對於周宣王"不籍千畝"問題的認識存在諸多爭論，分歧較大。據清華簡《繫年》簡文所載，"千畝"是周武王伐商前用以祭祀上帝的專屬田地——"帝籍"的名稱，周宣王"不籍千畝"就是廢棄了"帝籍"之田。《繫年》簡文的出現爲搞清"千畝"的真正含義提供了直接的史料。[①]

劉偉先生：

清華簡《繫年》對千畝之戰相關問題研究的作用，主要體現在以下幾點：其一，《繫年》云"周武王監觀商王之不恭上帝，禋祀不寅，乃作帝籍，以登祀上帝天神，名之曰千畝"，爲我們認識"千畝"的功能、稱謂、地望等提供了新材料，并有學者申述"千畝"有兩地説。其二，綜合利用《繫年》與傳世文獻的記載，對千畝之戰的次數及其結果進行進一步論述。"一次説"者都認同宣王失敗，而晉穆侯在其中"有功"，"二次説"者將其區別開來，認爲宣王失敗，而晉穆侯在另一次中獲勝。其三，《繫年》中的相關記載爲認識宣王在千畝之戰中的失敗原因提供了新資料。此前學者多根據《國語》中宣王不籍千畝、虢文公諫阻不得、王師敗績的綫索，認爲千畝之敗和宣王廢棄籍田之禮、不敬上天有因果關係。而《繫年》中"周武王監觀商王之不恭上帝，禋祀不寅，乃作帝籍，以登祀上帝天神，名之曰千畝"以及"宣王是始棄帝籍弗畋"之語，一定程度上進一步驗證了這種看法。[②]

（二）"克反商邑"

整理報告：

商邑，指殷，見《書·牧誓》《酒誥》及金文遣簋（《集成》四〇五九）。反商邑，意指顛覆商的統治。

華東師範大學中文系戰國簡讀書小組：

"以克反商邑"，"以"，因也。"克反"，疑讀爲"克叛"。"商邑"，即所謂"天（大）邑商"也。[③]

---

① 路懿菡：《清華簡〈繫年〉周宣王"不籍千畝"原因蠡測》，《遼寧師範大學學報（社會科學版）》2018年第5期，第121頁。

② 劉偉：《清華簡〈繫年〉與千畝之戰結局再考察》，《中州學刊》2022年第11期，第128頁。

③ 華東師範大學中文系戰國簡讀書小組：《讀〈清華大學藏戰國竹簡（貳）·繫年〉書後（一）》，簡帛網，2011年12月29日。

子居：

整理者已指出"以克反商邑"即顛覆商的統治，并提到"商邑"見於《尚書》的《牧誓》《酒誥》及金文逐簋。這裏還可以補充《尚書·立政》："其在商邑，用協於厥邑。"《詩經·商頌·殷武》："商邑翼翼，四方之極。"《逸周書·克殷》："殷末孫受，德迷先成湯之明，侮滅神祇不祀，昏暴商邑百姓，其章顯聞於昊天上帝。"《逸周書·度邑》："王乃升汾之阜，以望商邑。"[①]

（三）"歸東（厲）王于彘（彘）"

整理報告：

敫，即"徹"字，與"彘"字同在定母月部。《左傳》昭公二十六年："至于厲王，王心戾虐，萬民弗忍，居王於彘。"

子居：

彘地在今山西霍縣東北。《國語·周語上》："三年，乃流王於彘。"章昭注："彘，晉地，漢爲縣，屬河東，今曰永安。"《漢書·地理志》："彘，霍大山在東，冀州山，周厲王所奔。"鑒於這個地點幾乎是西周在臨汾地區的最北端了，故流厲王於彘地一事恐頗有內容。據《史記·秦本紀》："周厲王無道，諸侯或叛之，西戎反王室，滅大駱犬丘之族。"可見反叛的主力是西戎，而此時正在申伯與大駱的"申駱重婚，西戎皆服"之後，大駱既滅，則有非子之孫秦仲這支登場，可見西戎之叛，似不能排除與秦仲的關係。《古本紀年》："厲王無道，戎狄寇掠，乃入犬丘，殺秦仲之族。王命伐戎，不克。"所指"秦仲之族"，自然即大駱後裔。而秦仲伐戎不克，恐也并非無由。由此再來回顧"流王於彘"，其地正在造父受封的趙城以北，且厲王若欲回宗周，也必經趙城，那麼此事恐難說不是秦仲之意而把厲王交付造父後人拘押，雖然貌似整個事件中，出面的都是"國人"，于清華簡《繫年》中，則記爲"卿士、諸正、萬民弗忍於厥心"。[②]

蘇建洲先生：

王先謙《漢書補注》："（彘）周厲王陵，在霍邑縣東北二十九里。"即今山西省霍州市。周宣王時代的塱盨（《集成》4469）："卑復虐逐𠂤（厥）

---

① 子居：《清華簡〈繫年〉1～4 章解析》，Confucius 2000 網·清華大學簡帛研究，2012 年 1 月 6 日。

② 子居：《清華簡〈繫年〉1～4 章解析》，Confucius 2000 網·清華大學簡帛研究，2012 年 1 月 6 日。

君（厥）師"，尹盛平先生認爲"指的正是國人暴動將厲王及其大臣驅逐到彘這件事。"（尹盛平：《周原文化與西周文明》，頁 337—338）[1]

（四）"龍（共）白（伯）和立"

整理報告：

《史記·周本紀》索隱引《紀年》："共伯和干王位。"有關記載詳見方詩銘、王修齡《古本竹書紀年輯證》（修訂本）第五八至五九頁（上海古籍出版社，二〇〇五年）。"龍"，與"共"通假，下作"龏"，通用字。

華東師範大學中文系戰國簡讀書小組：

"共"，簡文原作从龍、廾聲，後面之簡文有"龍（共）白（伯）和"，則省略了聲符。

"龍（共）白（伯）和立"，共，國名；伯，爵也；和，名也。（1）"共伯和"爲一人名者，見《莊子·讓王》、《呂氏春秋·開春紀》、《史記·周本紀》正義引《魯連子》、《路史·國名紀四》、《漢書·古今人表》、《竹書紀年》等傳世古籍。（2）不同於西漢·司馬遷《史記·周本紀》、《十二諸侯年表》以"共和"爲周公、召公行政之號。《太平寰宇記》作"恭和"，《唐書·地理志》有"衛州共城縣"，武德元年置共州，即今衛輝府輝縣（明·顧炎武《日知錄》有考）。（3）另外，《史記·衛世家》以"共伯和"爲"衛武公"之名，在幽王時，有功於王室，和《竹書紀年》與本篇簡文列"共伯和"於厲王之時，説法不同。[2]

牛鵬濤先生：

"共"地所在，《史記正義》引《魯連子》云"衛州共城縣"，即今河南輝縣，"子龍""子龏""龏子"所共同反映的族氏應即輝縣的"共"氏，與西周晚期的"共伯和"之"共"可能存在聯繫。[3]

吉本道雅先生：

なお、「注釋」は「共地在衛、共伯和不能是宋人」とした上で、『史記正義』周本紀引『魯連子』「而共伯復歸國于衛也」をその傍證とし、ついで司馬彪・成玄英に基づき、『繫年』の「宋」は「宗」の誤で、そ

---

[1] 蘇建洲、吳雯雯、賴怡璇：《清華二〈繫年〉集解》，臺北：萬卷樓圖書股份有限公司，2013 年，第 23 頁。

[2] 華東師範大學中文系戰國簡讀書小組：《讀〈清華大學藏戰國竹簡（貳）·繫年〉書後（一）》，簡帛網，2011 年 12 月 29 日。

[3] 牛鵬濤：《清華簡〈繫年〉與銅器銘文互證二則》，《深圳大學學報（人文社會科學版）》2012 年第 2 期，第 49 頁。

の「宗國」、即ち衛の意味であるとするが、不出來な説といわざるを得ない。まず共については、『左傳』閔二「衞之遺民男女七百有三十人、益之以共滕之民爲五千人」の杜預注に「共及滕、衞之別邑」とあり、おそらくはかつての共國が衛に併合されたものであろう。その限りにおいて「共地在衞」は正しい。しかしながら、『魯連子』が共伯和の本國を衞としたのは、『史記』衞世家

> 四十二年、釐侯卒、太子共伯餘立爲君。共伯弟和有寵於釐侯、多予之賂、和以其賂賂士、以襲攻共伯於墓上、共伯入釐侯羡自殺。衞人因葬之釐侯旁、謚曰共伯、而立和爲衞侯、是爲武公。

の共伯餘・武公和に牽引されたもので、それについては『史記正義』がすでに遺憾なく辨駁している。「注釋」がすでに否定された『魯連子』の説に依據しつつ、共伯和の本國を衞とすることは、粗劣に過ぎる。[①]

李零先生：

> 共伯和到底是一個人還是兩個人，他或他們，以共爲氏，共是衛邑，在河南輝縣，跟衛國到底是什麼關係，我們仍然不清楚。《史記》根據的材料是什麼，我們也不知道。共和的問題，恐怕還不能説徹底解決。[②]

（五）“龏（共）白（伯）和歸于宋〈宗〉”

整理報告：

> 共地在衛，共伯和不能是宋人，《周本紀》正義引《魯連子》也説他“歸國於衛”。《經典釋文》引《莊子・讓王》司馬彪注云，共伯和干王位，“十四年，大旱屋焚，卜于太陽，兆曰厲王爲祟，召公乃立宣王，共伯復歸於宗，逍遥得意共山之首”。《讓王》成玄英疏作“共伯退歸，還食本邑”。據此，簡文“宋”係“宗”字之誤，“宗”指其宗國，即衛。

華東師範大學中文系戰國簡讀書小組：

> “宋”，整理者認爲是“宗”字之誤摹（第一三七頁），指“宗國”，即“衛”，其説甚是。[③]

---

① ［日］吉本道雅：《清華簡繫年考》，《京都大學文學部研究紀要》（52），2013年，第8頁。

② 李零：《讀簡筆記：清華楚簡〈繫年〉第一至四章》，李守奎主編：《清華簡〈繫年〉與古史新探》，上海：中西書局，2016年，第41頁。

③ 華東師範大學中文系戰國簡讀書小組：《讀〈清華大學藏戰國竹簡（貳）・繫年〉書後（一）》，簡帛網，2011年12月29日。

侯乃峰先生：

宋，心母冬部；宗，精母冬部；二字古音極近，故它們之間更有可能當屬通假關係。①

李松儒女士：

宋，李學勤據《莊子》司馬彪注認爲"宋"當是"宗"字之訛，即本宗之國衛國（該意見見於本章第⑩條，李學勤 2011A）；小狐認爲"宋""宗"兩字通假。按，"宋"與"宗"字形相差較遠，歸於某地中的"歸"字未必指回到原封地，也可以指歸老於另一個地方，故此處的"宋"也可以認爲是宋國。但到底是"宋"還是"宗"正確，以現有資料，無法判斷。②

杜勇先生：

共爲姬姓諸侯，尚無直接證據。前人謂爲"周王之孫"或"屬王後"，只是一種推測。然有爵稱而任職王室的畿內諸侯，大多爲姬姓貴族……類推共爲姬姓，雖不中亦不遠。且其伯稱多爲畿內諸侯的爵名，共伯之"伯"亦當如此。

畿內諸侯的采邑，有時可稱爲國（邦）。如金文中井伯所在的井邑，禹鼎即稱爲"井邦"（《集成》2833）。關於共國的地望，《路史・國名紀四》"商氏後"列有"共"國，并謂："今朝之共城，文王'侵阮徂恭'者，即共伯國。"羅泌把《詩・大雅・皇矣》"密人不恭，敢距大邦，侵阮徂共"之共國，與共伯和之共國視同一事，應該是不正確的……

《漢書・地理志上》"河內郡"屬縣有"共"，班固自注："故國，北山，淇水所出，東至黎陽入河。"《水經注》卷九《清水》："共縣故城……即共和之故國也。共伯既歸帝政，逍遙於共山之上。山在國北，所謂共北山也。"隋代并共縣、山陽縣設共城縣，唐代設衛州，共城爲州治。其地在今河南輝縣市。歷代學者以爲此即共伯國所在之地，是可信據……

共伯國地近於衛，後來被衛國兼并成爲別邑。《左傳》閔公二年，衛國在戎狄逼迫下遷都，其遺民即有"共、滕之民"。杜注："共及滕，衛別邑。"共國何時被兼并，已不可考……清華簡《繫年》云："共伯歸於宋（宗）。"司馬彪《莊子注》亦云："共伯復歸於宗，逍遙得意於共山之

---

① 小狐：《讀〈繫年〉臆札》，復旦大學出土文獻與古文字研究中心網，2012 年 1 月 3 日。
② 李松儒：《清華簡〈繫年〉集釋》，上海：中西書局，2015 年，第 34 頁。

首。”成玄英疏：“共伯退歸，還食本邑。”這是符合事實的。宗者，祖廟
也。祖廟所在之地，自是共國都邑……“共伯歸於宗”必是還歸其采邑
無疑。①

（六）“戎乃大敗周自（師）于千畮（畝）”

整理報告：

《周語上》：“三十九年，戰于千畝，王師敗績於姜氏之戎。”注：“姜
氏之戎，西戎之別稱，四岳之後也。”千畝所在，當依徐元誥《國語集解》
引汪遠孫說，據《詩·祈父》疏引孔晁云：“宣王不耕籍田，神怒民困，
爲戎所伐，戰於近郊”，在周都附近，與《左傳》桓公二年所述晉穆侯千
畝之戰的千畝在今山西并非一地，參看楊伯峻《春秋左傳注》第九二頁
（中華書局，一九九〇年）。

蘇建洲先生：

第一章簡3—4……可知簡文的“戎”就是“姜戎”“申戎”，裘錫圭
先生認爲“申爲姜姓，申戎與姜氏之戎必有關，也許二者竟是同一戎族
的異稱”。在《繫年》第二章又稱爲“西申”。②

廖名春先生：

從簡四“戎乃大敗周師於千畝”句可知，“千畝”當爲地名。《竹書
紀年》：“三十九年，王師伐姜戎，戰於千畝，王師敗逋。”《國語·周語
上》亦云：“三十九年，戰於千畝，王師敗績于姜氏之戎。”（《國語》卷
一）《史記》記載同，《索隱》：千畝，“地名，在西河介休縣。”（《史記》
卷四）《左傳·桓公二年》：“其弟以千畝之戰生，命之曰成師。”杜預注：
“西河介休縣南有地名千畝。”（《春秋左傳注疏》卷四）都是以“千畝”
當爲地名。③

子居：

千畝，《說文·耒部》：“耤，帝耤千畝也。古者使民如借，故謂之耤。”
《呂氏春秋·孟春紀》：“是月也，天子乃以元日祈穀於上帝。乃擇元辰，

---

① 杜勇：《西周“共和行政”歷史真相新探》，清華大學出土文獻研究與保護中心編：《紀念清華簡入藏暨清
華大學出土文獻研究與保護中心成立十週年國際學術研討會論文集》，2018年11月，第122、123頁。

② 蘇建洲：《〈清華二·繫年〉中的“申”及相關問題討論》，《第四屆古文字與古代史國際學術研討會——紀
念董作賓逝世五十週年會議論文集》，臺北：“中央”研究院歷史語言所，2013年，第49頁。

③ 廖名春：《清華簡〈繫年〉管窺》，《深圳大學學報（人文社會科學版）》2012年第3期，第51、52頁。

天子親載耒耜，措之參於保介之御間，率三公、九卿、諸侯、大夫躬耕帝籍田。"高誘注："天子籍田千畝，以供上帝之粢盛，故曰帝籍。"此千畝，後世多考在山西岳陽縣，今安澤縣地，所論皆誤。千畝實即晉之新田，《左傳·成公六年》所謂"夏四月丁丑，晉遷于新田"者，今山西省侯馬市。……

（整理者）言"據《詩·祈父》疏引孔晁云'宣王不耕籍田，天怒民困，爲戎所伐，戰於近郊'，在周都附近，與《左傳》桓公二年所述晉穆侯千畝之戰的千畝在今山西并非一地，參看楊伯峻《春秋左傳注》第九二頁（中華書局，1990 年）。"此說恐有待商榷，所謂"戰於近郊"，乃是指戰於"郊地"，是指郊祀之地，將其理解爲周都附近并不正確。《後漢書·西羌傳》："晉人敗北戎於汾隰，戎人滅姜侯之邑。"注言見《竹書紀年》，可見此戎是據有姜侯之地，所以纏名爲姜氏之戎。又由晉人敗於汾隰，可知姜侯之邑鄰於汾隰。

《左傳·桓公二年》："初，晉穆侯之夫人姜氏，以條之役生太子。命之曰仇。其弟以千畝之戰生，命之曰成師。"是否即對應宣王伐條戎、奔戎及此後戰於千畝之事，此點學者的研究互有不同，持當對應者與不當對應者皆有。筆者以爲，二者對應的可能性還是非常高的。若從這個角度出發，則與此相應，晉國世系中，當將晉文侯的年世減少并把此前諸晉君在位之年整體下移。這樣調整之後，晉穆侯之卒年，也就是驪山之亂的當年，此點亦恐并非僅是巧合。[①]

朱鳳瀚先生：

存在的問題是，此作爲戰場所在地的"千畝"之所在，在以往即素有爭議。《史記》正義引《括地志》云"千畝原在晉州岳陽縣北九十里"，索隱則云"在西河介休縣"，二地點實接近。支持此觀點的史料，是《左傳·桓公二年》所記："初，晉穆侯之夫人姜氏，以條之役生太子，命之曰仇（杜預注曰"條，晉地，太子，文侯也，意取於戰相仇怨"）其弟以千畝之戰生，命之曰成師（杜預注"桓叔也。西河界休縣南有地名千畝，取以戰事以爲子名也"）。"孔穎達正義曰："案《周本紀》宣王三十九年，王與戎戰於千畝，取此戰事以爲子之名也。"穆侯夫人姜氏因晉地條之戰時生太子而命之爲"仇"，則因千畝之戰時生其弟而命之名"成師"，本身即表明"千畝"亦在晉地，故晉人才以此爲命名之由，加上杜預指明

---

① 子居：《清華簡〈繫年〉1～4 章解析》，Confucius 2000 網·清華大學簡帛研究，2012 年 1 月 6 日。

界休南有地名"千畝"（此應是《史記》索隱所云之根據），所以千畝在晉地之説不爲無據。中華書局標點本《史記》（1959 年 9 月版）在《周本紀》中"宣王不脩籍於千畝"之"千畝"上未加專名號，但在下文"三十九年，戰於千畝，王師敗績於姜氏之戎"的"千畝"旁則加了專名號，示意此爲地名，似亦是接受千畝之戰之"千畝"位於山西之觀點。

　　但"千畝"在晉地説早已有學者質疑，如汪遠孫則認爲："王自伐戎而遠戰于晉地，必不然矣。"并引《詩經·祈父》疏所引孔晁云"宣王不耕藉田，神怨民困，爲戎所伐，戰於近郊"，認爲其説近是。汪説自然是有道理的。千畝爲便於王主持藉禮，必在王都城近郊。這從《周語上》虢文公所述王行藉禮之時周安排、禮儀過程與隨從行禮有王朝"百官御事"亦可得知。與汪氏觀點相同者，清代學者中還有不少，如閻若璩《潛邱札記》……"千畝"之所在，"千畝"之戰究竟發生在何地，還可以再作深入考證。但即便"千畝"在晉地，王師所戰敗之地點竟與宣王不藉千畝之千畝同名，如此巧合亦頗爲奇特，所以此事確實不同尋常。[①]

吉本道雅先生：

　　ここで指摘すべきは、晉穆侯七年（805BC）の「條之役」と宣王三十九年（789BC）の「王伐條戎」であり、「條」の名稱と敗戰、さらに三年後の勝利を共有している。注目されるのは、この二つの事件の十六年の差が、『史記』の晉獻侯十一年（822-812BC）・穆侯二十七年（811-785BC）の年數の差に一致していることである。隣接する王侯の年數が轉倒することには類例があり、ここで獻侯二十七年（822-796BC）・穆侯十一年（795-785BC）とすると、穆侯七年（789BC）は正しく宣王三十九年に一致する。穆侯十年（786BC）の「千畝之戰」は、宣王四十一年の「王征申戎」に相當することになる。『國語』「三十九年、戰于千畝、王師敗績于姜氏之戎」の「姜氏之戎」は『竹書紀年』の「申戎」を姜姓の申國に附會し、かく稱したものであろう。三十九年の「條之役」と四十一年の「千畝之戰」を混同した記述である。このような混同は、千畝籍田を廢止したゆえに千畝で敗戰したという説話的創作に由來するものであろう。[②]

---

① 朱鳳瀚：《清華簡〈繫年〉所記西周史事考》，李宗焜主編：《第四屆國際漢學會議論文集——出土材料與新視野》，臺北："中央"研究院，2013 年，第 452、453 頁。

② ［日］吉本道雅：《清華簡繫年考》，《京都大學文學部研究紀要》（52），2013 年，第 9、10 頁。

謝乃和、付瑞珣先生：

千畝之戰的申戎應屬申伯之國，姜姓，爲"四嶽"之後，應該不誤。《詩·大雅·崧高》有"維嶽降神，生申及甫"，《毛傳》曰："岳，四嶽也"。《國語·周語下》："祚四岳國，命以伯，賜姓曰姜，氏曰有呂……申、呂雖衰，齊、許猶在"。可見齊、許、申、呂皆爲姜姓，《國語·周語中》富辰勸諫周襄王時亦説："齊、許、申、呂由大姜"。《逸周書·王會解》記載"西申以鳳鳥"進奉成王，并與西方的"丘羌"等國同列，可知其地望在宗周以西。《山海經·西山經》有申山、上申之山、申首之山亦可能與申戎有關。據此可推斷千畝之戰的地望應在宗周與申戎之間，近於王畿處的西方，與前文所述千畝爲王都附近實行籍田禮的"帝籍"相符，可見以宣揚神道的軍事觀來書寫千畝之戰，雖然不能準確地詮釋出千畝之戰失敗的決定性因素，但在某種程度上卻反映了東周史家神道設教的歷史觀念，突出了千畝（帝籍）的宗教性。[1]

李零先生：

説宣王不籍千畝，後來敗績千畝，似乎是報應。宣王敗績千畝，主要與西周晚期的戎禍有關。千畝在什麼地方？或説近鎬京，或説在晉地，我看，應以前説爲是。因爲宣王時期，戎禍主要來自西北。如《詩·小雅·六月》講宣王命尹吉甫伐玁狁，提到"玁狁匪茹，整居焦穫。侵鎬及方，至于涇陽"，玁狁屯兵在涇陽的焦穫澤，入侵地點是鎬京和方京，尹吉甫出兵，"薄伐玁狁，至于大原"，最後"來歸自鎬，我行永久"，交戰地點一定離鎬京不遠，就在涇陽附近。涇陽附近的黃土塬是咸陽原。我認爲，宣王料民於大原的大原就是這個原。前人説周戎交戰的大原在寧夏固原，太遠，與《詩》不符。洛邑遠離西戎的活動範圍，也可排除。晉地説，我想是因晉國參加過保衛鎬京的千畝之役，人們很容易把這個大原當作《禹貢》太原（臨汾盆地）。其實，最合理的解釋，恐怕還是千畝在鎬京附近。[2]

杜勇先生：

"不籍千畝"與"千畝之戰"確是兩個性質不同的歷史事件，《國語》與清華簡《繫年》之所以把它們編連在一起，并非無原則拼凑……前一

---

① 謝乃和、付瑞珣：《從清華簡〈繫年〉看"千畝之戰"及相關問題》，《學術交流》2015年第7期，第210頁。
② 李零：《讀簡筆記：清華楚簡〈繫年〉第一至四章》，李守奎主編：《清華簡〈繫年〉與古史新探》，第41、42頁。

個千畝説的是籍田，後一個千畝説的是戰場，但地名爲其共性。《國語》
《繫年》中兩個"千畝"相承而言，不僅在邏輯上而且在事實上只能是同
一地點。

　　那麽，這個千畝究竟在什麽地方呢？由於千畝本爲籍田，每年春耕
時又要在此舉行籍田禮，自然是孔晁所言地近京郊爲合理。清人閻若璩
説："此千畝乃周之籍田，離鎬京應不甚遠。……自元年至今將四十載，
天子既不躬耕，百姓又不敢耕，竟久成爲鹵不毛之地，惟堪作戰場，故
王及戎戰於此。"日本學者瀧川資言引此以證千畝地望，并謂："《括地志》
以晉州千畝原當之，殆非。"蒙文通先生也認爲："惟姜氏之戎於其盛時，
來戰於千畝，則逼王畿之近地。"這些都是明達之見。道理很簡單，天子
舉行籍田禮的地方，不會遠離京城。盛大的典禮活動，繁複的表演程式，
若是遠離鎬京，甚至跑到諸侯國的領地上舉行，不僅勞師動衆，操作不
便，就是那一份長途跋涉的辛勞也不是王公貴族所樂意承受的。因此，
把千畝之戰的地理方位定在鎬京近郊，遠比其他説法合理可信。至於千
畝確切位置的考定，則有待更多新材料的發現。[①]

【筆者按】《史記·晉世家》晉穆侯"伐千畝"，此"千畝"在今山西介休市南，
或言在今山西安澤北，與周宣王千畝之戰的"千畝"當非一地。

第 2 節　《繫年》第 2 章地理史料匯證

《繫年》簡 5—12：

　　周幽王取妻于西繻（申）[(一)] ……或叴〈取〉孚（褒）人之女[(二)]，是
孚（褒）忢（姒）……孚（褒）忢（姒）辟（嬖）于王=（王，王）【五】
與白（伯）盤逐坪（平）=王=（平王，平王）走西繻（申）[(三)]。幽王
起自（師），回（圍）坪（平）王于西繻=（申，申）人弗畀（昪），曾
（繒）人乃降西戎，以【六】攻幽=王=（幽王，幽王）及白（伯）
盤乃滅，周乃亡。邦君者（諸）正乃立幽王之弟舍（余）臣于鄭（虢）[(五)]，
是巂（攜）惠王[(六)]。【七】立廿=（二十）又一年，晉文侯戗（仇）乃殺
惠王于鄭（虢）[(五)]。周亡王九年，邦君者（諸）侯女（焉）叴（始）不朝
于周，【八】晉文侯乃逆坪（平）王于少鄂[(七)]，立之于京自（師）。三年，

---

① 杜勇：《千畝之戰析疑》，《中原文化研究》2021 年第 5 期，第 68、69 頁。

乃東遷（徙），止于成周，晉人<u>女（焉）訇（始）啓【九】于京臼（師）</u>^(八)，
奠（鄭）武公亦政（正）東方之者（諸）侯^(九)……【一〇】……齊襄公
會者（諸）侯于首址（止），殺子【一一】纛（眉）壽……<u>楚文王以啓于
灘（漢）瘍（陽）</u>^(一〇)。【一二】

【注　釋】

（一）“周幽王取妻于西繻（申）”

整理報告：

　　《史記·周本纪》載幽王后爲“申侯女”。《逸周書·王會》“西申以
鳳鳥”，何秋濤《王會篇箋釋》據《山海經·西山經》有申山、上申之山、
申首之山等地名，推斷西申在今陝西安塞以北，蒙文通《周秦少數民族研
究》之説略同，均以西申爲戎。《秦本紀》云秦先人大駱以申侯之女爲妻，
“西戎皆服”，在周孝王時。《後漢書·西羌傳》注引《紀年》云周宣王三
十九年，“王征申戎，破之”。“申侯”“申戎”均有學者以爲即指西申。

劉國忠先生：

　　西申應該就是申戎。西周末年，申戎與周人之間時而和平，時而戰
爭。西申在戎人中影響力很大，并與周、秦之間有着十分密切的往來，西
申不僅與秦人通婚，而且還多次與周王室聯姻。特別是周平王之妻也来
自於西申。這是過去學者們所不瞭解的。西周末年，王室實力削弱，而
申戎等戎人則不斷壯大，周幽王廢申后，又廢太子宜臼，進而派兵包圍
西申，成爲申戎等戎人與周王室之間戰爭的導火綫，并最終導致了西周
的覆滅。^①

董珊先生：

　　申即西申。據清華簡《繫年》和汲冢《紀年》，這個申不在今河南南
陽，而應即《逸周書·王會》之西申，蒙文通先生考訂在陝西北部，劉
德岑、顧頡剛等先生考證在關中西部，童書業則認爲地近驪山。這個申，
是周宣王改封南陽之申（見《詩·大雅·嵩高》）之前的本支。南陽的申
稱“南申”（見南申伯太宰簋，《集成》04188、04189），在舊地遺留的即
《繫年》的“西申”。^②

---

　　① 劉國忠：《從清華簡〈繫年〉看周平王東遷的相關史實》，陳致主編：《簡帛·經典·古史》，上海：上海古
籍出版社，2013年，第173-179頁。
　　② 董珊：《從出土文獻談曾分爲三》，復旦大學出土文獻與古文字研究中心網，2011年12月26日。

子居：

西申，在今陝西西安市臨潼區新豐鎮地區。《逸周書·王會》："西申以鳳鳥。"《後漢書·安帝紀》："新豐上言鳳皇集西界亭。"注："今新豐縣西南有鳳皇原，俗傳云即此時鳳皇所集之處也。"元代駱天驤《類編長安志》卷七："鳳皇原，在臨潼縣東一十五里，後漢延光二年，鳳皇集新豐，即此原也，亦驪山之別麓。"在《山海經·西次四經》中有申山、上申山等山，在渭北洛川北岸，故推測在擁立平王後，與晉、鄭、秦的擴張大致同時，西申也曾沿陝西洛河開疆擴土，北至白於山等地區……

由諸書可見，圍平王于西申之事即在驪山地區，如《呂氏春秋·疑似》："幽王之身乃死於麗山之下，爲天下笑。"《左傳·昭公二十六年》："至於幽王，天不弔周，王昏不若，用愆厥位。"孔穎達疏："《魯語》云：'幽王滅於戲。'戲，驪山之北水名也。皇甫謐云，今京兆新豐東二十里戲亭是也。"戲水，今名戲河，發源於臨潼區仁宗鄉仁宗村，於新豐鎮胡家窰村入渭河。此亦可證前文所言西申即在臨潼區新豐鎮地區。[1]

肖芸曉女士：

關於西申地望，李峰先生根據《山海經·西山經》的記載認爲，當指白於山與涇河源之間，即平涼地區。[2]

吳雯雯女士：

西申之正確地望至今仍未有定論，"申戎"與"西申"是否同一族系亦有爭議，據蒙文通先生之說，申戎即姜戎，即西申，地在陝西北部；晁福林則以爲此"申戎"是尚未遷徙到"謝"的原申伯國，地點約在今宗周之西，但不認爲原申伯國即是"西申"，"西申"是指在驪山一帶的申侯之國；而邵炳軍則認爲"申戎"非文獻上的"西申"，其地在陝西省甘泉縣以北，延安縣以南的地區，而西申則明確指爲陝西鄜縣東北。故只能確定西申在今陝西省境內，而其地點究竟是在陝西省西北部的延安、米脂、安塞，還是陝西省西部鳳翔一代（引按，當作"一帶"）或眉縣東北，仍然待考。[3]

---

① 子居：《清華簡〈繫年〉1～4章解析》，Confucius2000網·清華大學簡帛研究，2012年1月6日。

② 肖芸曉：《〈清華大學藏戰國竹簡（貳）·繫年〉之西周部分校釋及相關史事討論》，武漢大學學士學位論文，2012年6月。

③ 蘇建洲、吳雯雯、賴怡璇：《清華二〈繫年〉集解》，臺北：萬卷樓圖書股份有限公司，2013年，第46、47頁。

吉本道雅先生：

「西申」は、『左傳正義』昭二十六引『竹書紀年』

汲冢書紀年云、平王奔西申、而立伯盤以爲大子、與幽王俱死于戲。先是申侯·魯侯及許文公立平王於申、以本大子、故稱天王。幽王既死、而虢公翰又立王子余臣於攜、周二王竝立。二十一年、攜王爲晉文公所殺。以本非適、故稱攜王。

に見える。西申を漢代の南陽郡宛縣に比定される申ではなく、關中にあったものとする說があり、「注釋」もこれに從うが、申侯とともに魯侯·許文公が平王擁立に關與したという『竹書紀年』の記述を具體的に否定できない限り、西申關中說は成立しえない。[①]

李守奎先生：

1972 年，甘肅靈臺城西北 30 里白草坡西周早期墓葬出土"陵伯"諸器……"陵"字從"阜"，"夒"聲，很可能就是西申之"申"的早期用字。此組器出土於甘肅省靈臺縣西北，爲西周早期墓葬，很可能就是西申的早期封地。這與孔穎達所說的申初封於西周早期，《山海經》記載甘肅境內有申山等相合。如果以鎬京爲觀察點，西申位置在西，南申在南。位近虎牢的申可能有"東申"。……陳槃認爲西申與南陽之申"本自一族，分居二地"的觀點可能是對的。……西周初年，申初封於今甘肅靈臺附近，地近戎，所以又稱爲"申戎"。周與此申世有通婚，宣王之母就是申女，從《大雅·嵩高》的敘事來看，南國之申是宣王時始封其舅。[②]

子居又云：

《竹書紀年》稱"平王奔西申"，清華簡《繫年》第二章也稱"平王走西申，幽王起師圍平王于西申"，周幽王圍平王于西申且幽王死於驪山，本身足以說明"童書業、晁福林先生認爲西申地近驪山"甚確，而何秋濤以鳳集岐山即推論"疑亦集于西申"才是猜測之辭，古代傳言有鳳之處甚多，明顯不能以此即將西申指到所有與鳳凰有關的地方。驪山附近與鳳凰有關處即鳳皇原，若將西申指定在宗周之西，什麼緣故周幽王圍平王却死在了驪山之下呢？《山海經·西次四經》的申山、上申山、申首山從地勢上說，實際上即循今陝西洛河而北，正與渭南驪山成南北走

---

① ［日］吉本道雅：《清華簡繫年考》，《京都大學文學部研究紀要》（52），2013 年，第 12 頁。

② 李守奎：《清華簡〈繫年〉中的"繩"字與西申》，《歷史語言學研究》（第 7 輯），北京：商務印書館，2014 年，第 175 頁。

向，所以筆者在《清華簡〈繫年〉1～4 章解析》中才説 "故推測在擁立
平王后，與晉、鄭、秦的擴張大致同時，西申也曾沿陝西洛河開疆擴土，
北至白於山等地區"。這也是周幽王時西申在驪山地區的旁證。[①]

徐少華認爲西申在西周初年已經存在，據《山海經》的記載推測，其地望在
今平凉至鎮原一帶，在封建南申之前，只有這一個申國：

> 《山海經》所載以 "申" 爲名的幾處山、水，大致分布於兩個區域：
> 申山、上申之山約在今陝北安塞、米脂縣境或附近地帶；申首之山、申
> 水約在今甘肅與寧夏交界的平凉至鎮原以北地帶。西周時期的申侯或西
> 申之國當不出這一範圍。結合商代晚期至西周時期申人與秦之先祖及秦
> 人、西戎往來密切且長期聯姻通婚的歷史背景來看，古申人或申侯之國
> （西申）理應在與秦和西戎相近的位置。
>
> ……
>
> 炎帝氏族發祥地在今陝西西部的渭河上游地區，四嶽族活動範圍在
> 今山西中南部的霍太山一帶。由兩者之間地理形勢推測，四嶽族當時的
> 遷徙路綫，可能是沿關中平原北部與陝北高原南部之間的過渡地帶由西
> 南往東北方向移動，於壺口瀑布上下渡過黄河進入今山西境内，然後東
> 行抵達太嶽山西部。古申戎分布於今陝北地區，或與早期部分姜姓族人
> 經此地而東渡黄河至霍太山一帶的遷徙過程相關。[②]

蘇浩先生認爲，"西申" 仍應當是南陽之申，其稱 "西申" 是相對於信陽之申
而言的，并不一定在宗周之西，宣王封建申國是改封而非别封：

> 宣王時期，爲加强對南土的控制，已將鎬京以西的申國南遷至南陽
> 地區。其後，文獻不見西申的任何記載，没有確鑿證據表明西申南遷之
> 後在其故土仍有一個申國。古本《竹書紀年》以及近出清華簡《繫年》
> 所載 "平王奔（走）西申" 中的 "西申"，有可能是文獻書寫的時代已經
> 有南陽和信陽兩個申的存在，由於南陽在信陽之西，書寫者爲作區别，
> 故稱 "西申"，實指南陽之申。考慮到將南陽地區所出仲再父簋銘中的 "南
> 申" 解爲國名也存在一些問題，且銘文中的 "南申" 字樣不足以證明其
> 時另存在一個 "西申"。這一點，可以從清華簡《繫年》所記 "少鄂" 獲
> 得論據。[③]

---

① 子居：《清華簡釋讀涉及到的幾個歷史地理問題淺議》，中國先秦史網，2017 年 1 月 29 日。

② 徐少華：《"平王走（奔）西申" 及相關史地考論》，《歷史研究》2015 年第 2 期，第 151、154 頁。

③ 蘇浩：《清華簡 "少鄂" 與兩周之際申國史地再考》，鄔文玲、戴衛紅主編：《簡帛研究》二〇二一年春夏
卷，桂林：廣西師範大學出版社，2021 年，第 77、78 頁。

趙慶淼先生:

　　管見所及,目前出現"西申"之名的文獻資料,如《逸周書·王會解》、古本《紀年》及清華簡《繫年》等,其撰作年代基本都在戰國階段,甚至不排除有後人的改易或增附,因而所謂"西申"恐怕是東周以降才出現的國名和地理稱謂。①

(二)"或叞〈取〉孚(褒)人之女"

整理報告:

　　孚,《國語·晉語一》與《鄭語》《周本纪》等皆作"褒"。"孚""褒"音近相假。

趙平安先生:

　　故宮博物院藏有一件孚公柲甗,著録於⋯⋯《殷周金文集成》918號等處,共九字,時代屬西周中期。⋯⋯銘文一般隸定爲"孚公柲乍旅甗,永寶用",乍通作,甗通甗。⋯⋯"孚公柲"的柲爲私名,"孚"應爲國名。作爲國名的"孚"見於清華簡。⋯⋯"孚人"即"褒人","孚姒"即"褒姒","孚""褒"音近相假。《史記》索隱:"褒,國名,夏同姓,姓姒氏。禮婦人稱國及姓。其女是龍漦妖子,爲人所收,褒人納之于王,故曰褒姒。"《史記》正義:"《括地志》云:'褒姒故城在梁州褒姒城東二百步,古褒國也。'"褒國故城在漢水上游,今陝西勉縣東南。公父宅匜(《集成》10278)作器者是"公父宅",其祖父是"浮公","浮公"也應讀爲"褒公"。②

華東師範大學中文系戰國簡讀書小組:

　　"褒",日本·瀧川龜太郎云:"褒(褒),國名,夏同姓,姓姒氏。禮,婦人稱國及姓,其女爲龍漦妖子,爲人所收,褒(褒)人納之于王,故曰褒(褒)姒。"(《史記會注考證》總第六二頁。)③

(三)"平王走西繻(申)"

整理報告:

---

① 趙慶淼:《仲爯父簋銘文所見人物關係與宗法史實》,《中國史研究》2022年第3期,第67頁。

② 趙平安:《迄今所見最早的褒國青銅器》,《金文釋讀與文明探索》,上海:上海古籍出版社,2011年,第169-173頁。

③ 華東師範大學中文系戰國簡讀書小組:《讀〈清華大學藏戰國竹簡(貳)·繫年〉書後(一)》,簡帛網,2011年12月29日。

《左傳》昭公二十六年《正義》引《紀年》："平王奔西申，而立伯盤以爲大子。"

吳雯雯女士：

> "平王走西申"猶《紀年》云"平王奔西申"，指平王出奔至母家西申。西申位置在宗周之西，并非子居先生所説"周幽王圍西申于驪山"。驪山在新豐縣南（《索隱》，見《會注考證》，頁 80），即在宗周的東邊，當依傳統文獻所説爲幽王身死的地點，如《史記·鄭世家》云犬戎殺幽王於驪山下，（《會注考證》，頁 80）而非西申地望在驪山。[1]

徐少華先生：

> 資料表明，商周時期在周人的西垂活躍着一群申氏族人，商代便與秦人、周人祖先聯姻通婚。因周太王之妃太姜的關係，該族于商末周初即已立國，其地望當在《山海經》所言的申首之山和申水附近，即今甘肅與寧夏交界的平涼至鎮原以北地帶。周初成周之會時前來獻鳳鳥的"西申"即其國，西周中期孝王時與秦人大駱聯姻"保西垂"的"申侯"即其君，西周晚期周厲王、幽王均娶申女爲後，説明古申國不但與周、秦關係密切，且有較高社會地位。兩周之際，因幽王欲廢太子而立伯盤，太子宜臼所逃奔以及聯合繒、西戎等伐周之申，皆爲此國。[2]

李愛民認爲"平王奔西申"之"申"爲申國本支，史伯提到的"申、呂"并稱的"申"是南陽之申：

> 此段記載，學者一般以南陽之申當之。但細繹史伯之言，文中所論之"申"當既有西申，亦有南申，只是文中未作區別，皆以"申"稱之。由前面所引《繫年》可知，平王奔西申之後，幽王曾起師圍平王於西申。因西申、南申同源，故南申亦爲平王母家的旁支，其陝愛平王則在情理之中，因此幽王若起師圍西申，則南申前往救援亦在情理之中。此正可説明平王所奔乃西申，而西申非南陽之申。如果平王所奔爲南陽之申，則幽王所圍即其自身，又何用言"救"。而且前文申、繒、西戎并言，後文申、呂并言。亦可説明二"申"所指當有別。[3]

---

① 蘇建洲、吳雯雯、賴怡璇：《清華二〈繫年〉集解》，臺北：萬卷樓圖書股份有限公司，2013 年，第 55、56 頁。

② 徐少華：《"平王走（奔）西申"及相關史地考論》，《歷史研究》2015 年第 2 期，第 155 頁。

③ 李愛民：《由清華簡〈繫年〉看〈國語·鄭語〉關於申國的記載》，《蘭臺世界》2020 年第 8 期，第 153 頁。

（四）“曾（繒）人乃降西戎，以【六】攻幽王”

整理報告：

《鄭語》：“申、繒、西戎方彊，王室方騷……王欲殺大子以成伯服，必求之申，申人弗畀，必伐之。若伐申，而繒與西戎會以伐周，周不守矣。”“求之申”相當簡文“幽王起師，圍平王于西申”之事。

董珊先生：

與西申、犬戎共滅幽王的“繒”，其位置也應在宗周、西申附近，笪浩波先生也已指出：“繒爲申之與國，必近申。”根據所處方位，這個繒可以稱爲“西繒”。文獻多作“繒”，只有《國語·晉語一》：“申人、鄫人召西戎以伐周”寫作“鄫”，韋昭注：“鄫，姒姓。禹後也。”……歷史上存在出自夏禹、同爲姒姓的三個曾國。第一支，即在山東之鄫，《史記·周本紀》《正義》引《括地志》說“繒縣在沂州承縣”，今地在山東棗莊東。《春秋》僖公十九年、襄公五年經傳或寫作“鄫”。……《左傳》魯襄公六年（公元前 567 年）記載莒滅鄫。《戰國策·魏策四》“八年謂魏王曰”章：“繒恃齊以悍越，齊和子亂而越人亡繒。”似在戰國早期此鄫又復國而再亡於越。第二支，是西周早期存在於湖北隨州的曾。……西周早期開始存在於南方的曾，以西周晚期、兩周之際爲分界，之前是姒姓國，之後是姬姓國。第三支曾，便是上述與西申、犬戎等勢力共同攻滅幽王的繒。[①]

子居：

降於西戎的曾人，又見於《國語》……此曾人很可能就是秦人。曾可通秦，且真部與蒸部相通之例，《古字通假會典》中多達十餘例，說明二者在早期的語音關係是相當密切的。……據《國語·鄭語》：“申、繒、西戎方彊，王室方騷，將以縱欲，不亦難乎？王欲殺太子以成伯服，必求之申，申人弗畀，必伐之。若伐申，而繒與西戎會以伐周，周不守矣！繒與西戎方將德申，申、呂方彊，其隩愛太子亦必可知也，王師若在，其救之亦必然矣。王心怒矣，虢公從矣，凡周存亡，不三稔矣。”《國語·晉語一》：“申人、鄫人召西戎以伐周。周於是乎亡。”將其與《史記·秦本紀》“申侯乃言孝王曰：‘昔我先酈山之女，爲戎胥軒妻，生中潏，以親

---

① 董珊：《從出土文獻談曾分爲三》，復旦大學出土文獻與古文字研究中心網，2011 年 12 月 26 日。

故歸周，保西垂，西垂以其故和睦。今我復與大駱妻，生適子成。申駱重婚，西戎皆服，所以爲王。王其圖之。'於是孝王曰：'昔伯翳爲舜主畜，畜多息，故有土，賜姓嬴。今其後世亦爲朕息馬，朕其分土爲附庸。'邑之秦，使復續嬴氏祀，號曰秦嬴。亦不廢申侯之女子爲駱適者，以和西戎"對觀，即不難看出，前者稱"申、繒、西戎方强""繒于西戎方將德申"，後者稱"申駱重婚，西戎皆服"。可見當時與申、西戎并强於西土的，顯然就是秦人。在驪山之亂以前，秦人只有西垂大夫之職，而當驪山之亂以後，則一躍而成爲與鄭伯并稱的秦伯，獨霸於西土；清華簡《繫年》中的曾人則除了一叛之外，至周平王時即再未有聞。《史記·秦本紀》又稱："西戎犬戎與申侯伐周，殺幽王酈山下。而秦襄公將兵救周，戰甚力，有功。"其本所欲救者，是幽王抑或平王，亦頗語焉不詳，凡此皆非常之處。所以，將這些材料對觀可知，與申及西戎并稱的《鄭語》之繒、《晉語》之鄫、《繫年》之曾，很可能即是秦人。蓋關於驪山之亂的記録，唯載於周史，而在周室這唯一的記録中，把此事中的秦人記爲了曾人，其後各國春秋史記故説，就都因循未改，所以才有了現在看到的狀况。①

劉建明先生：

繒，古國名，又爲鄫國，爲與夏同姓封國。乃今曾姓之由來。以此，繒、鄫、曾三字可通用，故釋讀可直接從"曾"字。②

李零先生：

申繒之繒，舊説姒姓，恐怕不對。如果是姒姓，恐怕不會反褒姒。曾有三曾。山東蘭陵之曾是杞繒之繒，姒姓，乃武王所以封夏遺民。湖北隨州之曾是姬姓，過去有各種猜測，現在據文峰塔 M1 出土的編鐘銘文，我們才知道，原來是南宮括的後代。它是周的同姓，也不可能參與滅周。參與滅周的繒是西申附近的繒。這個曾，古文字的寫法是加了"宣"，董珊做過考證，懷疑它在崇信、實鷄一綫，很有道理。我懷疑，它與前面兩個曾根本没有關係，也許就是獫狁或犬戎的一支。③

---

① 子居：《清華簡〈繫年〉1～4 章解析》，Confucius2000 網·清華大學簡帛研究，2012 年 1 月 6 日。

② 劉建明：《古文字釋讀的"還本性"論——以〈繫年〉爲例》，Confucius2000 網·清華大學簡帛研究，2012 年 12 月 19 日。

③ 李零：《讀簡筆記：清華楚簡〈繫年〉第一至四章》，李守奎主編：《清華簡〈繫年〉與古史新探》，第 44、45 頁。

（五）"邦君者（諸）正乃立幽王之弟舍（余）臣于鄰（虢）""晉文侯戟（仇）乃殺惠王于鄰（虢）"

整理報告：

《左傳》昭公二十六年："至於幽王，天不弔周，王昏不若，用愆厥位，攜王奸命。"《正義》引《紀年》云幽王死，虢公翰"立王子余臣於攜"。簡文"虢"當指其時可能已遷至今河南三門峽的西虢。余臣爲幽王弟，前所未見。

吳雯雯女士：

今河南三門峽是（引按，當作"三門峽市"）北部的上村嶺出現虢國公墓，第七組的虢季墓與第八組的虢仲墓，其身份確定爲國君。據蔡運章《論虢仲其人》（《中原文物》1994 年第 2 期）及《虢文公墓考》（《中原文物》1994 年第 3 期），認爲虢仲即輔佐厲王的虢公長父，虢季即輔佐宣王的虢文公，而在追繳的虢國墓地被盜遺物中有國子碩父鬲及虢碩父銅匜，楊海青、常軍認爲此"國子碩父""虢碩父"，即虢石父，即輔佐幽王、與褒姒爲比的周室卿士。（《虢石父銅鬲與銅匜銘文及相關問題》，《中國歷史文物》2008 年第 2 期）如此，則三門峽之虢，即西虢都遷後之虢。[①]

蘇建洲先生：

關於"虢"地地望，《譜系》"虢"字條下說："金文有三虢。北虢，如虢季子白盤、虢季氏簋，在今山西平陸西。東虢，如頌器、虢叔器，在今河南滎陽東北。西虢，如城虢仲簋，在今陝西寶雞。"[②]

楊博先生：

攜王三年（即平王三年，前768），平王東遷至成周，攜王仍在虢地。我們知道，三門峽位於東西交通的關鍵位置，平王若從宗周進入成周，必須經過三門峽，若此時虢已東遷，攜王在三門峽之虢，則平王勢不能輕易地遷都洛邑，加之《繫年》簡文又云"晉文侯殺王子余臣于虢"，說明攜王始終定都於西虢。這樣虢氏東遷不僅在平王東遷之後，還應在攜王被滅（前750）之後。上文亦曾據《繫年》簡文聯繫《史記・秦本紀》的

---

① 蘇建洲、吳雯雯、賴怡璇：《清華二〈繫年〉集解》，臺北：萬卷樓圖書股份有限公司，2013 年，第 68 頁。
② 蘇建洲、吳雯雯、賴怡璇：《清華二〈繫年〉集解》，第 71 頁。

記載述前750年"晉文侯仇乃殺惠王於虢",而秦"文公遂收周餘民有之,地至岐",可以看出此年秦、晉作屬平王一黨對攜王、西虢派系的毀滅性的打擊,這裏的"周餘民"或許正是屬於以虢氏爲代表的支持攜王的"邦君諸正"的。

在這种情形下,虢氏才不得不東遷到三門峽上村嶺,開始臣服平王。受到沉重打擊的西虢,遷到三門峽後實力遽衰。[1]

路懿菡女士:

清華簡《繫年》中保存了諸多關於兩周之際史事的記載,據簡文所載,西周滅亡後,"邦君諸正乃立幽王之弟余臣于虢"。這爲重新認識兩周之際的政局提供了珍貴的史料,更對考察"西虢東遷"的確切時間等問題具有重要的學術價值。西虢東遷的時間應遠早於周平王東遷……

搞清了"攜"的真正涵義,再結合簡文"邦君諸正乃立幽王之弟余臣于虢"的記載,可以認爲兩周之際的攜王政權確曾存在,而已爲考古發現所確認的三門峽之"虢"之所以能在周幽王死後不久就成爲攜王政權的新基地,正説明早在西周滅亡前,三門峽一帶便爲虢氏所有,而西虢東遷的時間更是要遠遠早於此。西虢東遷的原因一方面是由於宗周故地的天災肆虐和西戎的侵擾,另一方面也是西周晚期以來王畿内的世家大族與周王室之間"離心離德"的表現。[2]

(六)"矖(攜)惠王"

整理報告:

雷學淇《竹書紀年義證》卷二七云:"攜,地名,未詳所在。《新唐書》《大衍曆議》謂豐、岐、驪、攜皆鶉首之分,雍州之地,是攜即西京地名矣。"

華東師範大學中文系戰國簡讀書小組:

"邦君、者(諸)正乃立幽王之弟余臣于虢【攜】,是攜惠【衍文】王",《竹書紀年》云:"幽王三年,嬖褒姒。五年,王世子宜臼出奔申。八年,王立褒姒之子伯盤爲太子。九年,申侯聘西戎及鄫。十年,王師伐申。十一年,申人、鄫人及犬戎入周,弑王及王子伯盤。申侯、魯侯、

---

[1] 楊博:《清華簡〈繫年〉簡文"京師"解》,陳偉主編:《簡帛》(第12輯),上海:上海古籍出版社,2016年,第59頁。

[2] 路懿菡:《清華簡〈繫年〉與"西虢東遷"相關問題考論》,《文博》2019年第6期,第69、71頁。

許男、鄭子立宜臼於申，虢公翰立王子余臣於攜，周二王并立。平王元年，王東徙洛邑。晉侯會衛侯、鄭伯、秦伯，以師從王入於成周。二十一年，晉文侯殺王子余臣於攜。"（《日知錄》卷二引。）又范祥雍《古本竹書紀年輯校訂補》云："〔十年〕，伯盤與幽王俱死于戲。先是申侯、魯侯及許文公立平王于申。幽王既死，而虢公翰又立王子余臣于攜，周二王并立。（中略）〔十四年，鄭〕滅虢。二十一年，攜王爲晉文公【侯】所殺。"則簡文所謂"邦君、諸正"者，乃"虢公翰"是也。"是攜惠【衍文】王"，從"是褒姒""是文公""是息嬀"等詞例來看，簡文"惠"字，疑可視爲美衍，《左傳》《竹書紀年》等典籍，均逕作"攜王"。

"晉文侯仇乃殺惠【攜】王于虢【攜】"，簡文"惠"字與"虢"字，應皆爲"攜"字之誤摹，蓋攜王被立於攜、弑於攜，是名"攜王"。周於釐（僖）王、襄王之間，尚有一位在位二十五年（公元前六七六至前六五二年）的"惠王"。①

劉國忠先生：

孔穎達的《左傳正義》所引，孔氏在討論"攜王奸命"時曾引用了一則《竹書紀年》記載："二十一年，攜王爲晉文公所殺。以本非適（'嫡'之義），故稱攜王。"這句話説得有些含糊。爲什麽"以本非適"，會被稱爲"攜王"呢？原來，"攜"在古代有離異、有二心的意思。如《左傳·僖公二十八年》"不如私許復曹、衛以攜之"，杜注："攜，離也。"《史記·吳太伯世家》"近而不偪，遠而不攜"，《集解》引杜預之言曰："攜，貳也。"這些都可以證明"攜"有離、貳的意思。……其中的"惠"字當是其支持者給他的謚號，至於"攜"，應當是後人出於正統觀念對他的稱呼，其含義當爲"貳"，係對余臣的一種貶稱，也就是《左傳正義》所引用的那樣："以本非適，故稱攜王。"這應該最符合"攜王"之稱的原義。②

陳偉先生：

《繫年》這種用法的"是"，或指地、或指人。此處或兼有這兩層含義，即所立之地爲"攜"，所立之人稱"惠王"。簡文斷讀作"是攜、惠王"。虢是大地名，攜應是虢國之內的小地名。在這種情形下，既與《春

① 華東師範大學中文系戰國簡讀書小組：《讀〈清華大學藏戰國竹簡（貳）·繫年〉書後（一）》，簡帛網，2011年12月29日。

② 劉國忠：《從清華簡〈繫年〉看周平王東遷的相關史實》，"'簡帛·經典·古史'國際論壇"論文，香港浸會大學，2011年；又載陳致主編：《簡帛·經典·古史》，上海：上海古籍出版社，2013年，第173-179頁。

秋左傳正義》所引《紀年》吻合，又和《繫年》後文只稱“惠王”相一致。①

老閟（網名）：

"攜惠王"之"惠"當是謚號……童書業先生根據《逸周書·謚法》所謂"怠政外交曰攜"，認爲"攜"不是地名，是謚號，而且是惡謚——可疑！其實，攜，通"挾"；挾，得音於"夾"，進而通"陝"。《説文》曰："陝，弘農陝也，古虢國，王季之子所封也。"後世晉獻公所滅之虢國，地跨黃河……河南是"上陽"，城小，實乃宗廟之所在。上陽正在"陝"（今河南三門峽市）。故，"虢""攜"實一地也。②

李學勤先生：

《紀年》講虢公翰立王子余臣於攜，《繫年》則説"邦君諸正立余臣于虢"，措辭不同，指的應係一事。幽王時執政大臣是虢石父，《吕氏春秋·當染》稱他作"虢公鼓"，虢公翰當爲其下一代的虢君，仍爲朝臣的領袖。由此不難推想，擁立余臣的是原來幽王朝中的一班人。攜這個地名難於考定，清雷學淇《竹書紀年義證》引《新唐書》《大衍曆議》説"豐、岐、驪、攜皆鶉首之分、雍州之地"，也不能進一步查考。從《繫年》稱立於虢看，攜當係虢國境内的邑名。……當時的虢肯定已經不是在今陝西寳鷄的西虢，而是遷到了今河南三門峽（舊陝縣），否則晉文侯就不可能到虢國把余臣殺掉了。③

王暉先生：

據古本《竹書紀年》虢公翰立王子余臣於攜（《左傳》昭公二十六年孔穎達正義引），可知"攜"是地名，那麼"惠"應是謚號，謚號命名爲"惠"應非惡謚，而爲善謚：《逸周書·謚法》言"柔質受課曰惠"，而《史記正義·謚法解》則作"柔質慈民曰惠，愛民好與曰惠"，這似説明當時群臣百姓認爲攜王是一個性格溫柔、慈愛民衆的君王。④

【筆者按】：

既然攜爲地名，那麼攜在哪裏？按，《紀年》云攜王立於攜，《繫年》

---

① 陳偉：《讀清華簡〈繫年〉札記（一）》，簡帛網，2011 年 12 月 20 日。
② 老閟（網名）：《〈繫年〉所見之兩周之際》，新浪博客，2012 年 1 月 22 日。
③ 李學勤：《由清華簡〈繫年〉論〈文侯之命〉》，《揚州大學學報（人文社會科學版）》2013 年第 2 期，第 50 頁。
④ 王暉：《春秋早期周王室王位世系變局考異——兼説清華簡〈繫年〉"周無王九年"》，《人文雜志》2013 年第 5 期，第 77 頁。

云攜王立於虢，兩相對比，攜與虢當有一定關係。陳偉先生云："虢是大地名，攜應是虢國之内的小地名。"陳説極是。攜作爲虢國境内的一座城邑是很有可能的。因爲在當時犬戎攻破豐鎬，宗周大亂的形勢下，權臣虢公翰極有可能將餘臣迎立於其相對安全的領地虢國，并辟一城邑爲攜王駐地。若此不誤，那麽欲鎖定攜的地望，首先要確定虢國地望。清華簡《繫年》整理者認爲此虢國即西虢，在今三門峽一帶，可備一説。[①]

路懿菡女士：

關於"攜"之具體涵義的認識，對"攜"之涵義的厘清，對認識西虢東遷的時間及其在兩周之際的歷史地位問題至關重要。

據孔疏，王子余臣被虢公翰立於"攜"，"攜"理應爲地名。而孔疏隨即又以"以本非適"來解釋"攜王"之"攜"的涵義，前後矛盾，難以圓通。……後世學者對此問題的認識也存在諸多爭議，雷學淇《竹書紀年義證》卷二七云："攜，地名，未詳所在。《新唐書》所載《大衍曆議》謂豐、岐、驪、攜皆鶉首之分，雍州之地，是攜即西京地名矣。"顧炎武《左傳杜解補正》曰："此則攜王之攜乃是地名，猶屬王流麃，時人謂之'汾王'。或以《謚法》'怠政外交曰攜'，非也。"童書業："攜王之'攜'或非地名，而爲謚法。《逸周書・謚法》：'怠政外交曰攜。'"可見，正是因爲史料的缺乏，後世學者對於"攜"的理解歧義紛紜，難以厘清。清華簡《繫年》簡文中的"攜惠王"之稱，基本可以排除"攜"爲謚號的説法，因爲"惠"才當是余臣擁立者在其死後給他定的謚號。……而簡文明言"晉文侯仇乃殺惠王於虢"，"立於虢"又"殺於虢"，倘若"攜"果是虢國内的邑名，爲何簡文不直言余臣被立與被殺之地在"攜"？所以，筆者認爲，"攜"應非地名。"攜"既非謚號，亦非地名，而應是東遷洛邑後的周王室對余臣稱王正統性的一種否定。據《逸周書・謚法》，"柔質受課曰惠"。《史記正義・謚法》亦曰："柔質慈民曰惠，愛民好與曰惠。"這正説明，"惠"作爲謚號應爲善謚而非惡謚，在余臣政權的擁立者看來，余臣當爲一個性格柔和、慈愛民衆的君王。正惟如此，對於最終政治鬥爭勝利者的周平王政權來説，必須通過某種方式來徹底否定余臣政權存在的合法性。劉國忠先生言："'攜'在古代有離異、有二心的意思"，"含義當爲'貳'，係對余臣的一種貶稱。"或正因如此，王子

朝在追溯此段歷史時，僅以"攜王"稱之，作爲曾有過的謚號"惠"也不予承認，導致後世文獻中的失載。因此，"攜"應是東周王室對余臣"奸命"之事的一種徹底否定，也是對余臣政權正統性的全面否定。[1]

（七）"晉文侯乃逆坪（平）王于少鄂"

整理報告：

> 少鄂，地名，疑即《左傳》隱公六年之晉地鄂，在今山西鄉寧。

華東師範大學中文系戰國簡讀書小組：

> "少（小）鄂"，山脉、城鎮、街巷，凡稱"小"者，爲"舊"，云"大"者，恒爲"新"，是知"少（小）鄂"者，乃"舊鄂""初鄂"也。整理者疑是《左傳·隱公六年》之晉地"鄂"，"在今山西鄉寧"。（第一三九頁）[2]

董珊先生：

> "少鄂"應區別於"鄂"，鄂是京師，少鄂是另一地名……平王先在少鄂，晉文侯迎立之於晉之京師，三年以後才徙至成周。[3]

老悶：

> 少鄂，當不在晉地，否則晉文侯無須往其地逆（迎）平王。平王的母家是申，申侯乃滅周之發起者。周滅後，平王即便暫未得立，也當居於申侯之勢力範圍才是。《竹書紀年》説"申侯、曾侯、許文公立宜臼于申"，當有所本。無論宜臼在幽王死後即時登基與否，"少鄂"該當在申、曾近旁，位於商洛至南陽一綫。所謂"少鄂"，蓋是簡書寫作時代的人爲避免與"當下"楚國之"鄂"相混淆，而給舊"鄂"起的別名。[4]

吉本道雅先生：

> 「少鄂」を「注釋」は『左傳』隱六「翼九宗・五正・頃父之子嘉父、逆晉侯于隨、納諸鄂、晉人謂之鄂侯」の「鄂」とし、楊伯峻 1990 が『大清一統志』卷138 山西平陽府の「鄂城(在鄉寧縣南一里)」に比定することに從うが、「西申」で擁立された平王が「鄂」に移動した推移が

---

① 路懿菡：《清華簡〈繫年〉與"西虢東遷"相關問題考論》，《文博》2019年第6期，第71頁。

② 華東師範大學中文系戰國簡讀書小組：《讀〈清華大學藏戰國竹簡（貳）·繫年〉書後（一）》，簡帛網，2011年12月29日。

③ 董珊：《讀清華簡〈繫年〉》，復旦大學出土文獻與古文字研究中心網，2011年12月26日。

④ 老悶（網名）：《〈繫年〉所見之兩周之際》，新浪博客，2012年1月22日。

說明されない。「西申」が漢の南陽郡宛縣であることから、「鄂」は漢の南陽郡西鄂縣に比定すべきであろう。[1]

李零先生：

　　簡文"少鄂"在什麼地方，學者有各種猜測，我估計，應在宜臼避難的西申。他從西申回來，先到鎬京，後到成周，少鄂當在鎬京以西。[2]

沈載勳先生：

　　不應排除少鄂指南陽之鄂的可能性。關於噩侯馭方鼎（《集成》2810）和禹鼎（《集成》2833）銘文所記西周中晚期南疆大國"鄂（噩）"，徐少華提出鄂（噩）應當在南陽盆地西鄂故城之說（漢代西鄂縣），此說已得到考古學發現的證實。前面，筆者已提到《竹書紀年》所記"平王奔西申"與"魯侯及許文公立平王于申"有自相矛盾之嫌，然《古本》却對平王逃奔之地與所立之地有明確的區分，分別記爲"西申"與"申"。據《詩·崧高》所記，西周中晚期南陽之申（仲僚父簋裏的南申）是攸關南疆安全的重要地方，并且南申是因爲起源於西申，繼續與西申保持良好關係。正如吉本道雅《周室東遷考》所推論，根據南申與鄂相距不遠的地理特徵，可作出這樣一個假設：平王逃奔西申後，在經歷幽王進攻、幽王與伯盤一同遇害以及攜惠王爲虢公所立的混亂之中，再逃到較爲安全的南陽之申而被立。這一假設能夠協調《竹書紀年》所記魯、許等諸侯立平王說以及《繫年》所記平王爲晉文侯所立於京師之前居鄂說。西周中晚期，鄂國與周王室的關係此一時彼一時，對平王來說，其政治環境也較爲合適。

　　當然，目前沒有直接證據可證實平王從西申移至南申說。[3]

杜勇先生認爲"少（小）鄂"在今南陽市夏響（或作餉）鋪一帶：

　　從周初到西周中期，鄂國都邑當一直在今隨州安居鎮羊子山一帶。周厲王伐滅鄂國之後，始別立新君，遷其遺民於南陽夏響鋪附近，清華簡《繫年》稱其爲"少（小）鄂"，後世又稱"西鄂"。鄂國敗亡後遷都南陽，元氣大傷，不過苟延殘喘而已。可能在春秋早期楚國北進過程中，這個"小鄂"連同申、鄧等國一并被楚文王所滅。[4]

① [日]吉本道雅：《清華簡繫年考》，《京都大學文學部研究紀要》（52），2013年，第15-16頁。
② 李零：《讀簡筆記：清華楚簡〈繫年〉第一至四章》，李守奎主編：《清華簡〈繫年〉與古史新探》，第43頁。
③ [韓]沈載勳：《對傳世文獻的新挑戰：清華簡〈繫年〉所記周東遷史事考》，李守奎主編：《清華簡〈繫年〉與古史新探》，上海：中西書局，2016年，第143、144頁。
④ 杜勇：《新出金文與鄂國史地問題考辨》，《寶雞文理學院學報（社會科學版）》2018年第2期，第8頁。

蘇浩先生也主張"少（小）鄂"即南陽夏餉鋪之鄂，周屬王平定鄂侯叛亂後，將鄂國遺民遷至此，故稱"少鄂"，因爲蘇浩將西申定在南陽，所以他認爲少鄂在西申的勢力範圍內，符合兩周之際的形勢：

> 南陽之地有鄂，此鄂在邑謝之申（即南陽之申）的西北方向，正是晉文侯"逆平王于少（小）鄂"的"少鄂"之所在。

> 清華簡將之稱爲"少鄂"，似乎也透露出此即西周晚期的南陽之鄂。歷史上，常有一國滅而復立或一國分爲二而取相同名號的，時人或後世文獻常在後起之國名前冠以"少"或"小"字，以作區別。如兩周時期的"梁"與"少梁"……又如春秋時期"邿"與"小邿"……再如虢與小虢……清華簡中"少（小）鄂"的得名，極可能也是周屬王滅鄂侯御方後，將其餘衆遷至南陽地，即今南陽夏餉鋪一帶，因滅國復立，故在清華簡中又被稱爲"少（小）鄂"。

> 值得注意的是，清華簡中雖稱"少（小）鄂"，却不代表其國名爲"少（小）鄂"。如上舉"小邿"，《左傳》等傳世文獻中雖稱"小邿"，却不是其正式國名。王獻唐先生曾論："小邿一稱，亦非國名之正。立國不自稱小，鄰邦亦不能以小呼之。時人以非舊邿，而原出於邿，於邿上加小爲別。習俗相沿，史家因之，遂號小邿，小邿非其正名也……小邿雖爲別封，非以別封之故，起號小邿。"……清華簡中稱南陽之鄂爲"少（小）鄂"，亦與此"小邿"之稱同理，是因爲南陽之鄂出自屬王伐鄂之前居於今隨州地區的鄂國故在其國名前加一"少（小）"字區別。M19號墓出土的銅壺（M19：10）銘文："鄂侯作孟姬媵壺。"说明其國名仍爲鄂。[1]

楊永生先生贊成少鄂在今山西鄉寧一帶，晉鄂侯所奔之"鄂"在臨汾盆地：

> 文侯迎立平王於少鄂，或在西申之役發生不久。少鄂在今山西鄉寧一帶，但并非晉鄂侯所奔之"鄂"。《左傳》隱公五年、六年詳記晉鄂侯事件始末。如其所言，晉鄂侯初號"翼侯"，後因曲沃莊伯作亂而出奔，處隨。之後，嘉父要迎回翼侯，但此時周桓王已經封翼侯子哀侯於翼，故翼侯只能居鄂，方稱"鄂侯"。翼在今山西翼城一帶，隨在今山西介休一帶，而"鄂"當在翼城與介休之間，鄉寧與之位置不合。此"鄂"或即唐叔虞初封之鄂。《史記·晉世家》裴駰《集解》引《世本》曰："（唐叔虞）居鄂。"此鄂在臨汾盆地一帶，正處翼、隨之間，與晉鄂侯之"鄂"

---

[1] 蘇浩：《清華簡"少鄂"與兩周之際申國史地再考》，鄔文玲、戴衛紅主編：《簡帛研究》二○二一年春夏卷，桂林：廣西師範大學出版社，2021年，第81、82頁。

方位相合；其爲晉之初封舊都，亦與晉鄂侯身份相合，故晉鄂侯被迎立之"鄂"當在此，而非鄉寧。但鄉寧稱"鄂"亦非空穴來風。按，"鄂"與"崿"通，《隋書·地理志》言："昌寧……有壺口山、鱷山。"《水經·河水注》曰："河水又南至谷，傍谷東北窮澗，水源所導也。"皆說鄉寧有"崿"。此蓋即《繫年》所説之"少鄂"。①

趙慶淼先生認爲不嬰簋中有"畧"地，地望在宗周之西，近於西申，即今平涼、鎮原、崇信、涇川四縣範圍內，很可能與"少鄂"是同一地：

> 不嬰簋銘的"畧"地乃周師西追獫狁之處，位於周王朝的西北邊陲一帶。"畧"是一個從冎、從各的雙聲符字，在此當讀爲"噩"，"各"旁爲疊加的聲符。《繫年》第二章載晉文侯迎納周平王的"少鄂"毗鄰"西申"，當在宗周西北的涇河上游左近，前者與不嬰簋"畧"地屬於"同地異名"的關係，之所以加綴區別字而更稱"少鄂"，應是爲了與同時期存在的其他"鄂"地有所區分。
>
> ……
>
> 晉文侯攻滅攜王，從"少鄂"迎回平王，并在"京師"擁立前者繼承大統，最終促成了周室的東遷。不難看出，欲探討簡文"少鄂"的位置，"西申"和"京師"這兩處定點是至關重要的。
>
> ……
>
> 明確了"西申"和"京師"的位置，簡文"少鄂"的方位便不難由此窺知。古本《竹書紀年》云："幽王死，申侯、魯侯、許文公立平王於申，虢公翰立王子余（臣），二王并立。"《繫年》謂"平王走西申"，與《紀年》相同；又云晉文侯自"少鄂"迎回周平王，"立之於京師"，足以證明平王出奔後寓居的"少鄂"，理應是密邇"西申"的。據前文所述，"西申"大致在今甘肅平涼至鎮原一帶，位於涇水上游以北不遠，然則"少鄂"之地亦當近是，殆可初步推定在今平涼、鎮原及崇信、涇川四縣之間。考慮到"京師"地處涇水中游的今彬縣東北，而涇河幹流河谷開闊，川地平坦，自古便是連接隴西和關中平原的交通要道。由是觀之，晉文侯自"西申"附近的"少鄂"迎回周平王後，即循涇河谷地東行抵達"京師"，於是選擇在公劉故都擁立平王，正是順理成章的事情。②

---

① 楊永生：《清華簡〈繫年〉"京師"與平王東遷》，《史學月刊》2021年第5期，第42頁。

② 趙慶淼：《不嬰簋"畧"地與〈繫年〉"少鄂"——兼論獫狁侵周的地理問題》，《江漢考古》2022年第5期，第73、74、76頁。

（八）"立之于京自（師）……晉人玄（焉）訇（始）啓【九】于京自（師）"

整理報告：

《公羊傳》桓公九年："京師者何？天子之居也。"此處當指宗周。《左傳》昭公二十六年《正義》引《紀年》云伯盤"與幽王俱死於戲。先是，申侯、魯侯及許文公立平王於申，以本大子，故稱天王。幽王既死，而虢公翰又立王子余臣於攜。周二王并立"，與簡文有所不同。

始啓，見《鄭語》"楚蚡冒於是乎始啓濮"，董增齡《國語正義》云："啓是拓土，《魯頌》曰'大啓爾宇'，僖二十五年傳：'晉于是始啓南陽'是也。"

董珊先生認爲《繫年》"京師"是指晉都鄂：

晉公盨（10342）説："我皇且祖唐公膺受大命，左右武王，敬□百蠻，廣司四方，至于大廷，莫不史（事）公。[王]命唐公，戍〈成（定）〉宅京師，□□晉邦。"這個京師就應該是唐叔虞的始封地，即鄂（《史記索隱》），至燮父徙晉，晉穆侯徙絳（翼），晉姜鼎（02826）："魯覃京師，辥我萬民。"晉姜是晉穆侯夫人，此時的晉都已經不是京師了，但應是晉的祖先宗廟所在地，銘文"魯覃京師"的意思應該是説晉姜的美德聞達于京師的宗廟。……

"京師"屬晉，還可以據另外兩種西周金文加以證明。克鎛（00209）、克鐘（00206、00204）"適涇，東至于京師"，《繫年》第16章："明歲，屬公先起兵，率師會諸侯以伐秦，至于涇。"可見涇與晉都京師之間存在交通路綫。多友鼎（02835）講獫狁伐京師，武公命多友靖之，其中所提到的地名"旬""楊冢""郱（霍）"等也多可以考訂在山西中南部，所以多友鼎之"京師"也在晉。

"京師"就是《禮記·檀弓下》"是全要領以從先大夫于九京也"之"九京"。鄭玄注："晉卿大夫之墓地在九原。京蓋字之誤，當爲原。"《釋文》："京音原，下同，下亦作原字。"《正義》："知京當爲原者，案《韓詩外傳》：晉趙武與叔向觀于九原。又《爾雅》云：絶高爲京，廣平爲原。非葬之處，原是墳墓之所，故爲原也。"珊案：自鄭玄、陸德明至孔穎達之注全誤，"九京"不誤。《水經注·汾水》："又南過大陵縣東。……京陵縣故城北，王莽更名曰致城矣，于春秋爲九原之地也。故《國語》曰：趙文子與叔向游于九原……其故京尚存。漢興，增陵于其下，故曰京陵焉。"此地戰國稱平陶，即今之山西平遥。

據《史記》，唐叔虞之舊封在“鄂”，金文稱“京師”，京師即鄂。

“晉文侯乃逆平王于少鄂”之“少鄂”，整理者以爲即晉地之鄂。我覺得“少鄂”應區別于“鄂”，鄂是京師，少鄂是另一地名。

據上述，平王先在少鄂，晉文侯迎立之于晉之京師，三年以後才徙至成周。這是前所不知的。

下文“晉人焉始啓于京師”是指此後晉人開始兼并周圍的小國，衆所周知，晉文侯以後的幾十年時間裏，發生了曲沃并晉的事情，《繫年》略此不談。至晉獻公時，開始大舉伐滅周圍的耿、霍、魏、虢、虞等小國，《史記·晉世家》説此時“晉强，西有河西，與秦接境，北邊翟，東至河内。”晉人從唐叔虞始封鄂以來，就屢次遷都，燮父自鄂徙晉陽，晉穆侯自晉陽徙翼（絳），大致是自今天的晉中向晉南的方向遷徙。在曲沃并晉的過程中，翼、晉、鄂、曲沃諸都邑先後并立，各方勢力都祖述唐叔虞，因此變稱其始封地鄂爲“京師”。從“晉人焉始啓于京師”這個表述來看，西周晉國都雖然屢遷，但各都邑之間，尚分布有其他諸侯國，并沒有聯成一片。因此，獻公伐滅諸侯擴張領土的起點，仍要從唐叔虞始封的京師説起。這對我們認識西周諸侯領土的構成方式，有重要的意義。[①]

黄傑先生：

> 京師恐怕仍以理解爲宗周爲妥。一、“晉人焉始啓于京師”的京師，與“晉文侯乃逆平王于少鄂，立之于京師”的京師，應當是指一個地方，如果將京師理解爲晉國都，那麽“晉人焉始啓于京師”怎麽講呢？晉人首次在其國都地區擴張領土嗎？這顯然是講不通的。二、晉文侯如果把周王立到晉國都城，恐怕是不合禮制的，既有使天子降低身份之嫌，也有借機擴張自己威勢之嫌……我原來錯將“晉人焉始啓于京師”的京師理解爲周當下的都城（成周），所以感覺將“啓”解爲啓土難以理解。現在方才明白，京師指宗周。蓋周室東遷後，在宗周地區留下勢力空白，所以晉人借地近之便，乘機擴張，“啓于京師”是指晉人在宗周地區擴張勢力疆土。簡文云周室東遷後，“晉人焉始啓于京師，鄭武公亦正東方之諸侯”，隱含有將晉、鄭并提之意。將這兩句簡文理解爲鄭武公正東方之諸侯，晉人則在西邊的宗周地區擴張領土，似乎不爲無理。《繫年》第三章：“平王東遷，止於成周，秦仲焉東居周地，以守周之墳墓，秦以始大。”這

[①] 董珊：《讀清華簡〈繫年〉》，復旦大學出土文獻與古文字研究中心網，2011 年 12 月 26 日。

只是一個概略敘述。《史記·秦本紀》:"周避犬戎難,東徙雒邑,襄公以
兵送周平王。平王封襄公爲諸侯,賜之岐以西之地,曰:'戎無道,侵奪
我岐、豐之地,秦能攻逐戎,即有其地。'與誓,封爵之。……十二年,
伐戎而至岐,卒。""岐以西之地",不包括宗周地區。綜合以上文獻可見,
周室東遷之後,宗周地區曾爲晉、戎所爭奪。由於晉是諸侯國,兵力可能
強於戎,故可能占有一定優勢,簡文云"晉人焉始啓于京師",似乎晉在
周室東遷後的一段時期内曾在宗周地區占有一定領土,這是合理的。[①]

老悶:

> 在約略同時的《左傳》及稍後的《史記》中,"京師"無一例外指的
> 是天下之首邑。在更早期的《詩經》中,"京師"所指亦是如此。董氏在
> 論證過程中所引金文本身并不能證明"京師"在晉,而非"宗周";而且,
> 《史記》似并未提及"唐叔虞封鄂"之事,蓋是《史記》注家引《世本》
> 之文。另外,不論"鄂"是否堪當"京師"之稱謂,就算"鄂"作爲晉
> 文侯時代晉國都城之證據,也很難在文獻和考古兩方面找到。[②]

華東師範大學中文系戰國簡讀書小組:

> "京師","宗周""鎬京"也。又過三年,平王乃東遷於"成周""洛
> 邑"。[③]

子居:

> 晉文侯立平王之京師,即宗周。平王既東遷之後,"晉人焉始啓于京
> 師"的"京師",就是成周了。《漢書·地理志》:"昔周公營洛邑,以爲在
> 於土中,諸侯蕃屏四方,故立京師。"《白虎通·京師》曰:"京師者,何
> 謂也? 千里之邑號也。京,大也;師,衆也。天子所居,故以大衆言之,
> 明諸侯,法日月之徑千里。《春秋傳》曰:'京曰天子之居也。'《王制》曰:
> '天子之田方千里'。或曰:夏曰夏邑,殷曰商邑,周曰京師。《尚書》曰:
> '率割夏邑。'謂桀也。'在商邑。'謂殷也。"……
>
> 晉人"啓于京師"事,則由春秋以來晉國的擴張形勢可以看出。《左
> 傳·襄公二十九年》:"虞、虢、焦、滑、霍、揚、韓、魏,皆姬姓也,晉
> 是以大。若非侵小,將何所取? 武、獻以下,兼國多矣,誰得治之?"自

---

① 轉引自李松儒:《清華簡〈繫年〉集釋》,上海:中西書局,2015 年,第 61、62 頁。
② 轉引自李松儒:《清華簡〈繫年〉集釋》,上海:中西書局,2015 年,第 62 頁。
③ 華東師範大學中文系戰國簡讀書小組:《讀〈清華大學藏戰國竹簡(貳)·繫年〉書後(一)》,簡帛網,2011 年
12 月 29 日。

晉文侯以下，晉人所滅韓、荀、賈、楊、焦、耿、霍、魏、虢、虞諸國，無一是位於絳、洛一綫者，唯有晉獻公太子申生所伐的東山皋落氏的地望，諸說中有據《水經注》而言在垣曲皋落鎮一説，然亦不可確論。可見彼時絳、洛一綫必已是久爲晉人控制，此亦可證"晉人焉始啓于京師"就是始于周平王"東徙，止于成周"時。①

王紅亮先生：

> 此京師應爲《晉姜鼎》的"京𠂤（師）"，爲晉國都城，或認爲在今夏縣。②

張世超先生：

> 文中"京𠂤"一詞出現二次，被釋爲"京𠂤"之"京"字作如下之形：
> 𠅘、𠅘……吳振武先生……釋爲"亭"……"京𠂤"之"京"依吳説釋爲"亭"。"亭𠂤"爲地名，和西周金文中常見的"×𠂤"同樣結構，指的是一個名爲"亭"的師旅駐扎地，其具體地望不可確考。……董珊先生文中認爲《繫年》所謂"京𠂤"是指晉都鄂，較之"宗周"之説更合理。而認爲"'晉人焉始啓於京師'是指此後晉人開始兼并周圍的小國"則似仍有可商之處。因爲"兼并周圍的小國"不應説成"啓於京師"。③

白光琦先生：

> 《繫年》……啓，此處指開闢疆土，有如《國語》之"楚蚡冒於是乎始啓濮"。知此京師本非晉地，平王東遷後始爲晉有。《讀史方輿紀要》載河西朝邑縣（今大荔縣朝邑鎮）東有一座故城，即《左》僖十五年秦晉會盟的王城，亦即僖二十四年晉侯潛會秦伯的王城，此地與晉爲鄰，名曰王城，應即平王居地。其地本名唐，晉人以唐叔所居，尊稱爲京師，平王東遷後，始名王城。④

李學勤先生：

> 平王在晉文侯支持下立於京師，京師是指宗周，但是宗周近戎，同時經過戎人洗劫又已廢壞，平王不得不向東遷徙到成周。⑤

---

① 子居：《清華簡〈繫年〉1～4章解析》，Confucius 2000網·清華大學簡帛研究，2012年1月6日。

② 王紅亮：《也説清華簡〈繫年〉的"周亡王九年"》，復旦大學出土文獻與古文字研究中心網，2012年1月12日。

③ 張世超：《〈繫年〉中的"京𠂤"及相關問題》，復旦大學出土文獻與古文字研究中心網，2012年4月23日。

④ 白光琦：《清華簡〈繫年〉與平王東遷》，簡帛網，2013年7月5日。

⑤ 李學勤：《由清華簡〈繫年〉論〈文侯之命〉》，《揚州大學學報（人文社會科學版）》2013年第2期，第50頁。

蘇建洲先生：

平遙的位置確實過遠，晉文侯將周平王立於平遙也較難理解。如果將京師理解爲晉國都“鄂”，則合理得多。至於另一派學者將“京師”理解爲“宗周”，這的確有傳世文獻的依據，似也不能斷然否定。但是下一句“晉人焉始啓於京師”，整理者認爲“啓”是“拓土”，則文意變成晉國在宗周地區開拓疆土，則不合理。如同張世超先生所説從情理上講，晉文侯也不會去占據宗周城，因爲那樣的話，在政治上對他是極爲不利的。估計因爲如此，所以子居認爲“晉人焉始啓於京師”的“京師”是指成周。二説權衡之下，暫將“京師”理解爲晉都鄂。[①]

吉本道雅先生：

周王朝東遷以前の「京師」は、傳世先秦文獻では『詩』のみに見える。『詩』小雅/民勞「惠此中國、以綏四方」「惠此京師、以綏四國」では「中國」「四方」、「京師」「四國」が對をなす。『詩』大雅/文王有聲「王公伊濯、維豐之垣。四方攸同、王后維翰。王后烝哉。豐水東注、維禹之績。四方攸同、皇王維辟。皇王烝哉」では豐を「四方攸同」と稱しており、『詩』においては、豐鎬が「中國」「京師」とみなされたことが確認される。一方で、晉景公（599-581BC）の作器である晉公盨（10342）は、晉の初封の地を「京𠂤」と稱する。晉文侯の平王擁立を考慮して本章の「京師」を晉地の「京𠂤」に比定する説があるが、晉地の「京𠂤」は、戰國期の資料にはもはや確認できず、『繫年』が參照可能な材料を考慮すれば、本章の「京師」は『詩』の認識を踏襲した豐鎬を指すものと考えるべきであろう。下文に成周に東徙したとあることも、成周の西方に位置する豐鎬に適合的である。[②]

王占奎先生：

在《繫年》第二章裏，“京師”共出現了兩次：“晉文侯立平王于京師”和隨後的“晉人焉始啓于京師”。顯然，兩個京師是一個意思。由後一個看，京師後來成了晉人的土地（參見《繫年》楚文王以啓于漢陽），而鎬京一帶從來沒有成爲晉國的土地。所以，京師一定不是鎬京一帶。另外，雖然在《春秋》裏，東周首都被稱作京師，但在《繫年》裏成周與

---

① 蘇建洲、吴雯雯、賴怡璇：《清華二〈繫年〉集解》，臺北：萬卷樓圖書股份有限公司，2013年，第117頁。
② ［日］吉本道雅：《清華簡繫年考》，《京都大學文學部研究紀要》（52），2013年，第16頁。

京師并列，所以，洛陽一帶也不是京師。京師之所在，按照《繫年》所提供的上下文，應該在洛陽以西、鎬京以東（？）、由洛陽往西（或西略偏北）一帶。在這一範圍内，幾乎没有京師一名可以聯繫，只有西漢的京師倉似乎可以"附會"。西漢在今陝西華陰縣内渭河入黄河口附近，有一個巨大的糧倉，名曰華倉，亦名京師倉。到目前爲止，幾乎所有學人均認爲之所以叫做京師倉是因爲此倉距離京師長安不遠，爲京師長安服務、或直屬于京師管轄等等原因。但是，另外一種可能并不是不存在的：此地很早時就叫做京師，西漢因而名其倉，一如敖倉、細柳倉、甘泉倉等等。京師倉的地望，正符合《繫年》的條件：不在京城；後來成爲晉人的疆土；由此到洛陽正是"東徙"。①

楊博先生認爲東遷之前的京師在宗周一帶，是"酈"的另一種稱呼；"晉人焉始啓於京師"的"京師"則指西以酈爲限，包括鎬京、豐京在内的廣袤地區。而酈地當在涇水以東，洛水以西的富平、櫟陽一帶的近渭水流域。②

李零先生：

> 簡文"晉人焉始啓於京師"，平王之立，估計是由秦人從西申之地護送到鎬京，晉人前往鎬京迎立之，晉人是借此機會向西擴展。東周以來，秦人東擴，過程很長。德公都雍（前 677）以來，一直住在鳳翔，長達 294 年，西安以東，一直是秦、晉拉鋸的地方。秦人奪取這一帶，要到戰國中期。③

楊永生先生：

> "京"本義是人所爲之宫閣，故多見於複合地名中。稱"京師"之地有四，分别在酈、洛邑、晉南和衛國，可見至少到春秋時，"京師"尚非天子都邑之專稱。分析兩周之際的政治形勢，晉文侯内有成師掣肘，外要面對戎人、攜王的軍事壓力，并要在"京師"地區拓土，擴展晉國的勢力，鎬京并非一個好的選擇。《繫年》之"京師"當指晉南之"京師"，在今山西臨汾盆地一帶。④

---

① 王占奎：《清華簡〈繫年〉札記——文侯仇殺攜王與平王、攜王紀年》，簡帛網，2016 年 11 月 23 日。此文原載北京大學中國考古學研究中心、北京大學震旦古代文明研究中心編：《古代文明》（第 10 卷），上海：上海古籍出版社，2016 年，第 210 頁。

② 楊博：《清華簡〈繫年〉簡文"京師"解》，陳偉主編：《簡帛》（第 12 輯），上海：上海古籍出版社，2016 年，第 54-58 頁。

③ 李零：《讀簡筆記：清華楚簡〈繫年〉第一至四章》，李守奎主編：《清華簡〈繫年〉與古史新探》，第 43 頁。

④ 楊永生：《清華簡〈繫年〉"京師"與平王東遷》，《史學月刊》2021 年第 5 期，第 41 頁。

趙慶淼先生認爲應該注意專名和通名的關係，這裏的"京師"是專名。錢穆、郭沫若等將京師定在今山西平遥一帶的觀點與當時迎立平王的形勢不合，并根據《大雅·公劉》、多友鼎、克鐘、克镈的地名繫聯，同意京師在陝西旬邑：

> 不過，《繫年》既云晉文侯擁立平王于"京師"，"三年乃東徙，止于成周"，是"京師"應在成周以西無疑。然從方位關係來看，平遥一帶的"京陵"却正當成周以北，若自此而遷洛，則絶不可謂"東徙"，故晉地説洵與簡文記載齟齬不合。其次，"京陵"僻處東周晉國北境，周邊戎、狄環伺，與關中、晉南等周人核心區山川懸隔，揆情度理而言，并不適宜作爲擁立平王的根據地。再者，關於唐叔虞始封的地理範圍，史有明文。《史記·晉世家》稱周成王封叔虞於唐，"在河、汾之東，方百里"。唐地又名"大夏"，《左傳》昭公元年子産曰："遷實沈於大夏，主參，唐人是因，以服事夏、商。"服虔云："大夏在汾、澮之間，主祀參星。"①

呂亞虎先生：

> "京師"本爲公劉所居豳地之專名，周初之詩《詩經·大雅·公劉》及西周末期的《多友鼎》《克鐘》等金文資料可以爲證。及至西周末年，天子所居之宗周鎬京始有京師之稱，其説始見於《詩經·大雅·民勞》，春秋時曹國之詩《下泉》及晉國銅器《晉公盞》銘文可爲佐證。東遷以後，作爲天子所居的東都洛邑始亦有京師之稱，春秋初期的《晉姜鼎》及《春秋》經、傳可爲明證；清華簡《繫年》第二章簡文兩處提及"京師"，學界對其具體地望多有歧説。由兩周之際政治形勢觀之，犬戎寇周後，豳、岐等地處於犬戎控制之下，尚未東遷的周平王要得到東方諸侯擁戴，必須與殺幽王而滅宗周的犬戎勢力進行切割，宗周鎬京雖經犬戎寇擾損毀，却是最具政權合法性的地方，是以簡文"立之于京師"的京師自當指宗周鎬京；其後，晉文侯殺攜惠王，結束二王并立局面，并與鄭、衛、秦等出師衛護周平王東遷以定一統，因其有功而受周王賜命，始得以外諸侯身份參與東遷後王朝政事，與鄭武公分政周室，此即簡文所説"晉人焉始啓于京師"而"鄭武公亦政東方之諸侯"，此處之"京師"即指東遷後周王室所在的洛邑而言。②

---

① 趙慶淼：《不嬰簋"䣕"地與〈繫年〉"少鄂"——兼論玁狁侵周的地理問題》，《江漢考古》2022 年第 5 期，第 75 頁。

② 呂亞虎：《清華簡〈繫年〉所涉"京師"地望辨析》，《寧夏大學學報（人文社會科學版）》2022 年第 3 期，第 11 頁。

（九）“奠（鄭）武公亦政（正）東方之者（諸）侯”

整理報告：

鄭武公，周宣王弟鄭桓公友之子，《史記·鄭世家》：“犬戎殺幽王於驪山下，并殺桓公。鄭人共立其子掘突，是爲武公。”“政”與“正”通，訓爲長，此云鄭武公爲東方諸侯之長。

子居：

“鄭武公亦征東方之諸侯”事可參看《韓非子·説難》：“鄭武公欲伐胡，先以其女妻胡君，因問於群臣：‘吾欲用兵，誰可伐者？’大夫關其思曰：‘胡可伐。’武公怒而戮之。曰：‘胡，兄弟之國也，子言伐之何也？’胡君聞之，以鄭爲親己，遂不備鄭，鄭人襲胡，取之。”及鄭玄《詩譜·鄭譜》：“其子武公與晉文侯定平王於東都王城，卒取史伯所云十邑之地。”①

吉本道雅先生：

平王東遷について晉・鄭を竝稱することは、『左傳』隱六「我周之東遷、晉・鄭焉依」に見える。鄭武公が平王の卿士をつとめたことは『左傳』隱三「鄭武公・莊公、爲平王卿士」・襄二十五「我先君武・莊爲平・桓卿士」などに見えるが、「正東方之諸侯」に相當する具體的な事績は傳世文獻には見えない。『書』康王之誥には「東方諸侯」が見え、『左傳』には成十六「郤犨將新軍、且爲公族大夫、以主東諸侯。取貨于宣伯、而訴公于晉侯。晉侯不見公」・襄元「於是東侯之師次于鄭、以待晉師」に「東諸侯」が見える。杜預は成十六に「主齊魯之屬」と注するが、『春秋經』襄元「仲孫蔑會齊崔杼・曹人・邾人・杞人次于鄭」には曹も見え、齊魯のみならず洛陽以東の諸侯を廣く指すものとなる。『左傳』成十三「文公躬擐甲冑、跋履山川、踰越險阻、征東之諸侯」の「東之諸侯」は晉文公の同盟に參加した諸侯を指す。莊公については、『左傳』隱九「宋公不王。鄭伯爲王左卿士、以王命討之、伐宋」に王命を奉じて宋を伐ったことが見え、鄭武公の「正東方之諸侯」はここから類推された記述かもしれない。②

---

① 子居：《清華簡〈繫年〉1～4 章解析》，Confucius 2000 網·清華大學簡帛研究，2012 年 1 月 6 日。
② ［日］吉本道雅：《清華簡繫年考》，《京都大學文學部研究紀要》（52），2013 年，第 17-18 頁。

（一〇）“楚文王以啓于灘（漢）旟（陽）”

整理報告：

漢陽，指漢水東北地區。《史記·楚世家》云：“文王二年，伐申過鄧……六年，伐蔡……楚彊，陵江漢閒小國，小國皆畏之。”《左傳》僖公二十八年：“漢陽諸姬，楚實盡之。”

華東師範大學中文系戰國簡讀書小組認爲“啓”字前應補“始”字，“楚文王以啓于漢陽”記述了楚國最初的發迹，云：

“楚文王以〔始〕啓于漢陽”，依簡文“邦君、諸正焉始不朝于周”“晉人焉始啓于京師”“鄭以始定”等詞例看，簡文“以”字以後，疑可擬補一“始”字。於《繫年》中，此爲楚人登上歷史舞臺，發迹之始。[①]

子居先生認爲“啓于漢陽”是楚文王居於樊郢、爲郢時期的事：

筆者在《清華簡〈楚居〉解析》中曾提到：“楚文王所伐滅的諸國，大致分布於楚之西北至楚之東這個範圍，若與《楚居》篇中的楚文王徙居過程相對應的話，那麼就是居疆郢時滅郧、羅，居樊郢時滅申、息、繒、應、鄧，居爲郢時滅属、貮、蓼、州，然後還居大郢。”其中和《繫年》所記“啓漢陽”相應的關鍵事件，主要即是楚文王居樊郢、爲郢階段。[②]

羅運環先生指出：

楚武王（公元前 740—前 690 年）是使楚國崛起的第一位楚王。……但終未能突破中原門户（方城）……

楚文王（公元前 689—前 675 年）的不同之處在於“以啓于灘（漢）旟（陽）”。我在《清華簡〈繫年〉楚文王史事考論》中考證……這裏的“漢陽”是一種泛指，相當於第五章末所言“文王以北啓出方城，坂蘸（表）於汝，改旅於陳，焉取頓以贑（恐）陳侯”。楚文王首次使楚國疆土擴展到方城以外，也就是《左傳》哀公十七年所載“實縣申、息，朝陳、蔡，封畛於汝”，開啓了楚國中原爭霸的序幕。[③]

【筆者按】《繫年》第 2 章主要記載兩周之際史事，末句言“楚文王以啓于灘（漢）旟（陽）”。李學勤先生曾面告筆者此句稍顯突兀，不易解釋。梳理學界意見，

[①] 華東師範大學中文系戰國簡讀書小組：《讀〈清華大學藏戰國竹簡（貳）·繫年〉書後（一）》，簡帛網，2011 年 12 月 29 日。

[②] 子居：《清華簡〈繫年〉1～4 章解析》，Confucius2000 網·清華大學簡帛研究，2012 年 1 月 6 日。

[③] 羅運環：《清華簡〈繫年〉前四章發微》，見李學勤主編：《出土文獻》（第 7 輯），上海：中西書局，2015 年，第 95 頁。

疑問有三：（1）是否應該在"啓"字前面增補"始"？也即"楚文王以啓于漢陽"是否楚國發迹之始？通過梳理《左傳》昭公二十三年、《國語·鄭語》、《史記·楚世家》、清華簡《繫年》中楚國若敖至成王時期國勢發展的史料可知，"春秋前期楚國崛起是有一個過程的，蚡冒時期已經有所發展，楚武王時期已經開始北上進取中原的嘗試并底定江漢，楚的崛起并不始於楚文王"。（2）"楚文王以啓于漢陽"是否爲後人補入？也即此句與《繫年》第2章主題是否有關係？通過與《國語·鄭語》這一外證相比較，以及分析《繫年》第2章（尤其是後半部分）相關史事的發生時間這一內證可知，"《繫年》記載平王東遷後的史事，是按照時間的先後順序記述的，一直記述到楚文王'啓于漢陽'。這種魚貫而下的記述順序，説明'楚文王以啓于漢陽'并非後人補入，乃是第2章的有機組成部分"。（3）楚文王"啓于漢陽"與《楚居》所記文王的居處是否能够對應？"由於資料仍然有限，我們僅僅知道楚文王居處的相對時間，居留各個居處的絶對時間難以確定，一些國家（如申、繒、應、厲、貳、蓼、州）被滅的準確時間難以確考，所以目前將楚文王的滅國及'啓于漢陽'與楚文王的某些具體居處强行一一對應起來是比較危險的。"

"漢陽"本質上是一個方位詞。但在具體使用過程中，常常有了區域地名的性質。羅運環先生已指出"楚文王以啓于漢陽"即《繫年》第5章末所言"文王以北啓出方城，圾蘪（表）於汝，改旅於陳，焉取頓以贛（恐）陳侯"，實際上已經指明了《繫年》"漢陽"的區域範圍。不過，其他早期文獻所見"漢陽"的地理範圍究竟如何？僅僅指漢水以北的江漢地區，還是也可以囊括今南陽，甚至伏牛山—大別山以北的平頂山、信陽、駐馬店等地區？通過先梳理學界目前對先秦時期楚地"漢陽"研究學術史，再具體分析先秦兩漢古書中楚地"漢陽"等的實際用例，可知先秦楚地"漢陽"的地理範圍包括漢水中下游以北以東地區，向北可以越過伏牛山東部及桐柏山、大別山，將一部分淮河幹流上游及汝潁部分地區囊括其中。但似應意識到，"漢陽"一詞的區域範圍實際上還與人們的地理認知以及使用語境不無關係。①

第3節　《繫年》第3章地理史料匯證

《繫年》簡13—16：

周武王既克鄺（殷），乃埶（設）三監于殷⁽一⁾。武王陟，商邑興反，

---

① 魏棟：《清華簡〈繫年〉"楚文王以啓于漢陽"析論》，《饒宗頤國學院院刊》（第5期），香港：中華書局，2018年，第87-109頁。

殺三監而立彔子耿。成【一三】王屖伐商邑，殺彔子耿，飛曆（廉）東逃于
商盍（蓋）氏，成王伐商盍（蓋）^(二)，殺飛曆（廉），西壄（遷）商【一四】
盍（蓋）之民于邾虘^(三)，以御奴虗之戎^(四)，是秦先＝（先人），殜（世）乍
（作）周厒。周室即（既）宰（卑），坪（平）王東壄（遷），止于成【一五】
周，秦中（仲）女（焉）東居周地，以戰（守）周之蚕（墳）蕤（墓）^(五)，
秦以旬（始）大。【一六】

【注　釋】

（一）"周武王既克郔（殷），乃埶（設）三監于殷"

整理報告：

《逸周書·作雒》："武王克殷，乃立王子禄父，俾守商祀。建管叔於
東，建蔡叔、霍叔於殷，俾監殷臣。"但未用"三監"一詞。"三監"在
傳世文獻中始見於《尚書大傳》。《漢書·地理志》："周既滅殷，分其畿
內爲三國，《詩·風》邶、庸、衛國是也。邯（邶），以封紂子武庚；庸，
管叔尹之；衛，蔡叔尹之：以監殷民，謂之三監。"鄭玄《詩譜》則云管
叔、蔡叔、霍叔分尹邶、鄘、衛，兩說略有不同。

華東師範大學中文系戰國簡讀書小組：

"周武王既克殷，乃埶（設）三監于殷"，簡文所有"殷"字，偏旁不
管從不從"邑"，應該從"反身"的那個偏旁，都書成"户"，字形稍訛。^①

路懿菡女士：

無論是班固以武庚、管叔、蔡叔爲"三監"還是鄭玄以管叔、蔡叔、
霍叔爲"三監"，兩人的"三監"說都認爲武王克商後以"三監"三分商
畿，而《作雒》《史記》等較早文獻中都沒有武王克商後三分商畿的記載，
《左傳·定公四年》《衛康叔世家》等都有康叔封於衛的記載，而"邶"
"鄘"無論是作爲諸侯國名還是地名都不見於較早的西周文獻，尤其是按
照鄭玄所言，"邶""鄘"兩國應與衛國一樣是在成王平亂後所建，但在
所有記載西周分封史事的文獻中，皆不見其名。因此班固、鄭玄兩人所
言的周人以"三監"三分商畿之說缺乏可靠的史料支撐，并不能作爲西
周初年的歷史事實來理解。……《繫年》簡文言"商邑興反，殺三監而
立彔子聖"，"三監"爲商人所殺，彔子（武庚）不可能爲"三監"之一。

---

① 華東師範大學中文系戰國簡讀書小組：《讀〈清華大學藏戰國竹簡（貳）·繫年〉書後（一）》，簡帛網，
2011 年 12 月 29 日。

而文獻中明言周公"殺管叔，放蔡叔"，非爲商人所殺，以此來看，管、蔡二叔亦非"三監"。①

朱鳳瀚先生：

簡文這裏所言"設三監于殷"之"殷"的地望與範圍爲何？從下文言"商邑興反"殺三監來看，商邑叛亂即可禍及"三監"，可見此"三監"應均在商都邑附近，則此殷地當即商後期王國之王畿區域内。這與《漢書·地理志》所言"周既滅殷，分其畿内爲三國，《詩·風》邶、庸、衛國是也"是相合的，《詩經》之邶、鄘、衛三地，從《邶風》詩句中涉及淇水、衛、浚，《鄘風》有詩句言及沫邑看，三地確在商王畿範圍内，亦即在西周時衛國之中心區域内。……簡文所言似較接近于周初之史實，監是軍事職務，不完全等於封君，所以管叔、蔡叔等在殷地爲監，并不等於在此區域内有封地。②

（二）"飛曆（廉）東逃于商盍（蓋）氏，成王伐商盍（蓋）"

整理報告：

飛曆，即飛廉，曆、廉同屬談部。飛廉，《史記·秦本紀》作"蜚廉"，嬴姓，乃秦人之祖，父名中潏，"在西戎，保西垂"，"蜚廉生惡來，惡來有力，蜚廉善走，父子俱以材力事殷紂"。商蓋見《墨子·耕柱》《韓非子·説林上》，即商奄。《左傳》定公四年記封魯"因商奄之民"，《括地志》："曲阜縣奄里即奄國之地。"《尚書大傳》載，管蔡流言，"奄君、蒲姑謂祿父曰：'武王既死矣，今王尚幼矣，周公見疑矣，此百世之時也，請舉事'，然後祿父及三監叛也。"

《書序》云："成王東伐淮夷，遂踐奄……成王既踐奄，將遷其君于蒲姑。"

李學勤先生：

《史記·秦本紀》云商王太戊時有中衍，與其後裔都有功：

故嬴姓多顯，遂爲諸侯，其玄孫曰中潏，在西戎，保西垂，生蜚廉。蜚廉生惡來，惡來有力，蜚廉善走，父子俱以材力事殷紂。周武王之伐紂，并殺惡來。是時蜚廉爲紂石（使）北方，……死，遂葬於霍太山。

---

① 路懿菡：《從清華簡〈繫年〉看周初的"三監"》，《遼寧師範大學學報（社會科學版）》2013 年第 6 期，第 925 頁。

② 朱鳳瀚：《清華簡〈繫年〉所記西周史事考》，李宗焜主編：《第四屆國際漢學會議論文集——出土材料與新視野》，臺北："中央"研究院，2013 年，第 444、445 頁。

《孟子·滕文公下》則説：

周公相武王，誅紂。伐奄，三年討其君，驅飛廉於海隅而戮之，滅國者五十，驅虎豹犀象而遠之，天下大悦。

兩説迥然不同，歷代學者多有議論。現在看《繫年》云：

飛厤（廉）東逃于商盍（蓋）氏，成王伐商盍（蓋），殺飛厤（廉）。

"商蓋"見《墨子·耕柱》《韓非子·説林上》，也即是又稱"商奄"的奄，這與《孟子》所記是一致的。

奄和飛廉都是嬴姓。三監之亂時東方有許多嬴姓國參與，見於《逸周書·作雒》：

周公立，相天子，三叔及殷、東、徐、奄及熊盈（嬴）以畔。……二年，又作師旅，臨衛政殷，殷大震潰。……凡所征熊盈（嬴）族十有七國，俘維九邑。

飛廉之所以投奔商奄，顯然是由於同姓又都參與亂事的原因。[①]

李學勤先生：

"飛"就是飛廉，"厤"字從"甘"聲、"廉"字從"兼"聲，古音相近通假。"商盍氏"即《墨子·耕柱篇》《韓非子·説林上》的"商蓋"，也便是稱作"商奄"的奄。……《秦本紀》云："……蜚廉爲紂石（使）北方，……死，遂葬於霍太山。"這和《繫年》所記不同。《繫年》的記載，可以參看《孟子·滕文公下》："周公相武王，誅紂。伐奄，三年討其君，驅飛廉於海隅而戮之，滅國者五十，驅虎豹犀象而遠之，天下大悦"，和《繫年》一樣，是説飛廉最後死在東方。……奄是東方大國，是商王朝非常重要的組成部分。根據古本《竹書紀年》，商王南庚、陽甲都曾建都於奄，然後盤庚才遷到今河南安陽的殷。奄之所以稱爲"商奄"，大概就是由於這個緣故。據《左傳》説，周初封魯，"因商奄之民，命以《伯禽》而封於少皞之虚"，杜預注："商奄，國名也。少皞之虚，曲阜也。"傳統上認爲奄國即今山東曲阜。不過奄的國境範圍肯定要大得多，有學者主張奄相當周朝的魯國，同奄一起反周的蒲姑相當周朝的齊國，可能是差不多的。由《繫年》簡文知道，商朝覆滅之後，飛廉由商都向東，逃奔商奄。奄國等嬴姓東方國族的反周，飛廉肯定起了促動的作用。亂事失敗以後，周朝將周公長子伯禽封到原來奄國的地方，建立魯國，統治"商奄之民"，同時據《尚書序》講，把奄君遷往蒲姑，估計是看管起

---

① 李學勤：《清華簡〈繫年〉及有關古史問題》，《文物》2011年第3期，第72頁。

來。但在《繫年》發現以前，没有人曉得，還有“商奄之民”被周人强迫西遷，而這些“商奄之民”正是秦的先人，這真是令人驚異的事。秦國先人“商奄之民”在周成王時西遷，性質用後世的話説便是謫戍。其所以把他們遣送到西方，無疑也和飛廉一家有關，因爲飛廉的父親中潏正有爲商朝“在西戎，保西垂”的經歷，并且與戎人有一定的姻親關係。中潏、飛廉一家，本來也是自東方出身的。周朝命令“商奄之民”遠赴西方禦戎，完全不是偶然的决定。認識到秦的先人是原在東方的商奄之民，以前與秦人始源相關的一系列問題都得到解釋，例如：……馬王堆漢墓帛書《戰國縱横家書》的“蘇秦謂燕王章”云：“自復而足，楚將又出沮漳，秦將不出商閹（奄），齊不出吕隧，燕將不出屋注。”所説是指各國的始出居地。秦出自商奄，正與《繫年》所記吻合。這幾句話後世的人們不懂，所以傳世本《戰國策》把“商奄”等都錯誤地改掉了。[①]

子居：

《水經注・汾水》：“汾水又南與彘水合，水出東北太岳山，《禹貢》所謂岳陽也。即霍太山矣。上有飛廉墓，飛廉以善走事紂，惡來多力見知。周武王伐紂，兼殺惡來。飛廉先爲紂使北方，還無所報，乃壇于霍太山而致命焉。得石棺，銘曰：帝令處父，不與殷亂，賜汝石棺以葬。死，遂以葬焉。”造父爲飛廉之後，封趙城，今山西洪洞縣趙城鎮。趙城於漢爲彘縣地，於隋爲霍邑縣地，故霍太山有飛廉墓，即是因其後人居趙城的緣故，而實際上飛廉恐是葬於泰山。此後，周厲王即被流於彘，相當於交付給造父後人，可見其事與秦也頗有關係。[②]

肖芸曉女士：

成王伐商奄一事，又見於禽簋（《集成》4041）“王伐商蓋，周公某”；㓚劫尊（《集成》5977）“王征蓋，易㓚劫貝朋”。《史記・周本紀》亦云“周公以王命告……周公爲師，東伐淮夷、踐奄”，可與禽簋所云成王伐商蓋、周公爲謀對讀。[③]

朱鳳瀚先生：

飛廉即《史記・秦本紀》所記秦之先祖蜚廉，此處簡文記其爲成王

① 李學勤：《清華簡關於秦人始源的重要發現》，《光明日報》2011 年 9 月 8 日。

② 子居：《清華簡〈繫年〉1～4 章解析》，Confucius 2000 網・清華大學簡帛研究，2012 年 1 月 6 日。

③ 肖芸曉：《〈清華大學藏戰國竹簡（貳）・繫年〉之西周部分校釋及相關史事討論》，武漢大學學士學位論文，2012 年 6 月。

殺於商奄，與《孟子·滕文公下》所記"周公相成王誅紂，伐奄，三年討其君，驅飛廉於海隅而戮之"說法接近，但與《秦本紀》所言差別甚大。據《秦本紀》，武王伐紂時，蜚廉并不在商都，而是"爲紂石北方"，且在紂死後爲報答紂，而爲紂修壇於晉地之霍太山，且死葬於此。這兩種不同說法，僅據現有史料，尚難以遽定何者爲是，只好存疑……

按簡文，飛廉是在商邑被攻克後東逃至商奄氏的，既稱"商奄氏"，知此"奄氏"爲商人，而奄是商王國屬地。文獻記載盤庚自奄遷至殷，是奄一度曾爲商前期末葉之都城。舊説奄地在今曲阜一帶，唯其在商前期末葉的王都地位，尚未得到考古資料的證實。簡文繼言飛廉是在成王攻滅商奄時被殺，而"商奄之民"，被周人西遷至邾虖，成爲秦之先人。"邾虖"，整理者認爲即《尚書·禹貢》雍州之"朱圉"，即《漢書·地理志》之"朱圄"，在今甘肅甘谷西南。簡文這一記載明確了西土嬴姓秦人之具體來源，自然非常重要。但值得注意的是，依簡文，"商奄之民"只應是奄地原居住民，雖可以因西遷而稱爲秦先人，但與《史記·秦本紀》中秦之先祖蜚廉的關係却未能明朗。《左傳·定公四年》記分封魯公伯禽於少皞之虛，使其"因商奄之民"，則此由伯禽延因統治之"商奄之民"應是舊商奄之地的土著族群。如此簡文在言及"殺飛廉"後繼言"西遷"之"商奄之民"，從前後文義上看，似是因爲與飛廉有關而被一并處置，故此"商奄之民"很可能只是隨飛廉東逃至奄的其族屬。然商邑在周人二次東征時被攻滅至奄地被攻占的時間僅在一、二年內，故飛廉族屬在此地寄居時間甚短。只有作此解釋，此被西遷之"商奄之民"才可能在族源上與文獻記載的秦人先祖相聯繫。但再讀《秦本紀》的記載，實際上西遷的秦人之族屬關係與具體路徑仍有相當多的問題未能明朗。[①]

王輝先生：

《戰國縱橫家書·蘇秦謂燕王章》一段話亦見《戰國策·燕策·人有惡蘇秦于燕王者》……地名帛書、《策》文的不同……不排除所據傳説或版本不同。……從以上論述看，"商閡"恐也不能絕對肯定是秦始居地而非邊城。如是邊城，則帛書原注"商閡，當即商於，在今陝西商縣東"仍是可取的説法。商於在秦楚界上。……詛楚文……"鄌"即商於之"於"，是秦"邊城"。詛楚文……與蘇秦時代相合，故帛書蘇秦所説的"商閡"

---

① 朱鳳瀚：《清華簡〈繫年〉所記西周史事考》，李宗焜主編：《第四屆國際漢學會議論文集——出土材料與新視野》，臺北："中央"研究院，2013年，第446、447頁。

極可能指"商於"。……(《繫年》)"商閼"之"閼"可能是於字之誤,也不排除是音近通用。"閼"古音談部影紐,"於"魚部影紐,二字雙聲,魚談通轉。[1]

陳絜先生:

飛廉之所以在三監之亂後東逃於商蓋,其重要的原因恐怕就在淄汶上游地帶實爲嬴族大本營。但飛廉最後還是爲自己的行爲付出了慘痛的代價,身首異處,且其族衆被强制西遷。嬴姓秦族西遷的佐證,還有山東省棗莊市山亭區東江古墓群所出郳慶諸器,共計15件器物提到"秦妊"之名,如郳慶匜鼎銘云:"兒(郳)慶乍(作)秦妊匜鼎,其永寶用。"也即是説,春秋時期居住在秦地的已是妊姓之族,因爲嬴秦的西遷,才有了"雀占鳩巢"的機會。[2]

(三)"西疊(遷)商【一四】盍(蓋)之民于邾虍"

整理報告:

"虍"字楚文字常讀爲"吾",邾虍即《書·禹貢》雍州"西傾、朱圉、鳥鼠,至于太華"之"朱圉"。《漢書·地理志》天水郡冀縣下寫作"朱圉",云:"《禹貢》朱圉山在縣南梧中聚。"《水經·渭水經》説同。地在今甘肅甘谷縣西南。

馬王堆漢墓帛書《戰國縱橫家書》"蘇秦謂燕王"章云:"自復而足,楚將不出睢(沮)章(漳),秦將不出商閼(奄)……"(第一七頁,文物出版社,一九七六年),也説秦人源於商奄。《戰國策·燕策一》改"商閼"爲"穀塞",當係不解本義之故。

李學勤先生:

"虍"字在戰國楚文字中常通讀爲"吾",因此"邾虍"即是《尚書·禹貢》雍州的"朱圉",《漢書·地理志》天水郡冀縣的"朱圉",在冀縣南梧中聚,可確定在今甘肅甘谷縣西南。[3]

李學勤先生:

能够與《繫年》簡文所示的秦先人初居地點相呼應的綫索,其實早

---

[1] 王輝:《一粟居讀簡記(六)》,中國古文字研究會等編:《古文字研究》(第30輯),北京:中華書局,2014年,第361、362頁。

[2] 陳絜:《東土諸嬴與"飛廉東迻於商盍"》,清華大學出土文獻研究與保護中心編:《紀念清華簡入藏暨清華大學出土文獻研究與保護中心成立十周年國際學術研討會論文集》,2018年11月,第46頁。

[3] 李學勤:《清華簡關於秦人始源的重要發現》,《光明日報》2011年9月8日。

已經存在了，這就是甘肅省的省級文物保護單位甘谷毛家坪遺址。①

田旭東先生：

　　近年來……考古隊在甘肅禮縣西山、大堡子山一帶做了多次調查和發掘工作，其發現不僅有目前所知最早的城址、大型聚落遺址和時代最早、等級最高的秦人墓以及祭祀遺址等，可知其秦文化出現的時間約爲西周中期，城的使用年代則在西周東周之際，这一年代正好可與甘谷毛家坪遺址的年代相銜接，也就是説，秦人西遷之後最早的活動地在《繫年》所説的“邾圉”即今甘谷西南一帶，之後又逐漸向南遷往禮縣的西山、大堡子山一帶。其實，從東起隴山脚下的張家川回族自治縣、清水縣一直延伸到天水縣、秦安縣、甘谷縣、武山縣爲止，沿渭水兩岸，這類文化遺存廣泛分布，大約有數百處之多，只不過以前均被認爲是“周代遺存”，現在有了近些年的發掘成果，再加上清華簡的記載，我們就可以考慮把這一地帶的秦文化因素聯繫起來，作爲十分有價值的探討秦人早期歷史和秦早期都邑建立等情况的證據。②

朱鳳瀚先生：

　　“邾圉”，整理者認爲即《尚書·禹貢》雍州之“朱圉”，即《漢書·地理志》之“朱圉”，在今甘肅甘谷西南。簡文這一記載明確了西土嬴姓秦人之具體來源，自然非常重要。但值得注意的是，依簡文，“商奄之民”只是奄地原居住民，雖可以因西遷而稱爲秦先人，但與《史記·秦本紀》中秦之先祖蜚廉的關係却未能明朗。《左傳·定公四年》記分封公伯禽于少皞之虚，使其“因商奄之民”，則此由伯禽延因統治之“商奄之民”是商奄之地的土著族群。如此簡文在言及“殺飛廉”後繼言“西遷”之“商奄之民”，從前後文義上看，似是因爲與飛廉有關而被一并處置，故此商奄之民，很可能只是隨飛廉東逃至奄的其族屬。然商邑在周人二次東征時被攻滅至奄地被攻占的時間僅在一、二年內，故飛廉族屬在此地寄居時間甚短。只有作此解釋，此被西遷之“商奄之民”才可能在族源上與文獻記載的秦人先祖相聯繫。但再讀《秦本紀》的記載，實際上西遷的秦人之族屬關係與具體路徑仍有相當多的問題未能明朗。③

---

① 李學勤：《談秦人初居“邾圉”的地理位置》，李學勤主編：《出土文獻》（第 2 輯），上海：中西書局，2011 年，第 3 頁。

② 田旭東：《清華簡〈繫年〉與秦人西遷新探》，《秦漢研究》（第 6 輯），西安：陝西人民出版社，2012 年，第 40、41 頁。

③ 朱鳳瀚：《清華簡〈繫年〉所記西周史事考》，李宗焜主編：《第四屆國際漢學會議論文集——出土材料與新視野》，臺北：“中央”研究院，2013 年，第 446、447 頁。

吳雯雯女士：

　　"朱圉"，"山名，即《漢書·地理志》之朱圉山，在今甘肅甘谷縣西南三十里。"（《尚書集釋》，頁 66）子居先生認爲……在寶雞市渭河南岸強伯之地很可能就是秦之先所遷之"邦圉"。但茹家莊強伯墓所出土的銅器帶有着強烈的地方色彩，尤其是其中出土一件刃部呈半圓形的銅斧，尹盛平先生認爲"斧、鉞是當時的象徵，強伯、強季使用巴式銅斧，因此，這種巴式銅斧與強氏族屬不無關係"。……據尹先生的考證，強伯之地與秦人所遷之"邦圉"無涉。"邦圉"的地理位置仍當以整理者及李先生之說爲是，在今甘肅天水縣西南……與發現兩座秦公墓的縣距離不遠，可見甘肅甘谷一帶確實可能是商奄之民的最初的遷居地。①

蘇建洲先生：

　　一九八二年至一九八三年，甘肅省文物考古工作隊與北京大學考古系聯合發掘了甘谷縣毛家坪周、秦文化遺存，其最大收獲是首次在隴山以西地區發現了商末周初的秦早期文化。發掘報告指出"毛家坪墓葬三至五期的年代約當春秋早期至戰國早期。那麼，毛家坪墓葬一、二期的年代則可能早至西周。"（甘肅省文物工作隊、北京大學考古學系：《甘肅甘谷毛家坪遺址的發掘報告》，《考古學報》1987 年 3 期，頁 359—396）趙化成先生也指出"考古發現和文獻記載都表明，秦人至遲在商代末年已經活動於甘肅東部。"（趙化成：《尋找秦文化淵源的新綫索》，《文博》1987 年 1 月，頁 1—7、17）馬王堆漢墓帛書《戰國縱橫家書》"蘇秦謂燕王章"云："自復而足，楚將不出沮漳；秦將不出商閬，齊不出呂隧，燕將不出屋注。"（《馬王堆漢墓帛書戰國縱橫家書》，文物出版社，1976 年，頁 17）其中"秦將不出商閬"，似可以證明秦人與商奄的密切關係，正可對《繫年》的記載。②

楊坤先生：

　　《孟子·滕文公下》亦云："驅飛廉于海隅而戮之"，則商盍氏當居海上。按《大戴禮記·五帝德》與《五帝本紀》均有"殛鯀于羽山以變東夷"之說，其山在《地理志》東海郡祝其縣南。祝其，於今爲江蘇連雲港之贛榆。頗疑其地爲東夷之要，而商盍氏居之。由此遷至洙水之域，

---

　　① 蘇建洲、吳雯雯、賴怡璇：《清華二〈繫年〉集解》，臺北：萬卷樓圖書股份有限公司，2013 年，第 178、179 頁。

　　② 蘇建洲、吳雯雯、賴怡璇：《清華二〈繫年〉集解》，臺北：萬卷樓圖書股份有限公司，2013 年，第 179 頁。

於今爲北，於古爲西也。故余仍持舊議不移，并以邾圉爲邾婁也。①

子居：

關於"邾圉"，李學勤先生……以"邾圉"即《禹貢》之"朱圉"，所說當是，然以《漢書·地理志》等書的記載證秦之先所遷"邾圉"地在今甘肅甘谷縣西南，則恐有待商榷。李零先生在《〈史記〉中所見秦早期都邑葬地》文中曾指出秦憲公、出子所葬之"衙"或與寶雞市渭河南岸發現的西周[強]伯墓有關，所說頗爲可能。與秦人有關的"朱圉""秦亭"等地名西移至甘肅，當是《秦本紀》所記："（秦武公）十年，伐邽、冀戎，初縣之。"前後的事情，此前西遷的秦先人封地，應主要不出西周邦畿千里的範圍，也就是說，大致不會西出今陝西省境。因此，李零先生所說的西周[強]伯之地很可能就是秦之先所遷之"邾圉"。②

吉本道雅先生：

「邾虖」は『書』禹貢「西傾・朱圉・鳥鼠、至于太華」の朱圉山であり、『漢書』地理志/天水郡には「冀、禹貢朱圉山在縣南梧中聚」とある。秦本紀が秦の故地とする「西垂」につき、『史記正義』に引く『括地志』に「秦州上邽縣西南九十里、漢隴西西縣是也」とあるが、天水郡冀縣と隴西郡西縣は南北に隣接しており、秦の故地に關する地理的認識を共有するものといってよい。③

李零先生：

簡文"邾虖"，即朱圉山，在甘肅甘谷。《史記·秦本紀》説秦人的祖先住在西垂，西垂的位置，經考古發現，已經證明，就在朱圉山以南的禮縣。飛廉之後西遷，居住範圍大體在朱圉山附近，没錯，但最後的定居點還是禮縣。今甘谷、禮縣、天水、秦安、清水、張家川一帶是戎人聚集的地方，戎人的遺迹遺物多有發現。考古發現證明，中潏之後的大駱確實是與戎人住在一起，本來就是爲了控制當地的戎人才安置在那裏。④

子居又云：

若依整理者的説法"西遷商盍之民於邾吾"在天水因此秦人是在天

---

① 楊坤：《再議清華竹書〈繫年〉"西遷商盍之民于邾圉"》，簡帛網，2012 年 4 月 7 日。

② 子居：《清華簡〈繫年〉1～4 章解析》，Confucius 2000 網·清華大學簡帛研究，2012 年 1 月 6 日。

③ ［日］吉本道雅：《清華簡繫年考》，《京都大學文學部研究紀要》（52），2013 年，第 23 頁。

④ 李零：《讀簡筆記：清華楚簡〈繫年〉第一至四章》，李守奎主編：《清華簡〈繫年〉與古史新探》，第 48 頁。

水，再據《秦本紀》非子受封秦邑是在"汧渭之會"，那麼非子時的秦人自然是西有天水的"邽吾"，東有汧渭之會的"秦邑"，又已知"亦不廢申侯之女子爲駱適者，以和西戎"，那麼非子時自然不存在《清華二〈繫年〉集解》作者所說的"秦人不得不放棄原居地，而向東進入周人舊地"，因爲"邽吾"是周王室所遣，"秦邑"是周王室所封，且此時大駱之族、非子之族，正與西戎和睦，《秦本紀》所言"申駱重婚，西戎皆服……以和西戎"，何來需要"收復失地"的情況呢？……《左傳·定公四年》的分魯公"殷民六族"，分康叔"殷民七族"，分唐叔"懷姓九宗"無疑都是各有共同的文化背景，類比之下，"西遷商蓋之民於邽吾"自然也并非僅限"商蓋之民"，"商蓋之民"中有"秦之先"更不等於所有"商蓋之民"皆是秦人，因此考古學上所稱的隴山以西商周之際的"秦早期文化"，時間上與非子時期完全不能對應，此時汧渭之會的秦邑猶尚未被封於非子這一支的秦先人，甘肅又何來"秦早期文化"？[①]

（四）"以御奴虘之戎"

整理報告無注。

李學勤先生：

"奴虘之戎"，詞例同於《後漢書·西羌傳》注所引《竹書紀年》商末武乙、文丁時周人征伐的"燕京之戎""余無之戎""始呼之戎""翳徒之戎"等。朱圉一帶從來是戎狄羌人等部族居住活動的地區，而"奴虘之戎"使我們聯想到商末甲骨卜辭裏屢次出現的"虘方"。"虘方"或作"盧方"，見於無名組卜辭及黃組卜辭。最近的研究證明，無名組卜辭中的較晚者可與黃組卜辭并存，同卜一事，涉及虘方的無名組、黃組卜辭應該是同時的。由於黃組卜辭最早是文丁時的，這些卜辭只能屬於文丁以至帝辛（紂），即與《紀年》所述"燕京之戎"等同一時期。……楊樹達先生曾提出，卜辭中的"虘方"，便是《詩·大雅·皇矣》裏的"徂"，他在《釋虘方》文中說："案卜辭屢見虘方，且恒云伐虘，其爲國名甚明，顧經傳未見國名爲虘者。以聲類求之，疑即《詩·大雅·皇矣篇》之徂也。《皇矣》五章云：'密人不共，敢距大邦，侵阮徂共。王赫斯怒，爰整其旅，以按徂旅，以篤于周祜，以對于天下。'……"按據《毛詩正義》引張融說，鄭玄以阮、徂、共爲國名本出自《魯詩》，實係淵源有自。徂國

---

① 子居：《清華簡釋讀涉及到的幾個歷史地理問題淺議》，中國先秦史網，2017 年 1 月 29 日。

在文王時，也與卜辭虘方的出現時期相當。……《繫年》的奴虘之戎確
即卜辭的虘方。①

王偉先生：

"奴虘"可讀作"奴盧"……"且"（上古音清紐魚部）、"盧"（上古
音來紐魚部）上古音同爲魚部，文獻中又有從"盧"聲與從"且"聲的
字相通假的例證。……清華簡"奴虘"，秦封泥"奴盧"，文獻"卜盧"和
"都盧山"都是同一個詞的不同音譯形式，其所指地標相同，約在今涇河
上游的茹河、蒲河流域。"奴虘之戎"是生活在這一地域的一支古戎族，
可能是獫狁的一部。②

蘇建洲先生：

相同文例亦見《清華三·說命上》簡 6 "是爲赤（赦）敊（俘）之戎"。
此外，二○○七年出現的一批救秦戎銅器群，有一組的銘文作"隹（唯）
戠＝（式日），王命競（景）之金救秦戎，大有玌（功）于洛之戎用作所障
（尊）彝。"所謂"洛之戎"文例亦同，董珊先生以爲秦戎是據其所自來
而言，洛之戎是據其現居處而言。來自秦地的戎散居各處，分爲很多支，
"洛之戎"即居洛之秦戎，指見於《左傳》的蠻氏戎。（董珊：《救秦戎銅
器群的解釋》，復旦網，2011 年 11 月 16 日）③

劉樂賢先生：

秦封泥的"奴盧"不一定與清華簡《繫年》的"奴虘"有關。而清
華簡《繫年》中的"奴虘之戎"，其本身就不易考定。將秦封泥的"奴盧"
等同於《繫年》的"奴虘"，恐怕無助於問題的解決。

我們覺得，與地名説相比，秦封泥的"奴盧"作爲官署名稱的可能
性似乎更大。上引《秦封泥集》在考釋"奴盧之印"時，已經提到漢代
有一個叫作"若盧"的官署。我們認爲，秦封泥的"奴盧"就是漢代的
"若盧"。④

沈建華先生：

按卜辭中的"盧方"與"虘方"互爲并存，兩個字形明顯存在差異。

---

① 李學勤：《清華簡〈繫年〉"奴敊之戎"試考》，《社會科學戰綫》2011 年第 12 期，第 27、28 頁。

② 王偉：《清華簡〈繫年〉"奴虘之戎"再考》，李學勤主編：《出土文獻》（第 3 輯），上海：中西書局，2012 年，
第 36、39 頁。

③ 蘇建洲、吳雯雯、賴怡璇：《清華二〈繫年〉集解》，臺北：萬卷樓圖書股份有限公司，2013 年，第 182 頁。

④ 劉樂賢：《談秦封泥中的"奴虘"》，清華大學出土文獻研究與保護中心編：《出土文獻與中國古代文明——
李學勤先生八十壽誕紀念論文集》，上海：中西書局，2016 年，第 462 頁。

卜辭地名除了省形之外，很少見同音通假的例子。對於"虘"與"盧"二字，傳世與出土文獻缺乏直接通假的例證，故難以足信，"盧方"與"虘方"恐怕仍屬兩個不同的位置相鄰的地名。

確定"虘方"的地理位置，不僅對秦人始源，而且對於商代西北地理位置也同樣具有重要參考意義，而可以爲商代西北地理提供更多新的綫索和依據。《詩·六月》曰："玁狁匪茹，整居焦獲，侵及方，至于涇陽。"從《詩》描述，可知地處甘陝交界的涇水上游地區，是羌人玁狁活動的重要區域，屬於密人的範圍，這其中包含有相當一部分爲夏人後裔，其中"虘方"屬於"四封方"被商王冊封之一的區域……

商周以來，西北地區始終是歷代王室的最大隱患，商周王室從來没有停止與戎狄的鬥爭。《史記·秦本紀》記載秦先祖中潏、蜚廉、惡來三代輔佐殷王室戍邊，清華簡《繫年》道出成王遷來秦人的真正目的，是繼承其先祖"保西垂"的功業，防禦"奴虘之戎"的入侵，這與商王要求侯、田（甸），對"虘方、羌方、羞方、𫍨方"四封方進行冊封，在王室大邑商西北面建立四道蕃屏并組成方國政治同盟的戰術手段是相一致的。[①]

李零先生：

> 簡文"奴虘之戎"，有各種猜測，我懷疑，也可能是義渠之戎。奴是泥母魚部，義是疑母歌部，聲韻俱近，虘可讀"渠"。[②]

史黨社先生從王偉的觀點，將虘讀爲"盧"，"奴盧之戎"的地望由朱圉山確定，應該在渭水上游以西。秦代的"奴盧"、漢代西北的"羅虜"、南北朝—唐代西南的"盧鹿"蠻可能有一脉相承的關係，是羌人南遷的結果，其得名可能與虎崇拜有關，可能是現代彝族的祖先。[③]

（五）"秦中（仲）女（焉）東居周地，以獸（守）周之龚（墳）蒙（墓）"

整理報告：

> 秦仲，即秦襄公，《秦本紀》載秦莊公生子三人，長子世父報大父之仇擊戎，"讓其弟襄公，襄公爲太子"。

---

① 沈建華：《〈繫年〉"御奴虘之戎"與卜辭"四封方"相關地理》，李守奎主編：《清華簡〈繫年〉與古史新探》，上海：中西書局，2016年，第64、65、67頁。

② 李零：《讀簡筆記：清華楚簡〈繫年〉第一至四章》，李守奎主編：《清華簡〈繫年〉與古史新探》，第44、48頁。

③ 史黨社：《清華簡"奴盧之戎"試考》，《中華文化論壇》2020年第1期，第13-20頁。

華東師範大學中文系戰國簡讀書小組：

> “秦中（仲）焉〔始〕東居周地”，“始”，簡文原無，以詞例之故擬補。
>
> “以狩（守）周之墳墓”，指“岐以西”、“酆”之地也。“狩”，簡文原從單、從犬，乃一象形、會意字，“狩”則爲同一字形而以形聲法造成者。[①]

子居：

> 與《繫年》所記情況吻合的，只有《史記·秦本紀》所記載的莊公之父秦仲。查《史記·秦本紀》載：“周宣王即位，乃以秦仲爲大夫，誅西戎。西戎殺秦仲。秦仲立二十三年，死於戎。有子五人，其長者曰莊公。周宣王乃召莊公昆弟五人，與兵七千人，使伐西戎，破之。於是復予秦仲後，及其先大駱地犬丘并有之，爲西垂大夫。”《詩經·秦風·車鄰》毛詩序曰：“《車鄰》，美秦仲也。秦仲始大，有車馬禮樂侍御之好焉。”《正義》亦稱：“秦以秦仲始大，襄公始命，穆公遂霸西戎，卒爲強國。”秦仲爲大夫，故有車馬禮樂之制，可見與《秦本紀》的記載正合。《秦本紀》稱：“秦仲立三年，周厲王無道，諸侯或叛之。西戎反王室，滅犬丘大駱之族。”因此可知秦仲所伐的西戎即犬戎，彼時秦人自是活動於犬丘（今興平市地區）附近，故正可“守周之墳墓”。所以，《繫年》中提到的“秦仲”，也就是《秦本紀》中的莊公之父秦仲。“秦仲焉東居周地，以守周之墳墓，秦以始大。”是周厲王、宣王時事，并非平王東遷後的事情。[②]

牛鵬濤先生：

> 可佐證秦公簋（《集成》4315）銘文的相關內容。……簡文“東居周地”與秦公簋器銘“宓宅禹迹”正相印證，所講的是一回事。[③]

吳雯雯女士：

> 秦人從原本甘肅東南的犬丘遷到原本是周人居地的渭河平原，其實是因爲抵抗來自戎人的壓力。李峰先生認爲進入陝西中部渭河平原，既可遠離戎人的勢力中心，同時西面有隴山之天然屏障，又可維持與東部諸侯國的關係。因爲當時周室的崩潰造成戎人向周領地的遷徙……因此當周人遷至成周時，對渭河谷地一代幾乎喪失統治，而秦人要面對東、

---

① 華東師範大學中文系戰國簡讀書小組：《讀〈清華大學藏戰國竹簡（貳）·繫年〉書後（一）》，簡帛網，2011 年 12 月 29 日。

② 子居：《清華簡〈繫年〉1～4 章解析》，Confucius 2000 網·清華大學簡帛研究，2012 年 1 月 6 日。

③ 牛鵬濤：《清華簡〈繫年〉與銅器銘文互證二則》，《深圳大學學報（人文社會科學版）》2012 年第 2 期，第 49 頁。

西戎人的夾擊，因此秦人必須以武力打進陝西中部。(《西周的滅亡》，上海：上海古籍出版社，2007年10月，頁309—311) ……前既言秦之先遷之於朱圉，地在甘肅甘谷一帶，同時在當時的情勢下，秦人不得不放棄原居地，而向東進入周人舊地，等到在渭河平原擁有穩定的勢力與力量後，再向西征伐，以鞏固秦對西部的控制。①

李零先生：

簡文説"秦東居周地"，指秦從隴西，翻越隴山，不斷東進，收復周人舊土。但襄公伐戎至岐，剛到岐地，他就死了。文公才真正擴地至岐，"岐以東獻之周"。②

第4節 《繫年》第4章地理史料匯證

《繫年》簡17—22：

周成王、周公既疊（遷）殷民于洛邑，乃宦（追）念顕（夏）商之亡由，方（旁）埶（設）出宗子，以乍（作）周厚【一七】鄳（屏），乃先建衞（衞）弔（叔）垟（封）于庚（康）丘，以侯殷之夈（餘）民⁽⁻⁾。衞（衞）人自庚（康）丘疊（遷）于沂（淇）衞（衞）⁽⁼⁾。周惠王立十【一八】又七年，赤鄷（翟）王留吁𧀣（起）宦（師）伐衞（衞）⁽³⁾，大敗衞（衞）宦（師）於睘⁽四⁾，幽侯滅女（焉）。翟述（遂）居衞＝（衞，衞）人乃東涉【一九】河，翟于曹⁽五⁾，［女（焉）］立惠（戴）公申，公子啓方奔齊。䜭（戴）公罕（卒），齊趄（桓）公會者（諸）侯以成（城）楚丘，【二○】□公子啓方女（焉）⁽六⁾，是文＝公＝（文公。文公）即殊（世），成公即立（位）。翟人或涉河，伐衞于楚丘，衞人自楚丘【二一】疊（遷）于帝丘⁽七⁾。【二二】

【注 釋】

（一）"先建衞（衞）弔（叔）垟（封）于庚（康）丘，以侯殷之夈（餘）民"

整理報告：

---

① 蘇建洲、吳雯雯、賴怡璇：《清華二〈繫年〉集解》，臺北：萬卷樓圖書股份有限公司，2013年，第194-196頁。
② 李零：《讀簡筆記：清華楚簡〈繫年〉第一至四章》，李守奎主編：《清華簡〈繫年〉與古史新探》，第50頁。

衛叔封即康叔，《左傳》定公四年敘其受封，"命以《康誥》而封於殷虛"，《康誥》今存於《尚書》。傳世有遂簋（《集成》四〇五九），銘云："王來伐商邑，誕命康侯啚（鄙）于衛"；又有康侯方鼎（《集成》二一五三），銘云："康侯丰作寶障"，"丰"與簡文"坢"均與"封"通。"庚丘"即"康丘"，其地應在殷故地邶、鄘、衛之衛地範圍之中，故康叔也可稱衛叔封。殷之餘民，指《左傳》定公四年所述殷民七族。

董珊先生：

可以確定"康侯""康叔"之"康"是據封邑名"庚（康）丘"而來，衛康叔應是先受封於康。鄭玄説康爲謚法，是不正確的。……《周本紀》與《齊太公世家》稱尚且年少的叔封爲"衛康叔"，《管蔡世家》稱尚未得封的昆弟封爲"康叔"，《繫年》稱尚未遷衛的康叔封爲"衛叔"，此皆據後來的稱謂叙述前事，乃史家筆法，并非當時稱號之實録。然而，不如此不足以明確"叔封"之所指。由此可知，"衛人自庚丘遷于淇衛"之"衛人"，也是據後叙之。……叔封最初受封在康丘時，并沒有"衛叔"這個名號。……按照歷史地名演變的規律，"康"和"衛"都先是邑名，後來才擴大爲諸侯邦國名稱。綜合來看，康侯"徙衛"是比較早的事情，"徙封衛"是比較晚的事情。西周早期成王時器遂簋銘（《集成》4445）："王來伐商邑，誕命康侯啚（鄙）于衛"，"康"仍以國都名兼邦國名來作諸侯名號。……"鄙于衛"應理解作以衛爲邊邑，這是增大康侯的封地至衛。雍伯鼎（《集成》02531）"王令雍伯啚（鄙）于壯，爲宮，雍伯作寶尊彝。"與此事類同。《史記・衛康叔世家》："周公旦以成王命興師伐殷，殺武庚禄父、管叔，放蔡叔，以武庚殷餘民封康叔爲衛君，居河、淇間故商墟。"《衛康叔世家》又稱西周中晚期時"頃侯厚賂周夷王，夷王命衛爲侯"。所謂"命衛爲侯"不易理解。《史記索隱》已指出頃侯賄賂夷王，并不是爲了晉爵爲侯。我認爲，西周早期的康侯之邦，因增封而地域擴展至衛邑（朝歌），雖然在西周早期、中期都以朝歌作爲政治中心，但朝歌（衛）是邦國的縣鄙，不是周天子冊命時所認可的國都。周夷王時的"命衛爲侯"，應該是正式確認以淇水之衛邑作爲康侯之都，即承認既成事實上的徙封。自此開始，"康侯"始可稱"衛侯"。近年發現的西周早期鼀公簋銘："鼀（堯）公作郪姚簋，遘于王命易（唐）伯侯于晉，唯王廿又八祀。五。""王命唐伯侯于晉"與"夷王命衛爲侯"正是同類事情。徙封後，舊都唐仍在晉封域内，康也在衛疆之内。可見諸侯徙封以及名號的變動，都需要周天子的重新任命。據上述，"鄙于衛"即事實上的"徙衛"，早在成王時已如此；"徙封衛"則晚至夷王了。所以這是兩個不同的事件。……"晉唐叔虞"與"衛康叔封"都是將新邑名加在舊邑名前。"延州來季子"則是舊邑名在前，新邑名在後。①

華東師範大學中文系戰國簡讀書小組：

簡文謂衛叔封始封于康丘，整理者所引金文《遂簋》《康叔方鼎》銘文可證，《尚書·康誥》正義引馬融曰："康，圻內國名。"爲僞孔傳所本，《史記·衛康叔世家》索隱亦用馬説，又引宋忠曰："康叔從遷徙封衛。畿内之康，不知所在也。"又《路史·國名紀》："《姓書》：康叔故城在潁川，宋衷以爲畿内國。"孫星衍據此以爲"康"即《説文·邑部》之"邟，潁川縣"，在清代河南汝州。關於康叔封衛之記載，《左傳·定公四年》子魚語最爲詳盡："昔武王克商，成王定之，選建明德，以藩屏周。……分康叔以大路、少帛、綪茷、旃旌、大吕，殷民七族：陶氏、施氏、繁氏、錡氏、樊氏、饑氏、終葵氏，封畛土略自武父以南及圃田之北竟。取於有閻之土，以共王職；取於相土之東都，以會王之東蒐。聃季授土，陶叔授民，命以《康誥》，而封於殷墟"。②

李學勤先生：

"庚""康"屬古文字通假，庚丘就是康丘，也便是康侯的康。……殷商故土分爲邶、鄘、衛，康一定是在衛，所以叔封也稱爲"衛叔封"。③

朱鳳瀚先生：

本段話中明確講到，衛"康叔"之稱所由來，確是因其先曾封於康丘之故，而且説明所以封之於康丘，是爲了"侯殷之餘民"，"殷"在這裏指原商王畿區域，即殷地，所謂"殷之餘民"，是殷亡後，原商王畿内的商遺民之大多數已被遷至洛邑（如簡文所言）後，尚餘留在原王畿内的商遺民。……"侯"在這裏作動詞，當讀作"候"……簡文"以侯（候）殷之餘民"，即用以檢查、監視、防守殷餘民。簡文下繼言"衛人自康丘遷于淇衛"，則是言康侯受命將其族屬、部衆由康丘遷入衛地之内，即進

---

① 董珊：《清華簡〈繫年〉所見的"衛叔封"（修訂稿）》，復旦大學出土文獻與古文字研究中心網，2011年12月26日。

② 華東師範大學中文系戰國簡讀書小組：《讀〈清華大學藏戰國竹簡（貳）·繫年〉書後（二）》，簡帛網，2011年12月30日。

③ 李學勤：《清華簡〈繫年〉解答封衛疑謎》，《文史知識》2012年第3期，第15頁。

入原商王畿區域。可見康丘不會在衛地範圍內，而是衛地之外，但既要監督殷餘民必亦不會距衛地太遠，應在衛之鄰近地。[1]

子居：

　　整理者指出："《書序》:'成周即成，遷殷頑民。'《史記·周本紀》略同。"所說是。《逸周書·作洛》:"周公、召公內弭父兄，外撫諸侯。元年夏六月，葬武王于畢。二年，又作師旅，臨衛政殷，殷大震潰，降辟三叔，王子祿父北奔，管叔經而卒，乃囚蔡叔于郭凌，凡所征熊盈族十有七國，俘維九邑。俘殷獻民，遷於九里。俾康叔宇于殷，俾中旄父宇於東。"對應的也正是《繫年》此章的首句。[2]

程鍾書先生：

　　從《繫年》文意來看，分封衛康叔於康丘，主要是爲藩屏周室，并統治東方的殷遺民，故其地應在東方，而不會在周畿內或禹州一帶。目前比較可信的觀點是認爲康國在殷墟故地，《繫年》整理者與此觀點一致，也認爲康丘即在這一帶。

　　我們認爲衛康叔的分封與成王誅滅東部叛亂後的形勢密切相關，尤其與監管宋國有很大關係。成王在誅滅叛亂之後，一方面對於舊殷地的頑民，采取分化瓦解的政策，將其遷到洛邑或分封給各個諸侯，解除了其大規模叛亂的危險；另一方面，以紂王庶兄微子啓代殷祀，在商丘一帶建立宋國，統領大批殷民。《左傳·定公四年》曰："分康叔以……殷民七族，……封畛土略，自武父以南，及圃田之北竟，取於有閻之土，以共王職。取於相土之東都，以會王之東蒐……皆啓以商政，疆以周索"，知康叔征略範圍西及洛邑、東到濮陽、南經鄭地、北達衛北境，實質上爲黃河中游舊殷人統治區域內的方伯，其任務主要是代替三監，繼續監管東部的殷民，《繫年》說衛叔"侯殷之餘民"、《書序》說"康叔監殷民"，都是這一史實的寫照，而其所監管之對象主要應爲大量集中於宋國的殷民。宋地爲商代早期統治區，其民雖不如殷地貴族那般頑抗，但對周人而言始終存有隱患，所以我們推測衛康叔初封之康丘當據商丘不遠。另外，從周初分封形勢看，周公在封宋國後，又在其周圍分封了杞、葛、鄳、許、陳、屬、焦、曹、郜、茅、蔡、沈等諸侯國，對其形成重重包

---

① 朱鳳瀚：《清華簡〈繫年〉所記西周史事考》，李宗焜主編：《第四屆國際漢學會議論文集——出土材料與新視野》，臺北："中央"研究院，2013 年，第 449 頁。

② 子居：《清華簡〈繫年〉1～4 章解析》，Confucius 2000 網·清華大學簡帛研究，2012 年 1 月 6 日。

圍，也足見對宋國顧慮之深。衛康叔受封時，對宋包圍圈還未建構起來，故周公要封衛康叔在近宋的"康丘"，以防有變；待包圍圈形成後，隱患已然解除，這時衛康叔才徙居衛地，將故殷墟作爲自己的常駐地。可能是因爲衛康叔居康丘的時間比較短，所以史料中對這一情況失載，只道衛康叔封衛，而不知其曾封康。

　　康丘當近宋地，但對其地望早期史料中無載。《開封府志》……其中載明人張氏《義田倉記》其文曰："吾家自唐末始祖順，由東兗恩州西遷來豫，家於康正，號康丘張氏，歷五季。宋元及今康丘城，距今儀封縣治北三十三里，距小宋鎮三里。"明確了宋元明時期康丘的地望。儀封縣、小宋鎮，即今之儀封鄉、小宋鄉，同屬今開封地區的蘭考縣，按其所言，康丘當今在蘭考縣境之東北，而蘭考東南不遠即爲商丘。周初康叔所封之康丘可能即此，當然從周初到宋代，地名或略有變遷，但康丘地望總應在商丘西北不遠處。因爲材料過晚，以上只是我們的一種推測。[①]

路懿菡女士：

　　清華簡《繫年》簡文"康丘"的出現，彌補了傳世文獻對康叔所封之"康"失載的缺憾。根據簡文所載，成王平定商人叛亂後封康叔於"康丘"，康叔所建之國遂以"康"稱之。康叔雖爲衛國的始封君，但在其受封時應稱"康侯"，而且直至康昭時期，"康"仍作爲封國名稱存在。"康丘"應位於《左傳·定公四年》衛祝陀所言的"殷虛"範圍內，即原商都故地。[②]

杜勇、孔華先生認爲簡文邏輯不够嚴密，康丘與殷不近，舊説將其定在今河南禹州與汝州之間的意見仍值得重視：

　　依據相關史實，細味簡文，覺得有必要對上引簡文重新進行句讀，才能够更好地體現《繫年》的真正義蘊。但這裏有兩點值得注意，一是從邏輯上分析，"衛叔"二字後面應有重文被省略，因此"乃先建衛叔封于康丘"當析爲兩句；二是"衛叔"後面的"封"字不宜視爲康叔之名，而應理解爲動詞，爲封建之義。準此，可將簡文重新標點如下：

　　周成王、周公既遷殷民於洛邑，乃追念夏、商之亡由，旁設出宗子，以作周之厚屏。乃先建衛叔，（衛叔）封於康丘，以侯殷之餘民，衛人自康丘遷於淇衛。

---

　　① 程鍾書：《讀〈清華簡·繫年〉札記三則》，劉玉堂主編：《楚學論叢》（第2輯），武漢：湖北人民出版社，2012年，第40、41頁。

　　② 路懿菡：《從清華簡〈繫年〉看康叔的始封》，《西北大學學報（哲學社會科學版）》2013年第4期，第136頁。

　　簡文前半部分大意是説，周成王、周公把部分殷遺民遷至洛陽後，於是追想夏商二國滅亡的緣由，廣置諸侯以封宗子，作爲維護周王室統治的屏障。後半部分則可翻譯爲：於是首先封建衛叔，衛叔本封於康丘，爲了統治殷餘民，此時由康丘遷往淇衛。這樣，不只文從字順，而且與相關史實吻合。

　　……

　　綜上所論，清華簡《繫年》的發現，不能證明康叔的始封地"康"或曰"康丘"，其地在殷（衛），或在洹水殷墟。由於清華簡《繫年》行文不够精確，邏輯不够嚴密，因而易生誤解，以至形成康地在殷的新説，與相關史實大相違牾。前賢以爲康叔始封於康，其地在成周東南即今禹州與汝州之間、穎水之北，仍是最合理的推測。[①]

陳康先生認爲，康丘在今淇縣以北的安陽地區洹河流域：

　　康丘其地在黄河中下游地區的可能性較大。《左傳·定公六年》稱叔虞封唐時居於夏墟，李伯謙先生認爲夏墟或可作爲夏文化的二里頭文化的分布範圍看待。《左傳·定公六年》亦載封康叔於殷虚，《史記·衛康叔世家》云康叔始封時"居河、淇間故商墟"。以此推知，康叔的始封地康應在今豫北地區商文化的分布範圍内。

　　……

　　殷墟的周鄰地區即洹河流域的上游和下游均分布有晚商時期的遺址，尤其以洹河下游南部最爲密集。洹河流域西周時期遺存與晚商時期相比發生了較大變化，殷都逐漸廢棄，洹河上游居民點有所減少，但下游的居民點數目反而有所增加。地處洹河上游的西高平遺址爲一處小型聚落遺址，該遺址已進行過考古發掘，主要發現有西周早中期遺存，僅有少量先商文化遺存和 1 座殷墟二期的灰坑，出土遺物表現出濃鬱的晚商文化遺風兼有少量的周文化因素。西周時期西高平遺址的居民主體很可能爲遷居至此的殷遺民，但周人或周文化應已進入或影響該地。洹河上游、下游西周時期遺址群的發現及西高平遺址的發掘表明西周早期以後周人在殷都周邊洹河流域的殷商舊地繼續經營，康叔所封康丘亦有可能在此區域内。康丘若在殷都周邊，其與衛（今淇縣）及柯（今内黄縣）距離均約在百百里左右，也與其受封的疆土相符。[②]

---

① 杜勇、孔華：《從清華簡〈繫年〉説康叔的始封地問題》，《管子學刊》2017 年第 2 期，第 111、112 頁。
② 陳康：《周代衛國考古學文化研究——以衛地遺址和墓葬爲中心》，鄭州大學博士學位論文，2019 年，第 23、26 頁。

劉光勝先生認爲康丘可能在今濬縣、淇縣一帶，辛村墓地附近，是由於朝歌殘破而新建的臨時性國都：

由於傳世文獻失載，康丘的地望很難落實到具體的點。筆者采取的辦法是漸次縮小範圍，推定其所處的大致區域。據《左傳·定公四年》，周公分封康叔時明確規定了衛國的疆界，則康丘應在衛國境內。依照《史記·衛康叔世家》和《詩經·衛風》等文獻，初步判定康丘位於黃河與淇水之間。山之南，水之北，謂之陽。正因如此，濬縣辛村西周衛國宗族墓地選址於淇水河北岸。我們知道，古人很重視風水之術、負陰抱陽之道，王室宗族墓地一旦選定，除非有重大變故，一般是不會隨意搬遷、更換的。爲送葬、祭祀方便，國君墓葬的位置與國都之間距離不會太遠。因此，河南濬縣辛村西周早期衛國王室宗族墓地的發現，爲確定"康丘"的地理位置提供了非常重要的參照。

辛村墓地上限可至西周初年康叔時期，辛村中字型特大墓規格高於同時期燕國等國君墓葬，濬縣辛村當爲衛國王室墓地所在。據傳康侯丰（封）方鼎、康侯刀、康侯斤、康侯矛、康侯觶、康侯罍等器物出於辛村墓地，説明濬縣一帶與康叔生前的政治活動聯繫較爲密切。墓地格局是現實社會的縮影，辛村爲核心墓葬區，以楊晉莊爲代表的大量同時期中小型墓葬環布其外，大量貴重器物的陪葬，衆星捧月式的邦墓格局，暗示着附近當有一個大的都邑存在。文獻、考古發現和器物銘文三種因素結合起來，筆者懷疑康丘地望很可能在今河南濬縣、淇縣一帶，辛村墓地附近，而河南禹州、汝州兩説皆非。[①]

李皓先生認爲康丘即《湯處於湯丘》中的"湯丘"，在今湯陰至內黃一帶：

湯與康二字可以通用，因此"湯丘"寫作"康丘"。今河南安陽市南部有縣名湯陰，古名蕩陰，《水經·卷九·蕩水》云："蕩水出河內蕩陰縣西山東，又東北至內黃縣，入於黃澤。"其注曰"蕩水出縣西石尚山，泉流經其縣故城南，縣因水以取名也。"《清一統志》引《寰宇記》曰："唐貞觀元年，以水微溫又改名湯陰。"清人段玉裁《説文解字注》記載："蕩音湯，古音也，後人省艹。古有羑里城，西伯所拘也。今河南彰德府湯陰縣西南有故蕩陰城。（蕩）從水，募聲，徒朗切，十部。按古音吐郎切，

---

① 劉光勝：《"康丘之封"與西周封建方式的轉進——以清華簡〈繫年〉爲中心的考察》，《史學月刊》2019 年第 2 期，第 10、11 頁。

假借爲浩蕩字，古音亦同。”由此可推證“康丘”極有可能就是湯丘，在今河南湯陰縣境内或附近。

西周早期青銅器乍册睘鼎銘文曰：“康侯在朸（柯）師，賜乍册睘貝，用乍寶彝。”（《銘圖》02023）唐蘭認爲朸師應爲柯師，是柯邑之師，當爲殷八師之一，引《左傳》襄公十九年“叔孫豹會晉士匄於柯”，以爲柯地在今河南省内黄縣境，西距安陽殷墟甚近，内黄縣位於湯陰縣之東，兩縣相鄰，均位於殷商故地、黄河故道中下游地區。康叔可在朸（柯）師賜乍册睘貝，可知柯邑亦當在康叔封國之内。綜上，筆者以爲康丘當在殷商故地朝歌以東的衛國内，即今河南湯陰至内黄一帶。[①]

代生先生贊同李學勤先生的觀點，認爲康丘位於衛地境内，“衛”是大名，“康丘”是其中作爲都邑的地點：

> 康丘具體所在以及與衛的關係仍有爭議，孰是孰非，殊難判斷。何毓靈先生《殷墟周人滅殷遺存研究》分析了殷商故城的遺存情况，認爲殷墟王陵經歷武王克商和成王、周公平定三監之亂，已經成爲廢墟。牛世山先生也認爲，“到西周早期，曾經一個面積達 30 多平方千米、興盛了 270 多年的殷商都邑已不復存在，這裏人群的族屬也發生了顛覆性的改變。原來生活在殷商王都的衆多商人族群似乎去向成謎，而少數後來者——王陵區和劉家莊北地等地墓葬的主人——周人來到殷商故都”。不難想象，朝歌也經歷了這樣的過程。因此，我們以爲康丘在分封時當是周人的軍事據點，類似於齊國的高青陳莊遺址，軍事目的突出，其後命人向淇衛遷徙，這應該是“警戒”下降，逐漸與經濟、社會利益聯係的結果。至於康丘是否屬於衛地，我們贊同李學勤先生的觀點。[②]

董喆先生：

> 杜勇認爲此句應斷爲“乃先建衛叔，（衛叔）封于康丘”，即在“封”前補充主語“衛叔”，杜氏此説確使文義貫通，但仍有可商榷之處。……
>
> 此句或有另一種句讀，可在“衛”下斷句，即“乃先建衛，叔封于康丘，以侯殷之餘民，衛人自康丘遷于淇衛”，義爲“先封衛國，康叔封本在康丘，因爲要管理殷之餘民，於是衛人自康丘遷于淇衛”。如此既能説明“封衛”之事，又可釋“封”爲康叔之名。康叔名封，《尚書》《史記》皆有明言，彝器有康侯丰鼎可爲證。

---

① 李皓：《康叔始封解析》，《僑園》2021 年第 5 期，第 88 頁。

② 代生：《清華簡〈繫年〉西周史篇章解讀》，《海岱學刊》2021 年第 2 期，第 103、104 頁。

此説成立的關鍵在於對"康"的理解。"康"有兩説，一爲諡號，一爲畿內國名，主諡號者，以鄭玄爲代表；主國名者，以馬融爲代表。……

明確了"康"爲國名，還須進一步推定"康"的地望，若"康"在殷王畿之內，則很難解釋周在未克商之前何以能將"叔封"封在"康"。換言之，"康"在周畿之內是此説成立的必要條件之一。對此，杜勇以"殷與衛同在一地，對康叔似無二次分封的必要""康叔封康與封衛分屬武成二王，并非發生在同一王世"以及"清華簡謂康叔爲'衛叔'，乃是作者使用後起稱謂叙史，不能證明康叔的始封地在衛"三條理由對"康丘"在殷王畿之內進行駁斥，同時杜氏重申了清人閻若璩以及孫星衍的觀點，認爲"康"之地望在禹州至汝州一帶，而此處正是周的勢力範圍。由此可知，"康"屬周畿，并未在殷王畿之內，故簡文此句當可在"衛"下斷句。[①]

(二)"𡧱（衛）人自庚（康）丘𨓦（遷）于沂（淇）𡧱（衛）"

整理報告：

> 淇衛，即在淇水流域的朝歌，今河南淇縣。

李學勤先生：

> 衛國建立以後，衛人才"自庚（康）丘遷于淇"，淇衛自然就是淇水之濱的朝歌，又稱妹或沬。至于衛國的遷都是在叔封在世之時，還是其子康伯之世，還有待進一步研究。[②]

朱歧祥先生：

> 淇，水名。字未出現在《尚書·禹貢》九州河川的描述。而始見《詩經·衛風·淇奧》："瞻彼淇奧"……衛，地名。最早作爲康叔封地，地處河淇之間。即古之朝歌，今之衛州。《漢書·地理志》："朝歌，紂所都，周武王弟康叔所封，更名衛。"……（文獻所見）"河淇"二水連用，淇屬流水名，而衛則是具體的專有地名。上古文獻流水與地名并排連用，顯然不是一個常態的句例。[③]

黃澤鈞先生認爲"淇衛"可理解爲"淇水"與"衛地"的合稱，屬於并列式

---

① 董喆：《由清華簡〈繫年〉論"四年建侯衛"》，鄔文玲、戴衛紅主編：《簡帛研究》二〇二三年秋冬卷，桂林：廣西師範大學出版社，2024年，第26、27頁。

② 李學勤：《清華簡〈繫年〉解答封衛疑謎》，《文史知識》2012年第3期，第15頁。

③ 朱歧祥：《談清華簡（貳）〈繫年〉的"衛叔封于康丘"句意矛盾及相關問題》，《釋古疑今：甲骨文、金文、陶文、簡文存疑論叢》，臺北：里仁書局，2015年，第247頁。

構詞地名。并以《繫年》第 83 支簡的“柏舉”爲例進行證明，“柏舉”是由“柏水”與“舉洲”結合而成的地名。[1]

朱鳳瀚先生：

> 現藏大英博物院的《遙簋》，其銘曰“王來伐商邑，延令康侯啚（鄙）于衛……”“鄙”，是指邊鄙之地，在此指邊邑。“鄙于衛”即不在衛中心區域（那裏當是殷餘民所居處），而是在其邊域之地建城邑。在衛地内建邊邑的目的，自然是令康侯將自己的屬下從康丘遷至那裏以控制整個舊商王畿地區。這與簡文所言“衛人自康丘遷于淇衛”當指的是同一件事，也常與《左傳·定公四年》記成王時封康叔“命以康誥，而封于殷墟”有關，這一舉措可能是康侯受命封于殷墟的具體行動。……衛作爲封國名稱當始於何時，也是尚未能明瞭的問題。濬縣辛村西周早期墓出土的銅泡上有“衛𠂤（師）易”銘文（《衛師銅泡》，《集成》11858）。如參考西周時齊國軍隊稱“齊𠂤”（《史密簋》，《文物》1989.7，《新收》636）䣄國軍隊稱“䣄𠂤（師）”（《中䣄》，《集成》949）來看，衛可能亦是國名。當然金文中以地名命師者也有，如“成周八師”，所以似亦不排斥“衛𠂤（師）”之衛是地名。簡文稱康叔爲“衛叔”，稱“衛人”遷於淇衛，應非當時已有之稱呼，顯然是用後世才有的稱謂追稱之，學者已指出此爲史家筆法。[2]

路懿菡女士：

> 《繫年》簡文云：“衛人自康丘遷于淇衛。”簡文中的“淇衛”指的應即是公元前 660 年衛亡前的都邑，位於淇水流域……1932 年至 1933 年在淇水北岸的浚縣縣城以西約 35 公里的辛村一帶發掘了西周早期至春秋早期的衛國貴族墓地，出土了鑄有“衛師易”銘文的甲泡及其他青銅禮器、兵器和車馬器等。1961 年在辛村西北約 1 公里的鶴壁龐村發掘的一座西周墓中出土銅器一組，“容器從形制與組合形式看多符合西周銅器一期的特點……龐村與辛村極近，此墓墓主人屬於衛國的貴族當是沒有問題的”。辛村、龐村位於今淇水北岸，考慮到古淇水的流向，“淇衛”或許應當在今淇河北岸、湯陰以南、濬縣以西的區域之内……

---

[1] 黃澤鈞：《清華簡〈繫年〉地名構詞研究》，《臺灣地區第十八屆中區文字學學術研討會論文集》，2016 年 5 月 21 日，第 12、13 頁。

[2] 朱鳳瀚：《清華簡〈繫年〉所記西周史事考》，李宗焜主編：《第四屆國際漢學會議論文集——出土材料與新視野》，臺北：“中央”研究院，2013 年，第 449-451 頁。

　　結合辛村墓地的位置來看，康侯所封之"衛"地很可能是隨康叔一起受封的周室貴族的居住區及其宗邑所在。而"康丘"所在的原商都地區則爲殷遺的居住地區，雖然宮殿、宗廟建築很可能在周人的兩次克商過程中毀於一旦，但作爲原商人的聚居區，被授予康叔的"殷民七族"中很大一部分仍居於此地，康侯受封之初仍需要對此區域進行重點防範。而隨着淇水衛地新的城邑的營建和周人統治的日益鞏固，該地區逐漸成爲康叔之國的統治中心，直至後世正式成爲都邑所在，"衛"也成爲正式的封國名稱。①

陳康先生認爲，淇衛是淇水和衛地的合稱，屬并列式構詞地名，更可能位於辛村周邊的淇河沿岸：

　　辛村墓地分布有西周時期衛國國君等高等級貴族墓葬及衛師墓地，其周鄰地區也分布有周人爲主的武士墓地，此區域當爲西周時期衛國統治的中心地區，"衛師易"等銘文的發現亦説明"衛"地當距此不遠。

　　淇縣東北部的淇河兩岸不僅發現有大量商末遺存，西周時期的遺存也較爲集中。西周時期的遺址及墓地有辛村墓地、楊晉莊墓地、禮河寨遺址、楊樹嶺遺址、頭畛地遺址、林牧場遺址、古城後墳地遺址、思德遺址等。這些遺址及墓地不僅數量多、面積大，且成片分布。辛村、龐村、楊晉莊等墓地均出土有青銅禮器等重要遺物。以辛村墓地爲中心的淇河沿岸地區與以朝歌城爲中心的今淇縣縣城周邊地區對比明顯，前者主要分布有西周時期的遺址和墓葬群，而後者大多爲東周時期的遺存。因此，"淇衛"更可能位於辛村墓地周邊的淇河沿岸，朝歌城更可能爲東周以後該區域的政治中心，至於朝歌城是否爲東周時期的衛國都城尚待新資料的發現及考古工作的展開。②

（三）"赤鄴（翟）王留吁𢀳（起）𠂤（師）伐𢓉（衛）"

整理報告：

　　此年"狄入衛"，見《春秋》閔公二年，事詳《左傳》及《衛世家》。古本《紀年》云："衛懿公及赤狄戰於洞〈泂〉澤"，表明狄爲赤狄，與簡文合。

---

① 路懿菡：《从清華簡〈繫年〉看康叔的始封》，《西北大學學報（哲學社會科學版）》2013 年第 4 期，第 139-141 頁。

② 陳康：《周代衛國考古學文化研究——以衛地遺址和墓葬爲中心》，鄭州大學博士學位論文，2019 年，第 30 頁。

華東師範大學中文系戰國簡讀書小組：

　　事見《左傳·閔公二年》。《春秋》經曰："十有二月，狄入衛。"《左傳》曰："冬十二月，狄人伐衛。"未載"狄"爲何種。《春秋經傳集解後序》引《竹書紀年》曰："衛懿公及赤狄戰于洞澤。"而赤狄首領之名，傳世文獻中似未見提及。所謂"留吁"者，簡文"留"字從中從古文"酉"，"吁"從虎從口，知必讀爲"留吁"者，《春秋·宣公十六年》："春，王正月，晉人滅赤狄甲氏及留吁。"杜預注："甲氏、留吁，赤狄別種。"此被滅之"留吁"即簡文所載以"留吁"爲王之赤狄。知其所以然者，氏族名或民族名多有以該民族首領之稱呼命名者，而首領稱呼，多沿襲自前，往往數十百代使用一種稱呼，如"滿洲"一名，據孟森先生考證，即《隋書》《北史·勿吉傳》所載之首領稱謂"瞞咄"，亦即"文殊"二字，"夷俗信佛尤篤，文殊之稱，信爲佛之最尊，而即以尊其渠酋"。明清之間，其族稱其首領爲"滿住""曼珠"，要皆"文殊"之對音（清宮宦官宮妾稱最高統治者爲"老佛爺"者，此俗之存者也），"因其部落稱君爲文殊，即滿洲，因曰滿洲國"。據簡文及《春秋》，"留吁"既可爲狄人首領之名，又可爲赤狄一別種之名，蓋簡文所載之"赤狄王留吁"，乃承襲"留吁"稱號之赤狄王，未必即是始稱"留吁"之赤狄王，而稱"留吁"之赤狄別種，即歷代"留吁"所統轄之部族，亦自稱爲"留吁"，而"留吁"之義，不易訓詁，所記詞彙是否漢語，亦未可知，姑且以"滿洲"推之，則蓋亦赤狄部衆對其君長之美稱。[1]

子居：

　　留吁，整理者釋爲"峀唬"，華東師範大學中文系戰國簡讀書小組《讀〈清華大學藏戰國竹簡（貳）·繫年〉書後（二）》文中讀爲"留吁"，甚是。"留吁"即"潞"之緩讀，潞水就是今濁漳水南源，故赤狄之居即在山西長治盆地，今潞城、長治、屯留地區。自《左傳·僖公三十二年》所載"夏，狄有亂。衛人侵狄，狄請平焉。秋，衛人及狄盟"之後，赤狄即分爲若干，號潞氏、留吁、甲氏、鐸辰等。此後，《春秋·宣公十五年》："六月癸卯，晉師滅赤狄潞氏，以潞子嬰兒歸。"杜預注："潞，赤狄之別種。潞氏，國，故稱氏。"《左傳·宣公十五年》："潞子嬰兒之夫人，晉景公之姊也。酆舒爲政而殺之，又傷潞子之目。……六月癸卯，晉

---

　　① 華東師範大學中文系戰國簡讀書小組：《讀〈清華大學藏戰國竹簡（貳）·繫年〉書後（二）》，簡帛網，2011 年 12 月 30 日。

荀林父敗赤狄于曲梁。辛亥，滅潞。酆舒奔衛，衛人歸諸晉，晉人殺之。”《左傳·宣公十六年》：“十六年春，晉士會帥師滅赤狄甲氏及留吁、鐸辰。”《左傳·成公三年》：“晉郤克、衛孫良夫伐嗇咎如，討赤狄之餘焉。嗇咎如潰，上失民也。”至此，蓋赤狄遂衰亡而白狄興起。……

狄人起師伐衛的過程，據《左傳·閔公二年》載：“冬十二月，狄人伐衛。……及狄人戰於熒澤，衛師敗績，遂滅衛。……狄入衛，遂從之，又敗諸河。初，惠公之即位也少，齊人使昭伯烝于宣姜，不可，強之。生齊子、戴公、文公、宋桓夫人、許穆夫人。文公爲衛之多患也，先適齊。及敗，宋桓公逆諸河，宵濟。衛之遺民男女七百有三十人，益之以共、滕之民爲五千人。立戴公以廬於曹。許穆夫人賦《載馳》。齊侯使公子無虧帥車三百乘、甲士三千人以戍曹。歸公乘馬，祭服五稱，牛、羊、豕、鷄、狗皆三百及閒材。歸夫人魚軒，重錦三十兩。”整理者已指出，熒澤即《繫年》之“罤”，曹地在今河南滑縣西南，所説皆是。①

吉本道雅先生：

　「翟」は『春秋經』では「狄」に作り、莊三十二（664BC）に初見する。のちに「赤狄」「白狄」がもっぱら見えるようになり、「赤狄」は『春秋經』では宣三（606BC）、『左傳』では宣六（603BC）に初見し、「白狄」は『春秋經』『左傳』とも宣八(601BC)に初見する。「白狄」については、『春秋經』僖三十三(627BC)「晉人敗狄于箕」に對する『左傳』

　（a）狄伐晉、及箕。八月戊子、晉侯敗狄于箕。郤缺獲白狄子。先軫曰、匹夫逞志於君、而無討、敢不自討乎。免胄入狄師、死焉。狄人歸其元、面如生。

　（b）初、臼季使、過冀、見冀缺耨、其妻饁之、敬、相待如賓。與之歸、言諸文公曰、敬、德之聚也。能敬必有德。德以治民、君請用之。臣聞之、出門如賓、承事如祭、仁之則也。公曰、其父有罪、可乎。對曰、舜之罪也殛鯀、其舉也興禹。管敬仲、桓之賊也、實相以濟。康誥曰、父不慈、子不祗、兄不友、弟不共、不相及也。詩曰、采葑采菲、無以下體。君取節焉可也。文公以爲下軍大夫。反自箕、襄公以三命命先且居將中軍、以再命命先茅之縣賞胥臣、曰、舉郤缺、子之功也。以一命命郤缺爲卿、復與之冀、亦未有軍行。

① 子居：《清華簡〈繫年〉1～4 章解析》，Confucius 2000 網·清華大學簡帛研究，2012 年 1 月 6 日。

に、「郤缺獲白狄子」が見えるが、それ以外では「狄」「狄人」である。この部分の前半（a）は「八月戊子」の干支を擁するように年代記に由来するが、それに對し、後半（b）は郤缺登用に關わる説話である。「郤缺獲白狄子」は本來、（b）の一部であったものが（a）に移されたものであろう。二次的創作の説話であるため、『春秋經』の如き年代記では宣八に初見する「白狄」が遡って僖三十三に登場するのである。本章の「赤翟王峁唬」も同樣の説話的展開によって創作されたものであろう。華東師範大學中文系戰國簡讀書小組 2011b は「峁唬」を『春秋經』宣十六「春王正月、晋人滅赤狄甲氏及留吁」の「留吁」とする。なお『竹書紀年』晋紀 20 はこの事件を「衞懿公及赤翟戰于洞澤」に作り、『左傳』から『繫年』への過渡的形態を示している。[①]

李零先生：

　　講衞都三遷，過去我們只知道，背景是狄人伐衞。現在根據簡文，我們才知道，伐衞的狄人具體是哪一支，原來是赤狄中的留吁，留吁乃其王號。

　　赤狄媿姓，出自鬼方，西周主要在晋南，後來迫於晋，遷往晋東南，最後滅於晋。如潞氏在潞城的潞河古城，甲氏在武乡故城鎮，留吁在屯留古城村，徐吾在屯留徐吾鎮，鐸辰在長治市。長治地區的地名，很多都是赤狄所遺。赤狄從屯留起師，出上黨，翻太行，東襲衞地，主要通道是滏口陘（山西黎城東陽關—河北邯鄲峰峰礦區紙坊村）和白陘（山西陵川雙底村—河南輝縣寶泉水庫）。[②]

何艷傑女士認爲西周晚期赤翟主要分布於子午嶺西側的涇河上游及東側的洛河上游，春秋早期在秦晋的威逼利誘下遷徙到太行山麓兩側。[③]

（四）“大敗斁（衞）𠂤（師）於㘰”

整理報告：

　　衞師敗績之地，《左傳》云“熒澤”，《紀年》云“洞〈洞〉泽”，“熒”“洞”皆匣母耕部。簡文作“㘰”，屬群母耕部，也是通假字。

① ［日］吉本道雅：《清華簡繫年考》，《京都大學文學部研究紀要》（52），2013 年，第 26-27 頁。
② 李零：《讀簡筆記：清華楚簡〈繫年〉第一至四章》，李守奎主編：《清華簡〈繫年〉與古史新探》，第 52 頁。
③ 何艷傑：《赤狄新考》，《殷都學刊》2022 年第 1 期，第 68 頁。

華東師範大學中文系戰國簡讀書小組：

《左傳·閔公二年》："及狄人戰于熒澤，衛師敗績，遂滅衛。"大敗者，衛師敗績也。裹，《左傳》作"熒"，前引《春秋經傳集解後序》所引《古本竹書紀年》作"泂"，《春秋經傳集解後序》謂當是"泂"之誤，今據《古本竹書紀年》讀爲"泂"，"裹""熒""泂"聲母皆屬喉音，韻部則"裹"屬元部，"熒""泂"屬耕部，此二部字古音聯繫較爲密切，《說文》中即有許多例子。①

吳雯雯女士：

方詩銘、王修齡云："《春秋經傳集解後序》云：'疑"泂"當爲"泂"，即《左傳》所謂熒澤也。"泂""熒"音同，是。'"（方詩銘、王修齡：《古本竹書紀年輯證》，頁 73）然《左傳》有兩處提及"熒澤"一是在閔公二年、一是在宣公十二年……屈萬里先生注《禹貢》"滎波既豬"時云："滎波，澤名；即閔公二年及宣公十二年《左傳》之熒澤。孔氏《正義》引鄭玄云：'今塞爲平地。'故迹在今河南滎陽縣內。"（《尚書集釋》，頁60）將兩"熒澤"視爲一地，然據閔公二年《傳》文……而後衛人又涉東黃河而至曹地，故懿公兵敗之所，似乎不會遠至河南滎陽縣的"熒澤"，應在淇衛附近。故楊伯峻先生云："此熒澤當在黃河之北，……胡渭《禹貢錐指八》謂'衛、狄戰地，或河北自有一熒澤，如魏獻子之所田別是一大陸（定元年），非《禹貢》之大陸，亦未可知。'胡說較是。"（《左傳注》，頁 265）至於宣公十二年之"熒澤"則爲"滎澤"，楊伯峻先生注云："熒澤即滎澤，《尚書·禹貢》所謂'滎波既豬'者是也。自東漢以來，已塞爲平地，然當地人仍稱其爲滎澤，其地當在河南省滎澤廢縣之南，今滎陽縣之東。參胡渭《禹貢錐指》。"（《左傳注》，頁736）自衛都朝歌被狄人侵占後，衛國因狄禍而不斷向東遷徙。②

李零先生：

簡文"裹"，估計是邑名。周惠王十七年當閔公二年。《左傳》閔公二年："狄人伐衛，……及狄人戰於熒澤，衛師敗績，遂滅衛。"《竹書紀

---

① 華東師範大學中文系戰國簡讀書小組：《讀〈清華大學藏戰國竹簡（貳）·繫年〉書後（二）》，簡帛網，2011 年12 月 30 日。

② 蘇建洲、吳雯雯、賴怡璇：《清華二〈繫年〉集解》，臺北：萬卷樓圖書股份有限公司，2013 年，第 236、237 頁。

年》記此事，"滎澤"作"洞〈洞〉澤"。滎澤是古代著名的湖泊，在河南濬縣西。此字可能是"滎澤"附近的邑名，不是"滎"或"洞"的假借字。①

（五）"衛人乃東涉【一九】河，覃于曹"

整理報告：

　　衛遷於曹，事見《左傳》閔公二年。曹，或作"漕"，在今河南滑縣西南。《詩·鄘風·載馳》序："衛懿公爲狄人所滅，國人分散，露於漕邑。"

華東師範大學中文系戰國簡讀書小組：

　　《左傳·閔公二年》："……及敗，宋桓公逆諸河，宵濟，……立戴公以廬于曹。"可知"曹"爲一濱河地名。整理者謂即《詩經·載馳》序之"漕"，按，《詩經·邶風·擊鼓》有"土國城漕"一句，"漕"蓋亦此地。②

吳雯雯女士：

　　曹，楊伯峻先生云："曹，衛邑，當即今河南省滑縣西南之白馬故城。"（《左傳注》，頁 267）此次赤狄侵衛，實滅亡衛國，迫使衛國遺民東遷於曹，後封於楚丘，然《繫年》記事較簡。③

（六）"齊趄（桓）公會者（諸）侯以成（城）楚丘，□公子啓方女（焉）"

整理報告：

　　城楚丘，見《春秋》僖公二年經傳。楚丘，在今河南滑縣東。

　　《左傳》及《衛世家》衛文公爲戴公弟煅，簡文云爲啓方，彼此不同。《詩·鄘風·定之方中》序："衛爲狄所滅，東徙渡河，野處漕邑。齊桓公攘戎狄而封之。文公徙居楚丘，始建城市而營宮室，得其時制，百姓說之，國家殷富焉。"

---

① 李零：《讀簡筆記：清華楚簡〈繫年〉第一至四章》，李守奎主編：《清華簡〈繫年〉與古史新探》，第 44、50、51 頁。

② 華東師範大學中文系戰國簡讀書小組：《讀〈清華大學藏戰國竹簡（貳）·繫年〉書後（二）》，簡帛網，2011 年 12 月 30 日。

③ 蘇建洲、吳雯雯、賴怡璇：《清華二〈繫年〉集解》，臺北：萬卷樓圖書股份有限公司，2013 年，第 239 頁。

侯乃峰先生（網名小狐）：

原圖版作"▓"，原整理者以"□"代之。與第 29 簡的"歸"字形"▓"相比較，兩者筆畫較爲接近，故此字有可能是"歸"字。"歸公子啓方焉，是文公"，上句言公子啓方"奔齊"，這句説"歸"，從文義上看也很合適。①

蘇建洲先生：

簡文……似乎説衛文公之立在齊桓公城楚丘之後……衛文公即位的第二年（前 658 年），因"曹"地多戰亂，故齊國在"楚丘"築城而把衛國重新封在這裏，并不是説齊桓公城楚丘之後是衛文公元年，《繫年》此處記載恐有誤。②

賈連翔先生：

清華簡《繫年》第 20 簡末的漫漶字應釋爲"邦"，此處所載齊桓公城楚丘封衛一事，可與傳世文獻記載相互比勘。齊桓公所封之衛文侯，即衛公子啓方，與《管子》等所記桓公身邊的佞臣啓方當非一人。桓公所封之楚丘，與衛之曹（或作漕）邑乃一地，在今之滑縣東，《漢書・地理志》顏師古注有誤。《史記・衛世家》《齊世家》與《春秋》《十二諸侯年表》對"城楚丘"一事的紀年有差，當以《春秋》《十二諸侯年表》爲正，《繫年》與《衛世家》等表述相似，二者所據史料或許同源。③

（七）"衛人自楚丘【二一】邇（遷）于帝丘"

整理報告：

狄圍衛，衛遷於帝丘，見《春秋》僖公三十一年經傳。《衛世家》集解引《世本》云"成公徙濮陽"，濮陽即帝丘，在今河南濮陽西南。

華東師範大學中文系戰國簡讀書小組：

帝丘，《漢書・地理志》："東郡濮陽，衛成公自楚丘徙此，故帝丘，顓頊墟。"④

---

① 小狐：《讀〈繫年〉臆札》，復旦大學出土文獻研究與保護中心網，2012 年 1 月 3 日。

② 蘇建洲、吳雯雯、賴怡璇：《清華二〈繫年〉集解》，臺北：萬卷樓圖書股份有限公司，2013 年，第 256 頁。

③ 賈連翔：《從清華簡〈繫年〉再看齊桓公邦衛》，鄔文玲、戴衛紅主編：《簡帛研究》二〇二〇年春夏卷，桂林：廣西師範大學出版社，2020 年，第 30 頁。

④ 華東師範大學中文系戰國簡讀書小組：《讀〈清華大學藏戰國竹簡（貳）・繫年〉書後（二）》，簡帛網，2011 年 12 月 30 日。

吳雯雯女士：

　　《左傳》僖公三十一年衛成公六年,《經》云：狄圍衛。十有二月, 衛
遷於帝丘。楊伯峻先生注云：“帝丘, 今河南省濮陽縣西南。《明一統志》
又有帝丘城, 云在滑縣〔此指舊治, 今已移志（引按, 楊注原作“移治”）
于其西之道口鎮〕東北七十里土山村, 即衛成公所遷, 蓋其境相接也。則
衛自楚丘遷帝丘, 兩地相距不遠。”(《左傳注》, 頁 485) [1]

---

[1] 蘇建洲、吳雯雯、賴怡璇：《清華二〈繫年〉集解》, 臺北：萬卷樓圖書股份有限公司, 2013 年, 第 262 頁。

第5章 《繫年》第5—20章地理史料匯證

第1節 《繫年》第5章地理史料匯證

《繫年》簡23—30:

　　郚（蔡）哀侯取妻於陳，賽＝（息）侯亦取妻於陳⁽一⁾，是賽＝爲＝（息嫣。息嫣）牄（將）歸于賽（息），迯（過）郚＝（蔡⁽二⁾，蔡）哀侯命止＝（止之），【二三】……賽（息）爲（嫣）乃内（入）于郚＝（蔡，蔡）哀侯妻之。賽（息）侯弗訓（順），乃叟（使）人于楚文王【二四】曰："君坒（來）伐我＝（我，我）牄（將）求裁（救）於郚（蔡），君女（焉）敗之⁽三⁾。"文王记（起）官（師）伐賽＝（息，息）侯求裁（救）於郚＝（蔡，蔡）哀侯衙（率）帀（師）【二五】以裁（救）賽（息），文王敗之於新（莘）⁽四⁾，朡（獲）哀侯以歸。文王爲客於賽（息），郚（蔡）侯與從……【二六】……昷（明）臷（歲），起官（師）伐賽（息），克之，殺賽（息）侯，取【二八】賽（息）爲（嫣）以歸，是生垡（堵）囂（敖）及成王⁽五⁾。文王以北啓出方成（城）⁽六⁾，圾（封）襭於汝⁽七⁾，改遷於陳⁽八⁾，乥（焉）【二九】取邨（頓）以贛（恐）陳侯⁽九⁾。【三〇】

【注　釋】

（一）"郚（蔡）哀侯取妻於陳，賽＝（息）侯亦取妻於陳"

整理報告:

　　《左傳》莊公十年:"蔡哀侯娶于陳，息侯亦娶焉。"《史記·管蔡世家》:"哀侯十一年，初，哀侯娶陳，息侯亦娶陳。"簡文"郚"即"蔡"，蔡哀侯即蔡侯獻舞。賽，通"息"，二字同屬心母職部。關於"息""賽"通用，可參看于豪亮《論息國和樊國的銅器》（《江漢考古》一九八〇年第二期）。賽爲，即息嫣，息侯夫人，嫣姓陳國女子。"賽＝侯"之"賽"下誤衍重文號。

曹方向（網名魚游春水）先生認爲"賽"下之符號非衍：

> 賽字下有合文或重文符號……可能是個重文。第一個"賽"讀爲國別的"息"，第二個"賽"是"哀侯"之"哀"一類的謚號。例如讀爲"思"。"賽賽侯"，即讀爲"息思侯"，上句言"蔡哀侯"，下句言"息思侯"。可惜文獻無徵。不過，古書亦有"思"字謚，漢代亦有"思侯"。曹植稱"陳思王"，"思"字亦謚號。下文於"蔡哀侯"也不再稱"哀侯"，僅稱"蔡侯"，所以下文沒有"賽賽侯"而只有"賽侯"，也就是，只稱"息侯"而不再稱"息思侯"了。[①]

郭濤先生承認"賽""息"可以相通，也指出"賽"下的重文號不宜視爲誤衍，應當有其實際含義：

> "賽""息"相通，毋庸置疑；但整理者説"'賽＝侯'之'賽'下誤衍重文號"，却顯得輕率。近來研讀至此，頗覺得重文符號有其實際含義，可以另尋解釋。簡文"賽＝侯"對應"蔡哀侯"，則"息"或也是謚號，爲"息息侯"。帶着疑問和假設查考史籍，果然發現綫索。蘇洵《謚法》卷四有："謀慮不成曰息"，并進一步解釋道："意欲爲之而謀不成以止，故曰息"。"息"可訓爲止、滅，符合《繫年》關於息侯以計謀蔡最終反受其害而身死國滅的悲劇事迹的描述；也符合息嬀之夫是最後一任息侯，自此息被楚所滅設縣的事實。或是楚人爲其立謚。《左傳》等文本以其爲"息侯"，可能是省稱，也可能是文本傳抄過程中被誤以爲是衍文删除所致。[②]

除關注"賽"下之重文符號外，學者還將《繫年》"賽"字與青銅器銘文中息國之"息"的寫法聯繫，對息國之息、息縣之息的用字特點進行探討。王子楊先生指出：

> 古書"息嬀"之"息"《繫年》寫作"賽"，使得我們重新考慮"宲公孫痽父匜"之"宲公"就是"息公"的正確性。根據文獻，息國被楚滅之前，息國國君稱爲"息侯"。"宲（賽—息）公孫痽父匜"稱"息公"，顯然是被楚滅亡後設立縣公的結果。受楚國文化的影響，用"賽"寫"息國"之"息"是完全可以理解的，這一點跟清華簡《繫年》一致。……頗疑"宲（賽—息）公孫痽父匜"之"宲（賽—息）公"乃楚滅息國後

---

① 曹方向（網名魚游春水）：《清華簡"賽賽侯"衍文？》，簡帛網"簡帛論壇"，2012 年 12 月 24 日。
② 郭濤：《清華簡〈繫年〉讀札之"息息侯"》，復旦大學出土文獻與古文字研究中心網，2012 年 3 月 12 日。

設立的第一位縣公，如此稱"寅（賽—息）公孫"才有具體所指。①

吳雯雯女士指出：

> 新出《上博九·靈王遂申》簡1"靈王即立，申、賽（息）不懋"，"息"作"賽"。隨州出現的息國青銅器，有"鄎子行盆"，"鄎"作"𦮙"，"息"與"鄎"爲古今字，爲息國國名。……可理解爲"𦮙"代表姬姓息國，而"𤯔"則是楚國息縣的寫法。《繫年》"息"寫作"𤯔"，應該是沿襲楚國本身的書寫習慣。②

劉剛先生聯繫新蔡簡零236、186号的簡文"□車（？），鄎公中、大司馬子矽（叚）、鄥（宛）公□"，指出：

> 其中的"鄎"字，原形作"𥩓"，從"邑"、"寋"聲。"寋"即"賽"字異體，在新蔡簡中用爲"賽禱"之"賽"。

清華簡《繫年》中的"賽"字用作"息"，所以很自然地可將新蔡簡的"鄎"讀爲"鄎（息）"。③

田成方先生：

> 塞公孫㠯父盤、匜、塞公屈頯戈之"塞公"，應一并讀作"息公"，指楚息縣的縣公。鄎之王戟中的"鄎"，亦是指楚國息縣。不難看出，"塞"是息縣之"息"的專字，當是楚人服息之後，於息國故地設置縣邑，同時爲了與當時尚存的姬姓息國之"息"區分，特以"塞"字專指息縣。但是，息國之息，清華簡《繫年》均寫作"塞"，又作何解釋？細繹原因，可能有兩點：（1）銅器上的銘文反映了器物鑄造時的用字習慣，與戰國中期寫成的《繫年》簡文在文本性質上差別很大。後者是用戰國時期的用字習慣，追溯和書寫前代史事，屬於間接的文本轉録。銅器銘文則屬於當時人記述當時的情況，其用字特點，更能直接反映息國銅器與楚息縣銅器的區別。（2）《繫年》抄寫的戰國中期，息國蓋已不存。息國故地，自春秋中期被楚人占領後，遂即設置息縣，任命息公治理。息國的故地、遺民，逐漸被楚人改造、融合。約三百年後的戰國中期，抄手在用楚國文字記載春秋早期息國史事時，將息國記作"賽"，也就可以理解了。④

---

① 王子楊：《"寅公孫㠯父匜"之"寅公"即"息公"說祛疑》，復旦大學出土文獻與古文字研究中心網，2011年12月22日。

② 蘇建洲、吳雯雯、賴怡璇：《清華二〈繫年〉集解》，第270頁。

③ 劉剛：《新蔡簡釋地一則》，復旦大學出土文獻與古文字研究中心網，2013年1月2日。

④ 田成方：《息器與周代息國、楚息縣》，《楚文化與長江中游早期開發國際學術研討會論文集（下）》，武漢大學，2018年9月，第292、293頁。

李松儒女士引单育辰之説，對"蔡"的隸定問題提出不同意見，指出：

> 鄔哀侯，"鄔"作"𤕠"形，整理者隸定爲"郗"，有誤，"𤕠"右旁
> 與古文字中的"希"全然不同，其右旁是由金文 🙰（蔡）形演變而來的，
> 故應隸定爲"鄔"。①

【筆者按】整理報告將《繫年》"賽＝（息）"中之"＝"視爲誤衍，較是。從
現有的清華簡《繫年》、上博簡《靈王遂申》的材料看，將息國之息寫作"賽"應
是楚文字系統的用字特點。

（二）"賽（息）嫣牂（將）歸於賽（息），迡（過）郗（蔡）"

整理報告：

> 《左傳》莊公十年："息嫣將歸，過蔡。"陳都宛丘，在今河南淮陽，
> 蔡都在今河南上蔡西南，故息嫣由陳至息必過蔡。

華東師範大學中文系戰國簡讀書小組：

> 歸，《詩經·周南·葛覃》"言告言歸"毛傳："婦人謂嫁曰歸。"此
> 處謂息嫣處於前往息國成親的途中。②

子居：

> 息在今河南息縣西南，此時息嫣出嫁，自當是由淮陽至息縣，而經
> 過上蔡確實是較可取的路徑。③

吴雯雯女士：

> 關於古息國的地望，《説文·邑部》曰："鄎，姬姓之國在淮北。从
> 邑息聲。今汝南新息是也。"杜預注《左傳》中的"息國"（隱公十一年）
> 或"息"（定公四年），皆云："汝南新息縣。"可知古息國與楚縣的位
> 置在漢晉時的汝南郡新息縣。……據考古發掘，可以確定古息國在今息
> 縣縣城西南五里處。而此時的蔡國即"上蔡"，在河南省上蔡縣。息嫣從
> 陳國一路南下，途經蔡國，而至息國。④

---

① 李松儒：《清華簡〈繫年〉集釋》，上海：中西書局，2015 年，第 111 頁。

② 華東師範大學中文系戰國簡讀書小組：《讀〈清華大學藏戰國竹簡（貳）·繫年〉書後（二）》，簡帛網，2011
年 12 月 30 日。

③ 子居：《清華二〈繫年〉5～7 章解析》，Confucius2000 網·清華大學簡帛研究，2012 年 3 月 14 日。

④ 蘇建洲、吴雯雯、賴怡璇：《清華二〈繫年〉集解》，第 273、274 頁。

（三）"君棶（來）伐我＝（我，我）牆（將）求栽（救）於郗（蔡），君女（焉）敗之"

整理報告：

> 《左傳》莊公十年："息侯聞之，怒，使謂楚文王曰：'伐我，吾求救於蔡而伐之。'"《管蔡世家》："息侯怒，請楚文王：'來伐我，我求救於蔡，蔡必來，楚因擊之，可以有功。'"訓，古書常訓爲"順"，與"逆"相對。這個意思後來寫作"順"。

（四）"文王敗之於新（莘）"

整理報告：

> 《左傳》莊公十年："楚子從之。秋九月，楚敗蔡師於莘，以蔡侯獻舞歸。《管蔡世家》："楚文王從之，虜蔡哀侯以歸。哀侯留九歲，死於楚。"《楚世家》："（楚文王）六年，伐蔡，虜蔡哀侯以歸，已而釋之。"《左傳》所記簡略，《管蔡世家》和《楚世家》所記較詳，然略有出入。新，通"莘"。"新"的聲符是"辛"，"莘"從辛聲，古書中"新"或通"辛"，"辛"或通"莘"，所以"新"通"莘"是很自然的事情。

子居認爲《繫年》之"新（莘）"在古瀙水地區，當今駐馬店市遂平、上蔡、汝南三縣交界之黃埠鎮新莊一帶。其具體分析如下：

> 整理者已指出《繫年》之"新"通"莘"，因此"文王敗之於新"即對應於《春秋·莊公十年》："荊敗蔡師於莘。"杜預注稱："莘，蔡地。"清人高士奇《春秋地名考略》卷十載："或曰：在今汝寧府汝陽縣地。"然皆無詳考。筆者以爲，"新"（莘）指古之瀙水地區，瀙水即今河南沁陽、遂平境內南汝河。《山海經·中次十一經》："葴山，視水出焉，東南流注於汝水。"郭璞注："或曰視宜爲瀙，瀙水今在南陽也。"《漢書·地理志上》："中陰山，瀙水所出，東至蔡入汝。"《水經注·瀙水》："瀙水出潕陰縣東上界山。《山海經》謂之視水也。郭景純《注》：'或曰，視宜爲瀙'，出葴山，許慎云：'出中陽山'，皆山之殊目也。而東與此水合，水出潕陰縣旱山，東北流注瀙。瀙水又東北，殺水出西南大熟之山，東北流入於瀙。瀙水又東，淪水注之，水出宣山，東北流注瀙水。瀙水又東得奧水口，水西出奧山，東入於瀙水也。東過吳房縣南，又東過灈陽縣南。應劭曰：'灈水出吳房縣，東入瀙'，縣之西北，即兩川之交會也。又東過上蔡縣南，東入汝。"諸書所記即此水，故楚敗蔡師蓋即在今遂平、上蔡、汝南三縣交界處，今黃埠鎮新莊一帶。彼時楚尚未得隨東之土，

故大隧、直轅、冥阨三關不通，楚伐息必須由北取道襄樊，沿溳水經汝水，而後南至息國。

觀《繫年》所記"文王爲客于息，蔡侯與從"可知，楚文王在新（莘）地擊敗蔡師，俘獲蔡哀侯之後，即順路南下作客於息，所以此時"蔡侯與從"。①

西晉杜預僅注"莘"爲"蔡地"，楊伯峻云此地屬蔡，"當今河南省汝南縣境"。②吳雯雯女士聯繫蔡國國都在今上蔡縣西南一帶推論"莘"地不應在距離蔡都較近的今黃埠鎮新莊一帶。其具體分析如下：

> 子居先生則認爲當在今遂平、上蔡、汝南三縣交界處，即今上蔡縣黃埠鎮新莊一帶。楊伯峻先生云"蔡都在今河南省上蔡縣西南"，黃埠鎮在今上蔡縣西南邊，據子居先生所云，此次戰役已逼近了蔡國國都。
>
> 簡文云："文王起師伐息，息侯求救於蔡，蔡哀侯率師以救息，文王敗之於莘，獲哀侯以歸。"蔡侯領兵南下救助息國，很有可能帥師進入息國境內，其後雖爲楚文王所敗，但其敗戰地點近於蔡國國都，似乎不合情理，故仍以此處"莘"的地點在今河南汝南縣，此處當是息國與蔡國的邊境交界處。③

【筆者按】上蔡縣黃埠鎮新莊爲今地名，與兩千多年前的古地名"新（莘）"之間的演變關係很不清楚。鑒於當前資料有限，楚敗蔡之"新（莘）"地的地望目前不宜指實。

（五）"生壴（堵）嚻（敖）及成王"

整理報告：

> 《左傳》莊公十四年："……遂滅息。以息嬀歸，生堵敖及成王焉。"壴嚻，亦見於《楚居》，即楚王堵敖熊艱，典籍或作"壯敖""莊敖""杜敖"等。

劉雲先生：

> 《楚居》中用爲"莊"的字，可能是個從"土"，以"筐"的初文爲聲旁的一個字，讀爲"莊"。《從政》中那個與該字字形相近的字，當是

---

① 子居：《清華簡〈繫年〉5～7 章解析》，Confucius2000 網・清華大學簡帛研究，2012 年 3 月 14 日。
② 楊伯峻編著：《春秋左傳注》，北京：中華書局，1990 年，第 181、182 頁。
③ 蘇建洲、吳雯雯、賴怡璇：《清華二〈繫年〉集解》，第 281、282 頁。

該字的訛體。"筐"的初文在古文字中屢見，不過多見於偏旁。以其爲偏旁的字或讀爲"莊"。①

吳雯雯女士：

> 顧頡剛先生則以"敔"爲"丘陵"，似又難解。當以楊伯峻先生云："楚君王無謚者，多以葬地冠'敔'字。"堵敔，指熊艱死後被葬於"堵"地。②

蘇建洲先生：

> 𡎚還見於《新蔡》甲三 346-2、384 以及乙四 94，文例是"○丘"，徐在國、何有祖先生以爲從弁聲，讀爲繁。……今由𡎚字，可知"○丘"的"○"是讀爲莊一類的音，則似乎可以讀爲見於鄂君車節的地名"易丘"，莊易音近可通，見《聲素》458 頁。吳良寶先生認爲"易丘"就是漢代的堵陽縣，正好"𡎚敔"一名"堵敔"，二者不知有無關係。③

後來蘇建洲先生又指出：

> "壴"字作𡎚……可以隸定爲"𡎚"，從"甾""土"聲……可以與典籍"堵敔""杜敔"的"堵""杜"對讀。……𡎚，從"土"聲，應該是代表"堵""杜"這個詞，後來"杜"因形近而訛變爲"壯"，再音訛爲"莊"。④

孫合肥先生：

> "者"字……董（信陽 1.2）、𡍬（上博五，姑成家父 4）、𦣻（包山 27）、𣄰（九店楚簡 56.43）有訛變爲𡎚字上部所從形體的可能。……我們認爲𡎚字爲"堵"字異體，其聲符"者"形體有所訛變。……𡎚與𡎚爲一字，字形上部進一步訛變。……清華簡𡎚字是"堵"字異體，從土者聲，其聲符"者"形體有所訛變。⑤

（六）"文王以北啓出方成（城）"

整理報告：

---

① 转引自李松儒：《清華簡〈繫年〉集釋》，第 115、116 頁。

② 蘇建洲、吳雯雯、賴怡璇：《清華二〈繫年〉集解》，臺北：萬卷樓圖書股份有限公司，2013 年，第 294 頁。

③ 转引自李松儒：《清華簡〈繫年〉集釋》，上海：中西書局，2015 年，第 116 頁。

④ 蘇建洲：《〈楚居〉簡 9 "壴"字及相關諸字考釋》，羅運環主編：《楚簡楚文化與先秦歷史文化國際學術研討會論文集》，武漢：湖北教育出版社，2013 年，第 90-97 頁。

⑤ 孫合肥：《清華簡"堵"字補釋》，《淮南師範學院學報》2014 年第 1 期，第 52-54 頁。

以，乃也。啓，開拓。"方城"之名見於《左傳》僖公四年"楚國方
城以爲城，漢水以爲池"，杜注："方城山在南陽葉縣南，以言竟土之遠。"
亦見於安徽壽縣出土的鄂君啓節（《集成》一二一一〇）。關於楚方城的
位置及性質，古今學者意見頗有分歧，可參看楊伯峻《春秋左傳注》第
二九二至二九三頁、王振中《方城考》（《北京師範大學學報》第二〇〇
七年第六期）以及蔣波、朱戰威《三十年來楚方城研究述要》（《高校社
科動態》二〇一〇年第一期）等。

黃傑先生認爲"文王以北啓出方成（城）"一句應當點斷爲"文王以北啓，出
方成（城）"。①

吳雯雯女士：

"方城"之名實，歷來即有着歧義，杜預注《左傳·僖公四年》"楚
國方城以爲城"首云方城爲"方城山"（《左傳》，卷12，頁381）而後"方
城"在文獻典籍中則有不同的涵義：楚國關隘名、城邑、山名、楚長城
的代稱。……在春秋戰國之世，"方城"的範圍從葉縣以南的方城山（屬
伏牛山山脉）到桐柏山、大別山一帶，張卓遠先生即云："楚北的方城，
位於伏牛山脉的東端、南陽盆地北上的要道，東南和桐柏山、大別山相
望，并且共同構成對盆地的環抱之勢。"（《楚方城》，頁 261）……"方
城"成爲楚國向北侵略諸侯與抵禦北方諸侯進軍的防禦綫。既已取息國，
得到了控扼淮水的戰略地點，而汝水、陳國、頓國皆在方城之外，欲再
啓疆爭霸，當越過方城，故本簡云"文王以北啓出方城"，而此句的點斷
可依黃傑先生所云："文王以北啓，出方城"，指文王乃帥師向北開拓，
走出楚國以方城爲主的防禦疆界，取得汝水一帶。②

（七）"圿蘱於汝"

整理報告：

《左傳》哀公十七年："（楚文王）實縣申、息，朝陳、蔡，封畛於汝。"
杜注："開封畛比至汝水。"《左傳》昭公七年杜注云："啓疆北至汝水。"
圿，疑爲"封"之訛字。蘱，從艸，鷠聲。"鷠"字見《說文》。《說文》

---

① 黃傑：《初讀〈清華大學藏戰國竹簡（貳）〉筆記》，復旦大學出土文獻與古文字研究中心網"學術討論"
論壇，2011 年 11 月 20 日。

② 蘇建洲、吳雯雯、賴怡璇：《清華二〈繫年〉集解》，臺北：萬卷樓圖書股份有限公司，2013 年，第 298、
302 頁。

引《虞書》曰"蘒類於上帝"，今文作"肆"。肆是質部心母字，畛是真部章母字，音近可通。

清華大學出土文獻讀書會的意見爲：

> （蘒）字從艸從二彪，見包山簡，爲人名。①

子居：

> （《繫年》整理者）以"圾蘒"即"封畛"，僅是比附傳世文獻，且要將第一個字理解爲訛誤，第二個字理解爲實際上聲韻皆相去甚遠的"音近可通"，其說顯不可從。筆者以爲，原釋之"圾"字當讀爲"扱"，意爲收取。《說文·手部》："扱，收也。從手及聲。"《廣韻》："取也，獲也，引也，舉也。""蘒"即"遂"，整理者所舉《尚書·堯典》："肆類於上帝"句，孔傳曰："肆，遂也。"《史記》的《五帝本紀》與《封禪書》、《漢書》的《郊祀志》與《王莽傳》引《尚書》皆作"遂類於上帝"可證。"遂"可解爲古代遠郊設立的行政區劃，如《周禮·地官·遂人》："遂人掌邦之野。以土地之圖經田野，造縣鄙，形體之法。五家爲鄰，五鄰爲里，四里爲酇，五酇爲鄙，五鄙爲縣，五縣爲遂，皆有地域，溝樹之，使各掌其政令刑禁。以歲時稽其人民，而授之田野，簡其兵器，教之稼穡。"故《繫年》此句可讀爲"扱遂於汝"。②

羅運環先生將蘒字改隸爲蘪，并在對之進行訓釋的基礎上，對"圾蘪於汝"的意思進行了疏通：

> 本 B 字形體可隸定爲蘪字（引按，B 指代蘒）。……本 B 字字形全部構字部件爲：艸、虎、彡、虎、彡。隸定爲蘪，從艸，麤聲，基本音符爲"彪"。……蘪字不見於字書，從艸，麤聲。其基本音符爲"彪"。蘪字所在語句："圾蘪于汝"，與《左傳》哀公十七年"封畛於汝"所表達的內容一致，均即杜注所云"開封畛比至汝水"之意，蘪字在句中應用爲"表"字。蘪字音符彪與表字古音均爲宵部幫組，聲韻相同故可通用。表有標記和極外之意。……蘪（表）當與《左傳》昭公七年所載楚文王"封汝"的封字同義，本意是指樹立界標，在此應指開拓疆域。"蘪（表）於汝"與"封汝"同義，均當如杜注所云，指"啓疆北至汝水"。"圾"字

---

① 清華大學出土文獻讀書會：《〈清華大學藏戰國竹簡〉（貳）研讀札記（一）》，復旦大學出土文獻與古文字研究中心網，2011 年 12 月 22 日。

② 子居：《清華簡〈繫年〉5～7 章解析》，Confucius2000 網·清華大學簡帛研究，2012 年 3 月 14 日。

當爲"及"字的異體,在句中可能有兩種用法。第一,意爲"至";第二,用爲"以"。此字上承"北啓出方城",下連"蘠(表)於汝",此於字結構如王引之《經傳釋詞》所言,爲倒裝句。"蘠(表)於汝",用現代漢語解讀應爲"在汝水邊樹立標識(界標)"。這樣圾(及)字解讀爲"至",就前後貫通了。就是"至汝水邊樹立標識(界標)"。也就是"北啓出方城"後,開拓疆域達到了汝水。①

許可先生進一步將"蘠"字讀爲"苞",訓爲"包":

> 從用字習慣和語音關係上看,把"蘠"字讀爲"苞"似比讀爲"表"更好。"苞"可訓爲"包",有"兼并"之義。……《繫年》中的"苞於汝"可以直接理解成"苞汝",謂"吞并汝水一帶地區",説明楚文王在伐息之後將疆土拓展到汝水流域。……"及苞於汝",謂"等到了吞并汝水一帶"。②

肖攀先生:

> 考《繫年》"封"字兩見,分別作 、,右旁與"及"形差别十分顯著。統計清華簡目前出版的報告來看,清華簡中"及"字"及"旁出現頻率較高(前四册共見31例),偶見寫法與"秉"字接近的(2例見於《保訓》篇),均未見寫得接近"封"字右部的。單從字形上來看,書手將"封"字訛寫爲 ![字]形的可能性不大。③

【筆者按】對於《繫年》"圾M於汝"的"M"字的隸定,目前學界看法已經一致,"圾"非訛字,"M"應隸定爲蘠。現在這句話還存在的問題是如何正確訓釋"圾蘠"。上述部分學者已經對此作了一定的探討,但尚難成爲確詁。

與清華簡《繫年》第5章"圾蘠於汝"相當的文句見於《左傳》,現將相應文句連同杜預及沈玉成、王守謙等學界代表性的注解輯録如下(見表5-1)。

《繫年》"圾蘠于汝"的含義應與《左傳》"封汝""封畛於汝"相當。所以,欲弄清《繫年》"圾蘠於汝"的準確含義,首先需要對《左傳》"封汝""封畛於汝"的含義進行考察。

---

① 羅運環:《清華簡"彪"字新考》,復旦大學出土文獻與古文字研究中心網,2013年1月10日。

② 許可:《試談清華簡〈繫年〉改讀一例》,"2016古文字與音韻學研究工作坊",上海:華東師範大學,2016年10月。

③ 肖攀:《清華簡〈繫年〉中的訛書問題》,見李學勤主編:《出土文獻》(第6輯),上海:中西書局,2015年,第165、166頁。

表 5-1 《左傳》"封汝""封畛於汝"注解輯錄表

《左傳》昭公七年："（楚文王）所以封汝也。"	杜預注："啓疆北至汝水。"① 沈玉成："得到了直到汝水的疆土。"② 王守謙等："分封到汝水。"③
《左傳》哀公十七年："封畛於汝。"	杜預注："開封畛北至汝水。"④ 沈玉成："開拓封疆到達汝水。"⑤ 王守謙等將"封畛"解釋爲"疆界，即開拓疆界"，將此句譯爲"開拓封疆到達汝水"。⑥

以上注解者對"封畛於汝"的解釋比較一致，均解爲開拓封疆到達汝水。再來看"封汝"，王守謙等將"封"解爲動詞分封。這種説法是顯然不能成立的，不僅可以由與之含義相當的《左傳》哀公十七年"封畛於汝"證明，楚國封君制度出現的時間也足以説明訓分封是不合適的。目前，學界普遍認爲，楚國封君出現於春秋戰國交替之際的楚惠王時期。⑦兩百年前的楚文王時期，楚國從來未見有封君存在。沈玉成將此"封"解爲疆土，譯爲"得到了……的疆土"，顯得彆扭。杜預將此"封"解爲動詞"啓疆"，最接近於《左傳》原義。

筆者認爲，"封汝"應當爲"封於汝"之省略。"封（於）汝"非動賓短語，而是"動詞+狀語"結構。原因有二：一是"封汝"與"封畛於汝"含義相當，語法結構上也應相似。二是"封+於+水名"的用例見於古書。《吕氏春秋·貴信》："齊桓公伐魯，魯人不敢輕戰，去魯國五十里而封之……（魯）莊公曰：'封於汶則可，不則請死。'管仲曰：'以地衛君，非以君衛地，君其許之。'乃遂封於汶南，與之盟。"封有疆界義，作動詞時可訓爲起土爲界。《周禮·地官·大司徒》"制其畿疆而溝封之"，鄭玄："封，起土界也。""封於汶"意思是在汶水封土爲界，"封於汶南"意思是在汶水之南封土爲界。故《左傳》"封汝"當爲"封於汝"之省。"封（於）汝"當解爲在汝水封土爲界，這比杜預解爲"啓疆"要準確。

在《左傳》哀公十七年"封畛於汝"中，"封"字很明顯用作動詞，也應訓爲起土爲界。關鍵是怎麼訓釋"畛"字？畛本爲田間小路、田界義，後引申出疆界義。《莊子·齊物論》："夫道未始有封，言未始有常，爲是而有畛也。"成玄英："畛，界畔也。"無論是訓爲田間小路、田界，還是疆界，畛都是名詞，辭書中查

① [西晉]杜預集解：《春秋經傳集解》，上海：上海古籍出版社，1988 年，第 1288 頁，注[一八]。

② 沈玉成：《左傳譯文》，北京：中華書局，1981 年，第 413 頁。

③ 王守謙、金秀珍、王鳳春譯註：《左傳全譯》，貴陽：貴州人民出版社，1990 年，第 1172 頁。

④ [西晉]杜預集解：《春秋經傳集解》，第 1830 頁，注[六]。

⑤ 沈玉成：《左傳譯文》，北京：中華書局，1981 年，第 588 頁。

⑥ 王守謙、金秀珍、王鳳春譯註：《左傳全譯》，第 1581、1582 頁。

⑦ 鄭威：《楚國封君研究》，武漢：湖北教育出版社，2012 年，第 50 頁。

到的動詞畛的含義不能解通"封畛於汝"的含義。①作爲疆界講的名詞"畛"在這裏應當是名詞動用，與訓爲起土爲界的動詞"封"含義相類。"封""畛"皆訓作名詞疆界，在"封畛於汝"的句子中皆用爲動詞，訓爲起土爲界，"封畛"二字爲同義連用。

弄明白《左傳》"封汝""封畛於汝"的含義後，再來看《繫年》"圾藨於汝"的訓釋。羅運環先生將"藨"讀爲"表"，於語音、辭例皆十分通暢，筆者贊同此説。只是對於羅先生將"圾"視爲"及"的異體以及對"及"的訓釋，筆者有不同的看法。筆者認爲"圾"可破讀爲"極（簡體作极）"。極字上古音爲職部群母，圾字爲緝部疑母，職、緝通轉，群、疑同爲牙音，所以圾、極古音相隔不算遠，有通假的可能。極、圾相通假的直接例子未能找到，但可以找到二者間接通假之例。如"及"讀爲"亟"，俞樾《群經平議·春秋左傳一》："先君之敗德及可數乎（僖十五年）。及讀爲急。急又通作亟。《爾雅·釋詁》：'亟，疾也。'謂先君之敗德亟矣，不可勝數也。"②急（從及得聲）可作亟：《韓非子·內儲説下》："必亟聽從。"王先慎《韓非子集解》："亟、急同字。"《爾雅·釋詁下》："亟，速也。"陸德明《經典釋文》："亟，字又作急。"③以上這些通假關係爲"及—急（從及得聲）—亟"，"圾"從及得聲，"極"從亟得聲，所以《繫年》"圾藨於汝"之"圾"讀作"極"應當是沒有問題的。下面再對"圾（極）"進行訓釋。《爾雅·釋詁上》："極，至也。"邢昺疏："極者，窮盡之至也。"可引申出邊界義。如《荀子·儒效》："宇中六指謂之極。"楊倞注："六指，上下四方也。盡六指之遠，則爲六極。"漢代揚雄《十二州箴·兖州牧箴》："茫茫青州，海岱是極。""圾（極）"在《繫年》中爲名詞動用，有劃定邊界之義，與"藨（表）"指樹立界標含義相近。如果以上分析不誤，那麼《繫年》"圾（極）藨（表）於汝"的意思就是在汝水樹立界標。

（八）"改遮於陳"

整理報告：

> 遮，"旅"之異體。《爾雅·釋詁一》"旅，陣也"，邢昺疏："旅者，謂布陣也。"

子居認爲：

> 治，原字作"改"，似當讀爲"治"。治旅，即傳世典籍之治兵、振

---

① 宗福邦、陳世鐃、蕭海波主編：《故訓匯纂》，北京：商務印書館，2003 年，第 1486 頁。
② 轉引自宗福邦、陳世鐃、蕭海波主編：《故訓匯纂》，第 305 頁。
③ 轉引自宗福邦、陳世鐃、蕭海波主編：《故訓匯纂》，第 66 頁。

旅。……《繫年》本章的"治旅於陳"實即指伐陳,《左傳》昭公五年:"寡君聞君將治兵於敝邑,卜之以守龜。"《國語·晉語四》:"晉楚治兵,會於中原,其避君三舍。"韋昭注:"治兵,謂征伐。"故下文說"爲取頓以感陳侯"。①

梁立勇先生:

改在《繫年》凡二見,作🔣,與本簡字形(引按,指"改旅於陳"之"改"的字形)有別。🔣當即《說文》的"攺",《說文》小徐本認爲"攺"從"巳"聲,🔣既從巳聲,當讀爲治。"治旅於陳"猶言治兵於陳。②

羅運環先生:

改字原篆作🔣,嚴格隸定爲攺,寬式隸定爲改。《說文解字》分攺、改爲二字,先秦古文字中沒有這個區別。本句改字當用本義。……《說文解字》:"改,更也,從攴、己。"旅,在此指師旅(軍隊)。……此改字句式與《左傳·宣公十二年》"改乘轅而北之"的句式相近,其義爲:[開拓疆域達到了汝水],將軍隊的行動改向陳國。③

蘇建洲先生:

簡文"🔣"即"改"字,當分析爲從攴巳聲或巳聲……"巳"與"巳"聲首音近可通,如《說文》"㚻"或體作"𢰧"。《容成氏》24"禹親執畚𢰧(耜)"皆可爲證,所以"改"讀爲"治"是有可能的,但是一則【改與治】這樣的通假情況前所未見,二則"治旅"畢竟與"治兵"不同,"治旅"一詞未見於傳世文獻。此處"改"恐怕讀如字較好。……"改旅",可以理解爲"易旅",即變易陳之師衆,使之從己。……還有一種可能是將"遰"讀爲"舉"……"師旅",《集成》285叔公鎛作"師旟"。"舉"可理解爲興兵、發兵的意思。《荀子·天論》"舉錯不時",楊倞注:"舉,謂起兵動衆。"……"改舉於陳"是針對前一句"圾蘇於汝"來說的,即本來在汝水附近開拓疆土,又改到陳國舉兵。④

【筆者按】羅運環先生認爲"改旅於陳"之"改"字🔣嚴格隸定當作攺,寬式

---

① 子居:《清華簡〈繫年〉8~11章解析》,Confucius2000網·清華大學簡帛研究,2012年6月27日。

② 梁立勇:《讀〈繫年〉札記》,《深圳大學學報(人文社會科學版)》2012年第3期,第59頁;又見李守奎主編:《清華簡〈繫年〉與古史新探》,上海:中西書局,2016年,第208、209頁。

③ 羅運環:《清華簡〈繫年〉楚文王史事考論》,清華大學出土文獻研究與保護中心等編:《出土文獻與中國古代文明——李學勤先生八十壽誕紀念論文集》,第226頁。

④ 蘇建洲、吳雯雯、賴怡璇:《清華二〈繫年〉集解》,臺北:萬卷樓圖書股份有限公司,2013年,第307頁。

隸定當爲改，是值得信從的；但認爲此處"改"用作本義，則是需要商榷的。整理者將"旅"解釋爲布陣，蘇建洲先生將之讀爲"舉"，訓爲發兵，皆不合簡文原義，"旅"當解爲師旅之旅。子居、梁立勇先生認爲"改"當讀爲"治"，"治旅"猶"治兵"，這是值得重視的。將"改旅"視作"治兵"是比較接近事實的一種解釋，但正如蘇建洲先生所云此説也有不可回避的缺陷："改"與"治"通假未見用例；"治旅"一詞從未見於傳世文獻。

對於"改旅於陳"，筆者擬在學界已有基礎上，進行新的闡釋。"改"字的訓釋，是正確理解"改旅於陳"的關鍵。對於"改"字，從考察異文的角度來解決訓詁，應是一個可行的辦法。這裏要用到《江漢考古》2014 年第 4 期公布的曾侯與 A 組編鐘銘文資料。曾侯與墓所出編鐘，"依器形特徵及銘文可以將編鐘分爲 A、B、C 三組"。"A 組編鐘器體碩大，銘文內容相同，可以互補殘缺和模糊的文字。存 2 件，一件形體完整，一件殘破。"[1]兩件銅鐘銘文基本相同，可逐字對讀，只是第 2 件缺少一塊。北京收藏家梁氏收藏有一塊大型青銅鐘殘片，內容可與曾侯與墓 A 組編鐘銘文對讀。[2]梁氏所藏殘片正是 A 組編鐘第 2 件青銅鐘所缺失的背側左鼓部。此片有銘文作："余申固楚成，整復曾疆。"第 1 件青銅鐘相應部分作："余申固楚成，改復曾疆。""整""改"當互爲異文，下面據發掘簡報及曹錦炎先生文將二字的相應資料列表如下（見表 5-2）：

表 5-2　曾侯與墓 A 組編鐘銘文"整""改"字形對照表

A 組編鐘	文字	照片	拓片	摹本
第 1 件	改			
第 2 件（梁氏所藏殘片）	整		缺	

據《發掘簡報》，A 組編鐘第 2 件略大於第 1 件，爲曾侯與墓所出青銅鐘最大者；對比兩件青銅鐘銘文（皆爲鑄造），雖然讀取順序都是"正面鉦部—正面正鼓

---

① 湖北省文物考古研究所、隨州市博物館：《隨州文峰塔 M1（曾侯與墓）、M2 發掘簡報》，《江漢考古》2014 年第 4 期，第 14 頁。以下簡稱之爲《發掘簡報》。

② 曹錦炎：《曾侯殘鐘銘文考釋》，《江漢考古》2014 年第 4 期，第 70 頁。

部—背面右鼓部—背面鉦部—背面左鼓部—正面右鼓部”，但二者的行款并不相同。這兩條證據足以説明兩件青銅鐘明顯不是同範所鑄造。既然兩鐘爲不同范鑄造，銘文也爲分別鑄造，出現文字差異就不足爲怪了。就以“整”“改”所在的兩件銅鐘背側左鼓部爲例，這一處的銘文中有“表”字，第一件鐘的“表”所從之“衣”旁變形極其嚴重，如不通過對讀，是不能辨認出來的；再如“懷”字，在第1件鐘裏，缺少“忄”旁。細審原字字形，并結合以上分析，“整”“改”二字互爲異文關係應該是可以肯定的。

若“整”“改”二字異文關係的判斷不誤，那麼在以上鐘銘中“整”“改”二字含義應當相同。作爲鐘銘最初整理者之一的凡國棟先生將“改復曾疆”解釋爲“重新光復曾國的疆土”；曹錦炎先生將“整”訓爲“完整”，將“整復曾疆”解釋爲“完整地恢復曾國故有的疆域”。①筆者以爲，“改復曾疆”之“改”結合銘文語境看不出有“重新”之義，揭櫫其義應從它的異文“整”字入手。曹氏解爲副詞“完整地”似亦可商榷。曾侯與B組編鐘銘文有曾侯“定均曾土”，其義恰好可與“改/整復曾疆”對應合觀，故“整”字當爲動詞，訓爲整頓，“改/整復曾疆”意爲整頓收復曾國疆土。

下面回到《繫年》“（楚文王）改旅於陳”的疏解問題上。

將“改”讀爲“治”，“治旅”猶“治兵”，於文義頗可通，但蘇建洲已指出其缺陷。從曾侯與A組編鐘銘文看“改”有“整”之義，訓整頓。《繫年》“（楚文王）改旅於陳”之“改”亦當訓爲“整”，訓整頓，“整旅”意思是整頓師旅。“整旅”一詞見於古書，如《左傳》昭公二十三年記載吳楚雞父之役時，吳公子光建議吳王説：“請先者去備薄威，後者敦陳（引按，通陣字）整旅。”②沈玉成將此句翻譯爲：“請讓先頭部隊放鬆戒備減少軍威，後續部隊鞏固軍陣整頓師旅。”③《繫年》“改（整）旅於陳”爲“動詞短語+狀語”結構，這一狀語并不影響前面動詞短語的含義。《繫年》“改（整）旅”與《左傳》昭公二十三年之“整旅”之義應當相同，都是整頓師旅之義。《繫年》“改旅於陳”意思是楚文王在陳國疆土上整頓楚國軍隊，楚文王此舉的意圖當是威懾陳國。

子居先生還將“改（治）旅”視爲傳世典籍之“振旅”，因而需要對解爲“振旅”這一説法做一考察。“改（整）旅”之“整”古音爲章母耕部字，“振”爲章母文部字，二字聲母相同，韻部通轉，從音理上看有通假的可能。“振旅”古書常

---

① 凡國棟：《曾侯與編鐘銘文柬釋》，《江漢考古》2014年第4期，第64頁；曹錦炎：《曾侯殘鐘銘文考釋》，《江漢考古》2014年第4期，第72頁。

② ［西晉］杜預集解：《春秋經傳集解》，第1501頁。

· ③ 沈玉成：《左傳譯文》，第482頁。

見，有整頓軍隊、操練士兵義，如《國語·晉語五》："乃使旁告于諸侯，治兵振旅，鳴鐘鼓，以至於宋。"但是將"改旅"視爲"振旅"，是先將"改"當作"整"的異文，進而將"整""振"二字通假來疏解文意，比較迂曲；況且，未見"整""振"相通的文例，所以"改（整）旅"爲"振旅"的可能性恐怕不大。

（九）"女（焉）【二九】取邯（頓）以贛（恐）陳侯"

整理報告：

《左傳》僖公二十三年："楚成得臣帥師伐陳，討其貳於宋也。遂取焦、夷，城頓而還。"杜注："頓國，今汝陰南頓縣。"贛，讀爲"恐"，《說文》："懼也。"一說讀爲"陷"，《孫子兵法·地形》"吏強兵弱，曰陷"，李筌注："陷，敗也。"

Shibuwodai（網名）：

"焉取頓以贛陳侯"之"贛"似應讀爲"監"。"贛"的聲旁"竷"的古音爲溪母談部，"監"的古音爲見母談部，兩者古音很近，相通假是沒有問題的。此處的"監"當是監督之義。《史記·秦始皇本紀》："始皇怒，使扶蘇北監蒙恬於上郡。"[1]

子居：

整理者引《左傳·僖公二十三年》："楚成得臣帥師伐陳，討其貳於宋也。遂取焦、夷，城頓而還。"及杜注："頓國，今汝陰南頓縣。"以說明《繫年》之"頓"，其說可商。據《漢書·地理志》："汝南郡……南頓，故頓子國，姬姓。"顏師古注引應劭曰："頓迫於陳，其後南徙，故號南頓，故城尚在。"及《水經注·潁水》："潁水又東，右合谷水，水上承平鄉諸陂，東北逕南頓縣故城南，側城東注。《春秋左傳》所謂頓迫於陳而奔楚，自頓徙南，故曰南頓也。今其城在頓南三十餘里。"故可知南頓是楚成王時期迫於陳國的壓力而南遷的頓國居地，并非楚文王時期的頓國所在，楚文王時的頓國當在今河南省商水縣平店鄉李崗村。今由《繫年》可見，楚文王時即已取頓，則其後的頓國當是楚使其復國而爲附庸者。[2]

① Shibuwodai（網名）：《清華簡〈繫年〉短札兩則》，復旦大學出土文獻與古文字研究中心網"學習討論"論壇，2011年12月22日。
② 子居：《清華簡〈繫年〉5～7章解析》，Confucius2000網·清華大學簡帛研究，2012年3月14日。

羅運環先生：

　　邨即頓，古頓國，"姬姓"，周封爲子爵，故有"頓子"國之稱。頓可能封於周初，春秋末年，楚昭王二十年（公元前 496 年）爲楚所滅。頓國大體在今河南省周口市的商水縣與項城市一帶，都城有過遷徙，故有北頓和南頓之稱。北頓即原頓都，其故城遺址在今商水縣平店鄉李崗村一帶；南頓故城遺址在今項城市南頓鎮。兩城相距"三十餘里"。……頓迫於陳而南徙"南頓"，這在時間上雖有爭議，但大體不出楚成王三十五至三十七年之間，表明楚文王"取邨（頓）以贛（恐）陳侯"時頓都在北頓之説可從。

　　贛（恐），在上古音系中有兩個音讀，一爲東部見紐，與從工聲的貢（東部見紐）常相通用；一爲談部見紐，與從臽聲的陷（談部匣紐）等字及從欠聲的坎（談部溪紐）等字常相通用。侵部雖與談部音相近，尚不見侵部"感"（侵部見紐）等類字與"贛"通用例，而"恐"（東部溪紐）與"贛"爲同部字，可通用，原整理者的意見可取。[①]

吳雯雯女士：

　　頓國，首見於僖公二十三年"城頓而還"，楊伯峻注："頓，國名，姬姓，即今河南省項城縣稍西之南頓故城。顧棟高《大事表》引或曰'頓國本在今縣北三十里，頓子迫於陳而奔楚，自頓南徙，故曰南頓'未審確否。"（《左傳注》，頁 402）南頓故城在今河南省項城縣南頓鎮，其舊址已經考古證明。……北頓在南頓北邊三十餘里，今日北頓故城遺址已被發現，閆德亮云："周口市商水縣文物部門在今商水縣平店鄉李崗村附近發現了古頓國故城遺址。……故城周圍發現有西周、春秋時代的墓葬。"（《頓國歷史與地理》，頁 123）頓國南遷的時間在僖公二十三年（637B.C.），即楚成王三十五年，歷史上雖未記載楚文王取頓一事，但可確定此時的文王所取之"頓"是尚未遷徙前的頓國，故子居先生之説可從。頓國在今周口市商水縣。[②]

蘇建洲先生：

　　整理者將"贛"讀爲"恐"可能是對的，蓋"子贛"又作"子貢"，而"貢""恐"均從"工"聲，故贛、恐可以相通。相同文例可見《史

---

　　① 羅運環：《清華簡〈繫年〉楚文王史事考論》，清華大學出土文獻研究與保護中心等編：《出土文獻與中國古代文明——李學勤先生八十壽誕紀念論文集》，上海：中西書局，2016 年，第 227 頁。

　　② 蘇建洲、吳雯雯、賴怡璇：《清華二〈繫年〉集解》，第 309、310 頁。

記·十二諸侯年表》："（楚靈王）十一王伐徐以恐吴，次乾谿。民罷於役，怨王。"①

【筆者按】對於《繫年》簡文提到的"頓"，整理者以爲是西晉南頓縣（即今項城市南頓鎮）。但據《左傳》僖公二十五年（前635）記載，"楚令尹子玉……遂圍陳，納頓子於頓"。由此看，頓國在公元前635年才遷到項城市南頓鎮，之前的頓在今商水縣境內。因此，學者認爲《繫年》之"頓"爲在今商水縣境內的北頓故城的說法是合理的。贛字，整理者給出讀"恐"與讀"陷"兩種看法，網友則給出讀"監"與讀"感（撼）"兩種意見。由蘇建洲、羅運環先生的分析看，讀"恐"一說應最近於簡文本義。

除"頓""贛"外，《繫年》"焉取頓以贛陳侯"一句的重點應放在被學者忽略（嚴格地說是習以爲常）的"取"字的訓釋上。"取"字的常用義是攻取、奪取。在古書中，"取某"的辭例最常見的有兩種："取+城邑名"和"取+國名"。在"取+城邑名"中，"取"訓爲攻取、奪取，沒有異議。但在"取+國名"中，"取"訓爲攻取、奪取雖然字面上是可通的，但攻取該國是否就意味着滅亡了這一國家，這應根據實際情況具體分析。如《公羊傳》昭公四年："九月，取鄶。其言取之何？滅之也。"是"取鄶"之"取"訓爲滅亡。再如《春秋》僖公三年："徐人取舒。"杜預注："勝國而不用大師亦曰取。"《吕氏春秋·長攻》："於是與蔡侯以饗禮入於息，因與俱，遂取息。旋舍于蔡，又取蔡。"高誘注："不勞師徒而得之曰取。"按杜預及高誘舊注，"取"當訓爲不用軍隊而戰勝它國，并不一定包含有滅亡義。"取舒""取息""取蔡"是否就是滅亡了這三個國家，下面進行具體分析。楊伯峻："徐越數百里而取舒，固不能有其地，故其後舒復見，文十二年《傳》言楚子孔執舒子平，疑自後滅於楚。"②由此可見《春秋》僖公三年"徐人取舒"并非滅亡了舒，而是打敗了舒。再來看"取息"，《左傳》莊公十四年記載："蔡哀侯爲莘故，繩息嬀以語楚子。楚子如息，以食入享，遂滅息。"將《吕氏春秋》與《左傳》的這兩處記載合觀，"取息"必爲滅亡息國之義。最後看"取蔡"，《左傳》莊公十年記"楚敗蔡師於莘，以蔡侯獻舞歸"，同書莊公十四年記載"楚子以蔡侯滅息，遂伐蔡。秋七月，楚入蔡"，看來《吕氏春秋》之"取蔡"亦非滅亡蔡國之義。

既然"取+國名"的辭例并不一定就是滅亡了某國，那麼《繫年》"取頓"的準確含義還應從頓國存滅的歷史事實中具體分析求得。楚文王"取頓以贛陳侯"在春秋早中期之際，據《左傳》記載，魯定公十四年（前496）時，"頓子欲事晉，

---

① 蘇建洲、吳雯雯、賴怡璇：《清華二〈繫年〉集解》，第311頁。
② 楊伯峻編著：《春秋左傳注》（修訂本），第284頁。

背楚而絕陳好。二月，楚滅頓”，是楚滅頓在春秋末年，頓國一直存在到春秋末年。所以，由此判斷“取頓”應不是滅亡頓國之義。但聯想到楚曾滅陳、蔡後來又復封之的歷史事實，有沒有楚文王“取（滅）頓”後又復封頓的可能性？先看看韓席籌《左傳分國集注·惠王滅陳》對陳國滅而復立的分析：

> 陳靈之荒淫，足以亡國，而卒不亡者，楚莊方欲圖霸，未肯公然亡人國也。陳哀無道，國已亡矣，猶幸得復者，棄疾懲惡，欲假興滅以爲名也。迨春秋末，周室益微，霸者不作，強大日肆并吞，弱小幾難自立。……況陳在楚之宇下，即竭誠事之，猶時有吞噬之處，乃背楚即吳，安有復存之理。[①]

與以上陳國滅而又復的情況不同，楚文王至楚成王時期沒有頓國滅而又復的客觀、主觀條件。楚文王“取頓”數年後就去世了，先後即位的是他和息嬀生的堵敖、楚成王，二人即位時年齡尚幼。堵敖與楚成王王位的交替，雖有着血雨腥風，楚國國勢仍强，令尹子元尚能帥師北伐鄭；楚成王在位早期，令尹子元因弄權被申公鬬班所殺，但楚國尚有鬬穀於菟等元老坐鎮，并未明顯影響楚國局勢的穩定；到楚成王成年後，楚更是雄心勃勃，與齊争雄中原。所以，楚文王至楚成王時期楚國并不存在“假興滅以爲名”的需要，沒有滅亡頓國而復之的可能，《繫年》所謂楚文王“取頓”并非滅亡頓國之義。既排除《繫年》“取頓”之“取”爲滅亡義，以“勝國而不用大師”來訓釋“取頓”之“取”應是比較近於《繫年》原意的。“勝國而不用大師”有不戰而屈人之兵的意味，這與《繫年》“取頓”之前曾“整旅於陳”是密切相關的。

綜合以上分析，可以將《繫年》“（楚文王）改旅於陳，焉取頓以讋陳侯”疏解如下：楚文王先在陳國疆土上整頓楚國軍隊，然後不戰而占領了密邇於陳且作爲陳國藩屏的頓國（并未滅國），以此來威懾陳國國君。

第 2 節 《繫年》第 6 章地理史料匯證

《繫年》簡 31—40：

> 晉獻公之婢妾曰驪姬^{（一）}，欲亓（其）子繇（奚）齊（齊）之爲君也，乃讒（讒）大子龍（共）君而殺之，或讒（讒）【三一】惠公及文＝公＝（文公。文公）奔瞿（狄）^{（二）}，惠公奔于梁^{（二）}。獻公卒（卒）……【三二】……秦穆公乃内（入）惠公于晉^{（三）}，惠公賂秦公曰：“我【三三】句（後）果内

---

① 韓席籌：《左傳分國集注》，南京：江蘇人民出版社，1963 年，第 606 頁。

（入），囟（使）君涉河，<u>至于梁城</u>^{（四）}。"惠公既内（入），乃<u>倍</u>（背）秦公弗<u>夋</u>（予）。立六年，<u>秦公衒（率）</u><u>㠯</u>（師）与（與）【三四】惠公<u>戩</u>（戰）于<u>盩</u>（韓）^{（五）}，<u>戠</u>（捷）惠公以歸……【三五】文公十又二年居<u>瞿</u>＝（狄，狄）甚善之，而弗能内（入）；乃<u>迕</u>（踵）齊＝（齊，齊）人善之；<u>迕</u>（踵）宋＝（宋，宋）人善之，亦莫【三六】之能内（入）；乃<u>迕</u>（踵）衒＝（衛，衛）人弗善；<u>迕</u>（踵）<u>奠</u>（鄭）＝（鄭，鄭）人弗善；乃<u>迕</u>（踵）楚。<u>裏</u>（懷）公自秦逃歸，秦穆公乃<u>訋</u>（召）【三七】文公於楚，囟（使）<u>裹</u>（襲）<u>裏</u>（懷）公之室。晉惠公<u>羍</u>（卒），<u>裏</u>（懷）公即立（位）。<u>秦人记</u>（起）<u>㠯</u>（師）以内（入）文公于晉＝（晉^{（六）}，晉）人殺【三八】<u>裏</u>（懷）公而立文公，秦晉<u>女</u>（焉）<u>訋</u>（始）會好，穆（戮）力同心。<u>二邦伐<u>緒</u>（鄀）</u>，<u>遷</u>（徙）之<u>帝</u>（中）城，回（圍）<u>商<u>窨</u>（密）</u>^{（七）}，<u>戠</u>（捷）【三九】<u>縛</u>（申）公子義（儀）以歸。【四〇】

【注　釋】

（一）"驪姬"

整理報告：

> 驪姬，得於驪戎的女子。《國語·晉語一》："獻公伐驪戎，克之，滅驪子，獲驪姬以歸，立以爲夫人，生奚齊。"簡文驪所從麗形省。

子居：

> 晉獻公得驪姬爲伐陝西驪山之戎時，而此次征伐，雖得到了驪姬，但同時也與秦國在春秋前期的擴張發生了衝突，據《史記·秦本紀》載："（宣公）四年，作密畤。與晉戰河陽，勝之。"《史記·封禪書》："秦宣公作密畤于渭南。"由此不難判斷，晉伐驪戎，是與秦爭河渭之地的行爲，以此爲秦所敗。^①

賴怡璇先生：

> 子居認爲晉國伐驪戎的原因在於"晉伐驪戎，是與秦爭河渭之地的行爲"。然而此時期爲晉國最強大的時期，在公元前六五九年時秦穆公即位，娶了獻公女兒爲夫人，此時獻公從虞國俘虜的百里奚作爲陪嫁媵臣，而後百里奚自秦逃跑，被楚國抓住，再由秦國以五張羊皮贖回百里奚并重用他，之後秦國才日漸強大，此後，秦國勢力漸漸向東發展，才與晉

---

① 子居：《清華簡〈繫年〉5～7章解析》，Confucius2000網·清華大學簡帛研究，2012年3月14日。

國有所衝突。（參童書業：《春秋史（校定本）》，頁 192—193；顧德融、朱順龍：《春秋史》，頁 91—92）可見，晉滅驪戎時，秦國并不強大，此時的秦國應無能力與晉國爭取河渭之地。[①]

【筆者按】楊伯峻注："驪戎，舊注俱以爲在今陝西省西安市臨潼縣東之驪戎城。"顧頡剛《史林雜識·驪戎不在驪山》疑之，謂當在今山西省析城、王屋兩山之間。

（二）"文公奔翟（狄），惠公奔于梁"

整理報告：

> 文公即重耳，惠公即夷吾。翟，通"狄"。《國語·晉語二》："驪姬既殺太子申生，又譖二公子曰：'重耳、夷吾與知共君之事。'公令閹楚刺重耳，重耳逃於狄；令賈華刺夷吾，夷吾逃於梁。盡逐群公子，乃立奚齊。"《國語·晉語二》韋昭注："狄，北狄，媿姓也。""梁，嬴姓之國，伯爵也。"梁，或稱"少梁"。《史記·秦本紀》"重耳、夷吾出犇"，正義云："重耳奔翟，夷吾奔少梁也。"在今陝西韓城境。

子居：

> 《繫年》整理者引《國語·晉語二》韋昭注："狄，北狄，隗姓也。"所說不詳，重耳所奔爲白狄，在晉國之西，河西渭北一帶，且先秦兩漢諸書無以白狄爲隗姓者。[②]

賴怡璇先生：

> 關於"翟地"，《中國歷史大辭典——歷史地理》指出爲"黃河津渡名"，作"采桑"，又可作"嚙桑"，在今山西吉縣西，《史記·晉世家》獻公二十五年："晉伐翟，翟以重耳故，亦擊晉于嚙（齧）桑，晉兵解去。"《史記集解》："……今平陽曲南西十里河水有采桑津，是晉境，服虔云翟地，亦頗相近。"馬保春認爲此處爲晉西北方向疆土的最遠處。（《晉國歷史地理研究》，頁 246）可見翟地應非子居所言的"河西渭北一帶"。[③]

【筆者按】晉文公所奔之"狄"究竟在哪裏？李孟存、李尚師先生指出："重耳接受了狐偃的建議，放棄逃難于齊、楚的打算，遂轉而西折入陝，經渭汭沿黃

---

① 蘇建洲、吳雯雯、賴怡璇：《清華二〈繫年〉集解》，第 320 頁。
② 蘇建洲、吳雯雯、賴怡璇：《清華二〈繫年〉集解》，第 320 頁。
③ 蘇建洲、吳雯雯、賴怡璇：《清華二〈繫年〉集解》，第 326 頁。

河西岸北上，避難于其舅氏中山（白狄之一部），中山便成爲他的第二故鄉。當時的中山位於晉、秦北面，在今陝西省的綏德、延川一帶，與晉隔河而望，以觀國内動静。"[1]

（三）"秦穆公乃内（入）惠公于晉"

整理報告：

《左傳》僖公九年："晉郤芮使夷吾重賂秦以求入……齊隰朋帥師會秦師，納晉惠公。"

（四）"囟（使）君涉河，至于梁城"

整理報告：

《左傳》僖公十五年："賂秦伯以河外列城五，東盡虢略，南及華山，内及解梁城，既而不與。"杜注："解梁城，今河東解縣也。"即今山西永濟之解城（楊伯峻《春秋左傳注》第三五二頁）。簡文"梁城"當即指此。

蘇建洲先生：

晉惠公答應給秦穆公黄河以西和以南的五座城，東邊到虢略，南邊到華山，還有西邊的解梁城……解梁城在"瑕"附近，《僖三十年傳》："許君焦、瑕，朝濟而夕設版焉"，瑕在河東。[2]

吉本道雅先生：

「梁城」は『左傳』僖十五「賂秦伯以河外列城五、東盡虢略、南及華山、内及解梁城」の「解梁城」に當たるが、杜注「解梁城、今河東解縣也」に從うならば、「梁城」と略稱するのは不適切である。あるいは惠公が亡命していた「梁」と混同しているのかもしれない。[3]

【筆者按】驪姬之亂，"重耳走蒲，夷吾（後來的晉惠公）走屈"（《史記·晉世家》）。後來重耳自蒲出奔狄，夷吾自屈出奔梁。晉惠公夷吾出奔的梁一般認爲是在今陝西省韓城市的古少梁城（在黄河以西）。《繫年》簡32"（晉）惠公奔于梁"之"梁"與簡34"使君（秦穆公）涉河，至于梁城"之"梁城"當非一地。《繫年》簡33、34："秦穆公乃内惠公于晉，（晉）惠公賂秦公曰：'我句（後）果

---

[1] 李孟存、李尚師：《晉國史》，太原：三晉出版社，2014年，第74、75頁。
[2] 蘇建洲、吳雯雯、賴怡璇：《清華二〈繫年〉集解》，第331頁。
[3] ［日］吉本道雅：《清華簡繫年考》，《京都大學文學部研究紀要》（52），2013年，第36頁。

內（入），囟（使）君涉河，至于梁城。'"很明顯，晉惠公承諾賄賂秦穆公的"梁城"當在黃河東岸。《繫年》整理報告指出，秦惠公許諾賄賂秦穆公的"梁城"即《左傳》僖公十五年的"解梁城"，甚是。

（五）"秦公衛（率）自（師）与（與）【三四】惠公戩（戰）于钬（韓）"

整理報告：

> 《春秋》僖公十五年："十有一月壬戌，晉侯及秦伯戰于韓，獲晉侯。"韓地具體位置，歷來有陝西、山西二說。可參閱楊伯峻《春秋左傳注》第三五○至三五一頁、沈長雲《西周二韓國地望考》（《中國史研究》一九八二年第二期）。簡文"钬"，即"韓"之聲符，用爲"韓"。

賴怡璇女士：

> "韓"地楊伯峻《春秋左傳注》指出"舊說韓在今陝西省韓城縣西南，然據傳'涉河，侯車敗'，'晉侯曰寇深矣'之文，其不在黃河之西可知。方輿紀要以爲今山西省芮城縣有韓亭，即秦、晉戰處；江永《考實》則以爲當在河津縣與萬榮縣之間。"（頁350—351）。《中國上古國名地名辭匯及索引》指出："武侯子始封，滅於晉，地原在今陝西韓城南十八里，宣王時徙封於今河北固安。"（頁88）沈長雲贊成江實所言的"城地在河西，本秦、漢之夏陽縣地"。并且指出杜預注是正確的，因此才會有其後的《左傳》謂秦軍"三敗及韓"的"韓"也是在河東，又如《左傳》僖公二十四年一段話："邘、晉、應、韓，武之穆也。"杜預注："四國皆武王子……韓國在河東郡界。"可見古韓國確實在河東而非河西。（沈長雲：《西周二韓國地望考》，《中國史研究》1982 年第 2 期，頁 135—138）[1]

（六）"文公十又二年居翟（狄）……秦人记（起）自（師）以内（入）文公于晉"

整理報告：

> 《左傳》僖公二十三年："晉公子重耳之及於難也……遂奔狄。……處狄十二年而行。過衛，衛文公不禮焉。……及齊，齊桓公妻之，有馬二十乘，公子安之。……及曹……及宋，宋襄公贈之以馬二十乘。及鄭，鄭文公亦不禮焉。……及楚，楚子饗之……"《國語·晉語四》："（文）

---

① 蘇建洲、吳雯雯、賴怡璇：《清華二〈繫年〉集解》，臺北：萬卷樓圖書股份有限公司，2013 年，第 336、337 頁。

公在狄十二年……遂適齊。齊侯妻之，甚善焉。有馬二十乘，將死於齊
而已矣。……過衛，衛文公有邢、狄之虞，不能禮焉。……自衛過曹，
曹共公亦不禮焉。……公子過宋，與司馬公孫固相善。……襄公從之，
贈以馬二十乘。公子過鄭，鄭文公亦不禮焉。……遂如楚，楚成王以周
禮享之，九獻，庭實旅百。"簡文所述重耳流亡途經國家及先後序次，與
《左傳》《國語》有所不同，值得注意。

　　《晉世家》："子圉遂亡歸晉。十四年九月，惠公卒，太子圉立，是爲
懷公。……秦繆公乃發兵送內重耳……殺懷公於高梁，入重耳。重耳立，
是爲文公。"簡文"訋"從言、勹聲，與"召"通。

劉麗女士：

　　《清華簡·繫年》裏是没有提及重耳過曹的，這很奇怪，因爲傳世典
籍中曾多次提到過重耳過曹。《史記·晉世家》《史記·十二諸侯年表》
《史記·管蔡世家》《國語》《左傳》《淮南子·道應訓》《韓非子·十過》
《吕氏春秋·上德》《淮南子·人間訓》均有記載，只是内容有所差別。
而且《管蔡世家》裏記載曹共公二十一年，晉伐曹。曹共公二十一年正
是晉文公五年。這與《左傳》《晉世家》《十二諸侯年表》都是一致的。
《左傳·僖公二十八年》："二十八年春，晉侯將伐曹，假道於衛，衛人弗
許。"《史記·晉世家》記載："五年春，晉文公欲伐曹，假道於衛，衛人
弗許。"《史記·十二諸侯年表》也是記載的晉文公五年事："侵曹、伐衛，
取五鹿，執曹伯。"《國語》："文公立四年，楚成王伐宋，公率齊、秦伐
曹、衛以救宋。"特別是《清華簡·繫年》第七章："晉文公立四年，楚
成王率諸侯以圍宋伐齊，戍叕居鄼。晉文公思齊及宋之德，乃及秦師圍
曹及五鹿，伐衛以脫齊之戍及宋之圍。"可以看出重耳當時應該是經過了
曹的，曹君應該是無禮於晉文公，不然晉文公不會因思齊、宋之恩而伐
曹、衛。可見，過曹應該還是有的。[①]

子居：

　　重耳沿黄河東行至齊所經過的五鹿，何以會引出過衛或不過衛的差
異呢？筆者以爲，此當由五鹿之地在當時的特殊性導致，此點可見於《管
子·小匡》："桓公知天下小國諸侯之多與已也……築五鹿、中牟、鄴、蓋
與牡丘，以衛諸夏之地。"（又見《國語·齊語》），在清華簡《繫年》的

---

① 劉麗：《重耳流亡路綫考》，《深圳大學學報（人文社會科學版）》2012 年第 2 期，第 63 頁。

第四章中，也提到了"赤翟王留吁，起師伐衛，大敗衛師於睘，幽侯滅焉。翟遂居衛，衛人乃東涉河，遷于曹，焉立戴公申，公子啓方奔齊。戴公卒，齊桓公會諸侯以城楚丘，歸公子啓方焉，是文公。"衛人既然涉河遷曹，復遷楚丘，則恐曹東多已爲狄土，而由齊桓公可以"遷邢於夷儀"并"築五鹿、中牟、鄡、蓋與牡丘，以衛諸夏之地"，則五鹿在重耳去狄至齊時，當爲齊地。①

蘇建洲先生：

> 重耳入晉之前的流亡路綫當是：狄（前655—前644，12年）—衛（五鹿，前644，即衛文公16年、魯僖公16年）—齊（前644—前638?）—曹（前638，魯僖公22年）—宋（前638，魯僖公22年）—衛（前637，衛文公23年、魯僖公23年）—鄭（前637，魯僖公23年）—楚（前637，魯僖公23年）—秦（前637，魯僖公23年）。前六三六年，魯僖公二十四年則是晉文公元年。《史記·晉世家》曰："留齊凡五歲"，則滯留齊國的時間是前六四四至前六四〇。但是根據前述所述重耳過曹的時間是魯僖公二十二年，前六三八年，且《左傳》所載重耳至宋的時間是宋襄公十三年、魯僖公二十二年，前六三八年。則《史記·晉世家》提到重耳留齊五歲可能有誤，兹依時間順序改爲前六三八年，則重耳在齊國可能待了七年左右。②

單周堯先生：

> 從《繫年》提供的材料來看，重耳出亡路綫如下：
>
> 狄→齊→宋→衛→鄭→楚→秦
>
> 此一流亡路綫，在重耳過衛、齊次序上，與《晉語》記載一致，主先齊後衛說，并明確指出重耳離狄往齊的原因是"狄甚善之而弗能内，乃適齊"。而過衛則在居齊及過宋之後，并且不言"過曹"。
>
> 《清華簡·繫年》之說，頗覺簡略，且有可議之處，如重耳居齊及過宋之後，可直接入鄭，似無需繞道過衛。此外，《左傳》所記重耳"出於五鹿，乞食於野人"及《國語·晉語四》所載"過五鹿，乞食於野人"一事，《清華簡·繫年》全付闕如。③

① 子居：《清華簡〈繫年〉5～7章解析》，Confucius2000網·清華大學簡帛研究，2012年3月14日。
② 蘇建洲、吳雯雯、賴怡璇：《清華二〈繫年〉集解》，第347頁。
③ 單周堯：《先過衛抑先適齊？——重耳出亡路綫管窺》，清華大學出土文獻研究與保護中心編：《半部學術史，一位李先生——李學勤先生學術成就與學術思想國際研討會論文集》，北京：清華大學出版社，2021年，第66頁。

王紅亮先生：

傳世文獻記載晉文公重耳出亡經歷八國凡十九年，但對於史家所關心的重耳經歷八國的具體年代以及歷經該國時發生之史事，史書記載或語焉不詳，或相互抵牾。近年來公布的子犯編鐘銘文、清華簡貳《繫年》、清華簡柒《子犯子餘》等新資料，有助於我們厘清相關年代及史事。結合新資料，關於重耳逃亡的路綫之諸説，當從《國語》；"五鹿乞食"與"衛文公不禮"不在同一年；居齊當從《史記》凡五年説；司馬遷將"及宋"與泓之戰相聯繫，無據不可從，而《國語》《左傳》所載可信；《韓非子》有"入秦三年"説，新公布的清華簡柒《子犯子餘》"救活"了這一孤證，居秦三年説可信……

關於重耳出亡的路綫，我們認同《國語》的順序，即：狄—五鹿（衛）—齊—衛—曹—宋—鄭—楚—秦，這種順序與史書所載年代相合……[1]

王少林先生：

晉文公重耳出亡諸事，史籍記録互有舛誤，或語焉不詳。本文考證重耳出亡諸事，認爲重耳出亡共計 19 年，從僖公五年開始，12 年居狄，僖公 16 年首次過衛邑五鹿，五鹿地望在河北省大名縣，本屬衛邑，城濮之戰後爲晉所有。至齊，居留 3 年，僖公十八年離齊，再次過衛都，過曹，至宋，在宋 4 年，宋、楚泓之戰宋兵敗後，僖公二十三年春離開宋國。過鄭，居楚數月，至秦，冬十二月入晉爲君。[2]

陳銘浩先生：

《繫年》行文還有一個明顯的特點，在寫晉文公到秦國之前，狄、齊、宋均爲禮遇晉文公之國，衛、鄭均爲不禮遇之國，楚國雖禮遇晉文公而秦隨即召之而去。臨去時，楚成王對晉文公説："楚遠，更數國乃至晉。秦晉接境，秦君賢，子其勉行！"（《史記·晉世家》）則楚爲有心有力而不易做到，與前兩類都不同。且"適齊""適衛""適楚"之前有"乃"字，"適宋""適鄭"之前却没有，而是與前文承接。可知，《繫年》此處應爲分類而寫，并没有明顯的承接關係。所以，并不能依據清華簡《繫年》將過衛排在過宋之前。[3]

---

① 王紅亮：《清華簡與晉文公重耳出亡繫年及史事新探》，《史學月刊》2019 年第 11 期，第 5、7 頁。
② 王少林：《晉文公重耳出亡考》，《南都學壇（人文社會科學學報）》2012 年第 3 期，第 33 頁。
③ 陳銘浩：《晉文公流亡事迹考》，《開封文化藝術職業學院學報》2020 年第 10 期，第 7 頁。

馬健偉先生認同蘇建洲先過曹後過宋的觀點：

　　確如蘇建洲先生所言，從劉麗排出的晉文公流亡各國的路綫來看，有三次過衛，她在《重耳流亡路綫考》一文的論述中，只提到兩次過衛，并沒有明確說明"齊"之後的第一個"衛"是指衛文公哪一年經過衛國，有誤植的可能性。此外，根據傳世文獻記載，均可得出先過曹而後過宋的說法，據此以爲晉文公先過曹而後過宋的可能性大一些。①

（七）"二邦伐緒（都），遽（徙）之审（中）城，回（圍）商窨（密）"

整理報告：

　　《左傳》僖公二十五年："秋，秦、晉伐都。楚鬭克、屈御寇以申、息之師戍商密。……圍商密……秦師囚申公子儀、息公子邊以歸。"杜注："鬭克，申公子儀。屈御寇，息公子邊。"緒，通"都"，杜注："都本在商密，秦、楚界上小國，其後遷於南郡都縣。"中城，地名，《曾侯乙墓竹簡》一五六號："审城子騮爲左驌。"疑"审城子"之"审城"即此。

　　子居指出"中城"在今西峽縣之丁河古城遺址，并將《繫年》與《左傳》相結合，分析了包含地理形勢在内的秦、晉伐都具體過程：

　　　　關於"都"，杜注明顯不確，此都并非"其後遷於南郡都縣"者，且也不是"本在商密"，而是當在今河南省淅川縣寺灣鎮地區。"中城"則當即是在今西峽縣以西的丁河古城遺址。關於此段内容，實際上整理者若將《左傳》相應章節引全，則很容易看出二者的對應關係。《左傳·僖公二十五年》："秋，秦、晉伐都。楚鬭克、屈禦寇以申、息之師戍商密。秦人過析隈，入而係輿人以圍商密，昏而傅焉。宵，坎血加書，偽與子儀、子邊盟者。商密人懼曰：'秦取析矣，戍人反矣。'乃降秦師。秦師囚申公子儀、息公子邊以歸。"秦晉聯合伐都，必是順丹水而下，此時的都國在淅川縣寺灣鎮地區，正扼守於由丹水而下的必經之處，商密則很可能在淅川下寺龍城遺址一帶，因此秦、晉伐都才迫使楚國讓"鬭克、屈禦寇以申、息之師戍商密"，秦晉聯軍攻下都國之後，即將都國之人遷至丁河古城（中城），丁河古城在春秋時楚國析邑之西，因此《左傳》中才會記載"秦人過析隈，入而係輿人以圍商密"，此時的申、息之師，當是守於商密，而非如杜預注所言"二子屯兵於析，以爲商密援"，因爲若是

---

① 馬健偉：《清華簡〈繫年〉所涉齊魯地區古史研究》，山東師範大學碩士學位論文，2016年，第29頁。

屯兵於析，"秦取析"的話，自然鬭克與屈禦寇已經兵敗被俘或是逃歸，就完全没必要"坎血加書，偽與子儀、子邊盟"了，故而可知申、息之師當是守於商密。以此故，秦人圍商密，"係輿人"使商密之人以爲析邑已被攻克，從而外無援兵，"坎血加書，偽與子儀、子邊盟"更是使得商密之人以爲守將已叛，從而内無守兵。在這樣的情況下，商密之人才決定降於秦晉聯軍。而商密之人的投降，導致鬭克與屈禦寇在毫無防備的情況下被俘，所以才有《左傳》所記"秦師囚申公子儀、息公子邊以歸"。①

郭濤先生認爲《繫年》"中城"應在今南陽市西部的古"析"邑，"即今老灌河北岸、西峽縣治西"。其具體論證如下：

"郙"和"商密"較爲清晰，"中城"則令人費解。郙，即銅器銘文中的下郙，商密爲其都城，在今河南省淅川縣之西南。"中城"不見於史載，整理者懷疑與《曾侯乙墓竹簡》"中城子䮲爲左"之"中城"有關，這一綫索到目前爲止并未起到明顯的定位作用。此外，楚簡另有"中""中陽""中君"。

對比《左傳》，簡文記"秦晉伐郙"之事未見"秦人過析，隈入而係輿人"部分，而多了"徙之中城"一語，"中城"與"析"二者或有可對應之處。"析"可訓爲"中"，《史記‧司馬相如列傳》記："故有剖符之封，析珪而爵，位爲通侯，居列東第⋯⋯"司馬貞《史記索隱》載：如淳曰："析，中分也。""中""内"義近，結合郙、商密之地理，疑"中城"或在古之内鄉縣，即今西峽縣境。《讀史方輿紀要》云：南陽府内鄉縣，春秋時楚之析邑，秦置中陽縣⋯⋯漢爲析縣⋯⋯西魏又改曰中陽縣⋯⋯隋諱中，改曰内鄉縣，屬析州；"淅陽城"條大略相同，并引劉昫說"後周改曰中鄉，隋始曰内鄉"。

析爲楚之別邑，也是淅川（即古均水，今老灌河）流域的總稱，《史記‧楚世家》記項襄王時秦敗楚軍"取析十五城而去"，裴駰《集解》先引徐廣之說，言："年表云取十六城，既取析，又并取左右十五城也"，後以《漢書‧地理志》記"弘農有析縣"否定之；楊伯峻據《春秋大事表》認爲今内鄉縣、淅川縣西北境皆析地，則"中城"或是"析"地内一城邑。秦漢文獻中多見"中鄉"之名，普設於各地，秦封泥有"中鄉"；荆州高臺 18 號墓出土木牘有記"中鄉起敢言之"之語，所指是漢代江陵

---

① 子居：《清華簡〈繫年〉5～7 章解析》，Confucius2000 網‧清華大學簡帛研究，2012 年 3 月 14 日。

縣内之鄉;《漢書·地理志》"弘農郡黽池縣",本注曰高帝八年複黽池"中鄉"民,景帝二年初城,徙萬家爲縣;山陽郡有"中鄉侯國",屬於鄉升格爲縣,仍保有鄉名。從黽池縣的例子來看,"中鄉"是一地的核心區域,"中城"也應是"析"地十五城中的核心城邑。

此區域另有一地"於",又稱"於中"。《史記·越世家》載楚威王時,楚有"商、於、析、酈、宋胡之地",爲楚邊境地區備秦要地。《正義》引《荆州圖副》云"鄧州内鄉縣東七里於村,即於中地也。"石泉先生認爲舊説以其在唐内鄉縣(今河南西峽縣)東七里之於村錯誤,改將其故址定在今河南淅川老城附近的丹水南岸。《讀史方輿紀要》"商於城"條云:"或曰商即商州,於即内鄉也。"則"析"大略是楚人對武關以内屬楚之地的總稱;而"商於之地"是秦對商密至"析"地的總稱。"析"在"商於"之内,"中城"又在"析"内,而"於中"極有可能是"於"和"中城"的連稱,因地域相近而名。①

胡凱、陳民鎮先生在研究晉秦關係時,對"二邦伐鄀"中晉的作用進行了分析,認爲此戰因爲地理原因以秦兵爲主,晉兵爲輔:

清人陳樹華、洪亮吉認爲晉文公方啓南陽、圍樊、圍原,無暇會秦遠伐小國,《左傳》没有言及晉國的作用,因而質疑晉國是否參與了伐鄀的戰役。楊伯峻先生指出晉分兵助秦,亦無不可,并認爲杜注"不復言晉者,秦兵爲主"可通。有學者認爲這次戰爭中,晉人大約也像秦人在城濮之戰中一樣,僅僅給了秦人以聲援。《繫年》同樣在强調"二邦伐鄀",晉國應當也出兵了。②

蘇建洲先生:

春秋早期銅器有"上鄀"(《集成》9·4613)和"下蓋(鄀)"稱謂之分,見(《集成》5·2753,9·4600)。郭沫若《大系》曾提出"蓋字從蚰,下鄀公諴簠作蟒从虫,均有意與上鄀示別,蓋下若後出,既分上下猶嫌混淆,且時亦各有去上下字而單稱鄀,故於鄀字之結構亦須示別也。"(頁176)《新收》1555士山盤"唯王十又六年九月即(既)生霸甲申,王在周新宫,王格大室,即位。……延徵蓋、刑(荆)□服",董珊

---

① 郭濤:《試説清華簡〈繫年〉之"中城"》,簡帛網,2012年4月9日。
② 胡凱、陳民鎮:《從清華簡〈繫年〉看晉國的邦交——以晉楚、晉秦關係爲中心》,《邯鄲學院學報》2012年第2期,第63頁。

認爲："䣙刑（荆）方"又稱"䣙方"，這有如金文常見的"楚荆"就是"楚"，師虎簋所見的"繁荆"就是班簋銘的"繁"，據林澐先生説，"荆"可理解爲氏族名，因此可以略去。"䣙方"就是"䣙"，"方"猶言方國。䣙見於《左傳》僖公二十五年"秦、晉伐䣙"，杜注謂䣙先在商密，後徙南郡䣙縣。金文有"上䣙"和"下䣙"之稱。西周時䣙都的位置應在商密，今地在河南西峽縣城西。（《談士山盤銘文的"服"字義》，《故宫博物院刊》2004 年第 1 期，頁 79）朱鳳瀚先生也認爲在今陕西商洛地區之商州東南，河南淅川西南一带。（《士山盤銘文初釋》，《中國歷史文物》2002 年 1 期，頁 4—7）這可以説都是上了杜預的當。如上述虞同先生所説"下䣙"是在楚武王時擊潰了湖北宜城縣南的䣙國之後而成立的，則士山盤所載西周的"䣙"只能是南郡之䣙，即"上䣙"。這也説明郭沫若認爲從"虫"旁的"䣙"只能是"下䣙"的説法是不對的。反過來，"下䣙"的寫法未必從"虫"旁，如《繫年》的"䋎"（𧲰）便是"下䣙"……

　　"窨"作🐝，比對《孔子詩論》簡 28 🐛，可知前者"必"旁誤爲"戈"。如同《老子》甲本 27 號的"閔"誤寫爲"閔"。[1]

黄錦前先生主張《繫年》之"䣙"應爲下䣙：

　　下䣙在商密，即今河南淅川西南，目前已成學界共識，這由上引《繫年》簡文也可進一步確定。《左傳》文公五年："初，䣙叛楚即秦，又貳于楚。夏，秦人入䣙。"魯文公五年即公元前 622 年，此時下䣙仍在商密一带。清人顧棟高曰："文五年秦人入䣙，蓋自是南徙爲楚附庸。"《左傳》文公十四年："楚莊王立，子孔、潘崇將襲群舒，使公子燮與子儀守，而伐舒蓼。二子作亂，城郢，而使賊殺子孔，不克而還。八月，二子以楚子出，將如商密，廬戢梨及叔麇誘之，遂殺鬭克及公子燮。"魯文公十四年即公元前 613 年，鬭克及公子燮乘子孔、潘崇率軍攻打群舒之機作亂，挾持楚莊王將至商密，可見此時商密已入楚爲邑。1970、1990 年代先後發掘的河南淅川下寺、和尚嶺與徐家嶺楚貴族墓地，其時代最早者，在春秋中期後段，可見淅川一带入楚爲邑，當在春秋中期後段以前。總之，由文獻合與考古材料可知，春秋中期偏早後段左右，下䣙已遷離商密，具體而言，下䣙之南遷，當不出文公五年（前 622 年）秦人入䣙至文公十四年（前 613 年）公子燮挾莊王如商密的九年間。

---

[1] 蘇建洲、吳雯雯、賴怡璇：《清華二〈繫年〉集解》，第 351-353 頁。

下郜南遷後的居地，或以爲即今宜城，或以爲當係湖北境内、漢水西岸，今鍾祥市西北樂鄉關東北，古麗陽驛附近的郜邑，以後者爲是。①

第3節 《繫年》第7章地理史料匯證

《繫年》簡41—44：

晉文公立四年，楚成王衡（率）者（諸）侯以回（圍）宋伐齊，戌敦（穀）⁽⁻⁾，居鐿（緡）⁽⁻⁾。晉文公囪（思）齊及宋之【四一】惠（德），乃及秦㠯（師）回（圍）曹及五鏖（鹿）⁽³⁾，伐癚（衛）以敓（脱）齊之戌及宋之回（圍）。楚王豫（舍）回（圍）歸，居方城⁽四⁾。【四二】命（令）尹子玉述（遂）衡（率）奠（鄭）、癚（衛）、陳、郋（蔡）及群繼（蠻）尼（夷）之㠯（師）⁽⁵⁾以交文=公=（文公。文公）衡（率）秦、齊、宋及群戎【四三】之㠯（師）⁽⁵⁾以敗楚㠯（師）於城僕（濮）⁽⁶⁾，述（遂）朝周襄王于衡灘（雍）⁽⁷⁾，獻楚俘馘，盟者（諸）侯於墇（踐）土⁽⁸⁾。【四四】

【注　釋】

（一）“楚成王衡（率）者（諸）侯以回（圍）宋伐齊，戌敦（穀）”

整理報告：

《國語·晉語四》：“文公立四年，楚成王伐宋，公率齊、秦伐曹、衛以救宋。”《左傳》僖公二十七年：“冬，楚子及諸侯圍宋，宋公孫固如晉告急。……狐偃曰：‘楚始得曹而新昏於衛，若伐曹、衛，楚必救之，則齊、宋免矣。’於是乎蒐於被盧，作三軍。……出穀戍，釋宋圍，一戰而霸，文之教也。”簡文“戌”原作“戒”，是“戌”的變體。本像人負戈之形，後在橫筆上加一橫，遂與“寇”字下部混同。“戌”表示駐扎的意思。“敦”與“穀”聲符相同，可以通用。穀，地名。《春秋》莊公七年杜注：“穀，齊地，今濟北穀城縣。”

華東師範大學中文系戰國簡讀書小組認同整理報告對“穀”地地望的判斷，對“戌穀”之“戌”的字形做了兩種新解釋：

按，簡文“戌”字，從人荷戈之形，只是其從人之偏旁，與“寇”字所從的“元”，極爲相似，“元”其實就是特别標出“大頭”之“人”

---

① 黃錦前：《從近刊郜器申論郜國地望及楚滅郜的年代》，《中國歷史地理論叢》2017年第3期，第120、121頁。

而已。"戍""寇"兩字的區別，在於有無"宀"符，簡文因爲無有，所以皆應視爲"戍"。二按，"戍"字本從人的偏旁而寫成"元"，乃因"戈"上一無意義之虛筆"一"所造成的，請看高明《古文字類編》字例之字形（第 696 頁）。[1]

子居：

據《左傳·僖公二十六年》："夏，齊孝公伐我北鄙，衛人伐齊，洮之盟故也。公使展喜犒師，使受命於展禽。齊侯未入竟，展喜從之……東門襄仲、臧文仲如楚乞師。臧孫見子玉而道之伐齊、宋，以其不臣也。……宋以其善於晉侯也，叛楚即晉。冬，楚令尹子玉、司馬子西帥師伐宋，圍緡。公以楚師伐齊，取穀。凡師，能左右之曰以。置桓公子雍于穀，易牙奉之以爲魯援。楚申公叔侯戍之。桓公之子七人，爲七大夫于楚。"這一系列事件即引發了著名的城濮之戰，清華簡《繫年》："晉文公立四年，楚成王率諸侯以圍宋伐齊，戍穀，居緡。"即對應於此時。

"戍穀"之"穀"，整理者言："穀，地名，《春秋》莊公七年杜注：'穀，齊地，今濟北穀城縣。'"所說是，"穀"在今山東省東阿縣南，由《左傳》等記載可見，是當時交通的關鍵地點。[2]

賴怡璇女士：

釋文中的"戍"字作"戠"，原考釋者以爲"作'戠'，是'戍'的變體。本像人負戈之形，後在橫筆上加一橫，遂與'寇'字下部混同"，此形亦出現於簡 42 作"戠"。楚簡的"寇"字作"寇"（《包山》2.102），"寇"（《九店》56.32），下半部與所論字相仿，華東讀書小組以爲"宀"旁的有無可視爲"戍"與"寇"二字的區別，此說應是可能的，且依辭例，"寇"字語意置文簡文中并不合適。楚簡的"宀"旁常作爲贅旁，但亦有作爲區別義的，如"中"字，楚簡一般作"中"（《郭店·五行》簡 5），但若作爲"伯仲"之"仲"義，字形則作"仲"（《上博二·仲弓》簡 1）。甲骨文的"戍"字作"戍"（《合集》26879），文字演變常見加短橫筆作爲飾筆的情況，如"戎"字本作"戎"（《集成》2837），楚簡則加橫筆作"戎"（《上博二·容成氏》簡 1），整理者訓爲"駐扎"，可從，此種句法見於《左傳》，如僖公二十八年"公子買戍衛"。

---

[1] 華東師範大學中文系戰國簡讀書小組：《讀〈清華大學藏戰國竹簡（貳）·繫年〉書後（三）》，簡帛網，2012 年 1 月 1 日。

[2] 子居：《清華簡〈繫年〉5～7 章解析》，Confucius2000 網·清華大學簡帛研究，2012 年 3 月 14 日。

"穀"，《春秋》莊公二十三年："公及齊侯遇於穀"，《左傳》莊公三十二年："春，城小穀，爲管仲也。"地處爲齊國西境，是當時的交通要地，秦時稱爲"穀城"，春秋時爲齊地，在今山東東阿縣東南。(《中國歷史大辭典——歷史地理卷》，頁990)《左傳》僖公二十六年："公以楚師伐齊，取穀"，可見"穀"爲齊地無疑。簡文的"戍𢼸（穀）"指楚王伐齊國，駐扎於齊國西邊的穀地。[①]

蘇建洲先生：

本章"戍"字作𢧜（45）、𢧜（46），字形訛變爲從元從戈。演變過程是先在"戍"的"戈"旁加一橫筆，這種寫法楚文字常見，如《隨縣》179"𢧜路"，裘錫圭、李家浩二先生以爲即古代"五路"之一的"戎路"。又如《容成氏》簡1"慎（神）'戎（農）'"作𢧜、簡39"'戎'遂"作𢧜；《耆夜》06𢧜亦是相同情形。則"戍"可作𢧜（41）、𢧜（42），其後"戈"旁橫筆斷裂而來便成𢧜（45）、𢧜（46）。[②]

孫飛燕女士：

據《春秋》和《左傳》，魯僖公二十六年冬天，楚人帥師伐宋，圍緡。楚師、魯師伐齊，取穀。楚申公叔侯戍穀。魯僖公二十七年冬天，楚成王率陳、蔡、鄭、許等諸侯圍宋。可以看出，伐齊、戍穀在魯僖公二十六年，率諸侯圍宋在魯僖公二十七年。

魯僖公二十七年相當於簡文中的晉文公四年。簡文説圍宋、伐齊、戍穀、居緡均在魯僖公二十七年，有誤。伐齊、戍穀是在晉文公三年。簡文中居緡的時間，應該是在克緡之後。僖公二十六年《春秋》和《左傳》都提到圍緡，但克緡是在晉文公三年還是四年，不得而知。[③]

（二）"居鋘（緡）"

整理報告：

鋘，從金，虞聲。從後文"居方城"看，亦當是地名。"鋘"可能是"鉏"的異體字，《左傳》哀公十一年有"城鉏"，高士奇《春秋地名考略》謂即襄公四年傳"後羿自鉏"之"鉏"，本宋邑，在今河南滑縣東十五里。一説當隸定爲"鋘"。

① 蘇建洲、吳雯雯、賴怡璇：《清華二〈繫年〉集解》，第358、359頁。
② 轉引自李松儒：《清華簡〈繫年〉集釋》，上海：中西書局，2015年，第141頁。
③ 孫飛燕：《清華簡〈繫年〉初探》，上海：中西書局，2015年，第117、118頁。

華東師範大學中文系戰國簡讀書小組：

鑪，地名。此事件見《國語·晉語四》："文公立四年，楚成王伐宋，公率齊、秦伐曹、衛以救宋。"《左傳·僖公二十七年》："冬，楚子及諸侯圍宋，宋公孫固如晉告急。（中略）狐偃曰：'楚始得曹，而新昏於衛，若伐曹、衛，楚必救之，則齊、宋免矣。'於是乎蒐于被盧，作三軍。（中略）出穀戌，釋宋圍，一戰而霸，文之教也。"[1]

孫飛燕女士：

該字的右部楚簡多見，其釋讀得到突破是得益于郭店簡的材料。郭店簡《語叢一》第 97 簡"即𤔲"，陳偉先生指出與《禮記·坊記》《管子·心術上》等典籍中的"節文"相當，但他讀爲"節度"。李天虹先生認爲當讀爲"文"，該字除去"又"旁的部分可能是"麟"的象形字。李家浩先生指出即古文"閔"字，見於《汗簡》和《古文四聲韻》引石經。李學勤先生對該字的字形也有分析，認爲上部從"民"省聲，夏下部是《説文》"夏"字的古文寫法。由於音同讀爲"閔"或"文"。

學者一般都贊成該字上部從民省聲的説法，下部是否即《説文》"夏"字，有待研究。

簡文此字即《春秋》和《左傳》的"緡"，《穀梁傳》作"閔"。僖公二十六年（晉文公三年）《春秋》經云：

冬，楚人伐宋，圍緡。

同年《左傳》：

宋以其善於晉侯也，叛楚即晉。冬，楚令尹子玉、司馬子西帥師伐宋，圍緡。

緡又見於僖公二十三年《春秋》經傳，楊伯峻先生注："緡，本古國名，昭四年傳'有緡叛之'是也。在今山東省金鄉縣東北二十五里，舊名緡城阜。"[2]

子居：

"居緡"之"緡"，整理者讀爲"城鉏"之"鉏"，誤。此字當是"鐥"字，讀爲"緡"，古地名，在今山東省金鄉縣東北。前引《左傳·僖公

① 華東師範大學中文系戰國簡讀書小組：《讀〈清華大學藏戰國竹簡（貳）·繫年〉書後（三）》，簡帛網，2012 年 1 月 1 日。

② 孫飛燕：《讀〈繫年〉札記三則》，復旦大學出土文獻與古文字研究中心網，2012 年 3 月 9 日；相近表述又見孫飛燕：《清華簡〈繫年〉初探》，上海：中西書局，2015 年，第 19、20 頁。

二十六年》已言"楚令尹子玉、司馬子西帥師伐宋，圍緡。"故《繫年》言"居緡"。據《左傳·僖公二十三年》："二十三年春，齊侯伐宋，圍緡，以討其不與盟于齊也。"可見此前齊侯伐宋也是先圍的緡地，因此可知，緡地是伐宋的交通關鍵地點。[1]

賴怡璇女士：

楚王攻打宋國的原因，《左傳》僖公二十六年有記載："宋以其善於晉侯也，叛楚即晉。"宋國的舉動引起了楚王的不滿，因此下令子玉和子西攻打楚國，也因爲這個原因，使得晉國對宋國出手相救，此段文獻的記載與簡文史事相合，故讀爲"緡"是對的。

蘇建洲先生：

"鐕"字作"鐕"，孫飛燕小姐將所此字與《郭店·語叢一》簡97"鐕"聯繫是對的，所指出的地點亦可信。李家浩先生指出，"這個字見於《古文四聲韻》《汗簡》引石經，爲古文'閔'字"，并説這類形體上半所從之形是聲符"民"。(張富海：《北大中國古文獻研究中心"郭店楚簡研究"項目新動態》)李家浩所指出的字形作鐕、鐕。李學勤先生也分析説：石經古文"閔"這類形體上半是從"民"聲或者説"民省聲"的，楚簡文字所謂的"鐕"上半所從可以跟九店楚簡的一類比較特別的"民"字相比較，也是"民"。"民"聲字跟"閔""文"均可相通。可以看出此字與所論字右旁相仿。(李學勤：《試解郭店簡讀"文"之字》，頁117—120)陳劍先生進一步指出楚簡這類"古文閔"字可以隸定作"鐕"。"鐕"形中除掉上半的"民"，剩下的從"又"從"目"可以隸定爲"鐕"的部分，正是黽方尊的"鐕"字，根據上文的結論，"鐕"等字的讀音皆應與"敗"字相近，那麼它出現在所謂"古文閔"字的"鐕"形裏，就很好解釋了。正如"閔"字所從的"門""文"都是聲旁一樣，"鐕"字所從的"民"和"鐕"也都是聲旁。(《甲骨金文舊釋"尤"之字及相關諸字新釋》，《論集》，頁74)今由"鐕"是《春秋》和《左傳》的"緡"，《穀梁傳》作"閔"來看，可知諸家的將"鐕"隸定爲上從"民"是對的，李家浩聯繫到石經的"閔"也是可信的。《包山》190"東宅人鐕紳"，"鐕"爲姓氏，讀爲"文"(李天虹)或"閔"(《包山楚墓文字全編》，頁124)均無不可，二者均爲古姓。[2]

---

① 子居：《清華簡〈繫年〉5～7章解析》，Confucius2000網·清華大學簡帛研究，2012年3月14日。
② 蘇建洲、吳雯雯、賴怡璇：《清華二〈繫年〉集解》，第360、361頁。

李松儒女士：

> 此字因書寫空間小，字形有些重疊……這裏隸爲"韁"。[1]

（三）"乃及秦𠂤（師）回（圍）曹及五麚（鹿）"

整理報告：

> 《左傳》僖公二十八年："二十八年春，晉侯……侵曹伐衛。正月戊申，取五鹿。……晉侯、齊侯盟於斂盂。……宋人使門尹般如晉師告急。公曰：'宋人告急，舍之則絕，告楚不許。我欲戰矣，齊、秦未可，若之何？'先軫曰：'使宋舍我而賂齊、秦，藉之告楚。我執曹君，而分曹、衛之田以賜宋人。楚愛曹、衛，必不許也。喜賂怒頑，能無戰乎？'公說，執曹伯，分曹、衛之田以畀宋人。"《史記·晉世家》："五年春……侵曹，伐衛。正月，取五鹿。二月，晉侯、齊侯盟於斂盂。……楚圍宋，宋復告急晉。文公欲救則攻楚，爲楚嘗有德，不欲伐也；欲釋宋，宋又嘗有德於晉，患之。先軫曰：'執曹伯，分曹、衛地以與宋，楚急曹、衛，其勢宜釋宋。'於是文公從之，而楚成王乃引兵歸。"魯僖公二十八年當晉文公五年。麚，鹿、录雙聲符，讀作"鹿"。《左傳》僖公二十三年杜注："五鹿，衛地。今衛縣西北有地名五鹿，陽平元城縣東亦有五鹿。"豫，通"舍"，亦可讀爲"釋"。

子居：

> 一葦輕舟先生在《晉文公重耳出亡考》文中論道："重耳所過五鹿之地望，歷來注釋家紛爭不斷。蓋有四説：①陽平元城縣東南：即大名府東沙鹿。主此説者有杜預、司馬彪、《元和志》、顧祖禹、顧棟高、竹田（引按，"田"當作"添"）光鴻、楊伯峻'哀公元年注'。②濮陽縣南三十里：即開州南三十里。主此説者有《太平寰宇記》、江永、沈欽韓、劉文淇、楊伯峻'僖公二十三年注'。③衛縣西北三十里：主此説者有杜預、京相璠、洪亮吉。④濮陽縣東北：主此説者有錢穆。……考察史料，即可發現，重耳所過五鹿不可能在濮陽縣南，必在河北大名縣東。"所説甚確，五鹿在今河北大名縣東，可證之以《左傳·襄公二十五年》："晉侯濟自泮，會於夷儀，伐齊，以報朝歌之役。……晉侯使魏舒、宛没逆衛侯，將使衛與之夷儀。崔子止其帑，以求五鹿。"及《左傳·哀公元年》："夏四月，齊侯、衛侯救邯鄲，圍五鹿。"可見五鹿當東近於夷儀，西近於邯鄲。又《穆

天子傳》卷六："天子丘之，是曰五鹿。官人之□是丘。□其皮，是曰□皮。□其脯，是曰□脯。天子飲于漯水之上……乙丑，天子東征，舍于五鹿。叔娭思哭，是曰女娭之丘。丁卯，天子東征，釣于漯水，以祭淑人，是曰祭丘。"可知漯水在五鹿之東。再證之《水經注·河水》："又東北徑元城縣故城西北，而至沙丘堰。《史記》曰：'魏武侯公子元食邑於此，故縣氏焉。'郭東有五鹿墟，墟之左右多陷城。"地理位置正合，因此可知重耳所過的五鹿，當在今河北省大名縣金灘鎮沙窩廟村一帶。①

賴怡璇先生：

關於五鹿的説法，子居認爲史料記載的"過五鹿"是在今河北大名縣東。并認爲此時的"五鹿"非衛地而是齊地……子居認爲重耳過五鹿時期，五鹿在於齊地之説，是不能成立的……

重耳流亡時的五鹿爲何處，或可從文公的城濮之戰略知一二……"曹""衛"和"五鹿"皆是曾經受辱的地方，文公在解齊、宋之困時，"順道"一個一個的討伐，"五鹿"必定在曹、衛之間……重耳流亡的"五鹿"應位於河南，與曹國地理相去不遠。②

王少林先生：

衛國本來國都在朝歌，朝歌地望在今河南淇縣。後衛國因狄之亂，而於僖公二年，由齊桓公"封衛於楚丘"，楚丘地望甚明，在今河南滑縣東。楚丘作爲衛國國都一直到僖公三十一年，"狄圍衛，十有二月，衛遷於帝丘"。帝丘之地望也十分明確，在"今河南濮陽縣西南"。而五鹿已於僖公二十八年爲晉所取，若五鹿在濮陽縣南三十里，則衛國何以在晉國五鹿城邊另有一城作爲國都呢？此乃五鹿不在濮陽縣南之明證。楊伯峻没有注意到《國語》晉國取五鹿事在先，在僖公二十三年與哀公元年兩處五鹿注爲兩地，又不察五鹿若在濮陽縣南與衛國遷都之矛盾，而力主沈欽韓濮陽縣南之説，甚爲遺憾，而楊氏在哀公元年主五鹿在河北大名縣東，則是没有問題的。③

（四）"楚王豫（舍）回（圍）歸，居方城"

《繫年》整理報告未注。

---

① 子居：《清華簡〈繫年〉5～7章解析》，Confucius2000網·清華大學簡帛研究，2012年3月14日。
② 蘇建洲、吳雯雯、賴怡璇：《清華二〈繫年〉集解》，第343-345頁。
③ 王少林：《晉文公重耳出亡考》，《南都學壇（人文社會科學學報）》2012年第3期，第35頁。

劉建明先生：

　　方城春秋時屬楚國，因楚國在那修建的長城叫方城而命名，今位於河南省南部，屬南陽市管轄，處南陽盆地東北隅，伏牛山東麓，唐白河上游，戰略價值突出。①

蘇建洲先生：

　　“方城”位於楚國邊境的長城上，也可以指稱“長城”，地理位置很重要……“楚王豫（舍）回（圍）歸，居方城”即《左傳》僖公二十八年“楚子入居於申”，楊伯峻先生注釋説：“申在方城内，楚子由伐宋退居方城内，故曰入。”（頁 456）成王思及晉國“有德不可敵”，故説“無從晉師”，想不到子玉堅持請戰，遂導致城濮之戰楚國以慘敗收場。②

魏慈德先生：

　　“楚王豫（舍）回（圍）歸，居方城”，傳文作“楚子入居於申”。比對來看“入申”即“入居方城”之内，申滅於楚文王二年（魯莊公六年），地爲南陽，爲楚北向抗衡中夏的要地，而子玉此役亦是以申、息之師爲主力，故文王所入居之“方城”當是障蔽申地東北一綫的方城山，楚人曾因山爲固，築連城東向以拒中國。而此役據簡文載楚令尹子玉率鄭、衛、陳、蔡及群蠻夷之師，以交晉文公的秦、齊、宋及群戎之師，《春秋經·僖公廿七年》載“冬，楚人、陳侯、蔡侯、鄭伯、許男圍宋”，《春秋經·僖公廿八年》載：“夏四月己巳，晉侯、齊師、宋師、秦師及楚人戰於城濮，楚師敗績。”簡文未言及楚師有許，經文未言及楚師有衛與群蠻與晉師有群戎事。③

　　【筆者按】《左傳》僖公二十八年：“二十八年春，晉侯……侵曹伐衛……楚子入居於申，使申叔去穀，使子玉去宋。……子玉使伯棼請戰……王怒，少與之師，唯西廣、東宮與若敖之六卒實從之。”《史記·楚世家》：“（楚成王）三十九年，魯僖公來請兵以伐齊，楚使申侯將兵伐齊，取穀……夏，伐宋，宋告急於晉。晉救宋，成王罷歸。將軍子玉請戰，成王曰：‘重耳亡居外久，卒得反國，天之所開，不可當。’子玉固請，乃與之少師而去。”《左傳》云楚成王從前綫回到楚國的“申”，而《繫年》簡文則云是退居到了“方城”，楚方城在楚國申縣東北地區。

　① 劉建明：《清華簡〈繫年〉第七章試解》，Confucius2000 網·清華大學簡帛研究，2012 年 12 月 17 日。
　② 蘇建洲、吳雯雯、賴怡璇：《清華二〈繫年〉集解》，第 367 頁。
　③ 魏慈德：《新出楚簡中的楚國語料與史料》，臺北：五南圖書出版公司，2014 年，第 281、282 頁。

（五）"命（令）尹子玉述（遂）衒（率）奠（鄭）、衞（衛）、陳、郜（蔡）及群鑾（蠻）尼（夷）之𠂤（師）""文公衒（率）秦、齊、宋及群戎【四三】之𠂤（師）"

整理報告：

《左傳》僖公二十八年："夏四月戊辰，晉侯、宋公、齊國歸父、崔天、秦小子憖次於城濮。……楚師敗績。……晉師三日館穀，及癸酉而還。甲午，至於衡雍，作王宮於踐土。"《晉世家》："四月戊辰，宋公、齊將、秦將與晉侯次城濮。己巳，與楚兵合戰，楚兵敗，得臣收餘兵去。甲午，晉師還至衡雍，作王宮於踐土。……（五月）丁未，獻楚俘於周。……於是晉文公稱伯。癸亥，王子虎盟諸侯於王庭。"

胡凱、陳民鎮先生對城濮之戰參戰雙方的盟友陣容做了分析：

《春秋》僖公二十八年云："晉侯、齊師、宋師、秦師及楚人戰於城濮。"《左傳》同年云："晉侯、宋公、齊國歸父、崔天、秦小子憖次於城濮。"《左傳》中實際作戰雙方，晉國方面似乎是晉國獨當一面，楚國則有陳、蔡之兵。據子犯編鐘，城濮之戰中晉公帥"西之六師"，對抗"諸楚荆、太上楚荆"。據《韓非子•難一》《呂氏春秋•義賞》的記載，城濮之戰確是晉寡楚眾。童書業先生認爲城濮之戰以自力七百乘獨當楚（包括申、息）、陳、蔡三國聯軍，以寡勝眾，晉方之宋、齊、秦，楚方之鄭、許，皆未參戰。然據《繫年》，晉國方面有秦、齊、群戎之師，不見宋，多出此前未見的群戎；楚國方面則有鄭、衛、陳、蔡、群蠻夷之師，多出衛、群蠻夷之師。《繫年》的記載爲我們探討城濮之戰作戰雙方提供了新的線索。從《繫年》看，城濮之戰固然以晉、楚爲主角，但其他諸國也當出動軍隊了。至於楚國爲何有群蠻夷之師的加盟，比較容易理解，楚國轄下，本多蠻族。至於晉國方面有群戎之師，需要結合晉國與戎狄的密切聯繫予以討論。晉獻公所娶驪姬、晉文公生母以及所娶戎女等，均出自戎狄。而在崤之戰中，晉國也出動了姜戎的兵力。可見城濮之戰有群戎之師參與并不奇怪，《繫年》的記載彌足珍貴。[①]

孫飛燕女士對晉楚雙方部分參戰國是否真正參與戰爭進行了辨析：

根據《繫年》的記載，參加城濮之戰的國家中，楚方有楚、鄭、衛、陳、蔡、群蠻夷，晉方有晉、秦、齊、宋、群戎。通過本文對《左傳》

[①] 胡凱、陳民鎮：《從清華簡〈繫年〉看晉國的邦交——以晉楚、晉秦關係爲中心》，《邯鄲學院學報》2012年第2期，第59頁。

的分析，楚方的陳、蔡、鄭確實曾經參戰。《春秋》記載晉侯率領晉方的秦、齊、宋三國與楚戰，《左傳》叙述戰爭時只提到晉師是蒙經文而省，實際上這三國也曾經參戰。此外，楚方有群蠻夷、衛國，晉方有群戎參戰，可以補充傳世文獻的記載。①

賴怡璇女士：

　　"子犯編鐘"言明城濮之戰時晉國率領"西之六師"，但"西之六師"用語最爲含糊，"六師"不論是傳世文獻或是新公布的《繫年》皆無法直接對應，而"六師"也引起了學者不同的看法。②

劉光勝先生：

　　《左傳》僖公二十八年："子玉使鬭勃請戰，曰：'請與君之士戲，君馮軾而觀之，得臣與寓目焉。'晉侯使欒枝對曰：'寡君聞命矣。'"春秋時期，戰爭禮儀依然受到重視。決戰之前，子玉使鬭勃傳言，便是邀請晉侯開戰的禮儀。我們懷疑，簡本"交"在春秋時代是一種作戰的禮儀，表示要迎擊對方之意。當然，"交"訓爲"會戰""交戰"亦可。

　　清華簡《繫年》第七章重要的發現，就是城濮之戰交戰雙方的確認。據《春秋》經傳，楚軍參戰一方有：楚、陳、蔡、許。晉國一方參戰的是晉、秦、齊、宋。童書業先生懷疑"晉方之宋、齊、秦，楚方之鄭、許，皆未參戰"的説法，已經不再成立。但《繫年》第七章説："令尹子玉遂率鄭、衛、陳、蔡及群蠻夷之師以交文公。文公率秦、齊、宋及群戎之師以敗楚師於城濮。"鄭、衛、群蠻夷支持楚方，群戎參與晉方作戰，則是我們獲得的新知。

　　子犯編鐘銘文説："諸楚荆不聽命于王所。""諸楚荆"，學者或解釋爲"各路楚軍"，或認爲"諸楚荆"與"楚荆"沒有太大區別。但現在以清華簡《繫年》看來，"楚荆"是指楚國軍隊，而"諸楚荆"則包括楚、申、息及諸蠻夷在內。（原注：《左傳》僖公二十八年楚王對子玉説："大夫若入，其若申、息之老何？"申、息等也參與了城濮之戰）公元前633年，楚國率領諸侯的軍隊圍攻宋國，威脅齊國，是它圖謀中原的一次重要行動，引起了中原各國的極大恐慌。子犯編鐘銘文又説："子犯及晉公率西之六師。西之六師，學者或認爲是周王六師，或是晉國三軍和秦、齊、宋的軍隊，或是晉國軍隊。城濮之戰後，晉國不過五軍（原注：參見《左

─────────────

① 孫飛燕：《據清華簡〈繫年〉探討城濮之戰的參戰國家》，"簡牘與早期中國"學術研討會暨第一屆出土文獻青年學者論壇論文，北京：北京大學，2012 年 10 月，第 59 頁。

② 蘇建洲、吳雯雯、賴怡璇：《清華二〈繫年〉集解》，第 372 頁。

傳》僖公三十三年："秋，晉蒐于清原，作五軍以禦狄。"），因此西之六師很可能包括其他國的軍隊。實際上，晉、秦在西，而齊、宋在東，所謂"西之六師"是指以晉國爲主力的西方軍隊，包括秦與諸戎。我們懷疑，城濮之戰可能還有"東之六師"，是指齊國、宋國等東方各國軍隊。

城濮之戰，雖然以晉國、楚國爲作戰主力，但春秋時期主要的國家，如秦、齊、宋、鄭、陳等，都或多或少參與了作戰。北起群戎，南到諸蠻，戰爭涉及的範圍極爲廣大，因此城濮之戰可以看作是春秋時期中原諸侯國與南方勢力的一次重要戰略較量，它奠定了此後晉國近百年的霸主地位與勢力範圍。[1]

（六）"敗楚自（師）於城僕（濮）"

整理報告：

城濮，衛地。楊伯峻云："城濮，衛地，今山東省舊濮縣（一九五六年已并入范縣）南七十里有臨濮城，當即古城濮地。"（《春秋左傳注》第二三五頁）……簡文"僕"爲"臣僕"之"僕"後起本字，通"濮"。

華東師範大學中文系戰國簡讀書小組：

城濮，衛地。楊伯峻曰："城濮，衛地，今山東省舊濮縣（一九五六年已并入范縣）南七十里有臨濮城，當即古城濮地。"[2]

李松儒女士：

古文字中"妾"與"僕"字形較近，而本簡"僕"作"僕"），正符合單育辰所説：金文中的"僕"作"僕"（《集成》9722），皆有"人"旁；楚簡中的"僕"作"僕"（包山137反）、"僕"（郭店《老子》甲簡18），皆有"臣"旁。此似"僕"與"妾"的區別。[3]

（七）"朝周襄王於衡濉（雍）"

整理報告：

衡雍，鄭地，《左傳》僖公二十八年杜注："衡雍，鄭地，今滎陽卷縣。"在今河南原陽西南，原武西北。

---

① 劉光勝：《清華簡〈繫年〉與〈竹書紀年〉比較研究》，上海：中西書局，2015年，第51、52頁。

② 華東師範大學中文系戰國簡讀書小組：《讀〈清華大學藏戰國竹簡（貳）・繫年〉書後（三）》，簡帛網，2012年1月1日。

③ 李松儒：《清華簡〈繫年〉集釋》，上海：中西書局，2015年，第148、149頁。

華東師範大學中文系戰國簡讀書小組：

> 衡雍，鄭地。《左傳·僖公二十八年》杜注："衡雍，鄭地，今熒陽卷縣。"在今河南原陽西南，原武西北。[①]

子居：

> 據《左傳·僖公二十八年》原文："晉師三日館穀，及癸酉而還。甲午，至於衡雍，作王宮於踐土。"可知由癸酉啟程，甲午至衡雍，若以軍行日三十里計，則晉師當到達今河南省孟州市地區，而非僅至"河南原陽西南"……踐土即在今河南孟州市西的洛陽市吉利區坡頭鎮一帶。

> 《左傳·僖公二十八年》："五月丙午，晉侯及鄭伯盟于衡雍。丁未，獻楚俘于王。"可見由衡雍到踐土僅需一日，那麼衡雍只會在洛陽市吉利區坡頭鎮以東的三十里之內，因此可知，衡雍約在今河南省孟州市槐樹鄉到西虢鎮一帶。[②]

（八）"盟者（諸）侯於埰（踐）土"

整理報告：

> 踐土，鄭地。楊伯峻以爲在今河南省原陽縣西南，武陟縣東南（《春秋左傳注》第四四九頁）。……"埰"字左形右聲，聲符部分戰國文字中常與戔聲字相通，故"埰"用爲"踐"。

華東師範大學中文系戰國簡讀書小組：

> 整理者認爲此字左形右聲，聲符部分戰國文字中常與戔聲字相通，故定爲"踐"。其說可從。又按，此字右偏旁，即戰國楚系竹簡常見之從"察""竊""淺"的字形，作人名則爲"㓞"，與"帶""業""彔""糞"等字形，常互爲訛混。[③]

海天（網名）：

> 《語叢二》19㦵，《十四種》252 頁以爲不識字，裘錫圭先生以爲聲旁同石經春秋"踐"土的"踐"，可隸作"俴"。簡 44 "㮰（盟）者（諸）侯於埰（踐）土"，"踐"作，其下端比較特別，可以證明《語叢二》19㦵確實就是在楚簡中用爲"察""淺""竊"三字的聲旁，裘錫圭先生的說

① 華東師範大學中文系戰國簡讀書小組：《讀〈清華大學藏戰國竹簡（貳）·繫年〉書後（三）》，簡帛網，2012 年 1 月 1 日。

② 子居：《清華簡〈繫年〉5～7 章解析》，Confucius2000 網，2012 年 3 月 14 日。

③ 華東師範大學中文系戰國簡讀書小組：《讀〈清華大學藏戰國竹簡（貳）·繫年〉書後（三）》，簡帛網，2012 年 1 月 1 日。

法是對的，且正好𤯴正是"踐土"的"踐"。①

子居：

　　關於"遂朝周襄王於衡雍，獻楚俘馘，盟諸侯於踐土"中的"衡雍"與"踐土"，猶有需辨明之處。《繫年》整理者……説實誤，據《左傳·僖公二十八年》原文："晉師三日館穀，及癸酉而還。甲午，至於衡雍，作王宮於踐土。"可知由癸酉啓程，甲午至衡雍，若以軍行日三十里計，則晉師當到達今河南省孟州市地區，而非僅至"河南原陽西南"，再看《左傳·宣公十二年》所記："及昏，楚師軍于邲，晉之餘師不能軍，宵濟，亦終夜有聲。丙辰，楚重至於邲，遂次於衡雍。……祀於河，作先君宮，告成事而還。"邲地在今河南滎陽東北，此時楚師是追擊晉師，在輜重運輸已經到達邲地的情況下，若楚師反倒東退至"河南原陽西南"，豈不是把輜重白白送給晉師？因此可知，衡雍必當在滎陽之西，而絕不能在"河南原陽西南"地區。又《左傳·文公八年》："晉人以扈之盟來討。冬，襄仲會晉趙孟，盟於衡雍，報扈之盟也，遂會伊洛之戎。"可以會"伊洛之戎"，也説明衡雍當在河洛地區。再看杜預之前的學人舊説，《吕氏春秋·簡選》："晉文公造五兩之士五乘，銳卒千人，先以接敵，諸侯莫之能難。反鄭之埤，尊天子於衡雍。"高誘注："文公率諸侯朝天子於衡雍。衡雍踐土，今之河陽。"《史記集解》引賈逵曰："河陽，晉之溫也。踐土，鄭地名，在河内。"兩漢時的河内并不包括原陽、卷縣等地，因此由賈逵所言可知，踐土不在"河南原陽西南"，更由高誘注可知，踐土在河陽。復據《水經注·河水》："河水又東徑河陽縣故城南。《春秋經》書'天王狩於河陽。壬申，公朝於王所，晉侯執衛侯歸於京師'，《春秋左傳》'僖公二十八年，冬，會於溫，執衛侯。是會也，晉侯召襄王以諸侯見，且使王狩。仲尼曰：以臣召君，不可以訓。故書曰天王狩於河陽，言非其狩地。'服虔、賈逵曰：'河陽，溫也。'班固《漢書·地理志》，司馬彪、袁山松《郡國志》，《晉太康地道記》，《十二州志》：河陽別縣，非溫邑也。漢高帝六年，封陳涓爲侯國，王莽之河亭也。《十三州志》曰：治河上，河，孟津河也。郭緣生《述征記》曰：'踐土，今冶阪城。'是名異《春秋》焉，非也。今河北見者，河陽城故縣也，在冶阪西北，蓋晉之溫地，故群儒有溫之論矣。《魏土地記》曰：冶阪城舊名漢祖渡，城險固，南臨孟津河。"《太平寰宇記》卷五二："河陽縣……踐土城，《冀州圖》云：'在縣東七里，洛陽西（東）北四十二里。'《左傳》盟於踐土是也。"《孟

---

① 轉引自李松儒：《清華簡〈繫年〉集釋》，上海：中西書局，2015年，第148頁。

縣志》：“冶阪津：（治阪應爲冶阪之誤，後文改爲冶。編者）在縣東南四十三里（應在縣西南四十三里。編者）郭緣生《述征記》：‘冶阪城，春秋踐土也。’《水經注》：‘河陽故城在冶阪西北。’《魏土地記》：‘冶阪城，舊名漢祖渡，城險固，南臨孟津。’……舊志：‘冶阪津在洛陽東北四十二里。’黄河關：在縣南黄河北岸，又縣西南有河陽古關。宋白曰：‘河陽關，東魏置於中潬城。’”可知，踐土即在今河南孟州市西的洛陽市吉利區坡頭鎮一帶。①

蘇建洲先生：

　　“踐”字作𣤶，其右旁寫法接近燕王職壺“踐”作𣥂、𣥑；三體石經“踐土”之“踐”作𣥑。𣤶的下部確實與“辛”“辛”形體相近，請比對“𨒅”（达—遲，《新蔡》甲一 24 號）、𠩺（屖—遲，《新蔡》甲三 173），劉釗……認爲此種字形來自“辛”或“辛”字變體，《繫年》的𣤶寫法似可支持這種的意見。②

賴怡璇先生：

　　《左傳》僖公二十八年載：“晉師三日館、穀，及癸酉而還。甲午，至於衡雍，作王宫於踐土。”楊伯峻指出踐土位於今河南省原陽縣西南，武陟縣東南。子居認爲踐土即在今河南孟州市西的洛陽市吉利區坡頭鎮一帶可從，説各有道理，今并存。③

李松儒女士：

　　本簡“踐土”之“踐”作𣤶形，可對比三體石經《春秋·僖公》“踐土”之“踐”作𣥑形，“踐”字來源於古文字讀爲“淺、竊、察”之“𢦏”字，久已爲學界論定。④

第 4 節　《繫年》第 8 章地理史料匯證

《繫年》簡 45—49：

　　晉文公立七年，秦、晉回（圍）奠（鄭）=（鄭，鄭）降秦不降晉=（晉，晉）人以不憖⁽一⁾秦人豫（舍）戍於奠（鄭）=（鄭，鄭）人敓（屬）北門之籥（管）於秦=之=【四五】戍=人=（秦之戍人⁽二⁾，秦之戍人）

---

① 子居：《清華簡〈繫年〉5～7 章解析》，Confucius2000 網，2012 年 3 月 14 日。

② 蘇建洲、吳雯雯、賴怡璇：《清華二〈繫年〉集解》，第 384 頁。

③ 蘇建洲、吳雯雯、賴怡璇：《清華二〈繫年〉集解》，第 389 頁。

④ 李松儒：《清華簡〈繫年〉集釋》，上海：中西書局，2015 年，第 148 頁。

叟（使）人歸（歸）告曰：“我既旻（得）奠（鄭）之門笶（管）也，夲（來）
䆷（襲）之。”秦臣（師）牁（將）東䆷（襲）奠（鄭）＝（鄭，鄭）之
賈人弦高牁（將）西【四六】市，遇之，乃以奠（鄭）君之命裝（勞）秦
三街（帥），秦㠯（師）乃退（復），伐顝（滑）⁽ᵗʰ⁾，取之。晉文公牟（卒），
未國（葬），襄公新（親）【四七】街（率）臣（師）御秦㠯（師）于嶇
（崤）⁽ᵗ⁾，大敗之。秦穆公欲與楚人爲好，亥（焉）繁（脫）繻（申）公
義（儀），囟（使）歸求成⁽ᵗ⁾。秦亥（焉）【四八】刲（始）與晉敦（執）
衞（亂），與楚爲好。【四九】

【注　釋】

（一）“秦、晉回（圍）奠（鄭）＝（鄭，鄭）降秦不降晉＝（晉，晉）
人以不憖”

整理報告：

　　《左傳》僖公三十年：“九月甲午，晉侯、秦伯圍鄭，以其無禮於晉，
且貳於楚也。……秦伯説，與鄭人盟，使杞子、逢孫、揚孫戍之，乃還。”
魯僖公三十年正當晉文公七年。不憖，不悦。《説文》：“憖……一曰：説
（悦）也。”

（二）“秦人豫（舍）戍於奠（鄭）＝（鄭，鄭）人敓（屬）北門之笶
（管）於秦之【四五】戍人”

整理報告：

　　《左傳》僖公三十二年：“杞子自鄭使告于秦，曰：‘鄭人使我掌其北
門之管，若潛師以來，國可得也。’”《史記·秦本紀》：“鄭人有賣鄭於秦
曰：‘我主其城門，鄭可襲也。’”敓，讀作“屬”，表示委託，交付。笶，
通“管”。《左傳》僖公三十二年杜注：“管，籥也。”即鑰匙。䆷，又見
於春秋銅器䧹羌鐘（《集成》一五七—一六一），李家浩讀作“襲”（《釋
上博戰國竹簡〈緇衣〉中的“蚤臣”合文——兼釋兆域圖“㳂”和䧹羌
鐘“䆷”等字》，《康樂集——曾憲通教授七十壽慶論文集》第二四頁，中
山大學出版社，二〇〇六年）。簡文“䆷”用法相同。

（三）“伐顝（滑）”

整理報告：

　　《左傳》僖公三十三年：“三十三年春，秦師……及滑，鄭商人弦高

將市於周，遇之。以乘韋先，牛十二犒師，曰：‘寡君聞吾子將步師出於敝邑，敢犒從者，不腆敝邑，爲從者之淹，居則具一日之積，行則備一夕之衛。’且使遽告於鄭。……孟明曰：‘鄭有備矣，不可冀也。攻之不克，圍之不繼，吾其還也。’滅滑而還。”滑，姬姓國，在今河南偃師南。簡文“䯠”和“滑”同從骨聲，音近通假。

蘇建洲先生：

“䯠”字作䯠，從頁骨聲，簡文讀爲“滑”。《繫年》的“骨”旁在骨架橫筆上多一直（引按，當作“支”）飾筆，又如簡 71 “骼”作䯠。可比對䯠（《包山》267）、䯠（《包山》267）的“骨”旁。這種在橫筆上加直飾筆的書寫習慣與前述“笑”字作䯠（簡 46），“关”作䯠（簡 115）、䯠（卷 116）相同，可見是《繫年》書手習慣性寫法。關於“滑”的地望，《左傳》莊公十六年杜預注曰：“滑國都費，河南緱氏縣。”張以仁《春秋史論集》：“滑確是指河南的緱氏縣，也就是今天河南省偃師以南二十里的地方。”（頁 363）[1]

（四）“襄公新（親）【四七】衛（率）𠂤（師）御秦𠂤（師）于嶕（崤）”

整理報告：

御，通“禦”，訓爲“止”，在此意指阻截。《左傳》僖公三十二年：“晉人禦師必於崤。”《左傳》僖公三十三年：“夏四月辛巳，敗秦師於殽，獲百里孟明視、西乞術、白乙丙以歸，遂墨以葬文公。”《晉世家》：“九年冬，晉文公卒，子襄公歡立。……襄公墨衰絰。四月，敗秦師於殽，虜秦三將孟明視、西乞秫、白乙丙以歸。遂墨以葬文公。”𡘜，從𦬊聲，即“葬”字，殷墟甲骨文作“𦣹”或“𦥑”，見沈建華、曹錦炎《甲骨文字形表》第一三二頁（上海辭書出版社，二〇〇八年）。嶕，從山，虘聲。虘，《説文》“讀若嵳”，與“殽”音近可通。《左傳》僖公三十二年杜注：“殽在弘農澠池縣西。”當今河南省洛寧縣西北（楊伯峻《春秋左傳注》第四九一頁）。

子居：

整理者言：“《左傳》僖公三十二年杜注：‘殽在弘農澠池縣西。’當今河南省洛寧縣西北（楊伯峻《春秋左傳注》第四九一頁）。”其所引杜注之説，本是很清楚，而再引楊伯峻《春秋左傳注》的今地之説以釋，則嫌失之不確。《呂氏春秋·悔過》高誘注：“殽，澠池縣西崤塞是也。”高

---

[1] 蘇建洲、吳雯雯、賴怡璇：《清華二〈繫年〉集解》，第 400 頁。

注與杜注皆稱殽在澠池縣西，而不稱西南。辛德勇先生在《殽山古道瑣證》文中即指出：“南北二陵中殽山北陵側臨大道，爲周文王所曾經歷，也是《春秋》僖公三十三年秦軍千里奔襲鄭國，在中途全軍覆没的地方。《水經注》關於殽山南北二陵這一段記述是兼采《左傳》及杜預注寫成的。《春秋公羊傳》記蹇叔送子時曰：‘爾必死於殽之嶔岩，是文王之所避風雨者也。’《春秋穀梁傳》作‘女死必於殽之岩唫之下’。漢高誘注《淮南子·地形訓》殽阪云：‘欽吟是也。’《説文解字》山部有‘岑崟’，乃形容山貌之詞。除《穀梁傳》‘岩崟’疑當爲‘嶔崟’之訛外，餘幾處讀音均相近，當是同音訛轉。殽山北陵當由山貌‘岑崟’而得其名。今陝縣硤石鎮東南有‘金銀山’，北側古道，山勢險峻，疑即‘欽吟’音轉，可將其比定爲殽山北陵。”所説甚是。《三門峽史迹》一書也介紹到：“古殽道在陝縣境内，又分南、北兩道。南道即由陝縣老城經交口、菜園、雁翎關、宮前至菜家灣沿太子溝北上至硤石。再由硤石東走經石壕、澠池、順谷水達洛陽。……北殽道即由陝縣老城過交口、張茅、硤石，東過七里入澠池。……古殽道最險之處有二：一爲今十里廟至甘壕。此段群山狹古道而行，今硤石東側陵上尚有車壕、駕馬嶺、車馬嶺等地名。當地的群衆也往往在此拾到銅簇等之類的古代兵器，這當是古代戰爭的遺物了。歷史上著名的秦晉殽之戰當發生在此地段。而另一段險要處在雁翎關。”綜合上内容，就可以知道，晉敗秦師即於後世所稱硤石關（今陝縣硤石鄉）一帶，而不是在南殽雁翎關，故楊注“河南省洛寧縣西北”一説，既失於遠，又失於泛，遠不如高誘及杜預注明確清晰。[①]

（五）“秦穆公欲與楚人爲好，女（焉）繁（脱）繡（申）公義（儀），囚（使）歸求成”

整理報告：

《左傳》文公十四年：“初，鬬克囚于秦，秦有殽之敗，而使歸求成。”鬬克即申公子儀。

胡凱、陳民鎮先生：

殽之戰使晉、秦徹底決裂，秦國轉而向楚國示好，《繫年》載：“秦穆公欲與楚人爲好，焉脱申公儀，使歸求成。”《左傳》文公十四年所載同。秦人釋放了伐郡時俘獲的申公子儀（鬬克），希望與楚國修復關係，

---

① 子居：《清華簡〈繫年〉8～11章解析》，Confucius2000網，2012年6月27日。

轉而聯合晉國的敵手楚國對抗晉國。此後，秦國配合楚國對付晉國，對晉國構成威脅。《繫年》第八章最後點出"秦焉始與晉執亂，與楚爲好"，簡明扼要地説明了晉、秦、楚三國關係的轉變。秦、晉兩國的蜜月期徹底被打破，二國走上了持續對抗的道路，崤之戰後兩國續有衝突。[①]

蘇建洲先生：

> 第六章簡 39—40："二邦伐郜，徙之中城，圍商密，捷【三九】申公子儀以歸。"此事發生在僖公二十五年。僖公三十三年秦師大敗於崤，轉而想跟楚國結盟，是以放了楚囚申公子儀，讓他回去講和。《左傳》文公十四年只提到"初，鬬克囚於秦，秦有崤之敗，而使歸求成"，并没有提到確切時間，現在由《繫年》來看，這件事應該發（生）在僖公三十三年，前六二七年之後，文公四年，前六二三年之前，因爲文公四年，前六二三年，"楚人滅江，秦伯爲之降服，出次，不舉，過數。大夫諫。公曰：'同盟滅，雖不能救，敢不矜乎，吾自懼也。'"可見此時秦楚的關係不是盟國，可見這次的結盟大概也没有維持很久。[②]

第 5 節 《繫年》第 9 章地理史料匯證

《繫年》簡 50—51：

> 晉襄公𡥉（卒），需（靈）公高幼，夫＝（大夫）聚啟（謀）……乃命【五〇】右（左）行瘥（蔑）與隓（隨）會卲（召）襄公之弟瘫（雍）也于秦[（一）]。……

【注　釋】

（一）"命【五〇】右（左）行瘥（蔑）與隓（隨）會卲（召）襄公之弟瘫（雍）也于秦"

整理報告：

> 左行蔑，即先蔑。《左傳》僖公二十八年："晉侯（文公）作三行以禦狄，荀林父將中行，屠擊將右行，先蔑將左行。"《公羊傳》文公七年

① 胡凱、陳民鎮：《從清華簡〈繫年〉看晉國的邦交——以晉楚、晉秦關係爲中心》，《邯鄲學院學報》2012年第 2 期，第 64 頁。

② 蘇建洲、吳雯雯、賴怡璇：《清華二〈繫年〉集解》，第 404、405 頁。

作"先眛"。"隨"字寫法與西周《夒公盨》(劉雨、嚴志斌《近出殷周金文集録二編》四五八)相同。隨會,《左傳》等或稱之爲"士會"等。"雍也","也"字據簡下文疑係"子"因形近而誤。雍子即當時爲秦亞卿的公子雍,襄公庶弟,乃杜祁所生。《左傳》文公六年:"使先蔑、士會如秦,逆公子雍。"

華東師範大學中文系戰國簡讀書小組:

> 隓,此字乃會意字,左從阜,右從二"圣",《説文》:"圣,汝潁之間謂致力于地曰圣。"此字從阜及二"圣"者,會掘土於山以至隤頹崩塌之義,實即《説文》"陸"之古文。從"隓"到"陸",字形發生譌變,"圣"變成的"左",則可視爲聲符。"隨"即從"陸"得聲,故"隓"可讀爲"隨"。隨會,《左傳》等或稱之爲"士會"。"士""隨"二字能通假,主要是聲母於古較近。[①]

第6節 《繫年》第10章地理史料匯證

《繫年》簡54—55:

> 秦康公衒(率)𠂤(師)以遣(送)癕(雍)子,晉人记(起)𠂤(師),敗之于𤲃峹[(一)]。右(左)行瘍(蔑)、隉(隨)會不敢歸(歸),述(遂)【五四】奔秦。霝(靈)公高立六年,秦公以戡(戰)于瞗峹之古(故)[(二)],衒(率)𠂤(師)爲河曲之戲(戰)[(三)]。【五五】

【注　釋】

(一)"敗之于𤲃峹"

整理報告:

> 𤲃峹,地名,《左傳》文公七年作"董陰",係晉地。"𤲃"字從黑聲,簡文下或從耳,疑母輯部,與見母文部的"董"通轉。"峹"字從云聲,匣母文部,而"陰"從侌聲,影母侵部,也是通轉。楊伯峻《春秋左傳注》云董陰在今山西臨猗東。《左傳》記此戰役較詳,云敗秦師實在令狐,今臨猗西。

復旦讀書會陳劍先生：

　　簡 54、55 从 "𪏲" 聲與 "堇" 成音近異文者（猶 "難" 之與 "艱"），説其聲爲 "疑母緝部"，顯與 "隰/壐/濕/溼" 一類誤混。①

蘇建洲先生：

　　簡文 "堇" 作 "𤈽"（㬥），又見於簡 55 作 𤎼（聖）。此二字乃从 "顯" 聲（曉紐元部），故可讀爲 "堇"（見紐文部）。孫俊、趙鵬指出："……'𦱤' 讀爲 '艱' 也是没有問題的……"（孫俊、趙鵬：《"艱" 字補釋》）可見元部的 "顯" 可以讀爲文部的 "堇"。"顯" 字形體可比對《清華一•耆夜》簡 8 "丕顯來格" 的 "顯" 作 𦥑，一般來説有 "日" 旁皆是元部字的顯。至於《祭公》07.25 "顯" 作 𦥑，雖然左旁没有 "日" 旁而作 𦥑，但有 "頁" 旁制約，仍可與《祭公》06 "遻（襲）" 作 𦥑 區別開來。②

（二）"秦公以戰（戰）于殽嵒之古（故）"

整理報告原注：

　　此 殽 字，左旁疑從耳。

（三）"衒（率）𠂤（師）爲河曲之戰（戰）"

整理報告：

　　《春秋》文公十二年："冬十有二月戊午，晉人、秦人戰于河曲。"戰役經過詳見《左傳》。河曲，晉地，今山西永濟南。

第 7 節　《繫年》第 11 章地理史料匯證

《繫年》簡 56—59：

　　楚穆王立八年，王會者（諸）侯于友（厥）𧿧（貉）⁽⁻⁾，牊（將）以伐宋＝（宋。宋）右帀（師）芊（華）孫兀（元）欲裝（勞）楚帀（師），乃行，【五六】穆王思（使）毆（驅）黑（孟）者（諸）之麇⁽⁻⁾，壘（徒）之徒薏⁽⁻⁾。宋公爲右（左）芊（孟），莫（鄭）白（伯）爲右芊（孟）⁽四⁾。繡（申）公弔（叔）侯智（知）之，宋【五七】公之車夢（暮）罣（駕），

① 轉引自李松儒：《清華簡〈繫年〉集釋》，上海：中西書局，2015 年，第 172 頁。
② 蘇建洲、吳雯雯、賴怡璇：《清華二〈繫年〉集解》，第 435 頁。

用搄（挾）宋公之馭（御）。穆王即媟（世），戕（莊）王即立（位），<u>史</u>（使）孫（申）白（伯）亡（無）愄（畏）嘷（聘）于齊^(五)，段（假）迏（路）【五八】於宋＝（宋，宋）人是古（故）殺孫（申）白（伯）亡（無）愄（畏），貼（奪）亓（其）玉帛。<u>戕（莊）王衒（率）㠯（師）回（圍）宋九月</u>^(六)……【五九】

【注 釋】

（一）"王會者（諸）侯于犮（厥）𡠥（貉）"

整理報告原注釋：

　　𡠥，疑甫字異體。厥𡠥，地名，《左傳》文公十年作厥貉，《公羊》作屈貉，貉古音明母魚部，甫幫母魚部，楊伯峻《春秋左傳注》云在今河南省項城。

　　《春秋》文公十年經："楚子、蔡侯次於厥貉"，《左傳》："陳侯、鄭伯會楚子於息，冬，遂及蔡侯次於厥貉，將以伐宋。"

整理報告：

　　地名之第二字難於隸定，《左傳》文公十年作"厥貉"，《公羊傳》作"屈貉"，楊伯峻《春秋左傳注》云在今河南省項城。

　　《春秋》文公十年："楚子、蔡侯次於厥貉。"《左傳》："陳侯、鄭伯會楚子于息，冬，遂及蔡侯次於于厥貉，將以伐宋。"

黄傑先生主張釋爲"犮央"：

　　新出清華大學藏戰國竹簡（貳）《繫年》簡56有"🔲（犮）🔲"，爲地名，《左傳》作"厥貉"，《公羊》作"屈貉"。犮，上古音屬並母、月部，厥屬見母、月部，屈屬溪母、物部。見、溪同屬見組，月[at]部、物[ət]部音值比較接近，故厥、屈可通用。厥、屈通用之例多見，參看《古字通假會典》第523頁。至於犮與厥，二者同韻部，聲母則一屬並母、一屬見母。典籍中有並母字與見母字通用的例子，如《戰國策·秦策二》"有兩虎爭人而鬥者，管莊子將刺之"，《史記·張儀列傳》作"卞莊子"，卞，並母、元部；管，見母、元部……

　　🔲字原未釋。今按：此字當釋爲央。楚簡央字作🔲（上博五《三德》簡4）、🔲（上博六《用曰》簡2），與此字除去上部兩筆後的部分相近。曾侯乙墓竹簡"鞅"字作🔲、🔲、🔲、🔲，其右旁與此字比較接近。🔲最下部與最下部有區別，但二者應當是一個字，"異"字的兩種寫法可以作爲參考：（上博《民之父母》簡 13）；（上博《曹沫之陣》簡 7、8）。從聲韻上看，央上古屬影母、陽部，貉屬匣母、鐸部，二字聲紐相近，韻部陰陽對轉，故可以相通。

由上可見，（友）（央）、厥貉、屈貉，應是一地的異名。《繫年》與傳世典籍對照產生的異文，爲我們提供了楚簡中"友"字的確切用例。①

劉洪濤（網名 lht）先生首先懷疑可能是"魚"字。②周波（網名飛虎）先生對釋"魚"之說進行了論證：

　　清華簡（貳）《繫年》簡 56 有地名"友 A"。……此字當是"魚"字之變體。楚簡及三晉文字"魚"及"魚"旁寫法與之類同。戰國文字"魚"字下部多寫作"火"形。A 字下方左右兩筆當即"火"形左右飾筆之變體。楚簡和三晉文字"魚"中部筆畫多作兩橫，也有寫作三橫者。如上博簡《姑成家父》簡 8、簡 10 之"魚"（引按：、），《古璽彙編》2727 之"魚"（引按：）、2728"魴"所從"魚"旁（引按：）（或易下一橫筆爲點，如《古璽彙編》1022、3149"鮮"所從"魚"旁，以上古璽皆屬晉璽）。值得注意的是三晉文字"魚"或"魚"旁寫法皆與"A"字寫法接近（聯繫《繫年》體例、內容與《竹書紀年》近似，《繫年》多述說三晉史事等，《繫年》有可能是三晉人的作品或者底本來源於三晉）。"魚"當讀爲"厥貉""屈貉"之"貉"。"魚"爲疑紐魚部，"貉"爲匣紐鐸部，聲爲一系，韻部對轉，二字沒有問題可以相通。《山海經·中山經》："有獸焉其狀如貉。"郭璞注："貉或作貍"。易聲符爲"虖"，而"虖"從"虎"聲。從古文字來看，"魚"與從"虎"聲之字多通用（傳世文獻和出土文獻中有從"虎"從"魚"雙聲之 B），此可作爲"魚"可與"各"聲字相通之例證。③

侯乃峰先生（網名小狐）：

　　陳劍先生《金文"彖"字考釋》一文中曾提到：

　　西周金文中多次出現的一個一般隸定爲"圂"的字，所從的所謂"豕"

---

① 黃傑：《據清華簡〈繫年〉釋讀楚簡二則》，簡帛網，2011 年 12 月 27 日。

② 見《清華簡（貳）簡 56 與〈左傳〉"貉"字對應之字》跟帖，簡帛網·簡帛論壇·簡帛研讀，2011 年 12 月 21 日。

③ 周波：《說清華簡〈繫年〉簡 56 的地名"友魚"》，轉引自蘇建洲、吳雯雯、賴怡璇：《清華二〈繫年〉集解》，第 443、444 頁。

寫作🔲、🔲一類形體（看《金文編》第 1215 頁附録下 277 號），秦公大墓石磬殘銘 "圜" 字中寫作🔲，不少人認爲就是 "象" 字。另外，《説文·㞢部》高原的 "原" 的本字 "邍"，金文中很常見。它所從的所謂 "彔" 形，金文作🔲（《集成》15.9823 殷代乃孫作祖甲罍 "邍" 所從）、🔲（《集成》8.4264.2 格伯簋 "邍" 所從）等（看《金文編》104～105 頁），石鼓文作🔲（《作邍》石 "邍" 字所從）。其特徵是像某種野獸形，頸部多出 "冂" 形筆畫，或作大尾形⋯⋯

　　陳劍先生還指出，龍崗秦簡中的 "貅" 字寫作🔲（🔲）。

　　比較簡文的 "🔲" 字形與陳劍先生文中所舉的 "圜" 字所從的字形（以及 "邍" 所從的所謂 "彔" 字形），二者明顯有相似之處。因此，我們認爲簡文的 "🔲" 就是 "貅" 字的象形初文。"圜" 字所從的所謂 "豸" 寫作🔲、🔲一類形體，秦公大墓石磬殘銘 "圜" 字中寫作🔲，其實皆當爲 "貅" 之象形初文。其突出之特徵在於其身後拖着一條大尾巴，而簡文 "🔲" 字右下方的筆畫皆當爲 "貅" 這種動物大尾巴之形的訛變。

　　《説文》："貅，似狐，善睡獸。从豸、舟聲。《論語》曰：'狐貅之厚以居。'" 段注："凡狐貉連文者，皆當作此貅字。今字乃皆假貉爲貅，造貊爲貉矣。⋯⋯其字舟聲，則古音在三部。《邠》詩貅、貍、裘爲韵，一部三部合音也。"

　　也即，經典多假 "貉" 爲 "貅"。貅似狐，而狐狸的最大特徵在於拖着一條大尾巴，故將此字形的右下部看作是大尾巴形之訛變應當是可行的。

　　我們不妨對 "🔲" 字右下部的形體演變過程進行一些簡單的推測。

　　秦公大墓石磬殘銘 "圜" 字 "🔲"，其所從的所謂 "豸" 寫作 "🔲"，此種動物特別突出其尾巴部分，將尾部寫作 "🔲" 形。

　　這種動物尾部的形體，由 "狐" 字寫作 "🔲" 又寫作 "🔲"（乖伯簋，《集成》04331），即其尾部 "🔲" 可以寫作 "🔲" 形；由 "鼬（縣）" 字作 "🔲（🔲）"（師克盨，《集成》4467）又作 "🔲、🔲（师袁簋）、🔲（懋史鼎）、🔲（録伯戎簋）"，即其尾部 "🔲" 可以寫作 "🔲、🔲" 形，可以推知：

　　"🔲" 字尾部作 "🔲" 形，應當也可以寫成 "🔲" 字右下部的 "🔲" 形。而 "🔲" 字右下部的 "🔲" 形，似可看作是 "🔲" 字的左下部（也即此種動物的後半身）"🔲" 與此種動物的尾部 "🔲" 相互借用筆畫混寫在一起而形成的。[①]

_____

① 小狐：《讀〈繫年〉臆札》，復旦大學出土文獻與古文字研究中心網，2012 年 1 月 3 日。

王寧先生：

　　"犮"本"獘"之本字，本義是犬頓仆，而在先秦古文中有用"犮"爲"厥（蹶）"之現象，乃義近互用。楚簡文字中即以"犮"爲"厥（蹶）"，石經古文"厥"字當是從犮（蹶）得聲，其右邊的部分或者包括"尸"的部分當是"犮"之譌變。

　　……

　　小狐先生以金文字形爲證，説法當是正確的。"貉"本當作"貊"，《爾雅·釋獸》："貊子，貆"，《疏》："貊似狐，善睡。"《釋文》："貊本作貉。"實際上"貊"的異體字有好幾個，《集韻·入聲十·十九鐸》以"貊""貈""貉""狢""貗"同字，云："《説文》：'似狐善睡獸。'引《論語》'狐貉之厚'。一曰《説文》從舟誤，當從兀聲。或作貉、狢、貗。"《繫年》此字當如小狐先生所言"就是'貊'字的象形初文"，同"貉"。所以"犮貊"即"厥貉"。①

黃錫全先生：

　　第一字隸定作犮，雖無不妥，但犮屬並母月部，與見母月部的厥、溪母物部的屈，韻部相同或相近，而聲母有別。我們注意到，此字犬形下部一畫較粗較短，用筆規整，似有意爲之，與所見犬下多一畫的"犮"書寫有所區別，如下列曾侯乙墓簡 170，新蔡簡甲三·328、343—2，上博簡五《三德》簡 18，上博簡六《天子建州》簡甲 11、乙 11 等。這一規整之短粗小橫有可能是飾筆，如同陳純釜的"獸"字所從之犬下多出"■"，本即犬字。犬，溪母元部，與厥、屈聲母同屬牙音，與厥韻部對轉，與屈旁轉。當然，楚簡犮之下部一筆也有較粗者，只是不如《繫年》此字規整；作爲偏旁犬與犮古文字中也有互作現象，如下列狄、狗等字。相比較而言，將此字釋讀爲"犬"似乎比釋讀爲"犮"要好。

繫年	釜	陶	文	曾簡	新蔡	上博五	上博六

　　黃先生贊同將第二字視爲"貊"字象形初文的看法，并引林澐先生之説——古文字中具有"⊢⊣"者，常常向"⊟""⊢⊟"方向演變。如果截取貊字各形體的

　　① 王寧：《由楚簡"犮"説石經古文"厥"》，簡帛網，2011 年 12 月 30 日。

獸形偏旁，另加上古文字的這一演變環節，那麼就可做以下推列：

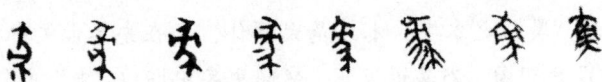

《說文》："貈，似狐善睡獸。从豸，舟聲。《論語》曰'狐貈之厚以居'。"段注："凡狐貈連文者，皆當作此貈字。今字乃皆假貉爲貈，造貊爲貉矣。"因此，將簡文 釋讀爲貈，即貉，與簡文、文獻所記吻合。①

多數學者的注意力主要在於釋字上，子居則分析厥貉之會的形勢，并在釋字基礎上，对"厥貉"的地望进行了新的定位，認爲即陳、宋之間的今"柘城"：

> 關於"厥貉"……楊伯峻《春秋左傳注》云在今河南項城。……楊注似可商榷。清人高士奇《春秋地名考略》卷十載："厥貉：《文十年》'楚子蔡侯次於厥貉。'杜注闕，或曰在陳州項城界。"以杜注已言"闕"，故高氏《春秋地名考略》稱"或曰"僅是記異聞而已，但此"或曰"於楊伯峻先生《春秋左傳注》則徑指爲項城而不加詳考，由於《春秋左傳注》廣泛的影響力，此說遂幾成定論，故現在絕大多數的書籍皆注厥貉在項城。實際上，此說於當時形勢甚是不合。由《左傳》所記，不難看出，既是"將以伐宋"，則"厥貉"必當在陳、宋之間而迫近於宋境，所以宋華禦事才會"逆楚子，勞且聽命"。而項城去宋境甚遠，此爲形勢不合，故"厥貉"在項城之說實不可從。清人呂調陽《漢書地理志詳釋》就認爲："宜禄，今鹿邑縣，春秋之厥貉也。渦澻之間，象鹿游牝也。禄通鹿。"此說於形勢而言，較項城說明顯更優，但何以"厥貉"即"宜禄"？《詳釋》中也并未舉證，且鹿邑之地於《左傳》爲"鳴鹿"，此點杜注可見，則"厥貉"自然就很難說是鹿邑了。

> 筆者以爲，清華簡《繫年》中對應"貉"字而整理者所言"難於隸定"的"地名之第二字"，似當隸定爲上從"乇"字，下從盧字之象形，或即是"頢"字，《說文·頁部》："頢，顱也。從頁乇聲。"又："顱，頢顱，首骨也。從頁盧聲。"故可知"頢""顱"本爲一音之析，於義無別。而"乇""各""石"皆屬鐸部，且從"乇"、從"各"之字與從"石"之字可通。因此，清華簡《繫年》之"发頢"即《左傳》所記之"厥貉"，當即秦之柘縣，西漢淮陽國柘縣，今河南省之柘城地區，其地以邑有柘

---

① 黃錫全：《清華簡〈繫年〉"厥貉"字形補議》，清華大學出土文獻研究與保護中心等編：《出土文獻與中國古代文明——李學勤先生八十壽誕紀念論文集》，上海：中西書局，2016年，第99-101頁。

溝得名。且據《春秋·僖公二十二年》：“宋公及楚人戰於泓，宋師敗績。”
杜預注：“泓，水名。”高士奇《春秋地名考略》卷十：“《寰宇記》鄢城
北里許有泓水，即宋楚戰處。鄢城在今柘城縣北三十里。”可見柘城正北
距泓水三十里左右，與軍行三十里一舍的距離相合，故由柘城出發，一
日便可及宋，與前文分析“厥貉”當在陳、宋之間而臨於宋境吻合。更
可知此前楚人與宋戰於泓，也是取此路而進的。這也就是說，定“厥貉”
爲“柘城”與當時楚人伐宋所經路徑頗爲相合。《左傳·僖公二十三年》：
“秋，楚成得臣帥師伐陳，討其貳於宋也。遂取焦、夷，城頓而還。”焦、
夷等地也正在柘城、鹿邑一綫東南，亦可見定“厥貉”爲“柘城”與楚
人在這一區域的勢力北拓過程也甚是一致。[①]

李松儒女士：

第一字“犮”可通“厥”“屈”，但“𡚾”不知爲何字。……承單育
辰告知，有些“貜”字似从“舟”或“夕”，如▨（《集成》2831）、▨（《集
成》10175）、▨（《集成》2841）、▨（《銘圖》5182）等，但這些字形實
爲訛變之形，正常形體應如▨（《集成》4317）、▨（《銘圖》2475），皆
从“刀”，“貜”應從張政烺、陳秉新、孟蓬生釋爲“貂”，實象以木棒夾
住貂（“▨”“▨”），以刀取其毛皮之形，因貂皮貴重，故以刀剝一大尾動
物形專會“貂”字。[②]

蔣瓊傑女士：

清華二《繫年》簡 56 有一地名作▨▨，對應傳世文獻爲“厥貉”或
者“屈貉”，“▨”即“犮”字，與厥、屈音近可通，自無問題；“𡚾”字，
整理者未作隸定，後來的研究學者主要有釋“央”、釋“魚”、釋“雈”、
釋“貜”等諸說，暫未取得一致性意見。

我們認爲以上諸說中將“𡚾”字與金文中常見的“▨”（《集成》4317）
字繫聯起來是頗具啓發性的。……“𡚾”明顯與“▨”字口形中左部偏旁
有關。此形之前有衆說，尤以釋“象”影響力最大，陳劍先生以爲非是。
我們認爲“▨”字除却口形的部分（爲便於稱引，以 A 表示）即爲“貉”
字。“貉”字金文形體作▨（《集成》3977）、▨（《集成》5233.1）、▨（《集
成》5845）等形，根據古文字一般規律，去除累增的聲符“各”字，剩

① 子居：《清華簡〈繫年〉8～11 章解析》，Confucius2000 網·清華簡帛研究，2012 年 6 月 27 日。
② 李松儒：《清華簡〈繫年〉集釋》，上海：中西書局，2015 年，第 178、179 頁。

餘部分當即 "貉" 字的表意初文（類似現象可參 "鳳" "鷄" "豹" 等字）。
"貉" 字頭部有比較明顯的 "🔲" 形筆畫，疑其斷裂分離後即訛作 A 形，
後來又在此基礎上音化，變作从 "舟" 或 "刀" 形。

……

綜上，我們認爲清華簡中的🔲字正是金文中常見🔲字所从的 A 形，🔲
字用爲 "貉" 不僅證實了學者們之前讀🔲爲 "固" 的可信，也使得我們
對 A 的字形結構有了較爲明確的瞭解。在象形初文的基礎上形體筆畫斷
裂分離，又因表聲的需要變形作某一個字或者某一偏旁，這種情況在古
文字發展過程中并不罕見。[①]

單曉偉先生認爲地名 "友🔲" 的第二個字當釋爲 "劃"，與 "貉" 可以通假：

這個演變過程十分復雜，我們看到 "方" 字在旁中寫法只見於秦系
文字，"劃" 的寫法只見於楚系文字，而清華簡中這一寫法正好是融合了
秦系和楚系的訛變結果，這種情況應該是偶然性的，出現原因不得而知，
猜測是清華簡書手可能受到秦系文字的一定影響，而且又能見到類似於
信陽楚簡中 "劃" 這種寫法，創造性地寫出這一無從分析的形體。

通過上面字形的分析，可以把🔲看作🔲的訛變異體，釋爲劃。清華
簡中 "友（厥）🔲" 可以讀爲 "厥劃"。劃，上古音屬於錫部匣鈕。貉，
鐸部匣鈕，聲部相同，韻部錫與鐸多有相通之例。

從文字通假角度我們可以把 "厥劃" 讀爲 "厥貉"，《左傳》："陳侯、
鄭伯會楚子於息。冬，遂及蔡侯次於厥貉，將以伐宋。"《公羊傳》作 "屈
貉"。關於 "厥貉" 地望，楊伯峻《春秋左傳注》云在今河南項城西南，
處於陳、蔡、鄭三國的邊境地帶，但由於文獻記載不詳，這種觀點也受
到一些學者的質疑，就目前資料來看關於 "厥貉" 地望問題暫時還很難
解決，有待更多的資料出土。[②]

（二）"穆王思（使）毆（驅）㫷（孟）者（諸）之麇"

整理報告：

孟諸，宋藪澤名，文獻或作 "孟豬" "明都" "盟諸" "望諸" 等，在

---

① 蔣瓊傑：《〈繫年〉簡 56 "貉" 字的文字學解釋》，《新蔡簡、上博簡、清華簡地名資料集釋》，吉林大學碩
士學位論文，2017 年，第 405-408 頁；此文又見李學勤主編：《出土文獻》（第 12 輯），上海：中西書局，2018 年，
第 113、115、117 頁。

② 單曉偉：《清華簡〈繫年〉中 "厥貉" 考釋》，安徽大學歷史學院考古學系編：《安徽大學考古專業成立二十
周年紀念文集》，北京：科學出版社，2023 年，第 184、185 頁。

今河南商丘東北，虞城西北。"孟諸之麋"見《左傳》僖公二十八年，杜注云："水草之交曰麋"，蓋讀爲"湄"字。據簡文，"麋"實指麋鹿。

劉建明先生：

> 𪊂應釋讀爲"麋"。麋爲古國名，此處指春秋時麋國，其地在今湖北省鄖縣西。《左傳》文公七年："厥貉之會，麋子逃歸。"……此處"毆（驅）槑（孟）者（諸）之麋，壟（徙）之徒菑"乃是指把居住在"槑（孟）者（諸）"的麋國之人强行驅趕遷徙到"徒菑"。綜觀《繫年》全文，均爲政治軍事大事，幾乎未曾提及狩獵之類的事，故此處也應該這樣解釋。[①]

蘇建洲先生：

> 整理者在"乃行"後標逗點，同時對"乃行"的解釋也不明確，恐有問題。《左傳·文公十年》"宋華禦事曰：'楚欲弱我也，先爲之弱乎？何必使誘我？我實不能，民何罪？'乃逆楚子，勞且聽命。遂道以田孟諸。宋公爲右盂，鄭伯爲左盂。"比對之下，可知簡文當讀爲"乃行穆王，思（使）毆（驅）槑（孟）者（諸）之麋"，"行"相當於《左傳》的"道"，皆爲"引導"的意思。《孟子·離婁下》："禹之行水也，行其所無事也。""行水"即"使水流通"。宋呂大臨《擬招》："秉離明以爲燭兮，禦巽風以行車。""行車"，驅車，使車前進。同理，"行穆王"即是"使穆王行"，可以理解爲"引導穆王"的意思。還可注意的是，我們知道《郭店》楚簡中常見"衕"字作"道"字用，甲骨文、《石鼓文·霝雨》篇"隹舟以衕"的"衕"則是作"行"用，李學勤先生以爲二者來源不同。但是《郭店·性自命出》的"道"字共 22 見，除簡 22、55（2 見）、56、57 寫作"道"外，其餘皆寫作"衕"。"衕"字對應《上博一·性情論》都寫作"道"，故劉釗先生以爲"'衕'乃'行'字異體，同義換讀爲'道'字"。廖名春先生有相似的意見。《繫年》此處正好是"行"對應今本的"道"，則簡文的"行"或可讀爲"道"，解爲"引導"的意思，"乃行（道）穆王，思（使）毆（驅）槑（孟）者（諸）之麋，壟（徙）之徒菑。"是説華孫禦事就引導楚王（田獵），使他驅趕孟諸的麋鹿，遷徙到徒菑。[②]

（三）"壟（徙）之徒菑"

整理報告：

---

① 劉建明：《清華簡〈繫年〉釋讀辨疑》，Confucius2000 網·清華簡帛研究，2012 年 12 月 26 日。

② 蘇建洲：《〈清華大學藏戰國竹簡（貳）·繫年〉考釋七則》，《中國文字研究》（第 19 輯），上海：上海書店出版社，2014 年，第 68 頁。

"徙䔞"之"䔞"字，從靣聲，疑讀爲"林"，西周金文"林鐘"之"林"即多從靣作。徙林，田獵地名，但與《國語·晉語八》唐叔射兕的徙林非一地。

袁金平先生：

> 從艸，靣（"廩"之初文）聲之字已見於包山簡和新蔡簡。包山簡150云："（某某里人）貣出䔞之王金不賽。出䔞之客苛明内之。"……包山簡"徙䔞"二字過去多有誤釋，或以爲地名、人名、官府名等。……所謂"徙林"即先秦古籍習見的"楚之雲夢"……典籍所載楚藪尚有"雲土夢"和"雲連徙洲"之謂，但多數學者認爲即楚"雲夢"之別稱。……"䔞"從艸，靣（"廩"之初文）聲，不見於傳世字書，目前僅見於楚地出土竹簡，很有可能即是楚語中表草澤義的"夢"的本字。從古音看，"夢"屬明目蒸部，"廩""林"爲來紐侵部。明、來鄰紐，上古二母的關係比較密切，常見通用；韻部蒸、侵關係也十分緊密，特別是楚簡中每見相通……因此，"夢"與"廩""林"語音通假沒有問題。古籍中，"夢"作爲"草澤"通名，當以《左傳》所記最早。……楚人用"䔞"字，自有特色……"雲"（邧、鄖）很可能是對"土夢"（徙林）的一種區域上的限定或説明。①

黄傑先生：

> 🌿，此字見於上博七《君人者何必安哉》篇末（🌿甲本簡9、乙本簡9🌿），辭例爲"先君靈王乾溪云~"。……本篇"🌿"的釋讀應該從"爾"聲字的方向考慮。孟諸……即當時宋國國都之東北。……據《左傳》文公十年，宋華御事勞楚王，導之以田孟諸。那麼，上引簡文是説楚穆王使華孫元爲自己捕得孟諸澤的麋鹿，帶回楚國的"徙蘭"一地。這大概就是君主們聚斂珍奇之物的一類行爲。"徙蘭"一地，可能有楚王的苑囿存在。②

子居：

> 整理者指出："徙林，田獵地名，但與《國語·晉語八》唐叔射兕的徙林非一地。"筆者以爲，此"徙林"可以考慮以下兩個地點：其一，《國語·楚語下》："有藪曰雲連徙洲，金、木、竹、箭之所生也。"但此地離

---

① 袁金平：《清華簡〈係年〉"徙林"考》，《深圳大學學報（人文社會科學版）》2013年第1期，第72-74頁。
② 轉引自李松儒：《清華簡〈繫年〉集釋》，上海：中西書局，2015年，第181頁。

孟諸甚遠，可能性似比較小；其二，《詩經·陳風》中的"株林"，其詩
稱："胡爲乎株林？從夏南。匪適株林，從夏南。駕我乘馬，說於株野。
乘我乘駒，朝食於株。"毛傳："株林，夏氏邑也。"詩爲刺陳靈公通於夏
姬之事而作，無論是時間、地點皆與《繫年》所稱"徒林"較符合。據
《太平寰宇記》卷十："夏亭城，在縣西南三十里。按《陳詩·株林》，刺
靈公也：'胡爲乎株林，從夏南。'注云：'夏南，夏徵舒也。'今此城北
五里，有株林，即夏氏邑，一名華亭。"可見"株林"即在今河南省西華
縣夏亭鎮北，春秋時屬陳，正在宋、鄭、息、期思之間，故"株林"很
可能就是《繫年》此章之"徒林"。[1]

劉建明先生：

　　𪓌應釋讀爲"麇"。麇爲古國名，此處指春秋時麇國，其地在今湖北
省鄖縣西。《左傳》文公七年："厥貉之會，麇子逃歸。"……故此處"毆
（驅）㮚（孟）者（諸）之麇，墨（徙）之徒蕾"乃是指把居住在"㮚（孟）
者（諸）"的麇國之人強行驅趕遷徙到"徒蕾"。縱觀《繫年》全文，均爲
政治軍事大事，幾乎未曾提及狩獵之類的事，故此處也應該這樣解釋。[2]

蘇建洲先生：

　　"蕾"作𧀱，"亩"旁又見於簡123"藁（虆）丘"作𧅁，釋爲"蕾"毫
無可疑。楚文字"亩""爾"之辨參見拙著：《楚文字論集》頁142—144。
由簡文來看，"徒蕾"的性質〈與〉"㮚（孟）者（諸）"相似，袁金平先
生以爲"徒蕾"即"雲夢"尚難肯定。袁先生聯繫二者的關鍵是《書·禹
貢》"雲土夢"，袁氏解釋爲"雲（鄖）國的土（徒）夢（蕾）"。但是"雲
土夢"是否就是"雲夢"，其實是很有爭議的，參看劉起釪：《尚書校釋
譯論》第二冊頁658—662。即便"雲徒夢"真是後來的雲夢澤，但其稱
名格式皆爲"雲某"，這也跟"徒蕾（雲）"不同。袁先生認爲"徒蕾"的
稱名早於《禹貢》篇的"雲土夢"，但是這麼早的稱名卻記載在春秋楚穆
王時期，之前的傳世及出土文獻從未見過，這也不合常理。且認爲"蕾"
很可能是楚語中表草澤義的"夢"的本字，似也推衍太過。此字亦見於
《九店》56.53"……必肉飤（食）以飤（食）。籚（虆）尻（居）西北，不
吉"、《包山》150"貪徒蕾（虆）之王金不賽"、《新蔡》甲一：12"□【銜箸】
爲君貞：將逾取𧀱，還返尚毋有咎。"這些文例無一可以解爲草澤義的

① 子居：《清華簡〈繫年〉8~11 章解析》，Confucius2000 網·清華大學簡帛研究，2012 年 6 月 27 日。
② 劉建明：《清華簡〈繫年〉釋讀辨疑》，Confucius2000 網·清華大學簡帛研究，2012 年 12 月 26 日。

"夢"。（參看拙著：《〈上博楚竹書〉文字及相關問題研究》，頁180—183）更重要的是，"乃行【五六】穆王思（使）殹（驅）罘（孟）者（諸）之麋，墨（徙）之徒菖。宋公爲右（左）芋（孟），奠（鄭）白（伯）爲右芋（孟）"，是説引導楚穆王在宋地的范圍"孟諸"田獵，將孟諸的麋鹿趕到徒菖，此處的"徒菖"仍然有可能在宋地，未必一定是楚地。《包山》150的"徒菖"與《繫年》的"徒菖"自然也未必是一地。總之，我們認爲"徒菖"就是一處苑圍，其確定地點待考。[①]

（四）"宋公爲右（左）芋（孟），奠（鄭）白（伯）爲右芋（孟）"

整理報告：

《左傳》文公十年記此事云："宋公爲右孟，鄭伯爲左孟"，與簡文相反，杜預注："孟，田獵陳（陣）名。"

（五）"岜（使）孫（申）白（伯）亡（無）愄（畏）甹（聘）于齊，叚（假）迮（路）於宋"

整理報告：

孫，通讀爲"申"，音近通假。或説申氏出自楚文王，故稱"孫"。
……

"楚子使申舟聘于齊，曰：'無假道于宋'"，及由此引生的事件，詳見《左傳》宣公十四年，參看《呂氏春秋·行論》《淮南子·主術》等。

蘇建洲先生：

《上博九·邦人不稱》簡12"女🔲爲司馬"……🔲，从叚从貝，此字常見於楚簡，如🔲（《包山》158）、🔲（《上博二·容成氏》39）、🔲（《包山》161）、🔲（《郭店·語叢四》26）。《左傳》哀公十六年曰："沈諸梁兼二事，國寧，乃使寧爲令尹，使寬爲司馬，而老於葉。"既爲"兼"，則讀爲"假"，是合理的。義同假攝（代理職務）；假吏（暫時代理職務的官吏）；假守（古代稱權宜派遣而非正式任命的地方官）的"假"。[②]

李松儒女士：

釋"假"確切無疑，此字又見於清華一《保訓》簡8"昔微叚（假）

---

　　① 蘇建洲、吳雯雯、賴怡璇：《清華二〈繫年〉集解》，第455、456頁；相近表述又見蘇建洲：《〈清華大學藏戰國竹簡（貳）·繫年〉考釋七則》，華東師範大學中國文字研究與應用中心等編：《中國文字研究》（第19輯），上海：上海書店出版社，2014年，第69頁。

　　② 蘇建洲、吳雯雯、賴怡璇：《清華二〈繫年〉集解》，第465頁。

中于河"、包山簡 158 "畢得賫（假）爲右使"、上博九《邦人不稱》簡
12 "（葉公子高）焉賫（假）爲司馬"，此都是確切用爲"假"之例。但
郭店《語叢四》簡 26+27 "家事乃有賫：三雄一雌，三鍾一莛（提），一
王母【27】抱三嬰兒"、上博二《容成氏》簡 39 "德惠而不賫"等例釋
爲"假"則不通，趙平安以爲："清華簡中確有刟當假講的用例（如"假道"
可與文獻對上），但是無論是清華簡還是其他簡有些刟不能理解爲假。刟
和假的字形多數情況下也自成序列。把它們看作一個字還有不少説不圓的
地方。從已見的材料看，刟和假還是有可能兩個字。刟當假講的例子，可
以看作假的省形或假的借字。因此釋刟爲假恐怕很難説已有定論。"①

孫飛燕女士：

簡文"假路於宋"有誤。楚莊王使申舟聘於齊之事見宣公十四年《春
秋》經傳。……《左傳》宣公十四年：

楚子使申舟聘于齊，曰："無假道于宋。"亦使公子馮聘于晉，不假
道于鄭。申舟以孟諸之役惡宋，曰："鄭昭、宋聾，晉使不害，我則必
死。"王曰："殺女，我伐之。"見犀而行。及宋，宋人止之。華元曰："過我而
不假道，鄙我也。鄙我，亡也。殺其使者，必伐我。伐我，亦亡也。亡
一也。"乃殺之。楚子聞之，投袂而起。屨及於窒皇，劍及於寢門之外，
車及於蒲胥之市。秋，九月，楚子圍宋。

宋人殺申舟有兩個原因：一是他在厥貉之會時挾宋公之御，讓宋公
蒙辱；二是楚莊王派他聘於齊時不向宋假道，所以華元認爲"過我而不假
道，鄙我也。鄙我，亡也"。鄙我，杜注："以我比其邊鄙，是與亡國同。"
楚國使者經過宋國而不借道是以宋國爲邊鄙的縣邑，如此宋必然會亡國。
而"殺其使者，必伐我。伐我，亦亡也。亡一也"，殺申舟也會亡國，既
然都是亡國，那就爲了復仇而殺死申舟。如果按照《繫年》所説"假路
於宋"，那麼宋人就没有理由殺申舟，簡文的"是故"二字也就没有了着
落。《呂氏春秋·行論》也説申舟不假道："楚莊王使文無畏於齊，過於
宋，不先假道。"因此簡文有誤，"假路於宋"當改爲"不假路於宋"。②

（六）"臧（莊）王衒（率）自（師）回（圍）宋九月"

整理報告：

① 李松儒：《清華簡〈繫年〉集釋》，上海：中西書局，2015年，第185頁。
② 孫飛燕：《清華簡〈繫年〉初探》，上海：中西書局，2015年，第120、121頁。

《春秋》宣公十四年："秋九月，楚子圍宋"，傳同。簡文則言楚圍宋歷九月之久。

第8節 《繫年》第12章地理史料匯證

《繫年》簡61—62：

> 楚戕（莊）王立十又四年，王會者（諸）侯于醽（厲），奠（鄭）成公自醽（厲）逃歸^(一)，戕（莊）王述（遂）加奠（鄭）龖（亂）。晉成【六一】公會者（諸）侯以栽（救）奠（鄭）^(二)，楚䞓（師）未還，晉成公罙（卒）于扈^(三)。【六二】

【注　釋】

（一）"王會者（諸）侯于醽（厲），奠（鄭）成公自醽（厲）逃歸"

整理報告：

厲，國名，在今湖北隨州東北，或作"賴"。王夫之《春秋稗疏》則以爲在今河南鹿邑東。楚莊王十四年會諸侯於厲一事，《春秋》宣公九年未能明記，以致後代學者多有誤會。

據《史記·十二諸侯年表》，當時鄭君爲襄公，簡文作"成公"，疑因下涉"晉成公"而誤。鄭君自厲逃歸，見《左傳》宣公十一年追述："厲之役，鄭伯逃歸。"杜注云："蓋在六年。"按宣公六年傳有"楚人伐鄭，取成而還"，齊召南《春秋左傳注疏考證》已指出："此傳既曰'取成而還'，鄭伯又何至於逃歸乎？"詳參楊伯峻《春秋左傳注》第六八九頁。由簡文知杜説不確。

陳偉先生：

春秋厲（賴）國所在，舊有多種説法。《左傳》昭公四年在"遷賴于鄢"之後復云："楚子欲遷許于賴，使鬬韋龜與公子棄疾城之而還。申無宇曰：'楚禍之首，將在此矣。召諸侯而來，伐國而克，城竟莫校，王心不違。民其居乎？民之不處，其誰堪之？不堪王命，乃禍亂也。'""城竟莫校"，顯示賴當在春秋晚期楚國的邊境地區。王夫之認爲厲（賴）約在今河南鹿邑縣境，當更爲可信。^①

---

① 陳偉：《讀清華簡〈繫年〉札記（二）》，簡帛網，2011年12月21日。

孫飛燕女士：

　　《左傳》提到的"屬之役"，見於宣公九年和宣公十一年。……這兩次"屬之役"不見於《春秋》，《左傳》也沒有具體的説明。……由《繫年》可以得知，楚莊王十四年（魯宣公九年）會諸侯於屬，鄭襄公自屬之會逃歸。因此《左傳》的"屬之役"實際上是指"屬之會"，即楚莊王在屬地會諸侯一事。……"役"在《左傳》中除了常訓爲戰役、戰爭外，還可以特指會盟之事。此處的"役"指的正是會盟之事。《左傳》襄公三年："六月，公會單頃公及諸侯。己未，同盟于雞澤……晉侯之弟揚干亂行于曲梁，魏絳戮其僕……晉侯以魏絳爲能以刑佐民矣，反役，與之禮食，使佐新軍。"案：楊伯峻注："反役，自盟會之事返國。"這是正確的。盟會指的是雞澤之會。[①]

胡凱、陳民鎮先生：

　　《左傳》宣公九年云："楚子爲屬之役故，伐鄭。"杜預注曰："六年楚伐鄭，取成于屬。既成，鄭伯逃歸。事見十一年。"《左傳》宣公十一年："屬之役，鄭伯逃歸，自是楚未得志焉。"杜注："蓋在六年。"齊召南在《春秋左傳注疏考證》中已有質疑，楊伯峻先生亦認爲杜預以屬之役即六年楚伐鄭之役，乃推測之詞。由簡文可知宣公九年的"屬之役"當指"王會諸侯于屬"之事，并非杜預所説的宣公六年"楚人伐鄭，取成而還"。宣公十一年所記"鄭伯逃歸"則是對宣公九年"屬之役"的追述，杜注亦誤。由於《春秋》經傳對"屬之役"語焉不詳，導致了後人的諸多誤解，《繫年》的内容爲澄清這一疑題提供了新的證據。另簡文中"莊王遂加鄭亂"一句整理者指出："加，《左傳》襄公十三年注：'陵也'，意即欺淩。鄭國其時方有'討幽公之亂'之事，見宣公十年傳。"網友"暮四郎"則認爲："'加鄭亂'似當理解爲'以亂（戰亂）加于鄭'，即侵鄭之意。……宣公九年，鄭國國内并無'亂'。"待考。[②]

子居：

　　屬地，整理者已提到"王夫之《春秋稗疏》則以爲在今河南鹿邑東"，王夫之《春秋稗疏》卷上言："屬，古與賴通。《公羊釋文》音賴，是已。

---

　　① 孫飛燕：《釋〈左傳〉的"屬之役"》，《深圳大學學報（人文社會科學版）》2012 年第 2 期，第 58、59 頁。
　　② 胡凱、陳民鎮：《從清華簡〈繫年〉看晉國的邦交——以晉楚、晉秦關係爲中心》，《邯鄲學院學報》2012年第 2 期，第 59 頁。

此所伐之屬，即楚圍所滅之賴也。老子生於苦縣之屬鄉，一曰賴鄉，地在考城、鹿邑、亳州之間。齊移救徐之師，西向伐屬，屬與楚而病徐也。杜氏乃謂義陽隨縣北之屬鄉。隨州之屬，乃神農所生之屬山，亦曰烈山，非國也。齊桓帥八國之兵以伐楚，尚次陘而不深入，安能輕率一曹，越江漢之北而向隨乎？且隨爲隨侯之國，非屬國明矣。於時隨方率漢東諸侯叛楚，齊所宜招徠者，何爲遠涉以伐之邪？”所辨甚確，故此後沈欽韓《春秋左傳地名補注》、程發軔《春秋左傳地名圖考》、楊伯峻《春秋左傳注》等書皆從其説。且《春秋·昭公四年》載：“秋七月，楚子、蔡侯、陳侯、許男、頓子、胡子、沈子、淮夷伐吳，執齊慶封，殺之。遂滅賴。”《左傳·昭公四年》：“秋七月，楚子以諸侯伐吳。宋大子、鄭伯先歸。宋華費遂、鄭大夫從。使屈申圍朱方，八月甲申，克之。……遂以諸侯滅賴。……遷賴于鄢。楚子欲遷許于賴，使鬬章龜與公子棄疾城之而還。”由以上内容可見，朱方當近賴（屬），且楚本欲遷許于賴，而據《春秋·昭公九年》：“許遷於夷。”《左傳·昭公九年》：“二月庚申，楚公子棄疾遷許於夷，實城父。”是此後楚實際上將許遷到了城父，城父正在河南鹿邑屬鄉之東，這都説明“屬”地當在河南鹿邑之屬鄉。又，《逸周書·世俘》載：“百韋命伐屬，告以馘俘。”顧頡剛先生《〈逸周書·世俘〉校注、寫定與評論》指出：“陳注：‘《漢·地理志》南陽郡：隨：故國。屬鄉，故屬國也。’按克殷後所伐國，大都在殷畿，或離殷畿不遠，此何以獨在江、漢流域，非。《沈釋》引沈祖綿説：‘南陽在商末之際已在文王六州之内’，即《詩》之周南也，不當伐之。‘屬’係《漢書·地理志》陳國之苦縣，師古曰：‘《晉太康記》云：城東有賴鄉祠，老子所生也。’《史記·老子傳》：‘老子者，楚苦縣屬鄉曲仁里人也。’……《索隱》云：‘苦縣本屬陳，春秋楚滅陳而苦又屬楚。’《正義》云：‘《括地志》云苦縣在亳州谷陽縣界，有老子宅及廟。……屬，音賴。’按谷陽故城在今河南鹿邑縣東十里。”是亦以屬國當在河南鹿邑。陳偉先生在《楚“東國”地理研究》一書第一章第四節對於“屬”地當在河南鹿邑一帶有專門討論，筆者在之前的《清華簡〈繫年〉8～11章解析》一文中也曾提到：“定‘厥貉’爲‘柘城’與當時楚人伐宋所經路徑頗爲相合。《左傳·僖公二十三年》：‘秋，楚成得臣帥師伐陳，討其貳於宋也。遂取焦、夷，城頓而還。’焦、夷等地也正在柘城、鹿邑一線東南，亦可見定‘厥貉’爲‘柘城’與楚人在這一區域的勢力北拓過程也甚是一致。”柘城、鹿邑至焦、夷一線正是此時楚國所致力經營的地區，故《繫年》之“屬”，依形勢而言，也當是在河南鹿邑之屬鄉，而非在今湖北隨州東北者。①

蘇建洲先生：

> 楚莊王十四年，是魯宣公九年，公元前六百年，依照徐少華先生的意見，此時的"屬（賴）"國只能是在河南鹿邑縣境。至於第十八章簡98"需（靈）王先起兵，會者（諸）侯于繡（申），敔（執）鄩（徐）公，述（遂）以伐鄩（徐），克滿（賴）、邾（朱）邡（方）"的"賴"依徐少華先生之說則是指由河南鹿邑縣遷到汝南郡褒信的"賴亭"。

> ……

> 《宣六年傳》："楚人伐鄭，取成而還"，所謂"取成而還"即媾和以後而回去，可見宣公十一年的"屬之役，鄭伯逃歸"與之無關，杜預之說有誤。楚莊王十四年，即魯宣公九年，則宣公九年"楚子爲屬之役故，伐鄭"，就是本簡所云"王會者（諸）侯于醽（屬）"，孫飛燕小姐認爲"屬之役"的"役"是指會盟之事，其說可從。"役"指"盟會"是楊伯峻先生指出的，不過此義項在字書中似未見到，參見《故訓匯纂》頁740—741。而"役"，余紐錫部；"會"，見紐月部或匣紐月部，二者聲韻皆近，可以相通。比如《古字通假會典》四四九頁有"腦與殷"的通假例證，其中"殷"應分析爲從肉、"役"省聲，與股肱之"股"并非一字，看段玉裁《說文解字注》"脰"字注。而"益"是影紐錫部，可見"役"與喉音相近。至於韻部，上古支錫耕三部之字常可與歌月元互諧，這是古音學者公認的。如《周禮·秋官·序官》："晢蔟氏"，鄭注："鄭司農云'晢（月部）讀爲摘（錫部）'。"……又《左傳》哀公十三年"黃池之會"，哀公二十年寫作"黃池之役"，可見"會"與"役"二者爲異文。所以《左傳》宣公九年原文可以讀爲"楚子爲屬之役（會）故，伐鄭"；十一年的原文可讀爲"屬之役（會），鄭伯逃歸"。其他《左傳》解爲"會盟"義的"役"亦可考慮這樣的讀法。

> 其次，簡文的"奠（鄭）成公"確實是"奠（鄭）襄公"之誤……②

王紅亮先生：

> 在戰役之後常有盟會，所以文獻中常有"某某役"，亦稱爲"某某盟（會）"，此不足爲奇；但如據此認爲"役"有會盟之義，將兩者等同，恐失偏頗。

---

① 子居：《清華簡〈繫年〉12～15 章解析》，Confucius2000 網·清華大學簡帛研究，2012 年 10 月 2 日。
② 蘇建洲、吳雯雯、賴怡璇：《清華二〈繫年〉集解》，第 473、475、476 頁。

因此《左傳》中的"屬之役"實際上既包含了楚莊王十四年在屬地會諸侯，又包含了由於在此盟會鄭伯逃歸所導致的楚伐鄭。①

李煜先生：

《左傳》昭公四年："秋七月，楚子以諸侯伐吳……遂以諸侯滅賴……遷賴於鄢。楚子欲遷許於賴，使鬭韋龜與公子棄疾城之而還。"在今河南鹿邑縣東。②

（二）"晉成【六一】公會者（諸）侯以栽（救）奠（鄭）"

整理報告：

《春秋》宣公九年："楚子伐鄭，晉郤缺帥師救鄭"，傳云："楚子爲屬之役故，伐鄭，晉郤缺救鄭，鄭伯敗楚師于柳棼。"《史記·晉世家》則云晉使中行桓子（即荀林父）救鄭。

王紅亮先生：

所謂"晉成公會諸侯以救鄭"，并不是說晉成公率領諸侯之師救鄭；因爲根據簡文所記"楚師未還，晉成公卒于扈"，則説明晉成公仍留守扈地；而應如《左傳》所言命荀林父率諸侯之師救鄭。但就在晉及諸侯師救鄭之時，晉成公卒於扈地。成公卒後，晉軍就撤還晉國，《左傳》宣公九年"晉成公卒于扈，乃還"。楚可能由於在這次伐鄭之役未占到便宜，所以才又有第二次楚伐鄭。③

（三）"晉成公睪（卒）于扈"

整理報告：

扈，鄭地，今河南原陽西。《春秋》宣公九年記"九月，晉侯、宋公、衛侯、鄭伯、曹伯會于扈"，傳云："會于扈，討不睦也。陳侯不會，晉荀林父以諸侯之師伐陳，晉侯卒于扈，乃還。"其下始記楚伐鄭事，與簡文顯有差異。

子居：

"晉成公卒于扈"的"扈"地，很可能當是在今河南省孟津縣會盟鎮

① 王紅亮：《清華簡〈繫年〉第十二章及相關史事考》，《文史》2013 年第 4 期，第 222 頁。
② 李煜：《清華簡所見國族名與〈左傳〉合證》，《中山大學學報（社會科學版）》2016 年第 2 期，第 69 頁。
③ 王紅亮：《清華簡〈繫年〉第十二章及相關史事考》，《文史》2013 年第 4 期，第 221 頁。

北的雷河村一帶，而非在如杜預注所言河南省原陽縣西的古"扈亭"。[1]

蘇建洲先生：

"扈"字作█。"扈"字亦見於《清華三·良臣》"臣扈"的"扈"作
█，从户聲、瓜聲，讀爲扈，是雙聲字。[2]

第9節 《繫年》第13章地理史料匯證

《繫年》簡63—65：

……[臧（莊）]王回（圍）莫（鄭）三月[（一）]，莫（鄭）人爲成。晉
中行林父衛（率）𠂤（師）裁（救）莫（鄭），臧（莊）王述（遂）北[（二）]
【六三】……[楚]人明（盟）。邻（趙）旮（旃）不欲成，弗卲（召），欮（席）
于楚軍之門，楚人【六四】被𡊬（駕）以𠂤（追）之，述（遂）敗晉𠂤（師）
于河……[（三）]【六五】

【注　釋】

（一）"[臧（莊）]王回（圍）莫（鄭）三月"

整理報告：

簡上部殘失，約缺七或八字。楚莊王圍鄭，事見《春秋》宣公十二
年經傳，即楚莊王十七年。《左傳》云："十二年春，楚子圍鄭，旬有七
日，鄭人卜行成，不吉；卜臨于大宮，且巷出車，吉。國人大臨，守陴
者皆哭。楚子退師。鄭人修城。進復圍之，三月，克之。"孔疏指出三月
非季春之月，而是圍鄭至克共經三月，由簡文知其正確。

（二）"臧（莊）王述（遂）北"

整理報告：

《左傳》宣公十二年云："楚子北，師次於郔。"

（三）"敗晉𠂤（師）于河……"

整理報告：

---

[1] 子居：《清華簡〈繫年〉12～15章解析》，Confucius2000網·清華大學簡帛研究，2012年10月2日。

[2] 蘇建洲、吳雯雯、賴怡璇：《清華二〈繫年〉集解》，第480頁。

簡下部殘失。《史記·十二諸侯年表》晉景公三年："救鄭，爲楚所
敗河上。"疑簡文"河"下應補"上"字。

蘇建洲先生：

《史記·楚世家》亦云："夏六月，晉救鄭，與楚戰，大敗晉師河上，
遂至衡雍而歸。"對比《春秋》宣公十二年"夏六月，乙卯，晉荀林父帥
師及楚子戰于邲，晉師敗績。"可知"河上"相應於"邲"，即"邲水"，
在今河南滎陽縣東北。杜預注："邲，鄭地。"《說文》云："邲，晉邑也。
從邑必聲。《春秋傳》曰：'晉楚戰於邲。'"不過，《說文校議》已指出：
"晉邑，《韻會·四質》引作'鄭邑'"。孫人和在《左宦漫錄·兩棠考》
中指出：

兩棠即邲也。按《水經·濟水》注："濟水於滎陽，又兼邲目。《春
秋·宣公十三年》晉楚之戰，楚軍於邲，即是水，音卞。（《公羊》何注
亦云'邲水'。）京相璠曰：在敖北。"是滎陽境內，清水所經，小水及支
流皆得邲名。《漢書·地理志》："河南郡……滎陽縣，卞水、馮池皆在西
南，有狼湯渠。"（《水經·河水》及《濟水》注并作"蒗蕩渠"，《說文》
作"浪湯渠"，同。）……（古馮池）東北流，歷敖山南。春秋晉楚之戰，
設伏於敖前，謂是也。馮與下邲聲亦相近。因以邲目境內濟水之水流。故
浪湯渠亦有邲名。……兩棠即狼湯，文異音同。楚敗晉師，即在此處……
總言之，則曰戰於邲，軍於邲。析言之，則曰戰於兩棠。兩棠即狼湯，可
無疑矣。（《文史》第二輯，頁45）

李零先生也指出："泌水入滎陽稱'蒗盪渠'，可寫作'兩棠'，所以
此戰又可稱爲'兩棠之役'。如《呂氏春秋·至忠》和賈誼《新書·先
醒》都寫作'戰於兩棠'。"（《簡帛古書與學術源流》頁 274）。《上博
六·鄭子家喪》甲6—甲7"……晉人涉，將救鄭……（引按，楚王）與
之戰於兩棠，大敗晉師焉。"……《上博九·陳公治兵》也提到"或與晉
人戰於兩業，師不絕。"（簡9）"兩棠"也作"兩堂"，如《說苑·尊賢》：
"又有士曰上解于，王將殺之，出亡走晉；晉人用之，是爲兩堂之戰。"
《鹽鐵論·險固》："楚有汝淵、兩堂之固，而滅於秦。"[1]

【筆者按】所缺也可能補爲"河□（瀾、灡）"，《繫年》第15章有"連尹戠（捷）
於河【七六】瀾"。

---

[1] 蘇建洲、吳雯雯、賴怡璇：《清華二〈繫年〉集解》，第492-494頁。

第 10 節 《繫年》第 14 章地理史料匯證

《繫年》簡 66—72：

晉競（景）公立八年，陵（隨）會衒（率）貝（師），會者（諸）侯于幽（斷）道^{（一）}……【六六】……公命郤（駒）之克先啎（聘）于齊^{（二）}……齊同（頃）公囟（使）元（其）女子自房宫（中）觀郤（駒）之克……【六七】……女子芙（笑）于房宫（中），郤（駒）之克隆（降）堂而折（誓）曰：“所不遱（復）頡（詢）於齊，母（毋）能涉白水^{（三）}。”乃先【六八】歸（歸），逍（須）者（諸）侯于幽（斷）𨚲（道）。高之固至莆池^{（四）}，乃逃歸（歸）。齊三壁夫＝（大夫）南覃（郭）子、鄭（蔡）子、安（晏）子衒（率）貝（師）以【六九】會于幽（斷）𨚲（道）^{（五）}。既會者（諸）侯，郤（駒）之克乃敦（執）南覃（郭）子、鄭（蔡）子、安（晏）子以歸（歸）^{（六）}。齊同（頃）公回（圍）魯＝（魯^{（七）}，魯）疕（臧）孫晉（許）迊（踈）【七〇】晉求敔（援）。郤（駒）之克衒（率）貝（師）戝（救）魯，敗齊貝（師）于犇（靡）开（笄）^{（八）}。齊人爲成，以轏骼玉笒與覃（淳）于之【七一】田^{（九）}。昷（明）戠（歲），齊同（頃）公朝于晉競（景）公……【七二】

【注　釋】

（一）“會者（諸）侯于幽（斷）道”

整理報告：

《春秋》宣公十七年：“公會晉侯、衛侯、曹伯、邾子同盟于斷道”，杜注：“斷道，晉地。”同年《左傳》云：“盟于卷楚”，注以斷道、卷楚爲同地，楊伯峻《春秋左傳注》推論在今河南濟源西南。

子居：

斷道似當在今河南省濟源縣西至濟源縣北的範圍內，故當對應於濟源縣克井鎮至承留鎮一帶，而不當在濟源西南。楊伯峻先生《春秋左傳注》已引《公羊義疏》言斷道與卷楚爲二地，幷由此推論當相距不遠，其說甚是。卷楚或即今濟源縣思禮鄉荆王村。會、盟之地往往相近。^①

---

① 子居：《清華簡〈繫年〉12～15 章解析》，Confucius2000 網·清華大學簡帛研究，2012 年 10 月 2 日。

賴怡璇女士：

　　"會" 與 "盟" 可在一地，且《春秋》與《左傳》已有同一地但記載兩種不同名稱的情況，《左傳》中的 "卷楚" 視爲 "斷道" 仍是有可能的。①

李松儒女士：

　　《繫年》簡 66、簡 69、簡 70 "斷道" 之 "斷" 分別作 "𢾰""𢾱""𢾲"，此形楚簡常用爲 "絕"，本篇却用爲 "斷"，已啓之小篆 "𣃧" 之由來，是一種罕見的用法，似與《繫年》所借鑒的底本爲非楚系文字有關。②

(二) "公命郤（駒）之克先聘（聘）于齊"

整理報告：

　　郤之克即郤克、郤獻子，《左傳》宣公十二年或稱 "駒伯"，其子郤錡，成公十七年傳也稱 "駒伯"。郤，即 "駒"，當爲其封邑。聘齊事見《左傳》宣公十七年："十七年春，晉侯使郤克徵會于齊。"

子居：

　　此郤克之封邑郤地，或即在山西省代縣西之句注山地區。③

(三) "母（毋）能涉白水"

整理報告：

　　白水，指河。《左傳》僖公二十四年重耳與子犯誓云："所不與舅氏同心者，有如白水"，也是指河。但重耳時在河上，簡文郤克則係以不能涉河歸晉爲誓。《左傳》宣公十七年："獻子怒，出而誓曰：'所不此報，能無涉河！'" 意同簡文。

吉本道雅先生：

　　毋能涉白水『左傳』宣十七は「無能涉河」に作る。『左傳』僖二十三「所不與舅氏同心者、有如白水」を『國語』晉語四 12 は「所不與舅氏同心者、有如河水」に作り、「白水」がより古い語彙であることを知る。『繫年』が地の文で「涉河」を頻用することは、第 4 章に上述した。そのため、「誓」という特殊な文言においては意圖的により古雅な「白水」を用いたものであろう。④

---

① 蘇建洲、吳雯雯、賴怡璇：《清華二〈繫年〉集解》，第 500 頁。
② 李松儒：《清華簡〈繫年〉集釋》，上海：中西書局，2015 年，第 201、202 頁。
③ 子居：《清華簡〈繫年〉12～15 章解析》，Confucius2000 網·清華大學簡帛研究，2012 年 10 月 2 日。
④ ［日］吉本道雅：《清華簡繫年考》，《京都大學文學部研究紀要》（52），2013 年，第 53 頁。

【筆者按】簡文"白水"是指黃河，沒有異議。爲何黃河可被稱爲白水？是否
與黃河泥沙含量高有關？楚辭中也有一條"白水"。屈原《離騷》："朝吾將濟於白
水兮，登閬風而緤馬。"東漢王逸注："《淮南子》言白水出昆侖之山，飲之不死。"
洪興祖補注："《河圖》曰，昆山出五色流水，其白水入中國，名爲河也。五臣云，
白水，神泉。"《繫年》稱黃河爲"白水"應與此有關。

（四）"高之固至莆池"

整理報告：

> 《左傳》宣公十七年："齊侯使高固、晏弱、蔡朝、南郭偃會。及斂
> 盂，高固逃歸。"斂盂，衛地，今河南濮陽東南，簡文"蒲池"疑在同地。

子居：

> 據《水經注·瓠子河》載："瓠子河出東郡濮陽縣北河。縣北十里，
> 即瓠河口也。……東至濟陰句陽縣，爲新溝。"故《繫年》之"莆池"很
> 可能就在瓠子河上而瀕於斂盂。①

（五）"齊三壁夫＝（大夫）南郭（郭）子、郯（蔡）子、安（晏）子衛（率）自（師）以【六九】會于幽（斷）蒩（道）"

整理報告：

> 郯，從戔聲，元部字，與月部"蔡"字對轉。

海天（網名）：

> 《繫年》的"蔡"字有兩種寫法，絕大多數寫作"郗"，表示蔡國及
> 下蔡（簡 107），跟《包山》的書寫習慣相同。……還有一種寫法是"郯"，
> 僅見於簡 69、70"郯子"，對應《左傳·宣公十七年》的"蔡朝"，所以
> "郯"可讀"蔡"。"郯"讀爲"蔡"也符合楚簡的用字習慣，或因爲"蔡
> 朝"是齊國人，所以寫爲"郯"以與"郗"有所區隔。當然一種可能是
> 《包山》的"郯"是指上蔡……則可能暗示"蔡朝"的族氏來源。②

蘇建洲先生：

> 李守奎先生指出："'劌（或郯）君'之'劌（或郯）'，當指上蔡，有
> 意與下蔡之'郗'，加以區別。'劌君'的封地是上蔡，'郗公'是下蔡的縣
> 公。作爲姓氏'劌'與'郗'都是以蔡國爲氏，可以通用。"（同上文）（引

---

① 子居：《清華簡〈繫年〉12～15 章解析》，Confucius2000 網·清華大學簡帛研究，2012 年 10 月 2 日。
② 李松儒：《清華簡〈繫年〉集釋》，上海：中西書局，2015 年，第 205 頁。

按，指李守奎《包山楚簡姓名用字考釋》一文，載於《簡帛》第六輯）。所以《繫年》的"蔡"氏寫作"鄝"與"鄒"，如李先生所説可以通用。[①]

（六）"既會者（諸）侯，郘（駒）之克乃敕（執）南章（郭）子、鄒（蔡）子、安（晏）子以歸（歸）"

整理報告：

《左傳》宣公十七年云三人分別獲於三地："晉人執晏弱於野王，執蔡朝於原，執南郭偃於溫。"

（七）"齊向（頃）公回（圍）魯"

整理報告：

《春秋》成公二年僅云："二年春，齊侯伐我北鄙。"《左傳》記齊"圍龍。……三日，取龍，遂南侵及巢丘"等情節。

賴怡璇女士：

《左傳》成公二年："二年春，齊侯伐我北鄙，圍龍，……三日取龍，遂南侵及巢丘。"楊伯峻指出"龍，在今山東泰安縣東南。……巢丘，當距龍不遠，或不離泰安縣境。"（《春秋左傳注（修訂本）》，頁786）《史記·魯周公世家》則記載"成公二年春，齊伐取我隆。"《史記索隱》："劉氏云：'隆即龍也，魯北有隆山。'"錢穆另引《水經注》："汶水南逕博縣故城東。又西南逕龍鄉故城南。"博縣故城，今泰安縣東南。（《史記地名考》，頁477—478）因此龍（隆）地的地理位置是沒問題的，但就記載詳略程度而言，傳世文獻仍是優於《繫年》的，《繫年》只言"回魯"，但傳世典籍則明示齊侵魯的城邑。[②]

（八）"敗齊自（師）于磊（靡）开（笄）"

整理報告：

《左傳》成公二年云："郤克將中軍，士燮佐上軍，欒書將下軍，韓厥爲司馬……臧宣叔逆晉師，且道（導）之，季文子帥師會之。……六月壬申，師至于靡笄之下"，杜注："靡笄，山名。"并詳述次日案之戰敗齊經過。簡文"磊"下從林，《説文》"麻"字云"與林同"，故"磊"即"磨"

---

① 蘇建洲、吳雯雯、賴怡璇：《清華二〈繫年〉集解》，第514頁。
② 蘇建洲、吳雯雯、賴怡璇：《清華二〈繫年〉集解》，第515頁。

字，與"靡"通讀。靡筓，山名，楊伯峻《春秋左傳注》以爲在今山東濟南市千佛山。

子居：

靡筓即《金史》之劇筓山，清代改稱峨眉山者。……此地距今濟南市天橋區的北馬鞍山約 10 公里，正屬於先秦時期日行軍三十里的範圍之內，恰如江永《春秋地理考實》所説"正與壬申、癸酉差一日相合"。①

賴怡璇女士：

《史記》與《左傳》皆指出晉大敗齊軍的地點在"鞍"，《繫年》則認爲是在"磊（靡）开（筓）"，楊伯峻認爲"鞍"地位於歷下，在今濟南市西偏。（《春秋左傳注》（修訂本），頁 791）"鞍"與"靡筓"二地皆在濟南市，應當是一日可至的里程。然而，依據傳世文獻的記載，晉軍到達"鞍"和"靡筓"的日期有別，因此可以確定是兩個地點。②

蘇建洲先生：

"磊（靡）"字作▨，底下"林"旁形體與"冊"相近，因此有時會產生訛混，如金文"散"字或作：▨（散姬鼎）。所從的"林"字下部用表示"連接符號"的橫筆把兩個朮連接起來，變得有些近似"冊"。又如"麻"可寫作▨、▨、▨（《戰國文字編》頁 492），後二字的"林"旁形體與"冊"相近。……又張宇暉《觀妙堂藏歷代璽印選》著錄一戰國官印"疋（胥）蘇（靡）嗇夫"作▨，其"靡"寫法亦可參照。"开"作▨，可以證明《容成氏》簡 14 ▨應釋作"开"，依文義可讀爲"肩"。有學者釋爲二"主"形，不可信。"开"旁諸字可見於▨（《包山》120）、▨（《新蔡》甲三 323）、▨（郭店《語叢四》簡 18）、▨（《上博（五）·鬼神之明、融師有成氏》簡 7）、▨（《李頌》1 背）。③

李松儒女士：

磊开，整理者指即"靡筓"，山名。"磊"與"靡"通；"开"，蘇建洲已指出由此可證上博二《容成氏》簡 14 的"▨"亦應釋爲"开"，是。"开"在古文字中出現的字形及辭例亦可參看單育辰《新出楚簡〈容成氏〉研究》。④

① 子居：《清華簡〈繫年〉12～15 章解析》，Confucius2000 網·清華大學簡帛研究，2012 年 10 月 2 日。

② 蘇建洲、吳雯雯、賴怡璇：《清華二〈繫年〉集解》，第 518、519 頁。

③ 蘇建洲、吳雯雯、賴怡璇：《清華二〈繫年〉集解》，第 519 頁。

④ 李松儒：《清華簡〈繫年〉集釋》，上海：中西書局，2015 年，第 208 頁。

劉愛敏等先生認爲靡笄山是今濟南西部槐蔭區的峨嵋山：

> 根據《左傳》所記"六月，壬申，師至於靡笄之下……癸酉，師陳於鞍"，則晉師從西來，壬申、癸酉一日之差，靡笄與鞍兩地當相距一舍三十里左右的距離，而峨嵋山，正在鞍山（今千佛山西南 3 公里）西約三十里處。峨嵋山，原屬長清，後歸槐蔭，西周時屬祝國，距離西南方向的祝國古城（今尚存遺迹，即濟南槐蔭區之古城村）1 公里左右，是齊國通向晉、衛、魯等國的西南門户。而另外三種説法，千佛山、華不注山或在鞍之東，或在鞍之北，皆與晉軍自西或南來的方向不合，而開山離鞍地有 60 多公里，與一天的行軍距離相差較大。因此我們推定，靡笄山最有可能爲今濟南市槐蔭區的峨嵋山。[①]

（九）"齊人爲成，以韓骼玉笒與臺（淳）于之【七一】田"

整理報告：

> 此句疑應乙爲："骼（略）以韓（甗）、玉笒與臺（淳）于之田。""韓"字匣母元部，與金文多作"獻"的"甗"通讀，"獻"字曉母元部。"笒"字見戰國青銅器郘大府量(《集成》一〇三七〇)，筒形器。一説讀爲"筬"，樂器，《説文》云爲"小管"。淳于，齊地名，在今山東安丘縣東北。《左傳》成公二年云："齊侯使賓媚人（即國佐）略以紀甗、玉磬與地。"杜預《春秋經傳集解》後序引《紀年》云："齊國佐來獻玉磬、紀公之甗"，與傳文合。

李松儒女士：

> 此句應無訛誤，不乙爲是。"韓骼"義不詳，"骼"從骨，"韓骼"或指某種珍奇動物（韓）的骨頭；"玉笒"暮四郎釋爲"玉爵"，通假直接且有典籍例證，從之。"韓骼""玉笒"應是兩種珍寶，中間加頓號，它們與《左傳•成公二年》："齊侯使賓媚人略以紀甗、玉磬與地"之"紀甗、玉磬"所述并非一樣。[②]

劉愛敏等先生認同前人觀點，將其定在今安丘市東北三十里：

> （淳于）最初是春秋姜姓小國州國的都城，春秋初年州國被杞國所滅，杞人遷都淳于，淳于又成爲杞人之都，在今山東省安丘市東北三十里。

[①] 劉愛敏、徐芳：《鞍之戰爆發原因與所涉地名考證》，《地域文化研究》2023 年第 4 期，第 50 頁。
[②] 李松儒：《清華簡〈繫年〉集釋》，上海：中西書局，2015 年，第 211 頁。

《春秋·隱公四年》"莒人伐杞"句，杜預注："杞國本都陳留雍丘縣。推尋事迹，桓六年，淳于公亡國，杞似并之，遷都淳于。"《左傳·桓公五年》曰："冬，淳于公如曹。度其國危，遂不復。"杜預注："淳于，州國所都，城陽淳于縣也。"《括地志》認爲："淳于國城在密州安丘市東北三十里，古之斟灌國也。《春秋》'州公如曹'，《傳》云'冬，淳于公如曹。'《水經注》云：'淳于縣，故夏后氏之斟灌國也，周武王以封淳于公，號淳于國也。'"楊伯峻也認爲淳于在今山東省安丘縣東北三十里。魯成公二年（前589），齊國在鞍之戰中失敗，把淳于之地送給了晉國。《左傳·襄公二十九年》又載晉人率領諸侯城杞之淳于，説明此時淳于又回歸杞人。淳于城的歸屬變遷是：州國—杞人—齊人—晉國—杞人。淳于何時由杞人轉移到齊人手中，史料闕如，暫且不論。①

第 11 節　《繫年》第 15 章地理史料匯證

《繫年》簡 74—84：

　　楚戕（莊）王立，吳人服于楚。陳公子謹（徵）郐（舒）取妻于奠（鄭）穆公，是少蓋。戕（莊）王立十又五年，【七四】陳公子謹（徵）余（舒）殺亓（其）君霝（靈）公，戕（莊）王衍（率）臼（師）回（圍）陳⁽一⁾。王命繡（申）公屈嘗（巫）迊（蹠）秦求臼（師），叟（得）臼（師）以【七五】坴（來）⁽二⁾。王內（入）陳，殺崒（徵）余（舒），取亓（其）室以夋（予）繡（申）公。連尹襄老與之爭，敓（奪）之少蓋，連尹戲（捷）於河【七六】灘⁽三⁾……【七七】

　　戕（莊）王即媒（世），韸（共）王即立（位）。……【七七】……王命繡（申）公鳴（聘）於齊，繡（申）【七八】公橄（竊）載少蓋以行，自齊述（遂）逃迊（蹠）晉⁽四⁾，自晉迊（蹠）吳，女（焉）訇（始）週（通）吳晉之迻（路），教吳人反（叛）楚⁽五⁾，【七九】以至霝₌王₌（靈王，靈王）伐吳，爲南深（懷）之行⁽六⁾，執吳王子鱲（蹶）絲（由），吳人女（焉）或（又）服於楚。

　　霝（靈）王即媒（世），【八〇】競（景）坪（平）王即立（位）……五（伍）員與五（伍）之雞逃歸（歸）吳，五（伍）雞迲（將）【八一】

吴人以回（圍）州枼（來）^{（七）}，爲長濈（壑）而塱（湨）之^{（八）}，以敗楚
自（師），是鷄父之塱（湨）^{（九）}。

競（景）坪（平）王即碟（世），卲（昭）王即【八二】立（位）。
五（伍）員爲吴大宰（宰），是教吴人反楚邦之者（諸）侯，以敗楚自（師）
于白（柏）舉（舉）^{（一○）}，述（遂）内（入）郢。卲（昭）王歸（歸）【八
三】豐（隨）^{（一一）}，與吴人戰（戰）于析^{（一二）}。吴王子昏（晨）牁（將）起
（起）褐（禍）於吴＝（吴，吴）王盍（闔）虜（盧）乃歸（歸），卲（昭）
王女（焉）逻（復）邦。【八四】

【注　釋】

（一）"臧（莊）王衒（率）自（師）回（圍）陳"

整理報告：

《左傳》宣公十一年："冬，楚子爲陳夏氏亂故，伐陳"，詳記其事。

（二）"王命繡（申）公屈晉（巫）迈（蹠）秦求自（師），旻（得）自
（師）以枼（來）"

整理報告：

申公屈巫，即《左傳》宣公十二年申公巫臣，屈氏別族，《左傳》成
公二年稱"屈巫"，襄公二十六年云"字子靈"。楚莊王命屈巫求師於秦，
經傳不載，但《左傳》宣公十一年莊王云："夏徵舒爲不道，弑其君，寡
人以諸侯討而戮之"，說明伐陳不僅楚軍。孔穎達《正義》云："經無諸
侯而云'以諸侯討之'者，時有楚之屬國從行也"，只是猜測。

程薇女士：

楚莊王伐陳時，申公巫臣曾去聯繫秦國共同出兵，而這一點在傳世
文獻中并未記載。《左傳·成公二年》載申公巫臣勸阻楚莊王不要娶
夏姬時，曾説"君召諸侯，以討罪也"，可見楚莊王伐陳時是召集其他
諸侯國共同出兵的，但是當時有什麼國家參加了伐陳的軍事行動，傳
世文獻中并没有説明，而根據清華簡《繫年》我們才得以了解，這次
伐陳之舉，實際上是與秦軍共同行動的，這對傳世文獻也是一個很重要
的補充。^①

---

① 程薇：《清華簡〈繫年〉與夏姬身份之謎》，《文史知識》2012 年第 7 期，第 111、112 頁。

（三）“連尹歃（捷）於河【七六】瀆”

整理報告：

歃，上博簡《鬼神之明》作“𫜦”，從止聲，讀爲“止”，《左傳》僖公十五年注：“獲也。”瀆字從雝，即“雍”字。河瀆，《左傳》宣公十二年稱“衡雍”，《韓非子・喻老》作“河雍”，在今河南原陽西，與“邲”同地。《國語・晉語七》：“獲楚公子穀臣與連尹襄老”，說襄老被獲，與簡文同。但《左傳》宣公十二年載晉知季“射連尹襄老，獲之，載其尸；射公子穀臣，囚之。以二者還”，成公二年也説“襄老死於邲，不獲其尸”，是襄老被獲而死，其尸被晉人載去。

“河瀆”一詞還見於《上博六・平王與王子木》，學界已對之有了不少研究。

陳佩芬先生：

“河𤅰之行”讀爲“河淮之行”。指黃河、淮河一帶。①

陳偉先生：

上博六整理者隸作從淮從呂之字，讀爲“淮”。今按：此字所從爲二連環，係古文字中“雍”字所常見。《韓非子・喻老》：“楚莊王既勝，狩於河雍，歸而賞孫叔敖。”又云：楚莊王“舉兵誅齊，敗之徐州，勝晉於河雍。”《淮南子・人間訓》：“昔者楚莊王既勝晉於河雍之間，歸而封孫叔敖。”高誘注：“莊王敗晉荀林父之師於邲。邲，河雍地也”。河雍之行，就是《春秋左傳》宣公十二年所記的邲之役。《説苑》記作“伐陳”，與此不同。②

周鳳五先生：

釋“河雍”，可從。《韓非子・喻老》：“楚莊王既勝，狩於河雍，歸而賞孫叔敖。”《淮南子・人間》：“昔者楚莊王既勝晉於河雍之間，歸而封孫叔敖。”高《注》：“莊王敗晉荀林父之師於邲。邲，河雍地也。”邲，春秋屬鄭地，在今河南省滎陽縣東北。③

凡國棟先生：

瀆，整理者讀作“淮”。似不可從。楚簡“淮”字作▨（上博容成氏

① 馬承源主編：《上海博物館藏戰國楚竹書（六）》，上海：上海古籍出版社，2007 年，第 270 頁。

② 陳偉：《讀〈上博（六）〉條記》，簡帛網，2007 年 7 月 9 日。

③ 周鳳五：《上博六〈莊王既成〉〈申公臣靈王〉〈平王問鄭壽〉〈平王與王子木〉新訂釋文注解與釋》，2007 年中國簡帛學國際論壇，2007 年 11 月 11 日。

25 號簡），"雝"字一般都有兩個小圓圈的形狀。如：▨（上博仲弓 4 號簡）。雝，通"雝"。指四周有水的沼澤地。《詩·周頌·振鷺》："振鷺于飛，於彼西雝。"毛傳："雝，澤也。"河雝，指河水所形成的沼澤，大概泛指大野澤、孟諸澤、滎澤之類的沼澤。①

王輝先生：

雝影本隸作瀳，讀爲淮，大誤。雝應讀爲灉，水名。《説文》："灉，河灉水，在宋。"王紹蘭《段注訂補》："'汳'字解云：'汳（汴）水受陳留浚儀陰溝，至蒙爲灉水，東入於泗。'此言'河灉水'，即彼云'灉水'。彼言'至蒙'，即此云'在宋'。是許意明以'河灉水'即'汳水受陰溝，至蒙爲灉水'之灉水。"汳即汴，古汳水流經河南商丘、虞城的一段稱灉水。②

子居：

整理者……説"河雝"即"衡雝"蓋是，而言"在今河南原陽西，與'郔'同地"則誤。衡雝之地，當約在今河南省孟州市槐樹鄉到西虢鎮一帶，此點可參看筆者《清華簡〈繫年〉5～7 章解析》一文中第七章關於"衡雝"之地的分析。另，《呂氏春秋·不苟》言："繆公能令人臣時立其正義，故雪殽之恥而西至河雝也。"《水經注·濟水》亦言："《竹書紀年》曰：鄭侯使韓辰歸晉陽及向。二月，城陽、向，更名陽爲河雝，向爲高平。"亦皆可證河雝當在今孟州市西，而非原陽縣西。而且，郔地在今河南滎陽北，無論如何也不宜説是與河南原陽西的哪個古地名"同地"的，這大概是整理者并不熟悉歷史地理的緣故。③

吳雯雯女士：

《左傳·宣公十二年》云："及昏，楚師軍於邲。晉之餘師不能軍，宵濟，亦終夜有聲。丙辰，楚重至於邲，遂次於衡雝。"衡雝，楊伯峻先生云："《韓非子·喻老篇》云：'楚莊王既勝，狩於河雝。'河雝即衡雝也，戰國時又曰垣雝，在河南原武廢縣（今并入原陽縣）西北五里。黃河舊在其北二十二里。"（《左傳注》，頁 774）又《左傳·僖公二十八年》"（晉師）甲午至於衡雝，作王宮於踐土。""踐土"，楊氏云："踐土，鄭地，在今河南省原陽縣西南，武陟縣東南"（《左傳注》，頁 447），"衡雝"云："杜《注》云鄭地。以宣十二年《傳》邲之戰遂次於衡雝證之，杜《注》可信。

---

① 凡國棟：《〈上博六〉楚平王逸篇初讀》，簡帛網，2007 年 7 月 9 日。
② 王輝：《上博楚竹書（六）讀記》，《古文字研究》（第 27 輯），北京：中華書局，2008 年，第 470 頁。
③ 子居：《清華簡〈繫年〉12～15 章解析》，Confucius2000 網·清華簡帛研究，2012 年 10 月 2 日。

王夫之《稗疏》謂爲王畿，恐非。其地當在今河南省原陽縣西，踐土東
北。本在黃河之南，自明天順中黃河自武陟入舊原武縣，遂在河北矣。”
（《左傳注》，頁 462）據《春秋》《左傳·僖公二十八年》所云晉師至衡
雍，并在踐土建王宮，《新譯左傳讀本》云此乃是“爲周襄王前來慰勞在
踐土建造行宮”，踐土“距衡雍三十里”（頁 458），既來慰勞將士，應不
會離駐扎地太遠，故衡雍與踐土地近，故地應如楊《注》云衡雍在今河
南省原陽縣西南。“邲”，爲楚、晉交戰之處，楊氏云：“然則晉、楚交戰
處必在今鄭州市之西北，滎陽縣之東北。”認爲：“楊守敬《春秋列國圖》
亦列邲於滎陽東北，可云有見。”（《左傳注》，頁 717）宣公十二年《傳》
云“楚師軍於邲”，後“楚重至於邲”，“重”，楊《注》：“杜《注》：‘重，
輜重也。’……輜重載器物糧食常在軍後，故乙卯日戰，丙辰至於邲也。’”
（《左傳注》，頁 743—744）如此，則輜重丙辰至邲，故軍隊則行至衡雍
駐扎。此如子居先生所云，不可將兩者混而爲一。[1]

劉光勝先生：

河灉，整理者認爲即河雍，在今河南原陽西，與“邲”同爲一地。連
尹之死在宣公十二年，即公元前 597 年。古本《紀年》曰：“鄭侯使韓辰
歸晉陽及向。二月，城陽、向，更名陽爲河雍，向爲高平。”韓辰歸二城
的時間是周慎靚王六年，即公元前 315 年。古本《紀年》此河雍原名陽
城，爲後改名，與《繫年》相距 282 年，兩者名雖同，但很可能非一地。
待考。[2]

吳良寶先生：

“河灉”見於上博藏楚簡《平王與王子木》篇：“吾先君莊王躧河雍
之行。”（第 2、3 號簡）整理者誤“灉”爲“淮”，認爲簡文“河淮之行”
指的是“黃河、淮水一帶”。……明確了狼湯渠的源流以及“兩棠”與“邲”
的關係，可以知曉楚、晉交戰的“河灉”就是《左傳》中的“邲”，指的
是狼湯渠與濟水分流之前的區域。《爾雅·釋水》“水自河出爲灉”，邵晉
涵《正義》：“楚莊王之河雍，是莨蕩渠初出之灉也。”《左傳》成公二年
説“襄老死於邲”，清華簡簡文則説“連尹捷於河灉”，所指實爲一事。正
因爲如此，《平王與王子木》第 3 號簡、《繫年》第十五章簡文所説的“河

[1] 蘇建洲、吳雯雯、賴怡璇：《清華二〈繫年〉集解》，第 555、556 頁。
[2] 劉光勝：《清華簡〈繫年〉與〈竹書紀年〉比較研究》，第 64 頁。

滰"與《韓非子·喻老》所説楚莊王狩地的"河雍"都不必實指具體的某個地點，自然也不能把它混同於地名"衡雍"。①

子居又指出：

衡雍約在今河南省孟州市槐樹鄉到西虢鎮一帶……"河陽"毗鄰黄河，改名爲"河雍"合情合理。②

（四）"繻（申）公犥（竊）載少卥以行，自齊述（遂）逃迌（蹠）晉"

整理報告：

申公聘齊逃晉事，見《左傳》成公二年："及共王即位，將爲陽橋之役，使屈巫聘於齊，且告師期。……而以夏姬行。將奔齊。齊師新敗，曰：'吾不處不勝之國。'遂奔晉，而因郤至，以臣於晉。"

吳雯雯女士：

《左傳》記巫臣本欲奔齊，然因齊敗於晉，故巫臣改奔晉國。因郤至而爲邢大夫。傳文云"將奔齊""遂奔晉"，《繫年》作"自齊述逃適晉"，巫臣似尚未至齊而改奔晉，故魚游春水先生之説似可參，而以巫臣從齊隧，即從通往齊國的道路而改往晉國。《左傳》襄公十七年"衛孫蒯田于曹隧"，楊伯峻先生説："曹隧，曹地。"（《左傳注》，頁1030）襄公二十五年"初，陳侯會楚子伐鄭，當陳隧者，井堙木刊，鄭人怨之"，楊伯峻説："隧，道路。陳軍經過之地，井被塞，樹木被伐。"（《左傳注》，頁1102）可見"曹隧"是曹地。"陳隧"的"隧"做動詞，是"進往"的意思，如《易·大壯》："羝羊觸藩，不能退，不能遂。"孔穎達疏："遂謂進往。"皆非曹方向先生所説楚、鄭等國通往曹、陳的道路。③

蘇建洲先生：

"述（遂）"自然可以讀爲"隧"。"隧"可以解爲"道路"，後來演變爲"地名"。《左傳》襄公二十三年："齊侯還自晉，不入，遂襲莒，門于且于，傷股而退。明日將復戰，期於壽舒。杞殖、華還載甲夜入且于之隧，宿於莒郊。"其中"且于之隧"，楊伯峻先生解釋説："且于之隧爲在

---

① 吳良寶：《戰國楚簡"河滰""兩棠"新考》，《文史》2017年第1期，第283、287頁；又見於吳良寶：《出土文獻史地論集》，上海：中西書局，2020年，第1、7頁。

② 子居：《〈戰國楚簡"河滰""兩棠"新考〉商榷》，中國先秦史網，2019年3月31日。

③ 蘇建洲、吳雯雯、賴怡璇：《清華二〈繫年〉集解》，第565頁。

且于之狭路、隘道。"(《左傳注》，頁 1084）……綜合以上來看，"隧"雖然是"道"，但偏指山間、高地等比較郊外的通道，或比較狹窄，後來可以用爲地名。此外，"隧"也有"地道"的意思。《周禮·冢人》："以度爲邱隧"，鄭注云："隧，羨道也。"孔《疏》云："天子有隧，諸侯以下有羨道，隧道則上有負土，羨道則無負土。"楊樹達先生説："隧有負土，即全係地下道。"(《春秋左傳注》，頁 432）總之，"齊隧"不能泛泛理解爲齊國的道路，既然巫臣"竊載少盉以行"，則走齊國的郊外通道或是地道，比較可以傳達出"竊"的情貌。

此外，"述（遂）"亦可理解爲動詞讀爲"遯"。"述（遂）"（船紐物部，三等合口）可以讀爲"遯（遁）"（定紐文部，一等合口）。……"述（遂）"亦可讀爲"脱"，遂、脱二字可通……"脱"，逃遁也。①

【筆者按】述字，魚游春水讀爲"隧"，訓爲"道路"；蘇建洲讀爲"遯（遁）"或"脱"，恐皆求之過深。整理者讀爲"遂"，義爲"於是"，較是。《繫年》記載申公巫臣"自齊適晉"，傳統觀點認爲巫臣未至齊國而改意奔晉，究竟何者更合於史實？筆者以爲，這要從巫臣改意奔晉的背景分析。巫臣改意奔晉，很可能是在自楚至齊都的路途之上，且已經進入齊境而尚未抵達齊都；在齊國境内聽聞齊新敗於晉，於是以不居新敗之國爲由，決意以晉爲依附。《繫年》記"（巫臣）自齊述（遂）逃迲（遬）晉"，自齊奔晉用動詞"逃"來記述，很有可能是因爲巫臣奔晉的行爲可能導致或已經導致了齊人的不滿。

（五）"自晉迲（遬）吳，女（焉）訇（始）迵（通）吳晉之迳（路），教吳人反（叛）楚"

整理報告：

《左傳》成公七年："巫臣請使於吳，晉侯許之。吳子壽夢説之。乃通吳於晉，以兩之一卒適吳，舍偏兩之一焉。與其射御，教吳乘車，教之戰陳，教之叛楚。"

胡凱、陳民鎮先生：

《繫年》第 15 章和第 20 章均叙及申公巫臣通吳之事，前者從楚的角度出發，後者從晉的角度出發。吳國在晉國的扶持下逐漸强大，開始與楚國爭奪勢力範圍。吳國與楚國的矛盾最終激化，并導致了吳國通過柏舉之戰的勝利一舉攻破楚國郢都。《繫年》載申公巫臣"自晉適吳，焉始

---

① 蘇建洲、吳雯雯、賴怡璇：《清華二〈繫年〉集解》，第 565-567 頁。

通吳晉之路，教吳人叛楚”，這一事件的深遠意義在於，這一事件將晉、楚爭霸擴展到了吳、越兩國身上，吳、越兩國分別經過晉、楚的扶持，利用本時期中原盟主的暫時真空，由兩個居東南一隅的小國崛起爲煊赫一時的强國，最終逐鹿中原、爭奪霸業。①

程薇女士：

　　申公巫臣與夏姬逃離楚國，奔赴晉國，并在晉、吳之間溝通聯絡，從而開啓了晉、吳聯合抗楚的新局面。②

吳雯雯女士：

　　《繫年》第二十章云：“晉景公立十又五年，申公屈巫自晉適吳，焉始通吳晉之路，二邦爲好，以至悼公。”（《清華大學藏戰國竹簡（貳）》，頁 168）《史記·十二諸侯年表》將巫臣自晉適吳的時間繫在公元前 584 年，在晉景公十六年云“以巫臣始通於吳，而謀楚”；於吳王壽夢二年云：“巫臣來謀楚”。對於巫臣到吳的時間，楊伯峻先生在注解成公七年《傳》“巫臣請使於吳，晉侯許之”時已有懷疑，其云：“《吳世家》謂巫臣自晉使吳在壽夢二年，即此年。當年使吳，當年教之車戰，吳當年伐楚、入州來，使楚七次奔命，未必見效如此之快。或巫臣使吳在去年，司馬遷僅據《傳》文叙其大略。”（《左傳注》，頁 834—835）則《繫年》適可證明楊氏的推測。成公六年（585B.C.）巫臣到吳，成公七年（584B.C.）“吳始伐楚、伐巢、伐徐，子重奔命。馬陵之會，吳入州來，子重自鄭奔命。子重、子反於是乎一歲七奔命。蠻夷屬於楚者，吳盡取之，是以始大，通吳於上國。”（《左傳注》，頁 835）吳國勢力强盛，并且與中原諸國交通。③

（六）“靈王伐吳，爲南淲（懷）之行”

整理報告：

　　楚靈王四年以諸侯及東夷伐吳，詳見《春秋》昭公五年經傳。南淲，《左傳》作“南懷”。

董珊先生：

　　“淲”見新蔡簡甲三：268“□及江、漢、沮、漳，延至于淲（淮）。”

---

① 胡凱、陳民鎮：《從清華簡〈繫年〉看晉國的邦交——以晉楚、晉秦關係爲中心》，《邯鄲學院學報》2012 年第 2 期，第 63 頁。

② 程薇：《清華簡〈繫年〉與夏姬身份之謎》，《文史知識》2012 年第 7 期，第 111 頁。

③ 蘇建洲、吳雯雯、賴怡璇：《清華二〈繫年〉集解》，第 567、568 頁。

我曾指出，從楚國的發展史來看，簡文"瀤"自當讀爲"淮"。古音"瀤""淮"二字同聲同部。

　　整理者指出"南瀤"見《左傳》昭公五年作"南懷"。案《左傳》昭公五年原文說："楚師及于羅汭，沈尹赤會楚子次于萊山，薳射帥繁陽之師，先入南懷，楚師從之，及汝清，吳不可入。"杜預注："南懷、汝清，皆楚界。"杜注乃是就下文"吳不可入"而來，實無用處。此"南瀤/懷"皆讀爲"南淮"，就是淮水之南，不是一個具體的小地名。①

子居分析了楚吳地緣關係及春秋時期吳楚衝突的各個地點，認爲"虺與懷俱通歸"，又聯繫《水經注·淮水》"虺城"，指出《左傳》昭公五年之"南懷"即《左傳》成公十七年的"虺"，進而推測"南深"應在今安徽省淮南市周邊一帶：

　　《左傳·成公十七年》載："舒庸人以楚師之敗也，道吳人圍巢，伐駕，圍厘、虺，遂恃吳而不設備。楚公子橐師襲舒庸，滅之。"……說明舒庸當鄰於巢邑，巢邑約在今安徽省六安縣東北一帶；駕邑當即茄邑，在今安徽省懷遠縣西南；厘邑當即在萊山、虺邑當即在南懷……

　　《春秋·昭公五年》載："冬，楚子、蔡侯、陳侯、許男、頓子、沈子、徐人、越人伐吳。"《左傳·昭公五年》："冬十月，楚子以諸侯及東夷伐吳，以報棘、櫟、麻之役。薳射以繁揚之師，會於夏汭。越大夫常壽過帥師會楚子於瑣。聞吳師出，薳啓強帥師從之，遽不設備，吳人敗諸鵲岸。楚子以駟至於羅汭。吳子使其弟蹶由犒師，楚人執之，將以釁鼓。……楚師濟於羅汭，沈尹赤會楚子，次於萊山。薳射帥繁揚之師，先入南懷，楚師從之。及汝清，吳不可入。楚子遂觀兵於坻箕之山。是行也，吳早設備，楚無功而還，以蹶由歸。楚子懼吳，使沈尹射待命於巢。薳啓彊待命於雩婁。禮也。"這個記載正與《繫年》本章"靈王伐吳，爲南懷之行，執吳王子蹶由"相應，此點《繫年》整理者已指出。……至公元前 537 年，楚國在其東部的可控制區域，已被吳國壓制在沙水、鍾離、巢邑以西。據陳偉先生《楚"東國"地理研究》一書中的分析，"薳射以繁揚之師，會於夏汭"的繁揚即繁陽，在今安徽太和縣北。夏汭在今安徽省鳳臺縣西，當皆是。《左傳》之"瑣"地，舊說在今安徽霍邱縣東，筆者以爲，此說實誤。瑣與沙通，因此文中的瑣地當即在沙汭，沙汭在今安徽懷遠縣西，彼時越國在今安徽蚌埠市西的塗山以北地區，此點前文已述，故"越大夫常壽過帥師會楚子於瑣"，正與彼時形勢相合。

---

① 董珊：《讀清華簡〈繫年〉》，復旦大學出土文獻與古文字研究中心網，2011 年 12 月 26 日。

其時薳射的繁陽之師猶在夏汭，因此楚王與諸侯之師前居沙汭本當待與薳射會合再進攻吳國，但"聞吳師出，薳啓彊帥師從之，遽不設備"即由於太宰薳啓彊的急功冒進，被吳師在鵲岸擊敗，楚王不得不退回羅汭以等待薳射的繁陽之師。由這個過程分析，則鵲岸當在今安徽懷遠至定遠地區，而羅汭當近于夏汭而在夏汭之東。"鵲岸"之地，據今人考證，即是《水經注》鵲甫溪水之岸。那麼《水經注》此文之洛川（今清洛河）入淮處，當即是《左傳》之"羅汭"，地在今安徽懷遠縣西南。其後，"楚師濟於羅汭，沈尹赤會楚子，次於萊山。"則萊山（釐邑）當在洛川之西岸，即今淮南市歷山（舜耕山）一帶。"薳射帥繁揚之師，先入南懷，楚師從之，及汝清。"則南懷（虺邑）當在淮南市周邊。《水經注·淮水》："淮水又北，左合椒水。水上承淮水，東北流徑虵城南，又歷其城東，亦謂之清水，東北流注於淮水，謂之清水口者，是此水焉。"《水經注疏》卷三十："會貞按：城在今鳳臺縣西北四十餘里焦岡湖西北之虎頭岡西畔，遺迹猶存。"蛇虺往往并稱無別，因此，虵城地區當即是《左傳》之南懷（虺邑）。清水口當即是《左傳》之汝清。①

老悶對"南瀤之行"及相關問題也有深入研究：

　　瀤，通"怀"（"懷"），中古匣母，上古微部（iə）。淮，中古匣母，上古脂部（əi）。二字上古韻部接近。問題是，在老悶看來，雖二字中古聲母一致毫無疑問，二字上古聲母有很大差別。

　　懷，與"還""環""回""迴""圍"乃至"歸"諸字均同源。《詩經·齊風·南山》曰"魯道有蕩，齊子由歸。既曰歸止，曷又懷止？"這裏，"歸"是"嫁女"之"歸"，"懷"是"還來"之"還"。《尚書·堯典》曰："蕩蕩懷山襄陵，浩浩滔天。"這裏的"懷"，即"圍"也。上述諸字，聲母均以"g"引領，老悶簡擬其上古音爲"gliə"。

　　而"淮"，按《說文》，"從水隹聲"。老悶在《說"隹"（一）》《說"隹"（二）》《說"隹"（三）》中提出，得聲自"隹"之字，其聲母均以"d"音引領。"d"音又可向"ds"乃至於"s"方向流變。老悶簡擬"淮"之上古音爲"dləi"。

　　如果老悶的看法不謬，則董氏（引按，指董珊）"瀤"即"淮"之說不成立。再者，《左傳》之中，"淮"字常見，何以舍"淮"不用而用"懷"

---

① 子居：《清華簡〈繫年〉12～15 章解析》，Confucius2000 網·清華大學簡帛研究，2012 年 10 月 2 日。

字？況且，從《左傳·昭公五年》引文來看，"南懷"未必是一個泛泛的地名，而可能是一個"具體的小地名"。

……

（何琳儀）把"南瀼"之"瀼"解讀爲一個具體的地名——湖北秭歸之"夔"。老悶認同"南瀼"是一個具體的地名，但它不會是遙遙在西的湖北秭歸，而應在江淮之間某地。實際上，自楚之申公巫臣先奔晉、再使吳、後輔佐吳王壽夢攻楚開始，直至吳爲越滅，吳、楚二國火拼之所在，雖偶有在河、淮之間者，其主戰場從未離開過江、淮之間。

……

其實，古河内有"懷"地，殷、周之際稱"邘"，晉、秦、漢稱"野王"，在今河南沁陽。"南懷"之名，當爲與河内之"懷"相區别而命名。[①]

高佑仁先生：

楚靈王伐吳，楚軍進軍至南懷，虜吳王之子"蹶由"以歸，使吳國再度臣服楚國。這一段史事可參考《左傳·昭公五年》的記載："楚子以馹至於羅汭。吳子使其弟蹶由犒師，楚人執之，將以釁鼓。……楚師濟于羅汭，沈尹赤會楚子，次於萊山，薳射帥繁揚之師先入南懷，楚師從之，及汝清。吳不可入。楚子遂觀兵於坻箕之山。是行也，吳早設備，楚無功而還，以蹶由歸。楚子懼吳，使沈尹射待命於巢，薳啓强待命于雩婁，禮也。"可見《繫年》的"爲"當讀"ㄨㄟˊ"表示楚王率領軍隊至南懷，最後蹶由而歸，是現在進行的動作。[②]

劉光先生指出《繫年》第 15、18 章兩次提到"南瀼之行"：

南懷地望當在今安徽鳳陽、鳳臺之間的淮水南岸；"南懷之行"是分在兩個戰場同時進行的，即淮河附近的戰場（安徽鳳陽、鳳臺之間）；長江北岸戰場（安徽無爲、巢縣附近）。[③]

劉光先生後來對"南瀼之行"進一步深入研究，認爲董珊讀"瀼"爲"淮"，將"南瀼"視作區域名稱的意見較爲正確，原因如下：

其一，出土文獻中存在類似的用例：新蔡楚簡甲三：268 中的"瀼"

---

① 老悶：《〈繫年〉所見之"南瀼之行"》，新浪博客"老悶的博客"，2012 年 1 月 25 日。

② 高佑仁：《上博九〈成王爲城濮之行〉通釋》，"中央"研究院歷史語言研究所：《古文字學青年論壇論文集》，2013 年 11 月，第 254 頁。

③ 劉光：《清華簡〈繫年〉"南懷之行"考論——兼説楚靈王時期的吳楚關係》，《三峽大學學報（人文社會科學版）》2016 年第 5 期，第 111 頁。

可讀爲"淮"。其二，將此理解爲淮南地區，符合這一時間吳楚爭霸的形勢。根據何浩先生的研究，從楚共王七年至楚昭王二十七年，是吳楚激烈爭奪淮南地區的時間。其三，就這場戰爭的經過來看，其發生的區域從大的地理範圍上來說也是位於淮南地區的。

劉先生結合清華簡《繫年》和《左傳》的有關資料，將楚靈王的"南懷之行"經過分爲四個階段：

第一階段：楚靈王及諸侯、東夷之師與蔿射所率領的繁揚之師在州來附近的夏汭；接着楚王離開夏汭，前往位於大別山—霍山山麓的瑣地。

第二階段：原駐扎在巢的蔿啓彊的軍隊，沿"巢—巢湖東岸地區"這一綫路進軍吳師，爲吳師敗於巢湖東岸之無爲縣境；楚靈王聽聞蔿啓彊大敗，從瑣地乘傳車，沿"大別山—霍山山麓—群舒之地—巢湖東岸地區"這一綫路到達前綫。

第三階段：楚王在東綫戰場集結了沈尹射的萊山之師進攻吳國，而蔿射所帥的軍隊也在北綫戰場遙爲聲勢，但沒有取得成果，無法侵入吳境，只得觀兵於巢湖南部之坻箕之山以揚兵威。

第四階段：楚王離開戰場，返回楚國，爲防止吳國偷襲，分別於東綫戰場兩條進軍綫路的要地設防。[①]

黄愛梅女士：

(《繫年》)第十五章所記爲先南懷之行、後執吳王子蹶由；《左傳》魯昭公五年記，是先執蹶由、後爲南懷之行。第十八章所記諸事，楚靈王會諸侯於申、克朱方、滅賴，《左傳》發生於魯昭公四年；《繫年》記"執徐公"、伐徐，《左傳》事在魯昭公六年；《繫年》記伐吳、南懷之行，《左傳》事在魯昭公五年；而"縣陳、蔡，殺蔡靈侯"，《左傳》滅陳在魯昭公八年，滅蔡、殺蔡靈侯在魯昭公十一年。

《繫年》對南懷之行的結果評價，也異於《左傳》。《繫年》認爲此行後，吳人又服於楚；而《左傳》言："是行也，吳早設備，楚無功而還，以蹶由歸。楚子懼吳，使沈尹射待命於巢，蔿啓强待命於雩婁，禮也。"從"無功而返""楚子懼吳"這樣的表述來看，《左傳》顯然不認爲此戰達到了"服吳"的目的。而且據《春秋》記載，楚靈王"南懷之行"的第二年，楚國大夫蔿罷再次率師伐吳。《左傳》則言，第二年楚人伐吳，

---

① 劉光：《清華簡〈繫年〉"南懷之行"考析》，《史學集刊》2018 年第 3 期，第 110、111、116 頁。

是因爲楚伐徐而"吳人救之"，而且吳國獲得了"敗其師於房鍾，獲宮廏尹棄疾"的戰績。如果俘虜蹶由就讓吳國臣服於楚，第二年吳國怎麼還具有這麼强的戰鬥力反擊？由此可知《繫年》所謂吳人"又服於楚"的描述是不準確的。[①]

肖洋先生：

在《左傳》昭公五年的"薳射帥繁揚之師，先入南懷，楚師從之，及汝清"下，杜預注："南懷、汝清，皆楚界。"薳射率領"繁揚之師"先攻入"南懷"，然後又進至"汝清"。可見，"汝清"應在"南懷"以東，皆在淮河中游以南的楚國疆界附近，約當今安徽蚌埠以南、淮南以東、定遠以西之地。楚軍至"南懷""汝清"，吳可能已主動撤退，并未與楚決戰，而且在名義上向楚臣服。[②]

【筆者按】南淥，整理者將之隸作"南淥"，讀爲"南懷"。董珊先生讀爲"南淮"，認爲指淮水之南，劉光先生贊同董説，并進一步指出"南懷"在今鳳陽、鳳臺之間的淮水南岸一帶。子居則認爲"南淥"應即安徽省淮南市周邊一帶的虺邑。

（七）"五（伍）鷄迖（將）【八一】吳人以回（圍）州栾（來）"

整理報告：

州來，今安徽鳳臺。吳伐州來經過，詳見《左傳》昭公二十三年，但傳文和其他文獻均未提到伍鷄其人及其作爲。

李均明先生：

簡云："五鷄將吳人以圍州來，爲長壑而淔湢之，以敗楚師，是鷄父之淔。"重現了伍子鷄對吳國的重大貢獻。州來，今安徽鳳臺。關於州來之戰，《左傳》昭公二十三年僅載："吳人伐州來，楚薳越帥師及諸侯之師奔命救州來。吳人禦諸鍾離。子瑕卒，楚師熸。"[③]

子居：

整理者言："伍奢二子，伍之鷄應屬伍氏另一支。"其説似不確。伍之鷄很可能只是由於"鷄父"這一地名而衍生的虛構人物，觀《左傳·昭

---

① 黃愛梅：《清華簡〈繫年〉中的楚吳關係及其書寫特征》，《史林》2019 年第 1 期，第 27 頁。

② 肖洋：《楚靈王"南懷之行"地名考》，《歷史地理研究》2021 年第 4 期，第 126 頁。

③ 李均明：《伍員與柏舉之戰——從清華戰國簡〈繫年〉談起》，羅運環主編：《楚簡楚文化與先秦歷史文化國際學術研討會論文集》，武漢：湖北教育出版社，2013 年，第 82 頁。

公二十三年》所記："吳人伐州來，楚薳越帥師及諸侯之師奔命救州來。吳人禦諸鍾離。……楚師大奔。"整個作戰過程非常清楚，且完全没有提及"伍之雞"其人，先秦其他文獻中也未見有載，可見其人是由於"雞父"地名而產生的民間傳説，當極爲可能。這一點，同樣體現出了《繫年》記述者的非官方特徵。①

（八）"爲長瀆（壍）而湮（汜）之"

整理報告：

汜，與"汜"字通。《爾雅·釋丘》訓爲"窮瀆"，注"水無所通者。"此處是説挖長溝蓄水，以阻堵楚軍。

李均明先生：

（《左傳》昭公二十三年）對轉戰雞父則有較多的描述："吳公子光曰：'諸侯從於楚者衆，而皆小國也。畏楚而不獲已，是以來。吾聞之曰，作事威克其愛，雖小必濟。胡、沈之君幼而狂，陳大夫齧壯而頑，頓與許、蔡疾楚政。楚令尹死，其師熸，帥賤多寵，政令不壹。七國同役而不同心，帥賤而不能整，無大威命，楚可敗也。若分師先以犯胡、沈與陳，必先奔。三國敗，諸侯之師乃搖心矣。諸侯乘亂，楚必大奔。請先者去備薄威，後者敦陳整旅。'吳子從之。成辰晦，戰於雞父。吳子以罪人三千，先犯胡、沈與陳。三國爭之。吳爲三軍以繫於後：中軍從王，光帥右，掩餘帥左。吳之罪人或奔或止，三國亂。吳師擊之，三國敗，獲胡、沈之君及陳大夫。舍胡、沈之囚，使奔許與蔡、頓曰：'吾君死矣！'師噪而從之。三國奔，楚師大奔。"雞父，今河南固始東南。關於伍雞帥吳人圍州來及雞父之戰采用"長壍而汜之"的戰術，《左傳》皆未涉及。汜，通氾，氾濫。此處指以長溝儲水，實施用水進行作戰的方法。此後數年，吳國攻打徐國時亦曾用儲水戰法，如《左傳》昭公三十年"冬十二月，吳子執鍾吾子，遂伐徐，防山以水之"，楊伯峻案："杜注：'防壅山水以灌徐。'此蓋利用堤防壅山水攻城的最早記載。"簡文所見則將此記録提前了七年。②

鄔可晶先生：

馬王堆漢墓帛書《戰國縱橫家書》一九二行有"敵"字，用爲"填

---

① 子居：《清華簡〈繫年〉12～15 章解析》，Confucius2000 網·清華大學簡帛研究，2012 年 10 月 2 日。

② 李均明：《伍員與柏舉之戰——從清華戰國簡〈繫年〉談起》，羅運環主編：《楚簡楚文化與先秦歷史文化國際學術研討會論文集》，第 82、83 頁。

溝壑” 之 “壑”；帛書《五行》197 行兩見 “壑” 字，當讀爲 “赫”，猶《說文》“敔”“讀若郝”。新發現的雲夢睡虎地漢墓 M77 所出簡文《葬律》有 “敔” 字，彭浩先生指出即當土坑講的 “壑”。這些都是 “敔” 讀 “壑”音的明證。馬王堆帛書《五行》的兩個 “壑” 字，“土” 旁皆寫在 “又”下（《說文》“壑” 亦作此形），與《說文》“叡” 籀文作 “叡” 同例。所以，徐灝釋 “敔” 爲 “濬”，當然不錯；但《說文》以 “敔” 爲 “壑” 字，也有充分的根據。

更有意思的是，清華大學藏戰國竹簡《繫年》82 號簡講 “伍鷄將吳人以圍州來”，“爲長~壑（洍）之，以敗楚師”，用 “~” 代替之字作如下之形：

從文義看，此字當從整理者釋讀爲 “壑”。“長壑” 就是長溝。《韓非子·外儲說右上·說一》記載 “季孫相魯” 時，“魯以五月起衆爲長溝”，其語與《繫年》“伍鷄將吳人……爲長壑” 相近……從字形看，“~” 却只能分析爲從 “水”、“叡” 聲，蓋即疏濬之 “濬” 字。不過，這個 “濬”字在此不讀 “濬” 音，而應讀 “壑” 音；這跟上面所說 “敔” 的情況完全相合……

從以上所說可以推測，由於在語言的層面，“壑” 這個詞可能是由 “濬”派生出來的（“濬”“壑” 分化爲二詞後，彼此仍保持着音義上的聯繫，故清華簡《繫年》可以從 “水”、“叡” 聲的 “濬” 爲 “壑”），所以在文字的層面，“叡（叡）” 在較古的時候可能既是疏濬之 “濬” 字，又是谷壑、溝壑之 “壑” 字，一形兼爲二用。前面說 “叡” 似象開闊的阮谷、溝壑之形，其上加注 “叹”，表示 “壑” 係用鏟臿之類的挖土工具開鑿、疏通出來的，這從表意的角度也完全講得通。[1]

蘇建洲先生：

李均明先生本將 “塦” 讀爲 “氾”，但二者聲韻相距太遠，不可信。後來在《伍子胥的軍事謀略與運動戰理論》（出土文獻與中國古代文明國際學術研討會，清華大學出土文獻研究與保護中心，2013 年 6 月 17—18 日）一文中又改讀 “塦” 爲 “湮”，聲音與文意較好。“湮”，淹没也。《後漢書·方術傳下·公沙穆》：“永壽元年，霖雨大水，三輔以東莫不湮没。”

---

[1] 鄔可晶：《説金文“叡”及相關之字》，復旦大學出土文獻與古文字研究中心編：《出土文獻與古文字研究》（第 5 輯），上海：上海古籍出版社，2013 年，第 226、227 頁。

"湮"是之部，"湮"是文部（《古韻通曉》，頁314），之文兩部關係密切……【湮與湮】通假是可以的。但是終不如整理者讀爲"汜"，一方面聲音更爲接近，另一方面《爾雅·釋丘》云"窮瀆，汜"，郭璞注："水無所通者。"即不流通的水溝。整理者解釋説此處是説挖長溝蓄水，以阻堵楚軍，可從。但是所謂的"鷄父之湮"未見於史籍。[1]

吴雯雯女士：

按《左傳》所記，鷄父之役有獻策參戰之功者爲公子光，即日後的吴王闔閭。然而《繫年》所記爲："伍鷄將吴人以圍州來，爲長壑而湮之，以敗楚師，是鷄父之湮。"圍州來、於鷄父敗楚師的主角是"伍鷄"，而且所采取的戰術爲"湮"，即采"水淹"的戰法。與吴公子光采取的擾亂戰術截然不同。與《左傳》所記殊異。不知是經傳失載，或者因傳本不同而所記有異，皆須有其他相關文獻參照。[2]

（九）"鷄父之湮（湮）"

整理報告：

鷄父，今河南固始東南。吴敗頓、胡、沈、蔡、陳、許之師於鷄父，使楚師敗奔，見《春秋》昭公二十三年經傳。《穀梁傳》作"鷄甫"。

子居：

《左傳·昭公五年》："冬十月，楚子以諸侯及東夷伐吴，以報棘、櫟、麻之役。薳射以繁揚之師，會於夏汭。越大夫常壽過帥師會楚子於瑣。聞吴師出，薳啓彊帥師從之，遽不設備，吴人敗諸鵲岸。楚子以馹至於羅汭。吴子使其弟蹶由犒師，楚人執之，將以釁鼓。……楚師濟于羅汭，沈尹赤會楚子，次於萊山。薳射帥繁揚之師，先入南懷，楚師從之。及汝清，吴不可入。楚子遂觀兵於坻箕之山。是行也，吴早設備，楚無功而還，以蹶由歸。楚子懼吴，使沈尹射待命於巢。薳啓彊待命于雩婁。禮也。"這個記載正與《繫年》本章"靈王伐吴，爲南懷之行，執吴王子蹶由"相應，此點《繫年》整理者已指出。……《水經注·淮水》："夏肥水東流，左合鷄水，水出鷄陂，東流爲黄陂，又東南流，積爲茅陂，又東爲鷄水。《吕氏春秋》曰：宋人有取道者，其馬不進，投之鷄水是也。鷄水右會夏肥水而亂流東注，俱入於淮。"鷄之緩讀，即是坻箕。因此，

---

① 蘇建洲、吴雯雯、賴怡璇：《清華二〈繫年〉集解》，第604頁。
② 蘇建洲、吴雯雯、賴怡璇：《清華二〈繫年〉集解》，第607、608頁。

坻箕之山當即鷄陂。而《繫年》本章及《春秋》《左傳》之"鷄父"，也即當是此鷄水之浦，故《穀梁傳》又作"鷄甫"。《繫年》整理者言："鷄父，今河南固始東南。"其說實誤。[①]

吉本道雅先生：

> 伍員の出奔は『左傳』昭二十（522BC）に見えるが、伍雞は、傳世先秦文獻には見えない。「雞父」は、『春秋經』昭二十三（519BC）
>
> 戊辰、吳敗頓・胡・沈・蔡・陳・許之師于雞父。胡子・沈子逞滅、獲陳夏齧。
>
> および『左傳』
>
> 吳人伐州來、楚薳越帥師及諸侯之師奔命救州來。吳人禦諸鐘離。子瑕卒、楚師熸。吳公子光曰、…吳子從之。戊辰晦、戰于雞父。吳子以罪人三千先犯胡・沈與陳、三國爭之。吳爲三軍以繫於後、中軍從王、光帥右、掩餘帥左。吳之罪人或奔或止、三國亂、吳師擊之、三國敗、獲胡・沈之君及陳大夫。舍胡・沈之囚使奔許與蔡・頓、曰、吾君死矣。師譟而從之、三國奔、楚師大奔。
>
> には地名として見える。これを人名と誤解して伍雞に關する說話が形成されたものであろう。[②]

李守奎先生認爲《繫年》爲"鷄父之戰"提供了全新的歷史信息，爲重新解讀這場戰爭"提供了一個十分重要的支點"：

> 第一，我們知道了鷄父得名之由來。據簡文可知鷄父是人名，是伍員之弟，《穀梁傳》作鷄甫，其攻敵之水陣稱爲"鷄父之氾"，後來該地稱作"鷄父"。
>
> 第二，《左傳》吳人伐州來是鷄父之戰的起因。《繫年》中鷄父之戰就是圍州來之戰的一部分。
>
> 第三，《左傳》圍州來之役不著將帥，鷄父之戰則吳王親帥。《繫年》中圍州來之戰的主帥是伍鷄。

可以看到，戰國時期對鷄父之戰有不同角度的記載，流傳着不同的故事，後代學者進行不同的整合。把《繫年》《越公其事》與傳世文獻結合起來，可以重新理解這場戰爭的過程與意義。

在吳國崛起、楚國對淮水下游由進攻轉爲防守的背景下，吳主動出

---

① 子居：《清華簡〈繫年〉12～15章解析》，Confucius2000網・清華大學簡帛研究，2012年10月2日。
② ［日］吉本道雅：《清華簡繫年考》，《京都大學文學部研究紀要》（52），2013年，第60頁。

擊，伍鷄率領吳人圍攻淮水北岸的重鎮州來，楚聞訊救援。吳、楚實力不相匹敵，吳需要出奇制勝。

鷄父設水陣勝敵，是這場戰爭的關鍵。儘管不知此水陣之詳，但可以推斷應當位在州來與鍾離之間淮水沿綫，亦即今安徽鳳臺與鳳陽之間。具體地點不能確知，但不外三種可能：第一，在州來附近，以水圍攻，猶如戰國時期智伯圍趙；第二，在州來與鍾離途中某地設下水陣機關；第三，在鍾離附近。《左傳》説"吳人禦諸鍾離"，鍾離在州來東面的淮水南岸，兩城相距 175 里。伍鷄率兵圍州來，楚援兵至，吳從州來向鍾離撤離，誘敵深入，楚軍渡淮時突然放出"鷄父之汜"中的水，因此可以大勝楚軍。這種可能性也存在。

這場戰爭鷄父是關鍵人物，鷄父之汜起了關鍵作用，所以稱作"鷄父之戰"。"鷄父"，後來其所在地演化爲地名，雖然不能確知鷄父的確切位置，但可以確知在州來至鍾離一綫。杜預注所説的"鷄父，楚地，安豐縣南有鷄備亭"，實不足信。①

劉光先生綜合《左傳》和《繫年》的記載，梳理了"鷄父之戰"的過程，即"'伍鷄'率領吳師圍攻州來，雙方交戰，五鷄用水攻的方式擊敗楚師"，并指出"擊敗楚師的地方，後來被稱爲鷄父，屬於由人名而衍生出來的地名"。劉先生還對鷄父地望進行了考證：

> 揆諸史事，將鷄父放在河南固始縣與戰爭的形勢不合。據上文分析，我們可知戰爭的經過。吳人先圍州來（今安徽鳳臺縣），楚人帥諸侯之師來救，吳人在鍾離設防，隨之與楚人交戰，雙方戰於鷄父，度之形勢，則其地當在今鳳臺縣附近。而固始縣則遠在州來西南的大別山地區，鷄父在固始縣之説法不確。

> 求鷄父之地，當於鳳臺附近求之。頗疑史書所載的"鷄陂"當是鷄父之地。《水經注·淮水》載：

> 夏肥水又東爲高陂，又東爲大漴陂，水出分爲二流：南爲夏肥水，北爲鷄陂。夏肥水東流，左合鷄水，水出鷄陂，東流爲黄陂，又東南流積爲茅陂，又東爲鷄水。《吕氏春秋》曰：宋人有取道者，其馬不進，投之鷄水是也。鷄水又會夏肥水，而亂流東注，俱入於淮。

> 我們認爲，此處的"鷄陂"就是《左傳》"鷄父"，其依據主要有二：第一，《水經注》中提到的夏肥水，其入淮之處曰"夏汭"，據蒙文通先

---

① 李守奎：《清華簡中的伍之鷄與歷史上的鷄父之戰》，《中國高校社會科學》2017 年第 2 期，第 113 頁。

生的考證，夏汭地近州來，而所謂鷄陂又在夏肥水附近，也當靠近州來，今鳳臺縣，與《左傳》所記的戰爭相合。第二，陂，《説文解字》"陂，阪也。""阪，坡者曰阪，一曰澤障，一曰山脅。"大體説來，陂、池塘一類的東西，用於蓄水，與《繫年》所謂的"鷄父之汜"相合。竹簡整理報告指出：此處是説挖長溝蓄水，以阻堵楚軍。可從。所以，可以認爲"鷄陂"即鷄父之地。①

黄愛梅女士：

> 《繫年》文中，"壑"，溝也；"汜"，《説文》卷 11《水部》："水别復入水也。一曰汜，窮瀆也。從水巳聲。《詩》曰：'江有汜。'"徐鉉等案："前汜字音義同，蓋或體也。"段玉裁《説文解字注》："《召南》傳曰：'決復入水也。'謂既決而復入之水也。自其水出而不復入者，《釋水》'自河出爲灉'已下是也。決而復入者，汜是也。《釋名》曰：'汜，巳也。'如出有所爲、畢巳而復入也。按古以無巳釋巳。如祀之解曰祭無巳是也。故汜之字從巳。從水。"《繫年》所載，是從河流引水爲環壑。江南先秦古城常有引水爲壕環衛城邑的設計，吳軍此舉，不知是以水阻擋楚軍、或是以水困州來，然皆爲南方因地制宜的特有戰法。或因爲此，不爲《左傳》所載。②

【筆者按】對於鷄父地望，學界存在"固始縣東南説""壽縣西南説"及"鳳臺縣西北説"。在前人研究基礎上，通過對清華簡《繫年》"鷄父之汜"之"汜"進行重新釋義，并將"鷄父之汜"與《水經注·淮水》所記鷄水、鷄陂水系相結合，有力地證明了鷄父地望的確應在今鳳臺縣西北古鷄水、鷄陂一帶。③以鷄父地望爲基礎，筆者曾將《繫年》與《左傳》等出土文獻相結合，分析了鷄父之戰的進程、地理形勢與影響，主要結論是：

> 鷄父之戰只應包括伍鷄"爲長壑而汜之"和吳與楚聯軍"戰於鷄父"兩個階段，吳人入郢之役與吳楚"戰於鷄父"時空懸隔，不宜視作鷄父之戰的一部分。鷄父之戰發生在位於淮河北岸鳳臺縣境内的古州來、鷄父一帶，并非發生于淮河以南的壽縣或固始縣境。鷄父之戰之所以被清人視爲"入郢之兆"，根本原因在於吳國通過鷄父之戰，從此牢牢掌控了州來這一淮域重鎮，淮河中游成爲吳師入郢的前沿基地。

---

① 劉光：《春秋末期吳楚"鷄父之戰"考析》，《烟台大學學報（哲學社會科學版）》2017 年第 1 期，第 94、95 頁。

② 黄愛梅：《清華簡〈繫年〉中的楚吳關係及其書寫特征》，《史林》2019 年第 1 期，第 27 頁。

③ 魏棟：《清華簡〈繫年〉鷄父之戰戰地探賾》，《文史》2021 年第 1 期，第 273-278 頁。

此外筆者還對"鷄父之戰"的稱名問題做了解釋：

> 由於鷄父是州來附近小地名且吳師"戰於鷄父"的目的是占領州來，故鷄父之戰實際上可稱"州來之戰"。不過，吳楚多次在州來交兵，若用"州來之戰"稱呼公元前519年的這次州來之戰，容易與之前的"州來之戰"產生混淆，所以準確地說應稱爲"第某次州來之戰"。其實稱"第某次州來之戰"也有問題，因爲《左傳》等先秦文獻對州來的易手只是有選擇地記述，目前缺少詳盡的州來大事編年，要準確確定到底是第幾次州來之戰還有困難。所以，本次州來之戰最好以"鷄父之戰"命名爲宜。①

（一〇）"敗楚𠂤（師）于白（柏）𤿎（舉）"

整理報告：

> 白𤿎，《左傳》作"柏舉"，《公羊》作"伯莒"，《穀梁》作"伯舉"，今湖北麻城東北。柏舉之戰及吳人入郢事詳見《左傳》定公四年。

吳雯雯女士：

> 《繫年》云："伍員爲吳太宰，是教吳人反楚邦之諸侯，以敗楚師於柏舉。"文意與《史記》所述較近，此處"反楚邦之諸侯"，或可理解爲策反楚邦的諸侯。《楚世家》即云："十年冬，吳王闔閭、伍子胥、伯嚭與唐、蔡俱伐楚，楚大敗，吳兵遂入郢。"（《楚世家》，《會注考證》，頁654）怨恨楚國的唐、蔡果然隨吳人伐楚。根據石泉先生的研究，吳國之所以可以破楚入郢都很重要原因之一便是得到唐、蔡兩國爲援。加上伍子胥對楚國的軍事部署較爲熟悉，吳國才能長驅直入，直達郢都。②

蘇建洲先生：

> 《上博六·莊王既成》："莊王既成無射，以問沈尹子莖，曰：'吾既果成無射，以供春秋之嘗，以【1】待四鄰之賓客，後之人幾何保之？'沈尹固辭，王固問之，沈尹子莖答【2】曰：'四與五之間乎！'王曰：'如四與五之間，載之專車以（上）乎？抑四航以【3】逾乎？'沈尹子莖曰：'四航以逾'"。其中"四與五之間"，凡國棟先生指出：指四代人與五代人之間，暗示自莊王以後四世，即昭王之世，楚將有大禍。（《讀〈上博楚竹書六〉記》，簡帛網，2007年7月9日）陳偉先生也指出：四人或

---

① 魏棟：《春秋時期吳楚鷄父之戰相關問題考論》，《長江大學學報（社會科學版）》2018年第3期，第40-44頁。
② 蘇建洲、吳雯雯、賴怡璇：《清華二〈繫年〉集解》，第615頁。

五人之間，也即四代人或五代人之間。莊王以下楚君，有共王（莊王子）、康王（共王子）、郟敖（康王子）、靈王（康王弟）、平王（康王弟）、昭王（昭王子）等人。其中靈王第四，平王第五。若排除在位短促的郟敖，則平王第四，昭王第五。（《新出楚簡研讀》，頁 275）沈尹子莖指出四、五代之後，無射大鐘將被人用船擄走。這其實是預言昭王十年吳師入郢之役。（陳偉：《楚簡册概論》，頁 154）説皆可從。……此外，《上博四·昭王與龔之脽》簡 9—10 云："（昭）王曰：'……天加禍於楚邦，君吳王身至於郢，楚邦之良臣所暴骨。'"《清華一·楚居》簡 12："景平王即立，猶居秦溪之上。至昭王自秦溪之上徙居妢郢，妢郢徙居鄂郢，鄂郢徙襲爲郢。闔廬入郢，焉復徙居秦溪之上。"清華簡整理者指出，根據《楚居》可以確定吳王闔閭所入之"郢"是"爲郢"（頁 190 注 61）。至於《上博九·邦人不稱》："寢尹曰：'天加禍楚邦，……'"，整理者説："天加禍楚邦，指楚昭王失政遭凶，吳勝楚入郢，昭王出奔。國君之難往往被認爲是天禍。《左傳》中屢記天禍。'天禍許國，鬼神實不逞於許君，而假手於我寡人。'（《左傳》隱公十一年）"（頁 242—243）以上都是論述相同背景的史事。[1]

【筆者按】清華簡《繫年》爲研究吳師入郢及其相關問題提供了一些珍貴史料。但就吳師入郢路綫，特別是吳師進入楚腹地路綫問題，《繫年》的學術價值却是很有限的。《繫年》中有關吳師進入楚腹地路綫的記載，僅僅爲"敗楚自（師）于白（柏）壓（舉），述（遂）内（入）郢"一句話而已，而且這句話提供的信息遠不及《左傳》等傳世文獻的記載詳盡。《繫年》的記載無助於澄清學界的吳師入郢路綫之爭。

（一一）"邵（昭）王帰（歸）【八三】譬（隨）"

整理報告：

> 隨，姬姓國，今湖北隨州南。

董珊先生：

> 長期以來，學界對曾、隨一國兩名的問題討論不休。根據最新的出土發現，我認爲，就東周時代來講，傳世文獻中的"隨"是銅器所見姬姓曾國，這已無可懷疑。問題是如何解釋"曾"又稱爲"隨"。我認爲"隨"

---

① 蘇建洲、吳雯雯、賴怡璇：《清華二〈繫年〉集解》，第 620、621 頁。

是曾國都，國都名"隨"逐漸取代舊國名"曾"，導致今天傳世文獻只見後起的新國名"隨"。其國都名稱演變爲邦國名稱的過程，猶如戰國之魏遷都于大梁，邦國名就稱爲"梁"，新的邦國名稱"梁"雖因秦統一而一度中斷，但到了西漢初，又在戰國魏故地封建梁國，是對戰國時代新興的國名"梁"的延續。最近新發現春秋中晚期的楚王爲"隨季乎加"作鼎，以及新蔡簡所見的"隨侯"（甲三：25），即是春秋晚期至戰國早期楚國已開始稱姬姓曾國爲"隨"，這個新興名稱"隨"被戰國早、中期成書的《左傳》《國語》等傳世文獻繼承，舊名稱"曾"隨着此時曾國的衰亡，就湮没不顯了。

因此，傳世文獻中西周晚期以來的姬姓隨國，就是同時期銅器銘文的曾國。兩周之際的曾伯霖簠（《集成》04631、04632）銘文說："克狄淮夷，抑燮繁湯，金道錫行，具既俾方。"可見該地既控扼淮夷，又位于銅、錫的運輸綫上，對于周王朝有重要的作用，這是封姬姓諸侯的原因。《左傳》桓公六年楚武王侵隨，已經說"漢東之國隨爲大"，隨縣城郊季氏梁出土的春秋中期曾大攻尹季怡戈、周王孫季怡戈（《集成》11365、11309），都可證此時已只存在與周同姓的曾。因爲曾國地近于楚，所以屢受楚人的侵伐；春秋晚期，吳攻入郢，楚昭王外逃避難，得到隨人的保護，因爲這層特殊關係，所以隨國直至戰國早期尚未被楚國滅絶。[①]

（一二）"與吴人戰（戰）于析"

整理報告：

> 析，今河南西峽，在隨以北，楚與吳大戰於此，似與當時形勢不合。《左傳》定公五年載，楚申包胥自秦乞師，"秦子蒲、子虎帥車五百乘以救楚。⋯⋯使楚人先與吳人戰，而自稷會之，大敗夫槩王于沂"。簡文"析"應爲"沂"，在今河南正陽。參看楊伯峻《春秋左傳注》第一五五一頁。

針對《繫年》"與吴人戰（戰）于析"之"析"地，學界對其字形及其地望進行了較多的討論。李守奎先生：

> 《左傳》說的秦兵救至，"大敗夫槩王於沂"，"沂"地自來不明，多異說，皆有不安。據簡文可知是"析"。析本是楚人安置許的地方，許遷至容後，析就成了楚地。晉、吳破方城，吳入楚，析當被吳軍占領。秦

---

① 董珊：《從出土文獻談曾分爲三》，復旦大學出土文獻與古文字研究中心網，2011 年 12 月 26 日。

從西路出兵救楚，析是其所經過之地，在此處大敗吳軍，然後乘勢南下，繼而滅唐，合情合理。①

子居主張《繫年》"析"地即《左傳》"沂"地，也即"稷"地：

《左傳》之"沂"與清華簡《繫年》之"析"正當是河南省西峽縣的楚地析邑。觀《史記·楚世家》："秦以車五百乘救楚，楚亦收餘散兵，與秦擊吳。十一年六月，敗吳於稷。"與《史記·伍子胥列傳》："秦哀公憐之，曰：'楚雖無道，有臣若是，可無存乎！'乃遣車五百乘救楚擊吳。六月，敗吳兵於稷。"將其與《左傳》及清華簡《繫年》之文相互對照即不難知道，秦將子蒲所言之"稷"就當是"析"地，且二字之音亦可通轉。由《左傳》之文論，子蒲既與楚師相約會於"稷"，那麼此前自然是先由楚人與吳師交戰，秦師再從旁夾擊，而《左傳》既稱"大敗夫㮣王於沂"，就正對應于二師夾擊大敗吳師。《左傳》中互文見意的例子甚多，也并非僅此一處。因此可知，"稷""沂""析"當是一地，而非另有"稷"地。再由形勢論，若秦、楚聯軍敗夫㮣之師依《繫年》整理者所言"在今河南正陽"，那麼就是擊夫㮣之師於方城之外，此情況恐甚是難懂。秦師若救楚，那麼當先營救楚王，攻下郢都，追擊吳王之師才是，怎麼會攻擊吳王之弟夫㮣之師於方城之外呢？這樣的攻擊，不但明顯沒有戰略意義，而且反倒會把秦、楚聯軍置於險境。畢竟，若吳王率師於此時封鎖方城，那麼秦、楚聯軍退不能走方城，進不能入冥阨，就等於被關在楚國腹地之外了。如此一來，不但楚國必將面臨亡國之憂，且秦國也將損兵折將、元氣大傷。因此，將《左傳》之"沂"解爲"在今河南正陽"才是"與當時形勢不合"。夫㮣之師若在河南西峽的楚國重要城邑析地，恰恰可以解釋何以秦國半年時間都對申包胥的乞師哭訴無動於衷，反倒在半年後忽然立意救楚。其根本原因，恐怕就在於吳師已攻至秦國邊境，若再破武關，那麼秦國也必將難安。②

袁金平、張慧穎先生從文字學角度對《繫年》"與吳人戰於析"之"析"進行了新的釋讀，主張此字爲楚文字"慎"的異寫；并徵引相關資料指出"慎"地應在今河南省正陽縣境。袁文的具體論證如下：

① 李守奎：《清華簡〈繫年〉與吳人入郢新探》，《中國社會科學報》2011 年 11 月 24 日，第 7 版；又見李守奎：《清華簡〈繫年〉所記楚昭王時期吳晉聯合伐楚解析》，羅運環主編：《楚簡楚文化與先秦歷史文化國際學術研討會論文集》，武漢：湖北教育出版社，2013 年，第 93 頁。

② 子居：《清華簡〈繫年〉第 16～19 章解析》，Confucius2000 網·清華大學簡帛研究，2013 年 1 月 8 日。

正如原整理者所指出的，楚地"析"歷來主張即今河南西峽縣，遠離于吳境之外；另外《左傳》言秦、楚大軍"自稷會之"，秦、楚聯軍與吳大戰的地點應該與此"稷"地相去不會太遠，楚地"稷"多主張在今河南桐柏縣境，此與"析"地遠隔，因此將簡文"析"理解做今西峽縣境似與情理不合。《楚世家》及《伍子胥列傳》云"敗吳於稷""敗吳兵於稷"，與《左傳》之"大敗夫槩王於沂"雖然相異，但所言秦、楚聯軍敗吳之地距離今西峽縣較遠則是一致的。現在看來，將簡文"析"與史書所記楚地"析"即今西峽縣視作一地在歷史地域關係上較難説通。

《左傳·宣公十一年》："令尹蔿艾獵城沂。"……將楚地"沂"定在今正陽縣境是長期以來史地學界較爲通行的説法，《繫年》整理者將楚敗吳師之地"析"解作"沂"，從地理位置看，應當是目前最合適的一種解讀。不過，這種分析在文字學上還存在一定障礙。因爲"析""沂"形音義均不相同，其所從"木""水"古文字階段形體差距較大，其性質與通常意義上的形近訛混似乎難以牽合，也就是説，二字寫訛的可能性很小，簡文"析"字還需要做進一步討論。

《説文》："析，破木也。一曰折也。從木從斤。"古文字中"析"字較爲常見，皆作以斧斤剖木之形，從字形上將《繫年》此字釋作"析"沒有任何問題。不過，值得我們注意的是，在已公布的戰國楚文字資料中，確認的"析"字僅兩見：

🔲析君戟（《集成》11214，《楚文字編》352 頁）、🔲（上博三《仲弓》簡 20a）

其所從"木"旁被剖開僅存右半部分，更加彰顯剖木之意。有學者指出這是古文字中另外一種寫法的"析"字，作爲偏旁還見於中山王方壺銘。就目前材料來看，楚文字"析"的寫法與常見形體有較大不同，可能是自有來源。若此説屬實，則《繫年》簡中這個從木從斤之字很可能是另外一個字。

近年來楚文字中的"慎"字逐漸爲學者們所認識，一些誤釋的相關字形也被一一揭出，得到新的詮釋。如中山王譻鼎銘"嗚呼🔲（A）哉"（《集成》2840），其中 A 字舊多釋爲"折"或"析"，均與古文字字形不能密合。後周波先生根據三晉文字中從"所"聲可用作"慎"之字如"愻（愻）""質（質）"等的寫法將 A 分析作從"木"、"沂（所）"聲之字，從而將其讀爲"慎"。周説在字形分析以及鼎銘語境理解上均較舊説爲勝，極爲可信，因而得到了多數學者的支持。另外，2000 年荆門左塚楚墓出土一件珍貴的漆棋局，上書 182 字，均爲標準的楚文字。文字方框第一欄有一條文例爲"行❑（B）"，原整理者將 B 釋讀作"訓（順）"。此字從言，從斤，甚爲明顯。高佑仁先生已指出其誤，并根據《郭店•五行》簡 17 "慎"字作"❑"認爲 B 最有可能就是"慎"字，"行慎"即"慎行"。高説于文例及字形分析亦信而有徵，當可從之。從現有資料看，古文字中的"慎"字寫法多變，前引陳劍先生文已有詳述，而周、高二文更加證實了這一點。我們推測《繫年》簡中這個從木從斤之字也有可能就是"慎"字異體，當是"❑"這類寫法"慎"字的進一步省簡。

　　慎地在春秋時爲楚邑，見載于《左傳•哀公十六年》，其文云："吳人伐慎，白公敗之。"杜注："汝陰慎縣也。"後世學者多將吳人所伐之"慎"定在今安徽潁上縣西北。張家山漢簡《二年律令•秩律》448 號簡有地名"慎"，整理者注："慎，屬汝南郡。"而晏昌貴先生撰文指出《左傳》以及《秩律》中的"慎"地當在今河南正陽附近。……晏昌貴先生將楚"慎"地斷在今河南正陽附近顯然要比流行的潁上説合理得多。

　　我們再回頭看《繫年》簡"昭王歸隨，與吳人戰於析"及《左傳》定公五年"大敗夫槩王於沂"等内容。根據我們的討論，所謂"析"乃楚文字"慎"字異寫，慎地在今河南正陽縣一帶，這與整理者的推論相合，也和歷史上關於吳、楚大戰之地的討論相一致。"慎"地在春秋時期當是吳、楚博弈的一片重要區域，惜於史料缺失，尚不能做深入探討。至於《左傳》所記爲"沂"，可能是後世文人不明古字而據己意擅改，或者是其他原因，難以確考，以俟高明。[①]

蔣瓊傑女士：

　　析，又名白羽，即今河南省西峽縣治，《國語•楚語上》有析公臣。《左傳•昭公十八年》："冬，楚子使王子勝遷許於析，實白羽。"可知析又名白羽。又曾侯乙墓出土的兵器中有"析君所造之戟"銘文，此"析君"，當爲析縣長官。[②]

鄭伊凡先生：

　　《繫年》第十五章"敗楚師於柏舉，遂入郢"，及"昭王歸隨，與吳人戰於析"的記載也表明："柏舉"與"析"（據前文當作"沂"）應當在郢與隨附近……

　　① 袁金平、張慧穎：《清華簡〈繫年〉"析"地辨正》，卜憲群、楊振紅主編：《簡帛研究》二○一三年，桂林：廣西師範大學出版社，2014 年，第 22-26 頁。

　　② 蔣瓊傑：《新蔡簡、上博簡、清華簡地名資料集釋》，吉林大學碩士學位論文，2017 年，第 68、69 頁。

尹弘兵先生曾指出："(郭家崗遺址)作爲春秋楚鄀都故址的可能性是最大的。"而郭家崗遺址和早先被認爲楚鄀都的楚皇城遺址都分布在宜城市周邊不遠，因此《繫年》中的"柏舉""沂"等地也應當在隨州與宜城一帶不遠處，石泉先生早先曾考定"沂"即《戰國策》等書中所記的濁水，在今河南唐河縣西南的唐河下游支流。結合《繫年》記載和相關學術進展，這一推斷今天看來仍然是最爲合理的。①

【筆者按】整理者指出"析"若在"今河南西峽，在隨州以北，楚與吳大戰於此，似與當時形勢不合"，甚是。至於《左傳》"沂"與清華簡"析"的異文關係，"沂"爲微部疑母字，"析"爲錫部心母字，古音相差較遠，可首先排除通假的可能。"沂""析"二字的構字部件"水"和"木"在古文字中形近，容易混淆。《繫年》之"沂"明確寫作"柝"，綜合考慮，"沂"應爲"析"字。

"沂〈析〉"作爲秦楚聯軍破吳的首戰之地，其地望自清代以來先後出現正陽縣境說、鄂州市境說及今人的唐河縣境說。但筆者頗疑"沂〈析〉"即今隨州市區東郊的淅河鎮或附近一帶，試論證如下。

《水經》卷三十二《澨水》："澨水出江夏平春縣西，南過安陸，入於涢。"酈道元注："澨水北出大義山，南至屬鄉西，賜水入焉……澨水又南徑隨縣，注安陸也。"根據中國古代河流稱謂中的互受通稱原則，澨水與賜水匯合後，下游既可稱澨水，又可稱賜水。賜、析皆錫部心母字，從音理看可通假。二字有通假的例證，如《後漢書》卷八十七《西羌傳》："賜支者，《禹貢》所謂析支者也。"若單從文字通假角度看，澨水自匯合賜水後，下游河段有可能有"析水"之稱。而事實上，這條河流古代有"小淅河"之稱，"淅"字從水析聲，"析"字增加水旁即是"淅"字。"小淅河"入涢水附近有地名"淅河店"，今則名"淅河鎮"，其得名當有淵源。這裏值得一提的是隨州市西郊曾侯乙墓出土有"斤〈析〉君戟"，"析"字作𣂪，關於其所屬國別（屬曾還是屬楚）等問題，囿於材料，學界難以判斷。此墓還出土有"郪君戈"（或認爲是戟非戈），"郪"字作𨚲，或隸爲"挧"，認爲是"析"字異體。戟主、戈主與本文所論之"析"有無關係，有何關係，值得思考。

從"稷"地地望角度分析。《左傳》言秦、楚大軍"自稷會之，大敗夫槩王於沂"，"稷"地與"沂"地望相近。那麼確定"稷"的地望，無疑會有助於坐實"沂"的地望。對於此"稷"地，顧棟高《春秋大事表》云："杜注：'楚地'，當在河南南陽府桐柏縣境。"但顧氏并未給予論證。

顧氏所説大體不誤。檢索《左傳》，名"稷"之地不止一處。如宣公十五年："晉侯治兵於稷。"杜預注："稷，晉地，河東聞喜縣西有稷山。"《水經·汾水注》：

① 鄭伊凡：《清華簡〈繫年〉地理辨證三則》，劉玉堂主編：《楚學論叢》（第5輯），武漢：湖北人民出版社，2016年，第96、97頁。

"汾水又徑稷山北……山上有稷祠，山下稷亭，《春秋》宣公十五年'秦桓公伐晉，晉侯治兵於稷，以略狄土'是也。"又如昭公十年記載陳、鮑伐欒、高，"戰於稷"。杜預注："稷，祀后稷之處。"《春秋地名考略》："《隋志》'臨淄有稷山'，《齊記補》'上有后稷祠故名'。"

　　春秋時以"稷"爲名的地方，其得名頗有與祭祀神農后稷有關者。秦軍駐扎之"稷"地，其得名可能也是如此。春秋時期隨棗走廊有厲國，《漢書·地理志》南陽郡"隨"縣班固原注："厲鄉，故厲國也"。此厲國，相傳爲厲山氏之後。《左傳》昭公二十九年："有烈山氏之子曰柱爲稷，自夏以上祀之。周棄亦爲稷，自商以來祀之。"杜預注："烈，如字；《禮記》作厲山。"楊伯峻注："厲山在今湖北隨縣北四十里。"《隨州志》卷四"山"："列山在（隨州城）東北一百二十里黃連村。炎帝神農氏所生也……山北有水，即《水經注》所稱賜水也。水北爲殷家店，地即古厲鄉。"同書卷八"壇廟"："神農廟在州東北一百二十里上名鄉黃連村，厲山之上山有神農洞，即帝誕生處也。"古厲國所在，當不出今隨縣厲山鎮、殷店鎮一帶。這一地區祭祀神農后稷有久遠的歷史，"稷"地可能就在此地或附近。錢穆先生亦有相似看法："隨縣北四十里有厲山，一名烈山，乃神農社，年常祠之，疑即稷山。"

　　另外，秦軍所經之"稷"地亦見於《史記·伍子胥列傳》，裴駰《集解》："稷丘，地名，在郊外"，司馬貞《索隱》："《左傳》作稷丘。杜預云'稷丘，地名，在郊外'"。石泉先生據此認爲"今本《左傳》已脱'丘'字，當據《索隱》所見唐初之本校補之"。對於"丘"，《説文解字》"丘"部："土之高也，非人所爲也"，《廣雅·釋丘》："小陵曰丘。"若石説可據，"稷丘"作爲地名本身所透露的地貌信息，正與隨縣厲山鎮以北殷店、草店、淮河、小林等鎮一帶與桐柏縣城以東的丘陵地貌（屬桐柏山區）相吻合。"稷（丘）"大體在此。

　　若"稷"地地望考證不誤，那麼"沂"地自在其鄰近地區。從秦楚聯軍反攻吳師的首選地來分析，"沂"可能在今淅河鎮或附近一帶。

　　《左傳》定公四年記載楚昭王奔隨後，"吳人從之……楚子在公宮之北，吳人在其南……隨人卜與之，不吉。乃辭吳……吳人乃退"。隨人拒絶交出楚昭王，而吳人又明知楚昭王必在隨，吳師豈肯輕易退去！所謂"吳人乃退"不過是從隨的"公宮之南"退去罷了。隨國作爲楚國在江漢地區最大的附庸，吳師破郢後，成爲楚昭王當時最佳的避難地。在"（楚昭王十一年）九月，歸入郢"之前的數月間，楚昭王當長居今隨州一帶。吳師之所以久留楚不去，最重要的目的就是搜求楚昭王。因此，在明知昭王居隨的情況下，吳師不太可能退出隨境，隨都附近當有大量吳師駐扎。准此，秦楚聯軍首先反攻今隨州一帶就不足爲奇。而據《左傳》定公五年記載，“沂”又是秦楚聯軍與吴的第一個交兵之地。故“沂”很有可能在隨州境内。隨國南部是今大洪山，西北不遠處即吴的盟國唐。隨國東郊即古賜水與今涢水匯合處，地勢比較平坦，利於大軍駐扎，此地正當今淅河鎮及其附近地區，將“沂”定在這一帶比較合適。

再從地名繫聯角度分析。《左傳》定公五年記載，秦楚聯軍反攻吴師前期先後涉及的地名有稷、沂（析）、軍祥、唐等。《左傳》定公五年楊伯峻注：“軍祥當在隨縣西南”，“唐即今湖北棗陽縣東南唐縣鎮（引者按，今屬隨州市隨縣）”。秦軍自西北穿越南陽盆地，於魯定公五年六月駐扎在豫鄂兩省交界的桐柏縣東南與隨州市隨縣東北部一帶（稷），使楚人先與吴人戰，然後穿越桐柏山河流谷地，與楚師匯合并大敗吴師於隨國東郊今淅河鎮或其附近一帶（析）。楚軍在子西與薳射之子率領下又敗吴師於今隨州西南（軍祥）。次月，楚將子期與秦將子蒲率聯軍伐滅今隨州市西北唐縣鎮的唐國。

這裏，不禁生起疑竇：爲何秦軍不從隨棗走廊東下，却要穿越豫鄂兩省間比較崎嶇的桐柏山區而南下？首先，上文已證秦軍駐扎之地稷在桐柏山區，稷的地望已經限定秦軍未走隨棗走廊。其次，若秦軍走隨棗走廊勢必與唐國交鋒，且此時吴師留楚已久，唐國一帶可能已有吴軍駐扎。秦人“未知吴道”，不肯貿然與吴交兵。

從桐柏山區的“稷”到“沂（析）”道路是否可行？反復細審這一地帶地形圖，答案是肯定的。桐柏山區基本是低山丘陵地帶。發源於桐柏山區西北的河流，向西流入今唐河，其沿綫成爲自南陽盆地進入桐柏山腹地的坦途。桐柏山南麓的河流，都自北而南注入涢水，這些河流流經的寬闊谷地成爲桐柏山區進入隨棗走廊的便道。這些河谷雖不如隨棗走廊平坦易行，但能够通行。①

第 12 節 《繫年》第 16 章地理史料匯證

《繫年》簡 85—90：

楚龍（共）王立七年，命（令）尹子褈（重）伐莫（鄭），爲沃之𠂤（師）（一）。晉競（景）公會者（諸）侯以救（救）鄭₌（鄭，鄭）人戴（捷）芸（鄖）公義（儀）（二），獻【八五】者（諸）競（景）₌公₌（景公，景公）以𢊁（歸）。一年，競（景）公欲與楚人爲好，乃斂（説）芸（鄖）公，囟（使）歸（歸）求成，龍（共）王史（使）芸（鄖）公聘（聘）於

① 魏棟：《秦楚聯軍破吴之“沂（析）”地考》，《江漢考古》2016 年第 1 期，第 71-73 頁。

【八六】晉，旻（且）許成。競（景）公旻（使）瞿（雒）之伐（茷）聘（聘）
於楚，虞（且）攸（修）成，未還，競（景）公卒（卒），東（屬）公即
立（位）。訊（共）王旻（使）王【八七】子昬（辰）聘（聘）於晉，或
（又）攸（修）成，王或（又）旻（使）宋右帀（師）芋（華）孫兀（元）
行晉楚之成。晶（明）戠（歲），楚王子返（罷）會晉文【八八】子燮（燮）
及者（諸）侯之夫二（大夫），明（盟）於宋……晶（明）戠（歲），東（屬）
公先起兵，衒（率）㠯（師）會者（諸）侯以伐【八九】秦，叀二（至于）
涇⁽³⁾。獿（共）王亦衒（率）㠯（師）回（圍）莫（鄭），東（屬）公栽
（救）莫（鄭），敗楚㠯（師）於隓（鄢）⁽⁴⁾。【九〇】

【注　釋】

（一）"命（令）尹子襅（重）伐莫（鄭），爲沝之㠯（師）"

整理報告：

楚共王七年爲魯成公七年。《春秋》成公七年："秋，楚公子嬰齊帥
師伐鄭。"同年《左傳》："秋，楚子重伐鄭，師於氾。"……沝，《左傳》
作"氾"，杜預注："鄭地，在襄城縣南。"楊伯峻《春秋左傳注》："氾有
二，僖二十四年傳與此傳之氾是南氾，在河南襄城縣。僖三十年傳之氾
是東氾，在河南中牟縣。南氾離楚較近。"

沝還見於《繫年》第23章簡130，整理者云"此'沝'可能就是新鄭東北的
氾水"。①

董珊先生贊同"沝"即"氾"的意見：

楚人攻鄭，應由南往北，不可能先跑到新鄭東北再向南進攻，所以
簡文兩見"沝"的位置，都應該是南氾，位於襄城的南氾。②

有鬲散人（網名）：

"沝"字若果讀爲"氾"，那麼該字的右旁，也即它的聲旁有可能是
"柬"的訛體。甲骨文中的從"柬"之字或作：𤔲（《新甲骨文編》403
頁）、𤔲（《新》407頁）、𤔲（《新》893頁）。上揭諸字所從的"柬"旁，
與"禾"有些相似，演變到戰國時代，訛爲"禾"字形是可以理解的。

---

① 清華大學出土文獻研究與保護中心編，李學勤主編：《清華大學藏戰國竹簡（貳）》，上海：中西書局，2011
年，第199頁。

② 董珊：《讀清華簡〈繫年〉》，復旦大學出土文獻與古文字研究中心網，2011年12月26日。

"枣" 與 "巳" 聲字古音很近（參裘錫圭：《説 "白大師武"》，《古文字論集》，中華書局 1992 年；裘錫圭等：《晉侯蘇鐘筆談》，《文物》1997 年第 3 期），作 "汜" 的聲旁是沒有問題的。[①]

子居：

> 洓之師，整理者言："洓，《左傳》作'汜'，杜預注：'鄭地，在襄城縣南。'"其説似可商，洓、汜二字無論音韻還是字形皆相去甚遠，故洓地恐非汜地，兩地當是相鄰極近的關係。《水經注·汝水》："汝水又東南流，與白溝水合，水出夏亭城西，又南逕龍城西。城西北即摩陂也，縱廣可十五里。魏青龍元年，有龍見於郟之摩陂，明帝幸陂觀龍，於是改摩陂曰龍陂，其城曰龍城。……汝水又東南，逕襄城縣故城南。……其城（襄城）南對汜城，周襄王出鄭居汜，即是此城也。《春秋》襄公二十六年，楚伐鄭，涉汜而歸。杜預曰：涉汝水於汜城下也。"此經於摩陂的白溝水，其名不古，摩、禾音近，因此疑白溝水古當即稱洓水，其地蓋爲一地。《平頂山文史資料》第 12 輯："摩陂亦稱龍陂，故地在今郟縣長橋境内。"是摩陂正鄰於今河南省襄城縣西境。《史記·周本紀·正義》引《括地志》云："故汜城在許州襄城縣一里。《左傳》云'天王出居於鄭，處於汜'是。"由此可推知，若摩陂確即先秦時之洓地，則洓、汜兩地距離大致在先秦之一舍三十里内，《左傳》記在故襄城縣南一里的汜地與《繫年》記在河南省襄城縣西境的洓地自是并没有大的差異。[②]

劉剛先生指出楚簡與燕國璽印中從水、從禾的 "洓" 當釋作 "染"。楚簡中的 "洓" 與 "淋" 可讀爲 "湛"，用爲地名：

> "洓" 字當釋爲 "染"，傳抄古文 "染" 字作：
>
> ▨集古文韻卷三 21 籀，▨古文四聲韻 3·29 籀。
>
> 前一形體右旁和 "禾" 形相近，都是在 "木" 形上加一斜筆，它和我們上文討論的 "洓" 應該是一個字，不同之處主要是 "木" 形上斜筆的方位一在左而一在右。
>
> ……
>
> 史侯家染杯有 "染" 字作 "▨"，與帛書 "染" 字形體相近。陶安、陳劍先生認爲 "染" 字本從 "朵"，"朵" 爲聲符（"染" 古音屬日母談部，

---

① 轉引自李松儒：《清華簡〈繫年〉集釋》，上海：中西書局，2015 年，第 231 頁。
② 子居：《清華簡〈繫年〉第 16～19 章解析》，Confucius2000 網·清華大學簡帛研究，2013 年 1 月 8 日。

“朵”爲端母歌部），并援引“那”（泥母歌部）從“冉”（日母談部）得聲爲據，可信。……所謂的“禾”形本來是在“木”上加一斜筆，來表示草木枝葉華實的下垂之形，其真正指代的應該是“朵”，這些字如果嚴格隸定的話當爲“枭”。雖然“沬”字右旁在外形上和“禾”無法區分，不過因爲有“水”這個偏旁的制約，還是可以把“沬”字的右旁看做“朵”形。……後來，單獨出現的“朵”字爲了和“禾”字相區別，同時爲使字義更加明確，又加上了指事符號，變成秦漢文字中的“朵”。

……

《清華簡·繫年》第十六章的“沬（染）”字，《左傳》對應之字作“氾”。“氾”即古書所謂的“南氾”，在今河南中牟縣北七十里，清《一統志》云：“氾水亦名七里河，由北折而南，至城東七里入於汝。”“氾”字古音滂母談部，“染”字日母談部，兩者韻部相同，聲母有一定的距離，恐怕不是通假的關係。

……

“染”或即文獻所見之“湛水”。……《水經·汝水》注云：“《春秋》襄公十六年，晉伐楚，楚公子格及晉師戰於湛阪……湛水之北，山有長阪，蓋即湛水以名阪，故有湛阪之名也。”“湛水”源出今河南寶豐縣西南，經平頂山市葉縣，至襄城縣入北汝河。“湛”古音屬澄母侵部，與“染”聲韻皆近。“染”與“苒”字可通，《詩·小雅·巧言》：“荏染柔木。”《説文》引“染”作“苒”。而“冉”聲字、“甚”聲字皆可與“占”聲字通。……所以“染”可以讀爲“湛”。“湛水”位於“氾”之南，是楚軍在“氾”攻鄭的必經之地。所以《清華簡·繫年》二十三章説“楚人涉‘沬（染／湛）’，將與之戰”。[①]

蘇建洲先生：

《新蔡》零415□、甲三414+412□、《楚居》簡8□、簡9□、簡13□、簡14□、□；《蘭賦》簡2□，學者以往都認爲是“黍”字。（詳見拙著《楚文字論集》頁39）……陳劍先生……告訴我《蘭賦》“□”字仍應讀爲“氾”，文例是“汗（旱）其不雨，可（何）淋（氾）而不沾（渨）？”氾、渨正是相反概念。……會不會“□”的造字方式與“沉”相同，亦即“禾”較輕，所以會漂浮在水面上。“氾”本有漂浮的意思，如《國語》：

① 劉剛：《釋“染”》，中國文字學會《中國文字學報》編輯部編：《中國文字學報》（第8輯），北京：商務印書館，2017年，第103-106頁。

“是故氾舟於河”。……又燕國璽印亦見“沶”字，文例皆是“沶某都+官名”（參見王愛民《燕文字編》，頁 174），“沶”作地名用，如何釋讀亦待考。從聲音考察，“黍”（書紐魚部）與“氾”（並紐談部），韻部魚談孟蓬生先生已多次著文證明二者可通，但是聲紐距離太遠，不能通假。或是將“沶”與“淋”分析爲从“禾”聲，“禾”，匣紐歌部，與“氾”聲紐屬喉脣相通，……至於韻部歌談屬通轉，……聲韻條件并不好。真實情況如何還有待新出材料來證明。[1]

李松儒女士：

沶，整理者已指出《左傳》作“氾”；有鬲散人認爲其字右旁有可能是“朿”的訛體，可讀“氾”；劉剛釋爲“染”讀爲“湛”。按葛陵簡甲三 414+412“刉於淋☒”、清華一《楚居》簡 8、簡 9、簡 13、簡 14 凡五見，辭例皆爲“淋郢”，以上“淋”皆用爲地名；上博八《蘭賦》簡 2：“☒汗（旱）其不雨，何淋而不沽（枯）？”“淋”不知何義，或可讀爲“黍”，以上諸字與“沶”相比，只右旁多一“水”，似是一字，當然，“淋”與“沶”也有并非一字的可能。而與本簡“沶”完全相同的字形尚見於《仲劇父盤》(《金文總集》6753，《集成》未收，或以爲僞器）“沶葝（粱）麥”，“沶”應用爲“黍”。劉剛釋“沶”爲“染”似也有一些道理，但尚不能確定，現在也難於判定“沶”是否一定與《左傳》的“氾”相應。[2]

金宇祥先生：

原考釋隸定可從，其實△字（引按，即沶字）即是古文字中的“黍”字，學者們未釋出△字，歸其原因其實是原考釋所引《左傳》成公七年“秋，楚子重伐鄭，師于氾”一句中的“氾”字存在着問題。……“氾”和“氾”在此實已混淆不清，難以分別。……推測會造成這種歧異的現象，應該是來自於字形混淆的緣故。“氾”字，《說文》云：“，濫也。从水𠃵聲。”“氾”字，《說文》云：“，水別復入水也。从水巳聲。《詩》曰：江有氾。一曰：氾，窮瀆也。”在小篆中這兩個字的區別還算清楚，但到漢隸以後的材料中，這兩個字便開始譌混難分。

……

《繫年》簡 85、130 的“沶”應釋爲“黍”較適合。既已知《繫年》

① 蘇建洲、吳雯雯、賴怡璇：《清華二〈繫年〉集解》，第 641、642 頁。

② 李松儒：《清華簡〈繫年〉集釋》，上海：中西書局，2015 年，第 233 頁。

此字爲“桼”，那麼就可推論與之對應《左傳》成公七年處應爲“氾”字才是。“桼”爲審紐魚部，“氾”爲邪紐之部，聲類相近……韻部爲魚之旁轉……《繫年》簡 85 所對應《左傳》成公七年“師于氾”的“氾”，應爲襄城縣的南氾。①

黄德寬先生：

對這個字的釋讀，學術界有“桼”“淵”“湫”“沃”“氾”“染”等不同意見，其中以釋“氾”影響最大，但迄今尚無定論。我們認爲，這個字是以會意方式構成的“湛”字，也就是“沈”（沉）的古字，其構形模式與甲骨文表示“貍沈”的“湛”字一致。

……

清華簡《繫年》第 85 號簡：“楚龍（共）王立七年，命（令）尹子禮（重）伐莫（鄭），爲 B 之𠂤（師）。”整理者將簡文與《左傳·成公七年》“秋，楚子重伐鄭，師于氾”對讀，將“B”對應讀爲“氾”。劉剛則將“B”字釋爲“染”，讀作“湛”，指出“湛”即“湛水”。《左傳·襄公十六年》：“楚公子格帥師，及晉師戰于湛阪。”“湛阪”，《水經注》卷 21“汝水”，謂“蓋即湛水以名阪”。劉剛認爲湛水“是楚君在氾攻鄭的必經之地”，故此字可讀“湛”。我們認爲，清華簡《繫年》第 85 號簡“B”字可直接釋爲“湛”，“南氾”與“湛”相近，《左傳》記“師于氾”，與《繫年》“爲湛之師”，可能是同一事件由於史官記載的不同而造成的差異。劉剛釋“B”字爲“染”，字形解釋較爲合理，且已將“B”讀作“湛”，只是釋字未達一間。

《繫年》第 130 號簡記載楚郎莊平君率師侵鄭，有“楚人涉 B”一語。整理者指出“B”可能就是新鄭東北的氾水。從鄭師逃入於蔑與其後戰事的發展來判斷，楚人此次北上侵鄭可能還未深入北氾地區，雙方交兵之地或許就在襄城的湛、氾一帶。如果我們釋“B”爲“湛”成立，那麼第 130 號簡楚人所涉之“B”很可能也是湛水。當然，在釋“B”爲“湛”的前提下，還有一種可能也不能絕對排除，那就是清華簡《繫年》中的“B”（湛）讀作“氾”。無論如何，將《繫年》“B”釋作“湛”理由也是成立的。②

---

① 金宇祥：《清華簡〈繫年〉“沃之師”相關問題初探》，陳偉主編：《簡帛》（第 13 輯），上海：上海古籍出版社，2016 年，第 92、93、98、101 頁。

② 黄德寬：《釋新出戰國楚簡中的“湛”字》，《中山大學學報（社會科學版）》2018 年第 1 期，第 49、51、52 頁；又見黄德寬：《試釋楚簡中的“湛”字》，復旦大學出土文獻與古文字研究中心網，2017 年 6 月 6 日。

董珊先生：

　　復旦大學出土文獻與古文字研究中心研究生讀書會疑"湫"與"沬"是一字之繁簡體，這應該是對的。我認爲此字形象禾生水中，應是水稻之"稻"字初文。在字音上，"稻"與"髤""湛"都是舌音，韻部是幽、侵對轉，因此可以通假。……據古注，沈（沉）與湛本來就是通用字，可見舀與尤、甚聲系皆通。

　　……

　　見於《繫年》的兩例，黄德寬先生引用劉剛的意見，認爲是湛水。這種看法不刻意趨同於《左傳》成公七年"楚子重伐鄭，師于氾"，是目前看來比較好的意見。不過，若從"不立異"的角度看，我認爲，"沬（稻）"也可以讀爲"氾"。

　　據《説文》，"氾"從"卪"聲，"（圅）"與"橐"都是"從卪，卪亦聲"。三字都是談部字，聲母有唇、喉的不同。《史記·禮書》："圅及士大夫"，《索隱》：按《大戴禮記》作"導及士大夫"此見《大戴禮記·禮三本》篇，《荀子·禮論》即作"道及士大夫"。圅既與道相通假，而道與稻屬同音字（定紐幽部一等開口），則圅與稻應也可以通假。設此不誤，則《繫年》"爲沬之㠯（師）"就與《左傳》"師于氾"較爲密合了。如舊所論，楚伐鄭兩次所涉及的"氾"，都指的是周襄王所曾居的南氾。[1]

（二）"鄭人戢（捷）芸（鄖）公義（儀）"

整理報告：

　　芸公義，《左傳》作"鄖公鍾儀"，《左傳》成公七年："鄭共仲、侯羽軍楚師，囚鄖公鍾儀，獻諸晉。……晉人以鍾儀歸，囚諸軍府。"

蘇建洲先生：

　　"芸"讀爲"鄖"。《左傳》宣公四年云："初，若敖娶於䢵，生鬬伯比。……其孫箴尹克黄"，"䢵"即"鄖"，鄖國地點一般以爲在今湖北省安陸市（《包山》181 已載有"安䢵（陸）"）。《左傳》桓公十一年"鄖人軍於蒲騷，將與隨、絞、州、蓼，伐楚師"（此段内容亦見於《上博九·陳

---

　　① 董珊：《釋"沬"——兼説哀成叔鼎銘文》，清華大學出土文獻研究與保護中心編：《紀念清華簡入藏暨清華大學出土文獻研究與保護中心成立十周年國際學術研討會論文集》，2018 年 11 月，第 110、111 頁；又見於董珊：《釋"沬"——兼説哀成叔鼎銘文，清華大學出土文獻研究與保護中心編：《半部學術史，一位李先生——李學勤先生學術成就與學術思想國際研討會論文集》，北京：清華大學出版社，2021 年，第 458-460 頁。

公治兵》簡 2 "先君武王與邧（鄖）人戰於蒲騷"），杜預注説"鄖國在江夏雲杜縣東南有鄖城。"《漢書》卷 28《地理志上》江夏郡"雲杜"縣顏師古注引應劭曰："《左傳》若敖娶於鄖，今邧亭是也。"尹弘兵：《楚國都城與核心區探索》頁二○七據此認爲古鄖國在漢晉雲杜縣東南，而漢晉雲杜縣石泉先生認爲在今湖北京山、鍾祥兩縣之間。[1]

（三）"東（厲）公先起兵，銜（率）自（師）會者（諸）侯以伐【八九】秦，孚=（至于）涇"

整理報告：

《春秋》成公十三年："春，晉侯使郤錡來乞師。夏五月，公自京師，遂會晉侯、齊侯、宋公、衛侯、鄭伯、曹伯、邾人、滕人伐秦。秋七月，公至自伐秦。"同年《左傳》："秦桓公既與晉厲公爲令狐之盟（在成公十一年），而又召狄與楚，欲道以伐晉，諸侯是以睦於晉。……五月丁亥，晉師以諸侯之師及秦師戰于麻隧。秦師敗績……師遂濟涇，及侯麗而還。"杜預《釋例》："涇水出安定朝那縣西，東南經新平、扶風，至京兆高陸縣入渭。"

（四）"敗楚自（師）於隕（鄢）"

整理報告：

《春秋》成公十五年："楚子伐鄭。"同年《左傳》："楚子侵鄭，及暴隧。遂侵衛，及首止。鄭子罕侵楚，取新石。"《春秋》成公十六年："六月……晉侯使欒黡來乞師。甲午晦，晉侯及楚子、鄭伯戰于鄢陵。楚子、鄭師敗績。楚殺其大夫公子側。"同年《左傳》稱鄭叛晉，衛侯爲晉伐鄭。晉厲公伐鄭，"六月，晉、楚遇於鄢陵。"《左傳》説楚伐鄭，鄭服于楚而叛晉，晉伐鄭，遂與楚戰于鄢陵，與簡文不同。隕，從自，右半所從爲"厲"省形。《説文》："嬰……一曰：讀若僑。""嬰"下大形譌爲矢形。大、矢作爲構字部件時有互譌，可參看《戰國文字編》第三三六頁"侯"字下、三三七頁"矣"字下。

胡凱、陳民鎮先生：

鄢陵之戰《繫年》一筆帶過，在《左傳》中則有詳細的記述。《繫年》與《左傳》對這一事件記載的最大不同，在於戰爭背景的交代。《繫年》

---

① 蘇建洲、吳雯雯、賴怡璇：《清華二〈繫年〉集解》，第 645 頁。

说楚恭王"率師圍鄭，屬公救鄭"，而《春秋》經傳成公十五、十六年對此事有更複雜的叙述：在晉楚交戰之前，尚有鄭、宋的戰爭以及鄭、衛的戰爭，而鄭國先是爲楚所伐，後服楚叛晉，晉揮師伐鄭。《國語·晉語六》也说晉屬公伐鄭，之後楚國救鄭。在交代鄢陵之戰的背景時，存在出入，《繫年》所記并非直接原因。如果《繫年》作者知道事件的始末，那麼有可能存在美化晉國的現象，值得玩味。在鄢陵之戰中，晉國大勝楚國，結束了霸業危機，楚國勢力此後逐漸衰落，不能北上争强。①

賴怡璇女士：

"隈"字作""，整理者以爲右旁是"奰"省形，楚簡中相似形體从雙目者如""（《包山》2.174）、""（《上博八·成王既邦》簡 13），後者辭例不明，前者爲人名，……依據傳世文獻記載以及《説文》"奰……一曰：讀若傿"，將所論字讀爲"鄢"應該是没有問題的。②

蘇建洲先生：

《説文·明部》："咼，目圍也。从明尸，讀若書卷之卷。古文以爲醜字。"……《説文·大部》："奰，大皃。从大咼聲。或曰拳勇字。一曰讀若傿。"……《説文·大部》："屭，壯大也。从三大三目，二目爲咼，三目爲屭，益大也。一曰迫也。讀若《易》虙羲氏。……"……

古文字有"哭"字作：

（《合集》28012） （《花東》290.12） （《英藏》2271）

（《集成》8.4269 縣妃簋）（《清華三·赤鵠之集湯之屋》簡 9）

"哭"字與虙羲氏的"虙"音近，《花園莊》讀爲"宓"或"毖"；《清華三·赤鵠之集湯之屋》讀爲"伏"或"閟"，參拙著《釋〈赤鵠之集湯之屋〉的"奰"字》。以（偏旁）與相比，二者只争"尸"旁，下部是常見的大、矢二形的訛變。可見凡是有"尸"旁者讀爲喉音元部字。反之，則讀爲唇音之脂部字。③

李松儒女士：

，整理者隸爲"隈"，認爲右半所从爲"奰"的省形，讀爲"鄢"。按，此説甚是。學者多已指出此字右旁又見於《包山》簡 174 ""、上

① 胡凱、陳民鎮：《從清華簡〈繫年〉看晉國的邦交——以晉楚、晉秦關係爲中心》，《邯鄲學院學報》2012年第 2 期，第 61 頁。

② 蘇建洲、吳雯雯、賴怡璇：《清華二〈繫年〉集解》，第 658 頁。

③ 蘇建洲、吳雯雯、賴怡璇：《清華二〈繫年〉集解》，第 658、659 頁。

博八《成王既邦》簡 13 "🖋", 這些字形所从即爲《説文》中的 "罨"。又, "願" 之古體 "顒" 亦从 "罨"。^①

謝明文先生：

> 由於傳世文獻記載《繫年》此次戰役的地點爲 "鄢陵", 又《説文》 "罨, ……一曰：讀若傿", 因此整理者將此字讀爲 "鄢" 應當是没有問題的。
>
> ……
>
> "🖋" 字, 整理者以爲右旁是 "罨" 省形……我們認爲此字右旁實即 "罨" 字初文, 而非 "罨" 的省形。《繫年》中的用字有不少存古現象, "🖋" 字所從 "咼" 旁作 "🖋", 此形非常重要, 它即我們……假設的 "咼" 字演變過程的 "🖋" 類形, 此字正可以作爲 "△"（引按, 即🖋形）、"🖋" 的中間字形, 這亦爲《繫年》用字中的存古現象又增添了新的一例。^②

袁金平先生曾撰《由清華簡〈繫年〉地名 "🖋" 再談 "鄭伯克段於鄢" 的 "鄢"》, 惜未得見正文内容。

【筆者按】地名 "鄢" 字, 有妟、嫚等多種寫法, 應當從地名用字的時代、地域特徵, 或是不同地名用字差異等多個方面予以綜合考察。

第 13 節　《繫年》第 17 章地理史料匯證

《繫年》簡 91—95：

> 晉戕（莊）坪（平）公即立（位）兀（元）年, 公會者（諸）侯於𣆡（溴）梁^{（一）}, 述（遂）以豊（遷）䜌（許）於鄴（葉）而不果^{（二）}。㠯（師）造於方城^{（三）}, 齊高厚【九一】自㠯（師）逃歸（歸）。坪（平）公衙（率）㠯（師）會者（諸）侯, 爲坪（平）㑹（陰）之㠯（師）以回（圍）齊, 焚亓（其）四䕚（郭）, 毆（驅）車羍（至于）東畆^{（四）}。坪（平）公【九二】立五年, 晉盾（亂）, 䜌（欒）䞈（盈）出奔齊=（齊, 齊）戕（莊）公光衙（率）㠯（師）以逐䜌=䞈=（欒盈）。䞈（盈）䜽（襲）巷（絳）而不果, 奔内（入）於曲天（沃）^{（五）}。齊【九三】戕（莊）公涉河䜽（襲）朝訶（歌）, 以遝（復）坪（平）㑹（陰）之㠯（師）^{（六）}。晉人既殺䜌（欒）

---

① 李松儒：《清華簡〈繫年〉集釋》, 上海：中西書局, 2015 年, 第 238、239 頁。

② 謝明文：《説 "咼" 及其相關之字》,《商周文字論集》, 上海：上海古籍出版社, 2017 年, 第 78、79 頁。

經（盈）于曲天（沃），坪（平）公衛（率）昌（師）會者（諸）侯，伐齊，【九四】以遉（復）朝訶（歌）之昌（師）^{（七）}。……【九五】

【注　釋】

（一）"公會者（諸）侯於瞴（溴）梁"

整理報告：

《春秋》襄公十六年："三月，公會晉侯、宋公、衞侯、鄭伯、曹伯、莒子、邾子、薛伯、杞伯、小邾子于溴梁。戊寅，大夫盟。"同年《左傳》："十六年春，葬晉悼公。平公即位……會于溴梁。……許男請遷于晉。諸侯遂遷許，許大夫不可，晉人歸諸侯。"杜預注："溴水出河內軹縣，東南至溫入河。"

（二）"䢙（遷）�（許）於鄴（葉）而不果"

整理報告：

《春秋》成公十五年："許遷于葉。"《左傳》："許靈公畏偪於鄭，請遷於楚。辛丑，楚公子申遷許於葉。"此時許欲叛楚，而求遷於晉，簡文所謂"遷許於葉"，謂遷許出葉而使之近晉。

子居：

（整理者之）說甚難理解，若是從葉地將許男遷出至於晉之某某地，當書爲"遷許於某某"，恐無書作"遷許於葉"的道理，此點比之於《左傳·昭公四年》的"楚子欲遷許于賴"即不難推知。因此，這裏當仍是《繫年》記述者所記有誤，而非"謂遷許出葉而使之近晉"之意。^①

賴怡璇女士：

"䚓（許）"字，楚簡中的"許"氏常作"䚓"形，如"![字形]"（《包山》2.18）、"![字形]"（《包山》2.141）、![字形]（《望山》1.18）。但許氏與許國是同時存在的……

就整理者的引文而言，許男的遷徙分爲兩個時段，第一個時段爲一直受到鄭國的逼迫，因此請求同盟國——楚國幫忙，故《左傳》成公十五年記載："許靈公畏偪於鄭，請遷於楚。辛丑，楚公子申遷許於葉。"

---

① 子居：《清華簡〈繫年〉第16～19章解析》，Confucius2000 網·清華大學簡帛研究，2013 年 1 月 8 日。

楊伯峻指出："此後，許爲楚的附庸。"(《春秋左傳注(修訂本)》，頁 877)
楚國將許男遷至葉地，楊伯峻指出葉地位於河南葉縣西南(《春秋左傳注
(修訂本)》，頁 877)，算是許國受到了楚國的保護，只是從此以後許國
不再是一個獨立的國家。第二個階段便是襄公十六年之事，《左傳》："許
男請遷於晉。諸侯遂遷許，許大夫不可，晉人歸諸侯。"楊伯峻指出"實
是將遷許而未成，故不言所遷之地。"(《春秋左傳注(修訂本)》，頁 1027)
整理者分析當時的情勢説"遷許出葉而使之近晉"是對的，但是簡文云：
"罍(遷)晉(許)於鄴(葉)"無法看出整理者所説的意思，此處或當
如子居所説是《繫年》記述者所記有誤。[①]

蘇建洲先生：

　　恐怕本來應該抄爲"於鄴(葉)罍(遷)晉(許)而不果"，即在許
國所在地"葉"這個地方遷移許國而沒有結果。抄寫者將抄寫順序顛倒
了。一説可以理解爲"述(遂)以罍(遷)晉(許)，於鄴(葉)，而不
果"，將"於鄴(葉)"理解爲"罍(遷)晉(許)"的補語。[②]

劉光勝先生：

　　整理者指出，簡文"遷許於葉"是遷許出葉使之近晉。子居持反對
意見，他説若是從葉地將許男遷出至於晉之某某地，當書爲"遷許於某
某"，恐無書作"遷許於葉"的道理……

　　《左傳》成公十五年："許靈公畏偪于鄭，請遷于楚。辛丑，楚公子
申遷許于葉。"許國懼怕鄭國侵襲，於是在楚人的幫助下，遷入葉。《左
傳》襄公十六年："許男請遷于晉，諸侯遂遷許，許大夫不可，晉人歸諸
侯。"後來許國想歸晉國，於是再次請求遷移。葉在春秋時期，明確爲楚
國縣邑。子居的懷疑是正確的，對照《左傳》，最簡單的辦法，我們認爲
簡文"葉"可能爲"晉"字之誤寫。[③]

(三)"自(師)造於方城"

整理報告：

　　造，《説文》："就也。"《左傳》襄公十六年載晉楚湛阪之戰，楚師敗
績，晉師遂侵方城之外。

---

① 蘇建洲、吳雯雯、賴怡璇：《清華二〈繫年〉集解》，第 663、664 頁。
② 蘇建洲、吳雯雯、賴怡璇：《清華二〈繫年〉集解》，第 664 頁。
③ 劉光勝：《清華簡〈繫年〉與〈竹書紀年〉比較研究》，第 57 頁。

子居：

據《左傳·襄公十六年》：“夏六月，次於棫林。庚寅，伐許，次於函氏。晉荀偃、欒黶帥師伐楚，以報宋楊梁之役。楚公子格帥師，及晉師戰於湛阪。楚師敗績。晉師遂侵方城之外，復伐許而還。”杜預注以爲“棫林、函氏，皆許地。”杜説不確，此時的“棫林”（河南葉縣東北）當爲鄭地，以有鄭伯同伐故，因此次於此地。清人高士奇《春秋地名考略》卷十二：“或云：棫林在今葉縣東北，函氏亦在葉縣北。”仍未能詳指其地。筆者以爲，《左傳》此處之棫林，當即今河南省許昌市西南的榆林鄉，其地在葉之東北，且正臨於戰國時期著名的汾陘之塞，爲兵家必爭的所在。函氏則當即在氾地一帶，杜預注所稱在襄城縣南者，見《繫年》上章分析部分的引文。晉、鄭與諸侯伐許而次於此二地，與當時形勢合。湛阪之地，杜預注已指出“襄城昆陽縣北有湛水，東入汝”，故其地即在今河南省平頂山市北。楚師既在湛阪戰敗，所以晉師即能直達葉縣，且至於方城。[1]

賴怡璇女士：

《左傳》襄公十六年記載“次於棫林”一句，楊伯峻指出：“棫林，許地，今河南葉縣東北。與十四年傳秦地棫林同名異地。”“函氏亦許地，在今葉縣北。”（《春秋左傳注（修訂本），頁 1027》）歷史上的“棫林”有三處，一是西周時的鄭國都城，今在陝西華縣；二爲春秋秦邑，在今陝西禮泉縣東；三即是此地。（《中國歷史大辭典·歷史地理卷》，頁868）子居以爲是鄭地，并無文獻可證，且當時許人被楚遷至葉地，棫林與函氏皆近葉地，將此二地視爲許地，也無疑問。至於簡文曰“造於方城”對應《左傳》襄公十六年“晉師遂侵方城之外”的“侵”。方城爲楚地，《左傳》以“侵”來表示晉軍已攻打至方城。《繫年》所用字爲“造”，如同《管子·大匡》：“（齊桓）公不聽，興師伐魯，造於長勺，魯莊公興師逆之，大敗之。”[2]

（四）“爲坪（平）会（陰）之𠂤（師）以回（圍）齊……毆（驅）車𡈼（至于）東畮”

整理報告：

《春秋》襄公十八年：“秋，齊師伐我北鄙。冬十月，公會晉侯、宋

---

① 子居：《清華簡〈繫年〉第16～19章解析》，Confucius2000 網·清華大學簡帛研究，2013 年 1 月 8 日。
② 蘇建洲、吳雯雯、賴怡璇：《清華二〈繫年〉集解》，第665頁。

公、衛侯、鄭伯、曹伯、莒子、邾子、滕子、薛伯、杞伯、小邾子同圍齊。"同年《左傳》："冬十月，會于魯濟，尋漷梁之言，同伐齊。齊侯禦諸平陰，塹防門而守之，廣里。……十一月丁卯朔，入平陰，遂從齊師。……十二月……己亥，焚雍門及西郭、南郭。……壬寅，焚東郭、北郭。……甲辰，東侵及濰，南及沂。"平陰，今山東平陰東北三十五里。

陳偉先生：

《左傳》成公二年："賓媚人致賂，晉人不可，曰：'必以蕭同叔子爲質，而使齊之封內盡東其畝。'對曰：'……先王疆理天下，物土之宜而布其利。故詩曰：我疆我理，南東其畝。今吾子疆理諸侯，而曰盡東其畝而已，唯吾子戎車是利，無顧土宜。其無乃非先王之命也乎。'""盡東其畝"杜預注："使壟畝東西行。"《史記·齊世家》作"令齊東畝"，集解引服虔曰："欲令齊隴畝東行。"索隱曰："壟畝東行，則齊車馬東向濟行易也。"文獻中似不見"東畝"爲地名。疑當讀爲"海"。《左傳》襄公二十九年："爲之歌《齊》，曰：'美哉，泱泱乎！大風也哉！表東海者，其大公乎！'"《韓非子·外儲說右上》："太公望東封于齊，齊東海上有居士曰狂矞、華士。"……《左傳》襄公十八年記此役說："東侵及濰，南及沂。"杜預注："濰水在東莞東北，至北海都昌縣入海。"或許濰水所入的渤海也屬於先秦人所說的"東海"。[1]

孫飛燕女士：

《穀梁傳》成公二年在講鞌之戰時說："壹戰綿地五百里，焚雍門之茨，侵車東至海。""侵車東至海"相當於簡文的"驅車至于東海"。[2]

劉建明先生：

疑啻應釋讀爲"郵"，即"東郵"。崔恒昇在《中國古今地理通名匯釋·聚落》中提到："棠，'塘'的演化。……按以村中的水塘爲標識，故名。……"見《左傳》襄公十八年："齊侯駕，將走郵棠。"由上例觀之，簡中所述東郵即《左傳》所言"郵棠"也。……郵棠，即棠。……在今山東平度東南。這樣說來，東郵，是指《左傳》所言"郵棠"也。[3]

① 陳偉：《讀清華簡〈繫年〉札記（二）》，簡帛網，2011年12月21日。

② 孫飛燕：《讀〈繫年〉札記三則》，復旦大學出土文獻與古文字研究中心網，2012年3月9日。

③ 劉建明：《清華簡〈繫年〉釋讀辨疑》，Confucius2000網·清華大學簡帛研究，2012年12月26日。

子居：

《初學記》卷六即言："東海之別有渤澥，故東海共稱渤海，又通謂之滄海。"更由譚其驤先生《中國歷史地圖集》可見，春秋時期萊州灣地區南部海岸線更在今海岸綫之南，約在侯鎮至東塚一帶，因此濰水的入海口也即在今東冢一帶，至《水經注・濰水》猶稱："濰水東北逕逢萌墓。……又北逕都昌縣故城東。……又東北入於海。"故以公元前之沿海地理形勢而言，《左傳》所記"東侵及濰"與《繫年》所記"驅車至於東海"實無甚區別。[①]

賴怡璇女士：

"畮"作 ，整理者之所以將"畮"讀爲"畞"，一方面楚文字的"畞"多作如此寫法，如 （《子羔》簡8）、 （《容成氏》簡14）、 （《慎子》05），同時《繫年》也有"畞"寫作 （簡2）、 （簡4）。不過，就《繫年》的語法而言，"於"之後常接地名或河名（如簡34"至于梁城"，簡90"秊（至于）涇"），如陳偉所言傳世文獻中未見"東畞"爲地名者。……"東海"所指稱的應是"渤海附近"，而非以"渤海"來表示"濰水"。……簡文中的"畞"字讀爲"海"應沒有問題……《孟子・離婁上》："……居東海之濱。"閻若璩根據《通典》指出"東海之濱"爲"莒縣東則當日太公辟紂居東海之濱。"……而《左傳》中的"濰水"，楊伯峻指出其流域爲"濰水源出山東莒縣西北濰山，伏流至箕屋山復見，東流至諸城縣東北，折而北流，經昌邑入海。及濰者，軍抵濰水西岸及北岸也。"（《春秋左傳注（增訂本）》，頁1040）《左傳》中未言明"東侵及濰"究竟是"濰水"的何處，而閻若璩所指的"東海之濱"地點，基本上與"濰水"的源頭相同，皆爲莒縣，簡文的"毆（驅）車秊（至于）東畮"與《左傳》"東侵及濰"所指的可能皆是指晉國聯軍攻打至齊國的莒縣（濰水附近）。[②]

馬健偉先生從陳偉的意見將"東畞"讀爲"東海"，指濰水入海口，在今山東昌邑北東冢一帶：

筆者贊同陳偉先生與子居的觀點。雖然《繫年》與《左傳》對於平陰之戰的東侵的地點記載不一，但學者們大都認爲是指同一地方。將《繫年》與《左傳》結合來看，兩者關於平陰之戰的地點的記載確實并不矛盾。根據《繫年》記載，晉國聯軍先是在平陰一帶攻打齊國，接着打到

[①] 子居：《清華簡〈繫年〉第16～19章解析》，Confucius2000網・清華大學簡帛研究，2013年1月8日。
[②] 蘇建洲、吳雯雯、賴怡璇：《清華二〈繫年〉集解》，第670-672頁。

了齊國臨淄一帶，從臨淄又驅車往東打到了東海。而臨淄往東不遠處就是今山東東冢一帶，臨近萊州灣南部海岸線。另據《水經注·濰水》："濰水東北逕逢萌墓。……又北逕都昌縣故城東。……又東北入於海。"可知濰水由都昌縣北部入海。而古之都昌縣北部就是今之昌邑市北部，且今山東東冢一帶也是位於昌邑市北部，據此可知《左傳》所載"東侵及濰"與《繫年》所記"驅車至於東畞"皆是指晉國聯軍攻打至都昌縣北部，即今山東東冢一帶。[①]

（五）"欒盈䆫（襲）巷（絳）而不果，奔内（入）於曲天（沃）"

整理報告：

齊戕（莊）公，名光，齊靈公之子。逐，跟從。《晉世家》："齊莊公微遣欒逞於曲沃，以兵隨之。"《左傳》襄公二十三年載齊莊公借滕妾於晉之機，納欒盈於曲沃。欒盈得魏獻子（魏舒）之助，率曲沃之師襲晉國都城絳（今山西侯馬），被范宣子擊退。欒盈遂奔曲沃。晉人圍之。……巷，匣母東部，絳，見母冬部，旁紐韻近可通。

子居：

《繫年》原文只是説"平公立五年，晉亂"，此晉亂并不一定就是特指范宣子逐欒盈之事，據《左傳·襄公二十一年》所載："欒桓子娶于范宣子，生懷子。范鞅以其亡也，怨欒氏，故與欒盈爲公族大夫而不相能。桓子卒，欒祁與其老州賓通，幾亡室矣。懷子患之。祁懼其討也，愬諸宣子曰：'盈將爲亂，以范氏爲死桓主而專政矣，曰：吾父逐鞅也，不怒而以寵報之，又與吾同官而專之。吾父死而益富。死吾父而專于國，有死而已，吾蔑從之矣。其謀如是，懼害於主，吾不敢不言。'范鞅爲之征。懷子好施，士多歸之。宣子畏其多士也，信之。懷子爲下卿，宣子使城著而遂逐之。秋，欒盈出奔楚。宣子殺箕遺、黃淵、嘉父、司空靖、邴豫、董叔、邴師、申書、羊舌虎、叔羆，囚伯華、叔向、籍偃。"可見，欒、范不相能，非一朝一夕之事，故《繫年》作者記晉平公五年有亂，然後述及欒盈出奔、齊莊公襲朝歌諸事，亦無不當。[②]

蘇建洲先生：

根據《十二諸侯年表》"鄦（欒）䋙（盈）出奔齊"是在晉平公七年，

---

① 馬健偉：《清華簡〈繫年〉所涉齊魯地區古史研究》，山東師範大學碩士學位論文，2016年，第46頁。
② 子居：《清華簡〈繫年〉第16~19章解析》，Confucius2000網·清華大學簡帛研究，2013年1月8日。

魯襄公二十二年，與簡文所述"平公立五年"有二年的差距，我們傾向於認同子居的意見，并在"晉亂"之後加上句號。也就是說晉平公五年晉國大夫之間傾軋內亂是遠因，導致平公六年欒盈出奔楚（據《左傳》襄公二十一年），平公七年"欒盈自楚適齊"（據《左傳》襄公二十二年），但《繫年》只記載"䣄（欒）䚪（盈）出奔齊"確如整理者所說是"概括言之"。《繫年》連續記載不同年代的事件時，未必會給後者標出時間，所以我們作出上述的句讀與理解并不違背《繫年》的體例。當然還有一種可能是簡文的"五"年當是"七"年之誤，即簡文當作："坪（平）公立五〈七〉年，晉䨻（亂），䣄（欒）䚪（盈）出奔齊。"①

（六）"齊【九三】臧（莊）公涉河鬲（襲）朝訶（歌），以遻（復）坪（平）會（陰）之𠂤（師）"

整理報告：

《左傳》襄公二十三年："齊侯遂伐晉，取朝歌。……以報平陰之役。"

（七）"坪（平）公衒（率）𠂤（師）會者（諸）侯，伐齊，【九四】以遻（復）朝訶（歌）之𠂤（師）"

整理報告：

諸侯會於夷儀伐齊有二。《左傳》襄公二十四年："會於夷儀，將以伐齊，水，不克。"簡文當指襄公二十五年："公會晉侯、宋公、衛侯、鄭伯、曹伯、莒子、邾子、滕子、薛伯、杞伯、小邾子于夷儀。"《左傳》云："遂伐齊，以報朝歌之役。"

第14節 《繫年》第18章地理史料匯證

《繫年》簡96—103：

晉臧（莊）坪（平）公立十又二年，楚康王立十又四年，命（令）尹子木會邨（趙）文子武及者（諸）侯之夫＝（大夫），明（盟）【九六】于宋，曰："爾（弭）天下之虩（甲）兵。"康王即蹀（世），乳＝（孺子）王即立（位），需（靈）王爲命＝尹＝（令尹，令尹）會邨（趙）文子及

---

① 蘇建洲、吳雯雯、賴怡璇：《清華二〈繫年〉集解》，第674頁。

者（諸）侯之夫＝（大夫），明（盟）于【九七】虢（虢）⁽一⁾。乳＝（孺子）王即世（世），需（靈）王即立（位）。需（靈）王先起兵，會者（諸）侯于繡（申）⁽二⁾，敓（執）邾（徐）公，述（遂）以伐邾（徐），克褮（賴）、邾（朱）方（方）⁽三⁾，伐吳，【九八】爲南淉（懷）之行⁽四⁾，賜（縣）陳、郕（蔡），殺郕（蔡）需（靈）侯⁽五⁾。需（靈）王見褐（禍），競（景）坪（平）王即立（位）。晉戕（莊）坪（平）公即世（世），卲（昭）公、同（頃）公膚（皆）【九九】暴（早）世（世），柬（簡）公即立（位）。競（景）坪（平）王即世（世），卲（昭）王即立（位）。曾（許）人閹（亂），曾（許）公炕出奔晉＝（晉，晉）人羅，城汝昜（陽），居【一〇〇】曾（許）公炕於頌（容）城⁽六⁾。晉與吳會爲一，以伐楚，閔方城⁽七⁾。述（遂）明（盟）者（諸）侯於聖（召）陵，伐中山⁽八⁾。晉㠯（師）大疫【一〇一】虘（且）飢，飤（食）人。楚卲（昭）王戡（侵）尹（伊）、洛以逯（復）方城之㠯（師）⁽九⁾。晉人戋（且）又（有）軋（范）氏与中行氏之褐（禍），七歲（歲）不解甲（甲）。【一〇二】者（諸）侯同䚷（盟）于鹹泉以反晉＝（晉，晉）公以伪（弱）。【一〇三】

【注　釋】

（一）“明（盟）于【九七】虢（虢）”

整理報告：

《春秋》昭公元年：“叔孫豹會晉趙武、楚公子圍、齊國弱、宋向戌、衞齊惡、陳公子招、蔡公孫歸生、鄭罕虎、許人、曹人于虢。”虢，楊伯峻《春秋左傳注》：“《公羊》作‘漷’，《穀梁》作‘郭’。……虢爲東虢，周文王弟虢叔所封，後爲鄭所滅，平王即以其地與鄭。故城在今河南鄭州市北古滎鎮。”同年《左傳》：“遂會於虢，尋宋之盟也。”

蘇建洲先生：

“柤”，《水經注疏·卷三十淮水》作“《春秋·襄公十年》，公會諸侯及齊世子光于‘郫’，今其地郫聚是也，王莽之鄪治也。”“柤”作“郫”，二者皆從“且”得聲，可見《春秋》經傳的記載確有其根據。《中國歷史地圖集——第一册》29—30“楚吳越”②-9“柤”的位置也是歸在邳縣之北。李家浩先生説：“柤在今江蘇邳縣西北之泇口，戰國時位於齊、楚兩國交會處，據有關資料，可能曾一度屬齊……”……由於《襄公》十年云晉侯會諸侯及吳子壽夢於柤，“遂滅偪陽”，既言“遂”，可見“偪陽”

與“柤”的距離不會太遠，而“偪陽”在今山東棗莊市嶧城南，可見“柤”的位置大概不能遠至河南永城縣西，本文從今江蘇邳縣西北之泇口，戰國時位於齊、楚兩國交會處之説。

至於簡文的“虢”……（與楚令尹會“趙文子及諸侯之大夫”所會盟的“虢”（即東虢）相比較）……則可以初步認定簡文是誤書。還有一種可能，由於“虢”（見紐魚部）與“柤”（從紐魚部）聲韻皆近，見系字與精系字關係密切，如《容成氏》13“静（耕）於歷丘”，“静”（從紐耕部）作鬶，可讀作“耕”（見紐耕部）。“静”所從的“争”，鏡紐耕部，“青”清紐耕部，皆是齒音。可見，“虢”確實可以讀爲“柤”。“虢”，一般認爲是會意字，不過“虎”，曉紐魚部，與“虢”的聲韻相當接近，可能亦有聲符的作用，同時古書有【攎和柤】的通假例證，（《聲素》395）“攎”從“庄”聲，此亦可説明【柤與虢】可以通假。本文采用後一種意見。晉悼公邀合諸侯與吴人會於柤，目的是攻滅偪陽，把地送給宋國，以作爲與吴交通的驛站。（童書業《春秋史》，頁227）[1]

【筆者按】地名“虢”又見於《繫年》第20章（簡109），云：“（晉悼）公會諸侯，以與吴王壽夢相見於虢（虢）。”對這一“虢”地，《繫年》整理者注云：

《春秋》經傳并作“柤”。楊伯峻注：“楚地，在今江蘇邳縣北而稍西之泇口。”（《春秋左傳注》第九七三頁）

（二）“霝（靈）王先起兵，會者（諸）侯于繻（申）”

整理報告：

《左傳》昭公四年：“六月丙午，楚子合諸侯于申。……徐子，吴出也，以爲貳焉，故執諸申。……秋七月，楚子以諸侯伐吴，宋大子、鄭伯先歸，宋華費遂、鄭大夫從。使屈申圍朱方，八月甲申，克之……遂以諸侯滅賴。……遷賴於鄢。”楊伯峻《春秋左傳注》：“賴，《公羊》作‘厲’……今湖北隨縣東北之厲山店”，“朱方，吴邑，今江蘇鎮江市丹徒鎮南”。

董珊先生指出：“楚靈王會諸侯以及誘殺蔡靈侯的地點‘申’，以地理形勢觀之，應爲信陽之申，不是南陽之申。”這一觀點在董氏《救秦戎銅器群的解釋》未發表部分曾提到：

爲什麽信陽長臺關一號楚墓出土救秦戎鐘。

---

[1] 蘇建洲、吳雯雯、賴怡璇：《清華二〈繫年〉集解》，第767-769頁。

信陽長臺關是春秋晚期至戰國時代的申。

顧鐵符先生《信陽一號楚墓的地望與人物》認爲，申國有兩個，分別位于今南陽（申、呂之申）和信陽地區（申、息之申），今信陽長臺關北有楚王城，是春秋戰國時代的楚城遺址。根據這個判斷，我認爲此地就是《左傳》哀公四年與左司馬并提的申公壽餘所領的楚申縣，而同時南陽之申，則名爲"宛"，有宛公，見于曾侯乙簡、包山簡、新蔡簡及《史記·秦本紀》："百里傒亡秦走宛"，二申不同。又《左傳》哀公十七年："彭仲爽，申俘也，文王以爲令尹，實縣申、息，朝陳、蔡，封畛于汝。"可見成爲楚縣的申近于陳、蔡、汝水，是申、息之申，不在南陽而在信陽。《左傳》哀公四年："申公壽余、葉公諸梁致蔡于負函，致方城之外于繒關"，繒關近葉，致方城之外是葉公諸梁所爲；《春秋大事表》認爲負函在"今河南汝寧府信陽州境"，此地近蔡近信陽之申，致蔡是申公壽餘所爲，他應參與了救秦戎之全過程，又爲此事鑄鐘銘功，長臺關一號楚墓規模相當于上大夫，應即申公壽余之後代繼爲申公，于是用此套編鐘之一件來隨葬。

現在看來，這可能是一種合乎情理的推測。當然，其中的一些細節，尚待琢磨。[①]

蘇建洲先生：

簡文的申，是指信陽的申，而非南陽的申。《繫年》18章98—99："靈王即位。靈王先起兵，會諸侯于申，執徐公，遂以伐徐，克賴、朱邡，伐吳，【九八】爲南懷之行，縣陳、蔡，殺蔡靈侯。"可與簡文對讀。[②]

蘇建洲先生後來改變觀點，主張楚靈王會盟諸侯的"申"地爲"南陽之申"，不在信陽：

《上博九·靈王遂申》簡1："靈王既立，繡（申）賽（息）不懋。王敗郙（蔡）霝（靈）庋（侯）於呂，命繡（申）人室出，取郙（蔡）之器。"内容不見於傳世文献，可能是當時的另一種傳說，比對起來相當於《左傳》"誘蔡靈侯於申，醉而殺之"。既言"呂"，則可爲殺蔡靈侯於"申"提供地理位置判別上的依據。前面《史記·齊太公世家》索隱、江永《春秋地理考實》以及陳槃、李學勤等先生的意見均已提到申、呂位置相近，

---

① 董珊：《讀清華簡〈繫年〉》，復旦大學出土文献與古文字研究中心網，2011年12月26日。

② 蘇建洲：《初讀〈上博九〉札記（一）》，簡帛網，2013年1月6日。

都位在南陽，可以證實楚靈王會諸侯以及殺蔡靈侯的地點"申"就是"南陽之申"。楚靈王在呂縣打敗蔡靈侯，爲了討好對他不爽快的申縣之人，遂下令申縣人到呂地取蔡靈侯及侍衛的物品。……（將清華簡《繫年》第十八章）結合《左傳》所載史實可以解釋爲：魯昭公四年（前538年）六月靈王會合諸侯於申，靈王認爲徐君有貳心，就在申地把他抓起來，接着攻伐徐國。并在七、八月攻打賴國、朱方以及吳國。魯昭公四年冬，吳國攻打楚國，進入棘地、櫟地、麻地，以報復朱方之役。魯昭公五年冬十月，楚靈王帶領諸侯及東夷的軍隊伐吳，以報復棘地、櫟地、麻地之役，楚軍進入江、淮間的南懷，這一次的行動吳國早有防備，楚國無功而還。魯昭公八年（前534年）冬十月，楚師滅亡了陳國，此爲第二次滅陳，并派穿封戌做陳公。昭公十一年（前531年）夏四月，楚靈王誘殺蔡侯般。冬十一月滅亡了蔡國，此爲楚國第一次滅蔡，派公子棄疾爲蔡公。可見先"殺蔡靈侯"，再"縣蔡"，《繫年》此句未依照時間敘述。這種情況在《繫年》中并不少見……總之，由《靈王遂申》簡文，可以知道傳世文獻及《繫年》第十八章"（靈王）會諸侯於申"，以及醉殺蔡靈侯的"申"皆是南陽之申。……目前出土文獻尚未見到確定無疑的信陽之申。①

清華讀書會：

《左傳》載靈王十年（魯昭公十一年，BC531），楚靈王召蔡靈侯會於申，"三月丙申，楚子伏甲而饗蔡侯於申，醉而執之。夏四月丁巳，殺之。刑其士七十人。"誘殺蔡靈侯般。（《靈王遂申》）簡文有兩處值得注意，一是稱"敗蔡靈侯"，下文又云"軍門"，可能如《公羊傳》所載有"兵車之會"，有"乘車之會"，蔡靈侯及其扈從以嘉禮乘車之會往，被靈王誘殺。或疑"敗"爲"則""賊"之誤。一是稱其地曰"呂"。呂、申皆在南陽，地望相近，據下文"呂"似即在"申"中。②

鄭威先生：

簡文之"申"究竟位於何處，向有兩説。其一爲南陽説。……簡牘整理者陳佩芬先生首倡此説……其二爲信陽説。董珊先生主此説……

---

① 蘇建洲：《〈清華二·繫年〉中的"申"及相關問題討論》，李宗焜主編：《古文字與古代史》（第4輯），臺北："中央"研究院史語所，2015年，第487、488頁。

② 清華大學出土文獻讀書會：《〈上博九·靈王遂申〉研讀》，清華大學出土文獻研究與保護中心網，2013年3月29日。

　　2009年，南陽市文物考古研究所與河南省文物考古研究所在南陽商貿中心工地發掘了一批東周墓葬。其中墓M27出土了一件銅戈，上有錯金銘文六字："蔡侯班之用戈"。

　　……

　　墓M27出土的錯金銘文"蔡侯班之用戈"，器主爲蔡侯班，材料已經公布。般、班，上古音皆在幫紐元部，雙聲迭韻。《史記·管蔡世家》載蔡靈侯名"般"，《十二諸侯年表》則稱"蔡靈侯班"。將此戈認定爲蔡靈侯之戈是妥當的。

　　這件戈銘文錯金，彰顯了蔡侯身份之高貴。蔡靈侯的自用戈之所以出現在申縣貴族墓中，顯然與《靈王遂申》記載的楚靈王命申人掠取蔡器有關，戈與簡文可以互證。該墓時代爲春秋晚期，墓主推測爲申縣貴族，又隨葬蔡靈侯之戈，估計在楚靈王囚禁蔡侯及其侍從、命申人取蔡器之時，墓主家族作爲申人，直接參與了擄掠，所獲蔡靈侯戈十分精美，故而隨葬墓中。該戈的出土，也驗證了簡文與史籍記載的可信性。

　　由此看來，簡文之申當指南陽之申縣，敗蔡靈侯的呂地應在呂國故地，在申縣西約三十里的董呂村（今名董營村，屬臥龍區王村鄉）。[①]

（三）"伐郤（徐），克溮（賴）、邾（朱）邡（方）"

整理報告：

　　《左傳》昭公四年："使屈申圍朱方，八月甲申，克之……遂以諸侯滅賴。……遷賴於鄢。"楊伯峻《春秋左傳注》："賴，《公羊》作'厲'……今湖北隨縣東北之厲山店"，"朱方，吳邑，今江蘇鎮江市丹徒鎮南"。

陳偉先生：

　　春秋厲（賴）國所在，舊有多種説法。《左傳》昭公四年在"遷賴於鄢"之後復云："楚子欲遷許於賴，使鬬韋龜與公子弃疾城之而還。申無宇曰：'楚禍之首，將在此矣。召諸侯而來，伐國而克，城竟莫校，王心不違。民其居乎。民之不處，其誰堪之。不堪王命，乃禍亂也。'""城竟莫校"，顯示賴當在春秋晚期楚國的邊境地區。王夫之認爲厲（賴）約在今河南鹿邑縣境，當更爲可信。[②]

---

① 鄭威：《〈靈王遂申〉與春秋後期楚國的申縣》，《江漢考古》2017年第5期，第118-120頁。
② 陳偉：《讀清華簡〈繫年〉札記（二）》，簡帛網，2011年12月21日。

老閟：

朱方（朱邡），舊注以爲在今江蘇丹徒。有當代學者分析指出，此地應在吳、楚交界處，尤其可能在兩國爭奪激烈的淮河中游兩岸某處，而不會遠在吳之腹心之地；況且，《榖梁傳·昭公四年》曰："慶封封乎吳鍾離。其不言伐鍾離，何也？不與吳封也。"故此，"朱方"怕就是瀕淮之邑"鍾離"，而"鍾離"蓋無非"朱"之分音。賴，蓋在今河南息縣東北之包信鎮。[①]

子居：

《左傳·昭公四年》："徐子，吳出也，以爲貳焉，故執諸申。……秋七月，楚子以諸侯伐吳。宋大子、鄭伯先歸。宋華費遂、鄭大夫從。使屈申圍朱方，八月甲申，克之。執齊慶封而盡滅其族。……遂以諸侯滅賴。……遷賴於鄢。楚子欲遷許於賴，使鬬韋龜與公子棄疾城之而還。"厲（賴）地在河南鹿邑，既然克朱方即可滅賴，說明朱方去賴不遠。因此舊説朱方在江蘇省丹徒縣，當誤。此時的楚即便糾結諸侯之師，實際上恐怕也是無法攻至江蘇丹徒的，這與前文所述楚國此前當并未攻至蕪湖地區，道理相同。更由《左傳》所記可見，當年冬，吳國即對楚國此次克朱方的軍事行動進行的報復，顯然也不像是曾遭受重創。但由《通典》所記"朱方"又名"谷陽"，倒可以推測朱方本當在谷水之陽，或即是今安徽省渦陽縣地區。《左傳·昭公四年》："冬，吳伐楚，入棘、櫟、麻，以報朱方之役。楚沈尹射奔命于夏汭，箴尹宜咎城鍾離，薳啓强城巢，然丹城州來。東國水，不可以城。彭生罷賴之師。"杜預注："棘、櫟、麻，皆楚東鄙邑。譙國酇縣東北有棘亭，汝陰新蔡縣東北有櫟亭。"楊伯峻《春秋左傳注》："麻，在今安徽省碭山縣東北二十五里，舊有麻城集。"吳國既然可以連攻此三地，那麼就不難推知，在此之前，今安徽省西北部渦河流域原屬於楚國的地區，彼時恐已多爲吳國攻取。那麼反觀前面楚國攻克朱方的行動，則朱方自當是在今安徽省西北部，這也與前文推測朱方或即是今安徽省渦陽縣地區相合。[②]

蘇建洲先生：

依徐少華先生之説，則簡文的"厲"是指由河南鹿邑縣遷到汝南郡褒信的"賴亭"。……《史記·吳太伯世家》："王餘祭三年，齊相慶封有

---

① 老閟：《〈繫年〉所見之"南瀳之行"》，新浪博客"老閟的博客"，2012 年 1 月 25 日。

② 子居：《清華簡〈繫年〉第 16～19 章解析》，Confucius2000 網·清華大學簡帛研究，2013 年 1 月 8 日。

罪，自齊來犇吳。吳予慶封朱方之縣，以爲奉邑，以女妻之，富於在齊。"
《集解》：《吳地記》曰："朱方，秦改曰丹徒。"①

李煜先生：

> 厲，《繫年》12 章："楚莊王立十又四年，王會諸侯于醽（厲），鄭
> 成公自醽（厲）逃歸，莊王遂加鄭亂。"整理者注："厲，國名，在今湖
> 北隨州東北。或作賴。"《繫年》18 章："靈王先起兵，會諸侯于申，執
> 徐公，遂以伐徐，克灋（賴）、朱方，伐吳。"《左傳》昭公四年："秋七
> 月，楚子以諸侯伐吳……遂以諸侯滅賴……遷賴于鄢。楚子欲遷許于賴，
> 使鬪韋龜與公子棄疾城之而還。"在今河南鹿邑縣東。
>
> ……
>
> 徐，《繫年》第 18 章："靈王先起兵，會諸侯于申，執郐（徐）公，
> 遂以伐郐（徐），克賴、朱方，伐吳，爲南懷之行。"《左傳》僖公十五年：
> "楚人伐徐。"古徐國在今安徽泗縣西北五十里。②

肖洋先生從清人顧棟高的意見，將賴定在今息縣東北。朱方則在今安徽蚌埠
東北、淮河北岸一帶：

> 杜預注："朱方，吳邑，齊慶封所封也。"傳統觀點認爲朱方在今鎮
> 江以東。但春秋時期吳楚戰爭大多在淮河流域，而不是長江流域。今鎮
> 江以東，已屬長江下游地區，朱方似不應在此。
>
> 清華簡《繫年》載楚人"伐徐，克賴、朱方，伐吳"，徐國在今江蘇
> 泗洪東南的半城鎮一帶。朱方可能對楚伐徐有所牽製，因而被攻滅。返
> 回途中，楚人又順路滅賴（在今河南息縣東北）。楚靈王的此次行動大致
> 沿淮河北岸往返，所以，朱方或在今安徽蚌埠東北、淮河北岸一帶。③

（四）"爲南溁（懷）之行"

整理報告：

> 魯昭公四年，楚靈王會諸侯於申，以諸侯伐吳，詳上。同年"冬，吳
> 伐楚，入棘、櫟、麻，以報朱方之役。"《左傳》昭公五年："冬十月，楚
> 子以諸侯及東夷伐吳，以報棘、櫟、麻之役。……吳子使其弟蹶由（本

---

① 蘇建洲、吳雯雯、賴怡璇：《清華二〈繫年〉集解》，第 700、701 頁。
② 李煜：《清華簡所見國族名與〈左傳〉合證》，《中山大學學報（社會科學版）》2016 年第 2 期，第 69 頁。
③ 肖洋：《楚靈王"南懷之行"地名考》，《歷史地理研究》2021 年第 4 期，第 125 頁。

篇第十五章之'鰄鯀')犒師……楚師濟於羅汭,沈尹赤會楚子,次於萊山,薳射帥繁揚之師先入南懷,楚師從之,及汝清。吳不可入。楚子遂觀兵於坻箕之山。是行也,吳早設備,楚無功而還,以蹶由歸。楚子懼吳,使沈尹射待命于巢,薳啓彊待命于雩婁,禮也。"南懷应在江、淮间。

蘇建洲先生:

> 本條所記亦見於第十五章簡80:"以至靈王,靈王伐吳,爲南深(懷)之行,執吳王子蹶由,吳人焉又服於楚。""深"釋爲"瀤"似亦無不可。《説文》:"瀤,北方水也。從水,褱聲。""褱,從衣眔聲"。"南瀤"是從今本讀爲"南懷"或讀爲"南淮",疑未能定也。①

肖洋先生認爲,南懷約當今安徽蚌埠以南、淮南以東、定遠以西之地:

> 在《左傳》昭公五年的"薳射帥繁揚之師,先入南懷,楚師從之,及汝清"下,杜預注:"南懷、汝清,皆楚界。"薳射率領"繁揚之師"先攻入"南懷",然後又進至"汝清"。可見,"汝清"應在"南懷"以東,皆在淮河中游以南的楚國疆界附近,約當今安徽蚌埠以南、淮南以東、定遠以西之地。楚軍至"南懷""汝清",吳可能已主動撤退,并未與楚決戰,而且在名義上向楚臣服。②

【筆者按】本章"伐吳,爲南深(懷)之行"又見於《繫年》第15章,董珊、子居、老悶(網名)、劉光等對"南深(懷)之行"的意見詳參上文。

(五)"閼(縣)陳、郤(蔡),殺郤(蔡)霝(靈)侯"

整理報告:

> 《春秋》昭公八年:"冬十月壬午,楚師滅陳。"同年《左傳》:"使穿封戌爲陳公。"杜預《集解》:"滅陳爲縣,使戌爲縣公。"《春秋》昭公十一年:"夏四月丁巳,楚子虔誘蔡侯般,殺之于申。楚公子棄疾帥師圍蔡。……冬十有一月丁酉,楚師滅蔡,執蔡世子有以歸,用之。"同年《左傳》:"使棄疾爲蔡公。"

袁金平先生:

> 《國語·吳語》中,申胥(即伍子胥)在向吳王夫差進諫時曾説到"楚靈王不君"之事:

---

① 蘇建洲、吳雯雯、賴怡璇:《清華二〈繫年〉集解》,第702頁。
② 肖洋:《楚靈王"南懷之行"地名考》,《歷史地理研究》2021年第4期,第126頁。

　　昔楚靈王不君……罷弊楚國，以閒陳、蔡。不修方城之內，逾諸夏而圖東國，三歲於沮、汾以服吳、越……

　　此段文字中，"以閒陳、蔡"之"閒"，章昭注云："閒，候也，候其隙而取之。魯昭八年，楚滅陳；十一年滅蔡。"此後《國語》的各種注、譯本，對此"閒"的解釋，均從章說，不見有異辭。

　　……

　　《繫年》云楚靈王"閒（縣）陳、蔡"顯然與《國語·吳語》所謂"罷弊楚國，以閒陳、蔡"爲一事，《吳語》"以閒陳、蔡"之"閒"毫無疑問也應該讀作"縣"，意即以陳、蔡爲縣，而不是章昭所說的"候也，候其隙而取之"之意。①

陳偉先生：

　　"閒陳、蔡"的"閒"，整理者徑讀爲"縣"，可從。《國語·吳語》記申胥諫吳王夫差，說到楚靈王不君時指出："罷弊楚國，以閒陳、蔡。不修方城之內，逾諸夏而圖東國，三歲於沮、汾以服吳、越。"章昭注云："閒，候也，候其隙而取之。魯昭八年，楚滅陳。十一年滅蔡。"今知其說不確。②

蘇建洲先生：

　　《繫年》{縣}寫作"閼"，爲楚文字{縣}的寫法增添新的證據。又第十九章簡 104 "楚需（靈）王立，既閼（縣）陳、郗（蔡）"，與本簡內容相同。根據典籍記載，春秋戰國時期，陳國曾三滅於楚，蔡國曾二滅於楚……至於本詞條所指是楚國第二次滅陳（昭公八年、楚靈王七年）、第一次滅蔡（昭公十一年、楚靈王十年）。③

海老根量介先生：

　　《繫年》的這些記載就是楚國出土文獻中第一次明確地使用到"縣"的例子。

　　當然，在這些記載中"縣"字均出現在"縣之""縣陳、蔡"這樣的文章結構中，被作爲動詞使用。因此，這些"縣"可能只不過是土口先生指出的"把它作爲楚國縣鄙"的意思。④

---

　　① 袁金平：《利用清華簡〈繫年〉校正〈國語〉章注一例》，《社會科學戰綫》2011 年第 12 期，第 31、32 頁；又見復旦大學出土文獻與古文字研究中心網，2011 年 12 月 21 日。

　　② 陳偉：《讀清華簡〈繫年〉札記（二）》，簡帛網，2011 年 12 月 21 日。

　　③ 蘇建洲、吳雯雯、賴怡璇：《清華二〈繫年〉集解》，第 703、704 頁。

　　④ ［日］海老根量介：《關於包山楚簡中所見"縣"的若干認識》，徐少華、［日］谷口滿、［美］羅泰主編：《楚文化與長江中游早期開發國際學術研討會論文集》，武漢：武漢大學出版社，2021 年，第 347 頁。

（六）"晉（許）公舵出奔晉=（晉，晉）人羅，城汝易（陽），居【一〇〇】晉（許）公舵於頌（容）城"

整理報告：

此句疑在"羅"下斷讀。羅，即"罹"字，《爾雅·釋詁》："憂也。"汝陽，疑即《漢書·地理志》汝陽縣地，在今河南商水西北。

《春秋》定公四年："三月，公會劉子、晉侯、宋公、蔡侯、衞侯、陳子、鄭伯、許男、曹伯、莒子、邾子、頓子、胡子、滕子、薛伯、杞伯、小邾子、齊國夏于召陵，侵楚。……六月……許遷于容城。"容城，今河南魯山東南。

黃錦前先生：

2003 年 3 月，河南省南陽市八一路中原機械工業學校工地 M6 出土一件許子佗盞盂（簡報稱"許子敦"），其器及蓋的內壁近口沿處均陰刻銘文 2 列 6 字（器蓋同銘）：

鄦（許）子舵（佗）之盞盂。

……

許子佗盞盂的時代，結合其銘文字體來看，應以定在春秋晚期前段爲宜。……（《繫年》）簡文的"景平王"即楚平王，其子昭王在位時間爲公元前 515 年至公元前 489 年，亦即春秋晚期前段。因此，從時間上來看，許子佗盞盂的器主許子佗，與清華簡《繫年》的許公佗應係同人。……魯定公四年即公元前 506 年，查相關文獻記載可知，這一時期許國在位的君主是許男斯（公元前 522 年至公元前 504 年在位），因此，盞盂銘的"許子佗"，清華簡《繫年》的"許公佗"，應即文獻記載的許男斯。從文字學的角度來看，從它得聲的"舵"字與"斯"似有相通的可能。當然，也不排除"舵"和"斯"是一名一字的可能。

林麗霞、王鳳劍據《左傳》昭公十八年"楚子使王子勝遷許於析，實白羽"等記載，認爲南陽爲許從葉遷析必經之地，許子佗盞盂出於南陽可能和許國遷徙有關。這樣的推測雖未必準確，但也不無啓發意義。今據清華簡《繫年》的有關記載，或可窺見一些更詳細的史實。

（《繫年》）"容城"，清華簡整理者認爲在今河南魯山東南。"容城"亦見於新鄭鄭韓故城出土的陶文，其地望可能即如清華簡整理者所言，在今河南魯山一帶。……魯山與南陽地隔不遠，許子佗盞盂出於南陽，可能即與當時許國遷徙至容城有關，也爲探討其時楚與許的關係，提供了重要的新證據。正如簡報所言，該器是一件深受楚文化影響的許國銅器，這也爲進一步深入認識當時許、楚的關係，提供了更豐富的資料。

清華簡《繫年》云"許人亂，許公佗出奔晉，晉人羅，城汝陽，居許公佗於容城。晉與吳會爲一，以伐楚，門方城。遂盟諸侯於召陵，伐中山"，即許公佗奔晉後，晉人將其遷至方城之外的容城以抗楚。許子佗盞盃出於南陽，印證了簡文和文獻的有關記載，對進一步深入理解當時晉、楚關係也有一定的促進作用。[①]

子居：

河南商水地區，當是陳、蔡、頓諸國之憂，何足爲晉國之憂？晉人縱是再有越俎代庖之意，恐也不能直接越過陳國、蔡國而城於河南商水。將《繫年》與《左傳》聯繫起來分析，此段中之"羅"似當釋爲"列"，汝陽則當解爲汝水之陽，晉人所城之處當在汝州至襄城一帶。據《左傳·昭公二十三年》載："秋八月，王使富辛與石張如晉，請城成周。……冬十一月……己丑，士彌牟營成周，計丈數，揣高卑，度厚薄，仞溝恤，物土方，議遠邇，量事期，計徒庸，慮材用，書餱糧，以令役於諸侯，屬役賦丈，書以授帥，而效諸劉子。韓簡子臨之，以爲成命。"其後，《左傳·定公元年》："城三旬而畢，乃歸諸侯之戍。"彼時諸侯之師多聚於成周，其聲勢自是非凡，且是名正言順的勤王事，由晉國領頭的這件事自然對於晉國是絕對有利的。而同一時段，楚國正與吳國爭勝於安徽淮河流域。因此，筆者認爲，晉國很可能在城成周的前後幾年間，在汝水以北接連築城數座，故《繫年》載"晉人羅城汝陽"。城於汝陽，不但可以直接對楚的方城形成正面壓制，而且可以側面對鄭國構成壓力，脅迫鄭國遠楚親晉。而相對於晉國策劃并組織諸侯城成周之舉，周王室的回報就正是《左傳·定公四年》："春三月，劉文公合諸侯於召陵，謀伐楚也。"於此後，《春秋·定公四年》載："六月，……許遷於容城。"由當時局勢觀，遷許於容城的行動，即是晉、吳等諸侯聯軍"閔方城"的後續步驟，晉人由此即安心回師征伐鮮虞，吳人也借此將楚師牽制於方城地區，使得楚人的關注點被局限於蔡國滅沈事件中，而没能對吳國暗中聯合蔡、唐、胡等國有所警惕。[②]

---

① 黃錦前：《"許子佗"與"許公佗"——兼談清華簡〈繫年〉的可靠性》，簡帛網，2012 年 11 月 21 日。
② 子居：《清華簡〈繫年〉第 16～19 章解析》，Confucius2000 網·清華大學簡帛研究，2013 年 1 月 8 日。

辛德勇先生：

西漢汝南郡下轄有女陽（汝陽）縣，治所在今河南商水附近，周曉陸等考釋"女陽丞印"封泥，即以此漢女陽當秦女陽（汝陽）縣。然而，據此《簡冊》（引按，即北京大學藏秦水陸里程簡冊）所記魯陽至女陽（汝陽）兩地間里程，絕不會如此遙遠；從魯陽北上雒陽也不會向東繞至今商水一帶，因知秦女陽（汝陽）縣與漢女陽（汝陽）縣的治所，必然不在同一地點。按照魯陽至女陽（汝陽）、輸民、雒陽幾地間里至推算，秦女陽（汝陽）縣大致應在河南郟縣附近的汝河北岸（水北爲陽，係地名命名通例）。

清華大學藏戰國竹書《繫年》，記楚昭王即位，"許公佗出奔晉，晉人羅（罹），城汝陽，居許公佗於頌（容）城"。竹書整理者定此"容城"於今河南魯山東南，汝陽則承用通行説法，"疑即《漢書·地理志》汝陽縣地，在今河南商水西北"。今案《中國歷史地圖集》標繪秦漢魯陽即在今河南魯山，與此"容城"大致在同一個地點，要是把汝陽定在商水，則與容城相距過遠，二者在地域上失去關聯；而若如上文所述，將汝陽推定在郟縣附近的汝水岸邊，則其地與容城正密邇相連，應該更符合當時的政治形勢。[1]

吳良寶先生：

簡文所述的"居許公佗於頌城"，整理者已指出即《春秋·定公四年》的"許遷於容城"，容城在今河南魯山東南……春秋時期許國依違於晉、楚等大國之間，數次遷徙。此次所遷的容城，也見於《古陶文彙編》6·83、《集成》11215二十七年晉上宕大夫戈等三晉文字資料。簡文"汝陽"，整理者"疑即《漢書·地理志》汝陽縣地，在今河南商水西北"……然而先秦、秦漢時期名"女陽"之地不止一處，出土秦簡、秦漢時期封泥中也有該地名。辛德勇先生曾根據北京大學藏秦簡《水陸里程簡冊》資料認爲秦漢封泥"女陽"、《繫年》"女陽"地應該在今河南郟縣附近的汝河北岸。此説甚確，可見秦封泥"女陽"、《繫年》簡文"女陽"與《漢志》"汝陽"縣只是"同名異地"關係。[2]

---

① 辛德勇：《北京大學藏秦水陸里程簡冊初步研究》，李學勤主編：《出土文獻》（第4輯），上海：中西書局，2013年，第263、264頁。

② 吳良寶：《清華簡〈繫年〉"女陽"及相關問題研究》，《歷史地理》（第34輯），上海：上海人民出版社，2017年，第44頁。

【筆者按】"汝陽"……所在不出今汝陽縣、汝州市、郟縣、襄城縣境内北汝河北岸沿綫一帶。《左傳》昭公二十九年（前513年）："冬，晉趙鞅、荀寅帥師城汝濱，遂賦晉國一鼓鐵，以鑄刑鼎，著范宣子所爲刑書焉。"杜預注："汝濱，晉所取陸渾地。"《左傳》僖公二十二年（前633年）："秦、晉遷陸渾之戎于伊川。"楊伯峻注："伊川，伊河所經之地，當今河南省嵩縣及伊川縣境。"同書昭公十七年（前525年）記晉荀吳"滅陸渾"。"伊川"本就密邇於今北汝河，陸渾之戎作爲戎人是有一定流動性的，居於此地百餘年，其間微有播遷殊爲正常。杜預以"汝濱"爲陸渾地亦不爲過。《左傳》"汝濱"與《繫年》"汝陽"相當。此外，《左傳》明確記載"晉趙鞅、荀寅帥師城汝濱"在魯昭公二十九年（前513年）。《繫年》記載晉人"城汝陽"在楚昭王即位（前515年）後，"城汝陽"後又先後發生"居許公佗于頌（容）城"、晉吳"門方城"、"盟諸侯于召陵"三事。比對《春秋》，諸侯盟于召陵在魯定公四年（前506年）。故《繫年》"城汝陽"當發生於公元前515年之後的幾年間，這與《左傳》"城汝濱"時間相當。綜上，從"汝陽""汝濱"地理位置及"城汝陽""城汝濱"時間相當來看，《繫年》《左傳》所記應爲一事。

照此并結合《繫年》的記載，"許人亂，許公佗出奔晉"的時間可以大體推定：在楚昭王即位至晉人"城汝陽"之間，即在公元前515年至前513年之間。

《春秋》定公四年："三月，公會劉子、晉侯、宋公、蔡侯、衛侯、陳子、鄭伯、許男、曹伯、莒子、邾子、頓子、胡子、滕子、薛伯、杞伯、小邾子、齊國夏於召陵，侵楚……六月……許遷于容城。"《繫年》"居許公佗于頌（容）城"是否即《春秋》"許遷于容城"，《繫年》整理報告未予明確説明。相關事件發生的時間順序，據《繫年》："居許公佗于頌（容）城"—晉與吳"門方城"—"盟諸侯于召陵"；據《春秋》：諸侯盟于召陵—"許遷于容城"。若《春秋》及《繫年》記載不誤，事件發生的先後順序應爲："居許公佗于頌（容）城"—晉與吳"門方城"—"盟諸侯于召陵"—"許遷于容城"。可見，《繫年》"居許公佗于頌（容）城"與《春秋》"許遷于容城"（即析地之許國遷于容城）之間并不能畫等號。由《繫年》"許人亂，許公佗出奔晉"知，許公佗出奔晉國後成爲流亡之君，許國則仍在析地。許遷容城當有一個過程：先是晉人"居許公佗于頌（容）城"，數年後的魯定公四年（前506年）析地之許國才遷往容城。晉人"居許公佗于頌（容）城"并非"許遷于容城"，《春秋》《繫年》記載許遷容城之事各有偏重，均僅及一方面而已。[①]

[①] 魏棟：《清華簡〈繫年〉許遷容城事發微》，李學勤主編：《出土文獻》（第8輯），上海：中西書局，2016年，第92、93頁。

（七）"晉與吳會爲一，以伐楚，閟方城"

整理報告：

《左傳》稱魯定公三年，蔡侯如晉，請伐楚。定公四年春，諸侯盟召陵，本欲伐楚，晉卿求略不得，改謀中山。冬，蔡、吳、唐伐楚入郢。據簡文，吳人入郢之役，晉閟方城。"閟"字疑從戈門聲，爲動詞"門"專字，訓爲攻破。《左傳》文公三年："門于方城。"包山簡二三三"閟於大門一白犬"，"閟"讀爲"釁"。

陳偉先生：

楚簡中的"閟"舊説不一，據《繫年》可知即"門"字。《左傳》莊公十八年："巴人叛楚而伐那處，取之，遂門于楚。"杜預注："攻楚城門。""閟方城"即攻打方城之門，并不一定有"攻破"的意思。卜筮簡中的"閟"字，應是用作門祀之字。《周禮·春官·天府》："上春釁寶鎮及寶器。"鄭玄注："釁，謂殺牲以血血之。"古書似未見釁門之説，此字在楚卜筮簡中是否讀爲"釁"，有待進一步證明。①

黃傑先生：

閟，此字又見郭店老子甲組簡27，辭例爲"闉其兑，塞其門"（郭店老子乙組簡13作"閟（閉）其門，塞其兑"）。綜合這些辭例可見，闉讀爲閉應該是合適的。②

黃錫全先生：

楚簡的閟應即閟，門乃鬥訛變，是一個從鬥從戈會意，戈亦聲的會意兼形聲字，讀若縣（懸）。戈屬歌部，縣（懸）屬元部，歌、元對轉。從閟省聲的庋讀若環。環，也屬元部。是閟可讀若縣（懸）、環。因此，《繫年》的閟，可讀如環，意爲環攻、圍攻。

......

"閟"與"門"應該有區別。如同《左傳》襄公十年："六月，楚子囊、鄭子耳伐宋，師於訾毋。庚午，圍宋，門於桐門。"楊伯峻注："既合圍，又攻其桐門也。"《繫年》簡兩用"閟"字，義爲"圍攻"。③

---

① 陳偉：《讀清華簡〈繫年〉札記（二）》，簡帛網，2011年12月21日。

② 轉引自李松儒：《清華簡〈繫年〉集釋》，上海：中西書局，2015年，第262頁。

③ 黃錫全：《清華簡〈繫年〉"从門从戈"字簡議》，簡帛網，2011年12月23日；相近述述又見黃錫全：《清華簡〈繫年〉"閟"字簡議》，陳偉主編：《簡帛》（第7輯），上海：上海古籍出版社，2012年，第54、55頁。黃先生的意見還見於黃錫全：《清華簡〈繫年〉簡所見"閟方城""造於方城"等名稱小議》，李守奎主編：《清華簡〈繫年〉與古史新探》，上海：中西書局，2015年，第373頁。

小狐（網名）：

《左傳》襄公十八年……所記載"以戈殺犬于門中"，似乎與包山簡 233 的"閱于大門一白犬"有關係，恐非單純記事，更非如杜預所說"殺犬示閒暇"，而當是含有一定的禮俗意義在其中。也許《左傳》所記的"殺犬"之事就是先秦的"門祭"禮俗，爲當時的"五祀"之一。①

劉建明先生：

"閥"……一爲此處"晉與吳……閥方城"，二爲第二十章簡 113"晉自（師）閥長城句俞之門"，"閥"的用法完全不同於整理者引用的"門于方城"和"閱於大門"。《繫年》中的"閥"均作及物動詞用，而上引《左傳》和《包山簡》中的"門"和"閱"均作不及物動詞用。故整理者直接將二者混爲一，否。……此處能直接釋讀爲原字最好，但現有漢字中沒有此字。疑《繫年》中的"閥"從"門"從"伐"，或爲"閥""閩"的動詞用法，取"排閩"之意，引申爲攻破。②

張崇禮先生：

閥應釋爲揜。從門戈聲，本義爲揜門、揜閉。《說文》："閥……讀若縣。"……閥當從戈得聲。縣屬元部，揜屬談部，元談通轉。……清華簡《繫年》和上博九《陳公治兵》的"閥"，釋爲揜，當訓爲攻擊、攻打。此義應從"覆"義引申而來。《集韻·業韻》："揜，打也。"③

子居：

晉、吳聯合伐楚是魯定公四年初春之事，由於晉國所行是夏曆，魯定公四年春對應於晉簡公五年冬，這也就是《繫年》第 20 章言"晉簡公立五年，與吳王闔閭伐楚"的緣故。其後，伐楚之行受阻於方城，於是晉與諸侯盟於召陵，即《春秋·定公四年》所記："三月，公會劉子、晉侯、宋公、蔡侯、衛侯、陳子、鄭伯、許男、曹伯、莒子、邾子、頓子、胡子、滕子、薛伯、杞伯、小邾子、齊國夏於召陵，侵楚。"此次盟會及侵楚，是否吳國并未參與，所以《春秋》不載，現已不可詳知。又，《左傳·定公四年》載："春三月，劉文公合諸侯於召陵，謀伐楚也。晉荀寅

---

① 小狐（網名）：《讀〈繫年〉臆札》，復旦大學出土文獻與古文字研究中心網，2012 年 1 月 3 日。

② 劉建明：《古文字釋讀的"還本性"論——以〈繫年〉爲例》，Confucius2000 網·清華大學簡帛研究，2012 年 12 月 19 日。

③ 張崇禮：《釋"閥"》，復旦大學出土文獻與古文字研究中心網，2013 年 1 月 27 日。

求貨於蔡侯，弗得。言於范獻子曰：'國家方危，諸侯方貳，將以襲敵，不亦難乎！水潦方降，疾瘧方起，中山不服，棄盟取怨，無損於楚，而失中山，不如辭蔡侯。吾自方城以來，楚未可以得志，只取勤焉。'乃辭蔡侯。"可見盟會之後，蔡本有意再次聯晉攻楚，而荀寅以求貨於蔡侯不得的緣故，進言范獻子舍楚而伐中山，其所言的"吾自方城以來，楚未可以得志，只取勤焉"就正對應於"晉與吳會爲一，以伐楚，閥方城"事。故觀《春秋》及《左傳》所記即明確可知，此次晉國的行動本與"吳人入郢"并非同一次戰役，整理者的理解明顯有誤。

……

《繫年》本章之"閥"即是指以懸繩上下這種方式攻城。由字義分析，則其本字正該如《繫年》及包山楚簡所書爲從"門"之字，故《說文》從"鬥"的"閥"字自當是字形之誤。

其時，晉、吳及諸國聯軍應是并未攻破方城，所以《左傳·文公四年》僅稱"門于方城"。其後"盟於召陵"，當是效仿春秋中期齊桓公伐楚而盟於召陵之事。[①]

蘇建洲先生：

"晉與吳會爲一，以伐楚，閥方城"的記載也見於第二十章簡109"晉東（簡）公立五〈六〉年，與吳王盍虜（盧）伐楚"。只是本章敘述更詳細，指出是由"方城"進入"郢都"的。……此外，《左傳》定公四年："冬，蔡侯、吳子、唐侯伐楚"，現在由第十八章知道晉國亦參與了伐楚的戰爭，而由第十九章簡105云"陳、郒（蔡）、戠（胡）反楚，與吳人伐楚"，可知陳、胡兩國亦參與了戰爭。

"閥"又見於二十章簡113"晉𠂤（師）閥（門）長城句俞（瀆）之門"、新出《上博九·陳公治兵》簡16作、。……"閥"當分析爲從戈門聲，爲動詞"門"專字，訓爲"攻城門"，從戈旁表示跟戰爭有關。[②]

李松儒女士：

閥，整理者釋爲"門"；黃傑釋爲"閉"；黃錫全讀如"環"；小狐認爲與"門祭"有關；劉建明疑"閥"從"門"從"伐"；張崇禮釋爲"掩"。按，整理者釋爲"門"是正確的，亦見第二十章簡113："晉師閥（門）

---

① 子居：《清華簡〈繫年〉第16～19章解析》，Confucius2000網·清華大學簡帛研究，2013年1月8日。
② 蘇建洲、吳雯雯、賴怡璇：《清華二〈繫年〉集解》，第724、725頁。

長城句俞之門。"整理者已引《左傳·莊公十八年》:"巴人叛楚而伐那處,
取之,遂門于楚。"杜預注:"攻楚城門。"又可見《左傳·襄公九年》:
"晉人不得志於鄭,以諸侯復伐之。十二月癸亥,門其三門。"《左傳·襄
公十年》:"偪陽人啓門,諸侯之士門焉。"庚壺(《集成》9733)"庚入門
之"。這些"門"應有在城門作戰之義。由"閟"釋爲"門",可見包山
簡 233 "閟於大門一白犬"、上博九《陳公治兵》簡 16 "如閟,如逆閟,如
開陝,如攻陝,如御追,必慎"。這些"閟"無疑應釋爲"門",皆是動
詞,不過"閟"以"門"中加"戈"形與名詞義的"門"相區分。包山
"閟(門)"是一種門祭的專用字。又"閟"尚見於郭店《老子甲》簡 27,
與郭店《老子乙》簡 13 及今本對照,其實爲"閟(閉)"之誤字。①

牛鵬濤先生:

> 《繫年》第二十章"(晉)與吳王闔廬伐楚"與第十八章"晉與吳會
> 爲一,以伐楚,門方城"所講的應是同一件事,在公元前 507 年(即晉
> 頃/定公五年、魯定公三年)。該章中"門方城"與"遂盟諸侯于召陵"
> 發生在前後兩年。晉"伐楚,門方城"未果,遂於次年春三月主持召陵
> 之會,吳似未與會;秋七月晉轉移目標攻打中山,楚同時對蔡進行報復;
> 冬十一月蔡聯合吳人襲楚,"闔閭入郢"在公元前 506 年(即晉頃/定公
> 六年、魯定公四年)。從《繫年》中新知參加此役的除了《左傳》所載的
> 吳、蔡、唐外,還有陳、胡。②

曹錦炎先生認爲《繫年》閟字的釋讀可以從兩個途徑去考慮,"其一,是將'閟'
看作是'閟'字形訛後所造成的一種異構。""其二,'閟'就是'閉'字,因構形
小訛所致。""從古文字構形中造成致誤的情況來看,由'閉'至'閟'比由'閟'
至'閟'的概率要大。"閉本義爲關門,引申爲閉塞。"《繫年》簡文所謂晉'閉方
城'……即閉塞方城而不得出,是說晉師閉塞方城的城口三隘,阻止楚軍從方城
出擊,以避免吳師背面受敵。"這正是針對左司馬戌計謀所采取的措施。③

劉光勝先生:

> 《左傳》定公四年荀寅對范獻子說:"吾自方城以來,楚未可以得志。"
> 杜注:"晉敗楚,侵方城,在襄(公)十六年。"公元前 506 年,晉、吳聯

---

① 李松儒:《清華簡〈繫年〉集釋》,上海:中西書局,2015 年,第 263 頁。
② 牛鵬濤:《清華簡〈楚居〉與楚國都城研究》,清華大學博士學位論文,2013 年,第 51 頁。
③ 曹錦炎:《說清華簡〈繫年〉的"閟"》,李守奎主編:《清華簡〈繫年〉與古史新探》,上海:中西書局,
2015 年,第 365-367、369 頁。

軍攻打方城，不見於《春秋》經傳。在清華簡《繫年》出現之前，杜預根本不知定公四年晉、吳聯軍伐楚之事，只知襄公十六年晉國"侵方城"，所以才如此説。荀寅之語，在定公四年晉、吳聯軍攻打方城之後。肯定是晉、吳聯軍方城之戰失敗後，荀寅才説"楚不可以得志"。又《左傳》定公四年："左司馬戌謂子常曰：'子沿漢而與之上下，我悉方城外以毀其舟，還塞大隧、直轅、冥阨，子濟漢而伐之，我自後擊之，必大敗之。'"當時方城仍在楚軍的控制之下，不然左司馬戌爲何能從方城外襲擊吳軍？

召陵之會，是在定公三年春天召開，吳國、蔡國、唐國五戰攻入郢都，是在冬季之後。從戰爭的角度看，兵貴神速。春季之前攻入方城之門，不乘勝追擊，然後中間休戰，召開召陵之會，給楚人喘息機會，等到冬季再打，這種可能性很小。《左傳》莊公十八年："巴人叛楚而伐那處，取之，遂門於楚。"杜預注："攻楚城門。"筆者和陳偉先生的意見近似，"閍"意爲攻打楚城門，但結果失敗。方城之戰失利，晉國才改謀中山。蔡國見晉國靠不住，改爲向吳國求援，然後吳、蔡等國聯合，攻入郢都。[①]

晏昌貴先生：

> 《繫年》晉、吳聯軍"伐楚門方城"不見於《春秋》經傳，亦不見於其他傳世文獻記載……簡文中的"門方城"，應指攻打楚方城隘口，亦見城口（引按，即《左傳》定公四年左司馬戌"還塞城口"之"城口"）。雖名爲"城口"，實等同於城門，故簡文有"門方城"之説……由清華簡《繫年》可以確認，吳師入郢之役或稍前，晉吳聯軍曾攻打楚方城，從而在一定程度證實石師有關吳師入郢之役是乘舟溯淮西上，一路西進，然後踰楚方城隘口，南下南陽盆地，"自豫章與楚夾漢"，五戰五勝，直搗楚都。[②]

【筆者按】閍字當分析爲一會意兼形聲的字，從門從戈門亦聲，會以戈攻擊城門之意，爲動詞"門"的專字，訓爲攻打，并不包含攻破之義。表示攻打義的動詞"門"字在《左傳》中常見，如《左傳》僖公二十八年"晉侯圍曹，門焉，多死，曹人尸諸城上"，杜預"攻曹城門"，楊伯峻注"門，名詞作動詞用，攻城也"，杜注與楊注正確無疑。假若將"門"訓爲攻破，晉軍攻破了曹，勝利了，曹人是

---

① 劉光勝：《清華簡〈繫年〉與〈竹書紀年〉比較研究》，第58頁。

② 晏昌貴：《從出土文獻看春秋吳師入郢之役——對石泉先生楚郢都新説的印證》，武漢大學歷史地理研究所編：《石泉先生百年誕辰紀念文集》，武漢：武漢大學出版社，2023年，第46、48頁。

不會將晉軍士兵"尸諸城上"的。再如《左傳》文公三年"王叔桓公、晉陽處父伐楚以救江，門于方城，遇息公子朱而還"，沈玉成："王叔桓公、晉國的陽處父攻打楚國以救援江國。攻打方城山關口，碰到了楚國的息公子朱然後回國。"《左傳》中動詞"門"的用例甚多，均未見訓爲攻破者，查大型訓詁工具書《故訓匯纂》"門"字條亦未見有攻破的義項。足見，將《繫年》"閍（門）"訓爲攻破，殊爲可疑。陳偉先生也主張："'閍方城'即攻打方城之門，并不一定有'攻破'的意思。"張崇禮先生認爲閍字從門戈聲，應該釋爲掩，當訓爲攻擊、攻打。張氏對閍的分析及讀爲掩似乎不妥，但將閍解爲攻打則是可從的。總之，《繫年》記載"（晉與吳）閍方城"，"閍"字僅有攻打之義，至於是否攻破，也就是攻打的結果，則不在"閍"含義之内。如果《繫年》"閍方城"成功，也就是攻破了楚國的方城防綫，很容易讓人聯想到吳師入郢路綫諸説中由方城而入的説法。但是，從《繫年》第 18 章簡文看，此次"閍方城"應當是失敗的。《繫年》："晉與吳會爲一，以伐楚，閍方城。遂盟諸侯於召陵"。"遂"爲兩事之辭、繼事之辭，見《春秋》僖公四年"遂伐楚"杜預注，以及《穀梁傳》桓公八年"遂如齊"范寧注。"遂"説明"閍方城"後就舉行了召陵之盟。此次召陵之盟亦見於《春秋》及《左傳》魯定公四年，會盟的目的非常明確，就是"謀伐楚也"。如果《繫年》"閍方城"成功，爲何還要再舉行會盟"謀伐楚"呢？所以，《繫年》記載"（晉與吳）閍方城"，雖然對方城進行了攻打，但結果是失敗的，并未攻入方城。既然未攻入方城，那麼就不能將《繫年》"（晉與吳）閍方城"視爲吳師入郢過程中吳師由方城進入楚國腹地的證據。[①]

（八）"明（盟）者（諸）侯於坓（召）陵，伐中山"

整理報告：

《左傳》定公三年："秋九月，鮮虞人敗晉師於平中，獲晉觀虎，恃其勇也。"《春秋》定公五年："冬，晉士鞅帥師圍鮮虞。"同年《左傳》："晉士鞅圍鮮虞，報觀虎之敗也。"

李守奎先生：

《左傳》中荀寅所説的"吾自方城以來，楚未可以得志"，舊注以爲是襄公十六年的晉敗楚，侵方城，自此，晉未可以得楚志。據簡文所記的情況分析，實際是方城以内的楚地，即使攻破，晉也無法占有，只是

---

① 魏棟：《出土文獻與若干楚國史地問題探論》，清華大學博士學位論文，2017 年，第 218 頁。

徒勞，所以范獻子聽從此勸，改變策略，退出了伐楚，在方城外會盟諸侯，北伐中山。

……

邵陵之會在攻破方城之後。晉、吳聯軍破方城之後，與楚作戰的主力是吳國，此時的晉國有機會在方城之外的楚國境內大會諸侯，爲北伐中山做準備，這就使我們明白了晉率諸侯入楚境，楚何以不加抵抗，也明白了盟會的真正目的。

……

攻破方城後，楚國力量已經很大程度地被削弱，吳國忙於繼續追擊楚國，晉國有機會在邵陵大會諸侯。這次盟會沒有吳、唐，他們正忙於征戰。蔡、陳、胡國君參加了，可能是三國在協吳攻破方城後，其國君也隨着晉的退出而停步了，但不排除派兵援吳在方城內作戰，其國君則與晉在方城外盟會。①

程薇女士：

清華簡《繫年》第 18 章所説的"遂盟諸侯於召陵"，就是指在魯定公 4 年（公元前 506 年）晉、齊、魯、衛、蔡、許、曹、莒、邾、宋、鄭、陳、頓、胡、滕、薛、杞、小邾等國爲了共同伐楚而召開的一次會盟活動。

在召陵之會上，蔡昭侯等人堅決主張伐楚，然作爲盟主的晉國卻另有打算。晉國覺得自己與楚國勢均力敵，無法從伐楚中獲得太多的利益，不願重開戰端，因此對伐楚興趣不大；晉人更想做的事情是討伐鮮虞，以報觀虎被俘之恥；另外，當時晉國公室衆卿掌權，許多卿大夫時常向各諸侯國索取財物，其中的荀寅即在本次盟會時公然向蔡昭侯"求貨"。在遭到蔡昭侯拒絕後，荀寅惱羞成怒，於是向主持會盟的范獻子建議……晉國尚處於危急之中，諸侯三心二意，而且"水潦方降，疾瘧方起，中山不服"爲理由，建議不要撕毀與楚的和平協定，不接受蔡昭侯伐楚的建議。……荀寅的主張得到了范獻子的采納，從而使召陵之會上伐楚的中心議題遭到流産。②

牛鵬濤先生：

晉人攻伐鮮虞（即中山）在《左傳》中記有兩次，一次是魯定公四年

---

① 李守奎：《清華簡〈繫年〉與吳人入郢新探》，《中國社會科學報》2011 年 11 月 24 日，第 7 版。
② 程薇：《清華簡〈繫年〉與晉伐中山》，《深圳大學學報（人文社會科學版）》2012 年第 2 期，第 51 頁。

（公元前 506 年）"秋七月，……晉士鞅、衛孔圉帥師伐鮮虞"；另一次是
魯定公五年（公元前 505 年）"冬，晉士鞅帥師圍鮮虞"。清華簡《繫年》
所記"遂盟諸侯於召陵。伐中山，晉師大疫且饑，食人"，應是指魯定公
四年（公元前 506）春三月晉盟召陵之後，在秋七月急於展開的對鮮虞
（即中山）報復行動。但此戰晉軍發生疾病和饑荒，甚至出現食人現象，
遭遇重大挫敗，所以才有第二年冬晉師對鮮虞（即中山）再次用兵。[①]

馬曉臨先生認爲，何直剛將春秋時期的中山定在范縣東南的説法值得重視，他
認爲中山應該近楚國北疆，理由有五點：一是晉軍轉戰中山，非常倉促，應該是
從召陵直接撤兵，因而中山不會太遠。二是《左傳·定公四年》中晉荀寅所言"水
潦方降，疾瘧方起"與《繫年》記載的"晉師大疫"應有直接因果關係。從瘟疫
產生和爆發的區域推測中山不會遠在千里之外。三是《左傳·哀公三年》記載
"齊、衛圍戚，求援於中山"，可見中山與戚地望相近。四是《戰國策·中山策》
中有"楚伐中山，中山君亡"的記載。楚既得伐中山，則中山與楚必近。五是中
山國文字與楚文字有一定的共同特徵，中山王墓中也出現大量楚式玉器，證明在
早期兩國存在文化交流。[②]

孫飛燕女士對《繫年》及《春秋》經傳所記魯定公四年召陵之盟及其前後的
歷史事件進行了時間上的梳理排序，較有特色的意見是該年曾發生兩次召陵之會。
其結論如下：

> 三月晉國主持第一次召陵之會，目的是謀劃伐楚；六月許遷於容城；
> 秋天楚圍蔡，晉吳聯合攻打方城之門；晉國在召陵第二次會盟，率領諸
> 侯伐中山；冬天吳楚爲柏舉之戰，吳師入郢。[③]

（九）"楚卲（昭）王戡（侵）尹（伊）、洛以逯（復）方城之自（師）"

整理報告：

> 吳人入郢事，《左傳》不載晉閉方城爲吳援；昭王復國，敗吳師，復
> 入郢之役，《左傳》亦不載侵晉復方城之役。

陳劍先生：

> "泗"誤釋爲了"尹"；同樣的伊洛之伊作"泗"《容成氏》簡 37 已
> 兩見。[④]

---

① 牛鵬濤：《清華簡〈楚居〉與楚國都城研究》，清華大學博士學位論文，2013 年，第 51、52 頁。
② 馬曉臨：《清華簡〈繫年〉與春秋中山地理方位考》，簡帛網，2013 年 1 月 9 日。
③ 孫飛燕：《清華簡〈繫年〉初探》附錄一《召陵之盟》，上海：中西書局，2015 年，第 153 頁。
④ 復旦大學出土文獻與古文字研究中心讀書會：《〈清華（貳）〉討論記錄》，復旦大學出土文獻與古文字研究
中心網，2011 年 12 月 23 日。

暮四郎：

"伊"字……右旁从四。四，心母、質部。伊，影母、脂部。《容成氏》簡26伊洛之伊作从水从死，與《説文》伊字古文合。死，心母、脂部。[1]

董珊先生：

此"楚昭王侵伊洛"事亦見景之金銅器群和《春秋》哀公四年經傳。景之金銅器銘文："唯式日，王命景之金救秦戎，大有功于洛之戎，用作尊彝。"我前不久有考證，同時指出季家湖楚城遺址出土"救秦戎鐘"銘文的"秦王"、與景之金銅器同見的盤匜銘文的"楚王酓悆"爲楚昭王。《左傳》哀公四年記載楚謀北方，襲梁及霍，軍臨上雒，威脅晉陰地大夫士蔑交出蠻氏戎，士蔑請諸趙孟。趙孟曰："晉國未寧，安能惡于楚？必速與之！"杜預注"晉國未寧"謂："時有范、中行之難。"即此簡文"晉人且有范氏與中行氏之禍"。[2]

子居：

"楚昭王侵伊洛以復方城之師"一事，整理者以爲《左傳》亦不載侵晉復方城之役"。但對比《左傳》的記載，即不難知道，此即魯哀公四年楚師圍蠻氏之役。《繫年》記："晉人且有范氏與中行氏之禍，七歲不解甲。"整理者已指出"蓋指定公十三年至哀公四年。"於傳世文獻則有《春秋·定公十四年》："二月辛巳，楚公子結、陳公孫佗人帥師滅頓，以頓子牂歸。"《左傳·定公十四年》："頓子牂欲事晉，背楚而絕陳好。二月，楚滅頓。"拉開了楚國報復諸侯方城之役及引吳師入郢的序曲。其後，《春秋·定公十五年》："二月辛丑，楚子滅胡，以胡子豹歸。"《左傳·定公十五年》："吳之入楚也，胡子盡俘楚邑之近胡者。楚既定，胡子豹又不事楚，曰：'存亡有命，事楚何爲？多取費焉。'二月，楚滅胡。"繼之，《春秋·哀公元年》："楚子、陳侯、隨侯、許男圍蔡。"《左傳·哀公元年》："春，楚子圍蔡，報柏舉也。里而栽，廣丈，高倍。夫屯晝夜九日，如子西之素。蔡人男女以辨，使疆于江、汝之間而還。蔡於是乎請遷於吳。"蔡國無奈，終於於轉年遷於州來。……《左傳·哀公四年》："夏，楚人既克夷虎，乃謀北方。……襲梁及霍。單浮餘圍蠻氏，蠻氏潰。蠻子赤奔晉陰地……"……楚師"襲梁及霍"在汝州、汝陽之間，正臨於伊川。……

---

[1] 轉引自李松儒：《清華簡〈繫年〉集釋》，上海：中西書局，2015年，第264頁。

[2] 董珊：《讀清華簡〈繫年〉》，復旦大學出土文獻與古文字研究中心網，2011年12月26日。

由此可知，蠻氏居於汝水上游。……《繫年》所謂"楚昭王侵伊洛以復方城之師"即此。[①]

蘇建洲先生：

簡文"尹"作🀰，《容成氏》37 的"泗"字作🀰、🀰，正好《容成氏》37 也有"尹"字作🀰、🀰，可見"四"的寫法兩豎筆是往外撇出的。……特別是《繫年》本有"四"作🀰（簡 3）、🀰（簡 92）……🀰（《芮良夫》21）、🀰（《琴舞》7）亦可參考，是以釋文從整理者隸定爲"尹"。此外，觀察此字的筆順，是由左邊豎筆下往上寫，最後由右豎筆下來，整體作一筆畫，這也與"四"的寫法不同，而與"伊"《集成》285.6 叔夷鎛作🀰、《集成》276.1 叔夷鐘"伊"作🀰相似。[②]

牛鵬濤先生：

《繫年》十八章還記載晉師伐中山遭遇重大挫敗時，楚昭王則趁機"侵伊、洛以復方城之師"。根據《左傳》"秋七月，……晉士鞅、衛孔圉帥師伐鮮虞"，晉師伐中山是在魯定公四年（公元前 506 年）秋七月，楚昭王於晉師失利時或稍後出兵伊、洛，推算其時間應是在同年冬前後。這一點也未見於《春秋》經傳記載，是非常重要的信息。楚人對北方的報復行動是迫切的：定公四年（公元前 506 年）秋七月晉師伐中山，楚與此同時立刻"圍蔡"進行第一次報復；晉伐中山過程中"大疫且饑，食人"，楚又趁機"侵伊、洛"進行第二次報復。重要的是，與楚"侵伊、洛以復方城之師"幾乎同時，"吳人入郢"事件便發生了。[③]

【筆者按】《繫年》🀰字，整理者隸爲"尹"，蘇建洲支持整理者意見，陳劍、暮四郎則認爲應隸爲"泗"，兩説皆可通。

《繫年》"楚卲（昭）王戠（侵）尹（伊）、洛以返（復）方城之自（師）"中所謂"方城之師"是指《繫年》上文"晉與吳會爲一，以伐楚，閔方城"。（1）晉與吳聯合攻打楚方城事不見於傳世文獻記載，引人矚目。但晉與吳"閔方城"并非吳師入郢戰爭本身之一部分，此事件發生於召陵之盟之前，而吳師入郢之戰則在召陵之盟以後。晉與吳"閔方城"後不久，即發生吳師入郢战争，楚國瀕於滅亡。（2）"楚卲（昭）王戠（侵）尹（伊）、洛"的發生時間還有討論的空間。我

---

① 子居：《清華簡〈繫年〉第 16～19 章解析》，Confucius2000 網·清華大學簡帛研究，2013 年 1 月 8 日。

② 蘇建洲、吳雯雯、賴怡璇：《清華二〈繫年〉集解》，第 724、725 頁。

③ 牛鵬濤：《清華簡〈楚居〉與楚國都城研究》，清華大學博士學位論文，2013 年，第 52 頁。

們認爲，昭王復國并且楚的國力恢復以後，楚才對入郢之戰中及稍此之前吳之與國的侵楚行爲進行報復。楚昭王"侵伊、洛以復方城之師"即是楚國復國後的報復行動之一。董珊、子居認爲《春秋》哀公四年經傳楚師"襲梁及霍""圍蠻氏"即《繫年》"楚卲（昭）王哉（侵）尹（伊）、洛"，較是。

（一〇）"者（諸）侯同禜（盟）于鹹泉以反晉"

整理報告：

"諸侯同盟于鹹泉以反晉"，事見定公七年經傳，地作"鹹"，在河南濮陽縣東南。

蘇建洲先生：

"鹹"字作▨，字形所從"鹵"旁值得關注。……"鹹"字也見於▨（▨，▨味戲亓（其）▨，長沙子彈庫楚帛書朱欄墨書殘片）……徐在國先生指出"戲"當分析爲從"鹵"、"戈"聲，"鹵"即"鹽"字，"戲"是"鹹"字的異體。（徐在國：《楚帛書詁林》，安徽大學出版社 2010 年）[1]

第 15 節　《繫年》第 19 章地理史料匯證

《繫年》簡 104—107：

楚霝（靈）王立，既闕（縣）陳、郕（蔡），競（景）坪（平）王即立（位），改邦陳、郕（蔡）之君[一]，囟（使）各遉（復）亓（其）邦。競（景）坪（平）王即媟（世），卲（昭）【一〇四】[王]即立（位），陳、郕（蔡）、戠（胡）反楚，與吳人伐楚[二]。秦異公命子甫（蒲）、子虎銜（率）𠂤（師）救（救）楚，與楚𠂤（師）會伐陽（唐），闕（縣）之[三]。【一〇五】卲（昭）王既遉（復）邦，女（焉）克戠（胡）、回（圍）郕（蔡）[四]。卲（昭）王即媟（世），獻惠王立十又一年，郕（蔡）卲（昭）侯繻（申）懼，自歸（歸）於吳＝（吳，吳）緟（洩）用（庸）【一〇六】以𠂤（師）逆郕（蔡）卲（昭）侯，居于州垈（來），是下郕（蔡）[五]。楚人女（焉）闕（縣）郕（蔡）。[六]【一〇七】

【注　釋】

---

[1] 蘇建洲、吳雯雯、賴怡璇：《清華二〈繫年〉集解》，第 736 頁。

（一）"既勶（縣）陳、郗（蔡）……改邦陳、郗（蔡）之君"

整理報告：

　　《春秋》昭公十三年："夏四月，楚公子比自晉歸于楚，弑其君虔（靈王）于乾谿。楚公子棄疾（平王）殺公子比。"同年《左傳》，平王即位，"封陳、蔡，復遷邑，致群賂，施舍、寬民，宥罪、舉職"。又稱："楚之滅蔡也，靈王遷許、胡、沈、道、房、申於荆焉。平王即位，既封陳、蔡，而皆復之，禮也。"

孫賽雄先生：

　　"邦"字……或當讀爲"封"。"封""邦"同源，《上博（四）·曹沫之陣》簡 1 "昔周王之邦魯，東西七百，南北五百"的"邦"即讀爲動詞"封"。《左傳·昭公十三年》："平王封陳蔡，復遷邑。"可與此處"景平王即位，改邦（封）陳蔡"對讀。[①]

思齊（網名）：

　　與"縣陳、蔡"相對，此處應是"邦陳、蔡"，而不是"邦陳、蔡之君"，因此應該在"邦"後斷句。全句應爲"楚靈王立，既縣陳、蔡，景平王即位，改邦，陳、蔡之君，使各復其邦"。"改邦"後承上文"縣陳、蔡"而省略"陳、蔡"。"陳、蔡之君，使各復其邦"爲一句，只是"使"的賓語前置而已。還有可能"陳、蔡之君"中的"陳、蔡"漏掉了重文符號，原文可能是"楚靈王立，既縣陳、蔡，景平王即位，改邦陳、蔡，陳、蔡之君，使各復其邦"。[②]

鳲鳩（網名）：

　　1. 平王即位，既封陳、蔡，而皆復之，禮也。（《左傳》）2. 又滅陳蔡而縣之。及棄疾即位，復諸侯遷國，封陳及蔡。（《穀梁傳》）3. 時諸侯將征棄疾，棄疾乃封陳、蔡之君，使說諸侯。（《穀梁傳》）4. 諸侯遂亂，反陳蔡，君子恥不與焉。……上援諸例皆用"封"字，故疑該句可爲"……改邦（封）陳、蔡之君，使各復其邦"。楚簡"封""邦"通假例子，可參白於藍《簡牘帛書通假字字典》249 頁。[③]

---

① 復旦大學出土文獻與古文字研究中心讀書會：《〈清華（貳）〉討論記錄》，復旦大學出土文獻與古文字研究中心網，2011 年 12 月 23 日。

② 轉引自李松儒：《清華簡〈繫年〉集釋》，上海：中西書局，2015 年，第 268 頁。

③ 轉引自李松儒：《清華簡〈繫年〉集釋》，上海：中西書局，2015 年，第 268 頁。

李守奎先生：

清華簡中的當即"畫"之變形，變化雖然複雜，但皆符合文字演變的規律，即首先累增土旁，春秋時期就已經出現：

胡侯之孫陳鼎（集成4·2287）、陳侯午敦（集成9·4646）、陳侯因資敦（集成9·4649）

其次，"畾"所從的"中"由曲首變爲上加斜筆。"中"形在字形的上部多一斜筆是常見的現象……

再次，蟲旁與土旁共用筆畫，"土"旁中間的一豎，也是蟲旁的筆畫。

通過以上的種種變化，"畫"就變成了很像秦文字中的"重"的形體了，但與"重"的來源完全不同。

綜上所論，清華簡中的字從"土"從"畫"，當隸作"畫"，與"豐"并爲"蚓"的本字。"陳"與"敶"皆以"畫"爲音符，《説文》分爲兩字……現在看來，"陳"與"敶"最初當是一字異體，本義當是陳列戰陣……戰國時期，"敶"字已經被"陳"字所取代。[1]

子居：

（《左傳》）所謂"禮"，實屬形勢上的不得已，整理者所未引的《左傳·昭公十三年》："召觀從，王曰：唯爾所欲。對曰：'臣之先，佐開卜。'乃使爲卜尹。使枝如子躬聘于鄭，且致犨、櫟之田。事畢，弗致。鄭人請曰：'聞諸道路，將命寡君以犨、櫟，敢請命。'對曰：'臣未聞命。'既復，王問犨、櫟。降服而對，曰：'臣過失命，未之致也。'王執其手，曰：'子毋勤。姑歸，不穀有事，其告子也。'……吳滅州來。令尹子期請伐吳，王弗許，曰：'吾未撫民人，未事鬼神，未修守備，未定國家，而用民力，敗不可悔。州來在吳，猶在楚也。子姑待之。'"皆可見楚平王初立時的於內外多方割讓，唯求王位得安的心態。而由楚平王即立之後，任命佞臣費無極爲少師，以子常爲令尹，爲太子建娶婦於秦而又奪之，誘殺戎蠻子嘉、城州來、殺伍奢諸事皆可見，楚平王之虐實不讓於楚靈王，而其武功則遠不及楚靈王。[2]

（二）"陳、郲（蔡）、敔（胡）反楚，與吳人伐楚"

整理報告：

---

[1] 李守奎：《清華簡〈繫年〉中的""字與陳氏》，《中國文字研究》（第18輯），鄭州：大象出版社，2013年，第24、25頁。

[2] 子居：《清華簡〈繫年〉第16～19章解析》，Confucius2000網·清華大學簡帛研究，2013年1月8日。

《左傳》定公四年，諸侯盟召陵，謀伐楚而不果。同年"冬，蔡侯、吳子、唐侯伐楚"。據簡文則伐楚者爲吳、陳、蔡、胡四國。

李守奎先生：

> 方城外與吳結盟伐楚的除了蔡，還有陳、胡。江淮小國，掙扎在晉、楚爭霸之間，哪方力量强大就歸附哪方。上述小國由於地近楚，多數時候屬楚的與國。吳國强大後，又從吳叛楚。攻破方城後，楚國力量已經很大程度地被削弱，吳國忙於繼續追擊楚國，晉國有機會在邵陵大會諸侯。這次盟會没有吳、唐，他們正忙於征戰。蔡、陳、胡國君參加了，可能是三國在協吳攻破方城後，其國君也隨着晉的退出而停步了，但不排除派兵援吳在方城內作戰，其國君則與晉在方城外盟會。①

徐少華先生：

> 阜陽之胡國數見於《左傳》，長期作屬楚之附庸存在，多受楚人侵凌，魯定公四年［經］："三月，公會劉子、晉侯、宋公、蔡侯、衛侯、陳子……胡子……于召陵，侵楚。"［傳］："四年春三月，劉文公合諸侯于召陵，謀伐楚也。"結合其後相記載來看，胡人雖參與了三月諸侯"謀伐楚"的召陵之會，但是并未參加是年冬天吳、唐、蔡等國的聯兵伐楚行動，《春秋》言三月之會爲"侵楚"，杜預的解釋是："于召陵先行會禮，入楚境，故書侵。"即諸侯於召陵相聚爲謀，已經進入楚境，故曰"侵楚"。
>
> 又《左傳》定公十五年："吳之入楚也，胡子盡俘楚邑之近胡者。楚既定，胡子豹又不事楚，曰：'存亡有命，事楚何爲？多取費焉。'二月，楚滅胡。"
>
> 由此可見，胡人雖未參與魯定公四年（公元前 506 年）冬的直接伐楚行動，但却參與了三月謀伐楚的召陵之會，此後還趁火打劫，掠取了其附近的若干楚邑，也可以説是一定程度上的"侵楚"，簡文言胡之"反楚""伐楚"，大概也是從這些層面而言。楚人復國後，胡子仍不反悔事楚，最終於魯定公十五年被楚所滅，時爲楚昭王二十一、公元前 495 年。
>
> 陳的情况與胡國略有不同，在魯昭公十三年"（楚）平王即位，既封陳、蔡，……悼太子之子吳歸于陳"，即陳惠公復國之後，陳國基本喪失了自主地位。定公四年，陳惠公迫於晉、宋的壓力參與了三月召陵的諸侯謀楚之會，或因惠公之死，或擔心楚人的報復，在吳師入郢之時，新立的陳懷公則以疾辭吳，以致四年後（公元前 502 年）陳懷公受到吳人的

---

① 李守奎：《清華簡〈繫年〉與古史新探》，《中國社會科學報》2011 年 11 月 24 日，第 7 版。

嫉恨而客死於吳。從《春秋》召陵之會即爲"侵楚"的視角，簡文説陳人於楚昭王時"反楚"，勉能成立，然言其"與吳人伐楚"，并不確實。①

賴怡璇女士：

《繫年》記載缺少了唐國，但唐、蔡二侯的受辱情況相仿，《繫年》没有記載唐國的原因可能是唐軍屬於吳、蔡二國，杜預注："唐侯不書，兵屬於吳、蔡。"楊伯峻："蓋唐國小力弱，郊之戰，唐惠侯從楚，亦不書。"（《春秋左傳注（修訂本）》，頁 1542—1543）雖然《繫年》在進攻國中未載唐國，但此章下文作："秦畢公命子甫（蒲）、子虎銜（率）𠂤（師）㪚（救）楚，與楚𠂤（師）會伐陽（唐），閟（縣）之。"説明秦、楚在會師之後，第一個攻打的國家便是唐，可見唐國應該也當初進攻楚國的國家之一。《左傳》未明言胡國進攻楚國，但在定公十五年時有記載"吳之入楚也，胡人盡俘楚邑之近胡者"。可見在吳人入楚之役中，胡國應該也是進攻國之一。此外，根據第十八章簡 101"晉與吳會爲一，以伐楚，閟方城"，可見晉國亦有參與戰〈攻〉打楚國。

《繫年》多於《左傳》的"陳國"，亦爲召陵之會的同盟國……然而，曾經進攻楚國的蔡、唐、吳與胡四國，在楚國恢復國力之後皆一一報仇，如《繫年》記載："秦畢公命子甫（蒲）、子虎銜（率）𠂤（師）㪚（救）楚，與楚𠂤（師）會伐陽（唐），閟（縣）之。卲（昭）王既逯（復）邦，女（焉）克戜（胡）、回（圍）郜（蔡）。"唯不見陳國。同時第十八章也寫到楚昭王對晉國"逯（復）方城之𠂤（師）"。所以本章没有寫到楚昭王對陳國的復仇，確實比較奇怪，估計是《繫年》的作者漏寫了。②

孫飛燕女士：

陳國是否如簡文所説"叛楚，與吳人伐楚"呢？筆者認爲，陳國在定公四年没有參加伐楚，簡文的"陳"應爲"唐"之誤。首先，《左傳》哀公元年……吳人入楚以後派人召陳懷公，懷公詢問國人與楚還是與吳，逢滑説"楚未可棄，吳未可從"，陳侯聽從了他的話。因此夫差克越以後侵陳，修舊怨。

如果陳在吳入楚之前曾經從吳伐楚，那就已經是倍楚即吳了，吳召

---

① 徐少華：《清華簡〈繫年〉第十九章補説——兼論楚縣唐、縣蔡的有關問題》，清華大學出土文獻研究與保護中心等編：《出土文獻與中國古代文明——李學勤先生八十壽誕紀念論文集》，上海：中西書局，2016 年，第 200、201 頁。

② 蘇建洲、吳雯雯、賴怡璇：《清華二〈繫年〉集解》，第 746、747 頁。

陳陳不會拒絶，也没有必要再詢問國人的意見是從楚還是從吳。而且此時逢滑説"楚未可棄，吳未可從"，明確反對棄楚從吳，如果此前陳從吳伐楚，那麼如何解釋這種突然的轉變呢？

其次，據簡文，昭王復邦後"克胡、圍蔡"，對當年參加伐楚的小國一一報復，但是却没有提到楚伐陳。《左傳》也没有楚昭王伐陳的記載，相反倒有楚陳聯合伐頓、圍蔡的記載。《春秋》定公十四年：

二月辛巳，楚公子結、陳公孫佗人帥師滅頓，以頓子牂歸。

《左傳》定公十四年：

頓子牂欲事晉，背楚而絶陳好。二月，楚滅頓。

《春秋》哀公元年：

（春）楚子、陳侯、隨侯、許男圍蔡。

第三，唐參加了伐楚。《左傳》定公三年記載唐成公如楚，因爲没有給楚令尹子常好馬而被留在楚國三年，這正是定公四年"冬，蔡侯、吳子、唐侯伐楚"中唐侯參加伐楚的原因。唐從吳伐楚，其結果是定公五年秦楚滅唐，但是《左傳》對各國伐楚前因後果的記載中都没有提到陳。

第四，《繫年》第十九章講的是楚和陳、蔡、唐、胡等小國的關係，"陳、蔡、胡叛楚，與吳人伐楚"是起因，"秦異公命子蒲、子虎率師救楚，與楚師會伐唐，縣之"和"昭王既復邦，焉克胡、圍蔡"是結果，如果伐楚的小國中没有唐，簡文爲何提到秦楚伐唐而縣之呢？

基於上述原因，筆者認爲簡文的"陳"當改爲"唐"。[1]

李煜先生：

胡，《繫年》19章："陳、蔡、戠（胡）反楚，與吳人伐楚"。《左傳》胡有二，一爲姬姓，一爲歸姓，此當爲歸姓之胡，定公十五年："胡子盡俘楚邑之近胡者，楚既定，胡子豹又不事楚。"地在今安徽阜陽縣治，魯定公十五年爲楚所滅。襄公二八年："夏，齊侯、陳侯、蔡侯、北燕伯、杞伯、胡子、沈子、白狄朝於晉，宋之盟故也。"此爲姬姓之胡，爲鄭武公所滅，故城在今河南漯河市一帶。[2]

（三）"與楚自（師）會伐陽（唐），閒（縣）之"

整理報告：

---

[1] 孫飛燕：《清華簡〈繫年〉初探》，上海：中西書局，2015年，第123、124頁。

[2] 李煜：《清華簡所見國族名與〈左傳〉合證》，《中山大學學報（社會科學版）》2016年第2期，第67頁。

《左傳》定公四年楚昭王奔隨，"申包胥如秦乞師……秦哀公爲之賦《無衣》。九頓首而坐。秦師乃出"。《史記·秦本紀》亦作"哀公"，索隱云："《始皇本紀》作'璤公'。"今本《始皇本紀》作"畢公"。簡文作"異公"。《左傳》定公五年："申包胥以秦師至。秦子蒲、子虎帥車五百乘以救楚"，大敗吳軍，"秋七月，子期、子蒲滅唐"。《世本》："唐，姬姓之國。"《括地志》："上唐鄉故城在隨州棗陽縣東南百五十里，古之唐國也。"

子居：

> 楚國滅唐後，即以之爲縣了。唐國既滅，楚王自然得以解困，於是秦、楚聯軍開始在楚國腹地與吳師南北對峙。而這同時也說明了唐國并不如石泉先生所言在今河南省唐河縣南境，否則秦、楚聯軍既能滅唐，不難推知方城之內南陽地區已盡屬楚，這樣的話，從方城而入的吳師，此時豈不是無路可退了？由此也可以知道吳師非自方城入。[1]

蘇建洲先生：

> 秦畢公出兵救楚，當與第八章所載秦晉崤之戰後，簡48—49 "秦穆公欲與楚人爲好，女（焉）繁（脫）繡（申）公義（儀），囟（使）歸（歸）求成。秦女（焉）台（始）與晉敦（執）衛（衛），与（與）楚爲好。【四九】"有關。又本章記載楚昭王時伐唐設縣可以補充文獻記載之闕漏。又第十五章簡83—84 "邵（昭）王歸（歸）【八三】鬸（隨），與吳人戰（戰）于析"與本簡内容相關。[2]

徐少華先生：

> 楚昭王十一年（公元前505年）秦、楚聯軍滅唐後，文獻中再沒有關於唐地的任何記載，也就是説唐人、唐地入楚後的信息全無，簡文曰"伐唐，縣之"，與《左傳》哀公十七年言春秋早中之際楚文王"實縣申、息"，杜預注"楚文王滅申、息以爲縣"的情形相同。……楚昭王時滅唐設縣，不僅補充了文獻記載之缺失，同時爲春秋時期楚人的滅國置縣增添了又一實例，資料可貴。

> ……

> 楚昭王在秦師的幫助下打敗吳師，并趁勢伐滅唐國，以其故地設置唐縣，將其完全納入楚人的版圖。可能在進入戰國以後，出於某種需要，

---

[1] 子居：《清華簡〈繫年〉第16～19章解析》，Confucius2000網·清華大學簡帛研究，2013年1月8日。
[2] 蘇建洲、吳雯雯、賴怡璇：《清華二〈繫年〉集解》，第749頁。

楚又改唐縣爲封邑，將其封予某位大貴族，包山楚簡所見的"唐君"，當是由唐縣變封邑的確切印證。[①]

(四)"卲（昭）王既遑（復）邦，女（焉）克戜（胡）、回（圍）鄔（蔡）"

整理報告：

　　楚昭王復國後滅胡。《左傳》定公十五年記吴人入楚之役："胡子盡俘楚邑之近胡者。楚既定，胡子豹又不事楚"，遂至國滅。胡，媯姓國，在今安徽阜陽。《春秋》哀公元年（楚昭王二十二年）："楚子、陳侯、隨侯、許男圍蔡。"同年《左傳》："楚子圍蔡，報柏舉也。里而栽，廣丈，高倍。夫屯晝夜九日，如子西之素。蔡人男女以辨。使疆于江、汝之間而還。蔡於是乎請遷於吴。"

蘇建洲先生：

　　從典籍及後世注疏看，春秋時似有兩個胡國，其一是姬姓胡國，《左傳·哀公六年》："使胡姬以安孺子如賴。"楊伯峻注："胡姬，胡國之女，姬姓，景公妾。"其一是歸姓胡國，《左傳·襄公三十一年》："立胡女敬歸之子子野，次於季氏。"杜預注："胡，歸姓之國。敬歸，襄公妾。"對於胡國的地望則有三種看法，一是認爲在汝陰，即今安徽省阜陽市西北，唐蘭、李學勤持這種看法。另一種是認爲在河南郾城。《史記·楚世家》記楚昭王二十年"滅胡"，《正義》引《括地志》云："故胡城在豫州郾城縣界。"《老莊申韓列傳》"昔者鄭武公欲伐胡"句《正義》同。第三種意見則調和二者，認爲歸姓胡國在汝陰，姬姓胡國在郾城。根據上舉《正義》的説法，則本簡的"胡"應該是在河南郾城。[②]

(五)"居于州棶（來），是下鄔（蔡）"

整理報告：

　　《左傳》哀公元年（楚昭王二十二年）："楚子圍蔡，報柏舉也。……蔡於是乎請遷於吴。"《春秋》哀公二年："十有一月，蔡遷於州來。"同年《左傳》："吴洩庸如蔡納聘，而稍納師。師畢入，衆知之。蔡侯告大夫，殺公子駟以説。哭而遷墓。冬，蔡遷于州來。"蔡本都上蔡，今河南

[①] 徐少華：《清華簡〈繫年〉第十九章補説——兼論楚縣唐、縣蔡的有關問題》，清華大學出土文獻研究與保護中心等編：《出土文獻與中國古代文明——李學勤先生八十壽誕紀念論文集》，第202、203頁。

[②] 蘇建洲、吴雯雯、賴怡璇：《清華二〈繫年〉集解》，第751頁。

上蔡縣；後遷都新蔡，今河南新蔡縣；於此則入吳，因吳師遷州來。

子居：

　　據《左傳·哀公元年》："元年春，楚子圍蔡，報柏舉也。里而栽，廣丈，高倍。夫屯晝夜九日，如子西之素。蔡人男女以辨，使疆於江、汝之間而還。蔡於是乎請遷於吳。"這是蔡遷州來的起因。《春秋·哀公二年》："十有一月，蔡遷於州來。蔡殺其大夫公子駟。"《左傳·哀公二年》："吳泄庸如蔡納聘，而稍納師。師畢入，衆知之。蔡侯告大夫，殺公子駟以說，哭而遷墓。冬，蔡遷於州來。"杜預注："元年，蔡請遷於吳，中悔，故因聘襲之。"可見，蔡國之遷州來，雖有懼怕楚國的原因，但吳師的強制性挾制，實也是其原因之一。①

徐少華先生：

　　據《左傳》哀公二年：

　　吳泄庸入蔡納聘，而稍納師。師畢入，衆知之。蔡侯告大夫，殺公子駟以說。哭而遷墓。冬，蔡遷于州來。

　　對於吳泄庸帥師納聘而入蔡，杜預的解釋是："元年，蔡請遷于吳，中悔，故因聘襲之。"說蔡昭侯去年請遷於吳境以尋求保護，後又中途反悔，故吳泄庸今年以納聘爲由帥師襲蔡，意在迫蔡東遷近吳而遠楚，簡文"吳泄庸以師逆蔡昭侯"，當是概而言之，沒有講明個中緣由。從蔡昭侯"自歸于吳"來看，顯然其是親自入吳協商請命，與哀公元年的《傳》文"請遷于吳"相爲表裏，以致蔡於魯哀公二年的冬十一月由新蔡遷州來，并改名下蔡，時爲楚昭王二十三年、公元前493年，簡文將其事繫於楚惠王十一年（公元前478年），明顯有誤，整理者認爲當是混淆了楚昭王二十三年蔡遷州來與楚惠王十一年滅陳兩者之間的關係，言之有理。

　　本章簡文最後說"楚人焉縣蔡"，當是指楚滅蔡而置縣。據《史記·楚世家》："（楚惠王）四十二年，楚滅蔡。"同書《管蔡世家》亦曰："（蔡）侯齊四年，楚惠王滅蔡，蔡侯齊亡，蔡遂絶祀。"楚惠王四十二年即公元前447年，已在戰國早期，則蔡從昭侯遷州來（下蔡）至最終被楚所滅，在其地前後經歷了46個春秋。

　　……

　　蔡被滅，較唐國晚五十多年，只是下蔡入楚之後的情況，文獻中亦

---

① 子居：《清華簡〈繫年〉第16～19章解析》，Confucius2000網·清華大學簡帛研究，2013年1月8日。

沒有明確的説法，《繫年》曰“楚人焉縣蔡”，説明楚惠王在公元前 447
年滅蔡後，即因其故地而設置了下蔡縣……

宋玉《登徒子好色賦》有“嫣然一笑，惑陽城、迷下蔡”的詩句，
唐人李善注：“陽城、下蔡，二縣名，蓋楚之貴介公子所封，故取以喻焉。”
李善説“楚之貴介公子所封”未必確實，但其言戰國晚期的陽城、下蔡
屬楚之二縣則引人關注。《繫年》有關戰國早期楚設下蔡縣的材料，爲李
善的注解提供了直接證據。

據鄂君啓節銘文，戰國中期鄂君商隊所經楚境内的重要城邑有“下
蔡”，然當時是否爲楚縣則不明。

包山楚簡中，有幾例關於下蔡的材料，特別是第 120—121 簡涉及下
蔡、陽城諸地司法案情的記載，另簡 163 有“下蔡人競領”、簡 182 有
“下蔡人畢會”。簡文之下蔡，整理者認爲即春秋晚期蔡昭侯所遷之州來、
漢晉下蔡縣，即今安徽鳳臺縣，可信。從簡文有關下蔡、陽城之關係，以
及下蔡屬下領有山陽、關、東邟、萲等里的情況分析，當時的下蔡，應
是縣級政區，即楚之下蔡縣。若此，在戰國早期楚惠王滅蔡設縣後，下
蔡縣歷戰國中、晚期一直存在，漢晉下蔡縣，當沿楚制而來。[1]

蘇建洲先生：

清梁玉繩曰：“蔡本都於上蔡，平侯徙新蔡，至昭侯遷州來，乃下蔡
也。”（《史記志疑》，頁 907—908 ）。《史記·管蔡世家》云：“楚昭王伐
蔡，蔡恐，告急於吳。吳爲蔡遠，約遷邑自近，易以相救；昭侯私許，不
與大夫計。吳人來救蔡，因遷蔡於州來。”可見蔡國遷往州來，是迫於吳
國的壓力，其實蔡國的臣民未必願意。所以“二十八年，昭侯將朝於吳，
大夫恐其復遷，乃令賊利殺昭侯。”（《史記·管蔡世家》）“州來”是吳楚
間地，地理位置重要，二國曾在此多次交兵。《漢書·地理志上》沛郡“下
蔡”縣下顏師古注云：“故州來國，爲楚所滅，後吳取之，至夫差遷昭侯
於此。後四世侯齊竟爲楚所滅。”……在一九五五年發現的蔡侯申墓亦可
説明蔡昭侯申確實已經將國都遷到州來。[2]

孫飛燕女士：

蔡遷州來一事，簡文有誤。整理者已經指出：“楚惠王十年爲魯哀公

① 徐少華：《清華簡〈繫年〉第十九章補説——兼論楚縣唐、縣蔡的有關問題》，清華大學出土文獻研究與保
護中心等編：《出土文獻與中國古代文明——李學勤先生八十壽誕紀念論文集》，第 201、203 頁。

② 蘇建洲、吳雯雯、賴怡璇：《清華二〈繫年〉集解》，第 757 頁。

十七年，據《左傳》，該年七月，楚公孫朝帥師滅陳。……此處簡文可能係將陳、蔡之事混淆而致誤。"案楚惠王十一年相當於魯哀公十七年，此年楚滅陳。而蔡昭侯自歸於吳，吳遷蔡於州來見於《春秋》經傳哀公元年、二年，係因楚昭王圍蔡而起。據《史記·楚世家》，楚惠王四十二年楚滅蔡。[①]

此外，孫飛燕女士還考察了不同文獻對"蔡遷州來"的記載，指出：

> 《繫年》中蔡昭侯"自歸於吳"，說明他很樂意歸附并且遷於吳；"吳洩庸以師逆蔡昭侯，居于州來"也說明是此前合謀。這都與《史記》蔡昭侯私許吳的内容相合。而且從《左傳》哀公四年"蔡昭侯將如吳""諸大夫恐其又遷也"來看，蔡昭侯遷州來之事的確是先與吳國策謀，沒有與大夫商量。[②]

（六）"楚人女（焉）䎽（縣）鄵（蔡）"

整理報告原注：

> 此謂蔡遷州來，楚并其地以爲縣。

徐少華先生：

> 蔡國被滅，較唐國晚五十多年，只是下蔡入楚之後的情況，文獻中亦沒有明確的説法，《繫年》曰"楚人焉縣蔡"，説明楚惠王在公元前447年滅蔡後，即因其故地而設置了下蔡縣……
>
> 宋玉《登徒子好色賦》有"嫣然一笑，惑陽城、迷下蔡"的詩句，唐人李善注："陽城、下蔡，二縣名，蓋楚之貴介公子所封，故取以喻焉。"李善説"楚之貴介公子所封"未必確實，但其言戰國晚期的陽城、下蔡爲楚之二縣則引人關注。《繫年》有關戰國早期楚設下蔡縣的材料，爲李善的注解提供了直接證據。
>
> 據鄂君啓節銘文，戰國中期鄂君商隊所經楚境内的重要城邑有"下蔡"，然當時是否爲楚縣則不明。
>
> 包山楚簡中，有幾例關於下蔡的材料，特別是第120-121簡涉及下蔡、陽城諸地司法案情的記載，另簡163有"下蔡人競領"、簡182有"下蔡人畢會"。簡文之下蔡，整理者認爲即春秋晚期蔡昭侯所遷之州來、漢

---

① 孫飛燕：《清華簡〈繫年〉初探》，上海：中西書局，2015年，第124、125頁。

② 孫飛燕：《清華簡〈繫年〉初探》，第106-109頁。

晉下蔡縣，即今安徽鳳臺縣，可信。從簡文有關下蔡、陽城之關係，以及下蔡屬下領有山陽、關、東邘、萛等里的情況分析，當時的下蔡，應是縣級政區，即楚之下蔡縣。若此，在戰國早期楚惠王滅蔡設縣後，下蔡縣歷戰國中、晚期一直存在，漢晉下蔡縣，當沿楚制而來。①

蘇建洲先生：

可能是指楚惠王四十二年（前447年）"楚滅蔡"（《史記·楚世家》）。《史記·管蔡世家》云："侯齊四年，楚惠王滅蔡，蔡侯齊亡，蔡遂絶祀。"蔡侯齊四年即楚惠王四十二年，前四四七年。春秋戰國時期，陳蔡二國多次被楚國滅國，然後復國，茲表列如下：

時間	事件	備註
宣公十一年、楚莊王十六年（前598年）	楚子爲陳夏氏亂故，伐陳。謂陳人無動，將討於少西氏，遂入陳，殺夏徵舒，轘諸栗門，因縣陳。（《左傳》宣公十一年）	楚國第一次滅陳。亦參見《繫年》第十五章簡75"莊王帥師圍陳。"
宣公十一年、楚莊王十六年（前598年）	楚莊王在申叔時的勸諫下"乃復封陳"。（《左傳》宣公十一年）	楚國第一次復陳。
昭公八年、楚靈王七年（前534年）	冬十月壬午，楚師滅陳。（《春秋》昭公八年）	楚國第二次滅陳。即本章簡104"楚靈王立，既縣陳、蔡"、十八章簡99"縣陳、蔡，殺蔡靈侯"，并派穿封戌爲陳公，即《上博六·申公臣靈王》的"申（陳）公"。
昭公十一年、楚靈王十年（前531年）	楚子滅蔡。（《左傳》昭公十一年）	楚國第一次滅蔡。即本章簡104"楚靈王立，既縣陳、蔡"
昭公十三年、楚靈王十二年（前529年）	平王封陳蔡，復遷邑。（《左傳》昭公十三年）	楚國第二次復陳、第一次復蔡。蔡平侯遷都新蔡。即本章簡104"景平王即位，改邦陳、蔡之君。"
哀公十七年、楚惠王十一年（前478年）	楚公孫朝帥師滅陳。（《左傳》哀公十七年）	楚國第三次滅陳。
楚惠王四十二年（前447年）	楚惠王滅蔡，蔡侯齊亡，蔡遂絶祀。（《史記·管蔡世家》）	楚國第二次滅蔡。即本章簡107"楚人焉縣蔡"。

---

① 徐少華：《清華簡〈繫年〉第十九章補說——兼論楚縣唐、縣蔡的有關問題》，清華大學出土文獻研究與保護中心等編：《出土文獻與中國古代文明——李學勤先生八十壽誕紀念論文集》，第203頁。

不過，在某些史籍和子書中，楚惠王之後陳、蔡二國仍然一再出現。何浩先生認爲："陳、蔡并未絕祀於惠王之時，實際上是遲至宣王時才終爲楚滅的。如果説，楚悼王時'北并陳、蔡'，只是將陳、蔡南遷於楚境之内，并未滅其社稷，那末，陳國就是四滅於楚，蔡國就是三滅於楚，而不是歷來所説的'三滅''二滅'的問題了。"（《楚滅國研究》，頁 340）[①]

第 16 節　《繫年》第 20 章地理史料匯證

《繫年》簡 108—113：

晉競（景）公立十又五年，繡（申）公屈啎（巫）自晉逅（蹠）吴，女（焉）訋（始）迥（通）吴晉之迮（路）[一]，二邦爲好，以至晉悼=公=（悼公。悼公）【一〇八】立十又一年，公會者（諸）侯，以與吴王昜（壽）夢相見于鄉〈郢〉[二]。晉柬（簡）公立五年，與吴王盍闔虜（盧）伐【一〇九】楚[三]。盍闔虜（盧）即碟（世），夫秦（差）王即立（位）。晉柬（簡）公會者（諸）侯，以與夫秦（差）王相見于黄池[四]。戊（越）公句戔（踐）克【一一〇】吴，戊（越）人因襲（襲）吴之與晉爲好。晉敬公立十又一年，灼（趙）趄（桓）子會[諸]侯之夫=（大夫），以與戊（越）命（令）尹宋槃（盟）于【一一一】邢[五]，述（遂）以伐齊=（齊，齊）人女（焉）訋（始）爲長城於濟，自南山逗（屬）之北洖（海）[六]。晉幽公立四年，灼（趙）狗衛（率）台（師）與戊（越）【一一二】公株句伐齊，晉台（師）閼（門）長城句俞之門[七]。戊（越）公、宋公敗齊台（師）于襄坪（平）[八]。至今晉、戊（越）以爲好。【一一三】

【注　釋】

（一）"繡（申）公屈啎（巫）自晉逅（蹠）吴，女（焉）訋（始）迥（通）吴晉之迮（路）"

整理報告：

申公通晉吴之路，是春秋史上的大事，詳見《左傳》成公七年及本篇第十五章。楊伯峻辨其當在成公六年（《春秋左傳注》第八三四至八三五頁），與簡文相合。

①　蘇建洲、吴雯雯、賴怡璇：《清華二〈繫年〉集解》，第 758、759 頁。

（二）"與吳王鴌（壽）夢相見于鄉〈鄅〉"

整理報告：

《春秋》魯襄公十年："公會晉侯、宋公、衛侯、曹伯、莒子、邾子、滕子、薛伯、杞伯、小邾子、齊世子光，会吳于柤。"《史記·十二諸侯年表》晉悼公十一年在魯襄公十一年。吳王壽夢，《春秋》襄公十二年稱"吳子乘"，"乘"當是"壽夢"的合音。鄉，《春秋》經傳并作"柤"，楊伯峻注："楚地，在今江蘇邳縣北而稍西之泇口。"（《春秋左傳注》第九七三頁）

蘇建洲先生：

"柤"，《水經注疏·卷三十淮水》……"柤"作"鄅"，二者皆从"且"得聲。……至於簡文的"鄉"……"虢"一般認爲是會意字，不過"虎"，曉紐魚部，與"虢"的聲韻相當接近，可能亦有聲符的作用，同時古書有【擄】和【柤】的通假例證，"擄"从"虎"聲，此亦可説明【柤與虢】可以通假。[1]

劉光先生認爲在今江蘇邳縣，簡文作"虢"是因爲形訛，仍當以傳世文獻爲是：

爲貫徹"聯吳制楚"的政策，晉國多次與吳國會盟，其中最重要的一次發生在魯襄公十年，關於這次會盟之地，傳世文獻記爲"柤"，新近出土的清華簡《繫年》記作"虢"，文章結合相關文獻，認爲：《繫年》中的"虢"，可能是傳世文獻"柤"的異寫"鄅"的訛字，并結合晉吳會盟、交聘及相關事件，認爲柤之地望在今江蘇邳縣之泇口。柤之會是晉吳兩國面對楚國强勢而做出的反應，對晉悼公的霸業至關重要。[2]

（三）"晉柬（簡）公立五年，與吳王盍閭雩（盧）伐【一〇九】楚"

整理報告：

晉柬（簡）公，即晉定公，名午。《左傳》與《十二諸侯表》記闔盧入郢都在晉定公六年。盍雩，即吳王闔盧。闔盧伐楚，事詳見《左傳》定公四年。

---

[1] 蘇建洲、吳雯雯、賴怡璇：《清華二〈繫年〉集解》，第 767-769 頁。
[2] 劉光：《清華簡〈繫年〉晉吳會盟之"柤"地補考》，張福貴主編：《華夏文化論壇》（第 18 輯），長春：吉林文史出版社，2017 年，第 291 頁。

孫飛燕女士:

晉簡公即晉定公。據《春秋》經傳,伐楚一事在魯定公四年。則簡文中的晉定公五年應相當於魯定公四年,據此可推知晉定公元年爲魯昭公三十二年。但《年表》中晉定公元年爲魯昭公三十一年。那麼,是《年表》有誤還是簡文有誤呢? 據《春秋》經傳,晉頃公於魯昭公三十年六月卒。考慮到晉魯建正的不同,魯歷六月爲晉曆四月,所以不存在卒時魯曆在正月、二月而晉曆尚在前一年的問題。若晉定公次年改元,則昭公三十一年爲晉定公元年;若當年改元,則昭公三十年爲晉定公元年。但無論如何,晉定公元年不可能在魯昭公三十二年。因爲如果晉定公在魯昭公三十二年才改元,從晉頃公卒到魯昭公三十一年的時間無法解釋。《年表》晉定公元年爲魯昭公三十一年,可見司馬遷認爲晉定公次年改元。既然簡文中晉定公的紀年有誤,我們當依照《年表》的記載。因此,簡文"晉定公立五年"當改爲"晉定公立六年"。①

胡凱、陳民鎮先生:

結合《繫年》《左傳》諸書的記載,事實應當是: 1. 晉簡公五年,晉國與吳國曾聯軍伐楚,即《繫年》所載"晉與吳會爲一,以伐楚,門方城""晉簡公立五年,與吳王闔閭伐楚"; 2. 晉簡公六年春,舉行召陵之會; 3. 晉簡公六年冬,吳師入郢。如此一來,"晉定公立五年"自不必改,也無所謂晉國參與吳師入郢的戰爭。而吳、晉門方城以及楚國復方城之師,均是前所未見的史事。《左傳》定公四年云:"楚自昭王即位,無歲不有吳師。"此次晉、吳合兵伐楚爲史籍所缺載,彌足珍貴。②

蘇建洲先生:

《史記·十二諸侯年表》將吳王闔廬伐楚繫在晉定公六年,即魯定公四年,公元前五〇六年。……十一章簡56"楚穆王立八年,王會者(諸)侯于厥(厥)貉(貉)",其中"八年"爲"九年"之誤,可與本章參看。根據第十八章簡101"晉與吳會爲一,以伐楚,閔方城"的記載,兩國在魯定公四年(前506年)曾聯手攻打楚國,直到楚方城,可與本章參看。③

---

① 孫飛燕:《試談〈繫年〉中厥貉之會與晉吳伐楚的紀年》,復旦大學出土文獻與古文字研究中心網,2012年3月31日。

② 胡凱、陳民鎮:《從清華簡〈繫年〉看晉國的邦交——以晉楚、晉秦關係爲中心》,《邯鄲學院學報》2012年第2期,第62頁。

③ 蘇建洲、吳雯雯、賴怡璇:《清華二〈繫年〉集解》,第770頁。

（四）"與夫秦（差）王相見于黃池"

整理報告：

黃池，《春秋》哀公十三年："公會晉侯及吳子于黃池。"楊伯峻注："黃池當在今河南封丘縣，濟水故道南岸。"春秋初爲衛地，後屬宋。戰國時屢易其主。趙孟庎壺（《集成》九六七八）："㝇（遇）邘王于黃池，爲趙孟庎邘王之惕（賜）金，以爲祠器。"黃池之會詳見《左傳》魯哀公十三年。

蘇建洲先生：

《繫年》的"池"字均作𣲖，从"它"旁，寫法同於西周金文，如……適簋"呼漁于大沱（池）"。《郭店·五行》17"能差沱其羽"。……趙孟庎壺"㝇邘于黃沱"。後二者今本文獻都寫作"差池""黃池"了。[1]

（五）"與戉（越）命（令）尹宋�（盟）于【——】邘"

整理報告：

戉命尹宋，即越國的令尹，名宋。令尹是楚官，越亦有令尹。邘，地名，包山一三〇簡有人名"邘勝"。又疑"述"屬上讀，"邘述"讀爲"𥎦遂"。《禮記·王制》：鄭玄注："遠郊之外曰遂。"

蘇建洲先生：

"邘"字作𢁘。《包山》130 作𢁘，"工"旁爲鈎廓寫法。至於《包山》221𢁘（亦見 222、223）……應從張新俊先生釋爲"邘"，可以讀作"龔"，用作姓氏。[2]

李松儒女士：

邘，整理者以爲地名，并指出包山簡 130 已見此字；又疑與下"述"連讀作"邘述"，讀爲"𥎦遂"。[3]

陳絜先生：

我們很自然地聯想起位於當時齊长城以南的魯國屬邑紅地。《春秋經》昭公八年有曰："秋，蒐于紅。"而《左傳》則謂：

---

[1] 蘇建洲、吳雯雯、賴怡璇：《清華二〈繫年〉集解》，第 772 頁。
[2] 蘇建洲、吳雯雯、賴怡璇：《清華二〈繫年〉集解》，第 780-781 頁。
[3] 李松儒：《清華簡〈繫年〉集釋》，上海：中西書局，2015 年，第 279 頁。

秋，大蒐于紅，自根牟至于商、衛，革車千乘。

紅地安在？目前有兩种不同意見，如杜注云："紅，魯地。沛蕭縣西有紅亭，遠，疑。"……而清儒洪亮吉則采南北朝時期劉昭之意見，以爲"紅"在"泰山郡奉高縣西北"……這一觀點顯然比魯國曲阜以南的沛國蕭縣之説合理很多。按漢魏時期奉高縣其縣治在今山東泰安市的東部……魯邑紅地恰好在齊長城之南，且鄰近當時的齊、魯中路交通綫。又紅字亦從工聲，可與邘通。所以，簡文邘地似即"大蒐于紅"之紅，晉、越於紅地會盟，進而沿齊、魯中路交通綫北伐齊國。而齊國爲了切斷這一自殷商便已存在的通道，故而修築東西向的齊長城。前後的因果關係可謂嚴絲合縫。[①]

馬保春先生在其 2023 年未刊稿中指出"邘"即"共"地，在今河南新鄉輝縣市境內。

【筆者按】"邘"地可能與西周鞏伯國、秦莊襄王所設鞏縣有關，位於今河南鞏義市一帶。

（六）"齊人女（焉）訏（始）爲長城於濟，自南山逗（屬）之北洯（海）"

整理報告：

據簡文可知，齊始爲長城的時間在戰國初期，齊宣公十五年前後，目的是爲了防禦三晉的入侵。最初當是在濟水的防護堤壩基礎上加固改建而成，其走向是東起平陰東部的山陵，沿濟水東北行，經過濟南，東北入渤海。南山，疑指平陰一帶丘陵地帶。北海，今之渤海。《莊子·秋水》："（河伯）順流而東行，至於北海，東面而視，不見水端。"濟水走向是自南山起，經歷下（今山東濟南）往東，到北海。

劉國忠先生（署名羅恭）：

從清華簡《繫年》來看，齊長城的修建時間可能是在戰國初年，其具體時間應該是在公元前 441 年左右，當時齊國正面臨着晉、越、魯等國的軍事威脅。齊長城的修建，本身是一項重要的軍事防禦設施，并在很大程度上有效地幫助齊軍抵擋了晉、越等國的進攻。[②]

---

① 陳絜：《清華簡〈繫年〉第二十章地名補正》，李守奎主編：《清華簡〈繫年〉與古史新探》，上海：中西書局，2016 年，第 111、112 頁。

② 羅恭：《從清華簡〈繫年〉看齊長城的修建》，《文史知識》2012 年第 7 期，第 107 頁。

王永波、王雲鵬先生：

出土文獻揭示的"濟水岸防"長城。其南部起點大致與山地長城相同，沿濟水東岸直至"北海"，全長約計 300 公里左右。與"山地長城"以"人字形"布局，連結三面環海的岸綫，共同構成了中國，乃至世界上獨一無二的、完整閉合的軍事防禦體系。①

陳民鎮先生認爲《繫年》整理報告的意見需要商榷：

首先，齊長城并非是在濟水的防護堤壩基礎上加固改建的；其二，整理者認爲齊長城沿濟水東北行并東北入渤海，是與事實不符的；其三，文中的"北海"恐怕不能解釋作渤海。……齊長城的西端……目前業已證實是在山東省濟南市長清區孝里鎮……按該地即古平陰地區，即屬羌鐘所見"平陰"。它很早開始便是軍事要塞，在古代毗鄰古濟水，即《繫年》所謂"齊人焉始爲長城於濟"。……《繫年》整理者關於齊長城"東北入渤海"的表述是不恰當的。……如果結合現有的文獻資料和考古發現，《繫年》的"北海"更應該是黃海。……結合文獻記載與考古發現來看，它應該是與目前齊長城東起濟水之畔、自泰山餘脉延伸至黃海的遺存相符的。……從《繫年》的記載看，齊國營建齊長城的直接原因在於抵禦三晉與越國的侵伐。所以，齊長城西段的主要功能在於防禦三晉，東段則在於防禦越國。……《繫年》説齊長城西起於"南山"……這裏的"南山"或指泰山。……戰國時人將泰山視作齊國的南部屏障，加之齊長城的西端的確憑依泰山餘脉，將"南山"理解作泰山也是不無可能的。……之所以會認爲齊長城起源於堤壩，主要是對"巨防"及"防門"的理解存在歧異。《左傳》襄公十八年載："齊侯禦諸平陰，塹防門而守之，廣里。"……"防門"與所謂"巨防"有關。《韓非子·初見秦》云："齊之清濟濁河，足以爲限；長城、巨防，足以爲塞。"《戰國策·秦策一》載張儀語："濟清河濁足以爲限，長城、鉅坊足以爲塞。"……由《左傳》襄公十八年可知，巨防或防門存在於齊長城營建之前，且戰國時代多將巨防與長城并提，故長城與巨防明非一物。巨防也在古平陰，近齊長城源頭。……"巨防"之"防"本身便不能理解作堤壩，而是關防、要塞之義……如此一來，説齊長城的前身是堤壩，便不存在任何依據。②

① 王永波、王雲鵬：《齊長城的人字形布局與建制年代》，《管子學刊》2013 年第 2 期，第 33 頁。
② 陳民鎮：《齊長城新研——從清華簡〈繫年〉看齊長城的若干問題》，《中國史研究》2013 年第 3 期，第 15、16 頁。

陳民鎮先生：

若從《繫年》原文看，的確有可能存在一條綿亙濟水沿岸的長城，"始爲長城於濟"强調了這條長城與濟水的相關性，但這種相關性也可能只是説明齊長城的起點在濟水流域，現存齊長城西端便在古濟水畔；而"北海"一般認爲是渤海，正與濟水的走向相合，《繫年》第十七章稱晉師"驅車至於東海"，古書也每每稱齊長城東到"東海"，從《繫年》的内證看，"東海"才是黄海，"北海"當另有所指。①

陳絜先生：

竊以爲齊所處之"北海"若以今天的海疆劃分爲參照，理解爲一種泛指形式或許更爲恰當，殆涵蓋了如今的黄海與渤海。唯有如此，方能使"君處北海"與"東至於海"間的看似矛盾的言辭得以協調。所以，簡文"北海"或許也是泛稱……

簡文中作爲齊長城起始點的"南山"，李守奎先生認爲可能是山東平陰一帶的丘陵地帶，而陳民鎮先生則把它與泰山山脉相聯繫。二説在文辭表述上雖有區別，但本質基本相同，因平陰附近之丘陵實際上便是泰山之餘脉。而可以進一步補充的材料還有《詩經》與西周金文……②

馬健偉先生認爲《繫年》記載的齊長城是沿濟水修建的，他舉出四條理由認爲傳世文獻也支持濟水長城的存在：

一是《史記·趙世家》和《田仲敬完世家》中記載的公元前 368—348 年間，趙國占領齊長城，而趙國位於齊國西北；

二是"長城"與"巨防"并列，他認爲"巨防"指山地長城，而"長城"指濟水長城；

三是《史記·楚世家》公元前 281 年弋者以射弋爲喻，其中有"長城以東"和"泰山以北"，山地長城爲東西走向，不能有"長城以東"的説法；

四是三晉伐齊圍平陸，平陸與濟水近而與山地長城遠。③

張溯、梁洪燕先生：

"齊人焉始爲長城于濟，自南山屬之北海。"南山當指泰山，北海指渤海……後世多認爲齊長城是由平陰的濟水起，順泰沂山脉至東海。而

---

① 陳民鎮：《屬羌鐘與清華簡〈繫年〉合證》，《考古與文物》2015 年第 6 期，第 86 頁。
② 陳絜：《清華簡〈繫年〉第二十章地名補正》，李守奎主編：《清華簡〈繫年〉與古史新探》，第 108、109 頁。
③ 馬健偉：《清華簡〈繫年〉所涉齊魯地區古史研究》，山東師範大學碩士學位論文，2016 年，第 74-77 頁。

《清華簡》此條獨言"由南山屬之北海"。《繫年》釋文中說："(齊國修築長城)最始當是在濟水的防護堤壩基礎上加固改建而成，其走向是東起平陰東部的山陵，沿濟水東北行，經過濟南，東北入渤海。"這一分析是正確的……

沿河修築長城是東周時期列國修築長城的一大規律。因爲河邊有堤防，稍加增築即可用於防禦，節省許多人力……

因此齊長城有兩條綫路組成，一條綫是順着濟水呈西南東北向；另一綫路是起於濟南長清區孝里鎮廣里村北，順泰沂山脉逶迤曲折至黃島于家河入海。前者是過去所忽略的，後者經過兩次全程調查和當地文物部門的調查，綫路已經比較明確……

濟水上的長城只存在於早期文獻之中。秦滅六國之後，"壞城郭，決通堤防"(《史記·秦始皇本紀》)，列國長城大部分被破壞，齊長城也不例外。唯有泰沂山脉那些遠離城郭的段落得以保存，山間平地的長城大部分都被破壞。黃河奪濟入海之後，河堤經過歷代增築，濟防恢復了河堤的功能。長城與防的關係逐漸隱而不彰，濟水段長城也被遺忘。《繫年》中的記載使濟水段長城和相關文獻得以發覆。①

任會斌先生：

齊長城西端頭毗鄰古濟水，"齊人焉始爲長城於濟"，是由此地段極爲特殊的地理形勢所決定。當時濟水爲一道天險，而濟水在古平陰一帶河水較淺，於是成爲東西往來的要道。長城建於這一位置，可使得平陰城有河、城兩道屏障。同時，齊長城源頭西緊鄰濟水，再往西則是廣闊無垠的魯西北沖積平原，東岸則是南北向狹長的山前沖積地帶，此處若生水患，後果嚴重，修繕增固障水之防也是一件順理成章之事。事實上，早在平陰之戰前，齊人很早就修建了平陰邑南面和泰山西側的防。所以，如張華松先生所言，即便原有的防客觀上具有一些軍防的價值，也絲毫改變不了其水利工程的性質……

"齊人焉始爲長城於濟，自南山屬之北海"一句大致記述了齊長城的起訖範圍——從濟水發端，自"南山"綿亙至"北海"。渤海，曾舊稱北海，故整理者指出："(齊長城)沿濟水東北行，經過濟南，東北入渤海。南山，疑指平陰一帶丘陵地帶。"這與之前我們所了解的齊長城東接黃海

---

① 張溯、梁洪燕：《清華簡〈繫年〉與齊長城考》，《中國國家博物館館刊》2017 年第 1 期，第 35-38 頁。

不同，同時，目前所見齊長城遺址走向與濟水也不一致。南濟故道由今原陽縣南，開封市北，蘭考縣北，菏澤西南，經定陶和曹縣之間，流入巨野澤中。北濟山東境内故道應是現在的趙王河，自此處至濟南市東北的黄河都是濟水故道。這樣看來，目前所見齊長城源頭一段，向東幾乎垂直于濟水。所以，有觀點認爲除去之前我們所瞭解的齊長城外，還存在一條春秋末期齊國爲抵禦三晉，於南部山地長城之外"在濟水防護堤壩的基礎上進一步加固改建"沿濟水而行的一道"齊長城"——"濟水岸防"。雖然，并不能完全排除東入渤海的"濟水長城"的存在，但目前，文獻缺失和考古實物空白是此説的最大問題……

所以，儘管齊長城西起之地是在"濟水之濱"，齊長城始建與濟水之"防"也有一定關係，但兩者不可混爲一談，平陰邑西邊和南邊的防應該早已建成，濟水整體與齊長城的走向也不同。事實上，此地若無濟水西鄰，僅憑位置之重要，城亦不可少，反之，也必然"築防以障水"，"防""城"互用，也是因地制宜，并非"一物之異名"。《左傳·襄公十八年》所記載的"齊侯禦諸平陰，塹防門而守之廣里"，并不意味着當時已修築長城，這是需要明確的。①

任會斌先生認爲"北海"是對方位地勢的泛指，并不能認定爲渤海，也不能據此認爲齊國另有一條濟水長城：

由"海"至"四海"，再至"北海"，我們不難瞭解先秦時期的"北海"，并非單一確指某一片海域或陸地，而是往往在以中原爲基點的地理判斷基礎上，作爲一個虛擬地域觀念，對北方偏遠不清的蠻荒之地及地處極北方的海洋的稱呼，"或循想象之端，或考虛無之地"，甚至是遙遠的"天池"。②

仝晰綱、孫亞男先生：

《清華簡》整理者將"北海"注釋爲渤海，李學勤并由此推斷沿濟水至渤海灣還存在一條長城的東段，與齊長城西段一樣由濟水河堤轉化而來。在考察其地理位置之後發現，這條長城出泰沂山系之後，所經之地均是開闊坦蕩的平原，與濟水的許多支系河流平行，因此有可能存在沿支系河流修築的河堤。但是因爲已經有河流天險的存在，東面也并無要

① 任會斌：《"濟水之防"與齊長城》，《南方考古》2018 年第 4 期，第 169、170 頁。

② 任會斌：《清華簡〈繫年〉所見之"北海"》，鄔文玲、戴衛紅主編：《簡帛研究》二〇二二年秋冬卷，桂林：廣西師範大學出版社，2023 年，第 49-59 頁。

防備的敵國，這條河堤沒有轉化成爲長城的現實條件，據此推測沿濟水向北的長城沒有存在的必要。綜合以上因素分析，這條長城應當是不存在的。那麼《清華簡》"北海"條下整理者所注釋的"渤海"，就不能理解爲現代意義上的渤海。《山海經·海內東經》："琅邪台在渤海間，琅邪之東。"可見古時渤海的範圍廣大，包含現代意義上的黃海。這樣就能把古史記載的"東至海"統一起來。①

武振偉先生：

先秦文獻特別是楚地文獻表明，清華簡《繫年》齊長城"自南山屬之北海"中"北海"應爲今之渤海，而非今黃海或東海。此段齊長城爲東北—西南走向，不同于現存齊長城遺迹，不能因濟水齊長城沒有發現遺迹而曲解文獻，將此段齊長城等同于南部山地長城。濟水齊長城的修築可能與秦簡公"塹洛"相似，是將河岸塹削爲城。齊長城西段的修築是爲了抵禦三晉的進攻，同樣因爲與越國爭奪對"泗上十二諸侯"的控制權，也有防禦越國的目的。齊長城東段的修築與齊越、齊楚關係的緊張密不可分，齊長城東段的延展擴建當在越王無彊即位（公元前 354 年）之後，目的在於防越，而在公元前 333 年楚國破越之後開始大規模修築，主要爲了防楚，在齊宣王之時全部完成。②

李貝貝、仝晰綱先生：

《繫年》是楚國作品，其中所説的"北海"應是一個相對概念，今渤海和黃海相對于楚國來説都在北方。《左傳·僖公四年》記載，楚懷王曾派使臣對齊桓公説："君處北海，寡人處南海。"楚國并不處南海，故北海也應該不是確指，而有可能是指包括黃海在内的北方海域。

根據《繫年》第二十章記載，受晉國和越國的威脅，齊國始修長城。晉國伐齊，多從位於泰山餘脉的古平陰地區北上，故于此修築長城是合乎情理的。此時的越國已遷都至毗鄰齊國東境的古琅琊，即今青島市黃島區。從當時的政治、軍事形勢來看，齊國修一條西起古平陰濟水東岸，沿泰山山脉東至古琅琊以北的長城最爲合適，齊長城現存遺址的分布空間正與之一致。齊國于此時沿古濟水修築長城是沒有太大軍事價值的，且

---

① 仝晰綱、孫亞男：《齊長城東段防禦體系的修築與形成》，《管子學刊》2018 年第 3 期，第 53 頁。

② 武振偉：《齊長城史事探研三則》，江林昌主編：《海岱學刊》（總第 22 輯），濟南：齊魯書社，2020 年，第 215 頁。

這一線的齊長城并不見於文獻記載，該區域也未發現長城相關遺迹。另據《漢書·溝洫志》載："蓋隄防之作，近起戰國，雍防百川，各以自利。齊與趙、魏，以河爲竟。趙、魏瀕山，齊地卑下，作隄去河二十五里。河水東抵齊隄，則西泛趙、魏。"引文所論之"隄防"，是指戰國時期修築的完全出於軍事目的的堤壩，齊國曾以此在古濟水西的古黃河之上抵禦趙、魏。既有古黃河防綫，且至公元前441年齊國勢力已西逾濟水，此時在濟水沿岸修建長城就没有必要了。①

馬保春先生認爲"始爲長城于濟"指將山地長城連接作爲要塞建築的防門，并延伸到濟水岸邊。"逗"讀爲"注"，否認沿濟水的堤防長城的存在：

> 沿濟水岸邊的河堤再加築長城是不可想象的。一方面，濟水本身就是一道天塹，没有必要再在其旁複築長城；另一方面濟水自平陰至北海流程廣遠，要不間斷加築長城與其并行至渤海，應是一項浩大的軍事工程，傳世文獻中不可能一點迹象都没有。再者，把"自南山逗之北海"的"逗"讀爲"屬"并訓爲連屬義，這一詞義一般多用"所屬""之屬"來表達。而簡文"逗之北海"顯然不屬於這類用法。

> 我們認爲，簡文"逗"當讀爲住，訓注。可讀爲"自南山流注到北海"。如此，則自南山逗之北海的當是指濟水，并非沿濟水岸邊修築的長城。"齊人焉始爲長城於濟"應該是説齊人第一次將南山上的長城向西延伸到了濟水岸邊。實際上是修了一段平地長城，此前這片平地只有《秦策一》的"鉅坊"或《燕策一》"鉅防"，該建築可能是一般的墻體及營房之類，在關鍵處設有"防門"，整體防禦功能不及長城，但却是此前南山至濟水間要塞的主要軍事防禦工程。……將南山長城向西延伸到濟水邊，可能就是對"鉅防"的加築、擴建和增修，這樣南山的長城就和濟水連爲一體，共同組成了無縫隙、不間斷的防禦體系。"自南山逗之北海"也有齊人的防禦綫路自南山延伸到北海的語義。

> 總之，清華簡《繫年》所載"齊人焉始爲長城於濟，自南山逗之北海"，是説齊國在齊宣公十五年（前441年）開始把南山長城向西延長至濟水岸邊，這樣就彌補了南山與濟水之間爲一般關隘的劣勢，從而將南山長城和濟水天塹連接起來共同組成了齊國在南向和西北向强有力的軍事防禦體系。齊人可能并未修建自平陰以下濟水沿岸全程的長城，只是

---

① 李貝貝、仝晰綱：《齊長城西端軍事防禦體系相關問題新探》，《管子學刊》2023年第2期，第110、111頁。

在南山長城延伸到濟水岸邊時，爲了防止敵軍從長城抵濟水處及附近渡河，可能向上、下游岸邊稍加延長。[①]

楊蒙生先生：

> 清華簡《繫年》所記始於濟水之畔的齊長城即是位於泰沂山脈、直抵黄海之濱的那一條。這并非是要否認另外一個可能存在的現實，即齊人也曾在强鄰環伺的情況下，爲了保全自己而修建過另外一段、與南部長城防綫性質相同、形態相似的防禦工事。
>
> 從古地圖和當時的歷史地理形勢判斷，當晉、齊爆發衝突之時，三晉、特別是其中的趙國祇要向東渡過古黄河，攻克位於其東面的古平原和古高唐兩座城邑，然後再渡過二邑身後的古濟水，就可直搗齊都臨淄。因此，從齊國的防禦角度來看，在當時的濟水北岸修築一道防禦工事就變得非常緊要。考慮到齊國在河、濟之間的北方領土地形複雜、河沼遍布、不利兵行等因素，此處的防禦工事似乎并無延伸至北方渤海沿岸之必要。
>
> 換而言之，筆者認爲，在以古平陰爲西部起點的齊長城修建之後的戰國中晚期，面對西方强鄰的日漸東逼，齊國很可能會效法故事，在古平原和古高唐背後的古濟水北岸增築一段防禦工事。它的起點很可能靠近當時濮、濟兩水的交匯處，終點則可能位於齊國北部河沼密集處。它不太可能隨着濟水故道延伸至渤海之濱。倘若從當時齊國的總體防禦布局來看，可以將之視爲以古平陰爲起點的齊長城防綫的重要補充，二者的目的都是爲了消解敵人打破水路屏障後即可直逼臨淄的風險。[②]

（七）“晉帀（師）閉（門）長城句俞之門”

整理報告：

> 晉師，指趙狗所率軍隊，此時三晉尚未稱侯。長城，齊長城。句俞之門，疑讀爲“句瀆之門”。俞，喻母侯部；瀆，定母屋部：喻四歸定，侯屋對轉。《左傳》桓公十二年有“句瀆之丘”，杜注：“句瀆之丘即穀丘也。或以爲宋地，或以爲曹地。”“句俞之門”可能與“句瀆之丘”相關。

[①] 馬保春：《說清華簡〈繫年〉所見的齊長城》，燕山大學中國長城文化研究與傳播中心主編：《長城學研究》（第 2 輯），秦皇島：燕山大學出版社，2023 年，第 142-145 頁。

[②] 楊蒙生：《從清華簡〈繫年〉看齊長城與三晉伐齊的路綫問題》，鄔文玲、戴衛紅主編：《簡帛研究》二〇二三年春夏卷，桂林：廣西師範大學出版社，2023 年，第 12 頁。

侯乃峰先生（網名小狐）：

原整理者將“句俞”讀爲“句瀆”的説法可信。下面第二十三章第126、128簡的“犢關”即讀爲見於《史記·楚世家》的“榆關”，可爲此説添一例證。

既然“句俞”可以讀爲“句瀆”，則將簡文的“句瀆之門”與“句瀆之丘”聯繫起來是很有道理的。

然原整理者在引用文獻時當是一時疏忽，誤將“或以爲宋地，或以爲曹地”當成是杜預的注語。其實，《左傳》桓公十二年“句瀆之丘”下杜注爲“句瀆之丘即穀丘也”，并無“或以爲宋地，或以爲曹地”之語。多出的這句話似當是整理者據楊伯峻先生《春秋左傳注》桓公十二年經文“穀丘”下的注文“穀丘，宋邑，據《方輿紀要》，在今河南省商丘縣東南四十里。一説在今山東省菏澤縣東北三十里，但其地近曹國，恐非”（第133頁）所做的概括之辭，而誤置到引號內。也許就是這句誤引的話導致了原整理者沒有對“句瀆之丘”加以進一步探究。其實，據《左傳》的相關記載，“句瀆之丘”的地理位置還是有迹可尋的。

《左傳》桓公十二年“句瀆之丘”，對應《春秋》經文的“穀丘”。杜預於“穀丘”下注云：“穀丘，宋地。”於“句瀆之丘”下注云：“句瀆之丘即穀丘也。”楊伯峻先生《春秋左傳注》於“句瀆之丘”下注云：“句瀆之丘即穀丘。急讀之爲穀，緩讀之爲句瀆。”（第134頁）既然《春秋》經文的“穀丘”與《左傳》的“句瀆之丘”正相對應，則“句瀆”的合音爲“穀”、“句瀆之丘即穀丘”的説法自當可信。

……

既然“句瀆”合音爲“穀”，則“句瀆之丘（穀丘）”與當時的“穀”地似不無聯繫。“穀”作爲地名，《春秋》經、《左傳》多見，亦屬於齊地。……《繫年》第七章第41簡“楚成王率諸侯以圍宋伐齊，戍穀”亦出現地名“穀”，顯然是齊地。簡文“句俞（瀆）之門”，也即“穀之門”，其所在亦當與“穀”地有關。又簡文明言“長城句俞（瀆）之門”，則可知此地必當距離齊國長城不遠，或者説就是在長城之上。

楊伯峻先生以爲齊國的“穀”地在今山東省東阿縣南之東阿鎮（第171、1044頁），其説當可信。東阿鎮今屬濟南市平陰縣轄區，地處平陰縣西南部。驫羌鐘銘文（《集成》157—169）云：“征秦迮齊，入長城，先會於平陰。”可知攻打齊國要越過長城才可到達平陰，而春秋“穀”地（今東阿鎮）恰好既靠近長城又接近平陰。

綜上可知，簡文"句俞之門"當讀爲"句瀆之門"，也即"穀之門"，當是齊長城上的一個關門之名，其地所在與春秋時期齊國境內的"穀"地有關，當在今山東省平陰縣西南之東阿鎮。……簡文所謂的"長城句俞（瀆）之門"（也即"穀之門"）似乎與齊侯此時所建的"防門"不無關係。兩者很有可能屬於同物異名，"防門"因其作用而得名，"句俞（瀆）之門"（也即"穀之門"）因其所在地而得名。①

裘錫圭先生：

"俞""賣"上古音相近，"俞"聲與"賣"聲相通之例頗多。古書中，"窬"和"牏"皆與"竇"通。……清華簡《繫年》第二十章簡 113 有"句俞之門"……簡 128 作"犢（聲旁原作'啬'）關"，127 作"債（聲旁原作從'啬'聲之'債'，下'覿'字同）關"，126 作"覿關"，……將用作"賣"字聲旁的"啬"釋爲"踰"之初，從字音上看是十分合適的。……從現有資料看，在戰國文字裏，似乎只有楚文字使用從"啬"聲的"賣"。從"啬"聲的"犢"字以及以之爲聲的那些字，見於璽印的大都屬於三晉。楚簡中也出現了這些字，可能是由於受了三晉文字的影響。②

陳民鎮先生：

齊長城并不經過東阿，故侯乃峰先生雖然將"句瀆之門"聯繫到"穀之門"極有見地，但尚難以落實其地。③

蘇建洲先生：

"穀"，見紐屋部。"句"，見紐侯部；"瀆"，定紐屋部。可見"句瀆"合音確實是"穀"。《左傳》桓公十二年："公及宋公盟於句瀆之丘"，《春秋》作"公會宋公，燕人，盟於穀丘"可以爲證。……簡文"句俞（瀆）之門"應該與"句瀆之丘"即"穀丘"無關，蓋"穀丘"是宋地，且與濟水距離較遠。"句瀆之門"當如侯乃峰先生所說是"穀之門"，即春秋齊國穀地所設的長城之門關，故名之曰"句瀆（穀）之門"。特別是"穀地"正在濟水邊上，符合簡 112"齊人焉始爲長城於濟"的地理位置。④

陳絜先生：

整理者以爲"句俞"或可讀爲"句瀆"。就聲韻言，這當然是可以成

---

① 小狐：《讀〈繫年〉臆札》，復旦大學出土文獻研究與保護中心網，2012 年 1 月 3 日。
② 裘錫圭：《說從"啬"聲的從"貝"與從"辵"之字》，《文史》2012 年第 3 期，第 18、19 頁。
③ 陳民鎮：《清華簡〈繫年〉研究》，烟台大學碩士學位論文，2013 年。
④ 蘇建洲、吳雯雯、賴怡璇：《清華二〈繫年〉集解》，第 786 頁。

立的一种说法。不過"句瀆"一地，據《左傳》杜注，東周時期在宋或曹境，它與齊長城相距甚遠，於句瀆之地設置齊長城之關門，似不太符合常理，所以句俞具體所在還得再考慮。

按《後漢書·章帝紀》有云：元和二年二月"巳未，鳳皇集肥城"，至九月壬辰，下詔曰"鳳皇、黃龍所見亭、部，無出二年租賦"云云。李賢注引《東觀記》曰："鳳皇見肥城句窳亭槐樹上。"上古窳、榆均喻紐，韻部則一在魚部一在侯部，魚、侯可旁轉，二字古音極近。又《爾雅·釋詁》："愉，勞也。"郭注云："愉，今字或作窳。"《爾雅·釋獸》"㺄㺄"，《釋文》云："㺄字或作窳。"而《山海經》亦作"窳"。故可證明"句榆"或可讀爲"句窳"。而《水經·汶水》則曰：汶水"又西南過東平章縣南"。《水經注》云："章縣，按《世本》任姓之國也，《春秋》'齊人降章'者也……汶水又西南，有泌水注之。水出肥成縣東北原，西南流逕肥成縣故城南。樂正子春謂其弟子曰：'子適齊過肥，肥有君子焉。'左逕句窳亭北。會貞按：《一統志》亭在今肥城縣南，舊《志》今縣東南鳳凰山，即其地也。章帝元和二年，鳳凰集肥城句窳亭，復其租而巡泰山，即是亭也。"所以從地望上看，齊長城所設"句俞之門"，與肥城句窳亭適相吻合。倘若此推測不誤，則齊長城的走向顯然就是東西向的，因爲肥城在齊長城西端（也即山東平陰）以東。若以南北走向視之則於句俞設門同樣令人費解。[①]

李貝貝、仝晰綱先生：

句瀆之門應與句瀆之丘有着密切聯繫，後者就在齊國西境。《左傳·襄公十九年》載："莊公即位，執公子牙于句瀆之丘。"楊伯峻認爲這裏提到的句瀆之丘在齊境。《左傳·襄公二十一年》《左傳·襄公二十八年》《左傳·哀公六年》也提到此地……

"句瀆之丘"可連讀爲"穀丘"。《左傳·桓公十二年》載魯桓公與宋莊公盟於句瀆之丘，杜預注該地爲"穀丘也"，楊伯峻解釋説："急讀爲穀，緩讀之爲句瀆。"以此推之，"句瀆之門"就是"穀之門"或"穀門"。先秦時期，古平陰城南有穀邑，又稱小穀。《左傳·莊公三十二年》載"三十二年春，城小穀，爲管仲也"。《左傳·昭公十一年》也記載"齊桓公城穀而置管仲焉"，可知谷與小穀實乃一地。《後漢書·郡國志》記載漢時東郡有穀城，即"春秋時小穀"，杜預也稱小穀在古穀城縣。《春秋·襄

---

① 陳絜：《清華簡〈繫年〉第二十章地名補正》，李守奎主編：《清華簡〈繫年〉與古史新探》，第110頁。

公十九年》載："晉士匄帥師侵齊，至穀，聞齊侯卒，乃還。"楊伯峻注邑在"東阿縣南東阿鎮"，此即今平陰縣東阿鎮，毗鄰古穀城縣。該地還有一穀城山，《史記·留侯世家》記載黄石公與張良言"穀城山下黄石即我矣"，正義引《括地志》云："穀城山一名黄山，在濟州東阿縣東。"穀邑、穀城山的存在，也爲句瀆之丘（穀丘）在古平陰地區提供了佐證……

齊長城上能够稱爲穀門者，也只有位於古平陰城南的長城西端之門，早期的防門也位於此處。有學者指出，齊長城原本可能向南延伸至東阿鎮附近，因地近當時的穀邑而稱之爲"穀之門"。但今東阿鎮至孝里鎮之間，并未見有相關遺址，也無其他文獻佐證。句瀆之丘（即穀丘）應是周圍含"穀"地名的來源，故而穀門未必一定緊鄰穀邑。本文認爲句瀆之丘的地理範圍應是在古平陰城和穀邑之間，具體地點還有待來者考證。[1]

張溯、梁洪燕先生：

句俞之門，原整理者疑讀爲"句瀆之門"，認爲"句俞之門"可能與"句瀆之丘"相關。《左傳》桓公十二年有"句瀆之丘"，杜預注曰："句瀆之丘即穀丘也。"楊伯峻《春秋左傳注》於"句瀆之丘"下注云："句瀆之丘即穀丘，急讀爲穀，緩讀之爲句瀆。"則"句瀆之門"即"穀之門"。

文獻中記載穀地屬齊國。《春秋》僖公二十六年經："公以楚師伐齊，取穀。"《左傳》文公十七年："齊侯伐我被鄆，襄仲請盟。六月，盟於穀。……襄仲如齊，拜穀之盟。"《左傳》昭公十一年："齊桓公城穀而置管仲焉，至於今賴之。"《繫年》第七章第四十一簡："楚成王率諸侯以圍宋伐齊，戍穀。"楊伯峻先生考證穀位於今山東省東阿縣南東阿鎮，其說可信。東阿鎮屬平陰，位於平陰故城（今濟南長清區孝里鎮大街村）西南。

濟水上的齊長城南至穀，順濟水東北行，入渤海。因《左傳》襄公十八年記載有齊靈公"塹防門而守之廣里"。過去諸位家均以防門作爲齊長城最西端的關口，實際它僅是泰沂山段長城的最西端關口。濟水段長城的最西南關口爲穀之門。[2]

馬保春先生：

之所以稱謂"鉅防"可能是其建築走向正與北東流向的濟水垂直的緣故，"鉅"當是"矩"，長城到達濟水東岸後，或可向下游轉折90度角再小修一段，形成一個直角轉折的長城終點。……在南山長城西延至濟

---

[1] 李貝貝、仝晰綱：《齊長城西端軍事防禦體系相關問題新探》，《管子學刊》2023年第2期，第112、113頁。

[2] 張溯、梁洪燕：《清華簡〈繫年〉與齊長城考》，《中國國家博物館館刊》2017年第1期，第37頁。

水之前，在平陰縣境的山前平原和小山丘陵地帶曾建有守關的軍事設施——鉅防。這可能是一個普通牆體組建的防禦工事，其南向開門就是傳世文獻所見的"防門"，亦即簡文所見的"長城句俞之門"，當是長城西延到濟水岸邊後的南向關門。①

王紅亮先生：

"句俞（瀆）之門"之"句瀆"，當讀爲"溝瀆"，乃泛稱而非具體地名，故簡文在"句俞（瀆）之門"前加限定語"長城"以明其具體位置，亦即長城上的溝瀆之門，而此正是齊國的長城的起點——防門，亦即《戰國策》所謂的"長城鉅防"，是齊國的重要關塞。

……

"句俞之門"即"溝瀆之門"，簡文所謂"長城句俞之門"，意爲長城上的溝瀆之門。"長城句俞之門"即《左傳》所載的"防門"，亦即《戰國策》所謂的"長城鉅防"，後二者意爲長城上的大堤防之門，據上引杜預與京相璠説可證"溝瀆"與"堤防"二者性質相同。"城句俞之門""防門""長城鉅防"屬於異名同地，是齊國長城的重要關塞，具體位置在今平陰縣東北約三十二里。②

（八）"戉（越）公、宋公敗齊𠂤（師）于襄坪（平）"

整理報告：

襄坪（平），地名，與燕國之襄平當無涉。

陳民鎮先生：

戰國時燕地有"襄平"一地，築長城自造陽至此，故城在今遼寧遼陽北。燕地的襄平過遠，不可能是此處的襄平。整理者未就襄平作出合理解釋。漢時有襄平侯國，在今江蘇境内。銀雀山漢簡《孫子兵法》云："東伐□帝，至於襄平。"或與此有關。另據三晉古璽與青銅器，知三晉亦有名爲"三晉（引按，當作襄平）"的地名……這一綫索比較重要，也是可以與《繫年》相參證的，有待進一步研究。③

---

① 馬保春：《説清華簡〈繫年〉所見的齊長城》，燕山大學中國長城文化研究與傳播中心主編：《長城學研究》（第2輯），第144、145頁。

② 王紅亮：《清華簡〈繫年〉新釋二則》，鄔文玲、戴衛紅主編：《簡帛研究》二〇二四年春夏卷，桂林：廣西師範大學出版社，2024年，第9、10頁。

③ 陳民鎮：《清華簡〈繫年〉研究》，烟台大學碩士學位論文，2013年，第252、253頁。

代生先生：

　　燕國有襄平，在今遼陽，文獻習見，燕國鑄行的貨幣就有"襄平（坪）"
布。但越國與宋國居齊之南，他們聯合攻打齊國自然不會去燕地。我們
以爲，越與宋敗齊師，應在齊國境內。

　　銀雀山漢簡《孫子兵法·黃帝伐赤帝》……記載黃帝"東伐□帝，
至於襄平，戰于平□"，"襄平"，銀雀山漢簡注釋者謹慎地指出"戰國時
燕地有襄平，在今遼寧遼陽縣北；又漢時有襄平侯國，在今江蘇境內；
不知是否與簡文所謂襄平有關。"……

　　春秋以降，齊國就不斷擴展疆域，戰國初期已經控制了魯西南一些
地區，把魯國壓縮在一隅，東部沿海更成爲其腹地。銀雀山漢簡《黃帝
伐赤帝》爲《孫子兵法》佚篇，孫子爲齊人，其兵法流傳地也在齊國及
周邊，所以那裏黃帝伐東方之帝的傳說十分盛行，因而襄平爲時人所熟
知。藉此我們以爲，漢簡所載襄平即《繫年》之襄平。[①]

陳絜先生：

　　襄坪或與商金文及殷墟卜辭中習見的襄地有關，大致位置似在泰山
的東麓或南麓，而以南麓更爲切合。

　　如果說簡文襄平可以與晚商東土之襄地相聯繫，則《繫年》將襄平之
戰與齊長城牽涉在一起的敘述手法，便顯得順理成章，易於使人接受。其
實賓組卜辭《合集》3458 還有"辛酉王自俞入"之類的占卜記錄，可能
與上引王步卜辭內容相關聯。其中卜辭俞地，我們考證即後來之肥城句
窳亭與簡文之"句俞"，故倘若上述假設或能成立，則《合集》3458 恰
恰可以與《繫年》第二十章的相關內容互爲發明。也就是說，當時晉、宋、
越聯軍與齊國的戰爭基本是在齊長城以南展開，其中晉軍在西邊攻打齊
長城句俞之門，而宋與越國則在當時齊、魯交通綫的中路攻擊齊軍。[②]

---

　　① 代生：《清華簡〈繫年〉所見齊國史事初探》，《烟台大學學報（哲學社會科學版）》2015 年第 1 期，第 93、
94 頁。
　　② 陳絜：《清華簡〈繫年〉第二十章地名補正》，李守奎主編：《清華簡〈繫年〉與古史新探》，第 112、114 頁。

第6章 《繫年》第21—23章地理史料匯證

第1節 《繫年》第21章地理史料匯證

《繫年》簡114—118：

> 楚東（簡）大王立七年，宋悼公朝于楚，告以宋司城㡭之約公室。王命莫囂昜爲衛（率）【一一四】昌（師）以定公室。<u>城黃池，城甕（雍）丘</u>^{（一）}。晉䰞（魏）鼻（斯）、灼（趙）夬（浣）、軟（韓）啓章衛（率）昌（師）回（圍）黃池，<u>遚週而歸之【一一五】於楚</u>^{（二）}。二年，王命莫囂昜爲衛（率）昌（師）戠（侵）晉，㩝（奪）<u>宜昜（陽）</u>^{（三）}，回（圍）<u>赤漥</u>^{（四）}，以遑（復）黃池之昌（師）。䰞（魏）鼻（斯）、灼（趙）夬（浣）、軟（韓）啓【一一六】章衛（率）昌（師）戈（救）赤壃，楚人豫（舍）回（圍）而還，<u>與晉昌（師）戤（戰）於長城</u>^{（五）}。楚昌（師）亡工（功）……【一一七】

【注　釋】

（一）"城黃池，城甕（雍）丘"

《繫年》第二十章"晉東（簡）公會者（諸）侯，以與夫秦（差）王相見于黃池"，整理報告對"黃池"的原注如下：

> 黃池，《春秋》哀公十三年："公會晉侯及吳子于黃池。"楊伯峻注："黃池當在今河南封丘縣，濟水故道南岸。"春秋初爲衛地，後屬宋。戰國時屢易其主。趙孟庎壺（《集成》九六七八）："禺（遇）邢王于黃池，爲趙孟庎（介）邢王之惕（賜）金，以爲祠器。"黃池之會詳見《左傳》魯哀公十三年。

《繫年》第二十一章整理報告對"甕丘"的注釋：

> 甕丘，即雍丘，本鄭地，此時已屬韓，在今河南杞縣。《韓世家》："景侯元年，伐鄭，取雍丘。"《鄭世家》："繻公十五年，韓景侯伐鄭，取雍丘。鄭城京。"《六國年表》同。黃池、雍丘在鄭、宋之間，是魏、韓欲

擴張之地。楚以定宋爲名，擴張勢力，城黃池和雍丘，侵犯了三晉的利益，因此三晉當即發兵圍黃池。《韓世家》：“昭侯元年，宋取我黃池。”

蘇建洲先生：

"雍"作█，从“雝（雍）”得聲。亦見於簡 51 作█、54 作█（癰）；簡 44 作█、77 作█。“雝”字甲骨文作█、█，█訛作“邑”作“雝”；“邑”又訛作“乡”，隸變作“雍”。（參于省吾：《甲骨文字釋林》頁 180、黃天樹：《〈殷墟甲骨文〉“無聲符字”與“有聲符字”的權重》頁 12（134））。[①]

徐文武先生：

雍丘在今河南省杞縣，因“城內有迤邐相連的三丘而得名”。《漢書·地理志上》記：“雍丘，故杞國也，周武王封禹後東樓公。先春秋時徙魯東北，二十一世簡公爲楚所滅。”雍丘爲商朝所封杞國的都城，公元前 646 年杞成公在位時，杞國從雍丘（今河南杞縣）遷到緣陵（即今山東昌樂縣）。此後雍丘先後成爲鄭、宋兩國的雍丘邑。公元前 486 年，宋鄭兩國曾爆發過雍丘之戰。據《左傳·哀公九年》載：“宋皇瑗帥師取鄭師於雍丘。”鄭軍攻宋圍雍丘，宋軍來援，反將鄭軍包圍，全殲鄭軍。秦朝統一中國後置雍丘縣，後雍丘歷爲州、郡、縣治所。[②]

張海先生：

三位晉卿只是率師攻打黃池，説明黃池的軍事價值更高。《史記·韓世家》：“（昭侯）二年，宋取我黃池。”及《魏世家》：“（惠王十六年）侵宋黃池，宋復取之。”是黃池在戰國早期由韓邦轉入宋邦之手，其地在今河南封丘縣。

春秋末期，吴王夫差北上圖霸，在黃池大會諸侯。《國語·吴語》“吴王夫差既殺申胥”章：“闕爲深溝，通於商、魯之間，北屬之沂，西屬之濟，以會晉公午於黃池。”黃池在濟水故道南岸，它所在的位置本就是陸地交通要衝，乃“四通五達之郊”。吴邦將運河開鑿到黃池，使之成爲運河的終點，也變成水路要地，戰略地位大爲提升，因此成爲兵家必爭之地。楚借幫宋邦平定公室的機會，進至黃池并築城，是有長久控制通達南北的水陸交通要害的企圖。這無疑是阻斷了三晉南下的道路。[③]

---

① 蘇建洲、吴雯雯、賴怡璇：《清華二〈繫年〉集解》，第 798 頁。

② 徐文武：《從新蔡楚簡探楚族的起源》，羅運環主編：《楚簡楚文化與先秦歷史文化國際學術研討會論文集》，武漢：湖北教育出版社，2013 年，第 404、405 頁。

③ 張海：《清華簡〈繫年〉四則春秋戰國史事考》，《邯鄲學院學報》2018 年第 2 期，第 30 頁。

（二）"達迵而歸之【一一五】於楚"

整理報告：

達，讀爲"衝"，攻擊。《吕氏春秋·貴卒》："衣鐵甲操鐵杖以戰，而所擊無不碎，所衝無不陷。"迵，楚文字中多讀爲"通"。"達迵"義同攻陷。歸之於楚，意思是把楚國的勢力逼出中原，趕回楚地。

梁立勇先生：

讀"達"爲"衝"可從，整理者引《吕氏春秋·貴卒》："衣鐵甲操鐵杖以戰，而所擊無不碎，所衝無不陷。""碎""陷"對文，均是破壞之義。"歸之於楚"意思應是歸還楚國。歸之於某是還給某某之義，如《左傳·成公八年》："晉侯使韓穿來言汶陽之田，歸之于齊。"《國語·周語》："温之會，晉人執衛成公歸之於周。"簡文的意思是三晉毀壞黃池後，將其還給楚國。針對三晉對黃池的破毀，楚國第二年即破壞宜陽進行報復。[①]

蘇建洲先生：

整理者的説法正確可從，本簡"歸"的用法如同簡3"乃歸東（屬）王于敔（厹）"的"歸"。[②]

李松儒女士：

達迵，整理者讀爲"衝通"，義同攻陷。按，此二字尚不可確解。"歸之於楚"整理者解爲"把楚國的勢力趕回楚地"；梁立勇解爲"還給楚國"。按，整理者説是。[③]

張海先生：

"達迵"一詞，於傳世文獻中不曾見。"達"，《説文》没有收録，從童從辵，童是聲符，其上古音屬定母東部，與撞、重、揰音同可通；衝屬昌母東部，與之音近可通。故"達"可能爲撞或衝。"迵"，《説文》："迵，迭也。從辵，失聲。"段玉裁注曰："迭當作達也。《玉篇》云：'迵，通達也。'"所以，"達迵"在此之義應是用某種手段將城牆撞毀或將被堵塞的運河河道打通。簡單地説，三晉軍隊把楚人建造的軍事要塞墮掉了。

三晉將楚在黃池之要塞毀壞之後，并没有將其地還於宋，却歸於楚。

① 梁立勇：《讀〈繫年〉札記》，《深圳大學學報（人文社會科學版）》2012年第3期，第59頁。
② 蘇建洲、吳雯雯、賴怡璇：《清華二〈繫年〉集解》，第806、807頁。
③ 李松儒：《清華簡〈繫年〉集釋》，上海：中西書局，2015年，第293頁。

這是三晉不願宋邦繼續控制運河要地，而要楚邦以"飛地"的形式占有，其控制力會很弱，以便日後三晉南下遇到的阻力變小。①

（三）"王命莫囂昜爲衡（率）𠂤（師）戕（侵）晉，𡎯（奪）宜昜（陽）"

整理報告：

二年，第二年，楚簡王八年。《楚世家》："簡王……八年，魏文侯（斯）、韓武子（啓章）、趙桓子（嘉）始列爲諸侯。"《六國年表》同。𡎯，從攴，坨聲，讀爲"奪"，侵奪，强取。宜昜，宜陽，韓地，在今河南宜陽西。

李學勤先生認爲"二年"是指：

過了兩年，即簡王九年，公元前 423 年。②

劉嬌女士：

（𡎯）從"地"從"攴"，可能是"地"的動詞形式，似不必讀爲"奪"。馬王堆帛書《天文氣象雜占》有"必得而地之""有赤雲入日，月軍中，盡赤，大勝，地之"等語，已有人指出"地"是獲得土地的意思，跟簡文的"地宜陽"同例。③

蕭旭先生：

此字當即"拖"之異體。《淮南·人間篇》："秦牛缺徑於山中而遇盜，奪之車馬，解其橐筍，拖其衣被。"許注："拖，奪。"字或作"扡"，皆與"奪"聲相近。

蕭旭先生又云：

奪取、强搶義的本字是"𢾭"。褫訓奪衣，指挩（脱）衣而言，非奪取義也。段氏所引的《易》，侯果注"褫，解也"，《釋文》引王肅説同，明顯不支持他的結論。④

劉雲先生：

"拖""扡"的本字當爲"褫"。《説文·衣部》："褫，奪也。從衣，虒聲。讀若池。"段注："《周易·訟》上九：'或錫之鞶帶，終朝三褫之。'

---

① 張海：《清華簡〈繫年〉四則春秋戰國史事考》，《邯鄲學院學報》2018 年第 2 期，第 30 頁。

② 李學勤：《清華簡〈繫年〉及有關古史問題》，《文物》2011 年第 3 期，第 73 頁。

③ 復旦大學出土文獻與古文字研究中心讀書會：《〈清華（貳）討論記録》，復旦大學出土文獻與古文字研究中心網，2011 年 12 月 23 日。

④ 李松儒：《清華簡〈繫年〉集釋》，上海：中西書局，2015 年，第 294 頁。

侯果曰：‘褫，解也。’鄭玄、荀爽、翟元皆作‘三挖之’。荀、翟訓挖爲奪。……”簡 116 中的該字當讀爲“褫”。另外，簡 59 中从“貝”，“它”聲的字，整理者讀爲“奪”，亦當讀爲“褫”。古書中“它”聲字與“虒”聲字相通的例子很多，可參《漢字通用聲素研究》350 頁。[1]

小狐：

> 似當直接釋爲“挖”（當然因音近可讀爲“奪”）。見 59 簡注。[2]

武家璧先生：

> “宜易”上字整理者隸寫從土、從它、從攵，筆者以爲中間所從之“它”當爲“巳”，字書所見省其“攵”爲“圯”字。《孫子·九變》“圯地無舍”曹操注“無所依也，水毀曰圯。”韓國重鎮宜陽位於宜水與洛河交匯處，蓋此戰楚人未能攻占宜陽，於上游放水淹之，故曰“圯宜易”。[3]

梁立勇先生：

> 宜陽是韓的重鎮，三面天險，易守難攻。《戰國策》張儀説韓王：“秦下甲據宜陽，斷絶韓之上地，則王之國分矣。”宜陽之重要可見一斑。以秦之强，拔宜陽尚需兩年，楚國此時恐不能輕易奪之。按：从上从攵它聲，可讀爲墮。它，透紐歌部；墮，定紐歌部，定透都是舌頭音，韻部相同，故可以相假。……《説文》：“敗城阜曰隓。”隓即墮。墮城指破壞城邑。“墮城”常常見於文獻：《墨子·非攻》“墮其城郭”。《史記·秦始皇本紀》：“墮壞城郭。”《史記·魯周公世家》：“孟氏不肯墮城。”[4]

陳爻（網名）：

> 此處“二年”……比對簡 86“一年”指“前後兩事間間隔一年之長的時段”，簡 116 的“二年”自然是“前後兩事間間隔二年之長的時段”，則“二年”顯然應從李學勤舊説指簡王九年。[5]

蘇建洲先生：

> 本簡的“二年”自然該是“經過二年”的時間點，當從李學勤舊説認爲“過了兩年，即簡王九年，公元前四二三年。”加上我們贊同梁立勇

---

① 李松儒：《清華簡〈繫年〉集釋》，上海：中西書局，2015 年，第 294 頁。

② 李松儒：《清華簡〈繫年〉集釋》，上海：中西書局，2015 年，第 294 頁。

③ 武家璧：《清華簡〈繫年〉“嶂幕”》，簡帛網，2012 年 1 月 2 日。

④ 梁立勇：《讀〈繫年〉札記》，《深圳大學學報（人文社會科學版）》2012 年第 3 期，第 59 頁。

⑤ 陳爻（網名）：《也談〈繫年〉的“厭年”》，復旦大學出土文獻與古文字研究中心網，2012 年 10 月 29 日。

的意見，簡文"七年"當是"十年"之誤，則所謂的"二年"當指楚簡
王十二年，前四二〇年。所以本簡的"二年"整理者理解爲隔年、第二
年的意思不可從。況且"第二年"的説法在《繫年》中是用"明歲"來
表示……典籍作"明年"……附帶一提，這種"過了兩年"的説法，古
書也常寫作"後二年"，如《漢書·五行志中之上》："史記成公十六年，
公會諸侯於周，單襄公見晉厲公視遠步高，告公曰：'晉將有亂。'……
後二年，晉人殺厲公。"此處"後二年"正是"過了兩年"，即成公十八
年，晉欒氏、中行氏殺晉厲公，立悼公。

……

"墩"讀爲"扡"或"襡"，訓爲"奪也"。整理者逕讀爲"奪"亦無
不可。①

李松儒女士：

墩，整理者讀爲"奪"；劉嬌釋爲"地"；蕭旭釋爲"拖"；刘雲讀爲
"襡"；武家璧隸爲"墩"；小狐釋爲"扡"；梁立勇讀爲"墮"。按，此從
整理者。又參第十一章簡 59 "貤其玉帛"集釋及按語"墩""貤"均可
讀爲"奪"，用不同字表示同一個詞，這在《繫年》裏是很常見的。②

（四）"回（圍）赤墮"

整理報告：

墮，從靡聲，當爲"岸"字異體。赤岸，地名。古代文學作品中有
赤岸，如《楚辭·七諫·哀命》："哀高丘之赤岸兮，遂没身而不反。"《文
選·七發》："凌赤岸，篲扶桑，横奔以雷行。"當與此無關。

蘇建洲先生：

"墮"字作􀀀，簡 117 作􀀀。省略水旁。古文字"雁"作：􀀀（《包山》
145）、􀀀（《性自命出》7）、􀀀（《先秦貨幣大系》2476），均應分析爲從
鳥彥省聲。"墮"的右旁作􀀀顯然也應該解爲"雁"，與前面三字只有鳥、佳
之别，義近可以通用。③

賈連翔先生：

---

① 蘇建洲、吴雯雯、賴怡璇：《清華二〈繫年〉集解》，第 807、808、810 頁。
② 李松儒：《清華簡〈繫年〉集釋》，上海：中西書局，2015 年，第 295 頁。
③ 蘇建洲、吴雯雯、賴怡璇：《清華二〈繫年〉集解》，第 811 頁。

赤岸，《水經·洛水注》："澗水出新安縣南白石山。《山海經》曰：白石之山，惠水出於其陽，東南注於洛，澗水出於其陰，北流注於穀，世謂是山曰廣陽山，水曰赤岸水，亦曰石子澗。"又《吳越春秋》有"禹周行寓內，南逾赤岸"，熊會貞以爲其地遠在南方，非澗水之赤岸。《繫年》之赤岸當在澗水附近，今河南新安縣，地處宜陽以北。①

（五）"與晉自（師）戱（戰）於長城"

整理報告：

長城，楚長城，起自今河南葉縣西，至今河南泌陽北。《漢書·地理志》南郡葉縣："有長城，號曰方城。"《水經·潕水注》引盛弘之云："葉東界有故城，始犨縣，東至潕水，達比陽界，南北聯聯數百里，號爲方城，一謂之長城。云酈縣有故城一面，未詳里數，號爲長城，即此城之西隅。其間相去六百里，北面雖無基築，皆連山相接，而漢水流其南，故屈完答齊桓公云楚國方城以爲城，漢水以爲池。"新蔡簡甲三·三六："大莫囂脹爲戰於長城之歲"，即楚簡王八年事。

李學勤先生指出新蔡簡紀年之事"大莫敖陽爲、晉師戰於長城"，即屬羌鐘銘文所記韓人伐齊并"憚奪楚京"之事，亦即古本《竹書紀年》所記晉烈公十二年三晉之師"伐齊入長城"之事，由此把"大莫敖陽爲、晉師戰於長城之歲"定爲楚聲王四年（公元前404年）。②

宋華強先生：

楚簡用以紀年之事往往是上一年發生的，也就是說大事所紀之年實際是該事發生之年的下一年。所以，"大莫敖陽爲、晉師戰於長城之歲"定爲楚聲王四年（公元前404年）。③

李學勤先生：

擂鼓墩簡紀年"大莫敖陽爲適豬之春"即楚惠王五十六年，公元前433年。《繫年》所記莫敖陽爲與晉師戰於長城一事，又見於河南新蔡葛陵墓簡的紀年，作"大莫敖陽爲、晉師戰於長城之歲"，我曾推測爲楚聲

---

① 賈連翔：《三晉始侯相關史事新探——再讀清華簡〈繫年〉與屬羌鐘銘文》，《中國史研究》2020年第3期，第58頁。
② 李學勤：《論葛陵楚簡的年代》，《文物》2004年第7期，第68、69頁。
③ 宋華強：《新蔡葛陵楚簡初探》，武漢：武漢大學出版社，2010年，第123頁。

王四年，公元前404年，失之過晚。現在從《繫年》知道，這一戰役實在公元前423年，上距擂鼓墩簡只有10年，顯然較爲合理。[①]

李鋭先生：

楚國的大事紀年所選大事有一點或可以肯定，那就是所選者應該都是值得説的好事、喜事。若然，葛陵楚簡中大事紀年簡"大莫敖陽爲、晉師戰於長城之歲"所説的"大莫敖陽爲、晉師戰於長城"之事，應該是楚國戰勝了，起碼是不敗。而清華簡《繫年》第21章提及："楚簡大王立七〈十〉年，宋悼公朝於楚，告以宋司城疲之約公室。王命莫敖陽爲率師以定公室，城黄池，城雍丘。晉魏斯、趙浣、韓啓章率師圍黄池，逾週而歸之於楚。二年，王命莫敖陽爲率師侵晉，奪宜陽，圍赤岸，以復黄池之師。魏斯、趙浣、韓啓章率師救赤岸，楚人舍圍而還，與晉師戰於長城。楚師無功，多棄旃幕，宵遁。楚以與晉固爲怨。"前文考定楚簡王在位二十七年，此役據（引按，當作"距"）簡王末年有十餘年，距離葛陵楚墓的記事較遠，而且楚國戰敗，因此《繫年》整理者説葛陵簡中"大莫敖陽爲、晉師戰於長城之歲"所言即是此次戰役，恐怕不可信。或以爲"大莫敖陽爲、晉師戰於長城"所説，乃驫羌鐘銘文所記"襲奪楚京"的戰事，楚救齊，故與晉戰於長城，其時間是404BC。此説雖然合乎葛陵簡所記事的時間範圍，但此戰是三晉伐齊，楚人即使助齊，結果也是三晉大勝，楚人恐怕不會以之爲大事來紀年。而且董珊已經據繆鉞説指出驫羌鐘銘文所説的"襲奪楚京"之"楚京"乃《漢書·地理志》"山陽郡"的楚丘，與楚國無關。此外，齊之長城距離楚國中心地區較遠，楚恐怕難以到齊長城與三晉發生戰争（"襲奪楚京"之"楚京"既然是"山陽郡"的楚丘，則也不會有齊攻打楚長城之事）。[②]

第2節 《繫年》第22章地理史料匯證

《繫年》簡119—125：

楚聖（聲）起（桓）王即立（位）兀（元）年，晉公止會者（諸）侯於邘（任）[（一）]，宋殝（悼）公牉（將）會晉公，卆（卒）于鄬[（二）]。執

---

① 李學勤：《清華簡〈繫年〉及有關古史問題》，《文物》2011年第3期，第73頁。

② 李鋭：《由清華簡〈繫年〉談戰國初楚史年代的問題》，《史學史研究》2013年第2期，第103、104頁。

（韓）虔、灼（趙）蘆（藉）、酓（魏）【一一九】繫（擊）銜（率）𠂤（師）
與戉（越）公殹（翳）伐齊＿（齊，齊）與戉（越）成，以建昜（陽）、
邱陵之田^(三)，旻（且）男女服。戉（越）公與齊侯貣（貸）、魯侯侃（衍）
【一二〇】明（盟）于魯稷門之外^(四)。戉（越）公内（入）㲋（饗）於
魯＿（魯，魯）侯馭（御），齊侯晶（參）轐（乘）以内（入）。晉酓（魏）
文侯皀（斯）從晉＿𠂤（師）＿（晉師，晉師）大賊（敗）【一二一】齊
𠂤（師），齊𠂤（師）北，晉𠂤（師）达（逐）之，内（入）至汧水^(五)，
齊人旻（且）又（有）陳慶子牛之禑（禍），齊與晉成，齊侯【一二二】
明（盟）於晉軍。晉三子之夫＿（大夫）内（入）齊，明（盟）陳和與
陳淏於溋門之外^(六)，曰："毋（毋）攸（修）長城^(七)，毋（毋）伐廩（廩）
【一二三】丘^(八)。"晉公獻齊俘馘於周王，述（遂）以齊侯貣（貸）、魯侯
蕣（顯）、宋公敀（田）、衛侯虔、奠（鄭）白（伯）匄（駘）朝【一二四】
周王于周。【一二五】

【注　釋】

（一）"晉公止會者（諸）侯於邘（任）"

整理報告：

邘，即"任"。《左傳》襄公三十年："羽頡出奔晉，爲任大夫。"任
爲晉邑，在今河北任縣東。一說在今山東濟寧東南，古泗水邊上，地在
宋、魯之間。此次盟會，當時是爲了攻打齊國。

周波先生（網名飛虎）：

"任"即《史記》《漢書》所見之"任城"。錢穆《史記地名考》以"任
城"爲曹衛地名。聯繫清華簡相關簡文及傳世文獻來看，"任"本邦邑的
可能性比較大。《春秋》桓公七年"春二月己亥，焚咸丘"，"咸丘"，公
羊、穀梁二傳并以爲邦邑。由此看來，夾處"咸丘"與"鄆"地之間的
"任"亦當屬邦。^①

侯乃峰先生（網名小狐）：

"晉公止會諸侯於任"的"任"地，原整理者提出了兩種説法：任爲
晉邑，在今河北任縣東。一説在今山東濟寧東南，古泗水邊上，地在宋、
魯之間。

---

① 轉引自蘇建洲、吳雯雯、賴怡璇：《清華二〈繫年〉集解》，第828頁。

　　若以上對"汧（峴）水"的地理位置所説不誤，則可知越國與晉國是分別從今山東東南部和中南部進攻齊國的。由此推測，本章的"任"地所在，似當取第二種説法爲妥。即"任"地當在今山東濟寧東南，也即今山東省濟寧市東南方的任城區，是古任國所在，《左傳》僖公二十一年有記載。——當然，也有可能任國有過遷徙，河北任縣東之古任國與濟寧東南的任國本爲一國，然今已不可考。

　　據當時的形勢來看，晉與越聯師伐齊，參加會盟者除晉、越之外還有宋。簡文的"任"地若是處於今山東濟寧市東南方的任城區，距離三國的路程遠近基本持平，而且會盟地相對於齊國的方向與越、晉兩國進攻齊國的方向一致，故可推知當時的"任"應以位於此地爲妥。若是以爲"任"地在今河北任縣東，則地處晉國境内，而距離宋、越兩國甚遠，且位於齊國的西北方，於理不合，似有不妥。①

蘇建洲先生：

　　《左傳》僖公二十一年："任、宿、須史，風姓也，實司大皞與有濟之祀，以服事諸夏。"楊伯峻《春秋左傳注》："任國故城在今山東省濟南市。"（頁 396）《孟子·告子下》："孟子居鄒，季任爲任處守，以幣交，受之而不報。"楊伯峻《孟子譯注》："任，風姓。見左傳僖廿一年。任國在今山東省濟寧市。"（頁 283）《左傳》哀公十二年曰："夫諸侯之會，事既畢矣，侯伯致禮，地主歸餼，以相辭也。"所謂"侯伯"是指盟主；"地主"是指盟會之地所在國君，二者可以不同，所以"任"并非一定在晉國境内……整理者將"邘"理解爲晉邑也不能斷然否定。《左傳》襄公三十年："羽頡出奔晉，爲任大夫。"杜注："羽頡，馬師大夫。任，晉縣，今屬廣平郡。"楊伯峻《春秋左傳注》："任，晉邑，今河北任縣東南。"（頁 1178）《左傳》哀公四年曰："國夏伐晉，取邢、任、欒、鄗"，國夏是齊國大夫，看來晉邑"任"地一度爲齊國所有，不過晉烈公時已經收復。此"任"即"商任"。《襄公二十一經》："公會晉侯、齊侯、宋公、衛侯、鄭伯、曹伯、莒子、邾子于商任。"可以證明"宋公"也曾到"商任"會盟。顧祖禹《方輿紀要》謂古任城在今河北任縣東南，其地近商墟，故謂之商任。②

---

① 小狐：《讀〈繫年〉臆札》，復旦大學出土文獻與古文字研究中心網，2012 年 1 月 2 日。
② 蘇建洲、吳雯雯、賴怡璇：《清華二〈繫年〉集解》，第 828、829 頁。

（二）"宋殣（悼）公泲（將）會晉公，采（卒）于齡"

整理報告：

宋悼公卒於前往任的途中，齡當在宋地至任之間。

周波先生（網名飛虎）：

清華簡《繫年》簡119"卒于A（🔳）"之"A"亦从"絲"。……類似寫法又見楚帛書（二見）。此字當釋爲B，从"言"从"鼬"之象形初文。

B（絲）當讀爲國名、地名"鄒"，字又作"騶"。古書"匈"聲字與"由"聲字多通，不贅舉。《漢書·地理志》魯國有"騶"縣，云："故邾國"。《說文》"騶"作"鄒"。《史記·貨殖列傳》："而鄒、魯濱洙、泗，猶有周公遺風，俗好儒，備於禮，故其民齪齪……""鄒"濱泗水，則簡文與"B（鄒）"臨近的地名"任"當以整理者後一説，即今山東濟寧東南爲是。①

董珊先生直接將簡文"宋悼公……卒于×"之"×"釋爲"鼬"②，但未見釋讀過程以及對该地名地望的推定。

周波先生：

三體石經古文有𧥺（邂）……與金文"絲"作🔳、🔳、🔳、🔳、🔳等形顯然係一脉相承。上述形體除去"言"旁以外的部分是"鼬"的象形字。楚文字"絲"亦常見，如楚帛書"絲"字兩見，分別作🔳、🔳。郭店簡《語叢一》《語叢二》《語叢三》有"邂"字，形作🔳、🔳、🔳、🔳。曾憲通先生曾據"絲"字古文形體，指出"鼬"之象形寫法……下方本、木一類形體乃鼬鼠之足及尾的象形。其説當可信。彡與本、木形體接近，可以看作是兩形在戰國時代的變體。……彡作四筆書寫……（🔳）并不从"犬"，此字應分析爲从"言""鼬"聲，以隸定作"絲（絲）"更爲妥當。"絲"當讀爲國名、地名"鄒"，……古書"匈"聲字與"由"聲字可通，如《孟子·萬章上》："顏讐由"，《漢書·古今人表》作"顏燭雛"……"鄒"之故城在今山東鄒縣東南二十六里。③

劉建明先生：

---

① 轉引自李松儒：《清華簡〈繫年〉集釋》，上海：中西書局，2015年，第302頁。

② 董珊：《讀清華簡〈繫年〉》，復旦大學出土文獻與古文字研究中心網，2011年12月26日。

③ 周波：《清華簡〈繫年〉考釋兩篇》，"'簡牘與早期中國'學術研討會暨第一屆出土文獻青年學者論壇"論文，北京大學，2012年。

疑籗可釋讀爲"鼬"。《春秋·定公四年》："五月，公及諸侯盟于皋鼬。"皋鼬，一本作"皐鼬"，古地名，故地在今河南省臨潁縣。春秋時鄭地，但是鄭國被韓國滅國後，領土并入韓國。上言"晉公止會者（諸）侯於邧（任）"，可知宋公是前往任的途中，而後來又説"宋殍（悼）公牉（將）會晉公，苹（卒）於籗"，而"籗（鼬）"正好處在途中，故疑"籗（鼬）"即"皋鼬"。①

（三）"齊與戉（越）成，以建昜（陽）、邸陵之田"

整理報告：

建昜，即開陽。"开""建"并爲見母元部字。《水經·穀水注》："穀水又東，逕開陽門南。《晉宫閣》名曰故建陽門。"《皇門》"維其開告于予嘉德之説"，"開"字清華簡本作"覔"，從开聲。清華簡《子儀》"開"字從户，开聲。小徐本《説文》："開，張也。從門，开聲。"簡文開陽當在山東臨沂北，詳見《水經·沂水注》。邸陵當與開陽相近。

劉雲先生：

"開"本爲會意字，像兩手推帶閂之門形，會開門之意，後來表示兩手的形體與表示門閂的形體粘連，變得與"开"形體相似，甚至完全混同，"開"遂訛爲从"門"，从"开"之字。可見，"開"不从"开"聲。清華簡《皇門》簡1—2"惟莫覔余嘉德之説"之"覔"，傳世本作"開"，"開"恐是形體訛誤所致。《繫年》簡120中的地名"建陽"，在古書中或作"建陽"，或作"開陽"，"建"或作"開"，恐當是"建"有異文爲"开"或"开"聲字，後世因形體因素訛爲"開"。《尚書·禹貢》"導岍及岐"之"岍"，陸德明《釋文》云"馬本作開"，"開"恐亦是形體訛誤所致。②

海天（網名）：

《皇門》"惟莫覔余嘉德之説"的"覔"……今本作"開"……但是"開"并不从"开"聲，學者多有討論，參看何九盈《語言叢稿》207頁。……宋華强先生認爲"覔"似是一個表示"給與""賜予"之類意義的詞，這是有道理的。筆者以爲"覔"，見紐元部，或許讀爲"睍"，曉紐陽部，聲紐關係密切，如"滅"是曉母；"劇"是見母。……至於韻部元陽先秦文

---

① 劉建明：《清華簡〈繫年〉釋讀辨疑》，Confucius2000 網·清華大學簡帛研究，2012 年 12 月 26 日。
② 轉引自李松儒：《清華簡〈繫年〉集釋》，上海：中西書局，2015 年，第 305 頁。

獻中元陽合韻之例很多，陳新雄老師指出：“《詩·大雅·抑》九章以言（元）韻行（陽）……二部雖韻尾不同，但元音相同，故仍多旁轉也。”……《説文》：“睍，賜也。”或是讀爲“諫”，與“覓”同爲見紐元部。①

侯乃峰先生（網名小狐）：

> 原整理者注釋云：“建陽，即開陽。……簡文開陽當在今山東臨沂北，詳見《水經注·沂水注》。[巨邑]陵當與開陽相近。”

> 按：通行釋文中“[巨邑]”括注“(渠?)”，意爲有可能“[巨邑]陵”當指“渠丘”。第二章第11、12簡的“高之巨爾”讀爲“高之渠彌”，“巨”讀爲“渠”没有問題。“陵”“丘”二字常可互訓。《易·漸》“鴻漸于陵”李鼎祚《集解》引虞翻曰：“陵，丘。”《漢書·地理志上》“營丘”顏師古注引應劭曰：“陵，亦丘也。”《爾雅·釋丘》“釋丘”邢昺疏：“土有自然而高，小於陵者名丘也。”《爾雅·釋丘》“釋丘”《經典釋文》引《廣雅》：“小陵曰丘。”

> 渠丘，見於《左傳》成公九年：“冬十一月，楚子重自陳伐莒，圍渠丘。渠丘城惡，衆潰，奔莒。戊申，楚入渠丘。”又見於昭公十一年：“齊渠丘實殺無知。”渠丘本是莒國城邑，後并入齊國，爲齊國之大城邑，地在今山東省日照市莒縣境内，距離臨沂市不遠。——莒縣原屬於臨沂市，1992年從臨沂市劃出一區設立日照市時劃歸日照市。②

馬衛東、王政冬先生：

> 建陽，《漢書·地理志上》東海郡有建陽縣，在今山東省棗莊市薛城區。③

周波先生：

> “齊與越成”指齊與越平。簡71“齊人爲成”之“爲成”，則是指“求成”，二者仍有區別。④

蘇建洲先生：

> 《皇門》的“覓”字亦見於《芮良夫》20“覓（研）懃（甄）嘉惟”，

① 轉引自李松儒：《清華簡〈繫年〉集釋》，上海：中西書局，2015年，第305、306頁。

② 出自小狐《讀〈繫年〉臆札》（復旦大學出土文獻與古文字中心網，2012年1月2日）一文下小狐的評論。

③ 馬衛東、王政冬：《清華簡〈繫年〉三晉伐齊考》，復旦大學出土文獻與古文字研究中心網，2012年10月18日。

④ 周波：《清華簡〈繫年〉考釋兩篇》，“‘簡牘與早期中國’學術研討會暨第一屆出土文獻青年學者論壇”論文，北京大學，2012年。

後者不再强調"覓"讀爲"開"是對的。上博九《陳公治兵》16 ▨、《卜書》簡 4 ▨，整理者釋爲"開"，均不確。所以本簡整理者認爲"建陽"即"開陽"不可信……《集成》10918"建易（陽）戈"是齊國兵器（參孫剛《齊文字編》，頁 50），可證齊國確實有地名"建陽"者，故址在今山東棗莊市（參后曉榮：《戰國政區地理》頁 206）。此外，《璽彙》0338"建易（陽）職自"，曹錦炎先生認爲是齊璽（《古璽通論》，頁 126）。依其説，則此印亦爲齊國地名有"建陽"之一例。①

陳劍先生：

研究者多……以爲"開"并非从"开"聲。按此乃惑於"開"字"苦哀切"之音。"開"與"开"聲字相通之例又如，《尚書·禹貢》"導岍及岐"，《釋文》謂"岍，馬本作開"；方勇先生與我郵件討論時曾指出，銀雀山漢簡"陰陽時令、占候之類"《五令》1908 號"開詞詐僞人而殺之"的"開詞"，即張家山漢簡《奏讞書》210、226 號等的"訮（研）詞"，其説甚是。此更是難得的"開"字本身見於出土文獻而與確定的从"开"聲之字相通之例，可爲"開"字从"开"聲之確證。古音學家多據"苦哀切"之音將"開"字歸入微部，其實"開"字此音實係"同義換讀"爲"闓"字的結果。②

馬健偉先生同意馬衛東等的觀點，將建陽定在今山東棗莊市薛城區：

沂北，邸陵則位於其附近。然而馬衛東、王政冬認爲"建陽"，即《漢書·地理志》東海郡的建陽縣，在今棗莊市薛城區。筆者贊同馬衛東、王政冬的觀點，因爲根據《繫年》記載，晉三子與越王翳領導的聯合大軍在擁有建陽、邸陵後，又到過魯都曲阜，依照譚其驤《中國歷史地圖集》來看，棗莊市薛城區正北不遠處就是曲阜，而臨沂市北位於曲阜的東南方向，且距離曲阜較遠，如果聯軍真的東到臨沂市北，那爲何不繼續東進，反而折回到曲阜，故建陽位於今棗莊市薛城區的可能性較大。③

【筆者按】譚其驤《中國歷史地圖集》第一册今山東臨沂一帶有地名"開陽"，不知與簡文"建陽"有關否。

周穎昳先生認爲簡文"建陽"當即位於今棗莊西南的《漢書·地理志》東海

---

① 蘇建洲、吳雯雯、賴怡璇：《清華二〈繫年〉集解》，第 850 頁。

② 陳劍：《〈容成氏〉補釋三則》，復旦大學出土文獻與古文字研究中心編：《出土文獻與古文字研究》（第 6 輯），上海：復旦大學出版社，2015 年，第 369 頁。

③ 馬健偉：《清華簡〈繫年〉所涉齊魯地區古史研究》，山東師範大學碩士學位論文，2016 年，第 61 頁。

郡屬縣“建陽”：

> 通過簡文的描述，可知越、齊雙方達成媾和條件後，越公翳乃與齊、魯之君“盟于魯稷門之外”，并且受到“魯侯御，齊侯參乘以入”的殊遇。不難看出，此役越人非但是取道泗水北上伐齊，而且直到兩國平成之際，越公翳都仍在魯地活動，這也暗示出越師彼時可能猶逡巡於魯南一帶。值得注意的是，傳世典籍所見“建陽”的一則重要綫索，恰好就坐落於上述區域，其間關聯恐怕絕非巧合。按《漢書·地理志上》載東海郡有縣“建陽”，與簡文地名完全同稱。《中國歷史地圖集》將其地望標注於今山東棗莊市西南一帶，正在連接齊、魯與吳、越的交通幹道附近，與《繫年》所載越人北上的地理背景十分契合，視作簡文“建陽”無疑最爲合適。

> ……

> 今滕州薛國故城遺址東北的大韓村墓地，近年發掘出土有一件“越王州句”劍……簡文“建陽”適與大韓墓地相近，彼此相去不過十餘公里。……可從側面佐證“建陽”地望考訂的可靠性。[1]

劉光先生：

> “開”從“开”聲，开、建俱爲見母元部字，建與以“开”爲聲符的“開”可相互通假，因此“建陽”可讀爲“開陽”。

> ……

> 關於開陽，《漢書·地理志上》“故鄅國”，春秋時期鄅國，後歸屬魯國，更名爲啓陽，杜預注“啓陽”地理位置在“今琅邪開陽縣”，而後世地理書對“開陽”地理位置有更明確的説明。例如：《太平寰宇記》卷二三“開陽”有臨沂縣北十五里；《讀史方輿紀要》卷三三則謂在“沂州北十五里”，《大清一統志》卷七則認爲“蘭山縣北……開陽城在州北十五里，舊志有古城社在州東北十五里，即古開陽也。”臨沂、沂州、蘭山縣，均是今臨沂，則上述諸説，并無不同。綜上，則開陽當在今山東臨沂西北十五里古城村。

> ……

> 越王翳脅迫齊國交出“開陽”，一則是由於開陽重要的戰略位置，更是越國多年來向北擴張，從陸路溝通兩都、稱霸中原的戰略使然。[2]

---

① 周穎昕：《清華簡〈繫年〉“建陽”小考》，鄔文玲、戴衛紅主編：《簡帛研究》二〇二四年春夏卷，桂林：廣西師範大學出版社，2024年，第24-25頁。

② 劉光：《清華簡〈繫年〉“建陽”地望補考》，鄔文玲、戴衛紅主編：《簡帛研究》二〇二四年春夏卷，桂林：廣西師範大學出版社，2024年，第16、17、20頁。

（四）"明（盟）于魯稷門之外"

整理報告：

> 魯稷門，《左傳》定公五年"己丑，盟桓子于稷門之內"，杜注："魯
> 南城門。"

蘇建洲先生：

> 《左傳》莊公二十二年："舉有力焉，能投蓋于稷門"，楊伯峻《春秋
> 左傳注》曰："此蓋謂稷門之門扇，城門門扇必重，能舉而投之，足見其
> 力。……稷門，魯城正南之門，僖公更高大之，改名高門。定十年，齊
> 人陳女樂文馬於魯城高門外，即此門。"（頁 254）……此外，《左傳》昭
> 公十年："五月庚辰，戰于稷"，楊伯峻以爲"稷"即昭公二十二年："齊
> 北郭啓帥師伐莒。莒子將戰，苑羊牧之諫曰：'齊帥賤，其求不多，不如
> 下之，大國不可怒也。'弗聽，敗齊師于壽餘。齊侯伐莒，莒子行成。司
> 馬竈如莒涖盟；莒子如齊涖盟。盟于稷門之外。莒於是乎大惡其君。"的
> "稷門"是齊城門也。齊宣王的稷下亦即此處，在今山東淄博市舊臨淄西。
> （《春秋左傳注》，頁 1316、1432）。可見"稷門"齊魯皆有，簡文標出"魯
> 稷門"，原因在此。……瞿淑君曾指出："都邑的城門之外，是比較常見的
> 會所，著名的弭兵大盟在宋國都邑的'西門之外'舉行。此後，'宋公及
> 諸侯之大夫盟于蒙門之外'（《左傳》成公十二年）。蒙門可能就是宋都邑
> 的東北城門。魯國的貴族曾經盟于'稷門之外'，（《左傳》定公五年）不同
> 身份的人常常在不同的地方會盟。"（《春秋時期的會盟問題研究》，頁 16）
> 按：定公五年魯國的貴族乃盟于"稷門之內"，上引文有誤。[①]

（五）"晉𣏾（師）述（逐）之，內（入）至汧水"

整理報告：

> 汧水，開陽在今臨沂北，疑即汧水之陽。簡文汧水當是沂水的支流。

侯乃峰先生（網名小狐）：

> 由簡文可知：雖然晉國三家與越共同伐齊，但在"齊與越成"的情
> 況下，沒有提到晉國，這說明晉與越當時并沒有合兵一處。否則，"齊與
> 越成"時而不說晉國未免於理不合。而且，在"齊與越成"的情況下，晉

---

① 蘇建洲、吳雯雯、賴怡璇：《清華二〈繫年〉集解》，第 853 頁。

國大敗齊國，這更可説明越國與晉國是兵分兩路攻打齊國的。如此，在注釋"汧水"時與"建陽（開陽）"聯繫起來考慮恐怕就不無疑問了。

我們懷疑"汧水"是指"峴水"。清華簡（一）《皇門》第 1 簡的"𡨒"（覎），顯然當是一個雙聲符字，"开""見"皆屬見母元部字。因此，"汧"讀爲從"見"聲的"峴"不存在問題。

《水經注·沭水注》："沭水又東南流，左合峴水，水北出大峴山，東南流逕邳鄉東，東南流注于沭水也。""峴水"因"大峴山"而得名，大峴山上有個春秋時期赫赫有名的穆陵關，是齊魯兩國的分界點，也是齊國南部的重要關隘。《齊乘》云："大峴山，即穆陵關也。……爲齊南天險。"峴水是"穆陵關北之水"。

因此，簡文述及晉師大敗齊師，"入至汧水"，即到達"峴水"，則似可表明晉國攻破了齊國穆陵關，進入齊國境内。[①]

馬衞東、王政冬先生：

三晉大破齊軍於平陰之後，應該乘勝向齊國國都臨淄進發，斷無折向魯南之理。所以汧水應該在平陰到臨淄之間，或爲濟水的一條支流。[②]

馬衞東先生：

《繫年》記載三晉大破齊軍於平陰之後，推進到汧水。整理者認爲汧水與開陽有關，"開陽在今臨沂北，疑即汧水之陽，簡文汧水當是沂水的支流。"此釋不確。三晉大破齊軍於平陰之後，應該乘勝向齊國國都臨淄進發，斷無折向魯南之理。所以汧水應該在平陰到臨淄之間，或爲濟水的一條支流。[③]

蘇建洲先生：

"汧"字作𧸷。……"開"不從"开"聲，可見整理者説"開陽"指"汧水之陽"是有問題的。李家浩先生曾釋戰國平肩方足布面文爲"开陽"，讀爲"軹陽"（《戰國陽布考》，頁 391—396）。吳良寶先生也釋空首布"开"爲"軹"（《空首布"軹"地考》，頁 397—399）。而《彭祖》簡 4 "既只（躋）於天，或椎（墜）於囷（淵）"（參劉洪濤《彭祖札記一則》，簡帛網，2007 年 4 月 3 日），可見【只與齊】音近可通，則【开與齊】可以

---

① 小狐：《讀〈繫年〉臆札》，復旦大學出土文獻與古文字研究中心網，2012 年 1 月 3 日。

② 馬衞東、王政冬：《清華簡〈繫年〉三晉伐齊考》，復旦大學出土文獻與古文字研究中心網，2012 年 10 月 18 日。

③ 馬衞東：《清華簡〈繫年〉三晉伐齊考》，《晉陽學刊》2014 年第 1 期，第 19 頁。

通假。以此觀之，簡文"汧水"確實可以考慮讀爲"濟水"，地理位置也較爲合理。①

馬健偉先生認爲汧水是汶水支流：

根據《繫年》記載，晉軍從"濟水"長城一直攻打到"汧水"一帶，整理者認爲"汧水"是沂水的支流，筆者認爲晉軍取得平陸之戰的勝利後，應該乘勝向東進發，斷無折向魯南之理，而平陸向東不遠處靠近汶水，故"汧水"有可能是指汶水或汶水支流。②

賈連翔先生認爲"汧"通"源"，源水在今臨淄附近：

汧水，整理者以爲："開陽在今臨沂北，疑即汧水之陽，簡文汧水當是沂水的支流。"若按此説，齊師逃向東南，且出南山段長城之外，頗不合情理。我們認爲"汧水"或可讀爲"源水"，汧、源同屬牙音元部，音近可通。又《爾雅·釋水》："汧，出不流"，郭璞注："水流潛出，便自停成汙池。"與源詞義亦近。《水經·淄水注》："時水出齊城西南二十五里，平地出泉，即如水也，亦謂之源水，因水色黑，俗又目之爲黑水。"熊會貞按："《漢志》，繫如水於臨淄，繫時水於博昌，分爲二，是出臨淄入濟者如，出博昌入淄者時。然《周禮·職方》鄭《注》，時出般陽。般陽與臨淄接境，則如、時一源也。"源水就在臨淄附近，蓋因源頭平地出泉成池而得名，故又可稱"汧水"。若此説不誤，則晉軍是役已迫近臨淄城。③

楊蒙生先生：

頗疑簡文所記三晉迫使齊人爲城下之盟以前的種種行動即是其伐齊進軍路綫的具體安排。換而言之，三晉及其盟國的此番伐齊很可能不止兩路，否則，簡文不將韓虔、趙籍、魏擊所領晉軍與魏文侯斯所率晉軍合在一起詳加描述，却將二者分隔如此之遠的做法實在可疑……

綜上所述，三晉伐齊時的進軍路綫很可能原有三條，它們分別是：由韓虔、趙籍、魏擊聯合統領的西路晉軍，由越公翳統帥的西南路越、魯聯軍，以及由魏文侯斯統帥的南路晉軍。其中，除了西南一路在齊人的賄賂之下悄然瓦解以外，以西路晉軍和南路晉軍爲主體的三晉聯軍在分

① 蘇建洲、吳雯雯、賴怡璇：《清華二〈繫年〉集解》，第 857 頁。

② 馬健偉：《清華簡〈繫年〉所涉齊魯地區古史研究》，山東師範大學碩士學位論文，2016 年，第 61 頁。

③ 賈連翔：《三晉始侯相關史事新探——再讀清華簡〈繫年〉與屬羌鐘銘文》，《中國史研究》2020 年第 3 期，第 62 頁。

別攻破齊國長城防綫之後，最終完成了對齊都臨淄的包圍。在二者的强大壓力之下，齊國內部最終爆發了陳恒子牛之禍，齊侯因此被迫走入晉軍，同早已合兵一處的晉之三子舉行會盟，三晉求取諸侯之名的目的因之初步實現。①

(六)“明（盟）陳和與陳淏於盈門之外”

整理報告：

盈門，疑即雍門。《戰國策・齊策一》“軍重踵高宛，使輕車鋭騎衝雍門”，高誘注：“雍門，齊西門名。”

蘇建洲先生：

“盈”作𥁋，《周易》簡9“盈”作“𣲒”，則𥁋似當分析爲从皿“𣲒”聲……則“𣲒”自然當分析爲从水丒聲。但是“丒”（見紐魚部，一等合口）與“盈”（喻紐耕部，三等開口）聲韻關係不近，或以爲“丒”與“盈”是一字異讀或以爲“丒”字本有不同的來源。②

(七)“母（毋）攸（修）長城”

整理報告：

母（毋）攸（修）長城，齊國這個時期在北方修築長城，主要是爲了防禦三晉的入侵。戰國初年，三晉多次攻破齊的長城。不允許齊修長城，幾近於不允許齊防禦抵抗。《呂氏春秋・下賢》：“（魏文侯）故南勝荆於連堤，東勝齊於長城，虜齊侯，獻諸天子，天子賞文侯以上聞。”

董珊先生：

所入之“張（長）城”是齊長城，會師地點“平陸（陰）”，據劉節說，在今山東泰安府之平陰縣，在齊長城之西端。清華簡《繫年》多次提到齊長城給晉人入侵造成的麻煩，所以盟辭中有“毋修長城”的話。③

馬衛東、王政冬先生：

三晉與齊國的盟約中規定齊國“毋修長城”。清華簡《繫年》第二十章載晉敬公十一年（公元前441年）晉、越聯合伐齊後，“齊人焉始爲長

---

① 楊蒙生：《從清華簡〈繫年〉看齊長城與三晉伐齊的路綫問題》，鄔文玲、戴衛紅主編：《簡帛研究》二〇二三年春夏卷，桂林：廣西師範大學出版社，2023年，第15-18頁。

② 蘇建洲、吳雯雯、賴怡璇：《清華二〈繫年〉集解》，第863-864頁。

③ 董珊：《讀清華簡〈繫年〉》，復旦大學出土文獻與古文字研究中心網，2011年12月26日。

城於濟，自南山屬之北海。"整理者認爲這很可能是齊國人在濟水堤防基礎上擴建爲軍事工程。據華松先生考證，齊國平陰一帶的長城也是由水利工程演變爲軍事防禦工程的，而且早在春秋時期就應已經建成。史籍中稱之爲"巨防"。由盟約可以看出，長城對齊國的國防意義重大，所以戰國時期，齊國繼續修建長城，《水經·汶水注》引《竹書紀年》："梁惠成王二十年，齊築防以爲長城。"《史記·楚世家正義》引《齊記》："齊宣王乘山嶺之上，築長城，東至海，西至濟州千餘里，以備楚。"三晉要求齊"毋修長城"，目的在於解除齊國防禦三晉的軍事屏障。[①]

（八）"母（毋）伐纍（廩）【一二三】丘"

整理報告：

母（毋）伐纍（廩）丘，前此一年，齊之公孫氏因內亂叛齊，以其領地廩丘入晉。齊反奪廩丘，三晉救廩丘，兩軍相戰，齊人敗北。此時雖然三晉控制了廩丘，但還擔心齊人反攻，因有此盟。《紀年》："晉烈公十一年，田悼子卒。田布殺其大夫公孫孫。公孫會以廩丘叛于趙。田布圍廩丘，翟角、趙孔屑、韓師救廩丘，及田布戰於龍澤，田布敗逋。"（《水經·瓠子水注》引）事又見《田敬仲完世家》。

董珊先生：

廩丘戰事，亦見於 1987 年湖南慈利石板村 M36 發現的戰國楚簡。慈利簡其中有"廩丘""孔子姎"字樣，張春龍懷疑 M36 可能是寧越之墓。趙、齊廩丘之戰即三家伐齊長城之事的前因，可資考證。[②]

蘇建洲先生：

"纍"字作🔲，其上"㐭"旁可以比對🔲（《新蔡》甲一：12），更多寫法以及與"爾"的形體分別，請見拙著：《楚文字論集》，頁 138—152。[③]

第 3 節 《繫年》第 23 章地理史料匯證

《繫年》簡 126—138：

---

① 馬衛東、王政冬：《清華簡〈繫年〉三晉伐齊考》，復旦大學出土文獻與古文字研究中心網，2012 年 10 月 18 日。

② 董珊：《讀清華簡〈繫年〉》，復旦大學出土文獻與古文字研究中心網，2011 年 12 月 26 日。

③ 蘇建洲、吳雯雯、賴怡璇：《清華二〈繫年〉集解》，第 867 頁。

1. 楚、宋"城榆關"與秦、晉洛陰之戰

楚聖（聲）趄（桓）王立四年，宋公畋（田）、奠（鄭）白（伯）訇（駘）皆朝于楚。王衛（率）宋公以城賵（榆）鬪（關），是武煬（陽）^(一)。秦人【一二六】敗晉𠂤（師）於茖（洛）佥（陰）^(二)，以爲楚數（援）。

2. "鄭人侵榆關"與楚、鄭桂陵之戰

聖（聲）王即碟（世），勿（悼）折（哲）王即立（位）。奠（鄭）人戙（侵）賵（榆）鬪（關），煬（陽）城洹（桓）恧（定）君衛（率）【一二七】賵（榆）鬪（關）之𠂤（師）與上或（國）之𠂤（師）以迓（交）之，與之戠（戰）於珪陵^(三)，楚𠂤（師）亡工（功）。競（景）之貫與醫（舒）子共戠（捷）而死^(四)。

3. 晉、鄭"入王子定"不果

昷（明）【一二八】戠（歲），晉瞳余衛（率）晉𠂤（師）與奠（鄭）𠂤（師）以内（入）王子定。遝（魯）昜公衛（率）𠂤（師）以迓（交）晉＝人＝（晉人，晉人）還，不果内（入）王子。

4. 楚、鄭蔑之戰與鄭太宰欣之亂

昷（明）戠（歲），【一二九】郎戕（莊）坪（平）君衛（率）𠂤（師）戙（侵）奠（鄭）＝（鄭^(六)，鄭）皇子＝（子、子）馬、子池、子坅（封）子衛（率）𠂤（師）以交楚＝人＝（楚人，楚人）涉沶（汜）^(七)，牆（將）與之戠（戰），奠（鄭）𠂤（師）逃【一三○】内（入）於蔑。楚𠂤（師）回（圍）之於鄭^(八)，聿（盡）逾奠（鄭）𠂤（師）與亓（其）四迥（將）軍，以歸（歸）於郢^(九)，奠（鄭）大宰（宰）憸（欣）亦记（起）禍（禍）於【一三一】奠（鄭）＝（鄭，鄭）子煬（陽）用減，亡迻（後）於奠（鄭）。

5. 晉、楚長陵之戰與郘之戰

昷（明）戠（歲），楚人歸（歸）奠（鄭）之四牆（將）軍與亓（其）萬民於奠（鄭）。晉人回（圍）津（津）、長陵^(一○)，【一三二】克之。王命坪（平）亦（夜）悼武君衛（率）𠂤（師）戙（侵）晉^(一一)，逾郭（郘）^(一二)，戠（捷）郏公涉灛以歸（歸）^(一三)，以迻（復）長陵之𠂤（師）。

6. 韓、魏與楚的武陽之戰

晉（厭）年，軗（韓）【一三三】緅（取）、鲁（魏）繫（擊）衍（率）
自（師）回（圍）武豦（陽），以遝（復）郚（郜）之自（師）。遝（魯）
易公衍（率）自（師）栽（救）武易（陽），與晉自（師）戰（戰）於武
易（陽）之城【一三四】下，楚自（師）大敗[一四]，遝（魯）易（陽）公、
坪（平）亦（夜）㤡（悼）武君、易（陽）城洹（桓）悉（定）君，三
執珪之君與右尹卲（昭）之㺇（㺇）死女（焉），楚人事（盡）云（弃）
亓（其）【一三五】橦（旗）、幕、車、兵，犬逹（逸）而還。陳人女（焉）
反而内（入）王子定於陳[一五]，楚邦以多亡城。

7. 齊師救楚

楚自（師）牁（將）栽（救）武易（陽），【一三六】王命坪（平）
亦（夜）悼武君拳（使）人於齊陳淏求自（師）。陳疾目衍（率）車千乘，
以從楚自（師）於武易（陽）。甲戌，晉楚以【一三七】戰（戰）。酉（丙）
子，齊自（師）至嵒[一六]，述（遂）還。【一三八】

【注　釋】

（一）"王衍（率）宋公以城贖（榆）闡（關），是武豦（陽）"

整理報告：

> 贖闡，榆關。贖，定母屋部；榆，喻母侯部，古音很近。地在今河
> 南中牟南。《史記·楚世家》："（悼王）十一年，三晉伐楚，敗我大梁、榆
> 關"，索隱："此榆關當在大梁之西也。"一說地在今河南汝州東南。
>
> 是，讀爲"置"，設置。是，禪母支部；置，章母支部，二字古音較
> 近。武豦，《水經注》中武陽同名異地多處，簡文武陽尚難確指，從所述
> 戰爭形勢看，地在今山東陽穀西的可能性較大。《水經·河水注》之武陽：
> "河水又東，逕武陽縣東、范縣西而東北流也。又東北過東阿縣北。"第
> 二種可能是《水經注》中提到的"武陽關"，在今河南舞陽西，參看《中
> 國歷史地圖集》三五至三六。諸祖耿《戰國策集注匯考》卷二十二云：舞
> 陽"史作武陽，以音近通用也"。然此時的主戰場在宋、衛等國境，舞陽
> 關緊鄰方城，此時應尚屬相對安全的後方，楚人在出擊遠方前，却在後
> 方預先防禦，亦有可疑。

李銳先生：

　　《繫年》第23章值得注意："楚聲桓王立四年，宋公田、鄭伯駘皆朝於楚。王率宋公以城榆關，置武陽。秦人敗晉師於洛陰，以爲楚援"，楚聲王四年在401BC，《六國年表》載此年秦"伐魏，至陽狐"，可能與《繫年》所説"秦人敗晉師於洛陰，以爲楚援"相關。此處説秦爲楚援，但是《繫年》只是講楚宋築城，未明記晉楚有戰爭，不免令人生疑。很可能楚聲王三年魏曾進攻過楚國，打到了方城，實際上就是"大莫敖陽爲、晉師戰於長城"所本。楚國當是獲勝了，至少是不敗，讓晉師無功而返，才被用以紀事。而魏攻楚也有原因，《繫年》第22章載楚聲王元年宋悼公卒，其後宋公田、鄭伯朝周（當在次年，楚聲王二年）；但第23章載楚聲王四年宋、鄭朝變。宋、鄭發生這種轉變，較有可能是《吕氏春秋·慎勢》所説楚聲王圍宋十月。楊寬附此事於楚聲王六年（402BC），看來有誤，當是楚聲王三年。魏當救宋，殆不成，宋遂被迫朝楚。楚圍宋、魏楚戰於長城二事雖未見於《繫年》，但是《繫年》所説的"宋公田、鄭伯駘皆朝於楚"，很可能就是出於慶賀戰爭勝利、表示臣服而來朝（陽爲任大莫敖的年代頗久，由曾侯乙墓來看，433BC他就已經是大莫敖了。不過《繫年》記他曾大敗，則亦不足怪）。魏人當尋機報復，魏楚面臨全面大戰，於是有楚"王率宋公以城榆關，置武陽"；而此時"秦人敗晉師於洛陰"，這才可以稱得上"以爲楚援"。這時楚的盟國有宋、鄭、秦。殆因此故，《六國年表》載次年（400BC）"三晉來伐我，至桑丘"，三國聯軍攻楚。此事《繫年》雖然也未記，但是説"聲王即世，悼哲王即位，鄭人侵榆關"，剛剛朝楚的鄭人叛變，轉頭攻楚，當是受三晉的脅迫，聯合反攻；或者是看到三晉伐楚，有機可乘。總之是楚的聯盟被從內部打破，楚國面臨劣勢。殆因此才有《繫年》的"明歲，晉瞳余率晉師與鄭師以入王子定。魯陽公率師以交晉人，晉人還，不果入王子"，前文已經指出這合於《六國年表》。而魯陽公能得勝，很可能是由於《六國年表》次年（398BC）所説的楚"歸榆關於鄭"，大概楚國在楚悼王二年（399BC）用榆關收買了鄭國，讓晉鄭聯盟瓦解［《鄭世家》記鄭繻公二十三年（400BC），"鄭圍韓之陽翟"，説明鄭與三晉中的韓國也有矛盾。鄭圍韓殆在年初鄭尚依附楚的時候，後來因三晉聯軍，鄭遂轉從三晉侵榆關攻楚］。因此或可以看出，《繫年》和《六國年表》紀事雖然不同，但有些事互爲表裏。如果這一推測不誤，那麼大莫敖陽爲、晉師戰於長城之事當發生在楚聲王三年（402BC）。[1]

---

① 李鋭：《由清華簡〈繫年〉談戰國初楚史年代的問題》，《史學史研究》2013年第2期，第103、104頁。

裘錫圭先生：

　　清華簡《繫年》第二十章簡 113 有"句俞之門"，整理者謂"俞""瀆"古音相近，"句俞之門"宜讀爲"句瀆之門"，可能與"句瀆之丘"相關，其說當是。同書第二十三章有一地名，簡 128 作"𤝗（聲旁原作'峕'）關"，127 作"𧴪（聲旁原作從'峕'聲之'𧴪'，下'覯'字同）關"，126 作"覯關"，整理者謂即古書之"榆關"，亦可信。所以，將用作"賣"字聲旁的"峕"釋爲"踰"之初文，從字音上看是十分合適的。①

蘇建洲先生：

　　簡文的"王"指楚聲桓王。"贖"字作，也見於簡 127 作、簡 128 作。裘先生認爲楚文字出現寫法，是受到三晉文字的影響，當是。新出《上博九·卜書》簡 4 亦有"瀆"作，與相比，在"中"形與"目"旁之間多出一橫筆，寫法比較特別。這段歷史似未見於史書。《史記·六國年表》載前三九九年楚悼王三年歸榆關於鄭。《史記·楚世家》載楚悼王十一年"十一年，三晉伐楚，敗我大梁、榆關。"楊寬《戰國史料編年輯證》云：

　　《史記會注考證》引《正義》佚文云："《年表》云：'悼王三年歸榆關於鄭。按榆關當鄭之南，大梁之西也。榆關在大梁之境此時屬楚，故云敗我大梁榆關也。'（見南化、楓、梅、贄異本）"。此說甚是。呂祖謙《大事記》云："大梁魏地，不知楚追三晉之師至於是歟？或者是楚伐魏而韓、趙救之，《世家》誤以爲三晉伐楚歟？"此說不確。榆關在大梁之西南，介於今新鄭與開封之間，原爲鄭地，爲楚所攻占。楚悼王三年楚曾一度以榆關歸還於鄭，但不久仍爲楚占有。榆關爲出入中原之重要門戶，因而成爲三晉與楚爭奪之地。此年（引按：指悼王十一年）三晉合兵敗楚於大梁、榆關，從此大梁爲魏所占有，但榆關仍爲楚所有。魏惠王欲遷都大梁，榆關勢在必得，《魏策四》第二章載有人爲魏王曰："鄭恃魏以輕韓，伐榆關而韓氏亡鄭。"《韓非子·飾邪》云："鄭恃魏而不聽韓，魏攻荊而韓滅鄭。"當魏全力攻取楚之榆關時，韓即乘機滅鄭。魏取得榆關後，於是遷都大梁。（頁 221—222）

　　今由《繫年》本章可知"榆關"於楚聲桓王四年（前 401 年）已歸楚國所有。所以悼王即位之時（前 400 年），鄭人侵討榆關，陽城桓定君率

---

① 裘錫圭：《說從"峕"聲的從"貝"與從"辵"之字》，《文史》2012 年第 3 期，第 18 頁。

駐扎在"犢（榆）關"的楚國軍隊與鄭國交兵，結果"楚𠂤（師）亡工（功）"。故前三九九年時楚悼王二年（《史記》說是三年）乃以榆關歸還鄭國，相關的史實聯繫得很緊密。即使楚聲王四年鄭伯駘朝於楚，也無法改變榆關被楚國占領的結果。這也説明楚聲王在位時間確實只能是四年，否則依舊説聲王在位六年，是前三九九年，這就與此年"楚悼王"歸還鄭國以榆關相衝突了。其次，楚王在榆關建城應該是爲了與三晉的戰爭，否則下一句"秦人敗晉𠂤（師）於岑佘（陰），以爲楚數（援）"就失去聯繫了。①

此外，蘇氏還對"是（寘）武㫐（陽）"做了以下解析：

《會典》頁 461 有【瞋與填】的通假例證。又第九章簡 52"而女（焉）牆（將）賓（賓—寘）此子也"，"寘"寫作"賓"，與本簡寫作"是"爲同詞異字的關係。

……

"武陽"確實常見於典籍，請見《中國歷史大辭典——歷史地理卷》491 頁的説明。又后曉榮：《戰國政區地理》附表一"關東六國縣邑表"記載趙國、楚國、齊國均有地名"武陽"（頁 294—295。另見頁 195 對於齊國"武陽"位置的推論）。整理者所説山東陽穀西，即西漢東郡東武陽縣。《懸泉漢簡》87—89C：10 所載"轉卒東郡武陽東里宮賦"，胡平生、張德芳《敦煌懸泉漢簡釋粹》指出："武陽，即東武陽，漢東郡屬縣。《漢書·地理志》顏注引應劭曰：'武水之陽也。'故城在今山東莘縣東南。"（頁 97）此地亦見於《張家山漢簡·秩律》簡 460"東阿、聊城、燕、觀、白馬、東武陽、茌平、甄（鄄）城、揗（頓）丘"，注釋説："東阿、聊城、觀、白馬、東武陽、茌平、鄄城、頓丘，屬東郡。"（《張家山漢墓竹簡（釋文修訂本）》頁 78，注 97）……至於整理者説的"舞陽"，亦見於《張家山漢簡·秩律》簡 460"潁陰、定陵、舞陽，屬潁川郡。"（頁 77，注 99）亦見后曉榮：《戰國政區地理》頁 98"魏國政區地理—舞陽"。……《張家山漢簡·秩律》亦有地名"武陽"，注釋説："漢初屬廣漢郡。武帝建元六年置犍爲郡，武陽從廣漢郡劃入該郡。"（頁 72，注 5）此地應即《華陽國志·蜀志》所記蜀王所遁走的地點，與《繫年》所述的"武陽"無關。②

_____

① 蘇建洲、吳雯雯、賴怡璇：《清華二〈繫年〉集解》，第 875、876 頁。
② 蘇建洲、吳雯雯、賴怡璇：《清華二〈繫年〉集解》，第 876-879 頁。

吳良寶先生：

　　整理者認爲楚國的舞陽緊鄰方城，屬於較爲安全的後方，因而主張晉、楚交戰地的武陽可能是在今山東陽穀一帶。今按……戰國早期今山東陽穀縣一帶多數時間裏屬於齊國。換句話説，暫時没有可靠資料能證明該地此時歸屬楚國。因此，將楚聲王（前 407—前 402 年在位）時楚國所賓的武陽推定在山東陽穀一帶很可疑。

　　今按，上古音“武”在明母、魚部，“鄦”在曉母、魚部，二字古音相近，傳世文獻、古文字資料中也有二者相通假的例證，頗疑簡文的“武陽”可讀爲“鄦陽”。楚文字中“許”字作“鄦”（官璽、仰天湖 1）、“鄝”（《包山》12、清華簡《楚居》91）、“鄦”（《集成》11045 戈）、“鄁”（《包山》129），有從無響、亡聲的多種異體。戰國文字中的地名或不止一種寫法，楚文字還可以舉出“魯昜”（《包山》2）或作“遞昜”（《曾乙》195），“坪夜”（《曾乙》67、《重彙》0102）在包山簡中又可寫作“坪夤”（簡 240）、“坪虽（夏）”（簡 206）、“坪姪”（138 號簡）等。因此，楚簡“武陽”可作“鄦陽”并無特别之處。

　　簡文“武陽”不直接見於記載，可能在楚國“鄦（許，今許昌市東）”地一帶。今河南許昌一帶是春秋早中期的許國舊地，後爲鄭國所占。春戰之際楚國在今河南汝州、禹州、臨潁、西華一綫與鄭、宋接壤，許昌東的舊許之地正處於邊界上。韓、魏爲阻止楚國北進，在這一帶與楚國展開激烈的爭奪（據《左傳》，前 468 年荀瑶就已經伐取鄭國的桐丘，桐丘與舊許相鄰）。如果將簡文“武陽”推定在今山東陽穀，就脱離了當時韓、魏與楚爭奪的主戰場；而且如此一來，楚國不僅需要越過宋、衛兩國，在齊國土地上築城而招致韓、魏圍攻，此外還需要齊國的軍事援助，這些顯然都難以解釋。[1]

李松儒女士：

　　◇贖闕，整理者指即“榆關”。◇是，整理者讀爲“賓”。◇武㿩（陽），整理者認爲地在今山東陽穀西的可能性較大；吳良寶讀爲“鄦陽”。[2]

張馳、鄭伊凡先生認爲榆關在中牟南，武陽在榆關附近：

　　《繫年》第二十一章楚國之所以能在黄池、雍丘築城，正是因爲宋國依附於楚國。《繫年》第二十三章開篇所述的形勢是“宋公田、鄭伯駘皆

---

　　[1] 吳良寶：《清華簡〈繫年〉“武陽”考》，吉林大學古籍研究所編：《吉林大學古籍研究所建所三十周年論文集》，上海：上海古籍出版社，2014 年，第 70、71 頁。

　　[2] 李松儒：《清華簡〈繫年〉集釋》，上海：中西書局，2015 年，第 318 頁。

朝于楚"，宋、鄭的依附必然使楚國勢力得以向北擴張。而與武陽關係密切的榆關正在此條路線上，榆關應當在今河南開封、中牟一帶。《史記·楚世家》載："十一年，三晉伐楚，敗我大梁、榆關，楚厚賂秦，與之平。"《索隱》："此榆關當在大梁之西。"熊會貞推測榆關或在《水經注》"渠水"條的高榆淵一帶。楊守敬、熊會貞所繪《戰國疆域圖》"南二西一幅"將榆關定於中牟南，正與二人所繪《水經注圖》卷二二"渠水·南五西一"高榆淵位置相當。譚其驤先生主編的《中國歷史地圖集》也持此觀點，將榆關定於中牟南。馬楠先生認爲榆關即武陽，我們認爲武陽應當在榆關附近。①

馬健偉先生同意整理者觀點，將武陽定在今山東陽穀西：

> 對於"武陽"具體位置的釋讀，筆者贊同整理者的觀點，因爲從《繫年》所述戰爭情況看，地在今山東陽穀西的可能性更大。簡文記載的上一次晉楚之戰是發生在郜地附近，而郜地位於山東成武以東，相距山東陽穀西不遠。且《繫年》記載武陽之戰時，楚國向齊國請求軍事援助，齊軍在武陽之戰的第三天到達嵒地，據整理者考證，嵒地位於今山東聊城聶城，即位於今山東省茌平縣內，茌平縣不遠處就是陽穀西，據此可推測《繫年》記載之"武陽"，很可能位於山東陽穀西。②

【筆者按】《繫年》"懭（榆）闢（關）"即"武陽"。簡文云"（楚）王衒（率）宋公以城矇（榆）闢（關），是武旑（陽）"，其中"是"字不宜破讀爲"寅"，當如字讀，用作系詞，起解釋作用，表肯定性判斷。"是"的這種用法見於古書，例如，《孟子·告子上》："公都子問曰：'鈞（引按，通"均"，訓同、都）是人也，或爲大人，或爲小人，何也？'"③《論衡·死僞》："余是所嫁婦人之父也。"④《春秋》昭公十八年："許遷於白羽。"同年《左傳》記楚平王"使王子勝遷許於析，實白羽"。⑤這裏的"實"字通"寔"，相當於"是"，訓爲即、就是。"析"地就是"白羽"。《繫年》"是武陽"與《左傳》"實（寔、是）白羽"相類。楚王與宋公所城之"榆關"是關名，武陽應是榆關之關城名，籠統言之，榆關、武陽可視爲一地。《繫年》第23章記載魯陽公"與晉師戰於武陽之城下，楚師大敗……楚邦以多亡

① 張馳、鄭伊凡：《清華簡〈繫年〉第二十三章與〈史記·六國年表〉對讀——戰國早中期相關史事、年代與地理問題芻議》，《出土文獻》2021年第1期，第44頁。
② 馬健偉：《清華簡〈繫年〉所涉齊魯地區古史研究》，山東師範大學碩士學位論文，2016年，第53-54頁。
③ 楊伯峻譯注：《孟子譯注》，北京：中華書局，2010年，第249頁。
④ 黃暉撰：《論衡校釋》（附劉盼遂集解），北京：中華書局，2017年，第1046頁。
⑤ 楊伯峻編著：《春秋左傳注（修訂本）》，第1393、1400頁。

城"，可證武陽確爲一關城。榆關亦名武陽，爲傳世文獻所失載。武陽地望可由榆關而定，或在中牟南，或在汝州東南。

（二）"秦人【一二六】敗晉自（師）於菩（洛）佘（陰）"

整理報告：

> 菩佘，洛陰，在今陝西大荔西。洛陰是魏太子擊在四年前所築。《魏世家》："十七年，伐中山，使子擊守之，趙倉唐傅之。子擊逢文侯之師田子方於朝歌……子擊不懌而去。西攻秦，至鄭而還，築雒陰、合陽。"

蘇建洲先生：

> "菩佘"整理者讀爲"洛陰"，不如依《史記·魏世家》讀爲"雒陰"。《正義》曰："雒，漆沮水也，城在水南。《括地志》云，雒陰在同州西也。"《水經·河水注》云："洛水自獵山枝分東派，東南注於河，昔魏文侯築館雒陰，謂是水也。"雒陰故址在今陝西大荔縣西南洛河南岸（后曉榮：《戰國政區地理》，頁 91—92）。《六國年表》載前四〇八年，魏文侯十七年（楊寬《輯證》以爲是魏文侯 38 年）"擊宋〈守〉中山。伐秦至鄭，還築雒陰、合陽。"楊寬先生按語說："魏於上年與此年連續伐秦，先後攻取臨晉（今陝西大荔縣東南）、元里（今陝西澄縣東南）、雒陰（今大荔縣西南）、合陽（今陝西合陽縣東南）等地，并築城，并曾長驅直入至鄭（今陝西華縣）。"（頁 167）而簡文所述是楚聲王四年，前四〇一年的事情，則上距魏太子擊築"雒陰"，有七年的時間，而非整理說所說的四年。又《六國年表》載前四〇一年，秦簡公十四年"伐魏至陽狐"，亦見《史記·魏世家》："（魏文侯）二十四年，秦伐我至陽狐。"（楊寬《輯證》以爲當是魏文侯四十五年）。則前四〇一年，秦國攻打了魏邑雒陰與陽狐，前者不見於史書記載。[1]

（三）"旟（陽）城洹（桓）悲（定）君衒（率）【一二七】犢（榆）闈（關）之自（師）與上或（國）之自（師）以迓（交）之，與之戰（戰）於珪陵"

整理報告：

> 旟城洹悲君，旟城君又見於曾侯乙墓簡一六三、一九三號簡。陽城是封君的封地。戰國時期有多個地名叫陽城，疑此在今河南漯河東。《文

---

① 蘇建洲、吳雯雯、賴怡璇：《清華二〈繫年〉集解》，第 879 頁。

選·登徒子好色賦》"嫣然一笑，惑陽城，迷下蔡"，李善注："陽城、下蔡，二縣名，蓋楚之貴公子所封。""洹恶"當是此封君的謚，讀爲"桓定"。包山楚簡中的陽城公則可能是陽城被占領後，流落他處的陽城君後人。犢關之師，駐守榆關的軍隊，當是楚軍。上國，《左傳》昭公十四年"楚子使然丹簡上國之兵於宗丘"，杜注："上國在國都之西，西方居上流，故謂之上國。""上國"與"東國"對稱。一說上國是對北方列國的稱謂，《水經·濟水注》："昔吳季札聘上國，至衛。"遆，《説文》："會也。"此處指交兵迎戰。"遆"亦即"交"，《孫子·軍爭》杜牧注"交"云："交兵也。"《楚世家》："(悼王)十一年，三晉伐楚，敗我大梁、榆關。楚厚賂秦，與之平。"

珪陵，桂陵，在今河南長垣北。《水经·濟水注》："《竹書紀年》：'梁惠成王十七年，齊田期伐我東鄙，戰于桂陽，我師敗逋。'亦曰桂陵。按《史記》(田完世家)：'齊威王使田忌擊魏，敗之桂陵，齊于是彊，自稱爲王，以令天下。'"熊會貞注："《括地志》，故桂城在乘氏縣東北二十一里，故老云此即桂陵也。《寰宇記》亦云，乘氏縣有桂城，即田忌敗魏師處。但乘氏之桂陵，在今菏澤縣東北二十里，與此注所指之地異，驗此注所指，當在今長垣縣西境。"

鄭威先生：

曾侯乙簡文中有關於楚"陽城君"的記載，見於簡119、簡163、簡166、簡193。此"陽城君"應是惠王晚期楚國封君。……簡文所見之陽城君與《呂氏春秋》所記載的陽城君關係尚不明確，可能如《考釋》所言，二者所指爲同一人，也有可能是前後承襲的關係。楚陽城君存續時間，上限至少在前433年，下限至悼王去世之年，即前381年。"陽城君走，荆收其國"之後，陽城可能設縣。包山簡中有"陽城公"(簡120、簡121)，説明至少在楚懷王時期，陽城以爲楚縣。……先秦以"陽城"爲名的城邑不少。……徐少華先生認爲楚陽城縣當在今安徽宿州南。[1]

蘇建洲先生：

整理者……認爲鄭、宋、滕、魯等地是上國。《左傳》成公七年"吳始伐楚、伐巢、伐徐，子重奔命。馬陵之會，吳入州來，子重自鄭奔命。子重、子反於是乎一歲七奔命。蠻夷屬於楚者，吳盡取之，是以始大，通吳於上國。"此處的"上國"亦指北方各國或中原諸國。此外，陳松長

---

① 鄭威：《楚國封君研究》，武漢：湖北教育出版社，2012年，第122、123、126頁。

曾撰寫《湖南常德新出土銅距末銘文小考》……認爲銅距末是楚器，并考釋銘文：“愳作距末，用差（佐）商國”的“商國”應讀爲“上國”，也引用了上述《左傳》昭公十四年的證據，認爲是常德的地理位置正在楚國郢都的西南方向，按理可以稱上國。謹按：銅距末應是宋器，且“商國”讀爲“上國”實不可從，參見李家浩：《忬距末銘文研究》……“商國”是指“宋國”，當從上引李家浩先生所説。

……

《中國歷史大辭典——歷史地理卷》：桂陵，戰國魏地。在今河南長垣縣西南。公元前三五三年，齊田忌用孫臏“圍秦（引按，當爲魏之誤）救趙”計，大敗魏軍於此。一説在今山東菏澤縣東北。（頁 727）[1]

鄭威先生：

　　至戰國前期，楚國境内出現了大量的封君……當時的封君軍事性質很強，而《繫年》所記載的戰事則驗證了這一點。封君與縣公一同統帥楚軍，組建了楚國的北部防綫。爲方便調度，楚國的軍隊在邊境各地駐扎，常以駐屯地爲名，如申息、陳蔡之師皆因地得名，駐屯地同時也當是兵士的主要來源地，軍事首長亦以地方官員（貴族）爲主。由此推測，爲方便統帥軍隊，直接應對中原諸國，魯陽公掌管的魯陽縣和陽城、平夜、郎三位封君的封邑應當相去不遠，都在楚國北境一綫。

　　據此判斷，在已有的關於陽城君封邑地望的諸説之中，秦南陽郡之陽成（城）縣距離魯陽縣最近，此説可能性最大……

　　楚國封君的封地是可以世襲的，爲了整個家族和子孫後代考慮，受封者多不願意接受貧瘠和邊險之地。魯陽曾爲魯陽君之封地，魯陽君受封之時，“惠王以梁與魯陽文子，文子辭曰：‘梁險而在北境，懼子孫之有貳者也。……懼子孫之以梁之險，而乏臣之祀也。’”（《國語·楚語下》）梁在魯陽北，處楚邊地，若受封於此，魯陽君擔心其子孫叛楚而絕其祀，同時更可能擔心邊地戰亂頻繁，失邑的可能性很大。陽城地處南陽盆地北部，是楚人長期經營和發展的地區，陽城君應當樂於接受這一封邑。魯陽君與墨子交往密切，而陽城君與墨家鉅子孟勝爲生死之交，二人封邑共同處於墨家勢力的影響之下，或許也是因爲相距不遠。魯陽、陽城分處方城内外，在地圖上可與東南方向的平夜君封邑相互勾連，聯爲一綫，

形成楚國北境的軍事聯防基地，攻可迅速到達北部邊境，守可據縣邑、封邑自保。①

張馳、鄭伊凡先生認爲此事與《六國年表》"三晉伐我，至乘丘"爲一事，桂陵、乘丘都在今山東省巨野縣西南：

> 鄭人侵榆關，繼而引發楚與"上國"之間的戰爭，據《繫年》此役發生在桂陵。關於桂陵的地望，《水經注》定於濮渠桂城，在今河南長垣北，《中國歷史地圖集》從之。但《史記·趙世家》："二十二年，魏惠王拔我邯鄲，齊亦敗魏於桂陵。"《正義》引《括地志》："故桂城在曹州乘氏縣東北二十一里，故老云此即桂陵也。"《太平寰宇記》亦云乘氏縣有桂城，即田忌敗魏師處。如此，則今山東巨野西南亦有一桂陵。而《括地志》《太平寰宇記》所記之乘氏，即乘氏縣。《漢書·地理志》"濟陰乘氏"下顏師古注引應劭注："《春秋》敗宋師於乘丘。"《續漢志》劉昭注引《博物記》亦云："乘氏，古乘丘。"《水經·濟水注》："菏水又東南，逕乘氏縣故城南，縣即《春秋》之乘丘也。故《地理風俗記》曰：濟陰乘氏縣，故宋乘丘邑也。"如此，則《繫年》所記"陽城桓定君率榆關之師與上國之師以交之，與之戰於桂陵"，與《史記》"三晉來伐我，至乘丘"時間、地點正相合。由此我們可以推知，《繫年》第二十三章中的"桂陵之役"即《史記》所記的"乘丘之役"，"桂陵"與"乘丘"皆在今山東省巨野縣西南。②

（四）"競（景）之賈與䣝（舒）子共戢（捷）而死"

整理報告：

> 䣝子共，舒子共，舒滅於楚，其後人以舒爲氏，見秦嘉謨《世本輯補》。

（五）"遽（魯）易公衒（率）自（師）以迗（交）晉人"

整理報告：

> 遽易公，曾侯乙墓一九五號簡作"遽䑾公"，一六二號簡作"魯陽公"，又見于包山楚簡。魯陽在今河南魯山，楚肅王时被魏國占领，《六国年表》

---

① 鄭威：《清華簡〈繫年〉所見楚國封君小札》，楚文化研究會編：《湘鄂豫皖楚文化研究會第十六次年會論文集》，湖北荆州，2019 年 11 月，第 238 頁。

② 張馳、鄭伊凡：《清華簡〈繫年〉第二十三章與〈史記·六國年表〉對讀——戰國早中期相關史事、年代與地理問題芻議》，《出土文獻》2021 年第 1 期，46 頁。

楚肅王十年："魏取我魯陽。"又《魏世家》："(魏武侯)十六年，伐楚，取魯陽。"

蘇建洲先生：

今由《繫年》的記載可知《淮南子·覽冥訓》的"魯陽公"無誤，而且"魯陽公"確實是楚之封君，可證封君亦可稱"公"。又簡文背景是前三九九年，魯陽自然仍是楚國領地。[①]

(六)"郎臧(莊)坪(平)君銜(率)𠂤(師)戠(侵)奠(鄭)"

整理報告：

郎臧(莊)坪(平)君，楚之封君，莊平是其謚，郎爲其封地。

董珊先生：

郎莊平君，"郎"疑讀爲"梁"，可能即《左傳》哀公四年"爲一昔(夕)之期，襲梁及霍"之梁，先爲蠻子之邑，後屬楚，"郎莊平君"即該地封君，又稱之爲"上梁"，見《楚策一》"城渾出周"章："鄭魏之弱，而楚以上梁應之""新城、上梁相去五百里〈百里〉。"戰國時又曾屬韓，稱之"南梁"，《田敬仲完世家》："(齊宣王)二年，魏伐趙，趙與韓親，共擊魏，戰於南梁。"《正義》："故梁在汝州西南二百步。《晉太康土地記》云：戰國時謂南梁者，別之於大梁、少梁也。古蠻子邑也。"《齊策一》："南梁之難，韓氏請救于齊。"高誘注："梁，韓邑也。大梁魏都在北，故曰南梁也。"《穰侯列傳》又稱"三梁"。此地《漢志》稱"梁"，屬河南郡。《括地志》："故城在汝州西南。"在今河南臨汝縣西南四十五里。[②]

鄭威先生：

郎莊平君的封邑也當在這一綫尋找(引按，指楚國北境的軍事聯防基地魯陽、平夜一綫)。我們曾提出郎地是否與北京大學藏秦水陸里程簡册記載的"闒丘亭"相關，但其地距這一綫過遠。與《地理志》反映的西漢末年南陽郡轄域相比，《秩律》所見的漢初的南陽郡轄域更爲廣闊，其東部跨越了方城山、桐柏山，涵括了汝水以西地區，應是繼承自楚國的宛郡和秦之南陽郡，反映出戰國時期楚國北境的南陽盆地內外、方城——桐柏山兩側已然存在着十分緊密的聯繫。觀察《秩律》所列南陽

---

① 蘇建洲、吳雯雯、賴怡璇：《清華二〈繫年〉集解》，第896頁。

② 董珊：《讀清華簡〈繫年〉》，復旦大學出土文獻與古文字研究中心網，2011年12月26日。

郡諸縣，"陽成、雉、陽安、魯陽、朗陵、犫"，緊鄰魯陽排列的是朗陵，《地理志》屬汝南郡。朗，從月良聲；郎，從邑良聲。二者均從良得聲，上古音同在來紐陽部，雙聲疊韻。陵是地名中常見的表意字，或表示其地起伏不平，或表示其地有陵寢存在。如《漢書·地理志》陳留郡之襄邑，"宋襄公所葬，故曰襄陵"。漢朗陵故城遺址仍見存，在今確山縣任店鎮，西距陽城、東離平夜都不遠，楚國郎莊平君封地也許在這一帶。①

楊智宇先生認爲郎莊平君封邑可能與狼蕩渠有關，也可能與朗陵相關。"《漢書·地理志》汝南郡有朗陵，應劭注'朗陵山在西南'，此處地名也與'郎'相關，且與平夜君的封地相近，也有可能作爲郎莊平君的封邑。"②

（七）"楚人涉沬（汜）"

整理報告：

沬，見本篇第十六章八十五號簡，此"沬"可能就是新鄭東北的汜水。

張馳、鄭伊凡先生同意黃德寬先生的意見，將該字釋爲"湛"，即汝水的支流湛水。③

（八）"奠（鄭）自（師）述（遂）【一三〇】内（入）於蔑。楚自（師）回（圍）之於蔑"

整理報告：

蔑，或作"鄭"，當是鄭地。

董珊先生：

"鄭師逃入於蔑、楚師圍之於蔑"之地名"蔑"，應即"郬"，見于以下兩件鼎銘：

鼎：廿三年鑄襪（郬）平膚（容）岺＝（少半）寊（鼎）（器口沿，以上魏刻銘）

鬟（郬）脒（厨），一斗半（蓋，韓刻銘）。

鼎：鬟（郬）脒（厨）。一斗半（器，以上韓刻銘）·商（蓋，漢刻銘）。

---

① 鄭威：《清華簡〈繫年〉所見楚國封君小札》，楚文化研究會編：《湘鄂豫皖楚文化研究會第十六次年會論文集》，湖北荊州，2019 年 11 月，第 239 頁。

② 轉引自鄭威：《清華簡〈繫年〉所見楚國封君小札》，楚文化研究會編：《湘鄂豫皖楚文化研究會第十六次年會論文集》，湖北荊州，2019 年 11 月，第 240 頁。

③ 張馳、鄭伊凡：《清華簡〈繫年〉第二十三章與〈史記·六國年表〉對讀——戰國早中期相關史事、年代與地理問題芻議》，《出土文獻》2021 年第 1 期，第 49 頁。

這兩件鼎的銘文爲"釁（鄶）朕（廚）。一斗半（器）"的器、蓋原可能是一組，後失散，各自重配。

廿三年鼎的器、蓋題銘分屬魏、韓。器口沿"鑄"下之字舊釋爲"襄"。該字從"衣"旁，其餘的部分，可以與下列字形相比較：

0.廿三年鼎；1.璽印：魏眉·臣眉；2.戟：五年冀命思左庫工師微史慶冶眉近

我認爲該字從衣、從蔑省，應即"襪"字，"襪"與"釁（沫）"聲同爲脣音明母，韻同爲月部，所以魏刻地名之"襪"即指韓刻銘中的"釁（沫）"。

"釁"即"沫"字異體。"襪"與"釁（沫）"皆當讀爲鄭武公所滅鄶、鄶之"鄶"。其音韻關係，可與曹劌又作曹沫、曹蔑相類比。李家浩先生曾論證"會""沫"二字可以相通，亦請參看。《史記·楚世家》記載鄶人之先出自陸終氏六子"四曰會人"，《集解》："《世本》曰：會人者，鄭是也。"《索隱》："《繫本》云：四曰求言，是爲鄶人。鄶人者，鄭是。宋忠曰：求言，名也。妘姓所出，鄶國也。"《正義》引《括地志》云："故鄶城在鄭州新鄭縣東北二十二里。《毛詩譜》云'昔高辛之土，祝融之墟，歷唐至周，重黎之後妘姓處其地，是爲鄶國，爲鄭武公所滅也'。"此地戰國時近韓新鄭，應多數時間屬韓。據銘文魏刻銘"襪"也可以讀爲"鄶"，該地曾一度屬魏，但屬魏具體年代不可考。[1]

老悶：

"鄶"與"蔑"讀音區別很大，二者不可能通轉。

……

有一個地方倒也許可以解讀爲"蔑"——那就是"密"，今河南"新密"之"密"是也……

另外一種可能是，此地或稱"於蔑"，而非"蔑"……"於蔑"者何？……或許是一處沼澤吧。[2]

林宏佳先生：

（𣪏）應改隸爲"戩"，字從"莧"聲，故可通讀爲"蔑"。就字形而

---

[1] 董珊：《讀清華簡〈繫年〉》，復旦大學出土文獻與古文字研究中心網，2011年12月26日。

[2] 老悶（網名）：《〈繫年〉所見之楚人伐鄭》，新浪博客"老悶的博客"，2012年1月27日。

言，此字所从的"戈"不像《曹沫之陳》▨、▨直接劃畫過"首"之下，而僅單純寫出"戈"；并且，此字與"▨"同指一地，亦可證明"▨（莧）"是獨立的部件而非"蔑"字的一部分，其中的"勿"形自然也不是因聲化而來的聲旁。①

張馳、鄭伊凡先生同意董珊的意見，認爲蔑即是鄶，在今新鄭東北：

關於"蔑"，董珊先生以爲即"鄶"，在今新鄭東北，我們認同此觀點。《水經注》將鄶定於今河南新密東南，《中國歷史地圖集》從之。但據《史記正義》引《括地志》："故鄶城在鄭州新鄭縣東北二十二里。"其地即今考古所見之苑陵故城。據《繫年》所示戰爭形勢，鄭師逃行路綫不應當放棄距離更近的新鄭而轉向新密。因此蔑應當如《括地志》所記在新鄭東北。②

（九）"聿（盡）逾奠（鄭）自（師）與亓（其）四遷（將）軍，以歸（歸）於鄢"

整理報告：

聿，讀爲"盡"，全部。逾，楚簡中義多爲"下"，有征服、戰勝義，《逸周書·允文》："上下和協，靡敵不下。"四將軍，指皇子、子馬、子池、子封子。鄢，此時的鄢當在鄢郢。

蘇建洲先生：

簡文云："悼哲王即位，……明【一二八】歲，晉賜余率晉師與鄭師以納王子定。……明歲，【一二九】……楚師圍之於蔑，盡降鄭師與其四將軍，以歸於鄢。"可見"歸於鄢"的時間是"楚悼王三年"。同時，《楚居》簡 16 云："至悼哲王猶居鄱（鄩）郢。中謝起禍，焉徙襲肥遺。邦大疕，焉徙居鄢郢。"按理説楚國應該是在國內沒有憂禍的情況下方能夠侵伐鄭國，即當在"中謝起禍""邦大疕"之後，此時悼王已徙居"鄢郢"，故整理者認爲簡文的"鄢"當在"鄢郢"無疑是合理的，也就是説楚悼王三年已居鄢郢。③

---

① 林宏佳：《説"莧"及其相關字形》，《出土文獻研究視野與方法》（第5輯），臺北：政治大學中國文學系，2014年。

② 張馳、鄭伊凡：《清華簡〈繫年〉第二十三章與〈史記·六國年表〉對讀——戰國早中期相關史事、年代與地理問題芻議》，《出土文獻》2021年第1期，第49頁。

③ 蘇建洲、吳雯雯、賴怡璇：《清華二〈繫年〉集解》，第901頁。

（一〇）“晉人回（圍）聿（津）、長陵”

整理報告：

> 聿，《水經·河水注》：“河水于范縣東北流，爲倉亭津。《述征記》曰：‘倉亭津在范縣界，去東阿六十里。’《魏土地記》曰：‘津在武陽縣東北七十里，津，河濟名也。’”又《左傳》魯莊公十八年冬，巴人伐楚，“十九年春，楚子禦之，大敗於津”。簡文“聿”可能與傳文“津”無關。長陵，疑是楚地。《水經·淮水注》：“淮水又東逕長陵戍南。”熊會貞按：“《地形志》，蕭衍置長陵郡及縣，蓋取此戍爲名。在今息縣東八十里。”所説長陵戍在淮水上游，是楚東國的南境。此時爭奪的是鄭、宋、滕、魯等上國之地，三晉之兵不一定及此。

張馳、鄭伊凡先生：

> 我們認爲“聿”應當就是《史記》等傳世文獻中的棘津，在今河南延津東北。《左傳》昭公十七年：“九月丁卯，晉荀吳帥師涉自棘津。”晉文公侵曹伐衛，自南河渡，也由此地涉河。至於“長陵”，我們認爲可能是傳世文獻中的“長丘”。宋華强先生曾認爲“丘”“陵”同義，楚璽中“桑陵”即是“桑丘”。我們認同宋華强先生的意見。傳世文獻中有“丘”“陵”異名而同地的例子。《漢書·地理志》：“營陵，或曰營丘。”顏師古引應劭云：“師尚父封於營丘，陵亦丘也。”出土文獻中也有“丘”“陵”互換之例。銀雀山漢簡《孫臏兵法·擒龐涓》中的平陵可稱爲平丘。如此，則長陵可稱爲長丘，在今河南封丘西南。[①]

（一一）“王命坪（平）亦（夜）悼武君銜（率）𠂤（師）戠（侵）晉”

整理報告：

> 坪亦悼武君，“坪亦”即“平夜”。平夜君見於曾侯乙墓簡、新蔡簡和包山簡。平夜，封君的封地，在今河南平輿。悼武君可能是第三代平夜君，爲新蔡葛陵墓主平夜君成之子。

“坪亦”即“平夜”，當今之河南平輿，甚是。亦、夜、輿三字音近相通。“坪夜”見於新蔡簡甲二21，《新蔡葛陵楚墓》云：

> 新蔡葛陵楚墓中出土銅戈和銅戟上的銘文多爲“平夜君成之用戈”

---

① 張馳、鄭伊凡：《清華簡〈繫年〉第二十三章與〈史記·六國年表〉對讀——戰國早中期相關史事、年代與地理問題芻議》，《出土文獻》2021年第1期，第49、50頁。

"平夜君成之用戟"或"平夜君成之用"等。……裘錫圭先生曾以"夜""與"二字古音同聲同部，讀"平夜"爲"平輿"。《漢書·地理志》載汝南郡有平輿縣，位於"陳以南"，屬楚地，西漢時仍以舊名置縣。《元和郡縣圖志》卷九汝南縣"平輿城址"條下："漢縣也，故沈子國，在縣東北60里"，地在今河南省平輿縣城北稍偏西處。①

（一二）"逾郜（郜）"

整理報告：

逾郜，"郜"讀爲"郜"。春秋時郜地不一，此疑即今山東成武以東之郜。山西浮山西面之郜位置太北，楚侵襲至此的可能性很小。包山一六四號簡有"郜邑"，也應不是一地。

思齊（網名）：

簡131"楚師圍之於蔑，盡逾鄭師與其四將軍"和簡133"逾郜，止鄭公涉潤以歸"中的"逾"，我們認爲可能應該讀爲"降伏"之"降"。"逾"是喻母侯部字，"降伏"之"降"是匣母東部字，二者聲音相近，可以通假。而且已有學者指出古文字中有的"逾"或"俞"應讀爲"下降"之"降"。"降伏"之"降"與"下降"之"降"爲同源詞，"逾"可以讀爲"下降"之"降"，那麼也應該可以讀爲"降伏"之"降"。《史記·絳侯周勃世家》："（周勃）以將軍從高帝擊反韓王信於代，降下霍人。"其中的"降"字即爲降伏、征服之義。另外，馬王堆漢墓帛書《戰國縱橫家書·蘇秦謂陳軫章》行238—239"煮棗將榆，齊兵又進，子來救[寡]人可也，不救寡人，寡人弗能支"中的"榆"，和《淮南子·道應》"子發攻蔡，踰之"中的"踰"，似皆應讀爲"降伏"之"降"，只不過前者用的是被動用法。②

蘇建洲先生：

國名"郜"確從"告"聲，整理者認爲"郜"讀爲"郜"，可能是對的。《包山》12有"郜（造）室人室"，其"郜"作，中豎頭部向左傾斜；《包山》164有"郜邑"讀爲"梏（郜）邑"，可能是爲了避免與從"造"聲"郜（造）室"相混，遂寫作"郜"，來表示從"告"聲的郜邑之"郜"，用字習慣正好互補。③

---

① 河南省文物考古研究所等：《新蔡葛陵楚墓》，鄭州：大象出版社，2003年，第178頁。

② 轉引自李松儒：《清華簡〈繫年〉集釋》，上海：中西書局，2015年，第326頁。

③ 蘇建洲、吳雯雯、賴怡璇：《清華二〈繫年〉集解》，第911頁。

鄭伊凡先生：

> 簡文稱"侵晉，逾（降）郜"，則"郜"此時當爲三晉所屬，山東成
> 武縣以東之"郜"既與此戰所距甚遠，亦不爲三晉所有，似與此無涉。
> 據《大清一統志》河南府之"古迹"下亦有"告城鎮"條，在"登封縣
> 東南三十五里"。按登封之廢郜城，當即是《大清一統志》所記"郜城鎮"，
> 在今登封市東南的告城鄉告城村，今天尚有戰國時期的文化遺迹保留。
> 陳先生亦曾據之指出"登封有廢郜城"，并結合其他各地名"郜"的城邑，
> 推測其"殆皆郜國遺迹"。先秦國族多有遷徙，遷徙時往往以原居住地的
> 名稱命名新遷入地。郜國始封者爲文王之子，在其居山東成武一帶前後
> 或曾居他處，這在先秦時期是很常見的，毋庸贅述。……《繫年》中的
> "郜"當即河南登封東南的廢郜城，不應遠至山東成武一帶。此"郜"是
> 否即包山簡中"郜"邑，則尚有待於更多資料證明。[①]

張馳、鄭伊凡先生認爲郜當與負黍接近，即傳世文獻中的郜都，即高都，在
今河南洛陽南：

> "郜"當與負黍相近。我們認爲簡文中的"郜"應是傳世文獻中的郜
> 都，即高都。《史記·周本紀》："蘇代曰：'君何患於是？臣能使韓毋征
> 甲與粟於周，又能爲君得高都。'"《正義》引《括地志》云："高都故城
> 一名郜都城，在洛州伊闕縣北三十五里。"此地在今河南洛陽南。[②]

（一三）"截（捷）郏公涉淵以歸（歸）"

整理報告：

> 郏公，疑即滕公。滕在郜東，相距不遠。涉淵，滕公之名，"淵"字
> 左旁不很清晰，又見於天星觀遣冊簡。楚地有郏，包山一六二號簡有"郏
> 少司馬韓酉"。楚國也有郏公，現藏上海博物館的大市量開頭的紀年是"郏
> 公卲之果逗秦之歲"（《古文字研究》第二十二輯，第一二九頁），卲之果
> 是昭王的後代，封公世襲。楚國的郏公與簡文的郏公大概没有關係。

黃傑先生：

> "涉淵"可能不是人名，此句可能應當在"公"下斷開，"涉淵以歸"

---

① 鄭伊凡：《清華簡〈繫年〉地理辨證三則》，劉玉堂主編：《楚學論叢》（第5輯），武漢：湖北人民出版社，2016年，第100、101頁。

② 張馳、鄭伊凡：《清華簡〈繫年〉第二十三章與〈史記·六國年表〉對讀——戰國早中期相關史事、年代與地理問題芻議》，《出土文獻》2021年第1期，第50頁。

讀爲一句。此處前後文提到多位封君，如簡 127 "陽城桓定君"、簡 129 "魯陽公"、簡 130 "郎莊平君"、簡 133 "平輿（原釋文讀爲夜）悼武君"，均未稱名，那麼此處 "郱公" 不稱名也是很可能的。"涉" 更像是説一種行動，而非人名，灂可能是水名，"涉灂以歸"，即渡過灂水而歸。①

蘇建洲先生：

"🅐" 整理者隸定爲 "灂"，但是字形左旁似乎从 "糸"，應該是 "綢/綢" 字，此字已見於《天星觀》，見《楚文字編》頁 750。退一步説，此字若從 "水" 旁，則是 "澗"，但 "澗" 字常見作🅑（《包山》10）、🅒（《周易》50）等，从水从二阜，與《説文》訓 "澗" 爲 "山夾水也" 正相合。可能不會寫作從 "水" 從 "間"。

蘇氏後來又補充云：

所謂 "灂" 字作🅐，其左旁確實與水旁不似……而近於 "糸" 旁……依字形改隸定作 "綢"。文意的理解暫從整理者以爲是人名。②

李松儒女士：

戠，整理者釋爲 "止"。按，"戠" 字本篇多見……涉🅐，整理者隸定爲 "涉灂"，指爲滕公之名；蘇建洲隸定爲 "涉綢"。按，蘇建洲隸定是，今嚴格隸定爲 "綢"。③

李煜先生：

郱，即 "滕"，國名。《繫年》23 章："王命平夜武君率師侵晉，逾郜，止郱（滕）公涉澗以歸，以復長陵之師。"《左傳》隱公七年："七年春，滕侯卒。" 今山東省滕縣西南十四里有古滕城，即滕國。④

鄭伊凡先生：

此字若果如整理者所隸定和釋讀的結果，可以讀爲 "滕"，或當另尋它處。按今山東滕州之滕，更遠在成武以東的鄒魯附近，與前後文中出現的津、長陵相距過遠，而且不在楚與三晉的交戰範圍之内。此外，若把此處 "滕公" 理解爲滕國國君，則又不合情理。結合《繫年》後三章内容來看，此次楚國與三晉的征戰，齊、宋兩國曾在不同階段與楚國共

---

① 轉引自李松儒：《清華簡〈繫年〉集釋》，上海：中西書局，2015 年，第 330 頁。
② 蘇建洲、吳雯雯、賴怡璇：《清華二〈繫年〉集解》，第 912 頁。
③ 李松儒：《清華簡〈繫年〉集釋》，上海：中西書局，2015 年，第 331 頁。
④ 李煜：《清華簡所見國族名與〈左傳〉合證》，《中山大學學報（社會科學版）》2016 年第 2 期，第 69 頁。

同對抗三晉，屬於同一陣營，而滕國在春秋戰國之際，多服屬於宋國或齊魯，并沒有理由背棄近鄰宋、齊而與楚對抗。

據《左傳》記載，先秦尚有其他名"滕"之地。《左傳》閔公二年記宋桓公幫助衛國復國之事："宋桓公逆諸河，宵濟。衛之遺民男女七百有三十人，益之以共、滕之民爲五千人，立戴公以廬于曹。"杜預注："共及滕，衛別邑。"楊伯峻先生進一步指出共在今河南省輝縣，滕則無考。此後上博簡《容成氏》一篇再次出現"共滕"二地，且相連屬，陳偉先生曾考定共在今河南輝縣市區，滕則在今輝縣市北 2.5 公里的共山以北附近。河南輝縣一帶，地近魏、趙，與前文中提到的交戰地點桂陵、黃池、津等地緯度大致相近而偏西北，《繫年》中的"滕"或許指涉此地。"滕公"可能指滕地的領主或長官，此時可能已入魏境，或許參與了與楚的交戰。[1]

張馳、鄭伊凡先生：

據《繫年》簡文，《繫年》與《左傳》《國語》等文獻相似，諸侯生稱往往是以"國+爵+名"的方式，如魯侯偘、宋公田、鄭伯駘等，僅越王（《繫年》稱"越公"）、許男（《繫年》稱"許公"）兩例與此例不合。越王稱"越公"大概出自楚、越當時的特殊關係，許男稱"許公"則和許國部分青銅器的銘文相合。我們認爲滕國君主應該循例稱"滕侯"，這與滕國青銅器銘文是一致的。如此，簡文中的滕公則不應是滕國君主。（我們認爲滕公應當與包山簡、滕公量之"滕公"相同，都是指楚國縣公的"滕公"，《繫年》中的滕公或是隨王子定出奔的楚國縣公。）

至於"涉潤"，整理者認爲是滕公的名字。黃傑先生以爲此句可斷讀爲"止滕公，涉潤以歸"，"潤"是水名。我們認同黃傑先生的斷讀。"潤"當是潤水，在今河南洛陽西，在高都西北。[2]

【筆者按】簡文"邾（滕）"地與"郚（郜）"地没有必然的鄰近關係。《左傳》閔公二年云："衛之遺民男女七百有三十人，益之以共、滕之民爲五千人，立戴公以廬于曹。"上博簡《容成氏》簡 50—51 云："武王於是乎作爲兵車千乘，帶甲萬人，戊午之日，涉于孟津，至於共、滕之間。"共地在今豫北輝縣市境内，滕地地

① 鄭伊凡：《清華簡〈繫年〉地理辨證三則》，劉玉堂主編：《楚學論叢》（第 5 輯），武漢：湖北人民出版社，2016 年，第 102、103 頁。

② 張馳、鄭伊凡：《清華簡〈繫年〉第二十三章與〈史記·六國年表〉對讀——戰國早中期相關史事、年代與地理問題芻議》，《出土文獻》2021 年第 1 期，第 50、51 頁。

望雖不可確考，但當位於共地鄰近地區。《繫年》"郱（滕）公涉繼以"之"滕"
或即豫北滕地。

（一四）"遮（魯）昜公衒（率）𣄼（師）救（救）武昜（陽），與晉𣄼（師）戝（戰）於武昜（陽）之城【一三四】下，楚𣄼（師）大敗"

整理報告：

> 魯陽公率師救武陽，與晉師戰於武陽之城下，楚師大敗，包山簡之
> "魯陽公後城鄭之歲"當與此有關。前一次城鄭在簡文中悼王即位第二年，
> 此次城鄭是悼王五年之後。若此，武陽當距鄭地不遠。但悼王初年下距包
> 山簡的下葬年代有八十多年，楚國公文是否能保存這麼長時間尚待證明。

蘇建洲先生：

> 所謂第一次"城鄭"當指"勿（悼）折（哲）王即位。……昷（明）
> 【一二八】戝（歲），……昷（明）戝（歲），【一二九】郎戝（莊）坪（平）
> 君衒（率）𣄼（師）戝（侵）鄭。"可見此事當在悼王三年，而非二年。
> 至於第二次"城鄭"應是楚悼王七年，前三九四年……"魯陽公率師救
> 武陽"與"魯陽公後城鄭之歲"顯爲一事，魯陽公并於此年（前394年）
> 戰死。[1]

（一五）"陳人女（焉）反而内（入）王子定於陳"

整理報告：

> 陳人，齊人田氏。反而入，反方向使其進入，王子定入周與入齊是
> 反方向。陳，田氏領地。

劉全志先生：

> 單單依據《史記·六國年表》來判斷"王子定"爲周室王子，顯然
> 是值得商榷的。筆者認爲"王子定"并非周室王子，而是楚國王子，這
> 從《繫年》及楚史的内在綫索可以得到證明。……"陳人焉反而入王子
> 定于陳"中的"陳人"是指陳國人或陳地人，而非齊國田氏……

> 從整章簡文來看，"入王子定"一事看似輕描淡寫，實則貫穿於《繫
> 年》二十三章的始終：楚聲王四年，楚人國強勢壯，鄭宋兩國來朝，秦
> 國爲之聲援，築關置城以定邊塞，這些都昭示着國力的强盛；然而聲王

---

① 蘇建洲、吳雯雯、賴怡璇：《清華二〈繫年〉集解》，第919、920頁。

去世，却引來兩位王子爭奪王位，王子定失敗後，逃亡鄭國，一心想借助鄭人和晉人力量重返楚國，但是兩次戰爭都未能如願；王子定的存在必然是楚悼王的威脅，所以他派軍攻打鄭國進行反擊，鄭人無心作戰，盡降楚國；面對內外壓力，鄭國內亂，驅逐了王子定，隨後楚國即向鄭國示好，遣送了俘虜的將軍和士兵；王子定奔晉後，鼓動三晉發動對楚戰爭，一來一回之後，楚晉又進行了異常慘烈的武陽之戰，此次之戰楚人大敗；然而由於方城的堅固、齊國田氏的援軍加上晉國內部的紛爭，王子定并未能如願以償地進入楚國當上國君，他只能暫時棲身于反叛楚國的陳地。由此可見，鄭人前後態度的轉變、晉楚之間的交戰、楚人向齊國的求救、陳人的反叛都暗含着王子定與楚悼王爭奪楚國王位的激烈鬥爭，所以"入王子定"一事是整章內容無可抹殺的內在綫索，它使簡文內容前後勾連、似斷實續，盤龍錯節而又渾然一體。[①]

（一六）"齊𠂤（師）至嚚"

整理報告：

嚚，包山楚簡有"嚚氏"，一六六號、一八五號簡有"嚚甬"。"嚚"應當是楚邑。《説文》："嚚，多言也，从品相連。《春秋傳》曰'次於嚚北'，讀與'囂'同。"《春秋》僖公元年："齊師、宋師、曹師次於囂北，救邢。"朱駿聲《説文通訓定聲》以爲"嚚"即《左傳》昭公二十年"聊、攝以東"之"攝"，在今山東聊城囂城，參看楊伯峻《春秋左傳注》。嚚距離武陽不遠，甲戌晉、楚在武陽開戰，丙子齊師至嚚，知楚兵敗，中間相隔僅一日，齊師遂還。如嚚地考釋不誤，則武陽在山東境內更有可能。

與整理者釋"嚚"爲"囂"，定此地在今山東聊城囂城不同，吳良寶先生認爲"嚚"地在今河南杞縣、通許一帶：

簡文"武陽"如果確在河南許昌一帶，那麼整理者所推測的"嚚"是楚邑、齊師所至的"嚚"是今山東聊城北的囂地也就不可信了。《左傳》哀公十二年載"宋、鄭之間有隙地"，"及宋平、元之族自蕭奔鄭，鄭人爲之城嚚、戈、錫"，"十二月，鄭罕達救嚚"，其地在今河南杞縣、通許一帶。韓、魏與楚在許昌一帶作戰，援楚的齊軍走到今杞縣的嚚地，聽到楚人戰敗就回撤了。據《史記·田敬仲完世家》，戰國早期齊國的西境一度延伸至今山東曹縣西南的貫丘，且長期穩定在今山東菏澤市一帶。將

---

① 劉全志：《清華簡〈繫年〉"王子定"及相關史事》，《文史知識》2013 年第 6 期，第 24、29、30 頁。

喦改定在河南杞縣、通許一帶，齊人救楚抵達宋國境内的喦地，這也與當時齊、宋兩國的疆界形勢相符合。[①]

張馳、鄭伊凡先生認爲此喦在宋、鄭間隙地，在今河南杞縣、通許縣、陳留鎮的三角地區：

> 武陽之役，齊師救楚，至於喦而還。整理者以爲此喦在今山東聊城聶城。今按，鄭、宋之間也有喦。《左傳》哀公十二年：
>
> 宋、鄭之間有隙地焉，曰彌作、頃丘、玉暢、喦、戈、錫。子産與宋人爲成，曰："勿有是。"及宋平、元之族自蕭奔鄭，鄭人爲之城喦、戈、錫。
>
> 喦地舊注無考，楊伯峻先生以爲約當今河南杞縣、通許縣與陳留鎮三角地區。齊師救武陽。本應從大野澤西緣沿濮水，經"陽晉之道"而來。但《繫年》第二十一章所示，這條綫路上的廩丘爲三晉所控制，這一路被三晉鎖死。故齊師行軍路綫當是沿大野澤東緣經艱險的"亢父之險"，沿濟水經陶、平丘而來。而喦當在此路西段。[②]

---

① 吳良寶：《清華簡〈繫年〉"武陽"考》，吉林大學古籍研究所編：《吉林大學古籍研究所建所三十周年紀念論文集》，上海：上海古籍出版社，2014年，第71、72頁。

② 張馳、鄭伊凡：《清華簡〈繫年〉第二十三章與〈史記·六國年表〉對讀——戰國早中期相關史事、年代與地理問題芻議》，《出土文獻》2021年第1期，第53頁。

魏棟◎著

清華簡地理文獻匯證

（上册）《楚居》

清華大學出版社
北京

内 容 簡 介

本書輯録清華簡地理文獻，對之進行了較爲全面的匯釋，并對部分内容做了新研。該書是清華簡專題整理研究的代表性成果之一，對清華簡所涉地理問題研究乃至上古史地研究都會起到較大推動作用。

圖書在版編目（CIP）數據

清華簡地理文獻匯證 / 魏棟著. -- 北京 ：清華大學出版社，2025. 6.
（出土簡帛文獻與古代文史研究叢書）. -- ISBN 978-7-302-68200-4

Ⅰ. K877.54

中國國家版本館 CIP 數據核字第 20256SY134 號

責任編輯：張維嘉
封面設計：潘　峰
責任校對：王淑雲
責任印製：劉　菲

出版發行：清華大學出版社
　　　　　　網　　址：https://www.tup.com.cn, https://www.wqxuetang.com
　　　　　　地　　址：北京清華大學學研大厦 A 座　　　　**郵　編**：100084
　　　　　　社 總 機：010-83470000　　　　　　　　　　**郵　購**：010-62786544
　　　　　　投稿與讀者服務：010-62776969, c-service@tup.tsinghua.edu.cn
　　　　　　質量反饋：010-62772015, zhiliang@tup.tsinghua.edu.cn
印 裝 者：三河市少明印務有限公司
经　　銷：全國新華書店
開　　本：170mm×240mm　　　**印　張**：51　　　**字　數**：894 千字
版　　次：2025 年 6 月第 1 版　　　**印　次**：2025 年 6 月第 1 次印刷
定　　價：298.00 元（全三册）

产品编號：097975-01

第7章 《尹至》《湯處於湯丘》等篇夏商西周地理史料匯證

第1節 《厚父》(第5册) 地理史料匯證

《厚父》簡 1—4:

王若曰:"厚父! 戚(遹)甂(聞)禹□□□□□□□□□【一】川^(一),乃降之民,建顕(夏)邦。啓佳(惟)后,帝亦弗斁(鞏)啓之經惠(德),少命咎(皋)絲(縣)下爲之卿事……【二】……"

【注　釋】

(一)"戚(遹)甂(聞)禹□□□□□□□□□□川"

整理報告:

戚,從虫、戉聲,通"遹"。《詩·文王有聲》:"遹求厥寧,遹觀其成。"楊樹達《詞詮》:"遹,語首助詞。""禹""川"之間殘缺十字左右,内容應爲禹之事迹。"川"應即遂公盨(《新收殷周青銅器銘文暨器影彙編》一六〇七)"天命禹敷土,墮山,濬川"的"濬川"之類。

張利軍先生:

整理者認爲"禹""川"之間殘缺 10 字左右,内容應爲禹治水之事迹。……《厚父》記載禹受天命治水,成功後,天降禹民,建立夏邦。天降民以建邦的説法與《逸周書·度邑》所載周武王"維天建殷,厥征名民三百六十夫",即天建殷邦登進賢民三百六十族,是相近的。如前文所論,這個建國理論可能與厚父所言"古天降下民,埶(設)萬邦,作之君,作之帀(師),惟曰其助上帝亂下民"這一古老的國家起源理論有關,可視爲天降民建立夏商國家的史源。^①

---

① 張利軍:《歷史書寫與史學功能——以清華簡〈厚父〉所述夏史爲例》,《史學理論研究》2021 年第 3 期,第 54、55 頁。

馬文增先生：

　　厚父，伊尹，"厚父"爲太甲對伊尹之尊稱；至，太甲自稱，太甲名
"至"。簡文隸定爲"戚"，整理者注曰："從蠱，戍聲，通'逷'。"筆者
認爲應讀作"至"，"至"爲章母質部字，"戍"爲心母物部字，章、心鄰
紐，質、物旁轉，"至""戚"音近可通；降，賜予，托付，"乃降之民"
前省主語"帝"；川，江河；夏邦，夏朝。

　　"逷（至）聞禹"與"川"字中間缺字……所缺的内容應含禹德與禹
功兩部分，故參照《尚書·大禹謨》中帝舜對禹的評價及《尚書·益稷》
中禹的自述，認爲可補爲"恭、儉、不滿假、不矜、不伐、莫山"十一字。

　　以《尚書》之《伊訓》《太甲》《咸有一德》，以及清華簡《湯處於湯
丘》《湯在帝門》爲對照，結合上下文，筆者認爲，《厚父》中的"王"和
"厚父"分別爲太甲與伊尹，非整理者所認爲的"周武王"和"夏人後裔"。
"厚"爲"厚德"之意，"父"爲對老者之美稱，太甲之尊稱伊尹爲"厚父"，
實若周武王之尊稱吕望爲"尚父"、項羽之尊稱范增爲"亞父"一樣。[①]

【筆者按】《尚書·禹貢》開篇云："禹敷土，隨山刊木，奠高山大川。"另外，
清華簡《四告》簡40："曰古禹降，塼（敷）土阤（墮）山，雩（劃）川畯（濬）泉。"

第2節　《湯處於湯丘》（第5册）地理史料匯證

《湯處於湯丘》簡1、3：

　　湯屋（處）於湯臸（丘）^{（一）}，取妻於又₌鄣₌（有莘^{（二）}，有莘）嬙（媵）
以小臣……【一】……（湯）乃與少（小）臣恭愳（謀）鄋（夏）邦……
【三】……

【注　釋】

（一）"湯屋（處）於湯臸（丘）"

整理報告：

　　"屋"即"尻"，係"處"字，但上博簡《周易》常用以代"居"字。
湯丘，讀爲"唐丘"，地名，疑即殷墟卜辭的"唐土"。《英藏》一一〇五：
"作大邑于唐土。"鄭玄《詩譜》："唐者，帝堯舊都。"在山西翼城西。

---

① 馬文增：《清華簡〈厚父〉六題》，《衡水學院學報》2023年第5期，第85頁。

沈建華先生：

晉南爲古國唐地，陶寺的遺址，正好印證了文獻《詩譜·唐譜》鄭玄所謂"唐者，帝堯舊都"和《史記·正義》引《括地志》"夏后封劉累之孫于唐"，這說明古國唐地與文獻記載是完全相符的。從夏代一直沿革到西周，直至爲周成王所滅，唐改晉，歷時久遠的晉南唐國，至此告終。……楚簡言"湯處於唐丘"，這也說明湯"從先王居"來自其部族唐地。唐在卜辭中除了讀作湯（大乙）之外，又作地名、邑名……楚簡言"湯居於唐丘"，正說明湯"從先王居"始源於唐丘封地，顯示了這一原始資料的來源并不出於偶然，它爲"湯始居唐丘"的真實性再次提供了新的有力證據。①

王寧先生：

"湯丘"不應該讀爲"唐丘"，而應該是"商丘"，因爲"湯"古音亦讀如"商"，如《書·堯典》："湯湯洪水方割"，《釋文》："湯音傷"；在出土文獻中，也有"湯"被用爲"傷"的例子，而"傷""商"古音同；《詩·大雅·江漢》："江漢湯湯"，《釋文》："湯，書羊反"，書羊反亦讀若商；《廣韻·下平聲·十陽》《集韻·平聲三·十陽》下"湯"與"商"同讀尸羊切；在傳世典籍中，《逸周書·史記解》云："昔者有洛氏宮室無常，……成商伐之，有洛以亡。"孔晁注："湯號曰成，故曰成湯"，盧文弨將孔注的"成湯"校改爲"成商"，孔晁以"成商"爲"成湯"，故徑以成湯作解，應當是對的，因爲古或讀"湯"爲"商"，故或寫作"成商"。由此看來，"湯"讀爲"商"是完全可能的。那麼《湯》篇的"湯丘"很大的可能就是"商丘"，也就是今天河南省的商丘，即周代宋國的地方。②

王恩田先生：

《清華大學藏戰國竹簡（伍）》："湯屋（居）于湯丘"中的"屋"是"居"字，非"處"。"處"字晚出。沈建華先生認爲"湯丘"即周初唐叔虞的始封地"唐"。可信。……"湯丘"即唐叔虞始封地的"唐"。但"唐"究竟在何處，則需要研究。

……

---

① 沈建華：《楚簡"唐丘"與晉南夏商遺迹考》，李學勤主編：《出土文獻》（第 6 輯），上海：中西書局，2015 年，第 208、209 頁。

② 王寧：《清華簡"湯丘"爲"商丘"說》，復旦大學出土文獻與古文字研究中心網，2015 年 2 月 22 日。

　　"湯丘"即"湯社","湯社"即晉國始祖唐叔虞所分封的"唐",位於今陝西涇水以東的始平、三原一帶。①

華東師範大學中文系出土文獻研究工作室:

　　豫東商丘一帶除史籍記載外,尚無考古證據證明湯都於此。河南鹿邑太清宮的考古發掘,亦只是商末周初的商貴族墓葬。即便如此,"山西翼城西"之說,既於古代史籍中聞所未聞,亦缺乏考古學文化方面的證據支持。是故,讀爲"唐"不若暫依文獻記載將"湯",通假爲"商"。"湯"於古爲透母、陽部,"商"爲書母、陽部,兩字韻部相同,聲母端系、照三相通,古音很近。這個説法,檢之網上文章,已有學者主張。不過,傳統文獻上的"偃師湯都"的説法,似不能廢,尚有待於考古發掘的證明。

　　至於"丘",原意指四面高障而中央低陷的地形,《説文》:"丘,土之高也,非人所爲也。(中略)一曰:四方高中央下爲丘。"這種場所,通常是古代進行高禖祭祀的地方。②

劉成群先生:

　　"湯"和"唐"在上古音韻系統裏屬於端母陽部,故可通用。在殷墟甲骨文中"湯"往往作"唐",如"□□卜,□□上甲,唐,□□大,□□大甲"(《通纂》253),如"貞,勿□大,貞于唐,……"(《通纂》254),如"甲寅卜,□貞,于唐,牛"(《通纂》256),如"辛亥卜,出貞,其鼓酉彡告于唐,牛。"(《通纂》257),又如"丁酉卜,大貞,告其鼓于唐衣,亡□,九月"(《通纂》258)。上述"唐"即"湯"也……

　　既然商湯的始居之地爲"湯丘",那麼這個"湯丘"在何方位呢?……清華簡《湯處於湯丘》整理者從"翼城西"這一説法。

　　如果説周初叔虞所封之唐在"翼城西",那麼商代的唐又是在哪裏呢?這一問題恐怕還得到甲骨文卜辭中去尋找答案。……"陶""唐""堯"關係緊密……商代後期的"唐"或許已經不是陶唐氏,而是殷人的同族邦國,正如西周初期叔虞所封之唐乃姬姓國一樣。……陶唐氏衰落後,遷出了晉南地區。唐地遂有新的諸侯入駐。西周如此,商代可能也是如此。

---

　　① 王恩田:《清華簡"湯丘"與"湯社"》,復旦大學出土文獻與古文字研究中心網,2015年3月5日。
　　② 華東師範大學中文系出土文獻研究工作室:《讀〈清華大學藏戰國竹簡(伍)〉書後(三)》,簡帛網,2015年4月17日。

鍾柏生就曾指出甲骨文中的"唐","不論是在翼城或夏縣,兩地相距甚近,殷之唐地則定於翼城、夏縣附近。"若武丁時代的"唐"在翼城、夏縣附近,那麼商湯所居住之"湯丘"也當距離這一地域不遠。

……

"湯丘"即使不是丘陵,也一定是相對四周較高的臺地。……垣曲商城非常有可能就是商湯所居住的"湯丘"。①

魏棟在學界已有研究的基礎上,探討了清華簡所記商湯所居湯丘的地望及其與伐葛前之亳的關係,提出了如下新見解:

一、關於湯丘地望。湯丘位於考古學上漳河型下七垣文化分布的中心地帶,且地處有莘氏居地以西的今豫北地區。湯丘即清華簡《繫年》所記西周初年衛國始封地庚(康)丘,位於河、淇之間殷商故地的衛國境內。以今天的行政區劃眼光來看,湯(庚)丘應不出鶴壁市以及與其接壤的湯陰縣、內黃縣(屬安陽市)一帶。

二、關於湯丘與伐葛前之亳的關係。就時間來看,滅夏以前,湯居於湯丘在先,後來纔遷居亳地。就空間來看,亳可稱"亳中",既可指城邑(伐葛前之亳在豫北安陽、鶴壁、濮陽三市境內),也可指以亳這座城邑為依托的空間區域。"亳中邑"即"亳中之邑",指以亳為中心的商族核心統治區域之內的城邑。湯丘與伐葛前之亳作為兩座不同的城邑,皆在今豫北較靠北地區,二者同屬"亳中邑"。②

熊賢品先生:

從文字音韻的角度來看,結合楚文字的用字習慣,"湯丘"除讀為前述的"唐丘""商丘""陽丘"之外,還有讀為"康丘"的可能性。(1)楚文字中"湯""康"有通假的用例……(2)有學者指出出土文獻中"湯""唐"通假的例證較多……依此,《清華簡(伍)》此處中的"湯丘",也可以讀為"康丘"。……"康丘",也見於清華簡《繫年》的記載,是衛國的封地所在。……由《繫年》來看,"康丘"的範圍也就是在此"河淇間故商墟",也就是說在豫北一帶。……清華簡《繫年》"庚(康)丘"、《清華簡(伍)》"湯丘",實際上與衛國封地"康"是有聯繫的,也就是說"衛康叔"名稱中的"康"有可能是"康丘"的省稱。……總之,《清華簡(伍)》

---

① 劉成群:《清華簡〈湯處於湯丘〉與商湯始居地考辨》,《人文雜志》2015 年第 9 期,第 102、103 頁。

② 魏棟:《論清華簡"湯丘"及其與商湯伐葛前之亳的關係》,《中華文史論叢》2017 年第 1 期,第 353、354 頁。

記載的湯處於"湯丘"，應當讀爲"康丘"，也就是清華簡《繫年》中的"庚（康）丘"，其地位於豫北的新鄉到濮陽間的這一片原衛國區域內。[①]

陳民鎮先生指出"湯丘"即殷墟"康丘"：

> 《繫年》稱衛叔封（康叔）先被封於康丘，後遷於淇衛。淇衛在淇水流域的朝歌，今河南淇縣一帶，即《史記》所謂"河、淇間故商墟"。衛叔封受封時命以《康誥》，似乎說明其最初被封於"康"，但在過去并無確據。衛叔封之所以稱"康叔"，過去或以爲是諡號，或以爲是邑名或國名，或以爲"美之名也"。隨着《繫年》的刊布，可知衛叔封先封于康丘，故得名"康叔"。

> "康丘"亦可寫作"湯丘"。"康"與"唐"均從"庚"得聲，從"庚"聲的字與從"昜"聲的字每相通借。……"湯丘"讀作"康丘"并無問題。而且，"湯丘"很可能因商湯所居而得名，"康丘"則是音近的寫法。

> 那麼康丘位於何處呢？目前圍繞《繫年》"康丘"所展開的討論，主要有兩種看法：一是康丘在衛地。……二是康丘不在衛地範圍內……

> 康丘的地望問題需要結合其與淇衛的關係加以理解。……"康侯""康伯"之類的稱名在早期衛君中有沿用，正如早期晉君以"唐侯"或"唐伯"爲稱號。衛君因爲最初封於康丘，故稱號冠以"康"。此後向南徙至淇衛，以"衛"爲國號，"夷王命衛爲侯"可能反映了周天子對"衛"這一國號的正式認可。

> 《左傳》稱"命以《康誥》而封於殷虛"，這裏的"殷虛"當是康叔始封之地，與《繫年》所見"康丘"相當。……如果《左傳》所見"殷虛"與《繫年》所見"康丘"相當，那麼康丘也自然應在安陽殷都。……冀南豫北是先商文化的核心區，商湯伐桀之前商湯所居湯丘（康丘）在這一範圍內也是合理的。[②]

羅琨先生：

> 《清華大學藏戰國竹簡（伍）》收錄一篇伊尹相湯的故事，開篇做（引按，當作"作"）"湯處於湯丘，取妻于有莘。有莘媵小臣，小臣善爲食，烹之和……"則"湯丘"必爲湯伐桀以前曾經的處所。由於文獻記載多見伐桀前始居"亳"，清華簡出現這一新提法不能不引起研究者的關注，

---

① 熊賢品：《〈清華簡（伍）〉"湯丘"即〈繫年〉"康丘"說》，中國地理學會歷史地理專業委員會《歷史地理》編輯委員會編：《歷史地理》（第34輯），上海：上海人民出版社，2017年，第57頁。

② 陳民鎮：《清華簡伊尹諸篇與商湯居地及伐桀路綫考》，《廣西師範大學學報（哲學社會科學版）》2018年第2期，第3、4頁。

從而對湯伐桀前所居之"湯丘"的地望，提出種種推斷。一些説法雖然有各自的道理，但是聯繫夏商兩族的源流及"湯革夏命"的大勢，總有一些滯礙難通之處。

......

就目前史料看，清華簡"湯丘"商丘説、關中説、晉南説均難以成立，而"湯始居亳"多見史書記載，似不宜簡單地以清華簡"湯丘"取代。且簡文作"湯處於湯丘"，"處"《説文解字繫傳》引《詩》"爰居爰處"釋爲"暫止"，因此還可以考慮將"湯丘"理解爲亳地或其附近的一個小地名，或許可以解決閲讀的難點。[①]

子居：

關於這個"湯丘"，包括整理者之説在内，網絡上各種説法不下五六種......唯一值得提及的，就只有魏棟先生《論清華簡"湯丘"及其與商湯伐葛前之亳的關係》文中引《楚辭·天問》"成湯東巡，有莘爰極"并據此提出的"爲娶有莘氏之女，商湯是自湯丘向東方前進才到達有莘氏居地的。顯然，商湯所居的湯丘應當在有莘氏居地的西方，且與有莘氏居地相距不遠。"一句話是確實有歷史地理學意義的。"湯丘"一地，先秦傳世文獻實有記載，《太平御覽》卷四八六引《尸子》："湯復於湯丘，文王幽於羑里，武王羈於玉門，越王役於會稽，秦穆公敗於肴塞，齊桓公遇賊，晉文公出走，故三王資於辱而五伯得於困也。"可知湯丘曾是商湯境遇窘迫之地，而且這個地點當在有莘氏之西不遠處。《湯處於湯丘》篇中方惟所説"今君往不以時，歸必夜，適逢道路之祟，民人聞之，其謂吾君何？"......可以推知"湯丘"當在有莘氏之西、伊地周邊百里之内，折合今距約 40 公里之内的範圍......

先秦時期，山、丘往往會互稱......"湯丘"也可稱"湯山"。先秦文獻中唯一提到"湯山"之處即《山海經·海外南經》："狄山，帝堯葬於陽，帝嚳葬於陰。爰有熊、羆、文虎、蜼、豹、離朱、視肉；吁咽、文王皆葬其所。一曰湯山。"而這個又名"湯山"的"狄山"，更有"崇山""嶽山"等名......嚴格以先秦文獻爲據的話，先秦時期可考的"崇山"僅崇吾之山一山......崇吾之山"在河之南"，因此可知當即秦嶺山脉的東端，《西次三經》下文又稱"臨彼嶽崇之山"，可見崇吾之山又稱崇丘、嶽崇

---

① 羅琨：《清華簡"湯處於湯丘"諸説獻疑（提要）》，清華大學出土文獻研究與保護中心編：《紀念清華簡入藏暨清華大學出土文獻研究與保護中心成立十周年國際學術研討會論文集》，2018 年 11 月，第 261、264 頁。

之山、參嵎山……三嵞山約當在今河南嵩縣城關鎮與大章鎮之間，上、下蠻峪一帶……《湯處於湯丘》的"湯丘"也就是三嵞山。①

（二）"（湯）取妻於有莘"

整理報告：

《史記·殷本紀》："伊尹名阿衡。阿衡欲奸湯而無由，乃爲有莘氏媵臣，負鼎俎，以滋味説湯，至于王道。"正義引《括地志》："古莘國在汴州陳留縣東五里，故莘城是也。"在今山東曹縣北。有莘氏或作有侁氏，《吕氏春秋·本味》："湯聞伊尹，使人請之有侁氏，有侁氏不可。伊尹亦欲歸湯，湯于是請取婦爲婚，有侁氏喜，以伊尹爲媵送女。"亦爲同類傳説。《吕氏春秋·尊師》"湯師小臣"，高注曰："小臣謂伊尹。"因此伊尹在卜辭中稱"伊小臣"（《合集》二七〇五七、《屯南》二三四二）。

沈建華先生：

伊尹"乃爲有莘氏媵臣"故事，見於《吕氏春秋·本味》和《史記·殷本紀》。《世本》云："莘國，姒姓，夏禹之後。"《孟子·萬章》曰："伊尹耕於有莘之野，而樂堯、舜之道焉。……湯三使往聘之。"《史記·夏本紀》"夏禹名曰文命"，《索隱》引《世本》"'鯀取有辛氏女，謂之女志，是生高密。'宋衷云：'高密，禹所封國。'"

關於莘國的地理位置，文獻中各有不同的記載：一種説法是在陝西合陽或大荔縣，靠近晉西南。《史記·周本紀》："閎夭之徒患之，乃求有莘氏美女。"《正義》：引《括地志》云：古莘國城在同州河西縣南二十里；《世本》云：莘國，姒姓，夏禹之後，即散宜生等求有莘美女獻紂者。第二種説法在今開封市舊陳留縣東，《史記·殷本紀》正義引《括地志》："古莘國在汴州陳留縣東五里，故莘城是也。"第三種説法在今山東省曹縣北，《左傳·僖公二十八年》："晉侯登有莘之虛以觀師。"楊伯峻注："莘，舊國名……據《春秋輿圖》，有莘氏之虛在今山東省曹縣西北。"古代先民素有遷徙的傳統，《尚書序》曰："殷人屢遷。""不常厥邑，於今五邦。"（《書·盤庚》）進入商周以後，姒姓出現分支遷徙，仍繼承保留其先祖"有莘"族名，類似這類例子在文獻中大量存在，因此才會出現多處"有莘氏"夏遺民的痕迹。正如陳槃指出："然古代國家遷徙無常，如蔡、樊、向、亳之等，不可悉數。故謂莘地之多、由於其遷國頻數，亦未嘗不可。"

① 子居：《説〈湯處於湯丘〉的"湯丘"與"自契至湯八遷"》，中國先秦史網，2019 年 9 月 18 日。

如果我們從歷史地理沿革，結合當時所發生的歷史事件的角度來分析，我們認爲"莘國"在陝西合陽同州一帶的説法，最符合實際。夏啟時代支子被封的莘，是古莘國姒姓部族的始源地，故址在今陝西渭南合陽縣東南 20 公里，隔著黃河對面便是晉南運城。值得注意的是《太平寰宇記》卷一引《國語》佚文："湯伐桀，桀與章顧之君，拒湯於莘之墟，遂戰於鳴條之野。"佚文所言的"莘之墟"即指夏代"有莘"國，由於與鳴條相距不遠，故曰"遂戰於鳴條之野"。《左傳·桓公二年》云："初，晉穆侯之夫人姜氏以條之役生大子，命之仇。"楊伯峻注："山西省廢安邑縣治，今安邑鎮三十里有鳴條崗，當即古條戎之地。"顧棟高亦云："今山西解州安邑縣有中條山，縣北三十里有鳴條崗。《孟子》曰：'舜卒於鳴條'，《尚書大傳》'湯伐桀戰於鳴條'。此爲晉之條，當近是。"種種文獻説明鳴條大戰是在"有莘之虛"打的，也是商滅夏的最後戰場，從地域上顯然順理成章，符合歷史依據，這使我們更確定"有莘之虛"的位置應該在晉南安邑一帶。[①]

劉成群先生：

古莘國最早的封地當在陝西合陽一帶，但在後來，有一部分莘族人東遷，形成東莘國，莘人東遷時間待考。陝西合陽一帶的古莘國一直延續至周文王時代。

《楚辭·天問》當中説："成湯東巡，有莘爰極"，當是被東莘國所誤導。商湯應該沒有深入東方到陳留縣一帶娶妻，而是娶妻於陝西合陽一帶的古莘國。如果垣曲商城爲"湯丘"的話，那麼商湯娶親於陝西合陽一帶的古莘國就十分合理了。今之垣曲與合陽只相隔夏縣、臨猗兩縣，就兩部族的姻親關係來言，起碼地理位置是十分合適的。[②]

【筆者按】魏棟：

根據清華簡《湯處於湯丘》記載，商湯居於湯丘時，娶妻于有莘氏，并得到小臣伊尹。傳世文獻多有相似記載，如《墨子·尚賢下》："昔伊尹爲莘氏女師僕，使爲庖人。湯得而舉之，立爲三公。"《楚辭·天問》："成湯東巡，有莘爰極（引按，極訓至）。何乞彼小臣，而吉妃是得。"《呂氏春秋·本味》："湯聞伊尹，使人請之有侁氏（引按，有莘氏或作有侁氏）……有侁氏喜，以伊尹爲媵送女。"這些文獻對商湯娶有莘氏之女、

---

① 沈建華：《楚簡"唐丘"與晉南夏商遺迹考》，李學勤主編：《出土文獻》（第 6 輯），上海：中西書局，2015 年，第 210、211 頁。

② 劉成群：《清華簡〈湯處於湯丘〉與商湯始居地考辨》，《人文雜志》2015 年第 9 期，第 105 頁。

得伊尹故事的記載，詳略、角度、側重都有所不同。但綜合這些傳世文獻與清華簡《湯處於湯丘》的記載，故事發生的基本空間關係是非常明確的：爲娶有莘氏之女，商湯是自湯丘向東方前進才到達有莘氏居地的。顯然，商湯所居的湯丘應當在有莘氏居地的西方，且與有莘氏居地相距不遠。有莘氏居地是推測湯丘地望的參照，要確定湯丘的地望，須先明確有莘氏的居地在何處。關於有莘地望，《殷本紀》正義引《括地志》云："古莘國在汴州陳留縣東五里，故莘城是也。《陳留風俗傳》云陳留外黃有莘昌亭，本宋地，莘氏邑也。"《元和郡縣圖志》卷七河南道三·汴州"陳留"縣條云："故莘城，在縣東北三十五里，古莘國地也。《國語》：'湯伐桀，桀與韋、顧之君拒湯於莘之墟，遂戰於鳴條之野。'"《天問》蔣驥注："有莘，國名，今開封府陳留縣。"《左傳》僖公二十八年記載城濮之戰時，"晉侯登有莘之虛以觀師"。楊伯峻注："據《春秋輿圖》，有莘氏之虛在今山東省曹縣西北。"以上注疏認爲有莘氏居地在今曹縣西北，或在開封東境。其實兩地緊鄰，當今的行政區劃雖分屬魯豫兩省，但二者上古實爲一體，同爲有莘氏所居。[①]

熊賢品先生：

文獻所見莘（侁）的分布有三種：（1）故址在今陝西省合陽縣東南，姒姓，夏禹之後，周文王妃太姒爲有莘氏之女；持"湯丘"晉南說的學者一般持本說。（2）在河南開封。《史記·夏本紀》"禹之父曰鯀"，司馬貞《索隱》引《世本》"鯀取有莘氏女，謂之女志，是生高密"，《史記·殷本紀》"伊尹名阿衡。阿衡欲奸湯而無由，乃爲有莘氏媵臣"，張守節《正義》引《括地志》"古莘國在汴州陳留縣東五里，故莘城是也"，上述文獻都記載有莘氏分布在今河南開封市附近。持豫東"商丘"說的學者一般贊成此說。（3）在山東曹縣北。《左傳·僖公二十八年》："晉侯登有莘之虛以觀師。"楊伯峻指出："莘，舊國名……據《春秋輿圖》，有莘氏之虛在今山東省曹縣西北。"有莘氏所在與"商丘"所在密切相關，如果認爲古商丘就是今之商丘，則有莘氏應當在今之開封附近；如果認爲古商丘在豫東北，則有莘氏應當在山東曹縣。從上述討論來看，有莘氏可能應當在山東曹縣之地。[②]

---

① 魏棟：《論清華簡"湯丘"及其與商湯伐葛前之亳的關係》，《中華文史論叢》2017年第1期，第336、337頁。

② 熊賢品：《〈清華簡（伍）〉"湯丘"即〈繫年〉"康丘"說》，中國地理學會歷史地理專業委員會《歷史地理》編輯委員會編：《歷史地理》（第34輯），上海：上海人民出版社，2017年，第53頁。

子居：

　　有莘氏之地，并非《括地志》所説“汴州陳留縣東五里”，而是在伊水流域，此點先秦文獻所記甚明。上博簡《子羔》：“觀於伊而得之……是禹也。”《大戴禮記·帝繫》：“鯀娶於有莘氏之子，謂之女志氏，産文命。”可證鯀、禹、有莘氏所居皆近於伊水……有莘氏當即近於涓水與伊水交匯處，約在今伊川縣城關鎮至鳴皋鎮一帶。①

第 3 節　《湯在啻門》（第 5 册）地理史料匯證

《湯在啻門》簡 1、17—19：

　　貞（正）月己客（亥），<u>湯才（在）啻門</u>^(一)，畲（問）於小臣……【一】……

　　湯或（又）【一七】畲（問）於小臣：“<u>九以成陞（地）</u>^(二)，五以墊（將）之，可（何）也？”小臣舍（答）曰：“唯皮（彼）九神，是胃（謂）陞（地）真，五以墊（將）之，【一八】<u>水、火、金、木、土，以成五凸（曲）</u>^(三)，以穗（植）五穀（穀）。”

【注　釋】

（一）“湯才（在）啻門”

整理報告：

　　啻門，門之專名，如春秋時鄭之時門、宋之桐門、陳之粟門等。又疑“啻”即“帝”字，與同簡“亥”字作“客”同類。

（二）“九以成陞（地）”

整理報告：

　　九以成地，先秦有九地之説，《孫子·形》：“善守者藏於九地之下，善攻者動於九天之上。”梅堯臣注：“九地，言深不可知。”又疑九地與九州相關。九州之名，《禹貢》之外，又見于《淮南子·墬形》：“天地之間，九州八極，土有九山，山有九塞，澤有九藪。”

曹峰先生：

---

① 子居：《説〈湯處於湯丘〉的“湯丘”與“自契至湯八遷”》，中國先秦史網，2019 年 9 月 18 日。

　　既然是"九以成地"，我們很容易想到九州，先秦秦漢文獻中，"九州"之説十分多見，如《鶡冠子・泰録》有"天有九鴻、地有九州"，《吕氏春秋・有始》云"天有九野、地有九州"，《淮南子・地形》云"天地之間，九州八極"，《莊子・在宥》也有"出入六合，游乎九州"的説法。對於"九州"，《淮南子・地形》有專門的描述："何謂九州？東南神州曰農土、正南次州曰沃土、西南戎州曰滔土、正西弇州曰并土、正中冀州曰中土、西北台州曰肥土、正北泲州曰成土、東北薄州曰隱土、正東陽州曰申土。""九以成地"的具體意涵未必與《淮南子・地形》一致，但大地由九州構成的觀念應該是相同的，這也和"何以成地？"的發問相吻合。因此，"九神"或許就是"九州之神"，是"九州之神"成就了大地，而其手段或者方式就是"五行"。[1]

連劭名先生：

　　簡文云："九以成地。"又云："夫九以成天。"地有九州，天有九野。《素問・三部九候論》云："天地之至數，始於一而終於九焉。"《説文》云："九，陽之變也，象其屈曲究盡之形。"《鶡冠子・王鈇》云："鶡冠子曰：成鳩之制，與神明體正。神明者，下究而上際，克嗇萬物而不可厭者也。周洀遍照，反爲天地總，故能爲天下計，明於蚤識，逢日不惑，存亡之祥，灾危之稽。"《漢書・律曆志上》云："九者所以究極中和，爲萬物元也。"[2]

劉濤先生：

　　整理者認爲"九地"與九州相關。揆諸中國古代傳世文獻，對於九州多有記載，如《淮南子・墜形訓》載曰："天地之間，九州八極。……何謂九州？東南神州曰農土，正南次州曰沃土，西南戎州曰滔土，正西弇州曰并土，正中冀州曰中土，西北台州曰肥土，正北泲州曰成土，東北薄州曰隱土，正東陽州曰申土。"則九州是指神州、次州、戎州、弇州、冀州、台州、泲州、薄州和陽州等。在古人的頭腦中，整個大地是由這九個州所組成的。

　　此外，《史記・孟子荀卿列傳》記載了鄒衍對"九州"的論説：

　　中國名曰赤縣神州。赤縣神州內自有九州，禹之序九州是也，不得

　　① 曹峰：《清華簡〈三壽〉〈湯在啻門〉二文中的鬼神觀》，《四川大學學報（哲學社會科學版）》2016年第5期，第37、38頁。

　　② 連劭名：《楚簡〈湯處於湯丘〉與〈湯在啻門〉考述》，《殷都學刊》2018年第3期，第47頁。

爲州數。中國外如赤縣神州者九，乃所謂九州也。於是有裨海環之，人民禽獸莫能相通者，如一區中者，乃爲一州。如此者九，乃有大瀛海環其外，天地之際焉。

憑此可知，鄒衍認爲當時的中國名叫"赤縣神州"。同時，與天相對應的大地中，如"赤縣神州"者有九個，稱爲"九州"，"赤縣神州"僅爲其中之一。九州之間有裨海環繞，人民禽獸都不能相互聯繫，在這九州之外，還有更大的瀛海環繞。鄒衍所指"九州"爲何，於文獻已無從可考。楊樹達先生認爲《淮南子·墜形訓》中"九州"的稱名就是鄒衍所謂的"九州"。可見，這就是古人對於蒼茫大地的認識。

因此，簡文中"九以成地"也當是指由神州、次州、戎州、弇州、冀州、台州、沛州、薄州和陽州等九州組成人類所生存的大地。[1]

(三)"水、火、金、木、土，以成五凸（曲）"

整理報告：

> 曲，隅。《莊子·天下》："雖然，不該不遍，一曲之士也。"五曲，猶五方。

連劭名先生：

> 簡文云："以成五曲，以植五穀。"《釋名·釋言語》云："曲，局也。"《爾雅·釋言》云："局，分也。"郭璞注："局，分部也。"故"五局"指五方。[2]

劉濤先生：

> 整理者釋"將"爲"扶持，輔助"，"五曲，猶五方"。一方面，中國上古時期將五行與五方相對應，如《淮南子·天文訓》中説："東方，木也，……南方，火也，……中央，土也，……西方，金也，……北方，水也"。可見，古人認爲雖然大地由九州構成，但是還應由五方來輔助標識大地的具體方位，所以上文所引《淮南子·地形訓》中將九州分別與方位相聯繫。另一方面，由於中國古代社會是以農耕文明爲主，所以古人又將同他們日常生活密切相關的五穀等農作物，與五方相配，如《太平

---

① 劉濤：《清華簡〈湯在啻門〉所見人事觀和宇宙觀》，《烟台大學學報（哲學社會科學版）》2021 年第 1 期，第 110 頁。

② 連劭名：《楚簡〈湯處於湯丘〉與〈湯在啻門〉考述》，《殷都學刊》2018 年第 3 期，第 47 頁。

御覽·百穀部》引《周書》云:"凡禾,麥居東方,黍居南方,稻居中央,粟居西方,菽居北方。"

總之,由九州組成蒼茫大地,以五方來標識九州的方位,九州大地上又種植五穀,這就是簡文所謂的"九以成地,五以將之"。[①]

第4節 《尹至》(第1册)地理史料匯證

《尹至》簡1—5:

隹(惟)尹自顕(夏)蕞(徂)白(亳),逯(逯)至才(在)湯[(一)]……尹曰:"句(后)! 我逨(來)越今昀=(旬日)。余旹(閔)亓(其)又(有)顕(夏)衆【一】□吉好……【二】……顕(夏)又(有)恙(祥),才(在)西才(在)東[(二)],見章于天,亓(其)又(有)民……咸曰:'憲(胡)今東恙(祥)不章? 今【三】亓(其)女(如)紿(台)?'"湯曰:"女(汝)告我顕(夏)貍(隱)衛(率)若寺(時)?"……湯逹(往)【四】延(征)弗雟(服)……自西戠(捷)西邑[(三)],夻(戡)亓(其)又(有)顕=(夏,夏)䎽(播)民内(入)于水[(四)],曰:"嘼(戰)。"帝曰:"一勿遺。"【五】

【注 釋】

(一)"尹自顕(夏)蕞(徂)白(亳),逯(逯)至才(在)湯"

整理報告:

尹,伊尹。清梁玉繩《古今人表考》卷二云伊尹"伊氏,尹字,名摯"。"白""亳"均並母鐸部字。"自夏徂亳",與《國語·楚語上》云武丁"自河徂亳"句似。

逯,字從录聲,讀爲"逯",《方言》十二:"行也。"《廣雅·釋詁一》同。才,讀爲"在",《爾雅·釋詁》:"存也。"《左傳》襄公二十六年"吾子独不在寡人",注:"在,存問之。""湯"字下有重文符號。

李學勤先生:

《尹至》開頭説:"惟尹自夏蕞(徂)白(亳)",句例與《國語·楚

① 劉濤:《清華簡〈湯在啻門〉所見人事觀和宇宙觀》,《烟台大學學報(哲學社會科學版)》2021年第1期,第110、111頁。

語上》武丁"自河徂亳"一致。簡文兩見"白"這一地名，都讀爲"亳"，古音均屬並母鐸部。[①]

廖名春先生認同網友 ee、dgcf 將下文的"彔（逯）"連上讀的觀點，認爲：

> "夏"，即下文之"有夏"，其地在晉南、豫西一帶。
>
> "亳麓"，原作"白逯"。李讀"白"爲"亳"，而網上有人進而將"白逯"讀爲"亳麓"，并疑即《甲骨文合集》35501 之牛距骨刻辭中之"白麓"。今人據《孟子·滕文公下》"湯居亳，與葛爲鄰"説，定"亳"在今河南濮陽。[②]

沈建華先生：

> 白，讀作亳，亳爲商朝王都，《史記·殷本紀》曰："伊尹去湯適夏。既醜有夏，復歸於亳。"[③]

黃懷信先生認爲"夏"指夏都安邑，在今山西夏縣北，"亳"在今河南商丘北，均未有詳論。[④]

羅琨先生：

> 長期以來對於湯始居亳地望的紛紜衆説，因文獻記載的不足，難以指實。有明確文獻或考古學支持、爲較多學者認同的主要是北亳曹縣、南亳商丘、西亳偃師、鄭亳鄭州。其中，南亳商丘雖是長久以來的舊説，却難以得到近世考古學的佐證，尤其是在殷墟甲骨文中，商與亳兩個地名并存，所以就目前掌握的資料看，此説可能性不大。西亳偃師不僅有文獻的明確記載，還發現了商代早期城址，是一個值得注意的地點，但它與二里頭遺址相距太近，難以充任商人革夏的核心和基地，因而曹亳和鄭亳説成了論爭的焦點。《尹至》的發現，尤其是用"自夏徂亳"費時一旬的尺度來衡量，不僅有力地否定了偃師説，也提示了鄭亳説的可能性不大。……偃師至鄭州約爲二百餘里的途程，顯然也不需使用一旬的時間。而曹縣遠在鄭州之東，從今天的道路交通看，從河南洛陽偃師市至山東菏澤曹縣直綫距離 250 公里，走鄭開大道 274 公里，正是五六百

---

① 李學勤：《清華簡九篇綜述》，《文物》2010 年第 5 期，第 54 頁。

② 廖名春：《清華簡與〈尚書〉研究》，《文史哲》2010 年第 6 期，第 122 頁。網友 ee、dgcf 説見復旦大學出土文獻與古文字研究中心研究生讀書會《清華九簡研讀札記》（復旦大學出土文獻與古文字研究中心網，2010 年 5 月 30 日）一文下的評論。

③ 沈建華：《清華楚簡〈尹至〉釋文試解》，《中國史研究》2011 年第 1 期，第 68 頁。

④ 黃懷信：《清華簡〈尹至〉補釋》，簡帛網，2011 年 3 月 17 日。

里的距離，最接近去桀都五百里以上、行程一旬的條件。……《尹至》
所載"我來越今旬日"，爲湯始居之亳當即曹亳提供了新的支持。[①]

子居：

尹即伊尹，居於偃師東南部伊洛河南岸的有莘之野，《孟子·萬章上》：
"伊尹耕於有莘之野。"……清華簡《尹至》篇所言之"亳"，自非鄭州商
城莫屬。[②]

趙珊珊先生沿着羅琨先生的論證思路，結合甲骨卜辭對湯之亳都作了進一步
推測：

按羅先生所言湯之亳在距二裏頭（引按，當作"二里頭"，下"裏"
皆當作"里"）五、六百里之處，以上諸亳説符合這一距離的有山東曹縣
説、定陶之東成武縣之北的濟亳説、商丘的蒙澤説、内黄的黄亳説、谷
（引按，當作"穀"）熟的南亳説……在殷墟卜辭中，與亳相近的地方有
商和鳰：

□□王卜：在商，貞：今[日]步於亳，亡灾？
甲寅王卜：在亳，貞：今日[步]於鳰，亡灾？
乙卯王卜：在鳰，貞：今日步於鳰，亡灾。《合集》36567
……在商，貞：今日步於亳亡灾
……在亳，貞：今日步於鳰亡灾。《合集》36555

從兩版卜辭看商距亳、亳距鳰均可一日到達。……北亳蒙澤在距離
上，符合距二裏頭五、六百里的距離，也符合距商與鳰一日日程，并且
與曹相近，符合文獻記載；在名稱上，其地與亳乃指一地且見於先秦文
獻；在戰略上，符合湯伐桀的作戰路綫；在位置上，蒙澤在定陶之南，可
以解釋湯克夏歸於亳途經定陶之事，故將湯之亳都定在北亳蒙澤附近較
爲合適。[③]

陳民鎮先生：

《尹至》開篇云："隹（惟）尹自顥（夏）蘆（徂）白（亳）。"這裏
的"亳"即商湯之亳。《尹誥》又提到"亳中邑"，也是指湯亳。《湯在啻
門》所見"啻門"，則當爲亳都之門。衆所周知，湯亳的地望歧説迭出，

---

① 羅琨：《讀〈尹至〉"自夏徂亳"》，李學勤主編：《出土文獻》（第2輯），上海：中西書局，2011年，第12、
15頁。

② 子居：《清華簡〈尹至〉》，Confucius2000網·清華大學簡帛研究，2011年12月19日。

③ 趙珊珊：《清華簡〈尹至〉〈尹誥〉相關歷史問題研究》，天津師範大學碩士學位論文，2013年，第36-39頁。

有人歸納爲 16 種說法，考古學、歷史學等不同領域的學者提出了各種不同的觀點，難以達成共識……

湯亳在豫北內黃一帶的說法也較有影響，此說較好滿足了考古發現、戰略形勢等因素，但文獻依據太過晚出且薄弱，不無疑點。清華簡有關"湯丘"的新綫索，對豫北湯亳説是相對有利的……

《湯處於湯丘》"湯處於湯丘"與《尹至》商湯居"亳"有相同的歷史背景，即商湯與伊尹尚處於謀劃伐桀的階段。當時商湯所居之亳，很有可能相當於"湯丘"，即在安陽殷墟一帶。[①]

馬嘉賢先生在羅琨、陳民鎮先生的基礎之上，推測此處之"亳"即內黃縣或湯陰縣：

> 《尹至》記載伊尹到夏朝從事謀報工作，"自夏徂白（亳）"的"白（亳）"只能够是"亳邑"或"先商方國之亳"，子居主張"自夏徂白（亳）"是"鄭亳"，但羅琨認爲偃師至鄭州僅二百餘里的途程，而《尹至》中伊尹費時"一旬"才回到"亳"，因此鄭亳的可能性不大，……江文根據考古文化的關係，認爲曹亳不可能是先商的文化遺迹，如此一來，曹亳成立的可能性也不大。
>
> 陳鎮民（引按，當爲陳民鎮，下同）并引用其師江林昌之説，認爲"自夏徂白（亳）"的"亳"就是內黃縣或湯陰縣，江林昌根據《商頌·長發》："韋顧既伐，昆吾夏桀"，規劃出湯的作戰路綫應是韋→顧→昆吾→桀，因此湯始居之亳，可能是在其伐韋、顧之際……如果湯初居之亳邑在內黃、湯陰一帶，正符合商人由北向南進發的作戰路綫。江文説法可信，再佐以陳鎮民所言"盤庚復居亳"，即盤庚回到今日安陽，安陽與內黃縣或湯陰縣距離皆很接近，因此筆者以爲《尹至》的"亳"就是內黃縣或湯陰縣。[②]

子居：

> 馬嘉賢先生之所以要選擇湯亳諸説中最缺乏證明力的説法，蓋即需要此説來證明《尹至》的"今旬＝"句是讀爲"今旬日"，然而既然內黃或湯陰湯亳説本身尚沒有證據可以支持，那麼無論是引內黃或湯陰湯亳説證《尹至》"今旬＝"讀爲"今旬日"，還是引《尹至》"今旬＝"讀爲

① 陳民鎮：《清華簡伊尹諸篇與商湯居地及伐桀路綫考》，《廣西師範大學學報（哲學社會科學版）》2018 年第 2 期，第 4、5 頁。

② 馬嘉賢：《清華壹〈尹至〉〈尹誥〉〈皇門〉〈祭公之顧命〉研究》，彰化師範大學博士學位論文，2014 年，第 13、14 頁。

"今旬日"證内黃或湯陰湯亳説，皆屬不能成證，此點當是非常明確的。而這，就涉及到《尹至》"今旬＿"句釋讀，在筆者看來，由於湯亳的學術論爭大致不出偃師、鄭州範圍，自然不大可能會是"旬日"才能"從夏都到達湯亳"。①

温皓月先生：

亳，《詩・商頌・玄鳥》孔疏引皇甫謐《帝王世紀》言："殷有三亳，二在梁國，一在河洛之間。穀熟爲南亳，即都也；蒙爲北亳，即景亳，是湯所受命也；偃師爲西亳，即盤庚所徙者也，《立政》之篇曰'三亳阪尹'是也。"考古發現又有偃師尸鄉溝商城和鄭州商城。其餘諸説亦有數十種，衆説紛紜難有定論。②

李玉潔先生：

亳，偃師城也；商丘，宋州也；湯即位都南亳，後徙西亳也。……從《正義》《括地志》記載可以看出：亳，史稱有三亳：南亳，在今商丘東南穀熟集；北亳，在今山東曹縣；西亳，在今河南偃師。又從孔安國《尚書序》以及《史記》皆可以看出，商湯伐夏桀是從東方商丘開始的。

《孟子・滕文公下》亦説："湯居亳，與葛爲鄰。""湯始征，自葛載；十一征而無敵於天下。載，始也。"即湯征夏桀，自征葛開始。探討商湯所居亳，也可根據葛的地望來定。葛，《漢書・地理志》認爲在漢陳留郡寧陵縣之葛鄉（今河南省寧陵縣北）。那麼極有可能，湯所居之亳在今商丘東南，即南亳。③

趙思木先生則認爲"夏""亳"只是籠統稱謂，不必深究其"絶對地望"，并對通過殷墟卜辭之"亳"求證湯亳地望的做法提出質疑：

此"夏"當指夏桀所居之都邑，即下文之"西邑"，《尹誥》之"西邑夏"。夏都之所以能稱爲"夏"者，古或以某國族之名稱呼其都，即使該都邑已有專門地名，亦不例外……

我們則不主張討論《尹至》《尹誥》所言之"夏""亳"的地望。因爲早商以上的古代帝王、氏族都邑，春秋時代就有種種異説，其"絶對地望"，當然是客觀事實，結果只有一個……故對於《尹至》《尹誥》中

---

① 子居：《清華簡釋讀涉及到的幾個歷史地理問題淺議》，中國先秦史網，2017 年 1 月 29 日。

② 温皓月：《出土文獻與傳世文獻之伊尹材料整理及相關問題研究》，吉林大學碩士學位論文，2016 年，第 44 頁。

③ 李玉潔：《從〈清華簡・尹至〉質疑"商族源於西方説"》，《中原文化研究》2017 年第 1 期，第 10 頁。

夏都、湯亳地望，我們只按此二篇所提供的綫索，明確二者在作者心中之相對位置是夏都在西，湯亳在東。……殷虚卜辭中"亳"與"商"同見於征人方卜辭，這是有關"亳"地望之重要綫索。學者普遍認爲，卜辭中的"亳"與"商"當僅有一日行程，故而確定卜辭"亳"地望的重要前提，是將卜辭"商"定在何處。……湯至盤庚，多次遷都，雖然新都邑的地名都有傳世文獻記載，但"亳"作爲故都之名，隨商王室流轉於新都，并非不可能。故商代能稱爲"亳"之地，恐怕也不當如王震中所説——殷墟卜辭之"亳"是唯一的"亳"。[①]

史興明先生：

　　"夏"指夏都邑。鄒衡在《夏商周考古學論文集》中指出夏桀都邑當在偃師二里頭地區。現今考古學界也普遍認爲二里頭遺址爲夏代最後之都邑。因此對簡文中"夏"的地望，可以認定爲今天的河南偃師二里頭遺址。[②]

馮勝君先生：

　　夏，指夏都斟尋。……現在學術界一般認爲河南偃師二里頭遺址，即桀都斟尋（關於二里頭遺址的性質，學術界還有不同意見，我們同意二里頭遺址一至四期均爲夏文化的觀點）。后羿爲夷人，典籍又稱之爲"夷羿"（見《左傳》襄公四年、《楚辭·天問》等），其始居地或在今山東濰坊一代，故其地有斟城、寒亭等地名。代夏之後，其所居之夏都（即太康所居者）亦蒙斟尋之名。夏都斟尋，始於太康、后羿，或非偶然。

　　亳，趙慶森（2016）："清華簡《湯處於湯丘》亦記載了有莘氏小臣伊尹歸湯的史事，却謂商湯所居之地曰'湯丘'。對比不難看出，'亳'與'湯丘'應該屬於'同地異名'的關係，'亳'既爲帝嚳之墟，故爲舊名，'湯丘'則是因商湯居此而産生的新地名。"[③]

（二）"顕（夏）又（有）恙（祥），才（在）西才（在）東"

整理報告：

　　恙，讀爲"祥"，《左傳》昭公十八年注："變異之氣。"《國語·楚語

　　① 趙思木：《〈清華大學藏戰國竹簡（壹）〉集釋及專題研究》，華東師範大學博士學位論文，2017 年，第 27、29、30 頁。

　　② 史興明：《清華簡〈尹至〉〈尹誥〉〈程寤〉集釋》，曲阜師範大學碩士學位論文，2020 年，第 6 頁。

　　③ 馮勝君：《清華簡〈尚書〉類文獻箋釋》，上海：上海古籍出版社，2022 年，第 84、85 頁。

上》注："吉氣爲祥。"在西爲夏之祥，在東爲商之祥。《呂氏春秋·慎大》："末嬉言曰：'今昔天子夢西方有日，東方有日。兩日相與鬬，西方日勝，東方日不勝。'伊尹以告湯。"類似傳說又見《開元占經》卷六引《孝經緯》《論語讖》等，詳見王利器《呂氏春秋注疏》卷十五《慎大》疏。但簡文言祥不言日，與各書不同。

劉國忠先生：

　　這句話是説，這種吉凶的征兆在東邊和在西邊都有出現。夏朝在商朝的西邊，所以在西邊爲夏朝的吉凶征兆，在東邊爲商朝的吉凶征兆。[①]

邢文先生：

　　有夏之民見上天彰顯凶祥，從西至東，已是萬民震動，預感到"國幾亡，吾身泯"。當天見之祥"東祥不彰"時，夏民惶然不知所措：西邑夏之凶祥見彰于天，商湯所在的東方却是"東祥不彰"。[②]

陳民鎮先生：

　　所謂西方日勝，東方日不勝，是對出師克敵的暗示，并不能説明商居於夏之東，《博物志·異聞》卷七叙及相似現象時明言"西夏東殷"。[③]

（三）"自西戠（捷）西邑"

整理報告：

　　自西，參看《呂氏春秋·慎大》："故令師從東方出於國，西以進"，係應天象。戠，即三體石經《春秋》僖公三十二年"捷"字古文"戠"。《左傳》莊公八年注："捷，克也。"

沈建華先生：

　　楚簡《尹至》篇中所記載的人物和事件，有多處與傳世文獻記載相吻合，其中有兩日并出的典故，伊尹助湯滅西邑後的"入水"之戰，從語境分析，當指在洛水與晉西南一帶。從大量出土考古和文獻記載，都説明了伊洛地區曾是夏代主要活動地區，這與傳世文獻記載桀戰敗於鳴條，被湯放逐歷山，大致相吻，清華簡《尹至》的内容，又爲湯伐夏桀的戰争增添了新的史料，從中揭示了當時戰争的艱巨性，是經過數次交

① 劉國忠：《走近清華簡》，北京：高等教育出版社，2011年，第123頁，注［24］。
② 邢文：《談清華簡〈尹至〉的"動亡典，夏有祥"》，簡帛網，2011年3月25日。
③ 陳民鎮：《清華簡〈尹至〉集釋》，復旦大學出土文獻與古文字研究中心網，2011年9月12日。

戰才真正取得伐夏的勝利……

　　西邑，指夏都西亳偃師商城。《逸周書·度邑》："自洛汭延於伊汭，居陽無固，其有夏之居。"西邑不出伊洛兩水一帶。[①]

王寧先生：

　　現在《尹至》出來了，該篇裏明確地説湯是"自西翦西邑，戡兀（其）又（有）夏"，是説湯自西面來翦伐西邑夏，很明顯，西邑夏應該是在湯都亳之東而非在其西。……根據《尹至》和傳世典籍來看，當時夏桀有兩個都邑，一個是斟鄩，在今山東濰坊，當爲東邑；一個在今天的魯西一帶，稱爲"西邑"或"西邑夏"，夏桀末年，從其爲有仍之會、伐岷山開始，就一直居住在西邑夏，這裏已經成了夏朝末期的都城。[②]

黄懷信先生：

　　西邑，即夏邑。自西傷西邑，即從西邊打破夏邑。《吕氏春秋·慎大》："商涸旱，湯猶發師，以信伊尹之盟，故令師從東方出於國，西以進。"所謂"西以"，正是自西的意思。摯自度其德不僭，遂下決心從西邊攻克夏邑，戡滅有夏。可見當年伊尹采用了從西邊攻城的方略，才攻入了夏邑。[③]

子居：

　　傳世文獻所言"自西""自東"者，多是來，而此文則是湯往伐，且全文都是以亳爲中心叙述的，故此處的"自西"是指自亳之西。

　　此句指湯之征，出自亳之西，殘伐西邑夏。[④]

劉國忠先生：

　　自西：由西邊。捷：戰勝。據説當時的天象是西邊獲勝，東邊失敗。而商朝却在夏朝之東，并不具備吉利的天象。商湯爲了應合這一天象，帶領部衆進軍到夏朝的西邊，從西向東來攻打夏朝，最終取得勝利。[⑤]

劉成群先生：

　　爲什麼在清華簡《尹至》《尹誥》中，爲什麼要稱"夏"爲"西邑"或者"西邑夏"呢？我們推測，商湯由"湯丘"南下，在偃師尸鄉溝建

---

① 沈建華：《清華楚簡〈尹至〉釋文試解》，《中國史研究》2011 年第 1 期，第 67 頁。
② 王寧：《清華簡〈尹至〉〈尹誥〉中"西邑"和"西邑夏"的問題》，簡帛研究網，2011 年 1 月 19 日。
③ 黄懷信：《清華簡〈尹至〉補釋》，簡帛網，2011 年 3 月 17 日。
④ 子居：《清華簡〈尹至〉解析》，簡帛研究網，2011 年 10 月 18 日。
⑤ 劉國忠：《走近清華簡》，北京：高等教育出版社，2011 年，第 124 頁，注［38］。

立了一個全新的都邑"亳"後，迫于壓力，夏桀應該是采取了西退的策略以避其鋒。商湯伐夏桀最後的幾次戰爭盡是發生在洛陽西北方向的河曲之地，就很能説明問題。①

蔡哲茂先生反對王寧先生"西邑"在東的觀點，并通過對武丁時代卜辭中的"西邑"進行討論，指出西邑即是夏，而夏是周人對商之前朝的一個稱呼。他認爲，"西邑"最早是夏的王都，但卜辭中已轉化爲夏王朝先王之亡靈的一個代稱。此外他也指出，夏王朝故地當在伊、洛地區。②

趙思木先生：

《呂氏春秋·慎大》"故令師從東方出於國西以進"應連一句讀，"國"指夏都，"東""西"都是相對夏都而言，當指湯令商師從夏都東方潛出於其西方而前進，這樣才能合乎《慎大》中所載"西方日勝，東方日不勝"的天象。《尹至》之"自西翦西邑"，此"西"亦指"西邑"之西。整理報告、蔡哲茂、陳民鎮説可從。

考古學界似未將偃師商城當作夏桀之都，沈説非。陳民鎮所引《禮記》鄭注，説明鄭玄猶知夏商之相對位置是夏在商西。蔡哲茂的研究證明，"西邑"這一名詞由來已久。③

李玉潔先生：

商湯原在東，夏桀在西，因祥瑞在西，商湯伐夏桀是從東繞道西面征伐夏王朝的。

《呂氏春秋·慎大》的記載正可與《清華簡·尹至》的史料互相印證。商湯軍隊因相信西方有祥瑞，令軍隊"從東方出於國西以進"，從而打敗了夏桀，奪取的夏政權，建立了商王朝。④

陳民鎮先生：

晉南傳説帶强調商湯渡河自西向東伐桀，《尹至》"自西翦西邑"、《慎大》"從東方出於國西以進"也是强調自西向東的路綫。"自西翦西邑"的"自"是處所介詞，表示起點。《尹至》的新綫索，可與晉南傳説帶相驗證，對於晉南傳説帶是有力的支持。此外，《墨子·非攻下》"天命融隆

① 劉成群：《清華簡〈湯處於湯丘〉與商湯始居地考辨》，《人文雜志》2015 年第 9 期，第 107 頁。
② 蔡哲茂：《夏王朝存在新證——説殷卜辭的"西邑"》，《中國文化》2016 年第 2 期，第 47-51 頁。
③ 趙思木：《〈清華大學藏戰國竹簡（壹）〉集釋及專題研究》，華東師範大學博士學位論文，2017 年，第 59、60 頁。
④ 李玉潔：《從〈清華簡·尹至〉質疑"商族源於西方説"》，《中原文化研究》2017 年第 1 期，第 11 頁。

（降）火於夏之城閒西北之隅”的記述亦可與此參看。商人將克夏視作天命的意志，將此與“東祥不彰”“東方日不勝”之類的異常天象聯繫，即《尹誥》所謂“天之敗西邑夏”。過去學者認爲桀都在晉南安邑、商湯伐桀繞道從西的説法均無依據，但目前看來此説有相關旁證支撑，未必無稽。[①]

（四）“𥊑（夏）𢽳（播）民内（入）于水”

整理報告：

𢽳，《説文》古文“番”，讀爲“播”，《國語·晉語二》注：“散也”。《書·大誥》“于伐殷逋播臣”，疏：“謂播蕩逃亡之意。”曰，訓爲以，見裴學海《古書虚字集釋》卷二。水，地名。《墨子·三辯》：“湯敗桀於大本”，《道藏》本作“湯放桀於大水”。《吕氏春秋·慎大》則云：“未接刃而桀走，逐之至大沙，身體離散，爲天下戮。”王利器《吕氏春秋注疏》以《三辯》“大水”之“水”爲“沙”字壞文，并引吕調陽云：“大沙，即南巢也。今桐城西南爲沙河埠，其水東逕故巢城南而東入菜子湖也。”又引《山海經·大荒西經》：“成湯伐夏桀于章山，克之。”《路史·後紀》卷十四引其郭注云：“章山名大沙，或云沙丘。”《太平御覽》卷八十二引《帝王世紀》則云：“桀未戰而敗績，湯追至大涉，遂禽桀於焦，放之歷山，乃與妹喜及諸嬖妾同舟浮海，奔于南巢之山而死。”徐宗元《帝王世紀輯存》云：“‘大涉’當作‘大沙’。”

沈建華先生：

“水”疑指洛水一帶。《史記·夏本紀》正義引曰：“《尚書》云：‘太康失邦，昆弟五人須於洛汭。’此即太康所居爲近洛也。”又從桀出奔的至晉境夏都安邑的地理位置與夏都斟鄩相距不遠。《殷本紀》正義引《括地志》：“蒲州安邑縣北三十里，南坂口即古鳴條陌也，鳴條，戰地。在安邑西。”[②]

黄人二、趙思木先生則對整理者列出的幾條異文進行了討論：

“大水”落實到現今地名，根據王利器説法，殆爲今安徽南巢。……“本”是誤摹字，王利器認爲“水”是個錯字，應該從《吕覽》作“沙”，説“水”是“沙”字的壞字，相涉而誤者。這個説法，現在看來，不太

① 陳民鎮：《清華簡伊尹諸篇與商湯居地及伐桀路綫考》，《廣西師範大學學報（哲學社會科學版）》2018年第2期，第9頁。

② 沈建華：《清華楚簡〈尹至〉釋文試解》，《中國史研究》2011年第1期，第71頁。

正確……其他幾條説法，應該都不至有錯。先談《太平御覽》引《帝王世紀》條，"大涉"指的就是"南巢之山"，只是《帝王世紀》作者視之爲《湯誓》所言的那一戰而已（第一三一頁）。"涉"，其下部字形，可能與"少"形相混而誤。最後，"水"平常我們當視作義符，這裏可以以聲符待之，要以"水""屮"（《説文解字注》第四八頁）爲正形，之所以可以作"沙"，乃《説文》"沙""𣲎"同字也（第五五二頁），簡文原本繁寫或應作"𣲎"（譚長説），是個雙標音字，古"水""屮"二字音近互作，但因爲省去"屮"，便將主要爲我們所熟知的那個"聲符"字形去掉，變得難以解釋，是以知，"大沙""大水""水"，皆是也。[1]

王寧先生：

《吕氏春秋·慎大》説桀失敗後被"逐之至大沙"，這個大沙應該就是古説的流沙，恒見於《山海經》中，乃是一條河川，何幼琦先生認爲："流沙是一條河川，決不是沙漠瀚海，它只能是現在的泗水"，説良是也。是桀失敗後沿着泗水乘舟難（引按，當作"南"）逃，逾淮至江，浮江溯流乃可至於巢湖的南巢氏也。如果桀都在山西，或在二里頭，桀戰敗之後怎麼能跨越商人控制的河南地區浮江至南巢？豈不妄哉？[2]

黄懷信先生：

入于水，舊以爲地名。如原注釋所指，《墨子·三辯》"湯敗桀于大水"，王利器《吕氏春秋注疏》以"大水"之"水"爲"沙"字壞文，引吕調陽説，謂大沙即南巢。然視圖版此明爲一大水字，則不可能爲"沙"字之壞。且言"入于沙（南巢）以戰"亦不辭，除非"沙（南巢）"爲城池或沙漠，而南巢則世以爲地名。今詳《吕氏春秋·慎大》"西以進"下云"未接刃而桀走，逐之至大沙"，則與此"入于水日（以）戰"不同。故疑此"水"或是大沙即南巢所在地之巢湖。[3]

劉國忠先生：

水，地名，指南巢。據文獻記載夏桀帶其部衆潰逃到南巢，被商湯擊敗。[4]

---

① 黄人二、趙思木：《清華簡〈尹至〉餘釋》，簡帛網，2011 年 1 月 12 日。

② 王寧：《清華簡〈尹至〉〈尹誥〉中"西邑"和"西邑夏"的問題》，簡帛研究網，2011 年 1 月 19 日。

③ 黄懷信：《清華簡〈尹至〉補釋》，簡帛網，2011 年 3 月 17 日。

④ 劉國忠：《走近清華簡》，北京：高等教育出版社，2011 年，第 124 頁。

陳民鎮先生：

“水”“大水”“大沙”“大涉”皆字形所譌，殆同，“水”或係本字。“水”之地望，當即南巢一帶。《帝王世紀》謂桀與妃嬪“同舟浮海”，“水”或即巢湖。①

子居：

水，上古凡江河湖海皆可稱大水。《釋名·釋水》：“天下大水四，謂之四瀆，江，河，淮，濟是也。”《大戴禮記·夏小正》：“十月……玄雉入於淮爲蜃。”《禮記·月令》：“季秋之月……爵入大水爲蛤。”清華簡《尹至》篇所言之“水”則是指伊洛河，彼時正逢大旱，伊洛河淺至徒步可涉，故言“入於水”，也正是因爲伊洛河之水甚淺的緣故，使得夏桀之都斟鄩失去了一個天然的地理屏障。②

趙思木先生在另文中又云：

陳民鎮既將夏都定在二里頭遺址，又將“水”定在其東南方向千里之遥的巢湖，則無法解釋王寧文中所論——如何跨越商湯控制的今河南地區？我們認爲，“水”當與“大沙”“大涉”聯繫，而不應與“南巢”相聯繫。諸地地望恐不可考。③

史興明先生：

從趙思木之説。“水”應是地名，但《尹至》所叙之事年代久遠，關於上古地望文獻記載極少，爲今之何地實難確定。④

第5節 《尹誥》（第1册）地理史料匯證

《尹誥》簡1—4：

尹念天之敗（敗）西邑顕（夏）(一)，曰：“顕（夏）自蘖（絶）亓（其）又（有）民，亦隹（惟）氒（厥）衆，非民亡與戰（守）邑，【一】……我哉（捷）泧（滅）顕（夏）……”……執（摯）曰：“……亓（其）又（有）顕（夏）之【三】[金]玉日（實）邑，舍之吉言。”乃至（致）衆于白（亳）审（中）邑(二)。【四】

① 陳民鎮：《清華簡〈尹至〉集釋》，復旦大學出土文獻與古文字研究中心網，2011年9月12日。

② 子居：《清華簡〈尹至〉解析》，簡帛研究網，2011年10月18日。

③ 趙思木：《〈清華大學藏戰國竹簡（壹）〉集釋及專題研究》，華東師範大學博士學位論文，2017年，第60頁。

④ 史興明：《清華簡〈尹至〉〈尹誥〉〈程寤〉集釋》，曲阜師範大學碩士學位論文，2020年，第56頁。

【注　釋】

（一）“尹念天之敗（敗）西邑顕（夏）”

整理報告：

> 《禮記·緇衣》：“《尹吉》曰：‘惟尹躬天見于西邑夏，自周有終，相亦惟終。’”鄭注：“《尹吉》，亦《尹誥》也……見或爲敗。邑或爲予。”簡文正有“敗”字，但無後兩句。

黃懷信先生：

> 西邑夏，即夏邑，在亳西，故稱西邑夏。①

陳民鎮先生指出西邑夏即《尹至》之“西邑”，在夏都斟尋。②后又發表了新的意見：

> “西邑夏”的説法，亦見諸《禮記·緇衣》所引《尹誥》，鄭玄注謂“夏之邑在亳西”。《僞古文尚書·太甲上》孔傳亦謂“夏都在亳西”。《尚書·湯誓》孔傳云：“桀都安邑。”蔡沈《集傳》云：“夏都安邑，在亳之西，故曰‘西邑夏’。”則謂“西邑夏”在晉南的安邑。

> 沈建華女士主張“西邑夏”在河南偃師，反映了目前對晚期夏都的主流看法。目前大多數學者認爲偃師二里頭遺址即夏都斟鄩……

> 事實上，斟鄩在偃師一帶的依據並不充分。斟鄩作爲古國，一般認爲在今山東濰坊一帶，也有斟鄩近於濮陽的説法……

> 夏桀都城更可能是在晉南。《左傳》定公四年：“分唐叔以大路、密須之鼓、闕鞏、沽洗，懷姓九宗，職官五正，命以《唐誥》，而封于夏虛。”晉國被封於唐地，也便是“夏虛”，地在晉南。需要指出的是，所謂“虛（墟）”一般是就政權滅亡前的都城而言的，“夏虛”應爲夏亡前都城所在。③

（二）“乃至（致）衆于白（亳）审（中）邑”

整理報告：

> 致衆，見《左傳》哀公二十六年等。亳，在此指商，當時商都在亳。④

① 黃懷信：《由清華簡〈尹誥〉看〈古文尚書·咸有一德〉》，簡帛網，2011 年 3 月 25 日。

② 陳民鎮：《清華簡〈尹至〉集釋》，復旦大學出土文獻與古文字研究中心網，2011 年 9 月 12 日。

③ 陳民鎮：《清華簡伊尹諸篇與商湯居地及伐桀路綫考》，《廣西師範大學學報（哲學社會科學版）》2018 年第 2 期，第 6、7 頁。

④ 清華大學出土文獻研究與保護中心編，李學勤主編：《清華大學藏戰國竹簡（壹）》，上海：中西書局，2011 年，第 134 頁，注[十三]。

劉雲先生認爲"亳中邑"之"中"爲語詞，"乃致衆于亳中邑"就是"乃致衆于亳邑"。[①]

廖名春先生：

> 《詩·周南·葛覃》："施於中谷。"毛傳："中谷，谷中也。"《小雅·小宛》："中原有菽。"毛傳："中原，原中也。"依此，"亳中邑"即"亳邑中"也。[②]

黄懷信先生認爲"亳中邑"即"亳邑中"：

> 致，召致、集中。《逸周書·克殷》："武王使尚父與伯夫致師。"亳中邑，即亳邑中，蓋謂亳邑中心之廣場。致民衆於亳邑中，以賚之也。[③]

也有學者將"亳中邑"與四方之中的觀念相聯繫。商人以自身所居爲天下之中，故有"中商""殷中""大邑商"等指稱，"亳中邑"的説法與此相合。"亳中邑"可能即商湯伐桀之前所居亳都，但也不能排除是新營建的西亳的可能。

陳民鎮先生認爲"亳中邑"即卜辭所謂"中商"。[④]後又有申述：

> 《尹誥》又提到"亳中邑"，也是指湯亳……商人以自身所居爲天下之中，故有"中商""殷中""大邑商"等指稱，"亳中邑"的説法與此相合。"亳中邑"可能即商湯伐桀之前所居亳都，但也不能排除是新營建的西亳的可能。[⑤]

劉國忠先生：

> 致衆：招來民衆。亳：商湯的首都。"亳中邑"可能是指亳中的城邑。這句話是説，於是商湯在亳的城邑中招來民衆。[⑥]

張崇禮先生：

> "亳中邑"即"中商"，是把"中"作爲方位概念。"中"如果真的是表示方位，參照簡文"西邑夏"的説法，則"亳中邑"當爲"中邑亳"。所以"亳中邑"即"中商"的説法是有問題的。……"施于中谷"句下毛傳曰："中谷，谷中也。""施于中谷"即"施于谷中"，"乃致衆於亳中邑"

---

① 復旦大學出土文獻與古文字研究中心研究生讀書會：《清華簡〈尹至〉〈尹誥〉研讀札記》（復旦大學出土文獻與古文字研究中心網，2011年1月5日）一文下的評論，2011年1月5日。

② 廖名春：《清華簡〈尹誥〉研究》，《史學史研究》2011年第2期，第112頁。

③ 黄懷信：《由清華簡〈尹誥〉看〈古文尚書〉》，《魯東大學學報（哲學社會科學版）》2012年第6期，第67頁。

④ 陳民鎮：《清華簡〈尹誥〉集釋》，復旦大學出土文獻研究與保護中心網，2011年9月12日。

⑤ 陳民鎮：《清華簡伊尹諸篇與商湯居地及伐桀路綫考》，《廣西師範大學學報（哲學社會科學版）》2018年第2期，第5、6頁。

⑥ 劉國忠：《走近清華簡》，北京：高等教育出版社，2011年，第125頁，注[17]。

即"乃致眾於亳邑中"。"中谷""中邑"即"谷中""邑中",古漢語定語常後置。《尚書·召誥》:"王來紹上帝,自服于土中。"《逸周書·作雒》:"乃作大邑成周于土中。""土中"即"中土",謂洛邑居天下之中也。①

馬文增先生認爲"亳中邑"指商都,或即清華簡《湯處於唐丘》的"唐丘"。②馮時先生:

> "亳中邑"之名相對於地名"亳"而言,顯然更富有王權政治的色彩,其中附綴於地名之後的"中邑"不僅體現着居中而治的傳統政治觀,而且更反映了早期都邑制度的特點。
>
> ……
>
> 邑相對於城墉實位於中心,而王邑更在天下之中,故"邑"字本亦具有中央的意義,如"中""國""同""帝"諸字,古文字皆從"▢"(邑),或言中,或以邑以示中央。今知湯所居之亳本名"亳中邑",其必在天下之中而爲邑制,故名"中邑"。很明顯,湯都之名所體現的思想與三代政治制度完全符合。③

趙思木先生:

> 黃懷信説"致眾"可信,廖名春説"亳中邑"可信。"致眾于亳中邑"的目的,可從黃懷信説,是爲了賞賜各邦國氏族并以善言撫慰之,以求其"歸志"。湯克夏之後在亳大會邦國氏族之事,又見《墨子·非攻下》:"湯奉桀眾以克有夏,屬諸侯于薄。"《逸周書·殷祝解》:"湯放桀而復歸薄,三千諸侯大會。"《尚書·湯誥》序:"湯既絀夏命,後歸于亳,作《湯誥》。"《湯誥》曰:"王歸自克夏,至於亳,誕告萬方。"所謂"致眾",就是所謂"屬諸侯""諸侯大會""誕告萬方"。"致眾"的舉動,又可參周滅商的"大會孟津"以及《多士》《多方》。《國語·晉語三》"呂甥致眾而告之",是呂甥大會晉國大小貴族於晉都。④

【筆者按】魏棟對"亳中邑"也提出了一些新認識:

> 清華簡《尹誥》末句云:"乃致眾于白(亳)中邑。"⑤意思是滅夏後,

---

① 張崇禮:《清華簡〈尹誥〉考釋》,復旦大學出土文獻與古文字研究中心網,2014年12月17日。

② 馬文增:《清華簡〈尹誥〉新釋、注解、白話譯文》,簡帛網,2015年6月1日。

③ 馮時:《"亳中邑"考》,清華大學出土文獻研究與保護中心編:《出土文獻與中國古代文明——李學勤先生八十壽誕紀念論文集》,上海:中西書局,2016年,第36、40頁。

④ 趙思木:《〈清華大學藏戰國竹簡(壹)〉集釋及專題研究》,華東師範大學博士學位論文,2017年,第75頁。

⑤ "于"字在此處作介詞用,表方向、目標,相當於至、到達,如《尚書·盤庚上》"盤庚遷于殷",《詩經·小雅·鶴鳴》"聲聞于天"。

招徠有夏之"衆"到"亳中邑"。①……"亳中邑"之"中"應訓爲内、
裏面。《説文・丨部》："中,内也。"《周禮・考工記・匠人》："國中九經
九緯。"鄭玄注："國中,城内也。""亳中邑"意思爲"亳中之邑",就是
劉國忠先生所説的"亳中的城邑"。"亳中"指的就是亳,在此處借指以
湯之居處亳爲依托的商族核心統治區乃至整個商的統治區。"亳中之邑"
指商族核心統治區範圍内的城邑,亳是這一區域内的中心城邑。"亳"可
稱"亳中"的這種用法與"商"字十分相似。甲骨文有"商""中商",
王震中先生曾對它們的含義進行過精彩分析,結論云:"在卜辭中,'商'
字有兩個層面的含義或用法。其一是作爲一個大的區域範圍來使用的
'商',如作爲商的王畿或國族名來使用;其二是作爲一個地名王都、國
都來使用的'商'。……由於與'四方四土'并貞的'商',含有中央的
意思,所以,此'商'之中包含有時王的王都,而且還以王都爲其依托。……
所謂'中商'實即'商中',指的是由王都所代表的商王國的中心區。"
《尹誥》"亳中邑"之"亳"與甲骨卜辭中作爲區域範圍使用的"商"用
法相類,"亳中"一詞的含義與"商中"含義相當。②

第 6 節　《赤𪇗之集湯之屋》（第 3 册）地理史料匯證

《赤𪇗之集湯之屋》簡 1—6:

　　曰故（古）又（有）赤𪇗（鵠）,集于湯之麊（屋）,湯𡧢（射）之膒
（獲）之,乃命小臣曰："脂（旨）鼗（羹）之,我亓（其）亯之。"<u>湯逩
（往）□</u>〔一〕。【一】小臣既鼗（羹）之,湯句（后）妻紝尥胃（謂）小臣

---

①　學者對《尹誥》上文有不同理解,所以對末句"乃致衆於亳中邑"的闡釋也很不同。參陳民鎮:《清華簡
〈尹誥〉集釋》,復旦大學出土文獻研究與保護中心網,2011 年 9 月 12 日;季旭昇主編:《清華大學藏戰國竹簡（壹）
讀本》,臺北:藝文印書館,2013 年,第 22-33 頁。

②　除甲骨文"商"與"中商"的例子外,傳世文獻中有"郢中"一詞,既可指郢都,也可借指楚地、楚國。
例如,《戰國策・齊策三》"楚王死"章:"我留太子,郢中立王,然則是我抱空質而行不義於天下也。"《戰國策・魏
策一》"張儀欲窮陳軫"章:"郢中不善公者,欲公之去也,必勸王多公之車。"《史記・楚世家》:"郢中立王,是
吾抱空質而行於天下也。"《新序・雜事一》記宋玉説:"客有歌於郢中者,其始曰《下里巴人》,國中屬而和
者數千人。"傳統注疏把"郢中"割裂,僅將"郢"視爲楚都。中華書局《史記》點校本將"郢中"視爲一詞至爲
妥當,但未對"郢中"進行解釋。參〔漢〕司馬遷撰:《史記》,北京:中華書局,1959 年,第 1728 頁。韓兆琦
進一步將"郢中"解釋爲楚都,這是正確的。參〔漢〕司馬遷著,韓兆琦評注:《史記（評注本）》,長沙:岳麓書
社,2004 年,第 634 頁,注〔二五〕。先秦時期以國都名代指國名極爲常見,但以"國都名+中"表示國都,進而
代指國名則不多見。細品《戰國策》"郢中立王",將"郢中"解釋爲楚都,進而理解爲楚國,是妥帖的。如果這
裏對"郢中"解釋不誤的話,則可爲"亳"與"亳中"表示區域提供另外一條證據。

曰："嘗我於而（尔）鬺（羹）。"……【二】……小臣自堂下受（授）紝亢鬺（羹）。紝亢受小臣而【三】嘗之，乃卲（昭）然，<u>四亢（荒）之外</u>^(二)，亡（無）不見也；小臣受亓（其）余（餘）而嘗之，亦卲（昭）然，<u>四晦（海）之外</u>^(二)，亡（無）不見也。【四】<u>湯羿（返）𡐭（廷）</u>^(三)，小臣饋。湯怒曰："𥷚（孰）湑（調）虞（吾）鬺（羹）？"小臣思（懼），乃逃于顕（夏）。湯乃□之，小臣乃痲（眛）而鼎（寢）【五】於迻（路）……

【注　釋】

（一）"湯𨕂（往）□"

整理報告：

此處所缺之字，疑即湯往某地之地名。"往"字與下文"返"字為對詞。

馬文增先生：

湯往口（朝）：朝，補字，原簡文缺失，據清華簡《湯處於湯丘》"朝而詢之"句補。"前朝後寢"的宮殿格局夏代時即已存在。^①

（二）"四亢（荒）之外""四晦（海）之外"

整理報告：

四荒，《楚辭·離騷》"忽反顧以游目兮，將往觀乎四荒"，王逸注："荒，遠也。"

杜锋先生：

簡文中記載伊尹與商湯的妻子紝亢享用了赤鵠之羹之後，於是"昭然四荒之外""昭然四海之外"，意即目力可達"四荒""四海"極遠之處。見於《史記·扁鵲倉公列傳》中醫者扁鵲以"上池之水"服用了長桑君給予的"懷中藥"，經過三十天后"視見垣一方人"。此藥似與簡文中的赤鵠之羹一樣皆有神力，讓人吃了之後就具有了洞察天地的特異功能。我們知道，商代銅器上所飾饕餮紋中常凸顯出眼睛的形象，或是表達了早期巫者希冀己身也具有這種目極"四荒""四海"，洞察天地的神力。^②

馬文增先生：

"昭然四荒之外""昭然四海之外"意可看到極遠之處；"無不見它"

---

^① 馬文增：《清華簡〈赤鳩之集于湯之屋〉九題》，《殷都學刊》2020年第1期，第35頁。
^② 杜鋒：《清華簡〈赤鵠之集於湯之屋〉與巫醫結合》，《蘭臺世界》2014年第6期，第5頁。

意眼力敏銳。杜鋒認爲："見於《史記·扁鵲倉公列傳》中醫者扁鵲以'上池之水'服用了長桑君給予的'懷中藥'，經過三十天后'視見垣一方人'。此藥似與簡文中的赤鵠之羹一樣皆有神力，讓人吃了之後就具有了洞察天地的特異功能。"[1]

（三）"湯羿（返）騂（廷）"

整理報告：

> 羿，即"樊"字，讀爲"返"。騂，字從呈聲，而"呈"從壬聲，讀爲"廷"，《説文》："朝中也。"《廣雅·釋室》："宮也。"

黃傑先生：

> 騂讀爲"廷"，不符合楚簡的用字習慣。此字最可能是地名，即上博四《昭王與龔之脽》中的"逃瑶"。[2]

王昆先生：

> 整理者説可從。騂，讀爲"廷"，蓋即上文所謂"湯之屋"，指商湯所居宮室。"湯返廷"，即成湯外出歸來，回到所居宮室。[3]

第7節 《説命上》（第3册）地理史料匯證

《説命上》簡1—2、4—7：

> 隹（惟）鷽（殷）王賜敚（説）于天，甬（庸）爲達（失）审（仲）吏（使）人⁽一⁾。王命厈（厥）百攻（工）向，以貨旬（徇）求敚（説）于邑人⁽二⁾。隹（惟）敚（弼）人【一】旻（得）敚（説）于専（傅）厰（巖）⁽三⁾……敚（説）方坒（築）城⁽四⁾……【二】……王曰："……天廼命敚（説）伐達＝审＝（失仲。失仲）是生子，生二戌（牡）豕……【四】……敚（説）于寧伐達（失）审（仲）⁽五⁾，一豕乃觀（旋）保以遆（逝），廼遝（踐），邑【五】人皆從，一豕陘（隨）审（仲）之自行，是爲赤（赦）敦（俘）之戎⁽六⁾。亓（其）隹（惟）敚（説）邑，才（在）北嚚（海）之州，是隹（惟）員（圜）土⁽七⁾。敚（説）【六】逑（來），自從事于鷽（殷），王甬（用）命敚（説）爲公。【七】

---

[1] 馬文增：《清華簡〈赤鳩之集于湯之屋〉九題》，《殷都學刊》2020年第1期，第35頁。

[2] 黃傑：《初讀清華簡（三）〈赤甹（從鳥）之集湯之屋〉筆記》，簡帛網，2013年1月10日。

[3] 王昆：《清華簡〈尹至〉〈尹誥〉〈赤鵠之集湯之屋〉集釋》，河北大學碩士學位論文，2016年，第57頁。

【注　釋】

（一）“甬（庸）爲達（失）审（仲）吏（使）人”

整理報告：

> 甬讀爲“庸”，《荀子·解蔽》注：“役也。”此言傅説爲失仲庸役之人。

子居：

> “佚仲”，整理者讀爲“失仲”，其人蓋爲“佚”地的諸侯，如《逸周書·世俘》所稱“佚侯”者。[①]

王寧先生認爲“失仲”與卜辭記載“吴翼羗龍”（《合集》6631）有關：

> 也許“失仲”即“羗龍”的音轉或訛變，因爲本篇“仲”的原字是從宀中聲，有可能讀若“寵”，而“龍”“寵”音近通用。至於“羗”和“失”的關係，有待進一步考察。[②]

廖名春、趙晶先生贊成子居讀“失”爲“佚”的觀點，認爲“其人排行第二，故稱‘仲’”。[③]

沈建華先生：

> 最近公布的清華楚簡《説命》上篇，主要記述了傅説爲失仲服役之人，武丁受天之命，使百工營求諸野，得傅説於傅險中。這段傳説，亦見於諸多先秦傳世文獻中……簡本下文還穿插有一段故事，不見文獻記載，講述了失仲生了二子，其子取名爲“豕”，失仲求占，却又“違卜，乃殺一豕”，傅説受武丁之命征伐失仲……清華楚簡《説命》“失仲”的出現，武丁時期卜辭中失族與商王的關係，爲我們再次提供了討論的空間……
>
> 對於卜辭中失族的地理位置，過去并没有深入討論，近日檢出一片賓組卜辭，同版三辭，涉及商與岳、先族和失侯的史事……商王連續三天爲岳、先、叔族占卜，由此可見失侯與其周邊族國勢必存在一定的聯繫，在地理位置上相距不會太遠。岳族，陳夢家指出在晉南永濟縣，據張亞初考訂，“岳”讀作“保”，“岳是鬼方國是塊姓國”，在山西接近河津縣境。殷代先族銅器銘文見於《集成》9458、11866。先族據文獻又稱

---

① 子居：《清華簡〈説命〉上篇解析》，簡帛研究網，2013年1月3日。

② 王寧：《讀清華簡〈説命〉散札》，簡帛網，2013年1月8日。

③ 廖名春、趙晶：《清華簡〈説命（上）〉考釋》，《史學史研究》2013年第2期，第92頁。

佚族或姚族……1998 年至 2002 年期間，浮山縣橋北 5 座大型殷代墓先後被盜，臨汾縣公安局繳獲了 8 件帶有銘文 "先" 字族徽的銅觚。靈石位於晉中盆地，南近霍山，浮山墓地地理位置正好處在霍山以南冀城以北，與靈石成垂直綫位置。①

張卉女士：

　　將 "失仲" 比附於卜辭中的 "羌龍"，缺乏證據，不足爲信。將 "失仲" 之 "失" 解釋爲國名是正確的，……但將 "失" 等同於 "佚侯" 之 "佚" 則可商。首先，《逸周書·世俘》之 "佚" 是否爲國名，學者有不同意見，……其次，如果 "佚" 爲國名，其爲商末紂時之國，而簡文 "失仲" 之 "失" 則是武丁時國，二者能否等同，也還有待證明。

　　筆者認爲，失仲之 "失" 國，即 "豕韋" 之 "豕"。……失仲之 "失" 國以 "豕" 爲圖騰，又以 "豕" 爲國名。上古音中 "豕" "失" 二字音近，"豕" 屬書母支部，"失" 屬書母脂部，可雙聲通假。故失仲之 "失" 即豕韋之 "豕"，對此徐中舒早有論斷："豕韋在舊史中或作失韋，或作室韋，豕、失、室皆書母字故得相通。" 因此 "失仲" 是 "失" 國首領。"失" 國即 "豕" 國，是 "豕韋" 的簡稱。……傳説曾是失仲的役使之人，武丁畫像尋求，得於傅巖，可知傅巖爲失仲之國即豕韋國內一地名……傅巖在今山西平陸縣，故豕韋也當在晉南平陸一帶。②

呂廟軍先生：

　　失仲起初很可能爲商代某一方國的首領，但由於武丁向他索要傅説，從而導致雙方結怨，最後武丁任用傅説征伐失仲，失仲父子戰敗逃走邊遠地區而形成一民族支系——赤俘之戎。③

張倫敦先生據卜辭推測失仲之國可能在晉南：

　　失仲極可能是失地的領主，這種行輩前加地名前綴的命名方法常見於周代的史料文獻。如虞仲、虢仲、蔡仲等例，簡文 "失仲" 也可與卜辭中作爲國族的 "失" 聯繫起來看待。據卜辭記載，"失" 地的領主稱爲 "失侯" 或省稱 "失"：

---

　　① 沈建華：《清華楚簡〈説命〉"失仲" 與卜辭中的 "失" 族》，宋鎮豪主編：《甲骨文與殷商史》（新 4 輯），上海：上海古籍出版社，2014 年，第 47-50 頁。

　　② 張卉：《清華簡〈説命上〉"説于韋伐失仲" 考》，《考古與文物》2017 年第 2 期，第 119、120 頁；首發於復旦大學出土文獻與古文字研究中心網，2013 年 12 月 28 日。

　　③ 呂廟軍：《清華簡〈説命上〉篇失仲探微》，復旦大學出土文獻與古文字研究中心網，2015 年 2 月 5 日。

（4）丙寅卜，爭，貞乎龍失侯專祟权。（《合集》6834 正）

……

例（4）中的"祟"在卜辭中多表示施加災咎之義，或借爲殺，據張亞初先生考訂："权"是殷商時山西境内的一個國族，权就是"平"（從不從十）字，即《左傳》僖公十年的晉國丕鄭、丕豹之丕，以國爲氏。此片卜辭屬於武丁時期，知武丁曾命失侯懲罰與商敵對的方國平，至於平的具體地望，疑在晉南平陸縣界……平陸在漢代稱大陽縣，大陽之陽即指中條山以南之河陽地，則大陽之命名正與丕相契，若此説不誤，可推知失侯的轄地也當在晉南，蓋離平陸不遠。①

丁軍偉先生根據甲骨金文材料探討了失族地望：

另據卜辭合 6834 來看，卜辭中"失"與"先""缶"相距不遠，前文已經指出"先""缶"學者多認爲其地在今晉中南一帶，田建文、李俊峰二位先生《山西橋北墓地"先"字銘文》一文報導了在山西省臨汾市浮山縣橋北村的商周墓地中出土了一批"先"字銘文銅器，這説明商周時期"先"地當在此，故與此相距不遠的"失"亦當在此附近，不會遠至河南北部至長城以南地區。

……

據出土金文及《尚書》等史籍來看，西周初年，周王曾遷徙大批殷商遺民於成周。何先生（引按，指何景成先生）據失族徽銘文集中出土於洛陽馬坡一帶，且這批銅器大多爲西周初年器物，故其認爲洛陽馬坡一帶的失族應該是西周初期被周遷徙而來的殷遺，我們認爲此説可信。……我們認爲據卜辭中與"失"有關的缶、先、权等信息，尤其是山西臨汾浮山橋北墓地出土的一批"先"字銅器銘文推論失地在今山西晉中、晉南一帶是可信的。②

侯傳峰先生：

雖然失與佚二字存在通假之關係，但卜辭中並未有片言提及傅説，因此，武丁伐佚方之戰與本篇所述傅説伐失仲之戰是否爲同一戰并不明確。張卉認爲失仲之"失"即"豕韋"之"豕"。在上古音方面進行分析的話，這種觀點也有可商之處。失，古音在書母質部；豕，古音在書母支部；

---

① 張倫敦：《〈清華簡·説命〉所載傅説事迹史地鈎沉——兼論卜辭中的"雲奠河邑"》，《古代文明》2017 年第 3 期，第 64、65 頁。

② 丁軍偉：《甲骨金文所見"失族"問題再論》，《殷都學刊》2018 年第 2 期，第 23 頁。

二字古音相距不近。説“失”即是“豕”，恐怕還需進一步討論。後文提及“説于甯伐失仲”，此處之“甯”是地名無疑，傳説在“甯”這一地討伐失仲，此處的“甯”或可能是張卉所説之豕韋。①

馮勝君先生：

“失中”，當爲古國名。甲骨文有字作✦形（劉釗主編：《新甲骨文編（增訂本）》379 頁，福建人民出版社，2014 年），常用爲方國名或地名。過去有釋“先”“敖”等意見，趙平安（2001）主張釋爲“失”，認爲甲骨文中的“失侯”即見於《逸周書·世俘解》的“佚侯”。沈建華（2014）同意趙平安先生的釋讀意見，并進一步認爲本篇簡文“失中”即屬卜辭中所謂的佚族。但對於上引甲骨文的考釋，趙平安説并非定論。謝明文先生在其博士學位論文《商代金文的整理與研究》（復旦大學博士學位論文，指導教師：裘錫圭，2012 年）中，對相關字形進行了仔細梳理和排比，認爲劉釗先生主張的“敖”字初文説是可信的。簡文“失中”是否與見於《逸周書》的“佚侯”有關，待考。②

（二）“以貨旬（徇）求敓（説）于邑人”

整理報告：

貨，《説文》：“財也。”《書序》：“高宗夢得説，使百工營求諸野。”《國語·楚語上》：“如是而又使以夢象旁求四方之賢。”與簡文有所異同。

沈建華先生：

清華楚簡《説命》（上）爲我們提供了武丁是從邑地尋找到傳説的信息……按“邑人”，指的是邑地的人。“邑”在卜辭中爲地名稱謂。有名“邑”的族，邑也是其居地，“邑人”一詞亦見於卜辭……商代邑人不僅要承擔服勞役，還有爲商王室貢納俘虜、提供情報的義務，邑人與商王之間存在附屬關係。卜辭中記載“邑”族的如……正如清華楚簡《説命》中的武丁向邑人尋求傳説，可見商時期邑族與王室交往的密切程度不同於一般諸侯……可以推知邑族大體在山西中、西部這一帶，即應是清華簡本《説命》中“邑人”之先人，這也爲研究傳説增加了新的史料。③

---

① 侯傳峰：《清華簡〈説命〉集釋》，曲阜師範大學碩士學位論文，2020 年，第 12 頁。

② 馮勝君：《清華簡〈尚書〉類文獻箋釋》，上海：上海古籍出版社，2022 年，第 237 頁。

③ 沈建華：《清華楚簡〈説命〉“失仲”與卜辭中的“失”族》，宋鎮豪主編：《甲骨文與殷商史》（新 4 輯），上海：上海古籍出版社，2014 年，第 51-53 頁。

(三)"隹(惟)弞(弼)人【一】旻(得)敓(説)于尃(傅)厰(巖)"

整理報告:

上博簡《周易》咸卦有"臂"字,今本作"腓",何琳儀等指出"弞"乃《説文》"弼"字古文"𢐡"的省簡,詳見丁四新《楚竹書與漢帛書周易校注》第八二頁(上海古籍出版社,二〇一一年)。《荀子·臣道》注:"弼,所以輔正弓弩者也。"唐蘭《弓形器(銅弓柲)用途考》云即《儀禮·既夕禮》之"柲"(《唐蘭先生金文論集》第四七一—四七二頁,紫禁城出版社,一九九五年)。弼人當爲與製弓有關的職官。傅巖,同《楚語上》等,《史記·殷本紀》作"傅險"。

沈建華先生:

據文獻記載,傅險即傅説版築之處,在今陝州河北縣虞、虢之界,即山西平陸縣境。簡文中武丁求傅説於邑人之"邑"族和傅説所伐"失"族,皆見於商代卜辭和商代銅器銘文。山西靈石旌介村商墓就有"邑"族徽的青銅鼎出土。卜辭中失族與周邊地區先、旬、权等氏族以及羌人的關係,恐怕并非出於偶然巧合。這從地理上,爲傅説版築之處的史籍傳説提供了佐證。[1]

張倫敦先生:

同在武丁時代,活躍着一個以"弜"自稱的族氏或方國,是爲殷代雄族之一,與弼人似有關聯……"弜"在卜辭中有兩種用法:一是表否定含義,二是用作人名、官名或方國名、族氏名,且弜在表示這一類名號時往往是指代一個群體對象……弜作爲族氏或方國興起的時間不遲於武丁朝……關於弜的地望,有觀點認爲在今豫西一帶……綜上,在武丁時代,弼人確以兩種反差極大的面貌示人:其一,作爲個體的匠人來講,"弼人"是簡文及傳世文獻提及的百工之一,屬於勾連故事的小人物;其二,"弼"(或弜)作爲族氏言,誠如卜辭及金文中所反映那般,是活躍在武丁時代一個頗有勢力的雄族。弼人或弜在這兩類敘述中,大、小角色頗有落差。從上文所述看,引薦傅説的"弼人"應與甲骨金文中的殷商雄族"弜"有關。[2]

---

[1] 沈建華:《清華楚簡〈説命〉"失仲"與卜辭中的"失"族》,宋鎮豪主編:《甲骨文與殷商史》(新4輯),上海:上海古籍出版社,2014年,第48頁。

[2] 張倫敦:《〈清華簡·説命〉所載傅説事迹史地鉤沉——兼論卜辭中的"雲奠河邑"》,《古代文明》2017年第3期,第62、63頁。

劉光勝先生：

> 《史記正義》引《括地志》云："傅險即傅説版築之處，所隱之處窟名聖人窟，在今陝州河北縣北七里，即虞國、虢國之界。"傅巖，其地在今山西省平陸縣。……當時占據傅巖的是豕韋部族，傅説在爲豕韋部族首領失（豕）仲築城勞作。[①]

王暉、張巧巧先生：

> 西晉以來學者皆謂傅巖在春秋虞虢之境，即今山西平陸縣至河南三門峽一帶……
>
> 《史記·殷本紀》説"故遂以傅險姓之，號曰傅説"，這就是説傅説是因"傅險（巖）"這個地名而命名的。傅説是因所庸築之地命名爲"傅説"，"説"爲名，"傅"爲氏，這樣的命名不大符合古代命氏的慣例。我們認爲，傅説的氏名應是他們的家族原本就在所庸工之地，傅説是因這一帶地名命氏爲"傅"；他所庸工之地和所居住地是同一個地名：傅巖（險）。[②]

【筆者按】傅説傭築之地或作"傅巖"，或作"傅險"。"巖""險"二字古音相近可以通假。二字含義亦相近。《左傳》隱公元年："制，巖邑也，虢叔死焉。"杜預注："虢叔，東虢君也，恃制巖險而不修德，鄭滅之。"

（四）"敀（説）方壵（築）城"

整理報告：

> 《墨子·尚賢下》：傅説"庸築于傅巖之城"。《孟子·告子下》："傅説舉於版築之間。"

（五）"敀（説）于韋伐達（失）审（仲）"

整理報告：

> 于，《周南·桃夭》傳："往也。"塑方鼎（《殷周金文集成》二七三九）："周公于伐東夷豐伯薄姑。"

子居：

> "鄣"，原字作"韋"，整理者讀爲"圍"，恐非。筆者以爲，此字當即"鄣"字。《呂氏春秋·慎大》："湯爲天子，夏民親鄣如夏。"高誘注：

---

① 劉光勝：《清華簡〈傅説之命〉與傅聖生平事迹新探》，《古代文明》2018 年第 4 期，第 37、39 頁。

② 王暉、張巧巧：《清華簡〈説命〉"員（圓）土"當今無定河流域考——兼論傅説之都"説邑"》，《中國歷史地理論叢》2021 年第 4 期，第 119、120 頁。

"郼，讀如衣。今宛州人謂殷氏皆曰衣。"《呂氏春秋·慎勢》："湯其無郼，武其無岐，不能成功。"高誘注："郼，湯之本國。"故"説于郼伐佚仲"即傳説自郼地出發征伐佚仲。①

王寧先生：

當作"説于圍伐。失仲、一豕乃睿保以逝"。"説于圍伐"的句式與《詩》"君子于役""之子于征""王于出征"略同，"于"訓"往"，意思是説前往郼（圍）伐，佚仲、一豕爲求自保而逃走了。失仲、一豕是共同逃走的，所以下文説"一豕地仲之自行"。如果按照原釋文斷句，就成了傳説圍伐失仲，只有一豕爲自保逃走，則前後文意不貫通了。②

張卉女士讀"韋"爲"韋"，是"豕韋"之簡稱，并推定傳説所伐當爲彭姓豕韋，地在晉南平陸：

筆者認爲"韋"，從"宀"從"韋"，即"韋"，楚文字常常贅加"宀"作爲繁飾。"韋"在簡文中爲地名，在文獻中有迹可尋，《詩經·商頌·長發》："韋顧既伐。"鄭玄箋："韋，豕韋。"《漢書·古今人表》亦有"韋"。顏師古曰："豕韋國。"可知"韋"即"豕韋"。商代豕韋，勢力顯赫，《國語·鄭語》曰："大彭、豕韋爲商伯。"《漢書·韋賢傳》："肅肅我祖，國自豕韋，黼衣朱紱，四牡龍旂。彤弓斯征，撫寧遐荒，總齊群邦，以翼大商，迭彼大彭，勳績惟光。"但在武丁時期，豕韋被伐滅，《史記集解》引賈逵曰："祝融之後封於豕韋，殷武丁滅之。"……簡文"説于韋伐失仲"和文獻"祝融之後封於豕韋，殷武丁滅之"所言當爲一事，即武丁命傳説伐滅豕韋，"韋"是"豕韋"的簡稱。

……

傳世文獻稱豕韋在今河南滑縣，出土楚簡却稱其在晉南平陸，可知古代豕韋不止一處。……彭姓豕韋是祝融之後，爲夏代方國，又曾爲商伯，至"殷復興而滅之"，即武丁中興時被伐滅。因此不僅夏代孔甲時的豕韋爲彭姓，商代南庚、陽甲時的豕韋，及清華簡《説命上》中武丁命傳説討伐的豕韋皆爲彭姓。……從簡文可知此時"傅巖"爲豕韋國內地名，豕韋仍在晉南平陸一帶。③

---

① 子居：《清華簡〈説命〉上篇解析》，簡帛研究網，2013年1月3日。
② 王寧：《讀清華叁〈説命〉散札》，簡帛網，2013年1月8日。
③ 張卉：《清華簡〈説命上〉"説于韋伐失仲"考》，《考古與文物》2017年第2期，第119、120、121頁；首發於復旦大學出土文獻與古文字研究中心網，2013年12月28日。

王志平先生：

　　清華簡《説命上》"説于竃伐失仲"，整理者讀"竃"爲"圍"，訓"于"爲"往"。這樣一來，于、圍、伐將是三個動詞連用。傳世文獻中雖有三動詞連用之例，但終非常見。似乎仍以"竃"作專有名詞爲妥。不少網友即這樣理解。如子居讀爲"鄣"，引《吕氏春秋·慎大》："湯爲天子，夏民親鄣如夏。"高誘注："鄣，讀如衣。今宛州人謂殷氏皆曰衣。"而簡帛論壇 ee 網友指出似應讀爲"韋"，即豕韋氏所在"韋"。我們贊同 ee 網友的讀法。

　　韋是殷商王畿内的異姓諸侯，《詩·商頌·長發》："韋、顧既伐，昆吾、夏桀。"鄭箋："韋，豕韋，彭姓也。顧、昆吾皆己姓也。三國黨于桀惡，湯先伐韋、顧，克之。昆吾、夏桀則同時誅也。"陸德明《釋文》："韋、顧，二國名也。"王應麟《詩地理考》卷五《商頌》"韋顧"條云："《通典》：滑州韋成縣，古豕韋國。"陳奂《詩毛氏傳疏》卷三十："今河南衛輝府滑縣東南五十里有廢韋城。"即韋國在今河南滑縣境内。《國語·鄭語》"大彭、豕韋爲商伯矣"，韋昭注："豕韋，彭姓之别封于豕韋者。殷衰，二國相繼爲商伯。"又"彭姓：彭祖、豕韋、諸稽，則商滅之矣"，韋昭注："彭祖，大彭也。豕韋、諸稽，其後别封也。大彭、豕韋爲商伯，其後世失道，殷復興而滅之。"[①]

蔡麗利、譚生力先生：

　　圍可以指春秋時期的豕韋國，古書中豕韋又可以簡稱韋，在今河南滑縣。……我們認爲"于圍伐失仲"之事情，似乎和武丁時期伐豕韋國之事有關。由簡文來看，傳説最初爲失仲庸役之人，後爲武丁得之於傅巖，這説明傅巖和失仲之地竃相距不會很遠。但是史學家一般認爲豕韋在今河南滑縣，傅巖在今山西平陸縣，兩地有一定的距離，此韋恐并非河南滑縣之圍。……夏末商初韋姓人向各地逃亡……向西逃竄的一支在今陝西扶風縣，建立韋方國。

　　前文已經指出，圍和傅巖相距不會太遠。我們懷疑此竃當和西遷之豕圍有關。該竃進一步西遷，就到了今陝西扶風縣。從地形來看，從山西平陸到陝西扶風中間是寬闊的關中盆地，因此失仲一族由平陸附近遷往扶風是有可能的。鑒於以上認識，我們懷疑此竃應該距現今山西平陸不會太遠。[②]

---

　　① 王志平：《清華簡〈説命〉中的幾個地名》，陳偉主編：《簡帛》（第 9 輯），上海：上海古籍出版社，2014 年，第 147、148 頁。

　　② 蔡麗利、譚生力：《清華簡〈説命〉相關問題初探》，《古籍整理研究學刊》2014 年第 2 期，第 35 頁。

張倫敦先生：

簡文所述"說伐失仲"和卜辭所載"伐失"兩事應爲同一事件。據現有史料，兩次戰爭的時間皆在武丁執政的前期。簡文所記的"失仲"和卜辭記載的"失侯"或爲同一歷史人物，有理由將簡文中"說伐失仲"的事迹和卜辭中武丁對"失"的軍事討伐視爲同一歷史事件。據卜辭記載，"弜"是伐失的主將，這對簡文《說命》裏提到的小角色"弼人"的身份界定提供了間接比對的證據，儘管兩者在不同文本的敘事中扮演的角色懸殊，但從文本撰成的先後關係看，卜辭中記載的"弜"或許就是簡文中"弼人"的歷史原型。此外，據簡文所述，失仲（失侯）乃傅說踐之，在"赦俘之戎"中，傅說是核心人物，但在卜辭所記的伐失戰事中卻只字未提，相反商王武丁才是運籌各方勢力興師討伐失侯（失仲）的核心角色，而弜作爲王於興師次一級的事件人物也遠比傅說更爲重要且更爲高級。[1]

丁軍偉先生認爲不宜簡單將卜辭中伐"失"記載與《說命》傅說伐遾（失）宙（仲）事等同：

《史記・殷本紀》記載武丁即位初期得傅說；清華簡《說命》記載傅說拜相之後就征伐失仲，説明傅說伐遾（失）宙（仲）在武丁早期，前文我們已經指出卜辭中商王與失的戰爭主要發生在武丁早期至中期早段的組、賓間卜辭。雖然卜辭與清華簡《說命》記載伐失仲的時間相當，但是二者亦有區別。武丁中後期的賓組一類、歷組一類卜辭中很少有商王與失的戰爭，由賓組一類卜辭中失可以統領"多射"并稱爲"失侯"來看，此段時期内商王與失關係比較融洽，説明失已臣服商王并在王朝擔任要職，而清華簡《說命》記載傅說伐失仲的結果則是"一豕乃觀，保以逝。乃踐，邑人皆從。一豕陸（隨）宙（仲）之自行，是爲赤敧之戎。"雖然關於"遾（失）宙（仲）""赤敧之戎"學界尚有不同觀點，但是據簡文可知此次征伐對"遾（失）宙（仲）"的打擊是致命的，故其不可能短期内又在王朝任職并被封爲"失侯"。[2]

曹定雲先生：

清華簡《說命上》"說于圍伐失仲"，整理者將圍隸釋爲"圍"，認爲

---

[1] 張倫敦：《〈清華簡・説命〉所載傅説事迹史地鉤沉——兼論卜辭中的"雲奠河邑"》，《古代文明》2017年第3期，第66頁。

[2] 丁軍偉：《甲骨金文所見"失族"問題再論》，《殷都學刊》2018年第2期，第24頁。

是“圍攻”之“圍”，欠妥。有學者已指出，此鄣應釋爲“章”，即“豕章氏”所在之“章”，非常正確。“豕”即“豕章氏”，是“豕章氏”之圖騰孑遺。“説于鄣伐失仲”，是説傳説在“章”地伐失仲，“章”是地名，説明“失仲”屬“豕章氏”。而將“章”解釋爲“圍攻”之“圍”，是動詞。其區別顯而易見。將“章”釋爲“豕章氏”之“章”，爲地名，則文章前後豁然貫通。“豕章氏”是殷周時代一支重要的氏族……“豕章氏”就是以“豕”作爲其“圖騰”的氏族。[1]

侯傳峰先生：

“鄣”當是戰鬥發生之地，此處“鄣”釋爲“湯之本國”之“郭”，似有不妥。此處，張卉之説可從。[2]

（六）“一豕坒（隨）审（仲）之自行，是爲赤（赦）敦（俘）之戎”

整理報告僅注：

意云失仲逃走而其子隨之。戎，指兵事。

楊蒙生先生：

在圍伐的過程中，出現了這樣的情況：

一豕乃觀（旋）保以遆（逝）……一豕坒（馳）审（仲）之自行

簡文是説，傳説圍伐失仲時，其一子“不戰而退守”（注二〇），一子“隨之”（注二一）。以此處簡文的表達看，失仲的兩個兒子都在，但是上文却説“遧（失）审（仲）惠（違）卜，乃殺一豕”，明顯不合。其中原因，待考。

……

坒，釋文讀爲“隨”。蒙按，坒，即地字，疑讀爲驅馳之馳。……“一豕坒审（仲）之自行”意即“一豕自行馳奔仲之”……

赤，赦字聲符，自可讀爲“赦”。赦俘，當指圍伐之後，未對失仲之民及敗北者趕盡殺絶，俘而赦之，故稱。[3]

王寧先生：

“地”字原文寫法是上陀下土，原整理者讀爲“隨”。此字在《説明

① 曹定雲：《清華簡〈説命上〉“二戊豕”解——兼論〈説命〉的真實性與傳抄年代》，《中原文化研究》2019年第 2 期，第 89 頁。

② 侯傳峰：《清華簡〈説命〉集釋》，曲阜師範大學碩士學位論文，2020 年 3 月，第 28 頁。

③ 楊蒙生：《清華簡〈説命上〉校補》，清華大學出土文獻研究與保護中心網，2013 年 1 月 7 日；又見於楊蒙生：《清華三〈説命（上）〉校補》，《中國文字學報》（第 10 輯），北京：商務印書館，2020 年，第 73 頁。

中》(引按，當爲《説命中》)第 6 簡中用爲"地"，此當讀爲"脱"；"之"是語詞，相當於"而"，"一豕脱仲之（而）自行"，就是説一豕在逃亡途中離開了他父親失仲，自己走了，他這一支後來變成了"赤敪之戎"。①

侯乃峰先生：

簡文"是爲赤孚之戎"其實是想説，"赤孚之戎"就是"一豕"的後代。上文之所以强調佚仲生子"生二牡豕"，原因是很明顯的，因爲只有"牡豕"才具備繁衍後代的能力。先秦時期多將戎狄蠻夷視作犬豕之後，或以爲犬戎族的祖先是二白犬，故簡文編排"一豕"是"赤孚之戎"的始祖這種傳説亦在情理之中。②

劉國忠先生：

"戎"可以直接解釋爲戎人，"赤敪之戎"可能是指戎人的一支……清華簡《傅説之命》中的"赤敪之戎"，似乎也可以如"燕京之戎""余無之戎""始呼之戎""翳徒之戎""太原之戎""六濟之戎"等那樣，理解爲戎人中的一支。倘如此，全句似可解釋爲傅説率師討伐失仲，失仲敗，遂帶其部逃竄，人們稱其爲"赤敪之戎"。③

廖名春、趙晶先生：

"赤敪之戎"，整理者讀爲"赦俘之戎"，并注"戎，指兵事。"子居認爲其説誤。暮四郎於《初讀清華簡三筆記（草稿）》一帖已指出"'赤敪之戎'爲戎狄之名。"甚確。傳世文獻中，"某某之戎"的稱謂習見，多是以地名之，因此，"赤敪之戎"當即是赤敪之地的戎人。此句是説保着佚仲的那只豬和佚仲一起逃走，後來就繁衍爲"赤敪之戎"。楊蒙生則以整理者的意見爲是，并補充説：赤，赦字聲符，自可讀爲"赦"。赦俘，當指圍伐之後，未對失仲之民及敗北者趕盡殺絶，俘而赦之，故稱。案：整理者的意見是正確的。此文是講傅説的德政，是講傅説攻心的成功，故曰"敪俘之戎"。如果説是講"赤敪之戎"來源的話，就偏離了簡文的主題。文獻的習稱固然重要，上下文的意義、語境則更爲根本。④

---

① 王寧：《讀清華叁〈説命〉散札》，簡帛網，2013 年 1 月 8 日。
② 侯乃峰：《讀清華簡（三）〈説命〉脞録》，簡帛網，2013 年 1 月 16 日。
③ 劉國忠：《清華簡〈傅説之命〉別解二則》，李學勤主編：《出土文獻》（第 3 輯），上海：中西書局，2013 年，第 49 頁。
④ 廖名春、趙晶：《清華簡〈説命（上）〉考釋》，《史學史研究》2013 年第 2 期，第 98 頁。

張卉女士：

　　"彭姓豕韋"爲祝融之後，居於晉南，夏代孔甲時一度失國，商代曾爲商伯，武丁時命傅説伐豕韋首領失仲，失仲一子逃脱，成爲"赤俘之戎"。[①]

呂廟軍先生：

　　這裏的"赤俘之戎"釋作失仲父子逃走以後所形成的一個邊遠的民族，其義較勝。至於這個民族的發展究竟，尚待以後學者考證。[②]

陳樹先生：

　　我們認爲"赤"當爲"赦"之省，讀爲"捨"。……"敄"讀爲"孚"，通作"保"……古音保，幫紐幽部；孚，滂紐幽部，故聲近可通。……"保"有佑護義，《尚書·召誥》："今相有殷，天迪格保。"所謂"赤敄"，指捨棄上天的保佑。整句話緊接上句佚仲失敗，意思是"這是捨棄上天保佑的戰事"。[③]

張倫敦先生：

　　被失仲庸役的"使人"，不在少數，傅説是其一，據《周禮》對"圜土"的描述，這類庸役之人的生存環境較差。簡文言傅説攻伐失仲，"乃踐，邑人皆從"，此"邑人"蓋指居於城邑的失族人或管理俘人的官吏，除被失仲庸役的俘人，邑人也參與了此次圜土的暴動，群起響應傅説，遂一戰告捷，是爲"赦俘之戎"。[④]

王暉、張巧巧先生：

　　我們認爲這句是説在隨父親失仲迎敵交戰中的"一豕"（另一兒），逃離"自行"後，"邑人皆從"，這就是"赤俘之戎"。但清華簡《説命上》緊接着"是爲赤俘之戎"説："其惟説邑，在北海之州，是惟員（圜）土。"這句中代詞"其"是指代前面的"赤俘之戎"，"惟"相當於判斷作用的係詞"是""爲"，也就是説：這"赤俘之戎"就是"説邑"……

　　"赤俘之戎"應即春秋赤狄（古文獻"戎""狄"往往通用），而《史記·匈奴列傳》則説"晉文公攘戎翟，據河西圁、洛之間，號曰赤翟、白

① 張卉：《清華簡〈説命上〉"説于韋伐失仲"考》，《考古與文物》2017 年第 2 期，第 122 頁，首發於復旦大學出土文獻與古文字研究中心網，2013 年 12 月 28 日。

② 呂廟軍：《清華簡〈説命上〉篇失仲探微》，復旦大學出土文獻與古文字研究中心網，2015 年 2 月 5 日。

③ 陳樹：《清華簡〈説命上〉補釋》，《古籍整理研究學刊》2016 年第 3 期，第 39 頁。

④ 張倫敦：《〈清華簡·説命〉所載傅説事迹史地鈎沉——兼論卜辭中的"雲莫河邑"》，《古代文明》2017 年第 3 期，第 64 頁。

翟"。司馬遷這裏所説的赤翟和白翟皆居於今黄河之西的圜土與北洛水之間，其時代是春秋中期晉文公時。學者或懷疑司馬遷撰寫有誤，但我們認爲，把司馬遷此説和清華簡《説命上》謂殷商時期本居於北海之州"圜土之上"的"赤俘之戎"進行比較，就會發現赤狄原本居於圜水流域，後遷徙他所，晉文公又把這一支戎狄趕回老巢圜水一帶。其説應是淵源有自。①

連劭名先生：

"赤俘"，整理者讀爲"赦俘"。今按："俘"讀爲飆。孚、包同義。《説文》云飆字或體從包聲，字亦通熛。《周禮·小宗伯》云："兆五帝於四郊。"鄭玄注："赤曰赤熛怒，炎帝食焉。"又，《大戴禮記·千乘》云："西辟之民曰戎。"《説文》云："戎，兵也。"《周易》中南方卦曰離，離爲火，《周易·説卦》云："離爲戈兵。"

《禮記·月令》云："食麥與羊。"鄭玄注："麥食有孚甲。"疏云："豕爲水畜。"由豕而變爲"赤俘之戎"，含水火之義。天尊地卑，南上北下，"圜土"屬司寇。《春秋繁露·五行相勝》云："水者司寇。"北方爲水。《韓詩外傳》卷一云："傳曰：在天者莫明乎日月，在地者莫明乎水火，在人者莫明乎禮義。故日月不高則所照不遠，水火不積則光炎不博，禮義不加乎國家則功名不白。"《周易·乾》九五云："飛龍在天，利見大人。"《象》云："飛龍在天，大人聚也。"《文言》曰："九五曰：'飛龍在天，利見大人。'何謂也？子曰：'同聲相應，同氣相求。水流濕，火就燥。雲從龍，風從虎。聖人作而萬物睹。本乎天者親上，本乎地者親下，則各從其類也。'"②

（七）"亓（其）隹（惟）敓（説）邑，才（在）北𣅥（海）之州，是隹（惟）員（圜）土"

整理報告：

員，讀爲"圜"。圜土，《周禮·大司寇》注："獄城也。"《墨子·尚賢下》："昔者傳説居北海之洲，圜土之上。"孫詒讓《墨子間詁》引畢沅云："洲當爲州。"《書·説命》孔穎達《正義》："《尸子》云傳巖在北海

---

① 王暉、張巧巧：《清華簡〈説命〉"員（圜）土當今無定河流域考——兼論傳説之都"説邑"》，《中國歷史地理論叢》2021 年第 4 期，第 120、124 頁。

② 連劭名：《清華大學藏楚簡〈厚父〉與〈説命〉新證》，《文物春秋》2022 年第 2 期，第 30、31 頁。

之洲”，是《尸子》也有此說。《說命》孔傳則云：“傅氏之巖在虞、虢之界，通道所經，有澗水壞道，常使胥靡刑人築護此道，說賢而隱。代胥靡築之以供食。”《正義》祇說：“孔必有所案據而言之也。”

子居：

實則傅說非爲傅巖之人，因此“傅氏之巖”與“北海之洲，圜土之上”也非一地，《尸子》蓋誤合二地爲一。《說命》這裏是述及傅說本爲北海員土之人，既伐佚仲而勝，本當獻其地於武丁而還歸故土。所以才有下文的“說來，自從事于殷，王用命說爲公。”……可以看出，《墨子》所言“昔者傅說，居北海之洲，圜土之上”與清華簡《說命》文幾無差異，因此必是戰國時的《書》系《說命》篇的文句，而《國語·楚語上》的“得傅說以來，升以爲公”則雖與清華簡《說命》文意無別，但詞句大異，此亦可見先秦時期，《書》系篇章中的《說命》篇各有傳本，且詞句頗不相同。①

王寧先生：

此“惟”字用法當與殷墟卜辭中的“叀”字同，雖用爲語詞，但均含有作爲的語氣，此“其惟說邑”，意思應是分封給傅說一個采邑或封國。或者是王命傅說作邑的意思，那麼這三句當讀爲“其惟說邑在北海之州，是惟員土”，是說王讓傅說在北海之州建立城邑，就是員（圜）土。圜土是古代監獄的稱謂，傅說建立的這個城邑可能是殷代用來關押犯人的地方，所以後來有傅說爲胥靡（囚犯）之言，蓋由此誤解。監獄務求高峻牢固，固（引按，當作“故”）其邑有“傅巖“或”傅險“之稱。②

廖名春先生：

子居否定《尸子》之說，以“北海之州”與“傅巖”非一地是正確的，“北海之州”是傅說的封邑，也可以說是傅說的家鄉，而“傅巖”并非傅說的家鄉，只是傅說客居之地，是他打苦工的地方。③

張卉女士：

傅說遇武丁之前，曾居於北海之洲、圜土之上，爲庸於傅巖，傅巖

① 子居：《清華簡〈說命〉上篇解析》，簡帛研究網，2013 年 1 月 3 日。
② 王寧：《讀清華叁〈說命〉散札》，簡帛網，2013 年 1 月 8 日。
③ 廖名春：《清華簡〈說命中〉的內容與命名》，《揚州大學學報（人文社會科學版）》2014 年第 4 期，第 85 頁。

屬於北海之洲。……傳説曾在失國爲失仲之庸，勞作於傅巖，傅巖爲“失”國之地名。……“其惟説邑，在北海之州，是惟圍土”，即武丁把失仲之“失”國賜予傅説作爲封邑，其地在“北海之州”，“圍土”之上。從上可知，文獻中傅説居處的地點包括“傅巖”“北海之州”“圍土”“失”等四個地名，此四地或有大小之分，統屬之別，相距不遠。……傅巖在虞虢交界處，今山西平陸縣。“北海之洲”“圍土”“失國”亦當在此附近，即晉南豫西一帶。①

張倫敦先生：

北海之州，顧名思義，當更在極北懸遠之地，孫詒讓云：“虞、虢界近南河，距北海絶遠，《墨子》《尸子》説蓋與漢晉以後地理家異。”在後人的地理認知中，晉南爲傳統的華夏之地，是中原的核心組成部分，若冠以“北海之州”這類名號實難令人接受，孫詒讓對“虞、虢之界”的質疑似也合乎情理。但上古之事距今久遠，今人以爲怪異者，古人則平常看之，此時代文化隔膜所致。故在探究北海之州時，須注意當時的歷史、地理因素，要以當時的“天下觀”去理解當時的地理概念……

員、雲和運三字上古音都在匣母文部，音同字通，三字互通已爲慣例，那麼簡文所載“是惟員土”即“是惟雲土”，“雲土”也作“運土”，由韋昭注“南北爲運”可推知此運土是或南或北之地，且據簡文“在北海之州，是惟員土”，則運土別名北海之州，亦即北運之土也……簡文所載的“員土”（雲土）可能就在今山西南部的運城盆地内，北海就是古代著名的河東鹽池，又名解池，今統稱運城鹽池……

（《國語·鄭語》）“謝西之九州”在“豫西渭南群山中”……謝西之九州在文獻上的征信，爲北海之州的總定位提供了重要依據，晉南運城盆地在豫西渭南群山之北，因此就地理體系言，北海之州（北運之土）蓋就是謝西小九州的北疆之土。《説文》：“海，天池也，以納百川者”，雲（引按，當爲“運”之誤）城鹽池在古人的方言表述中亦可謂之海，在上古温潤的氣候環境下，鹽池規模較之今日當更爲可觀。北運既爲北海之州，是惟雲土，自夏商鼎革以來，其地就成爲殷商在西土重要經營的地區。②

---

① 張卉：《卜辭中的“雀”與文獻中的“傅説”》，《中原文物》2017 年第 3 期，127 頁。

② 張倫敦：《〈清華簡·説命〉所載傅説事迹史地鉤沉——兼論卜辭中的“雲奠河邑”》，《古代文明》2017 年第 3 期，第 68、69 頁。

劉光勝先生：

傅巖在山西省平陸縣，北海之州在渤海一帶，現在依據清華簡《傅説之命》，《墨子》《尸子》兩書將"傅巖地理位置定在北海之州"的錯誤記載應予以澄清。傳説築城傅巖在先，他封邑北海之州在後，《墨子》《尸子》兩書對原材料摘抄時，誤將不同時期的材料混抄在一起，造成了後人對傅巖和北海之州地理位置的誤讀……

傅説的封邑在北海之州，稱"圜土"。《傅説之命》明確説"圜土"是傅説的封邑，學界此前將"圜土"理解爲監獄，以此作爲證據，推斷傅説的身份是刑徒，現在看來也值得商榷。[①]

侯傳峰先生：

在北海之州的員土就是傅説的封邑。整理者釋"員"爲"圜"，非是。圜土是監獄，是傅説打苦工的地方，武丁怎會將這一地區分封給剛剛取得戰功的傅説呢。而且，員屬匣母文部，圜屬匣母元部，二字聲母雖同，韻母却不通。員土，此處或從張倫敦之説，作"運土"，運土別名北海之州，亦即北運之土也。[②]

鄔可晶先生則對"説邑"與"圜土"的關係及"説邑"名稱的由來提出新見：

從行文看，"其惟説邑"顯然指前面剛剛提過的佚仲氏之子"一豕"及其所從邑人原先居住之邑。……大概佚仲氏及其族人逃走淪爲"赤狄之戎"後，被"圍伐"的佚仲氏之邑就自然歸傅説占有（可能已獲商王武丁的首肯），故曰"説邑"（另參下文）。……"説邑"被稱爲"圜土"，整理者引《周禮·秋官·大司寇》鄭玄注"獄城也"解之。按《釋名·釋宮室》釋"獄"之別名"圜土"之義："言築其表牆，其形圜也。"《周禮·地官·比長》"若無授無節，則唯圜土內之"，鄭玄注："圜土者，獄城也。獄必圜者，規主仁，以仁心求其情，古之治獄，閔於出之。"鄭注附會"仁心"，不如《釋名》所説切實。不過，古人也可能因其城外有表牆或小土城圜圍，故名之爲"圜土"。

"圜土"應該本非獄城的專名，從其字面意思看，最初大概只是形容"築其表牆，其形圜也"或爲表牆、外城圜圍之地的。……頗疑古代曾有築"保（堡）""圍伐"的作戰方法由傅説首創的傳説，這可能也是稱被

① 劉光勝：《清華簡〈傅説之命〉與傅聖生平事迹新探》，《古代文明》2018 年第 4 期，第 38 頁。
② 侯傳峰：《清華簡〈説命〉集釋》，曲阜師範大學碩士學位論文，2020 年，第 34、35 頁。

"保（堡）"圍圍的邑爲"説邑"的一個重要原因，此"説邑"因其獨特格局而得"圜土"之名。①

王暉、張巧巧先生則認定"圜土"爲一具體地名，并推斷"説邑"在今無定河流域：

> 這兩個"惟"字均爲判斷句中的系動詞，如上引語言學家所説是"是""爲"之義。上句是説"這（指赤俘之戎）就是説邑"，下句是説説邑在北海之州，"這（指'説邑'）就是圜土"。可知"圜土"實際上是一地名。"北海之州"是指一個大的區域範圍，"圜土"就是後來封給傅説的"敓（説）邑"，亦即前文所説的"赤俘之戎"的居住地，三名實爲一地，是指一個具體地名。
>
> ……
>
> "北海"之"海"并非今日所説海洋之義，而應如古代學者所説是一個"荒晦絶遠之地"……以此看來，傅説所封"説邑"在北方荒晦絶遠的"北海之州"，"是惟圜土"，也就是説"圜土"在北方荒晦絶遠之地。……我們認爲"圜土"應位於戰國秦漢時上郡圜水下游的圜陰、圜陽一帶。……西漢時期就已經明確記載有圜水，圜水下游有圜陰、圜陽二縣之名，屬西河郡所轄，也作"圁"。……"圜"異文作"圁"，"圜"古音匣母元部，"圁"疑母元部，二字韻部相同聲母相近，可以通假。……至少在戰國時已出現"圜陽縣"。
>
> ……
>
> 圁水爲今之無定河，不僅歐陽忞《輿地廣記》等古文獻有明確的記載，而且已有出土碑刻銘文相佐證……吳鎮烽曾據古文獻和出土文字資料對《水經注》所言圁水經過之地進行一一考證，證實圁水指的就是無定河，我們認爲吳氏考證是可信服的。而《水經注·河水注三》"又南過離石縣西"中記載奢延水所經之道，奢延水所經過的奢延縣、統萬城、膚施縣等亦都位於無定河流域。而圁水、奢延水本爲同一條河流，都是今無定河……無定河發源於定邊縣白於山北麓，上游爲紅柳河，流經靖邊新橋後稱爲無定河，流經定邊、靖邊、米脂、綏德等縣，由西北向東南注入黄河，符合"北海之州"的範圍。……可見傅説之邑在今無定河流域。②

---

① 鄔可晶：《清華簡〈説命上〉5—7 號簡解釋》，《古文字研究》（第 33 輯），北京：中華書局，2020 年，第 491 頁。

② 王暉、張巧巧：《清華簡〈説命〉"員（圜）土"當今無定河流域考——兼論傅説之都"説邑"》，《中國歷史地理論叢》2021 年第 4 期，第 121-124 頁。

第8節　《説命中》（第3册）地理史料匯證

《説命中》簡1—3、5、6：

敓（説）迷（來）自尃（傅）厰（巖）^(一)，才（在）鑿（殷）。武丁朝于門，内（入）才（在）宗……【一】……武丁曰："……【二】我先王烖（滅）顗（夏），焚（燮）鄧，戜（捷）蕎（蠢）邦^(二)……【三】……复（且）天出不恙（祥），不敺（徂）遠，才（在）至（厥）胳（落）^(三)，女（汝）克【五】睍（覤）見（視）四方，乃府（俯）見（視）堅（地）……"

【注　釋】

（一）"敓（説）迷（來）自尃（傅）厰（巖）"

此句整理者無説。

子居：

> 本篇首句稱"説來自傅巖，在殷。"正對應於上篇的"説于郭伐佚仲"。傅説從殷地出發，戰勝佚仲後又歸於殷地。句中稱"來自某地"可與《尚書·多士》的"朕來自奄"及《尚書·多方》的"王來自奄"相印證。於先秦時，自戰國以降，即不見此類句式，這説明清華簡《傅説之命》當不會晚至戰國時期。^①

廖名春先生：

> 清華簡《説命中》開篇説的"説迷自傅巖"之"傅巖"，與清華簡《説命上》結尾説的"其惟説邑，在北海之州，是惟圉土"，説來之"北海之州"，并非同一地點。《書·説命上》舊題孔安國《傳》："傅氏之巖，在虞、虢之界，通道所經，有澗水壞道，常使胥靡刑人築護此道。説賢而隱，代胥靡築之以供食。"孔穎達《正義》："《傳》言虞、虢之界，孔必有所案據而言之也。"是肯定了孔《傳》之説而不以《尸子》之説爲然。如此"北海之州"與"傅巖"就是絶不相同的兩地了……

> 清華簡《説命中》開篇説的"説迷自傅巖"，是説傅説是從其打苦工的地方——"傅巖"招徠的。下文"汝迷惟帝命"之"迷"也是如此，應當訓爲"招徠"，而不應讀爲一般性的"來"。……這兩個"迷"的地

---

① 子居：《清華簡〈傅説之命〉中篇解析》，簡帛研究網，2013年1月3日。

點都是同一個地方，是"傅巖"而不是"説邑"，傅説的封邑——"北海之州"，是可以肯定的。[①]

侯傳峰先生：

子居言傅説在殷地出發，征討佚仲，恐非。此句當是對傅説來歷的簡要介紹，與《傅説之命（上）》第七簡的内容可參看。[②]

（二）"我先王泧（滅）頧（夏），燮（燮）弨，戬（捷）蟊（蠢）邦"

整理報告：

《詩·大雅·大明》"燮伐大商"，馬瑞辰《傳箋通釋》讀"燮"爲"襲"。

"戬"字从戈，據三體石經《春秋》僖公三十二年"捷"字古文讀爲"捷"，見管燮初《説戈》（《中國語文》一九七八年第三期），在此爲戰勝之義。蠢邦指不服統治的邦國，《小雅·采芑》"蠢爾蠻荆"，傳："蠢，動也。"

王寧先生：

疑當讀爲"我先王滅夏，燮强捷蠢邦"，"燮"訓和，"蠢邦"仍當指夏，殷稱夏爲"蠢邦"，就象周稱殷爲"蠢殷"，"燮强捷蠢邦"是對上一句的補充，此二句的意思我先王滅夏的時候，是協和了諸多强國才戰勝了那個蠢邦（夏）。[③]

趙平安先生：

弨字作之形，從邑弨聲，整理報告讀爲"强"。從戰國文字用字習慣看，强弱的"强"一般作弨，或用在弨上加力的字表示。有時也用在弨上加蟲或者加心的字表示。在弨上加力是表强弱的專字，用加蟲加心的字表示則是使用假借字。把弨讀爲强也是把弨看作强的假借字。不過弨的情況比較特殊：它是新出字形，前所未見；同類型的字戰國時極多，往往是國族名或地名的專用字。結合文例看，把弨理解爲國族名或地名也是很合適……

弨很可能就是甲骨金文中的弘……在甲骨文中，弘用爲名詞，是人名、國族名、地名三位一體的。……弘作爲地名的性質在下列卜辭中最爲顯豁……

---

① 廖名春：《清華簡〈説命中〉的内容和命名》，《揚州大學學報（人文社會科學版）》2014 年第 4 期，第 85 頁。

② 侯傳峰：《清華簡〈説命〉集釋》，曲阜師範大學碩士學位論文，2020 年，第 38、39 頁。

③ 王寧：《讀清華叁〈説命〉散札》，簡帛網，2013 年 1 月 8 日。

商、西周時期的弘，因爲是國族名或地名，所以後來加上邑旁。簡文"燮郙"，是"襲伐郙"的意思。"滅""襲""翦"三個動詞和後面的"勝"文意相貫。弘這個國族夏商之際雖然被商襲伐打敗，但并未亡國，後世存續時間很長。這樣看來，"燮郙"可能反映了夏商之際一段重要的歷史事實，一段傳世文獻失載的事實。[①]

趙平安先生後來又進行了進一步研究：

弘與吾的地望即羅琨先生所說的"晉西南及相鄰的陝西一些地區"比較接近。考慮到甘肅省東南部有強氏，弘在甘肅東南部的可能性是很大的。氏族強氏可能來源於弘。

甘肅東南部的強氏出自氐族，而氐族來源向來莫衷一是。魚豢《魏略·西戎傳》稱氐人"乃昔所謂西戎在於街、冀、獂道者"。街、冀、獂道均屬於天水郡，街，即街泉縣，治今甘肅省莊浪縣東南；冀縣，治今甘肅甘谷縣東；獂道縣，治今甘肅省隴西縣東南。魚豢所云氐先人爲街、冀、獂地區諸戎，正與氐族的傳統地區相符，也與弘的活動區域相符。這容易讓人產生聯想：弘可能是氐族的來源之一。[②]

王志平先生：

清華簡《説命中》"故我先王滅夏、燮郙、捷蠢邦"，整理者讀"郙"爲"強"。簡帛論壇 mpsyx 網友指出所謂"強"字从"邑"，當是一個國邑的名字。"蠢邦"似泛指蠢動不安之邦。三者并列，當各有所指，如以爲單指"夏"，則爲不詞。其說甚是。趙平安教授進而讀爲甲骨文、金文中用爲國族名、地名的"弘"字。但此處與"滅夏""捷蠢邦"并列，則"燮郙"應當也是商湯滅夏前後的對外戰爭。而商代對外戰爭中，"韋、顧既伐，昆吾、夏桀"（《詩·商頌·長發》），這些都是著名的討伐對象。頗疑此"郙"當即"韋、顧既伐"之"顧"。強爲群母陽部字，雇、顧爲見母魚部字，扈爲匣母魚部字。見匣群音近，魚陽對轉，故可通假……

顧國地望舊有兩説。其一爲今河南范縣……楊伯峻《春秋左傳注》據《讀史方輿紀要》："顧即《商頌》'韋、顧既伐'之顧國，在今河南范縣舊治東南五十里。齊地。"其二爲河南原陽縣。甲骨文有"雇伯"（《合》13925）的記載，征夷方卜辭屢有"在雇"（《合》36485）、"在師雇卜"（《合》24347）之語。王國維認爲卜辭的"雇"即扈……陳夢家則認爲顧

① 趙平安：《清華簡〈説命〉"燮郙"考》，清華大學出土文獻研究與保護中心網，2013 年 5 月 16 日。
② 趙平安：《清華簡〈説命〉"燮郙"考》，李宗焜主編：《古文字與古代史》（第 4 輯），臺北："中央"研究院歷史語言研究所，2015 年，第 441 頁。

即卜辭的"雇",也即在今河南原陽縣原武鎮的"扈"。其實顧、扈有別,不必同一。征夷方卜辭的"雇"可能也應指今河南范縣之"顧"而非河南原陽縣之"扈"。①

張崇禮先生:

鄄,當釋爲"疆",邊疆、疆土。燮疆,協和安定边疆。疆,可以指邊境的城邑,《國語·晉語》:"蒲與二屈,君之疆也。"所以"鄄"字從邑。②

王寧先生後來又在另文中指出:

此字(引按,指"鄄")很可能是個合文,右旁"口"下的"二"既是文字構件,也充當合文符號,楚簡中這種合文符號一般也寫在字形里,如包山楚簡的"之日"寫作""(2.225),"之歲"寫作""(2.4),"小人"寫作""(2.142),例多不煩備舉。故疑此字當讀爲"强邑"二字,二句讀作"燮强邑,捷蠢邦",……"强邑"即"强國","强國"乃先秦兩漢書中常見的詞彙。《爾雅·釋言》:"蠢,不遜也。""不遜"即"不愻",《説文》:"愻,順也",段注:"訓'順'之字作'愻',古書用字如此。凡'愻順'字從心,凡'遜遁'字從辵。今人'遜'專行而'愻'廢矣。""蠢邦"即不順之國,當指敵國。

廖名春先生認爲"燮"仍當從《毛傳》訓"和也",云:"簡文'我先王滅夏,燮强,捷蠢邦',是説'我先王'團結諸'强',滅掉了夏,戰勝了那些不服從王化的邦國。"

按:廖先生説可從。"燮"字《爾雅·釋詁》《説文》皆訓"和也",其義當同於《書·堯典》"協和萬邦"之"協和",這裏當是"聯合"之意。……"燮强邑,翦蠢邦"即聯合强大的友邦,翦滅不順的敵國。《詩·長發》言湯征伐夏的過程是"韋顧既伐,昆吾夏桀",則"蠢邦"蓋指韋、顧、昆吾、夏等敵國。③

李美辰女士:

"强",該字爲新出字形,從"邑"疑與地名有關。應是商湯所聯合的方國。但地望幾何,尚没有頭緒。

---

① 王志平:《清華簡〈説命〉中的幾個地名》,陳偉主編:《簡帛》(第9輯),上海:上海古籍出版社,2014年,第149-151頁。

② 張崇禮:《清華簡〈傅説之命〉箋釋》,復旦大學出土文獻與古文字研究中心網,2014年12月18日。

③ 王寧:《清華簡〈説命〉補釋五則》,簡帛網,2016年2月19日。

"强"字在楚簡中的寫法主要有三種：

說命中·03　繫年50　包三·二七八

可見，如果不是表示地名，那麼加"邑"旁實在沒有必要。

"滅夏""燮强"均爲"動詞+名詞"形式，所以"强"在此處應爲名詞，消滅夏朝，協和强國。王寧說鄙下兩橫畫爲合文符號，不準確，兩橫畫爲羨符而已。[①]

馮勝君先生：

商湯滅夏過程中，所翦滅的國族當不在少數，所謂"韋、顧既伐，昆吾、夏桀"（《詩·商頌·長發》），亦不過舉其犖犖大者而已。所以將簡文"鄙"指爲特定國族如"妲"或"顧"，於文義均有所未安。廖名春（2013）、王寧（2013）均將"鄙"理解爲複數，指衆多强國，"燮鄙"意爲協和、團結衆强國，於義較長。[②]

（三）"不虘（徂）遠，才（在）叾（厥）胳（落）"

整理報告：

"徂"訓"及"，見《經傳釋詞》卷八。"落"訓"始"，見《周頌·訪落》傳。

王志平先生：

清華簡《說命中》"且天出不祥，不徂遠，在厥胳"，整理者讀"胳"爲"落"。注云："'落'訓'始'，見《周頌·訪落》傳。"子居認爲"胳"當讀如原字，即腋下。後世有"變生肘腋"的成語，這裏的"胳"正與上文的"遠"相對。我們第一印象是讀爲春秋地名的"厥貉"。《春秋》文公十年"冬，狄侵宋，楚子、蔡侯次於厥貉"，《公羊傳》作"屈貉"。地在今河南省項城縣境。但文獻中未見武丁時此地有出"不祥"的記載。

因此我們懷疑"胳"當讀爲"洛"或"亳"……"亳"既指西亳，在今偃師……"胳"（亳）或以洛水得名，并非不見於早期文獻。古書中有商湯伐有洛氏的記載……[③]

---

① 李美辰：《清華簡武丁類文獻集釋與研究》，吉林大學碩士學位論文，2016年，第67頁。

② 馮勝君：《清華簡〈尚書〉類文獻箋釋》，上海：上海古籍出版社，2022年，第253頁。

③ 王志平：《清華簡〈說命〉中的幾個地名》，陳偉主編：《簡帛》（第9輯），上海：上海古籍出版社，2014年，第151、153、154頁。

第9節 《殷高宗問於三壽》（第5冊）地理史料匯證

《殷高宗問於三壽》簡1、10、23、24：

高宗觀於匋（洹）水之上^(一)，參（三）壽與從。

高宗乃𩕳（問）於少壽曰：“尔（爾）是先生，尔（爾）是【一】智（知）二又（有）邺（國）^(二)之請（情），……”……

高宗乃言曰：“……【七】……殷邦之𡧛（妖）蓋（祥）并记（起）……四昏（海）之尸（夷）則复（作），九牧九矣（有）牆（將）芒（喪）^(三)……【一○】……”

彭且（祖）曰：“……我𥬇（寅）晨共（降）绎（在）九厇（宅）^(四)，膣（診）顗（夏）之逼（歸）商……甫（用）肖（尊）卲（昭）句（后）成湯，弋（代）傑【二三】專（敷）又（佑）下方。”

【注　釋】

(一)“高宗觀於匋（洹）水之上”

整理報告：

高宗，殷高宗武丁。《書·高宗肜日》：“高宗肜日，越有雊雉。”《史記·殷本紀》：“帝武丁崩，子帝祖庚立。祖己嘉武丁之以祥雉爲德，立其廟爲高宗。”匋，“原”本字，疑母元部，讀匣母元部之“洹”。洹水，位今河南安陽市北。《左傳》成公十七年“聲伯夢涉洹”，杜注：“洹水出汲郡林慮縣，東北至魏郡長樂縣入清水。”《史記·項羽本紀》“項羽乃與期洹水南殷虛上”，應劭注：“洹水在湯陰界。殷虛，故殷都也。”

馬文增先生：

觀，觀察，審視，《說文》：“觀，諦視也”；洹水，洹河，在今河南省安陽市北部，亦稱安陽河；上，高處，“洹水之上”意洹河峽谷的高崗。^①

郭倩文女士：

匋，即邍，“原”字初文。邍，金文作：🖼史𣪘𣪘、🖼散氏盤、🖼魯原鐘等，從夊，從彳或從辵，從象，或從田。楚系文字省作“备”：🖼（上

---

① 馬文增：《清華簡〈殷高宗問于三壽（上）〉新研》，《殷都學刊》2019年第4期，第40頁。

博三《周易》簡9）。匋于"备"形上加"勹"形，爲"原"字新見字形。簡文中讀爲"洈"，洈水，河名。①

（二）"二又（有）郹（國）"

整理報告：

二有國，指兩個朝代，如清華簡《皇門》："我龖（聞）昔才（在）二又（有）或（國）之折（哲）王則不共（恐）于卿。"其二有國即夏、商，本篇所指年代或更早。

（三）"九牧九矣（有）牂（將）芒（喪）"

整理報告：

九牧，九州之牧。《左傳》宣公三年"貢金九牧"，杜注："使九州之牧貢金。"矣，讀爲"有"，皆匣母之部字。九矣，即九有，指九州。《詩·玄鳥》"方命厥后，奄有九有"，毛傳："九有，九州也。"《荀子·解蔽》楊倞注："九有、九牧，皆九州也。撫有其地則謂之九有，養其民則謂之九牧。"

王寧先生：

九牧，本指九州之長，亦用作九州之代稱，《荀子·解蔽》："文王監於殷紂，故主其心而慎治之，是以能長用呂望而身不失道，此其所以代殷王而受九牧也。"楊注："九牧，九州也。""九矣"如果讀爲"九有"，仍然是九州之意，似乎是重複，疑當讀爲"九垓"，亦作"九陔""九閡"，《說文》："垓，兼垓八極地也。《國語》曰：'天子居九垓之田。'"段注："凡四方所至謂之四極，八到所至謂之八極。《淮南書》曰'八紘之外乃有八極'，非此義也。兼備八極之地謂之垓。《鄭語》曰：'王者居九畡之田，收經入以食兆民'，韋云：'九畡，九州之極數也。'"此處九矣（垓）殆謂九州以外之遠地，王勢力所能極者。②

（四）"我皆（寅）晨共（降）紑（在）九尾（宅）"

整理報告：

我，頃刻間，《說文》："或說我，頃頓也。"亦可作"俄"，《公羊傳》

---

① 郭倩文：《〈清華五〉〈上博九〉集釋及新見文字現象整理與研究》，華東師範大學碩士學位論文，2016年，第177頁。

② 王寧：《讀〈殷高宗問於三壽〉散札》，復旦大學出土文獻與古文字研究中心網，2015年5月17日。

桓公二年"俄而可以爲其有矣",何休注:"俄者,謂須臾之間,制得頃也。"畠,從均聲,讀爲同在喻母真部之"寅"。《論衡·調時》:"平旦寅。"共,見母東部字,讀爲冬部之"降"。九宅,或指周天之八方加中央九個方位。《楚辭·離騷》"指九天以爲正兮",王逸注:"九天,謂中央、八方也。"《淮南子·原道》"以馳大區",高誘注:"區,宅也。宅謂天也。"宅、度同,《太玄·玄告》:"周行九度",范望注:"度,居也。"

王寧先生:

"九宅"當指九州,《秦公簋》言"鼎宅禹責(績)",《叔夷钟》言"虩虩成唐,又嚴在帝所,溥受天命,翦伐夏司,敗厥靈師,尹少臣惟輔,咸有九州,處禹之堵。""禹績""禹之堵"即"九州",九州人所宅處,故曰"九宅",相當於後言之"天下"。蓋商湯始取天下,廣伐葛、韋、顧、昆吾等不服之國,《竹書紀年》言"湯有七名而九征",最後才是滅夏,故曰"我均振攻茲九宅"。[1]

馬文增先生指出"九宅"即天下。[2]

第 10 節 《程寤》(第 1 冊)地理史料匯證

《程寤》簡 1—4:

大(太)姒夢見商廷隹(惟)棘(棘),迺孚_(小子)璽(發)取周廷杍(梓)桓(樹)于氒(厥)閒(間),愚_(化爲)松柏棫柞。【一】……敝(幣)告【二】宗方(祊)杢(社)褬(稷),忎(祈)于六末山川^(一),攻于商神,賝(望),承(烝),占于明堂^(二)。王及大(太)子發并拜吉夢,受商命【三】于皇帝_(上帝)。

【注 釋】

(一)"敝(幣)告【二】宗方(祊)杢(社)褬(稷),忎(祈)于六末山川"

整理報告:

宗祊,《國語·周語》韋注:"廟門謂之祊。宗祊,猶宗廟也。"六末,疑指天地四方。

---

① 王寧:《讀〈殷高宗問於三壽〉散札》,復旦大學出土文獻與古文字研究中心網,2015 年 5 月 17 日。
② 馬文增:《清華簡〈殷高宗問于三壽(下)〉新研》,《殷都學刊》2017 年第 4 期,第 17 頁。

邢文先生認爲“六末”指上下四方之末。[①]

張崇禮先生認爲“六末”大致與“六極”相同。程浩先生認爲釋爲“末”之字當爲“宋”字之變，讀爲“宗”，《尚書·堯典》：“禋於六宗，望於山川”。王寧先生認爲“天地四方”在先秦稱“六合”“六極”，但不見稱“六末”者，且先秦祭祀天地四方從來不統稱爲“六合”“六極”，如《周禮·春官》曰：“以玉作六器，以禮天地四方。”《禮記·曲禮下》：“天子祭天地，祭四方，祭山川，祭五祀，歲徧。”漢代《禮緯含文嘉》才有“皇帝祭六合、宗廟、六宗、五岳”認爲《堯典》之“六宗”即《左傳》之“六物”。黃懷信先生指出“六末”未詳，《黃帝内經》和《管子·内業》有“四末”，謂四肢。[②]

趙思木先生：

> 《程寤》所謂“六末”……讀爲“六物”，指“歲時日月星辰”，向這“六物”祈禱，因爲它們是影響占夢結果的因素。[③]

（二）“攻于商神，膛（望），承（烝），占于明堂”

整理報告：

> 攻，《周禮·大祝》注：“攻、說，則以辭責之。”《論衡·順鼓》：“攻者，責也，責讓之也。”商神，殷商之神，恐其作祟，故責之。
>
> 望，《淮南子·人間》注：“祭日月星辰山川也”，與上文合。
>
> 烝，《詩·天保》傳：“冬曰烝。”周正月建子，有冬至節。

趙思木先生：

> “望”若依《淮南子》說，則與上文重複。以“承”爲“烝”，說較牽強。裘錫圭以“望承”爲人名，可信。殷墟卜辭有方國名“望乘”，頗疑“承（禪母蒸部）”當讀爲“乘（船母蒸部）”，殷墟卜辭貞人之名常以氏族名爲之，“望乘”或即来自“望乘”方國的貞人。
>
> “明堂”一直是經學史上糾葛不清的問題。《程寤》謂在明堂占夢（“夢”是天意），可能與明堂爲祭天場所有關。《儀禮》中的占卜是在廟門之外，如《士冠禮》，鄭玄認爲這樣做是爲了避免使人理解爲占卜是廟神在起作

---

① 邢文：《清華簡〈程寤〉釋文所見祭禮問題》，簡帛網，2011 年 1 月 9 日。

② 轉引自趙思木：《清華大學藏戰國竹簡（壹）集釋及專題研究》，華東師範大學博士學位論文，2017 年，第 87 頁。

③ 趙思木：《清華大學藏戰國竹簡（壹）集釋及專題研究》，華東師範大學博士學位論文，2017 年，第 87 頁。

用，而非天神起作用。明堂是祭天場所，所以在明堂占夢，是爲了顯示天意，與下文"受商命于皇上帝"相合。①

第 11 節 《保訓》（第 1 册）地理史料匯證

《保訓》簡 1、4、8：

佳王辛＝（五十）年……［王］若曰："……【一】……昔銮（舜）舊复（作）火＝（小人），<u>親勘（耕）於禹（歷）茅</u>⁽⁻⁾……【四】……昔峉（微）叚（假）中于河，以逯（復）又＝易＝（有易），有易）怀（服）卒（厥）皋（罪）。峉（微）亡（無）禹（害），逦（乃）追（歸）中于河。【八】……"

【注　釋】

（一）"親勘（耕）於禹（歷）茅"

整理報告：

親字簡文作"親"，從見，辛聲，"親"字異體。勘，即"耕"字異體。親耕於禹茅，上海博物館簡《容成氏》"昔舜耕於禹丘"，郭店簡《唐虞之道》"舜耕於草茅之中"，《管子·版法》《墨子·尚賢中》《吕氏春秋·慎人》《韓詩外傳》卷七等皆言舜耕於"歷山"。茅、丘音近可通。

清華大學出土文獻研究與保護中心：

"茅"，或以爲"莔"字之誤，字當即"苴"，古音見母之部，在此讀爲溪母之部的"丘"。上海博物館簡《容成氏》："昔舜耕於歷丘。"②

李學勤先生：

"禹（歷）茅"似難理解爲歷山之草茅。③

趙平安先生：

"舜親耕于禹茅"，"禹"指"禹山"，"茅"指"草茅"。郭店簡《窮達以時》："舜耕於禹山，陶拍於河浦，立而爲天子。"上博簡《子羔》："堯之取舜也，從諸草茅之中，與之言禮。"可知禹茅應指禹山草茅。④

---

① 趙思木：《〈清華大學藏戰國竹簡（壹）〉集釋及專題研究》，華東師範大學博士學位論文，2017 年，第 88 頁。
② 清華大學出土文獻研究與保護中心：《清華大學藏戰國竹簡〈保訓〉釋文》，《文物》2009 年第 6 期，第 74 頁。
③ 李學勤：《清華簡〈保訓〉釋讀補正》，《中國史研究》2009 年第 3 期，第 6 頁。
④ 趙平安：《〈保訓〉的性質和結構》，《光明日報》2009 年 4 月 13 日。

陳偉先生將"鬲茅"讀爲"歷嶅":

4 號簡記云:"昔舜舊作小人,親耕于鬲(歷)茅"。釋文以"茅"屬上讀,說"或以爲'苴'字之誤,字當即'箮',古音見母之部,在此讀爲溪母之部的'丘'。上海博物館簡《容成氏》:'昔舜耕于歷丘。'"今按,茅疑讀爲"嶅"。《說文》:"嶅,山名。"丁福保《詁林》引雲青案:"唐寫本《唐韻·十遇》'嶅'注引《說文》'丘也',唐寫本《玉篇》引同。二徐本誤作'山名',非是。"《詩·國風·式微》"旄丘"釋文:"音毛丘,或作古北字。前高後下曰旄丘。《字林》作墊,云:'墊,丘也,亡周反。又音毛。'山部又有嶅字,亦云:'嶅,丘,亡付反,又音旄。'"是嶅訓丘,"歷茅(嶅)"與"歷丘"同指。①

高嵩松先生:

"親耕于鬲茅"的"茅",各家多根據上博簡的"歷丘"而釋作"丘",我則以爲是"畝"的假借字。②

李零先生:

"茅",釋"茅"不誤,讀"丘"可疑。"鬲茅",可能是"歷丘之茅"的縮語(李守奎先生在會上指出)。③

肖曉暉先生認爲"親耕于鬲茅恐救中"一句應斷爲"親耕于鬲,茅恐救中",其中"茅"讀爲"懋",意思是"盛大";"恐"讀爲"功";"救"讀爲"逑",意思是"聚集";"中"依子居意見讀爲"衆"。"懋功逑衆",類似《史記·五帝本紀》之"旁聚布功"、《尚書·堯典》之"方鳩僝功",意思是"建立大功業,廣聚百姓"。④

黃人二先生:

"茅",整理者云:"或以爲'苴'字之誤,字當即'箮',古音見母之部,在此讀爲溪母之部的'丘'。"又,有讀爲"畝"者。案,舜於何處漁耕,古書有不載者,若《孟子·公孫丑上》"大舜有大焉,善與人同,舍己從人,樂取於人以爲善。自耕稼陶漁以至爲帝,無非取於人者"。然更多是有其地之記載者,上博二《容成氏》簡十三"昔〔者〕舜静(耕)

① 陳偉:《〈保訓〉詞句解讀》,簡帛網,2009 年 7 月 13 日。

② 高嵩松:《允執厥中 有恃無恐——清華簡〈保訓〉篇的"中"是指"中道"嗎?》,《東方早報》2009 年 7 月 26 日。

③ 李零:《讀清華簡〈保訓〉釋文》,《中國文物報》2009 年 8 月 21 日第 7 版。

④ 肖曉暉:《清華簡〈保訓〉筆札》,復旦大學出土文獻與古文字研究中心網,2009 年 9 月 14 日。

於昷（歷）丘，匋（陶）於河賓（濱），魚（漁）于雷澤"、郭店竹簡《窮達以時》簡二、簡三"舜耕於昷（歷）山，陶拍於河浦"。簡文的"芧"字，僅能視爲誤摹，或通假爲他字。"芧""丘"或"芧""畞"的通假，都少有書證，此處極可能是"丘"或"山"字的誤摹。致誤之由，或有郭店竹簡《唐虞之道》簡十六"舜居於艸（草）芧之中而不憂"之類的文字干擾之故。至於"歷山"或"歷丘"其地，可能是濟南歷城山，或今山西省永濟縣等。①

邢文先生指出當讀"曆（引按，當作歷）丘"，傳世文獻作"歷山"可能係諱孔子之名。②

蘇建洲先生：

"芧"可以讀爲"丘"。郭店《老子》甲本簡33"骨弱筋柔而握固"，今本"柔"作"柔"。孟蓬生分析"柔"爲從矛求聲，而求聲、九聲、柔聲可相通。陳劍進一步指出："'柔'字本從'矛'聲，郭店《五行》簡41以"矛"爲"柔"，柔或即在'矛'字上加注'求'聲而成，或係在'柔'字上加注'求'聲、同時又替換了其義符'木'而成，總之當是一個雙聲字。"則【求與矛】可通假。而甲骨文"旬有求"即"旬有咎"，裘錫圭說："求與咎都是群母字，上古音都屬幽部，所以求可讀爲咎。"則【求與矛與咎】皆音近可通。最後，《子羔》39"游於玄丘之内"，玄"丘"可讀爲玄"咎"。則《保訓》簡文"芧"可以讀爲"丘"。③

趙思木先生：

《説文》訓"嶅"爲"山名"，則許慎當認爲"嶅"爲一有具體所指之山；再由《詩·式微》"旄丘"《字林》作"塈""嶅"，訓爲"丘"，可知"塈""嶅"可能是"旄丘"之"旄"的後起形聲字，是二者之訓爲"丘"，乃特指"旄丘"，非"丘"之泛稱。讀"昷芧"之"芧"爲"塈""嶅"，説或可商。

"芧"指荒草，《楚辭·離騷》有"雖萎絶其亦何傷兮，哀衆芳之蕪穢"，又"蘭芷變而不芳兮，荃蕙化而爲茅"，戴震、李光地、劉永濟等認爲二句所謂爲一事。由此可知"芧"正與"蕪穢"爲一事，指芳草變而爲荒穢野草。《商君書·徠民》："今以草茅之地徠三晉之民而使之事本，

① 黄人二：《清華大學藏戰國竹簡〈寶訓〉校讀》，《考古與文物》2009年第6期，第75頁。
② 邢文：《清華簡〈保訓〉研讀講義》，簡帛網，2010年3月19日。
③ 季旭昇主編：《清華大學藏戰國竹簡（壹）讀本》，臺北：藝文印書館，2013年，第88頁。

此其損敵也，與戰勝同實，而秦得之粟。”“草茅之地”亦即長滿蕪穢荒草之地。“鬲茅”視爲“歷山草茅”之省稱，似較爲合理。[①]

（二）“昔屰（微）叚（假）中于河，以遝（復）又（有）易（易）”

整理報告：

屰，即商先公上甲微，是湯的六世祖。上甲微、河與有易之間的史事，見《山海經·大荒東經》：“有困民國，勾姓而食。有人曰王亥，兩手操鳥，方食其頭。王亥托于有易河伯僕牛。有易殺王亥，取僕牛。河念有易，有易潛出，爲國于獸方食之，名曰搖民。”郭璞注引《竹書》曰：“殷王子亥賓于有易而淫焉，有易之君縣臣殺而放之。是故殷主甲微假師于河伯以伐有易，滅之，遂殺其君縣臣也。”《楚辭·天問》：“昏微遵迹，有狄不寧”，王國維《卜辭中所見先公先王考》以爲昏微即上甲微，有狄即有易。叚，字原省又旁，係省形字，簡文中讀爲“假”，義爲借。同樣寫法的“叚”又見清華簡《繫年》：“叚路於宋。”河，河伯。殷墟卜辭商王所祀的河，有的常與王亥、上甲（微）合祭，而且常用辛日，顯然是一個歷史人物。復，報復。伓，即“倍”字，讀爲“服”。“服辠罪”義當典籍的“伏其罪”。《左傳》隱公十一年：“君謂許不共，故從君討之。許既伏其罪矣，雖君有命，寡人弗敢與聞。”

李零先生：

簡文講上甲微報復有易氏，即《山海經·大荒東經》郭璞注引《竹書紀年》所講的故事。《紀年》說，“殷主甲微假師於河伯以伐有易”。案：河伯與鬼方有關，祖庭在今内蒙河套一帶，即唐叔封晉所受“懷姓（愧姓）九宗”之祖。有易氏，即易水流域的狄人。[②]

黃人二先生：

“微”，商王上甲微也，相土之後，殷之世系中有王亥、王恒、上甲微，皆與有易氏有爭鬥或幫助的關係，“牧夫牛羊”，王亥且被有易擄去做奴隸，知此時殷先之活動區域，當在今河北之易水流域，以都邑之名每因遷徙而動，水名則不移。[③]

[①] 趙思木：《〈清華大學藏戰國竹簡（壹）〉集釋及專題研究》，華東師範大學博士學位論文，2017 年，第 130 頁。

[②] 李零：《讀清華簡〈保訓〉釋文》，《中國文物報》2009 年 8 月 21 日第 7 版。

[③] 黃人二：《清華大學藏戰國竹簡〈寶訓〉校讀》，《考古與文物》2009 年第 6 期，第 77 頁。

第 12 節 《耆夜》(第 1 冊) 地理史料匯證

《耆夜》簡 1—3:

　　武王八年, 延 (征) 伐鄁, 大戜 (戡) 之^(一)。還, 乃歙 (飲) 至于文大 (太) 室。繂 (畢) 公高爲客, 卲 (召) 公保奭 (奭) 爲【一】夾, 周公弔 (叔) 旦爲宇^(二), 辛公誑虜 (甲) 爲立 (位), 复 (作) 策娩 (逸) 爲東尚 (堂) 之客^(三), 邸 (呂) 上 (尚) 甫 (父) 命爲【二】司政 (正), 監歙 (飲) 酉 (酒)。……【三】

【注　釋】

(一)"延 (征) 伐鄁, 大戜 (戡) 之"

整理報告:

　　鄁, 古書作"黎"或"耆"等。戜, 後世寫作"戡",《説文》引《商書》即作"戜"。《書·西伯戡黎》:"西伯既戡黎, 祖伊恐, 奔告于王。"戡黎的"西伯",《尚書大傳》《史記·周本紀》等都以爲周文王。但是這個諸侯國的地理位置距離商都太近, 文王征伐到那裏於情勢不合, 所以從宋代的胡宏、薛季宣到清代的梁玉繩, 許多學者主張應該是武王。簡文明説是武王八年, 證實了他們的質疑。

李學勤先生:

　　"鄁"據簡文係國名, 即傳世古書中的"耆", 也寫做"黎""鼝"或者"飢""阢", 在今山西東南的壺關 (或説黎城) 境内……

　　原來耆 (黎) 國與唐有一定關係。《帝王世紀》等古書云堯爲伊耆氏 (或作伊祈、伊祁),《呂氏春秋·慎大》還講武王"封堯之後於黎"。春秋時的黎侯被狄人逼迫, 出寓衛國, 事見《左傳》宣公十五年和《詩·旄丘》序, 其地後入於晉。揣想《蟋蟀》係戡耆 (黎) 時作, 於是在那一帶流傳, 後來竟成爲當地的詩歌了。^①

劉成群先生:

　　清華簡《樂詩》記載了周武王八年征伐耆 (黎) 國得勝後"飲至"典禮中武王和周公致畢公的兩首樂詩。到底是文王還是武王戡黎, 自宋代

---

① 李學勤:《清華簡〈鄁夜〉》,《光明日報》2009 年 08 月 03 日, 第 12 版。

以來就一直爭吵不斷。按《竹書紀年》(今本)記載"戡黎"實則發生過兩次，一次在文王時期，一次在武王時期。上博簡《容成氏》明確記載了文王伐耆(黎)而清華簡《樂詩》明確記載了武王伐耆(黎)，但通過研究可以看出，文王所伐之耆(黎)并非武王所伐之耆(黎)。武王所伐之耆(黎)屬上黨之地，即《尚書·西伯戡黎》中的黎國。從《樂詩》中可看出畢公是這次軍事行動的領兵將領。通過《樂詩》與獻簋銘文的對讀，可以認定上黨之耆(黎)確與畢公存在一定關係。[①]

李學勤先生：

"郘"讀爲"耆"或"黎"，古書或作"耹""飢""阢"等。"戡"訓勝、訓克，從而《史記·周本紀》作"敗耆國"，《殷本紀》則說："西伯伐飢國，滅之。"周朝建立以後，仍有黎國存在，其爲商末黎國的延續，還是周王所新封，文獻沒有記載……

2006 年 1 月至 9 月，山西省考古研究所在該省東南部的黎城西關村發掘了一處西周墓葬群，其間中型墓 M8 所出青銅器鼎、甗屬西周晚期，銘文作器者係楷侯之宰。山西的學者據此指出，"楷"通讀爲"黎"，楷侯就是黎侯。這一發現非常重要，足以印證黎國的地理位置……

首先要說，把銘文中的"楷"讀爲"黎"，是妥當的。"楷"原作"橋"，有時也寫作"唐(皆)"，本來是以"几"爲聲的，這一點已有學者作過詳細分析。"楷"和"飢""阢"均係見母脂部字。清華簡"郘"從"旨"聲，"旨"在章母脂部，也從"旨"的"耆"在群母脂部，"黎"則是來母脂部。當然，僅從音近通假論證是不夠的，關鍵還在楷器的出土地點。

黎國的地理位置從來有兩說。《漢書·地理志》上黨郡壺關下引應劭云："黎侯國也，今黎亭是。"《左傳》宣公十五年杜預注也說："黎侯國，上黨壺關縣有黎亭。"這一地點在今長治西南。《史記·周本紀》正義引《尚書》孔傳"黎在上黨東北"，又引《括地志》云："故黎國城，黎侯國也，在潞州黎城縣東北十八里。"這個地點在今黎城東北。也有學者彌合兩說，如王先謙在《後漢書集解》中主張黎國原在長治西南，春秋時徙於黎城。兩個地點相距不遠，或許都曾在黎國境內也是可能的。[②]

---

① 劉成群：《清華簡〈樂詩〉與"西伯戡黎"再探討》，《史林》2009 年第 4 期，第 140 頁。

② 李學勤：《從清華簡談到周代黎國》，李學勤主編：《出土文獻》(第 1 輯)，上海：中西書局，2010 年，第 1、2 頁。

沈建華先生：

"郘"即耆字，爲黎國。文獻所見"黎"字有好幾種不同的寫法，如《尚書·西伯戡黎》作"黎"；《史記·殷本紀》作"飢"；《周本紀》作"耆"；西周甲骨H：42作"𨿅"，與《説文》𨿅字同。《説文》曰："𨿅，殷諸侯國，在上黨東北。從邑利聲，𨿅古文利，《商書·西伯戡𨿅》。""耆""飢""𨿅"等國名，都是指同一地點，出現多個歧異字體的原因，顧頡剛、劉啟釪認爲是由於商、周兩族不同的方言音近假借所致。

《耆夜》地名"郘"字，即"耆"字異體，從旨從邑，與卜辭"旨"方國字形同，最早楊樹達和陳夢家就提出卜辭"旨"即《尚書·西伯戡黎》之黎國（陳夢家《殷墟卜辭綜述》頁296；楊樹達《積微居甲文説·釋旨方》頁69）。《耆夜》楚簡此地名的出現，可證楊樹達和陳夢家的説法是可信的。卜辭"旨"國，出任商王"西史"（《合集》5637）與羌、崔等國相鄰。又有"旨"國替商王征伐薛伯，以及獲羌（《英藏》594正）等戰事。"旨"地，位於今山西長治縣黎城縣。《後漢書·郡國志》上黨郡："壺關，有黎亭，故黎國。"又《括地志》云："故黎城，黎侯國也，在潞州黎城縣東北十八里，《尚書》云'西伯戡黎'是也。"

　　……

從武王即位伐黎，到兵渡盟津，八百諸侯會師克商，歷時前後整四年。由此可知武王戡黎是克商的整個軍事部署中的第一步，先伐黎，獲勝後，再直逼商紂王朝都邑。因此才會有祖尹得知西伯戡黎後，大恐，奔告，發出"訖我殷命"的感歎，這是比較符合當時實際真相的。所以説，歷史上的武王戡黎與武王克商，應視爲伐商的兩個組成部分，兩者前後銜接，合乎情理。①

王鵬程先生主張"二次戡黎"説，也即周文王、武王都曾戡伐過黎。清華簡所記武王所戡之"黎"應即商朝朝歌附近的"黎陽"：

自漢以來，主張"文王戡黎"以此説爲主流，顯然是以《尚書》《左傳》《史記》爲據。……據2005年整理出版的"上博簡"《容成氏》中的文武圖商故事，應該是"文王戡黎"。……那麼究竟是"清華簡"的"武王戡黎"對呢，還是"上博簡"的"文王戡黎"對呢？實際上，文王和武王都曾"戡黎"……"清華簡"所記載的武王八年所戡之黎不是位於

---

① 沈建華：《清華楚簡"武王八年伐郘"芻議》，《考古與文物》2010年第2期，第102、103頁。

今天山西長治西南、黎城縣西北的諸侯國"耆"即黎，應該是距離紂都朝歌甚近的"黎"即黎陽。

　　黎陽即今之河南浚縣，商末浚地稱黎，屬畿內地。《禹貢説斷》卷四云："黎陽，今隸衛州。"《尚書》中周公云："我卜河朔黎水。"（《洛誥第十五》）《書傳》卷十三云："（河朔黎水），今河朔黎陽也。"黎水即《續文獻通考》所載的"衛河淇水合流至黎陽，故稱爲黎水，亦曰浚水"。黎陽在朝歌之北，與朝歌同屬衛州，距離朝歌甚近。正是因爲黎陽被克，才有"祖伊恐，奔告於受，作《西伯戡黎》。"（《商書·西伯戡黎》）如果是距離紂都朝歌甚遠的"耆"國被克，祖伊也不至於如此驚慌失措。武王退師而還，顯然不可能繞道去戡"耆"國。[①]

陳民鎮、江林昌先生：

　　清華簡《耆夜》記載了武王八年征伐耆國的史事。《尚書·西伯戡黎》的"黎"又作"耆"等，地望當在上黨，即今山西長治西南，子姓，與殷商王朝關係密切。周王朝後來又分封了一個黎國，地望在山西黎城東北，姬姓，係畢公之後。"西伯戡黎"自宋代以來，成爲一個著名的公案，主要有"文王戡黎説""武王戡黎説""各戡耆、黎説""兩個黎（耆）國説""闕疑説"諸説。本文認爲，《尚書·西伯戡黎》中的"西伯"正是周武王，"黎"正是《耆夜》所載武王征伐的"耆"，"武王戡黎説"得之。[②]

范學謙先生：

　　今河南浚縣的黎陽是在武王滅商後由長治縣西南的黎國遷徙過去的，黎氏族由壺關東下，後居山東鄆城之黎城，河南的黎陽是其必經之地，故在黎陽稍住，當爲意中之事，而在古代遷移新都而用原有舊名亦是常有之事。正如著名的史地學家譚其驤先生在《漢書地理志選釋》一文中針對古代部族的遷徙所指出的："以該部族的族名或原住地的地名作爲新居的地名，這是古代常有的事。"此外陳夢家也提出過類似的説法，他在《殷墟卜辭綜述》中談到"黎城之黎既屬後起，則西伯所戡當是壺關之黎而非黎城"。另外據載河南浚縣東北的黎陽是戰國時的趙邑到西漢時才置縣，殷末周初應尚無此名，所以我認爲河南浚縣的黎陽是後起之名，不能和山西長治縣的黎城混爲一談。[③]

---

① 王鵬程：《"清華簡"武王所戡之"黎"應爲"黎陽"》，《史林》2009 年第 4 期，第 147-150 頁。

② 陳民鎮、江林昌：《"西伯戡黎"新證——從清華簡〈耆夜〉看周人伐黎的史事》，《東岳論叢》2011 年第 10 期，第 44 頁。

③ 范學謙：《"西伯戡黎"之我見》，《內蒙古農業大學（社會科學版）》2012 年第 3 期，第 314 頁。

于薇女士：

> 新出清華簡《耆夜》"武王八年"紀年并不是目前學界多認爲的武王即位後第二年，"耆"也不在一些學者所認爲的東郡黎陽。《耆夜》所記的征伐戰事，發生在武王即位第八年，也就是克商後第四年，討伐的對象是上黨壺關的黎國。"武王八年"紀年的出現，恰證宋儒爲彌合《尚書》各篇間紀年説法錯亂而提出的"文王受命改元"與"武王冒文王年"爲僞妄之説。簡文提示了一個非常重要的歷史信息，即武王克商以後，可能曾在山西地區有過軍事行動。西周武王的活動對於商周大變局至關重要，但因材料稀少在認識上一直有斷裂，這篇新問世的簡文是幫助瞭解武王克商以後活動非常珍貴的史料。[1]

李零先生認爲黎國可能在今黎城—潞城—長治市—長治縣一綫，今黎城縣應在黎國境内。黎是商王畿的門户，其所控扼的由古上黨東出邯鄲、臨漳的東陽關道路，正好在安陽北面，此地失守，將對安陽構成重大威脅。周文王伐耆及其他邦國之事，《尚書大傳》《史記·周本紀》排列順序不同。伐耆之事還見於今本《竹書紀年》，帝辛三十四年西伯昌取耆，四十四年西伯發伐黎。上博簡《容成氏》載文王伐九邦，其中亦有耆。造成文王、武王記載矛盾的原因，有可能是古人將二者事迹混在一起講，也有可能是二者都曾伐耆，無所謂對錯。"戡"意謂"戰勝"，與"翦"意謂"去除""絶滅"不同，因此"戡黎"不一定是滅黎。或許"西伯戡黎"的"西伯"是文王，并未滅黎，再次戡黎而滅黎者才是武王，《西伯戡黎》所載祖伊的戒告是在第一次戡黎之後。[2]

趙瑞民先生：

> 從清華簡《耆夜》得知，簡文記載武王戡黎之事，所用之"耆"，仍是從"邑"、"旨"聲，從文字發展史的角度看，"旨"是字根，故與前輩所論"旨方"即黎國甚爲一致。由此來看，從新探尋甲骨文中的"旨方"很有必要……（甲骨卜辭）"旨方"即《西伯戡黎》的黎國，確曾存在於商代，并與殷商爲敵國，兩國間曾有戰事，見於卜辭所載。[3]

吳良寶先生：

> 除了西周金文中的"楷"（《商周青銅器銘文暨圖像集成》12241。以

---

① 于薇：《清華簡〈耆夜〉時、地問題辨正》，《中國國家博物館館刊》2012年第12期，第60頁。

② 李零：《西伯戡黎的再認識——讀清華楚簡〈耆夜〉篇》，陳致主編：《簡帛·經典·古史》，上海：上海古籍出版社，2013年，第113-129頁。

③ 趙瑞民：《黎國雜考》，清華大學出土文獻研究與保護中心等編：《出土文獻與中國古代文明——李學勤先生八十壽誕紀念論文集》，上海：中西書局，2016年，第553、554頁。

下簡稱爲《銘像》）、清華簡《耆夜》中的“耆”，古文字資料中暫時沒有其他可以確認爲“黎”國的資料。

西伯所戡的“黎”是新豐之“驪”、還是壺關或黎城之“黎”，學者間爭議還比較大。“黎”即“驪”説法之誤，源於將文王所伐的邘、崇等地都置於豐、鎬一帶，顧頡剛先生、劉起釪先生已予以辨析。史書記載之“黎”地有四個，有學者認爲今河南浚縣的“黎陽”地名最晚出，不見於戰國以前，“黎陽”之名可能是在漢代置縣時才取定的，商周之際還沒有“黎”之稱；在今山東鄆城縣西的東郡之“黎”係黎國被狄人所滅後黎侯流亡於衛時的寓居之地，其城邑的營建不會早於春秋時期，從地理位置以及各自出現的時間來看，二者與文王或武王所戡的“黎”應無關係。這些分析是很有道理的。今按，西伯所戡之“黎”在“黎陽”説不可信，從武王伐紂的行軍路綫也可見一端……

《西伯戡黎》原文未明言戡黎的是周文王還是武王，《尚書大傳》引《泰誓》《史記·周本紀》明言是文王，宋人始提出武王説。清華簡《耆夜》公布之後，李學勤先生認爲簡文可以坐實伐黎的確是武王，而且八年伐者也正與《泰誓》《周本紀》載九年武王觀兵於孟津相銜接。今按，顧頡剛、劉起釪先生根據《周本紀》所述的文王圖商過程認爲伐黎的應是文王，在穩固關中的基礎後，向東逐漸討平邘、黎、崇，爲最終伐滅商紂鋪平了道路，其説甚爲平允，可見傳統的文王説不應輕易推翻；清華簡《耆夜》説武王戡黎，與《周本紀》説文王伐耆本身就有矛盾之處，這説明一方面戰國時人認爲武王曾經伐黎，另一方面司馬遷依據了不同於《耆夜》的資料。這個問題目前還無法協調。看來戰國時人在周文王、武王是否都曾戡黎的問題上本來就有不同的説法。如果不能論定《耆夜》簡文的性質是史官實録，那就不能單從《耆夜》來認定伐黎的只有武王。[①]

禤孝文先生：

耆國距離商都太近，文王到那裏用兵似與當時形勢不符。許多學者懷疑戡黎的“西伯”爲武王，但都難以舉出證據，簡文明言是“武王八年”，這就證實了這一點。

目前探討文王戡黎主要是從文王生年行事考慮，文王生年行事多見文獻記載。在文獻中，《周本紀》對文王的記述主要來自《尚書大傳》，司

[①] 吳良寶：《再論清華簡〈書〉類文獻〈耆夜〉》，《揚州大學學報（人文社會科學版）》2015 年第 2 期，第 70、71 頁。

馬遷按照自己的觀點加之對其他典籍的理解調整了事件順序。由《尚書·西伯戡黎》至《尚書大傳》再至《史記》，文獻屢經整理，文王生年行事已難詳考。從文獻記載的角度來說，文王受命稱王之後，東進是其重點，即征伐密須、黎、邘、崇四國。這四國的地望，據楊寬考證，密須在今甘肅靈台西五十里的百里鎮，黎在今山西長治附近，邘在今河南沁陽西北二十多里，崇當在河南嵩縣。以上四國除密須在西陸之外，黎、邘、崇基本在河洛地區由北向南分布，中原地區當爲文王經營重點。結合相關考古發現和文獻材料，若文王所戡之黎爲今長治之黎，將與歷史形勢存在諸多矛盾之處……

黎在商王都附近，是其西部重要方國，戰略位置至關重要。若文王所戡之黎爲今長治之黎，與其他文獻多有牴牾。《耆夜》記述武王戡黎與分封畢公之後，與當時形勢、當地考古遺存內涵則是相符的。戡黎者當爲武王，武王戡黎在一定程度上可以説是周人代商的重要環節。①

（二）"繹（畢）公高爲客，邵（召）公保睪（奭）爲【一】夾，周公弔（叔）旦爲宝"

整理報告：

《史記·周本紀》："武王即位，太公望爲師，周公旦爲輔，召公、畢公之徒左右王師，修文王緒業。"畢公即畢公高。戡耆飲至典禮上，這些人都在場。《史記·魏世家》："魏之先，畢公高之後也。畢公高與周同姓。武王之伐紂，而高封於畢，於是爲畢姓。"索隱："《左傳》富辰説文王之子十六國有畢、原、豐、郇，言畢公是文王之子。"畢公高在飲酒中爲客，可能是由於任伐者的主將，功勞最大的緣故。

邵公保睪即召公奭。睪通"奭"，保是官名。《史記·燕召公世家》："召公奭與周同姓，姓姬氏。周武王之滅紂，封召公於北燕。"集解："譙周曰：'周之支族，食邑於召，謂之召公。'"索隱："召者，畿內菜地。奭始食於召，故曰召公。或説者以爲文王受命，取岐周故墟周、召地分爵二公，故詩有《周》《召》二南，言皆在岐山之陽，故言南也。後武王封之北燕，在今幽州薊縣故城是也。"夾訓爲"介"，指助賓客行禮者。

周公叔旦即周公旦，叔是排行。《史記·魯周公世家》："周公旦者，周武王弟也。"集解："譙周曰：'以太王所居周地爲其采邑，故謂周公。'"

---

① 樵孝文：《由西關、西南呈墓地遺存及清華簡再論西周黎國》，《河南大學學報（社會科學版）》2020 年第 1 期，第 55、56 頁。

索隱:"周, 地名, 在岐山之陽, 本太王所居, 後以爲周公之菜邑, 故曰周公。即今之扶風雍東北故周城是也。"宝, 即"主"字。據《儀禮》, 君不與臣抗禮, 故諸侯燕禮膳宰爲主人。此次飲至之禮, 而使周公爲主, 蓋尊畢公。以《燕禮》例之, 應爲武王席在阼階上, 西面; 畢公席在户牖之間, 南面; 召公爲介, 輔畢公爲禮, 席在西階上, 東面。周公爲主人, 獻賓, 獻君, 自酢於君。

陳穎飛女士考察了傳世文獻中西周畢公的記載以及西周畢氏家族銅器銘文, 指出《尚書·顧命》《康王之誥》中地位崇高的"畢公"應就是畢公高。在新出土西周晚期青銅器畢伯鼎中又被稱爲"皇祖受命畢公"。畢公高嫡長子封於耆, 是第一代楷候, 畢仲則爲王卿士, 成爲西周畢氏另一支的始祖。[1]

趙思木先生:

> 所謂"召公保", 爲其"位"與"官"之合稱。劉源指出:

> 西周的公, 總體上看是一種對長者和位高者的尊稱, 而非爵。公多用作王室最高執政大臣的稱號。如據金文記載諸王世有周公、召公、畢公、明公、益公、毛公、同公、武公等公, 均是天子之下地位最高的王室貴族。

> 可見《耆夜》中的"畢公""召公""周公"也都應作此解。"辛公"則屬於天干日名加"公"字,"带有明顯殷文化特徵", 可與今本《竹書紀年》所載殷帝辛三十九年"大夫辛甲出奔周"的記載相合。稱之爲"公"也屬於尊稱, 但與"周公""召公"等不同。[2]

(三)"复(作)策脧(逸)爲東尚(堂)之客"

整理報告:

> 作策逸即作册逸。《書·洛誥》:"王命作册逸祝册, 惟告周公其後。王賓, 殺裡咸格, 王入太室, 裸。王命周公後, 作册逸誥, 在十有二月。"作册逸即史佚, 也有學者有不同意見, 参看祝總斌《史佚非作册逸、尹逸考》(《文史》二〇〇九年第一輯)。東堂或説即東箱、東廂, 歷來禮家聚訟不已, 張惠言折衷前説, 以爲東序之東, 東夾之南。

---

[1] 陳穎飛:《清華簡畢公高、畢桓與西周畢氏》, 清華大學出土文獻研究與保護中心等編:《古代簡牘保護與整理研究》, 上海: 中西書局, 2012 年, 第 73-94 頁。

[2] 趙思木:《〈清華大學藏戰國竹簡(壹)〉集釋及專題研究》, 華東師範大學博士學位論文, 2017 年, 第 171、172 頁。

黃懷信先生：

“東堂，謂大廟之東廂大堂。作策逸蓋有功於戡耆者，故亦受賓禮。”①

第13節 《周武王有疾周公所自以代王之志（金縢）》（第1冊）地理史料匯證

《周武王有疾周公所自以代王之志（金縢）》簡1—5、8、10、12、13：

武王既克𣪘（殷）三年……【一】……周公乃為三坦（壇）同墠（墠），為一坦（壇）於南方……史乃册【二】祝告先王曰："……【三】……命于帝𤔲（廷），𢾀（溥）又（有）四方，以𡐲（定）尔（爾）子【四】孫于下𡎚（地）。(一)……"【五】……周公石（跖）東三年(二)，褙（禍）人乃斯曼（得）……【八】……夫＝（大夫）纏（縛），以攺（啓）金紩（縢）之匱……【一〇】……王乃出逆公【一二】至鄙（郊）(三)。……【一三】

【注　釋】

（一）"𢾀（溥）又（有）四方，以𡐲（定）尔（爾）子【四】孫于下𡎚（地）"

整理報告：

此句前今本有"乃元孫不若旦多材多藝，不能事鬼神"一句。溥有四方，今本作"敷佑四方"。溥有猶廣有，溥有四方即《詩·皇矣》之"奄有四方"，大盂鼎（《殷周金文集成》二八三七）作"匍有四方"。

蘇建洲先生：

對於金文"匍有四方"與傳世文獻"敷佑四方"的訓解，歷來有三種影響力比較大的說法。根據《清華簡》的文例，可推測應該讀為"溥有四方"，意思是"廣有四方"……

復旦大學出土文獻與古文字研究中心研究生讀書會釋文作"𢾀（匍）又（有）四方"。……朱鳳瀚理解為"布佑于四方"，大概是根據孔傳訓解今本"敷佑"為"汝元孫受命於天庭為天子，布其德教，以佑助四方"而來，此說信從的人不多。這個文例又見於《清華五·殷高宗問三壽》簡23—24，整理者釋文作："甬（用）肖（尊）卲（昭）句（后）成湯，

---

① 黃懷信：《清華簡〈耆夜〉句解》，《文物》2012年第1期，第78頁。

代桀尃（敷）有（佑）下方。"并注釋云："《書・金縢》：'敷佑四方。'
清華簡《金縢》：'尃（溥）又（有）四方。'"《三壽》的釋文讀爲"敷佑"，
與清華簡《金縢》處理得并不一樣。①

趙思木先生：

　　"奠""定"音義接近，有學者將"定"義視爲"奠置"義之引申，如
《説文・丌部》"奠，置祭也。"段玉裁注云："引伸爲凡'置'之偁，又
引伸爲'奠高山大川'之'奠'，定也。"考慮及此，暫不將簡本"奠"直
接讀爲今本之"定"。"以奠尔子孫于下地"是指武王以受上帝命、成爲
天下之王的原因，將周室後世歷代王奠定在下地，其實就是説武王受命、
統治四方能保證周室長久地統治天下。②

（二）"周公石（踞）東三年"

整理報告：

　　周公石東三年，今本作"居東二年"。石，禪母鐸部，讀爲定母鐸部
之"宅"，《爾雅・釋言》："居也。"《魯世家》、孔傳、王肅皆解居東爲東
征。《尚書大傳》："一年救亂，二年克殷，三年踐奄。"《詩・東山》："于
今三年。"

李學勤先生：

　　簡文有不少與傳世本有別的異文，有的非常重要。例如傳世本説：
"武王既喪，管叔及其群弟乃流言于國，曰：'公將不利於孺子。'周公乃
告二公曰：'我之弗辟，我無以告我先王。'周公居東二年，則罪人斯得。"
《史記・魯世家》解"辟"爲"避"，"居東"爲東征；《尚書》孔傳解"辟"
爲討罪，也以"居東"爲東征；馬融、鄭玄則解"辟"爲"避"，而"以
下文'居東'爲出處東國，待罪以須君之察已，而謂'罪人斯得'爲成
王收捕公之屬黨"；《尚書》蔡沈傳又講"罪人斯得"是周公始知流言出
於管蔡。種種異説，都是由於《金縢》"居東二年"與《詩・東山》所云
周公東征三年不合。現在清華簡的這一句不是"二年"而是"三年"，就
恰與東征一致了。③

---

　　① 蘇建洲：《説清華簡〈金縢〉的"尃有四方"》，《出土文獻綜合研究集刊》（第13輯），成都：巴蜀書社，
2021年，第52、53頁。
　　② 趙思木：《〈清華大學藏戰國竹簡（壹）〉集釋及專題研究》，華東師範大學博士學位論文，2017年，第238、
239頁。
　　③ 李學勤：《清華簡九篇綜述》，《文物》2010年第5期，第54頁。

劉國忠先生：

清華簡《金縢》的簡文與傳世本有不少異文，有些異文具有極其重要的意義。如關係到“周公居東”這一內容時，簡文即與傳世本有許多不同；特別是傳世本在涉及周公居東的時間時都毫無例外地作“周公居東二年”，但是清華簡《金縢》則是作“居東三年”，這一記載意義十分重大，也給我們揭開了周公居東的迷霧。如果周公是居東三年，那麼有關周公居東的真實目的祇可能是東征，也正好與周公東征三年相契合。可見偽孔傳等把周公居東解釋爲“周公東征”是正確的，而馬融、鄭玄等人將之理解爲周公待罪於東，則未必是歷史的真相。至於後出的周公奔楚之説，本没有什麼文獻依據，很可能確如譙周所説，是由於後人不瞭解金縢之事的真相，從而出現的一種誤解。

總之，清華簡《金縢》在很大程度上替我們揭開周公居東的歷史真相，使我們可以正確評判歷代學者有關這一問題的各種見解，也使我們對於周初的歷史可以有更深入的理解。[1]

黃懷信先生：

“周公宅東三年，禍人乃斯得”，今本作“周公居東二年，則罪人斯得”。按：“宅”即居，處。禍人，即罪人，指管叔、蔡叔、霍叔及武庚等作亂爲禍之人。觀一“乃”字、“則”字，可知得禍人與周公宅東有關。所以，此“宅東”“居東”必非閒居，而應指東征。因爲東征數年皆居東方不在西方，故曰居東、宅東。如此，則上“辟”字亦必不能讀爲“避”。關於周公東征得罪人，《逸周書·作洛》載：“（成王）九（元）年夏六月，葬武王于畢。二年，又作師旅，臨衛政（征）殷，殷大震潰。降辟三叔，王子群父北奔，管叔經而卒，乃囚蔡叔于郭凌。”其時間，世有三年之説。如《詩經·東山》：“有敦瓜苦，烝在栗薪。自我不見，於今三年。”《詩序》曰：“《東山》，周公東征也。周公東征，三年而歸。”是周公東征確是三年。所以此當以簡書爲是，今本“二”字當誤。當然，得禍人與完成東征可能并不同時。所以，如果純從得禍人説，則作二年或當不誤。[2]

杜勇先生：

特別是今本“周公居東二年”，簡文作“周公石（宅）東三年”……

①劉國忠：《清華簡〈金縢〉與周公居東的真相》，李學勤主編：《出土文獻》（第 1 輯），上海：中西書局，2010 年，第 39、40 頁。

②黃懷信：《清華簡〈金縢〉校讀》，《古籍整理研究學刊》2011 年第 3 期，第 27 頁。

《爾雅》云："宅,居也。"是"宅東"與"居東"同義。……然而,"居東"究爲何意?歷史上看法頗爲分歧,大體有東征説與待罪説兩種意見。前者如《史記·魯世家》説："周公乃告太公望、召公奭曰:'我之弗辟而攝行政者,恐天下畔周,無以告我先王太王、王季、文王'……管、蔡、武庚等果率淮夷而反。周公乃奉成王命,興師東伐,作《大誥》。遂誅管叔,殺武庚,放蔡叔。……寧淮夷東土,二年而畢定。"是史遷以"居東"爲"興師東伐",所獲"罪人"即管、蔡、武庚等叛亂勢力。《金縢》僞孔傳亦云："周公既告二公,遂東征之,二年之中,罪人此得。"後者如馬融、鄭玄以爲"居東"是"避居東都",即管蔡流言一出,周公即"出處東國待罪,以須君之察己"。對於這兩種意見,後世學者各有闡發,所見不一。……從竹書《金縢》看,"居東"即是東征。[①]

馬衛東先生:

　　《尚書·金縢》所載"周公居東",係周初重大歷史事件之一。歷代關於"周公居東"的兩種主要解説——"避罪説"與"東征説",都是難以成立的。"避罪説"不符合周初政治形勢,"東征説"亦與傳世文獻及金文材料之間存在抵牾之處。新公布的清華簡《金縢》并不能證明"周公居東"爲"東征"。今本《金縢》"周公居東二年則罪人斯得"與清華簡《金縢》"周公宅東三年禍人乃斯得"中的"二年""三年"應皆爲周成王的紀年。"周公居東"的内涵是:周公面對周初動盪不安的局勢,深入武庚與三監之叛的策源地,調查三監叛亂的陰謀與事實,爲東征做充分的準備。《金縢》記載了成王元年、二年間周公爲東征所做準備工作的一系列史實,具有重要的史料價值。[②]

王坤鵬先生:

　　簡文所表達的周公居東這一史事是周公避居東都,苦苦等待成王的諒解。在"禍人乃斯得"之後,周公更是以《鴟鴞》之詩來向成王表明心迹,但結果却是"王亦未逆公"。鄭玄認爲傳世本中的罪人指"周公之屬黨,與知居攝者,周公出,皆奔,今二年,盡爲成王所得。"顯然,鄭玄所説的罪人即是在武王死後,幫助周公取得攝政地位的人。根據上文對"罪"與"禍"的解釋,鄭玄經説裏的"罪人"用簡文所説的"禍人"代替更爲合適。鄭玄又認爲:"武王崩,周公爲冢宰,三年服,終將欲攝

---

① 杜勇:《清華簡〈金縢〉有關歷史問題考論》,《古籍整理研究學刊》2012年第2期,第63、65頁。
② 馬衛東:《"周公居東"與〈金縢〉疑義辨析》,《史學月刊》2015年第2期,第5頁。

政。管蔡流言，即避居東都，成王多殺公之屬黨，公作《鴟鴞》之詩，救其屬臣。請勿奪其官位土地”，認爲周公避難東都，《鴟鴞》之詩爲了救其屬黨。這種解釋與簡本所表達的史事背景更爲一致，而與傳世本不甚謀合。鄭玄所看到的《金縢》或其所傳承的經說，關於周公居東的叙述與簡本當是一致的。……“周公居東”“風雷示變”兩個有爭議的問題在簡本《金縢》中都沒有可引起爭議的空間：周公居東是因政治鬥爭而避禍，風雷示變是因爲成王信讒。[1]

趙思木先生：

　　周公東征伐奄的史事，西周早期金文塱方鼎（《集成》2739）可證。《墨子》正如孫詒讓說，是將《金縢》中周公居東與伐奄聯繫起來，但孫詒讓所謂“即居其地”，則未必恰當。《金縢》有“二公”，亦有周公，是可謂“三公”，“辭三公”可能就是説周公辭去此“三公”之位而前往東方。

　　《詩經·豳風·東山》毛詩序謂周公東征三年，《尚書大傳》亦如此，是經今古文學於此年份記載一致。簡文作“三年”，亦與此合。

　　……

　　該篇（引按，指《尚書·大誥》）中將東征視爲“救寧〈文〉武圖功”，亦即清華簡《繫年》所謂“成王屎伐商邑”，征伐之原因在於“殷小腆”亦即武庚之叛，管叔等人之流言充其量對應《大誥》所謂“西土人亦不静”，不會導致成王、周公東征。那麼周公避流言，也就不必然一定居“東”，一定東征，故古書中有周公畏罪奔南方之楚之説。但此處之“居東三年”確應指周公東征，又如何解釋？按《大誥》語句的順序來推測，很可能周公遭流言，即“西土人亦不静”後不久，東方“殷小腆”即行叛亂，周公遂東征之，客觀上也起到了遠離孺子、避讓流言的作用。也就是説，避流言而居東與東征起因、用意不同，但時間上是重合的，居東的内容就是東征。[2]

馮勝君先生：

　　整理者從僞孔傳説，將今本“辟”讀爲“法”；又將簡文“石東”之“石”讀爲“宅”，理解爲東征，均非是。戰國竹簡文字中多見表示“適、往”義的“迈”字，學術界公認應讀爲“踵”。簡文不從“辵”而直接寫

---

① 王坤鵬：《簡本〈金縢〉學術價值新論》，《古代文明》2012 年第 4 期，第 25、26 頁。
② 趙思木：《〈清華大學藏戰國竹簡（壹）〉集釋及專題研究》，華東師範大學博士學位論文，2017 年，第 258、259 頁。

作"石"，但從用字習慣來看，無疑亦應讀爲"蹠"，訓爲"適"。"蹠東"即《詩·豳風·東山》之"我徂東山"，"蹠"與"徂"同義。……簡文"石（蹠）東三年"，正與《東山》之"自我不見，于今三年"合……如果將《金縢》之"居東"或"蹠東"理解爲東征，就變成了周公的個人行爲，明顯與史實不符……

上文既已辨明"居東""蹠東"非東征，則需要考慮周公所居、所蹠之"東"具體指何地。據前引《釋文》，馬融、鄭玄將"東"理解爲"東都"（前引鄭玄《金縢》注則謂"東國"），蔡沈《書集傳》則理解爲"東國"（即國都之東）。《墨子·耕柱》："昔者周公旦非關叔，辭三公，東處於商蓋。"則認爲"東"是指商蓋（即商奄），同意此説的有俞樾、夏含夷等。毛奇齡《尚書廣聽録》卷三曾指出，"以爲東都，則是時殷頑未遷，洛邑尚未成也；以爲東魯，則魯公未之國，周公則留國於周，終身未嘗一至魯也。"可見周公所居之"東"，既非東都，亦非商奄。考慮到後文記述由於天現異象，成王因此有機會瞭解到周公曾欲代武王死的經過後，到郊外親自迎接周公，而且當天晚上（"是夕"）就挽回了灾害損失。説明成王從瞭解情況到迎接并見到周公，是發生在同一天的事，這也説明了周公離國都并不遠，應該就在國都的東郊。崔述《豐鎬考信録》引吕游《己酉記疑》："周公居東，去京師必不甚遠，周公此時亦無大責任，故感風雷之變，啓金縢之書，執書以泣，隨即出郊迎公，天乃雨，反風也。若以居東即爲東征，則武庚所都去國千餘里，豈有不下班師之詔又不待風止，即出郊迎公之理。"崔述云："此説深中事理。蓋武庚未平，周公必不能中道班師；武庚既平，周公又不可擁兵居外。其爲無事顯然。不得謂之爲東征也。"故蔡沈"居國之東"的意見是可信的。這裏的"東"并非是一個具體的地點，只是表明方位而已。周公"居東（蹠東）"只是表明其爲避嫌而"下野"的姿態，并不是要逃跑，所以没有必要跑到很遠的地方，應該就是《詩·東山》之"東山"，即國都郊外的東山。①

（三）"王乃出逆公【一二】至鄗（郊）"

整理報告：

鄗，今本作"郊"。古文字"郊"字往往作"鄗"，皆高聲。

---

① 馮勝君：《也談清華簡〈金縢〉及〈詩·豳風·鴟鴞〉所見周初史事》，陳偉主編：《簡帛》（第 18 輯），上海：上海古籍出版社，2019 年，第 15-17 頁。

季旭昇先生:

　　楚簡"郊"字,除學者上舉諸例外,如"武王素甲陳於殷蒿(郊)"
(《上二·容成氏》53背)、"需于蒿(郊)"(《上三·周易》2)等。成王
出郊,孔疏以爲"爲壇告天""告天以謝過",今簡本作"王乃出逆公至
鄗(郊)",明出郊是爲"迎周公"非爲"告天謝過",孔疏非。

　　郊迎爲天子、諸侯迎貴客之最敬禮,劉向《説苑·尊賢》:"田忌去
齊奔楚,楚王郊迎至舍。"《管子·小筐》:"初,桓公郊迎管子而問焉。"
《戰國策·秦策》:"(甘羅)見趙王,趙王郊迎。"《魏策》:"楚王聞之,因
郊迎惠施。"例多,不勝枚舉。[①]

第14節　《封許之命》(第5冊)地理史料匯證

《封許之命》簡3、5、7、8:

　　隹(惟)女(汝)吕丁,犀(扞)楠(輔)珷(武王),政(干)敦
殷受,咸成商邑【三】……<u>命女(汝)侯于鄦(許)</u>[(一)]。女(汝)隹(惟)
垫(臧)耆尔猷,虔(虔)血(恤)王豪(家),東(簡)朕(乂)亖(四)
方不甝,以堇(勤)余又(一人)。……【五】……

　　王曰:"……余既監于殷【七】之不若……以<u>永厚周邦</u>[(二)]……"

【注　釋】

(一)"命女(汝)侯于鄦(許)"

整理報告:

　　西周麥方尊(《集成》六○一五):"王命辟井(邢)侯出玧,侯于井
(邢)",與此句例相似。

子居:

　　西周金文中"侯于"某地的辭例甚多,不過,《詩經·魯頌·閟宮》
的"建爾元子,俾侯于魯……乃命魯公,俾侯于東"的句例明顯也與此
相似,因此即説明這樣的句例至少使用時段的下限在春秋前期左右,故
而清華簡《封許之命》的成文時間下限自然也可能是春秋前期。[②]

---

① 季旭昇主編:《清華大學藏戰國竹簡(壹)讀本》,臺北:藝文印書館,2013年,第181頁。
② 子居:《清華簡〈封許之命〉解析》,清華大學出土文獻研究與保護中心網,2015年4月28日。

劉成群先生：

　　許慎之"許"其初文爲"鄦"，"鄦""許"本爲兩字，只是在後來一并寫爲了"許"，具體來説是"漢後書籍皆以'許'爲之"。《史記·鄭世家》中有"鄦公惡鄭于楚"的記載，還保留着"鄦"的古老寫法，此可爲佐證。

　　……

　　《漢書·地理志上》曰："許，故國，姜姓，四嶽後，太叔所封，二十四世爲楚所滅。"許慎認爲："呂叔作藩，俾侯于許。"杜預則云："許國，姜姓，與齊同祖，堯四岳伯夷之後也，周武王封其苗裔文叔于許，以爲太嶽胤，今潁川許昌是也。"與班固的説法"太叔所封"及許慎的説法"呂叔作藩"不同，杜預以爲"文叔"係許國第一代國君，并指出"文叔"爲周武王時代所封。《括地志》亦云："周時爲許國，武王伐紂所封。"可見，在唐代時已有了武王伐紂時封許之説，此説還影響了一些宋代著作，如《太平寰宇記》卷七《廣韻》等均以許國爲武王伐紂時所封。《漢書》係現存最早的涉及許國初封的傳世文獻，但其所記并無武王伐紂時封許的説法，可見此説是在歷史發展過程中層累造成的。

　　……

　　我們可以判斷：《封許之命》當係西周時代的簡策流傳至戰國者，因此以之印證西周初期的許國初封之事，無疑是絶好的材料。[①]

邵蓓女士：

　　清華簡《封許之命》爲研究西周諸侯及外服體系提供了新資料。西周內外服制繼承殷商，是一個政治地理綜合體系。西周外服君長包括諸侯和未受封爲諸侯的邦君。諸侯包括"侯""田""男"三種稱謂；邦君包括：被周人尊稱爲"公"的殷商後裔宋君、被稱爲"子"的蠻夷戎狄之君以及稱爲"伯"的周之同姓或異族邦"伯"。西周外服還分布着某些內服王臣的采邑，以及身份尚難確定的衛官。[②]

周書燦先生：

　　清華簡《封許之命》有"呂丁侯于許"之記載。整理者和目前一些研究者多認爲簡文所記係西周成王時期分封呂丁于許，建立姜姓呂國之

① 劉成群：《清華簡〈封許之命〉"侯于許"初探》，《中原文化研究》2016 年第 5 期，第 102、103 頁。
② 邵蓓：《〈封許之命〉與西周外服體系》，《歷史研究》2019 年第 2 期，第 17 頁。

事。簡文中的呂丁，當出自傳説中四嶽乃至更爲古老的姜炎集團的後裔、西周初年隨武王伐紂的羌戎集團。綜合相關信息推測，呂丁或即太公望之子——丁公呂伋。周初武王封文叔於許一事，文獻記載，向無二致，歷來不存在任何疑義，在缺乏更具説服力的材料支持的情況下，《封許之命》整理者用學術界迄今仍尚存在諸多重大爭議的謚號作爲證據，忽略傳世文獻所記周武王時封文叔於許的事實，就顯得證據薄弱。征伐越戲方之後，呂伋很可能即奉王命率師駐扎於越戲方附近的殷商故畿一帶，或即清華簡《封許之命》所説的"呂丁侯于許"。①

張珈銘先生：

清華簡《封許之命》篇言呂丁"侯"于許。在《説文解字·叙》中有"呂叔作藩，俾侯于許"的記載。根據清華簡《封許之命》篇和《説文解字·叙》篇中的記載，呂丁所封的爵位應爲"侯爵"，即周王室册命呂丁爲"侯爵"。根據《封許之命》篇及《説文解字》的記載，將呂丁所封爵位界定爲"侯"爵，結論看似無懈可擊，但是，這種結論存在着致命的缺陷，部分傳世文獻言許國君主的爵位爲"男爵"。……結合傳世文獻及西周金文可知，周王室册封呂丁的具體爵位爲"男爵"，其記載與清華簡《封許之命》篇相衝突。針對《封許之命》篇"侯"字意義的解讀，成爲問題的關鍵。

"侯"在文獻中的含義，《説文·人部》云："侯，司望也。"段玉裁云："凡覬伺皆曰侯，因之謂時爲侯。"在西周金文中，"侯"存有兩種含義。魏芃認爲：金文中"侯"的使用，主要就是圍繞作爲統稱的"諸侯"之"侯"，與具有等級意義的"侯甸男"之"侯"這兩種含義展開的，金文中的"諸侯"，僅包括"侯、甸、男"三種身份。目前并没有證據顯示"侯"有可能從屬於"侯甸男"以外的體系，也尚未見到"諸侯"一詞與"公侯伯子男"體系相關的綫索。西周青銅器銘文中，多云"侯、甸、男"爲"諸侯"的統稱。

清華簡《封許之命》篇"侯"于許之"侯"的含義，并非周王室分封呂丁爲"侯"爵。其真實意義爲"封建諸侯"。"於"字，表被動。"于"表示被動的用法源於商代晚期。②

---

① 周書燦：《清華簡〈封許之命〉"呂丁侯于許"新解》，《南都學壇》2020 年第 4 期，第 24 頁。
② 張珈銘：《清華簡〈封許之命〉篇"命汝侯于許"疏解》，《古籍整理研究學刊》2023 年第 3 期，第 3、4 頁。

（二）"永厚周邦"

整理報告：

清華簡《繫年》第四章述周初分封事云："旁設出宗子，以作周厚屏。"
"厚"似有藩蔽之意。

第15節 《四告》第一篇（第10冊）地理史料匯證

《四告》簡4—7、10—11：

帝＝（上帝）弗若，廼命朕文考周【四】王罷（一）戎又（有）殷⁽⁻⁾，達又（有）四方。才（在）斌＝（武王）⋯⋯至戎于殷⁽⁻⁾，咸戒（戠）
毕（厥）營（敵）。⋯⋯【五】⋯⋯乳＝（孺子）肇嗣，商邑興反，四方
佻（禍）脅（亂）未莫（定）⋯⋯佳（唯）余龏（旦）【六】明孛（弼）
保茲閈（辟）王乳＝（孺子），用肇宖（强）三豈（臺），以盟（討）延（征）
不服，方行天下，孚（至于）潛（海）麃（表）出日⁽⁻⁾⋯⋯【七】⋯⋯

箴告乳＝（孺子）甬（誦）⋯⋯【一○】⋯⋯名四方，氐尹九州，顯
（夏）用配天⋯⋯【一一】

【注　釋】

（一）"罷（一）戎又（有）殷""至戎于殷"

整理報告：

周王，指周文王。周人自文王開始稱王，此處"周王"可視爲第一
位周王的專稱。簡文因剛好處於轉行的位置，省略的可能性也是存在的。
《書·康誥》："天乃大命文王殪戎殷，誕受厥命越厥邦厥民，惟時叙，乃
寡兄勖。"《禮記·中庸》："壹戎衣而有天下。"《甲骨文合集》（中華書局，
一九七八—一九八二年）六八九○："庚子卜，殼貞：我勿戎衞。"戎，
動用武力、征伐。

悅園（網名）：

"一戎有殷"之"一"應理解爲程度副詞，"戎"係名詞動用，指以
兵征討，"有"爲名詞詞頭，"一戎有殷"，謂大肆征討殷。《康誥》"殪（當
讀爲壹）戎殷"、《逸周書·世俘》"謁戎殷于牧野"、《國語·周語下》"戎
商必克'之"戎殷""戎商"均應如此理解。"至戎于殷"，"至"或可讀

爲"致",此處的"戎"當屬名詞,"致戎于殷",謂陳兵于殷。相關辭例如《周語上》"以致戎于商牧",韋昭注:"戎,兵也。"又《周語下》"布戎于牧之野","布戎"與"致戎"含義接近。①

林少平先生:

《禮記·中庸》:"武王纘大王、王季、文王之緒,壹戎衣而有天下。"鄭玄注:"戎,兵也。衣讀如殷,聲之誤也,齊言殷聲如衣⋯⋯壹戎殷者,壹用兵伐殷也。"孔穎達疏:"鄭必以衣爲殷者,以十一年觀兵於孟津,十三年滅紂,是再着戎服,不得稱壹戎衣,故以衣爲殷。"目前來看,鄭氏讀爲"壹戎殷",應該是可信的。"殷"也有稱爲"有殷",故"一戎有殷"即"壹戎殷",指"專兵讨伐殷商"。據《竹書紀年》記載,周自大王起,已有幾代人在"剪(引按,當作翦)商",這本身就是一种"專兵讨伐"的過程。②

王寧先生:

"罷"《書·康誥》作"殪戎殷",《禮記·中庸》作"壹戎衣(殷)","壹"當訓"皆""盡"。《説文》:"戎,兵也。"關於此二句之意悦園先生論之詳,兹不贅。簡言之,此兩個"戎"字義略異,"一戎殷"之"戎"爲動詞,即興兵,"壹戎殷"意思是盡力興兵于殷;"至戎于殷"之"戎"是名詞,本指戎器(兵器),代指軍隊,意思是加戎兵于殷。《楚辭·天問》言武王伐殷之事曰"争遣伐器,何以行之?"于省吾先生在《澤螺居楚辭新證》中指出此中之"伐"乃"戎"字的形訛,是也。則簡文的"至(致)戎"即《天問》之"遣戎器"。由此而言,用爲動詞的"戎"實與"伐"意思相類,故古書"致戎"或曰"致伐",如《逸周書·周月解》:"亦越我周王,致伐于商。"《公羊傳·莊公六年》:"曷爲或言致會?或言致伐?得意致會,不得意致伐。衛侯朔入於衛,何以致伐?不敢勝天子也。"又《僖公四年》:"楚已服,何以致伐楚?叛盟也。"③

(二)"𨙒(至于)𣸣(海)麇(表)出日"

整理報告:

《書·君奭》:"嗚呼!篤棐時二人,我式克至于今日休?我咸成文王

---

① 轉引自陳文娟:《清華簡(拾)〈四告〉集釋與初步研究》,聊城大學碩士學位論文,2023年,第53頁。

② 轉引自陳文娟:《清華簡(拾)〈四告〉集釋與初步研究》,聊城大學碩士學位論文,2023年,第53頁。

③ 王寧:《讀清華簡拾〈四告一〉散札》,復旦大學出土文獻與古文字研究中心網,2021年8月10日。

功于不怠。丕冒海隅出日，罔不率俾。"《書・立政》："今文子文孫，孺
子王矣，其勿誤於庶獄，惟有司之牧夫。其克詰爾戎兵，以陟禹之迹，
方行天下，至於海表，罔有不服。以覲文王之耿光，以揚武王之大烈。
嗚呼！繼自今後王立政，其惟克用常人。"

子居：

> 無論是"不服"還是"方行天下""海表""出日"皆不見於西周金
> 文，先秦文獻中整理者注所引《君奭》《立政》即最早辭例，這自然説明
> 《四告》的成文時間與《君奭》《立政》相近。[①]

陳文娟女士：

> 方行，橫行。海表，四境以外的偏遠之地，此處強調一直到土地的盡
> 頭。《尚書・立政》："方行天下，至於海表。"孔傳："方，四方。海表，
> 夷戎狄，無有不服化者。"曾運乾《尚書正讀》："方，旁也，普也。"《國
> 語・齊語》："君有此士也三萬人，以方行於天下。"韋昭注："方，猶橫也。"[②]

【筆者按】簡文"潜（海）麂（表）出日"泛指極荒遠之地。"海表"一詞古
書多見，猶海外，指中國四境以外僻遠之地。《書・立政》："方行天下，至於海表，
罔有不服。"孫星衍疏："溥行天下至於海外，無有不服。"漢班固《典引》："仁風
翔乎海表，威靈行乎鬼區。"

第 16 節　《四告》第二篇（第 10 册）地理史料匯證

《四告》簡 17—18：

> 惠皇帝＿（上帝）命周文王虞（據）受殷命，剌（烈）且（祖）武
> 王大龏（戡）厇（厥）啻（敵），今皇辟天子恩（圖）厇（厥）萬音（億）
> 之亡（無）逢（後）【一七】嗣孫，乃畫（建）矦（侯）埶（設）戉（衛）、
> 掏[(一)]，出分子[(二)]……【一八】

【注　釋】

（一）"乃畫（建）矦（侯）埶（設）戉（衛）、掏"

整理報告：

① 子居：《清華簡十〈四告・旦告〉解析》，中國先秦史網，2020 年 12 月 19 日。
② 陳文娟：《清華簡（拾）〈四告〉集釋與初步研究》，聊城大學碩士學位論文，2023 年，第 67 頁。

《書·康誥》:"侯甸男邦,采衛百工,播民和見,士于周。"《書·武成》:"丁未,祀于周廟,邦甸侯衛,駿奔走,執豆籩。"

覆簣堂(網名)讀"𤰝"爲"封"字之異體,當改讀爲"乃建侯設衛,封出分子"。"封出"或倒作"出封",《周禮·典命》:"王之三公八命,其卿六命,其大夫四命。及其出封,皆加一等。"還有網友進一步指出此"封"字從甸、丰聲,是封建、分封的專字。也可分析爲從人、田,丰聲。①

趙平安先生認爲"𤰝"字可分析爲从古文邦(从丰从田)、从甸,田看作共用成分。這種"邦"的寫法與《說文》古文相合,屬於齊系文字。"邦"作爲獨立的構字單位在春秋早期就已經出現,"邦"作意符是漢字發展到較高階段的産物。②

陳文娟女士:

> 𤰝隸作"𤰝",讀作"封"。原整理者讀作"甸"。按照原整理者所說,當是出現於《尚書·康誥》"九服"中的三服,"九服"即侯服、甸服、男服、采服、衛服、蠻服、夷服、鎮服、藩服,侯服爲周朝王城方千里之外方五百里的地方,其餘皆以五百里爲限,依次向外延伸。但原整理者所說之"侯、衛、甸"次序與九服按照遠近所排次序不同,且"甸"字字形皆不寫作簡文字形,因此將此字釋爲"甸"不好。網友覆簣堂認爲從甸、丰聲,也可分析爲人、田,丰聲,爲"封"字異,此句當改讀爲"乃建侯設衛,封出分子","封出"或倒作"出封"。覆堂之說可從。因此,"侯"可釋爲"諸侯","衛"釋爲"保衛",即"保衛周的各種人員和設施"。③

尉侯凱先生:

> 清華簡《四告》"乃建侯設衛、𤰝出分子"之"𤰝",不能釋讀爲"甸",而應分析爲從甸丰聲,或從人、田,丰聲,是表示分封、封建之"封"的專字。它不能屬上讀,而應連下"出分子"爲句。封出分子,是分封出去支庶子孫的意思。④

(二)"出分子"

整理報告:

---

① 轉引自朱國雷:《清華大學藏戰國竹簡(拾)》集釋及相關問題研究》,武漢大學碩士學位論文,2022年,第58頁。

② 趙平安:"𤰝"字形體結構的意蘊及其影響》,《第三十二屆中國文字學國際學術研討會論文集》,"國立"臺北教育大學,2021年5月21—22日,第154-155頁;又見於《漢字漢語研究》2021年第2期,第6-9頁。

③ 陳文娟:《清華簡(拾)〈四告〉集釋與初步研究》,聊城大學碩士學位論文,2023年,第129、130頁。

④ 尉侯凱:《"甸"还是"封"?》,《中國語文》2023年第2期,第230頁。

嬭加編鐘（郭長江等：《嬭加編鐘銘文的初步釋讀》，《江漢考古》二〇一九年第三期）：“余文王之孫，穆之元子，出邦于曾。”

網友指出，清華貳《繫年》簡 17+18：“周成王、周公既遷殷民于洛邑，乃追念夏商之亡由，旁設出宗子，以作周厚屏。”簡 18 “出分子”，整理者將其與新出芈加編鐘“之邦于曾”聯繫，此句近來多被解釋爲芈加從楚國出嫁到曾國。[1]

陳文娟女士：

出分子，原整理者引嬭加編鐘“余文王之孫，穆之元子，出邦于曾。”網友ee認爲“出分子”可參考清華二《繫年》：“周成王、周公既遷殷民于洛邑，乃追念夏商之亡由，旁設出宗子，以作周厚【17】屏。”分子，當指周王和太子之外的皇室子孫。“封出”當指將這些子孫分封出去。[2]

第 17 節 《四告》第四篇（第 10 册）地理史料匯證

《四告》簡 38、40：

曾孫留（召）虎拜＿（拜手）頴＿（稽首），帝命北方死（尸）配鄉（享）茲馡（馨）香……【三八】……曰古禹降，塼（敷）土陛（墮）山，寽（劃）川叡（濬）泉 (一)【四〇】……

【注　釋】

（一）“曰古禹降，塼（敷）土陛（墮）山，寽（劃）川叡（濬）泉”

整理報告：

《書·禹貢》序：“禹別九州，隨山濬川，任土作貢。”首句：“禹敷土，隨山刊木，奠高山大川。”豳公盨（《銘圖》五六七七）：“天令（命）禹專（敷）土，隆（墮）山叡（濬）川。”

陳文娟女士：

敷，區分、劃分。《書·禹貢》：“禹敷土，隨山刊木，奠高山大川。”孫星衍《尚書今古文注疏》引馬融曰：“敷，分也。”又疏云：“云‘分’者，言分爲九州。”墮，鑿墮。

---

① 轉引自朱國雷：《〈清華大學藏戰國竹簡（拾）〉集釋及相關問題研究》，武漢大學碩士學位論文，2022 年，第 58 頁。

② 陳文娟：《清華簡（拾）〈四告〉集釋與初步研究》，聊城大學碩士學位論文，2023 年，第 130 頁。

劃，開闢。濬，疏通水道。《書·益稷》："予決九川，距四海。濬畎
澮，距川。"①

第18節 《皇門》（第1冊）地理史料匯證

《皇門》簡1、2、6：

佳（惟）正[月]庚午，<u>公累（格）才（在）者（庫）門</u>⁽⁻⁾。公若曰：
於（嗚）虖（呼）! <u>朕寡（寡）邑少（小）邦</u>⁽⁻⁾……【一】……<u>我翻（聞）</u>
<u>昔才（在）二又（有）或（國）之折（哲）王則不共（恐）于卹</u>⁽⁻⁾……
【二】……用能<u>盍（奄）又（有）四哭（鄰）</u>⁽⁻⁾……【六】

【注 釋】

（一）"公累（格）才（在）者（庫）門"

整理報告：

格，訓至。者字從老，古聲，見母魚部，讀爲溪母魚部之"庫"。"者
門"即"庫門"。周制天子五門，自南數爲皋、庫、應、雉、路門。庫門
爲第二門，庫門外皋門內爲天子外朝。此句今本作"周公格左閎門會群
門"。孔晁注："路寢左門曰皇門。閎，音皇。"

李學勤先生：

傳世本開頭說"維正月庚午，周公格于左閎門"，《周書序》也說"周
公會群臣於閎門"，簡文則作"惟正[月]庚午，公累（格）才（在）者門"……
傳世本的"閎門"，孔晁注云："路寢左門曰皇門，'閎'音'皇'也。"
朱右曾已指出"未詳所據"。"閎"的意思是巷門，這位公爲什麼在左巷
門會群臣，是很難理解的。簡文作"者門"，"者"字從"古"聲，屬見
母魚部，可讀爲溪母魚部的"庫"，庫門是周制天子五門（皋、庫、雉、
應、路）的第二道門，這也表明公的地位。②

黃懷信先生：

今本《紀年》云："成王元年正月，周公誥諸侯于皇門。"於史當是。
成王元年，即周公攝政之元年。格，至也。庫門，天子五門之第二門。

---

① 陳文娟：《清華簡（拾）〈四告〉集釋與初步研究》，聊城大學碩士學位論文，2023年，第229頁。
② 李學勤：《清華簡九篇綜述》，《文物》2010年第5期，第54、55頁。

《禮記·郊特牲》："獻命庫門之内，戒百官也。大廟之命，戒百姓也。"
閎門，今本孔晁注曰："路寢左門曰皇門。閎，音皇也。"莊述祖注曰：
"閎門，路門之外被門也。"均不知所據。《爾雅·釋宮》云："衖（巷）
門謂之閎。"《左傳·成公十七年》有"乘輦而入于閎"，杜亦注曰："閎，
巷門。"《釋文》云："中夾道門，巷門。"然則據篇文，簡書作庫門當是。
今本"左"當是"在"誤；"閎"字疑亦是"庫"字之誤。"會群臣"三
字，當是後人據義而增。[①]

馬楠女士指出西周時天子以"庫""雉""應"三門爲"中門"，庫門之外爲外
朝，應門之内爲治朝。[②]

王連龍先生也對《皇門》"者（庫）門"進行了研究：

在周王寢宫之外，宗廟之門也可以稱"庫門"。《皇門》篇中的"庫
門"即是宗廟之門，正可與傳世本《皇門》篇中代表宗廟之門的"閎門"
相互印證。這也説明《皇門》篇所載周公訓誥在宗廟進行。"閎""庫"義
同而字異的情況，成因於《皇門》篇簡本、傳世本屬於不同傳流系統。[③]

施謝捷先生指出"者"字可能是"胡壽"之"胡"的本字，以習慣將"者門"
釋讀爲"胡門"，"胡""閎"可同訓爲"大"，故與"閎門"正相對應。《逸周書》
孔晁注："路寢左門曰皇門。閎，音皇也。"而"皇"字在戰國文字中往往作"上
古下王"之形。[④]

王志平先生指出，"路寢"是古代天子、諸侯議事的正殿，孔晁注認爲"皇門"
是"路寢左門"，合乎禮儀。按照周代禮制，天子視朝應在路門外的"治朝"舉行，
"路門"就是孔晁注所説的"皇門"。古書也稱之爲"虎門"，如《周禮·地官·師
氏》"居虎門之左，司王朝"，鄭玄注："虎門，路寢門也。王日視朝於路寢，門外
畫虎焉，以明勇猛，於守宜也。"周公到路門會群臣，合乎禮儀。反之，到外朝庫
門會群臣，則不合朝儀，難以理解。他認爲"者""路""虎""皇"四者音近，"皇"
字構形亦與"古"有關。清華簡整理者讀"者"爲"庫"，或者與"者""閎"音
韻關係不易解釋有關。"閎"爲匣母蒸部字，但是戰國時期"宏""弓"聲字有陽
部字的異讀，所以"閎"可以與"者"對應。[⑤]

---

① 黃懷信：《清華簡〈皇門〉校讀》，簡帛網，2011 年 3 月 14 日。

② 馬楠：《西周"五門三朝"芻議》，李學勤主編：《出土文獻》（第 1 輯），上海：中西書局，2010 年，第 140-
143 頁。

③ 王連龍：《清華簡〈皇門〉篇"者（庫）門"解》，《考古與文物》2012 年第 4 期，第 104 頁。

④ 轉引自趙思木：《清華大學藏戰國竹簡（壹）》集釋及專題研究》，華東師範大學博士學位論文，2017 年，第
277 頁。

⑤ 王志平：《清華簡〈皇門〉異文與周代的朝儀制度》，清華大學出土文獻研究與保護中心編：《清華簡研究》
（第 1 輯），上海：中西書局，2012 年，第 205-210 頁。

黄傑先生：

西周金文吳盉的"廥門"、清華簡《皇門》的"者門"、今本《竹書紀年》的"皇門"和《逸周書·皇門》的"閎門"是同一個詞，這個詞應讀爲"皇門"。孔晁將"閎門"讀爲"皇門"，應當是由於看到了《竹書紀年》的"皇門"；他說皇門是路寢左門，可能只是他自己的意見。"皇門"這一篇名可能是《周書序》的作者見到了《竹書紀年》中的"皇門"後所擬。①

李天虹先生：

關於"者"字的讀法，後續研究者有與整理者不同的意見。如施謝捷認爲，"者"或許是"胡壽"之專字，多見於齊系文字，或作人名，或作爲複姓"胡毋"之"胡"。"者門"可釋讀爲"胡門"，"胡"訓爲"大"，與"閎門"正相對應，"閎"亦"大"義。王志平從周代朝儀制度出發，認爲以孔晁注來解釋簡文最爲合理。路寢是天子、諸侯議事的正殿。《周禮·夏官·司士》鄭玄注："王日視朝事于路門外。"路門亦即皇門。周公到路門會群臣，合乎禮儀；反之到外朝庫門會群臣，則不合朝儀，難以理解。清華簡整理者讀"者"爲"庫"，或者與"者、閎"之間的音韻關係不易解釋有關。從古音角度看，從"厷"或"弓"聲的字上古音一般都歸蒸部，"閎"即爲匣母蒸部字。但是戰國時期"厷、弓"聲字有陽部字的異讀，孔晁注"閎"音"皇"即是一例。"皇"係匣母陽部字，與見母魚部的"古"音近可通。戰國文字"皇"的上部常寫作"古"形，而《說文》古文"古"的構形又與"皇"字有關，也有助於説明"皇"跟"者"之間的音轉關係。②

孔華、杜勇先生考證出先秦宮室建築中，宗廟應在路寢之東，路門之內。據天子五門説，庫門爲天子外朝。外朝須有大廷，在非常時期召集國人詢國危、詢國遷、詢立君，也可作爲王師凱旋舉行獻俘禮的場所。但是，從《皇門》內容看，周公誥辭的對象是作爲朝臣的宗族首領，不像《尚書·盤庚》那樣涉及平民大眾，也看不到國家需要遷都立君或面臨危難的迹象，周公沒有理由到外朝發布誥辭。把"者門"視爲"庫門"，與訓示內容、對象相矛盾。他們認爲孔晁將"閎門"釋

---

① 黄傑：《再議清華簡〈皇門〉"者門"及相關問題》，《中國文字研究》（第 19 輯），上海：上海書店出版社，2014 年，第 74 頁。

② 李天虹：《由清華簡〈皇門〉"者門"談上博簡〈姑成家父〉的"強門"》，中國古文字研究會等編：《古文字研究》（第 30 輯），北京：中華書局，2014 年，第 365、366 頁。

爲“路門”是可取的，“耆門”就是“路門”“皋門”“閎門”，它們之間的關係應是音近相通。周公應是在路門之内的“内朝”作誥。[①]

（二）“尌（寡）邑少（小）邦”

整理報告：

> 寡邑小邦，周之謙稱，相對於“大邦殷”（《書·召誥》）而言，參看《書·大誥》“興我小邦周”，《多士》“非我小國敢弋殷命”。此句今本作“下邑小國”，莊述祖《尚書記》：“下邑小國，謂周。”

黃懷信先生訓“寡”爲“少”，寡邑、寡邑小邦，城邑寡少之小邦，指周。下邑指地位低下之邑。認爲作“國”者皆漢人所改。[②]

趙思木先生：

> 整理報告説可從。先秦多以大宗所居都邑地名作爲邦國之稱，因此謙稱其邦國時，亦往往稱“寡邑”“敝邑”，“邑”代指都邑。因此“寡邑”并不指其邦國“城邑寡少”，正如“敝邑”不指“城邑凋敝”。[③]

（三）“我䎽（聞）昔才（在）二又（有）或（國）之折（哲）王則不共（恐）于卹”

整理報告：

> 二有國，指夏、商二朝。哲王，聰慧賢能的君王。《書·康誥》：“往敷求于殷先哲王，用保乂民。”《逸周書·商誓》：“在商先誓（哲）王明祀上帝。”不共于卹，共讀爲“恐”，卹通“恤”，《爾雅·釋詁》：“憂也。”此句今本作“我聞在昔有國誓王之不綏于卹”，陳逢衡注：“在昔有國誓王，古我夏先后與殷先哲王也。”

黃懷信先生指出，在昔有國者自包括夏商，故“有國”前“二”字似不必有，簡書疑衍。[④]

（四）“盍（奄）又（有）四叟（鄰）”

整理報告：

---

① 孔華、杜勇：《清華簡〈皇門〉與五門三朝考異》，《天津師範大學學報（社會科學版）》2015年第2期，第48-54頁。

② 黃懷信：《清華簡〈皇門〉校讀》，簡帛網，2011年3月14日。

③ 趙思木：《〈清華大學藏戰國竹簡（壹）〉集釋及專題研究》，華東師範大學博士學位論文，2017年，第280頁。

④ 黃懷信：《清華簡〈皇門〉校讀》，簡帛網，2011年3月14日。

　　盍即"蓋"，古與"奄"字通用，《左傳》昭公九年"商奄"，《墨子·耕柱》《韓非子·説林上》等作"商蓋"。奄，擁有。《詩·執競》："奄有四方。"

李雅萍先生：

　　"奄有"在《詩經》《尚書》出現次數多。《詩·大雅·皇矣》："奄有四方"，毛傳："奄，大也。"孔穎達疏："奄，亦是覆蓋之義。"馬瑞辰《毛詩傳箋通釋》："蓋奄之義本爲大，大則無所不覆，故同謂之奄。"《書·大禹謨》："奄有四海"，孔安國傳："奄，同也。"蔡沈《書集傳》："奄，盡也"。"奄"字釋爲"覆蓋"，引申爲"盡，包括"，"奄有"爲"全部占有"。[①]

第19節　《祭公之顧命（祭公）》（第1冊）地理史料匯證

《祭公之顧命》簡3—7、9—10、12—14、18—19：

　　王若曰："且（祖）懇（祭）公[一]……"……【三】王曰："……縢（朕）之皇且（祖）周文王、剌（烈）且（祖）武王，厇（宅）下郖（國），复（作）戟（陳）周邦[二]。佳（惟）寺（時）皇上帝【四】……我亦佳（惟）又（有）若且（祖）【五】周公概（暨）且（祖）卲（召）公……甬（用）臧（畢）【六】壑（成）大商。……"……乃卲（召）羉（畢）驅、囷（井）利、毛班，曰："……【九】……皇天改大邦壑（殷）之命，佳（惟）周文王受之，佳（惟）武王大敗（敗）之，【一〇】……"公曰："天子，三公，我亦走（上）下卑（譬）于文武之受【一二】命，罩（皇）襄（毣）方邦[三]，不（丕）佳（惟）周之萝（旁）……【一三】……藍（監）于顕（夏）商之既敗（敗）……【一四】……"

【注　釋】

（一）"且（祖）懇（祭）公"

整理報告：

　　懇，從半聲，見母月部，與"祭"通假，字右上所從尚待研究。

李學勤先生：

　　和《皇門》一樣，《祭公》也有傳世本收入《逸周書》。《禮記·緇衣》引此篇，題爲《葉公之顧命》，我曾説明，"祭字古音爲精母月部，葉字

────────────────
① 季旭昇主編：《清華大學藏戰國竹簡（壹）讀本》，臺北：藝文印書館，2013年，第214、215頁。

從枼聲，而枼又從世聲，世字爲書母月部，從世聲的字多在心母月部，都與祭音近，因此祭與枼仍是通假的關係"。這樣看來，清華簡的篇題同《緇衣》是一致的。

郭店簡、上博簡《緇衣》，這個字寫作"䚻"，字形有些像"晉"，然而同篇就有顯然有別的"晉"。我以爲這個字從"彗"省，《説文》云"彗""從又持牲"，"彗"聲的字或爲精母月部，或爲心母月部，故與"祭"通假。至於清華簡這個字，應分析爲從"邑"，"彗"省聲，"丰"爲附加聲符，"丰"屬見母月部。[①]

復旦大學出土文獻與古文字研究中心研究生讀書會：

"䚻"字很可能是一個雙聲符字，即除去"丰"剩餘的部分亦是作聲符。……"䚻"字原作：䚻

此字右上似當爲"捷"字古文省去"戈"形之一部分，只保留了"戈"的一橫筆。……祭，《禮記·緇衣》中對應之字作"枼"，可見"祭"與"枼"聲音接近。又，"枼"字從"世"聲，"世"在月部，可知枼部與月部關係密切。祭，古音屬莊紐月部；捷，古音屬從紐枼部。二字聲母同爲齒音，韻爲旁轉，音近可通。[②]

季旭昇先生：

"捷"（從枼）、"祭"（精祭）、"丰"（見祭），三字聲韻俱可通。但"枼"部與"祭"部畢竟爲旁轉關係。如把此字右上所從的"枿"旁上部的"林"當成"散"（心元）字之省；下從"一"如視爲"戈"省，則此字即"殺（生祭）""翦（精元）"字之省，"散""殺""翦"和"祭"的聲韻關係都比"捷"來得更近。不如視爲從"散/殺/翦"與從"丰"的兩聲字。據此，"且䚻公"即"祖祭公"。《禮記·緇衣》作"枼"，"枼（書枼）"從"世"聲，"世（書枼）"中古音已轉入"祭"韻，與"捷（從枼）"音近，則此字視爲從古文"捷"省聲亦可。[③]

（二）"厇（宅）下郼（國），复（作）㦰（陳）周邦"

整理報告：

厇，即"宅"字，柯尊（《集成》六〇一四）："余其厇（宅）兹中或

---

① 李學勤：《清華簡九篇綜述》，《文物》2010 年第 5 期，第 55 頁。

② 復旦大學出土文獻與古文字研究中心研究生讀書會：《清華簡〈祭公之顧命〉研讀札記》，復旦大學出土文獻與古文字研究中心網，2011 年 1 月 5 日。

③ 季旭昇主編：《清華大學藏戰國竹簡（壹）讀本》，臺北：藝文印書館，2013 年，第 245 頁。

（國）。"今本作"度"，通假字。

作，《詩·駉》傳："始也。"戗，通"陳"字，《周禮·內宰》注："猶處也。"

黃澤鈞先生：

今本作"度下國"。潘振、莊述祖云："度，謀也。"朱右曾云："度如'爰究爰度'之度，居也。"下國，孔晁云"謂諸侯也"，陳逢衡云"猶言小國，即小邦周之謂。對上帝言，故曰下國"。[1]

季旭昇先生：

下國，猶下土。下句謂"作匍周邦"，可見"國"與"邦"不同。"厇"，從厂、乇聲，讀爲"宅"，釋爲"居"。厇下鄙，謂居下土。[2]

（三）"宔（皇）襄（歕）方邦"

整理報告：

宔，讀爲"皇"，訓"大"。襄，讀爲"歕"，《廣雅·釋訓》："盛也。"方邦，即方國，《詩·大明》："以受方國。"

趙思木先生：

《尚書·武成》："惟先王建邦啓土。"今本之"開"，可能與"啓"同意，指開拓疆土。"襄"或許就有這樣的意思，"广襄方邦"就是使各邦國開疆拓土，因此可以"夢周"，可以"永厚后稷之受命"。[3]

第20節 《攝命》（第8冊）地理史料匯證

《攝命》簡3、4、32：

王曰："……肇出内（納）朕命，虞（且）今民不（丕）造不[庚]（康），□□□【三】肙（怨），雩（越）四方少（小）大邦，雩（越）御事庶百又告有訾（訟）[（一）]。……【四】"……

隹（唯）九月既望壬申，王才（在）鄗（鎬）京[（二）]，各于大室，即立（位），咸。士建右白（伯）甹（攝），立才（在）中廷，北鄉。……【三二】

① 季旭昇主編：《清華大學藏戰國竹簡（壹）讀本》，臺北：藝文印書館，2013年，第252頁。
② 季旭昇主編：《清華大學藏戰國竹簡（壹）讀本》，臺北：藝文印書館，2013年，第252頁。
③ 趙思木：《〈清華大學藏戰國竹簡（壹）〉集釋及專題研究》，華東師範大學博士學位論文，2017年，第354頁。

【注　釋】

（一）"雩（越）四方少（小）大邦，雩（越）御事庶百又告有眚（訟）"

整理報告：

"四方小大邦"謂畿外諸侯，"御事"爲畿内王官，《大誥》"猷大誥
爾多邦越爾御事"，亦以畿外"多邦"、畿内"御事"并舉。

子居：

"四方小大邦"，西周金文未見，傳世文獻見於《尚書·多士》，筆
者《先秦文獻分期分域研究之二實詞篇（一）》推測《多士》成文於春秋
初期前段，這與筆者推測《攝命》成文於春秋初期正合。①

晁福林先生：

"四方小大邦，雩御事，庶百又（有）告有嫌，今是亡其奔告"（簡
4），意指四方邦國和官員、百姓有訴訟有嫌疑，如今奔告無門。總之是
怨氣甚多，無法解決。②

（二）"王才（在）蒿（鎬）京"

整理報告：

鎬京，宗周。《世本》"懿王徙於犬丘"，《漢書·地理志》云在右扶
風槐里縣。懿王都犬丘，當與西戎勢力擴張有關。《史記·秦本紀》記載
孝王扶植大駱後裔，以和西戎，屬王時西戎反王室，所滅者正爲"犬丘
大駱之族"。但懿王時"犬丘"似爲"離宮別館"，册命場所依然多在宗
周鎬京。

子居：

"鎬京"見稱於《詩經·大雅·文王有聲》，西周金文中則稱"鎬京"
爲"宗周"或"蒿"，至今西周金文未見"鎬京"之稱，只有"芳京"之
稱，由此亦可見《攝命》篇的成文與《大雅·文王有聲》的成文時間接
近，最可能成文於春秋時期。筆者在《先秦文獻分期分域研究之二實詞
篇（一）》中推測《大雅·文王有聲》成文於春秋前期末段，而《攝命》

---

① 子居：《清華簡八〈攝命〉首段解析》，中國先秦史網，2018 年 12 月 7 日。
② 晁福林：《西周恭懿孝夷時期的王室内部鬥争——以彝銘及竹簡資料爲中心的考察》，《中華文史論叢》2020 年
第 4 期，第 55 頁。

篇筆者認爲很可能是成文于周平王即位之年，屬春秋初期初段，二者時間相去不遠。①

第 21 節 《芮良夫毖》（第 3 册）地理史料匯證

《芮良父毖》簡 1、2、8、14：

> 周邦聚（驟）又（有）禍（禍），寇（寇）戎方晉[一]……【一】内（芮）良夫乃复（作）訟再又（終），曰……【二】……皮（彼）人不敬，不藍（鑒）于顯（夏）商……【八】……燮（燮）戴（仇）放（啓）邮（國）[二]……【一四】

【注　釋】

（一）“周邦聚（驟）又（有）禍（禍），寇（寇）戎方晉”

整理報告：

> 寇，“寇”之異體。寇戎，謂来犯之戎。《逸周書·時訓》：“鷹不化鳩，寇戎數起。”《周禮·春官·小祝》：“有寇戎之事，則保郊，祀于社。”晉，進長。《易》晉卦《象傳》：“晉，進也。明出地上，順而麗乎大明，柔進而上行。”《後漢書·西羌傳》：“屬王無道，戎狄寇掠，乃入犬丘，殺秦仲之族，王命伐戎，不克。”《後漢書·東夷傳》：“屬王無道，淮夷入寇，王命虢仲征之，不克。”《帝王世紀》：“自屬王失政，獫狁荊蠻，交侵中國。”

高中華、姚小鷗先生：

> “寇戎方晉”，犹《小雅·采薇》“獫狁孔棘”、《小雅·六月》“獫狁孔炽”。言寇戎之侵逼勢盛。
>
> 傳世及出土文獻載屬王時期多戰事。古本《竹書紀年》：“屬王無道，戎狄寇掠，乃入犬丘，殺秦仲之族，王命伐戎，不克。”《後漢書·東夷傳》：“屬王無道，淮夷入寇，王命虢仲征之，不克。”《翏生盨銘》“王征南淮夷”（《集成》4459~4461），《鄂侯馭方鼎銘》“王南征”（《集成》2810）。兩銘皆述及屬王南征。屬王時禍亂頻仍，以至“靡國不泯”。清儒或謂“屬王時征伐甚罕”，恐非的論。②

---

① 子居：《清華簡八〈攝命〉末簡解析》，中國先秦史網，2018 年 12 月 10 日。
② 高中華、姚小鷗：《清華簡〈芮良夫毖〉疏證（上）》，趙敏俐主編：《中國詩歌研究》（第 14 輯），北京：社會科學文獻出版社，2017 年，第 4 頁。

（二）"燮（孌）戠（仇）攺（啟）邦（國）"

整理報告：

> 孌，《書·顧命下》"燮和天下"，孫星衍《今古文注疏》引《釋詁》
> 云："燮者，和也。""戠"見於郭店簡《緇衣》及清華簡《繫年》（晉文
> 侯名），均相當於"仇"字。《爾雅·釋詁》："仇，匹也。"此處用爲名詞。
> 《魯頌·閟宮》"大啟爾宇"，朱熹《集傳》："啟，開。"啟國猶言建國。

尉侯凱先生：

> 清華簡《芮良夫毖》"畏燮方讎""燮仇啟國"之"燮"均應訓爲"和"，
> 整理者將"燮"破讀爲"襲"是不能成立的。"方讎""仇"非指仇敵，而
> 應解釋爲匹耦的大臣。"畏燮方讎"謂謹慎地協和大臣。"燮仇啟國"謂協
> 和大臣，啟建國家。清華簡《耆夜》中的"克燮仇讎"，"燮"也當訓爲"和"，
> "仇讎"是表"仇匹"義的"仇""讎"組合成的同義複詞，也是"匹耦"
> 的意思。"克燮仇讎"，言周武王稱贊周公能够協和他的匹耦。[①]

第 22 節 　《虞夏殷周之治》（第 8 册）地理史料匯證

《虞夏殷周之治》簡 1—3：

> 顓（夏）后……乍（作）樂《孚（竽）籥（管）》九成，<u>晦（海）外又
> （有）不至者</u>[（一）]。殷人……【一】……乍（作）樂《卿（韶）》、《雋〈蒦〉
> （濩）》，<u>晦（海）內又（有）不至者</u>[（二）]。周人……【二】……乍（作）樂
> 《武》、《象》……<u>晦（海）外之者（諸）侯遝（歸）而不夳（來）</u>[（三）]。【三】

【注　釋】

（一）"晦（海）外又（有）不至者"

整理報告：

> 海外，四海之外，泛指邊遠之地。《詩·長發》"相土烈烈，海外有
> 截"，鄭箋："四海之外率服。"

馬文增先生：

---

① 尉侯凱：《〈芮良夫毖〉"畏燮方讎""燮仇啟國"解》，鄔文玲、戴衛紅主編：《簡帛研究》二〇二三年春夏卷，桂林：廣西師範大學出版社，2023 年，第 32 頁。

海外，此指荒服之國；不至，意不服，筆者認爲指上博簡《容成氏》所載之"岷山氏"。《史記‧夏本紀》曰："自孔甲以來而諸侯多叛夏，桀不務德而武傷百姓，百姓弗堪。"上博簡《容成氏》言夏桀"不量其力不足，起師以伐岷山氏，取其兩女琰、琬"。據堯帝所言"四海困窮，天祿永終"（《論語‧堯曰》），以及清華簡《厚父》"厚父"所言"古，天降下民，設萬邦，作之君，作之師，惟曰其助上帝。亂下民、之愿，王乃竭，失其命"之理，孔甲、夏桀道德敗壞，故"王乃竭"，不承認夏的道德領袖地位、不服從夏統治的諸侯出現，岷山氏當即爲其中之一。而夏桀伐岷山氏、據其二女之行爲則又反過來驗證了夏桀之"亂下民、之愿"（意"禍亂萬國、品質變壞"）。[①]

（二）"晷（海）內又（有）不至者"

整理報告：

> 海內，國境之內。古謂我國疆土四面臨海，故稱。《孟子‧梁惠王下》："海內之地，方千里者九。"

馬文增先生：

> 海內，海內之諸侯；有不至者，此指商末時，紂王失德，天下諸侯多有不服者。上博簡《容成氏》載，紂王暴虐，"於是乎九邦叛之：豐、鎬、郍、石、邘、鹿、耆、崇、密須氏"。[②]

（三）"晷（海）外之者（諸）侯逞（歸）而不坕（來）"

整理報告未加注釋。

馬文增先生：

> 海外之諸侯，荒服之國，此指犬戎；歸，通"饋"，"饋而不來"乃形象之說法，雖饋贈、邀請亦不來，意結仇。《國語‧周語上》載："穆王將征犬戎，祭公謀父諫曰……王不聽，遂征之，得四白狼四白鹿以歸。自是荒服者不至。""饋而不來"語帶批評，類清華簡《繫年》"犬逸而還"之說。結合清華簡《繫年》首章"戎乃大敗周師於千畝"、第二章"曾人乃降西戎以攻幽王"之記載，可知西周後期時與西戎戰事連連的起因是周穆王違棄先王之道、濫用武力殺害無辜。[③]

---

① 馬文增：《清華簡〈虞夏殷周之治〉六題》，《北京社會科學》2019 年第 6 期，第 114 頁。
② 馬文增：《清華簡〈虞夏殷周之治〉六題》，《北京社會科學》2019 年第 6 期，第 115 頁。
③ 馬文增：《清華簡〈虞夏殷周之治〉六題》，《北京社會科學》2019 年第 6 期，第 115、116 頁。

第23節 《五紀》(第11冊)地理史料匯證

《五紀》簡1—3、32—34、112、115：

　　<u>隹(唯)昔方又(有)港</u>⁽一⁾，畜(奮)洫(溢)于上……【一】……天陞(地)、神示(祇)、萬【二】皃(貌)迵(同)惪(德)，又(有)卲(昭)盟＝(明明)，又(有)港(洪)乃呈(彌)，五紹(紀)又(有)尚(常)……

　　<u>大川尚水</u>⁽二⁾，魚鼈(鱉)黿鼉含(蛤)象，青屮(草)百勿(物)生之。亓(其)水湛(沈)澤，五敦(穀)膚(滷)【三二】酉(酒)，蠲(蠲)鹻濯汔(溉)浴沐。民之忿(欲)材，其貞(珍)珠、龜、像(象)。<u>大山尚石，登云(雲)五勿(物)</u>⁽三⁾，屮(草)木百勿(物)，虫(蟲)它(蛇)百勿(物)，禽(禽)單〈獸〉百勿(物)【三三】□(生?)之。民之忿(欲)材，亓(其)貞(珍)金、玉、石……

　　夫是古(故)呂(凡)侯王乳〈新(親)〉自率師攻邦回(圍)邑，壟(展)卜五義(犧)五勿(物)……【一一二】……建配皇，犇(犧)貐(用)巾(幣)帛，賓于四亢(荒)……【一一五】……

【注　釋】

(一)"隹(唯)昔方又(有)港"

整理報告：

　　方，方國、方邦。港，讀爲"洪"。洫，通"溢"，馬王堆帛書《十六經·行守》有"驕洫(溢)好爭"。"奮洫于上"猶《書·堯典》"湯湯洪水方割，蕩蕩懷山襄陵，浩浩滔天"，《漢書·溝洫志》"河水溢溢，灌縣邑三十一"。

子居：

　　(整理者)將"方"字解爲"方國、方邦"的説法非常奇怪，"方"當是副詞，訓爲始，《廣雅·釋詁一》："方，始也。"故"方有"即"始有"。①

陳民鎮先生：

　　整理者之説疑點有二：其一"方"作方國、方邦解時，一般與具體

---

① 子居：《清華簡十一〈五紀〉解析(之一)》，中國先秦史網，2022年1月9日。

國名連用，而不單獨出現；其二《五紀》開篇所描述的洪水，實爲宇宙性的大洪水，非某方國洪水所能比擬。"子居"已指出"方"當作時間副詞解，訓"始""才"。首句係追述昔日始有洪水之時。

"洪"，整理者釋作"港"，讀爲"洪"。王寧認爲該字當徑釋作"洪"，可從。①

【筆者按】整理報告最初讀"港"爲"訌"。《詩·召旻》："天降罪罟，蟊賊内訌。"毛傳："訌，潰也。"又"無不潰止"，鄭箋："潰，亂也。"《春秋傳》曰'國亂曰潰，邑亂曰叛。'"或者"有港"有可能爲部族名，讀爲有絳、有共之類。

（二）"大川尚水"

整理報告：

"大川尚水"與下"大山尚石"兩句，句末都以"民之欲材，其貞"云云作結，與《書·禹貢》九州"厥貢""厥篚"云云相似。魚鱉黿鼉，見《國語·晉語九》《大戴禮·曾子疾病》等。《國語·晉語九》："黿鼉魚鱉，莫不能化。"含，讀爲"蛤"。《左傳》昭公三年："魚鹽蜃蛤，弗加於海。"

（三）"大山尚石，登云（雲）五勿（物）"

整理報告：

登雲，似指《公羊傳》"觸石而出，膚寸而合，不崇朝而徧雨乎天下者，唯泰山爾。"蟲蛇、禽獸見《韓非子·五蠹》"人民不勝禽獸蟲蛇"。

子居：

"登雲五物"疑是指五類用於山祭的物品，《國語·楚語下》："於是乎有天、地、神、民、類物之官，是謂五官，各司其序，不相亂也。……五物之官，陪屬萬爲萬官。"韋昭注："五物，謂天、地、神、民、類物之官也。"又，文獻言登雲多是指龍……故或也可以考慮"登雲五物"是指五龍。②

---

① 陳民鎮：《清華簡〈五紀〉"洪水章"試讀》，《國學學刊》2022 年第 3 期，第 79 頁。
② 子居：《清華簡十一〈五紀〉解析（之三）》，中國先秦史網，2022 年 2 月 10 日。

第8章 《鄭文公問太伯》《越公其事》等篇春秋地理史料匯證

第1節 《良臣》（第3冊）地理史料匯證

《良臣》簡2—9：

文王……【二】……又（有）郲（芮）白（伯）[一]……又（有）虞（虢）弔（叔）[二]。【三】

武王……又（有）邵（召）公[三]……【四】

楚䎷（昭）王……【五】……又（有）𨛫（葉）公子喬（高）[四]。……【六】……

奠（鄭）䡇（桓）公與周之遺老：史全（伯）、宧中（仲）、虞（虢）弔（叔）[五]、【八】土（杜）白（伯）[六]，𨒀（後）出邦[七]。

【注　釋】

（一）"郲（芮）白（伯）"

整理報告：

芮伯，《尚書序》："巢伯來朝，芮伯作《旅巢命》"，列於武王時。

馬楠女士：

芮伯。《書序》："巢伯來朝，芮伯作《旅巢命》。"《漢書·古今人表》上下"芮伯"，與"師伯"（彤伯）、"毛公"同列，是成王顧命六卿之芮伯，中下又有"芮伯"，與"巢伯"同列，則爲武王時作《旅巢命》之芮伯。班固分武王芮伯與成王芮伯爲二，蓋以《顧命》六卿惟召公壽，得爲武王舊臣。①

（二）"虞（虢）弔（叔）"

整理報告：

---

① 馬楠：《清華簡〈良臣〉所見三晉〈書〉學》，《中國高校社會科學》2013年第6期，第96頁。

虢叔，《晉語四》載文王"孝友二虢"，注："二虢，文王弟虢仲、虢叔"，又云文王即位，"諮於二虢"。《左傳》僖公五年："虢仲、虢叔，王季之穆也，爲文王卿士，勳在王室，藏於盟府。"《人表》在上下。

（三）"邵（召）公"

整理報告：

召公，《古今人表》列在"上中"。

（四）"郢（葉）公子喬（高）"

整理報告：

葉公子高，即沈諸梁，見《古今人表》"上下"。

（五）"虡（虢）弔（叔）"

整理報告：

文獻及金文中虢君常稱虢仲、虢叔、虢季等，此處虢叔疑爲《國語·周語上》宣王卿士虢文公，韋昭注云："虢叔（文王之弟）之後。"《古今人表》列在"中上"。

（六）"土（杜）白（伯）"

整理報告：

杜伯，周宣王時臣，《周語上》："杜伯射王于鄗"，韋注："杜國，伯爵，陶唐氏之後也。《周春秋》曰：'宣王殺杜伯而不辜，後三年，宣王會諸侯，田於圃，日中，杜伯起於道左，衣朱衣，冠朱冠，操朱弓朱矢，射宣王，中心折脊而死也。'"《古今人表》"中中"有杜伯，則係此杜伯先祖。

（七）"銜（後）出邦"

整理報告：

後出邦，指其後裔不留在周之朝廷。

【筆者按】清華簡《鄭文公問太伯》記載鄭國太伯曾追述："昔吾先君桓公後出自周。"《良臣》云"鄭桓公與周之遺老……後出邦"可與《鄭文公問太伯》的記述對觀。鄭桓公爲西周晚期周厲王之子，宣王母弟，宣王時始受封，故可言"後出自周""後出邦"。

第 2 節　《鄭武夫人規孺子》（第 6 册）地理史料匯證

《鄭武夫人規孺子》簡 2—5：

奠（鄭）武公卒（卒），既豊（葬），武夫人訠（規）乳＿（孺子），曰：“……區＿（區區）奠（鄭）邦【二】望虘（吾）君，亡（無）不盈亓（其）志於虘（吾）君之君呂（己）也。妛（使）人姚（遥）䣓（聞）於邦⁽一⁾，邦亦無大緜賻（賦）於萬民。虘（吾）君函（陷）【三】於大難之中，凥（處）於衛三年，不見亓（其）邦，亦不見亓（其）室⁽二⁾。女（如）毋（毋）又（有）良臣，三年無君，邦豢（家）䜌（亂）巳（也）。【四】自衛與奠（鄭）若卑耳而啓（謀）⁽三⁾……”

【注　釋】

（一）“妛（使）人姚（遥）䣓（聞）於邦”

整理報告：

武公在衛，故以使人聞知鄭邦大事。聞，與“知”同義。《戰國策·齊策四》“吾所未聞者”，高誘注：“聞，知也。”

晁福林先生：

簡文“使人遥聞於邦，邦亦無大徭賦于萬民”，這句話比較費解。“聞”固然可訓爲“知”，但它是什麽意思，是鄭武公雖居衛而知道鄭國的情况，抑或是鄭國國内知道鄭武公的情况呢？我們找一個相似的例子來説明就比較容易理解了。我覺得，此處所反映的情况與《左傳》僖公十五年所載的晉惠公被俘入秦時的情况相類似。當時，晉惠公命人回國告晉國臣民，爲防止他國趁晉無君之時入侵晉國，所以晉國應當采取非常措施。這些措施就是晉國臣民萬衆一心地“作爰田”“作州兵”，加强戰備，并且遵惠公“卜貳圉”之意，“征繕以輔孺子（修治甲兵，輔佐孺子）”，在各諸侯國間造成晉國雖然惠公被俘入秦，但依然是“喪君有君，群臣輯睦，甲兵益多”的印象。簡文“聞”，原訓爲“知”，是正確的。這個“知”，應當是令鄭國臣民“知”。“知”什麽呢？依情理度之，應當是知道他只是暫被衛國羈絆，返回鄭國只是時間早晚的事情。這個時候鄭國也没有如同後來的晉國那樣的作爰田州兵之事，説明鄭國形勢穩定。武姜所總結的鄭武公被衛羈絆三年鄭國的情况，一是臣民堅決擁戴武公，“亡（無）

不盈元（其）志於吾君之君已”；二是鄭國國内形勢穩定；三是鄭國三年無君而不亂，應當歸功於衆大夫皆爲“良臣”。武姜的這些説法，爲當時鄭國大夫所親歷，不可能是謊言編造，而應當就是歷史事實。①

（二）“尻（處）於衛三年，不見元（其）邦，亦不見元（其）室”

整理報告：

> 室，《逸周書•度邑》“刿其有乃室”，朱右曾《集訓校釋》：“室，家室。”

李學勤先生：

> 武公“陷於大難”，當即指西周王朝的覆亡而言。當時桓公死難，武公即位，其間武公曾有三年不在他父親在今河南新鄭一帶建立的國家而居處於衛國，這件事傳世文獻没有記載，對於我們瞭解兩周之際的歷史頗爲重要。
>
> 武公的該“三年”在什麽時候，不難大致估計。按清華簡《繫年》……（晉文侯）迎逆平王一事是在幽王滅後九年（前 762 年）……迎立平王的還有鄭武公，其時他顯然業已擺脱了處衛三年的困境，由此不難推想武公的處衛是在嗣位之初，到這個時候，已有與晉文侯一起行動的實力了。到下一年，即武公十年，他就與同平王關係密切的申國通婚。②

程浩先生：

> 簡文講武公“陷于大難之中，處衛三年，不見其邦，亦不見其室”。比較難以理解的是，武公身爲鄭國國君，爲何要“處衛三年”。我們認爲，這或與平王東遷成周有關。《左傳》云：“我周之東遷，晉、鄭焉依”，鄭國在平王東遷的過程中起到了至關重要的作用。平王東遷之初，在成周立足并未穩固，仍然“陷于大難之中”。武公處衛三年，乃是爲了在旁輔佐平王。在武公之時，成周的東北仍爲衛國所控制。按照《鄭文公問太伯》的説法，鄭國到了莊公時期才“北城温、原”，“東啓阓、樂”，將鄭、衛兩國的邊界推到更往東的河南輝縣附近。因此，武公在鄭衛交界的成周夾輔平王自然可稱“處衛”，而簡文中武姜説“自衛與鄭，若卑耳而謀”也可印證這一點。③

---

① 晁福林：《談清華簡〈鄭武夫人規孺子〉的史料價值》，《清華大學學報（哲學社會科學版）》2017 年第 3 期，第 128 頁。

② 李學勤：《有關春秋史事的清華簡五種綜述》，《文物》2016 年第 3 期，第 80 頁。

③ 清華大學出土文獻讀書會：《清華六整理報告補正》，清華大學出土文獻研究與保護中心網，2016 年 4 月 16 日。

王寧先生：

　　大難，李學勤先生認爲即指周幽王、鄭桓公被犬戎所殺之事，《補正》引程浩先生認爲"這或與平王東遷成周有關"。但從鄭武夫人的敘述来看，這"大難"恐與周王室事無關。"魚游春水"先生認爲是鄭武公開拓疆土和人交手，"鄭武公既不見其邦，亦不見其室，而鄭國國内已經等同於'無君'，幸而有良臣，才没有崩潰——這多半是暗示一個敗局。只是爲夫君諱，没有明説"。很有道理。①

晁福林先生：

　　從簡文看，鄭武公居衛三年的時間，他在鄭國已經有了較大的影響，卿大夫們一致擁護他，希望他來"君己"，對於鄭武公没有"二心"，并且幫助他復起"於大難之中"。這些都不應當是他剛繼位時的事情。

　　關於鄭武公居衛，簡文有他三年不得"見其室"的説法。這是什麼意思呢？……簡文"不見其室"的"室"以指妻室爲妥。如果這樣來理解的話，鄭武公居衛之前應當是有了妻室以後的事。《史記·十二諸侯年表》載鄭武公十年（公元前 761 年）"娶申女武姜"。我們若推測鄭武公娶妻後的十一年到十三年間（公元前 760—前 758 年），是他居衛的三年，這才與簡文所言此時鄭武公"不見其室"的説法合拍。鄭武公十一年的時候，他因爲某種原因，如與衛國的戰争而被俘、會盟時被拘、路過衛國時生病等，而被迫居衛三年。鄭、衛兩國有可能因爲領土問題以及兩國國君在周王朝争權而矛盾尖鋭。……鄭武公繼位初期正值衛武公（公元前812—前 758 年在位）末年。衛武公是一位有重要影響的叱咤風雲的歷史偉人。……我們前面推測鄭武公被迫居衛三年不得回國的時間，可能是在鄭武公十一年到十三年間（公元前 760—前 758 年）。公元前 758 年，是衛武公五十五年。此年衛武公去世，可以推測，此年在衛國出現國君去世這種重大變故的時候，被拘而居衛的鄭武公趁機逃歸鄭國，乃是很可能的事情。②

劉鵬輝先生：

　　關於鄭武公處衛三年問題，在時間上，筆者贊同晁福林的觀點，并

---

　　① 王寧：《清華簡六〈鄭武夫人規孺子〉寬式文本校讀》，復旦大學出土文獻與古文字研究中心網，2016 年 5 月 1 日。

　　② 晁福林：《談清華簡〈鄭武夫人規孺子〉的史料價值》，《清華大學學報（哲學社會科學版）》2017 年第 3 期，第 129、130 頁。

結合《清華簡（陸）》和傳世文獻進行了剖析，認爲武公處衛時間爲其在位的第十一年至十三年。在處衛原因上，筆者通過分析春秋初期鄭國之地位及當時東方諸國遭受戎狄之亂的背景，推測武公處衛是爲了幫助衛國平定戎亂，但其間遭受挫折。[①]

廖昊東先生：

鄭武公攜東遷之威，在"兩周之際"成爲左右攜王、平王之爭的關鍵所在，且鄭國在中原地帶的擴張也直接挑戰了衛國的霸主地位。因此，衛武公將鄭武公軟禁於衛國達三年之久，逼迫鄭武公支持周平王，即《鄭武夫人規孺子》中所説"處於衛三年，不見其邦，亦不見其室"。鄭武公在三年軟禁之後重獲自由，轉而支持平王，促成了平王的勝利與周王室的東遷，同時也爲鄭國謀取了巨大的資本。這一選擇影響了兩周之際的王權之爭，也奠定了此後東周數百年的政治格局。但是，這也爲周鄭、鄭衛之間的矛盾埋下了伏筆，成爲日後幾股勢力之間矛盾的根源。[②]

（三）"自衛與奠（鄭）若卑耳而䛄（謀）"

整理報告：

與，《戰國策·秦策一》"不如與魏以勁之"，高誘注："猶助也。"卑，《穀梁傳》僖公十五年楊士勛疏："猶近也。"

魚友春水（網名）：

鄭武公要"發展"，只要北過黄河，就算是到了衛人勢力範圍（衛南臨河淇，而鄭謀求的是濟洛河潁之間，河水爲界）。和衛國交手，無法回避。鄭國幫助平王實現東遷後，積極擴張。王室要借助衛國來限制鄭國（成王顧命之際，顧命大臣中就有衛侯），也不是没有可能的。《左傳》隱公期就寫，鄭莊公和王室的矛盾其實已經白熱化，以至於直接跟王室交戰。大概武公期并不是和王室同心同德。

清華簡新刊《鄭文公問大伯》，説到武公期開拓的成果之一，就是魯衛之君來見。據此，鄭武公和衛國交手差不多是既成事實。武公和衛國交手或許是有明顯占上風，所以到莊公時，直接和王室衝突；也可能是没有占上風，所以莊公時王室還敢於取鄭國鄔劉等數處田邑。因爲王室

---

① 劉鵬輝：《〈清華簡（陸）〉"鄭武公處衛三年"試探》，《名家名作》2023年第34期，第28頁。
② 廖昊東：《"救亂"與"东迁"：鄭武公"處於衛三年"探析》，《商丘師範學院學報》2024年第2期，第9頁。

要限制鄭國，肯定會和衛國站一邊，所以不論哪一種情況，鄭武公和衛的衝突都不言而喻。

所以將其局面理解爲武公被困的可能性應該比較大。簡文這陷入大難居於衛三年等等内容，估計就算不是說鄭武公被困在衛國三年，至少也應該直接理解成河淇之間。和輔佐平王大概是無關的。①

郝花萍女士：

"卑耳而咠（謀）"可以從兩個角度來看，一是像王寧所説，表現武公從衛國傳回的指令都能被執行，顯出鄭國群臣對君主的忠心；二是暗指鄭、衛的客觀地理位置接近，便於武公傳達指令回國，此處可印證《補正》中程浩對於武公"陷於大難之中，處於衛三年"的推測，簡文之所以稱武公"處衛"是因爲武公當時在鄭衛交界的成周。②

侯瑞華先生：

所謂"辟咡而謀"，"辟咡"所修飾的成分乃是"謀"。而前言"自衛"，即從衛國；那麼"謀"的動作主體顯然是避地於衛國的鄭武公。雖然鄭衛之間十分臨近，相互之間似乎可説是耳對耳的；然而處在國内的是臣，處在國外的是君。臣可説是耳，而君則只能是口。"謀"的動作發出是來自衛國的君，所以"若辟咡而謀"是説鄭君從衛國與聞鄭國國政，與良臣圖謀，就好像長者俯身低頭與幼者共謀一樣。③

第3節 《鄭文公問太伯》（甲本）（第6册）地理史料匯證

《鄭文公問太伯》簡1、5—8、13—14：

子人成子既死，太白（伯）噹（當）邑。太白（伯）又（有）疾，䛑（文）公遚（往）䎽（問）之。……【一】……太白（伯）曰："……昔虗（吾）先君逗（桓）公遚（後）出【四】自周⁽一⁾，以車七䡓（乘），徒世＝（三十）人……【五】……戝（戰）於魚羅（麗）⁽二⁾，虗（吾）[乃]膢（獲）䣝（函）、邨（訾）⁽三⁾，輹（覆）車閵（襲）娍（介），克鄮噵＝（迢迢）⁽四⁾，女（如）容䄃（社）之尻（處）⁽五⁾，亦虗（吾）先君之力也。

---

① 《清華六〈鄭武夫人規孺子〉初讀》，簡帛網·簡帛論壇·簡帛研讀，第24樓跟帖，2016年4月18日。
② 郝花萍：《清華大學藏戰國竹簡（陸）鄭國三篇集釋》，西南大學碩士學位論文，2017年，第24、25頁。
③ 侯瑞華：《清華簡〈鄭武夫人規孺子〉集釋與相關問題研究》，浙江大學碩士學位論文，2018年，第51頁。

枼（世）【六】及虔（吾）先君武公，西轘（城）伊（伊）陽（淵）^{（六）}，北邌（就）郊（鄔）、鄽（劉），縈（縈）厄（軛）鄍（蔫）、竽（邘）之國^{（七）}，魯、衝（衛）、鄝（蓼）、鄑（蔡）坴（來）見^{（八）}。枼（世）及虔（吾）先【七】君戕（莊）公，乃東伐齊薔之戎爲敽（徹），北轘（城）郖（溫）、原^{（九）}，得（遺）鄐（陰）、檷（鄂）宀（次）^{（一○）}，東改（啓）遺（隤）、樂^{（一一）}，虔（吾）达（逐）王於鄍（蔫）^{（一二）}【八】……吾若翻（聞）夫鷖（殷）邦，庚（湯）爲語而受亦【一三】爲語。"【一四】

【注 釋】

（一）"昔虔（吾）先君逗（桓）公逡（後）出【四】自周"

整理報告：

鄭始封君爲鄭桓公友，周屬王子，宣王母弟，宣王時始封，鄭在姬姓邦國中出封在後，故曰"後出"。《左傳》昭公十六年子産曰："昔我先君桓公與商人皆出自周。"《左傳》僖公二十四年富辰言鄭有"屬、宣之親"，"於諸姬爲近"。

（二）"戩（戰）於魚羅（麗）"

整理報告：

"於"與"以"同義，見《詞詮》（第四三一頁）。"魚麗"爲陣名，《左傳》桓公五年（鄭莊公三十七年）："曼伯爲右拒，祭仲足爲左拒，原繁、高渠彌以中軍奉公，爲魚麗之陳。"或説爲地名。

子居：

既然稱"戰於魚麗"，自當以魚麗爲地名。筆者以爲，魚麗之地，或即後世所稱五池溝。《水經注·渠水》："渠水右合五池溝。溝上承澤水，下流注渠，謂之五池口。渠水又東，不家溝水注之，水出京縣東南梅山北溪。"可見五池溝在不家溝水之西，約在今鄭州市西南，蓋即今鄭州市的賈魯河上游一帶。^①

王寧先生：

簡文言"戰於魚羅"，則魚羅必爲地名，言爲陣名非是。《左傳·桓公五年》所言鄭人所爲之"魚麗之陣"，學者討論頗多，多根據"魚麗"

---

① 子居：《清華簡六〈鄭文公問太伯（甲本）〉解析》，中國先秦史網，2016 年 5 月 1 日。

的字面意思作解，但根據簡文的記載看，很可能本是指鄭桓公在魚麗作戰時所用的一種陣法，此戰獲勝而得二邑，對鄭人開拓東方具有里程碑式的意義，故鄭人將這種陣法稱爲"魚麗之陣"，即是指魚麗之戰所用之陣法，亦有紀念先君功烈之意，由此而言，其陣法如何當與"魚麗（羅）"的字面含義無關。[1]

吳良寶先生：

　　將簡文的"魚羅"理解爲陣名"魚麗"并不可信，應是暫不可考的地名。[2]

尉侯凱先生：

　　當以地名之説爲是。羅，讀爲"陵"。陵、羅同爲來紐，二字雙聲，當可通用。相關例證如下：馬王堆帛書《周易·少過》上六"翡鳥羅之"，今《周易·小過》"羅"作"離"。則"羅"與"離"通。《詩·邶風·旄丘》"流離之子"，孔穎達疏："《爾雅》'離'或作'栗'。"則"離"與"栗"通。《史記·范睢蔡澤列傳》"至於陵水"，索隱："劉氏云：'陵水即栗水也。'按：'陵''栗'聲相近，故惑也。"則"栗"與"陵"通。故"陵""羅"二字當可通用。魚陵在今河南省襄城縣西南，春秋時期該地屬於鄭國。《續漢書·郡國志》潁川郡襄城有魚齒山，劉昭注："《左傳》謂魚陵，杜預曰魚齒山也，在郟縣北。"《左傳》襄公十八年："楚師伐鄭，次於魚陵。"杜預注："魚陵，魚齒山也，在南陽郟縣北。鄭地。"楚師伐鄭而次於魚陵，説明該地地理位置十分重要，或可驗證簡文"戰於魚羅（陵）"之説。[3]

王碩先生：

　　吳良寶先生認爲"魚羅"是不可知的地名，讀爲"魚陵"則與鄶國的方位相比較爲偏南。吳先生如此考慮的出發點是鄭桓公從宗周東出的進軍路綫和"濟、洛、河、潁之間"的特定範圍，不無道理，但實際情況可能更複雜一些，如鄭桓公滅鄶與其東出有着兩年的間隔。春秋有一

　　[1] 王寧：《清華簡六〈鄭文公問太伯〉（甲本）釋文校讀》，復旦大學出土文獻與古文字研究中心網，2016年5月30日。

　　[2] 吳良寶：《清華簡地名"鄭、邧"小考》，李學勤主編：《出土文獻》（第9輯），上海：中西書局，2016年，第178頁。

　　[3] 尉侯凱：《讀清華簡六札記（五則）》，李學勤主編：《出土文獻》（第10輯），上海：中西書局，2017年，第127頁。

訾地見於《左傳・成公十三年》："鄭公子班自訾求入于大宮"，學者推定"在今河南新鄭縣與許昌市之間"。覆車襲粦，意爲遮蔽戰車輕裝進攻粦，粦爲地名，簡文整理者提到"或説爲表二水之間的地名"，則合乎"溱洧之間"。綜合可知，鄭桓公通過魚陵之戰獲得氾、訾等地，取得大勝，進而北進一舉滅鄶。

鄭桓公以魚陵、氾、訾這樣的行軍路綫由南向北推進直至滅鄶，而今河南葉縣東北之棫林恰在魚陵與氾的南方不遠處，當爲進軍的起點。"桓公居棫林，徙拾"，《世本》所記鄭桓公由棫林徙至鄶地，正與《鄭文公問太伯》篇所見鄭桓公滅鄶之進軍路綫若合符契。[1]

廖昊東先生：

簡文既然説"戰於魚麗"，則"魚麗"必爲地名無疑，整理者釋爲陣法爲誤。但魚麗究竟是何地，衆家學者意見不一。簡文後半段説到："吾獲函、訾。"馬楠先生在《清華簡〈鄭文公問太伯〉與鄭國早期史事》中指出："訾在今河南鞏縣。函疑即函冶，春秋時爲晉國范氏邑，或者地在函陵，今河南新鄭，但恐怕不能是陝西扶風上康村函皇父所居之'函'。"既然訾、函兩城皆在鄭州附近，"魚麗"就一定離鄭州不遠。尉侯凱先生認爲"魚麗"即今許昌襄城，釋讀爲"魚陵"。此説從聲韻出發，有一定道理。但許昌襄城距訾（鞏縣）距離太遠，兩者之間的聯繫并不是很大。子居所説五池溝并無其他有力證據，難以驗證對錯。王寧先生認爲鄭人以魚麗之地名命名鄭桓公所用之陣法，以紀念桓公的功績，這一説法有一定合理性。而這個"魚麗"當是在今鄭州附近的某一地方。[2]

【筆者按】將簡文"魚羅"視作地名更爲合適。地名"魚羅"地望目前不可考。另外，不排除"魚""羅"爲兩個單字地名的可能。

（三）"虖（吾）[乃]膢（獲）郹（函）、邔（訾）"

整理報告：

郹，《説文》"槖"從馬聲，"讀若含"。試讀爲同從馬聲之"函"。疑地在函冶，春秋時爲晉國范氏邑，《國語・晉語九》公序本、《説苑・貴德》"范、中行有函冶之難"。或地在函陵，今河南新鄭。邔讀爲"訾"，

---

① 王碩：《鄭國東遷始末考——兼談出土文獻的運用問題》，楊共樂主編：《史學理論與史學史學刊》（2020年下卷），北京：社會科學文獻出版社，2020年，第68頁。

② 廖昊東：《〈清華簡〉鄭國文獻研究》，鄭州大學碩士學位論文，2022年，第62頁。

在今河南鞏縣。《左傳》文公元年衛成公"使孔達侵鄭，伐綿、訾及匡"，非此鞏縣之"訾"。

馬楠女士：

> 訾在今河南鞏縣。函疑即函冶，春秋時爲晉國范氏邑，《國語·晉語九》公序本、《説苑·貴德》"范、中行有函冶之難"，或者地在函陵，今河南新鄭，但恐怕不能是陝西扶風上康村函皇父所居之"函"。①

子居：

> 函當即函陵（今河南新鄭市新村鎮望京樓）而非函冶，函冶在河南孟州市北，此時鄭桓公勢在攻鄶，不能北有函冶之地。邥，疑在子節溪附近，子節溪在今河南新密市西，發源於新密尖山下寺溝，子節或即邥之緩讀。《水經注·洧水》："洧水又東，襄荷水注之。水出北山子節溪，亦謂之子節水，東南流注於洧。"若此推測不誤，那麼函、邥二地正好大致在鄶國的東、西兩側夾鄶而守，距離也大致相當。②

王寧先生：

> 簡文此字（引按，指郪字）從邑東聲，則亦當讀音"章"，此字蓋即"鄣"之或體，即《國語·鄭語》所言十邑中的"依"，《呂氏春秋·慎大》："湯爲天子，夏民親郼如夏"，高注："郼，讀如衣。今兗州人謂殷氏皆曰衣。"《廣韻》《集韻》并音於希切，與"衣""依"音同，故"郼"也可作"依"；而根據《説文》言讀爲"函"，恐非古音。這個"郼"顯然不是殷，也許就是見於卜辭的"衣"這個地方，具體地點待考……
>
> 　原整理者讀"訾"，認爲是《左傳·文公元年》"（衛成公）使孔達侵鄭，伐綿、訾及匡"的"訾"，是對的，是鄭國靠近衛國方面的一個邑。這個"訾"也應該是《鄭語》所言的十邑之一，但是裏面并沒有這個邑。可能的情況是，"邥"就是十邑中的"莘"或"華"，這兩個字都是誤字，它本當作"華"，是精紐之部字，"訾"是精紐支部字，二字雙聲、之支旁轉疊韻音近。字或作"華"者，《説文》徐注、《玉篇·宀部》引"宰"之古文作"審"，從"華"作，傳抄古文中"宰"的確有這種寫法，而"辛"字絕無作此種形體者。那麼就可以知道，在《國語》的各種傳本中，"華"這個字"艸"下所從有作"宰"者，有作"審"者，後來在傳抄中發生

---

① 馬楠：《清華簡〈鄭文公問太伯〉與鄭國早期史事》，《文物》2016 年第 3 期，第 86 頁。
② 子居：《清華簡六〈鄭文公問太伯（甲本）〉解析》，中國先秦史網，2016 年 5 月 1 日。

了訛誤，前者訛作"革"，後者就訛作"華"，其本應是一字。故簡文作"邮"，《左傳》作"訾"，《國語》作"華"，都是指同一個邑。①

網友薛培武：

> 第一字（引按，指鄣字）所從之形又見於《晉侯蘇鐘》一地名（字從四中），裘錫圭與何琳儀兩位先生都讀爲"範"，懷疑此地乃鄭地之"氾"也。②

劉光先生：

> 簡文"函"，整理報告："疑地在函冶，……或地在函陵，今河南新鄭。"按：從前說；函冶之地在今河南孟縣西北。訾，在今河南鞏縣，兩地都在成周附近，在東周之初均爲周王室之屬地。③

吳良寶先生：

> 將簡文 A（引按，指鄣字）推定爲"函冶"或"氾"地的意見均不可信。《國語·鄭語》記載……鄭國東遷之初的範圍是在黃河以南的"濟、洛、河、潁之間"，而簡文接着則說鄭武公時才"西城伊、澗，北就鄔、留（劉）"，可見鄭桓公東遷之時不可能占據黃河以北之地。這也就否定了 A 地是位於黃河北岸的"函冶"的可能性。……鄭桓公在滅鄶之前獲得的 A 地是"函（函陵）"而非"氾"的可能性要大。

> 王寧認爲簡文 A 應釋"鄣"，并引《呂氏春秋·慎大》"夏民親鄣如夏"高誘注"鄣，讀如衣"，用來證明 A 地就是《國語·鄭語》中的"依"。今按，簡文 A 如確可釋爲"鄣"，讀爲 "依"是有其可能的……徐元誥據此提出 "鄶在今河南密縣、新鄭縣境"、"依"的位置也應在這一帶。依、訾作爲鄶的城邑，如果均在今新鄭附近，恰好與清華簡所述鄭桓公東遷之初"獲 A、邮"、《竹書紀年》所說鄭桓公"居於鄭父之丘，名之曰鄭"相符。

> 從字形看，簡文 A 所从聲符無疑就是甲骨文、金文中的"柬"。……簡文 A 沒有加注"章"之類的聲符，也沒有可以佐證其音讀的材料，是否釋讀爲"鄣"（《鄭語》中的"依"），尚待驗證。

---

① 王寧：《清華簡六〈鄭文公問太伯〉"函""訾"別解》，復旦大學出土文獻與古文字研究中心網，2016 年 5 月 20 日。

② 轉引自吳良寶：《清華簡地名"鄣、邮"小考》，李學勤主編：《出土文獻》（第 9 輯），上海：中西書局，2016 年，第 179 頁。

③ 劉光：《清華簡〈鄭文公問太伯〉所見鄭國初年史事研究》，《山西档案》2016 年第 6 期，第 32 頁。

整理者認爲“邔”即今河南鞏縣的“訾”，而非《左傳》文公元年衛國所侵伐的鄭地“訾”。今按，《左傳》文公元年的“訾”也稱“訾娄”，見於《左傳》僖公十八年，原爲衛邑，後屬鄭，在今河南滑縣南。該地距離虢、鄶兩國較遠，應如整理者所説并非鄭桓公所取之“訾”。此外，春秋時期還有一處名“訾”之地，《左傳》成公十三年“鄭公子班自訾求入于大宮”，江永《春秋地理考實》云：“奔許而自訾求入，則訾當在鄭南，别一地，非文公元年縣訾之訾。”這一説法雖没有被《中國歷史地圖集》采納，但已爲部分工具書采納，或推定“在今河南新鄭縣與許昌市之間”，或定在今河南新鄭縣南。從鄭桓公東遷之初的形勢看，簡文 A 也可能是《左傳》成公十三年的這個“訾”邑。[1]

尉侯凱先生：

晉侯蘇鐘銘文中有一個作爲地名的“萬”字，从串从卄，馬承源先生認爲“串”即《説文》“簟”字所从的“東”的簡省，“萬”可能就是“簟”字。裘錫圭先生讀“萬”爲“范”，黄錫全先生從之。薛培武先生認爲，簡文之“郱”，與晉侯蘇鐘“萬”字所从相同，疑讀爲“氾”，鄭地。筆者認爲，這是很有啓發性的意見。氾在春秋時屬鄭國，且距魚陵不遠。考《續漢書·郡國志》潁川郡襄城下有氾城，劉昭注謂“在縣南，周襄王所處”。《左傳》僖二十四年云：“冬，天王使來告難，曰：‘不穀不德，得罪于母弟之寵子帶，鄙在鄭地氾，敢告叔父。’”又云：“鄭伯與孔將鉏、石甲父、侯宣多省視官具于氾。”周襄王因王子帶之亂，避居鄭地氾城，鄭文公親自率領三位大夫到氾地省視官具。後來周襄王在晉文公、鄭文公等諸侯的幫助下，擒殺王子帶，才得以返回王城。由此可見，位於襄城的氾、魚陵不僅均屬鄭國領地，而且鄭人在兩地活動比較頻繁。[2]

尉侯凱先生後又有所申説：

“魚羅”讀爲“魚陵”（“羅”“陵”雙聲），魚陵在今河南省襄城縣西南，鄭國因“戰於魚羅（陵）”而得到“郱”“邔”，那麼“郱”“邔”二地距離“魚陵”應該不會太遠。薛培武先生主張“郱”讀爲“氾”，認爲即鄭地南氾，吳良寶先生讀“邔”爲“訾”，認爲應是《左傳》成公十三

---

① 吳良寶：《清華簡地名“郱、邔”小考》，李學勤主編：《出土文獻》（第 9 輯），上海：中西書局，2016 年，第 179-182 頁。

② 尉侯凱：《讀清華簡六札記（五則）》，李學勤主編：《出土文獻》（第 10 輯），上海：中西書局，2017 年，第 128 頁。

年"鄭公子班自訾求入于大宫"之"訾",江永《春秋地理考實》云:"奔
許而自訾求入,則訾當在鄭南。"或以爲在今河南省新鄭縣與許昌市之間,
或以爲在今河南省新鄭縣南。而"氾""魚陵"相隔很近,位於新鄭縣以
南的"訾"雖然暫時無法判斷其確切位置,但離"魚陵"也不算太遠,這
應該不會只是巧合。……總之,將清華簡《鄭文公問太伯》(甲本)簡6
的"戰于魚羅,吾[乃]獲鄣、邶"之"魚羅"讀爲"魚陵","鄣"讀
爲"氾","邶"讀爲"訾",是可以將簡文所反映的歷史、地理信息基本
解釋清楚的,而簡文的有關表述也彌補了典籍的重要失載,爲瞭解春秋
早期鄭國經營東方的情況提供了新的綫索。[①]

孫海燕先生:

根據簡文所提供的語境和吳良寶先生對訾地的考證,筆者認爲簡文
中的鄣應是汝水北岸的泛城。

吳良寶先生以汝水北岸的泛城不符合《國語》中史伯所說的"濟、
洛、河、潁"之間的特定範圍來否定此說。而在《國語》中,史伯對鄭
桓公的建議除了"濟、洛、河、潁"之間外,還有"謝、郟"之間。

《國語·鄭語》:"公曰:'謝西之九州,何如?'對曰:'其民沓貪而
忍,不可因也。唯謝、郟之間……若更君而周訓之,是易取也,且可長
用也。'"韋昭注:"謝,宣王之舅申伯之國,今在南陽。"

簡文中的魚陵、鄣(泛)都處於謝郟之間的地區。[②]

(四)"輚車閉(襲)猋,克郤宧宧(迢迢)"

整理報告:

覆,《左傳》隱公九年"君爲三覆以待之",杜注:"伏兵也"。閉從
門、衰,衰又見清華簡《楚居》《繫年》,即"襲"字,《文選》李善注引
《說文》"襲,重衣也"。猋,讀爲"甲介"之"介",《詩·清人》:"駟介
旁旁。"襲介猶云被甲。或説"猋"爲表二水之間的地名。《國語·鄭語》
史伯對鄭桓公,謂濟、洛、河、潁之間,"其子男之國,虢、郐爲大……
若克二邑,鄢、弊、補、舟、依、鯀、歷、華,君之土也。若前華後河,
右洛左濟,主芣、騩而食溱、洧,修典刑以守之,是可以少固"。鄭桓公
"乃東寄帑與賄,虢、郐受之,十邑皆有寄地"。郐爲妘姓國,見《鄭語》。

---

① 尉侯凱:《鄭氾地考》,《管子學刊》2019年第2期,第111頁。
② 孫海燕:《西周末年鄭國東遷路綫試探——以清華簡爲新材料》,《大連大學學報》2020年第4期,第40、41頁。

又《周語中》襄王欲取狄人女爲后，富辰諫曰："昔鄶之亡也由仲任……
鄶由叔妘。"韋注："鄶，妘姓之國。叔妘，同姓之女爲鄶夫人。唐尚書
云：'亦鄭武公滅之，不由女亡也。'昭謂《公羊傳》曰：'先鄭伯有善乎
鄶公者，通于夫人以取其國。'此之謂也。"《韓非子·説難》："昔者鄭武
公欲伐胡，故先以其女妻胡君，以娛其意"，"胡君聞之，以鄭爲親己，
遂不備鄭，鄭人襲胡，取之"。胡在河南郾城，疑與其事相混。而《內儲
説下》以爲鄭桓公取鄶，古本《竹書紀年》亦云晉文侯二年，桓公"伐
鄶，克之"。䙝，甲本左下從"皀"，上半從楚文字"届"字，下半即"刅"，
《集韻》以爲"劙"字，試讀爲從刀得聲之"迢"，訓爲迢遞懸遠。鄶在
所謂"溱洧之間"，與函、訾等地相去迢遠。

徐在國先生：

《説文·車部》："輹，車軸縛也。"段玉裁注："謂以革若絲之類纏束
於軸，以固軸也。縛者，束也。""輹"，整理者讀爲"覆"，可從。但訓
爲"伏兵"，則誤。"覆"有覆蓋、遮蔽義。《呂氏春秋·音初》："帝令燕
往視之，鳴若謚隘，二女愛而爭搏之，覆以玉筐。""覆車"即遮蔽戰車。
"闌"字首次出現，不見後世字書，疑此字當爲"襲"字繁體，贅加"門"。
"襲"字，意爲出其不意的进攻。《春秋·襄公二十三年》："齊侯襲莒。"
杜預注："輕行掩其不備曰襲。"《逸周書·武稱》："岠嶮伐夷，并小奪亂，
辟強攻弱而襲不正，武之經也。""棥"，地名。"覆車襲棥"，意爲遮蔽戰
車輕裝进攻棥。[1]

子居：

覆當訓奇襲，《孫子兵法·行軍》："獸駭者，覆也。"李筌注："不意
而至曰覆。"……棥當即林，《説文·林部》："林，二水也。"鄶在溱、洧
相會處，故言襲林。䙝字……筆者以爲，當讀爲朝食，如《左傳·成公
元年》："齊侯曰，余姑翦滅此而朝食。"這裏當是説清晨以戰車出擊奇襲
鄶師于兩水之間，攻克鄶國後吃早飯，以表示戰事的快捷順利。[2]

王寧先生將有關文句讀爲"戰於魚羅，吾[乃]獲函、訾輹車；襲虢克鄶，斷
斷如容社之居"：

"輹車"本意當是在車軸上纏皮革絲繩之類加固車軸，這裏相當於加
固、維修車輛之意。

---

① 徐在國：《清華六〈鄭文公問太伯〉札記一則》，簡帛網，2016 年 4 月 17 日。
② 子居：《清華簡六〈鄭文公問太伯（甲本）〉解析》，中國先秦史網，2016 年 5 月 1 日。

"闈（襲）嵚"的"嵚"字上從"佾"，此字亦見《容成氏》簡 14：
"菱（芟）佾（芥，圭，葛）而坐之"，是"介"之繁構而讀"芥"。此從
林者可釋"价"，然懷疑此是"澬"字的異構，《說文》："澬，水裂去也。
從水虢聲。"段注："謂水分裂而去也。"蓋"虢"義爲"虎所攫畫明文也"
（《說文》），有劃分義，是會意兼形聲。《說文》又云："介，畫也"……
可見"介"有劃分、界分之意，從二介、二水，亦會水分裂之意。同時，
"虢""介"又同見紐雙聲、鐸月通轉疊韻音近。"澬"蓋讀爲"虢"。①

馬楠女士：

　　《漢書·地理志》和唐固、韋昭《國語》注，皆以爲鄭武公始取虢、
鄶。《周語中》襄王欲取狄人女爲後，富辰諫曰"昔鄶之亡也由仲任……
鄶由叔妘"，唐固以爲鄶（鄔）、鄶皆鄭武公滅之，不由女亡……而古本
《竹書紀年》言桓公取虢、鄶，與班固、唐固、韋昭皆異，時間亦與《鄭
語》所言幽王八年至十一年之間不同……②

黃聖松、黃庭頎先生：

　　翻檢傳世文獻，未見典籍有"襲甲"一詞。且《左傳》"襲"字之後
多爲地名……由此推知，整理小組所舉意見，後者較前者合理。然"嵚"
指何地？筆者遍查典籍與地圖，未見從"水"、從"介"之地，則此字或
可讀爲從"水"、"介"聲。傳世文獻與出土資料所載"介""刅"二字多
有異文，如《老子》七十九章："是以聖人執左契而不責人"，馬王堆帛
書甲本"契"作"介"、乙本作"芥"……進一步分析，從"介"、從"刅"
之字又與從"制"之字多有異文，如《周易·睽卦》"其牛掣"，上海博
物館藏戰國楚簡（三）《易·睽》作"其牛㑰"，阜陽漢簡本"㑰（掣）"
作"絜"……據此論之，"介"可與"制"相通，則簡文此句應釋爲"覆
車襲制"，可語譯爲：鄭桓公以埋伏之兵車襲擊制邑。

　　《左傳》隱公元年："及莊公即位，爲之請制，公曰：'制，巖邑也，
虢叔死焉。佗邑唯命。'"楊伯峻云："虢指東虢，制當爲其屬地。……《漢
書·地理志》臣瓚注云：'鄭桓公寄帑與賄於虢、會之間。幽王既敗，二
年而滅會，四年而滅虢'，此蓋據《竹書紀年》，虢叔之死亦在此年。"鄭
莊公即位時，武姜因偏愛幼子共叔段而爲之請"制"。"制"原屬東虢領
地，位於鄶之西北，後爲鄭國所滅，并納入鄭國版圖……

---

① 王寧：《由清華簡六二篇說鄭的立國時間問題》，復旦大學出土文獻與古文字研究中心網，2016 年 4 月 20 日。
② 馬楠：《清華簡〈鄭文公問太伯〉與鄭國早期史事》，《文物》2016 年第 3 期，第 86 頁。

簡文甲本 "𤔔₌" 上部應分析爲從宀、叀聲，下部從皀、從刀。乙本此字下半雖從食、從刀，但應爲皀之訛誤，故 "𤔔₌" 即釋爲 "斷斷"。……《尚書·秦誓》："昧昧我思之，如有一介臣，斷斷猗無他技，其心休休焉，其如有容。"……"其如有容" 之意爲 "寬大如有容納"，謂人氣度寬闊、有容乃大。簡文 "斷斷如容" 當如《秦誓》之文，形容鄭桓公 "斷斷" 誠一而 "如容" 寬大。故此處前後文句應斷句爲："以覆車襲制、克鄶，斷斷如容。" 至於後文 "社之處，亦先君之力也"，乃言社稷之立處，是我先君鄭桓公之力也。①

范常喜先生：

　　簡文中的 "輹" 當讀爲 "復"，返回、返還之義。……簡文 "輹（復）車" 當與古書中的還車、回車意相仿。……簡文 "輹（復）車襲淼克鄶" 應是指鄭桓公攻下函、訾二地之後，又立馬還車襲擊了淼，并攻克了鄶地。"淼" 字，整理者 "或説 '淼' 爲表二水之間的地名" 更爲合理。《説文》邑部："鄶，祝融之後，妘姓所封，溱、洧之間，鄭滅之。" 可見 "鄶" 正處於溱、洧二水之間，因此 "淼" 很可能本即表示二水之間。河南新蔡葛陵楚墓出土祭禱簡中記述平夜君成因病而多次祭祀 "大川有汾"，袁金平先生認爲其中的 "有" 應訓爲助詞 "之"，"淼" 應訓爲 "間"，"大川有汾" 即 "大川之間"，泛指 "大川" 整個流域。新蔡簡中訓爲 "間" 的 "汾" 似即 "淼" 字異體，所以 "淼" 字很可能當訓爲二水之間。因此，簡文 "輹（復）車襲淼克鄶" 意謂：（鄭桓公）還車襲擊了處於溱、洧二水之間的鄶地，并攻克了它。②

韓國河、陳康先生：

　　從簡文内容來看，函、訾、介當爲地名無疑，桓公是在攻克三邑後才最終滅亡鄶國的，筆者認爲函、訾、介應在鄶國都城附近探尋。鄶爲妘姓諸侯國，舊説多以爲其都城爲今新密市曲梁鄉古城寨城址，但考古發掘表明該城爲龍山時代城址，未發現有西周及春秋時期遺存。也有學者認爲鄶國故城位於今新密市以東或東北、新鄭市之西北，其地可能爲古城寨城址西北的曲梁故城或新鄭的苑陵故城。雖然鄶國都城具體地望的確定仍需進一步考古證實，但歷察諸家觀點，鄶國都城在新密以東至

---

① 黃聖松、黃庭頎：《〈清華六·鄭文公問太伯〉札記（二）》，簡帛網，2016 年 9 月 14 日。
② 范常喜：《清華六〈鄭文公問太伯〉札記三則》，李學勤主編：《出土文獻》（第 12 輯），上海：中西書局，2018 年，第 160、161 頁。

新鄭一帶應是無疑的，因此函、訾、介三地很可能分布在此區域內。吳良寶考證函、訾在今新鄭附近，其説基本可從。《國語‧鄭語》有"驪而食溱、洧"的記載，整理者認爲介可能爲二水之間的地名，此二水有可能是溱水和洧水。①

白國紅女士：

太伯爲春秋時期鄭國重臣，其對於本國先君事迹應有準確的掌握，他明言鄭桓公有"克鄶"之事，印證了古本《竹書紀年》記載的鄭桓公"克鄶"之語無誤。分析簡文可知，鄭桓公"克鄶"當爲"勝鄶"而非"滅鄶"之意，這由桓公此次出戰的兵力"以車七乘，徒三十人"和最終的戰果"如容社之處"即可得出這樣的結論。史伯在爲桓公論興衰時特意指出濟、洛、河、潁之間的"子男之國"以"虢、鄶爲大"，又説到"鄶仲恃險"，則鄶國山川險要易守難攻不容置疑。況且，鄶國還是一個古老的西周封國，根基深厚。相比之下，鄭國晚至周宣王二十二年（公元前806年）始封，國力在短暫的時間內難以迅速壯大，而且鄭桓公又是勞師遠伐，從遙遠的關中西部東出，兼以所率兵力有限，因此，面對實力依然雄厚的對手，其"克鄶"取勝已是不易，能在鄶地獲取"容社之處"而立足已是相當大的成功，説其"滅鄶"則與客觀形勢不符。故而，鄭桓公的"克鄶"（勝鄶）與公元前769年的鄭武公"克鄶"（滅鄶）根本沒有衝突，反而更加真實地反映了鄭國東遷過程的曲折與艱辛。②

孫海燕女士：

簡文中的"淼"字，所指是否爲地名，學界認識不一。整理者認爲可讀爲"甲介"之介，或爲表二水之間的地名。王寧先生認爲此字可讀爲"虢"。黃聖松、黃庭頎先生認爲此字可讀爲"制"。范常喜先生認爲淼字本意是表示二水之間。新蔡簡中的"大川有汌"即"大川之間"。此句是説："（鄭桓公）還車襲擊了處於溱、洧二水之間的鄶地并攻克了它。"筆者認爲范常喜先生的意見是正確的。"淼"字，從二水。從字形上看，此字的本意是與水有關。而"介"與"制"，雖然在上古音音近相通，但是制地，是東虢舊地。制地歸於鄭國是在鄭武公時期，而非鄭桓公時期。吳良寶先生據《左傳》莊公二十一年"鄭伯享王于闕西辟，樂備。王與之

---

① 韓國河、陳康：《鄭國東遷考》，《鄭州大學學報（哲學社會科學版）》2019年第2期，第68頁。
② 白國紅：《鄭國東遷肇始時間考》，《中原文化研究》2020年第4期，第113頁。

武公之略，自虎牢以東”而有此論，當屬可信。所以，“𣒱”字，應訓爲
“間”。①

（五）“女（如）容祏（社）之凥（處）”

整理報告：

　　《鄭語》言鄭桓公“乃東寄帑與賄，虢、鄶受之，十邑皆有寄地”，
或即簡文所謂“容社之處”。

子居：

　　原文的“女”當讀爲“汝”，“容社之處”即是指“鄭父之丘”。②

王寧先生：

　　蓋古之立國必有社，建立國社才表示國家的正式建立，“容社之居”
就是建有社的國家。③

黃聖松、黃庭頎先生：

　　整理小組原斷句作：“克鄶𣂪＝，如容社之處。”整理小組考釋云：“𣂪，
甲本左下從‘皀’，上半從楚文字‘庿’字，下半即‘刅’，《集韻》以爲
‘𩜵’字，試讀爲從刀得聲之‘迢’，訓爲迢遞懸遠。”整理小組雖未進一
步申說“克鄶迢迢”之意，應認爲“迢迢”當指鄭桓公克鄶一事之狀語。
楊蒙生則對“𣂪”字有不同看法，認爲此字上半應從宀、從㠯而非從“庿”，
且爲從“㠯”聲之字，故將此字釋爲“剚”。楊氏認爲“𣂪＝”可能是“專
斷”二字合文，其意或與《左傳》昭公十九年“晉大夫而專制其位”之
“專制”相近，乃謂鄭桓公戮力而獲得函、訾、介、鄶諸地，專居其地而
置鄭之社稷，自此鄭國在東遷後建立穩固地盤與發展基礎。

　　筆者認爲楊氏於字形之分析甚有見地，然此字可再進一步深究。《說
文》：“斷，截也。從斤從𢇍。𢇍，古文絕。𢇍，古文斷從皀。皀，古文叀
字。《周書》曰：‘𢇍𢇍猗無他技。’剬，亦古文。”《集韻》亦謂“斷”古
作“剬”，由是可知“𢇍”“剬”即“斷”之古文。簡文甲本“𣂪＝”上部
應分析爲從宀、叀聲，下部從皀、從刀。乙本此字下半雖從食、從刀，
但應爲皀之訛誤，故“𣂪＝”即釋爲“斷斷”。此外，《說文》亦提及“皀，

① 孫海燕：《西周末年鄭國東遷路綫試探——以清華簡爲新材料》，《大連大學學報》2020年第4期，第41頁。
② 子居：《清華簡六〈鄭文公問太伯（甲本）〉解析》，中國先秦史網，2016年5月1日。
③ 王寧：《由清華簡六二篇說鄭的立國時間問題》，復旦大學出土文獻與古文字研究中心網，2016年4月20日。

古文叀字”，而“斷”與“叀”聲字關係密切，楚簡“劃”字有不少通假爲“斷”之例。如《曹沫之陣》：“五人以伍，一人有多，四人皆賞，所以爲劃（斷）。”《三德》：“毋壅川，毋劃（斷）瀆。”《語叢二》：“强生於性，立生於强，劃（斷）生於立。”據此推之，“竇＝”在“斷”之古文上增添“叀”旁，其因當是疊加聲符，簡文應讀爲“斷斷”。

《尚書·秦誓》：“昧昧我思之，如有一介臣，斷斷猗無他技，其心休休焉，其如有容。”《禮記·大學》亦引上述《秦誓》之文，漢人鄭玄《注》謂“斷斷”爲“誠一之貌也”。清人孫星衍云：“此言如有一概臣，其心專一，無他技巧，其心休美，寬大如有所容納也。”則“其如有容”之意爲“寬大如有容納”，謂人氣度寬闊、有容乃大。簡文“斷斷如容”當如《秦誓》之文，形容鄭桓公“斷斷”誠一而“如容”寬大。故此處前後文句應爲斷句爲：“以覆車襲制、克鄶，斷斷如容。”至於後文“社之處，亦先君之力也”，乃言社稷之立處，是我先君鄭桓公之力也。①

晁福林先生認爲簡文“容社之處”指“容社稷立足的小去處”。②

范常喜先生：

“竇”字合文應當斷到下句，即“竇＝（廟食）女（如）容社之處”爲一句。本句中的“女（如）”應理解爲連詞，與和、同、與等義同……

據此可知，簡文“竇＝（廟食）女（如）容社之處，亦吾先君之力也”意謂：鄭國立祖先之廟以供血食的地方，以及爲祭祀后土而立社之處，也都是先君桓公征伐而得。正是有了桓公這一系列卓有成效的征伐戰爭，鄭國的後繼者才得以擁有建立奉祀先祖和天神后土的宗廟與祭壇之處，獲得了生存之地，從而得以祖輩相承，繁衍生息。③

韓國河、陳康先生：

簡文稱鄭桓公克鄶後“如容社之處”。《説文》曰：“社，地主也。”在周代，立社爲政權建立的標志。鄭韓故城內東南部的中行遺址發現有兩周時期的祭祀坑、水井、墓葬等遺迹，其中18座祭祀坑內出土有九鼎八簋及成套編鐘等大量高規格的青銅禮樂器，且遺址四周以矮牆相圍。發

---

① 黄聖松、黄庭頎：《〈清華六·鄭文公問太伯〉札記（二）》，簡帛網，2016年9月14日。

② 晁福林：《談清華簡〈鄭武夫人規孺子〉的史料價值》，《清華大學學報（哲學社會科學版）》2017年第3期，第130頁。

③ 范常喜：《清華六〈鄭文公問太伯〉札記三則》，李學勤主編：《出土文獻》（第12輯），上海：中西書局，2018年，第161、162頁。

掘者認爲該遺址爲春秋中期鄭國的社稷遺存，矮牆爲社壇。雖然中行遺址與桓公東遷的時代有差，但却爲尋找鄭國東遷之初的相關社稷遺存提供了綫索。清華簡的記載表明桓公滅鄶後已在鄶國故地立社建國，而《古本竹書紀年》更是直言鄭桓公“乃居鄭父之丘”。[①]

廖昊東先生：

> 整理者對於此句的釋讀有誤，應斷爲“戰於魚麗，吾乃獲函、訾，覆車襲制克鄶，斷斷如容社稷之處，亦吾先君之力也”。這句話的意思是先君桓公在魚麗大戰，獲得了函、訾的土地，通過襲擊的方式，攻克制、鄶，專居其地而置鄭之社稷。這句話雖然提到了鄭桓公攻打鄶國，但筆者認爲，此處解釋爲鄭桓公奪取了鄶國的他邑，并未攻滅鄶國比較合適。鄭桓公在幽王九年開始第一步計劃，十一年就死於戎亂，因此他只能在幽王十年進行攻打鄶國的戰爭。桓公在河洛之間并無土地，因此首先在虢、鄶十邑邊鄙之地建立了自己的根據地，但他在建立之初不會貿然進攻一個讓自己寄居之國的都邑。且此時幽王未死，王室未亂，鄭桓公怎麽能輕易調動成周八師去爲自己開疆拓土呢？因此，鄭桓公可能只是攻克鄶國一兩個城邑，并未完全滅亡鄶國。所以太伯説“斷斷如容社稷之處”，鄭桓公攻占了河洛之間的一部分城邑，用以安置鄭國的社稷，爲下一步的東遷做准備，并不是要馬上舉族搬遷過來。而在第二年，鄭桓公由於戎人之亂，死於動亂之中，東遷的大計最終只能由鄭武公來完成。[②]

【筆者按】如，當訓爲至、到達。《吕氏春秋·贊能》記載，齊桓公采納鮑叔之諫，從魯國召回管仲，云：“至齊境，桓公使人以朝車迎之，被以爝火，釁以犧豭焉，生與之如國。”高誘注：“如，至也。”“生與之如國”的意思是恢復了管仲的自由，跟他一起回到國都。容，當訓爲容納、收留。《左傳》僖公七年：“我死，女必速行，無適小國，將不女容焉！”社，指土地神。《説文》：“社，地主也。”“如容社之處”意思是到達收留社神的處所。所謂“容社之處”非僅僅指《國語·鄭語》鄭桓公“寄帑與賄”的所謂“十邑”之“寄地”，乃是泛指鄭桓公征服的函、訾、鄶等“濟、洛、河、潁之間”的土地。

（六）“西甗（城）沖（伊）閌（澗）”

整理報告無注。

---

① 韓國河、陳康：《鄭國東遷考》，《鄭州大學學報（哲學社會科學版）》2019 年第 2 期，第 68、69 頁。

② 廖昊東：《〈清華簡〉鄭國文獻研究》，鄭州大學碩士學位論文，2002 年，第 62-63 頁。

子居：

洢即伊水，澗即澗水，“西城伊、澗”即是指鄭武公輔佐周平王東遷洛陽時曾修城於洛陽。[①]

孟躍龍先生：

整理者在只在“閒”後括注“澗”而未加解釋，不知其取“澗瀍”之“澗”，還是取“溪澗”之“澗”。我們認爲，“閒”當讀爲“闕”，“洢（洢）閒”即著名的伊闕塞……

月聲古音與闕聲相通。《説文·月部》：“月，闕也。太陰之精。象形。”段玉裁注：“月闕疊韻。《釋名》曰：‘月，缺也，滿則缺也。’”月、闕古音同在月部，又同隸牙音，故可以相通。“閒”從外聲，外從月聲，則“閒”借爲“闕”，應該是沒有問題的。[②]

陳夢兮先生：

“洢”，甲本作，乙本作。前者隸定爲“洢”，後者隸定爲“湏”。石小力指出，“貝”是“尹”之訛書，并指出徐贅尹晉鼎已經出現這種“尹”字字形近似於“貝”的寫法。

“間”，甲本作，乙本作。前者隸定爲“閒”，後者隸定爲“閗”。《説文》：“閒，古文閑”，陳偉指出楚文字“閒”從外得聲，楚簡中“外”亦可讀爲“間”。故“閒”爲正字，“閗”爲訛字。已見的楚簡中更多的是使用“閗”，而不是“閒”。曾姬無卹壺作“閗”，有典型楚系風格的篇章如上博簡《容成氏》《李頌》也均誤作“閗”，而上博簡《吴命》這種有齊系文字風格的篇章卻作“閒”。[③]

【筆者按】所謂“𣏟（伊）閯（澗）”可指伊河之澗，即伊河的河谷。“𣏟（伊）閯（澗）”也有可能指伊水和澗水。澗水發源於今河南新安縣境內，在今洛陽市西注入洛水。《尚書·禹貢》云：“荆、河惟豫州，伊、洛、瀍、澗，既入於河……”上博簡《容成氏》云：“禹乃通伊、洛，并里〈廛（瀍）〉、干（澗），東注之河，於是乎豫州始可處也。”

---

① 子居：《清華簡六〈鄭文公問太伯（甲本）〉解析》，中國先秦史網，2016 年 5 月 1 日。

② 孟躍龍：《讀清華簡札記兩則》，《勵耘語言學刊》2019 年第 1 輯，北京：中華書局，2019 年，第 144、145 頁。

③ 陳夢兮：《清華簡〈鄭文公問太伯〉甲本、乙本異文考》，《常熟理工學院學報（哲學社會科學）》2024 年第 1 期，第 120 頁。

（七）“北邇（就）㝢（鄔）、酈（劉），縈（縈）厄（軛）䢵（蔿）、竿（邗）之國”

整理報告：

《左傳》隱公十一年（周桓王八年、鄭莊公三十二年）：“王取鄔、劉、蔿、邗之田于鄭，而與鄭人蘇忿生之田：溫、原、絺、樊、隰郕、欑茅、向、盟、州、陘、隤、懷。”是鄔、劉、蔿、邗四地原爲鄭邑，即簡文之㝢、酈、䢵、竿。鄔，妘姓，見《鄭語》。典籍或作“鄢”，《鄭語》史伯對鄭桓公所言十邑之“鄔”，公序本作“鄢”；《周語中》“昔鄢之亡也由仲任”，韋注：“鄢，妘姓之國，取仲任氏之女爲鄢夫人。唐尚書曰：‘鄢爲鄭武公所滅，非取任氏而亡也。’”劉在今河南偃師西南，周匡王封劉康公於此。䢵（毁），曉母微部字，讀爲匣母歌部之“蔿”，在河南孟津縣東北。邗在今河南沁陽縣西北。

子居：

據《左傳·莊公二十一年》：“夏，同伐王城。鄭伯將王，自圉門入，虢叔自北門入，殺王子頹及五大夫。鄭伯享王於闕西辟，樂備。王與之武公之略，自虎牢以東。”杜注：“鄭武公傅平王，平王賜之自虎牢以東，後失其地，故惠王今復與之。虎牢，河南成皋縣。”可見周平王東遷時，只是將虎牢以東到十邑的土地賜給了鄭武公，由此亦可知《國語·鄭語》十邑中的“鄔”當依公序本作“鄢”，地在今河南新鄭西南，與此處所言及的“鄔”并非一地。《史記·鄭世家》：“莊公發兵伐段，段走。伐京，京人畔段，段出走鄢。”《正義》：“鄔音烏古反。今新鄭縣南鄔頭有村，多萬家。舊作‘鄢’，音偃。杜預云：‘鄢，今鄢陵也。’”即是鄔、鄢互訛之例。《史記正義》所提到的“今新鄭縣南鄔頭有村，多萬家，舊作‘鄢’”當即是十邑中的“鄢”，而鄭伯克段於鄢的“鄢”則當爲“鄔”……“鄔”“鄢”字形接近，因此在各書中往往相訛錯，例子甚多，但此處書爲“㝢”則無由訛爲“鄢”，故可確定這裏的“㝢”當爲“鄔”而非“鄢”。鄔、劉二邑，據《左傳·隱公十一年》杜預注：“二邑在河南緱氏縣，西南有鄔聚，西北有劉亭。”由於按舊説鄔、劉皆在伊川之東，所以“北就鄔、劉”的説法就明顯有了問題，該句似是本當原爲“北就蔿、邗，縈軛鄔、劉”才與地理位置相符。①

---

① 子居：《清華簡六〈鄭文公問太伯（甲本）〉解析》，中國先秦史網，2016 年 5 月 1 日。

王寧先生：

此簡文言"鄔"是鄭武公時期才獲得的城邑，那麽就可以解決《國語‧鄭語》中史伯所言十邑中的"鄔"的問題，這個字明道本《國語》作"鄔"，《史記‧鄭世家》的《集解》、《索隱》引、宋庠本都作"鄢"，徐元誥先生《國語集解》即從明道本作"鄔"而不從宋庠本。然簡文明言鄭武公時期才"北就鄔、劉"，是鄭武公時才滅鄔，則鄭桓公時期所取得的十邑中必定没有"鄔"，那個字應當作"鄢"，即《左傳‧隱公元年》"鄭伯克段于鄢"的"鄢"，今河南省許昌市鄢陵縣，作"鄔"蓋誤。"縈"是纏繞義，"縈軛"即纏繞車軛。古人用鞗或轉綁縛或纏裹車軛，鞗是綁車軛的皮條，轉是纏裹車軛的皮帶，使用時間長了會斷裂鬆動，則需要重新纏裹，即所謂"縈軛"，其實也是維護、維修車輛的意思，即用在蔿、竽二地維護車輛表示占領了這兩個地方。①

黄聖松、黄庭頎先生：

"營"作動詞解可釋爲度量，如《儀禮‧士喪禮》："筮宅，冢人營之。"鄭玄《注》："營，猶度也。"《廣雅‧釋詁》亦謂"營，度也。"……簡文"厄"字應讀爲"益"，二字上古音皆爲影母錫部，典籍常見從"益"與從"厄"之字異文現象。……"國""邑"有時可互用，如《左傳》常見自稱己國爲"敝邑"。……簡文"營厄（益）蔿、邘之國"句式頗類《傳》之"益其國"，如是則可譯爲："度量而增益蔿、邘之城邑。"②

熊賢品先生：

整理者將"郲（鄔）"與"鄢"相聯繫的意見可從。筆者認爲，從文獻的用例來看，古地名"鄢"既有可能是"鄢陵"的省稱，也有可能實際上是表示"郲（鄔）"的。而之所以"鄢"也存在實際上是表示"郲（鄔）"的可能，與它們在形、音上的相近有很大關係。

……

借助清華簡六《鄭文公問太伯》"北就郲（鄔）"的記載，將之與傳世文獻相比較，它應當就是《左傳》隱公元年"鄭伯克段于鄢"之地，在今日之偃師西南部。③

---

① 王寧：《清華簡六〈鄭文公問太伯〉（甲本）釋文校讀》，復旦大學出土文獻與古文字研究中心網，2016年5月30日。關於"縈厄（軛）蔿、竽（邘）之國"的解讀，又見於王寧：《清華簡六〈鄭文公問太伯〉的"縈軛""遺陰"解》，復旦大學出土文獻與古文字研究中心網，2016年5月16日。

② 黄聖松、黄庭頎：《〈清華六‧鄭文公問太伯〉札記》，簡帛網，2016年9月7日。

③ 熊賢品：《清華簡六〈鄭文公問太伯〉與〈左傳〉"鄭伯克段于鄢"》，楊振紅、鄔文玲主編：《簡帛研究》二〇一六年秋冬卷，桂林：廣西師範大學出版社，2017年，第22、29頁。

孟躍龍先生:

簡文中"北遠"之"遠"當訓爲"至"或"到",與傳世文獻中的"造""椒""摵"音義相近。《尚書·盤庚中》:"其有衆咸造。"孔傳:"造,至也。"《説文·止部》:"椒,至也。從止,叔聲。"字亦作"摵"。《方言》:"摵,到也。"《廣雅·釋詁一》:"摵,至也。"王念孫疏證:"摵之言造也。造亦至也。造與摵古同聲。"

從地理位置來看,伊闕塞在周鄭交界之處,爲兵家必爭之地。《左傳·定公六年》:"周儋翩率王子朝之徒,因鄭人將以作亂於周。鄭於是乎伐馮、滑、胥靡、負黍、狐人、闕外。"《左傳·定公八年》:"秋,晉士鞅會成桓公侵鄭,圍蟲牢,報伊闕也。"杜預注:"六年,鄭伐周闕外,晉爲周報之。"可知"闕外"當即"伊闕之外"。

前引簡文大意是説,鄭武公在西面的伊闕塞築城,向北擴張至郟(鄔)、鄷(劉)一帶,扼住了郢(蔿)、筓(邘)等國南下的咽喉地帶,魯、衛(衛)、鄾(蓼)、鄁(蔡)等國都前來朝見。[①]

韓國河、陳康先生:

簡文在叙述武公時期的史事時,突出强調了武公時"西城伊澗,北就鄔劉,縈厄蔿、邘之國"。整理者認爲鄔、劉、蔿、邘與《左傳·隱公十一年》記載的"王取鄔、劉、蔿、邘之田"中的四邑一致,鄔應作鄅,劉在今河南偃師西南,蔿在今河南孟津縣東北,邘在今河南沁陽縣西北。除鄔外,其他三邑的解釋基本可從。鄔如果爲鄅,其地當在今河南鄅陵附近,與其他三邑位置相差較遠,與"北就"的文意也不符,其地應爲今河南偃師西。有研究認爲伊澗當爲"伊闕","伊闕"處於周鄭的邊境。根據以上分析,可知鄭武公時主要向西方和北方拓展疆土,西方最遠可能已至洛陽附近,西北到孟津,北達沁陽。此時鄭國的擴張可能已經威脅到東周王室的統治,所以才發生了《左傳·隱公十一年》記載的周王取四邑之田及給予鄭人蘇忿生之田的事件。[②]

黃浩先生:

除(《左傳》)隱公十一年"王取鄔、劉、蔿、邘之田於鄭"外,莊公二十年"秋,王及鄭伯入於鄔"及昭公二十四年"戊午,王子朝入於

① 孟躍龍:《讀清華簡札記兩則》,《勵耘語言學刊》2019 年第 1 輯,北京:中華書局,2019 年,第 146 頁。
② 韓國河、陳康:《鄭國東遷考》,《鄭州大學學報(哲學社會科學版)》2019 年第 2 期,第 71 頁。

鄔"之"鄔"亦皆指此鄭武公時所"北就"之鄔。綜觀清華簡《鄭文公問太伯》及《左傳》記載,此鄔蓋於鄭武公之世始爲鄭所有,爲當時鄭國北境之地。魯隱公十一年(即鄭莊公三十二年)爲周王室所取,其後直至魯昭公末年一直爲王室之地。

……

春秋時代確可考見之名鄔名鄢之地,計有鄭武公所取"北就"之鄔、晉國之鄔、鄭桓公所取十邑中之鄢、仲任所亡之鄢、鄭伯克段之鄢、楚之鄢、莒之鄢陵、鄭之鄢陵,其中鄭桓公所取之鄢、仲任所亡之鄢、鄭伯克段之鄢與鄭之鄢陵蓋爲同一地,或至少是就同一區域而言的。當然,我們的判斷還缺乏充分的根據,部分環節尚屬推測,希望未來更多相關出土文獻的發現與考古遺迹的發掘可以推動這一問題的徹底解決。

……

"鄭伯克段于鄢"的"鄢"地問題在清華簡出現之前已成聚訟,究其原因,多是學者動輒從共叔段出奔情理考慮,可是當日情形後人已無由得知,從所謂情理推測,依照後世及個人的判斷來反推古人,完全有可能得出截然相反的結論,在歷史研究及文獻考訂中,"以今律古""以己度人"雖不失爲一種手段,但使用時應極爲謹慎。而且"鄭伯克段于鄢",《春秋》三傳及傳世版本未見異文,這與其說是經典化的結果,倒不如認爲是其地作"鄢"本就合乎歷史事實。在更堅實的證據出現之前,對於鄭伯克段之地的判斷,仍當以承認傳統説法爲好。①

【筆者按】簡文既言"西城伊澗",又云"北就鄔、劉",頗顯怪異。"伊澗"在新鄭之西,故簡文以"伊澗"爲西是合適的;但"鄔、劉"二地在今洛陽偃師境内,正當"伊澗"之東,新鄭之西,但簡文却稱"北就鄔、劉",以"鄔、劉"在新鄭之西,頗不易解。孟躍龍先生指出"鄭武公在西面的伊闕塞築城,向北擴張至鄔(鄔)、鄖(劉)一帶",該説是以所謂"伊澗(闕)"爲參照基點。但"鄔、劉"所在正當"伊闕"之東,仍無由言"北就"。

"縈軛"大約是控制的意思。《左傳》莊公二十一年(周惠王四年、鄭厲公二十八年),鄭厲公平定王子穨之亂,周惠王"與之武公之略,自虎牢以東"。所謂"武公之略"乃鄭武公開拓的疆土,由簡文"西城伊澗,北就鄔、劉,縈軛蔿、邘之國"可窺其大體範圍,"自虎牢以東"僅是其中的一部分。

---

① 黄浩:《春秋鄔、鄢地理考略——兼説利用清華簡涉鄭篇章判定"鄭伯克段"之地存在的問題》,《古文獻研究》(第10輯),南京:鳳凰出版社,2023年,第287、302、304頁。

（八）"魯、埜（衛）、鄝（蓼）、郗（蔡）坓（來）見"

整理報告：

《左傳》莊公二十一年（周惠王四年、鄭厲公二十八年），鄭厲公平王子頹之亂，惠王"與之武公之略，自虎牢以東"。是武公時已至虎牢（制）以東。蓼爲偃姓國，皋陶之後，文公五年（楚穆王四年）爲楚所滅，地在今河南固始縣。

李學勤先生：

武公在位時，已有"魯、衛、蓼、蔡來見"，也就是清華簡《繫年》第二章所説鄭武公"正東方之諸侯"，爲東方各國所尊崇。①

子居：

徐少華《古蓼國歷史地理考異》提出春秋時有三個蓼國，并稱河南固始縣的蓼國爲東蓼，認爲屬庭堅之後，爲姬姓，所説或是。此時鄭武公當已南滅胡國而東至凓延，故同姓的南方蔡國、蓼國，東方衛國、魯國前來聘問。這也説明在鄭武公時期，鄭、衛、魯、蔡、蓼五國很可能實力大致相近，而以鄭國實力爲最强。②

吳良寶先生：

整理者已正確地將簡文的"鄝"讀作"蓼"，但説"蓼爲偃姓國，皋陶之後，文公五年（楚穆王四年）爲楚所滅，地在今河南固始縣"，則有疏誤之處。

文獻記載中先秦時期存在不同的蓼國。一見於《左傳》桓公十一年（前701年）"楚屈瑕將盟貳、軫。鄖人軍於蒲騷，將與隨、絞、州、蓼伐楚師。莫敖患之"，杜預注"蓼國，今義陽棘陽縣東南湖陽城"，在今河南唐河縣南；一見於《左傳》文公五年（前622年）"六人叛楚即東夷。秋，楚成大心、仲歸帥師滅六。冬，楚公子燮滅蓼"，杜預注"蓼國，今安豐蓼縣"，在今河南固始縣；一爲"舒蓼"，見於《左傳》文公十四年"楚莊王立，子孔、潘崇將襲群舒，使公子燮與子儀守，而伐舒蓼"，杜預注"即群舒"；宣公八年（前601年）"楚爲衆舒叛故，伐舒蓼，滅之"，杜預注"舒、蓼，二國名"。這個舒蓼春秋前期當在今安徽六安市東北一

① 李學勤：《有關春秋史事的清華簡五種綜述》，《文物》2016年第3期，第81頁。

② 子居：《清華簡六〈鄭文公問太伯（甲本）〉解析》，中國先秦史網，2016年5月1日。

帶，後因楚人所迫，逐漸南遷至舒城、桐城一帶。爲區別起見，學界或將這三個蓼國稱爲西蓼、東蓼、舒蓼。

東蓼、舒蓼的滅國時間《左傳》有明確記載，西蓼的滅國時間不明。《左傳》哀公十七年記載，楚國大夫子穀回憶春秋初年的情形時説："觀丁父，郡俘也，武王以爲軍率，是以克州、蓼，服隨、唐，大啓群蠻。"徐少華先生據此推測西蓼滅於楚大約是在魯桓公十一年至莊公四年（前701年—前690年）間。

……

《左傳》臧文仲的話説明文公六年滅於楚的（東）蓼是姬姓庭堅之後，《鄭語》韋昭注表明西蓼爲己姓。《鄭文公問太伯》簡文云鄭武公時"魯、衛、鄧（蓼）、蔡"之君前來朝見，簡文"鄧"之所指需要加以討論。偃姓舒蓼位置比較偏遠，文獻中未見舒蓼與中原各國的交往，可以排除簡文"鄧"爲舒蓼的可能性。西蓼爲漢東諸侯之一，鄭武公（前744年去世）之時是否可能前往會見鄭君暫不可知。東蓼位於今固始縣，與周公之胤的蔣國鄰近（西周晚期爲加強對淮河流域的控制而由今河南尉氏縣遷往固始縣東北一帶），周室東遷雒邑之後，王道中衰，鄭國成爲當時中原地區的大國（即《繫年》第二章所謂"鄭武公亦正東方之諸侯"），故魯、衛、蔡等姬姓國家一起去參見鄭君，從這個角度考慮，簡文"鄧"國最有可能是姬姓東蓼。①

蔣瓊傑女士：

整理者將先秦時期三個族姓不一、流源各異、地望與文化有明顯差別的三個蓼國混淆了。根據傳世文獻記載和古今學者的考證，一般認爲，先秦時期曾經存在三個以"蓼"爲名的國家：（一）位於南陽盆地的蓼國，飂叔安之後嗣，己姓，在今河南唐河縣湖陽鎮一帶；（二）淮河中游南岸支流史河下游的蓼國，乃顓頊高陽氏後裔，出於庭堅，姬姓，位於今河南固始縣；（三）"群舒"之一的"舒蓼"，出於皋陶，偃姓，位於江淮之間的今安徽省境。

……

姬蓼"鄧子妝戈"之"鄧"作"𩰚"，己蓼之"蓼"作"𦰩"，清華簡此"蓼（𤣥）"與姬蓼字形同，因此清華簡的蓼國應指姬姓之蓼，在今

---

① 吳良寶：《清華簡〈鄭文公問太伯〉"鄧"國補考》，陳偉主編：《簡帛》（第14輯），上海：上海古籍出版社，2017年，第17-19頁。

河南固始縣東北蓼城岡。①

孫海燕先生：

> （簡文“魯、衛、蓼、蔡來見”）與清華簡《繫年》中的“鄭武公亦正東方之諸侯”相應。鄭武公的向西、向北的擴張也正説明鄭韓故城周圍區域和鄭之南土在鄭桓公時已是鄭之領土。②

（九）“乃東伐齊藡之戎爲敵（徹），北龘（城）郖（温）、原”

整理報告：

> 《左傳》隱公九年（鄭莊公三十年）：“北戎侵鄭，鄭伯禦之……大敗戎師”；桓公六年（鄭莊公三十八年）：“北戎伐齊，齊使乞師于鄭。鄭大子忽帥師救齊。六月，大敗戎師，獲其二帥大良、少良，甲首三百，以獻於齊。”似北戎居於鄭、齊之間，與曹、衛間處，與山戎（今河北盧龍縣）、大戎小戎（今山西交城縣）、茅戎（今山西平陸縣）非一，或與隱公二年會魯侯於潛、隱公七年伐凡伯於楚丘之戎有關。齊藡之戎疑即北戎，或處於濟水與斟灌之間，斟灌在今河南范縣東南與山東交界處。徹，《詩·十月之交》“天命不徹”，毛傳：“道也。”温、原爲周桓王所與鄭人蘇忿生之田，分別在今河南温縣、濟源縣北。

馬楠女士：

> 鄭武公“西城伊、澗，北就郚、劉，縈軵蒍、邘之國，魯、衛、蓼、蔡來見”，《左傳》魯隱公十一年（鄭莊公三十二年，前 712 年）周桓王“取郚、劉、蒍、邘之田于鄭，而與鄭人蘇忿生之田：温、原、絺、樊、隰郕、攢茅、向、盟、州、陘、隤、懷”，據簡文可知郚、劉、蒍、邘四城在武公時已爲鄭國城邑。而到了莊公時期，不僅取得了蘇忿生之田温、原，更伐戎救齊，打通了東擴的道路。可見兩周之際，鄭國的勢力範圍不僅局限於黄河以南、成周以東的“溱洧之間”，更包含了黄河以北、太行山以南、後歸於晉國的南陽地區，對淇衛形成了極大威脅。③

子居：

> 徹訓爲治，《詩經·大雅·公劉》：“其軍三單，度其隰原，徹田爲糧。”毛傳：“徹，治也。”北戎得名自邶地，即原居於邶地之戎，在朝歌之北，

---

① 蔣瓊傑：《新蔡簡、上博簡、清華簡地名資料集釋》，吉林大學碩士學位論文，2017 年，第 207 頁。

② 孫海燕：《西周末年鄭國東遷路綫試探——以清華簡爲新材料》，《大連大學學報》2020 年第 4 期，第 41 頁。

③ 馬楠：《清華簡〈鄭文公問太伯〉與鄭國早期史事》，《文物》2016 年第 3 期，第 86 頁。

大致活動範圍在鄭、衛、齊三國的北境。山戎則在黃河之南，魯、曹、南燕之間，而非整理者所言"今河北盧龍縣"。山戎之所以會被誤指到盧龍，就是因爲齊桓公救燕的傳說，而事實上，齊桓公所救的，當爲姞姓南燕，地在河南省延津……到戰國時期，誤以齊桓公所救之燕爲當時尚存的姬姓北燕，才導致後世將山戎之地指在盧龍。整理者以"斟灌在今河南范縣東南與山東交界處"，該說同樣出於後人附會，斟灌、斟尋即在尋地的斟氏和在觀地的斟氏，二者皆在河洛地區，而與此處的鄻地無關。此處的鄻地當即鄻地，《説文·邑部》："鄻，魯下邑。從邑蓳聲。《春秋傳》曰：齊人來歸鄻。"……鄻地在今山東肥城縣西南的汶水北岸。整理者言"齊鄻之戎疑即北戎"則當是，此時的形勢當爲，北戎被山西赤狄的擴張所迫，不得不南下侵襲鄭國、齊國，但一再被鄭莊公所敗，遂不得不竄逃於中原各國之間，至《春秋·僖公十年》："夏，齊侯、許男伐北戎。"此後北戎即不復見，蓋已消亡。①

王寧先生：

"齊"當讀爲"濟"，"鄻"字原簡文上從艸，蓋繁構。《説文》："鄻，魯下邑。从邑蓳聲。《春秋傳》曰：'齊人來歸鄻。'"段注："《春秋經·定十年》：'齊人來歸鄆、讙、龜陰之田。'鄆，《公羊》作'運'；讙，三經、三傳皆同，許作'鄻'，容許所據異也。應劭注《前志》引《春秋·哀八年》'取鄻及闡'，字亦作'鄻'。賈、服云：'鄆、讙二邑名。'《左傳·桓三年》杜注曰：'讙，魯地。濟北蛇丘縣西有下讙亭。'"楊伯峻先生認爲："讙在今山東寧陽縣西北三十餘里。"其地在古濟水附近。北戎原居北方，後内侵中土，與中土諸國雜居，亦常與諸夏相互攻戰侵伐。"齊鄻之戎"蓋即居於濟水與鄻之間的戎人，其地在鄭國東部，故曰"東伐"。徹，疑當讀爲"烈"，《方言》三："班、徹，列也。燕曰班，東齊曰列。"《箋疏》："蔡邕《獨斷》：'漢制：子弟封爲侯者謂之諸侯，群臣異姓有功封者謂之徹侯。後避武帝諱改曰通侯。法律家皆曰列侯。'是徹與列義同。""徹侯"又作"列侯"，蓋因"徹""列"透來旁紐雙聲、同月部疊韻音近也。"列""烈"古音同。"爲烈"謂建立功業。《孟子·萬章下》："殷受夏，周受殷，所不辭也，於今爲烈，如之何其受之？"又《禮記·表記》："后稷，天下之爲烈也，豈一手一足哉！"②

_____

① 子居：《清華簡六〈鄭文公問太伯（甲本）〉解析》，中國先秦史網，2016年5月1日。

② 王寧：《清華簡六〈鄭文公問太伯〉（甲本）釋文校讀》，復旦大學出土文獻與古文字研究中心網，2016年5月30日。

黄聖松、黄庭頎先生：

簡文"乃東伐齊鄻之戎"記鄭莊公之事，考諸《左傳》，鄭莊公在位期間與"戎"相關史事有二。一是隱公九年《傳》："北戎侵鄭。鄭伯禦之。……戎人之前遇覆者奔，祝聃逐之，衷戎師，前後擊之，盡殪。戎師大奔。十一月，甲寅，鄭人大敗戎師。"一是桓公六年《傳》："北戎伐齊，齊侯使乞師于鄭。鄭太子忽帥師救齊。六月，大敗戎師，獲其二帥大良、少良，甲首三百，以獻於齊。"至於簡文所載爲何者？本句之後簡文又述及"吾逐王於葛"，此事見載桓公五年《傳》："秋，王以諸侯伐鄭，鄭伯禦之。……戰于繻葛。"此段簡文歷數鄭國數世國君事迹，乃以時間先後爲序，知"乃東伐齊鄻之戎"當以隱公九年《傳》爲準。

"北戎"之族屬，清人江永《春秋地理考實》："按：《釋例》杜以北戎、山戎、無終爲一，皆爲今直隸之永平府。地去鄭甚遠，何以侵鄭？此北戎當在河北。莊二十八年之大戎、小戎，今考其地在太原之交城。成元年之茅戎，在解州平陸，北戎蓋此等戎耳。"《左傳會箋》與《春秋左傳注》皆從江永之説，"大戎""小戎"在今山西太原之交城，"茅戎"則在今山西平陸。然"北戎"又見僖公十年《經》："夏，齊侯、許男伐北戎。"《集解》："北戎，山戎。"杜預明確指出"北戎"爲"山戎"，《春秋左傳注》謂其地在今河北盧龍一帶。江永、竹添光鴻及楊伯峻咸以爲，若以"山戎"釋"北戎"，距離鄭國過於遼遠，當難以侵鄭。舒大剛《春秋少數民族分布研究》徵引相關文獻分析，認爲"春秋時期，自今河南濮陽、蘭考以東，山東曹縣、成武以北，泰安、濟寧、魚臺以西的豫東魯西地區，經常有山戎居住和出没其間。其中濮陽的戎州，曹縣的戎城，成武的楚丘是山戎的集中居住區。"知"山戎"未必僅盤據於河北盧龍一帶，今河南東部與山東西部亦是春秋時"山戎"活動地區。簡文謂鄭國"東伐齊鄻之戎"，配合《左傳》與舒大綱（引按，當爲"剛"之誤）之説，東向而伐"齊鄻之戎"應無疑義。

簡文之"齊鄻之戎"應是"山戎"，"齊鄻"是"山"之緩讀。"山"字上古音爲山母元部，"鄻"字所從"雚"聲字皆是曉母元部，二字韻部相同。"齊"字上古音爲從母脂部，然"齊"又常通讀爲"齎"，"齎"字上古音爲莊母脂部。"山"字上古音聲母爲山母，與"齎"字聲母莊母同屬正齒音，發音位置極爲接近。據上文説明可證"山"字應可緩讀"齊鄻"，簡文"齊鄻之戎"當即文獻之"山戎"。[1]

---

[1] 黄聖松、黄庭頎：《〈清華六·鄭文公問太伯〉札記》，簡帛網，2016 年 9 月 7 日。

劉光先生將"齊鄩之戎"讀爲"濟鄩之戎",爲活動在濟水之戎:

> 濟水之戎爲己姓,其在春秋初年是以今山東曹縣附近爲中心,其活動範圍大致在:魯國以西,鄭國以東的濟水流域,從地理位置上來看,此戎正位於鄭國之東,應當是簡文所謂的"齊(濟)鄩之戎。"①

劉光先生首先否定了整理報告以"齊鄩之戎"爲"北戎"的説法。他指出西周時期的北戎在今霍太山以北的汾河兩岸區域,《春秋》及《左傳》所載春秋初期的北戎,一支是分布在冀北的"山戎"(因在齊國北境,而被稱爲北戎);另一支則分布在晉東南及豫北地區的太行山南麓地區。在此基礎上,他對"齊""鄩"二地進行了重新考察:

> 簡文作"齊鄩之戎",筆者以爲此處"齊"可讀爲"濟",當指濟水。首先,"齊"與"濟"在文獻中可相通假。如《禮記·祭義》"齊齊乎其敬也",《公羊傳》桓公八年,何注引"齊齊"作"濟濟";《荀子·王霸》"以國齊義",楊注:"齊"當作"濟"。
>
> 其次,濟水得名可能來自"齊度"之意。《水經注·濟水》引《風俗通》曰:"濟出常山房子縣贊皇山,廟在東郡臨邑縣。濟者,齊也,齊其度量也。"
>
> 此外,根據《國語·鄭語》的記載,鄭國之地爲"前潁後河,右洛左濟"(作者注:在黃河北岸向南看),濟水處鄭國之東,正合簡文"東伐"。
>
> ⋯⋯
>
> "濟鄩之戎"之"鄩"乃古之斟灌之地,在今范縣之觀城(按,引雷學淇説)。觀范縣之地在今濮水流域,而濮水爲濟水之支流,據河流"互受通稱"之例,濮水亦可得稱"濟水",因此"濟鄩之戎"的活動範圍當在今河南范縣與濮水之間的地域。相對於鄭國地理位置而言正位於東北部,可概言爲"東伐"。
>
> 還需要特別指出:此處的"鄩"可能爲此戎所居之城。春秋時代,戎狄也有城居,如:《左傳》哀公十七年所載之"戎州",而此"戎州"又見於《呂氏春秋·慎小》,高誘注:"戎州,戎人之邑。"因此此處之"鄩",亦"濟鄩之戎"之城邑。②

【筆者按】筆者對"東伐齊鄩之戎爲敔"也曾提出了一些新見:

---

① 劉光:《清華簡〈鄭文公問太伯〉所見鄭國初年史事研究》,《山西檔案》2016年第6期,第33、34頁。

② 劉光:《清華簡〈鄭文公問太伯〉"齊鄩之戎"地望考》,鄔文玲、戴衛紅主編:《簡帛研究》二〇二二年春夏卷,桂林:廣西師範大學出版社,2022年,第29-32頁。

"(鄭莊公)乃東伐齊鄻之戎爲敔"連讀,"爲敔"一語難以解釋。本文認爲應斷讀爲"(鄭莊公)乃東伐,齊鄻之戎爲敔"……"爲"應爲表結果的介詞……"徹"字有撤去、退去之義……

典籍中"AB之戎"常見,"AB"的内涵通常可分爲以下幾類:一、"AB"整體爲一地名,如九州之戎(《左傳》哀公四年)、太原之戎(古本《竹書紀年》);二、"AB"分别爲兩水名,如伊雒之戎(《左傳》成公六年);三、"AB"分别爲兩地名,如曹魏之戎(今本《竹書紀年》);四、"AB"爲姓氏名,如姜氏之戎(《國語·周語上》)、允姓之戎(《世本》)等。"齊鄻"未見於古書,"齊鄻"不是姓氏名,二字整體作爲一地名也不太可能。整理報告以爲齊鄻之戎"或處於濟水與斟灌之間",整理報告讀"齊"爲"濟",并以斟灌與鄻當之,是"齊鄻"分别爲一水一地。若此處"齊"確實讀爲濟,"濟"有或體"泲"。《詩經·邶風·泉水》:"出宿於泲,飲餞於禰。"毛傳:"泲,地名。"鄭箋:"泲、禰者,所嫁國適衛之道所經。"馬瑞辰:"古者餞於國郊,泲、禰蓋衛近郊地。"若"齊鄻之戎"之"齊"指《邶風》之"泲","鄻"指豫魯交界的古地名"斟灌",那麼"齊鄻之戎"指的就是泲、鄻一帶的戎人。

"齊鄻之戎"之"齊"恐還有其他解釋的可能,本文認爲"齊鄻之戎"可能不同於典籍常見的"AB之戎"文例。齊在古書中有中、中央的義項。《尚書·吕刑》:"天齊於民。"唐陸德明《經典釋文》引馬融云:"齊,中也。"……"齊鄻之戎"之"齊"也應是此義。"齊鄻之戎"意思是位於中原地區的"鄻之戎"。[①]

(一〇)"徸(遺)郐(陰)、𨟻(鄂)宋(次)"

整理報告:

遺,訓爲給予、交付,或訓爲《説文》"亡也"。次,乙本作"事"。郐,讀爲"陰",疑即平陰津,地在河南孟津東北。鄂在山西鄉寧縣。句謂交付陰、鄂之事。似指鄭武公、莊公本爲周卿士,有職事在王家,周桓王奪鄭莊公政,莊公遂不朝。《左傳》隱公六年(鄭莊公二十七年)"翼九宗五正頃父之子嘉父逆晉侯于隨,納諸鄂,晉人謂之鄂侯。"晉曲沃之亂,周桓王數遣虢國伐曲沃,鄭莊公未與其事,或即簡文所謂"遺陰、鄂事"。

① 魏棟:《清華簡〈鄭文公問太伯〉"齊鄻之戎"芻論》,2016年未刊稿。

子居：

石小力指出，整理者釋爲"櫃"的字當爲"桑"，所説是。筆者以爲，此處之"遺"當讀"隤"，"鄙"當讀"陘"，"桑"當讀"向"，"次"當讀"緒"，皆爲《左傳·隱公十一年》："王取鄔、劉、蒍、邘之田於鄭，而與鄭人蘇忿生之田：温、原、絺、樊、隰郕、攢茅、向、盟、州、陘、隤、懷。"所列的周桓王交換給鄭莊公的蘇忿生之田。①

王寧先生：

"陰"原字從邑金聲，原整理者讀"陰"，是。字形又見包山簡 2.180，用爲地名。《詩·秦風·小戎》："陰靷鋈續"，《毛傳》："陰，揜軓也。"即古代用以遮蔽車軓的擋板。"遺陰"謂丟棄車擋板，因爲擋板損壞則需更换，更换下來的則被丟棄，這也是維修車輛之意。"櫃"，原整理者讀"鄂"，《補正》（引按，指清華大學出土文獻讀書會《清華六整理報告補正》一文）引石小力先生説："該字即桑樹之'桑'，從木，喪聲。"次，暮四郎先生云："'次'可能是指住所、軍隊駐扎地之類意義。""桑"當是地名，鄭國軍隊曾經於此駐扎，故有"桑次"之稱。"遺陰桑次"謂占領了桑地在那裏駐軍、維修車輛，將損壞的車擋板遺棄在那裏。"輨車""縈軶""遺陰"都是説維修車輛，以此來表示占領了這個地方。②

黄聖松、黄庭頎先生：

《説文》："遺，亡也。"清人段玉裁《注》："《廣韻》：失也、贈也、加也。按：皆遺亡引伸之義也。"知"遺"字本義爲"失去"，其他如饋贈等乃引伸義。簡文"遺鄙桑宋"之"鄙"從金聲，上古音爲見母侵部，在此可讀爲影母侵部之"廕""蔭"。……"陰"有庇蔭、庇護之意。"喪"字整理小組原釋"櫃"，今從石小力説改釋爲"桑"，用爲"喪"。

宋，典籍可見從"弟"與從"次"之字有異文現象……"弟"字上古音爲莊母脂部，"次"爲清母脂部……可爲通假。簡文"秭"可讀爲"資"，《説文》："資，貨也。"……"喪資"二字連言，可證簡文"秭"讀爲"資"應無疑義。

簡文"遺廕喪資"之"遺""喪"皆爲失去之意，"喪資"既指"喪

---

① 子居：《清華簡六〈鄭文公問太伯（甲本）〉解析》，中國先秦史網，2016 年 5 月 1 日。
② 王寧：《清華簡六〈鄭文公問太伯〉（甲本）釋文校讀》，復旦大學出土文獻與古文字研究中心網，2016 年 5 月 30 日。關於"遺陰桑次"的解讀，又見於王寧：《清華簡六〈鄭文公問太伯〉的"縈軶""遺陰"解》，復旦大學出土文獻與古文字研究中心網，2016 年 5 月 16 日。

財”，“遺麖”應可釋爲“失去庇廢”。至於“遺麖喪資”者爲何？應與前句“北城溫、原”有密切關聯。上引隱公十一年《傳》載周桓王以蘇忿生之十二邑與鄭國交換，然僖公二十五年《傳》：“戊午，晉侯朝王。……（王）與之陽樊、溫、原、欑茅之田。晉於是始啓南陽。”何以已予鄭莊公之溫、原諸邑，後又再予晉文公？竹添氏云：“上十三邑多在河北，王弗能有。虛以優鄭，鄭亦不能有，而空失采地。故此失八柄之馭，不能服人之一端也。”周桓王本不能控制蘇忿生之十二邑，却實取鄭國四邑而虛予其十二邑，故鄭國損失甚劇。然由簡文“北城溫、原”推測，鄭國或當短暫控制溫、原二邑，故曾遣人“城”溫、原之城郭。爾後鄭國仍無法保留二邑，故簡文乃謂“遺麖喪資”。襄公三十一年《傳》：“大官、大邑，身之所庇也。”都邑不僅可庇護個人與宗族，更是拱衛國都之屏障。由是則“遺麖喪資”之“麖”“資”皆指溫、原二邑，因無法保有其地，故謂鄭莊公喪失庇廢國家之都邑與資產。[①]

邱奎先生認爲“陰”地在陝西洛南：

> “陰地”兩見於《左傳》，杜注解爲“河南山北自上洛以東至陸渾”的晉地，是爲泛指。江永《春秋地理考實》以盧氏東北有陰地城，而《左傳》有陰地命大夫，故謂“陰地自有其邑”，“當以盧氏陰地城爲是”，是爲確指。顧棟高《春秋大事表》曰：“盧氏縣有陰地城，爲晉之陰地。宣二年趙盾自陰地率諸侯之師以侵鄭，哀四年蠻子赤奔晉陰地。杜俱注‘晉河南山北自上洛以東至陸渾’。上洛今陝西商州雒南縣，陸渾今河南府嵩縣。其地南阻終南，北臨大河，所謂‘河南山北’也，而盧氏縣乃命大夫屯戍之所。猶南陽爲河南之總名，而別有南陽城，則在修武也。”是兼泛指與確指。如上數說，陰地有廣義、狹義之別，狹義之陰地僅盧氏一城；廣義之陰地則爲一區域，雖“河南山北”之語不太能詳盡其隅限邊界，但由“自上洛以東至陸渾”的描述，可見其西端始於或接近王子多父初居之洛，在今陝西洛南。[②]

（一一）“東攺（啓）遺（隤）、樂”

整理報告：

> 遺，讀爲“隤”。《左傳》隱公十一年周桓王所與鄭人蘇忿生之田，地在河南獲嘉縣西北。樂地不詳，《左傳》桓公十五年鄭厲公“入于櫟”，

---

① 黄聖松、黄庭頎：《〈清華六·鄭文公問太伯〉札記》，簡帛網，2016年9月7日。
② 邱奎：《今本〈竹書紀年〉所載西周鄭國史地問題考辨》，《中國歷史地理論叢》2017年第4期，第28頁。

莊公二十年周惠王“處于櫟”，地在河南禹州，與此非一地。可能與宋地汋陂、汋陵有關，在河南寧陵縣，地近商丘。《左傳》成公十六年鄭子罕伐宋，戰於汋陂、汋陵。

子居：

> 蘇忿生之田“隤”在鄭北，不能説東啓，故筆者以爲此句的“遺”當讀爲“隨”，即沙隨，在今河南寧陵東北，《春秋·成公十六年》：“秋，公會晉侯、齊侯、衛侯、宋華元、邾人於沙隨。”杜注：“沙隨，宋地。梁國寧陵縣北有沙隨亭。”整理者讀“樂”爲“汋”，以爲“與宋地汋陂、汋陵有關”甚是。《左傳·隱公十一年》：“冬，十月，鄭伯以虢師伐宋。壬戌，大敗宋師，以報其入鄭也。”簡文的“東啓隨、汋”所指蓋即此事。①

（一二）“虐（吾）达（逐）王於鄙（葛）”

整理報告：

> 《春秋》桓公五年（周桓王十三年、鄭莊公三十七年）：“秋，蔡人、衛人、陳人從王伐鄭。”《左傳》：“秋，王以諸侯伐鄭，鄭伯禦之”，“王卒大敗。祝聃射王中肩”。《春秋》未言戰地，《左傳》“戰于繻葛”，顧棟高以爲即長葛。“葛”字釋讀詳陳劍《上博竹書“葛”字小考》（《中國文字研究》二〇〇七年第一輯，第六八—七〇頁）。

子居：

> 實際上，這次戰役，雖然在戰術上鄭國獲得了大勝，但在戰略層面，乃是（引按，當作“至”）國際影響方面，鄭國都是大敗的。自此次戰役之後，鄭國就永遠失去了春秋初期的霸主地位，再也不是一等一的強國，而只是二等強國了。②

第4節 《鄭文公問太伯》（乙本）（第6册）地理史料匯證

《鄭文公問太伯》（乙本）簡1、4—7、12：

> [子]人成子既死，太白（伯）豐（當）邑。太白（伯）又（有）疾，吝（文）公連（往）翻（問）之……“……【一】……[自]周，以車七輛

---

① 子居：《清華簡六〈鄭文公問太伯（甲本）〉解析》，中國先秦史網，2016年5月1日。
② 子居：《清華簡六〈鄭文公問太伯（甲本）〉解析》，中國先秦史網，2016年5月1日。

（乘），徒卋＝（三十）人……【四】……戰（戰）於魚羅（麗），虐（吾）乃賸（獲）郫（函）、邮（呰）^{（一）}，輆（覆）車闌（襲）㪙（介），克鄮竊＝（迢迢），女（如）容袿（社）【五】之尻（處），亦虐（吾）先君之力也。枼（卋）及虐（吾）先君武公，西䤵（城）尹（伊）鬭（澗），北䇂（就）䣕（鄔）、鄪（劉）^{（二）}，縈厄（軛）鄪（蔿）、竽（邘）之國，魯、衛、鄝（蓼）、邻〈郒〉（蔡）【六】坒（來）見^{（三）}。枼（卋）及虐（吾）先君戜（莊）公，乃東伐齊藋之戎爲敵（徹），北䤵（城）邮（溫）、原，遺鄎（陰）、橿（鄂）事^{（四）}，東啓遺（隤）、樂，虐（吾）逐王於鄪（蔿）。【七】……虐（吾）若鬭（聞）夫鄙（殷）邦^{（五）}曰，康（湯）爲語而受亦爲語。"

【一二】

【注　釋】

（一）"虐（吾）乃賸（獲）郫（函）、邮（呰）"

整理報告：

　　郫，乙本字邑旁多易在右，下同。

（二）"西䤵（城）尹（伊）鬭（澗），北䇂（就）䣕（鄔）、鄪（劉）"

整理報告：

　　尹，尹旁與"四"形混訛，甲本作"洦"。䇂，甲本作"遠"，乙本字右下訛爲"高"，參看李天虹《曾侯與編鐘銘文補說》（《江漢考古》二〇一四年第四期）。

（三）"魯、衛、鄝（蓼）、邻〈郒〉（蔡）【六】坒（來）見"

整理報告：

　　衛，甲本作"衢"。"蔡"字從午、女、邑，疑從上"籔"字右半訛變。

（四）"遺鄎（陰）、橿（鄂）事"

整理報告：

　　事，甲本作"次"。

王寧先生：

　　"橿"，《補正》引石小力先生說："該字即桑樹之'桑'，從木，喪聲。"次，簡文作從宀帀聲，暮四郎先生云："'次'可能是指住所、軍隊駐扎地之類意義。”均是。乙本作“事”，因“巿”“事”雙聲而誤也。“桑”當是地名，蓋鄭國軍隊曾經於此駐扎，故有“桑次”之稱，與“榆次”之地名類同。卜辭、金文中言“在某次”較常見，均謂軍隊在某地的駐扎之處。

由上文的“轖車”“縈軹”推之，此處的“陰”亦當是與車輛有關之事物。《詩·秦風·小戎》：“陰靷鋈續”，《毛傳》：“陰，揜軓也。”……“遺”當訓“舍”或“棄”，是捨棄、丟棄之意。“遺陰”謂遺棄揜軓，因爲揜軓損壞則需更換，更換下來的則被丟棄，這也是維修車輛之意。“遺陰桑次”謂占領了桑地在那裏駐軍、維修車輛，將損壞的揜軓遺棄在那裏。①

(五)“虐（吾）若聝（聞）夫廱（殷）邦”

整理報告：

殷字疑爲另一書手所補，甲本作“鬵”，乙本字從邑，雝聲。

第5節 《子儀》(第6冊) 地理史料匯證

《子儀》簡1—4、6、10—14、16—20：

既敗於虐（殽）^{（一）}……【一】……乃夆（券）冊秦邦之𡟎（賢）余（餘）……取（驟）及七年……【二】……以見（視）楚子義（儀）於杏會^{（二）}……【三】……乃張大侯於東奇之外^{（三）}，豊（禮）【四】子義（儀）……【五】和㒾（歌）曰：“漳水可（兮）遠朢（望）^{（四）}……汧（汧）可（兮）非＝（霏霏）^{（五）}，渭可（兮）滔＝（滔滔）^{（六）}……【六】……”……龏（望）明，公逆（送）子義（儀）。公曰：“義（儀）【一〇】父！以不穀（穀）之攸（修）遠於君，可（何）爭而不好，辟（譬）之女（如）兩犬鞅（夾）河數（嗷）而然（狄）……【一一】……救兄弟以見東方之者（諸）侯！^{（七）}歔（豈）日奉晉軍以相南面之事？……昔絽【一二】之埶（來）也，不穀（穀）佪（宿）之需（靈）吾^{（八）}……”……【一三】……子義（儀）曰：“君欲汽丹【一四】方者（諸）邘（任），君不贍（瞻）皮（彼）沠（沮）漳之川屏（開）而不盧（閭）殷（也）^{（九）}！……”公曰：“義（儀）父！昔絽（質）之行，不穀（穀）欲【一六】裕我亡反副（復），尚端（端）

---

① 王寧：《清華簡六〈鄭文公問太伯〉的“縈軹”“遺陰”解》，復旦大學出土文獻與古文字研究中心網，2016年5月16日。

項贻（瞻）游目以督我秦邦。……"……子義（儀）【一七】曰："臣矓（觀）於潩釐（濫）^{（一○）}……【一八】……"公曰："君不尚芒鄙，【一九】王之北叟（没）^{（一一）}，過之於虐（殽）道^{（一二）}，啟（豈）于孫=（子孫）若？臣兀（其）遄（歸）而言之。"【二○】

【注　釋】

（一）"既敗於虐（殽）"

整理報告：

> "虐"字見於《説文》口部，有多種讀音。其中一種"讀若嗝"，上博簡《容成氏》第二十簡、《周易》第三十八簡讀爲"號"，與此屬於一路。此處讀爲"殽"。"既敗於虐"，是説秦敗於殽之後。《左傳》僖公三十二年"晉人禦師必於殽"，杜注："殽在弘農澠池縣西。"當今河南洛寧縣西北。清華簡《繫年》第四十八簡作從山虐聲，是在"虐"上加形旁。《左傳》僖公三十三年："夏四月辛巳，敗秦師於殽，獲百里孟明視、西乞術、白乙丙以歸。"

子居指出晉師擊敗秦師之處在後世所稱的硤石關（今陝縣硤石鄉）一帶，而不是在南崤雁翎關。^①

羅運環、丁妮先生：

> 虐，整理者："虐"字見於《説文》口部，有多種讀音。其中一種"讀若嗝"，上博簡《容成氏》第20簡、《周易》第38簡讀爲"號"，與此屬於一路。此處讀爲"殽"。按：此説甚是，補一證據。《史記·太史公自序》："穆公思義，悼豪之旅。"索隱："豪即'崤'之異音。旅，師旅也。"正義："穆公封崤山軍旅之尸。"考虐、嗝、號、豪、崤（殽）的古音，皆爲宵部匣紐字，故可通用。虐字有形聲字和會意字之別，此處用爲會意字，以口、虎示意，表示虎在叫。

> 虐字用爲崤（殽）山名，有不同的形體。在本篇第20號簡寫作虐，《繫年》第八章第48號簡寫作嘘。上面業已指出虐字用作崤（殽）山名時爲會意字，則此虐是嘘字的初文，虐是嘘字的省寫。^②

---

① 子居：《清華簡〈子儀〉解析》，中國先秦史網，2016年5月11日。

② 羅運環、丁妮：《清華簡〈子儀〉篇發微》，李學勤主編：《出土文獻》（第12輯），上海：中西書局，2018年，第148、149頁。

李春桃、李飛先生：

三體石經中的霽字，應當是古文"殽"字。①

【筆者按】殽，簡文作"虐"。此字見於《説文》口部，有多種讀音。其中一種是"讀若嗥"，上博簡《容成氏》第20號簡、《周易》第38號簡讀爲"號"，與此屬於一路。此處讀爲"殽"。"既敗於虐"，是說秦敗於殽之後。《左傳》僖公三十二年："晉人禦師必於殽。"杜預注："殽在弘農澠池縣西。"當今河南洛寧縣西北。清華簡《繫年》第48號簡作從山虐聲，是在"虐"上加形旁。《左傳》僖公三十三年："夏四月辛巳，敗秦師於殽，獲百里孟明視、西乞術、白乙丙以歸。"羅運環、丁妮先生爲簡文"虐"讀作"殽"補充一證據。《史記·太史公自序》："穆公思義，悼豪之旅。"《史記索隱》："豪即'崤'之異音。旅，師旅也。"《史記正義》："穆公封崤山軍旅之尸。"虐、嗥、號、豪、崤（殽）諸字皆爲宵部匣母，古音相同，可通用。此外羅、丁二氏還指出，虐用作崤（殽）山名時有不同形體，在《子儀》篇第20號簡作"虐"，在《繫年》第8章第48號簡作"嶠"。"虐是嶠字的初文，虐是嶠字的省寫"。

（二）"以貝（視）楚子義（儀）於杏會"

整理報告：

《左傳》僖公二十五年："秋，秦晉伐鄀，楚鬬克、屈禦寇以申、息之師戍商密。秦人過析，隈入而係輿人，以圍商密，昏而傅焉。宵坎血加書，僞與子儀、子邊盟者。商密人懼曰：'秦取析矣，戍人反矣。'乃降秦師，秦師囚申公子儀、息公子邊以歸。楚令尹子玉追秦師，弗及，遂圍陳，納頓子於頓。"杜預注："鬬克，申公子儀。屈禦寇，息公子邊。"杏會，秦國地名。"會"字釋讀參李家浩《信陽楚簡"澮"字及從関之字》（《著名中年語言學家自選集·李家浩卷》，安徽教育出版社，二〇〇二年，第一九四—一九六頁）。

子居：

由《子儀》篇下文可見，"杏"地當近於汧、渭而距離漳水（今雍河）較遠，故似可讀爲"磻"，《初學記》卷二十二引《尚書大傳》："周文王至磻溪，見呂望。"《水經注·渭水》："汧水又東流，注於渭。渭水之右，

---

① 李春桃、李飛：《古文與東周文字合證兩篇》，陳偉主編：《簡帛》（第14輯），上海：上海古籍出版社，2017年，第1-6頁。

磻溪水注之。水出南山兹谷，乘高激流，注於溪中。溪中有泉，謂之兹泉，泉水潭積，自成淵渚，即《呂氏春秋》所謂太公釣兹泉也。"所説磻溪今名潘溪河，在今陝西省寶鷄市陳倉區磻溪鎮西。"會"則當訓爲會面，杏會即在杏地的會面。[①]

黄德寬先生：

"杪"，《説文·木部》："木標末也。"這個從"少"聲的"杪"字，是一個後起形聲字。在"木"頂端加標示性符號"∧"的這個字，可能就是"杪"字的初文。該字原本是在"木"頂端加鋒穎符號以標指"木標末"，符號"∧"的使用與箭簇、矛頭、束（刺）尖相似，通過鋒穎形符號表示"標末"之意。因此，"木"端加"∧"的"杪"字初文，應分析爲一個指事字……

《子儀》"杏會"二字作杏禾，清華簡整理報告（李學勤，2016：131）認爲二字表示地名，將前一字隸定從"本"從"口"，後一字釋"會"，從李家浩説。我們以爲前一字從"本"從"口"，當是"本"的異體，與《説文》古文"本"相近（古文從三口）。雖然楚文字"本"下多從白，從口者少見，但并無大礙。"杪"字此處可讀爲"末"。"末"，《説文》："木上曰末，從木，一在其上。""末"明紐月部字，"杪""末"雖字義相通，聲紐相同，韻部却相隔較遠。"杪"在此處用爲"本末"之"末"，或許也可以同義換讀説之。……《子儀》"杪"也可能同義換讀爲"末"。"本末"連用，古籍常見，本指事物的根本和細節，或指事物的原委和經過，可引申爲事情發生發展的總體情况。《子儀》篇"以視楚子儀于本末"，大意是説秦穆公向子儀展示"聚及七年"後車徒變化的總體情况。[②]

（三）"乃張大侯於東奇之外"

整理報告：

從"張大侯"看，秦穆公爲子儀舉行賓射禮。賓射禮一般在室内舉行，故"東奇"當爲"杏會"某處。

子居：

整理者的推測實際上過於執着於固化的古禮記載，這裏張大侯於東阿，就是在杏地的東邊野外搭設帳幕以宴飲接待使者，《子儀》篇中完全

---

① 子居：《清華簡〈子儀〉解析》，中國先秦史網，2016 年 5 月 11 日。
② 黄德寬：《釋古文字中的"杪"及相關字》，《漢字漢語研究》2021 年第 1 期，第 4、6 頁。

沒有涉及到射禮的具體内容，因此估計縱使有射藝表演，也只是助興節目，并非是諸侯級的賓射禮。①

王寧先生：

> 𢼸，疑乃"𥨨"之或體，《説文》："𥨨，户樞聲也。室之東南隅。"疑當讀爲"肴"，"大肴"爲盛大的宴席。②

王寧先生：

> "奇"疑當讀爲"寄"，謂寄寓之所。③

羅小虎（網名）：

> 奇，可釋讀爲"宸"。宸，古代宫殿窗牖與門户之間的地方。④

范常喜先生：

> 清華簡《子儀》篇中"乃張大侯於東奇之外"一句當重新斷讀爲"乃張（帳），大厎（校）於東奇之外"。本句大意是説：於是張設帳幕，舉行盛大的軍事校閲活動於東奇之外。⑤

（四）"湋水可（兮）遠脾（望）"

整理報告：

> 湋，水名。源出陝西鳳翔縣西北雍山下，東南流經岐山、扶風入渭水。《漢書·溝洫志》"湋渠引諸川"，顏師古注引如淳曰："湋音章，水出章谷。"

子居：

> 湋水，即《水經注》之雍水，《水經注·渭水》："渭水又東逕雍縣南，雍水注之。水出雍山，東南流，……雍水又南逕美陽縣西。……其水又南流注於渭。"今陝西鳳翔縣段稱雍河，岐山縣、武功段稱小韋河。由"湋水兮遠望"可知，秦穆公與隨會、子儀會面的地點距雍河較遠。⑥

（五）"汧（汧）可（兮）非＝（霏霏）"

整理報告：

---

① 子居：《清華簡〈子儀〉解析》，中國先秦史網，2016 年 5 月 11 日。
② 《清華六〈子儀〉初讀》第 85 樓跟帖，簡帛網·簡帛論壇·簡帛研讀，2016 年 5 月 2 日。
③ 王寧：《清華簡六〈子儀〉釋文校讀》，復旦大學出土文獻與古文字研究中心網，2016 年 6 月 9 日。
④ 《清華六〈子儀〉初讀》第 94 樓跟帖，簡帛網·簡帛論壇·簡帛研讀，2017 年 8 月 26 日。
⑤ 范常喜：《清華簡〈子儀〉所記"大蒐"事考析》，《出土文獻》2020 年第 4 期，第 71 頁。
⑥ 子居：《清華簡〈子儀〉解析》，中國先秦史網，2016 年 5 月 11 日。

汧，即今陝西千河。源出甘肅六盤山南麓，東南流經隴縣、千陽縣、至寶雞入於渭河。《竹書紀年·周平王》："十年，秦還於汧渭。"《詩·采薇》"雨雪霏霏"，毛傳："霏霏，甚也。"一說讀"泯泯"，形容流水盛滿貌。一說"非"當讀爲"沸"。沸沸，見於司馬相如《上林賦》。

（六）"渭可（兮）滔=（滔滔）"

整理報告：

渭，源出甘肅渭源縣鳥鼠山，流經陝西與涇河、北洛河合，至潼關縣入黃河。

子居：

這裏描述汧渭水流貌，説明會面的地點近於汧渭之會，前文推測會面地點在磻溪，符合這一條件。[1]

（七）"救兄弟以見東方之者（諸）侯"

整理報告：

拯救嬴姓國家和會盟東方諸侯是秦國對外擴張宣示的兩大理由。當時的嬴姓國家處於大國周邊，普遍受到生存威脅，在秦國逐漸強大以後，爲同姓出頭便成了一個很好的出兵藉口。《春秋》僖公二十八年經傳："夏四月戊辰，晉侯、宋公、齊國歸父、崔夭、秦小子憖次於城濮。""冬，公會晉侯、齊侯、宋公、蔡侯、鄭伯、陳子、莒子、邾人、秦人於温。"秦與東方諸侯會盟從此年開始。

子居：

救當讀爲求，"列求"即遍求，"兄弟"則是指的非姬姓的異姓諸侯，這裏當是指以楚國和齊國爲代表的春秋異姓強國，這裏秦穆公所表達的當是要組織一個反姬姓晉國的異姓諸侯聯盟，"以見東方之諸侯"即是指此。[2]

楊蒙生先生：

"救兄弟"指楚救秦。[3]

---

[1] 子居：《清華簡〈子儀〉解析》，中國先秦史網，2016年5月11日。
[2] 子居：《清華簡〈子儀〉解析》，中國先秦史網，2016年5月11日。
[3] 楊蒙生：《清華六〈子儀〉篇簡文校讀記》，清華大學出土文獻研究與保護中心網，2016年4月16日。

ee（網名）：

整理者與楊蒙生先生之説，語法不通。"救"，讀爲"求"；"兄弟"，指"奉晉軍以相南面之事"的"晉"。①

馬楠女士：

諸任君指秦之諸封君，《禹貢》"五百里侯服：百里采，二百里男邦，三百里諸侯"，《史記·夏本紀》"二百里男邦"作"二百里任國"。《漢書·王莽傳》莽封王氏女皆爲任，又下書曰："在采、任、諸侯，是爲惟翰。"②

王榮先生：

"兄弟"或指晉，指秦之前數次救晉之事。《周禮·地官·大司徒》："三曰聯兄弟。"鄭玄注："兄弟，昏姻嫁娶也。"孫詒讓正義曰："謂異姓兄弟也。"秦穆公時，秦、晉三次聯姻，互結爲"秦晉之好"。③

（八）"不敦（穀）佀（宿）之霝（靈）㞷"

整理報告對"霝（靈）㞷"無注。

楊蒙生先生：

㞷，從山、云，疑爲會山上有雲成陰之意，云亦聲，或即陰字早期寫法。靈陰，或即靈台之陰。《左傳》僖公十五年，秦、晉韓之戰，秦穆公以晉惠公歸，因穆姬之故，舍惠公於王城之靈台。或當此事。如此，知秦穆公當時使人居晉質於靈㞷（陰），但以質之咎故，至"厭年"始才見之。④

王寧先生：

宿，《説文》："止也"，此爲安置義，相當於軟禁。㞷，《補正》引正文徑作"陰"，疑是。靈陰，地名。⑤

（九）"君欲汽丹【一四】方者（諸）邥（任），君不賭（瞻）皮（彼）沮（沮）漳之川屏（開）而不盧（闉）殹（也）"

整理報告：

① 《清華六〈子儀〉初讀》第31樓，簡帛網·簡帛論壇·簡帛研讀，2016年4月19日。
② 馬楠：《清華簡〈子儀〉相關史事與簡文編連釋讀》，陳偉主編：《簡帛》（第20輯），上海：上海古籍出版社，2020年，第31-38頁。
③ 王榮：《清華簡〈子儀〉整理與研究》，東北師範大學碩士學位論文，2023年，第51頁。
④ 楊蒙生：《清華六〈子儀〉篇簡文校讀記》，清華大學出土文獻研究與保護中心網，2016年4月16日。
⑤ 王寧：《清華簡六〈子儀〉釋文校讀》，復旦大學出土文獻與古文字研究中心網，2016年6月9日。

第十五、十六簡之間疑有缺簡。"任君"大約指有抱負之君。屏，從
户开聲，讀爲"開"，或即"開"之異體。《書‧禹貢》"導岍及岐"，《經
典釋文》："岍，馬本作开。"盧，從户，盍聲，讀爲"闔"，或即"闔"
之異體。

子居對"君不尚芒（望）酈（酈）方者（諸）邘（任），君不瞻彼沮漳之川，
开而不闔，緊助人之楷也"做了以下注釋：

整理者以簡十五與簡十六編聯，導致無法通讀，所以才會將任字與
君字連讀。實際上，這裏的"君不尚望酈方諸任"與"君不瞻彼沮漳之
川"爲對文，格式完全一致。酈方，在今河南省南陽地區，《漢書‧高帝
紀》："遇番君別將梅鋗，與偕攻析、酈。"顏師古注："析縣今内鄉，酈
即菊潭縣也。"春秋初期、前期，申、呂等任姓諸侯在南陽者甚多，秦穆
公這裏説的"酈方諸任"蓋即指尚未被滅的内鄉地區任姓諸小國，之後
秦穆公又讓子儀考慮沮漳之川，希望楚國對南陽的諸任姓小國能像沮、
漳之川那樣開源而不截流，意思是這些任姓小國是獨立的，願意依附誰
應該由他們自己決定。①

王寧先生：

公曰：君不尚（當）芒（荒），酈（隔）方（妨）者（諸）邘（任）：
原整理者讀"任"。按："尚"當讀"當"，"芒"讀"荒"，怠也。"酈"
疑當讀"隔"，《説文》："障也。從阜鬲聲。"或作"鬲"……"鬲絶"即
"隔絶"。"方"疑當讀"防"或"妨"，《史記‧秦始皇本紀》："防隔内外，
禁止淫泆。""隔防"蓋同"防隔"。諸，之于。故此句當讀爲"君不當荒，
隔防諸任"，"隔防諸任"即把自己和責任隔離開來，就是放棄責任的意
思。是秦穆公聽了子儀的話之後，希望子儀不要荒怠，放棄自己承諾的
責任。

君不瞻彼汜（沮）漳之川，屏（開）而不盧（闔），毆（抑）豦（逦）
尸（夷、迪）之楷（湝）也：開，指水暢流無阻。闔，指水壅塞不通。
"開而不闔"即暢流不息之意。豦，原整理者讀"篤"。此字新蔡簡數見，
用爲獸名，滕壬生先生《楚系簡帛文字編（增訂本）》隸"鹿"字下，云：
"鹿之異體。"海天游蹤（蘇建洲）先生云："'毆'不能讀爲'也'，當讀
爲'抑'。其次，原釋'篤'與'仁'皆不確。所謂的'篤'實爲'豦'
字（詳另文），所謂的'仁'當爲'夷'字，'豦夷'可能與'任君'相

---

① 子居：《清華簡〈子儀〉解析》，中國先秦史網，2016 年 5 月 11 日。

對或是子儀的自稱。簡文應該讀爲'公及三【一五】方諸（任？）君不瞻彼沮漳之川，閜而不闓，抑虜夷之楷也。'"按：蘇先生釋"虜"爲"虜"可從。《漢書‧雋疏于薛平彭傳》："每行縣，録囚徒還"，顏注："今云'慮囚'，本'録'聲之去者耳，音力具反。而近俗不曉其意，訛其文遂爲思慮之慮，失其源矣。"蓋"録""慮"音近而轉。"録"與"鹿"、"慮"與"虜"并音同，故從力從虍聲之"虜"亦可從力鹿聲。新蔡簡用爲"鹿"蓋亦音近假借。唯"虜夷"或"鹿夷"一詞不可解，上博二《容成氏》曰"於是乎樊（畔）宗、鹿（離）族、殘群"，上博六《天子建州》："男女不語鹿（離），朋友不語分"，均用"鹿"爲"離"，則"鹿"可讀來紐歌部音，此"鹿夷"疑可讀爲"邐迤"，"邐""離"古音同，"夷""迤"同餘紐雙聲、脂歌旁轉疊韻音近。《説文》："邐，行邐邐也。"段注："邐邐，縈紆皃。"《集韻‧上聲五‧四紙》："邐，《説文》：'行邐邐也。'一曰：邐迤，旁形連延也。""楷"當作"湝"，《説文》："水流湝湝也。"（此説蒙蕭旭先生提示）這裏當是指湝湝之水流，亦即河流。"邐迤之湝"既縈紆連延之流水，蓋即源遠流長之意。這幾句是説：您没看見沮、漳的河川嗎？暢流而不息，可是源遠流長了。大概是穆公希望子儀能疏通秦、楚的關係，使像沮漳之川流一樣長流不絕。[①]

【筆者按】目前學界已經比較一致地認爲，《子儀》第15支簡應當編排在第1、2支簡之間，但第15支簡不涉及地理信息，故本書不引第15支簡釋文。本書將第16支竹簡釋文直接編排於第14支簡後。

（一〇）"臣瞫（觀）於潷濟（澨）"

整理報告：

> 澨，水邊，涯岸。《左傳》成公十五年："則決睢澨。"

子居：

> 稱水邊爲"澨"有明顯的楚地特徵，這與前文涉及的楚語類似，都説明《子儀》的作者非常可能是楚人。[②]

（一一）"君不尚芒鄁，【一九】王之北㫃（没）"

整理報告：

---

① 王寧：《清華簡六〈子儀〉釋文校讀》，復旦大學出土文獻與古文字研究中心網，2016年6月9日。
② 子居：《清華簡〈子儀〉解析》，中國先秦史網，2016年5月11日。

第十九、二十簡之間，有缺簡。第十九簡末穆公的話未完，第二十簡起已爲子儀的話，前面應有"子儀曰"云云。

子居主張簡 14、20 連屬，對"君欲汽丹【十四】、王（黃）之北旻（没）【二〇】"做了以下注釋：

> 丹、王當指丹水和王水。王水即黃水，《水經注·丹水》："黃水出北芬山黃谷，南徑丹水縣，南注丹水。"據徐少華《〈水經注·丹水〉篇錯簡考訂》，此黃水即今丹江支流淇河。徐少華《〈中國歷史地圖集〉先秦漢晉若干地理補正》尚指出"古都國亦當今寺灣西北的'寺灣古城'一帶"，丹、黃所匯就正在寺灣。在《子儀》所記秦穆公會子儀的上一年，《左傳·文公五年》："初，都叛楚即秦，又貳於楚。夏，秦人入都。"故此處"君欲乞丹、黃之北物，通之於穀道"就是説秦穆王打算以丹、黃之匯爲界，丹水以北、黃水以西，北至於穀道劃歸秦國，黃水以東、丹水以南劃歸楚國。①

王寧先生也主張簡 14、20 連屬，對"君欲汽丹、王（黃）之北旻（没）"进行了如下注解：

> 《説文》："汽，水涸也。"又曰："没，沈（沉）也"。子居（吳立昊）認爲："丹、王當指丹水和王水。王水即黃水，《水經注·丹水》：'黃水出北芬山黃谷，南逕丹水縣，南注丹水。'據徐少華《〈水經注·丹水〉篇錯簡考訂》，此黃水即今丹江支流淇河。"説當可從，然其又讀"没"爲"物"則大謬。"没"即淹没之意，"丹、黃之北没"指丹水、黃水以北被淹没的地方。這是子儀説秦穆公打算把丹水、黃水以北被淹没的地方弄乾涸。蓋丹水、黃水爲秦、楚之界限，二水淹没其北部，使秦、楚道絶不通，今穆公要使其北没之地乾涸，則秦、楚之道可通，乃以隱指秦、楚將通好之意。②

【筆者按】"君不尚芒鄙"或可讀爲"君不當忘泜"，當從尚聲，忘、芒皆從亡聲，鬲爲錫部來母字，泜爲脂部章母字，韻部對轉，聲母皆爲舌音，頗有通假的可能。泜爲水名，又名滍水，今名沙河，源出今河南平頂山市魯山縣西，東北注入汝水。晉文公曾於城濮之戰擊敗楚國，其子晉襄公與楚發生泜水之戰，楚國又落下風。《左傳》僖公三十三年（前 527 年，楚成王被弑前一年）冬："晉陽處父

---

① 子居：《清華簡〈子儀〉解析》，中國先秦史網，2016 年 5 月 11 日。
② 王寧：《清華簡六〈子儀〉釋文校讀》，復旦大學出土文獻與古文字研究中心網，2016 年 6 月 9 日。

侵蔡，楚子上救之，與晉師夾泜而軍……（楚子上）乃退舍。陽子宣言曰：'楚師遁矣！'遂歸。楚師亦歸。大子商臣譖子上曰：'受晉賂而辟之，楚之恥也，罪莫大焉。'王殺子上。"簡文"没"訓爲敗亡。司馬遷《報任少卿書》："陵未没時，使有來報。"《史記·衛將軍驃騎列傳》："將軍趙破奴……生爲虜所得，遂没其軍。"簡文"迵"讀爲"同"。"殽道"即殽山下的通道。《左傳》僖公三十三年（前527年，楚成王被弑前一年）夏："（晉襄公）敗秦師於殽，獲百里孟明視、西乞術、白乙丙以歸。"公元前627年夏季、冬季，秦、楚兩國先後分別與晉交兵，秦、楚分別在殽之戰、泜水之戰中失敗。簡文"不尚（當）芒（忘）鄙（泜），王之北没，迵（同）之於殽道"，爲秦康公之語，目的是提示子儀不要忘記泜水之戰的恥辱，希望楚能與秦真正聯合起來結成同盟。子儀歸國後，擬轉述秦康公的這句話，言外之意就是要促成秦楚結盟。

（一二）"迵之於虗（殽）道"

整理報告：

《左傳》文公三年："秦伯伐晉，濟河焚舟，取王官及郊。晉人不出，遂自茅津濟，封殽尸而還。"《史記·秦本紀》："三十六年，繆公復益厚孟明等，使將兵伐晉，渡河焚船，大敗晉人，取王官及鄗，以報殽之役。晉人皆城守不敢出。於是繆公乃自茅津渡河，封殽中尸，爲發喪，哭之三日。"

王寧先生：

從字面的意思看，子儀是説：您準備弄乾被丹、黃二水淹没的北部之地，以通於殽的道路，是希望得到子孫的贊許，所以我回去要告訴楚人。蓋殽之敗是秦穆公的決策失誤造成，如果不能報仇挽回面子，將會於子孫留下罵名，所以他釋放子儀的目的是在於與楚修好，聯合楚對付晉，以報殽之仇。子儀明白這一點，他説這番話的言外之意就是：我知道你準備和楚國修好，以報殽之仇，是要得到子孫後代的贊許，我回去會把這事告訴楚王。《詛楚文》説："昔我先君穆公及楚成王，是僇力同心，兩邦若壹，絆以婚姻，袗以齋盟"，蓋主要是子儀（鬭克）歸楚後幹旋而然。[①]

朱忠恒先生：

迵，從整理者讀爲"通"。迵，從同得聲，東部定母，通，東部透母，

---

① 王寧：《清華簡六〈子儀〉釋文校讀》，復旦大學出土文獻與古文字研究中心網，2016年6月9日。

二字音近可通。通之於穀道，意爲使穀道通。類似句式有《楚辭·天問》："禹之力獻功降省下土四方，焉得彼塗山女而通之于臺桑。"①

第 6 節 　《子産》（第 6 册）地理史料匯證

《子産》簡 23—27：

子産旣由善用聖【二三】，班羞（好）勿（物）昳（俊）之行，<u>乃聿（肆）參（三）邦之命（令）</u>⁽一⁾，<u>以爲奠（鄭）命（令）、埜（野）命（令）</u>⁽二⁾……【二四】……<u>聿（肆）參（三）邦之型（刑）</u>⁽三⁾，<u>以爲奠（鄭）型（刑）、埜（野）型（刑）</u>⁽二⁾……【二五】

爲民型（刑）程，上下髎（維）畀（輯）。<u>埜（野）參（三）分，粟參（三）分，兵參（三）分</u>⁽四⁾，是胃（謂）虘（處）固，以勤（助）【二六】政直（德）之固。

【注　釋】

（一）"乃聿（肆）參（三）邦之命（令）"

整理報告：

肆，《説文》："習也。"三邦，指夏、商、周。

汪敏倩女士：

"參邦"即"三邦"，指夏、商、周。出土文獻或傳世文獻皆有所載，其與"三代"之義相同。《論語·衛靈公》："斯民也，三代之所以直道而行也。"邢昺疏："三代，夏、殷、周也。"可見《子産》創作之時，他們對於三代之事還很熟悉，了解其具體内容。②

（二）"以爲奠（鄭）命（令）、埜（野）命（令）""以爲奠（鄭）型（刑）、埜（野）型（刑）"

整理報告：

當時諸侯國有國、野之分，此處"鄭"即指鄭之國中，與"野"對稱。

李學勤先生：

---

① 朱忠恒：《清華大學藏戰國竹簡（陸）集釋》，武漢大學碩士學位論文，2018 年，第 139 頁。
② 汪敏倩：《清華簡〈子産〉篇疏證與研究》，蘇州大學碩士學位論文，2019 年，第 88 頁。

"令"和"刑"又都有"鄭"（指國都）與"野"（指郊野），更是從來沒有人知道的。①

王瑜楨女士：

"鄭令""鄭刑"是包括國都在內（六鄉）的"國"的令及刑；"野令""野刑"則是都邑以外"六遂"的令及刑。②

汪敏倩女士：

《周禮·地官·司徒》中曾經言及"國野"的規制："凡國野之道。十里有廬。廬有飲食。三十里有宿。宿有路室。路室有委。五十里有市。市有候館。候館有積。凡委積之事。巡而比之。以時頒之。""國野"之間原是政治性、階級性爲主的地域劃分，後隨着社會的發展、土地擴充，野之基礎設施不斷跟上，其範圍與權限越來越大。③

【筆者按】清華簡《治邦之道》簡27與《治政之道》簡36、37皆出現"邦（即國）"與"野里四邊"相對的用例。《子產》簡24"奠（鄭）命（令）、埜（野）命（令）"與簡25"奠（鄭）型（刑）、埜（野）型（刑）"中，"奠（鄭）""埜（野）"相對而言，"奠（鄭）"是"邦"或"國"的具體化所指。

（三）"聿（肆）參（三）邦之型（刑）"

整理報告：

《左傳》昭公六年："鄭人鑄刑書，（晉）叔向使詒子產書。"其中提到"夏有亂政而作《禹刑》，商有亂政而作《湯刑》，周有亂政而作《九刑》"，即此處"三邦之刑"。

（四）"埜（野）參（三）分，粟參（三）分，兵參（三）分"

整理報告：

野，效野；粟，食糧；兵，武器。三分，三分之一，例見三晉系金文。按《左傳》昭公六年叔向書云子產"制參（三）辟，鑄刑書"，疑其刑書有野、粟、兵三部分。

趙平安先生：

---

① 李學勤：《有關春秋史事的清華簡五種綜述》，《文物》2016年第3期，第82頁。

② 王瑜楨：《〈清華大學藏戰國竹簡（六）鄭國史料三篇研究〉》，台灣師範大學博士學位論文，2018年，第475頁。

③ 汪敏倩：《清華簡〈子產〉篇疏證與研究》，第88頁。

"野"與"邑"相對,"野三分"是對野的奉獻額度的規定……"粟三分""兵三分"是對野賦税、兵役的規定。①

子居:

"野三分,粟三分,兵三分"當即是三分其野,三分其粟,三分其兵。野的三分疑即指將土地分成上地、中地、下地三類。②

劉亞男先生:

野三分是將野分成三部分,類似於管仲的"叄其國"。粟三分,意思是賦税在野三分的基礎上被分爲三個區域徵收。野三分,每部出兵若干,構成"三軍",即爲兵三分。這是對子產改革的概括。③

第 7 節 《子犯子餘》(第 7 册) 地理史料匯證

《子犯子餘》簡 1、10—13:

□□□耳自楚迀(踶)秦(一),尻(處)女(焉)三戤(歲)(二)。……【一】……

邢(蹇)昖(叔)含(答)曰:"……【一〇】……昔者成湯以神事山川,以惠(德)和民。四方尼(夷)莫句(後)(三),與人面見湯,若霧(濡)雨方奔之而鹿雁(膺)女(焉),用果念(臨)政(正)【一一】九州而罸君之(四)。逕(後)殜(世)就受(紂)之身……鷖(殷)邦之君子,無少(小)大,無遠逐(邇),見【一二】受(紂)若大陸(岸)牁(將)具陞(崩),方走去之……"【一三】

【注 釋】

(一)"□□□耳自楚迀(踶)秦"

整理報告:

簡首缺三字,據後文可補爲"公子襐(重)"。迀,即"踶"字,《淮南子·原道》"自無踶有",高誘注:"踶,適也。""重耳"係名,晉獻公子,後入國稱霸,史稱晉文公,與齊桓公并稱"齊桓晉文"。驪姬之亂後,

---

① 趙平安:《〈清華簡(陸)文字補釋(六則)〉》,清華大學出土文獻研究與保護中心網,2016 年 4 月 16 日。
② 子居:《清華簡六〈子產〉解析》,中國先秦史網,2018 年 10 月 9 日。
③ 劉亞男:《子產思想研究》,北京師範大學博士學位論文,2021 年,第 243 頁。

重耳出亡十九年，據《左傳》記載，其自楚適秦爲僖公二十三年（前六三七）。《史記·晉世家》："居楚數月，而晉太子圉亡秦，秦怨之；聞重耳在楚，乃召之。"

（二）"凥（處）女（焉）三哉（歲）"

整理報告：

　　焉，指示代詞，裴學海《古書虛字集釋》："之也"（中華書局，二〇〇四年，第九六頁）。重耳在秦的時間，《左傳》《史記·晉世家》《秦本紀》等皆記爲二年，與簡文的"三年"不同。

王紅亮先生：

　　關於重耳"居秦三年"的記載，《韓非子》雖然有"入秦三年"之説，但長期以來作爲"孤證"，很少引起學者的重視。新公布的清華簡柒《子犯子餘》則更添一力證，使得我們不得不重新考慮重耳居秦的年代。[1]

（三）"四方尸（夷）莫句（後）"

整理報告：

　　這句講湯征伐夷的情形，《書》原有載，已佚，《孟子·梁惠王下》《滕文公下》皆引《書》有論，文句略有不同。《梁惠王下》："《書》曰：'湯一征，自葛始。'天下信之。東面而征，西夷怨；南面而征，北狄怨。曰：'奚爲後我？'"《滕文公下》："'湯始征，自葛載。'十一征而無敵於天下。東面而征，西夷怨；南面而征，北狄怨。曰：'奚爲後我？'"

（四）"用果念（臨）政（正）【一一】九州而寷君之"

整理報告：

　　用，裴學海《古書虛字集釋》（第九二頁）："猶則也。"果，《國語·晉語三》"果喪其田"，韋昭注："果猶竟也。"念，疑讀爲"臨"。"念"在泥母侵部，"臨"在來母侵部，音近可通。臨，《穀梁傳》哀公七年"春秋有臨天下之言焉"，范寧注引徐乾曰："臨者，撫有之也。"政，讀爲"正"。《周禮·宰夫》"歲終則令群吏正歲會"，鄭玄注："正，猶定也。"寷，不識，疑讀爲"承"，或讀爲"丞"。《詩·文王有聲》"文王丞哉"，毛傳："丞，君也"。

---

① 王紅亮：《清華簡與晉文公重耳出亡繫年及史事新探》，《史學月刊》2019 年第 11 期，第 19 頁。

陳偉先生：

今按：《古書虛字集釋》"用"之訓"則"，存在疑問。簡文"用"，恐當訓爲"乃"，於是義。念，疑當讀爲"咸"或"奄"，皆、盡義。政，在讀爲"正"之外，也可能讀爲"征"。①

第 8 節　《晉文公入於晉》（第 7 册）地理史料匯證

《晉文公入於晉》簡 1—8：

晉文公自秦内（入）於晉……【一】……或昷（明）日朝，命曰：爲豪（稼）番（嗇），古（故）命洲（淪）舊【三】沟（溝）、增舊芳（防）⁽⁻⁾，四甶（封）之内皆肰（然）。或昷（明）日朝，命曰："以虗（吾）晉邦之關（間）處戜（仇）戴（讎）之關（間）"⁽⁻⁾，命寽（蒐）攸（修）先君之乘貳（式）車號（甲），四甶（封）之内【四】皆肰（然）。"乃乍（作）爲羿（旗）勿（物）……【五】……成之以象于蒿（郊）三，因以大乍（作）。元年克菉（原）⁽三⁾，五年啓東道⁽四⁾，克曹、五麀（鹿），【七】敗楚䈕（師）於成（城）僕（濮），建蜀（衛），成宋，回（圍）酓（許），反奠（鄭）之厡（陴）⁽五⁾，九年大得河東之者（諸）侯⁽六⁾。【八】

【注　釋】

（一）"古（故）命洲（淪）舊【三】沟（溝）、增舊芳（防）"

整理報告：

洲，從潮省聲，讀爲"淪"。《孟子·滕文公上》"禹疏九河，淪濟潔而注諸海"，趙岐注："淪，治也。"

（二）"虗（吾）晉邦之關（間）處戜（仇）戴（讎）之關（間）"

整理報告無注。

原雅玲女士：

以文獻記載來看，地處晉國周邊且與晉有嫌隙者，如芮、荀、董、虢、梁、賈、戎、狄、秦等諸侯國、部族，及至晉文公歸國前，戎、狄、秦尚存周邊，其餘國、族被晉國兼并。楊永生指出簡文所言"仇讎"是

---

① 陳偉：《清華簡〈子犯子餘〉校讀》，《古文字研究》（第 32 輯），北京：中華書局，2018 年，第 349 頁。

晉文公的政治宣傳手段，并非實際外交環境。①

【筆者按】《左傳》昭公十五年："晉居深山，戎狄之與鄰，而遠於王室，王靈不及，拜戎不暇。"周成王時晉國初封，周邊便爲戎狄環嗣，晉國"啓以夏政，疆以戎索"（《左傳》定公四年）。雖經過西周至春秋初期的發展，晉國似仍没擺脱這種戎狄環嗣的局面。《國語·晉語二》："景、霍以爲城，而汾、河、涑、澮以爲渠，戎狄之民實環之。"

（三）"元年克菉（原）"

整理報告：

"菉"字又見於郭店《性自命出》簡四七。《左傳》魯僖公二十四年，重耳入晉，是年叔帶與狄人作亂，周襄王出居于鄭。明年爲晉文公二年，晉師納王，殺叔帶，襄王與晉陽樊、温、原、欑茅之田。

鄔可晶、郭永秉先生：

整理者釋"菉"之字，原作如下之形：𦫳……清華簡整理者爲《晉文公入於晉》的"菉"括注"原"……前人多謂周襄王以原賜晉，原不服，故晉文公伐之。在後面的注裏，整理者又引《韓非子·外儲説右上》："文公見民之可戰也，於是遂興兵伐原，克之。伐衛，東其畝，取五鹿。攻陽。勝虢。伐曹。……"言其所叙"與簡文相似"。根據從"菉"之字在《成之聞之》中讀爲"源"的確例以及《韓非子·外儲説右上》的記載，把"五年啓東道，克曹、五鹿"之前所克之"菉"讀爲"原"，應可信從。

戰國楚簡中的"菉""濛"當讀爲"原""源"雖然可以肯定，但釋其字爲"菉"，實際上是有問題的。……"原"本爲姬姓古國名（《左傳》僖公二十四年富辰諫周襄王，所謂"封建親戚，以藩屏周"諸國中就有"原"）；作爲地名，就是上文講過的《左傳》、清華簡《晉文公入於晉》等文獻所載的襄王賜與晉文公、文公以信克之的"原"，其地蓋在今河南省濟源縣境内……

從各方面情况推測，"原（源）"的本字應當是"原"，"菉（原）"則是一個後起的形聲異體。上博簡《民之父母》的"原"有可能是兩種寫法的糅合形體。至於"原"地之名本來的寫法到底是"原"還是"菉"，現在還難下斷語，但似乎也以本作"原"的可能性爲大。②

---

① 原雅玲：《清華簡〈晉文公入於晉〉整理研究》，東北師範大學碩士學位論文，2019年，第16頁。

② 鄔可晶、郭永秉：《從楚文字"原"的異體談到三晉的原地與原姓》，李學勤主編：《出土文獻》（第11輯），上海：中西書局，2017年，第225、226、231、234頁。

（四）"五年啓東道"

《晉文公入於晉》整理報告未加注釋。

【筆者按】魏棟：

"東道"見於傳世古文獻，有兩個含義：可指通往東方的道路。如《左傳·成公十三年》："東道之不通，則是康公絶我好也。"也可指東部地區。如桓譚《新論》："張子侯曰：'楊子雲，西道孔子也，乃貧如此。'吾應曰：'子雲亦東道孔子也。昔仲尼豈獨是魯孔子，亦齊楚聖人也。'"從字面看，簡文"啓東道"既可指開闢通往東方的道路，也可指開拓東部地區。

《國語·晉語四》記載晉文公元年冬爲平定周王室王子帶之亂，"行賂於草中之戎與麗土之狄，以啓東道（開闢通往東方的道路）"。《晉語四》的這次"啓東道"發生在晉文公元年，與簡文"（晉文公）五年啓東道"當非一事。《左傳》僖公二十八年（晉文公五年）："春，晉侯將伐曹，假道于衛，衛人弗許。還，自南河濟。侵曹伐衛。正月戊申，取五鹿……（城濮之戰）……"簡文"五年啓東道"似指晉人在城濮之戰前夕東伐曹國的道路受阻後"自南河濟"一事。[①]

（五）"反奠（鄭）之厞（陴）"

整理報告：

"反"訓爲顛覆，詳李守奎《據清華簡〈繫年〉"克反商邑"釋讀小臣單觶中的"反"與包山簡中的"飯"》，《簡帛》第九輯，上海古籍出版社，二〇一四，一二九—一三六頁。陴，《國語·晉語四》"反其陴"，章昭注："城上女垣。"魯僖二十八年、晉文五年春，晉師東伐曹而假道於衛，衛人弗許，晉師遂西還，由南河濟，地在河南淇縣南之棘津。正月戊申，取衛之五鹿，棘津至五鹿縱貫衛地，即《商君書·賞刑》《吕氏春秋·簡選》《韓非子·外儲説右上》所謂"東衛之畝"。又向東南伐曹，二月與齊侯盟於斂盂。晉師圍曹，三月丙午入曹，私許復曹、衛，曹、衛告絶於楚，晉師向北退避三舍。四月己巳與楚子玉戰於衛之城濮。晉師三日館穀，癸酉還師，甲午至於鄭之衡雍，作王宫於踐土。五月丙午，晉、鄭盟於衡雍。六月，復衛侯。冬，會於温。十月丁丑率諸侯圍許。據簡文則成宋在六月復衛之後，《國語·晉語四》等書所載"伐鄭，反其陴"

---

① 魏棟：《清華簡〈晉文公入於晉〉校釋拾遺》，中國古文字研究會等編：《古文字研究》（第34輯），北京：中華書局，2022年，第390頁。

事又在十月丁丑圍許之後。《史記》以此伐鄭爲晉文七年之秦、晉圍鄭，非是。《韓非子·外儲說右上》言"文公見民之可戰也，於是遂興兵伐原，克之。伐衛，東其畝，取五鹿。攻陽。勝虢。伐曹。南圍鄭，反之陴。罷宋圍。還與荊人戰城濮，大敗荊人。返爲踐土之盟，遂成衡雍之義。一舉而八有功"。"攻陽""勝虢"誤涉晉獻公事，其餘與簡文相似。

【筆者按】魏棟：

整理報告指出簡文"反"訓爲顛覆，"陴"指"城上女垣"。所謂"女垣"就是女牆，即城牆上呈凹凸形狀的矮牆，是防護和禦敵屏障。簡文"反鄭之厵（陴）"，《商君書·賞刑》作"反鄭之埤"、《韓非子·外儲說右上》作"南圍鄭，反之陴"、《呂氏春秋·簡選》作"反鄭之埤"；《國語·晉語四》記載此事相對詳細，云：

文公誅觀狀以伐鄭，反其陴。鄭人以名寶行成，公弗許，曰："予我詹（即鄭國大夫叔詹）而師還。"詹請往，鄭伯弗許，詹固請……鄭人以詹予晉，晉人將烹之。詹……乃就烹，據鼎耳而疾號……乃命弗殺，厚爲之禮而歸之。鄭人以詹伯爲將軍。

《國語·晉語四》韋昭注："反，撥也。陴，城上女垣。"《呂氏春秋·簡選》高誘注："反，覆，覆鄭城埤而取之。"陳奇猷認爲"撥、覆義近"，所謂"反鄭之埤"係燭之武退秦師後，"晉于退師之時，拆去鄭城上之女牆，使不能窺敵，所以廢除鄭守備之意也"。簡文"反鄭之陴"的含義當如陳奇猷所言，但"反鄭之陴"是否發生在燭之武退秦師後，晉國撤兵之時，則需要商榷。現將晉、鄭間有關史事羅列如下。《左傳》僖公二十八年（晉文公五年）：

（城濮之戰後，鄭）爲楚師既敗而懼，使子人九行成於晉。晉欒枝入盟鄭伯。五月丙午，晉侯及鄭伯盟於衡雍……冬，（晉、鄭等諸侯）會於溫……

《左傳》僖公二十九年（晉文公六年）：

（晉等列國）盟於翟泉，尋踐土之盟，且謀伐鄭也。

《左傳》僖公三十年（晉文公七年）記載了晉師的兩次討鄭行動，云：

春，晉人侵鄭，以觀其可攻與否……九月甲午，晉侯、秦伯圍鄭，以其無禮於晉，且貳於楚也。晉軍函陵，秦軍氾南……（燭之武說秦穆公）……秦伯說，與鄭人盟……乃還。子犯請擊之。（晉文）公曰："不可……"亦去之。

簡文云"反鄭之陴"發生在晉文公五年，而燭之武退秦師發生在《左傳》僖公三十年（晉文公七年），顯然陳奇猷所推晉人"反鄭之陣"的時間有誤。綜合《國語·晉語四》和《左傳》僖公二十八至三十年記載的晉鄭間史事，晉人"反鄭之陣"很有可能發生在《左傳》僖公二十八年（晉文公五年）"晉欒枝入盟鄭伯"前後。[①]

（六）"九年大得河東之者（諸）侯"

整理報告：

《春秋》魯僖三十二年爲晉文九年，"冬十有二月己卯，晉侯重耳卒。"

子居：

本節的河東明顯指的是《周禮》所説"河東曰兗州"地區，而與春秋時秦、晉以河東指山西西南地區不同，因此是戰國時以黄河下游以東爲河東的齊、趙文化特徵。……自城濮之勝後，對晉文公就有負面評價了……晉國全力擴充軍備也僅能禦狄而已，不難知道此時河東之地以狄爲最强。晉文公於外既不能救齊，又不能拯衛，于内又親信趙衰及趙衰的死黨郤缺，爲晉國遺患甚深。因此，所謂"大得河東之諸侯"只是一種場面話，實際情況則是晉文公晚年政衰，對河東之地的政局無能爲力。[②]

【筆者按】魏棟：

"大得河東之諸侯"意思是得到"河東之諸侯"的大力擁護。查《春秋》三傳、《國語·晉語》、《史記·晉世家》等古書，未見記載晉文公九年在世時晉國曾發生過什麽大事，簡文此句當可補傳世文獻之缺。遺憾的是"大得河東之諸侯"的詳情不甚明瞭。

"大得河東之諸侯"的"河東"頗值得玩味。先秦秦漢時期，"河東"一詞用作地名時一般指的是今山西西南部地區。如《孟子·梁惠王上》："河内凶，則移其民於河東，移其粟於河内。河東凶亦然。"除用作區域地名外，"河東"也常常用來表示方位，意思是黄河以東，并且一般指的是古黄河下游某段以東。此種用法的"河東"也很多。如《周禮·夏官司馬》："河東曰兗州，其山鎮曰岱山，其澤藪曰大野。"《戰國策·齊策四》"蘇秦謂齊王"章："有濟西則趙之河東危。"《戰國策·齊策五》"蘇秦説齊閔王"章："衛非强於趙也，譬之衛矢而魏弦機也，藉力魏而有河

---

① 魏棟：《清華簡〈晉文公入於晉〉校釋拾遺》，中國古文字研究會等編：《古文字研究》（第 34 輯），北京：中華書局，2022 年，第 390、391 頁。

② 子居：《清華簡七〈晉文公入於晉〉解析》，中國先秦史網，2017 年 7 月 14 日。

東之地。"《韓非子‧有度》:"魏安釐王攻趙救燕,取地河東。"《爾雅‧釋山》:"河南華,河西嶽,河東岱,河北恒,江南衡。"子居曾敏銳指出簡文"河東"非指晉西南一帶,而是指古黃河下游以東,較是。因爲晉文公時期晉國疆域已經覆蓋晉西南地區。[①]簡文所謂"河東之諸侯"即古黃河下游以東的諸侯,從地理上看至少包含這一帶的曹、衛等國。[②]

第9節 《趙簡子》(第7册)地理史料匯證

《趙簡子》簡1、5、7—11:

　　盁(趙)柬(簡)子既受靁牁(將)軍[(一)],才(在)朝,軛(范)獻子進諫曰……【一】

　　盁(趙)柬(簡)子翿(問)於成劇(劌)曰……【五】……成劇(劌)舍(答)曰:"昔虘(吾)先君獻公是尻(居),掌又(有)二厇(宅)之室[(二)],以好士庶子,車廮(甲)外,【七】六寶(府)溫(盈),宮中六窖(竈)并六祀,肰(然)則昊(得)桷(輔)相周室,亦智(知)者(諸)侯之愁(謀)。豪(就)虘(吾)先君襄公,辟(親)冒廮(甲)畢(胄),以【八】絢(治)河淒(濟)之閾(間)之臱(亂)[(三)]……昊(得)桷(輔)相周室,兼【九】叙(霸)者(諸)侯。豪(就)虘(吾)先君坪(平)公,宮中卅=(三十)里……【一〇】……"

【注　釋】

(一)"盁(趙)柬(簡)子既受靁牁(將)軍"

整理報告:

　　盁,從皿勺聲,是"勺"的增累字。馬王堆漢墓帛書《戰國縱橫家書》中趙、魏、韓之趙多作"勺"。

張明珠先生:

　　一般認爲,"趙"字從肖得聲,肖上古音屬心母、宵部,趙屬定母、宵部,韻部相同。勺上古屬禪母、藥部,與肖聲紐同屬齒音,宵藥對轉,具備語音通假條件。文獻中有繁式:𧻗(趙孟斿壺(金)春秋晚期)、簡

---

① 馬保春:《晉國歷史地理研究》,北京:文物出版社,2007年,第251頁。
② 魏棟:《清華簡〈晉文公入於晉〉校釋拾遺》,中國古文字研究會等編:《古文字研究》(第34輯),北京:中華書局,2022年,第391頁。

式：<!-- 符号 -->（廿七年大梁司寇鼎（金）戰國）兩種形體，簡式僅由聲符表示。故整理者説：“《戰國縱横家書》中趙、巍、韓之‘趙’多作勺。”有語音方面的理據。束、簡上古音均屬見母、元部，具備語音通假條件。鄭邦宏所説北大漢簡《周馴》寫作“趙間子”，於馬王堆帛書中亦有出現：“趙間子欲伐衛，使史黑往睹之”，“趙間鞅”集族氏、謚號、私名爲一體。①

（二）“掌又（有）二厇（宅）之室”

整理報告：

> 昭侯元年，封文侯弟成師于曲沃。曲沃邑大於晉君都邑翼。自此晉分爲二室。至武公晚年代晉，才實現二室的統一。武公代晉二歲，獻公即位，故曰“掌又（有）二厇（宅）之室”。一説“尻”是“處”字，“掌”讀爲“堂”，“厇”讀爲“坼”，訓“裂”，“處堂有二坼之室”，意謂居住在堂上有兩處裂痕的房屋裏面。

水之甘（網名）：

> “厇”讀作“都”，掌有二宅之室，恐怕講的是晉獻公并爲晉大宗（翼）、小宗（曲沃）的事情。②

王寧先生將“厇”讀爲“石（祏）”：

> 《説文》：“祏，宗廟主也。《周禮》有郊、宗、石室。一曰大夫以石爲主。”“室”即石室。擁有二祏之室表示掌握了整個晉國的統治權。③

cbnd（網名）：

> “厇”字可能讀作“都”。上博簡《天子建州》篇以“[厇土]”來表示{都}，可作爲旁證……“二都”是指翼和曲沃。④

雲間（網名）：

> 八年，士蔿説公曰：“故晉之群公子多，不誅，亂且起。”乃使盡殺諸公子，而城聚都之，命曰絳，始都絳。十二年，驪姬生奚齊。獻公有意廢太子，乃曰，曲沃吾先祖宗廟所在，而蒲邊秦，屈邊翟，不使諸子居之，我懼焉。於是使太子申生居曲沃，公子重耳居蒲，公子夷吾居屈。

---

① 張明珠：《清華大學藏戰國竹簡（柒）·趙簡子》集釋、譯注》，武漢大學碩士學位論文，2019年，第8頁。
② 《清華柒〈趙簡子〉初讀》第15樓跟帖，簡帛網“簡帛論壇”，2017年4月29日。
③ 《清華柒〈趙簡子〉初讀》第41樓跟帖，簡帛網“簡帛論壇”，2017年5月7日。
④ 《清華柒〈趙簡子〉初讀》第32樓跟帖，簡帛網“簡帛論壇”，2017年5月6日。

獻公與驪姬子奚齊居絳。十六年，晉獻公作二軍。還，爲太子城曲沃，賜趙夙耿，賜畢萬魏，以爲大夫。士蒍曰："太子不得立矣，分之都城。"集解服虔曰："邑有先君之主曰都。"則竹書所言獻公絳與太子曲沃也，即二室，其字讀爲都。①

易泉（網名）：

《二年律令·戶律》中"上造二宅，公士一宅半宅，公卒、士五（伍）、庶人一宅"，似與"二厇（宅）之室，以好士庶子。"存在相似表述。可類比。據此推測：掌有，應讀爲償有或賞有，意思是指給士庶每人二宅。②

張明珠先生：

將之句讀爲：昔吾先君獻公，是居堂有二坼之室，以好士庶子。意爲：昔日的前代君主獻公，居住在堂上有兩處裂縫的房屋裏，以此交好士庶子。如此斷句，"昔吾先君獻公"與下文"就吾先君襄公""就吾先君平公"句式一致，符合古人講話工整，行文規整的要求，"是居堂有二坼之室"與"以好士庶子"形成關聯：獻公以儉樸獲得士庶子的親近。這種儉樸又與平公"是乃侈已"的奢侈形成對比，與結尾用"儉""侈"評述三位君主相呼應。③

子居：

整理者的説法是以"室"代表"宗室"，但先秦通常不以"室"代表"宗室"而是以"宗"代表"宗室"，因此這裏的"室"恐怕并非指宗室。比較下文説晉平公"宮中三十里"，則此處的"二宅之室"或是指晉獻公的宮室規模較小，較儉樸。④

（三）"綯（治）河淒（濟）之閵（間）之閵（亂）"

整理報告：

淒（濟），亦作"泲"，河濟乃黃河與濟水的并稱，與長江、淮河合稱"四瀆"。《周禮·職方氏》："河東曰兗州……其川河、泲。"《史記·孫子吳起列傳》："夏桀之居，左河濟，右泰華。"王闓運《珍珠泉銘》序：

---

① 《清華柒〈趙簡子〉初讀》第42樓跟帖，簡帛網"簡帛論壇"，2017年5月7日。
② 《清華柒〈趙簡子〉初讀》第67樓跟帖，簡帛網"簡帛論壇"，2017年5月29日。
③ 張明珠：《〈清華大學藏戰國竹簡（柒）·趙簡子〉集釋、譯注》，武漢大學碩士學位論文，2019年，第39頁。
④ 子居：《清華簡七〈趙簡子〉解析》，中國先秦史網，2017年5月29日。

"昔在周公，論列河沸，以成四瀆。""絢（治）河淒（濟）之陽（間）之
쁨（亂）"當指秦、晉殽之戰。《史記·晉世家》："襄公墨衰絰。四月，敗
秦師于殽。"是役晉襄公親自披掛上陣，大獲全勝。

趙平安、石小力先生：

　　"親冒甲胄，治河濟之間之亂"應該包括襄公討伐河濟之間的衛國。
《左傳·文公元年》"晉文公之季年，諸侯朝晉，衛成公不朝，使孔達侵
鄭，伐綿、訾及匡。晉襄公既祥，使告於諸侯而伐衛，及南陽。先且居
曰：'效尤，禍也。請君朝王，臣從師。'晉侯朝王于溫。先且居、胥臣
伐衛。五月辛酉朔，晉師圍戚。六月戊戌，取之，獲孫昭子"，又文公元
年"秋，晉侯疆戚田，故公孫敖會之"。衛國是城濮之戰的戰敗國，晉將
衛國部分土地分給鄭國，但衛國城濮之戰後不僅不朝拜晉國，反而派孔
達侵鄭欲奪回舊地，故襄公率師討伐。襄公時期最重要的戰爭是秦晉殽
之戰。《史記·晉世家》"襄公墨衰絰。四月，敗秦師於殽"是役晉襄公
親自披掛上陣，大獲全勝，也應包括在內。①

子居：

　　整理者以"河濟之間之亂"爲"秦、晉殽之戰"恐不確，殽之戰在
今陝縣硤石鄉一帶，不屬"河濟之間"，清華簡《趙簡子》此節所言"以
治河濟之間之亂"者，當是指晉襄公二年伐衛事，據《左傳·文公元年》：
"晉文公之季年，諸侯朝晉，衛成公不朝，使孔達侵鄭，伐綿、訾及匡。
晉襄公既祥，使告於諸侯而伐衛，及南陽。先且居曰：'效尤，禍也。請
君朝王，臣從師。'晉侯朝王于溫。先且居、胥臣伐衛。五月辛酉朔，晉
師圍戚。六月戊戌，取之，獲孫昭子。……秋，晉侯疆戚田。"其中的"晉
侯朝王于溫"當即對應清華簡《趙簡子》此節下文的"輔相周室"。②

張明珠先生：

　　"四瀆"，地理學者亦認爲："春秋戰國時期，勞動人民即爲補充自然
水道的不足，將發源於西部而東流入海的長江、淮河、黃河以及黃河的
支津濟水，即被稱爲'四瀆'的四條巨川，以人工開鑿的運河溝通起來。"
則"河濟之間"是指黃河與濟水之間，戰爭發生於此。整理者認爲是指
"秦晉殽之戰"，子居認爲指"襄公伐衛"之事。兩人觀點的不同，源於

---

　　① 趙平安、石小力：《成鱄及其與趙簡子的問對——清華簡〈趙簡子〉初探》，《文物》2017年第3期，第87、
88頁。

　　② 子居：《清華簡七〈趙簡子〉解析》，中國先秦史網，2017年5月29日。

對殽之戰發生地點的看法不同。據蔣若是研究：秦師襲鄭走的是南道，而非北道。北道在陝縣硤石，南道唐代在河南永寧縣，秦晉之戰發生在南道十五公里狹長的絕道中。子居之説以戰爭發生在陝縣硤石鄉爲基礎，爲北道，此處采用蔣若是南道説，故不采納其説，仍遵整理者之説。①

第10節 《越公其事》第1章（第7册）地理史料匯證

《越公其事》簡1—7：

　　□□□□□□□□□□□□□□□赶墜（登）於會旨（稽）之山⁽一⁾，乃史（使）夫=（大夫）住（種）行成於吴帀（師）曰：“募（寡）【一】□□□□□□□□□□□□□□□□□□□□□□□□□不天，上帝降【二】□□雪（越）邦⁽二⁾……吾君天王，……【三】□□□臂（親）辱於募（寡）人之粑=（敝邑）。募（寡）人……枓（播）弃（棄）宗審（廟），赶才（在）會旨（稽）⁽三⁾……【四】……孤其銜（率）雪（越）庶青（姓），齊刲同心，以臣事吴，男女備（服）。三（四）方者（諸）侯亓（其）敢不賓于吴邦⁽四⁾？君【六】女（如）曰：‘余亓（其）必敕（滅）鹽（絶）雪（越）邦之命于天下，勿茲（使）句狻（踐）屬（繼）曩（炊）於雪（越）邦巳（矣）。’君乃陣（陳）吴甲……【七】”

【注　釋】

（一）“赶墜（登）於會旨（稽）之山”

整理報告：

　　赶，《説文》：“舉尾走也。”此處義爲奔竄。又疑讀爲“迁”，《説文》：“進也。”墜，《廣韻》：“登也，躋也。”《集韻》又作“阩”。本篇第四簡作“赶在會稽”。《國語·越語上》：“越王句踐棲於會稽之上。”據《左傳》，事在魯哀公元年春，公元前四九四年。

子居：

　　趕，當訓爲逡巡，《管子·君臣》：“心道進退，而刑道滔趕。”尹知章注：“趕，謂逡巡曲也。”《左傳·昭公四年》：“康有酆宫之朝，穆有塗山之會。”《左傳·哀公七年》：“禹合諸侯於塗山，執玉帛者萬國。”杜注

---

① 張明珠：《〈清華大學藏戰國竹簡（柒）·趙簡子〉集釋、譯注》，武漢大學碩士學位論文，2019年，第50頁。

皆稱"塗山在壽春東北"，《説文·屾部》："盒：會稽山。一曰九江當盒也。民以辛壬癸甲之日嫁娶。從屾餘聲。《虞書》曰：予娶盒山。"壽春東北的塗山即九江當塗，也即今安徽蚌埠塗山，越國在春秋時本在淮北徐西（見下文），以形勢論，夫差第一次伐越時，勾踐顯然不能橫穿整個吳境而南下紹興，故此時勾踐所棲的會稽山自然非蚌埠塗山莫屬。①

高佑仁先生：

　　棗紙簡此句異文作"迻壁（登）"，"迻"指遷徙，《説文》："迻，遷徙也。"《玉篇》："迻，餘之切，徙也、遷也，今作移。"指句踐在夫椒之戰兵敗後遷徙至會稽山上，如果這個理解無誤，則"赶"則當依單育辰讀作"遷"之説。"遷壁（登）"，即水平移動與垂直升登如"遷升"一詞。《詩經·小雅·伐木》："出自幽谷，遷於喬木。"喬木即高木，本有（鳥）移居高處之意，後世亦常見"高遷""遷升"等複詞組合。

　　……

　　棗紙簡《吳王夫差起師伐越》簡 1—2 作"迻（移）壁（登）會旨（稽）之山"。句踐於夫椒之戰後，敗逃至會稽山，此事古籍中有大量記載。"夫椒"又名苞山，即今江蘇省無錫市太湖北側的馬山。句踐戰敗，不得不渡過浙江（今錢塘江），退守會稽山。吳軍攻破越國都城，圍困會稽山，準備一舉滅越國，這是簡文相關的地理背景。

　　"會稽之山"指會稽山麓，《史記·伍子胥列傳》："越王句踐乃以餘兵五千人棲於會稽之上。"《史記正義》云："（會稽）土地名，在越州會稽縣東南十二里。"《國語·魯語下》："吳伐越，墮會稽。"章昭注："會稽，山名。"清·毛奇齡《重修平陽寺大殿募疏序》云："平陽即平原也。相傳其地在平水之北，以水北曰陽，故名平陽，越王句踐嘗都之。"則認爲會稽山上城就是會稽山中之平陽。關於簡文"會稽之山"的確定地望，有待日後研究。

　　湖北省雲夢縣楚王城城址東南郊之鄭家湖墓地 M274 出土一件長文木觚，内容是筴遊説秦王寢兵立義之辭，其中一句話説："而棲越王膚稽膚纂之上"，應即夫椒之戰後，句踐敗逃至會稽山之事。②

（二）"上帝降【二】□□雩（越）邦"

整理報告：

---

① 子居：《清華簡七〈越公其事〉第一章解析》，中國先秦史網，2017 年 12 月 13 日。
② 高佑仁：《清華柒〈越公其事〉研究》，臺北：萬卷樓圖書股份有限公司，2023 年，第 81、82 頁。

簡首可補"禍於"二字。《國語・吳語》："天既降禍於吳國。"

子居：

中山王厝器、清華簡《良臣》《越公其事》中皆稱越爲"雪"當可説明，傳世文獻中"於越"的"於"并非通常所認爲的發語詞，"雪"即"雩"字，由此即牽涉到越國在春秋時期實際上居於淮北而不在浙江的問題。……清華簡《越公其事》的越即書爲"雪"，不難看出此雩妻與越國得名的關係，雩、禹上古音同音，故越爲禹後的附會，即來源自此。先秦時楚東有著名的期思之地……期思原也當在淮北，鷄的緩讀即期思，因此期思之水也即鷄水，期思陂即鷄陂……《水經注・淮水》："夏肥水東流，左合鷄水，水出鷄陂，東流爲黃陂，又東南流，積爲茅陂，又東爲鷄水。……鷄水右會夏肥水而亂流東注，俱入於淮。"……鷄陂約在今安徽鳳臺朱馬店鎮一帶，雩妻則很可能即朱馬店鎮東部的土樓及周邊地區。楚莊王時期的越國，當即在土樓一帶……①

林少平先生：

簡文"雪邦"之"雪"，整理者讀爲"越"。或許，當讀爲"於越"之"於"。"於越"文獻常見，即勾踐之族號。《左傳・定公五年》"于越入吳"。②

吳德貞先生：

周波先生曾研究過"雪"字用法：楚文字用"郖"形表示國名、地名和姓氏的"越"字，楚簡多見。晉系文字用"雪"標識越國之"越"，如晉璽"孫雪（越）人"（《戰印》1783）、中山王鼎"昔者吳人并雪（越）""雪（越）人修教備信"。清華簡"雪"都用以表示國名"越"，如本篇簡72用"雪"指代"越國"，《清華三・良臣》簡6有"雪（越）王勾踐"。③

（三）"科（播）弃（棄）宗宙（廟），赶才（在）會旨（稽）"

整理報告：

科，從斗，采聲，讀爲"播"。播棄，棄置。《國語・吳語》："今王播棄黎老，而孩童焉比謀。"

---

① 子居：《清華簡七〈越公其事〉第一章解析》，中國先秦史網，2017年12月13日。
② 《清華七〈越公其事〉初讀》第36樓跟帖，簡帛網"簡帛論壇"，2017年4月26日。
③ 吳德貞：《清華簡〈越公其事〉集釋》，武漢大學碩士學位論文，2018年，第30頁。

子居：

此處可説明越國的宗廟距會稽有相當距離，下文《越公其事》第二章中夫差稱"自得吾始踐越地，以至於今，凡吳之善士將中半死矣。今彼新去其邦而篤"，是從夫差敗越於夫椒至勾踐棲於會稽當頗有時日，夫椒當即椒地，在安徽鳳臺，勾踐由夫椒至會稽是"新去其邦"，則會稽自不能遠在浙江紹興，也不能距鳳臺太近，蚌埠塗山符合這一條件，而舊説以越國在浙江紹興則明顯與此不合。①

高佑仁先生：

"赶"已見於簡 1："赶壁（登）於會旨（稽）之山"，"赶"秉紙簡作"迊"，筆者贊成 ee（單育辰）讀作"遷"之説，《玉篇》："迊，餘之切，徙也、遷也，今作移。"指句踐在夫椒之戰兵敗後遷徙至會稽山麓，清華柒《越公其事》的兩個"赶"均從"走"，與敗走遷徙之意正合。

本處"會稽"即簡 1"會稽之山"之簡稱。②

（四）"三（四）方者（諸）侯亓（其）敢不賓于吳邦"

整理報告：

賓，賓服。《管子·小匡》："故東夷、西戎、南蠻、北狄，中國諸侯，莫不賓服。"

滕勝霖先生：

"不賓"，不臣服，不歸順。《國語·楚語上》："蠻、夷、戎、狄其不賓也久矣。"③

第 11 節　《越公其事》第 2 章（第 7 册）地理史料匯證

《越公其事》簡 9—15：

吳王翾（聞）雫（越）徒（使）之柔以弫（剛）也，思道迉（路）之彶（修）隥（險）⁽⁻⁾，乃思（懼），告繡（申）疋（胥）曰："孤亓（其）許之成。"繡（申）疋（胥）曰："王亓（其）勿許！【九】天不仍（仍）

---

① 子居：《清華簡七〈越公其事〉第一章解析》，中國先秦史網，2017 年 12 月 13 日。

② 高佑仁：《清華柒〈越公其事〉研究》，第 116 頁。

③ 滕勝霖：《〈清華大學藏戰國竹簡（柒）〉集釋及相關問題研究》，西南大學碩士學位論文，2019 年，第 194 頁。

賜吳於鼝（越）邦之利。虖（且）皮（彼）既大北於平备（邊）^{（二）}，以刞（潰）去亓（其）邦……【十】……"吳王曰："……昔虖（吾）先王盍膚（盧）所以克内（入）郢邦，【十一】唯皮（彼）鷄父之遠勮（荊），天賜中（忠）于吳^{（三）}，右我先王。勮（荊）帀（師）走，虖（吾）先王遏（逐）之走，遠夫甬（勇）戔（殘），虖（吾）先【十二】王用克内（入）于郢^{（四）}。今我道迮（路）攸（修）隓（險）……虖（吾）卣（始）後（踐）鼝（越）陞（地）^{（五）}以爭＝（至于）今，凡吳之【十三】善士牊（將）中畔（半）死已（矣）。今皮（彼）新（新）去亓（其）邦而惢（篤），毋乃豕戰（鬬）……"【十四】

【注　釋】

（一）"思道迮（路）之攸（修）隓（險）"

整理報告：

攸，第十三簡作"攸"，長遠，古書多作"修"。秦李斯《嶧山刻石》："群臣從者，咸思攸長。"

子居：

典籍中多稱"修遠"，如清華簡《子儀》："以不穀之修遠于君，何爭而不好？"《墨子·非攻中》："與其塗道之修遠，糧食輟絶而不繼，百姓死者，不可勝數也。"《國語·吳語》："今吾道路修遠，無會而歸，與會而先晉，孰利？"《楚辭·離騷》："路曼曼其修遠兮，吾將上下而求索。"《越公其事》這裏稱"修險"，當不止是指路遠，且有凸顯路途危險之意。由史實推測，無論是夫差的許越成，還是遷蔡於州來，應皆是因爲楚國勢力在安徽西部迅速恢復帶來的壓力使然。不難判斷，夫差既然能大敗勾踐，自然不會擔心勾踐的幾千殘餘兵力拼死相搏，故實際上很可能是擔心楚人乘機東拓漁翁得利，妨礙到中原爭霸的整體計劃。^①

黄愛梅先生：

"道路之修險"，其言當指會稽山地。^②

---

① 子居：《清華簡七〈越公其事〉第二章解析》，中國先秦史網，2018 年 3 月 9 日。

② 黄愛梅：《〈越公其事〉與吳、越史事——讀〈清華簡（柒）·越公其事〉札記》，華東師範大學歷史系編：《第二屆出土文獻與先秦史研究工作坊論文集》，上海：華東師範大學歷史學系，2017 年，第 64 頁。又見黄愛梅：《〈清華簡（柒）·越公其事〉的敘事立場及越國史事》，《新史料與古史書寫——40 年探索歷程的回顧與思考學術研討會論文集》，上海：華東師範大學歷史學系，2018 年，第 221 頁。

吳德貞先生：

　　彶或可讀作"幽"。此字應與簡 13 "攸"用法相同。攸，幽部喻母。幽，幽部影母。"幽險"見於《楚辭·九歎·愍命》："嘉皇既殁終不返兮，山中幽險郢路遠兮……"則簡 13 "攸"也可讀爲"幽"。①

滕勝霖先生：

　　"幽險"雖見於文獻，但"攸""幽"在出土文獻中未見直接相通之例，"攸""修"相通，例不備舉。這裏的"修險"是并列結構，義爲"遠且險"。《尚書·盤庚》："王播告之，修不匿厥指"，孫星衍今古文注疏："修，遠也。"甲骨文中從人從攴的"𠈌"與"攸"字不應視爲一字，古文字中"人""彳"訛混之例常見，"𢓜"應視爲簡 13 "𢓜"字異體。②

周悅、白於藍先生：

　　簡文所記則是吳越征戰時事，吳越鄰邦，會稽山相對吳國來講，算不上"修遠"，吳國方面不存在長途奔襲的問題。……簡文"彶""攸"二字均當讀作"幽"。……"幽險"一詞見於典籍，指幽深險阻。……"幽險"一詞更符合實際情況，吳王夫差其實是考慮到會稽山道路幽深險阻，易守難攻，故深感畏懼，不想貿然進攻。換句話講，若會稽山是一馬平川之地，距離吳國再"修遠"，此時此地之吳軍已經兵臨會稽山下，兵馬齊整，吳王絕對會毫不畏懼立即發動進攻。③

江秋貞先生：

　　"𢓜"作"攸"字，完全沒有問題。但是古籍中不見"攸險"一詞的用法，而"修險"一詞也未見於先秦兩漢典籍，而是年代較晚出現。吳德貞釋"幽"，不妥，因爲"幽"字是偏"隱"義，沒有"長遠"義，簡文此處指道途長遠，故筆者認爲直接釋"攸"即可，"攸險"即路途長遠而危險。"思道迭之敬隨，乃漂"意指"想到一路征戰道途遙遠，於是害怕"。④

高佑仁先生：

　　"彶𢓜"原整理者讀"攸險"。子居、黃愛梅讀"修險"，王輝也讀爲

---

① 吳德貞：《清華簡〈越公其事〉集釋》，武漢大學碩士學位論文，2018 年，第 42 頁。

② 滕勝霖：《〈清華大學藏戰國竹簡（柒）〉集釋及相關問題研究》，西南大學碩士學位論文，2019 年，第 203 頁。

③ 周悅、白於藍：《清華簡補釋三則》，《中國文字研究》（第 31 輯），上海：華東師範大學出版社，2020 年，第 88、89 頁。

④ 江秋貞：《〈清華大學藏戰國竹簡（柒）·越公其事〉考釋》，臺北：花木蘭文化事業公司，2022 年，第 104、105 頁。

"修險"，但他認爲吳越"同土連城"，以"修險"一詞描述兩國的地理位置"完全不符合事實"。吳德貞讀"幽險"。"幽險"一般是形容山勢，《楚辭·九歎·愍命》："嘉皇既殘終不返兮，山中幽險郢路遠兮。"《楚辭·九歎·遠逝》："阜隘狹而幽險兮，石蓊嵯以翳日。"就用字情況來看，"微隓"讀成"攸（或"修"）險"最爲簡易直截，不煩改讀。

……

簡文背景是越國敗逃至會稽山，吳國是否登上會稽山地，將越國殘餘勢力一舉消滅。換言之，"道路修險"是指吳軍至越軍之間的距離，與吳越都城無關。故吳王所憂慮的"道路修險"，不能僅依二國"同土連城"而判定。①

（二）"既大北於平备（邍）"

整理報告：

大北，大敗。备，邍之省略。平邍，古書多作"平原"，《左傳》桓公元年："凡平原出水爲大水。"當是與會稽山地相對之地貌。

子居：

筆者認爲，此句當斷句在"以潰"後，讀爲"且彼既大北于平原以潰，去其邦"。此平原自然即《左傳·哀公元年》所記夫椒，因與淮南山地差別明顯，所以這裏被特別提及。上博簡《周易》也書"邍"爲"備"，是二者在用字上有一定相似性，這樣的寫法很可能是商文化影響的結果。②

吳德貞先生：

备，簡文寫作🔲，整理者所釋可信。晉侯對盨銘文："其用田獸，甚樂于邍隰"，"邍"原作🔲，可參。傳世文獻中，"邍隰"多作"原隰"，《國語·周語》："猶其原隰之有衍沃也。"韋昭注："廣平曰原，下濕曰隰。"③

youren（網名）：

棗紙簡本作"且甫新大伐於平畇"。"北""伐"都是戰敗之意。"畇"指田地，筆者尚未得見棗紙簡原篆，也不排除"畇"是"邍"之誤。④

① 高佑仁：《清華柒〈越公其事〉研究》，第152頁。
② 子居：《清華簡七〈越公其事〉第二章解析》，中國先秦史網，2018年3月9日。
③ 吳德貞：《清華簡〈越公其事〉集釋》，武漢大學碩士學位論文，2018年，第21頁。
④ 《清華七〈越公其事〉初讀》第233樓跟帖，簡帛網"簡帛論壇"，2021年11月16日。

高佑仁先生：

> 棗紙簡《吳王夫差起師伐越》簡 12 號："含（今）弗述（遂）取，後必患（悔）之。虞（且）甫新大伐於坪（平）昀。"前兩句清華柒《越公其事》無，所謂的"昀"字清華簡作"备"，"昀"也應該讀爲"原"。
>
> "平原"指廣闊平坦的原野，并非某一地名，相對於高山層巒的會稽山地而言，指句踐於平原打了敗仗後逃至會稽山上。此處所指乃發生於魯哀公元年（公元前 494 年）的夫椒之戰。[①]

【筆者按】整理者認爲，"既大北於平备（邍）"的"平备（邍）"是與會稽山地相對的地貌，應當無誤。《吳越春秋·勾踐歸國外傳》："吳王聞越王盡心自守，食不重味，衣不重彩，雖有五臺之遊，未嘗一日登玩。吾欲因而賜之以書，增之以封，東至於勾甬，西至於檇李，南至於姑末，北至於平原，縱橫八百餘里。"此處的"平原"與"勾甬""檇李""姑末"并列，當爲地名。譚其驤《中國歷史地圖集》第 1 冊"楚吳越"圖幅將之定在今杭州灣北岸的浙江平湖一帶。公元前 494 年吳越夫椒之戰，勾踐戰敗，退棲會稽山。夫椒一般認爲在太湖之夫椒山，《吳越春秋·勾踐歸國外傳》之"平原"位於夫椒山以南、會稽山以北，或以爲《越公其事》簡文"既大北於平备（邍）"的"平备（邍）"當是《吳越春秋·勾踐歸國外傳》中的地名"平原"。

（三）"昔虞（吾）先王盍膚（盧）所以克内（入）郢邦，【十一】唯皮（彼）鷄父之遠勸（荆），天賜中（忠）于吳"

整理報告：

> 鷄父，又見於清華簡《繫年》第十五章，伍奢之子有"伍員、伍之鷄"。伍之鷄又稱五鷄、鷄父。伍之鷄在闔閭入郢中發揮過重要作用，其事迹傳世文獻失載。遠，遠離。《孟子·梁惠王上》："君子之於禽獸也，見其生，不忍見其死；聞其聲，不忍食其肉。是以君子遠庖廚也。"賜中，《國語》作"降衷"，《吳語》："今天降衷於吳，齊師受服。"或以爲與清華簡《保訓》之"中"相近，有更多的文化内涵。

李守奎先生：

> 鷄父在輔佐闔閭伐楚入郢戰役中發揮了重要作用。……伍子胥與伍之鷄二人爲兄弟，一同奔吳。伍之鷄的重要貢獻在吳王僚與闔閭時期，

---

① 高佑仁：《清華柒〈越公其事〉研究》，第 160 頁。

《繫年》與《越公其事》的記載相當一致。《繫年》記載伍員的功績在伍之雞之後："景平王即世，昭王即位。五員爲吳大宰，是教吳人反楚邦之諸矦，以敗楚師于柏舉，遂入郢。"《越公其事》則是吳王夫差與申胥（伍員）的對話中談及雞父在闔閭入郢過程中輔助先王之功，已經成爲追述的英雄。從這些記載可以推斷伍之雞雖然是伍子胥之弟，在吳王僚與吳王闔閭時期，率領吳軍對抗楚國立下赫赫功勞，但英年早逝。……因爲伍之雞早逝，其人其事歷史失傳，他的部分事迹被附會到伍員身上。因"雞父之汜"得名的地名"雞父"也失去了與伍雞之間的聯繫。伍之雞是伍子胥之弟，兄弟同時奔吳。伍之雞在吳王僚時受到重用，取得重大勝利，削弱了楚國，爲吳之入郢奠定了基礎。此人在闔閭時應當還在世。[①]

江秋貞先生：

簡文説"昔吾先王闔盧所以克入郢邦，唯彼雞父之遠荆"，句中的"雞父"如果是地名，上下文義不好理解。雞父應該就是伍雞（伍之雞）。"昔虐先王盍膚所以克内郢邦，唯皮䐗父之遠鄦"，意指"從前我先王闔閭所以能戰勝楚國，就是那個雞父遠離荆楚"。[②]

熊賢品先生：

"雞父"之地，此前多認爲在河南固始，現在學界多認爲在安徽鳳臺附近。從清華簡《楚居》來看，吳師所入之郢，也并非是江陵之郢，而是"爲郢"，在湖北宜城附近。"雞父"（安徽鳳臺附近）離"爲郢"（湖北宜城附近）較遠，這正是"唯彼雞父之遠荆"具體所指。長途的軍事戰綫，對於軍隊而言并非是積極因素，因此吳王在已經取得重大勝利的局面下，決定停止進一步的攻勢，而接受議和。[③]

子居：

整理者所説誤，此處實爲混淆了雞父之戰和吳師入郢之戰的時間，類似的混淆情况在傳世文獻也可以看到，《吕氏春秋·察微》："吳公子光又率師與楚人戰於雞父，大敗楚人，獲其帥潘子臣小惟子陳夏齧，又反伐郢，得荆平王之夫人以歸，實爲雞父之戰。"當也是將幾個不同時間的戰役誤爲一時之事。……《吕氏春秋·察微》所説"伐郢"本當是以郢代楚，指的是伐楚入郢，但明顯從字面上講也可以理解爲攻至郢都，高

---

① 李守奎：《清華簡中的伍之雞與歷史上的雞父之戰》，《中國高校社會科學》2017年第2期，第112頁。
② 江秋貞：《〈清華大學藏戰國竹簡（柒）·越公其事〉考釋》，第122頁。
③ 熊賢品：《論清華簡柒〈越公其事〉吳越爭霸故事》，《東吳學術》2018年第1期，第88-89頁。

誘注即稱"郢，楚國都也。"因此秦漢之際必有以《呂氏春秋・察微》所記"伐郢"爲吳師入郢的故説……

諸書所記雞父都是明確的地名，故《越公其事》此處的雞父也當是地名。遠近是空間概念，説雞父此地離楚國郢都很遠，這很好理解，但若是以雞父爲人名，則遠近當指親疏之別……此處當説"唯彼雞父之去荆"而不是説"唯彼雞父之遠荆"。若是以雞父爲人名，這裏吳王與伍子胥對話，不稱贊伍子胥的去荆就吳是對吳國霸業的重要貢獻，却單稱伍雞起到了關鍵作用，也未免講不通。……安徽鳳臺距江蘇淮安直綫距離約兩百四十公里，距湖北荆州約五百公里，相較之下，楚都距雞父比吳都距雞父要遠了一倍多，因此《越公其事》稱"唯彼雞父之遠荆"。①

【筆者按】簡文"昔吾先王盍盧所以克入郢邦，唯彼雞父之遠荆，天賜中于吳，右我先王"，主要有兩種理解。其一，將簡文"雞父"理解爲人名，也就是《繫年》中的伍之雞。簡文的意思是闔盧之所以能够攻入郢邦，是由於伍之雞遠離楚國，上天賜予吳國以"中"，幫助闔盧。其二，將簡文"雞父"理解爲地名，根據《繫年》的記述，地名"雞父"當是由伍之雞開挖的水戰工程"雞父之澮"而來，位於今安徽淮河北岸的鳳臺縣境内。簡文的意思是闔盧之所以能够攻入郢邦，雖然（簡文的"唯"讀爲"雖"）雞父遠離楚國，但上天賜予吳國以"中"，幫助闔盧，才攻入楚郢都。《越公其事》第2章開頭吳王闔盧想要跟越國媾和時強調夫椒之戰後吳伐越"道路之修險"，該章下文再次提及吳伐越"今我道路修險"云云。伐楚之戰和伐越之戰，都存在路途修險的情況。但伐楚之戰中"天賜中于吳，右我先王"，因而取得勝利。吳伐越後"吳之善士將中半死矣"且越人"新去其邦而篤，毋乃豕鬬"，吳未必能克越。由此看來，第二種理解較爲契合全章的邏輯。

（四）"遠夫甬（勇）戔（殘），虖（吾）先【十二】王用克内（入）于郢"

整理報告：

闔閭入郢在公元前五〇六年，詳見《左傳》定公四年。

子居：

遠夫當指荆師。網友紫竹道人在《清華七〈越公其事〉初讀》帖81樓讀"甬"爲"用"，當是，"用"可訓爲"因此"……整理者注："闔閭入郢在前五〇六年，詳見《左傳》定公四年。"前文已言，《越公其事》

---

① 子居：《清華簡七〈越公其事〉第二章解析》，中國先秦史網，2018年3月9日。

此處實爲混淆了鷄父之戰和吳師入郢，所以才會有這樣的時間問題。《越公其事》此節借夫差之口，把吳師入郢完全説成是天命所佑下的一次僥幸，更顯然是罔顧史實的。[①]

高佑仁先生：

鷄父之戰（公元前 519 年）爲吳國攻滅楚國的前哨戰，當時國君雖是吳王僚，但是公子光（即日後的闔盧）洞悉軍情，立下大功。故夫椒之戰後，夫差與伍子胥論及當年鷄父之戰對吳師入郢的關鍵作用，邏輯上合情合理，并未罔顧史實。本句的"吾先王用克入于郢"可與前文"昔吾先王闔盧所以克入郢邦"一同參看，兩個"克"都指能够、可以，"用"意爲因而、因此，簡文"吾先王用克入于郢"意思是：伍之鷄能够勇殘荊師，因此我先王（闔盧）能够攻入郢都。[②]

江秋貞先生：

原考釋可從。子居的解釋自成一格，夫差志在中原爭霸與滅越復仇并不衝突。本篇書寫的角度與傳統史書記載頗有不同，全篇夫差畏首畏尾，對滅越的信心似乎不足。[③]

（五）"虗（吾）訂（始）𢟋（踐）雩（越）坕（地）"

整理報告：

始踐越地，《左傳》哀公元年（吳王夫差二年）春："吳王夫差敗越于夫椒，遂入越。"《史記·吳太伯世家》："（王夫差）二年，吳王悉精兵以伐越，敗之夫椒。"

子居：

此夫椒之戰，若以《史記·越王勾踐世家》所記而言，實是勾踐主動挑起的，據《史記·越王勾踐世家》："三年，句踐聞吳王夫差日夜勒兵，且以報越，越欲先吳未發往伐之。范蠡諫……越王曰：'吾已決之矣。'遂興師。吳王聞之，悉發精兵擊越，敗之夫椒。"可見雖然《左傳》認爲是"報檇李也"，《史記》也認爲是"且以報越"，但當時夫差只是"日夜勒兵"，而由之後夫差的行爲來看，此"日夜勒兵"顯然是爲了爭霸中原，

---

① 子居：《清華簡七〈越公其事〉第二章解析》，中國先秦史網，2018 年 3 月 9 日。
② 高佑仁：《清華柒〈越公其事〉研究》，第 183 頁。
③ 江秋貞：《〈清華大學藏戰國竹簡（柒）·越公其事〉考釋》，第 132 頁。

而并非專爲針對越國的行爲，因此《左傳·定公十四年》所記"夫差使人立于庭，苟出入，必謂己曰：'夫差！而忘越王之殺而父乎？'則對曰：'唯，不敢忘！'"云云，不難判斷爲小説家言。因爲夫差志在中原争霸而非減越復仇，所以才會以答應越國的降服請求爲第一考量。[①]

第12節　《越公其事》第3章（第7册）地理史料匯證

《越公其事》簡15—25：

吴王乃出，新（親）見事（使）者曰："……【十五下】……亡（無）良鄹（邊）人再（稱）瘊慮（怨）唔（惡）[（一）]，交齰（鬭）吴雪（越），茲（使）虐（吾）式（二）邑之父兄子弟朝夕粦（粦）肰（然）爲犲（豺）【十六】狼……【十七】……人儇（還）雪（越）百里[（二）]。【十八】……陟杮（棲）於會旨（稽）。孤或（又）惎（恐）亡（無）良僕駇（御）獀火於雪（越）邦，孤用内（入）守於宗寙（廟），以須【二二】使（使）人。今夫＝（大夫）嚴（儼）肰（然）監（銜）君王之音，賜孤以好曰：'余亓（其）與吴科（播）弃（棄）慮（怨）唔（惡）于灒（海）澨（濟）江沽（湖）'[（三）]……【二三】……'"

【注　釋】

（一）"亡（無）良鄹（邊）人戛（稱）瘊慮（怨）唔（惡）"

整理報告：

無良，不善。《國語·吴語》："今句踐申禍無良，草鄙之人，敢忘天王之大德，而思邊垂之小怨，以重得罪於下執事？"邊人，《國語·魯語上》"晉人殺厲公，邊人以告"，韋昭注："邊人，疆場之司也。"瘊，或以爲當隸作"瘊"，均不見於字書。稱瘊，《國語》有"稱遂"，意義或相近。《國語·周語下》："有崈伯鯀，播其淫心，稱遂共工之過，堯用殛之於羽山。"韋昭注："稱，舉也。舉遂共工之過者，謂鄣洪水也。"

子居：

對比《越公其事》，整理者所引《國語·吴語》顯然當句讀爲"今句踐申禍，無良草鄙之人，敢忘天王之大德，而思邊垂之小怨，以重得罪

----

① 子居：《清華簡七〈越公其事〉第二章解析》，中國先秦史網，2018年3月9日。

于下執事。”所説“無良草鄙之人”即對應《越公其事》所稱“無良邊人”。從广從臭的瘍，或即疣字，可讀爲尤，訓爲怪罪、怨咎。與此處類似將衝突歸於邊陲之臣的内容，還見於《新序·雜事四》：“楚莊王伐鄭，克之。鄭伯肉袒，左執茅旌，右執鸞刀，以迎莊王。曰：寡人無良邊陲之臣，以幹天下之禍，是以使君王昧焉，辱到弊邑。君如憐此喪人，錫之不毛之地，唯君王之命。”區別只在於，《越公其事》中夫差所指責的“無良邊人”并不是己方的，而是越國的。①

陳劍先生：

吴王帶兵到越邊境，即爲面見越公而“聽命”，不料越國邊人不理會此好意、不上達使越王得知，反而武力冒犯；於是吴王就不得不硬打進來，到越王門前“聽命”了——當然，此皆“外交辭令”。②

（二）“人儇（還）雪（越）百里”

整理報告：

此殘簡之前内容當是追述檇李之戰。據《史記·越王句踐世家》所載，句踐元年，越王句踐敗吴師於檇李，射傷吴王闔閭。

子居：

整理者的這個説法應該是不成立的，關於這部分内容，陳劍先生在《〈越公其事〉殘簡 18 的位置及相關的簡序調整問題》一文中提出“簡17與19應徑連讀……原簡35應提前直接跟簡33連讀”，所説當是，但陳劍先生該文中認爲：“簡18‘人儇雪百里’之意，大概除了‘吴人還給越人百里之地’，很難有別的讀法和解釋。……原本即遙綴而成的簡36，則應拆分爲兩段；由此正可將簡18插入簡36上與34之間，三段應本爲一簡之折，可以遙綴。”則恐非必然，簡18殘餘的“人儇雪百里”部分，如何句讀歸屬實很難確定，例如若將全文補爲“[吴]人還，越百里”而下接簡69，則“越百里襲吴邦”也可對應於《國語·吴語》的“三戰三北，乃至於吴”和《國語·越語》的“敗吴於囿，又敗之於没，又郊敗之”。可見，如何理解簡18的殘存文字，與文字是否通假、缺文怎樣補寫、全句如何句讀等閱讀方式有很大關係，并不是“很難有別的讀法和

① 子居：《清華簡七〈越公其事〉第三章解析》，中國先秦史網，2018 年 4 月 17 日。

② 陳劍：《〈越公其事〉殘簡 18 的位置及相關的簡序調整問題》，復旦大學出土文獻與古文字研究中心網，2020年 11 月 12 日。

解釋"。另一方面，若將簡18插在簡36與簡34之間，首先吳人歸還給越人的土地越人耕種時完全没有必要特意强調此爲吳人所還，其次吳將土地交付越的行爲當在越人於此土地建宗廟之前而不能在之後，畢竟先有土地而後有宗廟，庶人即因爲無土，所以也無廟，因此這個先後次序是不能反的，也即若按陳劍先生對簡18的理解，則簡18無論如何只能置於第四章之前，不能插到簡36與簡34之間。而在筆者看來，簡18的內容，以目前殘存文字實際上很難確定，原爲《越公其事》篇中上部殘缺的各簡如簡1或簡2也不無可能，所以目前歸爲《越公其事》篇的附簡或是比較適合的處理方法。①

（三）"余亓（其）與吳科（播）弃（棄）息（怨）咢（惡）于瀞（海）盨（濟）江沽（湖）"

整理報告：

怨惡，怨恨憎惡。《墨子·尚同上》："是以內者父子兄弟作怨惡，離散不能相和合。"盨，與"海""江""湖"爲類義詞，疑讀爲"濟"，古之四瀆之一。又疑讀爲"裔"。皆，見母脂部。裔，喻母月部。衣，影母微部。音理可通。《淮南子·原道》："游於江潯海裔。"江湖，《莊子·大宗師》："泉涸，魚相與處於陸，相呴以濕，相濡以沫，不如相忘於江湖。"

孫合肥先生疑可讀爲"海河江湖"：

整理報告認爲"盨"與"海""江""湖"爲類義詞的意見是正確的。盨，疑讀爲"河"。

可，溪母歌部。從可得聲的河，匣母歌部；柯，見母歌部。脂、歌旁轉。皆、河音理可通。

典籍或見"江湖"連言，《莊子·逍遥游》："今子有五石之瓠，何不慮以爲大樽而浮乎江湖，而憂其瓠落無所容？"《莊子·至樂》："夫以鳥養養鳥者，宜栖之深林，游之壇陸，浮之江湖，食之鰍鰷，隨行列而止，委蛇而處。"《管子·侈靡》："若江湖之大也，求珠貝者不令也。"

或見"江海"連言，《荀子·勸學》："不積小流，無以成江海。"《荀子·正論》："譬之，是猶以塼涂塞江海也，以焦僥而戴太山也，蹎跌碎折，不待頃矣。"

或見"河海"連言，《孟子·公孫丑上》："麒麟之於走獸，鳳凰之於

---

① 子居：《清華簡七〈越公其事〉第三章解析》，中國先秦史網，2018年4月17日。

飛鳥，太山之於丘垤，河海之於行潦，類也。"《禮記·中庸》："今夫地，一撮土之多，及其廣厚，載華岳而不重，振河海而不泄，萬物載焉。"《荀子·富國》："若是則萬物得其宜，事變得應，上得天時，下得地利，中得人和，則財貨渾渾如泉源，汸汸如河海，暴暴如丘山，不時焚燒，無所臧之。"①

子居：

　　濫當以讀濟爲是。此處的海、濟、江、湖即指吳的四方邊裔，皆爲實指而非泛稱，《左傳·文公十八年》："流四凶族：渾敦、窮奇、檮杌、饕餮，投諸四裔，以禦螭魅。"所言"投諸四裔"即類似與此處所説"播棄怨惡於海濟江湖"。②

另有網友讀爲"海淵江湖""海漁江湖"等。③

陳偉先生讀爲"海裔江浦"：

　　整理者把"海"下一字讀爲"裔"更爲合理。《淮南子·原道》"游于江潯海裔"。高誘注："潯，崖也。裔，邊也。"海裔，正與吳、越之地相符。

　　整理者未主此説，或許是因爲"海裔"與"江湖"不對應。其實，"沽"恐當讀爲"浦"。郭店竹簡《窮達以時》簡2—3："舜耕於歷山，陶拍於河匽"。……"河匽"當讀爲"河浦"。……我們有理由把"沽"讀爲"浦"。"江浦""海裔"對舉，正好指向長江下游南岸、瀕臨東海的吳越之地。④

何家歡先生：

　　"海"古書專指渤海，"河"專指黃河。簡文此處"海""河"所訓亦然。"江"古多指長江，"湖"多指五湖地區。"海""河""江""湖"并言，則泛指四方各地。⑤

袁金平先生認爲應該讀爲"海淮江湖"：

　　整理者以"皆"爲▲字（引按，指簡文"🔲"）聲符并釋讀相應簡

---

① 孫合肥：《清華七〈越公其事〉札記二則》，簡帛網，2017年4月26日。

② 子居：《清華簡七〈越公其事〉第三章解析》，中國先秦史網，2018年4月17日。

③ 轉引自袁金平：《清華簡〈越公其事〉"海濫江湖"臆解》，《出土文獻與古籍新詮》，北京：社會科學文獻出版社，2019年，第119頁。

④ 陳偉：《清華簡七〈越公其事〉校釋》，《出土文獻與傳世典籍的詮釋國際學術研討會論文集》，復旦大學，2017年，第32頁。

⑤ 何家歡：《清華簡（柒）〈越公其事〉集釋》，河北大學碩士學位論文，2018年，第24頁。

文，是十分可取的……

我們認爲，要準確釋讀▲字，不能脱離簡文語境以及相關事件發生的歷史背景。……（甲）吳、越地域相接，利益相通，二國時相攻伐，積怨殊深……

（乙）"海▲江湖"均是水域名詞，在句中後置作地點狀語，應是説話人對吳、越兩個國家區域範圍的概括性描述，而這種描述顯然與兩國所處地區的地理特征是相契合的。眾所周知，吳、越爲典型的水澤之國，水系十分發達。能體現這一特征的代表性水系名稱，根據《國語·吳語》《國語·越語》等資料可知，主要有"东海""三江""五湖""江淮"等……我們認爲簡文所謂"海▲江湖"應非虛指泛言，而是春秋末期吳、越疆域特徵以及範圍的大致反映……用"海▲江湖"喻指吳、越之境，猶《左傳》以"江漢沮漳"代稱楚界……

我們認爲"海▲江湖"之"▲"當讀爲"淮"。

從語音上看，皆，見母脂部；淮，匣母微部。聲紐牙喉通轉，韻部脂微合韻，語音關係至爲密切……

從用字上進行考察，戰國竹簡中用以記録淮水之{淮}的文字，既可以寫作"淮"（如上博簡《容成氏》25），也可用"瀤"（新蔡葛陵楚簡甲三：268）表示，這充分説明戰國文字中{淮}的用字并不固定。我們將"海▲江湖"之"▲"讀爲"淮"，這從用字角度來説也是合適的。

再據史籍可知，在吳王夫差繼位之前，其父闔閭通過系列戰爭，已經控制了淮河流域大片區域，在江南地區也把疆域擴展到太湖南岸一綫，從而使吳成爲縱横江淮之間的强國。因而吳王夫差在敗越之初以"海淮江湖"描述當時吳、越疆域是非常合宜的。[①]

滕勝霖先生：

"瀣"從整理者之説，讀作"濟"。"濟"匣紐脂部，文獻中異文寫作"淒"。"沽"讀作"湖"可從。"海濟江湖"或指吳國地望，即北部濟水，西部長江（或指文獻中的"三江"：岷江、松江、浙江），南部太湖（文獻中的"五湖"），東部東海。文獻中有以具體江河代指國之地望的例子，如《左傳·哀公六年》："江漢沮漳，楚之望也。"[②]

---

① 袁金平：《清華簡〈越公其事〉"海瀣江湖"臆解》，《出土文獻與古籍新詮》，北京：社會科學文獻出版社，2020 年，第 119-123、125、126 頁。

② 滕勝霖：《〈清華大學藏戰國竹簡（柒）〉集釋及相關問題研究》，西南大學碩士學位論文，2019 年，第251-254 頁。

張朝然先生：

"海濟江湖"在此處應指吳越交戰各地。①

史玥然先生：

整理者的意見可從。"澧"讀爲"濟"，從水齊聲，表水名。《説文》中"濟，水。出常山房子贊皇山，東入泒"，作"泲"，古與江、淮、河并稱爲"四瀆"。②

江秋貞先生：

"潛澧江沽"在簡文中并不是指地名，而是指四方廣大的水域，故還是釋以"海河江湖"爲佳。③

gefei（網名）：

《越公其事》簡 23"海湛江湖"，"澧"以"皆"爲聲符，似可讀爲"湄"。楚文字"眉"，堅强證據是"ee"先生讀《妄稽》"蟻犁"爲"蛾眉"。安大簡《詩經》"其鳴喈喈"，"喈"原寫作"鶷"，注釋提到李學勤先生讀西周銅器銘文中的"楷"爲"黎"。既然"皆"與"利"通假，"利"與"眉"也通假，三者古音關係很近，那麼"澧"讀爲"湄"就很有可能。《集成》3238"伐海眉（湄）"參《銘文選》第 3 册 70 頁注釋，是"海湄"一詞很早就有。④

陳一先生：

"澧"可進一步讀爲"津"。濟，精母脂部，津，精母真部，雙聲，韻部陰陽對轉，音近可通，"津"訓爲水，《晉語二》："亦爲君之東游津梁之上。"韋昭注："津，水也。""海津"雖多指海邊渡口，但亦有"海水"之義。"海津"指東海，"江湖"即"三江五湖"。《越語上》："三江環之，民無所移。"韋昭注："三江，吳江、錢唐江、浦陽江。""吳江"，公序本作"松江"，《水經注》引郭璞曰："三江者，岷江、松江、浙江也。"三江具體所指暫不明晰。《越語下》："果興師而伐吳，戰於五湖。"韋昭注："五湖，今太湖。""海津江湖"意爲"東海和三江五湖"。此二者習見於吳越歷史典籍。⑤

---

① 張朝然：《清華簡〈越公其事〉集釋及相關問題初探》，河北師範大學碩士學位論文，2019 年，第 32 頁。
② 史玥然：《清華簡〈越公其事〉集釋及其漢字教學設計》，山西大學碩士學位論文，2019 年，第 35 頁。
③ 江秋貞：《〈清華大學藏戰國竹簡（柒）·越公其事〉考釋》，第 224 頁。
④ 《清華七〈越公其事〉初讀》第 244 樓跟帖，簡帛網"簡帛論壇"，2022 年 1 月 7 日。
⑤ 陳一：《清華簡（柒）疑難字詞補釋》，天津師範大學碩士學位論文，2022 年，第 100-101 頁。

【筆者按】上博簡《容成氏》簡 24 有"𣲵"字，隸定作"湝"，辭例爲"□溠湝流，禹親執畚耜，以陂明者之澤"。《容成氏》此字與《越公其事》"𤄷"相比，缺少構字部件"皿"。疑"𣲵"字當爲"𤄷"字之省。《诗·小雅·鼓鐘》："鼓鐘喈喈，淮水湝湝。"毛傳："湝湝，猶湯湯。"《越公其事》"海湝江湖"之"湝"非如《鼓鐘》之"湝湝"義爲水流貌，應如何訓釋，尚待進一步研究。"澥"字古音爲支部匣母，"湝"爲脂部見母，支、脂通轉，匣、見皆爲牙音，聲音相近，有通假的可能。"澥"指靠近陸地的海灣。《説文》："澥，勃澥，海之別也。"段玉裁注："毛《詩》傳曰：'沱，江之別者也。'海之別猶江之別。勃澥屬於海而非大海，猶沱屬於江而非大江也。"

第 13 節　《越公其事》第 4 章（第 7 册）地理史料匯證

《越公其事》簡 26—29：

吴人既闕（襲）雩（越）邦，雩（越）王句戋（踐）牆（將）忑（恭）遝（復）吴。既畫（建）宗宙（廟），攸（修）柰（崇）压^(一)，乃大鴈（薦）祟（攻）……【二六】……王乃……從（縱）經（輕）游民，不【二七】再（稱）賁（貸）设（役）湴（渤）塗�（溝）壟（塘）之祟（功）^(二)，王趺（并）亡（無）好攸（修）于民厽（三）工之堵（功）^(三)……【二八】……爭＝（至于）厽（三）年，雩（越）王句戋（踐）女（焉）曰（始）复（作）絽（紀）五政之聿（律）。【二九】

【注　釋】

（一）"既畫（建）宗宙（廟），攸（修）柰（崇）压"

整理報告：

柰，讀爲"崇"。压，包山卜筮簡作"示尿"。崇压，安置鬼祟之處，禳除鬼祟之禍的建築。

子居：

由"既建宗廟"可見，此時越國已非居於故地，而是被吴王遷至新居地了，《禮記·曲禮》："君子將營宫室：宗廟爲先，厩庫爲次，居室爲後。"故遷居之後，宗廟總是首先要建起的，而該地既然原無宗廟、居室，自然并非越人故地。"崇位"當即傳世文獻中的"蕝位"，又作"叢社""叢祠"。《墨子·明鬼下》："且惟昔者虞夏商周三代之聖王，其始建國營都

日，必擇國之正壇，置以爲宗廟；必擇木之修茂者，立以爲蕆位。"孫詒
讓《墨子閒詁》……雖然孫詒讓以"位"爲"社"之説不確，但所引諸
書内容皆可參考，且文中提到的《墨子·耕柱》之"禁社"的"禁"顯
然也當是對應於《越公其事》此處的"桒"。①

zzusdy（網名）：

此桒字或是上下結構的"社"字，疑有一借筆。下"杜"字即爲上
下結構。②

·陳偉武先生：

"zzusdy"之説當是，桒形當析爲從示從土，"土"之長橫與"示"共
用，如此借筆與簡28"杜"作桒相似。"社位"指社神之位。《周禮·春
官·肆師》："凡師甸，用牲於社宗，則爲位。""社宗"之"位"可稱"社
位"。③

（二）"不【二七】要（稱）貣（貸）役（役）洫（沕）塗沟（溝）陽（塘）之宗（功）"

整理報告：

稱，舉行，實施。《書·洛誥》："王肇稱殷禮，祀于新邑。"貣，《説
文》："從人求物也。"通作"貸"，借貸。《孟子·滕文公上》："又稱貸而
益之，使老稚轉乎溝壑，惡在其爲民父母也。"役，爲，施行。《禮記·表
記》："是故君子恭儉以求役仁，信讓以求役禮。"鄭玄注："役之言爲也。"
沕塗溝塘之功，指各種水利工程。洫，疑讀爲"沕"。《説文》："沕澤。
在昆侖下。"簡文泛指澤塘。塗，《説文》："泥也。"溝，《集韻》音溝。
溝，水瀆。沕、塗、溝、塘皆爲溝塘沼澤之類。此句大意是不耗費民力
興建水利工程。

子居：

"沕"無澤塘義，故整理者所説"簡文泛指澤塘"當不確。筆者以爲，
"洫"當讀爲"坳"，《莊子·逍遙游》："覆杯水於坳堂之上，則芥爲之
舟，置杯焉則膠，水淺而舟大也。"陸德明《釋文》："崔云：'堂道謂之

---

① 子居：《清華簡七〈越公其事〉第四章解析》，中國先秦史網，2018年5月14日。
② 《清華七〈越公其事〉初讀》第65樓跟帖，簡帛網"簡帛論壇"，2017年4月28日。
③ 陳偉武：《清華簡第七册釋讀小記》，"清華簡"國際研討會"論文，2017年10月。

坳。'司馬云：'塗地令平。'支遁云：'謂有坳垤形也。'"成玄英疏："坳，
汙陷也，謂堂庭坳陷之地也。"整理者言"泑、塗、溝、塘皆爲溝塘沼澤
之類"顯然是以"塘"爲現在所説的池塘，但先秦"塘"字義爲堤岸，
并無池澤義，《國語·周語下》："陂塘汙庳，以鍾其美。"韋昭注："畜水
曰陂；塘，堤也。"《莊子·達生》："被髮行歌而游於塘下。"成玄英疏：
"塘，岸也。"由下文"王親涉溝淳坳塗，日靖農事"可見，坳塗、溝塘
皆與農事有關，故必皆無沼澤義，所以這裏的坳塗當只是指田間的坑窪
小路，溝爲田間水道，塘爲擋水的堤壩。①

滕勝霖先生認爲"泑"爲"幽"的異體，"幽塗"意思爲"幽隱的道路"，與
文獻常見的"坦塗"相對。"幽塗"與"泃（溝）壋（塘）"分別指道路和溝塘。②

大西克也先生認爲《越公其事》"塘"字與"溝"并稱，"塘"字面上的意思
是堤壩，實際上指的是蓄水池。《越公其事》的出土證明了"塘"字從堤壩到池塘
的語義引伸早在戰國時期已經發生。"坳塗"指低窪的泥地。山會平原的"坳塗"
經過水利工程變成耕田，這是"坳塗溝塘之功"。③

白於藍、岳拯士先生：

"泑塗泃壋"當讀作"皋澤溝庸"。④

高佑仁先生：

"幽塗"可理解爲幽深、僻遠的道路，"幽"有幽深之義，《毛詩·小
雅·伐木》："出自幽谷，遷于喬木。""幽谷"即幽深的山谷。《漢書·揚
雄傳下》："若夫閎言崇議，幽微之塗，蓋難與覽者同也。"簡文的"幽塗"
即"幽微之塗"的簡稱，《揚雄傳》所指的"塗"雖是方法、路徑，并非
實際道路，但仍有參考的價值。"幽"字受到"溝淳""塗"等字之影響
也類化成從"水"。⑤

【筆者按】"泑塗泃（溝）壋（塘）"爲越王勾踐爲發展越國生產而開發的水利
工程。

---

① 子居：《清華簡七〈越公其事〉第四章解析》，中國先秦史網，2018 年 5 月 14 日。

② 滕勝霖：《清華簡〈越公其事〉"幽芒""幽塗"考》，簡帛網，2018 年 5 月 28 日。

③ ［日］大西克也：《清華柒·越公其事"坳塗溝塘"考》，"第三十屆中國文字學國際學術研討會論文集"，臺
南："國立"成功大學，2019 年 5 月，第 285-291 頁。

④ 白於藍、岳拯士：《清華簡〈越公其事〉校釋（六則）》，《中國文字》（2020 年夏季號），臺北：萬卷樓圖
書股份有限公司，2020 年，第 186 頁。

⑤ 高佑仁：《清華柒〈越公其事〉研究》，第 371 頁。

（三）"王肰（并）亡（無）好攸（修）于民厽（三）工之堵（功）"

整理報告：

肰，疑爲"并"之壞字。并，遍。《易·井》："王明，并受其福。"攸，讀爲"修"。民三工之堵，意不明，疑"堵"讀爲"功"或"圖"，此句指耗費大量民力的工程或規劃。

子居：

網友 ee 所提出的"本簡所謂的'三工'疑即'貴（力）役、幽塗、溝塘之功'"應該是不成立的，"貴（力）役、幽塗、溝塘之功"只是一種泛舉，并非是三種明確的劃分，實際上句讀爲"力、役、坳、塗、溝、塘之功"也無不可，故顯然也無法對應"三工"。筆者以爲，"三工"當讀爲"三江"，"堵"當讀爲"渚"，《楚辭·九歌·湘君》："朝騁騖兮江皋，夕弭節兮北渚。"王逸注："渚，水涯也。"此句當句讀爲"王并無好修於民，三江之渚使民暇自相"，《戰國策·秦策四》："吴之信越也，從而伐齊，既勝齊人于艾陵，還爲越王禽于三江之浦。"所言"三江之浦"即對應《越公其事》此處的"三江之渚"。①

高佑仁先生：

"工"，此處訓爲工程，"三工"指興建多種宮殿工程。"堵"，見於《金石録》所録之《叔尸鐘》（《集成》00276）及清華拾《四告》簡20、37，已有不少學者指出當讀爲"緒"，"緒"訓爲"事"，與柬紙簡"逸樂之事"的"事"字正合。②

第14節 《越公其事》第5章（第7冊）地理史料匯證

《越公其事》簡30—31、34—36：

王辟（親）涉沟（溝）淳湁（淛）塗[一]，日睛（靖）蓐（農）【三〇】事以勸怱（勉）蓐（農）夫。雩（越）庶民百眚（姓）乃再（稱）譆懃（悚）思（懼）曰……

□□□□□□□□□□□□□□□□□□□于雩（越）邦，陸（陵）阩（陸）陸（陵）穆（稼），水則爲稻[二]，乃亡（無）又（有）闕（間）卉（艸）。

---

① 子居：《清華簡七〈越公其事〉第四章解析》，中國先秦史網，2018年5月14日。
② 高佑仁：《清華柒〈越公其事〉研究》，第335頁。

【三四】……壆（舉）雩（越）庶民，乃夫婦皆𦔻（耕），季＝（至于）鄒（邊）還（縣）尖＝（小大）遠泥（邇）(三)……【三五】……雩（越）邦乃大多飤（食）。【三六】

【注 釋】

（一）"王辟（親）涉沟（溝）淳淴（泑）塗"

整理報告：

淳，疑指低窪沼澤。《左傳》襄公二十五年："辨京陵，表淳鹵。"《漢書·食貨志上》："若山林藪澤原陵淳鹵之地，各以肥磽多少爲差。"淳與山、林、藪、澤、原、陵、鹵并列，皆爲不同之用地。淳可能是比鹽碱地之"鹵"略强的低窪沼澤地。淴，疑即"泑"字。《山海經·西山經》"不周之山，東望泑澤"，郝懿行箋疏："泑澤，《漢書·西域傳》作鹽澤。"簡文之"泑塗"或即鹽碱灘塗。

汗天山（網名）：

此"淳"字與"沟（溝）"并列，"溝"爲水瀆，《説文》："溝，水瀆。廣四尺，深四尺。"則"淳"字指用地之名若沼澤似不妥。我們懷疑"淳"當讀爲"甽（畎）"，指田間水溝。《説文》："巜（甽/畎），水小流也。"《書·益稷》"予决九川，距四海，濬畎澮距川"，傳："一畝之閒，廣尺深尺曰畎。"即"沟（溝）淳（甽/畎）"皆是指田間水溝，在簡文中指代田地。①

王寧先生：

"淳"字原簡文作，從水郭聲，即"漷"字，當讀爲"壑"。②

蕭旭先生：

淳，讀爲𠂤，俗作墩、堆，土堆，簡文指溝之隄墩。字亦作埻、錞，《山海經·西山經》："騩山是錞於西海。"郭璞注："錞，猶堤埻也，《山海經》據四庫本，明刊本'堤埻'誤作'堤'，道藏本誤作'是蜳'，音章閏反。"《玉篇》"埻"字條引作"埻"，郭璞注作"埻，猶隄也"。方以智曰："'敦''堆'聲近。蓋山川之形，有似圜堆深箭者，如玉甑峰、鈷鉧潭之類。"郭璞注"堤埻"即"堤墩"。經言騩山是西海的堤墩。字亦作敦，《爾雅》："丘一成爲敦丘。"郭璞注："今江東呼地高堆者爲敦。"

① 《清華七〈越公其事〉初讀》第60樓跟帖，簡帛網"簡帛論壇"，2017年4月27日。

② 《清華七〈越公其事〉初讀》第109樓跟帖，簡帛網"簡帛論壇"，2017年4月30日。

郭璞注"堤埻"即"堤墩"。經言騩山是西海的堤墩。字亦作敦,《爾雅》:
"丘一成爲敦丘。"郭璞注:"今江東呼地高堆者爲敦。"①

子居:

沼澤地不能爲農事,因此整理者所説不確。"淳"當讀爲畛,字又作
畖,《周禮·地官司徒·遂人》:"十夫有溝,溝上有畛。"《集韻·真韻》:
"畛,溝上塗也,田界也,或從辰。"整理者注中所引"淳鹵"之"淳"
則當讀爲渗,《漢書·揚雄傳》:"秦神下營,蹢魂負渗。"服虔注:"渗,
河岸之坻也。"畛與渗顯然是一義分化,故同作"淳"。坻、塘義近,所
以《越公其事》或稱"溝塘",或稱"溝淳"。溢則當讀爲坳,筆者《清
華簡七〈越公其事〉第四章解析》已言。②

郭洗凡先生:

"淳"指的是低窪地區的沼澤地。③

何家歡先生:

"溝淳溢塗","溝""淳"指肥沃處,"溢""塗"指貧瘠處,"王親涉
沟(溝)淳溢塗"大義爲:無論肥沃的地方還是貧瘠的地方越王都親自
考察。④

大西克也先生:

簡文第四章和第五章内容密切相關,簡30"溝淳坳塗"和簡28"坳
塗溝塘"很可能同指一物"淳"即"塘",這是一個重要綫索。我認爲所
謂"淳"字實爲"臺"聲字,可讀爲"塘"。⑤

滕勝霖先生:

"溝",田間水道。"淳"如字讀,或爲文獻中"淳鹵"之省稱,瘠薄
的鹽碱地。"塗溢",讀作"幽塗","幽塗、溝塘之功"。在簡文中具體是
指山路,本句意思"越王親自走到田間水道、鹽碱地和山地",分別指
種田三種不同類型的地帶。⑥

---

① 蕭旭:《清華簡(七)校補(二)》,復旦大學出土文獻與古文字研究中心網,2017 年 6 月 5 日。
② 子居:《清華簡七〈越公其事〉第五章解析》,中國先秦史網,2018 年 6 月 5 日。
③ 郭洗凡:《清華簡〈越公其事〉集釋》,安徽大學碩士學位論文,2018 年,第 59、60 頁。
④ 何家歡:《清華簡(柒)〈越公其事〉集釋》,河北大學碩士學位論文,2018 年,第 27、28 頁。
⑤ [日]大西克也:《清華柒·越公其事"坳塗溝塘"考》,《第十三屆中國文學國際學術研討會論文集》,臺南:
"國立"成功大學,2019 年,第 289 頁。
⑥ 滕勝霖:《〈清華大學藏戰國竹簡(柒)〉集釋及相關問題研究》,西南大學碩士學位論文,2019 年,第
285-286 頁。

陳劍先生：

　　"淳"之訓很可疑。《漢書·食貨志》顏師古注引晉灼曰："淳，盡也，烏鹵之田不生五穀也。"說即不同。漢以前古書"淳鹵"用例僅此兩例（且係同出一源）"王親涉溝淳湽塗"云云，係爲表現越王之不避繁縟勞苦，此語境下出現所謂"鹽滷之地"也很怪。①

陳一先生：

　　"𤀈"右旁即"章"字，當隸定爲"潼"，從高（享）得聲，享，曉母陽部，"墬（塘）"從陽得聲，音近，"潼"可讀爲"塘"，"溝塘坳塗"即第四章之"坳塗溝塘"。②

高佑仁先生：

　　筆者認爲大西克也將第四章的"墬（塘）"與本章的"淳"聯繫起來，是相當可信的意見，不過"𤀈"還是以釋"淳"爲上。"淳"定紐諄部，"墬""塘"則均屬定紐陽部，"淳"與"墬""塘"之聲紐相同，韻部諄、陽都是陽聲韻，陳新雄師《古音研究》有"諄陽旁轉"一條，其證爲《周易·革·象傳》"炳"（陽部）、"君"（諄部）諧韻。蘇建洲曾舉上博一《緇衣》簡 8 "一人有慶"，"慶"從心、薦聲，而"慶"是溪紐陽部，"薦"則爲精紐文部（即"諄"部），均是"諄陽旁轉"的有利證據。

　　此外，本處的"洶（溝）淳（塘）湽（幽）塗（途）"簡 56 作"洶（溝）墬（塘）之工（功）"一句，"淳""墬"字讀"塘"非常適切。③

（二）"陸（陵）阩（陸）陸（陵）穋（稼），水則爲稻"

整理報告：

　　陵陸，山地與平地。《管子·地圖》："名山、通谷、經川、陵陸、丘阜之所在，苴草、林木、蒲葦之所茂，道里之遠近，城郭之大小，名邑、廢邑、困殖之地，必盡知之。""稼"與"稻"對文，指旱地種植的植物。《說文》："禾之秀實爲稼，莖節爲禾。"

　　"陵陸陵稼，水則爲稻"句中，第二個"陵"疑爲"則"或"爲"之誤書，當爲"陵陸則稼，水則爲稻"，或"陵陸爲稼，水則爲稻"。

---

① 陳劍：《出土文獻的校刊》（未刊稿），轉引自高佑仁：《清華柒〈越公其事〉研究》，第 368 頁。
② 陳一：《清華簡（柒）疑難字詞補釋》，天津師範大學碩士學位論文，2022 年，第 105 頁。
③ 高佑仁：《清華柒〈越公其事〉研究》，第 370、371 頁。

蕭旭先生：

　　“陵陸陵稼”是“陵陸則爲陵稼”省文，探下省“則爲”二字。陵亦陸也，複言曰“陵陸”，單言曰“陵”，與“水”對文。《莊子·達生》：“吾生於陵而安於陵，故也；長於水而安於水，性也。”《淮南子·説林篇》：“褰衣涉水，至陵而不知下，未可以應變。”古楚語謂陸地爲陵。①

羅小虎（網名）：

　　陟可讀爲“稑”，一種晚種早熟的農作物。《周禮·天官·內宰》：“上春，召王后帥六宮之人，而生稑露之種，而獻之於王。”鄭玄注引鄭司農云：“先種後熟爲之種，後種先熟爲之稑。”這句話是説，在丘陵之地種稑和一般的農作物。如果是水田，就種植水稻。②

子居：

　　因爲整理者在注中往往只是照搬《漢語大詞典》的詞條而很少加以辨識，所以往往至（引按，當作“致”）誤，此處的“陵陸”也是一例。由《管子·地圖》“陵陸”後的“丘阜”即不難看出，《管子·地圖》所説“陵陸”并非“山地與平地”，而是坡度較平緩的高地，其“陵”與“陸”的關係正如“丘”與“阜”的關係，《詩經·衛風·考槃》：“考槃在澗，碩人之寬。……考槃在陸，碩人之軸。”毛傳：“山夾水曰澗。”孔穎達疏：“《釋山》文也。傳以‘澗’爲窮處，下文‘阿’‘陸’亦爲窮處矣，故《釋地》云‘大陸曰阿’，而下傳曰‘曲陵曰阿’，以《大雅》云‘有卷者阿’，則阿有曲者，於隱遁爲宜。《釋地》又云‘高平曰陸，大陸曰阜’，則陸與阜類，亦可以隱居也。”《楚辭·九歎·憂苦》：“巡陸夷之曲衍兮，幽空虛以寂寞。”王逸注：“大阜曰陸。”皆是其證，雖然陸、阜孰大孰小注疏往往不同，但皆是指高地而非指平地是很清楚的，因此《管子·地圖》所説“陵陸”實爲同類地形。

　　先秦的平地往往是稱“原”而不是稱“陸”……《越公其事》的“陵陸”即“高田”，“陵稼”即“黍稷”……“陵稼”或許還包括大麥等其他高地作物。

　　“水則爲稻”的“水”自然是水田，屬於“下田”，是陸地但并不屬於“陵陸”而是與“陵陸”對言，同樣可説明前文所言“‘陸’雖是一種

---

① 蕭旭：《清華簡（七）校補（二）》，復旦大學出土文獻與古文字研究中心網，2017 年 6 月 5 日。
② 《清華七〈越公其事〉初讀》第 205 樓跟帖，簡帛網“簡帛論壇”，2017 年 7 月 26 日。

泛指，但仍然不是現在所説的陸地”。①

高佑仁先生：

“陸”并非一般平地的概念，而是山地中地勢相對平坦的區域，“陵稼”泛指適合旱地種植的穀物。山陵平地種植“陵稼”，水源可及之處則種水稻。“陸”不宜讀成“稑”，此處不須特別强調種植能早日成熟的作物，且後文又説“陵稼”，如果山陵可種“稑”與“稼”兩種作物，則字當連言即可，毋須重複兩次“陵”字。由“陵陸”二字均从“阜”旁，正可看出“陸”不應理解爲植物，而應從原整理者讀“陸”。

……

依據趙曉斌所提供的釋文，枣紙簡《吳王夫差起師伐越》簡40作“陸（陵）阩（陵），陞，水則爲稻”，“陞”字應該上讀，“陸（陵）阩陸（陵）陞”對應本處的“陵陞（陸）陵稼（稼）”，二版本的用字如何聯繫，有待討論。②

（三）“臸＝（至于）鄝（邊）環（縣）尖＝（小大）遠伲（邇）”

整理報告：

鄝環，即邊縣，《墨子·雜守》：“常令邊縣豫種畜芫、芸、烏喙、袾葉。”小大，《書·顧命》：“柔遠能邇，安勸小大庶邦。”迡，《廣韻》：“近也。”迡，邇音義并近。遠迡，即遠邇。《書·盤庚上》：“乃不畏戎毒于遠邇。”

子居：

越國彼時僅百里之地，因此所説的邊縣，當是《周禮·地官·遂人》“五鄙爲縣”的那種小縣，每縣大致方十幾、二十里的樣子。“舉越庶民，乃夫婦皆耕”者指國人，“至於邊縣，小大遠邇，亦夫婦皆耕”者指野人。③

王進鋒先生：

春秋時期越國的縣都設置在邊境地區，因而又被爲“邊縣”。它們大、小有別，設立的位置也距離越國首都遠、近不一。它們被設置在“野”的區域。與“邊縣”相對，“城市”都設立在各區域的核心位置。越國的

---

① 子居：《清華簡七〈越公其事〉第五章解析》，中國先秦史網，2018年6月5日。

② 高佑仁：《清華柒〈越公其事〉研究》，第427頁。

③ 子居：《清華簡七〈越公其事〉第五章解析》，中國先秦史網，2018年6月5日。

城市也有大、小、遠、近的不同，它們是商業匯集的地方。越國就是通過設立"城市"和"邊縣"來管理整個國家的。

春秋時期越國在縣內設置了"司事""官師之人""執事人"之類的職官來管理相關的事務。越王通過視察縣、讓縣的長官向自己匯報治理狀況、根據政績對縣的職官進行升降獎懲、掌控縣的最終獄訟權力等方式牢固控制着縣。春秋時期越國的縣又被稱爲邑。來自別的諸侯國的移民中的一部分就居住在縣裏。

對於春秋時期越國縣制的研究，有助於我們進一步認識春秋時期的縣，也有利於進一步瞭解縣的早期形態。①

【筆者按】"邊縣小大遠邇"結構爲"中心詞+定語"，這是一種比較特殊的定語後置。《史記·滑稽列傳》所記西門豹治鄴有句話作"從弟子女十人所"，"弟子女"也是這種定語後置，應作"女弟子"。

第 15 節　《越公其事》第 6 章（第 7 册）地理史料匯證

《越公其事》簡 37—43：

雩（越）邦備（服）蓐（農）多食，王乃好訐（信）……【三七】……凡鄩（邊）鄸（縣）之民及又（有）管（官）帀（師）之人或告于王廷……【三九】王必辟（親）見而聖（聽）之，戠（察）之而訐（信），元（其）才（在）邑司事及官帀（師）之人則發（廢）也⁽¹⁾。凡成（城）邑之司事及官帀（師）之【四〇】人⁽²⁾，乃亡（無）敢增歷（益）元（其）政以爲獻於王。……【四一】……凡雩（越）庶民交逮（接）、言語、貨資、市賈乃亡（無）敢反不（背）訢（欺）已（詒）。【四二】雩（越）則亡（無）訣（獄）……鬯（舉）雩（越）邦乃皆好訐（信）。【四三】

【注　釋】

（一）"元（其）才（在）邑司事及官帀（師）之人則發（廢）也"

整理報告：

在，擔任官職。《孟子·公孫丑上》："賢者在位，能者在職。"邑，《說文》："國也。"司事，猶有司。《國語·周語中》："今雖朝也不才，有

① 王進鋒：《清華簡〈越公其事〉與春秋時期越國的縣制》，中國地理學會歷史地理專業委員會《歷史地理》編輯委員會編：《歷史地理》（第 38 輯），上海：復旦大學出版社，2019 年，第 85 頁。

686

分族於周，承王命以爲過賓於陳，而司事莫至，是蔑先王之官也。"……
發，讀爲"廢"，黜免。《書·康誥》："弘于天，若德裕，乃身不廢，在
王命。"

王進鋒先生：

越國的縣又稱爲邑。《越公其事》第39—40號簡記載："凡邊縣之
民……其在邑司事及官師之人則廢也"，仔細體悟這段文字可以發現，有
底綫的二處，實際上都是指代同一事物。另外，第40號簡"凡城、邑之
司事及官師之人"，這裏的"城"指"城市"，"邑"是指"邊縣"。可見，
春秋時期越國的縣又可以稱爲邑。

春秋時期的客觀情況是，有的諸侯國設立了縣，有的没有。縣可以
稱爲邑的事例，其他國家也有不少。《左傳·昭公五年》"韓賦七邑，皆
成縣也"，是晉國邑、縣等同的例證；《左傳·成公七年》"楚圍宋之役，
師還，子重請取于申、吕以爲賞田，王許之。申公巫臣曰：'不可。此申、
吕所以邑也，是以爲賦，以禦北方。若取之，是無申、吕也'"，而申、吕
實際上都是楚國的縣，這則材料説明楚國的縣、邑也可等同。①

子居：

"邊縣之民"即野人。"官師"爲低級官吏，"有官師之人"指受官師
統轄管理的人，也即國人。整理者注所説"簡文此處'有官師之人'當
指有所執掌的各級官吏"不確，此點比較下文"邑司事及官師之人"即
不難看出。本節的"邊縣之民及有官師之人"是統指到市場進行交易的
普通民衆。②

（二）"凡成（城）邑之司事及官帀（師）之【四〇】人"

整理報告：

成邑，即城邑，城與邑。《國語·楚語上》："且夫制城邑若體性焉，
有首領股肱，至於手拇毛脉，大能掉小，故變而不勤。"

子居：

對於《越公其事》這幾章的作者而言，"邑""城邑""城市"可
以混稱無別，因此"城邑"只是區別于邊縣的稱謂，"城邑"即國，"邊

---

① 王進鋒：《清華簡〈越公其事〉與春秋時期越國的縣制》，中國地理學會歷史地理專業委員會《歷史地理》
編輯委員會編：《歷史地理》（第38輯），上海：復旦大學出版社，2019年，第84頁。

② 子居：《清華七〈越公其事〉解析》，中國先秦史網，2018年7月6日。

縣”即野。整理者以《漢語大詞典》的詞條解釋爲“城與邑”，在此處并不確切。①

高佑仁先生：

“邑”本爲聚落單位，而“城”比“邑”的規模來得大，二者最主要的差别在於“城”築有城牆，而“邑”則無。春秋以後“邑”也開始具有城牆，“都”“邑”逐漸連用不别。

……

本處的“成（城）邑之司事”應當就是前文所言“邑司事”之繁稱，則“城邑”與“邑”的用法在《越公其事》之文本時代已不甚區别。②

第16節　《越公其事》第7章（第7册）地理史料匯證

《越公其事》簡44、46—49：

雪（越）邦備（服）訏（信），王乃好陞（徵）人。王乃逛（趣）使（使）人戠（察）睛（省）成（城）市、鄥（邊）還（縣）尖＝（小大）遠伲（邇）之匓（勾）、莟（落）^(一)，王則胏（比視），佳（唯）匓（勾）、莟（落）是戠（察）睛（省）【四四】……王既必（比）聖（聽）之，乃品【四六】坒（野）會^(二)……【四七】……是以匓（勾）邑^(三)……舉（舉）雪（越）邦乃皆好陞（徵）人，方和于亓（其）壃（地）。東【四八】尸（夷）、西尸（夷）、古蔑、句虍（吴）四方之民乃皆聞（聞）雪（越）壃（地）之多飤（食）^(四)、政溥（薄）而好訏（信），乃波徍（往）遻（歸）之，雪（越）壃（地）乃大多人^(五)。【四九】

【注　釋】

（一）“王乃逛（趣）使（使）人戠（察）睛（省）成（城）市、鄥（邊）還（縣）尖＝（小大）遠伲（邇）之匓（勾）、莟（落）”

整理報告：

逛，即“趣”字。《説文》：“疾也。”《國語·晉語三》：“三軍之士皆在，有人坐待刑，而不能面夷，趣行事乎！”睛，即“靚”，讀爲“省”。《禮記·禮器》“禮不可不省也”，鄭玄注：“省，察也。”匓，《説文》：“飽

---

① 子居：《清華七〈越公其事〉解析》，中國先秦史網，2018年7月6日。
② 高佑仁：《清華柒〈越公其事〉研究》，第476頁。

也。從勹，殷聲。民祭，祝曰：‘厭飤’。”字見作册矢令簋（《集成》四三〇〇）、毛公旅鼎（《集成》二七二四）等銅器銘文。簡文中讀爲“勹”。《説文》：“聚也。從勹，九聲。讀若鳩。”古書中多作“鳩”，如鳩聚、鳩集等。著，古書多作“落”，零落。《史記·汲鄭列傳》：“鄭莊、汲黯始列爲九卿，廉，内行脩絜。此兩人中廢，家貧，賓客益落。”

王寧先生：

> 勹落，均當爲名詞，是指人的居住之地。“勹”爲“聚”，即《史記·五帝本紀》“一年而所居成聚，二年成邑，三年成都”之“聚”；“落”當從《廣雅·釋詁二》訓“尻（居）”，《列女傳·楚老莱妻》：“民從而家者，一年成落，三年成聚。”是聚大於落，邑大於聚，都大於邑。蓋“勹（聚）”大人多，“落”小人少，越王希望人口多，所以他見勹（聚）的首領就很高興，見落的首領就不痛快。[1]

黃愛梅女士：

> “勹”“落”當爲兩種聚居形態的名稱，或即“聚”“落”。《説文解字卷八·似部》：“聚，會也。……邑落云聚。”段注云：“張晏曰：聚，邑落名也。韋昭曰：小鄉曰聚。按邑落，謂邑中村落。”落，《康熙字典·艸部》引《博雅》言“居也”，引《綱目集覽》：“人所聚居，故謂之村落、屯落、聚落。”《越公其事》後文“王則唯勹、落是趣，及于左右”，此“勹”“落”亦爲聚落之義。聚—邑—都，反映了古代聚落間的等級關係，以“小大遠邇”修飾“勹”“落”，説明了聚、落是越國最基層的聚落形態。而從“其勹者，王見其執事人”“其落者，王見其執事人”并根據其管理狀況給予飲食這兩句來看，越王勾踐的“徵人”之政，實在是深入到了越國的地方基層。[2]

子居：

> “城市”一詞又見於《戰國策·趙策》及《韓非子·愛臣》，因此《越公其事》第七章的成文時間當近於《楚辭·九章·惜往日》《韓非子·愛臣》《戰國策·趙策》的成文時間。“落”當訓散，與“勹”對言，整理者所引《史記》句《索隱》：“落猶零落，謂散也。”可證這樣用法的“落”

---

① 《清華七〈越公其事〉初讀》第116樓跟帖，簡帛網“簡帛論壇”，2017年5月1日。

② 黃愛梅：《〈越公其事〉與吳、越史事——讀〈清華簡（柒）·越公其事〉札記》，華東師範大學歷史學系編：《第二屆出土文獻與先秦研究工作坊論文集》，上海：華東師範大學歷史學系，2017年，第66頁。又見黃愛梅：《〈清華簡（柒）·越公其事〉的叙事立場及越國史事》，《新史料與古史書寫——40年探索歷程的回顧與思考學術研討會論文集》，上海：華東師範大學歷史學系，2018年，第225頁。

義爲"散"，是零落的引申，《逸周書·酆寶》："外用四蠹、五落、六容、七惡。"朱右曾《集訓校釋》："落，散。"……因此"勾落"猶言"聚散"，《越公其事》中用以指人口的增減。《國語·吳語》："申胥諫曰：不可許也。夫越非實忠心好吳也，又非懾畏吾兵甲之强也。大夫種勇而善謀，將還玩吳國於股掌之上，以得其志。夫固知君王之蓋威以好勝也，故婉約其辭，以從逸王志，使淫樂於諸夏之國，以自傷也。使吾甲兵鈍獘，民人離落，而日以憔悴，然後安受吾燼。夫越王好信以愛民，四方歸之，年穀時熟，日長炎炎。及吾猶可以戰也，爲虺弗摧，爲蛇將若何？"更可見"離落"即"離散"。[1]

王進鋒先生：

"小大遠邇城市、邊縣之匓、荅"，匓、荅是修飾城市、邊縣的，它們應當是一種狀態，而不是具體的名詞。同時，對於"匓"和"荅"二字的釋讀，需要結合《越公其事》第45—46號簡來對讀。……王見到"匓"時，會很高興，還會賜予飲食；見到"荅"時，則不高興，還不賜予飲食。如果把"匓""荅"理解爲聚落，則明顯不通，爲什麼越王會顧此失彼？"匓"與"荅"只能是兩種相反的狀態。……匓，通假爲勾，《説文·勹部》："勾，聚也。"《釋名·釋宮室》："勾，聚也。"《玉篇·勹部》："勾，聚也。"荅，通假爲落。落，零落、散落。《逸周書·酆保》"五落"，朱右曾《逸周書集訓校釋》："落，散也。"

……

《越公其事》中的"城市"是人口集中、工商業發達、居民以非農業人口爲主的地區，通常是周圍地區的政治、經濟、文化中心。在設置區域上，"城市"正好與"邊縣"相對，因而在簡文中兩者經常相連出現。同時，根據簡文的多處內容來判斷，越國就是通過設置城市和邊縣來管理整個國家的。[2]

（二）"乃品【四六】坒（野）會"

整理報告：

品，評價其等次。南朝宋顏延之《赭白馬賦》："料武藝，品驍騰。""坒"字見於楚璽"會亓坒鉢"（《古璽彙編》〇二五三），清華簡《管仲》

① 子居：《清華簡七〈越公其事〉第七、第八章解析》，中國先秦史網，2018年8月4日。
② 王進鋒：《清華簡〈越公其事〉與春秋時期越國的縣制》，中國地理學會歷史地理專業委員會《歷史地理》編輯委員會編：《歷史地理》（第38輯），上海：復旦大學出版社，2019年，第81、82頁。

作“埊”，當是一字之異，并讀爲野，與都、縣相對應的行政區域。《周禮·司會》“掌國之官府、郊野、縣都之百物財用”，鄭玄注：“野，甸稍也。甸，去國二百里，稍三百里。”

子居：

清華簡《子儀》有“臨上品之”句，與此處的“乃品”類似。清華簡《管仲》整理者讀“埊”爲“廷”，原句爲“廷里零落”，考慮到“廷里零落”改讀爲“野里零落”明顯不辭，王者若非外事也少有會於野的情況，因此《越公其事》此處讀爲“野會”自然不如讀爲“廷會”合理，故“埊”字當從清華簡《管仲》整理者讀爲“廷”而非讀爲“野”。“廷會”即“朝會”，君南面坐於朝堂，臣北面立於廷中。①

王寧先生：

此字（引按，即“埊”字）是从土刀聲，它可能本是《説文》“垗”的或體字，云：“畔也。爲四時界，祭其中。”段注：“畔者，田畍（界）也。畍（界）者，竟（境）也。……《商頌》：‘肇域彼四海’，《箋》云：‘肇當作兆，畍祭其中。’畍當作‘介’，介，畫也。从土兆聲，兆者，分也。形聲中有會意也。”簡文此字當是从刀从土，會其劃分、分割土地義，从“刀”與从“兆”爲“分”意正同，兼从刀聲。在此疑讀爲“朝”，“刀”“朝”（陟遙切）音同端紐宵部，“垗”“朝”（直遙切）同定紐宵部，并音近。清華簡《管子》的“里”當即邑里、廛里、郊里之“里”，是平民居住之地，則“朝里”猶後世所言“朝野”，指朝廷與民間；本簡文“埊會”可能讀爲《左傳·僖公四年》“凡諸侯薨于朝會”的“朝會”，是古書裏習見的詞語……

簡文的“會”既有會合義，也有會計之義，《説文》：“計，會也。”《周禮·天官冢宰》：“月終，則以官府之叙受群吏之要。贊冢宰受歲會。歲終，則令群吏致事。”又曰：“歲終，則令群吏正歲會；月終，則令正月要；旬終，則令正日成。而以考其治。治不以時舉者，以告而誅之。”又《司會》：“以參互考日成，以月要考月成，以歲會考歲成。以周知四國之治，以詔王及冢宰廢置。”賈《疏》：“司會，鉤考之官，以司書之等，相參交互，考一日之成。一日之中計算文書也。以月要考月成者，月計曰要，亦與諸職參互，考一月成事文書也。以歲會考歲成者，歲計曰會，

---

① 子居：《清華簡七〈越公其事〉第七、第八章解析》，中國先秦史網，2018 年 8 月 4 日。

以一歲之會計考當歲成事文書。"據這些記載可知，先秦時期每日、月、歲都要進行官員政績的評定，并以此來確定其"置廢"。本簡文所謂的本簡文"品"是等級、檔次，"朝會三品"即朝會時的評定有三個等次。①

江秋貞先生：

> 筆者認爲"野"字可讀爲"與"。"野"和"與"上古音均在喻母魚部，聲韻可通。"與"作"參與"之意。……簡文"王既必聽之，乃品，野（與）會三品"意指"王全都聽完之後，於是評列等次，參與考評，列出三品"。②

王進鋒先生：

> "品野會"，即對野地上計來的物品評定等次……越王派人視察大小遠近城市和邊縣裏人口的聚集和疏散；之後，越王命令城市、邊縣的長官上計，并親自聆聽他們的彙報；再後，越王對城市、邊縣進獻上來的物品評定等級。可見，簡文中的"野"就是指代城市、邊縣。

> 西周春秋時期周王國和諸侯國，普遍可以分爲國、野兩大政治區域……簡文中"野"能指代城市、邊縣，正是因爲它們設置在國都以外的地方。③

高佑仁先生：

> 《越公其事》"野會"的"野"指邊鄙或邊境。《公羊傳·桓公十一年》："古者鄭國處于留。先鄭伯有善于鄶公者，通乎夫人，以取其國而遷鄭焉，而野留。"何休《注》："野，鄙也。"邊鄙是和鄰國接壤的地方，也是移入人口的重要地帶，因此句踐在郊野進行績效評比。④

（三）"是以匃（勾）邑"

整理報告：

> 匃邑，使人聚集成邑。

子居：

> 由"勾邑"可見，越國被吳王夫差遷移後，當是置於吳國邊地，此

---

① 王寧：《清華簡柒〈越公其事〉讀札一則》，簡帛網，2017 年 5 月 22 日。
② 江秋貞：《〈清華大學藏戰國竹簡（柒）·越公其事〉考釋》，第 438 頁。
③ 王進鋒：《清華簡〈越公其事〉與春秋時期越國的縣制》，中國地理學會歷史地理專業委員會《歷史地理》編輯委員會編：《歷史地理》（第 38 輯），上海：復旦大學出版社，2019 年，第 79 頁。
④ 高佑仁：《清華柒〈越公其事〉研究》，第 538 頁。

時的越國周邊多有未開化地區，因此可以通過聚集遷居者的方式形成新的居邑。①

王寧先生：

此字（按，即"敬"字）從攴宆聲，當是擯棄之"擯"的或體，古與"賓"通用，《爾雅·釋詁》："賓、協，服也"，郭璞注："皆謂喜而服從。"邢疏："賓者，懷德而服也。《旅獒》云：'四夷咸賓。'"這裏當是指從越國以外的地方前來歸附的人口，"收賓"可能是指收聚這些人，故與"匋邑"對舉，"匋（勾）邑"即"聚邑"，謂聚人而成邑。②

（四）"東【四八】尼（夷）、西尼（夷）、古蔑、句虖（吳）四方之民乃皆皗（聞）雫（越）埅（地）之多歙（食）"

整理報告：

東夷、西夷，多見於古書，多爲中原對東、西邊裔之稱謂。越之西是楚，東是海，"東夷""西夷"，或爲誇大之辭。古蔑，《國語》作"姑蔑"；句吳，《國語》作"句無"。此指四方諸侯之國。《詩·下武》："受天之祜，四方來賀。"此以越地爲中心之四方。

子居：

越人被吳王遷徙後，新居地很可能是在此時的吳國都城東北，因此大致上可將東夷、西夷、姑蔑、句吳定爲越國的"四方"，東夷當即是東海海濱之夷，《左傳·僖公四年》："若出於東方，觀兵於東夷，循海而歸，其可也。"《左傳·僖公十九年》："宋公使邾文公用鄫子于次睢之社，欲以屬東夷。"《左傳·襄公二十九年》："杞，夏餘也，而即東夷。"皆是。西夷當即城父等地之夷，《左傳·僖公二十三年》："秋，楚成得臣帥師伐陳，討其貳於宋也。遂取焦、夷，城頓而還。"杜預注："夷，一名城父，今譙郡城父縣。"此時姑蔑大致在越國西北，《春秋·隱公元年》："三月，公及邾儀父盟于蔑。"杜注："姑蔑，魯地。魯國下縣南有姑城。"句吳大致則在越國西南，彼時吳國都邗，石泉先生已指出在清江市西，北大簡《周訓·五月》："越之城旦發墓于邗，吳既爲虛，其孰衛闔廬？"③

---

① 子居：《清華簡七〈越公其事〉第七、第八章解析》，中國先秦史網，2018 年 8 月 4 日。
② 王寧：《清華簡柒〈越公其事〉讀札一則》，簡帛網，2017 年 5 月 22 日。
③ 子居：《清華簡七〈越公其事〉第七、第八章解析》，中國先秦史網，2018 年 8 月 4 日。

彭華先生認爲"夷"屬古越語的漢字記音，本義爲"海"，"東夷""西夷"即"東海""西海"：

> 《越絕書》所記載的"維甲"令，……"習之於夷。'夷'，海也。"……表明"夷"字屬於古越語的漢字記音，其本義即"海"，"夷，海也"……句踐時期的越國，其主體部分在今浙江省，而浙江省位於東海之濱。因此，此"東海"肯定不是今之黃海，而是今之東海，并且應該是今東海之北部。縮小範圍，更具體點説，此"東海"應該指的是杭州灣的出海口，并且特指杭州灣出海口的南面，即今浙江省寧波市鎮海區、北侖區至舟山島一帶。學人所熟知的"甬東"或"甬句東"，即在此……
>
> 相對於"東海"的"西海"，應該就是杭州灣的西部，即錢塘江流入杭州灣的兩岸地帶。而杭州灣的西岸地帶，正好就是吴越兩國的分界地帶……
>
> 與吴國相對，南岸的越國也在瀕臨杭州灣的地帶修築有防禦工事和軍事城堡等。清華簡《越公其事》第九章説"（越）王乃徣（趣）埶（設）戍於東尼（夷）、西尼（夷）"，就是明證。①

黃愛梅女士認爲"東夷""西夷"應確有所指，應當是指鬆散服屬於越的其東部與西部的夷人勢力。②

滕勝霖先生：

> 簡文中講到的"東夷""西夷"應爲故事化誇張手法，若確有所指，本文認爲可能指吴越地區的徐人。"古蔑"又作"姑末"，在浙江龍游縣北。《國語·越語上》："西至於姑蔑"，《左傳·哀公十三年》："（吴王孫）彌庸見姑蔑之旗。"杜預注："姑蔑，今東陽太末縣。""句無"，在今浙江省諸暨縣。《國語·越語上》："句踐之地，南至於句無。"韋昭注："今諸暨有句無亭是也。"③

高佑仁先生：

> 簡文"東夷""西夷"當釋爲"東海""西海"，此説恐無必然性，《越公其事》簡23即有"海"字，而本處的東、西夷應是四方移民來源之一，當是越國周圍的小國。而第九章還有"王乃趣設戍于東夷、西夷"一句，

---

① 彭華：《四方之民與四至之境——清華簡〈越公其事〉研究之一》，《出土文獻》2021年第1期，第57-60頁。

② 黃愛梅：《〈清華簡（柒）·越公其事〉的叙事立場及越國史事》，《新史料與古史書寫——40年探索歷程的回顧與思考學術研討會論文集》，上海：華東師範大學歷史學系，2018年，第223頁。

③ 滕勝霖：《〈清華大學藏戰國竹簡（柒）〉集釋及相關問題研究》，西南大學碩士學位論文，2019年，第341頁。

《説文》云："戌，守邊也。"从"戌"字用法來看，東夷、西夷肯定不是東海、西海。筆者認爲簡文的"東夷""西夷"當爲越國東方、西方部族之泛稱。

首先，"姑蔑"在《左傳》中分屬兩個地望：第一個"姑蔑"位爲（引按，當作"于"）魯地，見於《左傳·隱公元年》："三月，公及邾儀父盟于蔑，邾子克也。"《左傳集解》："蔑，姑蔑，魯地。魯國下縣南有姑城。"此"蔑"在《左傳·定公十二年》稱"姑蔑"。這個"姑蔑"爲魯隱公與邾儀父結盟之處，子居以魯地"姑蔑"證《越公其事》之"姑蔑"，顯然不妥。

《左傳》第二個"姑蔑"位於越國，當即簡文所指。"姑蔑"的"姑"爲吳越地區常用的詞頭，其地望古來并無疑義。《左傳·哀公十三年》："六月，丙子，越子伐吳，爲二隧。疇無餘、謳陽自南方，先及郊。吳大子友、王子地、王孫彌庸、壽於姚自泓上觀之。彌庸見姑蔑之旗，曰：'吾父之旗也，不可以見讎而弗殺也。'"杜預《注》云："姑蔑，越地。今東陽大宋縣。"據《大清一統志》，姑蔑故城在今浙江龍游鎮之北（龍游本縣，已廢，地并入衢縣及金華縣）。在今浙江省衢州市龍游縣，龍游縣在衢州市西境，吳之姑蔑在此。[1]

（五）"乃波徃（往）還（歸）之，雩（越）壑（地）乃大多人"

整理報告：

波往，比喻之辭，喻其多。

陳偉先生：

古書未見"波往"一類説法。"波"恐當讀爲"頗"，皆、悉義。劉淇《助字辨略》卷三"頗"字條："《漢書·田寶傳》：'於是上使御史簿責嬰所言灌夫頗不讎，劾繫都司空。'此頗字，猶云皆也。頗不讎者，言嬰爲夫白冤皆不實也。若略不實，不應遂囚繫嬰矣。如《趙充國傳》：'將軍獨不計虜聞兵頗罷，且丁壯相聚攻擾田者，及道上屯兵復殺略人民，將何以止之。'《李廣傳》：'李蔡以丞相坐詔賜冢地陽陵，當得二十畝。蔡盜取三頃，頗賣得四十餘萬。'此頗字并是盡悉之辭。頗本訓略，而略又有盡悉之義，故轉相通也。盡悉則是遂事之辭。故頗、巨又得爲遂也。"

---

① 高佑仁：《清華柒〈越公其事〉研究》，第 572-573 頁。

以皆或盡悉之義解釋簡文，似無不合。①

cbnd（網名）：

"波"字疑讀作"播"。"播"有遷徙義。《後漢書·獻帝紀贊》："獻生不辰，身播國屯。"李賢注："播，遷也。""波（播）往歸之"是説東夷、西夷、姑蔑、句吳四方之民遷徙歸往越地。②

胡敕瑞先生認爲"波"有奔跑義：

表示奔跑義的"波"見於三國吳地支謙的譯品以及南方樂府民歌中，據此或可推測這個詞有可能是一個古代吳越方言詞。當然這只是一種推測，還有待證明。③

第17節 《越公其事》第8章（第7冊）地理史料匯證

《越公其事》簡50—52：

雪（越）邦皆備（服）陞（徵）人，多人，王乃好兵……【五〇】……王乃歸（親）使（使）人情（請）翻（問）群大臣及鄭（邊）鄙（縣）成（城）市⁽⁻⁾之多兵、亡（無）兵者……【五一】……與（舉）雪（越）邦墅₌（至于）鄭（邊）還（縣）成（城）市⁽⁻⁾乃皆好兵甲，雪（越）邦乃大多兵。【五二】

【注　釋】

（一）"鄭（邊）鄙/還（縣）成（城）市"

整理報告：

鄙，簡文所從"肯"旁與楚文字"達"所從相同，當係訛書。前異文作"儇""還""鄂"，讀爲"縣"。

子居：

由整理者提到的《越公其事》"縣"字異文作"'儇''還''鄂'"可見，簡18的"人還越百里"也不排除讀爲"人縣越，百里"的可能。

① 陳偉：《清華簡七〈越公其事〉校讀》，簡帛網，2017年4月27日。

② 《清華七〈越公其事〉初讀》第156樓跟帖，簡帛網"簡帛論壇"，2017年5月6日。

③ 胡敕瑞：《〈清華大學藏戰國竹簡（柒）·越公其事〉札記三則》，清華大學出土文獻研究與保護中心網，2017年4月29日。

《越公其事》第七章中越王勾踐使人察省的是"城市邊縣小大遠邇之勾落"，然後施政成果爲"舉越邦乃皆好登人，方和於其地"，故不難看出此時的城市尚仍是指越國國都，而至第八章此處則稱"舉越邦至於邊縣城市"，可知在第七章的"登人"舉措之後，越國周邊已逐漸形成了若干新的聚邑、城市，相應而言，越國的疆域也必然擴大了很多，已不再是徙居初期的百里之地了。①

第18節 《越公其事》第9章（第7册）地理史料匯證

《越公其事》簡53—58：

雪（越）邦多兵，王乃整（敕）民、攸（修）命（令）、審（審）荊（刑）。……【五三】……王乃大詢（徇）命于邦……【五四】……風音誦詩訶（歌）諜（謡）【五五】之非邥（越）棠（常）聿（律），尸（夷）訏（鄁）繺（蠻）吴^(一)，乃徹（趣）取獠（戮）。王乃徹（趣）孚＝（至于）沟（溝）豎（塘）之工（功）^(二)……王乃徹（趣）【五六】埶（設）戍于東尸（夷）、西尸（夷）^(三)……【五七】……雪（越）邦庶民則皆譽（震）僮（動）……【五八】

【注 釋】

（一）"尸（夷）訏（鄁）繺（蠻）吴"

整理報告：

夷訏蠻吴，指越周邊之歌謡習俗等。訏，疑讀爲"鄁"，《説文》："妘姓之國。從邑，禹聲。《春秋傳》曰：'鄁人籍稻。'讀若規榘之榘。"《春秋》昭公十八年"邾人入鄁"，楊伯峻注："妘姓，子爵，在今山東臨沂縣北十五里。"又疑訏、吴并指欺詐不實。訏，虚誇詭詐。賈誼《新書·禮容語下》："今郄伯之語犯，郄叔訏，郄季伐。犯則凌人，訏則誣人，伐則搲人。"吴，讀爲"虞"。《左傳》宣公十五年："我無爾詐，爾無我虞。"

王寧先生：

夷訏蠻吴，當讀"夷嘑（呼）蠻吴"，"吴"即《詩·泮水》"不吴不

---

① 子居：《清華簡七〈越公其事〉第七、第八章解析》，中國先秦史網，2018年8月4日。

揚"之"吳",《傳》《箋》皆訓"譁",或者徑讀"夷呼蠻譁","夷呼蠻
譁,乃趣取戮"大約是説用蠻夷語言(非越國語言)大聲説話吵嚷的,
就立刻抓來殺頭。①

紫竹道人(網名):

夷訏蠻吳,疑"夷訏蠻吳"乃互文足義,即"蠻夷之吳訏","吳訏"或
"訏吳"猶《吕氏春秋·淫辭》"今舉大木者,前呼'輿謼',後亦應之,此
其於舉大木者善矣,豈無鄭、衛之音哉?"之"輿謼",《淮南子·道應》
作"邪許",他書或作"邪所"。"吳訏""輿謼""邪許"就是所謂的"勞動
號子"。簡文在這裏是"極言之",意謂不但不許唱"非越常律"的風謡,
甚至連"杭育杭育"這樣的"勞動號子"都不能唱出他族的音調。②

何家歡先生:

"訏"疑當讀爲"華"。"夷華"可能是"華夷",是少數民族的一支。
若此,則"蠻吳"當訓"吳蠻",即"虞蠻",虞亦是少數民族一支。"夷
訏蠻吳"即泛指少數民族,這些少數民族風俗習慣與越邦風俗不同,故
要"取戮"。③

暮四郎(網名):

"訏""吳"都應當是指歌謡之類。"訏"(魚部曉母)與《招魂》"吳
欲蔡謳"之"欲"(侯部喻母)有密切關聯。"吳"(魚部疑母)似當讀爲
"謳"(侯部影母),"謳"在先秦兩漢典籍中常與"歌"并言。《漢書·藝
文志》"自孝武立樂府而采歌謡,於是有代趙之謳,秦楚之風"。"夷訏蠻
吳"就是"夷欲蠻謳",與《招魂》"吳歙蔡謳"可以互相參看。④

陳偉先生:

疑"訏"應讀爲"譁",喧嘩義。《書·費誓》:"公曰:嗟!人無譁,
聽命!"孔傳:"使無喧嘩,欲其静聽誓命。"相應地,"吳"也當作類似理
解。《詩·周頌·絲衣》:"不吳不敖,胡考之休。"毛傳:"吳,譁也。"⑤

---

① 魏棟:《清華簡〈越公其事〉"夷訏蠻吳"及相關問題試析》第 2 樓王寧跟帖,復旦大學出土文獻與古文字
研究中心網,2017 年 4 月 23 日。

② 魏棟:《清華簡〈越公其事〉"夷訏蠻吳"及相關問題試析》第 4 樓紫竹道人跟帖,復旦大學出土文獻與古
文字研究中心網,2017 年 4 月 23 日。

③ 何家歡:《清華簡(柒)〈越公其事〉集釋》,河北大學碩士學位論文,2018 年,第 49-50 頁。

④ 《清華七〈越公其事〉初讀》第 119 樓跟帖,簡帛網"簡帛論壇",2017 年 5 月 1 日。

⑤ 陳偉:《清華簡柒〈越公其事〉校讀》,簡帛網,2017 年 4 月 27 日。

陳一先生：

可逕讀爲"夷越蠻吴"。夷、蠻用爲使動，"夷越蠻吴"即"蠻夷吴越"，意爲"使吴越的風音、誦詩、歌謠變得與蠻夷相同"。吴越同宗，此時雖爲仇讎，但文化上一致對外。①

子居：

"訏""吴"當皆訓爲大聲、大言，《詩經·大雅·生民》："實覃實訏，厥聲載路。"毛傳："訏，大。"鄭箋："訏，謂張口鳴呼也，是時聲音則已大矣。"《方言》卷一："訏，大也……中齊西楚之間曰訏。"《説文·矢部》："一曰：吴，大言也。"《方言》卷十三："吴，大也。""夷訏蠻吴"當是指持蠻夷方言大聲言談，《吕氏春秋·爲欲》："蠻夷反舌殊俗異習之國，其衣服冠帶，宫室居處，舟車器械，聲色滋味皆異，其爲欲使一也。"高誘注："反舌，夷語。與中國相反，故曰反舌也。"可知夷語往往與中原語言的語序不同，《左傳·哀公十二年》："大宰嚭説，乃舍衛侯，衛侯歸，效夷言。"則可見吴越地區夷言的流行程度。《越公其事》此章記越王勾踐排斥"夷訏蠻吴"，則可説明舊越語言更接近周語而非夷語。②

【筆者按】魏棟：

"訏""吴"皆應視作樂器。"訏"可讀作從于得聲的"竽"或"釪"；吴、吾皆魚部疑母字，通假之例常見，故可將"吴"讀作從吾得聲的"敔"。竽是一種簧管樂器，《説文·竹部》："竽，管三十六簧也。"釪即錞釪，是一種鐘形樂器，《廣韻·虞韻》："釪，錞釪，形如鐘，以和鼓。"錞釪的分布"以長江流域及華南、西南地區爲主，山東、陝西也有個别發現"，從錞釪的分布空間看，將"訏"讀作"釪"似優於讀作"竽"。敔是一種狀如伏虎的木製打擊樂器，木虎背部有齒形的鉏鋙，以物刮擊鉏鋙發聲，用以表示樂曲的終結。《説文·攴部》："敔，禁也。一曰樂器，椌楬也，形如木虎。"《尚書·益稷》："合止柷敔。"鄭玄注："敔，狀如伏虎，背有刻，鉏鋙，以物擽之，所以止樂。"《吕氏春秋·仲夏》："飭鐘磬柷敔。"高誘注："敔，木虎，脊上有鉏鋙，以杖擽之以止樂。"

將"訏""吴"解作樂器，進而將"夷訏蠻吴"改讀爲"夷釪蠻敔"，這可以從上引"夷訏蠻吴"所在的語境資料中找到一定依據。

---

① 陳一：《清華簡（柒）疑難字詞補釋》，天津師範大學碩士學位論文，2022 年，第 110、111 頁。
② 子居：《清華簡七《越公其事》第九章解析》，中國先秦史網，2018 年 9 月 2 日。

首先，"夷訐蠻吴"的上句是"風音誦詩歌謠之非越常律"，這句講的是不合越國常法的"風音誦詩歌謠"，談的是音樂。"夷訐（釪）蠻吴（敔）"指蠻夷所用的樂器錞釪和敔，將之連屬於"風音誦詩歌謠之非越常律"之下是合適的。其次，整理報告將"粦立"做了以下解釋："粦，疑讀爲唯。立，讀爲位，職位。"竊以爲此處的"粦"并非虛詞，"立"應讀爲庢，指建築等一類處所。《越公其事》第四章簡26記載勾踐"既建宗廟，修柰（祟）庢"，整理報告："祟庢，安置鬼祟之處，攘除鬼祟之禍的建築。""粦立（庢）"的性質可能與"柰（祟）庢"相似。若這種判斷不誤，那麼在庢這種建築中放置"訐（錞釪）"和"吴（敔）"這樣的樂器是合適的。[1]

（二）"王乃徹（趣）爭＝（至于）沟（溝）隍（塘）之工（功）"

整理報告：

至疑同"致"，致力於。溝塘之功，指水利工程。

子居：

先秦時的"致於"并沒有"致力於"的意思，因此整理者所説明顯不確。此處的"至"當訓爲"及"，"至於"即"及於"。由此處越王大興"溝塘之功"也可見，已與《越公其事》第四章的"縱經游民，不稱力役、坳塗、溝塘之功"截然相反。[2]

（三）"王乃徹（趣）【五六】埶（設）戍于東尻（夷）、西尻（夷）"

整理報告：

埶，讀爲"設"。《史記·刺客列傳》："（俠累）宗族盛多，居處兵衛甚設。"戍，《詩·揚之水》"彼其之子，不與我戍申"，毛傳："戍，守也。"設戍，《國語·吴語》作"設戎"，云："王不如設戎，約辭行成以喜其民，以廣侈吴王之心。"

子居：

《吴語》的"設戎"并非"設戍"，整理者所説誤。春秋至戰國中期的"戍"基本皆爲各國久駐兵于本國領土之外，由於大國的不斷兼并擴

---

[1] 魏棟：《清華簡〈越公其事〉"夷訐蠻吴"及相關問題試析》，復旦大學出土文獻與古文字研究中心網，2017年4月23日。

[2] 子居：《清華簡七〈越公其事〉第九章解析》，中國先秦史網，2018年9月2日。

張，才導致“戍”的字義由駐兵於外逐漸轉變爲駐兵于邊，至戰國之末才由此引申出凡駐兵久守即稱“戍”，而《吴語》的“設戍”只是大夫種讓越王勾踐要因“吴王夫差起師伐越”而做基本防禦準備，與“設戍”完全不是一個概念。①

第19節　《越公其事》第10章（第7册）地理史料匯證

《越公其事》簡60—68：

王監雽（越）邦之既苟（敬），亡（無）敢徹（躐）命……旬（始）幽（絶）吴之行奉（李）……【六〇】……雽（越）王句戔（踐）乃命鄳（邊）人蕀（聚）悤（怨）⁽¹⁾……吴王起帀（師），軍於江北。雽（越）王起帀（師），軍於江南⁽²⁾。雽（越）王乃中分亓（其）帀（師）以爲右（左）【六三】軍、右軍，以亓（其）厶（私）卒（卒）君子卒＝（六千）以爲中軍。若明日，牗（將）舟戰（戰）於江。及昏，乃命佐（左）軍監（衙）桄（枚）鮴（溯）江五【六四】里以須，亦命右軍監（衙）桄（枚）渝江五里以須⁽³⁾，夌（夜）中，乃命佐（左）軍、右軍涉江，鳴鼓，中水以墾⁽⁴⁾。【六五】吴帀（師）乃大欸（駭），曰：“雽（越）人分爲二帀（師），涉江，牗（將）以夾□（攻）□□□□墾旦，乃中分亓（其）帀（師），牗（將）以御（禦）之。【六六】雽（越）王句戔（踐）乃以亓（其）厶（私）卒（卒）卒＝（六千）敚（竊）涉，不鼓不喿（噪）以浸（侵）攻之，大亂（亂）吴帀（師）。左軍、右軍乃述（遂）涉，戕（攻）之。【六七】吴帀（師）乃大北，足（三）戰（戰）足（三）北，乃至於吴⁽⁵⁾。雽（越）帀（師）乃因軍吴＝（吴，吴）人昆奴乃入雽＝帀＝（越師⁽⁶⁾，越師）乃述（遂）闌（襲）吴。【六八】

【注　釋】

（一）“雽（越）王句戔（踐）乃命鄳（邊）人蕀（聚）悤（怨）”

整理報告：

邊人，《國語·魯語上》：“晉人殺厲公，邊人以告。”韋昭注：“邊人，疆場之司也。”蕀，《説文》：“麻蒸也。”讀爲“聚”。聚怨，猶積怨。《淮南子·人間訓》：“夫積愛成福，積怨成禍。”

---

① 子居：《清華簡七〈越公其事〉第九章解析》，中國先秦史網，2018年9月2日。

（二）"軍於江北。粵（越）王起帀（師），軍於江南"

整理報告：

> 江，章昭注："松江，去吳五十里。"

子居：

> 對照《國語·吳語》："於是吳王起師，軍於江北，越王軍於江南。"……此節的"江"大致相當於《水經注》的獲水，相關內容涉及到吳、越地域變遷，故筆者略加說明。《史記·吳太伯世家》……所記吳越相爭的過程，最值得注意的是"因留略地于齊魯之南"句，這句話說明自夫差七年始，吳國實都于"齊魯之南"，這一點在《國語·吳語》……部分也可以得到印證，其中記王孫雒説："齊、宋、徐、夷曰：'吳既敗矣！'將夾溝而廥我，我無生命矣。"是齊在吳北、宋在吳西、徐在吳南、夷在吳東，可見彼時吳國之都當約在山東微山湖東南部，今江蘇省徐州市至邳州市一帶。《國語·吳語》此段雖記："范蠡、舌庸，率師沿海泝淮以絶吳路。敗王子友於姑熊夷。"……《國語·吳語》所記"姑熊夷"，"姑"爲地名前綴，類似于有夏、有易的"有"，是"熊夷"即"泓上"，據《水經注·獲水》："《漢書·地理志》曰：獲水首受甾獲渠，亦兼丹水之稱也。《竹書紀年》曰：'宋殺其大夫皇瑗於丹水之上。'又曰：'宋大水，丹水壅不流。'……獲水又東歷洪溝，東注，南北各一溝，溝首對獲，世謂之鴻溝，非也。《春秋》昭公八年，秋，蒐於紅。杜預曰：沛國蕭縣西有紅亭，即《地理志》之虹縣也。"獲水又稱丹水、紅水、鴻水，故獲水亦可稱"江"。《左傳·哀公十三年》所稱"泓上"，當即在獲水下游并入泗水的地區，此時吳國都於微山湖東南部，正在獲水下游北部，因此越王勾踐伐吳而與王子友戰於此地……[1]

熊賢品先生：

> 此處的江，可能就是此前文獻中記載的是蘇州西南的笠澤（今太湖通松江處），即《左傳》哀公十七年中的"笠澤"："三月，越子伐吳，吳子禦之笠澤，夾水而陳。越子爲左右句卒，使夜或左或右，鼓譟而進。吳師分以禦之。越子以三軍潛涉，當吳中軍而鼓之，吳師大亂，遂敗之。"[2]

---

[1] 子居：《清華簡七〈越公其事〉第十、十一章解析》，中國先秦史網，2017 年 12 月 13 日。

[2] 熊賢品：《論清華簡柒〈越公其事〉吳越爭霸故事》，《東吳學術》2018 年第 1 期，第 95 頁。

（三）"乃命右（左）軍監（銜）桜（枚）鮛（溯）江五【六四】里以須，亦命右軍監（銜）桜（枚）渝江五里以須"

整理報告：

監，讀爲"銜"，皆爲談部。桜，疑即"枚"之形聲異體，"微"與"枚"皆爲明母微部。銜枚，見《國語·吳語》。《周禮·大司馬》："群司馬振鐸，車徒皆作，遂鼓行，徒銜枚而進。"須，等待。《國語·吳語》"乃令左軍銜枚泝江五里以須"，章昭注："須，須後命。"

渝江，順江流而下，與"溯江"反義。

子居：

整理者注："渝江，順江流而下，與'溯江'反義。"左軍逆流而上，右軍順流而下，因此可知吳越會戰的"江"是東流的。[1]

（四）"鳴鼓，中水以壑"

整理報告：

中水，《國語·吳語》"中水以須"，章昭注："水中央也。"壑，《説文》："待也，從立，須聲。"

（五）"吳帀（師）乃大北，疋（三）戩（戰）疋（三）北，乃至於吳"

整理報告：

疋，讀爲"旋"，連詞。旋……旋，義爲一邊……一邊。

子居：

先秦時"旋"字并無整理者所説的連詞用法，故"疋"當讀爲"且"。此"且戰且敗"，據《國語·吳語》："越之左軍右軍乃遂涉而從之，又大敗之於没，又郊敗之，三戰三北，乃至於吳。"《國語·越語上》："是故敗吳於囿，又敗之於没，又郊敗之。"是即戰於囿、戰於没、戰於郊，這裏的"没"地，似即《國語·越語上》"句踐之地，南至於句無，北至於禦兒，東至於鄞，西至於姑蔑"的"姑蔑"。據交戰過程推測，囿地當即在笠澤北岸，姑蔑約在囿地西十二公里處，吳郊則在姑蔑西十二公里。[2]

---

① 子居：《清華簡七〈越公其事〉第十、十一章解析》，中國先秦史網，2017年12月13日。
② 子居：《清華簡七〈越公其事〉第十、十一章解析》，中國先秦史網，2017年12月13日。

熊賢品先生：

文獻中關於笠澤之戰後，越、吳歷經一些地區交戰，至越國圍吳的歷程，似乎存在兩條綫路。其中第一條，是由今天蘇州南部的陸路出發，而圍吳，如《國語·越語上》："是故敗吳於囿，又敗之於没，又郊敗之。"……（1）"囿"，韋昭注："囿，笠澤也，在魯哀十七年"。（2）"没"，韋昭注："没，地名，在哀十九年"，一般認爲在蘇州南。（3）"郊"，即吳國都郊外。又《吳越春秋·句踐伐吳外傳》："（句踐）二十一年七月，越王復悉國中士卒伐吳……冬十月，越王乃請八大夫……乃遂伐之，大敗之於囿，又敗之於郊，又敗之於津。如是三戰三北，徑至吳，圍吳於西城……越軍遂圍吳。"這裏記載越國先後和吳國交戰的地名，有"囿"、"郊"（吳國都郊外）、"津"、"西城"等……"津"可能指是吳國外城的水關；而"西城"可能是《吳郡志》卷八記載，越國在胥門外築造的圍困吳國之城。

上述《國語》《吳越春秋》記載的，都是越國由蘇州以南的陸路，而圍攻吳之路徑，似乎説明春秋末年的吳國都城，在今天的蘇州城區範圍之内。

文獻中所見越國圍攻吳國的另一條路徑，則似乎是經由水路。……（《吳越春秋》記載）越國由發動陸地攻勢，在"始熊夷"敗吳；又發動水軍攻吳，并焚毁姑胥（蘇）臺。關於"姑蘇臺"之所在，……目前學者主要贊同"姑蘇山"之説，其範圍也正在今天的木瀆春秋古城範圍之内。同時，《越絶書》卷六記載，吳王曾經逃亡至"餘杭山"……也就是"秦餘杭山"，在蘇州市西北。

聯繫到木瀆春秋古城在太湖之濱胥口鎮的背景，我們似由此可以推斷出一條越國經由蘇州西南之太湖，向東北進攻位於胥口鎮的吳國都城之進軍綫路。而吳王由此退居於此地的姑蘇山，或由此再進而退至北部的秦餘杭山。如今在蘇州木瀆春秋古城的發現，兩者間似存在暗合之處，爲這一條進軍綫路的推斷，提供了邏輯上的證據……

《越公其事》關於這條進軍綫路的記載，與《國語》更爲接近，如果僅從《越公其事》的記載來看，它更偏向於指示春秋末期的吳國都城在今蘇州城區範圍内。①

（六）"吳人昆奴乃入雫（越）帀（師）"

整理報告：

---

① 熊賢品：《論清華簡柒〈越公其事〉吳越争霸故事》，《東吳學術》2018年第1期，第97、98頁。

吳人昆奴, 吳人淪爲昆奴。昆奴, 未詳, 疑是奴之一種。或以爲"昆奴"爲人名。

子居:

"越師乃因軍吳, 吳人昆奴乃入越師, 越師乃遂襲吳"句在《國語》中沒有對應部分……

整理者注: "吳人昆奴, 吳人淪爲昆奴者。昆奴, 未詳, 疑是奴之一種。或以爲'昆奴'爲人名。"網友 cbnd 提出: "簡文中釋作'昆'之字可讀作'閽'。守門人可稱'閽人', '閽奴'即守門的奴僕。這句話是説閽奴打開城門, 使越師進入吳都城裏。"網友汗天山補充此説言: "可爲此説補充一條佐證材料:《吳越春秋·夫差内傳第五》二十三年十月, 越王復伐吳。吳國因不戰, 士卒分散, 城門不守, 遂屠吳。——其中'城門不守', 大概即是指此事? ——如此, 簡文當讀爲'吳人閽奴乃内(納)越師', '内'指閽奴打開城門接納、放進(内、入一字分化, 入, 指使之入, 義同), 而非指閽奴(守城門者)進入越師。"所説是, 昆奴當讀爲閽奴, 入當讀爲納。"吳人閽奴乃納越師"事, 當是在越師圍吳的第三年, 即《國語·越語下》:"居軍三年, 吳師自潰。吳王帥其賢良與其重禄以上姑蘇, 使王孫雒行成於越。……范蠡不報于王, 擊鼓興師以隨使者, 至於姑蘇之宫, 不傷越民, 遂滅吳。"①

程浩先生:

"奴"字或可讀"孥"。包山文書簡 122、123 有兩個"奴"字, 周鳳五先生即將其讀爲"孥"。《國語·鄭語》"寄孥與賄焉", 韋昭注云: "孥, 妻子也。""昆",《玉篇》云"兄弟也"。"吳人昆奴", 就是吳人之兄弟妻子。在《越公其事》以及《國語》的《吳語》《越語》等篇的記載中, 吳、越兩國屢屢以兄弟子女作爲請成的籌碼。"吳人昆孥乃入越師"是説越國軍隊已經對吳國的兄弟妻子進行了掠奪。②

暮四郎(網名):

"昆"(文部見母)或當讀爲"髡"(文部溪母)。古"昆"聲、"君"聲的字通用。《老子》"故混而爲一", 混, 馬王堆帛書乙本作"緄"。"髡"與"君"聲的字可通。左氏《春秋》文公元年"楚世子商臣弑其君頵",

---

① 子居:《清華簡七〈越公其事〉第十、十一章解析》, 中國先秦史網, 2017 年 12 月 13 日。
② 程浩:《清華簡第七輯整理報告拾遺》, 李學勤主編:《出土文獻》(第 10 輯), 上海: 中西書局, 2017 年, 第 136 頁。

顗，《穀梁傳》《公羊傳》所載之《春秋》經文均作"髡"。"髡"在文獻中常與奴的身份相聯繫，如《周禮·秋官》"墨者使守門，劓者使守關，宮者使守內，刖者使守囿，髡者使守積"，《新書·階級》"是以係、縛、榜、笞、髡、刖、髠、劓之罪，不及士大夫"。"吳人昆奴乃內（入）越師"似與武王伐紂時"紂師皆倒兵以戰，以開武王"之情節甚爲相似。[①]

王寧先生：

"昆奴"讀"閽奴"當是，但不是指守城門的人，而應該是指吳王宮的守門人。古代守城門的是軍卒，即簡文中的"吳人"，宮門的守門人才是閽，即簡文中的"閽奴"，《周禮·閽人》"王宮每門四人"者是。《墨子·非攻中》："越王句踐視吳上下不相得，收其衆以復其讎，入北郭，徙大內，圍王宮而吳國以亡。"《越絕書·內傳陳成恒》："越王迎之，戰於五湖。三戰不勝，城門不守，遂圍王宮，殺夫差而僇其相。""城門不守"是"吳人"入之，王宮被攻破是閽奴入之。[②]

黃人二先生：

"昆奴"二字所記錄的，可能不是漢語，而是譯音。"崑备"也可稱爲"骨論"，亦可能是波斯人口中的"古命"，希伯來人的"古實（Cush）"，義淨所說的"掘倫"（敦煌本作"堀倫"）。其所指的，應該就是來自東非洲或南亞、東南亞的"崑崙奴"，經由海陸，來到中國。這人種擅長泅水，戰國時期的吳國，就是以水戰著稱，所以，他們爲戰國吳國所用，極爲正常，屬外籍傭兵。"崑（昆）崙（命）"，可省稱"昆"，只是"昆族之人"與"昆族"的差別而已。因爲他們有極強大的勞動力，變成被商人販售到東方來的對象，從大多從事低下雜役之類的勞務視之，可稱其爲"奴"。簡文"吳人昆奴"，當屬吳國所招兵買馬之"昆族"外籍傭兵。[③]

魏宜輝先生：

"昆"我們傾向讀作"閽"。"昆"古音爲見母文部字，"閽"爲曉母文部字，二字音近可通。"閽人"即守門人，"閽奴"即守門的奴僕。《左傳》襄公二十九年："吳人伐越，獲俘焉，以爲閽，使守舟。吳子餘祭觀舟，閽

---

① 《清華七〈越公其事〉初讀》第137樓跟帖，簡帛網"簡帛論壇"，2017年5月2日。

② 《清華七〈越公其事〉初讀》第168樓跟帖，簡帛網"簡帛論壇"，2017年5月9日。

③ 黃人二：《關於清華簡（柒）疑難字詞的數則釋讀》，靜宜大學中國文學系編：《第二屆漢文化學術研討會暨學生論文競賽——"漢文化研究的新知與薪傳"會議論文抽印本》，臺中：靜宜大學中國文學系，2017年6月，第15-20頁。

以刀弑之。”吳人以越國俘虜爲閹，簡文中的“吳人昆（閣）奴”很可能也是越國的俘虜，被吳人差使守吳都城門，簡文“吳人昆（閣）奴乃入越師，越師乃遂襲吳。”這兩句内容中，“入”讀作“納”，接納之義。[①]

侯乃峰先生：

“昆”讀作“閣”當可信。《吳越春秋·夫差内傳第五》：“二十三年十月，越王復伐吳。吳國困不戰，士卒分散，城門不守，遂屠吳。”其中所謂“城門不守”，大概就是指此事。如此，簡文當讀爲“吳人閣奴乃入越師”，“入越師”即是使越師入，意思是吳國的閣奴（守城門者）打開城門讓越國軍隊進入吳國，而非指閣奴（守城門者）自己進入越師。[②]

孟蓬生先生：

“昆”字當釋爲“後昆”之“昆”。《爾雅·釋言》：“昆，後也。”郭璞注：“謂先後。”“昆孥”連言，可泛指“兄弟妻子”。簡文言：“越師乃因軍吳，吳人昆奴乃入越師，越師乃襲吳。”“軍”當訓爲“圍”，即“包圍”之意。簡文蓋謂越國軍隊包圍了吳地，吳人兄弟妻子紛紛出逃。[③]

石光澤先生：

“吳人昆奴”，筆者疑其本爲越地之人，被吳人俘虜而爲昆奴。吳人以俘虜的越人爲奴，史書早有記載，《春秋左氏傳·襄公二十九年》：“吳人伐越，獲俘焉，以爲閣，使守舟。吳子餘祭觀舟，閣以刀殺之。”此事亦見於馬王堆帛書《春秋事語·吳伐越章》：“……吳子餘蔡觀周（舟），閣（閣）人殺之。”整理者將“閣”通假作“閣”，可能是將其與《左傳》對讀。《說文解字》：“閩：東南越，它種。”閩人所指即今浙江、福建一帶的土著，將閩人視作漢時對越人的稱呼，亦可通。[④]

王青先生：

“昆”可訓爲“後”。《爾雅·釋言》：“昆，後也。”《國語·晉語二》：“天降禍于晉國，讒言繁興，延及寡君之紹續昆裔。”簡文“吳人昆（後）

———————————

[①] 魏宜輝：《讀〈清華大學藏戰國竹簡（柒）〉札記》，《中國文字學會第九屆學術年會論文集》，貴陽：貴陽孔學堂，2017 年 8 月，第 684 頁。

[②] 侯乃峰：《讀清華簡（柒）零札》，《中國文字學會第九屆學術年會論文集》，貴陽：貴陽孔學堂，2017 年 8 月，第 220 頁。

[③] 孟蓬生：《〈清華七·越公其事〉字義拾瀋》，《第二屆古文字與出土文獻語言研究學術研討會論文集》，重慶：西南大學漢語言文獻研究所，2017 年，第 218 頁。

[④] 石光澤：《〈清華大學藏戰國竹簡（柒）·越公其事〉“昆奴”補說》，華東師範大學歷史學系編：《第二屆出土文獻與先秦史研究工作坊論文集》，上海：華東師範大學歷史學系，2017 年，第 71 頁。

奴乃内（入）雪（越）師"，指吳人後來淪爲奴者，不甘心爲奴，因此投奔越師。①

第 20 節　《越公其事》第 11 章（第 7 冊）地理史料匯證

《越公其事》簡 69—75：

　　□□□□｛越王句踐遂｝闖（襲）吳邦，回（圍）王宮。吳王乃愳（懼），行成，曰："……【六九】……今吳邦不天，旻（得）皇（罪）於雪【七〇】□□□□□□人之敝邑。孤請成，男女備（服）。"句戔（踐）弗許，曰："昔天以雪（越）邦賜吳＿（吳，吳）弗受。今天以吳邦【七一】賜邸（越）……句戔（踐）不許吳成。乃徒（使）人告於吳王曰："天以吳土賜雪（越），句【七二】戔（踐）不敢弗受……<u>不敦（穀）亓（其）牁（將）王於甬句重（東）</u>（一）……【七三】……"吳王乃緗（辭）曰："天加禍（禍）于吳邦……【七四】凡吳土堅（地）民人，雪（越）公是孝（盡）既有之，孤余奚面目以覎（視）于天下？"雪（越）公亓（其）事。【七五】

【注　釋】

（一）"不敦（穀）亓（其）牁（將）王於甬句重（東）"

整理報告：

　　不穀其將王於甬句重，《國語·吳語》作"寡人其達王于甬句東"，《國語·越語上》作"吾請達王甬句東"。將，送行。《詩·燕燕》"之子于歸，遠于將之"，鄭玄箋："將亦送也。"甬句重，《史記·越王句踐世家》作"甬東"。

子居：

　　《左傳·哀公二十二年》："冬十一月丁卯，越滅吳。請使吳王居甬東。"即《史記·越王句踐世家》之所本，是此地本名"甬東"。整理者在《越公其事》第十章注〔九〕已提到"太甬，清華簡《良臣》作'大同'"，則甬東當即桐東，指桐水之東，今江蘇邳州市一帶。

　　《史記·吳太伯世家》："二十三年十一月丁卯，越敗吳。越王句踐欲遷吳王夫差於甬東，予百家居之。"《史記·越王句踐世家》："句踐憐之，

---

① 王青：《清華簡〈越公其事〉補釋》，華東師範大學歷史學系編：《出土文獻與商周社會學術研討會會議論文集》，上海：華東師範大學歷史學系，2019 年，第 331 頁。

乃使人謂吳王曰：吾置王甬東，君百家。"其言"百家"所據的材料，當是晚于《左傳》而早於《國語》，而《越公其事》言"夫婦三百"，則只會是承自《國語‧吳語》末兩章。^①

陳治軍先生：

《左傳‧哀公二十二年》："冬十一月丁卯，越滅吳，請使吳王居甬東。"杜預注："甬東，會稽句章縣東海中洲也。"《國語‧吳語》叙此事，記勾踐告夫差云："寡人其達王於甬、句東。"韋昭注："達，致也。甬、句東，今句章東決口外州也。"《越語上》則作："吾請達王甬、句東。"徐元誥《國語集解》引《元和郡縣志》："翁州入海二百里，即《春秋》所謂甬東地，其州周環五百里"，并云：'蓋即今浙江定海縣東北海中舟山也。'"《左傳》中的"甬、句甬"或簡稱"甬東"。杜預注："甬東，會稽句章縣東海中洲也。"《國語》中的"甬、句東"或"甬、句章"與清華簡《越公其事》簡文見的"甬、句東"所指相同。^②

吳德貞先生：

夕陽坡楚簡有"越涌君"。李學勤先生認爲"越涌君"之"涌"即文獻中的越地甬，簡文從"水"作"涌"概因甬地有甬江，甬與句章相連，或可能當時句章即屬於甬，因此《左傳》稱爲"甬東"，《國語》稱"甬、句東"。^③

第 21 節　《治邦之道》（第 8 册）地理史料匯證

《治邦之道》簡 8、13、20—22、27：

句（苟）王之慇（訓）敩（教），卑（譬）之若溪浴（谷）……【八】……四坒（封）之审（中）亡（無）菫（勤）裝（勞）懂（殣）【一三】……泊（薄）鬬（關）市^{（一）}，則賵（貨）逼（歸），【二〇】民有甬（用）……【二一】……斁（謹）逸（路）室^{（二）}，瞉（攝）洹（圮）梁^{（三）}，坌（修）浴（谷）瀶（瀄）^{（四）}，斯（順）舟航，則緄（遠）人至，商遞（旅）迵（通），民有利^{（五）}。此絅（治）邦之道……【二二】……古（故）方（防）敓（奪）

① 子居：《清華簡七〈越公其事〉第十、十一章解析》，中國先秦史網，2017 年 12 月 13 日。
② 陳治軍：《從清華簡〈越公其事〉所見"甬、句東"再論"楚滅越"的時代》，中國文字學會編：《中國文字學會第九屆學術年會論文集》，貴陽：貴州師範大學，2017 年 8 月，第 53-54 頁。
③ 吳德貞：《清華簡〈越公其事〉集釋》，武漢大學碩士學位論文，2018 年，第 101 頁。

君目，以事之于邦，烝（及）亓（其）坓（野）郢（里）四陽（邊）^{（六）}，則亡（無）命大於此。【二七】

【注　釋】

（一）"泊（薄）闈（關）市"

整理報告：

泊，讀爲"薄"，減輕，《孟子·盡心上》："易其田疇，薄其稅歛，民可使富也。"關市，見於《周禮·大宰》："七曰關市之賦。"《逸周書·大聚》："泉深而魚鱉歸之，草木茂而鳥獸歸之，稱賢使能、官有材而士歸之，關市平，商賈歸之。"

（二）"斳（謹）迮（路）室"

整理報告：

斳，讀爲"謹"，《廣韻》："絜也。"或說讀爲墐，《說文》："涂也。"路室，客舍。《周禮·遺人》："凡國野之道，十里有廬，廬有飲食，三十里有宿，宿有路室，路室有委。"賈疏："路室，候迎賓客之處。"

（三）"曑（攝）洍（圮）梁"

整理報告：

"曑"即"攝"，義爲整飭。洍，讀爲"圮"，《說文》："東楚謂橋爲圮。"

王寧先生：

"洍"讀"汜"雖不誤，但感覺當用其正字"圮"爲好，《說文》："東楚謂橋爲圮"，段注："《史》《漢》：'張良嘗閒從容步游下邳圮上。'服曰：'汜音頤。楚人謂橋爲汜。'按字當作'圮'，《史》《漢》段'汜'爲之，故服子慎讀如'頤'也。""汜"是水名，非橋樑義，用爲橋樑義者乃"圮"之假借字。^①

林少平先生：

"攝洍梁"之"洍"字，原括注爲"汜"。王寧先生以爲用"圮"爲好，并引《說文》"東楚謂橋爲圮"爲證。此說非是。第一個"梁"字，并非"橋梁"義，第二個"梁"字才是"橋梁"義。《國語·周語中》："澤不陂障，川無舟梁，是廢先王之教也。"古人又以"石絕水爲梁"，形成"堰塞湖"。《康熙字典》引《詩·衞風》"在彼淇梁"爲證。第一個"梁"

---

① 《清華八〈治邦之道〉初讀》第3樓跟帖，簡帛網"簡帛論壇"，2018年10月12日。

字當爲此義。故"洭"或"汜"當按《爾雅·釋丘》郭璞注,解釋爲"水無所通者"。①

(四)"坒(修)浴(谷)澨(澨)"

整理報告:

> 澨,《楚辭·湘夫人》"朝馳余馬兮江皋,夕濟兮西澨",王逸注:"澨,水涯也。"

王克陵、潘晟等先生:

> "澨"數見於《左傳》……據此,我們推斷"澨"似爲古代地名中的通名。

> ……

> 齧、噬義通,而"澨""噬"皆從筮得聲之亦聲字,聲通義相近,皆有齧齒即"咬食"之義。因此"澨"指水流對河岸的沖刷,澨岸亦即凹岸。古人形象地描述水流對河岸的沖刷爲嚙岸,澨即此意。這是古人根據日常生活之觀察,稱受河流沖刷的一側河岸爲"澨"岸,即以地形(貌)命名,這是地名的重要來源之一。②

田成方先生指出"澨"在秦漢以降主要生成兩種解釋學路向:

> 其一,"澨"作爲沖刷地貌述稱的本義在少數地名中短暫延用。班固《漢志》載南陽郡"(宛)縣南有北筮山",育陽東北有"南筮聚",王念孫曰:"南陽府地無北筮山,山當爲聚筮,即澨字也。"所論甚是。筮即澨,南筮聚就是分布在"澨"之上的漢代聚落。西漢宛縣在今河南南陽市市區東北部,南部近處并没有山,"北筮山"大概仍指"澨"地上的聚落……從留傳下的史籍來看,"澨"從最初的地理學概念向人文地理通名轉變時,其流行地域仍限於南陽盆地,流傳時間不逾兩漢。由於地域性的限制,"澨"最終没能成爲普遍使用的地名統稱。

> 其二,"澨"概念的泛化解釋及其影響。對"澨"字泛化的注疏大約始於兩漢,西晉學者杜預注《左傳》,將"漳澨"釋爲"漳水邊","睢澨"釋爲"水涯",元代學者胡三省注"澨"爲水際,都把它當作水邊之地,致使其本義失真和内涵擴大。歷代詩文所見"澨"字用法,也多作水邊、水涯講。

---

① 《清華八〈治邦之道〉初讀》第16樓跟帖,簡帛網"簡帛論壇",2018年10月23日。

② 王克陵、潘晟、孫小珂:《釋"澨"——中國先秦時期河曲地貌的述稱》,《中國科技史料》2002年第1期,第76、78頁。

田氏還探索了"濇"的人文地理學內涵，指出：

首先，濇與春秋時期的戰爭活動密切相關。諸"濇"主要存在於楚境，因而這些戰事大多與春秋時期的楚國有關……

其次，"濇"是人類早期的居住地。作爲河曲處的高臺地，"濇"既可防洪水，又近水源、交通便利，非常適宜早期人類居住。……"濇"從純粹的自然地理述稱向人文地理統稱的轉變并沒有實現。

綜上所論，以"某濇"作爲地名，主要分布在從鄢縣到宜城的漢水中游及其支流地區，是較有楚國地域特色的地名命名方式。"濇"本義在秦漢時期的地名中有短暫流傳，兩漢以後被泛化地解釋爲水邊之地或自然堤防，造成了"濇"字原始內涵的喪失。"濇"與春秋時期楚人的軍事活動、居住行爲等密切相關，但由於使用區域的局限，"濇"沒有從純粹的自然地理述稱轉變爲人文地理的統稱。①

【筆者按】"濇（濇）"是先秦時期很有特色的地名用字。《左傳》成公十五年記載宋國有"睢濇"、清華簡《子儀》記載秦國有"潿繫（濇）"，文獻所見先秦南方楚地此類地名更多。

（五）"商遞（旅）迵（通），民有利"

整理報告：

商旅，《考工記》："通四方之珍異以資之，謂之商旅。"民有利，民衆能夠獲利。《墨子·節用上》："車以行陵陸，舟以行川谷，以通四方之利。"

（六）"古（故）方（防）敓（奪）君目，以事之于邦，虛（及）亓（其）埜（野）郢（里）四隄（邊）"

整理報告：

方，讀爲"防"。敓，《禮記·仲尼燕居》"給奪慈仁"，鄭注："猶亂也"。於，訓"比"。參裴學海：《古書虛字集釋》（中華書局，二〇〇四年，第五八頁）。

紫竹道人（網友）：

"及其野{里+邑}四邊"，"里+邑"字整理者讀爲"里"。按當讀爲"鄙"。

---

① 田成方：《春秋時期"濇"的分布區域及其人文地理學內涵》，《襄樊學院學報》2009 年第 9 期，第 21、22 頁。

《上博（六）·競公瘧》簡 10 "出矯於{里+邑}"，《左傳》相應之文即作 "鄙"。"鄙"是重紐三等字，上古聲母當爲 pr-，故可與"里（r-）"相諧。古書多有"野鄙"連文者，"野里"則未見。①

【筆者按】簡文"邦"即"國"，與"坙（野）鄙（里）四陽（邊）"對應。此例還見於《治政之道》簡36、37。

第 22 節　《治政之道》（第 9 册）地理史料匯證

《治政之道》簡6、10—11、17、27、30、32—34、36—37、41—43：

黃帝不出門檐（檐），以智（知）四海之外⁽一⁾。……【六】……

古（故）四亢（荒）九州各分【一〇】自立⁽二⁾，以不備（服）于亓（其）君。……

昔顥（夏）后乍（作）賞，民以貪貪（貨）；鬱（殷）人乍（作）罰，民以好戲（暴）。古（故）嗇（教）必從上勻（始）。

昔之又（有）國者必怨（檢）於宜（義），毋怨（檢）【一七】□□必感。百青（姓）之不和、四坴（封）之不實（實）……

者（諸）侯之邦，堅（廣）者巽（算）千里、巽（算）千鞏（乘）⁽三⁾，簹（儉）者巽（算）百里、巽（算）百鞏（乘）而又（有）之⁽四⁾……【二七】……

古（故）尼（度）事惢（謀）意（圖），大悆（患）邦审（中）之正（政）、四國之交⁽五⁾，是以多達（失）。【三〇】……

昔晶（三）弋（代）之相取，周宗之絢（治）庳（卑），【三二】事（盡）自達（失）秉……遠監顥（夏）后、鬱（殷）、周，遫（逦）監於齊、晉、宋、奠（鄭）、魯之君⁽六⁾，是事（盡）夫壐（興）人之悠（過）者……【三三】……奉（妨）民之逐（務），大宮室，高臺（臺）述（燧），深沱（池）窒（廣）宏（閎）⁽七⁾，敓（造）敨（樹）闢（關）默（守）、波（陂）墮（塘），土杠（功）亡（無）既⁽八⁾。【三四】……正卿夫=（大夫）或倦（卷）𩥓（糧）暴贏（贏），以鮫（漁）亓（其）邦，返（及）亓（其）坙（野）鄙（里）【三六】四鄹（邊）⁽九⁾。……

【注　釋】

① 《清華九〈治政之道〉初讀》第 75 樓跟帖，簡帛網"簡帛論壇"，2019 年 11 月 27 日。

（一）"黃帝不出門檻（檐），以智（知）四海之外"

整理報告：

黃帝不出門檐，以知四海之外，與《老子》"不出戶，知天下"文義相同。

（二）"四亢（荒）九州各分【一〇】自立"

整理報告：

亢，讀爲"荒"。四荒，《爾雅·釋地》："觚竹、北户、西王母、日下，謂之四荒。"此猶四方之地。《楚辭·離騷》："忽反顧以游目兮，將往觀乎四荒。"《新書·禮容語下》："九州之民，四荒之國。"

（三）"者（諸）侯之邦，壁（廣）者巽（筭）千里、巽（筭）千蘲（乘）"

整理報告：

巽，讀爲"筭"。《廣韻》："計也，數也。"《後漢書·皇后紀上》"漢法常因八月筭人。"

王永昌先生：

"巽"，整理者讀爲"筭"，計也，數也，於文意理解无誤。按，"巽"或可讀爲"選"，訓爲"數"。《尚書·盤庚上》："世選爾勞，予不掩爾善。"孔傳："選，數也。"孔穎達疏："選即算也，故訓爲數。"[1]

（四）"嗇（儉）者巽（筭）百里、巽（筭）百蘲（乘）而又（有）之"

整理報告：

儉，少。《孟子·告子下》："周公之封於魯，爲方百里也；地非不足，而儉於百里。"

（五）"大恖（患）邦审（中）之正（政）、四國之交"

整理報告：

邦中之政，指國之内政，與下文"四國之交"相對應。四國之交，與列國的外交。《戰國策·秦策五》："賈以珍珠重寶，南使荆、吴，北使燕、

---

① 王永昌：《讀清華簡（九）札記》，李學勤主編：《出土文獻》（第 15 輯），上海：中西書局，2019 年，第 201 頁。

代之間三年，四國之交未必合也，而珍珠重寶盡於內。”

（六）“遠監顯（夏）后、鬯（殷）、周，遹（邁）監於齊、晉、宋、莫（鄭）、魯之君”

整理報告：

“遠監夏后、殷、周，遹監於齊、晉、宋、鄭、魯”可以作爲推測此篇簡文寫作年代的參照。楚肅王時期，齊、晉、鄭先後絕祀，周、宋、魯久已名存實亡。

（七）“高臺（臺）述（燧），深沱（池）宔（廣）宏（閎）”

整理報告：

高臺、深池，《管子·小匡》：“昔先君襄公，高臺廣池，湛樂飲酒，田獵畢弋，不聽國政。”燧，烽火台。《墨子·號令》：“比至城者三表，與城上烽燧相望。”宏，讀爲“閎”，門。《左傳》襄公十一年“乃盟諸僖閎”，楊伯峻注：“閎，本意爲里巷之門，此僖閎是僖公廟之大門。”

子居：

“述”疑爲“途”字之訛，當是原“途”字上部磨損，僅餘“述”形，抄者不查，遂書爲“述”，此處當讀爲“榭”，宮室、臺榭并舉典籍習見。“大宮室，高臺榭”可對比《管子·四稱》：“昔者無道之君，大其宮室，高其臺榭。”《管子·事語》：“非高其臺榭，美其宮室，則群材不散。”《晏子春秋·內篇問上·景公問欲令祝史求福》：“大宮室，多斬伐，以僵山林。”[1]

激流震川 2.0（網名）：

從“术”聲的“述”與從“兌”聲的“閎”可以相通。“閎”是一種椽子，《爾雅·釋宮》：“棟謂之桴，桷謂之榱。桷直而遂謂之閎，直不受檐謂之交。”郝懿行《義疏》云：“閎、交者，別椽長短之名也。椽之長而直達於檐者名‘閎’。”宮室臺門都需要“椽”，如《左傳·桓公十四年》載宋伐鄭，“以大宮之椽，歸爲盧門之椽。”《史記·趙世家》：“二十年，魏獻榮椽，因以爲檀臺。”[2]

---

① 子居：《清華簡〈治政之道〉解析（下）》，中國先秦史網，2019 年 12 月 29 日。
② 《清華九〈治政之道〉初讀》第 123 樓跟帖，簡帛網“簡帛論壇”，2020 年 2 月 21 日。

李俊濤先生讀“述”爲“遂”：

這裏“遂”應是溝渠之類，在臺榭旁。《周禮·地官·遂人》：“遂、溝、洫、澮皆所以通水於川也。”鄭注：“遂，廣深各二尺”。古代臺旁應有水池，沼澤，溝瀆環繞其中。《大戴禮記·少閑》：“桀不率先王之明德，乃荒耽於酒，淫泆於樂，德昏政亂，作宮室高臺汙池，土察，以民爲虐，粒食之民惛焉幾亡。”①

紫竹道人：

“宏”，整理者讀爲“閎”。然“閎”指“門”或“巷門”，與“池”不配。頗疑“宏”乃“宀+右”之誤字（“厷”“右”形近易混），“宀+右”或即“囗+右”之簡俗體，就是苑囿之“囿”字。古書“池、囿”連言或對舉者習見。《逸周書·史記》説“昔者有洛氏，宮室無常，池囿廣大”。“池囿廣大”即“深池廣囿”。②

（八）“散（造）敊（樹）闡（闕）獸（守）、波（陂）陽（塘），土社（功）亡（無）既”

整理報告：

造、樹，同義并列。《史記·李斯列傳》：“建翠鳳之旗，樹靈鼉之鼓。”陂塘，池塘。《國語·周語下》：“陂塘汙庳，以鍾其美。”土功，指治水、築城、建造宮殿等工程。《左傳》僖公十九年：“梁伯好土功，亟城而弗處，民罷而弗堪。”闕守、陂塘都屬於土工。無既，没有了結。《逸周書·小明武》：“淫樂無既，百姓辛苦。”

（九）“以魰（漁）亓（其）邦，返（及）亓（其）埜（野）郹（里）四鄙（邊）”

整理報告：

魰，漁，侵奪。《商君書·修權》：“秩官之吏，隱下以漁百姓，此民之蠹也。”邦，猶國。似與下文“野里四邊”相對。

① 李俊濤：《清華簡〈治政之道〉〈治邦之道〉集釋及相關問題研究》，吉林大學碩士學位論文，2021 年，第 91 頁。

② 《清華九〈治政之道〉初讀》第 74 樓跟帖，簡帛網“簡帛論壇”，2019 年 11 月 27 日。

第 23 節 《天下之道》（第 8 册）地理史料匯證

《天下之道》簡 1：

天下之道弍（二）而政（巳），戈（一）者戰（守）之＝（之之）器，戈（一）者攻之＝（之之）器。今之戰（守）者，高亓（其）城，深亓（其）澀^{（一）}而利其櫨黱……【一】……

【注　釋】

（一）“高亓（其）城，深亓（其）澀”

整理報告：

澀，疑“洼”字異體，《説文》：“深池也。”利，便利。《漢書·百官公卿表》：“垂作共工，利器用。”櫨黱，疑爲渠譫之類守城器備。櫨，“查”字古文，從木盧聲，精母魚部字，可讀爲群母魚部之“渠”字，精、群通轉之例如蛆蝶、楮耆。黱，䣛，《説文》所謂“贛”省聲，見紐談部字，與章紐談部之“譫”可通轉。渠譫，見於《墨子·備城門》“城上之備：渠譫、藉車……”。又作“渠幨”。《淮南子·氾論》“晚世之兵，隆衝以攻，渠幨以守”，高注：“幨，幰，所以禦矢也。”

單育辰先生：

“澀”以讀爲“壑”好，“亞”影紐魚部，“壑”曉紐鐸部，二字音近。《詩·大雅·韓奕》“實墉實壑”，毛傳：“言高其城，深其壑也。”《釋文》：“壑，城池也。”正可與本簡“高其城，深澀（壑）”對比。^①

【筆者按】魏棟：

楚文字“沱”的字形爲𣲐（上博四《曹沫之陣》簡 6），簡文“澀”字的古文字字形與之頗不相類，澀爲沱之訛書的可能性恐怕不大。由簡文“深其澀”所在語境分析，“澀”字之義必爲護城河之類。“澀”同“窪”。《集韻·麻部》云“窪”字“或從亞”。《説文·水部》：“窪，深池也。從水，圭聲。”《方言》卷三：“窪，洿也。自關而東或曰窪。”郭璞注：“皆洿池也。”澀字所從亞，古音爲魚部影母；窪字，古音爲支部影母。二字

---

① 單育辰：《清華大學藏戰國竹簡（捌）釋文訂補》，李學勤主編：《出土文獻》（第 14 輯），上海：中西書局，2019 年，第 172-173 頁。

聲類相同，韻部旁轉，存在通假的可能。洿字，古音爲魚部影母，與澀字所從亞雙聲疊韻，二字也存在通假的可能。窪、洿二字先秦已見行用，如《老子》："曲則全，枉則正；窪則盈，弊則新。"《孟子·梁惠王上》："數罟不入洿池。"不過，"窪"字似未見水溝、水渠之義，恐難以充當護城河的作用，與簡文"澀"含義不合。《楚辭·九歌·怨思》："漸槁本於洿瀆。"王逸注："洿瀆，小溝也。"這一用例說明"洿"字與"瀆"義近，在先秦已有溝瀆義，可以充當護城河之用。"澀"與"洿"音、義皆近，故將《天下之道》"深其澀"讀爲"深其洿"是較有可能的。[1]

劉國忠先生認爲《參不韋》簡10、11"乃攸（修）邦内之經緯、𩋤（城）𩑠（郭）、瀓虛行水"的"虛"字與溝渠相關，顯然是《天下之道》中"澀"字的異形，爲重新釋讀"澀"字提供了一個很好的例證和思路。《天下之道》中的"澀"即"洫"字。[2]

第24節 《成人》（第9册）地理史料匯證

《成人》簡1、9、25—26：

> 隹（惟）邵（吕）中（仲）眯（秋）^(一)，方才（在）膠黃^(二)……【一】
>
> 坐（成）【四】人曰："……【五】……朙（晦）朔逵（枉）惪（達），四維以畲經^(三)……【九】……"
>
> 坐（成）人曰："……【一六】……一日折獄，剄（斷）誦（辭）又（有）婁（數），獄至無青，則幾【二五】誦（辭）于戠（歲），䢍（屬）之于鄉里^(四)。"

【注 釋】

（一）"隹（惟）邵（吕）中（仲）眯（秋）"

整理報告：

> 邵，疑讀爲"律吕"之"吕"。《左傳》昭公二十年"六律"，杜注："陽聲爲律，陰聲爲吕。"中眯，即"仲秋"。十二律與時紀相配見《禮記·月

---

① 魏棟：《清華簡（捌）〈天下之道〉篇獻芹》，劉玉堂主編：《楚學論叢》（第10輯），武漢：湖北人民出版社，2021年，第4、5頁。

② 劉國忠：《清華簡〈天下之道〉"澀"字新釋》，《簡帛有聲：出土簡帛的文獻學研究》，北京：清華大學出版社，2024年，第252、254頁。

令》《呂氏春秋》《淮南子·時則》等，如《月令》："仲秋之月……律中南呂……是月也……命有司申嚴百刑，斬殺必當，無或枉橈，枉橈不當，反受其殃。"所記仲秋之月申嚴百刑之事與簡文相合。

田畯先生：

將"郘"讀爲"律呂"之"呂"，似難講通。文獻中也找不到類似文例。"郘（呂）"似當理解爲國名，即呂國。《國語·周語中》："昔摯、疇之國也由大任，杞、繒由大姒，齊、許、申、呂由大姜，陳由大姬。""郘仲秋"疑與金文中的"曾八月"等相似，是記時用語。[①]

王寧先生贊同田畯先生的看法，并有所補充：

此《成人》篇與《呂刑》當同爲春秋時呂國的刑書，其中的"王"當是指郘王。《呂刑》開始句曰"惟呂命王享國百年"，傅斯年先生指出此"呂命王"即"呂令王""呂靈王"，現在看來是極有道理的。《書序》言"呂命穆王訓夏贖刑，作《呂刑》"，可能這位呂王全稱是"呂命（令、靈）穆王"，"呂靈穆王"猶秦昭襄王、秦孝文王、秦莊襄王之類。蓋周代呂國雖然在周王室稱"呂侯""甫侯"，而他們自己却稱王，《呂刑》中的"王曰"均當爲呂命王的話，那麼本篇中的"王"很可能也是指某位呂王。[②]

子居：

《尚書·呂刑》與《成人》篇措辭的相近程度，頗類似於《多方》與《多士》，《堯典》與《皋陶謨》的關係，故或可考慮《成人》本就是與《呂刑》相關的一篇《書》系佚篇。

而此篇之所以原名《呂命》，可以由篇末"王曰：嗚呼，嗣孫……受王嘉師，監於茲祥刑"得解，比於"嗣子"可知，"嗣孫"只能理解爲承嗣之孫，故《呂刑》蓋爲周王命將繼位的孫子以呂侯爲師，也即命呂侯爲將繼位的新君之師，所以篇名才爲《呂命》。周王室中，祖孫傳位者，只有周平王傳其孫桓王。《史記·周本紀》："五十一年，平王崩，太子洩父蚤死，立其子林，是爲桓王。桓王，平王孫也。"故《呂刑》很可能實際上是周平王暮年命桓王以呂侯爲師的命辭，而《成人》篇蓋即成文於此後不久。由此，《成人》篇首句或可讀爲"惟呂仲。秋"，也即整理者命名爲《成人》篇的這篇清華簡，很可能原是《呂仲》，其命名方式蓋

---

① 田畯：《清華簡九〈成人〉第一段管見》，田畯讀書微信公衆號，2019 年 11 月 24 日。
② 王寧：《讀清華簡〈成人〉散札》，復旦大學出土與古文字研究中心網，2019 年 12 月 4 日。

類似於《太甲》《盤庚》《微子》《君奭》，篇中的"成人"當即是吕仲的名字。[①]

（二）"方才（在）膠黄"

整理報告：

方，指方位。膠黄，又作"翏黄"，見長沙子彈庫帛書《四時》："倀（長）曰青[陽]榦，二曰未〈朱〉明罺（單），三曰翏黄難，四曰湬（沉）墨榦（"湬"字釋讀詳後注〔三一〕）。"帛書"翏"字處原有折損，李零《楚帛書目驗記》（《文物天地》一九九一年第六期，第二九—三○頁）稱曾目驗原物，確定爲"翏"。"膠黄"應即"翏黄難"之省，是秋季之神，也是西方之神。

悦園（網名）：

膠黄，可能是地名，這裏嘗試讀爲"膠庠"，黄、庠皆陽部字，當可通用（參看《古字通假會典》"羊與徨""洋與徨""皇與黄"條），膠、庠皆爲學校名。《禮記·王制》："周人養國老於東膠，養庶老於虞庠。"這裏的"膠庠"大概屬於同義連用。[②]

子居：

"方"即正，"方在"即"正在"。網友"悦園"所説"膠"爲學校名當是，"黄"讀爲"庠"則似聲符略遠，不如直接讀"黄"爲"潢"，《説文·水部》："潢，積水池。"古代的學宫往往臨水有池沼，故校人也主池沼，《孟子·萬章上》："昔者有饋生魚於鄭子産，子産使校人畜之池。"趙岐注"校人，主池沼小吏也"即可證。[③]

（三）"四維以畬絚"

整理報告：

四維，指國之四綱。畬，疑爲"覆"字，字形作二器相對，中瀉以水，畬傾覆之意。絚，從糸、呈聲，定母耕部，可讀爲溪母耕部之"傾"。郭店簡《老子》甲組"高下之相涅也"，傳本"涅"作"傾"。《管子·牧民》："國有四維。一維絶則傾，二維絶則危，三維絶則覆，四維絶則滅。……

---

① 子居：《清華簡九〈成人〉解析》，中國先秦史網，2020 年 1 月 26 日。

② 《清華九〈成人〉初讀》第 42 樓跟帖，簡帛網"簡帛論壇"，2019 年 12 月 1 日。

③ 子居：《清華簡九〈成人〉解析》，中國先秦史網，2020 年 1 月 26 日。

何謂四維？一曰禮，二曰義，三曰廉，四曰恥。"又《淮南子·天文訓》則以東南、西南、東北、西北四隅爲四維。一説"畲"即上博簡《卜書》簡四之"審（深）"，讀爲"沉"。或疑"畲"即屬羌鐘（《集成》一五七—一六一）之"會"字，讀爲"潰"。

潘燈（網名）：

簡9整理者疑爲"覆"之字，應爲"澮"，从水，从會，會亦（省）聲。《爾雅·釋水》："水注溝曰澮。"《釋名·釋水》："澮，會也，小溝之所聚會也。"……"澮盈"是指溝渠水滿外溢也。《孟子·離婁下》："苟爲無本，七八月之間雨集，溝澮皆盈；其涸也，可立而待也。"①

子居：

（畲釋）"會"當是，"會""厥"皆見母月部字，"會""貴"相通（參《古字通假會典》第523頁"屈與厥"條，濟南：齊魯書社，1989年7月），"貴""屈"相通，"厥""屈"相通，故"會"當可讀爲"屈"，"會經"可讀爲"屈盈"，"屈盈"即"盈屈"，傳世文獻又作"盈詘""贏絀""盈縮"等，《成人》作"屈盈"蓋是爲了押韻的緣故。長沙子彈庫楚帛書《甲篇》："惟□□□月，則盈絀不得其常。"馬王堆帛書《黄帝書·十大經·觀》："刑德皇皇，日月相望，以明其當，而盈屈無匡。"《國語·越語下》："贏縮轉化，後將悔之。……臣聞古之善用兵者，贏縮以爲常，四時以爲紀，無過天極，究數而止。"韋昭注："贏縮，進退也。"②

（四）"敌（屬）之于鄉里"

整理報告：

所屬於鄉里者，應即上注引《周禮》"登中于天府"之"中"。《逸周書·嘗麥》："宰乃承王中，升自客階。作筴執筴從中，宰坐，尊中於大正之前。"江永《周禮疑義舉要》："凡官府簿書謂之中"，《周禮》載鄉士、遂士、縣士、方士皆有"受中"的職責。

子居：

所注略泛，"凡官府簿書謂之中"涉及的内容過多，《成人》篇此處"屬之於鄉里"的，當即是前文的"斷辭"，已經判決的成文判例，是之

---

① 《清華九〈成人〉初讀》第17樓跟帖，簡帛網"簡帛論壇"，2019年11月23日。
② 子居：《清華簡九〈成人〉解析》，中國先秦史網，2020年1月26日。

後行政守法的教材依據，所以會"屬之於鄉里"，《周禮·地官·鄉大夫》："鄉大夫之職，各掌其鄉之政教禁令。正月之吉，受教法於司徒，退而頒之於其鄉吏。……正歲，令群吏考法於司徒以退，各憲之於其所治之國。"其下的"州長""黨正""族師"皆有"屬民而讀邦法"的職責。①

單育辰先生：

"青"可讀爲"情"，是情實的意思。這裏的"幾"是動詞……讀爲"譏"，是查問的意思。"鄉里"與整理者注所舉的官府簿書義的"中"在邏輯上不能洽合，就應常用的鄉里的意思。後句是説獄訟來的時候沒有真實情況（斷案困難），則要在一歲中查問獄訟之辭，要去鄉里（熟識之人）那裏去查問。②

第 25 節　《禱辭》（第 9 册）地理史料匯證

《禱辭》簡 2—3、5、9—10、15—16：

奴（如）君之神靁（靈）攸（修）政（正）民人，句（苟）吏（使）四方之群明遝（歸）曾孫某之邑……【二】……奴（如）百湩（涌）川之遝（歸）䍐（海），奴（如）緥（販）内（入）【三】姉（市）……

咎（皋）! 告尔（爾）某邑之社：邑又（有）社而向（鄉）又（有）垕（丘）⁽一⁾，復邑郢（盈）虛然句（後）改𦣞（悔）。句（苟）吏（使）四方之群旬〈明〉豐〈豑〉（遝）者（諸）於邑之於【五】屋（處）……【六】……

奴（如）百湩（涌）川之遝（歸）䍐（海），奴（如）緥（販）内（入）市。句（苟）吏（使）四方之群明遝（歸）曾孫某之邑者，奴（如）云（雲）之内（入），【九】奴（如）星之西行⁽二⁾，奴（如）河白（伯）之富，奴（如）北䍐（海）之昌⁽三⁾，吏（使）曾孫某之邑人以邑之爲尚。【一〇】……

吏（使）此樟（淳）女羕（乘）此𡉄（美）馬，以舟（周）此【一五】邑之坕（野）⁽四⁾，吏（使）虐（吾）邑昌……【一六】……

【注　釋】

① 子居：《清華簡九〈成人〉解析》，中國先秦史網，2020 年 1 月 26 日。
② 單育辰：《清華九〈成人〉釋文商榷》，《中國文字》（2020 年夏季號），臺北：萬卷樓圖書股份有限公司，2020 年，第 283 頁。

（一）"邑又（有）社而向（鄉）又（有）坒（丘）"

整理報告：

向，讀爲"鄉"，上博簡《競建内之》"鄉里"的"鄉"字即寫作"向"。根據《國語》《管子》《周禮》等文獻的記載，"鄉"是一種居民組織單位。坒，即"丘"，或即丘社，《左傳》昭公十一年有"盟於清丘之社"。"祗"在天星觀簡中是被祭禱的對象，從示或許説明其是特指的神明。包山簡又有"高丘"與"下丘"。

子居：

（整理者）所言"'丘'，或即丘社，《左傳》昭公十一年有'盟於清丘之社'"明顯不確，"清丘"是邑不是鄉，"清丘之社"自然也并不是説的整理者所言"丘社"而是説的邑社，筆者《清華簡九〈治政之道〉解析（下）》已言："'丘'即冢，《方言》卷十三：'冢，秦晉之間謂之墳，或謂之培，或謂之瑜，或謂之采，或謂之埌，或謂之壠。自關而東謂之丘，小者謂之壠，大者謂之丘，凡葬而無墳謂之墓，所以墓謂之撫。'……要之，《治政之道》所説'丘社'，猶傳世文獻所言'冢社''冢土'，先秦文獻見於《詩經・大雅・綿》：'乃立冢土，戎醜攸行。'《司馬法・仁本》：'乃告於皇天上帝，日月星辰，禱於後土，四海神祇，山川冢社，乃造於先王。'銀雀山漢簡《六韜・葆啓》：'周有天下，以爲冢社。'皆其辭例。"故"鄉有丘"即"鄉有冢"，這種"冢"，在《山海經》郭璞注中猶可見其原貌，《五藏山經》中很多山都被稱爲"冢也"，郭璞注言"冢者，神鬼之所舍也。"這個注并不完全契合《山經》原内容，但確實是"冢"的一個義項，"鄉有丘"的"丘"就是這種"神鬼之所舍"的封土丘壠。[①]

熊賢品先生：

"社"爲古代地區單位，如《管子・乘馬》："方六里，名之曰社"，又《晏子春秋・雜下十六》："景公禄晏子以平陰與槀邑，反市者十一社。"但既然簡文爲"邑又（有）社"，"邑"已經爲地區單位之意，則簡文之"社"應非此含義。

又，"社"在古代文獻中有指"土地神""祭壇""祭土地神"等一系列相關用法。"社"用於指土地神，如《國語・魯語上》："共工氏之伯九有也，其子曰后土，能平九土，故祀以爲社。"指"祭土地神"的情况，

---

① 子居：《清華簡九〈禱辭〉韻讀》，中國先秦史網，2020年3月31日。

如《書·召誥》：“越翼日戊午，乃社於新邑，牛一羊一豕一。”《禮記·月令》：“（仲春之月）擇元日，命民社。”也可以指社壇，如《左傳·昭公十七年》：“伐鼓於社。”有“社”神，則自當有祭祀行爲與空間，由於存在内容上的聯繫，從而出現上述相關聯的用法。

而從《禱辭》簡文来看，所祈禱的對象有“某邑之社”“后稷氏”“東方之士正”“東方之白馬”等。并且在對“某邑之社”禱告時，且有“君之神需”等用語，由此可見此“某邑之社”是被當成一種神祇，而不是指具體的祭祀場所。《禱辭》中作爲神祇之“社”，應當符合傳世文獻所見“社”爲“土地神”之用例。

由此，再據簡5“咎！告爾某邑之社：‘邑又（有）社而向（鄉）又（有）至（丘）……’”来看，此處將“邑又社”“向又至”相對比，則“丘”與“社”的性質可能也相近，是指一種地祇。[1]

（二）“奴（如）星之西行”

整理報告：

《淮南子·天文》：“天傾西北，故日月星辰移焉。”古人認爲星辰自東向西運行。簡文“如星之西行”是在形容四方之群明歸曾孫某之邑的迅捷。

子居：

（整理者）所說“是在形容四方之群明歸曾孫某之邑的迅捷”不確，全句并無迅捷義的詞彙，這裏只是在説民衆歸邑如星辰西移一樣。相對於直觀的“星之西行”，《淮南子》還有另一個内容，《淮南子·修務》：“攝提、鎮星、日、月東行，而人謂星辰日月西移者；以大氐爲本。”之後的《史記·天官書》“東行”内容更是明確，因此清華簡《禱辭》所記屬於更早一些的觀念。[2]

（三）“奴（如）河白（伯）之富，奴（如）北畱（海）之昌”

整理報告：

河伯爲黃河水神，《楚辭·九歌》的《河伯》篇有“魚鱗屋兮龍堂，

---

① 熊賢品：《清華簡九〈禱辭〉與葛陵楚簡之“丘”》，《簡牘學研究》（第11輯），蘭州：甘肅人民出版社，2021年，第5頁。

② 子居：《清華簡九〈禱辭〉韻讀》，中國先秦史網，2020年3月31日。

紫貝闕兮朱宫”一句，或許就是在描繪“河伯之富”。本篇以河伯與北海
爲喻，二者亦同見於《莊子·秋水》。

王寧先生：

> 河伯富有之説蓋先秦古傳，《太平御覽》卷 472 引《歸藏》曰：“上
> 有高臺，下有雛池，以此事君，其貴若化；若以賈市，其富如河漢。”從
> 字句和用韻上看，末句“漢”字當爲衍文。“其富如河”即本篇“如河伯
> 之富”也。[1]

子居：

> （整理者）所説“魚鱗屋兮龍堂，紫貝闕兮朱宫”只是水族建築，無
> 從理解何以會“或許就是在描繪‘河伯之富’”。傳世文獻體現“河伯之
> 富”的内容或可參看《淮南子·泰族》：“崇於太山，富於江河。”由此也
> 可見《禱辭》的成文時間當近於《淮南子》的成編。[2]

（四）“以舟（周）此邑之埜（野）”

整理報告：

> 舟，當讀爲“周”，《诗·大東》：“舟人之子”，鄭箋：“舟當作周”。
> 嶽麓簡《占夢書》：“夢乘舟船，爲遠行”，“舟”即寫作“周”。

子居：

> 《禱辭》所説“以周此邑之野”明顯類似於《管子·小匡》：“服牛輅
> 馬，以周四方。”（又見《國語·齊語》），所以當可説明《禱辭》篇作者
> 與《管子》《國語》的措辭相似性。[3]

第 26 節　《行稱》（第 10 册）地理史料匯證

《行稱》簡 6—7：

> 愛（稱）弔裻（勞），利畋（田）蠟（獵）、佗（馳）馬、繹（畢）紾
> （弋）、土杠（功）之事，奴（如）弗爲，哭（客）於少（小）子、徒【六】
> 戔（衛）、埜（野）郢（里）人[一]。

【注　釋】

① 《清華九〈禱辭〉初讀》第 13 樓跟帖，簡帛網“簡帛論壇”，2019 年 11 月 25 日。
② 子居：《清華簡九〈禱辭〉韻讀》，中國先秦史網，2020 年 3 月 31 日。
③ 子居：《清華簡九〈禱辭〉韻讀》，中國先秦史網，2020 年 3 月 31 日。

（一）"妟（宭）於少（小）子、徒戣（衛）、埜（野）郚（里）人"

整理報告：

戣，讀爲"衛"。徒衛，見於《左傳》文公七年："乃多與之徒衛。"埜郚，即"野里"，清華簡《治邦之道》簡二七作"埜邦"。

子居：

"郚"訓爲鄙，慧琳《一切經音義》卷三："鄙郚……下音里《蒼頡篇》云：國之下邑也。"又卷四十七："鄙俚，補美反，下又作郚，同力子反，鄙陋也，《說文》：'五酇爲鄙。'鄙，郚也，《蒼頡篇》：'國之下邑曰郚。'《漢書》：'質而不郚'，如淳曰：'雖質猶不如閭里之郚言也。'"[1]

---

① 子居：《清華簡十〈行稱〉解析》，中國先秦史網，2021 年 2 月 7 日。

參考文獻

B

白光琦：《清華簡〈繫年〉與平王東遷》，簡帛網，2013 年 7 月 5 日。

白國紅：《鄭國東遷肇始時間考》，《中原文化研究》2020 年第 4 期。

白於藍、岳拯士：《清華簡〈越公其事〉校釋（六則）》，《中國文字》2020 年夏季號，臺北：萬卷樓圖書股份有限公司，2020 年。

C

蔡靖泉：《〈楚居〉所記楚先公事迹的獻疑考實》，《江漢論壇》2019 年第 8 期。

蔡麗利、譚生力：《清華簡〈説命〉相關問題初探》，《古籍整理研究學刊》2014 年第 2 期。

蔡哲茂：《夏王朝存在新證——説殷卜辭的“西邑”》，《中國文化》2016 年第 2 期。

曹定雲：《清華簡〈説命上〉“二戊豕”解——兼論〈説命〉的真實性與傳抄年代》，《中原文化研究》2019 年第 2 期。

曹方向（網名魚游春水）：《〈繫年〉臆説兩則》，簡帛網“簡帛論壇”，2012 年 12 月 4 日。

曹方向（網名魚游春水）：《清華簡“賽賽侯”衍文？》，簡帛網“簡帛論壇”，2012 年 12 月 24 日。

曹峰：《清華簡〈三壽〉〈湯在啻門〉二文中的鬼神觀》，《四川大學學報（哲學社會科學版）》2016 年第 5 期。

曹錦炎：《曾侯殘鐘銘文考釋》，《江漢考古》2014 年第 4 期。

曹錦炎：《説清華簡〈繫年〉的“閔”》，李守奎主編：《清華簡〈繫年〉與古史新探》，上海：中西書局，2016 年。

晁福林：《談清華簡〈鄭武夫人規孺子〉的史料價值》，《清華大學學報（哲學社會科學版）》2017 年第 3 期。

陳愛峰等：《〈尚書〉“三危”地望研究述評》，《青海民族研究》2006 年第 3 期。

陳劍：《〈容成氏〉補釋三則》，復旦大學出土文獻與古文字研究中心編：《出土文獻與古文字研究》（第 6 輯），上海：復旦大學出版社，2015 年。

陳劍：《〈越公其事〉殘簡 18 的位置及相關的簡序調整問題》，復旦大學出土文獻與古文字研究中心網，2020 年 11 月 12 日。

陳絜：《東土諸嬴與“飛廉東逃于商盍”》，清華大學出土文獻研究與保護中心編：《紀念清華簡入藏暨清華大學出土文獻研究與保護中心成立十周年國際學術研討會論文集》，2018 年。

陳絜：《清華簡〈繫年〉第二十章地名補正》，李守奎主編：《清華簡〈繫年〉與古史新探》，上海：中西書局，2016 年。

陳康：《周代衛國考古學文化研究——以衛地遺址和墓葬爲中心》，鄭州大學博士學位論文，2019 年。

陳夢兮：《清華簡〈鄭文公問太伯〉甲本、乙本異文考》，《常熟理工學院學報（哲學社會科學版）》2024 年第 1 期。

陳民鎮《讀清華簡〈楚居〉札記（二則）》，復旦大學出土文獻與古文字研究中心網，2011 年 5 月 30 日。

陳民鎮：《清華簡〈尹至〉集釋》，復旦大學出土文獻與古文字研究中心網，2011 年 9 月 12 日。

陳民鎮：《清華簡〈尹誥〉集釋》，復旦大學出土文獻研究與保護中心網，2011 年 9 月 12 日。

陳民鎮：《清華簡〈楚居〉集釋》，復旦大學出土文獻與古文字研究中心網，2011 年 9 月 23 日。

陳民鎮、江林昌：《“西伯戡黎”新證——從清華簡〈耆夜〉看周人伐黎的史事》，《東岳論叢》2011 年第 10 期。

陳民鎮：《清華簡〈繫年〉研究》，烟台大學碩士學位論文，2013 年。

陳民鎮：《齊長城新研——從清華簡〈繫年〉看齊長城的若干問題》，《中國史研究》2013 年第 3 期。

陳民鎮：《䣂羌鐘與清華簡〈繫年〉合證》，《考古與文物》2015 年第 6 期。

陳民鎮：《清華簡伊尹諸篇與商湯居地及伐桀路綫考》，《廣西師範大學學報（哲學社會科學版）》2018 年第 2 期。

陳銘浩：《晉文公流亡事迹考》，《開封文化藝術職業學院學報》2020 年第 10 期。

陳樹：《清華簡〈説命上〉補釋》，《古籍整理研究學刊》2016 年第 3 期。

陳偉：《讀〈上博（六）〉條記》，簡帛網，2007 年 7 月 9 日。

陳偉：《〈保訓〉詞句解讀》，簡帛網，2009 年 7 月 13 日。

陳偉：《讀清華簡〈楚居〉札記》，簡帛網，2011 年 1 月 8 日。

陳偉：《岳麓秦簡〈三十五年質日〉"箸鄉"小考》，簡帛網，2011 年 4 月 4 日。

陳偉：《秦至漢初銷縣地望補説》，簡帛網，2011 年 4 月 5 日。

陳偉：《讀清華簡〈繫年〉札記（一）》，簡帛網，2011 年 12 月 20 日。

陳偉：《讀清華簡〈繫年〉札記（二）》，簡帛網，2011 年 12 月 21 日。

陳偉：《清華簡七〈越公其事〉校釋》，《出土文獻與傳世典籍的詮釋國際學術研討會論文集》，上海：復旦大學，2017 年。

陳偉：《清華簡七〈越公其事〉校讀》，簡帛網，2017 年 4 月 27 日。

陳偉武：《清華簡第七冊釋讀小記》，《〈清華簡〉國際研討會論文集》，2017 年 10 月。

陳文娟：《清華簡（拾）〈四告〉集釋與初步研究》，聊城大學碩士學位論文，2023 年。

陳爻（網名）：《也談〈繫年〉的"厭年"》，復旦大學出土文獻與古文字研究中心網，2012 年 10 月 29 日。

陳一：《清華簡（柒）疑難字詞補釋》，天津師範大學碩士學位論文，2022 年。

陳穎飛：《清華簡畢公高、畢桓與西周畢氏》，清華大學出土文獻研究與保護中心等編：《古代簡牘保護與整理研究》，上海：中西書局，2012 年。

陳治軍：《從清華簡〈越公其事〉所見"甬、句東"再論"楚滅越"的時代》，中國文字學會編：《中國文字學會第九屆學術年會論文集》，貴陽：貴州師範大學，2017 年 8 月。

程浩：《清華簡〈楚居〉"盤"字試解》，復旦大學出土文獻與古文字研究中心網，2011 年 5 月 10 日。

程浩：《清華簡第七輯整理報告拾遺》，李學勤主編：《出土文獻》（第 10 輯），上海：中西書局，2017 年。

程少軒：《談談〈楚居〉所見古地名"宵"及相關問題》，簡帛網，2011 年 5 月 31 日。

程濤平：《先楚史》，武漢：武漢出版社，2019 年。

程薇：《清華簡〈繫年〉與晉伐中山》，《深圳大學學報（人文社會科學版）》2012 年第 2 期。

程薇：《清華簡〈繫年〉與夏姬身份之謎》，《文史知識》2012 年第 7 期。

程燕：《説樊》，簡帛網，2011 年 1 月 6 日。

程鍾書：《讀〈清華簡·繫年〉札記三則》，劉玉堂主編：《楚學論叢》（第 2 輯），武漢：湖北人民出版社，2012 年。

D

［西晉］杜預集解：《春秋經傳集解》，上海：上海古籍出版社，1988 年。

笪浩波：《從近年出土文獻看早期楚國中心區域》，《江漢考古》2011 年第 2 期。

笪浩波、李想生：《生境的選擇與楚文化的興起》，《考古與文物》2012 年第 1 期。

笪浩波：《從近年出土新材料看楚國早期中心區域》，《文物》2012 年第 2 期。

笪浩波：《從清華簡〈楚居〉看季連族的南遷路綫》，劉玉堂主編：《楚學論叢》（第 3 輯），武漢：湖北人民出版社，2014 年。

笪浩波：《從楚王事迹看“爲”郢之所在》，楚文化研究會編：《楚文化研究論集》（第 11 集），上海：上海古籍出版社，2015 年。

笪浩波：《從清華簡〈楚居〉看楚史的若干問題》，《中國史研究》2015 年第 1 期。

笪浩波：《從清華簡〈楚居〉看“爲”郢之所在》，《中國歷史地理論叢》2016 年第 4 期。

笪浩波：《多維視野下的春秋早期楚國中心區域——清華簡〈楚居〉之楚王居地考》，《長江大學學報（社科版）》2017 年第 4 期。

笪浩波：《楚季寶鐘埋藏背景探析》，《楚文化與長江中游早期開發國際學術研討會論文集》，武漢：武漢大學，2018 年 9 月。

笪浩波：《清華簡〈楚居〉與楚國都城探研》，武漢：武漢大學出版社，2022 年。

［日］大西克也：《清華柒·越公其事“坳塗溝塘”考》，《第三十屆中國文字學國際學術研討會論文集》，臺南：“國立”成功大學，2019 年。

代生：《清華簡〈繫年〉所見齊國史事初探》，《烟台大學學報（哲學社會科學版）》2015 年第 1 期。

代生：《清華簡〈繫年〉西周史篇章解讀》，《海岱學刊》2021 年第 2 期。

丁軍偉：《甲骨金文所見“失族”問題再論》，《殷都學刊》2018 年第 2 期。

董珊：《從出土文獻談曾分爲三》，復旦大學出土文獻與古文字研究中心網，2011 年 12 月 26 日。

董珊：《讀清華簡〈繫年〉》，復旦大學出土文獻與古文字研究中心網，2011 年 12 月 26 日。

董珊：《清華簡〈繫年〉所見的“衛叔封”（修訂稿）》，復旦大學出土文獻與古文字研究中心網，2011 年 12 月 26 日。

董珊：《簡帛文獻考釋論叢》，上海：上海古籍出版社，2014 年。

董珊：《釋"氼"——兼説哀成叔鼎銘文》，清華大學出土文獻研究與保護中心編：《半部學術史，一位李先生——李學勤先生學術成就與學術思想國際研討會論文集》，北京：清華大學出版社，2021 年。

董喆：《由清華簡〈繫年〉論"四年建侯衛"》，鄔文玲、戴衛紅主編：《簡帛研究》二〇二三年秋冬卷，桂林：廣西師範大學出版社，2024 年。

杜鋒：《清華簡〈赤鵠之集於湯之屋〉與巫醫結合》，《蘭臺世界》2014 年第 6 期。

杜勇：《清華簡〈金縢〉有關歷史問題考論》，《古籍整理研究學刊》2012 年第 2 期。

杜勇：《清華簡〈楚居〉所見楚人早期居邑考》，《中國國家博物館館刊》2013 年第 11 期。

杜勇、孔華：《從清華簡〈繫年〉説康叔的始封地問題》，《管子學刊》2017 年第 2 期。

杜勇：《西周"共和行政"歷史真相新探》，清華大學出土文獻研究與保護中心編：《紀念清華簡入藏暨清華大學出土文獻研究與保護中心成立十周年國際學術研討會論文集》，2018 年。

杜勇：《新出金文與鄂國史地問題考辨》，《寶雞文理學院學報（社會科學版）》2018 年第 2 期。

杜勇：《千畝之戰析疑》，《中原文化研究》2021 年第 5 期。

F

凡國棟：《〈上博六〉楚平王逸篇初讀》，簡帛網，2007 年 7 月 9 日。

凡國棟：《曾侯與編鐘銘文束釋》，《江漢考古》2014 年第 4 期。

凡國棟：《清華簡〈楚居〉中與季連有關的幾個地名》，簡帛網，2011 年 6 月 4 日，又見楚文化研究會編：《楚文化研究論集》（第 10 集），武漢：湖北美術出版社，2011 年。

范常喜：《清華六〈鄭文公問太伯〉札記三則》，李學勤主編：《出土文獻》（第 12 輯），上海：中西書局，2018 年。

范常喜：《清華簡〈子儀〉所記"大蒐"事考析》，《出土文獻》2020 年第 4 期。

范學謙：《"西伯戡黎"之我見》，《内蒙古農業大學（社會科學版）》2012 年第 3 期。

方勤：《楚昭王遷郢於都之"都"係當陽季家湖城考證》，楚文化研究會編：《楚文化研究論集》（第 12 集），上海：上海古籍出版社，2017 年。

馮勝君:《也談清華簡〈金縢〉及〈詩・豳風・鴟鴞〉所見周初史事》,陳偉主編:《簡帛》(第18輯),上海:上海古籍出版社,2019年。

馮勝君:《清華簡〈尚書〉類文獻箋釋》,上海:上海古籍出版社,2022年。

馮時:《"亳中邑"考》,清華大學出土文獻研究與保護中心編:《出土文獻與中國古代文明——李學勤先生八十壽誕紀念論文集》,上海:中西書局,2016年。

復旦大學出土文獻與古文字研究中心研究生讀書會:《清華簡〈尹至〉〈尹誥〉研讀札記》,復旦大學出土文獻與古文字研究中心網,2011年1月5日。

復旦大學出土文獻與古文字研究中心研究生讀書會:《清華簡〈祭公之顧命〉研讀札記》,復旦大學出土文獻與古文字研究中心網,2011年1月5日。

復旦大學出土文獻與古文字研究中心研究生讀書會:《清華簡〈楚居〉研讀札記》,復旦大學出土文獻與古文字研究中心網,2011年1月5日。

復旦大學出土文獻與古文字研究中心讀書會:《〈清華(貳)〉討論記錄》,復旦大學出土文獻與古文字研究中心網,2011年12月23日。

G

高崇文:《清華簡〈楚居〉所載楚早期居地辨析》,《江漢考古》2011年第4期。

高崇文:《楚早期居地再探》,《楚文化與長江中游早期開發國際學術研討會論文集(下)》,武漢:武漢大學,2018年9月。

高嵩松:《允執厥中 有恃無恐——清華簡〈保訓〉篇的"中"是指"中道"嗎?》,《東方早報》2009年7月26日。

高佑仁:《上博九〈成王爲城濮之行〉通釋》,《古文字學青年論壇論文集》,臺北:"中央"研究院歷史語言研究所,2013年。

高佑仁:《清華柒〈越公其事〉研究》,臺北:萬卷樓圖書股份有限公司,2023年。

[日]谷口滿:《試論清華簡〈楚居〉對於楚國歷史地理研究的影響》,楚文化研究會編:《楚文化研究論集》(第10集),武漢:湖北美術出版社,2011年。

[日]谷口滿:《楚國的形成與結構及其擴展與變質(梗概)》,徐少華、[日]谷口滿、[美]羅泰主編:《楚文化與長江中游早期開發國際學術研討會論文集》,武漢:武漢大學出版社,2021年。

郭德維:《試論秦拔郢之戰——兼探夷陵之所在》,《江漢論壇》1992年第5期。

郭濤:《清華簡〈繫年〉讀札之"息息侯"》,復旦大學出土文獻與古文字研究中心網,2012年3月22日。

郭濤:《試說清華簡〈繫年〉之"中城"》,簡帛網,2012年4月9日。

郭洗凡：《清華簡〈越公其事〉集釋》，安徽大學碩士學位論文，2018 年。

郭志華：《〈楚居〉與楚史相關問題探討》，華中師範大學碩士學位論文，2012 年。

H

[日]海老根量介：《關於包山楚簡中所見"縣"的若干認識》，徐少華、[日]谷口滿、[美]羅泰主編：《楚文化與長江中游早期開發國際學術研討會論文集》，武漢：武漢大學出版社，2021 年。

韓國河、陳康：《鄭國東遷考》，《鄭州大學學報（哲學社會科學版）》2019 年第 2 期。

韓席籌：《左傳分國集注》，南京：江蘇人民出版社，1963 年。

郝花萍：《〈清華大學藏戰國竹簡（陸）〉鄭國三篇集釋》，西南大學碩士學位論文，2017 年。

何家歡：《清華簡（柒）〈越公其事〉集釋》，河北大學碩士學位論文，2018 年。

何琳儀：《包山竹簡選釋》，《江漢考古》1993 年第 4 期。

何琳儀：《新蔡竹簡選釋》，《安徽大學學報（哲學社會科學版）》2004 年第 3 期。

何曉琳：《〈楚居〉簡與早期楚文化》，武漢大學歷史地理研究所編：《石泉先生百年誕辰紀念文集》，武漢：武漢大學出版社，2023 年。

何艷傑：《赤狄新考》，《殷都學刊》2022 年第 1 期。

河南省文物考古研究所等：《新蔡葛陵楚墓》，鄭州：大象出版社，2003 年。

侯傳峰：《清華簡〈説命〉集釋》，曲阜師範大學碩士學位論文，2020 年。

侯乃峰：《讀清華簡（三）〈説命〉脞録》，簡帛網，2013 年 1 月 16 日。

侯乃峰：《讀清華簡（柒）零札》，《中國文字學會第九屆學術年會論文集》，貴陽：貴陽孔學堂，2017 年。

胡敕瑞：《〈清華大學藏戰國竹簡（柒）·越公其事〉札記三則》，清華大學出土文獻研究與保護中心網，2017 年 4 月 29 日。

胡剛：《早期楚文化的初步研究》，西北大學碩士學位論文，2010 年。

胡剛、黃婧：《試論早期楚國中心區域的變遷》，楚文化研究会編：《楚文化研究論集》（第 13 集），上海：上海古籍出版社，2018 年。

胡凱、陳民鎮：《從清華簡〈繫年〉看晉國的邦交——以晉楚、晉秦關係爲中心》，《邯鄲學院學報》2012 年第 2 期。

湖北省荆沙鐵路考古隊：《包山楚簡》，北京：文物出版社，1991 年。

湖北省文物考古研究所、隨州市博物館：《隨州文峰塔 M1（曾侯與墓）、M2 發掘簡報》，《江漢考古》2014 年第 4 期。

華東師範大學中文系戰國簡讀書小組：《讀〈清華大學藏戰國竹簡（貳）・繫年〉書後（一）》，簡帛網，2011 年 12 月 29 日。

華東師範大學中文系戰國簡讀書小組：《讀〈清華大學藏戰國竹簡（貳）・繫年〉書後（三）》，簡帛網，2012 年 1 月 1 日。

華東師範大學中文系出土文獻研究工作室：《讀〈清華大學藏戰國竹簡（伍）〉書後（三）》，簡帛網，2015 年 4 月 17 日。

黃愛梅：《〈越公其事〉與吳、越史事——讀〈清華簡（柒）・越公其事〉札記》，華東師範大學歷史系編：《第二屆出土文獻與先秦史研究工作坊論文集》，上海：華東師範大學歷史學系，2017 年。

黃愛梅：《〈清華簡（柒）・越公其事〉的敘事立場及越國史事》，《新史料與古史書寫——40 年探索歷程的回顧與思考學術研討會論文集》，上海：華東師範大學歷史學系，2018 年。

黃愛梅：《清華簡〈繫年〉中的楚吳關係及其書寫特征》，《史林》2019 年第 1 期。

黃德寬：《釋新出戰國楚簡中的"湛"字》，《中山大學學報（社會科學版）》2018 年第 1 期，又載復旦大學出土文獻與古文字研究中心網，2017 年 6 月 6 日。

黃德寬：《安徽大學藏戰國竹簡概述》，《文物》2017 年第 9 期。

黃德寬：《清華簡新見"湛（沈）"字說》，《清華大學學報（哲學社會科學版）》2020 年第 1 期。

黃德寬：《釋古文字中的"杪"及相關字》，《漢字漢語研究》2021 年第 1 期。

黃鳳春、黃建勛：《從新見唐國銅器銘文再談曾隨之謎——兼談姬姓唐國的地望問題》，《楚文化與長江中游早期開發國際學術研討會論文集（下）》，武漢：武漢大學，2018 年 9 月。

黃浩：《春秋鄖、鄢地理考略——兼說利用清華簡涉鄭篇章判定"鄭伯克段"之地存在的問題》，《古文獻研究》（第 10 輯），南京：鳳凰出版社，2023 年。

黃懷信：《清華簡〈皇門〉校讀》，簡帛網，2011 年 3 月 14 日。

黃懷信：《清華簡〈尹至〉補釋》，簡帛網，2011 年 3 月 17 日。

黃懷信：《由清華簡〈尹誥〉看〈古文尚書・咸有一德〉》，簡帛網，2011 年 3 月 25 日。

黃懷信：《清華簡〈金縢〉校讀》，《古籍整理研究學刊》2011 年第 3 期。

黃懷信：《清華簡〈耆夜〉句解》，《文物》2012 年第 1 期。

黃懷信：《由清華簡〈尹誥〉看〈古文尚書〉》，《魯東大學學報（哲學社會科學版）》2012 年第 6 期。

黃暉撰：《論衡校釋》，北京：中華書局，2017 年。

黃傑：《初讀〈清華大學藏戰國竹簡（貳）〉筆記》，復旦大學出土文獻與古文字研究中心網 "學術討論" 論壇，2011 年 11 月 20 日。

黃傑：《據清華簡〈繫年〉釋讀楚簡二則》，簡帛網，2011 年 12 月 27 日。

黃傑：《初讀清華簡（三）〈赤鵠（從鳥）之集湯之屋〉筆記》，簡帛網，2013 年 1 月 10 日。

黃傑：《再議清華簡〈皇門〉"耆門" 及相關問題》，《中國文字研究》（第 19 輯），上海：上海書店出版社，2014 年。

黃錦前：《"徙夷屯" 新解及相關問題》，劉玉堂主編：《楚學論叢》（第 2 輯），武漢：湖北人民出版社，2012 年。

黃錦前：《"許子佗" 與 "許公佗"——兼談清華簡〈繫年〉的可靠性》，簡帛網，2012 年 11 月 21 日。

黃錦前：《從近刊郙器申論郙國地望及楚滅郙的年代》，《中國歷史地理論叢》2017 年第 3 期。

黃錦前：《清華簡〈楚居〉"徙居/襲×郢" 解》，《學術界》2022 年第 10 期。

黃靈庚：《清華戰國竹簡〈楚居〉箋疏》，《中華文史論叢》2012 年第 1 期。

黃鳴：《清華簡〈楚居〉一至四簡的歷史地理考察》，簡帛網，2011 年 7 月 20 日。

黃人二：《清華大學藏戰國竹簡〈保訓〉校讀》，《考古與文物》2009 年第 6 期。

黃人二、趙思木：《清華簡〈尹至〉餘釋》，簡帛網，2011 年 1 月 12 日。

黃人二：《關於清華簡（柒）疑難字詞的數則釋讀》，靜宜大學中國文學系編：《第二屆漢文化學術研討會暨學生論文競賽——"漢文化研究的新知與薪傳" 會議論文抽印本》，臺中：靜宜大學中國文學系，2017 年 6 月。

黃聖松、黃庭頎：《〈清華六·鄭文公問太伯〉札記》，簡帛網，2016 年 9 月 7 日。

黃聖松、黃庭頎：《〈清華六·鄭文公問太伯〉札記（二）》，簡帛網，2016 年 9 月 14 日。

黃錫全：《湖北出土商周文字輯證》，武漢：湖北大學出版社，1992 年。

黃錫全：《楚都 "鄂郢" 新探》，《江漢考古》2009 年第 2 期。

黃錫全：《楚武王 "郢" 都初探——讀清華簡〈楚居〉札記之一》，復旦大學出土文獻與古文字研究中心網，2011 年 5 月 31 日。

黃錫全：《"朋郢" 新探——讀清華簡〈楚居〉札記》，《江漢考古》2012 年第 2 期，又載簡帛網，2011 年 11 月 28 日。

黃錫全：《清華簡〈繫年〉"从門从戈"字簡議》，簡帛網，2011 年 12 月 23 日。

黃錫全：《楚武王"郢"都初探——讀清華簡〈楚居〉札記之一》，李學勤主編：《清華簡研究（第 1 輯）——〈清華大學藏戰國竹簡（壹）〉國際學術研討會論文集》，上海：中西書局，2012 年。

黃錫全：《清華簡〈繫年〉"閔"字簡議》，陳偉主編：《簡帛》（第 7 輯），上海：上海古籍出版社，2012 年。

黃錫全：《楚簡秦溪、章華臺略議——讀清華簡〈楚居〉札記之二》，羅運環主編：《楚簡楚文化與先秦歷史文化國際學術研討會論文集》，武漢：湖北教育出版社，2013 年。

黃錫全：《清華簡〈繫年〉簡所見"閔方城""造於方城"等名稱小議》，李守奎主編：《清華簡〈繫年〉與古史新探》，上海：中西書局，2016 年。

黃錫全：《清華簡〈繫年〉"厥貉"字形補議》，清華大學出土文獻研究與保護中心等編：《出土文獻與中國古代文明研究——李學勤先生八十壽誕紀念論文集》，上海：中西書局，2016 年。

黃錫全：《荊州紀南城遺址究竟是楚國的哪個郢?》，《楚文化與長江中游早期開發國際學術研討會論文集（上）》，武漢：武漢大學，2018 年 9 月；又見徐少華、[日]谷口滿、[美]羅泰主編：《楚文化與長江中游早期開發國際學術研討會論文集》，武漢：武漢大學出版社，2021 年。

黃錫全：《清華簡〈楚居〉"巫戕賅其脅以楚"再議》，清華大學出土文獻研究與保護中心編：《紀念清華簡入藏暨清華大學出土文獻研究與保護中心成立十周年國際學術研討會論文集》，2018 年 11 月。

黃錫全：《談談楚國"湫郢"問題》，《出土文獻》2020 年第 1 期。

黃澤鈞：《清華簡〈繫年〉地名構詞研究》，《第十八屆中區文字學學術研討會論文集》，臺北，2016 年 5 月 21 日。

J

季旭昇：《清華大學藏戰國竹簡（壹）讀本》，臺北：藝文印書館，2013 年。

[日]吉本道雅：《清華簡繫年考》，《京都大學文學部研究紀要》（52），2013 年。

賈連翔：《從清華簡〈繫年〉再看齊桓公邦衛》，鄔文玲、戴衛紅主編：《簡帛研究》二〇二〇年春夏卷，桂林：廣西師範大學出版社，2020 年。

賈連翔：《三晉始侯相關史事新探——再讀清華簡〈繫年〉與屬羌鐘銘文》，《中國史研究》2020 年第 3 期。

江秋貞：《〈清華大學藏戰國竹簡（柒）·越公其事〉考釋》，臺北：花木蘭文化事業公司，2022 年。

蔣瓊傑：《新蔡簡、上博簡、清華簡地名資料集釋》，吉林大學碩士學位論文，2017 年。

蔣瓊傑：《〈繫年〉簡 56 "貉" 字的文字學解釋》，《新蔡簡、上博簡、清華簡地名資料集釋》，吉林大學碩士學位論文，2017 年，又見李學勤主編：《出土文獻》（第 12 輯），上海：中西書局，2018 年。

蔣秀林：《春秋戰國楚都研究》，陝西師範大學碩士學位論文，2018 年。

金宇祥：《〈清華大學藏戰國竹簡（壹）•楚居〉研究》，臺灣師範大學碩士學位論文，2013 年。

金宇祥：《清華簡〈繫年〉"沝之師" 相關問題初探》，陳偉主編：《簡帛》（第 13 輯），上海：上海古籍出版社，2016 年。

K

孔華、杜勇：《清華簡〈皇門〉與五門三朝考異》，《天津師範大學學報（社會科學版）》2015 年第 2 期。

苦行僧（網名）：《説清華簡〈繫年〉中的 "交"》，復旦大學出土文獻與古文字研究中心網 "學術討論" 論壇，2011 年 12 月 21 日。

L

老悶（網名）：《〈繫年〉所見之兩周之際》，新浪博客 "老悶的博客"，2012 年 1 月 22 日。

老悶（網名）：《〈繫年〉所見之 "南濜之行"》，新浪博客 "老悶的博客"，2012 年 1 月 25 日。

老悶（網名）：《〈繫年〉所見之楚人伐鄭》，新浪博客 "老悶的博客"，2012 年 1 月 27 日。

雷曉鵬：《清華簡〈繫年〉與周宣王 "不籍千畝" 新研》，《中國農史》2014 年第 4 期。

黎翔鳳撰，梁運華整理：《管子校注》，北京：中華書局，2004 年。

李愛民：《由清華簡〈繫年〉看〈國語•鄭語〉關於中國的記載》，《蘭臺世界》2020 年第 8 期。

李貝貝、仝晰綱：《齊長城西端軍事防禦體系相關問題新探》，《管子學刊》2023 年第 2 期。

李春桃、李飛：《古文與東周文字合證兩篇》，陳偉主編：《簡帛》（第 14 輯），上海：上海古籍出版社，2017 年。

李方方：《出土戰國文字中所見水名、山名匯釋》，安徽大學碩士學位論文，2013 年。

李皓：《康叔始封解析》，《僑園》2021 年第 5 期。

李家浩：《談清華戰國竹簡〈楚居〉的“夷宅”及其他》，清華大學出土文獻研究與保護中心編：《清華簡研究》（第 1 輯），上海：中西書局，2012 年。

李家浩：《甲骨文北方神名“勹”與戰國文字從“勹”之字——談古文字“勹”有讀如“宛”的音》，《文史》2012 年第 3 期。

李均明：《伍員與柏舉之戰——從清華戰國簡〈繫年〉談起》，羅運環主編：《楚簡楚文化與先秦歷史文化國際學術研討會論文集》，武漢：湖北教育出版社，2013 年。

李俊濤：《清華簡〈治政之道〉〈治邦之道〉集釋及相關問題研究》，吉林大學碩士學位論文，2021 年。

李凱：《清華簡〈楚居〉與“江、漢、雎、漳，楚之望也”》，《出土文獻與商周文明初探》，北京：北京聯合出版公司，2018 年。

李零：《讀清華簡〈保訓〉釋文》，《中國文物報》2009 年 8 月 21 日。

李零：《西伯戡黎的再認識——讀清華楚簡〈耆夜〉篇》，陳致主編：《簡帛·經典·古史》，上海：上海古籍出版社，2013 年。

李零：《讀簡筆記：清華楚簡〈繫年〉第一至四章》，李守奎主編：《清華簡〈繫年〉與古史新探》，北京：中西書局，2016 年。

李美辰：《清華簡武丁類文獻集釋與研究》，吉林大學碩士學位論文，2016 年。

李孟存、李尚師：《晉國史》，太原：三晉出版社，2014 年。

李銳：《由清華簡〈繫年〉談戰國初楚史年代的問題》，《史學史研究》2013 年第 2 期。

李守奎：《〈楚居〉中的楚先祖與楚族姓氏》，《出土文獻研究》（第 10 輯），上海：中西書局，2011 年。

李守奎：《〈楚居〉中的樊字及出土楚文獻中與樊相關文例的釋讀》，《文物》2011 年第 3 期。

李守奎：《論〈楚居〉中季連與鬻熊事迹的傳說特徵》，《清華大學學報（哲學社會科學版）》2011 年第 4 期。

李守奎：《清華簡〈繫年〉與吳人入郢新探》，《中國社會科學報》2011 年 11 月 24 日，第 7 版。

李守奎：《論清華簡中的昭王居秦溪之上與昭王歸隨》，清華大學出土文獻研究與保護中心編：《清華簡研究（第 1 輯）——〈清華大學藏戰國竹簡（壹）〉國際學術研討會論文集》，上海：中西書局，2012 年。

李守奎：《清華簡〈繫年〉所記楚昭王時期吳晉聯合伐楚解析》，羅運環主編：《楚簡楚文化與先秦歷史文化國際學術研討會論文集》，武漢：湖北教育出版社，2013 年。

李守奎：《清華簡〈繫年〉中的"鏖"字與陳氏》，《中國文字研究》（第 18 輯），鄭州：大象出版社，2013 年。

李守奎：《清華簡〈繫年〉中的"繡"字與西申》，《歷史語言學研究》（第 7 輯），北京：商務印書館，2014 年。

李守奎：《〈楚居〉中的楚先祖與楚族姓氏》，《古文字與古史考——清華簡整理研究》，上海：中西書局，2015 年。

李守奎：《古文字與古史考——清華簡整理研究》，上海：中西書局，2015 年。

李守奎主編：《清華簡〈繫年〉與古史新探》，上海：中西書局，2016 年。

李守奎：《清華簡中的伍之雞與歷史上的雞父之戰》，《中國高校社會科學》2017 年第 2 期。

李松儒：《清華簡〈繫年〉集釋》，上海：中西書局，2015 年。

李天虹：《由清華簡〈皇門〉"耆門"談上博簡〈姑成家父〉的"强門"》，中國古文字研究會等編：《古文字研究》（第 30 輯），北京：中華書局，2014 年。

李學勤：《論葛陵楚簡的年代》，《文物》2004 年第 7 期。

李學勤：《清華簡〈保訓〉釋讀補正》，《中國史研究》2009 年第 3 期。

李學勤：《清華簡〈耆夜〉》，《光明日報》2009 年 8 月 3 日，第 12 版。

李學勤：《從清華簡談到周代黎國》，李學勤主編：《出土文獻》（第 1 輯），上海：中西書局，2010 年。

李學勤：《清華簡九篇綜述》，《文物》2010 年第 5 期。

李學勤：《談秦人初居"邾虖"的地理位置》，李學勤主編：《出土文獻》（第 2 輯），上海：中西書局，2011 年。

李學勤：《論清華簡〈楚居〉中的古史傳說》，《中國史研究》2011 年第 1 期。

李學勤：《清華簡〈楚居〉與楚徙鄀郢》，《江漢考古》2011 年第 2 期。

李學勤：《清華簡〈繫年〉及有關古史問題》，《文物》2011 年第 3 期。

李學勤：《清華簡〈繫年〉"奴龠之戎"試考》，《社會科學戰綫》2011 年第 12 期。

李學勤：《清華簡關於秦人始源的重要發現》，《光明日報》2011 年 9 月 8 日，第 11 版。

李學勤：《清華簡〈繫年〉解答封衛疑謎》，《文史知識》2012 年第 3 期。

李學勤：《初識清華簡》，上海：中西書局，2013 年。

李學勤:《由清華簡〈繫年〉論〈文侯之命〉》,《揚州大學學報(人文社會科學版)》2013 年第 2 期。

李學勤:《有關春秋史事的清華簡五種綜述》,《文物》2016 年第 3 期。

李玉潔:《〈楚居〉記載的季連至鬻熊遷徙與活動地域考述》,羅運環主編:《楚簡楚文化與先秦歷史文化國際學術研討會論文集》,武漢:湖北教育出版社,2013 年。

李玉潔:《從〈清華簡‧尹至〉質疑"商族源於西方説"》,《中原文化研究》2017 年第 1 期。

李玉潔、黃有漢:《〈楚居〉記載的郢都及其遷徙》,《楚文化與長江中游早期開發國際學術研討會論文集(上)》,武漢:武漢大學,2018 年 9 月。

李煜:《清華簡所見國族名與〈左傳〉合證》,《中山大學學報(社會科學版)》2016 年第 2 期。

李運富:《楚國簡帛文字構形系統研究》,長沙:岳麓書社,1997 年。

李運富:《楚國簡帛文字叢考(二)》,《古漢語研究》1997 年第 1 期。

連劭名:《楚簡〈湯處於湯丘〉與〈湯在啻門〉考述》,《殷都學刊》2018 年第 3 期。

連劭名:《清華大學藏楚簡〈厚父〉與〈説命〉新證》,《文物春秋》2022 年第 2 期。

梁立勇:《讀〈繫年〉札記》,《深圳大學學報(人文社會科學版)》2012 年第 3 期;又見李守奎主編:《清華簡〈繫年〉與古史新探》,上海:中西書局,2016 年。

廖昊東:《〈清華簡〉鄭國文獻研究》,鄭州大學碩士學位論文,2022 年。

廖昊東:《"救乱"與"东迁":鄭武公"處於衛三年"探析》,《商丘師範學院學報》2024 年第 2 期。

廖名春:《清華簡與〈尚書〉研究》,《文史哲》2010 年第 6 期。

廖名春:《清華簡〈尹誥〉研究》,《史學史研究》2011 年第 2 期。

廖名春:《清華簡〈繫年〉管窺》,《深圳大學學報(人文社會科學版)》2012 年第 3 期。

廖名春、趙晶:《清華簡〈説命(上)〉考釋》,《史學史研究》2013 年第 2 期。

廖名春:《清華簡〈説命中〉的内容與命名》,《揚州大學學報(人文社會科學版)》2014 年第 4 期。

林宏佳:《説"蒐"及其相關字形》,《出土文獻研究視野與方法》(第 5 輯),臺北:政治大學中國文學系,2014 年。

劉愛敏、徐芳:《鞍之戰爆發原因與所涉地名考證》,《地域文化研究》2023 年第 4 期。

劉彬徽、何浩：《論包山楚簡中的幾處楚郢地名》，湖北省荆沙鐵路考古隊編：《包山楚墓》，北京：文物出版社，1991 年。

劉彬徽：《關於清華簡〈楚居〉的思考（之一）》，楚文化研究會編：《楚文化研究論集》（第 10 集），武漢：湖北美術出版社，2011 年。

劉彬徽：《關於清華簡〈楚居〉的思考之二——楚族起源及其地域變遷》，陳建明主編：《湖南省博物館館刊》（第 8 輯），長沙：岳麓書社，2012 年。

劉成群：《清華簡〈樂詩〉與“西伯戡黎”再探討》，《史林》2009 年第 4 期。

劉成群：《清華簡〈湯處於湯丘〉與商湯始居地考辨》，《人文雜志》2015 年第 9 期。

劉成群：《清華簡〈封許之命〉“侯于許”初探》，《中原文化研究》2016 年第 5 期。

劉甫：《清華簡〈楚居〉之“爲郢”考》，東湖社區·城市論壇·荆門論壇，2015 年 8 月 11 日。

劉甫：《清華簡〈楚居〉之“宵”地芻議》，楚文化研究會編：《湘鄂豫皖楚文化研究會第十六次年會論文集》，荆州，2019 年 11 月。

劉剛：《新蔡簡釋地一則》，復旦大學出土文獻與古文字研究中心網，2013 年 1 月 2 日。

劉剛：《釋“染”》，中國文字學會《中國文字學報》編輯部編：《中國文字學報》（第 8 輯），北京：商務印書館，2017 年。

劉光：《清華簡〈繫年〉“南懷之行”考論——兼説楚靈王時期的楚吳關係》，《三峽大學學報（人文社會科學版）》2016 年第 5 期。

劉光：《清華簡〈鄭文公問太伯〉所見鄭國初年史事研究》，《山西檔案》2016 年第 6 期。

劉光：《清華簡〈繫年〉晉吳會盟之“柤”地補考》，張福貴主編：《華夏文化論壇》（第 18 輯），長春：吉林文史出版社，2017 年。

劉光：《春秋末期吳楚“鷄父之戰”考析》，《烟台大學學報（哲學社會科學版）》2017 年第 1 期。

劉光：《清華簡〈繫年〉“南懷之行”考析》，《史學集刊》2018 年第 3 期。

劉光：《清華簡〈鄭文公問太伯〉“齊鄾之戎”地望考》，鄔文玲、戴衛紅主編：《簡帛研究》二〇二二年春夏卷，桂林：廣西師範大學出版社，2022 年。

劉光：《清華簡〈繫年〉“建陽”地望補考》，鄔文玲、戴衛紅主編：《簡帛研究》二〇二四年春夏卷，桂林：廣西師範大學出版社，2024 年。

劉光勝：《清華簡〈繫年〉與〈竹書紀年〉比較研究》，上海：中西書局，2015 年。

劉光勝：《清華簡〈傅説之命〉與傅聖生平事迹新探》，《古代文明》2018 年第 4 期。

劉光勝：《"康丘之封"與西周封建方式的轉進——以清華簡〈繫年〉爲中心的考察》，《史學月刊》2019 年第 2 期。

劉國忠：《清華簡〈金縢〉與周公居東的真相》，李學勤主編：《出土文獻》（第 1 輯），上海：中西書局，2010 年。

劉國忠：《走近清華簡》，北京：高等教育出版社，2011 年。

劉國忠：《從清華簡〈繫年〉看周平王東遷的相關史實》，陳致主編：《簡帛·經典·古史》，上海：上海古籍出版社，2013 年。

劉國忠：《清華簡〈傅説之命〉別解二則》，李學勤主編：《出土文獻》（第 3 輯），上海：中西書局，2013 年。

劉國忠：《簡帛有聲：出土簡帛的文獻學研究》，北京：清華大學出版社，2024 年。

劉建明：《清華簡〈繫年〉第七章試解》，Confucius2000 網·清華大學簡帛研究，2012 年 12 月 17 日。

劉建明：《古文字釋讀的"還本性"論——以〈繫年〉爲例》，Confucius2000 網·清華大學簡帛研究，2012 年 12 月 19 日。

劉建明：《清華簡〈繫年〉釋讀辨疑》，Confucius2000 網·清華簡帛研究，2012 年 12 月 26 日。

盧川：《從清華簡〈楚居〉看楚人早期遷徙與城市發展》，《荆楚學刊》2016 年第 2 期。

路懿菡：《從清華簡〈繫年〉看康叔的始封》，《西北大學學報（哲學社會科學版）》2013 年第 4 期。

路懿菡：《從清華簡〈繫年〉看周初的"三監"》，《遼寧師範大學學報（社會科學版）》2013 年第 6 期。

路懿菡：《清華簡〈繫年〉周宣王"不籍千畝"原因蠡測》，《遼寧師範大學學報（社會科學版）》2018 年第 5 期。

路懿菡：《清華簡〈繫年〉與"西虢東遷"相關問題考論》，《文博》2019 年第 6 期。

羅丹：《清華簡〈楚居〉樊郢、同宫之北與承之野考論》，《古代文明》2021 年第 4 期。

羅丹：《〈楚居〉方山地望考辨》，《中國社會科學報》2023 年 3 月 22 日。

羅恭：《從清華簡〈繫年〉看齊長城的修建》，《文史知識》2012 年第 7 期。

羅琨：《讀〈尹至〉"自夏徂亳"》，李學勤主編：《出土文獻》（第 2 輯），上海：中西書局，2011 年。

羅琨：《清華簡"湯處於湯丘"諸說獻疑（提要）》，清華大學出土文獻研究與保護中心編：《紀念清華簡入藏暨清華大學出土文獻研究與保護中心成立十周年國際學術研討會論文集》，2018 年 11 月。

羅運環：《葛陵楚簡鄩郢考》，古文字研究會編：《古文字研究》（第 27 輯），北京：中華書局，2008 年，又見羅運環：《出土文獻與楚史研究》，北京：商務印書館，2011 年。

羅運環主編：《楚簡楚文化與先秦歷史文化國際學術研討會論文集》，武漢：湖北教育出版社，2013 年。

羅運環：《清華簡"彪"字新考》，復旦大學出土文獻與古文字研究中心網，2013 年 1 月 10 日，又見《清華簡〈繫年〉"彪"字考》，《古文字研究》（第 31 輯），北京：中華書局，2016 年。

羅運環：《清華簡〈繫年〉前四章發微》，李學勤主編：《出土文獻》（第 7 輯），上海：中西書局，2015 年。

羅運環：《清華簡〈繫年〉楚文王史事考論》，清華大學出土文獻研究與保護中心等編：《出土文獻與中國古代文明研究——李學勤先生八十壽誕紀念論文集》，上海：中西書局，2016 年。

羅運環、丁妮：《清華簡〈子儀〉篇發微》，李學勤主編：《出土文獻》（第 12 輯），上海：中西書局，2018 年。

呂廟軍：《清華簡〈說命上〉篇失仲探微》，復旦大學出土文獻與古文字研究中心網，2015 年 2 月 5 日。

呂亞虎：《清華簡〈繫年〉所涉"京師"地望辨析》，《寧夏大學學報（人文社會科學版）》2022 年第 3 期。

M

馬保春：《晉國歷史地理研究》，北京：文物出版社，2007 年。

馬保春：《說清華簡〈繫年〉所見的齊長城》，燕山大學中國長城文化研究與傳播中心主編：《長城學研究》（第 2 輯），秦皇島：燕山大學出版社，2023 年。

馬承源主編：《上海博物館藏戰國楚竹書（六）》，上海：上海古籍出版社，2007 年。

馬承源主編：《上海博物館藏戰國楚竹書（八）》，上海：上海古籍出版社，2011 年。

馬承源主編：《上海博物館藏戰國楚竹書（九）》，上海：上海古籍出版社，2012 年。

馬嘉賢：《清華壹〈尹至〉〈尹誥〉〈皇門〉〈祭公之顧命〉研究》，彰化師範大學博士學位論文，2014 年。

馬健偉：《清華簡〈繫年〉所涉齊魯地區古史研究》，山東師範大學碩士學位論文，2016 年。

馬楠：《西周"五門三朝"芻議》，李學勤主編：《出土文獻》（第 1 輯），上海：中西書局，2010 年。

馬楠：《清華簡〈良臣〉所見三晉〈書〉學》，《中國高校社會科學》2013 年第 6 期。

馬楠：《清華簡〈繫年〉輯證》，上海：中西書局，2015 年。

馬楠：《清華簡〈鄭文公問太伯〉與鄭國早期史事》，《文物》2016 年第 3 期。

馬楠：《清華簡〈子儀〉相關史事與簡文編連釋讀》，陳偉主編：《簡帛》（第 20 輯），上海：上海古籍出版社，2020 年。

馬衛東、王政冬：《清華簡〈繫年〉三晉伐齊考》，復旦大學出土文獻與古文字研究中心網，2012 年 10 月 18 日。

馬衛東：《清華簡〈繫年〉三晉伐齊考》，《晉陽學刊》2014 年第 1 期。

馬衛東：《"周公居東"與〈金縢〉疑義辨析》，《史學月刊》2015 年第 2 期。

馬文增：《清華簡〈尹誥〉新釋、注解、白話譯文》，簡帛網，2015 年 6 月 1 日。

馬文增：《清華簡〈殷高宗問于三壽（下）〉新研》，《殷都學刊》2017 年第 4 期。

馬文增：《清華簡〈殷高宗問于三壽（上）〉新研》，《殷都學刊》2019 年第 4 期。

馬文增：《清華簡〈赤鳩之集于湯之屋〉九題》，《殷都學刊》2020 年第 1 期。

馬文增：《清華簡〈厚父〉六題》，《衡水學院學報》2023 年第 5 期。

馬曉臨：《清華簡〈繫年〉與春秋中山地理方位考》，簡帛網，2013 年 1 月 9 日。

孟蓬生：《〈清華七·越公其事〉字義拾瀋》，《第二屆古文字與出土文獻語言研究學術研討會論文集》，重慶：西南大學漢語言文獻研究所，2017 年。

孟躍龍：《讀清華簡札記兩則》，《勵耘語言學刊》（第 1 輯），北京：中華書局，2019 年。

N

牛鵬濤：《清華簡〈繫年〉與銅器銘文互證二則》，《深圳大學學報（人文社會科學版）》2012 年第 2 期。

牛鵬濤：《清華簡〈楚居〉與楚國都城研究》，清華大學博士學位論文，2013 年。

牛鵬濤：《清華簡〈楚居〉與楚都丹陽》，《文史知識》2013 年第 6 期。

牛鵬濤：《清華簡〈楚居〉與"遷郢於鄀"考辨》，《深圳大學學報（人文社會科學版）》2013 年第 6 期。

牛鵬濤：《清華簡〈楚居〉武王、文王徙郢考》，楚文化研究會編：《楚文化研究論集》（第 11 集），上海：上海古籍出版社，2015 年。

牛鵬濤：《清華簡〈楚居〉"嫩郢""鄂郢"考》，清華大學出土文獻研究與保護中心等編：《出土文獻與中國古代文明研究——李學勤先生八十壽誕紀念論文集》，上海：中西書局，2016 年。

牛鵬濤：《〈史記·白起王翦列傳〉李信"攻鄢郢"考》，《江漢考古》2017 年第 2 期。

P

彭華：《四方之民與四至之境——清華簡〈越公其事〉研究之一》，《出土文獻》2021 年第 1 期。

Q

［日］淺野裕一：《上博楚簡〈王居〉之復原與解釋》，復旦大學出土文獻與古文字研究中心網，2011 年 10 月 21 日。

［日］淺野裕一：《清華簡〈楚居〉初探》，清華大學出土文獻研究與保護中心編：《清華簡研究（第 1 輯）——〈清華大學藏戰國竹簡（壹）〉國際學術研討會論文集》，上海：中西書局，2012 年。

清華大學出土文獻讀書會：《〈清華大學藏戰國竹簡〉（貳）研讀札記（一）》，復旦大學出土文獻與古文字研究中心網，2011 年 12 月 22 日。

清華大學出土文獻讀書會：《〈上博九·靈王遂申〉研讀》，清華大學出土文獻研究與保護中心網，2013 年 3 月 29 日。

清華大學出土文獻讀書會：《清華六整理報告補正》，清華大學出土文獻研究與保護中心網，2016 年 4 月 16 日。

清華大學出土文獻研究與保護中心：《清華大學藏戰國竹簡〈保訓〉釋文》，《文物》2009 年第 6 期。

清華大學出土文獻研究與保護中心編，李學勤主編：《清華大學藏戰國竹簡（壹）》，上海：中西書局，2010 年。

清華大學出土文獻研究與保護中心編，李學勤主編：《清華大學藏戰國竹簡（貳）》，上海：中西書局，2011 年。

清華大學出土文獻研究與保護中心編，李學勤主編：《清華大學藏戰國竹簡（叁）》，上海：中西書局，2012 年。

清華大學出土文獻研究與保護中心編，李學勤主編：《清華大學藏戰國竹簡（肆）》，上海：中西書局，2013 年。

清華大學出土文獻研究與保護中心編，李學勤主編：《清華大學藏戰國竹簡（伍）》，上海：中西書局，2015 年。

清華大學出土文獻研究與保護中心編，李學勤主編：《清華大學藏戰國竹簡（陸）》，上海：中西書局，2016 年。

清華大學出土文獻研究與保護中心編，李學勤主編：《清華大學藏戰國竹簡（柒）》，上海：中西書局，2017 年。

清華大學出土文獻研究與保護中心編，李學勤主編：《清華大學藏戰國竹簡（捌）》，上海：中西書局，2018 年。

清華大學出土文獻研究與保護中心編，黃德寬主編：《清華大學藏戰國竹簡（玖）》，上海：中西書局，2019 年。

清華大學出土文獻研究與保護中心編，黃德寬主編：《清華大學藏戰國竹簡（拾）》，上海：中西書局，2020 年。

清華大學出土文獻研究與保護中心編，黃德寬主編：《清華大學藏戰國竹簡（拾壹）》，上海：中西書局，2021 年。

清華大學出土文獻研究與保護中心編，黃德寬主編：《清華大學藏戰國竹簡（拾貳）》，上海：中西書局，2022 年。

清華大學出土文獻研究與保護中心等編：《出土文獻與中國古代文明研究——李學勤先生八十壽誕紀念論文集》，上海：中西書局，2016 年。

邱奎：《今本〈竹書紀年〉所載西周鄭國史地問題考辨》，《中國歷史地理論叢》2017 年第 4 期。

裘錫圭：《説從“昏”聲的從“貝”與從“辵”之字》，《文史》2012 年第 3 期。

R

任會斌：《“濟水之防”與齊長城》，《南方考古》2018 年第 4 期。

任會斌：《清華簡〈繫年〉所見之“北海”》，《簡帛研究》二〇二二年秋冬卷，桂林：廣西師范大學出版社，2023 年。

S

［漢］司馬遷撰：《史記》，北京：中華書局，1959 年。

［漢］司馬遷著，韓兆琦評注：《史記（評注本）》，長沙：岳麓書社，2004 年。

Shibuwodai（網友名）：《清華簡〈繫年〉短札兩則》，復旦大學出土文獻與古文字研究中心網“學習討論”論壇，2011 年 12 月 22 日。

沈建華：《清華楚簡“武王八年伐郍”芻議》，《考古與文物》2010 年第 2 期。

沈建華：《清華楚簡〈尹至〉釋文試解》，《中國史研究》2011 年第 1 期。

沈建華：《從清華簡〈楚居〉看丹淅人文區位的形成》，李學勤主編：《出土文獻》（第 2 輯），上海：中西書局，2011 年，又見羅運環主編：《楚簡楚文化與先秦歷史文化國際學術研討會論文集》，武漢：湖北教育出版社，2013 年。

沈建華：《〈楚居〉都人與商代若族新探》，清華大學出土文獻研究與保護中心編：《清華簡研究（第 1 輯）——〈清華大學藏戰國竹簡（壹）〉國際學術研討會論文集》，上海：中西書局，2012 年。

沈建華：《清華楚簡〈說命〉"失仲"與卜辭中的"失"族》，宋鎮豪主編：《甲骨文與殷商史》（新 4 輯），上海：上海古籍出版社，2014 年。

沈建華：《楚簡"唐丘"與晉南夏商遺迹考》，李學勤主編：《出土文獻》（第 6 輯），上海：中西書局，2015 年。

沈建華：《〈繫年〉"御奴虘之戎"與卜辭"四封方"相關地理》，李守奎主編：《清華簡〈繫年〉與古史新探》，上海：中西書局，2016 年。

沈玉成：《左傳譯文》，北京：中華書局，1981 年。

[韓]沈載勳：《對傳世文獻的新挑戰：清華簡〈繫年〉所記周東遷史事考》，李守奎主編：《清華簡〈繫年〉與古史新探》，上海：中西書局，2016 年。

石小力：《東周金文與楚簡合證》，上海：上海古籍出版社，2017 年。

石光澤：《〈清華大學藏戰國竹簡（柒）·越公其事〉"昆奴"補說》，華東師範大學歷史學系編：《第二屆出土文獻與先秦史研究工作坊論文集》，上海：華東師範大學歷史學系，2017 年。

守彬：《從清華簡〈楚居〉談"×郢"》，簡帛網，2011 年 1 月 9 日，又見楚文化研究會編：《楚文化研究論集》（第 10 輯），武漢：湖北美術出版社，2011 年。

守彬：《讀清華簡〈楚居〉季連故事》，簡帛網，2011 年 1 月 10 日。

宋華強：《新蔡葛陵楚簡初探》，武漢：武漢大學出版社，2010 年。

宋華強：《清華簡校讀散札》，簡帛網，2011 年 1 月 10 日。

宋華強：《清華簡〈楚居〉1—2 號釋讀》，簡帛網，2011 年 1 月 15 日。

宋華強：《清華簡〈楚居〉"比佳"小議》，簡帛網，2011 年 1 月 20 日。

蘇建洲：《〈楚居〉簡 7 楚武王之名補議》，復旦大學出土文獻與古文字研究中心網，2011 年 1 月 13 日。

蘇建洲、吳雯雯、賴怡璇：《清華二〈繫年〉集解》，臺北：萬卷樓圖書股份有限公司，2013 年。

蘇建洲：《〈楚居〉簡 9"卤"字及相關諸字考釋》，羅運環主編：《楚簡楚文化與先秦歷史文化國際學術研討會論文集》，武漢：湖北教育出版社，2013 年。

蘇建洲：《〈清華二·繫年〉中的"申"及相關問題討論》，《第四屆古文字與古代史國際學術研討會——紀念董作賓逝世五十周年會議論文集》，臺北："中央"研究院歷史語言研究所，2013 年。

蘇建洲：《初讀〈上博九〉札記（一）》，簡帛網，2013 年 1 月 6 日。

蘇建洲：《〈清華大學藏戰國竹簡（貳）·繫年〉考釋七則》，《中國文字研究》（第 19 輯），上海：上海書店出版社，2014 年。

蘇建洲：《〈清華二·繫年〉中的"申"及相關問題討論》，李宗焜主編：《古文字與古代史》（第 4 輯），臺北："中央"研究院歷史語言研究所，2015 年。

蘇建洲：《説清華簡〈金縢〉的"専有四方"》，《出土文獻綜合研究集刊》（第 13 輯），成都：巴蜀書社，2021 年。

蘇浩：《清華簡"少鄂"與兩周之際申國史地再考》，鄔文玲、戴衛紅主編：《簡帛研究》二〇二一年春夏卷，桂林：廣西師範大學出版社，2021 年。

孫飛燕：《釋〈左傳〉的"厲之役"》，《深圳大學學報（人文社會科學版）》2012 年第 2 期。

孫飛燕：《讀〈繫年〉札記三則》，復旦大學出土文獻與古文字研究中心網，2012 年 3 月 9 日。

孫飛燕：《試談〈繫年〉中厥貉之會與晉吳伐楚的紀年》，復旦大學出土文獻與古文字研究中心網，2012 年 3 月 31 日。

孫飛燕：《據清華簡〈繫年〉探討城濮之戰的參戰國家》，《簡牘與早期中國"學術研討會暨第一屆出土文獻青年學者論壇論文集》，北京：北京大學，2012 年 10 月。

孫飛燕：《清華簡〈繫年〉初探》，上海：中西書局，2015 年。

孫海燕：《西周末年鄭國東遷路綫試探——以清華簡爲新材料》，《大連大學學報》2020 年第 4 期。

孫合肥：《清華簡"堵"字補釋》，《淮南師範學院學報》2014 年第 1 期。

孫合肥：《清華七〈越公其事〉札記二則》，簡帛網，2017 年 4 月 26 日。

邵蓓：《〈封許之命〉與西周外服體系》，《歷史研究》2019 年第 2 期。

史玥然：《清華簡〈越公其事〉集釋及其漢字教學設計》，山西大學碩士學位論文，2019 年。

史興明：《清華簡〈尹至〉〈尹誥〉〈程寤〉集釋》，曲阜師範大學碩士學位論文，2020 年。

史黨社：《清華簡"奴盧之戎"試考》，《中華文化論壇》2020 年第 1 期。

單育辰：《清華大學藏戰國竹簡（捌）釋文訂補》，李學勤主編：《出土文獻》（第 14 輯），上海：中西書局，2019 年。

單育辰：《清華九〈成人〉釋文商榷》，《中國文字》（2020 年夏季號），臺北：萬卷樓，2020 年。

單周堯：《先過衛抑先適齊？——重耳出亡路綫管窺》，清華大學出土文獻研究與保護中心編：《半部學術史，一位李先生——李學勤先生學術成就與學術思想國際研討會論文集》，北京：清華大學出版社，2021 年。

單曉偉：《清華簡〈繫年〉中"厥貉"考釋》，安徽大學歷史學院考古學系編：《安徽大學考古專業成立二十周年紀念文集》，北京：科學出版社，2023 年。

T

[日]藤田胜久：《〈史記·楚世家〉的春秋史——〈左傳〉與清華簡〈楚居〉〈繫年〉》，《楚文化與長江中游早期開發國際學術研討會論文集（上）》，武漢：武漢大學，2018 年。

滕壬生編著：《楚系簡帛文字編》（增訂本），武漢：湖北教育出版社，2008 年。

滕勝霖：《清華簡〈越公其事〉"幽芒""幽塗"考》，簡帛網，2018 年 5 月 28 日。

滕勝霖：《〈清華大學藏戰國竹簡（柒）〉集釋及相關問題研究》，西南大學碩士學位論文，2019 年。

田成方：《春秋時期"滋"的分布區域及其人文地理學內涵》，《襄樊學院學報》2009 年第 9 期。

田成方：《息器與周代息國、楚息縣》，《楚文化與長江中游早期開發國際學術研討會論文集（下）》，武漢：武漢大學，2018 年。

田旭東：《清華簡〈繫年〉與秦人西遷新探》，《秦漢研究》（第 6 輯），西安：陝西人民出版社，2012 年。

仝晰綱、孫亞男：《齊長城東段防禦體系的修築與形成》，《管子學刊》2018 年第 3 期。

W

汪敏倩：《清華簡〈子産〉篇疏證與研究》，蘇州大學碩士學位論文，2019 年。

王超：《"莫敖易爲"及相關問題探析》，鄔文玲、戴衛紅主編：《簡帛研究》二〇二三年秋冬卷，桂林：廣西師範大學出版社，2024 年。

王恩田：《新蔡葛陵楚簡"藍郢"與"鄩郢"考——附論包山楚簡中的"栽郢"》，《古籍研究》總第 59 卷，合肥：安徽大學出版社，2013 年。

王恩田：《清華簡"湯丘"與"湯社"》，復旦大學出土文獻與古文字研究中心網，2015 年 3 月 5 日。

王芳：《〈楚居〉地名初探》，《語文學刊》2012 年第 4 期。

王紅亮：《也說清華簡〈繫年〉的"周亡王九年"》，復旦大學出土文獻與古文字研究中心網，2012 年 1 月 12 日。

王紅亮：《讀清華簡〈繫年〉札記（一）》，簡帛網，2012 年 3 月 26 日。

王紅亮：《清華簡〈繫年〉第十二章及相關史事考》，《文史》2013 年第 4 期。

王紅亮：《清華簡與晉文公重耳出亡繫年及史事新探》，《史學月刊》2019 年第 11 期。

王紅亮：《清華簡〈繫年〉新釋二則》，鄔文玲、戴衛紅主編：《簡帛研究》二〇二四年春夏卷，桂林：廣西師範大學出版社，2024 年。

王紅星：《楚郢都探索的新綫索》，簡帛網，2011 年 6 月 1 日，又見《江漢考古》2011 年第 3 期。

王輝：《上博楚竹書（六）讀記》，《古文字研究》（第 27 輯），北京：中華書局，2008 年。

王暉：《春秋早期周王室王位世系變局考異——兼說清華簡〈繫年〉"周無王九年"》，《人文雜志》2013 年第 5 期。

王輝：《一粟居讀簡記（六）》，中國古文字研究會等編：《古文字研究》（第 30 輯），北京：中華書局，2014 年。

王暉、張巧巧：《清華簡〈說命〉"員（圓）土"當今無定河流域考——兼論傅說之都"說邑"》，《中國歷史地理論叢》2021 年第 4 期。

王進鋒：《清華簡〈越公其事〉與春秋時期越國的縣制》，中國地理學會歷史地理專業委員會《歷史地理》編輯委員會編：《歷史地理》（第 38 輯），上海：復旦大學出版社，2019 年。

王克陵、潘晟、孫小珂：《釋"滋"——中國先秦時期河曲地貌的述稱》，《中國科技史料》2002 年第 1 期。

王坤鵬：《簡本〈金縢〉學術價值新論》，《古代文明》2012 年第 4 期。

王昆：《清華簡〈尹至〉〈尹誥〉〈赤鵠之集湯之屋〉集釋》，河北大學碩士學位論文，2016 年。

王連龍：《清華簡〈皇門〉篇"者（庫）門"解》，《考古與文物》2012 年第 4 期。

王寧：《清華簡〈尹至〉〈尹誥〉中"西邑"和"西邑夏"的問題》，簡帛研究網，2011 年 1 月 19 日。

王寧：《上博八〈王居〉釋譯》，簡帛網，2011 年 8 月 21 日。

王寧：《由楚簡"犮"說石經古文"厥"》，簡帛網，2011 年 12 月 30 日。

王寧：《讀清華簡〈說命〉散札》，簡帛網，2013 年 1 月 8 日。

王寧：《清華簡"湯丘"爲"商丘"説》，復旦大學出土文獻與古文字研究中心網，2015 年 2 月 22 日。

王寧：《清華簡〈説命〉補釋五則》，簡帛網，2016 年 2 月 19 日。

王寧：《由清華簡六二篇説鄭的立國時間問題》，復旦大學出土文獻與古文字研究中心網，2016 年 4 月 20 日。

王寧：《清華簡六〈鄭武夫人規孺子〉寬式文本校讀》，復旦大學出土文獻與古文字研究中心網，2016 年 5 月 1 日。

王寧：《清華簡六〈鄭文公問太伯〉的"縶軏""遺陰"解》，復旦大學出土文獻與古文字研究中心網，2016 年 5 月 16 日。

王寧：《清華簡六〈鄭文公問太伯〉"函""觜"別解》，復旦大學出土文獻與古文字研究中心網，2016 年 5 月 20 日。

王寧：《清華簡六〈鄭文公問太伯〉（甲本）釋文校讀》，復旦大學出土文獻與古文字研究中心網，2016 年 5 月 30 日。

王寧：《清華簡六〈子儀〉釋文校讀》，復旦大學出土文獻與古文字研究中心網，2016 年 6 月 9 日。

王寧：《清華簡柒〈越公其事〉讀札一則》，簡帛網，2017 年 5 月 22 日。

王寧：《讀清華簡拾〈四告一〉散札》，復旦大學出土文獻與古文字研究中心網，2021 年 8 月 10 日。

王鵬程：《"清華簡"武王所戡之"黎"應爲"黎陽"》，《史林》2009 年第 4 期。

王青：《清華簡〈越公其事〉補釋》，華東師範大學歷史學系編：《出土文獻與商周社會學術研討會會議論文集》，上海：華東師範大學歷史學系，2019 年。

王榮：《清華簡〈子儀〉整理與研究》，東北師範大學碩士學位論文，2023 年。

王少林：《晉文公重耳出亡考》，《南都學壇（人文社會科學學報）》2012 年第 3 期。

王守謙、金秀珍、王鳳春：《左傳全譯》，貴陽：貴州人民出版社，1990 年。

王碩：《鄭國東遷始末考——兼談出土文獻的運用問題》，楊共樂主編：《史學理論與史學史學刊》（2020 年下卷），北京：社會科學文獻出版社，2020 年。

王偉：《清華簡〈楚居〉地名札記（二則)》，復旦大學出土文獻與古文字研究中心網，2011 年 4 月 28 日。

王偉：《清華簡〈繫年〉"奴虜之戎"再考》，李學勤主編：《出土文獻》（第 3 輯），上海：中西書局，2012 年。

王偉：《由清華簡〈楚居〉"秦溪之上"説起》，羅運環主編：《楚簡楚文化與先秦歷史文化國際學術研討會論文集》，武漢：湖北教育出版社，2013 年。

王小雨：《從清華簡〈楚居〉對章華臺的新認識》，楚文化研究會編：《楚文化研究論集》（第 13 集），上海：上海古籍出版社，2018 年。

王永波、王雲鵬：《齊長城的人字形布局與建制年代》，《管子學刊》2013 年第 2 期。

王永昌：《讀清華簡（九）札記》，李學勤主編：《出土文獻》（第 15 輯），上海：中西書局，2019 年。

王玉：《清華簡〈楚居〉所見“盤”地望考——兼談周代凡國的始封》，宋鎮豪主編：《甲骨文與殷商史》（新 9 輯），上海：上海古籍出版社，2019 年。

王占奎：《清華簡〈繫年〉札記——文侯仇殺攜王與平王、攜王紀年》，北京大學中國考古學研究中心、北京大學震旦古代文明研究中心編：《古代文明》（第 10 卷），上海：上海古籍出版社，2016 年，又見簡帛網，2016 年 11 月 23 日。

王志平：《清華簡〈皇門〉異文與周代的朝儀制度》，清華大學出土文獻研究與保護中心編：《清華簡研究》（第 1 輯），上海：中西書局，2012 年。

王志平：《清華簡〈説命〉中的幾個地名》，陳偉主編《簡帛》（第 9 輯），上海：上海古籍出版社，2014 年。

王子今：《丹江通道與早期楚文化——清華簡〈楚居〉札記》，陳致主編：《簡帛·經典·古史》，上海：上海古籍出版社，2013 年。

王子楊：《“寊公孫䏿父匜”之“寊公”即“息公”説祛疑》，復旦大學出土文獻與古文字研究中心網，2011 年 12 月 22 日。

王琢璽：《秦漢銷縣小考》，《中國歷史地理論叢》2014 年第 3 期。

王琢璽：《周代江漢地區城邑地理研究》，武漢大學博士學位論文，2019 年。

尉侯凱：《“甸”还是“封”?》，《中國語文》2023 年第 2 期。

魏慈德：《新出楚簡中的楚國語料與史料》，臺北：五南圖書出版股份有限公司，2014 年。

魏棟：《清華簡〈繫年〉與携王之謎》，《文史知識》2013 年第 6 期。

魏棟：《清華簡〈繫年〉許遷容城事發微》，李學勤主編：《出土文獻》（第 8 輯），上海：中西書局，2016 年。

魏棟：《秦楚聯軍破吴之“沂（析）”地考》，《江漢考古》2016 年第 1 期。

魏棟：《清華簡〈鄭文公問太伯〉“齊酄之戎”芻論》，2016 年未刊稿。

魏棟：《出土文獻與若干楚國史地問題探論》，清華大學博士學位論文，2017 年。

魏棟：《論清華簡“湯丘”及其與商湯伐葛前之亳的關係》，《中華文史論叢》2017 年第 1 期。

魏棟：《清華簡〈越公其事〉“夷訏蠻吴”及相關問題試析》，復旦大學出土文獻與古文字研究中心網，2017 年 4 月 23 日。

魏棟：《清華簡〈繫年〉"楚文王以啓于漢陽"析論》，《饒宗頤國學院院刊》（第 5 期），香港：中華書局，2018 年。

魏棟：《清華簡〈楚居〉"樊郢"考論》，《歷史地理》（第 36 輯），上海：復旦大學出版社，2018 年。

魏棟：《清華簡〈楚居〉"秦溪之上"研究述論》，鄔文玲、戴衛紅主編：《簡帛研究》二〇一八年春夏卷，桂林：廣西師範大學出版社，2018 年。

魏棟：《清華簡〈楚居〉闕文試補》，《文獻》2018 年第 3 期。

魏棟：《春秋時期吳楚鷄父之戰相關問題考論》，《長江大學學報（社會科學版）》2018 年第 3 期。

魏棟：《清華簡（捌）〈天下之道〉篇獻芹》，劉玉堂主編：《楚學論叢》（第 10 輯），武漢：湖北人民出版社，2021 年。

魏棟：《清華簡〈繫年〉鷄父之戰戰地探賾》，《文史》2021 年第 1 期。

魏棟：《清華簡〈晉文公入於晉〉校釋拾遺》，中國古文字研究會等編：《古文字研究》（第 34 輯），北京：中華書局，2022 年。

魏宜輝：《讀〈清華大學藏戰國竹簡（柒）〉札記》，《中國文字學會第九屆學術年會論文集》，貴陽：貴陽孔學堂，2017 年。

溫皓月：《出土文獻與傳世文獻之伊尹材料整理及相關問題研究》，吉林大學碩士學位論文，2016 年。

鄔可晶：《說金文"餐"及相關之字》，復旦大學出土文獻與古文字研究中心編：《出土文獻與古文字研究》（第 5 輯），上海：上海古籍出版社，2013 年。

鄔可晶、郭永秉：《從楚文字"原"的異體談到三晉的原地與原姓》，李學勤主編：《出土文獻》（第 11 輯），上海：中西書局，2017 年。

鄔可晶：《清華簡〈說命上〉5—7 號簡解釋》，《古文字研究》（第 33 輯），北京：中華書局，2020 年。

吳德貞：《清華簡〈越公其事〉集釋》，武漢大學碩士學位論文，2018 年。

吳良寶：《戰國楚簡地名輯證》，武漢：武漢大學出版社，2010 年。

吳良寶：《讀清華簡〈楚居〉札記》，陳偉主編：《簡帛》（第 6 輯），上海：上海古籍出版社，2011 年，又見吳良寶：《出土文獻史地論集》，上海：中西書局，2020 年。

吳良寶：《清華簡〈繫年〉"武陽"考》，吉林大學古籍研究所編：《吉林大學古籍研究所建所三十周年論文集》，上海：上海古籍出版社，2014 年。

吳良寶：《再論清華簡〈書〉類文獻〈郘夜〉》，《揚州大學學報（人文社會科學版）》2015 年第 2 期。

　　吳良寶：《清華簡地名"郝、邮小考"》，李學勤主編：《出土文獻》（第 9 輯），上海：中西書局，2016 年。

　　吳良寶：《清華簡〈繫年〉"女陽"及相關問題研究》，《歷史地理》（第 34 輯），上海：上海人民出版社，2017 年。

　　吳良寶：《清華簡〈鄭文公問太伯〉"鄝"國補考》，陳偉主編：《簡帛》（第 14 輯），上海：上海古籍出版社，2017 年。

　　吳良寶：《戰國楚簡"河灉"、"兩棠"新考》，《文史》2017 年第 1 期。

　　吳雪飛：《說清華簡中的"堵敖"》，李學勤主編：《出土文獻》（第 12 輯），上海：中西書局，2018 年。

　　吳鬱芳：《楚西陵與夷陵》，《江漢考古》1993 年第 4 期。

　　武漢大學簡帛研究中心、河南省文物考古研究所：《楚地出土戰國簡册合集（二）》，北京：文物出版社，2013 年。

　　武家璧：《清華簡〈繫年〉"幝幕"》，簡帛網，2012 年 1 月 2 日。

　　武振偉：《齊長城史事探研三則》，江林昌主編：《海岱學刊》（總第 22 輯），濟南：齊魯書社，2020 年。

X

　　夏麥陵：《清華簡〈楚居〉中夷屯和發漸地望試探》，羅運環主編：《楚簡楚文化與先秦歷史文化國際學術研討會論文集》，武漢：湖北教育出版社，2013 年。

　　夏麥陵：《初讀清華簡〈楚居〉的古史傳說》，《中國國家博物館館刊》2013 年第 11 期。

　　蕭旭：《清華簡（七）校補（二）》，復旦大學出土文獻與古文字研究中心網，2017 年 6 月 5 日。

　　小狐（網名）：《讀〈繫年〉臆札》，復旦大學出土文獻與古文字研究中心網，2012 年 1 月 3 日。

　　肖攀：《清華簡〈繫年〉中的訛書問題》，李學勤主編：《出土文獻》（第 6 輯），上海：中西書局，2015 年。

　　肖曉暉：《清華簡〈保訓〉筆札》，復旦大學出土文獻與古文字研究中心網，2009 年 9 月 14 日。

　　肖洋：《吳人入郢後楚昭王不可能遷居〈左傳〉所言之"乾溪"》，羅運環主編：《楚簡楚文化與先秦歷史文化國際學術研討會論文集》，武漢：湖北教育出版社，2013 年。

　　肖洋：《從騩山地望看楚公族早期起源》，《社會科學動態》2020 年第 12 期。

　　肖洋：《楚靈王"南懷之行"地名考》，《歷史地理研究》2021 年第 4 期。

肖芸曉：《〈清華大學藏戰國竹簡（貳）·繫年〉之西周部分校釋及相關史事討論》，武漢大學學士學位論文，2012 年。

謝明文：《説"甼"及其相關之字》，《商周文字論集》，上海：上海古籍出版社，2017 年。

謝乃和、付瑞珣：《從清華簡〈繫年〉看"千畝之戰"及相關問題》，《學術交流》2015 年第 7 期。

辛德勇：《北京大學藏秦水陸里程簡册初步研究》，李學勤主編：《出土文獻》（第 4 輯），上海：中西書局，2013 年。

辛德勇：《〈楚居〉與楚都》，清華大學出土文獻研究與保護中心等編：《出土文獻與中國古代文明研究——李學勤先生八十壽誕紀念論文集》，上海：中西書局，2016 年。

邢文：《清華簡〈保訓〉研讀講義》，簡帛網，2010 年 3 月 19 日。

邢文：《清華簡〈程寤〉釋文所見祭禮問題》，簡帛網，2011 年 1 月 9 日。

邢文：《談清華簡〈尹至〉的"動亡典，夏有祥"》，簡帛網，2011 年 3 月 25 日。

行走楚國（網名）：《清華簡〈楚居〉之"爲郢"考》，簡帛網"簡帛論壇"，2015 年 8 月 14 日。

熊賢品：《〈清華簡（伍）〉"湯丘"即〈繫年〉"康丘"説》，中國地理學會歷史地理專業委員會《歷史地理》編輯委員會編：《歷史地理》（第 34 輯），上海：上海人民出版社，2017 年。

熊賢品：《清華簡六〈鄭文公問太伯〉與〈左傳〉"鄭伯克段于鄢"》，杨振红、邬文玲主编：《簡帛研究》二〇一六年秋冬卷，桂林：廣西師範大學出版社，2017 年。

熊賢品：《論清華簡柒〈越公其事〉吳越争霸故事》，《東吳學術》2018 年第 1 期。

熊賢品：《清華簡九〈禱辭〉與葛陵楚簡之"丘"》，《簡牘學研究》（第 11 輯），蘭州：甘肅人民出版社，2021 年。

熊賢品：《西周鄂國史二題》，《歷史地理研究》2024 年第 2 期。

徐俊剛：《根據清華簡〈楚居〉試説楚都"郢"之得名》，劉玉堂主編：《楚學論叢》（第 9 輯），武漢：湖北人民出版社，2020 年。

徐少華：《鄀國銅器及其歷史地理研究》，《江漢考古》1987 年第 3 期。

徐少華：《"平王走（奔）西申"及相關史地考論》，《歷史研究》2015 年第 2 期。

徐少華：《清華簡〈繫年〉第十九章補説——兼論楚縣唐、縣蔡的有關問題》，清華大學出土文獻研究與保護中心等編:《出土文獻與中國古代文明研究——李學勤先生八十壽誕紀念論文集》,上海:中西書局,2016 年。

徐少華:《從幾批都器的出土地看古都國的位置——兼論楚夷屯、京宗的區域範圍》,《楚文化與長江中游早期開發國際學術研討會論文集(下)》,武漢大學,2018 年,又載徐少華、[日]谷口滿、[美]羅泰主編:《楚文化與長江中游早期開發國際學術研討會論文集》,武漢:武漢大學出版社,2021 年。

徐文武:《從新蔡楚簡探楚族的起源》,羅運環主編:《楚簡楚文化與先秦歷史文化國際學術研討會論文集》,武漢:湖北教育出版社,2013 年。

徐文武:《清華簡〈楚居〉"湫郢"考》,《長江大學學報(社會科學版)》2023 年第 3 期。

徐元誥撰,王樹民、沈長雲點校:《國語集解》,北京:中華書局,2002 年。

徐在國:《清華六〈鄭文公問太伯〉札記一則》,簡帛網,2016 年 4 月 17 日。

許可:《清華簡〈繫年〉第五章與楚頓關係新證》,《管子學刊》2015 年第 2 期。

許可:《試談清華簡〈繫年〉改讀一例》,"2016 古文字與音韻學研究工作坊",上海:華東師範大學,2016 年 10 月。

許兆昌、劉濤:《周代"千畝"地望考》,《古代文明》2014 年第 2 期。

Y

顔世鉉:《包山楚簡地名研究》,臺灣大學碩士學位論文,1997 年。

晏昌貴:《清華簡〈楚居〉所見季連徙居地及相關問題》,楚文化研究會編:《楚文化研究論集》(第 10 集),武漢:湖北美術出版社,2011 年。

晏昌貴:《〈楚居〉逸簡》,陳偉主編:《簡帛》(第 17 輯),上海:上海古籍出版社,2018 年。

晏昌貴:《郡郢考》,《楚文化與長江中游早期開發國際學術研討會論文集(上)》,武漢:武漢大學,2018 年 9 月。

晏昌貴:《從出土文獻看春秋吳師入郢之役——對石泉先生楚郢都新說的印證》,武漢大學歷史地理研究所編:《石泉先生百年誕辰紀念文集》,武漢:武漢大學出版社,2023 年。

楊伯峻編著:《春秋左傳注》(修訂本),北京:中華書局,1990 年。

楊伯峻譯注:《孟子譯注》,北京:中華書局,2010 年。

楊博:《清華簡〈繫年〉簡文"京師"解》,陳偉主編:《簡帛》(第 12 輯),上海:上海古籍出版社,2016 年。

楊坤:《再議清華竹書〈繫年〉"西遷商盍之民于邶圉"》,簡帛網,2012 年 4 月 7 日。

楊蒙生:《楚惠王居"宛郊"試釋——兼談古文字中的幾個相關字》,《深圳大學學報(人文社會科學版)》2013 年第 1 期。

楊蒙生:《清華簡〈説命上〉校補》,清華大學出土文獻研究與保護中心網,2013 年 1 月 7 日。

楊蒙生:《清華六〈子儀〉篇簡文校讀記》,清華大學出土文獻研究與保護中心網,2016 年 4 月 16 日。

楊蒙生:《從清華簡〈繫年〉看齊長城與三晉伐齊的路綫問題》,《簡帛研究》二〇二三年春夏卷,桂林:廣西師範大學出版社,2023 年。

楊明洪:《楚夷陵探討》,《江漢考古》1983 年第 2 期。

楊永生:《清華簡〈繫年〉"京師"與平王東遷》,《史學月刊》2021 年第 5 期。

尹弘兵:《楚國都城與核心區探索》,武漢:湖北人民出版社,2009 年。

尹弘兵:《紀南城與楚郢都》,《考古》2010 年第 9 期。

尹弘兵:《〈楚居〉季連居地試析》,劉玉堂主編:《楚學論叢》(第 2 輯),武漢:湖北人民出版社,2012 年。

尹弘兵、吳義斌:《"京宗"地望辨析》,《江漢考古》2013 年第 1 期。

尹弘兵:《楚都紀南城探析:基于考古與出土文獻新資料的考察》,《歷史地理研究》2019 年第 2 期。

尹弘兵:《楚郢都與中國古都的早期形態》,《江西社會科學》2024 年第 3 期。

于薇:《清華簡〈郘夜〉時、地問題辨正》,《中國國家博物館館刊》2012 年第 12 期。

于文哲:《清華簡〈楚居〉中的山與神》,《中國文化研究》2013 年第 3 期。

虞同:《讀〈楚居〉札記》,簡帛網,2011 年 4 月 24 日。

尉侯凱:《讀清華簡六札記(五則)》,李學勤主編:《出土文獻》(第 10 輯),上海:中西書局,2017 年。

尉侯凱:《鄭汜地考》,《管子學刊》2019 年第 2 期。

袁金平:《利用清華簡〈繫年〉校正〈國語〉韋注一例》,《社會科學戰綫》2011 年第 12 期,又見復旦大學出土文獻與古文字研究中心網,2011 年 12 月 21 日。

袁金平、張慧穎:《清華簡〈繫年〉"析"地辨正》,卜憲群、楊振紅主編:《簡帛研究》二〇一三年,桂林:廣西師範大學出版社,2014 年。

袁金平:《清華簡〈越公其事〉"海濫江湖"臆解》,《出土文獻與古籍新詮》,北京:社會科學文獻出版社,2020 年。

原雅玲：《清華簡〈晉文公入於晉〉整理研究》，東北師範大學碩士學位論文，2019 年。

院文清：《〈楚居〉世系疏證》，楚文化研究會編：《楚文化研究論集》（第 10 集），武漢：湖北美術出版社，2011 年。

院文清：《清華簡〈繫年〉中的楚莊王史迹考略》，楚文化研究會編：《楚文化研究論集》（第 12 集），上海：上海古籍出版社，2017 年。

Z

張朝然：《清華簡〈越公其事〉集釋及相關問題初探》，河北師範大學碩士學位論文，2019 年。

張馳、鄭伊凡：《清華簡〈繫年〉第二十三章與〈史記・六國年表〉對讀——戰國早中期相關史事、年代與地理問題芻議》，《出土文獻》2021 年第 1 期。

張崇禮：《釋"閉"》，復旦大學出土文獻與古文字研究中心網，2013 年 1 月 27 日。

張崇禮：《清華簡〈尹誥〉考釋》，復旦大學出土文獻與古文字研究中心網，2014 年 12 月 17 日。

張崇禮：《清華簡〈傅説之命〉箋釋》，復旦大學出土文獻與古文字研究中心網，2014 年 12 月 18 日。

張海：《清華簡〈繫年〉四則春秋戰國史事考》，《邯鄲學院學報》2018 年第 2 期。

張卉：《清華簡〈説命上〉"説于辇伐失仲"考》，《考古與文物》2017 年第 2 期，首發於復旦大學出土文獻與古文字研究中心網，2013 年 12 月 28 日。

張卉：《卜辭中的"雀"與文獻中的"傅説"》，《中原文物》2017 年第 3 期。

張珈銘：《清華簡〈封許之命〉篇"命汝侯于許"疏解》，《古籍整理研究學刊》2023 年第 3 期。

張利軍：《歷史書寫與史學功能——以清華簡〈厚父〉所述夏史爲例》，《史學理論研究》2021 年第 3 期。

張倫敦：《〈清華簡・説命〉所載傅説事迹史地鈎沉——兼論卜辭中的"雲奠河邑"》，《古代文明》2017 年第 3 期。

張明珠：《〈清華大學藏戰國竹簡（柒）・趙簡子〉集釋、譯注》，武漢大學碩士學位論文，2019 年。

張世超：《〈繫年〉中的"京自"及相關問題》，復旦大學出土文獻與古文字研究中心網，2012 年 4 月 23 日。

張樹國：《〈𪡄羌人鐘〉銘與楚竹書〈繫年〉所記戰國初年史實考論》，《中華文史論叢》2016 年第 2 期。

張碩、肖洋：《從〈楚居〉看楚昭王時代楚國都城的遷徙》，楚文化研究會編：《楚文化研究論集》（第 10 集），武漢：湖北美術出版社，2011 年。

張溯、梁洪燕：《清華簡〈繫年〉與齊長城考》，《中國國家博物館館刊》2017 年第 1 期。

張龑：《清華簡〈楚居〉與楚族起源》，《中原文物》2014 年第 2 期。

趙炳清：《〈楚居〉中季連部族活動地域探微》，楚文化研究會編：《楚文化研究論集》（第 13 集），上海：上海古籍出版社，2018 年。

趙平安：《〈保訓〉的性質和結構》，《光明日報》2009 年 4 月 13 日，第 12 版。

趙平安：《迄今所見最早的褒國青銅器》，《金文釋讀與文明探索》，上海：上海古籍出版社，2011 年。

趙平安：《試釋〈楚居〉中的一組地名》，《中國史研究》2011 年第 1 期。

趙平安：《〈楚居〉的性質、作者及寫作時代》，《清華大學學報（哲學社會科學版）》2011 年第 4 期。

趙平安：《試說〈楚居〉"妣隻羊"》，《文物》2012 年第 1 期。

趙平安：《〈楚居〉"爲郢"考》，《中國史研究》2012 年第 4 期。

趙平安：《清華簡〈說命〉"燮弨"考》，清華大學出土文獻研究與保護中心網，2013 年 5 月 16 日，又見於趙平安：《清華簡〈說命〉"燮弨"考》，李宗焜主編：《古文字與古代史》（第 4 輯），臺北："中央"研究院歷史語言研究所，2015 年。

趙平安：《〈楚居〉"秦溪"考》，清華大學出土文獻研究與保護中心等編：《出土文獻與中國古代文明研究——李學勤先生八十壽誕紀念論文集》，上海：中西書局，2016 年。

趙平安：《〈清華簡（陆）〉文字補釋（六則）》，清華大學出土文獻研究與保護中心網，2016 年 4 月 16 日。

趙平安：《文字·文獻·古史——趙平安自選集》，上海：中西書局，2017 年。

趙平安、石小力：《成鱄及其與趙簡子的問對——清華簡〈趙簡子〉初探》，《文物》2017 年第 3 期。

趙平安：《新出簡帛與古文字古文獻研究續集》，北京：商務印書館，2018 年。

趙平安：《"𢃇"字形體結構的意蘊及其影響》，《第三十二屆中國文字學國際學術研討會論文集》，臺北：臺北教育大學，2021 年。

趙慶淼：《〈楚居〉"爲郢"考》，《古籍整理研究學刊》2015 年第 3 期。

趙慶淼：《仲再父簋銘文所見人物關係與宗法史實》，《中國史研究》2022 年第 3 期。

趙慶淼：《不嬰簋"磬"地與〈繫年〉"少鄂"——兼論玁狁侵周的地理問題》，《江漢考古》2022 年第 5 期。

趙瑞民：《黎國雜考》，清華大學出土文獻研究與保護中心等編：《出土文獻與中國古代文明——李學勤先生八十壽誕紀念論文集》，上海：中西書局，2016 年。

趙珊珊：《清華簡〈尹至〉〈尹誥〉相關歷史問題研究》，天津師範大學碩士學位論文，2013 年。

趙思木：《〈清華大學藏戰國竹簡（壹）〉集釋及專題研究》，華東師範大學博士學位論文，2017 年。

趙思木：《〈楚居〉"涅"字補考》，《中國文字研究》（第 29 輯），上海：上海書店出版社，2019 年。

鄭傑祥：《清華簡〈楚居〉所記楚族起源地的探討》，《中國國家博物館館刊》2015 年第 1 期。

鄭威：《楚國封君研究》，武漢：湖北教育出版社，2012 年。

鄭威：《〈靈王遂申〉與春秋後期楚國的申縣》，《江漢考古》2017 年第 5 期。

鄭威：《清華簡〈繫年〉所見楚國封君小札》，楚文化研究會編：《湘鄂豫皖楚文化研究會第十六次年會論文集》，荊州，2019 年。

鄭煒明、陳玉瑩：《從清華簡〈楚居〉看中國上古外科醫學》，香港：香港大學饒宗頤學術館，2012 年。

鄭伊凡：《清華簡〈繫年〉地理辨證三則》，劉玉堂主編：《楚學論叢》（第 5 輯），武漢：湖北人民出版社，2016 年。

周波：《清華簡〈繫年〉考釋兩篇》，《"簡牘與早期中國"學術研討會暨第一屆出土文獻青年學者論壇論文集》，北京：北京大學，2012 年。

周鳳五：《上博六〈莊王既成〉〈申公臣靈王〉〈平王問鄭壽〉〈平王與王子木〉新訂釋文注解與釋》，2007 年中國簡帛學國際論壇，2007 年 11 月 11 日。

周宏偉：《新蔡楚簡與楚都遷徙問題的新認識》，北京大學歷史學系編：《北大史學》（第 14 輯），北京：北京大學出版社，2009 年。

周宏偉：《楚人源於關中平原新證——以清華簡〈楚居〉相關地名的考釋爲中心》，《中國歷史地理論叢》2012 年第 2 期。

周宏偉：《〈楚居〉京宗新釋》，《中國史研究》2019 年第 3 期。

周書燦：《清華簡〈封許之命〉"呂丁侯于許"新解》，《南都學壇》2020 年第 4 期。

周穎昳：《清華簡〈繫年〉"建陽"小考》，鄔文玲、戴衛紅主編：《簡帛研究》二〇二四年春夏卷，桂林：廣西師範大學出版社，2024 年。

周悅、白於藍：《清華簡補釋三則》，《中國文字研究》（第 31 輯），上海：華東師範大學出版社，2020 年。

周運中：《清華簡〈楚居〉地理考》，《楚簡楚文化與先秦歷史文化國際學術研討會論文集》，武漢：武漢大學，2011 年 10 月。

周運中：《〈楚居〉東周之前地理考》，羅運環主編：《楚簡楚文化與先秦歷史文化國際學術研討會論文集》，武漢：湖北教育出版社，2013 年。

朱鳳瀚：《清華簡〈繫年〉所記西周史事考》，李宗焜主編：《第四屆國際漢學會議論文集——出土材料與新視野》，臺北："中央"研究院歷史語言研究所，2013 年。

朱國雷：《〈清華大學藏戰國竹簡（拾）〉集釋及相關問題研究》，武漢大學碩士學位論文，2022 年。

朱歧祥：《談清華簡（貳）〈繫年〉的"衛叔封于康丘"句意矛盾及相關問題》，《釋古疑今：甲骨文、金文、陶文、簡文存疑論叢》，臺北：里仁書局，2015 年。

朱曉雪：《〈楚居〉殘簡補論》，中國古文字研究會、吉林大學中國古文字研究中心編：《古文字研究》（第 32 輯），北京：中華書局，2018 年。

朱忠恒：《清華大學藏戰國竹簡（陸）集釋》，武漢大學碩士學位論文，2018 年。

宗福邦、陳世鐃、蕭海波主編：《故訓匯纂》，北京：商務印書館，2003 年。

禚孝文：《由西關、西南呈墓地遺存及清華簡再論西周黎國》，《河南大學學報（社會科學版）》2020 年第 1 期。

子居：《清華簡九篇九簡解析》，Confucius2000 網・清華大學簡帛研究，2010 年 6 月 30 日。

子居：《清華簡〈楚居〉解析》，簡帛研究網，2011 年 3 月 30 日，又見 Confucius2000 網・清華大學簡帛研究，2011 年 3 月 31 日。

子居：《清華簡〈尹至〉解析》，簡帛研究網，2011 年 10 月 18 日。

子居：《清華簡〈尹至〉》，Confucius2000 網・清華大學簡帛研究，2011 年 12 月 19 日。

子居：《清華簡〈繫年〉1～4 章解析》，Confucius2000 網・清華大學簡帛研究，2012 年 1 月 6 日。

子居：《清華簡〈繫年〉5～7 章解析》，Confucius2000 網・清華大學簡帛研究，2012 年 3 月 14 日。

子居：《清華簡〈繫年〉8～11 章解析》，Confucius2000 網・清華大學簡帛研究，2012 年 6 月 27 日。

子居：《清華簡〈繫年〉12～15 章解析》，Confucius2000 網・清华大學簡帛研究，2012 年 10 月 2 日。

子居：《清華簡〈説命〉上篇解析》，簡帛研究網，2013 年 1 月 3 日。

子居：《清華簡〈傅説之命〉中篇解析》，簡帛研究網，2013 年 1 月 3 日。

子居：《清華簡〈繫年〉16～19 章解析》，Confucius2000 網·清華大學簡帛研究，2013 年 1 月 8 日。

子居：《清華簡〈封許之命〉解析》，清華大學出土文獻研究與保護中心網，2015 年 4 月 28 日。

子居：《清華簡六〈鄭文公問太伯（甲本）〉解析》，中國先秦史網，2016 年 5 月 1 日。

子居：《清華簡〈子儀〉解析》，中國先秦史網，2016 年 5 月 11 日，又見 360doc 個人圖書館，2016 年 6 月 26 日。

子居：《清華簡釋讀涉及到的幾個歷史地理問題淺議》，中國先秦史網，2017 年 1 月 29 日。

子居：《清華簡七〈趙簡子〉解析》，中國先秦史網，2017 年 5 月 29 日。

子居：《清華簡七〈晉文公入於晉〉解析》，中國先秦史網，2017 年 7 月 14 日。

子居：《清華簡七〈越公其事〉第一章解析》，中國先秦史網，2017 年 12 月 13 日。

子居：《清華簡七〈越公其事〉第十、十一章解析》，中國先秦史網，2017 年 12 月 13 日。

子居：《清華簡七〈越公其事〉第二章解析》，中國先秦史網，2018 年 3 月 9 日。

子居：《清華簡七〈越公其事〉第三章解析》，中國先秦史網，2018 年 4 月 17 日。

子居：《清華簡七〈越公其事〉第四章解析》，中國先秦史網，2018 年 5 月 14 日。

子居：《清華簡七〈越公其事〉第五章解析》，中國先秦史網，2018 年 6 月 5 日。

子居：《清華七〈越公其事〉解析》，中國先秦史網，2018 年 7 月 6 日。

子居：《清華簡七〈越公其事〉第七、第八章解析》，中國先秦史網，2018 年 8 月 4 日。

子居：《清華簡七〈越公其事〉第九章解析》，中國先秦史網，2018 年 9 月 2 日。

子居：《〈戰國楚簡"河澭""兩棠"新考〉商榷》，中國先秦史網，2019 年 3 月 31 日。

子居：《説〈湯處於湯丘〉的"湯丘"與"自契至湯八遷"》，中國先秦史網，2019 年 9 月 18 日。

子居：《清華簡十〈四告·旦告〉解析》，中國先秦史網，2020 年 12 月 19 日。

附錄一　清華簡主要地理史料簡錄

《楚居》商西周時期（簡1—6）：

季繼（連）初降於騩（騩）山，氏（抵）于空（穴）窮（窮）。遊（前）出于喬山，宅（宅）尻（處）爰波。逆上汌水，見盤庚之子，尻（處）于方山，女曰比（妣）隹……【一】……季繼（連）酮（聞）亓（其）又（有）聘（聘），從，及之盤，爰生經白（伯）、遠中（仲）。妭（游）骉羊，先尻（處）于京宗。

穴酓遟（遲）遷（徙）於京宗，爰旻（得）【二】妣戕，逆流哉水……乃妻之，生侸叡（叔）、麗季。麗不從行，渭（潰）自䐓（脅）出，妣戕賓于天，巫（巫）戕并睍（該）亓（其）䐓（脅）以楚，氏（抵）【三】今曰楚人。

至酓恇（狂）亦居京宗。

至酓鐸（繹）與屈約（紃），思（使）若（都）蓡（嗌）卜遷（徙）於夷（夷）宅（屯），爲愎室＝（室，室）既成，無以内之，乃竊（竊）若（都）人之犕（幢）以【四】祭。……

至酓只、酓舭、酓嬜（樊）及酓賜、酓臣，書（盡）居夷（夷）宅（屯）。

酓臣遷（徙）居發漸。

至酓胐、酓【五】摯（摯）居發漸。酓摯（摯）遷（徙）居旁屽。

至酓繈（延）自旁屽遷（徙）居喬多。

至酓甬（勇）及酓嚴、酓相（霜）及酓霆（雪）及酓訓（徇）、酓咢及若嚻（敖）酓義（儀），皆居喬多。【六】

《楚居》春秋時期（簡6—13）：

若嚻（敖）酓【六】義（儀）遷（徙）居箬（都）。至楚冒酓帥（率）自箬（都）遷（徙）居焚。至宵嚻（敖）酓鹿自焚遷（徙）居宵。

至武王酓欵自宵遷（徙）居免，女（焉）訇（始）□□□□□【七】福。衆不容於免，乃渭（潰）疆浧之波（陂）而宇人女（焉），氏（抵）今曰郢。

至文王自疆浧遷（徙）居湫＝郢＝（湫郢，湫郢）遷（徙）居嬜＝郢＝（樊郢，樊郢）遷（徙）居爲＝郢＝（爲郢，爲郢）遱（復）【八】遷（徙）居免郢，女（焉）改名之曰福丘。

至畫（堵）嚻（敖）自福丘遷（徙）袞（襲）箬（郜）郢。

至成王自箬（郜）郢遷（徙）袞（襲）湫＝涅＝（湫涅，湫涅）遷（徙）□
□□□【九】居㝎（睽）郢。

至穆王自㝎（睽）郢遷（徙）袞（襲）爲郢。

至戕（莊）王遷（徙）袞（襲）贅＝郢＝（樊郢，樊郢）遷（徙）居同宮之北。
若嚻（敖）起（起）禍，女（焉）遷（徙）居承＝之＝楚＝（蒸之野，蒸之野）
□□□，□【一〇】袞（襲）爲郢。

至龏（共）王、康王、乳＝（孺子）王皆居爲郢。

至需（靈）王自爲郢遷（徙）居秦溪之上，以爲尻（處）於章[華之臺/上]。
【一一】

競（景）坪（平）王即立（位），獻居秦溪之上。

至卲（昭）王自秦溪之上遷（徙）居娬郢＝（燃郢，燃郢）遷（徙）居鸏＝
郢＝（鄂郢，鄂郢）遷（徙）袞（襲）爲郢。盍（闔）虜（盧）內（入）郢，女（焉）
返（復）【一二】遷（徙）居秦＝溪＝之＝上＝（秦溪之上，秦溪之上）返（復）
遷（徙）袞（襲）娬（燃）郢。【一三】

《楚居》戰國前期（簡13—16）：

至獻惠王自娬（燃）郢遷（徙）袞（襲）爲郢。白公起（起）禍，女（焉）遷
（徙）袞（襲）湫郢，改爲之，女（焉）曰肥【一三】遺，以爲尻（處）於酓＝漸＝
（酓漸，酓漸）遷（徙）居郊＝郢＝（鄩郢，鄩郢）遷（徙）居那吁。王大（太）
子以邦返（復）於湫郢，王自那吁遷（徙）都（蔡），王大（太）子自湫郢【一四】
遷（徙）居疆郢。王自都（蔡）返（復）郣（鄩）。

東大王自疆郢遷（徙）居藍＝郢＝（藍郢，藍郢）遷（徙）居鄘＝郢＝（鄘
郢，鄘郢）返（復）於鄘（鄘），王大（太）子以邦居鄘（鄘）郢，以爲尻（處）
於【一五】鄴郢。

至恕（悼）折（哲）王獻居鄘（鄘）郢。宔（中）謝（謝）起（起）禍，女（焉）
遷（徙）袞（襲）肥遺。邦大癠（瘠），女（焉）遷（徙）居鄩郢。【一六】

《繫年》第1章（簡1—4）：

昔周武王……乃乍（作）帝敓（籍）……名之曰【一】千畝（畝），以克反商
邑……至于東＝王＝（厲王，厲王）大瘧（虐）于周，卿峑（士）、者（諸）正、
萬民……【二】乃歸東（厲）王于敧（彘），龍（共）白（伯）和立。十又四年……

宣王即立（位），龔（共）白（伯）和歸于宋〈宗〉……【三】……立卅＝（三十）又九年，戎乃大敗周自（師）于千畮（畝）。【四】

《繫年》第2章（簡5—12）：

周幽王取妻于西繡（申）……或叙〈取〉孚（褒）人之女，是孚（褒）忘（姒）……孚（褒）忘（姒）辟（嬖）于王＝（王，王）【五】與白（伯）盤逐坪（平）＝王＝（平王，平王）走西繡（申）。幽王起自（師），回（圍）坪（平）王于西繡＝（申，申）人弗畀（畁），曾（繒）人乃降西戎，以【六】攻幽＝王＝（幽王，幽王）及白（伯）盤乃滅，周乃亡。邦君者（諸）正乃立幽王之弟舍（余）臣于鄁（虢），是攜（攜）惠王。【七】立廿＝（二十）又一年，晉文侯裁（仇）乃殺惠王于鄁（虢）。周亡王九年，邦君者（諸）侯女（焉）旬（始）不朝于周，【八】晉文侯乃逆坪（平）王于少鄂，立之于京自（師）。三年，乃東遷（徙），止于成周，晉人女（焉）旬（始）啓【九】于京自（師），奠（鄭）武公亦政（正）東方之者（諸）侯……【一〇】……齊襄公會者（諸）侯于首址（止），殺子【一一】嬰（眉）壽……楚文王以啓于灘（漢）瘍（陽）。【一二】

《繫年》第3章（簡13—16）：

周武王既克鄁（殷），乃執（設）三監于殷。武王陟，商邑興反，殺三監而立彔子耿。成【一三】王屎伐商邑，殺彔子耿，飛曆（廉）東逃于商盍（蓋）氏，成王伐商盍（蓋），殺飛曆（廉），西曡（遷）商【一四】盍（蓋）之民于邾虗，以御奴虞之戎，是秦先＝（先人），殜（世）乍（作）周屈。周室即（既）寠（卑），坪（平）王東曡（遷），止于成【一五】周，秦中（仲）女（焉）東居周地，以戰（守）周之奎（墳）蔼（墓），秦以旬（始）大。【一六】

《繫年》第4章（簡17—22）：

周成王、周公既曡（遷）殷民于洛邑，乃旨（追）念顯（夏）商之亡由，方（旁）執（設）出宗子，以乍（作）周厚【一七】啤（屏），乃先建衛（衛）弔（叔）垈（封）于庚（康）丘，以侯殷之爰（餘）民。衛（衛）人自庚（康）丘曡（遷）于沂（淇）衛（衛）。周惠王立十【一八】又七年，赤鄻（翟）王留吁起旨（師）伐衛（衛），大敗衛（衛）旨（師）於畏，幽侯滅女（焉）。翟述（遂）居衛＝（衛，衛）人乃東涉【一九】河，遷于曹，［女（焉）］立惠（戴）公申，公子啓方奔齊。醫（戴）公㭖（辛），齊起（桓）公會者（諸）侯以成（城）楚丘，【二〇】邦公子啓方女（焉），是文＝公＝（文公。文公）即殜（世），成公即立（位）。翟人或

涉河，伐衛于楚丘，衛人自楚丘【二一】䢽（遷）于帝丘。【二二】

《繫年》第 5 章（簡 23—30）：

郤（蔡）哀侯取妻於陳，賽＝（息）侯亦取妻於陳，是賽＝爲＝（息嬀。息嬀）牁（將）歸于賽（息），逃（過）郤＝（蔡，蔡）哀侯命㐀＝（止之），【二三】……賽（息）爲（嬀）乃内（入）于郤＝（蔡，蔡）哀侯妻之。賽（息）侯弗訓（順），乃臾（使）人于楚文王【二四】曰：「君坒（來）伐我＝（我，我）牁（將）求栽（救）於郤（蔡），君女（焉）敗之。」文王记（起）官（師）伐賽＝（息，息）侯求栽（救）於郤＝（蔡，蔡）哀侯街（率）帀（師）【二五】以栽（救）賽（息），文王敗之於新（莘），膿（獲）哀侯以歸。文王爲客於賽（息），郤（蔡）侯與從……【二六】……显（明）戡（歲），起官（師）伐賽（息），克之，殺賽（息）侯，取【二八】賽（息）爲（嬀）以歸，是生㙂（堵）囂（敖）及成王。文王以北啓出方成（城），圾䉓於汝，改遆於陳，女（焉）【二九】取邮（頓）以贛（恐）陳侯。【三〇】

《繫年》第 6 章（簡 31—40）：

晉獻公之婢妾曰驪姬，欲亓（其）子䊼（奚）脊（齊）之爲君也，乃誰（讒）大子龍（共）君而殺之，或誰（讒）【三一】惠公及文＝公＝（文公。文公）奔翟（狄），惠公奔于梁。獻公羍（卒）……【三二】……秦穆公乃内（入）惠公于晉，惠公賂秦公曰：「我【三三】句（後）果内（入），囟（使）君涉河，至于梁城。」惠公既内（入），乃偖（背）秦公弗夋（予）。立六年，秦公街（率）𠂤（師）与（與）【三四】惠公戲（戰）于軷（韓），戡（捷）惠公以歸……【三五】文公十又二年居翟＝（狄，狄）甚善之，而弗能内（入）；乃迬（踦）脊＝（齊，齊）人善之；迬（踦）宋＝（宋，宋）人善之，亦莫【三六】之能内（入）；乃迬（踦）街＝（衛，衛）人弗善；迬（踦）奠（鄭）＝（鄭，鄭）人弗善；乃迬（踦）楚。襄（懷）公自秦逃歸，秦穆公乃訋（召）【三七】文公於楚，囟（使）表（襲）襄（懷）公之室。晉惠公羍（卒），襄（懷）公即立（位）。秦人记（起）𠂤（師）以内（入）文公于晉＝（晉。晉）人殺【三八】襄（懷）公而立文公，秦晉女（焉）㘴（始）會好，穆（戮）力同心。二邦伐絬（郜），遷（徙）之帝（中）城，回（圍）商𡪤（密），戡（捷）【三九】繻（申）公子義（儀）以歸。【四〇】

《繫年》第 7 章（簡 41—44）：

晉文公立四年，楚成王街（率）者（諸）侯以回（圍）宋伐齊，戍教（穀），居鐸（緒）。晉文公囟（思）齊及宋之【四一】惠（德），乃及秦皀（師）回（圍）曹及五鹿（鹿），伐衛（衛）以敓（脱）齊之戍及宋之回（圍）。楚王豫（舍）回（圍）歸，居方城。【四二】命（令）尹子玉述（遂）銜（率）奠（鄭）、衛（衛）、陳、鄒（蔡）及群蠻（蠻）尸（夷）之皀（師）以交文＝公＝（文公。文公）銜（率）秦、齊、宋及群戎【四三】之皀（師）以敗楚皀（師）於城僕（濮），述（遂）朝周襄王于衡灘（雍），獻楚俘馘，盟者（諸）侯於埍（踐）土。【四四】

《繫年》第8章（簡45—49）：

晉文公立七年，秦、晉回（圍）奠（鄭）＝（鄭，鄭）降秦不降晉＝（晉，晉）人以不憖。秦人豫（舍）戍於奠（鄭）＝（鄭，鄭）人敀（屬）北門之筸（管）於秦＝之＝【四五】戍＝人＝（秦之戍人，秦之戍人）觅（使）人歸（歸）告曰："我既旻（得）奠（鄭）之門筸（管）也，坴（來）害（襲）之。"秦皀（師）牆（將）東害（襲）奠（鄭）＝（鄭，鄭）之賈人弦高牆（將）西【四六】市，遇之，乃以奠（鄭）君之命袋（勞）秦三銜（帥），秦官（師）乃返（復），伐顝（滑），取之。晉文公卆（卒），未國（葬），襄公新（親）【四七】銜（率）皀（師）御秦皀（師）于嶚（崤），大敗之。秦穆公欲與楚人爲好，女（焉）繁（脱）繡（申）公義（儀），囟（使）歸求成。秦女（焉）【四八】旬（始）與晉敦（執）衢（亂），與楚爲好。【四九】

《繫年》第9章（簡50、51）：

晉襄公卆（卒），需（靈）公高幼，夫＝（大夫）聚曽（謀）……乃命【五〇】右（左）行瘥（蔑）與陜（隨）會卲（召）襄公之弟瘫（雍）也于秦。……

《繫年》第10章（簡54、55）：

秦康公衝（率）皀（師）以遣（送）瘫（雍）子，晉人记（起）皀（師），敗之于觼（菫）喦（陰）。右（左）行瘥（蔑）、陜（隨）會不敢歸（歸），述（遂）【五四】奔秦。需（靈）公高立六年，秦公以戬（戰）于瑡（菫）喦（陰）之古（故），衝（率）皀（師）爲河曲之戬（戰）。【五五】

《繫年》第11章（簡56—59）：

楚穆王立八年，王會者（諸）侯于犮（厥）貉（貉），牆（將）以伐宋＝（宋。宋）右帀（師）芋（華）孫兀（元）欲袋（勞）楚帀（師），乃行，【五六】穆王思（使）毆（驅）㮚（孟）者（諸）之麋，曌（徙）之徒菌。宋公爲右（左）芋（孟），奠（鄭）白（伯）爲右芋（孟）。繡（申）公弔（叔）侯智（知）之，宋【五七】公之車蓼（幕）窜（駕），用挽（挾）宋公之馭（御）。穆王即媒（世），戬（莊）王即立（位），叓（使）孫（申）白（伯）亡（無）愄（畏）啰（聘）于齊，叚（假）迳（路）【五八】於宋＝（宋，宋）人是古（故）殺孫（申）白（伯）亡（無）愄（畏），貼（奪）亓（其）玉帛。戬（莊）王衒（率）自（師）回（圍）宋九月……【五九】

《繫年》第 12 章（簡 61、62）：

楚戬（莊）王立十又四年，王會者（諸）侯于酈（屬），奠（鄭）成公自酈（屬）逃歸，戬（莊）王述（遂）加奠（鄭）鄙（亂）。晉成【六一】公會者（諸）侯以救（救）奠（鄭），楚自（師）未還，晉成公卑（卒）于扈。【六二】

《繫年》第 13 章（簡 63—65）：

……[戬（莊）]王回（圍）奠（鄭）三月，奠（鄭）人爲成。晉中行林父衒（率）自（師）救（救）奠（鄭），戬（莊）王述（遂）北【六三】……[楚]人明（盟）。鄝（趙）署（旃）不欲成，弗卲（召），狹（席）于楚軍之門，楚人【六四】被窜（駕）以自（追）之，述（遂）敗晉自（師）于河……【六五】

《繫年》第 14 章（簡 66—72）：

晉竸（景）公立八年，隃（隨）會衒（率）自（師），會者（諸）侯于幽（斷）道，公命鄭（駒）之克先啰（聘）于齊……【六六】……齊同（頃）公囟（使）亓（其）女子自房审（中）觀鄭（駒）之克……【六七】……女子芺（笑）于房审（中），鄭（駒）之克隆（降）堂而折（誓）曰：“所不退（復）頡（詢）於齊，毋（毋）能涉白水。”乃先【六八】歸（歸），遹（須）者（諸）侯于幽（斷）亘（道）。高之固至莆池，乃逃歸（歸）。齊三嬖夫＝（大夫）南鄠（郭）子、鄝（蔡）子、安（晏）子衒（率）自（師）以【六九】會于幽（斷）亘（道）。既會者（諸）侯，鄭（駒）之克乃敦（執）南鄠（郭）子、鄝（蔡）子、安（晏）子以歸（歸）。齊同（頃）公回（圍）魯＝（魯，魯）喆（臧）孫晉（許）迉（躓）【七〇】晉求敄（援）。鄭（駒）之克衒（率）自（師）救（救）魯，敗齊自（師）于棞（靡）开（笄）。齊人爲成，以轄骼玉笭與鄠（淳）于之【七一】田。昷（明）戬（歲），齊同（頃）公朝于晉竸（景）公……【七二】

《繫年》第 15 章（簡 75—84）：

楚戬（莊）王立，吳人服于楚。陳公子諓（徵）鄏（舒）取妻于奠（鄭）穆公，是少盍。……戕（莊）王衒（率）自（師）回（圍）陳。王命繘（申）公屈嗇（巫）迊（遹）秦求自（師），曼（得）自（師）以【七五】坒（來）。王內（入）陳，殺埅（微）余（舒），取亓（其）室以夆（予）繘（申）公。連尹襄老與之争，敓（奪）之少盍，連尹戳（捷）於河【七六】灘。……

戕（莊）王即媂（世），鞏（共）王即立（位）。……【七七】……王命繘（申）公噗（聘）於齊，繘（申）【七八】公撤（竊）載少盍以行，自齊述（遂）逃迊（遹）晉，自晉迊（遹）吳，女（焉）台（始）迵（通）吳晉之迸（路），教吳人反（叛）楚。【七九】以至霝＝王＝（靈王，靈王）伐吳，爲南深（懷）之行，執吳王子鱶（蹶）緐（由），吳人女（焉）或（又）服於楚。

霝（靈）王即媂（世），【八〇】競（景）坪（平）王即立（位）。……五（伍）員與五（伍）之鷄逃歸（歸）吳，五（伍）鷄迸（將）【八一】吳人以回（圍）州坒（來），爲長澈（壑）而堙（汩）之，以敗楚自（師），是鷄父之堙（汩）。

競（景）坪（平）王即媂（世），卲（昭）王即【八二】立（位）。五（伍）員……教吳人反楚邦之者（諸）侯，以敗楚自（師）于白（柏）盥（舉），述（遂）內（入）郢。卲（昭）王歸（歸）【八三】鬢（隨），與吳人戥（戰）于析。吳王子昏（晨）牊（將）记（起）禍（禍）於吳＝（吳，吳）王盍（闔）房（盧）乃歸（歸），卲（昭）王女（焉）遑（復）邦。【八四】

《繫年》第16章（簡85—90）：

楚龍（共）王立七年，命（令）尹子禮（重）伐奠（鄭），爲沃之自（師）。晉競（景）公會者（諸）侯以栽（救）奠＝（鄭，鄭）人戥（捷）芸（鄔）公義（儀），獻【八五】者（諸）競（景）＝公＝（景公，景公）以儞（歸）。一年，競（景）公欲與楚人爲好，乃敓（說）芸（鄔）公，囟（使）歸（歸）求成，龍（共）王叟（使）芸（鄔）公噗（聘）於【八六】晉，曼（且）許成。競（景）公叟（使）翟（糴）之伐（茷）噗（聘）於楚，虡（且）攸（修）成，未還，競（景）公卒（卒），東（屬）公即立（位）。靚（共）王叟（使）王【八七】子昏（辰）噗（聘）於晉，或（又）攸（修）成，王或（又）叓叟（使）宋右币（師）芊（華）孫兀（元）行晉楚之成。皿（明）戗（歲），楚王子波（罷）會晉文【八八】子燮（燮）及者（諸）侯之夫＝（大夫），明（盟）於宋……皿（明）戗（歲），東（屬）公先起兵，衒（率）自（師）會者（諸）侯以伐【八九】秦，辇＝（至于）涇。靛（共）王亦衒（率）自（師）回（圍）奠（鄭），東（屬）公栽（救）奠（鄭），敗楚自（師）於隰（鄢）。【九〇】

《繫年》第 17 章（簡 91—95）：

晉戕（莊）坪（平）公即立（位）兀（元）年，公會者（諸）侯於睸（溴）梁，述（遂）以叠（遷）普（許）於鄴（葉）而不果。𠂤（師）造於方城，齊高厚【九一】自𠂤（師）逃歸（歸）。坪（平）公衒（率）𠂤（師）會者（諸）侯，爲坪（平）会（陰）之𠂤（師）以回（圍）齊，焚亓（其）四𦎧（郭），毆（驅）車𡊄（至于）東晦（海）。坪（平）公【九二】立五年，晉甬（亂），𨛨（樂）經（盈）出奔齊＝（齊，齊）戕（莊）公光衒（率）𠂤（師）以逐𨛨＝經＝（樂盈。樂盈）䆉（襲）巷（絳）而不果，奔内（入）於曲天（沃）。齊【九三】戕（莊）公涉河䆉（襲）朝訶（歌），以返（復）坪（平）会（陰）之𠂤（師）。晉人既殺𨛨（樂）經（盈）于曲天（沃），坪（平）公衒（率）𠂤（師）會者（諸）侯，伐齊，【九四】以返（復）朝訶（歌）之𠂤（師）。……【九五】

《繫年》第 18 章（簡 97—103）：

康王即牒（世），乳＝（孺子）王即立（位），霝（靈）王爲命＝尹＝（令尹，令尹）會郍（趙）文子及者（諸）侯之夫＝（大夫），明（盟）于【九七】𨛨（虢）。

乳＝（孺子）王即牒（世），霝（靈）王即立（位）。霝（靈）王先起兵，會者（諸）侯于繡（申），敦（執）郐（徐）公，述（遂）以伐郐（徐），克㵼（賴）、邾（朱）方（方），伐吳，【九八】爲南深（懷）之行，闢（縣）陳、郐（蔡），殺郐（蔡）霝（靈）侯。……

競（景）坪（平）王即牒（世），卲（昭）王即立（位）。普（許）人甬（亂），普（許）公㡯出奔晉＝（晉，晉）人羅，城汝易（陽），居【一〇〇】普（許）公㡯於頌（容）城。晉與吳會爲一，以伐楚，閟（門）方城。述（遂）明（盟）者（諸）侯於聖（召）陵，伐中山。晉𠂤（師）大疫【一〇一】虞（且）飢，飮（食）人。楚卲（昭）王戠（侵）尹（伊）、洛以返（復）方城之𠂤（師）。晉人昦（且）又（有）軛（范）氏与中行氏之禍（禍），七戳（歲）不解豻（甲）。【一〇二】者（諸）侯同禜（盟）于鹹泉以反晉，至今齊人以不服于晉＝（晉，晉）公以伪（弱）。【一〇三】

《繫年》第 19 章（簡 104—107）：

楚霝（靈）王立，既闢（縣）陳、郐（蔡），競（景）坪（平）王即立（位），改邦陳、郐（蔡）之君，凷（使）各返（復）亓（其）邦。

競（景）坪（平）王即媒（世），卲（昭）【一〇四】[王]即立（位），陳、鄝（蔡）、戠（胡）反楚，與吳人伐楚。秦異公命子甫（蒲）、子虎衍（率）自（師）救（救）楚，與楚自（師）會伐陽（唐），閼（縣）之。【一〇五】卲（昭）王既逡（復）邦，女（焉）克戠（胡）、回（圍）鄝（蔡）。

卲（昭）王即媒（世），獻惠王立十又一年，鄝（蔡）卲（昭）侯繻（申）懼，自歸（歸）於吳＝（吳，吳）縵（洩）用（庸）【一〇六】以自（師）逆鄝（蔡）卲（昭）侯，居于州杢（來），是下鄝（蔡）。楚人女（焉）閼（縣）鄝（蔡）。【一〇七】

《繫年》第 20 章（簡 108—113）：

晉競（景）公立十又五年，繻（申）公屈晉（巫）自晉逅（蹠）吳，女（焉）豹（始）週（通）吳晉之逅（路），二邦爲好，以至晉悼＝公＝（悼公。悼公）【一〇八】立十又一年，公會者（諸）侯，以與吳王壽（壽）夢相見于鄬〈鄔〉。

晉東（簡）公立五年，與吳王盍豦（盧）伐【一〇九】楚。盍豦（盧）即媒（世），夫秦（差）王即立（位）。晉東（簡）公會者（諸）侯，以與夫秦（差）王相見于黃池。戈（越）公句戔（踐）克【一一〇】吳，戈（越）人因表（襲）吳之與晉爲好。

晉敬公立十又一年，灼（趙）趄（桓）子會[諸]侯之夫＝（大夫），以與戈（越）命（令）尹宋罘（盟）于【一一一】郱，述（遂）以伐齊＝（齊，齊）人女（焉）豹（始）爲長城於濟，自南山逗（屬）之北海（海）。

晉幽公立四年，灼（趙）狗衍（率）自（師）與戈（越）【一一二】公株句伐齊，晉自（師）閄（門）長城句俞之門。戈（越）公、宋公敗齊自（師）于襄坪（平）。至今晉、戈（越）以爲好。【一一三】

《繫年》第 21 章（簡 114—117）：

楚東（簡）大王立七年，宋悼公朝于楚，告以宋司城皮之約公室。王命莫嚻（敖）昜爲衍（率）【一一四】自（師）以定公室。城黃池，城甕（雍）丘。晉嚻（魏）䢅（斯）、灼（趙）矢（浣）、𱰗（韓）啓章衍（率）自（師）回（圍）黃池，逜週而歸之【一一五】於楚。二年，王命莫嚻（敖）昜爲衍（率）自（師）戩（侵）晉，墩（奪）宜昜（陽），回（圍）赤漳，以逡（復）黃池之自（師）。嚻（魏）䢅（斯）、灼（趙）矢（浣）、𱰗（韓）啓【一一六】章衍（率）自（師）救（救）赤瀻，楚人豫（舍）回（圍）而還，與晉自（師）戳（戰）於長城……【一一七】

《繫年》第 22 章（簡 119—125）：

楚聖（聲）趄（桓）王即立（位）兀（元）年，晉公止會者（諸）侯於邧（任），宋殄（悼）公牁（將）會晉公，卒（卒）于鬠。軷（韓）虔、灼（趙）盧（藉）、魯（魏）【一一九】繋（擊）衍（率）自（師）與戉（越）公殹（翳）伐齊=（齊，齊）與戉（越）成，以建昜（陽）、邱陵之田，旻（且）男女服。戉（越）公與齊侯貮（貸）、魯侯侃（衍）【一二〇】明（盟）于魯稷門之外。戉（越）公内（入）高（饗）於魯=（魯，魯）侯馭（御），齊侯晶（參）轄（乘）以内（入）。晉魯（魏）文侯臯（斯）從晉=自（師）=（晉師，晉師）大賊（敗）【一二一】齊自（師），齊自（師）北，晉自（師）述（逐）之，内（入）至汧水，齊人旻（且）又（有）陳鼉子牛之禍（禍），齊與晉成，齊侯【一二二】明（盟）於晉軍。晉三子之夫=（大夫）内（入）齊，明（盟）陳和與陳淏於溫門之外，曰：“母（毋）攸（修）長城，母（毋）伐稟（廩）【一二三】丘。”晉公獻齊俘馘於周王，述（遂）以齊侯貮（貸）、魯侯轟（顯）、宋公畋（田）、衞侯虔、奠（鄭）白（伯）匒（駘）朝【一二四】周王于周。【一二五】

《繫年》第 23 章（簡 126—138）：

楚聖（聲）趄（桓）王立四年，宋公畋（田）、奠（鄭）白（伯）匒（駘）皆朝于楚。王衍（率）宋公以城贖（榆）闢（關），是武牁（陽）。秦人【一二六】敗晉自（師）於茖（洛）佥（陰），以爲楚數（援）。

聖（聲）王即諜（世），勿（悼）折（哲）王即立（位）。奠（鄭）人戙（侵）儧（榆）闢（關），牁（陽）城洹（桓）忎（定）君衍（率）【一二七】犢（榆）闢（關）之自（師）與上或（國）之自（師）以这（交）之，與之戲（戰）於珪陵，楚自（師）亡工（功）。競（景）之賈與髗（舒）子共戙（捷）而死。

盟（明）【一二八】戙（歲），晉腫余衍（率）晉自（師）與奠（鄭）自（師）以内（入）王子定。遞（魯）昜公衍（率）自（師）以这（交）晉=人=（晉人，晉人）還，不果内（入）王子。

盟（明）戙（歲），【一二九】郎戙（莊）坪（平）君衍（率）自（師）戙（侵）奠（鄭）=（鄭，鄭）皇子=（子、子）馬、子池、子坢（封）子衍（率）自（師）以交楚=人=（楚人，楚人）涉沕（汜？），牁（將）與之戲（戰），奠（鄭）自（師）逃【一三〇】内（入）於蔑。楚自（師）回（圍）之於蔑，事（盡）逾奠（鄭）自（師）與元（其）四邐（將）軍，以歸（歸）於郢，奠（鄭）大宲（宰）慌（欣）亦记（起）褙（禍）於【一三一】奠（鄭）=（鄭，鄭）子牁（陽）用滅，亡遂（後）於奠（鄭）。

盟（明）哉（歲），楚人歸（歸）奠（鄭）之四牆（將）軍與亓（其）萬民於奠（鄭）。晉人回（圍）津（津）、長陵，【一三二】克之。王命坪（平）亦（夜）悼武君衛（率）自（師）戠（侵）晉，逾郙（部），戠（捷）郙公涉灂以歸（歸），以退（復）長陵之自（師）。

脣（厭）年，取（韓）【一三三】緅（取）、魯（魏）繫（擊）衛（率）自（師）回（圍）武牆（陽），以退（復）郙（部）之自（師）。遾（魯）易公衛（率）自（師）救（救）武易（陽），與晉自（師）戠（戰）於武易（陽）之城【一三四】下，楚自（師）大敗，遾（魯）易（陽）公、坪（平）亦（夜）悡（悼）武君、易（陽）城洹（桓）悉（定）君，三執珪之君與右尹邵（昭）之疕（竢）死女（焉），楚人聿（盡）云（弃）亓（其）【一三五】欞（旟）、幕、車、兵，犬遬（逸）而還。陳人女（焉）反而内（入）王子定於陳，楚邦以多亡城。

楚自（師）牆（將）救（救）武易（陽），【一三六】王命坪（平）亦（夜）悼武君夅（使）人於齊陳渓求自（師）。陳疾目衛（率）車千乘，以從楚自（師）於武易（陽）。甲戌，晉楚以【一三七】戠（戰）。否（丙）子，齊自（師）至嵒，述（遂）還。【一三八】

《厚父》簡 1—2：

王若曰："厚父！戚（適）翻（聞）禹□□□□□□□□□【一】川，乃降之民，建顗（夏）邦。……"

《湯處於湯丘》簡 1：

湯屋（處）於湯垂（丘），取妻於又＝郣＝（有莘，有莘）媵（媵）以小臣……【一】

《湯在啻門》簡 1：

貞（正）月己客（亥），湯才（在）啻門，龠（問）於小臣……【一】

《尹至》簡 1、3—5：

隹（惟）尹自顗（夏）蘆（徂）白（亳），彔（遠）至才（在）湯……尹曰："句（后）！我逨（來）越今昫＝（旬日）。……【一】……顗（夏）又（有）志（祥），才（在）西才（在）東……【三】……"……湯遉（往）【四】延（征）弗膚（服）……自西戠（捷）西邑，夅（戜）亓（其）又（有）顗＝（夏，夏）習（播）民内（入）于水……【五】

《尹誥》簡1、4：

尹念天之敗（敗）西邑顕（夏）……【一】……乃至（致）衆于白（亳）宀（中）邑。【四】

《説命上》簡1—2、4—7：

隹（惟）殷（殷）王賜敓（説）于天，甬（庸）爲遄（失）宀（仲）叓（使）人。王命卓（厥）百攻（工）向，以貨旬（徇）求敓（説）于邑人。隹（惟）弢（弼）人【一】昬（得）敓（説）于専（傅）厰（巖）……敓（説）方笁（築）城……【二】……王曰："……天廸命敓（説）伐遄＝宀＝（失仲"。失仲）是生子，生二戊（牡）豕……【四】……敓（説）于寍（圍）伐遄（失）宀（仲），一豕乃觀（旋）保以遱（逝），廸遭（踐），邑【五】人皆從，一豕陘（隨）宀（仲）之自行，是爲赤敆（俘）之戎。元（其）隹（惟）敓（説）邑，才（在）北旹（海）之州，是隹（惟）員（圓）土。敓（説）【六】迷（來），自從事于殷（殷），王甬（用）命敓（説）爲公。【七】

《説命中》簡1—3、5、6：

敓（説）迷（來）自専（傅）厰（巖），才（在）殷（殷）。武丁朝于門，内（入）才（在）宗……【一】……武丁曰："……【二】我先王汱（滅）顕（夏），燮（燮）鄧，戠（捷）菁（蠢）邦……【三】……复（且）天出不恙（祥），不戲（俎）遠，才（在）卓（厥）胳（落），女（汝）克【五】睍（覻）見（視）四方，乃府（俯）見（視）墬（地）……"

《殷高宗問於三壽》簡1：

高宗觀於匋（洹）水之上，参（三）壽與從。……【一】

《保訓》簡4、8：

昔坴（舜）舊复（作）火＝（小人），親勘（耕）於鬲（歷）茅……【四】……昔㟋（微）叚（假）中于河，以遉（復）又＝易＝（有易，有易）怀（服）卓（厥）皋（罪）。㟋（微）亡（無）䘙（害），廸（乃）追（歸）中于河。【八】……

《耆夜》簡1：

武王八年，迊（征）伐鄗（耆），大戜（戡）之……【一】

《周武王有疾周公所自以代王之志（金縢）》簡8、10、12、13：

周公石（跖）東三年，褐（禍）人乃斯昦（得）……【八】……夫＝（大夫）緂（緟），以攺（啓）金紱（縢）之匮……【一〇】……王乃出逆公【一二】至鄁（郊）。……【一三】

《封許之命》簡3、5：

隹（惟）女（汝）呂丁，鐸（扞）榑（輔）彣（武王），攺（干）敦殷受，咸成商邑【三】……命女（汝）侯于鄁（許）……【五】

《四告》簡17—18：

惠皇帝＝（上帝）命周文王虞（據）受殷命……今皇辟天子恩（圖）叆（厥）萬嗇（億）之亡（無）遙（後）【一七】嗣孫，乃畫（建）医（侯）乵（設）戗（衛）、抅，出分子……【一八】

《四告》簡40：

曰古禹降，塼（敷）土陾（墮）山，夞（劃）川觳（濬）泉【四〇】……

《皇門》簡1：

隹（惟）正[月]庚午，公叡（格）才（在）者（庫）門……【一】

《攝命》簡32：

隹（唯）九月既望壬申，王才（在）蒿（鎬）京，各于大室，即立（位），咸。士建右白（伯）奭（攝），立才（在）中廷，北鄉。……【三二】

《鄭武夫人規孺子》簡2—5：

奠（鄭）武公枠（卒），既蹇（建），武夫人設（規）乳＝（孺子），曰：“……【二】……虐（吾）君函（陷）【三】於大難之中，尻（處）於衛三年，不見亓（其）邦，亦不見亓（其）室。女（如）母（毋）又（有）良臣，三年無君，邦豪（家）嚻（亂）巳（也）。【四】自衛與奠（鄭）若卑耳而啓（謀）……”

《鄭文公問太伯》（甲本）簡4—8：

太白（伯）曰：“……昔虐（吾）先君逗（桓）公遂（後）出【四】自周，以車七觱（乘），徒卅＝（三十）人……【五】……戳（戰）於魚羅（麗），虐（吾）

775

[乃]腸（獲）鄩（函）、邨（訾），輚（覆）車闌（襲）猋（介），克鄶鼎＝（迢迢），女（如）容袿（社）之尻（處），亦虘（吾）先君之力也。枼（世）【六】及虘（吾）先君武公，西𪗋（城）沔（伊）閮（澗），北𡈼（就）郄（鄔）、鄂（劉），縈（縈）厄（軛）郢（蒍）、芋（邢）之國，魯、𧙗（衛）、鄧（蓼）、郜（蔡）坴（來）見。枼（世）及虘（吾）先【七】君戕（莊）公，乃東伐齊蘄之戎爲敨（徹），北𪗋（城）邸（温）、原，得（遺）鄅（陰）、櫃（鄂）宆（次），東攺（啓）遺（隤）、樂，虘（吾）达（逐）王於鄩（葛）。【八】"

《鄭文公問太伯》（乙本）簡4—7：

"……【一】……[自]周，以車七輦（乘），徒卅＝（三十）人……【四】……戩（戰）於魚羅（麗），虘（吾）乃腸（獲）鄩（函）、邨（訾），輚（覆）車闌（襲）猋（介），克鄶鼎＝（迢迢），女（如）容袿（社）【五】之尻（處），亦虘（吾）先君之力也。枼（世）及虘（吾）先君武公，西𪗋（城）沔（伊）閮（澗），北𡈼（就）郄（鄔）、鄂（劉），縈厄（軛）郢（蒍）、芋（邢）之國，魯、衛、鄧（蓼）、郜〈郜〉（蔡）【六】坴（來）見。枼（世）及虘（吾）先君戕（莊）公，乃東伐齊蘄之戎爲敨（徹），北𪗋（城）邸（温）、原，遺鄅（陰）、櫃（鄂）事，東啓遺（隤）、樂，虘（吾）逐王於鄩（葛）。【七】"

《子儀》簡1—5、10、12—14、16—20：

既敗於唐（殽）……【一】……取（驟）及七年……【二】……以見（視）楚子義（儀）於杏會……【三】……乃張大侯於東奇之外，豊（禮）【四】子義（儀）……【五】……龍（望）明，公遣（送）子義（儀）。公曰："……【一〇】……昔緺【一二】之坴（來）也，不彀（穀）佰（宿）之需（靈）吾……"……【一三】……子義（儀）曰："君欲汔丹【一四】方者（諸）邔（任），君不贍（瞻）皮（彼）泜（沮）漳之川屏（開）而不盧（闔）殴（也）！……"……【一六】……子義（儀）【一七】曰："臣矓（觀）於津㴲（澨）……【一八】……"公曰："君不尚芒鄙，【一九】王之北𡉀（没），週之於虐（殽）道，敨（豈）于孫＝（子孫）若？臣亓（其）遑（歸）而言之。"【二〇】

《子犯子餘》簡1：

□□□耳自楚迊（躋）秦，尻（處）女（焉）三戠（歲）。……【一】

《晉文公入於晉》簡1、7、8：

晉文公自秦内（入）於晉……【一】……元年克蒝（原），五年啓東道，克曹、五鏖（鹿），【七】敗楚帥（師）於成（城）僕（濮），建衞（衛），成宋，回（圍）瞥（許），反奠（鄭）之厓（陴），九年大得河東之者（諸）侯。【八】

《趙簡子》簡7—10：

成虧（劃）含（答）曰："昔虗（吾）先君獻公是尻（居），掌又（有）二厇（宅）之室……【七】……豪（就）虗（吾）先君襄公，辟（親）冒虜（甲）皐（冑），以【八】絢（治）河凄（濟）之鬭（間）之甬（亂）……昃（得）楠（輔）相周室，兼【九】敔（霸）者（諸）侯。……【一〇】……"

《越公其事》第1章（簡1、4、6）：

□□□□□□□□□□□□□□□□□赶陞（登）於會旨（稽）之山，乃史（使）夫＝（大夫）住（種）行成於吳帀（師）曰："……【一】……科（播）弃（棄）宗宝（廟），赶才（在）會旨（稽）……【四】……孤其衔（率）雫（越）庶眚（姓），齊郗同心，以臣事吳，男女備（服）。三（四）方者（諸）侯亓（其）敢不賓于吳邦？……【六】"

《越公其事》第2章（簡11—13）：

吳王曰："……昔虗（吾）先王盍膚（盧）所以克内（入）郢邦，【十一】唯皮（彼）雞父之遠劃（荊），天賜中（忠）于吳，右我先王。劃（荊）帀（師）走，虗（吾）先王還（逐）之走，遠夫甬（勇）籨（殘），虗（吾）先【十二】王用克内（入）于郢……【十三】……"

《越公其事》第3章（簡15、16、18、22）：

吳王乃出，新（親）見事（使）者曰："……【十五下】……亡（無）良郙（邊）人再（稱）瘦惪（怨）晉（惡），交嚚（鬭）吳雫（越）……【十六】……人豩（還）雫（越）百里。【十八】……陟柹（樓）於會旨（稽）……【二二】"

《越公其事》第7章（簡44、46—49）：

王乃好陛（徵）人。王乃迤（趣）使（使）人戫（察）睛（省）成（城）市郙（邊）還（縣）尖＝（小大）遠彶（邇）之鬮（句）、荅（落），王則脁（比視），隹（唯）鬮（句）、荅（落）是戫（察）睛（省）【四四】……王既必（比）聖（聽）之，乃品【四六】坙（野）會……【四七】……是以鬮（句）邑……鼜（舉）雫（越）邦乃皆好陛（徵）人，方和于亓（其）陘（地）。東【四八】尸（夷）、西尸（夷）、古蔑、句虘（吳）四方之民乃皆翻（聞）雫（越）堂（地）之多飲（食）、政溥（薄）而好許（信），乃波徍（往）遥（歸）之，雫（越）堂（地）乃大多人。【四九】

《越公其事》第 9 章（簡 56、57）：

王乃徹（趣）【五六】埶（設）戍于東尼（夷）、西尼（夷）……【五七】

《越公其事》第 10 章（簡 63、68）：

吳王起帀（師），軍於江北。雫（越）王起帀（師），軍於江南……【六三】……吳帀（師）乃大北，乩（三）戰（戰）乩（三）北，乃至於吳。雫（越）帀（師）乃因軍吳＝（吳，吳）人昆奴乃入雫＝帀＝（越師，越師）乃述（遂）闌（襲）吳。【六八】

《越公其事》第 11 章（簡 72、73）：

（句踐）乃徍（使）人告於吳王曰："天以吳土賜雫（越），句【七二】戔（踐）不敢弗受……不敎（穀）亓（其）牆（將）王於甬句重（東）……【七三】……"

《治政之道》簡 27：

者（諸）侯之邦，犨（廣）者巽（筭）千里、巽（筭）千鞏（乘），簪（儉）者巽（筭）百里、巽（筭）百鞏（乘）而又（有）之……【二七】……

《禱辭》簡 5、6：

咎（皋）！告尔（爾）某邑之社：邑又（有）社而向（鄉）又（有）坴（丘），復邑鄍（盈）盧然句（後）改晷（悔）。句（苟）吏（使）四方之群旬〈明〉豐〈豐〉（遷）者（諸）於邑之於【五】屋（處）……【六】

附錄二　清華簡地名索引

地名	篇名、簡號	本書頁碼
城儶（濮）	《繫年》44	318、328
成（城）僕（濮）	《晉文公入於晉》8	651
赤灘/壠	《繫年》116、117	460、465
赤（赦）敦（俘）之戎	《說命上》6	533、543
亯門	《湯在亯門》1	513
楚	《楚居》4	1、46
楚丘	《繫年》21	270、285
汌水	《楚居》1	1、22
章（湻）于	《繫年》71	357、362
鄩（鄩）	《楚居》15	195、203
鄩〈鄩、柤〉	《繫年》109	442、443
D		
丹方（？）	《子儀》14、16	636
帝丘	《繫年》22	270、286
東畮	《繫年》92	399、402
東奇？	《子儀》5	636、639
臺（堵）	《楚居》9	144
幽（斷）菫（道）	《繫年》66、69、70	357、359
邨（頓）	《繫年》30	288、303
E		
鶚（鄂）郢	《楚居》12	157、172
樞（鄂？）宋（次？）	《鄭文公問太伯》（甲本）8	606、631
樞（鄂？）事	《鄭文公問太伯》（乙本）7	635
F		
發漸	《楚居》5、6	49、66
簶（樊）郢	《楚居》8、10	79、133、144
方成（城）	《繫年》29、42、91、101、102	288、294、318、324、399、401、407、420、427

續表

地名	篇名、簡號	本書頁碼
方山	《楚居》1	1、25
肥遺	《楚居》13、14、16	181、195
焚	《楚居》7	79、87、91
福丘	《楚居》9	79、97
尃（傅）厳（巖）	《説命上》2、《説命中》1	533、538、551
G		
郭（部）	《繫年》133、134	480、481、496
鄩（萬）	《鄭文公問太伯》（甲本）8	606、634
	《鄭文公問太伯》（乙本）7	635
龍（共）、龔（共）	《繫年》3	217、222、223
邢	《繫年》112	442、445
句䣜（吳）	《越公其事》49	688、693
句俞之門	《繫年》113	442、453
敉（穀）	《繫年》41	318
古蔑	《越公其事》49	688、693
珪陵	《繫年》128	480、487
郢（騩）山	《楚居》1	1
鄹（虢）	《繫年》7、8	229、238
	《繫年》98	407
H		
軷（韓）	《繫年》35	307、310
䣈（函）	《鄭文公問太伯》（甲本）6	605、608
	《鄭文公問太伯》（乙本）5	635
灘（漢）㫛（陽）	《繫年》12	230、255
蒿（鎬）京	《攝命》32	592、593
河灘	《繫年》76、77	363、365
河曲	《繫年》55	336、337

地名	篇名、簡號	本書頁碼
衡澭（雍）	《繫年》44	318、328
猷（胡）	《繫年》105、106	430、432、437
扈	《繫年》62	350、354
顝（滑）	《繫年》47	332
洵（洹）水	《殷高宗問於三壽》1	556
黃池	《繫年》110、115、116	442、445、460
J		
濟	《繫年》112	442、446
淒（濟）	《趙簡子》9	656、658
鷄父之渥（湄）	《繫年》82	364、378
稷門	《繫年》121	468、475
澗?	《繫年》133	480、497
間（澗）	《鄭文公問太伯》（甲本）7	606、619
	《鄭文公問太伯》（乙本）6	635
埛（踐）土	《繫年》44	318、329
建易（陽）	《繫年》120	468、471
巷（絳）	《繫年》93	399、405
疆浧之波（陂）	《楚居》8	79、105
疆浧	《楚居》8	79、105
疆郢	《楚居》15	181、194
絴（介）?	《鄭文公問太伯》（甲本）6	605、612
	《鄭文公問太伯》（乙本）5	635
津（津）	《繫年》132	480、495
㻟/瓓（菫）峇（陰）	《繫年》54、55	336、337
涇	《繫年》90	391、397
京𠂤（師）	《繫年》9、10	229、230、247
京宗	《楚居》2、4	1、37

地名	篇名、簡號	本書頁碼
汜（沮）	《子儀》16	636、642
瞑（溟）梁	《繫年》91	399、400
邸陵	《繫年》120	468、471
友（厥）麋（貉）	《繫年》56	337、338
K		
庚（康）丘	《繫年》18	270
者（庫）門	《皇門》1	586
會旨（稽）之山	《越公其事》1	660
會旨（稽）	《越公其事》4	660、662、671
鄶	《鄭文公問太伯》（甲本）6	605、612
鄶	《鄭文公問太伯》（乙本）5	635
嬰（睽）郢	《楚居》10	144、150、151
L		
蠆（賴）	《繫年》98	407、411
藍郢	《楚居》15	195
郎	《繫年》130	480、491
樂	《鄭文公問太伯》（甲本）8	606、633
樂	《鄭文公問太伯》（乙本）7	635
醽（厲）	《繫年》61	350
鄜	《子儀》19	637、644
鬲（歷）茅	《保訓》4	560
梁	《繫年》32	306、308
梁城	《繫年》34	307、309
鄝（蓼）	《鄭文公問太伯》（甲本）7	606、625
鄝（蓼）	《鄭文公問太伯》（乙本）6	635
廩（廩）丘	《繫年》123、124	468、479
霝（靈）峆	《子儀》13	636、642

地名	篇名、簡號	本書頁碼
鄯（劉）	《鄭文公問太伯》（甲本）7	606、621
	《鄭文公問太伯》（乙本）6	635
遽（魯）昜	《繫年》129、134、135	480、481、500
洛	《繫年》102	407、427
洛邑	《繫年》17	270
峇（洛）会（陰）	《繫年》127	480、487
邵（呂)?	《成人》1	718
M		
娓（嬙）郢	《楚居》12、13	157、169
杲（孟）者（諸）	《繫年》57	337、344
磊（靡）开（笄）	《繫年》71	357、360
免	《楚居》7、8	79、97
免郢	《楚居》9	79、97
鄭（蔑）	《繫年》131	480、492
鐘（緡)?	《繫年》41	318、320
N		
南深（懷）	《繫年》80、99	363、370、407、413
奴虞之戎	《繫年》15	257、266
P		
盤?	《楚居》2	1、31
旁圢	《楚居》6	49、72
鄢（鄘）郢	《楚居》15、16	195、198
坪（平）亦（夜）	《繫年》133、135、137	480、481、495
坪（平）会（陰）	《繫年》92、94	399、402
莆池	《繫年》69	357、359
Q		
鄑（者）	《者夜》1	564

地名	篇名、簡號	本書頁碼
沂（淇）凚（衛）	《繫年》18	270、278
齊薛之戎	《鄭文公問太伯》（甲本）8	606、627
	《鄭文公問太伯》（乙本）7	635
羿（汧）	《子儀》6	636、640
汧水	《繫年》122	468、475
千畝（畝）	《繫年》2、4	217、225
鄧?	《説命中》3	551、552
喬多	《楚居》6	49、75
喬山	《楚居》1	1、14
秦溪之上	《楚居》11、12、13	157、180
睘	《繫年》19	270、283
曲夭（沃）	《繫年》93、94	399、400、405
R		
邘（任）	《繫年》119	467、468
頌（容）城	《繫年》101	407、416
汝	《繫年》29	288、295
汝昜（陽）（表方位）	《繫年》100	407、416
箬（鄀）	《楚居》4	48、59
箬（鄀）	《楚居》7	79、87
箬（鄀）郢	《楚居》9	144、148
綶（鄀）	《繫年》39	307、314
S		
商盍（蓋）	《繫年》14、15	257、258、262
商窨（密）	《繫年》39	307、314
少鄂	《繫年》9	229、243
聖（召）陵	《繫年》101	407、425
繡（申）	《繫年》98	407、408

地名	篇名、簡號	本書頁碼
逵（失）	《説命上》1、4、5	533、534、539
水	《尹至》5	516、525
首沚（止）	《繫年》11	230
那吁	《楚居》14	181、189
鬱（隨）	《繫年》84	364、383
T		
陽（唐）	《繫年》105	430、435
湯垔（丘）	《湯處於湯丘》1	504
郲（滕？）	《繫年》133	480、497
同宮之北	《楚居》10	144、153
徒薔	《繫年》57	337、345
遺（隤）	《鄭文公問太伯》（甲本）8	606、633
	《鄭文公問太伯》（乙本）7	635
W		
寱？	《説命上》5	533、539
鄡（蒍）	《鄭文公問太伯》（甲本）7	606、621
	《鄭文公問太伯》（乙本）6	635
爲鄡	《楚居》8、10、11、12、13	79、135、144、157
渭	《子儀》6	636、641
湋水	《子儀》6	636、640
湋整（澨）	《子儀》18	637、644
酓（温）	《鄭文公問太伯》（甲本）8	606、627
	《鄭文公問太伯》（乙本）7	635
鄔（鄢）	《鄭文公問太伯》（甲本）7	606、621
	《鄭文公問太伯》（乙本）6	635
五鹿（鹿）	《繫年》42	318、323
	《晉文公入於晉》7	651
武鴋/易（陽）	《繫年》126、134、136、137	480、481、500

續表

地名	篇名、簡號	本書頁碼
X		
析	《繫年》84	364、384
賽（息）	《繫年》23	288、291
西繻（申）	《繫年》5、6	229、230、234
下鄀（蔡）	《繫年》107	430、437
鹹泉	《繫年》103	407、430
襄坪（平）	《繫年》113	442、458
宵	《楚居》7	79、91、97
嶕（崤）	《繫年》48	332、333
䇦（殽）	《子儀》1	636、637
䇦（殽）道	《子儀》20	637、646
巂（攜）	《繫年》7	229、239
新（莘）	《繫年》26	288、292
杏會	《子儀》3	636、638
晉（許）	《繫年》91、100、101、《晉文公入於晉》8	399、400、407、416、651
鄦（許）	《封許之命》5	578
空（穴）窮（窮）	《楚居》1	1、9
鄅郢	《楚居》16	195、209
Y		
嵒	《繫年》138	481、501
隁（鄢）	《繫年》90	391、397
邘（鄢）郢	《楚居》14	181、184
邘（鄢）	《楚居》15	181、184
瘍/易（陽）城	《繫年》127	480、487
郢（葉）	《繫年》91	399、400
邮（葉）	《良臣》6	599、600

地名	篇名、簡號	本書頁碼
沶（伊）	《鄭文公問太伯》（甲本）7	606、619
沶（伊）	《鄭文公問太伯》（乙本）6	635
沶（伊）	《繫年》102	407、427
徸（遺）	《鄭文公問太伯》（甲本）8	606、631
	《鄭文公問太伯》（乙本）7	635
墼宅	《楚居》4、5	48、49
宜昜（陽）	《繫年》116	460、463
䣄（陰？）	《鄭文公問太伯》（甲本）8	606、631
	《鄭文公問太伯》（乙本）7	635
郢	《楚居》8、12	79、111、157、175
	《繫年》83、131	364、480、494
	《越公其事》13	664、669
溋門	《繫年》123	468、478
甕（雍）丘	《繫年》115	460
甬句重（東）	《越公其事》73	708
斵（鼬？）	《繫年》119	467、470
有港？	《五紀》1	597
有郭（莘）	《湯處於湯丘》1	504、510
有易	《保訓》8	560、563
酉潢	《楚居》14	181、183
訏（鄅？）	《越公其事》56	697
芋（邘）	《鄭文公問太伯》（甲本）7	606、621
	《鄭文公問太伯》（乙本）6	635
贖（榆）關（關）	《繫年》126、127	480、481
魚羅（麗）	《鄭文公問太伯》（甲本）6	605、606
	《鄭文公問太伯》（乙本）5	635
原	《鄭文公問太伯》（甲本）8	606、627

地名	篇名、簡號	本書頁碼
原 莵（原）	《鄭文公問太伯》（乙本）7	635
	《晉文公入於晉》7	651、652
爰波？	《楚居》1	1、18
員（圓）土	《説命上》6	533、546
Z		
戈水？	《楚居》3	1、45
曾（繒）	《繫年》6	229、236
擔（祭）	《祭公之顧命》3	590
漳	《子儀》16	636、642
章［華之臺/上］	《楚居》11	157、163
朝訶（歌）	《繫年》94、95	399、400、406
承（蒸）之埜（野）	《楚居》10	144、157
敔（敔）	《繫年》3	217、221
宙（中）城	《繫年》39	307、314
州埊（來）	《繫年》82、107	364、375、430、437
郑（朱）邡（方）	《繫年》98	407、411
郑虗（圉）	《繫年》15	257、262
邺（誉）	《鄭文公問太伯》（甲本）6	605、608
	《鄭文公問太伯》（乙本）5	635

後　記

　　本書是國家社科基金青年項目"新出戰國竹簡地理史料的整理與研究"資料整理部分的主體成果。2016年撰寫博士學位論文期間我產生了一個想法，即將已經公布清華簡中的全部地理史料輯錄出來并將相應研究成果匯集起來，既爲自己的研究服務，同時也可順帶爲學界提供方便。進入博士後階段，以博士學位論文爲基礎申請到博士後科學基金面上資助項目、博士後科學基金特別資助項目及國家社科基金青年項目。本書即是在上述經費的支持下完成的。此外，本書還先後得到了以下國家社科基金重大項目的支持："清華簡與儒家經典的形成發展研究""出土先秦文獻地理資料整理與研究及地圖編繪"。

　　2024年，國家社科基金項目正式鑒定結項後，在王帆、韓寧、圈丙紅、陳陶然、查紫賢、魏繼才等同學的幫助下又對本書進行了一定增補與校勘。碩士階段導師羅運環先生、博士階段導師李學勤先生與博士後合作導師劉國忠先生都曾對有關科研項目的實施與本書的撰著提供過支持與幫助，特別是劉國忠先生慨允將本書列入其主編的"出土簡帛文獻與古代文史研究叢書"。本書體量較大，編校過程中張維嘉老師付出了大量心血，在此謹表謝忱。需要感謝的人其實很多，除了以上老師、同學及出土文獻研究與保護中心、人文學院與歷史系的有關領導、師長與同儕外，還可以列出一份長長的名單，但因擔心思慮不周有所遺漏且爲避免時下學術作品後記致謝中被詬病的"庸俗"之嫌，在此就恕不一一具名表達謝意了。

　　本書對清華簡地理文獻的輯錄秉持"微濫勿缺"的原則。"微濫"的意思所輯地理文獻并非局限於傳統意義上典型的地理文獻，而是囊括了蘊含地理空間信息的史料等內容。像一些"隱含"地理信息的文句，一些含有疑似地名的文句，一些重要的包含地名通名的文句，還有一些有助於理解地理史料內涵的文句等，本書均將其輯出，歸入"清華簡地理文獻"的範疇。本書所收的清華簡地理文獻截止到2023年秋季國家社科項目結項時，剩餘的清華簡中僅有零星地理史料。另外，限於時間、精力、視野，本書在匯集學界研究成果方面難免有遺珠之憾，在摘錄有關成果觀點與論證過程方面也可能存在理解不到位之處，敬請讀者指正。

魏　棟

2024 年 10 月中旬

目　録